承德年鉴

2017 CHENGDE NIANJIAN

承德年鉴编纂委员会 编

方志出版社
Publishing House of Local Records

图书在版编目（CIP）数据

承德年鉴.2017/承德年鉴编纂委员会编.--北京：方志出版社，2017.12

ISBN 978-7-5144-2835-3

Ⅰ.①承… Ⅱ.①承… Ⅲ.①承德—2017—年鉴 Ⅳ.①Z522.23

中国版本图书馆CIP数据核字（2017）第323016号

承德年鉴（2017）

编　　者：承德年鉴编纂委员会
责任编辑：齐　笑

出 版 人：冀祥德
出 版 者：方志出版社
地址　北京市朝阳区潘家园东里9号（国家方志馆4层）
邮编　100021
网址　http://www.fzph.org
发　　行：方志出版社图书经销中心
电话（010）67110500
经　　销：各地新华书店
印　　刷：承德金鼎彩色印刷有限公司

开　　本：889×1194　1/16
印　　张：43.5
字　　数：1137千字
版　　次：2017年12月第1版　2017年12月第1次印刷
印　　数：0001～1000册

ISBN 978-7-5144-2835-3　**定价**：296.00元

编辑说明

一、《承德年鉴》全面系统记述承德自然、政治、经济、文化、社会、生态文明建设等方面情况。

二、《承德年鉴（2017）》以马克思列宁主义、毛泽东思想、邓小平理论、“三个代表”重要思想、科学发展观、习近平新时代中国特色社会主义思想为指导，坚持辨证唯物主义和历史唯物主义的立场、观点和方法，努力提高编纂质量，为各级领导科学决策提供参考资料，为国内外读者了解承德提供年度最新信息，为纂修承德市志积累资料。

三、本年鉴在翔实记载2016年度承德市各方面取得的新成就、新经验的同时，兼有适当的年度比较，以便读者了解承德市情脉络。

四、本年鉴采用分类编纂，分为类目、分目、条目3个层次。

五、凡本年度逝世的副市级以上领导干部、省级以上劳动模范、专家学者及对承德发展有突出贡献的知名人士以人物简介形式入年鉴。

六、本年鉴计量单位以《中华人民共和国法定计量单位》为准，土地面积延用“亩”。

七、本年鉴各稿均由市直各有关部门及各县（市、区）地方志编纂委员会专人撰写，并经主管领导审定。全局性综合数据以市统计局提供为准，个别采用部门数据。

八、本年鉴中图片除特邀拍摄外均为供稿单位提供。

《承德年鉴(2017)》编纂委员会

朱守仓　市卫生和计划生育委员会主任
董　宇　市文化广电新闻出版局局长
曹金岗　市文物局局长
王成军　市旅游发展委员会主任
张　忠　市民族宗教事务局局长
冯国杰　市统计局局长
常金超　市民政局局长
关利军　市住房和城乡建设局局长
张富民　市政协副主席、市交通运输局局长
张学东　市农牧局局长
王　江　市林业局局长
宋清礼　市工业和信息化产业局局长
毕凤君　市政协副秘书长、办公室主任
佟伊民　市总工会常务副主席
王立功　承德日报社社长
杨玉甫　双桥区政府区长
王贺民　双滦区政府区长
高浚力　鹰手营子矿区政府区长
甄毓敏　围场满族蒙古族自治县政府县长
杨宪军　丰宁满族自治县政府县长
李　东　隆化县政府县长
刘志琦　承德县政府县长
曹佐金　平泉市政府市长
于　山　滦平县政府县长
杨海龙　宽城满族自治县政府县长
焦　军　兴隆县政府县长
奚晓红　市地方志办公室主任

《承德年鉴(2017)》

主　　编　奚晓红

副 主 编　迟卫国　路海红

特约审稿　袁树森

编　　辑　路海红　宋利大　蔡国栋　兰　岚
　　　　　　王　剑　孙　杰

图片设计　曹　静

摄　　影　王海琦　孙树峰　张维藩　衣志强
　　　　　　王立群　王　强　胡九龙　樊江岩

翻　　译　王　斌

↑ 中共市委书记周仲明（右二）、市长常丽虹（右三）率承德市党政代表团赴江苏盐城，浙江湖州、杭州，宁夏银川，河北邢台学习考察。图为5月8日至9日，承德市党政代表团在江苏盐城，学习盐城高新技术产业发展、园区建设等方面的好经验好做法，共商两地深化合作大计

↑ 4月，市委书记周仲明(左一)等“四大班子”领导在双峰寺空港城参加义务植树劳动

10月20日，市长常丽虹（右二）实地检查市区供热准备情况 →

11 月 7 日至 8 日，天津市党政代表团一行 94 人赴承德考察天津中德应用技术大学承德分校选址地和颈复康药业集团，并召开冀津协作和对口帮扶承德市第一次联席会议。会上，省政府与天津市签署了《对口帮扶承德市贫困县框架协议》，承德市与天津市签署了《支援建设承德冀津六沟产业园区框架协议》《推进旅游一体化框架协议》《开展现代农牧业合作框架协议》《对口支援建设高等职业院校框架协议》

津协作和对口帮扶承德市第一次联席会议

天津中德应用技术大学承德分校规划图

参观颈复康药业集团

考察天津中德应用技术大学承德分校选址地

南营子大街中心广场

二仙居旱河景观带

迎宾路景观带

行政中心全景

承德大桥

武烈河城市公园

迎宾路马踏飞燕雕塑

避暑山庄湖区

佟山公园

佟山公园公益林

大老虎沟山体公园鸟瞰

山体公园的建设不仅改变市区生态环境，也给市民日常休闲和晨炼提供了新场所，缓解了避暑山庄的压力

市民在山体公园晨练

工作人员正在对机组进行调试

丰宁智能风机总装基地项目工人正在组装风电机组

总投资 6 亿元的承德县华唐服务外包产业园项目，1000 余座席呼叫中心部分已投入运营，解决了 4500 余人就业。图为产业园呼叫中心一角

总投资5.17亿元，年产40万平方米微晶石的宽城新通源新型环保材料项目生产车间

吉林庆达新能源电力股份有限公司位于平泉县道虎沟乡建设的35兆瓦光伏扶贫项目成功并网发电

锡盟——泰州特高压直流工程围场段正在紧张作业中。图为国网围场供电分公司特高压党员突击队队员在后沟牧场进行高空作业

承德天丰生物工程有限公司通过研发，利用高科技在农作物秸秆中提取纤维素酶、果胶酶、酸性蛋白酶等12种生物酶，产品销往全国各地，并出口以色列等国家，图为工作人员正在进行生物酶检验

塞罕坝机械林场防护林

坚守理想奉献青春

——"80后"大学生扎根塞罕坝植绿

塞罕坝虽然自然条件恶劣，却是有为青年建功立业，实现"青春梦、报国情"的热土。

受"塞罕坝精神"的感召，从2003年起，一批批"80后"大学生放弃了城市优越的生活条件，来到了人烟稀少的坝上地区，在老一代林业人的带动下，开始了新的征程。截至年末，在塞罕坝机械林场，像李晓靖、于士涛、史文兵一样的"80后"大学生共有86名。在这里，他们继承前辈的"塞罕坝精神"，扎根坝上、与青山为友，与绿水为伴，甘于寂寞、乐于奉献，将个人理想与国家需要、个人追求与人民利益紧密结合起来，用火热的青春谱写着自己的"中国梦"。

每年的4月下旬至6月上旬，塞罕坝的大地上就会呈现热火朝天的播绿场景

劳作间隙，在树林里释放自己的“花样年华”

冬季，在白雪覆盖的树林里，大学生们坚守在野外调查一线

硕士夫妻共同植绿

野外风餐是“家常便饭”

出生在坝上的尹海龙大学毕业后回到坝上，从父辈手中接过建设好塞罕坝的重任

大学生的到来，让自然条件恶劣的塞罕坝充满了朝气

航站楼

等待起飞

承德机场于 2013 年 10 月正式开工建设，2016 年 11 月，完成飞行校验。承德人民期盼已久的航空梦成为现实，这对于完善承德综合交通运输网络、扩大承德对外开放、促进承德经济持续健康发展具有重大意义和深远影响。随着承德机场的通航，承德这一历史文化名城和国际旅游城市一定会借助航空的翅膀，通达四海，走向世界

跑道

12月21日，承德第四届鼎盛皇家灯会开园

承德景观入驻2016唐山世界园艺博览会

在围场棋盘山镇一育苗基地，当地农民正在热火朝天地移植树苗

宽城大石柱子乡黑木耳种植专业合作社员工正在采摘木耳

花卉种植成为农民致富的新途径

近年来，承德积极开展生态环境保护建设，保持生态平衡，保护野生动物，优良的生态环境不仅营造了碧水蓝天等良好的气候条件，还协调了完好的生物链，为鸟类和其他野生动物的栖息创造了良好的生存环境

翠鸟捕鱼

随着社会的进步，年货购买的方式也在不断的改变。超市促销，网购年货等虽已成为市民置办年货的首选方式，但是，还是有很多人愿意去传统大集逛一逛，在热闹与喧嚣中体验年味儿

12 月 31 日，承德市社会福利院里欢声笑语，福利院的副院长樊艳秋妈妈与工作人员为孩子们订制了迎新年蛋糕，许下新年愿望，一起迎接新年的到来

用“电子货架”这一载体，实现了对农民触网体验的覆盖

10 月 15 日上午，“2016 承德国际马拉松赛”正式开赛，来自世界各地的万名跑者在普陀宗乘之庙广场前激情起跑，一场皇家文化、满蒙风情、现代都市的穿越之旅如约而至。省体育局局长何江海、市委书记周仲明、市长常丽虹等市领导出席起跑仪式和颁奖仪式

9 月 10 日，2016 环中国国际公路自行车赛承德皇家御道围场——丰宁赛段在围场御道口牧场文化广场鸣枪开赛。来自世界各国的 22 支代表队以骑行的方式重走“京承皇家御道”，向世界展示一道独特的风景。赛事以“绿色、生态、参与、共享”为主题，承德皇家御道赛段途径围场御道口牧场—滦河猎谷—五道沟风景区—茶盐古道—丰宁大滩大汗行宫，赛程 157.8 公里

目录

特　载

专　文

概　况

中共承德市委

承德市人大及其常委会

承德市人民政府

政协承德市委员会

纪检监察

民主党派　工商联

社会团体

军　事

政　法

综合管理

农　业

工业和信息产业

旅 游 业

商贸流通

银 行 业

保 险 业

城乡建设 环境保护

交 通

教　育

科　技

卫生计生

文　化

社会生活

县区及承德高新区

人　物

大　事　记

附　录

Contents

Chengde municipal people's congress and its standing committee

Chengde Municipal People's Government

Chengde committee of CPPCC

Discipline inspection and supervision

Industry and information industry

Tourist industry

Business trade

The banking sector

The insurance industry

Town and country construction

Communications

Education

Science and technology

Health and family planning

Culture

Social life

Counties and districts

Personages

Chronicle of events 2016

Appendix

政府工作报告

——2017 年 4 月 7 日在承德市第十四届
人民代表大会第一次会议上

承德市人民政府市长　常丽虹

一、本届政府工作回顾

市第十三届人大一次会议以来，在省委、省政府和中共承德市委坚强领导下，全市上下认真学习贯彻党的十八大和十八届三中、四中、五中、六中全会精神，深入落实习近平总书记系列重要讲话和对承德作出的“定位于建设京津冀水源涵养功能区，同步考虑解决京津周边贫困问题”重要指示，紧紧围绕“三区一城”发展定位，积极践行新发展理念，主动适应引领经济新常态，抢抓机遇，攻坚克难，砥砺奋进，全市经济社会发展取得显著成绩，为全面建成小康社会，建设生态强市、魅力承德奠定了坚实基础。

综合经济实力稳步提升。2016 年生产总值达到 1432.9 亿元，年均增长 7.4%；全社会固定资产投资完成 1632.8 亿元，年均增长 12.4%；规上工业实现增加值 471.7 亿元，年均增长 7.1%；全部财政收入完成 147 亿元，其中公共财政预算收入 82.1 亿元；社会消费品零售总额达到 543 亿元，年均增长 11.6%。县域经济规模持续扩大，8 个县的经济总量全部超过百亿元，宽城县突破 200 亿元。经济发展规模和水平跃上新台阶。

结构调整取得明显成效。三次产业结构由 2012 年的 15.7∶52.9∶31.4 调整为 16.6∶45.6∶37.8。实施亿元以上传统产业技改项目 344 个，净增规上工业企业 107 家。绿色产业蓬勃发展，文化旅游、钒钛新材料、新型建材等十大产业增加值占 GDP 比重达到 35%，高新技术产业增加值年均增长 10.7%。清洁能源电力装机达到 380 万千瓦，被列为全国新能源示范市。旅游总收入达到 506 亿元，增长 2.1 倍。电子商务交易和网络零售额达到 550 亿元，宽城、滦平、围场 3 个县成为全国电子商务进农村综合示范县，承德县被评为省级服务外包呼叫中心基地。新增国家和省级现代农业示范园区 12 个，市级以上农业产业化龙头企业 404 家，农业产业化经营率达到 68.7%，跻身全国六个休闲农业与乡村旅游示范市行列。

协同发展和对外开放迈出坚实步伐。抢抓京津冀协同发展重大机遇，120 个重大事项列入国家及京津冀战略规划，实施对接合作项目 734 个，完成投资 1048 亿元。携手中关村打造协同创新共同体示范区，大数据电子信息、生命医学大健康、节能环保三个产业园相继落地。承德高新区升格为国家级高新区，新增省级高新区2家。打通国道111线、津兴线等6条连接京津的瓶颈路，环首都3县5条城际公交直连北京。与京津之间交通基础设施、产业、生态等多方面合作日益深化。全方位多渠道对外开放，外贸出口总额15.7亿元、年均增长32.8%，实际利用外资5.5亿美元、年均增长11.3%，引进市外资金1981亿元。承德海关开关运行。隆化保税仓库建成投用。协同发展的叠加效应不断显现。

生态环境质量保持华北地区领先。造林绿化386万亩，森林覆盖率达到56.7%。出境断面和饮用水源地水质达标率达到100%，水环境质量保持全省第一。深入开展大气污染防治，实施治理项目908个，取缔燃煤锅炉923台，推广使用高效节能炉具13.3万台。投放纯电动公交车385台，黄标车实现“清零”目标。超额完成省下达的主要污染物减排任务，空气优良天数保持在270天以上。推动建立滦河流域生态补偿机制，在全国率先开展跨区域碳汇交易，成功争列国家生态文明先行示范区和全国水生态文明建设试点市，生态引力持续增强。

基础设施建设实现重大突破。承张、承赤高速建成通车，新增高速公路382公里、达到758公里；新建改建国省干线428公里、农村公路5078公里。承德机场即将通航，平泉机场开通国内首条军民合用短途运输航线。张唐铁路竣工通车，新增铁路运营里程215公里、达到795公里。新建输变电站18座、通信基站6476个。双峰寺水库具备蓄水条件，丰宁抽水蓄能电站二期开工，南郊热电即将投入运营。一批重大基础性工程的建设使长期制约发展的短板得到明显改善，对助推经济社会发展起到至关重要作用。

新型城镇化进程加快。有序放开城镇落户限制，全面推开居住证制度。全市常住人口城镇化率达到49%，提高7.1个百分点。中心城市功能持续改善，实施水电路气等市政基础设施项目668个，建成区面积从97平方公里扩大到117平方公里。县城承载力进一步提升，宽城“产教城”一体化模式在全省推广。特色小城镇加快发展，建制镇达到93个，全国重点镇达到20个。争列和建设兴隆燕山峡谷等省级美丽乡村精品片区5个、重点村878个，农村人居环境不断改善。

重点领域改革扎实推进。大力推进“放管服”改革，非行政许可事项全部取消，审批事项减少148项，向县区下放行政权力260项，“三级平台”“两个代办”实现全覆盖。全面推行商事登记制度改革，市场主体达到18.14万户、注册资本2690亿元，分别是2012年的1.8倍和3倍。加大国有资本市场化运营力度，组建国控集团并实现健康发展。金融业获得长足进步，发起设立全国首支农业产业发展引导基金，新增外埠银行4家、保险证券机构10家，上市挂牌企业达到29家。农村综合改革稳步推进，土地确权登记颁证595万亩，流转率达到27.8%，市县农村产权交易平台全部建成。供销社综合改革、国有林场改革走在全国前列。

各项社会事业全面进步。民生投入累计达到927亿元，占全部财政支出的83.8%。城乡居民人均可支配收入分别达到24856元和8736元，年均增长7.4%和12%。脱贫攻坚成效显著，63.08万贫困群众稳定脱贫，506个贫困村摘帽。新增城镇就业18.3万人，农村劳动力转移就业16.3万人，高校毕业生就业率达到90.9%，城镇登记失业率控制在4.5%以内。城乡居民医疗保险、养老保险参保率分别达到95%和99%。改造棚户区住房3.33万套、农村危房10.62万户。义务教育均衡发展，职业教育全省领先。县级公立医院改革实现全覆盖，医药卫生体制改革走在全省前列。城乡公共文化服务体系不断完善，营子区被评为全省公共文化服务示范区。双拥共建结出新硕果，荣获全国双拥模范城“八连冠”。安全生产、食品药品安全形势保持平稳，法治承德、平安承德建设扎实推进，双桥区、双滦区被列为全国和谐社区建设示范城区。文化体育、人口计生、民族宗教、外事侨务、人民防空、史志档案、统计调查、气象地震、防灾减灾、对口援疆、邮政通信、妇女儿童、老龄、残疾人等工作取得新成绩。

政府自身建设不断加强。深入开展党的群众路线教育实践活动、“三严三实”专题教育和“两学一做”学习教育，坚决贯彻中央“八项规定”精神，认真落实全面从严治党责任，加大行政监察和审计监督力度，推进行政权力依法公开透明运行，政府系统作风建设发生显著变化。完善科学民主决策机制，建立重大决策专家咨询、公众听证、合法性审查制度，依法行政能力进一步增强。自觉接受人大法律监督与工作监督、政协民主监督以及社会监督、舆论监督，共办理人大代表建议738件、政协提案971件，按时办复率均为100%。

各位代表！刚刚过去的2016年，面对经济持续下行的巨大压力，面对稳增长、调结构、转方式的艰巨任务，面对精准脱贫和生态建设的重大责任，我们保持沉着冷静、稳中求进的战略定力，强化打基础利长远、久久为功的责任担当，发扬拼搏实干、奋发作为的进取精神，推动经济发展呈现稳中向好、动力增强的新态势，实现了“十三五”规划良好开局。一年来，我们在直面困难挑战中精准发力，一批稳增长的政策措施落地见效。围绕推进供给侧结构性改革，出台了一系列务实管用的政策措施，“三去一降一补”取得阶段性成效。提前完成钢铁、煤炭去产能年度目标任务。深入开展企业帮扶年和环境优化年活动，投放银企帮扶资金190亿元，为企业减负13亿元，帮助120家企业正常生产。重点项目建设三年攻坚行动成效明显，实施亿元以上重点项目841个、完成投资1124亿元。营商环境进一步改善，市场主体和注册资本分别增长14%和39.7%，经济下滑势头得到有效遏制。一年来，我们在绿色发展中加快动能转换，一批新兴产业呈现强劲发展势头。着力培育壮大十大绿色产业，引进德鸣大数据产业园、南开大学大数据研究院等大数据电子信息项目30个，总投资685亿元。启动实施天然矿泉水、山泉水开发项目21个，“农夫山泉”“汇源”等6家饮品名企落户承德，全市总产能达到320万吨。引进战略投资者实施天宝矿业集成技改，力促传统产业优胜劣汰、提档升级。承德冰雪季激活冬季旅游，“大槐树”成为全省农村电商三大平台之一。被列为第二批国家全域旅游示范区创建城市、京津冀大数据综合试验区和国家物流标准化试点市。十大绿色产业增加值占GDP比重超过“两黑”产业10个百分点，新动能正在撑起发展新天地。一年来，我们在改善生态环境中巩固放大优势，一批重大环境治理与修复工程深入实施。把建设京津冀水源涵养功能区，进一步改善生态环境作为重大政治责任和发展责任，成功争列山水林田湖综合整治试点和国家绿色矿业发展示范区，“6743工程”和“双百行动”成效显著。实施总投资73.6亿元的滦河武烈河生态治理工程，全面开展潘家口水库网箱养鱼清理。探索编制“自然资源资产负债表”，并在全国地级市中第一个公开发布。环境质量继续保持京津冀前列。一年来，我们在积极主动融入京津中发展自己，一批制约发展的瓶颈实现突破。全面推进京冀津冀战略合作协议落实，7个贫困县与京津建立结对帮扶工作体系，与天津签署“1+4”战略合作协议，与北京朝阳医院等5家知名医疗机构深度合作。京承津承交通一体化加快推进，承平高速控制性工程开工建设，京沈高铁承德段全面推进，承津城际铁路启动前期。着力提升协同发展的承载能力，“一带三区”城市战略全面启动。实施开发区改革发展三年攻坚行动，省级开发区整合至10家，新建省级以上科技创新服务平台29个，园区承载力和科技支撑能力显著增强。一年来，我们直面问题多措并举，脱贫攻坚和民生改善实现重大进展。188个贫困村出列、12.8万贫困群众实现稳定脱贫，“政银企户保”金融扶贫经验在全国推广，平泉食用菌扶贫模式被评为“全国十大产业扶贫范例”。年初政府工作报告中向全市人民承诺的20件惠民实事全部完成。提高特困人群医疗救助水平试点顺利推进，房地产领域遗留问题、国有企业改制职工安置、老城区学校幼儿园建设等一批累积多年的“老大难”问题得到有效解决，踏踏实实为人民群众办了一批好事实事。

各位代表！我市经济社会发展取得的成就，得益于党中央、国务院的亲切关怀，得益于省委、省政府和市委的坚强领导，得益于市人大、市政协和社会各界的大力支持，得益于全市广大干部群众的团结奋斗、艰苦努力。在此，我代表市人民政府，向全市383万人民，向人大代表、政协委员，向各民主党派、工商联、无党派人士和人民团体，向驻承人民解放军、武警部队官兵和政法干警，向一直以来关心和支持承德经济社会发展的国内外各界朋友，表示崇高的敬意和衷心的感谢！

各位代表！在看到来之不易成绩的同时，我们也时刻保持着清醒的头脑，我们深知在全市经济社会发展中还存在不少困难和问题。主要表现在：经济总量小、产业层级低、创新能力弱、新兴产业发育慢，结构性矛盾突出，调结构、转方式极为迫切；住房保障、教育医疗、交通出行、城市管理、食品药品和公共安全等方面的短板依然突出；贫困面大，贫困人口多，贫困程度深，脱贫攻坚任务十分艰巨；部分行业企业生产经营困难，财源支撑能力弱，“三保”支出压力大，财政收支矛盾突出，财政金融风险上升；少数干部懒政怠政、不担当、不作为，一些改革举措和政策迟迟落不了地，营商环境亟待改善，等等。对这些矛盾和问题，我们不能回避，也不能绕着走，而要以改革创新的理念思路，以攻坚克难的勇气决心，以咬定青山不放松的恒心毅力，把压力挺起来，把责任扛起来，把担子担起来，全力以赴做好政府工作，绝不辜负各位代表和全市人民的信任与重托！

二、今后五年发展目标和主要任务

未来五年，是全面建成小康社会的决胜期，也是承德大有作为、大步前进、后来居上的关键期。我们面临千载难逢的重大发展机遇。纵观大势，国家京津冀协同发展全面深化，扶贫攻坚集中发力，供给侧结构性改革持续推进，我省配套跟进“一揽子”政策措施，为我们激发企业活力、扩大有效供给、促进动能转换带来重大利好。立足承德，我市地理区位优越、历史文化厚重、生态环境良好、各类资源丰富的优势日益凸显，再加上立体综合交通网络的形成，这些其他地区不可比拟的条件所产生的独特魅力，正在转化为对资本、项目、人才的强大吸引力。一大批绿色产业项目相继落地，并将陆续进入收获期，为未来承德发展积蓄了宝贵的后劲，为我们后来居上实现跨越发展创造了条件。更为宝贵的是全市政通人和万事兴的良好局面已经形成。市第十四次党代会紧跟时代步伐，描绘了承德未来五年发展的宏伟蓝图，激发了广大干部群众干事创业的激情和斗志。只要我们抓住机遇、凝神聚力，只要我们用好政策、乘势而上，只要我们坚定信心、发愤图强，就一定能谱写出实现中华民族伟大复兴第一个百年梦想光辉灿烂的承德篇章！

按照市第十四次党代会的总体部署，今后五年政府工作的指导思想是：全面贯彻党的十八大和即将召开的十九大精神，坚持以邓小平理论、“三个代表”重要思想和科学发展观为指导，深入学习贯彻习近平总书记系列重要讲话精神，统筹推进“五位一体”总体布局，协调推进“四个全面”战略布局，认真践行新发展理念，适应把握引领经济发展新常态，大力推进供给侧结构性改革，坚定不移走加快转型、绿色发展、跨越提升新路，全面落实“三区一城”定位和“12345”

总体目标思路，加强预期引导，强化创新驱动，全力稳增长、促改革、调结构、惠民生、防风险，确保如期实现脱贫摘帽、全面小康，为建设生态强市、魅力承德而不懈努力。

今后五年发展的主要预期目标是：生产总值达到2160亿元，年均增长7.5%左右；规模以上工业增加值年均增长7.5%以上；固定资产投资年均增长10%以上；全部财政收入和公共财政预算收入力争年均增长10%以上；城乡居民人均可支配收入年均增长9.5%以上，城镇化率达到55%以上。重点完成好以下七大任务：

（一）坚定不移加快转型升级，构建绿色发展新格局。坚持“差异化、特色化、增量调整”方向，加快发展十大绿色产业，力争绿色产业增加值占生产总值比重超过60%，构建起多元化、中高端的现代产业体系。

推动传统产业迈向中高端。完成压减炼铁462万吨、粗钢563万吨去产能任务的同时，强力推进矿山钢铁企业整合技改、绿色发展，实现“产能压减、效益翻番”。强力推进国家绿色钒钛产业基地建设，研发高端钒钛钢、钒钛制品、全钒液流电池、钛材等高端钒钛产品，钒钛新材料产值达到1300亿元。强力推进装备制造业智能化发展，培育壮大军民融合产业，汽车零部件、输送装备、智能仪器仪表传统产业迈向工业4.0，加快发展通用飞机、新能源汽车等先进装备制造业，产值达到1000亿元。强力推进新型建材产业产品研发、链式配套、集成服务，打造京津冀新型建材及建筑产业化基地，新型建材产值达到700亿元以上。强力提升食品医药产业，引进和培育一批龙头企业，建设中国北方最大的道地中药材种植加工基地和全国知名的医药产业聚集区，绿色食品及生物医药产业产值达到1200亿元以上。

实现战略性新兴产业挑大梁。坚持优先用力，推动大数据、矿泉水、节能环保、清洁能源等优势新兴产业率先发展，构建支撑全市产业和财源的新“四梁八柱”。围绕建设“京津冀大数据综合试验区”和“国家绿色大数据中心”，着力打造“五大基地”，形成大数据存储、应用、云计算及软件研发、相关硬件制造等全产业链条，构建大智移云中高端产业集群。围绕建设“中国高锶矿泉城”，唱响“京津水源 · 皇家矿泉”金字招牌，积极引进名企名牌嫁接改造本土企业，培育产值超20亿元企业3家，天然矿泉水、山泉水产量达到600万吨以上。围绕建设“环保技术国际合作基地”，加快承德高新区节能环保产业园和县区特色产业园区建设，形成“核心园 + 特色园区”的“1+N”产业架构，节能环保产业产值达到1100亿元以上。围绕建设国家级清洁能源产业基地，推广风力发电、光伏发电新技术应用，打造风光储一体化产业格局，清洁能源电力装机达到1400万千瓦，发电量突破300亿千瓦时。

壮大现代服务业生力军。推进旅游产业高端化、智慧化、国际化、全域化发展，集全市之力把2018年第三届全省旅发大会办成精彩纷呈的盛典，把180公里的坝上公路打造成享誉全国的最美风景大道。大力完善旅游基础设施，提高旅游服务标准，培育航空体验、房车营地、VRAR等高端旅游业态，建设生命医学大健康和国际养老养生休闲基地，扩大我市旅游康养产业国际品牌知名度和影响力。抢抓北京冬奥会机遇，大力发展冰雪运动，建成金山岭、六里坪、大黑山、崔梨沟等一批具有国际水准的滑雪度假小镇和以冰雪体验为主的5A级景区。完善冰上运动设施，培养输送一流的冰上运动人才，把避暑山庄冰球队打造成为有国际影响力的品牌球队。以建设国家全域旅游示范区为总抓手，努力实现产业全域联动、景区全域优化、服务全域配套目标，加快一季游向四季游、观光游向休闲游、景区景点游向全域游转变，实现从山庄外庙时代向全域旅游时代的新跨越。深入实施文化强市战略，大力发展文化创意、影视演艺、数字传媒等文化产业，“21世纪避暑山庄”争创国家级文化产业示范园区，进入文化旅游综合收入千亿城市行列。大力发展金融服务、交通运输、建筑劳务、研发设计等生产性服务业，积极发展医养结合、娱乐健身、家政服务、便民商业等生活性服务业，建成国家公共检验检测认证服务平台。加快省级物流园区建设，推进电子商务、跨境电商发展，打造京津冀辽蒙区域重要物流枢纽城市。到2021年，以文化旅游康养为引领的现代服务业增加值占GDP比重达到50%以上。

做优做强县域经济。坚持差异化、特色化发展，依托各县资源禀赋，大力发展特色主导产业，力争经济总量超200亿元的县、全部财政收入超20亿元的县分别达到3个以上。大力推动产教城融合发展，每县建成一个产业特色鲜明、教育配套到位、宜居宜业宜养的产教城园区。建成2万人以上中心镇16个。支持平泉等有条件的县撤县建市。大力深化“放管服”改革，为各县竞相发展、活力迸发创造良好环境。

（二）坚定不移打赢脱贫攻坚硬仗，力促农业农村发展呈现新局面。坚持精准扶贫、精准脱贫基本方略，在全面完成脱贫攻坚目标任务的同时，将全市农业农村发展提高到一个新的水平。

决战决胜脱贫攻坚。突出精准要求，因人因户因村施策，扶贫方式向“绣花式”“滴灌式”转变。突出产业扶贫，实施功能农业扶贫、光伏扶贫、旅游扶贫、生态扶贫等专项行动，培育壮大九大特色扶贫主导产业，让每一个贫困户、每一个贫困群众都有增收项目、都有脱贫门路。突出重点区域，加大对深度贫困县支持力度，改善深山区、革命老区、民族地区生产生活条件，易地扶贫搬迁基本完成。突出重点人群，通过实施医疗救助、社保兜底等办法，让特困群体和“三无户”生活无忧。突出扶贫模式创新，推广“三零”“一地生四金”“一林生四财”等扶贫模式，“政银企户保”实现全覆盖，确保贫困人口如期全部脱贫，建档立卡贫困村全部出列，贫困县全部摘帽，与全国全省同步全面建成小康社会。

加快发展现代农业。以农业供给侧改革为主线，生态农业、美丽农业、品质农业和功能农业取得长足发展，创意农业、智慧农业不断壮大，高端优质农业供给能力显著提升。加快“1+2+3+N”现代农业园区建设，建立京承、津承农产品共建共享互认体系，市级以上农业产业化龙头企业达到500家，“三品一标”农产品占比65%以上，全市现代农业产值超1000亿元，建成全国首个功能农业扶贫示范区，力争国家农业高新技术产业开发区创建成功。

建设美丽文明乡村。坚持脱贫攻坚、现代农业、乡村旅游、民俗文化、山区综合开发与美丽乡村建设“六位一体”推进，按照“五美”要求，开展好“四改、四化、两治、四提”14个专项行动，打造围场皇家猎苑、隆化热河皇家温泉等精品片区20个以上，基本实现美丽乡村建设全覆盖，让广袤的农村大地富起来、美起来、强起来。

（三）坚定不移加强生态文明建设，巩固提升区域竞争新优势。倍加珍惜生态优势，改善提升生态水平，实现生态环境区域最优、全国领先，把生态环境打造成为承德发展核心竞争力。

持续增强生态屏障支撑能力。围绕“两河、六路、四区”布局，深入实施京津风沙源治理、京冀水源林、再造“三个塞罕坝”等重大生态工程，加快“四大林业功能区”建设，新增造林绿化385万亩，有林地面积达到3600万亩，活立木蓄积量超过1亿立方米，森林覆盖率达到60%以上。加快全流域水环境综合治理和生态修复，双峰寺水库建成投用，每县至少开工建设1座中小型水库，新增蓄水4亿立方米，水资源控制率达到20%以上，湿地面积保持在6万公顷以上，水土流失治理率达到55%以上。实行最严格的水资源管理制度，全面落实“河长制”，确保出境断面和饮用水源地水质达标率保持100%，水环境质量华北领先。

坚持不懈开展污染减排治理。全面完成国家绿色矿业发展示范区创建“6743”工程，骨干矿山企业全部达到省级以上绿色矿山标准。打好蓝天保卫战，加强京津冀区域联防联控，深入开展散煤综合治理，推动集中供暖和清洁能源供暖，加大电代煤、气代煤和洁净型煤推广力度，清洁能源供热面积达到300万平方米。中心城区公交车全部使用清洁能源替代，空气质量优良天数比例达到85%以上，PM2.5平均浓度值达到国家二级标准，大气质量在全国74个重点城市中的位次明显提升。严控工业固废排放和农村面源污染，加快建立农业清洁生产技术体系，保障农产品质量和人居环境安全。

构建生态文明法律制度体系。划定生态保护红线，实行最严格的生态保护制度，探索用能权、用水权、排污权、碳排放权等市场化有效途径，打造生态产品交易平台。推动建立潮河流域跨界水环境横向生态补偿机制。积极推动生态环境保护地方立法，深化自然资源资产负债表综合应用，实现自然资源资产台账全覆盖。全面开展自然资源责任审计，建立差异化绩效考核机制，构建较为完善的生态文明法律制度体系，努力让承德天更蓝、地更绿、水更清，积累更多的生态财富，保护好可持续的根基命脉，擦亮发展的“金字招牌”。

（四）坚定不移促进协同发展，提升对外开放新境界。京津冀协同发展和“一带一路”战略机遇难得，必须牢牢抓住、用足用好，把眼光放远、把格局做大，全面提升对外开放的层级和水平。

加快交通基础设施一体化建设。加快铁路建设，确保京沈客专2019年通车运行，力争承津城际铁路建成通车，力促北京城郊铁路向承德延伸，建成“一环九射”铁路网，融入“轨道上的京津冀”。加快航空发展，有序开通承德机场至全国各大区域航线和重点国际航线，年客运吞吐量达到100万人次以上。加快7个通用机场建设，基本建成“一运八通”航空网，融入京津冀世界级机场群。加快公路建设，承平、承克高速建成通车，承津、赤曹高速开工建设，高速公路里程达到900公里以上，建成“一环八射”高速公路网，实现县县通高速；彻底打通与京津的瓶颈路，建设干线公路1000公里、农村公路5000公里，所有建制镇和80%以上的乡通达二级以上公路，所有行政村路面宽度达到5米以上。实现京津冀交通一卡通，推进城乡客运一体化，基本形成京津承“一小时交通圈”。

加快产业一体化发展。积极承接北京非首都功能疏解，有效利用天津辐射带动作用，着力打造承德与京津优势互补、错位联动的一体化发展产业生态。强化对接合作，促进承德资源优势、生态优势与京津科技优势、人才优势相结合，以十大绿色产业为主体，形成京津研发－承德制造、京津消费－承德生产服务的产业联动发展新格局。加大京津总部经济引进力度，力争一批大企业、大集团在承德设立区域性总部或分支机构。用好IPO免排队优惠政策，吸引京津企业落地承德，促进承德传统优势企业与京津优质企业嫁接合作，借助京津外力，实现产业层级和水平大幅提升。

加快优质要素一体化共享。加快打造环京津卫星城和“微中心”，吸引京津优质要素向承德聚集。创新教育、医疗、文化等领域合作模式和机制，推动与京津之间人才、科技、产品等生产要素自由流动，共享共建，带动我市公共服务水平快速提升和相关产业加速发展。加快农产品检验检测、新型建材质量标准、就业任职等资格互认，农产品交易、产权交易、生态产品交易等市场互通，实现协同发展成果的最大化。

加快全方位对内对外开放。适应并跟进南资北移大趋势，扩大与长三角、珠三角和港澳台地区合作，建设发达地区产业北上重要承接地。借力国家“一带一路”建设，全力拓展东亚、欧洲和俄罗斯市场。探索“内陆港”“保税区”等外向型经济模式，支持有条件的园区设立保税监管场所，形成对外开放功能区，培育区域经济新高地。力争到2021年利用外资达到4亿美元，进出口完成8亿美元，对外开放结出更加丰硕成果。

（五）坚定不移深化改革创新，着力培育经济发展新动能。牢固树立改革意识和创新思维，坚持以改革增动力、添活力，以创新促发展、求突破。

全面推进重点领域改革。深化简政放权、加强监管、优化服务，促进行政许可权相对集中使用。深化投融资改革，新增多层次资本市场上市企业40家，金融业增加值年均增长15%以上，对经济增长贡献率达到20%，力争把我市打造成为京津冀一体化东北翼区域金融中心。深化国企国资改革，完善国控集团等国有企业法人治理结构和国有资本运营机制，大力发展混合所有制经济。扎实推进农业农村综合改革，完善农村土地“三权分置”办法，发展多种形式农业适度规模经营，推进农村集体产权制度改革，形成农民持续增收的新机制。加快推进城市综合执法改革，建立城市管理工作标准规范体系。培养优秀企业家队伍，构建新型政商关系，激发非公有制经济活力，新增市场主体10万户，民营经济占比达到75%以上。

全面推进科技创新改革。创新科技投入机制，力争R&D投入占GDP比重达到全省平均水平。鼓励社会资本投身科技研发和科技成果转化主战场，形成政府主导、企业主体、社会参与的科技创新体系。以承德·中关村协同创新共同体示范区为引领，构建“政产学研企”创新体系，大幅提升企业创新能力、产业创新能力和区域创新能力。到2021年，建成国家级钒钛新材料工程技术研究中心等一批区域性协同创新平台，科技孵化和创新园区达到50家，各类科技研发和公共服务机构超过200家。全市科技型中小企业达到2000家以上，高新技术企业达到100家，高新技术产业增加值占规上工业比重超过25%。科技进步贡献率达到60%以上。

全面推进开发区体制机制改革。深入实施开发区改革发展三年攻坚行动，改革开发区机构设置、人员编制、薪酬分配和选人用人制度，创新招商机制、投融资体制和服务模式，加快“九通一平”和“新九通一平”配套建设，形成特色优势产业集群，力争承德高新区进入国家级“第二方阵”，双滦经开区建成国家级经济技术开发区。全市开发区生产总值年均增长20%以上、占比达到50%，财政收入年均增长10%以上、占比达到45%以上，真正成为改革开放的先行区、创新驱动的示范区、经济发展的增长极。

（六）坚定不移推进新型城镇化，迈出城乡统筹发展新步伐。积极融入京津冀世界级城市群，以建设国际旅游城市为引领，实现“五城联创”目标，构建起“以城带乡、城乡一体”的现代城镇体系。

中心城市辐射带动力显著提升。加快实施“一带三区”城市发展战略，拓展城市空间，中心城区建成区面积达到130平方公里、人口达到100万以上。下大力推进老城区“中疏”和“治堵”，力争城市组团间骨干通道不少于2条，形成中心城区“八纵八横”骨干通道，提高城市道路通行能力；首条城市轨道交通建成运营，城市公共交通取得重大突破。挖掘城市文化内涵，调整优化业态，严控建设标准，落实“多规合一”。持续开展城市环境综合整治，加强精细化、精致化、精美化管理，着力提升城市品质，打造智慧城市应用示范城市。抓好南北新城起步区、引导区和重点区建设，加快实施临空经济产业区、国际滑雪度假区、皇家康养休闲区等投资超千亿的基础设施和产业项目，形成新城组团基本框架。

县城小城镇规模品质显著提升。强力推进县城建设攻坚行动，深入挖掘不同地域文化，促进产教城融合发展，打造一批精品街区和地标性建筑，提高政府空间管控水平和综合治理能力。加快构建“一核、三带、多点”市域城镇空间布局，以滦平县、双滦区、双桥区、高新区、隆化县、围场县为重点的御路文化城镇带，以丰宁县、滦平县、兴隆县、承德县和营子区为重点的环京津城镇带，以平泉县、宽城县为重点的出海城镇带初步形成。加快承德县与中心城区同城化步伐，推进营子区资源枯竭型城市转型发展。积极推进撤乡设镇，建制镇占乡镇总数比例接近或达到全省平均水平。

城乡基础设施水平显著提升。加快水源地和供水管网建设，完善城市河道干支流防洪及水景观体系，保证防洪和供水安全。强化海绵城市建设理念，提高城市排水防涝减灾能力。实施“宽带承德”工程，统筹推进骨干通信网络建设。加快城乡电网及各类老旧管网改造升级，加强地下综合管廊、煤气、天然气、充电桩、污水和垃圾处理、“两场一厕”等公共设施建设，进一步完善城市功能。通过几年坚持不懈的努力，让我们的城市不仅“面子”更好看，“里子”也越来越厚实。

（七）坚定不移保障和改善民生，更好满足人民群众新期待。牢固树立以人民为中心的发展思想，持续加大民生投入，促进城乡居民收入稳定增长，不断提高民生保障和服务能力，努力让发展更有温度，幸福更有质感。

大力促进就业增收。全面落实更加积极的就业政策，实现就业困难群体帮扶全覆盖。千方百计提高各阶层收入水平，多渠道增加农民收入，提高企业职工和机关事业单位职工收入，确保城乡居民收入和增长幅度达到或超过全省平均水平。

织密民生保障网。实施全民参保登记计划，基本养老保险覆盖全体职工和适龄城乡居民，基本医疗保险覆盖全民，失业、工伤、生育保险覆盖所有法定群体，护理保险全面实施。不断提高“两线合一”标准，建立低保标准自然增长机制，城乡低保标准年均增长10%以上，达到全省平均水平，特困供养服务机构集中供养能力达到60%。加强保障性安居工程建设，基本完成中心城区棚户区改造任务。

办好公平优质教育。优化基础教育布局，促进义务教育均衡发展，构建现代职业教育体系，注重高等教育内涵发展，教育发展主要指标达到全省先进水平。中德应用技术大学承德分校建成并招生，新建改扩建中小学150所，新增公办幼儿园80所。

提升医疗康养水平。实施中医药强市战略，深化医疗卫生协同发展，全面推进公立医院综合改革，完善三级医疗服务网络，建立覆盖城乡居民的基本医疗卫生制度。加强计划生育服务管理，扎实落实全面两孩政策。完成城市社区20分钟养老服务设施布局，每千名老年人拥有床位40张以上，实现城市社区综合服务设施全覆盖，力争农村社区综合服务设施覆盖率达到50%。

发展文化体育事业。推进现代公共文化服务体系建设，实施文化惠民和文明素质提升工程，传承弘扬优秀传统文化，深化德育教育，创造诚实守信的社会环境。加快发展竞技体育，培养高水平运动人才。大力开展全民健身运动，构建全民健身设施网络，打造城市社区15分钟健身圈，全市各类体育场地达到4500个以上，每个社区、每个村都建成一处公共体育健身场所。

深入开展安全创建。严格落实安全生产责任制，进一步做好食品药品安全、公共安全、森林草原防火和防汛抗灾等工作，建立完善立体化信息化社会治安防控体系，有效防范化解各类风险，确保社会大局和谐稳定、人民群众安居乐业。

各位代表！全面建成小康社会的伟大任务历史地落在了我们这一代人肩上。只要我们万众一心、不怕困难，信念坚定、矢志不移，就一定能够走出暂时的困难、打拼出一片新天地，就一定能够把宏伟蓝图变成美好现实，就一定能够铸就承德发展新的辉煌！

三、2017 年重点工作

今年是全面落实市第十四次党代会精神的第一年，也是新一届政府的开局之年，做好今年各项工作对我们挑战很大、考验很大。我们一定要认真贯彻习近平总书记系列重要讲话精神和治国理政的新理念新思想新战略，全面落实党中央国务院、省委省政府和市委各项决策部署，扑下身子抓落实，撸起袖子加油干，以经济社会发展的优异成绩迎接党的十九大胜利召开。

今年全市经济社会发展主要预期目标是：生产总值增长 7%，规模以上工业增长 5% 以上，固定资产投资增长 10%，全部财政收入和公共财政预算收入均增长 5%，实际利用外资增长 10% 以上，出口总额增长 5% 以上，社会消费品零售总额增长 10% 以上，城乡居民人均可支配收入分别增长 8% 和 10% 以上，城镇登记失业率控制在 4.5% 以内，万元生产总值能耗下降 4% 左右，常住人口城镇化率达到 50.5%，地表水水质优良率保持在 95% 以上，PM2.5 年均浓度及化学需氧量、二氧化硫、氨氮、氮氧化物减排完成省下达目标。重点做好八个方面工作：

（一）大力推进经济持续稳定增长。把稳增长作为首要任务，千方百计稳定提升传统产业，以更大的决心培育新的经济增长点。

全力实施项目攻坚。把项目建设作为重中之重，深入实施项目攻坚三年行动和“33591”工程，确保完成固定资产投资 1776 亿元以上。建立落实市县领导“五个一”包保机制和“七人小组”工作机制，抓好推介招商、集中开工和观摩拉练，全年新开工荣盛新能源产业园等亿元以上项目 500 个，福田汽车高精尖零部件、河北航研制冷设备、磬棰湾国际商业街等 225 个重大产业和服务业项目投产运营，努力形成开工项目热火朝天、竣工项目接二连三、后备项目源源不断的生动局面。

加快发展实体经济。制定出台支持实体经济发展实施意见，设立总规模 100 亿元发展基金，对市场前景好、发展潜力大的重点企业给予重点扶持。筛选 100 家以上重点企业，实行市县两级领导一对一包保、点对点帮扶。进一步放宽投资准入，力争民间投资增长 18% 以上，民营经济增加值增长 6% 以上。持续实施以创业创新带动就业为重点的“双创”行动，推动“个转企、小升规、规改股、股上市”，新增市场主体 2.2 万户、规上工业企业 50 家以上，使小企业铺天盖地，大企业顶天立地，市场活力和社会创造力竞相迸发。

全面促进消费升级。深入开展“大健康、新医疗”行动，开拓医养结合、健康管理、康复护理、体育健身等新兴服务消费。深入开展增品种、提品质、创品牌专项行动，争创中国驰名商标和省著名商标 10 件以上，省级名牌优质产品 25 项以上。深入开展“互联网 + 流通”行动，实施电子商务进社区进农村工程，推动线上线下融合发展，电子商务交易和网络零售额达到 670 亿元。加强消费者权益保护，营造良好的市场秩序和消费环境。

（二）大力推进供给侧结构性改革。以提高质量和效益为核心，进一步优化产业结构，加快培育发展新动能，力争十大绿色产业增加值占生产总值比重提高到 36% 以上。

深入推进三去一降一补。坚定不移去产能，压减煤炭 90 万吨、生铁 104 万吨、粗钢 190 万吨，稳妥做好职工安置和债务处置工作。加强房地产市场调控，强化价格管控和引导，规范房地产市场秩序，促进房地产市场平稳健康发展。强化地方政府债务和金融管理，确保不发生系统性和区域性风险。落实减少涉企收费政策，深化政银企对接合作，切实减轻企业负担，提升企业效益。

全力办好旅游业发展大会。坚持国际视野规划、一流标准建设，突出生态、扶贫、特色、全域、全时，紧锣密鼓做好第三届全省旅发大会各项筹备工作，高水平办好首届全市旅发大会。力争“国家一号风景大道”主场馆和重大节点工程主体基本完工，沿线交通基础设施改造，美丽乡村和高端民俗、农家乐建设初具规模，游客中心、旅游公厕、驿站、旅游标识等配套服务设施同步推进。集中开展两个旅发大会沿线、重点片区“两改一拆”和旅游环境改造提升工程，为大会成功召开和全市旅游发展创造优良环境。

加快培育壮大新兴产业。深入实施绿色产业三年倍增计划。谋划成立旅游发展投资公司和文化产业发展投资集团，建立旅游产业发展基金，加快双桥大稿国际艺术区、围场御道河谷文化旅游区等重大文化旅游产业项目建设，力争文化旅游业实现增加值 580 亿元、增长 10% 以上。中经承园、斐讯大数据产业园等 10 个项目开工建设，华明服务外包产业园、智慧承德云平台等 15 个项目投入运营，德鸣大数据特色小镇建设初具规模，大数据产业体系基本形成。中国（承德）高锶康养矿泉水研究院、院士工作站挂牌成立，矿泉水博物馆建成投用，新增矿泉水产能 200 万吨以上。加强与中国宜兴环保科技园战略合作，启动节能环保产业园“五个一”建设。围绕集成装配式建筑产业化，配套整合、扩大市场，新增新型建材企业 10 家以上，实现产值 180 亿元。支持承钢公司、天大钒业、锦科科技、建龙特钢等一批钒钛新材料企业做大做强，启动矿业整合重组和传统产业技改升级攻坚行动，实施超亿元技改项目 80 个以上。

持续提升农业有效供给。紧紧盯住京津两大消费市场，深入实施农产品加工业倍增和品牌培育计划，中能昊龙滦平冀康产业园、隆化 10 万头肉牛深加工等一批项目开工，森源食用菌等 20 个农产品精深加工项目投产达效，农业产业化经营率达到 69.7%。完善提升 14 个省级农业产业化联合体，培育建成 8–10 个富硒农产品示范试验区，加快打造京津菜篮子绿色有机产品供应基地。办好首届京津冀中药材发展大会，建设燕山中药材经济核心示范区。进一步优化农业种养结构，再调减籽粒玉米 30 万亩，新增高端设施蔬菜 4 万亩，食用菌达到 14.6 亿袋，马铃薯播种面积达到 90 万亩，中药材栽培达到 77 万亩。加强新型职业农民培养，培育新型农业经营主体和服务主体 1500 个以上。

（三）大力推进精准扶贫精准脱贫。坚持精准扶贫、精准脱贫基本方略，真抓实干，吹糠见米，确保 14.6 万农村贫困人口稳定脱贫，力争平泉县、兴隆县摘帽。

夯实基层基础。坚持问题导向，科学制定贫困人口脱贫和贫困县摘帽计划，开展脱贫攻坚“四看”活动。规范“四证一册”，做到一户一人不落发放到位。建立建档立卡动态管理机制、部门间数据比对和信息共享机制，实现贫困人口有进有出、动态管理，提高脱贫攻坚精准度。

聚焦重点区域。按照跨县连片统筹发展的思路，打破区域空间布局，以丰宁、围场、隆化 3 个深度贫困县为重点，充分利用中央和省扶持政策，把资金、项目、资源集中倾斜，实行资源整合、权益捆绑、统筹推进，放大整体效益，打造政府、企业、市场、农户多方共赢的扶贫产业聚集区。

狠抓精准落地。以产业扶贫为主攻方向，加快打造“五个百万基地”“六条扶贫产业带”，壮大九大特色扶贫主导产业，培育旅游扶贫试点村120个。实施“百村万户阳光扶贫工程”，建成村级光伏扶贫电站130个以上，新增户用分布式光伏1万户。实现智慧电商扶贫服务站全覆盖，力争每个贫困村至少发展1个脱贫产业，每个贫困户至少参与一项稳定增收项目。抓好45处集中安置小区“交钥匙”工程，新启动搬迁70889人，确保贫困群众搬得出、稳得住、能致富。加大教育、医疗救助和社会保障扶贫力度，抓好“提高贫困人口医疗保障救助水平解决因病致贫返贫问题”省级试点，落实“三免一助”和农村义务教育学生营养改善计划，把该保的保好、该兜的兜住。

创新攻坚机制。充分发挥151个省直、190个市直和563个县区直驻村工作队的定点帮扶作用，积极引导企业开展爱心扶贫，形成全社会帮扶的新机制新格局。制定完善资产收益与股份合作利益联结办法，培育壮大贫困村集体经济，构建稳定脱贫长效机制；统筹整合财政涉农资金，持续加大扶贫投入，强化资金和项目监管；切实落实脱贫攻坚责任制，实施最严格的评估考核，确保脱贫得到群众认可，经得起历史检验。

（四）大力推进以京津为重点的对外开放。坚持以京津冀协同发展为引领，全方位扩大开放，借外力，增内力，激活力。

在精准对接京津上求突破。紧盯纳入京津冀协同发展规划重大事项，推动北京帮扶事项和天津“1+4+5”合作协议落地见效。加快津冀六沟产业园区和北京（承德）影视产业基地建设，中德应用技术大学承德分校主体基本完工。加快营子怡达首都农产品应急储备基地、高新区农产品冷链物流产业园等5个大型综合市场建设，提高区域承接和服务能力。加大IPO政策宣传，研究出台相应配套政策，吸引京津一批优质企业落户承德、挂牌上市，新增上市企业6家以上。

在补齐发展短板上求突破。承德机场开通石家庄、上海、广州等5条航线，平泉机场开通京津等周边城市航线。承平高速全面开工，承克、承津高速公路和承津城际铁路加快推进，新建续建干线公路520公里，建成农村公路600公里。大力提升园区基础设施建设和配套功能，所有开发区规划区全部实现“七通一平”和免费WiFi全覆盖，承德高新区、双滦经开区规划区完成“九通一平”，力争每个园区新入驻京津企业10家以上。大力实施科技创新“四大工程”，新培育认定高新技术企业10家、科技小巨人企业10家、科技型中小企业200家以上。

在扩大开放合作上求突破。抓住国内外大企业大集团在京津冀抢滩布局机遇，组织好百家央企京企进承德、百家津企进承德、中国承德国际经洽会等重大招商推介活动，开展好“一带三区”以及水源地承德绿色产品北京行、天津行等专题招商，组织团队赴长三角、珠三角地区开展重点招商，强化以商招商、产业链招商，提高招商活动的精准性和有效性，全年引进市外资金500亿元以上。加快河北鹏涛跨境电子商务平台和保税仓库建设，新增出口备案企业20家，外贸进出口增速位居全省前列。

（五）大力推进生态环境治理与修复。以国家生态文明试验区创建为抓手，深入开展“蓝天、碧水、净土、雷霆”四大行动，调高标尺，加大力度，进一步提升环境质量。

出重拳治理大气污染。以冬季清洁取暖、工业污染防治、机动车尾气治理、扬尘综合整治、城乡增绿扩容为重点，严格落实“1+18”大气污染综合治理各项措施，加快电代煤、气代煤等清洁能源替代工程，全面取缔城市和县城建成区35蒸吨及以下燃煤锅炉，升级改造工业锅炉222台，治理施工工地面积1000万平方米，中心城区清洁能源公交车达到300台。扎实推进“三个一百”专项行动，完成复垦披绿100家、取缔关闭100家、绿色改造矿山企业100家，压减矿权140个，减少矿区面积20平方公里，打造全国矿山环境治理新亮点。确保PM2.5年均浓度下降2.5%以上，优良天数达到276天以上。

下大力提升水环境质量。深入贯彻国家“水10条”和省“水50条”，落实好市县乡村四级“河长制”，滦河武烈河综合治理开工20公里以上。全面完成潘家口水库网箱养鱼清理任务。推动落实滦河流域横向补偿政策，争取建立潮河流域生态补偿机制。

多举措净化土壤环境。开展土壤污染调查、风险评估、治理修复，抓好畜禽养殖废弃物处理和资源化利用、危险废物治理、涉重金属企业清理整顿、关停搬迁企业污染场地治理修复等专项整治，加强农业面源污染防治，实现化肥、农药零增长。推进山水林田湖综合治理，完成造林绿化60万亩，新发展经济林28万亩，治理水土流失面积500平方公里，建成国家森林城市，实现“五城联创”首创成功。

建机制压实监管责任。严格落实环境保护“党政同责、一岗双责、失职问责、终身追责”工作机制，加强联合执法、区域执法、交叉执法，严厉打击各类环境违法行为。健全市县乡村四级网格化监管体系，完成环保机构监测监察执法垂直管理制度改革。探索建立领导干部自然资源资产离任审计制度，打造全国自然资源资产负债表编制应用的样板和示范。

（六）大力推进重点领域和关键环节改革。坚持上下联动、协同发力，更好发挥改革牵引作用，更大释放改革红利。

以优化营商环境为重点深化“放管服”改革。深入开展行政审批规范化标准化建设，优化再造政务审批流程，实现市县区行政审批局全覆盖。开展“减证便民”专项行动，全面清理各种证明和手续。探索实施“互联网+政务服务”，整合各部门信息资源，打破信息“孤岛”，让干部和数据多跑腿，让群众和市场主体少跑腿、不跑腿，享受最大程度便利。

以绩效管理和破解投融资瓶颈为重点深化财税金融改革。加快财政事权和支出责任划分，强化绩效预算管理，大力压减一般性支出，把每一笔钱都花出效益，用在刀刃上。完善市本级和各县区投融资平台运行机制，建立健全资本注入、风险控制、项目决策制度，与多层次资本市场全面对接，有效扩大融资渠道。积极引进外埠金融机构，新设县级银行支行5家、村镇银行3家。搭建银企项目合作精准对接平台，力争金融业增加值增长13%以上。

以保障农民权益为重点深化农村综合改革。围绕“三权分置”改革，放活承包土地经营权，有序推进农业适度规模经营。稳步推进农村集体产权制度改革，抓好双滦区农村集体经济股份合作制改革国家试点，认定市级农村股份合作制经济组织80家以上。以平泉、围场两县为试点，稳步推进农业水价综合改革。组建承德农林科学院。推动供销合作社综合改革，所有乡镇全部建成新型基层供销社。完善御道口牧场管理体制，完成32家国有林场改革任务。

以保障群众健康权益为重点深化医药卫生改革。深入开展县级公立医院综合改革示范县创建、8家城市公立医院综合改革，全面实行药品零差率销售。优质医疗资源向农村和城市社区倾斜，推进分级诊疗制度实施，健全完善基本医疗保险、大病保险和医疗救助等救助体系，加强计划生育全程服务管理改革，落实好全面两孩政策。

以提高资产资本运营效益为重点深化国企国资改革。积极推进国有企业分离办社会职能工作，全面启动33家企业“三供一业”分离移交。完善国控集团运行机制，健全国有资产监管体制，推进市属国有企业统一监管全覆盖。建立绩效考核、资本运作、薪酬分配制度，探索完善国有资本有效运营机制，确保国有资产保值增值，把人民的共同财富切实守护好、发展好。

以提高绩效水平为重点深化开发区体制机制改革。落实省委、省政府关于开发区改革各项政策要求，积极引入市场机制，深化开发区机构编制、人事薪酬、行政审批、投融资平台建设等重点领域改革，破解影响开发区发展的体制机制障碍和瓶颈制约，推动开发区建设提速提档、增效进位。

（七）大力推进新型城镇化。坚持以人为本，加快构建产教城融合、城乡一体的发展格局，全市常住人口城镇化率提高1.5个百分点。

实施“一带三区”城市发展战略。探索城市建设运营新机制，全面推进与中信产业基金、华夏幸福、北京新奥、北京供销社等的战略合作，谋划对接重点产业和基础设施项目50个以上，确保新开工28个、总投资318亿元，加速形成优质产业和优势资本聚集效应。滦河经济带完成道路建设36.1公里，启动10公里地下综合管廊建设，推动“一带三区”各板块之间良性互动、协调互补、错位发展，打造城市经济新的增长极。

实施县城建设攻坚行动。兴隆、平泉和承德县基本建成产教城园区，实现8县产教城园区全覆盖。扎实开展智慧城市建设，县级数字化城管平台全面建成。创新城市执法管理体制机制，市县区实现城市管理领域机构综合设置。因地制宜推进丰宁汤河温泉小镇、平泉契丹文化小镇等22个特色小镇建设，稳步实施“村改居”和户籍制度改革，支持农业转移人口市民化。

加快美丽乡村扩面提质。加强历史文化名村、民族民俗、传统村落、历史建筑保护开发，坚持“六位一体”统筹推进，抓好5个省级、12个市级精品片区、50个旅游示范精品村建设，高标准完成特色小镇和省级重点村建设任务，进一步改善农村人居环境，建设一批田园风光、传统文化与现代文明兼具的美丽乡村。

（八）大力推进惠民利民“办实事”工程。民生是为政之要，我们一定时刻放在心头、抓在手上。通过向社会公开征集和反复认真研究，决定今年集中力量实施“十大民生工程”，再办20件与人民群众切身利益息息相关的实事。一是就业创业工程。①千方百计稳定和扩大就业，城镇新增就业4万人以上，下岗失业人员再就业1.5万人，农村劳动力新增转移就业3.8万人，扶持大学生、返乡农民工、复转军人、下岗职工创业4000人以上，让更多的人在劳动中创造财富，在奋斗中实现人生价值。二是教育提升工程。②进一步改善办学条件，改造农村义务教育学校50所，中心城区新建改扩建世纪城学校、冯营子初中等11所中小学和幼儿园，启动市特殊教育学校迁建工程，让所有的孩子成就梦想，使更多的家庭实现希望。三是医疗健康工程。③所有公立医疗机构全部取消药品加成，药品价格和大型医疗设备检查费用分别下降15%和10%以上，进一步减轻百姓就医负担，让广大群众看得起病、看得好病。④城乡居民养老保险参保率保持在95%以上，基础养老金标准提高到每人每月90元，失业人员保险金提高到月人均1010元。⑤将农村建档立卡贫困户、特困供养人员等六类贫困人口全部纳入医疗保障救助扶贫实施范围，合规医疗费用报销比例达到86%以上，解决好因病致贫返贫问题，使困难群众心里有温暖，生活有奔头。四是破产企业职工安置工程。⑥积极筹措资金，基本完成国资、建安、商贸系统31家破产国企职工安置工作，使上万名职工生活得到有效保障。五是老旧小区改造提升工程。⑦完成老城区华富苑小区、油坊小区等16个老旧住宅小区的污水管网、路面硬化、楼顶防水、外墙保温等改造。启动老旧小区加装电梯试点工作。⑧加强老旧小区物业管理，重点推进老城区中兴路小区、双柳小区等30

个老旧小区物业管理试点，逐步提升老旧小区物业管理水平。六是回迁房建设和棚户区危房改造工程。⑨下大力解决城市建设领域遗留问题，中心城区新建回迁房9.5万平方米，完成安置回迁48.1万平方米、货币化安置和商品房回购安置23.2万平方米。⑩新改造棚户区6587套，农村危房1.6万户，让更多住房困难家庭告别棚户区，让广大人民群众在住有所居中创造新生活。七是中心城区“畅洁绿亮美”工程。⑪对中心城区拥堵问题实行综合整治，启动总长7.4公里的牛圈子沟至闫营子南北新通道建设。对34处路口、267处信号灯进行升级改造。⑫新增电动公交车100辆，新开通罗汉堂至水泉沟、双滦区医院至锦绣城枢纽站等4条公交线路，调整优化13路公交车线路，增加11路公交车密度，延长28路公交车运营时间。⑬新建一批智能停车场和立体车库，新增停车位2500个；健全完善停车场管理办法，严格停车场收费、服务管理。⑭实施广电路、竹林寺等30条街巷和小区街道照明工程，照亮百姓身边路，让群众出行更方便、生活更舒心。八是智慧城市和中心城区管网建设工程。⑮中心城区、县城和A级以上景区实现免费WIFI全覆盖，加快推进乡镇4G通信网络、行政村光纤全覆盖。⑯中心城区建成便民网上缴费平台，力争实现水、电、供热、燃气等各类缴费网上结算。⑰新建和改造中心城区供热管网50公里，燃气、自来水、污水、雨水管线各20公里以上。九是全民健身工程。⑱武烈河复式河床步行系统全线贯通，增加亲水设施8处。⑲为120个村配备体育健身设施，新建完善一批体育场馆、运动公园、健身步道，为广大群众休闲健身提供良好环境。十是“厕所革命”工程。⑳新建改建旅游公厕520座，其中中心城区新建和改造公厕42座，全部达到国家A级标准。同时，我们还将全力以赴抓好安全生产、食品药品安全、森林草原防火等各项工作，严厉打击违法犯罪，有效防控各种风险，确保社会大局和谐稳定。

民生无小事，枝叶总关情。我们一定时刻把群众的安危冷暖放在心上，把人民的嘱托期待记在心头，把该办能办的事情竭力办好，坚决兑现向全市人民作出的庄严承诺！

四、切实加强政府自身建设

面对决战决胜全面小康的光荣使命和艰巨任务，各级政府必须进一步增强落实新发展理念的行动自觉，进一步坚定新常态下推动发展的信心决心，进一步提升走好新路的能力水平，恪尽职守、永不懈怠，在改革创新、依法履职、勤政务实、担当负责、廉洁高效政府建设上迈出更坚实的步伐。

（一）坚持从严治政，落实全面从严治党要求。牢固树立和自觉践行政治意识、大局意识、核心意识、看齐意识，严守政治纪律和政治规矩，更加自觉地在思想上政治上行动上同以习近平同志为核心的党中央保持高度一致，确保政令畅通、令行禁止。严格执行《准则》和《条例》，加强和规范党内政治生活，强化党内监督。深入推进党风廉政建设和反腐败工作，切实履行好“一岗双责”，加大行政监察和审计监督力度，严肃查处侵害群众利益的不正之风和腐败问题，打造一支“绝对忠诚、干事担当、干净自律、充满活力”的公务员队伍。

（二）坚持依法行政，切实维护社会公平正义。深入贯彻全面依法治国要求，崇尚法治、敬畏法律、依法办事。坚持科学决策、民主决策、依法决策，推进市县综合执法改革，严格公正文明执法。坚持政府常务会议学法制度，推动法律顾问制度市县区全覆盖，提高依法行政能力和水平。依法接受人大及其常委会的法律监督，自觉接受人民政协的民主监督，主动接受社会和舆论监督。加大政务公开和信息公开力度，让政府决策和执行全过程晒在阳光下，置于监督中。

（三）坚持为民施政，全面提升行政服务效能。始终把人民群众是不是赞成和拥护作为检验政府工作的“定盘星”“度量衡”，深入基层、调查研究、问计于民，对群众和市场主体反映强烈、要求迫切的问题积极创造条件，认真加以解决，定下来就办、办就办好。全面落实“双随机、一公开”监管机制，把该放的放开，该管的管好，让政府瘦身、给市场松绑、为群众谋利，让幸福在老百姓家门口升级。

（四）坚持实干实政，驰而不息改进工作作风。认真落实中央八项规定精神，坚决防止“四风”反弹。大力弘扬“塞罕坝”精神，扎实开展“转作风、优环境、促发展”活动，对标先进，调高标尺，事争一流。健全正向激励和容错纠错机制，给干事者鼓劲，为担当者撑腰，充分调动广大干部群众想干事、敢干事、干成事的积极性和主动性。完善责任机制和督查机制，对为官不为、工作不力的严肃问责，对懒政怠政、失职渎职的严厉惩处，把求真务实的导向树起来，把真抓实干的规矩严起来，铆紧各方责任，层层传导压力，以务实推动发展，以实干赢得未来。

各位代表！未来五年承德发展的美好蓝图已经绘就，走好“加快转型、绿色发展、跨越提升”新路需要全市人民团结一心、众志成城、艰苦奋斗。让我们更加紧密地团结在以习近平同志为核心的党中央周围，在省委、省政府和中共承德市委正确领导下，开拓创新，拼搏进取，为实现脱贫摘帽、全面小康，建设生态强市、魅力承德而努力奋斗！

关于承德市2016年国民经济和社会发展计划执行情况与2017年国民经济和社会发展计划（草案）的报告（书面）

——2017 年 4 月 7 日在承德市第十四届
人民代表大会第一次会议上

承德市发展和改革委员会主任　王　毅

一、2016 年计划执行情况

2016 年，面对严峻复杂的经济形势和艰巨繁重的改革发展任务，牢固树立和贯彻落实新发展理念，紧紧围绕市十三届人大五次会议确定的目标任务，主动适应经济发展新常态，全力以赴稳增长、坚定不移调结构、不遗余力促协同、持之以恒推改革、坚持不懈优环境、千方百计惠民生，全市经济保持平稳增长，实现了“十三五”良好开局。

——地区生产总值1432.9亿元，增长6.9%，高于计划0.4个百分点；规上工业增加值471.7亿元，增长 5%，完成年度计划。

——社会消费品零售总额 543.3 亿元，增长 10.7%，高于计划 1.7 个百分点；出口总额 4.37 亿美元，增长 14.2%，高于计划 9.2 个百分点；实际利用外资 2 亿美元，增长 25.4%，高于计划 20.4 个百分点。

——接待游客 4636.6 万人次，实现旅游总收入 506.6 亿元，增长 38.4% 和 49.8%，分别高于计划 23.4 个百分点和 29.8 个百分点；规模以上高新技术产业增加值 48.1 亿元，增长 14.4%，高于计划 2.4 个百分点；城镇化率 49%，提高 1.5 个百分点。

——新增城镇就业 5.6 万人，城镇登记失业率 3.04%，控制在 4.5% 目标以内；农村居民人均可支配收入 8736 元，增长 10.3%，高于计划 0.3 个百分点；稳定脱贫人口 12.8 万人。

——每万元生产总值能耗下降 3.7%，化学需氧量、二氧化硫、氨氮、氮氧化物排放量分别削减 2.2%、7.1%、2.6% 和 7.1%，均超额完成计划；新增造林面积 78.4 万亩，超出计划 1.4 万亩。

经过全市上下的共同努力，2016 年计划指标中大部分完成或超额完成了计划目标，其中约束性指标全部完成。但在宏观形势复杂、市场有效需求不足、主导产品价格低迷的情况下，5 项预期性指标与年初计划有一定差距。一是固定资产投资增长 6.8%，低于计划 3.2 个百分点，主要是受宏观经济低迷影响、企业投资意愿下降和生态保护限制更加严格等多重因素叠加影响，项目建设有所放缓，影响了投资完成；二是服务业增加值增长 9.5%，低于计划 0.5 个百分点，主要是由于工业经济持续低迷，导致交通运输仓储和邮政业发展放缓，仅增长 2.7%，拉低了服务业发展速度；三是全部财政收入、公共财政预算收入分别下降 10.1%、15.6%，城镇居民人均可支配收入增长 8.6%，低于计划0.4个百分点，主要是受产品价格走低影响，企业效益下滑，导致税收增长乏力、工人工资增长受限。

在国内外经济形势错综复杂的情况下，我市经济社会发展取得的成绩来之不易。但也应该看到，经济运行继续承压，面临的问题挑战仍然较多。一是经济下行压力仍然较大。工业虽盈利状况有所好转，但部分行业生产经营仍较困难，民间投资增速虽有所加快但仍低于投资整体水平，巩固扩大回升向好势头仍需持续加力。二是转动能去产能任务艰巨。“两黑”等传统产业支撑能力减弱，而十大绿色产业虽呈现较快发展势头，但短期内难以形成稳定支撑，新的增长动能不足。原材料市场回暖、职工安置成本提高等因素加大了去产能工作难度。同时，工程减排空间潜力收窄，治理资金投入不足，大气、水、土壤等污染治理任务依然艰巨。三是民生兜底补短板难度加大。精准脱贫进入攻坚阶段，城乡居民增收面临制约因素较多，生态治理及社保、教育、惠农等公共服务领域的刚性支出不断增加。对这些问题，我们将高度重视，在今后工作中采取有效措施加以解决。

二、2017年经济社会发展主要目标

2017年是全面落实市第十四次党代会战略部署的开局之年，是“十三五”规划深入推进的重要一年，也是推进供给侧结构性改革的深化之年，为发挥好年度计划对全市经济社会发展的引领作用，按照合法合规、保持连续性、适当调整的原则，在指标设置上做到与国家、省计划指标相衔接，与重大规划目标任务相衔接，全市经济社会发展计划主要指标共设置5大类32项，其中，预期性指标20项，约束性指标12项。主要目标为：

——综合实力持续提升。生产总值增长7%，规模以上工业增加值增长5%以上，固定资产投资增长10%，全部财政收入、公共财政预算收入均增长5%，社会消费品零售总额增长10%以上。

——经济结构加速转型。服务业增加值增长10%以上，规模以上高新技术产业增加值增长12%，旅游接待人数和旅游总收入均增长30%以上，城镇化率提高1.5个百分点。

——生态环境继续改善。每万元生产总值能耗、化学需氧量、二氧化硫、氨氮和氮氧化物等污染物排放量达到省要求，新增造林面积77万亩。

——人民生活水平稳步提高。城镇、农村居民人均可支配收入分别增长8%和10%以上，稳定脱贫人口14.6万人，城镇新增就业4.25万人，居民消费价格涨幅控制在103%以内。

三、工作重点和主要措施

围绕2017年全市经济社会发展目标，着力抓好九个方面重点工作。

（一）强化经济运行调节，巩固回升向好势头。积极适应经济发展新常态，顶住压力，抓住重点，强化保障，为巩固经济向好势头蓄能增势。一是强化经济运行调控。对生产总值、规上工业增加值、固定资产投资等主要经济指标，继续采取月分析、月调度、月通报的调度机制，及时发现苗头性、趋势性问题，有针对性地提出对策措施。二是支持实体经济加快发展。制定出台促进实体经济加快发展意见，持续开展重点企业精准帮扶，加强煤电油气运等生产要素保障，开展好银企对接、产销对接等活动，力促骨干企业不减产，优势企业多产多销，确保新增规上企业50家以上。三是加大政策研究争取力度。及时研究国家、省出台的宏观经济政策，结合我市实际，围绕财政转移支付、生态补偿、扶贫攻坚、海绵城市等国家重点支持领域，谋划包装项目、加强对接跑办，力争获得上级更多资金、政策支持，为稳增长提供保障。

（二）实施重点项目攻坚，努力扩大投资规模。坚持把上项目作为扩总量、调结构、树信心的重要举措，扩大投资规模、优化投资结构。一是抓好重点项目建设。强力实施“33591”工程，全年争列省重点项目30个以上，计划完成投资200亿元以上；安排投资2亿元以上市级重点项目300个以上，计划完成投资500亿元以上；实施亿元以上项目900个以上，计划完成投资1200亿元以上。二是提升项目谋划储备。紧紧围绕已经实施和正在编制的绿色产业、新型城镇化、特色小镇等一批专项规划，谋划一批成长性好、带动力强的兴市立县的重大项目充实到项目库中，确保全年新谋划达到可研深度的项目500个以上。三是优化项目管理机制。实施项目工作全程考核，对集中开工、项目观摩、专题招商等主题活动及时总结、评价，考核结果计入年终考核。优先安排土地指标切块保障重点项目，对十大绿色产业项目实行用能、用煤、用水指标和环境容量优先配置。围绕放宽准入、优化服务、争取上级资金支持等方面，制定出台具体管用的政策措施，释放民间投资潜力。

（三）强力推进协同发展，放大与京津合作效应。抢抓协同发展新机遇，着力承接北京非首都功能疏解，力争在四个方面实现突破。一是在平台载体建设上求突破。加大承德中关村协同创新示范区建设力度，抓好津冀六沟产业园区、北京与滦平张百湾园区、朝阳电子城等园区建设力度；推进双滦商贸物流、平泉航空等特色产业园区。力争全年与京津合作共建园区10个以上，每个园区入驻京津企业10家以上。二是在精准对接京津上求突破。着力提高“五合一”对接的质量和水平，全年走访对接京津企业1000家、洽谈项目1000个以上。谋划和举办好“百家京企进承德”“百家津企进承德”活动，每个县区至少联系20家以上，签约项目10个以上。建立与京津高层互访机制，联合举办大数据、节能环保等领域的合作论坛，全年引进市外到位资金500亿元以上。三是在产业升级转移上求突破。重点抓好德鸣大数据、上海斐讯、中关村智慧环境产业研究院、大黑山国际滑雪旅游度假区等合作项目建设，促进绿色产业加快发展。四是在京津对口帮扶上求突破。落实京津两市对口帮扶张承环京津相关地区工作方案，对已筛选的75个帮扶项目，建立项目库，分解任务、动态监管，确保按计划推进。放大对口帮扶效应，积极争取京津企业及社会各方力量广泛参与，重点在市场、人才、技术等方面加大对贫困县、贫困村、贫困户的帮扶力度。

（四）聚焦绿色产业发展，加快培育发展新动能。以十大绿色产业为重点，着力构建现代产业体系，推动发展动能转换。一是加速工业转型升级。壮大战略性新兴产业，加快清洁能源、天然山泉水、大数据等规划任务实施，力争光伏领跑者基地和百万风电三期工程获得国家批准，百万千万风电基地二期、兴隆生物质发电等工程建成投产，风电、光伏装机分别新增200万、20万千瓦以上。大力实施建龙全提钒改造、宽城硬质合金基地等工程，扩大新材料产业规模。改造提升传统产业，支持福田高精尖汽车零部件、金隅建材基地、怡阳兔业深加工等项目建设，推动先进装备、新型建材、绿色食品等产业加快发展。加快兴隆农夫山泉、隆化汇源饮料、百岁山山泉水等项目建设，新增天然山泉水产能200万吨以上。二是推进服务业扩容提质。围绕搞好全国服务业综合改革试点，继续实施服务业重点行业三年行动计划，确保服务业增加值增长10%以上。举办好全市首届旅游发展大会，积极筹备全省第三届旅游发展大会，全力推进全域旅游示范市创建，打造一批新景区、新业态、新产品，力争接待游客突破6000万人次、实现旅游总收入660亿元。提升承德国际商贸物流、平泉华北物流等园区承载水平，促进物流业加快发展。三是强化创新引领带动作用。推进以企业为主体的科技创新体系建设，提升企业技术中心、工程实验室等平台建设水平和创新能力。深入实施“大众创业万众创新”三年行动计划，加强知识产权保护，加大创新创业资金支持力度，激发创新活力，实施省级以上科技创新项目30项、市级科技项目30项以上。

（五）持续推进节能减排，提升生态环境质量。正确处理保发展与守底线的关系，全力推进京津冀水源涵养功能区和生态环境支撑区建设。一是狠抓节能削煤降碳。实行能源消耗总量和强度双控行动，严格落实节能目标责任制，强化节能评估审查和节能监察，加快电机系统、工业锅炉节能改造，推广应用高效锅炉、高效电机等节能技术和装备。加快优化能源消费结构，加大煤改气、煤改电及洁净型煤推广力度，确保完成节能削煤降碳任务。二是加快实施重点生态工程。推进山水林田湖整体修复，实施好京津风沙源治理、京冀水源林等生态建设项目，新增造林 77 万亩。大力发展循环经济，推进双滦、宽城、兴隆等经济开发区循环化改造，组织实施尾矿砂蒸汽免烧砖、3.3 万吨高纯氟盐、沙棘果油提取等循环经济项目，促进产业多元发展。三是加大污染治理力度。继续实施“减煤、治企、抑尘、控车、多污染物治理”攻坚，强化 PM2.5、臭氧等污染防治举措，确保空气质量持续改善。落实水污染防治工作方案，加强污水处理设施建设及运行管理，确保地表水水质断面达标率 89.5%，出境断面达标率 100%。

（六）夯实农业基础地位，打好脱贫攻坚战。以发展现代农业、保障有效供给为目标，加快农业供给侧结构性改革，促进贫困人口脱贫增收。一是实施产业精准扶贫。立足建设京津冀绿色农产品供应基地，围绕“一环六带”区域产业布局，培育食用菌、中药材、林果业等特色扶贫产业，启动开发建设 12 条重点沟域，加快实施 140 个农业产业化项目，当年完成投资 80 亿元以上。二是推进易地扶贫搬迁。坚持搬迁项目与后续帮扶措施、配套公共服务、美丽乡村建设同步推进，保质保量建好搬迁工程，确保 5 月上旬 2017 年搬迁任务全部开工，10 月底前平房安置小区全部“交钥匙”入住、楼房安置小区完成工程主体。同时抓好生态脱贫、教育脱贫、社保兜底脱贫和医保救助脱贫，确保全年完成 14.6 万人稳定脱贫。三是加强农业供给侧结构性改革。充分发挥“京津水源地农业”优势，推进农业标准化生产，加快实施标准化养殖场、果园、蔬菜基地建设，构建农产品质量安全追溯体系，做大做强一批企业龙头和知名品牌。分类推进现代农业园区建设，支持围场县创建国家农业可持续发展试验示范区，力争新创建省级现代农业园区 3 家。

（七）深化重点领域改革，努力扩大开放成果。以供给侧结构性改革为重点扎实推进各项改革任务，推动全方位、多领域开放合作，增强经济发展活力。一是全面落实“三去一降一补”任务。集中攻坚压产能，继续争取去产能政策支持，退出 90 万吨煤炭产能，实现“三年任务两年完成”目标；细化落实方案，压减炼铁产能 104 万吨、粗钢产能 190 万吨。加强热点区域房价管控，稳定住房消费预期，引导房地产业健康发展。抓好城市道路、供水、供热、供气、供电、充电桩、排水防涝等设施建设，补齐基础设施短板。二是推动重点领域改革。继续深化“放管服”改革，用好投资项目在线审批监管平台、公共资源交易平台、12358 价格监管平台，尽快启动社会信用信息共享平台建设。深入推进价格改革，基本放开竞争性领域商品和服务价格。深化农业农村改革，落实农村土地“三权分置”，年底前全面完成农村土地承包经营权确权登记颁证工作，以城中村、城郊村为重点开展农村集体经济股份制改革。三是创新生态文明体制机制。强化生态经营意识，研究自然资源资产负债表综合应用办法。积极推行环境污染第三方治理，围绕矿山生态修复、水污染治理、工业园区排放等重点领域，实施金隅水泥脱硝除尘、承钢水渣外运等一批治理工程。积极推进碳排放权市场交易各项准备工作，做好列入 17 家重点排放企业的核查工作，帮助企业争取最优的碳排放配额。四是提高对外开放实效。抓住长三角、珠三角等重点领域，积极拓展对外合作方式，努力提高对外开放水平。积极筹备参加冀商回归、西安 5·22 丝绸之路国际博览会等重大招商活动，精心策划项目，深入对接洽谈，强化跟踪服务，确保一批合作项目落地实施，实际利用外资增长10%以上。

（八）加快基础设施建设，推进城乡统筹发展。着眼于打造京津冀重要节点城市，积极推进“五城联创”，加快新型城镇化步伐。一是提升中心城区发展水平。全面落实“一带三区”发展战略，出台新型城镇化发展规划，合理布局城镇建设、产业发展、生态建设、公共服务各类空间，引导文化旅游、医疗康养等服务业和战略新兴产业向“一带三区”聚集，引进华夏幸福、北京新奥等大企业集团，谋划设立城市建设基金，加快推进22条城市道路、综合管廊、地标建筑、停车场等一批配套项目，高水平打造国家旅游城市核心区。二是壮大县域经济规模。围绕增比进位目标，持续推进县城建设三年攻坚，开展好规划提升、产城教融合、园林绿化提升等八个专项行动，提高县城辐射带动能力。因地制宜启动一批标准特色小镇建设，争取3–5个特色小镇列入省创建、培育试点。全面推进281个省级美丽乡村重点村建设，打造50个市级美丽乡村精品旅游示范村，争取8个村新列入省级中心村示范点。三是加快重大基础设施建设。积极推进普通道路三年攻坚、通用航空发展、水利项目攻坚等重大基础设施建设，确保一批项目取得实质进展。承德机场开通5条以上航线，启动围场通用机场建设；加快京沈客专建设，积极推进津承城际铁路前期，力争年内具备开工条件；加快承平、承克高速前期工作，尽快全面开工；双峰寺水库建成蓄水，“两河”综合治理一期72公里全线开工。

（九）着力保障改善民生，加快各项社会事业发展。坚持民生优先，让更多群众共享发展改革成果。一是加强就业社保工作。继续实施青年创业引领计划和就业促进计划，围绕高校毕业生、农村劳动力转移、化解过剩产能企业职工等重点群体，强化援企稳岗，确保城镇新增就业4.25万人。落实全民参保登记计划，率先在市本级启动城镇职工长期护理保险试点，确保企业职工和城乡居民基本医疗保险参保率、城乡居民养老保险参保率均保持在95%以上。二是改善居民生产生活条件。落实好棚户区货币化安置和政府购买棚改服务等政策，加快公租房分配进度，年内开工保障性安居工程6587套。继续实施抗旱应急水源建设、农田水利工程、水电开发等项目，全年新增节水灌溉面积9万亩，农村饮水安全巩固提升受益人口15万人。三是积极发展社会事业。进一步改善办学条件，加强基础教育标准化学校建设，推进教育资源均衡配置。深化医药卫生体制改革，实施改善医疗服务行动，完善分级诊疗制度，加快市儿童医院、妇幼保健院、中心医院妇产儿院区建设，提升各级医疗机构综合服务能力。大力发展特色文化产品，支持新建一批县级体育馆和村文化室。加大安全生产、食品药品安全工作力度，有效防范和化解各类风险，加强社会治安综合治理，确保社会和谐稳定。同时，推动气象、地震、档案、民族宗教、计划生育、妇女儿童、老龄、残疾人、爱国卫生、地方病防治等各项事业全面发展。

各位代表，做好2017年全市经济社会发展工作任务艰巨、责任重大。我们要在中共承德市委的正确领导下，自觉接受人大的指导和监督，虚心听取政协的意见和建议，进一步解放思想、坚定信心，抢抓机遇、攻坚克难，努力促进全市经济社会平稳发展，为建设“生态强市、魅力承德”做出新的更大贡献！

关于承德市2016年市本级预算和市总预算执行情况及2017年市本级预算和市总预算（草案）的报告(书面)

——2017年4月7日在承德市第十四届
人民代表大会第一次会议上

承德市财政局局长　栾志宏

一、2016年财政预算执行情况

2016年，面对严峻复杂的经济形势、异常尖锐的收支矛盾和艰巨繁重的改革任务，在市委的坚强领导和市人大常委会的监督支持下，全市各级各部门牢固树立新发展理念，全面落实中央和省市委决策部署，认真执行市人大常委会各项决议，积极拓展财政职能，破解资金瓶颈，深化财税改革，完善财政政策，优化资金配置，加强执行管理，主动加压、负重奋进，顽强拼搏、奋力攻坚，较好地完成了市委确定的目标任务，有力推动了全市经济社会持续健康发展。

（一）全市财政预算执行情况

2016年，全市全部财政收入完成146.96亿元（快报数，下同），占调整预算的104.2%，同比下降10.1%。公共财政预算收入完成82.13亿元，占调整预算的105.0%，同比下降15.7%，公共财政预算收入中税收收入占比为74.5%。全市政府性基金预算收入完成33.55亿元，占预算的81.5%，同比下降23.8%。国有资本经营预算收入完成1050万元，占预算的44.7%。社保基金预算收入完成79.94亿元，占预算的88.1%。

公共财政预算支出完成306.15亿元，占调整预算的96.9%，同比增长4.8%。政府性基金预算支出完成46.75亿元,占调整预算的92.3%,同比增长4.5%。国有资本经营预算支出完成1162万元，占预算的49.4%。社保基金预算支出完成82.06亿元，占预算的88.3%。

（二）市本级财政预算执行情况

市本级全部财政收入完成31.76亿元（快报数，下同），占调整预算的104.1%，同比下降39.4%。公共财政预算收入完成21.77亿元，占调整预算的105.2%，同比下降41.6%。市本级政府性基金预算收入完成7.7亿元，占预算的93.6%，同比下降12.8%。国有资本经营预算收入完成1050万元，占预算的47.7%。社保基金预算收入完成41.99亿元，占预算的112.9%。

公共财政支出预算72.48亿元，占预算的89.1%，同比下降3%。政府性基金预算支出3.34亿元，占预算的71.0%，同比下降44.2%。国有资本经营预算支出完成1162万元，占预算的52.8%。社保基金预算支出完成44.58亿元，占预算的106.0%。

总的看，2016年按照市委决策部署，全市各级财政部门继续坚持“保工资、保运转、保民生”

的原则，大力压减一般性支出，持续加大民生投入，着力推进基本公共服务均等化。在预算执行中，各项重点支出保障有力，全市民生支出完成258.8亿元，占公共财政预算支出的84.5%，增长20.6%，较好地保障了各项事业的发展。

1.向上争取再创佳绩。2016年，全市累计争取上级财政资金195亿元，同比增加35亿元，增长21.9%，高出全省增速13.6个百分点，引资数额与公共财政预算收入之和达到277.1亿元，超出全部财政收入129.2亿元，再创历史新高。经过市县合力攻坚，我市全境整体纳入了国家山水林田湖生态保护修复试点，落实资金9.5亿元。争取到位置换债券135.22亿元、新增债券33.21亿元，有效缓解了财政运行压力。签约棚改贷款30.3亿元，贷款转化率居全省前列。

2.收入组织机制日益完善。面对经济下行压力持续加大的困难局面，全市各级财税部门保持定力，积极应对，定期到县区和市属重点企业督导收入，厘清问题、分类施治、分企施策，努力挖掘增收潜力，确保应入尽入。市财政部门在各县区和市直涉税部门配合下，结合省综合治税信息共享平台，编制了全市综合治税信息系统建设方案。组织开展了“个体和专业市场税收清查、以电控税、以地控税”等10项专项治理，累计查补应缴税款4.9亿元，实际入库4.8亿元。

3.推动发展措施有效。围绕强化财源建设，筹集资金超过25亿元，为承德机场、双峰寺水库、冷链物流产业园、比亚迪、新城医院等重大项目建设提供了支持。筹集资金4910万元，落实了“1+9+N”科技创新政策体系涉及财政支持的23项政策，重点扶持了71个科技项目。围绕发挥撬动作用，与农行合作设立了全国首支农业产业发展引导基金，基金规模为50亿元，目前已到位资金25亿元。以亚行、世行贷款为股本金，设立大气污染防治基金，已落实转贷贷款额5000万美元。大力推广运用PPP模式，8个项目成功入选全国PPP示范项目，投资规模478亿元，入选项目数居全省首位。将我市争列为河北省“担保增信”即农业产业化增信基金试点，落实资本金1亿元，撬动农行出资10亿元，实现贷款额4亿元。全面落实减税降费政策，“营改增”试点全面推开，试点纳税人税负普遍降低，同时严格落实增值税、营业税、所得税等减免政策，全年合计为企业减税12.5亿元以上。围绕优化发展环境，各级财政部门落实国家、省普遍性降费政策20项，其中停征2项、免征18项。支持开展了“采购贷”业务，为企业申请贷款4640万元；加大地方产品采购力度，全年地方产品采购比重达到75%以上。

4.民生投入持续加大。面对收入增长放缓、增支压力加大的尖锐矛盾，各级财政部门坚持把民生保障放在优先位置，统筹推进了教育、医疗、社保、就业、文化、住房保障等各项社会事业协调发展。特别是在脱贫攻坚领域，创新了“1+6”工作理念，抢抓国家、省支持贫困县开展财政涉农资金整合试点机遇，深化扶贫资金供给侧改革，全年累计整合涉农资金49.91亿元，为精准脱贫提供了资金保障。将10个县区115个村争列为国家扶持村级集体经济发展试点，占全省的20%，争取上级资金1.15亿元。

5.财政改革扎实推进。在摸底调研基础上，提出了市对下事权和支出责任划分的总体思路，推动绩效预算管理改革在全市全面推开。健全完善了绩效评价体系，结合部门自评和财政评价，引入第三方中介机构全程参与，全年评价金额达到29.9亿元，占市本级项目支出的60%以上。扎实开展了“营改增”、水资源费改税和矿产资源税三项改革，被省财政厅评为改革全优单位。制定了《关于建立政府购买服务协调机制的意见》，完成购买服务项目278项，涉及资金8.4亿，增长52.7%。

6.财政管理提质增效。各级财政部门持续深入推进预决算公开，除涉密单位外，市级部门预决算信息和“三公经费”支出全部在政府门户网站公开，市县两级政府预决算公开率全部达到100%。在全国重点检查中，被确认为零问题单位。严格控制“三公经费”及公务支出，与去年相比，全市和市本级同比分别下降26.4%和33.85%。扎实开展行政事业单位国有资产清查，累计清查资产753.7亿元，其中市本级540.3亿元。财政投资评审作用有效发挥，全市全年送审项目2830个，送审金额达125.39亿元，同比增长60亿元，首次突破百亿大关。

各位代表，一年来，我们直面挑战、勇于创新，不畏难、不避险，解放思想，改革创新，敢打攻坚战、敢啃硬骨头，着力打破困境、破解难题，推动财政改革发展阔步向前；优化机制、焕发激情，深入开展“两学一做”，大力推进作风整顿，建立健全财政标准化绩效管理机制，一级带着一级干、一级做给一级看，夙兴夜寐、激情工作，凝聚起干事创业的强大合力；夯实基础、强化支撑，坚持功成不必在我，打牢制度、环境、能力等各方面基础，强化机制、技术、文化等各项支撑，推进财政事业发展不疾而速、行稳致远。过去的一年，我们战胜了前所未有的困难和挑战，顶住了前所未有的压力和考验，成绩来之不易。在总结成绩的同时，我们也清醒地看到，当前面临的困难和挑战依然较多。主要表现在：经济下行压力依然较大，税收收入低位运行，财政支出刚性增长，各级收支矛盾日趋尖锐；社会保障、公共服务水平相对不够高，与人民群众期盼还有一定差距；改革落地不均衡，改革红利尚未充分释放；财政运转困难，风险隐患增多；违犯财经纪律的现象仍时有发生，有的地方依法理财意识还需增强。对这些问题，我们一定高度重视，进一步解放思想、改革创新，努力把各项工作做得更好。

二、2017年财政预算草案

2017年是全面落实市第十四次党代会战略部署的开局之年，是实施“十三五”规划的关键一年，也是推进供给侧结构性改革、决战决胜打赢脱贫攻坚战最为较劲的一年。做好全年财政经济工作，既面临严峻挑战，又面临重大机遇。从收入看，受经济下行压力和减税降费政策影响，各级增收难度很大。从支出看，落实各项民生政策、加大脱贫攻坚力度、实施大气污染防治、落实“三去一降一补”等财政必保事项明显增多，支出需求大幅增长，收支矛盾十分尖锐。但更应该看到，宏观调控政策效应持续显现，经济运行的积极因素不断累积，转型升级步伐明显加快，产业结构调整出现积极性变化，新的发展动力正在增强，我市确定的“十大绿色产业”、“一带三区”建设及京津冀协同发展重大机遇等，必将为经济发展注入新的动力活力，为财政增收奠定一定基础。只要坚定信心、积极作为，就一定能够化挑战为机遇、变压力为动力，在发展竞争中抢得先机，在破解难题中缓解财政收支矛盾。

（一）预算安排的指导思想和基本原则

近几年，中央全面深化财税体制改革，对预算管理工作提出了一系列新要求；去年12月召开的中央经济工作会议，对今年财经工作进行了具体部署；2016年11月，国务院印发了《关于编制2017年预算的通知》（国发〔2016〕66号），明确了2017年预算编制的总体要求、收支政策和财政改革重点。主要内容包括：①有效实施积极的财政政策，保证财政合理支出；②进一步落实减税降费政策，减轻企业负担，鼓励创新发展；③调整优化支出结构，体现“雪中送炭”、量力而行；④推进财政资金统筹使用，提高支出精准度和资金使用效益；⑤清理一般公共预算中以收定支事项，加大政府性基金预算转列一般公共预算力度；⑥建立更加公平可持续的社会保障制度，在保工资、保运转、保民生的基础上，适度调整地方自行出台的承诺过高、不可持续的支出标准或提标幅度；

⑦加大扶贫资金投入力度，统筹使用各类资金，支持易地扶贫搬迁、产业扶贫等扶贫开发重点工作；⑧清理整合专项转移支付，取消政策到期、预定目标实现、绩效低下等已无必要继续实施以及市场竞争机制能够有效调节的专项；⑨树立过紧日子意识，除特殊情况外，一般性支出按不低于5%的幅度压减，“三公”经费只减不增；⑩推进中期财政规划管理，拟出台的增支事项要做好与中期财政规划的衔接，制定延续性政策要统筹考虑以后若干年度的预算安排；⑪创新财政资金使用方式，鼓励通过引导基金、担保基金等市场化模式，发挥对社会资本的引导带动作用；⑫创新投融资体制，在公共服务领域推广政府和社会资本合作（PPP）模式；⑬进一步盘活财政存量资金，加大预算编制与结转资金的统筹力度；⑭强化地方政府债务限额管理和预算管理，健全地方政府规范的举债融资渠道；⑮进一步推进预算公开，强化社会监督，促进依法理财等。

2017年财政预算安排的指导思想是：全面贯彻落实习近平总书记系列重要讲话和省第九次党代会、市第十四次党代会精神，牢固树立和贯彻落实新发展理念，按照市委决策部署，坚持稳中求进工作总基调，以提高经济发展质量和效益为中心，创新实施引导撬动为主的财政政策，加快财税体制改革，完善预算管理制度，推进资金统筹使用，优化收支结构，牢固树立“过紧日子”理念，积极防范财政风险，不断提高财政绩效，为加快建设生态强市、魅力承德提供财政保障。

按照上述指导思想，预算编制遵循了以下原则：

一是深化改革。全面贯彻市委改革要求，进一步厘清政府和市场边界，需要政府承担的，千方百计落实到位，能通过市场手段解决的，尽量通过加大公共产品市场化提供力度解决。进一步推进投入方式创新，积极通过PPP模式、股权投资、融资租赁等方式，放大财政资金效果。

二是突出重点。紧紧围绕市委决策部署，调整优化支出结构，加强整合统筹，在优先保障个人增资、民生政策落实和机关事业单位运转的基础上，突出支持脱贫攻坚、结构调整等重点领域，更好的发挥财政调控保障作用。

三是积极稳妥。加大财源培植力度，做大收入蛋糕；积极向上争取资金，千方百计筹措资金，力保市委确定的重大项目落地。在防范债务风险、充分利用政府债务空间的基础上，有保有压，提高财政支出保障能力。综合考虑民生政策、事业发展的延续性，量力而行、尽力而为，合理确定保障范围和政策力度，确保财政可持续发展。

四是统筹兼顾。立足全市，着眼长远，盘活存量，用好增量，兼顾年度间预算均衡，增加资金有效供给，缓解增支压力。

五是绩效导向。强化绩效理念，部门事业发展所需支出，根据项目绩效，区分轻重缓急，合理确定安排顺序；将绩效评价结果与预算安排挂钩，提高资金使用效益。

六是厉行节约。牢固树立过紧日子思想，坚持厉行节约、勤俭办事，项目支出从紧安排，确保一般性支出尤其是“三公”经费只减不增。

（二）市本级公共财政预算安排情况

1. 收入情况。2017年全市全部财政收入和一般公共收入预算拟安排增长5%，即全市全部财政收入154.3亿元，一般公共预算收入86.2亿元。市本级受收入体制变化影响，市本级全部财政收入和一般公共收入预算安排均为12.22亿元。需要说明的是，这个目标是综合分析我市经济结构调整变化趋势和税收贡献率，以及政策调整因素后提出的，与当前的经济形势相适应，有利于调动各方面工作的积极性，有利于维护稳定的工作局面。

2.2017年财力情况。以2016年实际完成收入为基数，根据制定的全市2017年收入增长5%的目标测算，市本级公共财政预算总财力预计为39.98亿元。其中：市本级当年财政收入形成的财力为34.32亿元，调入资金2.1亿元（教育收费），调入预算稳定调节基金 3亿元，统筹使用存量资金0.56亿元。

3.支出预算安排情况

2017年公共财政支出预算继续坚持“保工资、保运转、保民生”的保障顺序（民生政策提标主要包括：①适当提高企业退休职工养老金标准[2016年按退休金的6.7%增长，2017年标准未定]，②城乡居民养老保险基础养老金每人每月由80元提高到90元，③城乡居民基本医保人均财政补助标准由每人每年420元提高到450元，④城镇低保年标准由5400元提高到6600元，农村低保年标准由3300元提高到3500元，⑤基本公共卫生服务财政补助标准由人均45元提高到50元，⑥特困人员救助供养指导标准按照当地低保标准的1.3倍予以保障，⑦ 2017年春季学期开始统一城乡义务教育学生“两免一补”政策，即在原免除学杂费的基础上，统一免除教科书费，统一补助贫困寄宿生生活费），按照急需必要的原则，量力而行、尽力而为，继续加大整合资金力度，大力压减一般性支出，市本级公共财政支出预算拟安排39.98亿元，其中：个人支出22.8亿元，公用支出8.7亿元，两项支出占公共财政预算支出的78.79%；民生支出安排34.7亿元，民生支出占公共财政预算支出的比重达到86.8%。重点保障了公交运营补贴、保障性安居工程、扶贫及美丽乡村建设、云服务平台及大数据建设、文化旅游产业发展、教育及科技事业发展、改善医疗条件、环境整治、支持京津冀协调发展等项目。

4.预算平衡情况

2017年市本级公共财政预算收入122200万元，返还性收入278466万元，一般转移支付收入811266万元，专项转移支付收入660896万元，上年结转收入184585万元，调入预算稳定调节基金30000万元，调入资金21000 万元，收入共计2108213万元。

2017年市本级公共财政预算支出736767万元，返还性支出215276万元，一般转移支付支出807453万元，专项转移支付支出397858万元，上解上级支出－49341万元，增设预算周转金200万元，支出总计2108213万元。

（三）市本级政府性基金预算安排情况

1.收入情况

2017年安排政府性基金收入预算为125352万元，主要包括：国有土地收益基金收入6425万元，农业土地开发资金收入633万元，国有土地使用权出让收入108223万元（土地成本），体育彩票公益金收入1600万元，福利彩票公益金收入2300万元，彩票发行机构和彩票销售机构收入671万元，污水处理费收入2480万元，城市公用事业附加收入3000万元，新型墙体材料专项基金收入20万元。

2.支出情况

2017年安排政府性基金支出预算125352万元，其中下达三区土地成本等108856万元，市本级列支16496万元。主要包括：国有土地收益基金安排地方政府专项债券相关费用等支出6425万元；体育彩票公益金安排奥体中心工程欠款及场馆维修维护等支出1600万元；福利彩票公益金安排社会办养老机构建设及运行补贴等支出2300万元；彩票发行机构和彩票销售机构收入安排彩票中心运转等支出671万元；污水处理费安排污水处理厂运转等支出2480万元；城市公用事业附加安排老城区主干路日常维修维护等支出3000万元；新型墙体材料专项基金安排农村新墙材示范房建设支出20万元。

（四）市本级国有资本经营预算安排情况

1. 收入安排

考虑我市国有工商建交企业极少，企业事业双重身份及公用事业企业占比较大，盈利能力较弱，根据2016年国有资本经营预算预计执行情况，以及重点企业（承德银行、担保公司、热力集团）盈利预计，2017年收入预算为10605万元（承德银行股份有限公司上缴国有资本收益5955万元［含2009年—2012年2450万元，2015年1753万元，预计2016年1752万元］）。具体如下：

（1）承德银行股份有限公司、承德市中小企业信用担保服务有限公司、热力集团预计上缴国有资本收益7605万元。

（2）和合基业有限公司企业清算收入2900万元。

（3）其他企业上缴国有资本收益100万元。

2. 支出安排

2017年市级国有资本经营预算支出安排10605万元。包括：其他国有企业资本金注入7705万元用于认购承德银行股份有限公司发行的股票，支持中关村承德创新创业项目资金2900万元。

（五）市本级社保基金预算安排情况

2017年承德市本级社保基金预算按险种分别编制，包括基本养老保险基金（含企业职工基本养老保险和机关事业单位基本养老保险）、基本医疗保险基金（含职工基本医疗保险和城乡居民基本医疗保险）、工伤保险基金、失业保险基金和生育保险基金。

社保基金预算收入60.62亿元，比上年增长62%（一是企业职工基本养老保险上级调剂金增加；二是机关事业单位基本养老保险纳入2017年预算管理）。其中保险费收入37.23亿元，财政补贴收入5.64亿元；支出59.15亿元，比上年增长36%；本年收支结余1.47亿元，年末滚存结余25.82亿元。分险种情况如下：

一是企业职工基本养老保险基金收入33.5亿元，比上年增长43%，其中保险费收入16.71亿元，比上年增长9.3%，上级补助收入16.34亿元（此调剂金数据按省人社厅要求填报），比上年增长112%；支出34.47亿元，比上年增长12%；本年收支结余−0.97亿元，年末滚存结余6.04亿元。

二是机关事业单位基本养老保险基金预算按省财政厅、省人社厅要求，填报39个月全口径收支数据（从政策开始执行自2014年10月至2017年末共39个月）。基金收入12.27亿元，其中保险费收入8.18亿元，财政补贴收入4亿元（此数据依据39个月的收支推算而来）；支出11.59亿元；本年收支结余0.68亿元。

三是职工基本医疗保险基金收入7.95亿元，比上年增长6.1%，其中保险费收入7.58亿元，比上年增长6%，支出6.35亿元，比上年增长1%；本年收支结余1.6亿元，年末滚存结余11.31亿元。

四是城乡居民基本医疗保险基金收入2.69亿元，比上年增长26%，其中保险费收入0.66亿元，比上年增长50%（2017年城乡居民医保个人缴费标准由119元提高到180元），政府补助收入1.64亿元，比上年增长4.5%；支出1.9亿元，比上年增长38%（参保人数增加，支出相应增大）；本年收支结余0.79亿元，年末滚存结余3.43亿元。

五是工伤保险基金收入2.5亿元，其中保险费收入2.5亿元；支出2.5亿元；年末滚存结余0.48

亿元。

六是失业保险基金收入1.35亿元，比上年减少11%，其中保险费收入1.26亿元，比上年增加3.3%，上级补助收入0.05亿元，比上年减少80%（2016年预算执行数含2013—2015年省拨付的调剂金数）；支出2.02亿元，比上年增长12%；本年收支结余-0.67亿元，年末滚存结余3.27亿元。

七是生育保险基金收入0.34亿元，比上年增长5.3%，其中保险费收入0.31亿元，比上年增长6.1%；支出0.32亿元，比上年增长6.2%；本年收支结余0.02亿元，年末滚存结余0.57亿元。

（六）高新区预算草案

按照《河北省预算审查监督条例》第三十七条“各级政府设立的各类开发区应当编制预算，并编入本级政府预算，报本级人民代表大会审查批准，接受本级人民代表大会及其常委会的监督”要求，高新区管委会编制了2017年预算草案，同时提请市十四届人民代表大会第一次会议审议。

1.一般公共预算安排情况

全部财政收入拟安排158200万元，剔除不可比因素（自2017年起纳入我区统计的市专享企业收入和市专享收入，下同），可比增长10.9%。一般公共预算收入拟安排73300万元，可比增长9.8%。其中：税收收入68600万元，可比增长11%；非税收入4700万元，可比下降38.8%。

按照现行财政体制，全区当年一般公共预算收入73300万元，返还性收入2351万元、提前下达转移支付3124万元、一般转移支付10195万元、调入资金28418万元（其中调入预算稳定调节基金4281万元、调入政府性基金预算收入24137万元）、上年结转651万元，一般公共预算收入总计118039万元。

全区一般公共预算支出安排70009万元，比上年年初预算增长46.2%，上解上级支出48030万元，一般公共预算支出总计118039万元。

2.政府性基金预算安排情况

收入预算安排62581万元，增长121.9%，中央提前下达补助收入23万元、上年结转2224万元，政府性基金收入总计64828万元。

支出预算安排40691万元，下降23.9%，调出资金24137万元（调入一般公共预算），政府性基金支出总计64828万元。

3.社会保险基金预算安排情况

收入预算安排4873万元，增长416.7%（主要是机关事业单位基本养老保险基金本年列入预算，新增收入3878万元），主要包括：参保人员缴纳的保险费收入4013万元、中央和省级财政养老保险补贴收入827万元、保险金存款利息等其他收入32万元、转移收入1万元，收入总计4873万元。

支出预算安排4247万元，比上年年初预算增长552.4%（主要是机关事业单位基本养老保险基金本年列入预算，新增支出安排3442万元）。上年滚存结余加上年终新增结余，本年滚存结余1828万元。

三、全力以赴做好2017年财政工作

（一）突出“机制引导”着力点，强化问题导向，在提升财源建设水平下功夫、求实效。将财源建设作为财政中心工作，学习衡水、邢台、张家口等地抓财源的做法，推动成立由市主要领导任组长的财源建设领导小组，强力实施市、县（区）两级财源建设“四梁八柱”工程。特别要打造市区两级经济发展、财源建设命运共同体。一是加强市本级财源建设。将市本级专享企业作为财政支持重点，通过支持企业挖潜扩能、引进高技术附加值的战略新兴产业项目充分发挥其资源和产业优势，促进企业发展壮大，提高对财政收入的贡献率。从提升市级调控能力角度出发，适当增加市本级专享企业数量，重点将域外到我市发展的金融、保险机构列入市级专享范围。大力发展总部经济，借鉴承德露露的发展模式，利用优惠政策、优质服务，鼓励企业在我市设立总部，以较少的资源换取较高的税收回报。结合全市资源优化配置，对承钢体制进行探索完善。二是完善财源建设利益分享机制。按照谁主导或直接参与谁受益、谁投入谁受益或共享收益的原则，科学分配财政利益，以此破除行政区划界限、对资源和生产要素优化配置合理流动的制约，调动全市引进重点项目加快财源建设的积极性，促进区域经济统筹规划、优势互补、互利共赢。三是推动产业转型升级。完善支持“一带三区”财政政策体系，支持开发区制定落实招商引资优惠政策，加快推进十大绿色产业发展，促进经济发展新旧动能转换。结合“1+9+N”科技创新体系建设，加快推进科技型中小企业技术创新基金“拨改融”改革，促进科技投入稳步增长。完善政府采购政策，加大对创新产品、绿色产品和中小企业等支持力度。

（二）突出“收入组织”着力点，强化征收征管，在提升财政保障能力上下功夫、求实效。针对财政减收增支因素明显增多的新情况，我们将比以往任何时候更加重视收入组织工作，准确把握财政经济走势和国家税制改革影响，坚持底线思维、增强忧患意识、坚定工作信心、强化增收举措，努力保持财力规模合理增长。一是强化全市收入征管统筹。加强全市财税系统工作调度，完善财政收入专报制度，按月通报县区完成情况。组织开展全市财源摸底专题调研，全面摸清税收和非税收入底数、找准攻坚重点，有针对性地抓实增收举措。二是强化综合治税。扎实推进综合治税“两平台、两试点”，即全市综合治税信息系统平台和涉地税收一体化信息平台建设，税控机试点和使用发票有奖试点。做好涉税信息收集和税收分析模型使用。开展“6321”专项检查，对全市商砼生产销售等6个行业，兴隆、营子食品加工业等3个区域，房地产开发企业增值税和水资源税2个税种，以及重点税源企业进行专项检查，以查促收。三是强化非税收入征管。严格执行《河北省政府非税收入管理规定》，切实加强对国有资本经营收益、国有资源资产有偿使用收入的征收管理，逐步提高罚没收入统筹力度。加强对非税收入完成情况的稽查、督导和调研，挖掘增收潜力。按政策对取消和暂停征收的收费项目进行清理，优化经济发展环境。

（三）突出“向上争跑”着力点，强化合力攻坚，在财政政策资金争取上下功夫、求实效。牢固树立向上争取与抓收入同等重要理念，根据上级资金分配形式，分类确定争取方式，确保精准对接、精准突破。一是做好一般性转移支付争取。认真研究分配政策、测算因素和方法，准确提供数据及相关情况，对相关政策逐一列出，做到有的放矢。重点在工资、津补贴、社保、教育、农业等方面争取更多转移支付资金，保障长远发展。二是做好专项转移支付争取。继续辑印《向上争取工作指南》，动态了解上级政策资金情况，建立部门考核机制，树立鲜明导向。围绕大气污染防治、淘汰落后产能、生态保护、产业优化升级、京津冀协同发展、旅游发展等重点领域，积极遴选包装项目，做到精准谋划、精准对接，力争申报一批，成功一批。三是做好重点政策试点争取。紧盯省市重点改革和工作前沿，主动为上级谋划试点政策，发挥试验田作用。抓好战略性新兴产业示范基地等改革试点的争取工作。扎实推进山水林田湖试点项目，编制好修复方案，打造国家级样板工程，确保可复制、可持续，以争取更多支持。

（四）突出“引导撬动”着力点，强化精准施策，在促进经济转型发展上下功夫、求实效。从转变财政资金使用方式、改善融资环境、拓宽筹融资渠道等入手，积极推行财政资金的资本化运作。

一是转变财政资金使用方式。逐步减少直接面对“企业”和“项目”的无偿资助方式，构建有偿扶持、引导性投资和无偿补助等多种形式的资金支持体系，促进资金高效滚动使用。在政策条款制定和资金安排规模上，不断提高产业引导基金、股权投资等市场化手段的比例，重点通过做大做强财通、财鑫基金，尽快形成规模较大的基金池和具有较强实力的基金群，着力支持创业创新，促进转方式调结构。二是改善企业融资环境。发挥财政资金引导作用，创新“政银企”风险共担机制，借助中小企业信用担保平台，做大担保、过桥资金规模，帮助企业获得银行信贷，降低成本，走出困境。积极推进“政银企户保”模式，鼓励保险机构开展贷款保险。持续推行政府采购支持供应商融资的办法，为金融机构和供应商的信用融资搭建平台、提供服务。三是拓宽政府筹融资渠道。在正视风险同时，积极探索可持续筹融资路径。推广政府与社会资本合作，探索以股权融资等方式，引入期限长、成本低、数额大的社会资本，建立涵盖重大基础设施建设，以及医疗、教育、文化、三农等民生领域的，多元资金保障机制。

（五）突出“深化改革”着力点，强化创新意识，在提升财政调控水平上下功夫、求实效。一是深化预算管理改革。严格落实预算法规定，结合我市实际，建立系统完善的现代预算管理制度体系。以绩效预算管理改革示范县建设为契机，加快推进全过程绩效预算管理，健全绩效预算编制、预算执行绩效监控、绩效评价结果应用、绩效信息公开等制度，健全三级绩效目标指标体系。二是理顺市对下财政体制。按照上级部署，坚持权力和责任、办事和花钱相统一，明确政府间事权划分，界定政府间支出责任，据此确定财力与事权相匹配的程度，建立事权和支出责任相适应的制度，促进各级政府各司其职、各负其责、各尽其能，调动市区两个积极性。制定出台市对区配套资金管理办法。三是落实好税制改革各项政策。继续做好“营改增”等三项税制改革政策运行情况分析评估，为上级财税部门完善税制改革政策和开展税收立法提供基础数据和合理化建议。密切关注改革动向，配合做好消费税、个人所得税、房地产税、环境保护费改税等改革准备工作。

（六）突出“支出管控”着力点，强化绩效意识，在提升财政资金使用效益上下功夫、求实效。一是提高预算执行效率。再造业务流程，精简有关手续，提高办事效率。健全支出管理台账，督促各级各部门严格按时限要求批复预算、分配下达资金；通过发函、约谈、上门督导等方式，督促配合各级各部门按时间节点形成实际支出，全年支出进度达到95%以上。加强财政存量资金管理，建立部门结余结转资金清理收回统筹的长效机制。用好用活预算稳定调节基金，实现财政经济的可持续发展。落实责任，继续加大财政暂付款清理力度，确保实现2017年清理目标。严格审批手续，严控新增财政对外借款事项。二是着力保障和改善民生。按照《全面落实保工资保运转保民生支出实施方案》要求，建立定期督导和报告工作机制，统筹财力优先保“三保”。优化科技、教育、节能环保、涉农、医疗卫生等方面资金配置，建立捆绑投入机制，建立统一规划、集中管理的资金管理模式，强化各类专项资金统筹，集中财力办大事。深入完善财政扶贫政策体系，扎实推进支持贫困县开展统筹整合使用财政资金试点，支持打好脱贫攻坚战。三是健全厉行节约长效机制。制定出台《承德市党政机关进一步厉行勤俭节约反对铺张浪费实施意见》，坚持从严从简、勤俭办一切事业。对新建和改扩建政府性楼堂馆所一律不安排资金支持，从严控制“三公经费”、一般性支出，降低行政运行成本。加强因公出国（境）经费审核管理，对未安排预算或未经财政部门审核经费的，一律不予批准。严格控制培训、差旅等公务支出，会议费、差旅费、培训费严格按支出经济科目编列。四是强化绩效评价。建立常态化的财政重点评价机制，评价重点由项目支出拓展到部门整体支出和政策、制度、管理等方面，评价结果作为制定财政政策、安排年度预算、调整支出结构的重要依据。推广部门自评价、财政重点再评价和第三方评价相结合的绩效评价模式。完善绩效评价报告制度和绩效问责制度，加大绩效信息公开力度，在一定范围内公开评价结果并实施问责。五是健全财政监督机制。整合财政监督检查力量，进一步完善操作流程内控、监督稽查外控、投资评审把关、绩效评价问效的财政监督体系，密切财政部门与审计部门的工作衔接，共同履行好财政资金监管的监督责任。规范事前事中监督工作程序，加强对预算单位财务工作日常监督检查，制定出台财政涉企监督检查办法。在总结试点经验基础上，扩大第三方中介机构参与财政资金监管范围，完善财政监管措施。

（七）突出“债务管控”着力点，强化底线思维，在提升风险防范和化解能力上下功夫、求实效。一是严格政府债务管控。认真研究落实国务院印发的《地方政府性债务风险应急处置预案》，加强市级政府债务风险监控。配合省财政厅做好市级债券代发申报工作，同时努力争取更多的发行份额。积极争取置换债券，有效化解存量政府债务，缓解即期还款压力。全力做好项目谋划，最大限度争取新增债券额度。对下辖区政府债务严格执行限额管理，协助争取置换债券。鼓励县区通过PPP、资产变现等方式消化存量债务，防范化解区域债务风险。高度关注双桥区债务风险，避免因处置不当，导致启动财政计划重整，地方政府被严厉追责。二是推进融资平台市场化转型和融资。推进融资平台市场化转型，对政府委托企业承担的公益性业务，通过注入资本金、政府采购等方式依法支持，助力其做大做强。支持建立城市发展基金，为城市基础设施建设提供资金保障。扩大与国开行、农发行等政策性银行合作，为重大基础设施和重点项目建设提供大额、长期、低成本信贷融资支持。三是进一步完善县区风险防控体系。依托财政一体化信息管理系统，加强对各县区财政收入、支出进度、预算项目、债务管理、资金绩效的实时监控，全面掌握各级财政运行信息，及时识别、预警、处置风险，促进各级财政平稳健康运行。

各位代表，做好2017年的财政工作，使命光荣、责任重大，我们将在市委的坚强领导下，坚定信心，克服困难，扎实工作，确保完成全年财政工作任务，为实现更好更快发展、促进和谐承德建设做出新贡献。

承德市中级人民法院工作报告

——2017年4月8日在承德市第十四届
人民代表大会第一次会议上

承德市中级人民法院代理院长　刘福明

2013年以来，全市法院在市委的坚强领导、市人大及其常委会的有力监督，市政府、市政协及社会各界的大力支持下，认真贯彻党的十八大和十八届三中、四中、五中、六中全会精神，牢牢把握“努力让人民群众在每一个司法案件中都感受到公平正义”目标，紧紧围绕“司法为民公正司法”主线，全面加强审判管理，努力提升司法能力，积极践行为民宗旨，各项工作持续向好发展。市中院先后被评为“省级文明单位”“全国文明单位”，荣立全省法院系统“集体三等功”、“集体二等功”。

一、依法服务发展大局，强化“精准化”保障工作

全市法院紧紧围绕全市中心工作，充分发挥审判职能作用，全力服务和保障全市经济社会发展。2013年以来，全市法院累计受理各类案件226867件，审执结223734件，分别比前四年上升了32.16%和31.28%，法定审限内结案率99.31%，其中，市中院受理19102件，审执结18706件，分别比前四年上升了63.56%和63.70%，法定审限内结案率96.28%。

有力维护社会稳定。加强刑事审判工作，依法惩处各类刑事犯罪。2013年以来，全市法院共审结各类刑事案件9405件，判处罪犯10771人，其中，市中院审结1495件，判处罪犯470人。全市法院依法审结杀人、抢劫、绑架、爆炸等严重暴力犯罪案件280件，判处罪犯422人，维护社会公共安全。依法审结制假售假、食品药品安全等犯罪案件82件，判处罪犯112人，维护人民群众生命健康安全。依法审结贪污贿赂、滥用职权、失职渎职等犯罪案件395件，判处罪犯668人，深入推进反腐败斗争。坚持惩罚犯罪与保障人权并重，依法判处无罪25人。同时，依法开展未成年人审判、减刑、假释、特赦等工作。

有力服务经济发展。加强民商事审判工作，强化审判工作对经济发展的服务保障作用。2013年以来，全市法院共审结民商事案件159818件，其中，市中院审结14087件，分别比前四年上升了25.89%和60.24%。先后出台了为实现“科学发展、绿色崛起”、“优化发展环境”、“防治大气污染”和“建设国际旅游城市”等提供司法保障的指导意见，精准服务和保障全市经济社会发展；连续两年召开全市金融司法环境建设座谈会，集中研讨金融领域的法律问题，积极营造良好的金融生态环境；充分整合审判资源，全面加强涉环境案件审理工作。2013年以来，依法审结乱砍滥伐、乱采滥挖、制污排污等涉环境资源类案件808件。

有力促进法治建设。加强行政审判工作，依法监督和支持行政机关依法行政，保护行政相对人合法权益。2013年以来，全市法院共审结行政案件2789件，其中，市中院审结1299件，分别比前四年上升了124.02%和160.84%。积极开展国家赔偿工作，共审结国家赔偿案件55件，决定赔偿金额408.4393万元。积极延伸司法服务功能，建立全市行政执法与行政审判工作联席会议，连续三年印发《行政审判白皮书》，积极提出司法建议。同时，结合法院工作实际，积极开展法治宣传，促进法治承德建设。

二、认真践行司法为民，完善“立体化”服务体系

坚持以践行司法为民为根本，深化司法便民利民举措，着力构建多元化、立体化、便捷化司法服务网络。

不断完善便民利民举措。全市法院全部建成了各具特色的诉讼服务中心，开通了在线诉讼服务平台和12368诉讼服务热线，当事人可以通过网络进行立案登记、查询进度、预约法官、申诉信访等，形成了诉讼服务中心、在线诉讼服务平台和12368诉讼服务热线“三位一体”诉讼服务格局。强化司法救助工作，确保生活困难当事人打得起官司。2013年以来，全市法院累计救助案件136件，发放救助款760.40万元。

积极拓展司法服务触角。扎实开展一乡（镇）一庭工作，按照省法院要求，全市法院在原有70个人民法庭的基础上，再建了135个不同于传统意义上的人民法庭，实现了全市乡镇法庭的全覆盖，且运行平稳，初见成效，此项工作走在了全省法院前列，得到了省法院主要领导的批示肯定和市委、市人大常委会的高度评价。扎实开展“法官进社区”工作，全市668名法官被分别指派到全市12个街道和157个社区开展工作，得到了人民群众和当地党委、政府的好评。

着力满足群众合法诉求。全面实施立案登记制改革，坚持有案必立，有诉必理，有效保障了当事人合法诉权。积极开展网上预约立案，努力减轻群众诉累。2013年以来，全市法院网上预约立案8849件。联合市司法局、律协出台了《律师参与化解代理涉诉信访案件实施办法》，律师以第三方身份介入信访案件化解工作，促进信访问题的解决。坚持法官案访比定期通报制度，突出抓好院领导包案、带案下访工作，强化信访案件的治本和清积，全力化解涉诉信访难题。扎实开展涉民生案件审执工作，妥善审执与人民群众生产生活密切相关案件。2013年以来，全市法院累计审执结涉及婚姻家庭、劳动争议、农村土地承包、农民工追索劳动报酬等涉民生类案件61096件，有效保护了人民群众的合法权益。

全力解决执行难题。深化执行联动机制，扎实开展了涉民生案件集中执行、基本解决执行难飓风行动等专项行动。联合检察机关和公安机关加大对拒执罪的打击力度，全市法院共判决有罪23人。积极探索以当事人自诉形式打击拒执罪，拓宽“执行难”问题的解决途径。全市法院全部建成执行指挥中心，实现对被执行人财产查控，开展对失信被执行人信用惩戒，有效促进执行难问题的解决。2013年以来，全市法院累计执结案件47997件，执行标的109.655亿元，有效保护了当事人的合法权益。

三、着力提升司法水平，打造“精细化”管理模式

牢牢把握执法办案第一要务，全面规范审判管理工作，全力提升司法能力和水平。

建立制度化管理体系。先后出台了逐月“网上巡查通报制”、“个案督办制”、“长期未结案件催办制”和“司法公开及发还改判案件台账制”等20余项管理制度体系；研究出台了《关于进一步加强院、庭长办案工作意见》，充分发挥院、庭长在执法办案中的引领示范作用，自制度实施以来，市中院副庭长以上法官累计办案5504件。

搭建信息化管理平台。建成数据中心，整合数据管理、数据质量检查、统一搜索应用、多媒体资源综合应用“四大平台”，实现了管理工作的信息化；全市法院启用智审1.0网上办案和OA移动办公系统，实现审判工作的科技化、移动化和便捷化；在全市法院配置便携式数字法庭，为巡回审判、监狱内开庭等提供科技支撑，推进了信息化建设进程。

构建科学化监督系统。加大立、审、执各个审判节点的管控力度，持之以恒抓好案件常规评查、专项评查、重点评查和上下互评工作，每年开展“庭审质量和裁判文书双十佳评选”活动。强化内部监督制约，建立并有效运行了回访当事人、审务督察和监察建议制度，促进了审判质效的提升。2015年和2016年，承德法院结案率分别为90.11%和95.80%，连续两年位居全省法院第1位。

深入推进司法公开。加强司法公开“三大平台”建设，创新公开举措，推行庭审、司法拍卖、减刑假释案件、失信被执行人信息等互联网公开，构建多元化公开格局。2013年以来，全市法院累计公开庭审直播18960个，裁判文书130572份，审判流程214371件，失信被执行人信息4533条，司法公开对执法办案的倒逼作用得到充分发挥。在连续三年的省法院委托第三方评估中，承德法院阳光司法指数分别位居全省法院第3位、第2位和第1位。

扎实推进司法改革。法官员额制改革和职业保障得到落实，全市法院共有379名法官进入员额。新审判权力运行机制开始建立并逐步完善，有力地促进了审判工作。以构建多元化纠纷解决机制为核心，形成了以宽城法院“235”调解、双滦法院“4655”案件繁简分流和双桥法院“五员合一”模式为代表的经验做法，为破解“案多人少”难题提供了成功经验和有效借鉴。同时，家事审判改革试点、小额诉讼、互联网＋诉非衔接等工作有序推进。

四、坚持严管厚爱理念，铸造“精英化”工作团队

坚持锤炼干警政治定力和司法能力，着力打造一支忠于党、忠于国家、忠于人民、忠于法律的干警队伍。

不断加强思想政治建设。依托开展好党的群众路线教育实践活动和“三严三实”专题教育、“两学一做”学习教育，切实加强思想政治建设，树立司法为民宗旨，坚定理想信念，在思想上政治上行动上与以习近平同志为核心的党中央保持高度一致。广泛开展了大谈心、读书交流、道德讲堂、最美法官评选、文明单位创建、基层党组织书记述职等活动，凝聚发展共识，激发工作活力。

不断加强司法能力建设。坚持以教育培训为依托，深入开展了“法官教法官”、“专家讲坛”等主题培训，刑事、民事、行政审判培训月等活动。建立法官“老带新”传帮带机制，全面提升干警司法能力。出台了《关于推进无纸化办公工作实施方案》，提高信息化应用能力和水平。

不断加强司法作风建设。坚持以作风整顿为抓手，细化和落实党风廉政建设“两个责任”。不断健全内外监督机制，拓宽监督渠道、延伸监督视角，层层签订责任状、逐级开展廉政谈话，采取明察与暗访相结合的形式，对全市法院进行不定期司法巡查。扎实开展了党组书记上党课、纪检组长上廉政教育课等活动，强化干警廉洁自律意识。全面规范司法行为，着力反“四风”、破“六难”、除“三案”。强化执纪问责力度，坚决惩治司法腐败。2013年以来，全市法院累计处分违纪干警28人。

四年来，全市法院自觉将法院工作置于人大及社会各界的监督之下，全方位接受监督。坚持邀请人大代表、政协委员旁听庭审活动，高度重视代表、委员意见建议提案办理，认真落实人大代表联络和登门走访制度，创办并向代表、委员发放《法院要讯》，及时汇报全市法院工作，积极配合市人大常委会开展司法公开、非诉行政执行、一乡（镇）一庭等专项执法检查和调研活动，对人大常委会提出的审议意见认真整改落实。同时，自觉接受政协民主监督、检察机关法律监督、新闻媒体舆论监督和广大人民群众社会监督，及时回应社会各界司法关切。

各位代表，全市法院工作所取得的成绩，是党委正确领导的结果，是人大有力监督以及政府、政协和社会各界大力支持的结果。在此，我代表全市法院表示衷心的感谢！

同时，我们也清醒地认识到全市法院工作与党委的要求和人民群众的期待还存在一定差距，主要表现在：一是审判质效有待进一步提高，还存在发还改判率高、庭审不规范、裁判文书说理性不强等问题；二是司法为民举措有待进一步完善，有些制度落实还不够好，与人民群众的要求还有差距；三是审判作风、工作作风有待进一步改进，还存在“六难三案”，干警违纪行为仍有发生。对于上述问题，我们将予以高度重视，认真加以整改。

各位代表，2017年，全市法院工作基本思路是：全面贯彻党的十八大和十八届三中、四中、五中、六中全会及即将召开的党的十九大精神，认真落实中央、省、市政法工作会议，市第十四次党代会以及上级法院的决策部署，以习近平总书记系列重要讲话精神为引领，紧紧围绕“司法为民公正司法”主线，坚持依法服务大局，狠抓执法办案第一要务，认真践行司法为民，深化司法体制改革，不断加强队伍建设，为确保实现“脱贫摘帽、全面小康”，加快建设“生态强市、魅力承德”提供优质高效的司法服务和保障。

一是依法服务大局，努力提高司法服务和保障水平。全市法院要不断强化大局意识，自觉把法院工作放在大局中去谋划，充分发挥审判职能作用，维护稳定，促进发展。坚持“稳中求进”工作总基调，紧紧围绕全面落实“三区一城”定位和“12345”总体目标思路，依法审理好涉及供给侧结构性改革、京津冀协同发展、脱贫攻坚、美丽乡村、生态建设等方面的各类民商事纠纷，依法惩处涉及维护国家安全和社会稳定的各类刑事犯罪，依法惩处贪污贿赂、失职渎职犯罪，依法保障人权，依法监督和支持政府依法行政，为全市经济社会发展创造良好的社会环境。杜绝就案办案和机械办案，妥善处理重大复杂敏感以及涉众型案件，建立完善重大案件报告及社会稳定风险评估机制和责任追究制度，坚持案件法律效果和社会效果的有机统一。

二是严格公正司法，全力提升审判质效。要坚持严格依法办案，坚守法律底线。坚持防冤纠错，全面实行案件质量终身负责制。发挥好审判管理的基础作用，以信息化为依托，进一步加强审判流程和各个节点的管控，同时加强案件质量评查，认真解决案件质量存在的各种问题，解决类案不同判等问题。进一步整合司法资源，优化机构职能，让司法资源真正向审判执行一线倾斜。发挥好司法责任制的促进作用，加快建立和完善司法改革新形势下审判权运行机制、工作监管机制和法官业绩考评机制，有效落实让审理者裁判，由裁判者负责。发挥好司法公开的倒逼作用，加强常态化建设，提高实质化水平，把司法公开阵地建成业绩展示平台、法院形象平台和社会监督平台。发挥好信息化的支撑作用，切实加强大数据整合以及审判流程管理、网上庭审巡查、审判辅助系统、互联网+诉非衔接机制等信息化平台的应用，努力打造“3.0”版智慧法院，有效促进审判工作。

三是践行司法为民，更好地满足人民群众司法需求。要加强诉讼服务中心建设，把诉讼服务中心努力打造成集立案登记、网上预约立案、诉讼便捷服务、诉调对接、“12368”诉讼服务热线、信访接待等多种功能为一体的综合服务平台，切实强化便民利民。深入推进家事审判改革，搞好繁简分流，正确处理调判关系，积极适用小额速裁程序，加大人民陪审员陪审力度，依法妥善处理好涉民生案件。强化执行工作，加强执行规范化建设，彻底清理执行积案，加大被执行人财产查控力度，加强失信惩戒，与公安、检察机关协调联动，有效打击涉拒执犯罪，尽最大努力实现胜诉当事人合法权益，确保实现基本解决执行难目标。加强一乡（镇）一庭建设，深入开展好法官进社区、乡村活动，接地气，体民情，解民忧。坚持依法治访，保护合理访，打击非访，依法保护当事人的合法权益，建立和完善依法有序的信访秩序。加强司法救助工作，争取司法救助资金，确保生活困难当事人打得起官司，让权利受到侵害无法获得有效赔偿的当事人能够得到司法救济。

四是加强队伍建设，不断提高司法水平。要加强思想政治建设，坚定理想信念，强化“四个意识”，始终在思想上政治上行动上与以习近平同志为核心的党中央保持高度一致；加强司法能力建设，强化教育培训，着力提升司法能力和水平，适应法院发展新要求；加强司法作风建设，从规范司法行为入手，加强队伍日常管理，着力解决“六难”“三案”。认真落实全面从严治党的政治责任，严肃党内政治生活，强化党内监督，加强机关党的建设，坚决惩治司法腐败。

各位代表，面对新形势、新要求，全市法院将更加紧密地团结在以习近平同志为核心的党中央周围，坚持党的领导，认真接受人大及其常委会监督，积极争取政府、政协及社会各界支持，以求真务实的作风、事争一流的决心、攻坚克难的勇气、创新发展的举措，撸起袖子加油干，努力开拓全市法院工作新局面，为确保实现“脱贫摘帽、全面小康”，加快建设“生态强市、魅力承德”作出新的贡献，以优异的成绩迎接党的十九大胜利召开！

承德市人民检察院工作报告

——2017年4月8日在承德市第十四届
人民代表大会第一次会议上

承德市人民检察院代理检察长　纪志明

过去四年的主要工作

市十三届人大一次会议以来，全市检察机关深入学习贯彻习近平总书记系列重要讲话精神，紧紧围绕全市中心工作和人民群众司法需求，全面落实省检察院“五检”总体工作布局，认真履行各项检察职能，努力为全市经济社会发展提供坚强司法保障。

一、服务发展大局，着力保障社会稳定

融入工作大局，服务经济发展。主动服务大局，制定实施了《服务京津冀协同发展、助推绿色崛起的意见》，得到周仲明书记批示肯定。努力保障法治化营商环境，制定《服务推动产业转型升级的实施意见》和《开展检企常态联系工作的实施意见》，组织查办国家关闭小企业补助资金领域渎职犯罪专项行动，立案查办职务犯罪 14 人。向全市 10 个开发区派驻检察室，开展“送法进企、帮企解难、打击犯罪”服务活动，共批捕侵犯企业生产经营权益的刑事犯罪嫌疑人 103 人，提起公诉 186 人，立案查办向企业索贿受贿等职务犯罪 48 人。按照工程优质、干部优秀的目标要求，推行重点工程主办检察官责任制、“订单式”预防等工作机制，对国家投资的 262 个重点工程建设项目开展专项预防，提供行贿犯罪档案查询 9711 次，拦截有行贿记录的单位 14 家、个人 35 名。

落实维稳责任，服务平安建设。积极回应社会关切，建立健全打击多发性犯罪常态化工作机制，共批捕各类刑事犯罪嫌疑人 5831 人，提起公诉 10195 人，全力保障公共安全、人民群众生命财产安全。坚持把化解社会矛盾贯穿司法办案始终，加强刑事和解、释法说理、检调对接等工作，依法不批捕 1282 人，不起诉 258 人。落实涉罪未成年人法律援助、犯罪记录封存等制度，完善社会化帮教体系，依法不批捕 84 人，附条件不起诉 7 人。建立健全来信、来访、网络、电话、远程视频“五位一体”控告申诉渠道，加强和改进优先办理群众来信工作，依法妥善办理各类控告申诉案件 7222 件，化解积案 16 件，有力促进了社会和谐稳定。

突出打击重点，服务保障民生。针对群众反映强烈的问题，组织开展了危害食品药品安全犯罪专项立案监督活动，批捕涉嫌销售假药、有毒有害食品等犯罪嫌疑人 26 人，提起公诉 73 人，监督行政执法部门移送涉嫌犯罪案件 6 件，监督公安机关立案 4 件；积极参与打击电信网络违法犯罪专项活动，批捕电信网络诈骗犯罪嫌疑人 104 人，提起公诉 49 人；组织开展了集中惩治和预防扶贫开发领域职务犯罪专项工作，共立案查办该领域职务犯罪 184 人，为精准扶贫政策落地提供法治保障。

创新保障机制，服务生态建设。制定《服务和保障发展环境生态环境的实施意见》，市县两级院全部成立生态环境保护检察专门机构，开通办理环保案件“绿色通道”，落实“捕诉监防”一体化工作机制，与市环保局等七部门制定实施《环境司法执法联动工作机制的意见》，构建起联席会

议、专门联络员、重大事件同步介入调查等司法执法联动工作体系。立案查办生态环境领域职务犯罪105人，提起公诉破坏生态资源环境刑事犯罪嫌疑人156人，发出督促行政执法部门履行监管职责检察建议322件。

二、履行惩防职责，着力优化政治生态

保持惩治腐败高压态势。举全市检察机关之力，参与完成了对全国政协原副主席苏荣涉嫌违法犯罪问题及其妻子于丽芳涉嫌利用影响力受贿案件的侦查工作，展示了承德检察机关良好形象。在查办上级交办专案同时，认真查办本地职务犯罪案件，共立案查办贪污贿赂犯罪558人、渎职侵权犯罪278人，为国家挽回经济损失1.25亿元。加大打击行贿犯罪工作力度，突出惩治“围猎”干部、主动行贿等情节恶劣的犯罪，立案查办行贿犯罪77人，净化职务犯罪的滋生土壤。加强与纪检监察机关协调配合，突出查办了雾灵山国家级自然保护区管理局原党委书记马玉坡伙同他人贪污3050万元等一批窝串案件。坚持抓大不放小，组织开展查办发生在群众身边、损害群众利益职务犯罪专项工作，立案查办农村“两委”人员239人。

促进侦查工作转型升级。完善“反贪反渎两局协同、市县互动”等一体化办案模式，立案查办贪污贿赂大要案占比83.5%，渎职侵权重特大案件占比56.5%，共立案查办县处级以上领导干部43人。推行贪渎并查工作机制，查办贪渎交织案件8人。落实“一案一建议”侦防一体化要求，向发案单位发出完善制度、堵塞漏洞的检察建议332件。制定实施了《加强信息化工作实施意见》，推进侦查指挥查询平台、职务犯罪远程提审系统等信息化建设，不断提高智能化侦查水平。

狠抓职务犯罪源头预防。深入贯彻市委《关于进一步加强预防职务犯罪工作的意见》，开展扶贫攻坚、换届选举等预防调查275次，向党委政府提供《预防职务犯罪年度报告》48件，预防农村“两委”人员职务犯罪的工作经验被最高检转发。运用典型案例剖析会等新模式，开展预防教育宣传875次。深化廉政文化预防，运用“承德预防”微信公众号等多种形式，增强预防工作的渗透力，创作的《罪证》获全国检察机关首届预防职务犯罪专题微电影评选一等奖和最佳创意奖，丰宁县院警示教育基地被评为“全国检察机关‘百优’预防职务犯罪警示教育基地”。

三、强化法律监督，着力维护公平正义

全面加强刑事诉讼监督。加强立案监督，监督立案229件，监督撤案248件。加强侦查活动监督，纠正侦查活动违法1053件次。加强审判活动监督，提出刑事抗诉82件，纠正刑事审判违法280件次。加强刑事执行活动监督，监督纠正判处实刑未交付执行案件18人，纠正减刑、假释、暂予监外执行不当332人次，对不需要继续羁押的，建议办案机关释放或变更强制措施284人，纠正监外执行违法451人次，立案查办刑事执行活动中职务犯罪6人。

深入推进民事行政检察监督。加强对生效裁判、审判程序和执行活动监督，共提请省检察院抗诉60件，提出再审检察建议124件，提出检察建议551件，办理支持起诉和督促履行职责980件。深入开展“基层民行检察推进年”活动，基层院提出督促行政机关履行职责的检察建议同比增加76.3%。制定实施了《加强民事行政检察与相关部门内部协作意见》，拓宽了行政检察监督案件线索收集渠道。

大力推动“两法衔接”机制建设。在常丽虹市长的牵头协调下，将“两法衔接”纳入依法治市大格局中谋划和推进，与市政府相关部门密切配合，印发了4个指导性文件，建成覆盖市、县两级35个行政执法部门的信息共享平台，共备案审查行政执法信息1049条，发现并移送职务犯罪案件线索 46 件，监督移送涉嫌犯罪案件 70 件，公安机关立案 52 件。

四、规范司法行为，着力提升司法公信

以规范司法促公信。认真开展规范司法行为专项整治、司法公信建设年等活动，对排查出的 8 个方面 64 项司法不规范问题进行集中整改。依托统一业务应用系统，共完成网上受理、审查、分流案件 30284 件，及时纠正文书制作使用不规范、程序瑕疵等问题 278 处，发出办案期限预警提示 228 次。严格执行检察官个人执法档案等制度，每年定期组织案件质量评查，形成了检察权运行“人控 + 机控”、“制度 + 科技”的内部监控体系。

以人民监督促公信。主动接受市人大及其常委会监督，积极配合市人大常委会开展“惩治失职渎职”、“两法衔接”等专题视察活动，专题报告了贯彻实施修改后的刑诉法、民诉法等工作情况。加强与人大代表、政协委员的经常性联系，及时通报检察工作重大部署和推进情况，办理人大代表、政协委员提出的建议提案 10 件。深入落实人民监督员制度，邀请参与执法检查、执法监督、案件公开审查等活动 52 次，组织监督评议案件 58 件。

以检务公开促公信。以电子检务工程建设为抓手，利用多功能检务公开大厅认真接待律师阅卷和查询案件程序性信息，依法保障律师执业权利。开展“检察开放日”60 次，邀请 1200 余名群众零距离了解检察工作。依托检察官网和“两微一端”新媒体，公开案件程序性信息 8413 条，法律文书 2890 份，重要案件信息 134 件，使检察权始终置于社会监督之下。

以深化改革促公信。落实司法体制改革部署，全面完成检察官员额制改革任务，择优遴选 322 名检察官进入员额，为司法责任制改革打下坚实基础。推进涉法涉诉信访改革，制定实施《律师参与化解和代理涉检信访疑难案件办法》，聘请 33 名优秀律师参与接待来访。推进以审判为中心的诉讼制度改革，制定实施《庭审指控工作规范》，规范出庭公诉行为。推进人民监督员制度改革，协助市司法局完成 82 名市级人民监督员选任工作。

五、强化队伍建设，着力提高职业素养

加强队伍职业化专业化建设。谋划实施人才育检工程，建立与法院、律师协会经常性的交流互训机制，成立京津冀检务合作论坛，开展检察长带头办案、全员公诉等活动，强化各条线业务培训，共举办岗位练兵、业务竞赛、专项培训 618 期 1.9 万余人次，有 12 人入选省级专家人才库，22 个集体、46 名个人获省级以上表彰。

加强纪律作风建设。扎实开展“三严三实”、“两学一做”等学习教育活动，强化“四个意识”。制定《关于落实“两个责任”实施办法》，详列并落实党风廉政建设“责任清单”。集中开展机关作风整顿、“一问责八清理”等专项活动，组织全覆盖、拉网式检务督察 278 次，对有违纪苗头的干警早提醒、早预防 67 人次，全市检察机关以“零容忍”态度严肃处理 9 人。

加强基层基础建设。落实《基层检察院建设任务责任分解》，推行市院领导干部对口指导制度，着力推动重心下移、检力下沉、保障下倾。推进基层院“八化”“一院一策”建设，开展全覆盖、动态化、循环式的基层院建设抽样评估，完善考核机制，督促整改问题，激励创先争优。

市十三届人大一次会议以来，全市检察工作始终在党的领导下沿着正确方向砥砺前行，我们深刻体会到：一是始终把司法为民作为遵循，突出解决好发展为谁问题；二是始终把服务大局作为首要，突出解决好在哪发展问题；三是始终把法律监督作为主业，突出解决好发展定位问题；四是始终把深化改革作为动力，突出解决好怎么发展问题；五是始终把队伍建设作为基础，突出解决好用谁发展问题。与此同时，我们也深切地感到，市委的坚强领导，人大及其常委会的有效监督，政府、政协的全力支持，各位人大代表、政协委员的全面参与，是我市检察工作平稳健康发展的根本依靠。在此，我代表全市检察机关表示衷心的感谢!

对照上级要求和人民需求，我市检察工作中还存在一些问题和不足：一是检察职能发挥与法治承德建设要求还有差距，监督范围和力度不够平衡，有的新增检察职能履行不够到位。二是一些检察人员司法理念、办案方式还不能完全适应新形势新要求，运用法治思维和法治方式服务大局、化解矛盾的能力有待提升。三是一些地方在执法规范、工作制度和职业纪律上落实不到位，极少数检察人员违纪违法问题仍有发生。四是一些基层院办案力量不足、案多人少矛盾比较突出，检察信息化应用水平亟待提升。五是随着司法体制改革的深入推进，部分人员不太适应新的办案模式和运行机制。

2017 年主要任务

2017 年，全市检察机关将全面贯彻党的十八大和十八届三中、四中、五中、六中全会及即将召开的十九大精神，认真落实市十四次党代会各项决策部署，以为十九大召开营造稳定的社会环境和良好的法治环境为主线，继续深化“五检”总体工作布局，依法全面履行各项检察职能，努力为全市经济社会发展提供优质高效的司法保障。

充分发挥检察职能，推动平安承德建设。坚持以人民群众平安需求为导向，依法严厉打击破坏公共安全、侵犯群众合法权益的犯罪以及“村霸”和宗族恶势力犯罪活动，深入推进打击整治电信网络诈骗犯罪专项行动，全力做好涉检矛盾纠纷的源头化解工作，积极参与社会治安综合治理，切实保障社会和谐稳定。

围绕全市发展定位，突出抓好精准服务。按照市十四次党代会提出的“守底线、快转型、促协同、奔小康”主基调，推进构建法治化营商环境，依法平等保护各类市场主体合法权益，助推全市改革发展。加强对扶贫项目及资金的监督，探索和推行法治扶贫，为打赢精准扶贫脱贫攻坚战提供有力司法保障。加强执法司法联动，依法惩治和预防破坏环境资源违法犯罪，严厉打击危害食品药品安全犯罪，增强人民群众幸福感。

立足反腐工作全局，依法履行惩防职能。坚决贯彻上级关于反腐败斗争的决策部署，突出抓好扶贫攻坚、对外开放、新型城镇化建设等领域及发生在群众身边的职务犯罪惩防工作。进一步改进办案方式，用理性、平和、文明、规范的执法理念，打击违法者、保护改革者、宽容失误者。

强化检察监督，切实维护公平正义。把强化检察监督作为立身之本，全面推进刑事诉讼检察监督、刑事执行检察监督、民事检察监督、行政检察监督、未成年人检察监督，着力提高监督精度、增加监督深度、拓展监督广度，进一步提升法治承德建设水平。

狠抓“六个到位”，稳步推进司法改革。认真落实省检察院“深化司法改革年”工作部署，切实做到分类管理落实到位、内设机构改革落实到位、司法责任制落实到位、职业保障落实到位、以审判为中心的诉讼制度改革落实到位、人民监督员制度改革落实到位，用司法改革成果破解自身发展难题，推动承德检察事业科学发展。

推进过硬队伍建设，持续提升司法能力。坚持政治建检，着力提高党组织凝聚力、向心力、战斗力。坚持素质兴检，全面开展“人才建设工程”，着力培养一批骨干、标兵、带头人，形成梯次结构和骨干支撑。坚持科技强检，推进“智慧检务”，促进信息化应用与检察工作深度融合。坚持从严治检，严格落实“两个责任”，进一步改进机关作风，着力打造一支立场坚定、纪律严明、作风过硬的检察队伍。

各位代表，在新的一年里，全市检察机关将在市委和省检察院的坚强领导下，在各级人大及其常委会的有效监督下，深入贯彻本次会议精神，充分发挥检察职能，为维护我市政通人和万事兴的良好局面，为实现“脱贫摘帽、全面小康”和建设“生态强市、魅力承德”，为迎接党的十九大胜利召开再做新贡献！

3 月 10 日，承德市弘扬塞罕坝精神先进事迹报告会在承德大剧院举行，承德市委书记周仲明出席会议并讲话，市长常丽虹主持会议。

塞罕坝机械林场党委书记刘海莹、六女上坝主人公之一陈彦娴、塞罕坝机械林场千层板林场场长于士涛、塞罕坝森林旅游开发公司主管会计闫晓娟、承德日报社副总编辑周易分别作事迹报告。

艰苦奋斗，在恪尽职守中谋求创新发展

我叫刘海莹，是塞罕坝机械林场第十二任党委书记。

林场已走过了 54 个春秋，半个多世纪以来，我们塞罕坝人一代接着一代、一任接着一任干，创造了一个又一个生态奇迹。在近国土面积万分之一的土地上，营造起了 117 万亩森林，栽植苗木 5 亿株，按株距 1 米计算，可绕赤道 12.5 圈，用不足全省 1.3% 的林地，培育了全省 10% 的森林蓄积，林木总蓄积量达到 1012 万立方米。每年可吸收二氧化碳 74.7 万吨，释放氧气 54.5 万吨，与建场初期比年均无霜期增加 14 天，在华北地区降水量普遍减少的情况下，当地降水量反而增加 60 多毫米，为辽河、滦河涵养水源净化水质 1.37 亿立方米，是辽西、天津、唐山等地的重要水源地。如今的塞罕坝已经成为河北省最北部的一块绿色宝石，横亘在内蒙古高原南端，不但是云的故乡，花的世界，而且是为京津保水源、挡沙源的重要屏障，良好的生态环境，丰富的森林资源，特有的冷凉资源、冰雪资源、湿地资源，使塞罕坝成为闻名全国的特色旅游休闲胜地。

1984 年，我从河北林业专科学校毕业，来到了我省最偏远、最寒冷、最艰苦的塞罕坝林场工作，任基层林场技术员，那时的林场条件虽然较第一代务林人有了较大的改善，但条件依然艰苦，住工棚、喝雪水、啃咸菜、吃冷饭是平常的事，林场多数地区还不通电，也没有电视看，我们几个年轻人在繁忙的工作之余最大的乐趣就是看看书、写写信，再就是和老一代务林人侃大山、唠家常，听得最多的是他们当年创业的故事。

1961 年 10 月，是让塞罕坝人永远铭记的日子。时任林业部国营林场管理总局副局长的刘琨同志，带队到大雪纷飞、人迹罕至的塞罕坝进行踏查，发现了顽强挺立在东北部荒原上的“一棵松”，以及残存的落叶松、云杉枯根，找到了树木可以在这里成活的科学见证。

1962 年 2 月，原国家林业部组建直属塞罕坝机械林场。随即从全国 18 个省（市）调集精兵强将与原来三个林场的 200 多名干部职工组成了 369 人的建设大军。这支队伍平均年龄不到 24 岁，其中大中专毕业生 140 多人，正是这支年轻的队伍肩负着祖国的重托、胸怀绿色的梦想，在承德专署农业局局长王尚海任书记、承德专署林业局局长刘文仕任场长、林业部工程师张启恩、原丰宁县县长王福明任副场长的第一任领导班子的带领下，拉开了大规模治沙造林的序幕。建场之初，干部和职工没地方住，就住在临时搭建的草窝棚、马架子和新挖的地窨子里。吃的是黑莜面就咸菜，喝的是涝塔子水、冰雪水。就这样塞罕坝369名干部职工开始了艰苦卓绝的创业历程，当年即栽下了近1000亩树苗。然而到了当年秋天，却发现这1000亩树苗的成活率还不足5%，但他们没有泄气，1963年春天又造林1240亩，可成活率仍然不足8%，接踵而来的两次失败，不但使创业者们的热情骤减，也使年轻的塞罕坝林场如同当时全国几十个一起上马的林场一样，因成活率太低而面临解散“下马”的困境。

为了弄清造林失败的原因，老书记王尚海和场长刘文仕组织人员进行了认真的技术分析，认识到要想在塞罕坝造林成功必须自己育苗，于是在技术副场长张启恩的带领下开始了育苗工作。1964年，春季造林的号角再次吹响，老书记王尚海带领职工在一个三面环山叫作马蹄坑的地方，开展了一场至今都令人激动不已的造林大会战。历经30多个昼夜奋战，千亩机械栽植的小苗根植地下，造林成活率高达95%。马蹄坑大会战的胜利使塞罕坝林场“下马风”销声匿迹。也就是从那时开始塞罕坝开启了大面积造林的时代，到1976年全场职工在缺少设备、气候恶劣的条件下，团结一心累计造林68.9万亩，眼瞅着自己亲手栽植的苗木茁壮成长，全场职工信心十足，正准备来年大干一场的时候，灾难突然降临到这片弱不禁风的土地上，一场历史罕见的“雨凇”灾害年于1977年10月袭击了塞罕坝，一棵3米高的落叶松挂冰量达250公斤，受灾面积达57万亩，面对着一片狼藉的森林，听着树木折断的声音，许多林业工人失声痛哭。刘文仕等场领导班子成员在擦干眼泪的同时，带领全场职工展开了大规模的生产自救。1980年春夏，塞罕坝林场又遭遇了百年不遇的特大旱灾，使得正处在生长期的树木遭遇了连续3个多月的干旱，直接导致12.6万亩落叶松旱死。连续两次灾难，并没有使我们塞罕坝人退缩，反而更加坚定了我们战胜困难的意志，总结经验，引进树种，研究推广抗旱造林整地技术，重整旗鼓再一次将希望的树苗栽到了荒原之上，就这样经过不懈努力，使这块荒芜了300年的塞北荒原终于变成了碧波万顷的林海。

选择了林业就是选择了奉献，就是选择了清贫，为了绿色的梦想，塞罕坝人几十年如一日，无怨无悔地坚守在高寒荒漠上，有的牺牲在荒原，有的落下终身残疾，涌现出许多可歌可泣的感人事迹。老书记王尚海，为了用实际行动说服那些怕艰苦、不安心工作的同志扎根林场，他身先士卒，把爱人和5个孩子从承德市搬到坝上，与生产工人同甘共苦。在任13年完成造林54万亩。去世后，把骨灰撒在了当年马蹄坑造林大会战的人工林中；首任场长刘文仕，在管理中天不怕地不怕，敢于较真叫板，即使在“文革”受到冲击期间，白天带领职工植树造林，晚上脖子上挂着十几斤重的拖拉机链轨板挨批斗，也没有动摇植树造林的信念；技术副场长张启恩，原是林业部造林司的工程师，爱人是中国林科院的助理研究员，为了建设塞罕坝他一家五口举家离京上坝，是塞罕坝科技兴林的元勋。在创业过程中因工受伤，因未能及时治疗后半生只能与拐杖和轮椅为伴。如今，第一代建设者都已经退休，不少老同志也已长眠于地下。但是，他们用理想和信念、用青春和热血铸就了“绿色丰碑”。

正是从这些老一代务林人艰苦创业的先进事迹中，我渐渐读懂了第一代林业工作者那份深深植根于骨子里的执着与坚强。因此，从1984年我来到塞罕坝的第一天起，就深深地爱上了这片土地，并亲身经历了自1983年以来林场由以造林为主转入以营林为主兼顾开发林下经济的新阶段。特别是进入新世纪以来，我们围绕建设现代林场的建设目标开始二次创业，在保护生态环境的前提下，坚持经营和保护并重，利用和培育并举，依托国有林场的优质资源开发旅游、绿化苗木等产业，增加林场的发展后劲。

接过历史的接力棒，肩负着这份沉甸甸的责任，我们现任林场党委一班人以“建设和谐、富裕、文明的现代林场”为奋斗目标，牢记“用塞罕坝生态，保京津家园安全”使命，始终把育林护林推进生态文明建设放在工作的第一位，再难的时候没有调减过一次经营任务，再苦的时候也没有挪用过一分经营资金。在增林扩绿、保护好森林资源的基础上，我们积极转变传统观念，按照山上治坡、山下治窝，山上生产、山下生活的发展思路，全面实施了“夯实基础、增林扩绿、会泽民生”的新举措，启动了塞罕城建设工程、危旧房改造工程、森林生态旅游景区建设工程、绿化苗木基地建设工程。加大防扑火体系建设，共投筹资1550万元，新开防火隔离带120余公里，建立防火物资储备库7个，购置防火运兵车10台，在全国率先建成雷击火监测系统、红外探火雷达预警系统、更新视频监测系统并全部投入使用。加强林区道路建设，筹集资金8720万元，其中自筹7060万元，修建或改造林区道路403公里。着力改善生产一线职工生活条件，投资1670万元，新建和改建营林区房舍24个、望火楼、检查站16座，投资200余万元，完成了全场通信网络光纤“三网融一”改造工程，现在全场最偏僻的营林区也能够通过网络了解外面的世界。此外，还完成两期危旧房改造1437户。真正实现了林区道路网格化、防火系统智能化、一线职化生活条件现代化。在此基础上，我们还积极探索林场的创新发展，攻坚克难，突破了在少有土壤的石质阳坡上进行攻坚造林的技术难题。近几年来，共完成造林11.6万亩，其中自筹资金3771万元，完成攻坚造林5.15万亩，将全场有林地面积提升到了117万亩。计划到2020年，完成造林11万亩，新增有林地面积4万亩，森林覆盖率达到86%的饱和值。同时，我们还启动实施了全国首例国有林场森林管理碳汇项目。可以预见的是未来的塞罕坝还将是一座取之不尽、用之不竭的绿色银行。

54年来，在塞罕坝精神的激励鼓舞下，我们一代一代塞罕坝人几十年如一日始终秉持着“艰苦奋斗、爱国敬业，科学务实、争创一流，坚韧不拔、善做善成，使命至上、甘于奉献”的价值追求，创造了沙漠变绿洲、荒原变林海的绿色奇迹，建造出了世界上最大的人工森林，为京津冀地区乃至全国改善生态环境做出了巨大贡献，同时也获得了多项荣誉。特别是2014年中共中央政治局常委、书记处书记刘云山，中共中央政治局委员、中宣部部长刘奇葆分别对塞罕坝林场的先进事迹做出重要批示，被中宣部授予“时代楷模”荣誉称号。

新时代孕育新希望，新形势催生新梦想。党的十八大把加强生态文明建设摆上了国家战略高度，特别是十八届五中全会明确提出必须牢固树立创新、协调、绿色、开放、共享的发展理念，这更为我们全场2000多名干部职工增添了更大的信心和动力。面对塞罕坝所取得的诸多荣誉，我们林场党委一班人深知所有成绩已经成为过去，深知自己的岗位平凡而普通，但我们肩负的使命崇高而伟大，我们一定会倍加珍惜这来之不易的成绩，倍加努力地干好本职工作，倍加用心地呵护好这片绿色的宝库。始终牢记使命责任，以加强生态文明建设、打造河北“京津冀生态环境支撑区”和承德“京津冀西北部生态涵养功能区”为己任，按照“增林扩绿，严格保护，提质增效，安居乐业，持续发展”的总目标，毫不懈怠地经营管护好这片北半球最大的人工林海、绿色宝库。用我们务林人的双手和汗水，在建设经济强省、美丽河北的具体实践中，在推进京津冀协同发展的伟大进程中，在实现伟大民族复兴中国梦的历史大考中去交出一份满意的答卷！

无悔选择，用青春成就绿色梦想

大家好！我叫陈彦娴，1964 年到塞罕坝林场工作，是“六女上坝”的主人公之一。作为塞罕坝的第一代务林人，我见证了塞罕坝的沧桑巨变。今天，我给大家汇报的题目是“无悔选择，用青春成就绿色梦想”。

1964 年，我 19 岁，正值火红的年代，在承德二中读高三，当时全国青年都在学习上山下乡知识青年邢燕子和侯俊的事迹。在她们事迹的感召下，我们宿舍的六个好姐妹，下晚自习回到宿舍闲聊：“要是能像北大荒的女拖拉机手梁军一样，开拖拉机驰骋在原野上那有多好呀！”后来我们想到了我家的邻居刘文仕，他是塞罕坝机械林场总场场长，听说那里正在开展大规模机械化造林，为什么不找一找他呢？于是大家叫我给刘文仕写信试一试，不到一个月，我们收到了总场人事科愿意接收我们的回信。就这样，我们放弃了高考，选择了上坝。学校十分支持我们，还在全校大会上表扬了我们，并给我们开了欢送会。

从承德到坝上才二百多公里，我们却在路上颠簸了两天多，场部当时没几间房子，到处是半人多高的野草非常荒凉。总场书记、场长的亲自接待，工人们的热情欢迎，使我们倍感温暖。我清楚地记得，我们在林场第一顿饭吃的是黑面饼（坝上自产的白面），炒蘑菇，这是坝上招待客人最好的饭菜了。当时我们一吃都皱起了眉头，有一种怪味，很难下咽，可是林场书记、场长和工人们却吃得津津有味。

那个时候，林场的条件异常艰苦，房屋不够住，就住仓库、马棚、窝棚、干打垒的泥草房，夏天外面下大雨，屋里下小雨，外面不下雨，屋里还滴答。最难熬的是冬天，最冷的时候达到－40℃左右，嗷嗷叫的白毛风一刮对面看不见人，炕上铺的只有一层莜麦秸子，睡觉要带上皮帽子，早上起来眉毛、帽子和被子上会落下一层霜。喝的是雪水、雨水和沟塘子水，吃的是含有麦芒的黑莜面、土豆和咸菜。有时粮食供应不上，就煮莜麦粒就盐水充饥，偶尔吃顿黑面馒头，就算是“改善伙食”了。

我们在林场熟悉了两天之后，被分到了千层板林场苗圃工作。苗圃育苗是一项技术要求非常高的工作，为了掌握好播种时盖土的薄厚和压实度，我们就提前拿播种用的滚桶和刮板一遍又一遍地练，手臂练肿了，还是不停地练，直到达到技术要求为止。

苗圃育苗使用的是有机肥，都是用牛车拉大粪。夏天在厕所掏大粪是最难熬的活，一进厕所苍蝇“扑”地飞起来，往身上脸上乱撞。我们赤手拿着粪勺把大粪掏进桶里，在将桶提上牛车拉到粪场。一天下来弄得满身都是大粪，收工了也只能上河边洗洗手，涮涮鞋，根本没有地方洗澡。

进入 10 月份，苗圃开始进行选苗作业。为了保证苗根不失水，选苗都是在泥塘里作业，我们穿着棉袄，冻得一个个直打冷战，手都被冻肿了，裂了口子，钻心的疼。就在这样的环境下，我们在选苗棚里一坐就是一天，每人平均每天都选上万棵苗子。收工时，腿都不听使唤了，腰也直不起来，整个人就像僵住一样，好半天才能动。当年在苗圃工作的人有的成了罗圈腿，有的落下了风湿病。

冬天，林场场长带领我们在马蹄坑清理火烧残木。当时，马蹄坑只有两间草房，林场照顾我们女同志，让我们住在草房里，男同志都住窝棚。山上的雪有半米多深，我们带着棉帽子，穿着毡疙瘩，打着裹腿，背着一根五六斤重的大麻绳，要走六七里地才到达山上。男同志负责采伐残木，我们女同志拖坡，由于雪深没有道，一开始拖十分吃力，下坡地段还好一点，到了平地要使出全身的力量才能拖动。

当时我们都比着赛的干，你拖的多，我比你拖得还多，一个个累得汗流浃背，汗水把棉袄都湿透了，棉衣结成冰甲，鞋冻成冰坨，走起路来哗哗响。一天下来，脸被冻得起了泡，肩被磨得血红，棉袄被刮破了。回到营林区天都黑了，在昏暗的煤油灯下吃口莜面苦力，啃口咸菜，再把棉袄缝好，然后倒头便睡。第二天又照常上山，就这样我们一干就是一个多月，我们的付出却为来年机械造林的成功打下了基础。

第二年春天机械造林大会战，为按时完成任务，上至书记、场长，下到普通工人全部要到造林一线。领导每人带一个机组，一台拖拉机挂三个植苗机，每个植苗机上坐两名投苗员。当时我是投苗员，负责从取苗箱里把一棵一棵带有泥浆的树苗取出，放到植苗机上。要求投苗员手拿苗子要快，放的要准，防止漏投。我们就是这样两手不停地取苗、放苗，取苗、放苗，植苗机在高低不平的山地上来回颠簸，取苗箱里的泥水不断的溅到身上，再加上风刮起的沙尘，我们在冰冷的植苗机上一坐就是十几个小时，一天下来就像刚刚从泥坑里爬出来似的，根本分不清哪个是领导哪个是工人。

20世纪60年代，林场交通闭塞，只有一条通往县城的土路。冬季大雪封山，林场基本处于半封闭、半隔绝状态。有一年冬天要回家过年，塞罕坝的大雪下了1米多深，总场派一辆大卡车送我们，卡车前面是一辆55马力的链轨拖拉机推雪开道，拖拉机在前面推出了道路，后面的路又被狂风卷起的雪给埋上了，走了整整一天才挪出4公里，拖拉机掉进了路下的雪坑里，汽车也抛锚了。没办法，我们只好一个拉一个的手，摸着黑回到了场部。

还有一年正月，一个职工家属抱着孩子回围场县四区的娘家。她坐在卡车的车厢里，车厢里挤满了人，由于天气寒冷，妈妈生怕把孩子冻坏了，人越冷越挤，她越给孩子蒙被子，等下车打开被子一看，不满周岁的小男孩儿就这样活活给闷死了。

随着国家经济的发展，林场也在一天天的变化；随着林场的变化，我的工作也在变。我先后在林场的粮食所、学校、修理厂、汽车队等单位从事过不同的工作。现在尽管我们创业者都退了下来，可是我们的子女们又接过了我们老一辈手中的接力棒，在继续传承着我们的事业。

回首昨天，数十载弹指一挥间。看到林场能够有今天的成就，建造成世人瞩目的人工林海，我想，我们当时受再多的苦也是值得的！我们的晚年生活和过去相比简直是天壤之别，林场在围场县城新建了职工住宅楼，退休的老人们全部都搬进了县城，住进了楼房。总场专门为我们设立了老年活动中心，我们在那里唱歌、跳舞，安享晚年，让我们过上了城里人的生活。

“春华秋实，沧海桑田”，我们终于用青春、汗水和生命换来了这百万亩林海。我们为之自豪！现在如果有人问我：“要是让你重新选择一次，你会如何选择？”我会毫不犹豫地告诉他：“塞罕坝！因为这里是我成就绿色梦想的地方，这里有我的青春，我的生命，我的一切！选择塞罕坝，我无怨无悔！”

谢谢大家！

勇于担当，做新时代塞罕坝人

大家好！我叫于士涛，是塞罕坝机械林场的第三代务林人。今天我汇报的题目是："勇于担当，做新时代塞罕坝人"。

我的家在河北定州，从小没有见过大山。2001 年我考取了河北农业大学林学院。在校期间，听老师讲：在我省最北部有个塞罕坝机械林场，是全国最大的人工林场，也是我们林业人施展才华，实现人生理想的大舞台；后来，又在网上看到了塞罕坝许多秀美、绮丽的自然风光，从那时起，我就坚定了信心，毕业后一定要到塞罕坝，去奉献自己的青春和智慧。2005 年 10 月，通过了层层招聘选拔，我如愿来到了塞罕坝机械林场。

初到坝上，总场领导热情地接待了我们，还专门带着我们参观了所辖的 6 个林场。金秋的塞罕坝，万顷林海五彩斑斓、层林尽染，车在路上行，人在画中走，满目美景令我们同行的 5 名大学生心旷神怡，驱车整整 3 天都没有跑遍这浩瀚无际、波澜壮阔的林海，深深地震撼了我；当听说这上百万亩森林是老前辈们像养育自己的孩子一样，用他们的青春、血汗、智慧在茫茫荒原上一棵棵、一亩亩悉心培育出来的，我更加震惊了；在塞罕坝展览馆里，听到了老前辈们爬冰卧雪、挫而弥坚、锲而不舍的创业故事，我的心灵被折服了。当时我想，老前辈们是依靠什么样的力量，在这茫茫荒原上，执着地营造起这百万亩林海？后来我了解到是塞罕坝精神"艰苦创业、无私奉献、科学求实、开拓创新、爱岗敬业"，就是这个精神支撑着他们创造出"人进沙退、绿荫蓝天"的伟大业绩。我默默承诺：要把我的精力和四年大学所学的知识全部释放到这片充满传奇的土地上。

后来，我主动要求到最基层的营林区工作，塞罕坝千层板林场马蹄坑营林区施工员是我第一个岗位。刚开始的几天我感觉哪里都很新鲜，尽管天天早出晚归，不断重复着间伐树木、修枝打杈这种单调乏味的体力劳动，但仍然干劲十足。可是没过多久，在激情消退之后，随之而来的各种困难考验还是远远超过了我的心理预期，梦想与现实的巨大反差让我几乎无法承受。

特别是一进入 11 月份后，塞罕坝的天就像发了疯的怪兽一样，西北风裹着雪花嗖嗖地刮起了白毛风，打在脸上像刀割一般，屋内外的温差达到了 50 多度，猫在屋里都觉得冷，去外面上个厕所都要下很大的决心。山上没有自来水，要到屋后的小河里挑，每挑一次水就要砸一次冰窟窿。由于我从小到大从没挑过水，加之雪大路滑，手脚冻的疼痛僵硬，所以经常是连人带桶摔到雪地里，水挑到屋里也就能落下半桶，感觉特别沮丧，特别心酸无助。冬季生产施工作业结束了，经常是我这个未成家的小伙子独自住在营林区，屋外，冰天雪地、寒风呼啸、荒无人烟，只剩下白茫茫的一片雪山；屋内，一个人、一张床，还有一张破旧的桌子，既没有电视，也没有说话的人，倍感孤单寂寞。每个漫长的冬夜，是我最想家、想念亲人的时候，孤零零地躺在床上，辗转反侧，怎么也睡不着，只能默默地数着窗外的星星，有时候，数着数着天就亮了。来时的美好憧憬与残酷现实形成的巨大反差，一连串地冲进我的脑海，恨不得要马上逃离这个地方，甚至有好几次都打好背包，收拾好了行李。我反复问自己，当初怎么选择了到这里来工作？在去与留的矛盾中，我向父母倾诉，父母劝告我，年轻人要耐得住寂寞，要能吃苦才会有出息，而且林业是你的本专业，只有在林业一线才能展示你的才能，发挥你的长处；只有扎根基层才能施展你的抱负，实现你的理想。听了这些，我开始冷静下来，想想亲人们的话，想想老一辈塞罕坝人在那个环境恶劣、物质奇缺的茫茫高原营造起百万亩森林，创造了荒原变林海、沙地成绿洲的绿色奇迹；想想发生在他们身上一个个真实的故事；想想自己刚到塞罕坝时的默默承诺，我彻底打消了离开塞罕坝的念头，重新点燃了激情，重新找回了动力，从此，我决心紧握先辈们的绿色接力棒，全身心地投入到塞罕坝的建设中，努力为塞罕坝的绿色事业增砖添瓦、增光添彩。

2006年初，我被调到林场生产股工作，跟着一个叫顾殿江的老师傅一起。顾师傅50多岁，是指导基层林业施工作业的骨干，被称为林场的"活地图"。他对千层板林场27.6万亩经营面积内的每个小班的位置、面积、树种和生长状况，都能脱口而出，准确无误。我拜他为师，从他身上学习林场的实际施工技术，再与大学所学的知识相对照，将书本中的普遍理论与这个特殊林区施工作业技术更好的结合。就这样，我在干中学、学中干，在林业生产工作中不断探索、创新、突破，使自身得到了全面的提升，很快的成长为一名林业技术骨干。也是在林场这个大家庭的多年培养中增长了技能，提高了素质，在老同志们的传帮带下走向了成熟，自己也由一名林业技术员、生产股股长，逐步成长为一名林场的场长。而最值得高兴的，在我一遍遍讲述平凡的塞罕坝人创造出怎样的伟大业绩时，相恋多年的女友也被塞罕坝这个英雄的群体所感动，于2011年毅然决然地放弃了大城市优越的生活条件，来到了塞罕坝。我在塞罕坝住了11年，这里已成为我的第二故乡，在这我不但收获了爱情，成了父亲，而且还找到了实现人生价值的广阔舞台。

几年来，我们经过不断积累、反复摸索、大胆创新，将大学所学的理论知识与林区作业实践相结合，积极开展森林科学经营管理，实施森林数量和质量精准提升工程，确保实现增林扩绿。2011年5月我们开始了攻坚造林这个作业项目，攻坚造林就是在土壤贫瘠的石质阳坡上进行造林作业，地皮以下5厘米就是石头，造林难度可想而知，面对这种困难我们新一代塞罕坝人使用了很多超常措施：采用容器育苗、挖深坑大穴、异地取土回填、覆膜保水等方式方法进行造林，使成活率达到98%以上，创造了一个奇迹。我们解放思想、转变观念积极推进基础设施建设提档升级，修油路、改标准化营林区等，毕竟这些建设不是我们的本行，但是我们通过自己的努力把任务顺利完成，使林场的基础设施建设提高了一大截。这就是我们，新一代的塞罕坝人，能够复出和创新的一代人。

随着塞罕坝林场的发展和条件的逐渐改善，有越来越多的青年学子和技术人才选择来到塞罕坝建功立业，在总场领导的大力支持鼓励下，我们组建了林场技术攻关骨干团队，积极开展了石质荒山和沙地的攻坚造林、大径级材培育等科研项目研究，为提升森林质量和提高生态功能积累经验；利用塞罕坝的气候、环境、资源优势，扎实推进森林生态旅游、绿化苗木销售和承揽绿化工程等产业发展，整理出一套适合塞罕坝地区特点的森林经营模式，为全国森林经营起到了示范带动作用。现在团队共有科技骨干人才300余人，其中大部分都是和我一样的年轻人。他们有的直接工作在生产一线，有的从事专业技术工作，真正承担起了建设塞罕坝的艰巨任务。

党的十八大吹响了生态文明建设的号角，让我们倍受鼓舞。作为新时代的塞罕坝人，建设塞罕坝的历史重任已经责无旁贷地落在了我们肩上。我们深知岗位责任重大，未来将更加充满挑战与艰辛，我们一定会传承和发扬好塞罕坝精神，扎实推进生态文明建设，为实现中华民族伟大复兴的中国梦，艰苦奋斗、开拓创新、勇挑重担、追梦不止，用我们的青春和汗水去书写塞罕坝更加美好的明天！

无私奉献，用真情挚爱呵护绿色家园

大家好！我叫闫晓娟，是塞罕坝森林旅游开发公司的一名普通职工，作为塞罕坝女性的代表，我今天汇报的题目是《无私奉献 用真情挚爱呵护绿色家园》

我的爸爸1962年从承德农校毕业后，就分配到塞罕坝工作，是林场369名创业者之一。1967年妈妈和爸爸结了婚，也来到了塞罕坝。随后几年，两个哥哥和我相继出生，我们可以说是塞罕坝的“林二代”。那时候爸爸整天忙于造林，经常早出晚归，有时一连好几天不能回家。照顾孩子、料理家务 全部落在妈妈一个人身上，有时候还要在林场干点零活贴补家用。直到现在，我仍然很清楚地记得妈妈用她那瘦弱的身体，拖着枝柴在山区的路上吃力行走的样子，在昏暗的油灯下给我们一家人缝缝补补的身影，背着我在烈日下的苗圃地里挖土、拔草的场景。

1977年10月，塞罕坝发生了历史上罕见的雨淞灾害。当时眼瞅着成片的林子被冰压倒，很多人都心疼的掉泪了，妈妈也参加了那场心情沉重的生产自救活动，当时由于坡陡路滑，在往山下拖断木时被木头砸断了左腿，顿时家里的“半边天”塌了……妈妈在养伤期间，我们几个孩子没人管，两个哥哥被送到姥姥家，刚满4岁的我每天就跟着上山造林的爸爸，爸爸工作时就把我自己放在造林地的窝棚里，饿了就啃棒面干粮，渴了就喝几口化好的雪水。记得有一次，窝棚里突然窜出只大老鼠，把我吓得跑出来哇哇大哭，我边哭着边在山上寻找爸爸，走着走着迷了路，后来幸亏遇到好心人把我送回了家，到了家拖着伤腿的妈妈抱过还在抽泣的我一边责怪爸爸一边哭，那还是我第一次看见乐观开朗的妈妈因为心疼我哭了。从那以后妈妈的腿落下了残疾，左腿上留下了两条近一尺长的手术疤痕，走起路来有点跛，但妈妈依然乐观的为家里、为工作忙碌着。正当我和二哥就要参加工作、能替她分担点儿什么的时候，1995年，年仅46岁的妈妈由于积劳成疾，带着对我们兄妹的牵挂和这片绿土的眷恋永远地离开了我们，给我留下了“子欲养而亲不在”的遗憾。到现在我始终记着妈妈对我说过的一句话，她说：“女孩子不能整天愁眉苦脸的，那样会给家里带来晦气。”当时，我还不明白这话的含义，后来随着年龄的增长我才明白，妈妈是在教给我一种乐观向上的生活态度。

作为务林人的后代，对塞罕坝总有一种割舍不断的血脉情愫，中专毕业后，我也满怀激情地成为一名林业工作者。虽然从小我就亲眼见证了妈妈的劳苦，可直到在林场上班成了家，我才真正体会到了做一名塞罕坝女人的艰辛与不易，对身边的人和发生的事更是刻骨铭心。

我场林业技术能手邓宝珠的妻子马贵兰，是一个善良纯朴的女人。从1976年结婚后就和丈夫两地分居，她一个人在农村老家既要抚养年幼的孩子，又要参加生产队劳动挣工分非常不容易。由于林场生产任务重，邓宝珠几个月才能回一次家，每次回家要翻过两座山，步行100多里，光在路上的时间就需要整整两天。1980年，邓宝珠调任坝梁营林区主任，为了支持丈夫的工作，马贵兰带着4岁的孩子从老家来到塞罕坝住进了营林区，这一住就是十一年，十一年间，住土坯房，点煤油灯，到一里以外的山下挑水给职工做饭，但她始终没有一点怨言。1994年，马贵兰跟着邓宝珠在莫里莫营林区的时候。为了保证造林成活率，邓宝珠利用营林区的空闲地儿开设了小型苗圃。为了省钱，妻子马贵兰主动承担起了苗圃的浇水、除草等日常培育养护工作，可她却从没向林场要过一分钱。

有人不理解，她却说 ：“什么钱不钱的，只要宝珠干得好就行了，我搭把手没啥。”尽管她不是林场职工，可她早已经把林业生产当成是自己家的事了。

三道河口林场，是塞罕坝林场的 6 个基层林场当中最偏僻、交通最不方便的地方，在食堂就餐的职工就多，后勤服务工作就显得更加重要。宋晓丽等三人女子炊事组，为了让职工能吃好，可没少用心思，他们把每一位职工爱吃什么、不爱吃什么都装在自己的心里。努力在饭菜的品种和花样上下功夫，每周还包顿饺子，想方设法让职工吃好。特别是在防火期内，很多职工 3、4 个月不能回家，有时候职工家属带着孩子来探亲，她们就像对待自己的家人一样热情周到，专门为孩子蒸鸡蛋糕、煮米粥，做一些适合孩子吃的饭菜，用女人特有的细腻、周到让他们感受到了林场大家庭的温暖。

为了确保百万亩林海的防火安全，全场共设有 9 个夫妻望火楼，到了防火期，他们一上山就是几个月，像陈锐军夫妇、赵福洲和妻子陈秀灵、刘军和妻子齐淑艳、孟庆林和妻子董建琴等夫妻一干就是几年甚至十几年。一部电话、一副望远镜、一个记录本，每隔 15 分钟一次的瞭望报告，这种简单而繁杂的工作让他们受尽了常人难以忍受的孤单寂寞、艰难困苦。赵福洲和妻子陈秀灵驻守的望火楼因山高坡陡，每到冬季就一直饮用积雪融水，1983 年 11 月的一天，赵福洲外出巡查火情，已经怀孕 7 个月的妻子陈秀灵清理沉淀在缸里的泥土和树叶时，被缸沿儿挤压了腹中的胎儿。赵福洲回来看到妻子疼痛难忍立刻就向林场打了求助电话，林场紧急派职工用门板把陈秀玲抬下山，再用汽车送往医院，由于山高坡陡，雪大路滑，经过 7 个多小时、陈秀玲才被送到医院，当时已是凌晨一点半，孩子最终没有保住。为了支持丈夫的工作，望火楼的很多家庭都做出了巨大的牺牲，由于远离人群缺乏交流，初景梅的儿子 8 岁了说话还不清楚，董建琴在学校寄宿的儿子高烧近 40 度，仍坚持不让老师给父母打电话，因为孩子知道，即使打了电话父母也下不了山，只能让他们更揪心，更着急……正是由于他们日复一日、年复一年的坚守，五十多年来，940 平方公里的塞罕坝林场没有发生过一起森林火灾。

有人说，选择了林业就选择了艰辛，选择了塞罕坝就选择了付出，而对于我们这些在塞罕坝成家的女人来说，能够兼顾相夫教子、尽贤尽孝那简直是一种奢望。为了这份绿色的事业，和这个绿色的家园，不知有多少个家属随丈夫东迁西走，不知有多少个妻子在一方苦守，默默支持已经成为她们的信念，体谅理解已经成为她们的习惯。她们默默无闻，却是一线务林人的坚强后盾，他们虽没有豪言壮语，却用自己的行动支撑起塞罕坝的“半边天”。

也正是在这些“塞罕坝最美的人”的事迹感染和带动下，我在工作中总觉得浑身有使不完的劲，参加工作 20 年来，先后从事过装卸工、清洁工、核算和会计等工作，还自学考取了会计师、高级统计师，多次年度考核优秀。在工作中我认识了我的丈夫，并于 1997 年组建了幸福的家庭，他也在基层林场工作，工作起来经常早出晚归的，所以照顾家庭的责任都我一个人担着，但我依然觉得很幸福。塞罕坝给了我爱情，给了我一个温暖的家，给了我一份热爱的事业。作为塞罕坝职工的家属，虽然我们远离都市的繁华，没有很多人花前月下的卿卿我我，也少有家人团聚的温馨与浪漫，但我们知道，嫁给了塞罕坝的职工就等于嫁给了塞罕坝。我们所能做的就是给他们营造一个安定的家、一个稳定的后方、一个温馨的港湾，累的时候能在这里栖息，苦的时候能从这里靠岸。作为塞罕坝职工的女儿、妻子，我也会像我的妈妈一样当一名好妻子、好母亲、好儿媳，用我无私的奉献为塞罕坝的明天增添一份更加美丽的色彩，用真情挚爱呵护我们绿色的家园！

谢谢大家！

我眼中的“塞罕坝”

我是周易，在承德日报社工作，担任党委委员、副总编。此刻，能和塞罕坝先进集体的四位代表再次同台，重温塞罕坝先进事迹、接受塞罕坝精神的洗礼，我感到十分荣幸和振奋。今天，我想从记者的角度，跟大家汇报分享“我眼中的塞罕坝”。

2013 年 9 月，按照市委宣传部要求，从建设“美丽中国”“中国梦”的角度重新挖掘“塞罕坝”。随着深入了解，这片最低气温 低达零下 43 度、近乎生命禁区的 高寒荒漠上发生的人和事，让我震撼不已。

20 世纪 50 年代，沙尘暴频袭北京。专家断言：呈扇形围聚在北京北部的十大沙地如不加治理，不出 50 年，漠北风沙将兵临城下。而其中最大的威胁是海拔 1400 米、距北京直线距离仅仅 180 公里的浑善达克沙地。如果这个最近的沙源锁不住，相对海拔只有 43 米的北京城来说，就好比站在屋顶上 向院子里扬沙。必须扼住浑善达克风口！ 1962 年 2 月，国家决定，建设塞罕坝机械林场。批文十分明确：“建设用材林基地，为改变京、津地区风沙危害创造条件，积累高寒地区造林经验。”国家一声令下，塞罕坝的荒原秃岭上，一下子集结了全国 18 个省市、146 名、平均年龄不到 24 岁的大中专毕业生，共三百余人的一支造林大军开始向荒漠挺进。

54 年，林场 12 任领导班子、带领塞罕坝人，不畏恶劣气候和艰苦的生活条件，克服了常人难以想象的巨大艰辛，拼将青春、汗水、智慧甚至血肉之躯同土地沙化顽强抗争，迄今累计人工造林 117 万亩。一锹一镐、一坑一苗、一沟一坡、年复一年，一片令世人惊叹的世界上面积最大的人工林奇迹般地站立起来，一道为京津阻沙源、涵水源的绿色长城赫然矗立。从卫星图上看，塞罕坝这弯深深的碧绿，就像一只展开双翅的雄鹰，紧紧地扼守在浑善达克沙地南缘。塞罕坝造就了中国高寒沙地生态建设、史无前例的绿色奇迹，成为世界人工治沙、改善生态环境的光辉典范。

也正是塞罕坝的绿色奇迹，引发了承德市、河北省乃至中国北方“再造秀美山川”的生态建设大潮。当下，因塞罕坝引发的国家生态工程“再造三个塞罕坝”正在变成现实。被誉为“华北绿肺”的塞外承德，森林覆盖率华北最高，高达 56.7%，已经成为京津冀的重要水源地和生态屏障。

丹青难写是精神，面对塞罕坝三代人史诗般的创业史、奋斗史、荣耀史，我的笔从何而下？俯下身、沉下心，我一次又一次走进塞罕坝。

王尚海——总场第一任党委书记，“文化大革命”时受到冲击，妻子劝他干脆辞职回家。他说：“林场还没建成！就是死，我也要死在坝上！”是的，他的骨灰就洒在了塞罕坝著名的“马蹄坑大会战”所在地，为纪念他，那（nei）片林子 就叫“尚海林”。

孟继芝——今年 80 岁的老职工。大学毕业当年上坝，在护林路上被暴风雪冻僵，19 岁的他，截去两腿，双拐伴一生。

张启恩——北大林学院高才生、林业部工程师。组织一声召唤，与同是工程师的妻子一起，举家迁出北京，扎根塞罕坝！

还有，海拔 1940 米、一部电话一副望远镜一个记录本、相伴 20 年的夫妻望火楼！还有不坐机关上一线的80后大学生！还有，大雪飘飞地窝子门口的红对联：上联：一日三餐有味无味、无所谓；下联：爬冰卧雪冷乎冻乎、不在乎，横批是乐在其中。

通过对塞罕坝一大批老领导、老党员、各时期先进人物的深入采访，我一次又一次地感受到：在塞罕坝人身上，处处闪耀着铁肩担道、义薄云天的英雄气概；处处昭示着“敢教日月换新天”“不叫风沙虐京城”的大义风骨。他们的言行中，蕴藉着 浓得化不开的强烈的责任感和使命感。在他们心中，国家和人民的利益高于一切，荒漠的生态修复，重于泰山！

我一次次被他们的赤诚、忠诚所打动。多次的观点碰撞、思想交锋，我豁然开朗：塞罕坝几代人 半个多世纪默默传承的“艰苦创业无私奉献、科学求实开拓进取、爱岗敬业”的精神之源：是“前人栽树、后人乘凉”的博大胸襟；是“抓铁有痕、踏石留印”的务实作风；是“滴水穿石、久久为功”的坚韧品格；是“逢山开路、遇水架桥”的坚强意志；是“国家至上、使命至上”的高尚情怀！

我曾经不停地追问：半个多世纪，一直默默伫立在河北最北、海拔最高、最荒僻一隅的塞罕坝，为什么有如此强大的凝聚力和向心力？

“把爱交给青山，今生无怨无悔，把爱交给绿水，生生死死不变；站着，你是一道风景！倒下，也要护着这片家园……”采访中我发现，所有塞罕坝人都对这首塞罕坝之歌《爱在青山绿水间》情有独钟。

采写塞罕坝，认知塞罕坝，起初我感到：塞罕坝“种下的是防护树，钻出的是生态林”，塞罕坝是“绿”色的；后来我发现，塞罕坝“栽下的是人工树，长起的是科技林”，塞罕坝是“蓝”色的；再后来，我看到塞罕坝“植下的是使命树、擎起的是接力林”，塞罕坝是“红”色的！

透过“红绿蓝”三色塞罕坝，我看到了塞罕坝精神的“三原色”，看到了、内涵如七彩阳光般丰富的、塞罕坝精神的“当代之光”。

从茫茫荒原到世界上面积最大的人工林海，塞罕坝半个多世纪的生态变迁史，是中国林业战线艰苦创业的真实写照，是共和国几代人矢志不移构筑生态中国梦的生动缩影。“塞罕坝精神”对于加快推进中国生态文明建设、大力弘扬中国精神、构筑民族复兴伟大中国梦，意义重大、深远而多重。

——丰富、完善、发展了半个多世纪难能可贵的“塞罕坝精神”是中国生态文明建设的活的“精神范本”；

——集中浓缩了民族精神、时代精神的“塞罕坝精神”集中体现了社会主义核心价值观，是“中国精神”的重要组成；

——用“中国气魄”筑“百年绿梦”建设“美丽中国”的“塞罕坝精神”是激励一代又一代人不懈奋斗、构筑伟大中国梦的一面鲜红的旗。

正是基于这些追问和思考，刊发于《光明日报》内部专报的调研报告《塞罕坝精神：构筑生态文明伟大中国梦的一面旗帜》引起了刘云山、刘奇葆两位中央领导的高度关注，并于2014年2月做出批示。批示要求，将塞罕坝作为全国重大典型挖掘好、宣传好。同年4月28日，中宣部授予塞罕坝先进集体“时代楷模”荣誉称号。5月1日，全国总工会授予塞罕坝机械林场“五一劳动奖章”，塞罕坝精神随之走向全国。

2015年12月，在市委13届8次全会上，市委书记周仲明同志强调指出：有什么样的精神状态，就有什么样的发展状态！可歌可泣的“塞罕坝精神”，不仅是全国生态文明建设的一面旗帜，也是展示承德形象、河北形象，乃至中国形象的重要窗口，更是完成习近平总书记赋予承德“建设京津冀水源涵养功能区，同时解决贫困问题”两大历史使命，建设“生态强市、魅力承德”最最需要的强大的精神动力！

2016 年 2 月 4 日，市委书记周仲明同志在接受《人民日报》记者采访时深刻指出：塞罕坝奇迹及精神，是中国作为一个负责任大国、积极应对全球气候变暖、中国一直在行动的有力例证和成功典范。坚守生态和发展两条底线，全社会都需要大力弘扬塞罕坝精神！

榜样就在身边，行动应在脚下！最后，我想说，此前大家看塞罕坝，都会为“河的源头，云的故乡，花的世界，林的海洋”这样的美景叹为观止。

我坚信，此后再看塞罕坝——“河的源头”，人们看到的是几代塞罕坝人青春、智慧和汗水的涓涓汇集，是爱国敬业、艰苦奋斗的精神洪流。“云的故乡”，人们看到的是好儿女志在四方、举头望月的浓浓乡愁，是使命至上、甘于奉献的心灵家园。“花的世界”，人们看到的是“六女们”舍弃的花样年华，是坚韧不拔、善做善成的信念王国。而“林的海洋”，我们看到的应该是，京北那片默默站立的林，是功勋缔造在浑善达克沙地南缘的那一棵棵树，是一群国家使命至上、执着绿色梦想、顶天立地大写的共和国的一代又一代赶考人、追梦人！

让我们在各自的岗位上，努力成为他们！

让我们再一次向英雄的塞罕坝先进群体致敬！

谢谢大家！

概 况

地理位置地貌地质

【地理位置】 承德市位于北纬40°11'24.75"～42°37'04"，东经115°54'10"～119°14'24.71"。地处河北省东北部，华北与东北地区过渡带。东、东南与辽宁省朝阳市、河北省秦皇岛市相邻，南、西南与北京市、天津市、河北省唐山市毗邻，西与张家口市相连，西北、北、东北与内蒙古自治区锡林郭勒盟、赤峰市接壤。人民政府驻双桥区府前路1号，距省会石家庄540千米，距首都北京251千米。辖区东西最大距离278千米，南北最大距离270千米，总面积39489.54平方千米。

【政区划分】 2016年年末，承德市辖8县3区，即双桥区、双滦区、鹰手营子矿区、围场满族蒙古族自治县、丰宁满族自治县、隆化县、承德县、平泉县、滦平县、宽城满族自治县、兴隆县，另辖1个国家级高新技术产业开发区。共有14个街道办事处、95个镇、110个乡（其中26个民族乡），168个居民委员会、2458个村民委员会。

表1

2016年承德市行政区划表

县（区）	所含建制镇	所 含 乡	所含街道办事处
双桥区	水泉沟镇、狮子沟镇、牛圈子沟镇、大石庙镇、冯营子镇、双峰寺镇、上板城镇	—	西大街街道办事处 头道牌楼街道办事处 潘家沟街道办事处 中华路街道办事处 新华路街道办事处 石洞子沟街道办事处 桥东街道办事处
双滦区	双塔山镇、滦河镇、大庙镇、偏桥子镇	陈栅子乡、西地满族乡	元宝山街道办事处 钢城街道办事处 秀水街道办事处
鹰手营子矿区	鹰手营子镇、北马圈子镇、寿王坟镇、汪家庄镇	—	铁北路街道办事处
承德县	下板城镇、甲山镇、六沟镇、三沟镇、头沟镇、高寺台镇、鞍匠镇、三家镇、上谷镇、磴上镇	东小白旗乡、刘杖子乡、新杖子乡、孟家院乡、大营子乡、八家乡、满杖子乡、石灰窑乡、五道河乡、岔沟乡、岗子满族乡、两家满族乡、仓子乡	—
兴隆县	兴隆镇、半壁山镇、挂兰峪镇、青松岭镇、六道河镇、平安堡镇、北营房镇、孤山子镇、蓝旗营镇、雾灵山镇、李家营镇	南天门满族乡、八卦岭满族乡、陡子峪乡、上石洞乡、大杖子乡、蘑菇峪乡、三道河乡、安子岭乡、大水泉乡	—

续表 1

县（区）	所含建制镇	所含乡	所含街道办事处
平泉县	平泉镇、黄土梁子镇、榆树林子镇、杨树岭镇、七沟镇、小寺沟镇、党坝镇、卧龙镇、南五十家子镇、北五十家子镇、椤椤树镇、柳溪镇	王土房乡、七家岱满族乡、平房满族蒙古族乡、茅兰沟满族蒙古族乡、台头山乡、松树台乡、道虎沟乡	—
滦平县	滦平镇、长山峪镇、红旗镇、金沟屯镇、虎什哈镇、巴克什营镇、张百湾镇、付营子镇	平坊满族乡、安纯沟门满族乡、小营满族乡、西沟满族乡、邓厂满族乡、五道营子满族乡、马营子满族乡、付家店满族乡、火斗山乡、两间房乡、涝洼乡、大屯满族乡	中兴路街道办事处
隆化县	韩麻营镇、中关镇、七家镇、汤头沟镇、张三营镇、唐三营镇、蓝旗镇、步古沟镇、郭家屯镇	荒地乡、章吉营乡、茅荆坝乡、尹家营满族乡、庙子沟蒙古族满族乡、偏坡营满族乡、山湾乡、八达营蒙古族乡、太平庄满族乡、旧屯满族乡、西阿超满族蒙古族乡、白虎沟蒙古族满族乡、碱房乡、韩家店乡、湾沟门乡	安州街道办事处
丰宁满族自治县	大阁镇、大滩镇、鱼儿山镇、土城镇、黄旗镇、凤山镇、波罗诺镇、黑山嘴镇、天桥镇、胡麻营镇	万胜永乡、四岔口乡、苏家店乡、外沟门乡、草原乡、窟窿山乡、小坝子乡、五道营乡、南关蒙古族乡、选将营乡、西官营乡、王营乡、北头营乡、石人沟乡、汤河乡、杨木栅子乡	新半路街道办事处
宽城满族自治县	宽城镇、龙须门镇、峪耳崖镇、板城镇、汤道河镇、桲罗台镇、碾子峪镇、亮甲台镇	化皮溜子乡、塌山乡、孟子岭乡、独石沟乡、东大地乡、铧尖乡、东黄花川乡、苇子沟乡、大字沟门乡、大石柱子乡	—
围场满族蒙古族自治县	围场镇、四合永镇、克勒沟镇、棋盘山镇、半截塔镇、朝阳地镇、朝阳湾镇、腰站镇、龙头山镇、新拨镇、御道口镇	道坝子乡、黄土坎乡、四道沟乡、蓝旗卡伦乡、银窝沟乡、新地乡、广发永乡、育太和乡、郭家湾乡、杨家湾乡、大唤起乡、哈里哈乡、张家湾乡、宝元栈乡、山湾子乡、三义永乡、姜家店乡、下伙房乡、燕格柏乡、牌楼乡、城子乡、老窝铺乡、石桌子乡、大头山乡、南山嘴乡、西龙头乡	—

（供稿 靳适维）

【地形地貌】 区内总的地势西北高、东南低，分为坝上高原和燕山山地两种地貌类型。西北部的坝上高原，海拔1300～1700米。燕山山地海拔多在500～1000米以上，部分地区超过1500米，最高为雾灵山主峰，海拔2118米。坝上高原分布在西北部的坝上地区，是内蒙古高原的一部分，地形大致呈南高北低，地貌以丘陵为主。区内除坝上高原外，余归燕山山地，燕山山地按成因又可进一步分为剥蚀构造中山、侵蚀剥蚀低山和山间盆地。根据地貌形态特征与成因类型，全区划分为2个大区5个亚区。

坝上高原地貌区。坝上高原地貌区分布在本区西北部，大致以丰宁满族自治县的东猴顶山、宜肯坝、亳松坝和围场满族蒙古族自治县的老窝铺、塞罕坝为界线，界线以北部即为此区。坝上高原区次级分区为南坝头台地亚区（Ⅰ1)。台地主要由第三纪玄武岩构成，地形低缓，多具风蚀山丘。

燕山山地地貌区。坝上高原地貌区以南均为此区，由变质岩、石英岩、白云岩、火山岩、砂砾岩、花岗岩等构成，大致分为4个亚区。坝缘中山亚区（Ⅱ1）位于丰宁满族自治县和围场满族蒙古族自治县坝下一带，由于河流溯源侵蚀，多形成“V”型谷，陡峭的桌状山、平顶山等地貌景观，海拔高度一般在1000～1500米以上，相对高差500～1000米。丰宁—隆化中低山亚区（Ⅱ2）包括丰宁满族自治县、隆化县大部分，海拔高度500～1400米，区内地形复杂，河谷宽窄变化较大，局部形成河谷盆地，相对高差300～800米。承德低山宽谷亚区（Ⅱ3）包括滦平县、承德市、平泉县的大部分，海拔高度大部分低于1000米，河谷宽度一般为50～500米。兴隆—宽城中低山亚区（Ⅱ4）地貌上呈现为中低山深谷，主要由燕山期花岗岩、元古界石英岩、石灰岩和中生界火山岩构成，海拔高度一般为500～1600米，河谷宽度150～400米。

山地区赋存丰富的矿产资源，矿产开发诱发若干环境地质问题，如矿山地面塌陷及其相伴的地裂缝，露天采场边坡滑动等。

【地质】 承德大地构造处于中朝准地台北缘与兴蒙地槽褶皱带两个Ⅰ级构造单元内。以北纬42°线的康保—围场深断裂为界，以北是内蒙古—大兴安岭地槽褶皱系，以南是中朝准地台。区内构造、岩浆活动强烈，太古界结晶基底广泛出露，古生界、中生界、新生界沉积层发育，岩石种类繁多，成矿地质条件优越，各类矿产地星罗棋布，资源潜力很大。

地层。区内地层发育，约占全市总面积的三分之一。其中包括太古界迁西群、单塔子群、朱杖子群；元古界长城系、蓟县系、青白口系；古生界寒武系、奥陶系、石炭系、二叠系地层；中生界三叠系、侏罗系和白垩系；新生界第三系红色砾岩以及玄武岩；第四系仅有全新统和上更新统。其中，太古界地层是“鞍山”式铁矿产出的主要地层，也是金、银、铅、锌等多种金属的矿源层。

构造。承德市北部地处阴山—天山纬向复杂构造带的东段。主要包括东西向构造体系、新华夏系构造体系、北东向与南北向构造等。

纬向构造体系由一系列呈东西向展布的隆起带、凹陷带和压性断裂褶皱以及北东、北西向的断裂组合而成，可分四个次一级的构造单元。其中丰宁—隆化和红石砬—大庙—娘娘庙深断裂，控制了本区基性—超基性岩的分布，是区内重要的金属成矿带。

岩浆岩。区内岩浆活动强烈，规模较大，种类多，分布范围遍及全区。岩浆活动以侵入活动为主，伴随各期岩浆活动，生成了各种各样的矿产。其中与超基性、基性岩有关的钒钛磁铁矿和超贫钒钛磁铁矿是本市的优势矿种。调查表明，全省所查明的超贫钒钛磁铁矿均产于基性、超基性岩体中。矽卡岩型铜钼矿大多与中、酸性侵入岩有关。

【土壤】 承德市土类共13类，分别为山地草甸土、新积土、栗钙土、棕壤、沼泽土、潮土、灰色森林土、石质土、粗骨土、草甸土、褐土、风沙土、黑土。总面积共4029423.4公顷。其中大部分是棕壤和褐土，共3402531.0公顷，占全部土类面积的84.4%。其余土类情况做以下概述：

山地草甸土：总面积20489.6公顷，占全部土类面积的0.51%主要分布在围场北部。新积土：总面积28217.3公顷，占全部土类面积的0.70%主要分布在承德中南部。栗钙土：总面积128148.7公顷，占全部土类面积的3.2%全部分布在丰宁县北部坝上地区。棕壤：总面积1917314.6公顷，占全部土类面积的47.6%，除丰宁、围场坝上地区分布少，其他全市都有分布。沼泽土：总面积19357.4公顷，占全部土类面积的0.48%，几乎全部分布在围场坝上地区。潮土：总面积77372.7公顷，占全部土类面积的1.92%，主要分布在河流水域周围。灰色森林土：总面积183867.7公顷，呈带状分布于围场、丰宁坝上地区，占全部土类面积的4.56%。石质土：总面积21647.0公顷，主要分布在东南部，占全部土类面积的0.54%。粗骨土：总面积28824.6公顷，占全部土类面积的0.72%，中南部地区较集中分布，其他地区呈零星分布。草甸土：总面积21300.9公顷，占全部土类面积的0.53%，主要分布在围场、丰宁坝上地区，隆化县有部分呈条状分布。褐土：总面积1485216.5公顷，占全部土类面积的36.9%，除坝上地区，其他地区均有分布。为全市主要土类之一。风沙土：总面积49425.6公顷，占全部土类面积的1.23%，其中绝大部分分布在围场坝上地区，少部分在丰宁坝上附近地区。黑土：总面积16152.1公顷，占全部土类面积的0.40%，主要分布在围场东北部地区。

（供稿　陈月玲）

河流水系

承德市河流分属三个流域四大水系，即滦河流域、潮白蓟运河流域、辽河流域（包括辽河水系和大凌河水系）。滦河流域集水面积为28878平方公里，占全市总面积的72.5%，主要一级支流有小滦河、兴洲河、伊逊河、武烈河、老牛河、柳河、瀑河、青龙河、澈河等。潮白蓟运河流域集水面积为6777平方千米，占全市总面积的17.0%，主要一级支流有潮河、白河、安道木河、清水河、沟河等。辽河流域集水面积4154平方千米，在承德市分为辽河南和辽河北两部分，分别占全市总面积的7.0%和3.4%，主要一级支流有大凌河、老哈河、阴河、乌力代河、西路嘎河。

【滦河流域】　滦河发源于丰宁满族自治县西北大滩界牌梁，向西流经张家口沽源县，向北流经内蒙古多伦县，向南流经承德市丰宁、隆化、滦平、双滦区、双桥区、承德县、兴隆、宽城，汇入潘家口水库，干流全长877千米，在本市河长374千米，河道平均纵坡为2.43‰。滦河水系在承德市流域面积1000平方千米以上的支流有9条，100平方千米以上的支流有80条，10平方千米以上的支流有654条，其中较大的支流主要有小滦河、兴洲河、伊逊河、武烈河、老牛河、柳河、瀑河、澈河等。

小滦河。滦河一级支流，发源于围场满族蒙古族自治县西北部老岭西，流经围场、隆化，于隆化郭家屯镇上游1公里处汇入滦河，河长131千米，平均坡度3.47‰，流域面积2009.73平方千米。控制站沟台子水文站集水面积1890平方千米，多年平均径流量0.9937亿立方米，实测最大洪峰流量122立方米/秒（2001年5月），调查最大洪峰流量170立方米/秒（1939年）。

兴州河。滦河一级支流，发源于丰宁满族自治县杨树底下，流经丰宁满族自治县、滦平县，于滦平张百湾镇汇入滦河，河长113.33千米，平均坡度10.1‰，流域面积1970.88平方千米。控制站波罗诺水文站集水面积1378平方千米，多年平均径流量0.9108亿立方米，实测最大洪峰流量662立方米／秒（1997年7月8日），调查最大洪峰流量940立方米／秒（1939年）。

伊逊河。滦河一级支流，发源于围场满族蒙古族自治县台子水三道窝铺分水岭，其中一支流不澄河发源围场县蓝旗卡伦川草帽梁，通过钓鱼台水库后流入伊逊河；另一支流蚁蚂吐河源于围场子桃儿山分水岭，流经围场、隆化后在隆化县城汇入伊逊河。伊逊河流经围场、隆化、滦平，于承德市双滦区大龙庙村汇入滦河，河长222.7千米，平均坡度6.84‰，流域面积6789平方千米。上游建有庙宫、钓鱼台水库，总库容分别为18300万立方米和1320万立方米，对流域内水量起调蓄作用。控制站韩家营水文站集水面积6761平方千米，多年平均径流量3.634亿立方米，实测最大洪峰流量2020立方米／秒（1958年7月14日），调查最大洪峰流量4250立方米／秒（1890年）。

武烈河。滦河一级支流，发源于隆化县鹦鹉川娘娘庙分水岭，流经隆化县、承德县，承德市市区，于承德市双桥区鹜窝汇入滦河，河长106.23千米，平均坡度10.8‰，流域面积2590.94平方千米。控制站承德水文站集水面积2460平方千米，多年平均径流量2.226亿立方米，实测最大洪峰流量2580立方米／秒（1962年7月26日），调查最大洪峰流量3980立方米／秒（1938年）。

老牛河。滦河一级支流，发源于承德县獾子沟分水岭，流经平泉县、承德县，于承德县下板城镇胡杖子汇入滦河，河长71千米，平均坡度13.09‰，流域面积1712.74平方千米。控制站下板城水文站集水面积1616平方千米，多年平均径流量1.448亿立方米，实测最大洪峰流量1110立方米／秒（1968年7月25日），调查最大洪峰流量3890立方米／秒（1962年）。

柳河。滦河一级支流，发源于雾灵山东南八拨子分水岭，流经兴隆、鹰手营子矿区、承德县，于兴隆县柳河口汇入滦河，河长120.5千米，平均坡度5.62‰，流域面积1199.15平方千米。控制站李营水文站集水面积626平方千米，多年平均径流量1.287亿立方米，实测最大洪峰流量2310立方米／秒（1958年7月14日），调查最大洪峰流量2350立方米／秒（1917年）。

瀑河。滦河一级支流，发源于平泉县安杖子乌呼马梁，流经平泉、宽城，于宽城瀑河口汇入潘家口水库，河长110.75千米，平均坡度7.87‰，流域面积1989.53平方千米。控制站宽城水文站集水面积1661平方千米，多年平均径流量1.845亿立方米，实测最大洪峰流量1720立方米／秒（1994年7月13日），调查最大洪峰流量4260立方米／秒（1962年7月26日）。

潵河。滦河一级支流，发源于兴隆县东八品叶梁，流经兴隆县、唐山迁西县，于迁西县园楼汇入大黑汀水库，境内河长58.36千米，平均坡度10.6‰，流域面积965.85平方千米。控制站蓝旗营水文站集水面积为646平方千米，多年平均径流量1.500亿立方米，实测最大洪峰流量2180立方米／秒（1962年7月25日），调查最大洪峰流量6870立方米／秒（1894年）。

柴白河。滦河一级支流，发源于承德县两益城，整条河流在承德县境内，于承德县上板城镇白河南汇入滦河，河长66.3千米，流域面积702.42平方千米。

暖儿河。滦河一级支流，发源于承德县计杖子，整条河流在承德县境内，于承德县彭杖子汇入滦河，河长40.5千米，流域面积232.82平方千米。

青龙河。滦河一级支流，发源于平泉县倪杖子，流经平泉县、经辽宁省凌源市进入宽城，经宽城进入秦皇岛市青龙，承德市境内河长32.0千米，流域面积862.38平方千米。

长河。滦河一级支流，发源于宽城亮甲台大汉沟，经宽城进入唐山市迁西县，承德市境内河长57.6千米，平均坡度10.4‰，流域面积391.06平方千米。

【潮白蓟运河流域】 潮白蓟运河流域分为潮白河

和蓟运河水系，潮白河水系主要一级支流有潮河、白河、安达木河、清水河等。蓟运河水系主要一级支流有沟河、沙河等，均发源于兴隆县南部。

潮河。潮河发源于丰宁满族自治县上黄旗哈拉海沟，经过丰宁满族自治县、滦平县部分乡镇与潮白河水系的另一条支流安达木河汇合后流入密云水库，干流全长253.0千米，在承德市境内185.8千米，平均坡度5.7‰，流域面积4787.39平方千米。控制站古北口水文站（原为戴营水文站，2003年下迁到巴克什营）集水面积4701平方千米，多年平均径流量2.739亿立方米，实测最大洪峰流量1630立方米／秒（1991年6月11日），调查最大洪峰流量2420立方米／秒(1939年)。

白河。白河干流发源于张家口市大马群山，其中两条支流汤河和天河发源于丰宁满族自治县西部的东猴顶，汤河在承德市境内河长54千米，天河35千米，河道纵坡13.2‰。

【辽河流域】 辽河流域在本市分为辽河以南和辽河以北两部分，分别占全市总面积的7.0%、3.4%，辽河以南主要一级支流有大凌河、老哈河，辽河以北的主要一级支流有阴河、乌力代河、西路嘎河。

大凌河发源于平泉县榆树林子九神庙分水岭，境内河长24千米，平均坡度14.6‰。

老哈河发源于平泉县九神庙川光头山，境内河长57千米，平均坡度13.1‰。

阴河发源于围场东北部山弯子川新拨乡，境内河长48.75千米，平均坡度23.2‰。

西路噶河发源于围场县东部及北部的朝阳湾、朝阳地，河长51.75千米，平均坡度6.25‰。

乌力代河发源于围场县境内。

表2

承德市主要河流情况统计表

流域名称	河流名称	河流等级	流域面积（平方千米）	起 点	终点	长度（千米）	平均坡降（‰）
滦河流域	闪电河	滦河干流	1024	丰宁县大滩镇	滦河	—	—
	吐里根河	一级支流	703	围场县	滦河	—	—
	小滦河	一级支流	2010	围场县西北部塞罕坝上老岭西麓	滦河	131	3.5
	滦河干流	滦河干流	5791	丰宁县大滩镇	渤海	346	—
	兴洲河	一级支流	1971	丰宁县选将营子川	滦河	113	10.1
	伊逊河	一级支流	6732	围场县台子水川	滦河	223	6.8
	武烈河	一级支流	2591	隆化县鹦鹉川娘娘庙	滦河	106	10.8
	老牛河	一级支流	1713	承德县獾子沟分水岭	滦河	71	13.1
	柳河	一级支流	1199	兴隆县雾灵山	滦河	121	5.6
	瀑河	一级支流	1990	平泉县安杖子	滦河	111	7.9
	潵河	一级支流	966	兴隆县东八品叶梁	大黑汀水库	58	10.6
	柴白河	一级支流	702	承德县两益城	滦河	66	—
	暖儿河	一级支流	233	承德县计杖子	滦河	40	—
	青龙河	一级支流	862	平泉县倪杖子	滦河	32	2
	长河	一级支流	391	宽城县亮甲台	滦河	58	11.4
潮白蓟运河流域	潮河	一级支流	4787	丰宁县上黄旗哈拉海沟分水岭	密云水库	186	5.7
	安道木河 清水河	一级支流	494	承德县、兴隆县	密云水库	—	—

续表 2

流域名称	河流名称	河流等级	流域面积（平方千米）	起　　点	终点	长度（千米）	平均坡降（‰）
潮白蓟运河流域	白河	一级支流	820	丰宁县	黑河	54	13.2
	洵河	一级支流	289	兴隆县	—	—	1.7
	沙河	一级支流	386	兴隆县	—	—	1.7
辽河流域	大凌河	一级支流	435	平泉县榆树林子	辽河	24	1.5
	阴河	一级支流	1483	围场县新拨乡	辽河	49	23.2
	乌力代河	一级支流	850	围场县	辽河	—	—
	西路嘎河	一级支流	472	围场县朝阳湾	辽河	52	6.3
	老哈河	一级支流	914	平泉县九神庙光头山	辽河	57	13.1

（说明：表内河流终点长度和平均坡度未注明者均为水文部门未测量。）

（供稿　滕树海　刘玉铭）

气候及自然灾害

全市年各县区平均气温在4.8～10.1℃之间，平均为8.1℃，与常年值（8.0℃）相比偏高0.1℃，与2015年（8.3℃）相比下降了0.2℃，属于气温正常的年份。全市平均气温分布为：北部4.8～7.6℃，中部8.3～9.4℃，南部8.1～10.1℃。全市各县气温距平在−0.8～0.5℃之间，其中围场偏低最多为−0.8℃，宽城偏高最多为0.5℃。

主要天气气候事件有：寒潮、暴雨、冰雹、洪涝灾害和春季融雪洪水。气象灾害发生的频率和损失程度接近多年以来的平均水平。

【降水】 全市年平均降水量618.4毫米，降水量比常年（531.0毫米）偏多16%，根据气候异常度的划分标准，属于降水偏多的年份。全市降水季节分布不均匀，秋季降水显著偏多，冬季降水偏多，春夏季降水接近常年。降水量的空间分布为：北部488.8～583.9毫米，中部605.0～623.4毫米，南部559.2～915.2毫米。从降水距平百分率来看，各县区降水距平百分率在−3%～33%之间，平均为16%。隆化偏少最多为−3%，达到偏少的标准，兴隆偏多最多为33%，属于降水显著偏多的地区。

【日照】 全市年平均日照时数2590.9小时，较常年（2638.8小时）偏少47.9小时，属正常年份。从全市各县区日照时数距平分布来看，兴隆日照偏少最多，达到168.6小时，承德县偏多最多，为39.8小时，除兴隆达到偏少标准外，其余县区均接近常年。各县日照时数在2399.4～2755.8小时之间，滦平日照时数最多，为2731.8小时，丰宁次之，为2728.1小时，宽城日照时数最少，为2399.4小时，中北部地区多于南部地区。

【寒潮】 寒潮范围广，强度大，持续时间长。全市除6—8月外均有寒潮发生，其中，1月22—24日和11月19—23日的寒潮范围广，强度大，持续时间长。5月13日，承德市出现寒潮过程，北部乡镇最低气温达0℃以下，刚出苗作物受到低温冻害。

1月22—24日，出现寒潮天气过程，23日出现了入冬以来的气温极值：最低气温达−29.7～

−21.8℃，平均气温达 −27.3 ～ −19.8℃。全市 48 小时平均气温下降 7.9 ～ 10.7℃，除平泉和承德县外，其余县区均达到寒潮标准。

11 月 19—23 日，出现寒潮过程，23 日气温降至最低，全市平均最低气温从 0℃下降到 −18.0℃，隆化最低，−21.1℃，其余县区最低气温也在 −11.4℃以下。22 日全市 48 小时最低气温平均下降 10.7℃，72 小时最低气温平均下降 15.2℃，滦平、市区和兴隆 72 小时最低气温下降 16.0℃以上，达到特强寒潮标准，丰宁、围场、隆化、平泉、承德县达到强寒潮标准，宽城达到寒潮标准。

5 月 13 日，出现寒潮过程，全市最低气温下降 9 ～ 14℃。丰宁、围场、隆化等地最低气温达 0℃以下，其中丰宁、围场两县的大部乡镇最低气温达 −2℃以下，刚出苗作物受到低温冻害。地上部分玉米叶片萎蔫，发育期推迟。露地蔬菜叶片发黄，重新移栽。

【暴雨】 暴雨日数多，强度大。暴雨日数仅次于 2011 年，是 1999 年以来次高的一年。暴雨主要出现在 7 月 20—21 日、7 月 25 日、8 月 12 日和 9 月 11 日。其中，7 月 20—21 日的暴雨是承德市近年来最大降雨天气过程。

7 月 20 日白天至 21 日夜间，受低涡和副高外围暖湿气流共同影响，承德市出现近年来最强的降水过程，全市平均降雨量 109.8 毫米，共有 176 个乡镇超过 50 毫米，其中 103 个乡镇超过 100 毫米，15 个乡镇超过 200 毫米，最大降雨量出现在兴隆县三道河为 409.6 毫米。

【冰雹】 冰雹日数偏少，灾害影响集中。承德市冰雹日数较常年偏少，冰雹灾害出现时间集中在 6 月 21 日和 9 月 4 日，出现地区集中在丰宁和隆化两县。

6 月 21 日，丰宁和隆化的 11 个乡镇 46 个行政村遭受冰雹灾害，冰雹最大直径 2 ～ 3 厘米。农作物玉米、蔬菜、向日葵、柴胡、水稻等作物受灾，树木、蔬菜大棚、牲畜大棚、河堤、道路、房屋等受损。

9 月 4 日，丰宁和隆化部分乡镇遭受风雹灾害：丰宁的 8 个乡镇不同程度受灾；隆化 2 个乡镇 6 个行政村不同程度受灾，其中七家镇西地村，白杨沟村，汤头沟村、荒地乡梁底村受灾较为严重。

【洪涝灾害】 洪涝灾害损失大。夏季全市共发生较严重的洪涝灾害 6 次，其中隆化发生 4 次，滦平发生 2 次。

隆化在 7 月 19—20 日、7 月 25 日、7 月 30—31 日和 9 月 16 日分别遭遇四次不同程度的洪涝灾害，有些乡镇或者行政村遭受 2 ～ 3 次洪涝灾害，洪涝灾害造成农作物受损、房屋损坏，水泥路面、河坝水井等被冲毁。

滦平在 6 月 27 日和 7 月 19—20 日有 21 个乡镇遭受了不同程度洪涝灾害，主要造成农作物受灾、房屋损坏等。

【融雪洪水】 春季坝上出现融雪洪水。3 月 22 日，受气温迅速升高的影响，坝上大量积雪迅速融化，鉴于各种原因排水不畅，洪水肆意漫流。丰宁县大滩镇、鱼儿山镇、万胜永乡三个乡镇发生不同程度的融雪性洪水灾害，大滩镇较为严重。此次灾害共造成农田被淹、房屋及院落进水、部分粮食及生活用品被水浸泡、冲毁水井，冲毁农田路及乡村路、桥梁等，部分牲畜也受到影响。

（供稿人：艾黎明）

自然资源

【土地资源】 承德市总面积为 3948953.23 公顷（59234298.45 亩），其中农用地 3092156.41 公顷，占辖区总面积的 78.31%；建设用地 119345.2 公顷，占辖区总面积的 3.02%；未利用地 737451.62 公顷，占辖区总面积的 18.67%。

农用地中耕地 400031.00 公顷，园地 135708.57 公顷，林地 2345174.85 公顷，草地 160209.73 公顷，其他农用地 51032.26 公顷，分别占农用地的 12.94%、4.39%、75.84%、5.18%、1.65%。在建设用地中，城镇村及工矿用地 96051.80 公顷，交通运输用地 17016.68 公顷，水域及水利设施用地 6276.72 公顷，分别占建设用地的 80.48%、14.26%、5.26%。在未利用地中，未利用土地 737451.62 公顷，其他草地 638872.57 公顷，水域水利设施用地 57655.84 公顷，其他土地 40923.21 公顷，分别占未利用地的 86.63%、7.82%、5.55%。

【矿产资源】 承德矿产资源比较丰富，已发现各类矿产 100 种，已探明有储量的矿种 59 种，开发利用的矿产 52 种，探明矿产地 181 处。其中，油页岩、钒、钛、钼、银、铅、铂、萤石、磷矿等 9 种矿产资源储量居全省首位；铁、金、铜、硫铁、沸石等 5 种居全省第二位；锌居全省第三位；水泥用灰岩居全省第四位；地热、矿泉水、山泉水是承德市新的优势矿产资源，还有待进一步勘查。

铁矿资源分布单一磁铁矿（鞍山式）主要分布在兴隆南部、丰宁的杨营子—石灰窑、滦平的周台子、宽城的豆子沟；钒钛磁铁矿（大庙式）主要分布在承德县、双滦区和隆化县的大乌苏沟；超贫钒钛磁铁矿主要分布在滦平的红旗和小营、宽城的孤山子和亮甲台、平泉的娘娘庙和沙坨子。金、银矿、铂钯矿主要分布在宽城、平泉、丰宁县；铜、钼矿主要分布在丰宁、平泉。油页岩分布在丰宁、围场县。

【水资源】 承德是首都圈的“水源高地”，东有潘家口和大黑汀水库，西有潮河等流入密云水库，是京津冀首都圈的重要水源区。潘家口水库的 93.4% 水量和密云水库 56.7% 的水量来自承德。

根据全国水资源综合规划评价结果，1956—2000 年，承德多年平均地表水资源量为 36.0 亿立方米，地下水资源量为 17.1 亿立方米，扣除地表水和地下水资源重复计算量，全市水资源总量为 37.6 亿立方米，人均水资源量为 995 立方米。全市水资源具有时空分布不均，年际变化异常悬殊的特点。受降水及地形地貌等因素的影响，水资源量从北向南、从上游向下游递增，北部围场、丰宁径流深在 55 毫米以下，兴隆、宽城县南部沿长城一线多年平均年径流深为 170 ～ 230 毫米。由于全年降水量主要集中在 7—9 月，导致径流在年内分配也不均匀，全年径流近 70% 集中在汛期，特别是丰水年汛期径流占比高达 80%，南部平泉、宽城、兴隆高达 90%。

全市水资源量的年际变化也很大，天然年径流量特征值 Cv 都在 0.5 以上，全市 1959 年径流量最大为 109.06 亿立方米，2000 年最小为 9.23 亿立方米，两者相差近 12 倍。

承德境内包括三个水资源三级区，分别是滦河山区、北三河山区及和西拉木伦河及老哈河区。从境内三个区的水资源量来看，滦河流域平均年径流量 26.46 亿立方米，水资源量为 27.22 亿立方米，占全市水资源总量的 73.5%。北三河区的潮白蓟运河流域在承德市境内分为两片，一片为西部的潮白河水系，平均年地表径流量为 5.25 亿立方米，水资源总量为 5.37 亿立方米，另一片为南部的蓟运河水系，是全市降水量及单位面积产水量最大的地区（单位面积产水量为全区平均值的 2.7 倍），平均年地表径流量为 1.69 亿立方米，水资源总量为 1.72 亿立方米。辽河流域北片的阴河、乌力代河、西路嘎河，平均年径流量为 1.42 亿立方米，水资源总量为 1.45 亿立方米；南片的大凌河和老哈河，年径流量为 2.22 亿立方米，水资源总量为 1.25 亿立方米。

承德地下水为典型的浅层地下潜水，含水层为山间河谷盆地极薄含水层类型，含水层厚度多为 5 ～ 13 米，水位埋深多在 1 ～ 6 米，含水层水量调蓄能力极弱。受地下水含水层特性影响，承德市地下水主要为河川基流，地下水与地表水相互转化极其剧烈，其富水程度与地表径流大小密切相关，呈现为丰枯同步、多寡一致的特征。

【野生植物】 承德境内植被类型为华北植物系，属于落叶阔叶林草原华北山地亚区。已查明全市有植物204科、940属、2800多种。其中：蕨类植物21科，占全国的40.4%；裸子植物7科，占全国的70%；被子植物144科，占全国的49.5%。温带区系成分占绝对优势，菊科、禾本科、豆科、蔷薇科植物种类最多，其次莎草科、百合科、唇形科、伞形科、毛茛科、十字花科、石竹科，壳斗科、桦木科、松科、柏科、槭树科、杨柳科植物分布也比较广泛。

【野生动物】 承德在全国动物地理区划上属于古北界华北区的黄土高原亚区，位于东北、蒙新、华北三个动物地理区域交界地带，在地形上与蒙新高原无明显地理障碍，使得干旱、半干旱区域动物向内渗透，动物区系组成比较复杂，物种多样性较丰富，过渡性物种较多。据调查全市有陆生脊椎动物500余种，其中鸟类400余种，兽类80余种，两栖类、爬行类近20种。

【水生生物】 水生生物资源包括浮游植物、浮游动物、底栖动物和水生维管植物。浮游植物量常年平均为236.4万个／升，浮游动物量常年平均为1949.2个／升。水生植物有大茨、小茨、蒲草、荆三棱、车轮草等，还有浮游植物的浮萍。大型底栖动物主要是螺蚌两类共6种。有园田螺、萝卜螺、湖螺、赤螺、椭圆背龟无赤蚌、舟形无齿蚌，这些底栖动物多数分布在大的坑塘湖泊、水库和常年积水的河流中，特别是水草比较多的水域里。另外还有水蚯蚓、红线虫、摇蚊幼虫等底栖动物。它们的种类组成、数量和生物量的变化与水域生产力和鱼产量是密切相关的。

【鱼虾类资源】 鱼虾类资源：承德自然经济鱼类共有8个科，30余种，其中鲤科鱼类最多，主要有草鱼、鳙鱼、鲢鱼、鲤鱼、鲫鱼、鳊鱼、鲂鱼、马口鱼、麦穗鱼、棒花鱼、餐条鱼。丽鱼科有：非洲鲫鱼。合腮科有：黄鳝。鳢科有：鲶鱼。鳅科有：泥鳅、花鳅。鮠科有黄颡鱼。其他还有：白鲦鱼、船丁鱼、花棒鱼、唇鱼、岁鱼、青将鱼、虾虎鱼、宽鳍唇鱼、青鳞鱼、大眼鳜鱼、石榴鱼等，特别是拥有河北省唯一的国家二级保护动物细鳞鱼。其中最常见的养殖鱼类有：草、鲢、鳙、鲤、鲫、鲂鱼等品种6个。外地引进优质鱼类有荷叶鲤、丰鲤、罗非鱼、银鱼、短吻银鱼、池沼公鱼、美国鱼、虹鳟鱼等。虾类主要为本地自然青虾和草虾，蟹有本地野生蟹，鳖类有野生鳖和人工养殖中华鳖，野生鳖主要分布在滦河水系和潮白河水系。近年又引进了牛蛙和中华绒螯蟹等优良品种，在整体渔业经济各项指标中，优质品种所占的比例正在逐渐提高。

（供稿 吴 强）

【旅游资源】 承德属大陆性季风型气候，平均海拔350米，年均气温8.9℃，夏季最热时的平均气温在24℃左右，二级以上空气质量优良天数260天，PM2.5含量每立方米43微克。承德是名副其实的“华北之肺”“天然氧吧”，宜居宜游。境内有滦河、潮河、辽河、大凌河四大水系，年平均水资源量37亿立方米，是北京、天津重要的水源涵养地，潘家口水库93.4%、密云水库56.7%的水来自承德，森林覆盖率56.7%，排名河北省第一位。承德拥有世界上最大的皇家园林——避暑山庄、世界上最大的皇家寺庙群——外八庙、世界上最大的皇家狩猎场——木兰围场、中国最精美的长城——金山岭长城，承德现有全国重点文物保护单位22处，省级重点文物保护单位64处，市县级重点文物保护单位1125处。承德藏传佛教盛行，历史悠久，源远流长，内容丰富多彩，普宁寺是中国北方最大的藏传佛教寺庙，此外还有众多的寺庙环绕避暑山庄，为发展承德佛文化旅游提供了条件。承德辖围场满族蒙古族自治县、丰宁满族自治县、宽城满族自治县等3个民族自治县，有满、蒙、回、朝鲜等少数民族54个，少数民族人口164万，占总人口的43.04%，是河北省少数民族最全、人口最多的城市。承德少数民族文化种类繁多，形式多样，形成了独具特色的民俗旅游资源。

承德市拥有A级旅游景区31处，其中AAAAA级景区1处、AAAA级景区9处；全市拥有国家级和省级森林公园19个，国家级和省级自然保护区14个，湿地公园2个；星级饭店41家，其中5星级1家，4星级16家，床位总数11000张，全市各类接待设施床位总数14万张；旅行社134家（其中有出境资质的10家）、旅行社分社46家；注册导游员5658人；旅游集散中心、旅游咨询中心12处，旅游自驾车营地6处；旅游购物商店20多家；旅游客运公司5家；直接从事旅游业人数达8万人，间接从业人员40万。

承德是全国首批24个历史文化名城之一、首批中国优秀旅游城市，拥有国家园林城市、世界文化遗产地、中国首批44家风景名胜、中国十大风景名胜、中国旅游胜地四十佳、十大文明风景旅游区示范点等多项桂冠。

（供稿　杨　名）

【能源资源】 光伏发电。承德在全国太阳能资源区域划分中属于二类地区，坝上地区多年平均总辐射量在4600～6000兆焦/平方米之间，坝下地区总辐射在5100～5600兆焦/平方米之间，南部低山丘陵地带辐射量最低，约在4600～5100兆焦/平方米之间，全市年日照小时数平均为2753小时。

风电。承德风资源主要分布在围场、丰宁所属的坝上风能丰富地区和各县（区）海拔较高山区的风能资源丰富地区。全市70米高年平均风速绝大部分在5.5～9米/秒之间，风功率200～560瓦特/平方米。

水电。承德水能资源相对比较丰富，多年平均水资源年总量为37.013亿立方米，水能资源理论蕴藏量为72.98万千瓦，技术可开发量54.17万千瓦，约占河北省水能资源技术可开发总量的35%。

生物质。承德生物质资源丰富，主要包括农业剩余物、林业剩余物、牲畜粪便和城市垃圾中的有机成分。全年各类生物质资源总量为862.1万吨，每年用于能源方面的生物质可获得量为377.3万吨。

地热能。迄今承德已探明的地热温泉点有12处，均属低温地热（25～90℃）。全市浅层地下浅层水资源丰富，占地面积约1103.4平方千米，总储水量为7831万立方米。

油母页岩。根据2012年河北省地质局地质四队最新的勘探结果，全市累积查明油页岩资源储量1.08亿吨，预计油页岩资源储量19.1亿吨。

（供稿　刘　帅）

人口　民族　宗教

【常住人口总量】 受人口净流出影响，全市常住人口总量为353.18万人，和2015年相比，常住人口净增只有0.17万人，年度常住新增人口创下新低。全市人口出生率为10.72‰，较2015年增长0.46‰；死亡率6.41‰，较上年增长0.62‰；自然增长率为4.31‰，较上年下降0.16‰。人口发展“三低”（低出生、低死亡、低自然增长）特征更加明显。虽然单独二胎政策已执行到第三个年头，但全社会生育欲望偏低，政策效应难以显现，“少生、优生”观念已根深蒂固。

【人口老龄化】 全市60岁以上人口占全市总人

口的16.95%,比2015年比重上升1.2个百分点，较2010年比重上升4.56个百分点，老龄化速度加快明显。

【人口性别比】 全市常住人口中，男性人口为181.12万人，占51.28%;女性人口为172.06人，占48.71%。总人口性别比（以女性为100，男性对女性的比例）为105.27。

【城镇化进程】 全市城镇人口173.06万人，比上年增加7.85万人，城镇化率达到49%，比上年提高了2.2个百分点。

（供稿　王　欣）

【民族】 承德是多民族聚居地区，是全省少数民族和民族自治地方最多的市，所占比例之大在全国地州市中位居前列，在非自治地市中位列首位，是名副其实的民族大市。截至年底，全市共有满、蒙古、回、朝鲜、壮等54个少数民族，少数民族人口1638534人，占全市总人口的43.04%，占全省少数民族人口的48.42%。其中满族1425795人，占全市少数民族人口的87.02%，蒙古族170869人，占10.43%，回族33443人，占2.04%，其他51个少数民族8427人，占0.51%。所辖8县三区中，除鹰手营子矿区外，其余县区均为省民族工作重点县区（少数民族人口万人以上），其中全省6个自治县、3个民族县（在河北省享受自治县相关政策待遇）中承德市占6个，3个自治县，即丰宁满族自治县，1987年建立，少数民族人口290859人，占全县总人口的71.19%；宽城满族自治县，1990年建立，少数民族人口172685人，占全县总人口的66.89%；围场满族蒙古族自治县，1990年建立，少数民族人口337813人，占全县总人口的62.50%。3个民族县，即滦平县(2002年省政府批准)，少数民族人口206241人，占全县总人口的63.16%、隆化县(2002年省政府批准)，少数民族人口262604人，占全县总人口的58.80%，平泉县(2004年省政府批准)，少数民族人口171176人，占全县总人口的35.50%。以上6县少数民族人口占全市少数民族人口的近88%，区域面积占全市总面积的83%，除宽城为参照省扶贫开发工作重点县外，均为国家级贫困县。在全省50个民族乡中承德市有26个，其中滦平9个，隆化8个，平泉3个，兴隆2个，承德县2个，丰宁1个，双滦区1个，同时有民族村668个。

【宗教】 承德是佛教、道教、伊斯兰教、天主教、基督教五大宗教俱全地区，有市佛教协会、道教协会、伊斯兰教协会、天主教爱国会、基督教协会（三自爱国会）五个市级宗教团体。承德市共有信教群众27.9万人，其中佛教175769人，道教22530人，伊斯兰教31964人，天主教19075人，基督教29827人。有备案教职人员187人，其中佛教91人，道教29人，伊斯兰教30人，天主教13人，基督教24人。有宗教活动场所112处，其中佛教36处，道教17处，伊斯兰教20处，天主教15处，基督教24处。兴隆、围场、滦平、平泉、隆化、双桥区为省宗教工作重点县区。

（供稿　黄自强）

中共承德市委

综　述

2016年，面对修复政治生态、遏制经济下滑、新旧动能转换、如期脱贫摘帽的重大责任，市委在中央和省委的坚强领导下，坚持以习近平总书记系列重要讲话为引领，高举“发展、团结、奋斗”旗帜，带领全市各级党组织和广大干部群众，把握机遇、迎难而上，砥砺前行、奋发作为，全面落实中央和省委的一系列重大决策部署，推动承德市经济建设、政治建设、文化建设、社会建设、生态文明建设和党的建设取得了新的成就。

坚持“学讲话、聚合力”，全市上下呈现出“政通人和万事兴”的新局面。扎实开展“两学一做”学习教育，先后组织17次理论中心组集中（扩大）学习，举办462次市县党员领导干部专题党课，带动各级党组织书记讲党课1000余次，引领党员干部不忘初心、继续前进，切实增强政治意识、大局意识、核心意识、看齐意识，在思想上政治上行动上，坚决同以习近平为核心的党中央保持高度一致。紧紧扭住“一个领先、两个翻番、三个提升、四句主基调、五个重要保障”的总体思路目标，牢牢把握京津冀水源涵养功能区、国家绿色发展先行区、环首都扶贫攻坚示范区、国际旅游城市“三区一城”的发展定位，守底线、快转型、促协同、奔小康，加快建设“生态强市、魅力承德”。坚持率先垂范抓落实，创新推行了“四干四有五个事”台账机制和“督考问用”四位一体、重大事项专报、治理为官不为、容错免责等制度，极大地激发起广大党员干部干事创业的责任感和紧迫感，全市上下“政通人和万事兴、干部精神上状态、风清气正劲头足”的良好局面已经形成并得以巩固。

坚持“守底线、涵水源”，生态环境建设取得新成效。深入开展“减煤、治企、控车、抑尘、多污染物治理”五大攻坚战，超额完成节能减排日标任务，积极推广木煤、洁净型煤等清洁能源，着力改善大气质量，市区PM2.5年均浓度40微克、同比下降7%，空气质量优良天数达到275天、同比增加15天。深入实施“6743工程”，即自2016年起，三年内完成60平方千米损毁山体全部复垦披绿，将1396个矿权整合改造压减700个，转产转型矿山企业400个，淘汰取缔矿山企业300个。启动了“双百行动”，已经取缔、复绿矿山各100家，压减矿权140个，成为全省唯一列入“国家绿色矿业发展示范区”的设区市。全面实施京津风沙源治理、“再造三个塞罕坝”等重大生态工程，在有林地面积3360万亩的基础上，全年又新造林77.8万亩，发展经济林29.6万亩；完成草原生态治理30万亩，累计完成草地治理面积693万亩，工程区内植被覆盖度平均达到71.7%，比治理前提高38.6%，全市草原植被得到有效恢复，国土绿化进程不断加快。深入开展“山水林田湖保护工程”，不断强化水资源管理“三条红线”刚性约束，全面实施“河长制”管理，加快推进重点流域水环境综合整治和生态修复，全市出境水质监测断面达标率100%。潘家口水库网箱养鱼取缔清理工作有序进行，确保2017年11月底前彻底完成任务。建立系统化考核机制，实行最严格环境保护制度，强化各级党政“一把手”环境保护责任，明确党纪政纪追究办法，依法查处破坏生态环境的违法行为。为压实生态保护责任、争取生态补偿、推动生态产品交易，编制完成并发布了“自然资源资产负债表”，资产总额达19.4万亿元，成为全国首家向社会亮出自然资产“家底”的地级市。开展了国内首单跨区域碳排放交易，为推进跨区域用能权、用水权、排污权等生态产品交易做出新探索。

坚持“稳增长、快转型”，产业结构调整迈出新步伐。依规取消、免收、缓收涉企行政事业性收费15项，帮助企业降本增效和改造升级。深化政银企互动合作，市县两级搭建融资平台，利用“银企帮扶基金”，帮扶企业126家，完成倒贷174亿元，帮助129家企业恢复生产。谋划确立了“十大绿色产业”，大力实施“三年倍增计划”，加快转型步伐。全年全市实施亿元以上十大绿色产业项目492个，总投资2697.9亿元，完成投资642.2亿元，发展后劲不断增强。大数据、电子信息产业，抢抓被列为“京津冀大数据走廊”核心支撑城市的机遇，大力发展“大智移云”产业。引进了中科曙光大数据学院、南开大学大数据研究院、姚建铨院士工作站及德铨科创中心、人社部教培中心大数据人才培训基地等一批科研机构；中国移动、中国联通、中国电信三大运营商带着870G带宽资源的传输网，由北京专线联通承德；引进了德鸣大数据产业园、华唐软件服务业外包基地、中国电子信息软件园、上海宝藤医疗大数据产业园、上海斐讯大数据基地、北大青鸟软件园、中经网大数据光储中心、中力海数据城、上海耀宇大数据金融中心、软通动力大数据创业园、博彦科技软件服务外包、华奥星空电子竞技、华西村电子竞技、河北省大数据交易中心等30个项目，协议总投资685亿元，涵盖了大数据、云计算储存、分析、应用、交易等领域，产业聚集效应明显增强。文化旅游产业，重点打造以避暑山庄为核心，京承皇家御道为主线的五大精品版块和十大精品旅游度假区，全力推进文化旅游产业化，加快一季游向四季游、观光游向休闲游、景区景点游向全域游转变。全年实施文化创意、休闲康养、冰雪运动等亿元以上文化旅游项目111个，接待人数和旅游收入分别同比增长36%和44%。成功申办河北省第三届旅游产业发展大会，组织举办了“中国承德国际旅游节”以及“御道口全国雪地摩托车锦标赛”“中国承德冰雪温泉国际旅游节”等冰雪季系列主题活动，开展了“2016中美旅游年——千名美国游客游长城”“环中国国际自行车赛”“承德国际马拉松赛”等20余次大型活动，“京承皇家御道”成功入选中国36条最美自驾线路，获得中线休闲类唯一金奖，被誉为“自驾领域的奥斯卡”，荣获“亚洲最受欢迎旅游城市”，被列为“国家全域旅游示范区创建城市”。天然山泉水产业，坚持以山泉水开发弥补压减铁矿带来的经济缺口，大力发展“液体富矿”，努力打造“京津水源·皇家山泉”品牌，加快建设高锶矿泉城。瞄准京津高端市场，坚持引进嫁接与本地培育有机结合，合作开发了农夫山泉、阿尔山、汇源、水立方等21个山泉水项目，已启动实施12个，总投资65.5亿元，完成投资10.1亿元，产能达到320万吨。钒钛新材料产业，按照国家钒钛产业基地规划，坚持“钢铁去产能与提质增效两手抓，保障国家钒钛战略资源需求”的原则，重点转向钒钛新材料及延伸加工。谋划实施了钒铝合金、钒电池试验示范、钒氮防弹钢等一批高端钒钛材料及制品项目，钒钛新材料重点加工企业发展到12家，主营收入44亿元，同比增长10%，占钒钛冶金产业比重达到19.5%。节能环保产业，抢抓国家环保部在承德建设“国家生态环保产业基地”机遇，着力构建环保装备制造、环境服务等七大环保产业体系，被确定为“国家环境污染第三方治理试点城市”。27个项目列入省节能环保产业重点项目，总投资106.1亿元，完成投资24.8亿元。新型建材产业，围绕将23亿吨尾矿砂变废为宝，大力发展中高端住宅产业化和“绿色建筑示范应用”产业，已建成PC生产基地1个，CL、EPS生产基地3个，尾矿砂综合利用企业达到110家，产值达到160亿元。清洁能源产业，着力打造风、光、水三个千万千瓦级清洁能源基地，清洁能源电力装机达到380万千瓦，总装机和发电量分别增长14.4%和20%。绿色食品和生物制药产业，结合农业产业化特色龙头企业建设，着力在精深加工、延伸链条、质量安全上下功夫，全力打造“京津冀绿色有机高品质农产品供应区”。全年实施了缘天然有机奶加工、森源公司食用菌科技产业园、保承中药材加工等164个农业产业化重点项目，总投资564亿元，完成投资85.3亿元，创历史最高水平。特色装备制造产业，坚持打特色牌、走特色路，比亚迪新能源汽车项目已具备整车生产能力，北汽福田高精尖汽车零部件项目开工建设，微型智慧创新创业科技园项目加快推进。全年实施特色装备制造业亿元以上项目16个，总投资99.6亿元，完成投资16.7亿元。全年实施亿元以上项目841个，完成投资1124亿元。特别是第三产业迅猛发展，对经济增长贡献率达到50.7%，拉动全市经济增长3.4个百分点。

坚持“抢机遇、促双赢”，协同发展再上新台阶。紧盯规划争跑政策挤盘子，积极争取国家和京津冀协同发展重点支持。根据不同阶段的重点任务，成立了“生态文明、水源涵养、脱贫攻坚、民族地区、基础设施”等16个专门小组，建立了“分头争、打捆用、各记功、合力干”的工作机制，全力研政策、跑项目、争支持。成功争列为“国家山水林田湖生态保护修复试点”，国家绿色数据中心、津承城际铁路、承平高速公路等120个重大事项和项目，纳入国家及京津冀“十三五”规划盘子。全年争取到位上级财政资金195亿元。围绕特色搞好精准对接，全力承接非首都功能疏解。创新实施“五合一”精准对接模式，先后到37个国家部委汇报工作，与京津19个区县、106个部门和重点产业园区进行对接，与60家行业协会组织、56所大专院校及中学、68家科研单位、46家医疗机构和233家央企京企津企展开合作，举办了“天然矿泉水项目招商推介会”“乡下咱家·特色旅游小镇招商推介会”“大数据产业推介暨项目招商会”等一系列大型招商活动，对接央企、京企、津企合作项目290个，总投资4113亿元，到位资金518.4亿元。依托京津强化科技创新，新认定高新技术企业12家，新增亿元以上规模科技小巨人企业15家，新增科技型中小企业303家，认定市级众创空间9家，入驻企业、团队150余家，柔性引进京津高级管理和技术人才2680人。

坚持“打基础、利长远”，区域发展承载力实现新提升。全力推进以“国际旅游城市”建设为统领的“五城联创”。谋划实施“一带三区”城市发展战略，可拓展产城发展空间175平方千米，总投资73.5亿元的“两河”综合治理一期工程进展顺利，双峰寺水库大坝主体工程基本完工。全面推广宽城“产教城”融合发展经验，围场、丰宁、滦平3个县的产教城园区基本建成。全市城镇化率同比提高1.9个百分点，达到48.7%。各开发区基础设施投资、实际利用外资等指标均实现两位数增长，主营业务收入1412.1亿元，完成税收收入33亿元。抢抓京津冀交通一体化机遇，全力破解交通基础设施制约，张唐铁路、承张高速正式通车，承德机场校飞成功，全国第一个短途运输通用机场平泉机场正式通航，京沈高铁加快建设，承平高速控制性工程开工建设，承克高速（围御段）等一批交通基础设施项目，列入省“十三五”规划。

坚持“抓改革、挖潜能”，经济社会发展激发新活力。衔接国家、省，取消行政权力59项、接收下放89项；围绕学习银川经验，制定了“相对集中行政许可权改革方案”，全面打造“政企直通车”，完成了“五证合一”“一照一码”商事登记制度改革，有效激发市场主体活力。组建国控集团，盘活整合各类闲置国有资产

96亿元，调整国有资本布局，加大产业资本投入，设立多支产业引领投资基金，撬动社会资本230亿元。一次性解决32家国有企业的改制遗留问题，10048名职工得到妥善安置。积极推进投融资改革，快速推广政府与社会资本合作模式，8个项目成功入选全国PPP示范项目，投资规模478亿元；5个项目入选全省PPP试点项目，投资规模332亿元，入选项目数居全省首位；签约落地PPP项目15个，引入社会资本128.2亿元。完成全国首批21个国有林场改革试点任务。大力推广“反租倒包、股份合作、产业链协作、专业合作社带动”等模式，实现农民“一地生四金”。深化农村集体经济组织股份合作制改革，探索实施“通过人口股、农龄股、募集股等形式，将集体资产量化为股份，实现资产变股权、村民当股东”的改革模式，全市首批44个村的改革工作全部完成。农村“三权”抵押、供销社综合改革和农村合作金融改革等稳步实施。

坚持“促脱贫、惠民生”，广大人民群众的“幸福获得感”得到新提升。着力打造了总投资122.3亿元的百万亩经济林、百万吨食用菌、百万亩中药材花海旅游、百万头优质肉牛、百万只优质肉羊等“五个百万基地”，启动全国首个功能农业扶贫示范市建设，建成国家级农业综合示范区1个，省级现代农业园区11个。市级以上农业产业化龙头企业发展到404家，农业产业化经营率达到68.6%。深入实施经济林产业扶贫、森林旅游扶贫、生态产品扶贫、造林绿化扶贫、生态护林扶贫“五大生态扶贫工程”，农民人均林果收入达到2836元。坚持脱贫攻坚与美丽乡村、乡村特色游、现代农业园区、民俗文化、沟域经济开发“六合一”的思路，突出打造1个省级精品片区、9个市级精品片区和15个特色小镇，引进首旅寒舍等52家战略投资者，协议总投资525亿元，成为“全省唯一国家级全域旅游扶贫试点”“全国首批休闲农业与乡村旅游示范市”。探索实施了“政银企户保”五位一体金融扶贫模式，全年发放扶贫贷款45亿元，撬动社会资金188亿元，实现了政府不增投入、群众小额贷款“无抵押、无担保、无风险”，得到省委充分肯定，经验做法在全省推广。与中国农业银行合作，设立了50亿元的“全国首支农业产业发展引导基金”、10亿元的“农业产业化增信基金”，支持美丽乡村等一批农村基础设施建设，切实解决贫困户贷款难、农业企业筹资难等问题。

坚持“抓党建、转作风”，党的建设得到新加强。认真贯彻中央好干部“20字标准”和省委“三个五”总要求，牢固树立“六个旗帜鲜明”的用人导向，全面加强领导班子和干部队伍建设，匡正选人用人风气，真正把想为、能为、敢为、善为的优秀干部选拔出来。严格按照中央和省委关于换届工作的各项安排部署，坚持高标准、严要求，明确工作时限，精心组织安排，全体市级党员领导干部做出“十带头、十不准”的承诺，每个人都签字践诺，严明纪律、严格程序、严把关口，确保圆满完成换届任务。五是着力加强基层组织建设，深入开展了“一抓三促奔小康”和“脱贫攻坚党旗红”活动，狠抓乡镇党委书记、村党支部书记和农村致富带头人“三支队伍”建设，大力实施“县乡村三级书记素质提升工程”，着力实施堡垒示范、致富先锋、能力提升、能人返乡、结对帮扶“五大工程”，结成党员帮扶对子19万个，形成了“一个支部一个堡垒、一名党员一面旗帜”的良好局面。统筹推进机关、社区、非公经济和社会组织的党建工作，基层党组织的整体凝聚力和战斗力明显增强。六是认真落实全面从严治党主体责任，坚持把纪律和规矩挺在前面，积极践行监督执纪“四种形态”，特别是第一种形态，严肃党内政治生活，加强党内监督，让“红脸出汗”成为常态。全力支持纪检监察机关深化“三转”、聚焦主业、精准执纪。认真落实中央八项规定精神，驰而不息正风肃纪，始终保持惩治腐败的高压态势。全年各级纪检监察机关共立案审查2161件，给予党政纪处分2484人，移送司法机关77人，不敢腐的震慑作用得到发挥。着力推动巡察延伸，在全省率先出台巡察办法，实现市县乡三级届内巡察监督全覆盖。深入开展“机关作风整顿”“一问责八清理”“基层党风清洁”“治理小官贪腐”等专项行动，形成了以优良党风促政风带民风的良好局面。

（供稿　杨　靖）

市委全体会常委会常委（扩大）会

【市委全体会议】 市委十三届第九次全体(扩大)会议。9月27日，中国共产党承德市第十三届委员会第九次全体（扩大）会议召开。出席全会的有市委委员38人、候补委员6人。会议由市委常委会主持。市委书记周仲明作重要讲话。常丽虹就《中共承德市委承德市人民政府关于大力实施“一带三区”城市发展战略的意见（草案）》作了说明。

全会深入学习贯彻习近平总书记视察唐山重要讲话、省委八届十四次全会和省委书记赵克志在承德调研指示精神，审议通过了《中共承德市委承德市人民政府关于大力实施“一带三区”城市发展战略的意见》。对全市发展思路再思考、再谋划，对各项工作再部署、再落实，对广大党员干部再加压、再鼓劲，进一步解放思想、凝心聚力，加快建设生态强市、魅力承德。市委副书记、市长常丽虹就《中共承德市委承德市人民政府关于大力实施“一带三区”城市发展战略的意见（草案）》向全会作说明。表决通过了十三届市委候补委员请辞事项。

全会期间，与会同志分组进行了认真讨论。大家一致认为，通过这次全会，进一步统一了思想、凝聚了共识，深化了对习近平总书记视察唐山重要讲话精神、省委八届十四次全会和省委书记赵克志在承德调研指示精神的理解和把握；“一带三区”是认真贯彻落实中央和省有关要求，紧密结合承德实际，积极吸收和借鉴了成功经验而提出来的中心城区拓展战略；进一步认清了实施“一带三区”城市发展战略对承德经济社会发展的重大意义；进一步坚定了信心、鼓舞了斗志，汇聚起了加快建设生态强市、魅力承德的强大力量。全会依照程序对《中共承德市委承德市人民政府关于大力实施“一带三区”城市发展战略的意见（草案）》进行了表决，与会市委委员一致同意，予以通过。

全会表决通过了李建华辞去十三届市委候补委员职务的请求。按照省委换届考察组要求，进行了民主推荐。

市委十三届第十次全体会议。10月26日，中国共产党承德市第十三届委员会第十次全体会议召开。全会由市委常委会主持。出席全会的市委委员37名、候补委员7名。全会审议通过了召开市党代表会议有关事项，决定于11月初在承德召开中国共产党承德市代表会议。

全会传达了《中共河北省委关于做好中国共产党河北省第九次代表大会代表选举工作的通知》，圈选确定了承德市出席省第九次党代表大会代表候选人预备人选，审议通过了《中国共产党承德市第十三届委员会第十次全体会议关于召开中国共产党承德市代表会议的决议》。

全会号召，全市各级党组织、广大共产党员和干部群众，要更加紧密地团结在以习近平同志为总书记的党中央周围，深入贯彻落实党中央和中共河北省委的一系列决策部署，以奋发有为的精神状态和昂扬向上的坚强意志，创新开拓，砥砺奋进，全面实施“一带三区”城市发展战略，决战决胜“十三五”，加快实现“脱贫摘帽、全面小康”，奋力开创“生态强市、魅力承德”建设新局面。

市委十三届第十一次全体（扩大）会议。12月30日，中国共产党承德市第十三届委员会第十一次全体（扩大）会议召开。出席全会的有市委委员35人，候补市委委员7人。全会由市委常委会主持。市委书记周仲明作重要讲话。

市委书记周仲明代表市委常委会作工作报告。市委副书记、市长常丽虹作关于《中共承德市委关于学习贯彻党的十八届六中全会和省第九次党代会精神的意见(草案)》的说明。市委常委、组织部部长路立营作《关于召开中国共产党承德市第十四次代表大会决议（草案)》的说明和《承德市推荐出席中国共产党第十九次全国代表大会代表候选人初步人选有关情况的说明》。

全会审议通过了《中共承德市委关于学习贯彻党的十八届六中全会和省第九次党代会精神的意见》和《市委常委会工作报告》；审议通过了《关于召开中国共产党承德市第十四次代表大会决议》，决定中国共产党承德市第十四次代表大会于2017 年3 月召开；表决通过了承德市推荐出席中国共产党第十九次全国代表大会代表候选人初步人选。

全会期间，与会同志分组进行了认真讨论和审议。大家认为，《市委常委会工作报告》认真贯彻了中央和省委精神，是务实的报告。报告思路清晰、实事求是、凝聚人心，与会同志一致赞同。市委的工作可圈可点，呈现积极向上的良好态势。市委常委会班子强，工作成效突出。大家对《中共承德市委关于学习贯彻党的十八届六中全会和省第九次党代会精神的意见》（以下简称“《意见》”）给予充分肯定，一致认为《意见》准确把握了党的十八届六中全会和省第九次党代会精神核心要义，对学习宣传贯彻落实党的十八届六中全会和省第九次党代会精神提出了重要的指导意见，要按照《意见》要求不折不扣抓好落实。会议依照程序，对《意见（草案)》《决议》和承德市推荐出席中国共产党第十九次全国代表大会代表候选人初步人选进行了表决，与会市委委员一致同意，予以通过。

【市委常委会议】 十三届138次常委会议。1月22日上午，市委召开十三届138次常委会议。会议研究讨论并同意市委组织部关于干部任免的汇报意见；会议研究讨论并同意市人大常委会党组《关于承德市第十三届人民代表大会第五次会议具体事项的请示》。

十三届139次常委会议。1月24日上午，市委召开十三届139次常委会议。会议研究讨论并同意市委组织部关于干部任免的汇报意见。

十三届140次常委会议。2月1日上午，市委召开了十三届140次常委会议。会议传达了省纪委八届六次全会精神，研究讨论并同意市纪委十三届六次全会有关事宜的汇报；会议传达学习了全省宣传文化工作会议精神，研究了承德市贯彻落实意见。会议研究讨论并原则同意《政府工作报告（讨论稿)》；会议研究讨论并原则同意《关于承德市2015年国民经济和社会发展计划执行情况与2016年国民经济和社会发展计划（草案）的报告（讨论稿)》；会议研究讨论并原则同意《承德市国民经济和社会发展第十三个五年规划纲要（草案）（讨论稿)》；会议研究讨论并原则同意《关于2015年预算执行情况和2016年收支预算安排情况的意见（讨论稿)》；会议研究讨论并原则同意市机关事务服务中心《关于市直机关公务用车制度改革有关问题的汇报》。

十三届141次常委会议。2月3日上午，市委召开十三届141次常委会议。会议研究讨论并同意市委组织部关于干部任免的汇报意见；会议传达学习了中央和全省政法工作会议精神，研究了承德市贯彻落实意见。

十三届142次常委会议。2月16日下午，市委召开十三届142次常委会议。会议通报了省委关于陈德光任职的决定。

十三届143次常委会议。2月20日下午，市委召开十三届143次常委会议。会议研究讨论并原则同意《关于创新投融资机制助推脱贫攻坚加快美丽乡村建设的指导意见（讨论稿)》；会议研究讨论并原则同意市委、市政府《关于开展市级机关作风整顿的实施意见（讨论稿）》；会议研究讨论并原则同意《承德市“一问责八清理”专项行动实施方案（讨论稿）》。

十三届145次常委会议。2月28日上午，市委召开十三届145次常委会议。会议研究提出部分县区委书记调整任免推荐意见并报省。

十三届147次常委会议。3月4日上午，市委召开十三届147次常委会议。会议研究提出部分县区政府正职调整任免推荐意见并报省。

十三届148次常委会议。3月10日下午，市委召开十三届148次常委会议。会议传达学习了习近平总书记、省委书记赵克志在新闻舆论工作座谈会上的重要讲话精神，会议传达学习了省安全生产委员会《关于认真贯彻落实党中央、国务院通知和省委省政府领导批示精神进一步加强和改进安全生产工作的通知》，会议传达了全省组织部长会议精神，会议传达学习了《赵克志同志在全省党校工作会议上的讲话》，会议传达了全省老干部工作会议精神，研究了承德市贯彻落实意见。会议研究讨论并原则同意市委《关于加强和改进新形势下党校工作的实施意见（讨论稿）》；会议听取了“一问责八清理”专项行动工作情况汇报，研究讨论并同意近期召开“一问责八清理”专项行动领导小组会议，就进一步深入开展好专项行动进行调度部署；会议研究讨论并同意市纪委《关于给予马新民开除党籍处分的请示》；会议研究讨论并同意市委组织部关于干部任免的汇报意见。

十三届149次常委会议。3月27日下午，市委召开十三届149次常委会议。会议研究讨论并原则同意市人大常委会党组《关于加强县乡人大工作和建设的落实意见（讨论稿）》；会议研究讨论并同意市编委办《关于组建市扶贫和农业开发办公室拟办意见的汇报》《关于组建御道口牧场管理区管理机构拟办意见的汇报》《关于建立中共承德市委非公有制经济组织和社会组织工作委员会拟办意见的汇报》，研究讨论并原则同意《关于加强和完善扶贫工作机构的实施意见（讨论稿）》；会议研究讨论并同意市委组织部关于干部任免的汇报意见和关于拟为市委机要局等单位记集体二等功奖励的汇报意见。

十三届151次常委会议。4月17日上午，市委召开十三届151次常委会议。会议传达了省纪委《关于给予郑雪碧双开处分的决定》；会议传达学习了全省开发区改革发展会议精神，会议传达学习了全省“两学一做”学习教育动员会议精神，研究了承德市贯彻落实意见。会议研究讨论并原则同意《关于在全市党员中开展“学党章党规、学系列讲话，做合格党员”学习教育实施方案（讨论稿）》。

十三届152次常委会议。4月28日上午，市委召开十三届152次常委会议。会议传达了省委领导在《中共承德市委关于传达贯彻河北省党政代表团赴京津浙学习考察情况及赵克志书记张庆伟省长讲话精神的情况报告》上的批示，会议传达了全省文明城市创建推进会议精神，会议传达了全省推进县级统战力量整合工作现场会议精神，研究了承德市贯彻落实意见。研究讨论并原则同意《关于在全市开展省级文明城市创建活动的实施方案（讨论稿）》；会议研究讨论并同意市委组织部关于干部任免的汇报意见。

十三届153次常委会议。5月6日上午，市委召开十三届153次常委会议。会议传达学习了4月26日省委常委会议和4月29日省委专题会议学习贯彻习近平总书记关于网络安全和信息化工作重要讲话精神的有关要求部署，会议传达学习了全省“两学一做”学习教育调度会议精神，会议传达学习了《河北省安全生产工作职责分工规定》，会议传达学习了中央环境保护督察组督察河北省情况反馈会和全省环境保护大会精神，会议传达学习了全省纪律审查工作会议精神，研究了承德市贯彻落实意见。会议研究讨论并同意市纪委《关于给予赵泉开除党籍处分的请示》《关于给予乜淑珍开除党籍处分的请示》；会议听取了2016年以来全市经济运行情况和全市安全生产、环境保护工作情况汇报；会议研究讨论并原则同意《关于开展“五城联创”的实施意见（讨论稿）》。

十三届156次常委会议。7月5日下午，市委召开十三届156次常委会议，专题传达学习习近平总书记在中国共产党成立95周年大会上的重要讲话精神，研究部署全市学习贯彻落实意见。会议研究讨论并原则同意《关于认真学习宣传贯彻习近平总书记“七一”重要讲话精神的安排意见（讨论稿）》。

十三届157次常委会议。7月14日上午，市委召开十三届157次常委会议。会议传达学习了河北省庆祝中国共产党成立95周年大会精神，会议传达学习了全省科技创新大会精神，会议传达了省委常委、省纪委书记陈超英到承德督导检查防汛工作主要精神，研究了承德市贯彻落实意见。会议传达了省委常委、省纪委书记陈超英莅承调研主要精神，听取了全市上半年党风廉政建设和反腐败工作情况汇报；会议研究讨论并原则同意《中国共产党承德市委员会工作规则（讨论稿）》；会议研究讨论并原则同意《关于市直单位党组（党委）清理规范工作的方案（讨论稿）》；会议研究讨论并原则同意《关于把“两学一做”学习教育引向深入的实施意见（讨论稿）》。

十三届158次常委会议。7月19日上午，市委召开十三届158次常委会议。会议研究讨论并同意市委组织部关于干部任免的汇报意见。

十三届165次常委会议。9月27日下午，市委召开十三届165次常委会议。会议听取了市委十三届九次全体（扩大）会议各讨论组关于《中共承德市委承德市人民政府关于大力实施“一带三区”城市发展战略的意见（草案）》讨论情况的汇报，讨论通过了《意见（草案）》，提交市委十三届九次全体（扩大）会议进行表决。

十三届166次常委会议。9月30日上午，市委召开十三届166次常委会议。按照省换届工作安排，根据省委换届考察组反馈的承德市换届拟提拔人选考察对象意见，会议研究并同意推荐建议名单。

十三届167次常委会议。10月10日上午，市委召开十三届167次常委会议。会议传达学习了全省易地扶贫搬迁现场观摩调度会议精神，会议传达学习了《赵克志同志在全省旅游工作推进大会上的讲话》和河北省首届旅游产业发展大会精神，会议传达学习了全省宗教工作会议精神，会议传达学习了省委《关于认真学习〈胡锦涛文选〉的通知》，研究了承德市贯彻落实意见。会议传达学习了中纪委关于扶贫领域违纪问题信访督办工作部署会议精神，研究讨论并原则同意市纪委提出的下步工作安排意见；会议研究讨论并同意市发改委《关于我市贯彻落实国家发改委等六部委〈关于印发京津两市对口帮扶河北省环京津相关地区工作方案的通知〉有关情况的汇报》；会议听取了全市扶贫开发、环境保护、安全生产、信访稳定工作情况汇报；会议传达学习了全省“一问责八清理”专项行动总结会议精神，会议研究讨论并同意市纪委提出的下步工作安排意见；会议研究了各民主党派、工商联换届相关工作；会议集中学习了《中国共产党员问责条例》相关内容。

十三届168次常委会议。10月25日下午，市委召开十三届168次常委会议。会议传达学习了省委组织部关于做好市县乡党代会选举工作的文件精神，研究了承德市贯彻落实意见。会议传达学习了全省推进市县纪检监察机构改革和党委巡察机构建设工作动员部署会议精神，研究讨论并同意市纪委提出的下步工作安排意见；会议听取了市纪委有关案件审理情况的汇报。

十三届169次常委会议。10月31日下午，市委召开十三届169次常委会议。会议传达学习了中央办公厅、省委办公厅《关于认真学习宣传党的十八届六中全会精神的通知》，会议传达学习了《中国共产党第十八届中央委员会第六次全体会议公报》和《赵克志同志在省委常委（扩大）会议传达学习党的十八届六中全会精神时的讲话》，会议传达学习了省维护稳定工作领导小组《关于做好党的十八届六中全会和省委第九次党代会期间维护稳定工作的意见》，会议传达学习了全省文化产业发展工作现场交流会议精神，研究了承德市贯彻落实意见。会议传达学习了全省“六五”普法总结表彰暨“七五”普法启动大会精神，研究讨论并原则同意《关于在全市公民中开展法治宣传教育的第七个五年规划（2016—2020）（讨论稿）》；会议听取了全市第三季度经济运行情况、存在问题以及下一步思路和打算；会议研究讨论并同意市委组织部提交的《市党代表会议代表建议名单及分团建议方案》《市党代表会议各代表团召集人建议名单》《市党代表会议运行程序》《市党代表会议选举办法（草案）》，研究讨论并同意市委办公室提交的《市党代表会议方案（草案）》。

十三届170次常委会议。11月4日上午，市委召开十三届170次常委会议。会议研究讨论并原则同意市人大常委会党组《关于市县乡三级人大换届选举有关工作的实施意见（讨论稿）》。

十三届162次常委会议。8月20日上午，市委召开十三届162次常委会议。会议传达学习了中央政治局委员、中央书记处书记、中央组织部部长赵乐际和省委常委、组织部部长梁田庚莅承调研“两学一做”学习教育情况和指示精神，会议传达学习了全国、全省人民防空会议精神，研究了承德市贯彻落实意见。会议研究讨论并原则同意《关于加快科技创新建设创新型承德的决定（讨论稿）》《关于加快高层次创新人才（团队）引进的意见（讨论稿）》《关于深化人才发展体制机制改革的实施意见（讨论稿）》；会议传达学习了全国双拥模范城（县）命名暨双拥模范单位和个人表彰大会和河北省有关会议精神，通报了承德市再次荣获“全国双拥模范城”荣誉称号，实现了争创“八连冠”的工作目标；会议通报了省委关于刘新宇任市委常委、统战部部长的决定；会议研究讨论并原则同意《中共承德市委监督执纪谈话办法（试行）（讨论稿）》；会议摘要传达学习了中央办公厅《关于2016年上半年贯彻执行中央八项规定情况的报告》；会议研究并同意市编委办《关于进一步规范市委保密委员会办公室（市保密局）机构编制事宜的拟办意见》；会议研究提出市纪委、监察局领导班子调整补充意见并报省。

十三届173次常委会议。12月8日上午，市委召开十三届173次常委会议。会议传达学习了赵克志书记在省委九届一次全会和九届一次常委会上的讲话精神，传达学习了李干杰副书记在承德市代表团讨论时的讲话精神，传达学习了省纪委九届一次全会精神，传达学习了12月7日全省领导干部会议精神，研究了承德市贯彻落实意见。按照党风廉政建设主体责任相关要求，结合学习贯彻党的十八届六中全会精神和省第九次党代会、省委九届一次全会、省委九届一次常委会、省纪委九届一次全会精神，周仲明与市委领导班子成员进行集体廉政谈话；会议研究讨论并原则同意市委统战部《关于市、县区政协换届有关问题的意见（讨论稿）》。

十三届174次常委会议。12月15日上午，市委召开十三届174次常委会议。会议传达学习了全国生态文明建设工作推进会议精神，会议传达学习了中国文联第十次全国代表大会、中国作协第九次全国代表大会精神和习近平总书记重要讲话精神，会议传达学习了全省新闻舆论工作座谈会议精神，研究了承德市贯彻落实意见。会议听取了市委常委带队督导“五项重点工作”情况汇报；会议听取了市人大常委会、市政府、市政协党组工作情况汇报。

十三届175次常委会议。12月15日下午，市委召开十三届175次常委会议。会议研究提出部分县区党政正职任免调整推荐意见并报省。

十三届177次常委会议。12月25日上午，市委召开十三届177次常委会议。会议研究讨论并原则同意《中共承德市委关于学习贯彻党的十八届六中全会和省第九次党代会精神的意见（讨论稿）》；会议传达学习了河北省出席党的十九大代表选举工作部署会议精神，研究讨论并原则同意《承德市推荐出席党的十九大代表候选人初步人选工作实施方案（讨论稿）》；会议研究讨论并同意省委组织部反馈的承德市市级领导班子换届人事安排方案并报省。

十三届178次常委会议。12月27日下午，市委召开十三届178次常委会议。会议研究讨论并同意市委组织部关于干部任免的汇报意见。

【市委常委（扩大）会议】 十三届144次常委（扩大）会议。2月23日下午，市委召开十三届144次常委(扩大)会议。会议传达了省委关于路洪昌、卢建国等的任免职决定；会议研究讨论并同意市委组织部关于柴山市委管理职务的任免意见。

十三届146次常委（扩大）会议。3月1日上午，市委召开十三届146次常委（扩大）会议。会议传达学习了全省县以上党政主要领导干部学习贯彻党的十八届五中全会和省委八届十二次全会精神专题研讨班精神和省委书记赵克志在市委文件上的批示精神，传达了省委办公厅、省政府办公厅《关于扎实做好当前各项重点工作的通知》，通报了承德市经济社会发展全省综合排位情况，研究部署了相关工作。

十三届150次常委（扩大）会议。4月6日下午，市委召开十三届150次常委（扩大）会议。会议传达了河北省党政代表团赴北京、天津、浙江三地学习考察情况；会议传达了《中共中央关于郭伯雄严重违纪违法案件及其教训的通报》。

十三届154次常委（扩大）会议。5月19日下午，市委召开十三届154次常委（扩大）会议。会议传达学习了全省省级机关作风整顿工作座谈会议精神，听取了全市市级机关作风整顿暨优化发展环境工作情况报告；会议传达学习了省委书记赵克志在全省领导干部会议上的讲话，研究了承德市贯彻落实意见。会议听取了赴苏州考察并参加承德功能农业扶贫综合示范区签约仪式情况报告；会议研究讨论并原则同意《关于加快开发区改革发展的实施意见（讨论稿）》；会议传达学习了全省信访、稳定、安全生产攻坚行动动员部署会议精神，研究讨论并原则同意《全市信访攻坚行动实施方案（讨论稿）》《全市维稳攻坚行动实施方案（讨论稿）》《全市安全生产攻坚行动实施方案（讨论稿）》；会议研究讨论并同意市委组织部关于干部任免的汇报意见；会议研究讨论并同意市纪委《关于给予李吉先开除党籍处分的请示》。

十三届155次常委（扩大）会议。6月14日下午，市委召开十三届155次常委（扩大）会议。会议传达学习了省委“两学一做”学习教育座谈会议和协调小组会议精神，会议传达学习了省委《关于认真落实习近平总书记重要批示精神广泛开展向李保国同志学习活动的通知》，会议传达学习了全省“一问责八清理”专项行动领导小组会议精神，会议传达学习了全省加强换届风气监督工作视频会议精神，会议传达学习了省委对台工作会议精神，研究了承德市贯彻落实意见。会议研究讨论并原则同意《承德市关于加快功能农业扶贫综合示范区建设的若干意见（讨论稿）》《承德市功能农业扶贫综合示范区建设推进方案（讨论稿）》；会议传达学习了省委政协工作会议精神，研究讨论并原则同意《中共承德市委关于支持人民政协履行职责发挥作用的意见（讨论稿）》；会议传达学习了《赵克志同志在省委常委扩大会议传达学习全国科技创新大会精神时的讲话》和省委办公厅《关于学习贯彻全国科技创新大会精神的通知》，研究讨论并原则同意《关于深化科技体制改革加快推进创新发展的实施意见（讨论稿）》；会议听取了全市民族宗教工作情况的汇报，研究讨论并原则同意《关于进一步加强和改进民族工作的实施意见（讨论稿）》；会议研究讨论并原则同意《承德市市直机关作风评议工作实施方案（讨论稿）》；会议研究讨论并原则同意《关于深入落实监督执纪“四种形态”的实施意见（讨论稿）》《关于开展基层党风“清洁行动”推动全面从严治党向基层延伸的实施意见（讨论稿）》《中共承德市委巡察工作实施办法（讨论稿）》；会议研究讨论并同意市纪委《关于给予孙守民开除党籍处分的请示》《关于给予王凤书撤销党内职务处分的请示》《关于给予柴秀军留党察看（二年）处分的请示》《关于给予孙炳阳开除党籍处分的请示》；会议传达学习了全省市县乡换届工作会议精神，研究讨论并原则同意《承德市县乡领导班子换届工作方案（讨论稿）》；会议听取并同意市妇联关于承德市妇女第十六次代表大会筹备情况的汇报。

十三届 159 次常委（扩大）会议。7 月 21 日下午，市委召开十三届 159 次常委（扩大）会议。会议听取了全市上半年经济运行情况，研究并同意市政府对经济形势的分析研判和下半年的思路建议；会议传达了省政协主席付志方、副主席艾文礼到承德视察督办省政协“1 号提案”情况和座谈讲话精神，研究了承德市贯彻落实意见。会议研究讨论并同意市政协党组《关于调整市政协换届时间的请示》；会议研究讨论并原则同意《关于协助各民主党派做好换届工作的意见（讨论稿）》《关于市县（区）工商联（总商会）换届工作的意见（讨论稿）》。

十三届 160 次常委（扩大）会议。7 月 30 日下午，市委召开十三届 160 次常委（扩大）会议。会议传达学习了近期习近平总书记在东西部扶贫协作座谈会和在唐山市调研考察座谈会等重要讲话精神，会议传达学习了省科协第九次代表大会精神，研究了承德市贯彻落实意见。会议传达学习了习近平总书记就做好当前防汛抗洪抢险救灾工作的重要讲话精神，传达学习了党中央、国务院和省委、省政府关于做好防汛抗洪抢险救灾工作的有关指示精神、会议精神，听取了全市防汛救灾情况汇报，研究并同意市政府关于做好防汛救灾工作的安排意见。会议研究讨论并原则同意《关于深化国有企业改革的实施意见（讨论稿）》；会议传达学习了党中央和省委关于保密工作的有关精神，研究讨论并原则同意《关于加强和改进保密工作的实施办法（讨论稿）》；会议研究讨论并同意市委组织部关于 2015 年市管领导班子和市管干部年度综合考核评价等次有关情况的汇报意见；会议研究讨论并同意市委组织部关于干部任免的汇报意见。

十三届 161 次常委（扩大）会议。8 月 8 日上午，市委召开十三届 161 次常委（扩大）会议。会议传达学习了省政府关于天津市支持承德建设高等职业学院和对口帮扶承德五个贫困县工作座谈会议精神，研究并同意市政府关于做好学院建设和对口帮扶工作的安排意见；会议研究讨论并同意市委组织部关于干部任免的汇报意见。

十三届 163 次常委(扩大)会议。8 月 31 日下午，市委召开十三届 163 次常委（扩大）会议。会议通报了省委换届考察组到承德开展换届考察工作的相关情况；会议传达学习了《中共中央关于辽宁拉票贿选案查处情况及其教训警示的通报》。

十三届 176 次常委（扩大）会议。12 月 24 日下午，市委召开十三届 176 次常委(扩大)会议。会议传达学习了全省经济工作会议精神，会议传达学习了全省现代公共文化服务体系建设工作会议精神，研究了承德市贯彻落实意见。会议听取了“五城联创”工作情况汇报；会议研究讨论并原则同意《市委十三届十一次全体（扩大）会议方案（草案）》《市委常委会工作报告（讨论稿）》。

十三届 137 次常委会议和常委（扩大）会议。1 月 16 日上午，市委召开十三届 137 次常委会议和常委（扩大）会议。会议传达学习了《习近平总书记在中央政治局“三严三实”专题民主生活会上的重要讲话》，会议传达了省十二届人大四次会议和省政协十一届四次会议精神，研究了承德市贯彻落实意见。会议听取了全市经济工作会议筹备情况的汇报，研究讨论并原则同意《关于开展“项目攻坚年”活动的实施方案（讨论稿）》等相关文件；会议听取了全市脱贫攻坚暨农村工作会议筹备情况的汇报，研究讨论并原则同意《关于坚决打赢脱贫攻坚战的决定（讨论稿）》《关于建立贫困退出机制的实施方案（讨论稿）》《方案（讨论稿）》等相关文件；会议研究了脱贫攻坚工作领导小组及机构设置问题；会议研究并同意市委调查组《关于才亚民严重违纪问题的处理意见》。

十三届164次常委（扩大）会议和常委会议。9月21日下午，市委召开十三届164次常委（扩大）会议和常委会议。会议通报了省委领导莅承调研有关情况，传达学习了省委书记赵克志和省委常委、宣传部部长田向利，省委常委、政法委书记董仚生到承德调研讲话精神，会议传达学习了省委八届十四次全会精神，会议传达学习了全省“两学一做”学习教育推进会议精神，研究了承德市贯彻落实意见。会议研究讨论了《关于大力实施“一带三区”城市发展战略的意见》；会议传达学习了全省法院检察院全面开展司法责任制改革视频会议精神，听取了承德市司法体制改革进展情况和市法院党组、市检察院党组相关工作情况汇报；会议听取并同意市委办公室关于《市委十三届九次全体（扩大）会议方案（草案）》的汇报；会议传达学习了省九次党代会代表选举工作会议精神，研究讨论并原则同意市委组织部《关于承德市出席省委九次党代会代表选举工作的实施方案（讨论稿）》；会议研究讨论并同意市委组织部关于干部任免的汇报意见。

十三届171次常委（扩大）会议和常委会议。11月8日下午，市委召开十三届171次常委（扩大）会议和常委会议。会议通报了天津党政代表团和省委、省政府领导一行到承德考察并召开冀津协作对口帮扶承德市第一次联席会议暨举行签署合作协议仪式的情况，传达学习了天津市委书记李鸿忠，天津市委副书记、市长王东峰和省委书记赵克志，省委副书记、省长张庆伟的讲话精神，会议传达学习了全国社会管理综合治理创新工作电视电话会议精神，研究了承德市贯彻落实意见。会议研究讨论并同意市委组织部关于干部任免的汇报意见。

十三届172次常委（扩大）会议和常委会议。11月28日上午，市委召开十三届172次常委（扩大）会议和常委会议。会议传达学习了中国共产党河北省第九次代表大会精神和全省学习宣传贯彻省九次党代会精神工作会议精神，研究了承德市贯彻落实意见。会议研究讨论并原则同意《关于市委常委带队开展“四项重点工作”集中督导检查活动的实施方案（讨论稿）》；会议研究讨论并同意市纪委《关于给予王宇党纪处分的请示》；会议研究讨论并同意市委组织部关于干部任免的汇报意见。

十三届179次常委（扩大）会议和常委会议。12月30日上午，市委召开十三届179次常委（扩大）会议和常委会议。会议通报了省委关于承德市市级领导班子调整情况；会议研究讨论并同意市编委办《关于市纪委派驻机构改革和组建市委巡察机构的拟办意见》《关于调整市旅游委机构编制的拟办意见》；会议研究讨论并同意市委组织部关于干部任免的汇报意见；会议研究讨论并同意市委组织部《关于召开中国共产党承德市第十四次代表大会的有关事项的汇报》《关于推荐出席中国共产党第十九次全国代表大会代表候选人初步人选的汇报》《关于召开市委十三届十一次全会有关事项的汇报》。

市委经济建设类会议

【全市经济工作务虚会议】 1月5日，市委、市政府召开全市经济工作务虚会，分析当前经济工作形势，研究谋划2016年全市经济总体工作。市委书记周仲明主持会议，市委副书记、代市长常丽虹出席会议并讲话。市发改委作了2016年全市经济工作汇报。

【全市经济工作会议】 1月18日，市委、市政府召开全市经济工作会议。会议认真学习贯彻中央和省经济工作会议精神，总结2015年经济工作，分析当前经济形势，安排部署2016年经济工作。市委书记周仲明，市委副书记、代市长常丽虹出席会议并讲话。市人大常委会主任郭群、市政协主席韩福才，市委常委赵险峰、卢建国、李晋宇、刘文勤出席会议。会议认为，2015年，全市“十二五”规划主要目标任务已经完成。会议要求，2016年是“十三五”的开局之年，要牢牢抓住京津冀协同发展、新一轮脱贫攻坚、供给侧结构性改革等重大机遇，立足“三区一城”功能定位，充分发挥生态引力日益提升、基础设施逐步改善、项目支撑能力不断增强等自身优势，用新的理念指导和推动发展。周仲明强调，要坚持发展第一要务，紧紧扭住中心工作不放手，始终坚守生态、发展两条底线，突出稳定增长“挖潜力”，力促转型升级“育动力”，突出协同发展“借外力”。要继续深化推行“五合一”精准对接，把工作做得准而又准、实而又实。要大力弘扬塞罕坝精神，凝心聚力狠抓工作落实，在“十三五”开局之年打出漂亮仗，常丽虹讲话强调，2016年要切实把握好四点做好今后工作：一是坚持生态保护与经济发展双赢共进；二是坚持供给侧与需求侧改革双向发力；三是坚持优化存量与扩大增量双轮驱动；四是坚持借助外力与激发内力双管齐下。

【全市经济工作调度会】 2月21日，市委、市政府召开全市经济工作调度会议。会议强调，要认真贯彻省委、省政府“以旬保月、以月保季、以季保年”的要求，做好一季度经济工作，确保2016年“首季开门红”，确保“十三五”时期“首年开门红”。市委书记周仲明，市长常丽虹出席会议并讲话。周仲明强调，盯住眼前，千方百计保企业，保投资，保增长；加快进度加快谋划重点项目，争取政策支持；加快园区建设步伐，促进重点企业入园；结合旅游特色建设美丽乡村，聚合民生项目做好乡村旅游。常丽虹强调，要确保实现首季“开门红”。一是全力抓好经济运行。二是全力以赴推动项目开工。三是积极有效地扩大消费需求。四是强化保障，形成实现首季“开门红”的强大推力。

【政银企对接洽谈会议】 3月21日，市委、市政府召开政银企对接洽谈会议，市领导周仲明、常丽虹、李晋宇、刘文勤、李维出席会议，李晋宇主持会议。会上，市长常丽虹发布承德市产业政策信息，李维发布融资需求信息，各县区政府发布主要产业政策、重点建设项目和企业融资需求信息，银行机构代表发布信贷政策和主要信贷产品信息，两位企业家代表进行大会发言。常丽虹代表市政府与民生银行石家庄分行、北京银行签订《战略合作协议》。市内12家银行、兴业银行石家庄分行、天津银行分别与35企业签订贷款协议或意向书。周仲明在会上强调，要大力发展金融产业，不断提升支持实体经济发展的能力，争取一批银行和保险公司来承德市设立分支机构。大力发展新型金融业态，促进金融资本与产业资本紧密融合、共赢发展。要全力推动区域金融开放，加快对接和融入“京津冀金融一体化”，抢抓北京金融后台服务产业整体外迁的机遇，打造金融服务产业。要着力打造良好的金融生态，为金融业健康发展提供有力保障和支撑。

【市级领导分包重大事项和项目调度会】 5月31日，市委、市政府召开市级领导分包京津冀协同发展重大事项和项目调度会议，专门对市级领导干部分包的京津冀协同发展重大事项和项目进行再研究、再调度，总结成绩、摸清底数、查找不足，实实在在解决项目推进中的困难和问题，确保全市经济社会发展各项指标“时间任务双过半”。

市委书记周仲明、市长常丽虹分别讲话，市人大常委会主任郭群，市委常委路洪昌、李晋宇、张庆祥、刘文勤、陈德光、刘名义出席会议。在听取市级领导所分包的京津冀协同发展重大事项和项目进展情况汇报后，周仲明指出，全市协同发展取得了阶段性成果。关于下步工作，要进一步强化“六种意识”：要进一步强化机遇意识；要进一步强化问题意识、强化精准意识、强化协作意识、强化敢干、实干、快干、巧干意识、强化责任意识。常丽虹强调，一是在思想上要更加重视。二是认真落实项目推进机制。三是加强协作和配合。四是以坚韧不拔的精神和毅力全力保障重大事项和项目的推进。五是对重大事项和项目实行动态管理。

【重点企业座谈会】 8 月23日，市委、市政府召开重点企业座谈会，深入分析承德市企业发展面临的形势，研究安排支持企业发展具体举措。会议要求，要认清形势，坚定信心，抢抓机遇，优化环境，全力保障全市经济健康、持续、稳定增长。市委书记周仲明，市长常丽虹，市委常委、常务副市长李晋宇，市委常委、市委秘书长刘文勤，副市长李维出席会议。周仲明讲话，常丽虹主持会议并讲话。与会领导、企业代表及相关市直部门分别发言，就企业运行情况、下一步工作重点及全市转型升级、绿色发展等工作进行座谈交流。会议强调，要认真处理好发展传统产业和战略性新兴产业的关系，一手抓传统产业改造嫁接升级，一手大力发展战略性新兴产业，“两手”都要硬。要下大力保企业、保增长，确保经济社会持续稳定发展。要深入实施“企业帮扶年活动”，进一步推进各项政策落实。要加快优势传统企业改造升级进度和力度。要提振信心，正确面对困难和压力，增强加快发展的信心和勇气，找出破解问题的办法和路径。

【冰雪旅游产业发展规划研讨会】 9 月 14 日，市委、市政府召开冰雪旅游产业发展规划研讨会。市委书记周仲明、市长常丽虹出席会议并讲话，市领导刘文勤、薛寒，市政府秘书长、市政府办、市旅游局、市发改委、市体育局、市国土局、市水务局、维宁文化传媒有限公司负责人参会研讨。会议听取了相关部门关于承德市冰雪旅游产业发展规划的汇报，与会领导及有关部门讲了意见。会议强调，要突出规划引领、市场运作，切实推动全市冰雪旅游产业健康发展；要强化组织领导，加快推进速度，体现承德特色；要进一步挖掘皇家、民族、民俗文化，坚持“文化为魂、运动为形”，并要兼顾生态环境保护与利用。

【大数据产业项目进展情况调度会】 10月8 日，市委、市政府召开大数据产业项目进展情况调度会议。市委书记周仲明主持会议并讲话，副市长李维出席会议并就落实会议精神提出了具体要求。会议听取了高新区、对接办、旅游局等相关单位部门关于大数据产业项目进展情况的汇报。会议强调，要加强领导，强力推进，盯紧工期，在谈项目抓落地，落地项目抓进度。要加大宣传力度，为大数据产业发展打造积极向上的舆论环境。

【全市旅游工作推进大会】 11 月16 日，市委、市政府召开全市旅游工作推进大会。会议传达学习河北省旅游产业发展大会精神，部署河北省第三届旅游产业发展大会和承德市第一届旅游产业发展大会各项任务。会议要求，全市上下要进一步解放思想、真抓实干，加快推进全域旅游产业发展。市委书记周仲明讲话。市长常丽虹主持会议。市人大常委会主任郭群、市政协主席韩福才，市委常委赵险峰、路洪昌、阮树平、张庆祥、刘文勤、陈德光、魏莉出席会议。河北省第三届旅游产业发展大会和承德市第一届旅游产业发展大会承办县兴隆、滦平做表态发言。周仲明强调，要举全市之力办好第三届全省旅发大会和第一届承德旅发大会，推动全市文化旅游产业提档升级。常丽虹就贯彻落实会议精神讲了意见：要凝聚推动承德文化旅游产业快发展大发展的强烈共识，聚焦问题加快补短板，加强打造整体优化的旅游环境，全面提升旅游接待服务能力和水平。

市委深化改革及廉政建设类会议

【全市优化发展环境动员大会】 2月14日，市委、市政府市召开全市优化发展环境动员大会。市委书记周仲明出席会议并讲话，市委副书记、代市长常丽虹主持会议并讲话，市领导郭群、韩福才、卢建国、李晋宇、阮树平、张庆祥、刘文勤、刘名义出席会议。周仲明在会上强调，坚持发展第一要务，大力优化发展环境，必须着力打造八个环境：优质高效的服务环境；活跃宽松的双创环境，重商亲商的人文环境，公平正义的法治环境，宜居优美的城乡环境，发展要素聚集环境，信誉立世的诚信环境，配套完善的硬件环境。周仲明还强调，把优化发展环境作为“一把手”工程，主要领导要亲自抓。常丽虹围绕会议精神的贯彻落实强调四点：一要深入学习领会，切实把思想和行动统一到会议精神和要求上来。二要细化实化举措，不折不扣地把各项要求落到实处。三要层层压实责任。四要加强宣传引导。会上还通报了损害承德市发展环境典型案件和处理结果。

【全市开发区改革发展推进大会】 5月20日，市委、市政府召开全市开发区改革发展推进大会。市委书记周仲明出席会议并讲话，市长常丽虹主持会议，市政协主席韩福才，市委常委赵险峰、路洪昌、李晋宇、阮树平、张庆祥、刘文勤、陈德光，市人大副主任郭椿，副市长李维、刘新宇、丁伟出席会议。

周仲明强调，要突出重点、把握关键，全力推动全市开发区建设取得快速突破。要加强领导、落实责任，不断凝聚开发区改革发展的强大合力。打造一支过硬的开发区班子队伍，出台高含金量的开发区支持政策，切实抓好开发区的考核评价工作。常丽虹在主持会议时强调，要紧盯目标任务，围绕开发区“三年攻坚行动、两年提质升级”工作，把各项重大举措细化分解落到实处。

【全市开发区改革发展工作调度会】 10月26日下午，市委、市政府召开全市开发区改革发展工作调度会议。市委书记周仲明讲话中强调，各级各部门要充分认识加快开发区改革发展的重要性，全力推进开发区建设，打造全市经济发展新增长极。市长常丽虹主持会议，市领导李晋宇、刘文勤、魏莉、薛寒出席会议。会议分别听取了市商务局、市科技局对全市经济开发区和高新技术产业开发区前三季度发展情况的汇报，听取了全市8个县和双滦区、承德高新开发区重点工作开展情况的汇报。常丽虹在主持会议时强调，要聚焦问题，用活用好政策，积极主动作为，在进一步补齐开发区建设短板上下功夫，让开发区实现大发展、快发展。要将开发区改革发展的目标层层分解，责任层层压实，确保各项任务措施落到实处。

【全市“一问责八清理”专项行动会】 6月15日，市委、市政府召开全市“一问责八清理”专项行动领导小组会议。市委常委、市纪委书记、市专项行动领导小组组长路洪昌出席会议并讲话，他强调，要加大工作力度，突出重点，统筹推进，确保按时间节点完成行动各项目标任务，坚决打赢“一问责八清理”硬仗。市委常委、常务副市长、市专项行动领导小组副组长李晋宇，市委常委、市委秘书长、市专项行动领导小组副组长刘文勤，副市长刘新宇、丁伟出席会议，李晋宇主持会议。会议要求，落实好此次会议精神，思想认识要再上位，从讲政治的高度抓好工作。任务落实要再统筹，要围绕“清、改、查、建、验”五个环节，统筹任务、统筹时间、统筹力量，真抓实干。组织领导要压责任，各级各部门要做到领导到位，组织到位，确保专项行动取得实效。

【全市警示教育暨领导干部集体廉政谈话会议】12月13日，市委、市政府召开全市警示教育暨领导干部集体廉政谈话会议。市委书记周仲明出席会议并讲话。他强调，坚持把纪律和规矩挺在前面，切实落实好管党治党政治责任，深化作风建设，努力开创“生态强市、魅力承德”建设新局面。市委副书记、市长常丽虹主持会议，市领导郭群、韩福才、赵险峰、路洪昌、阮树平、张庆祥、刘文勤、陈德光出席会议。路洪昌通报2016年全市纪检监察机关查办的典型案件情况。常丽虹在主持会议时强调，要把学习贯彻会议精神与落实中央和省全面从严治党的各项要求紧密结合起来，把反腐倡廉建设的各项决策部署落到实处。

市委农业农村及扶贫类会议

【全市驻村干部选派工作会议】 1月18日，市委、市政府召开全市驻村干部选派工作会议，深入贯彻落实全省选派下基层干部工作会议和市县精准脱贫驻村干部选派对接工作会议精神，对承德市选派机关优秀干部驻村开展帮扶工作进行具体安排部署。市委常委、市委组织部部长赵险峰，市委常委、市委秘书长刘文勤，副市长吴清海出席会议并讲话。赵险峰在会上强调，要严明纪律，从严从实加强对各级驻村干部的日常教育管理和考核监督。要严格组织考评，强化考核结果运用。要明确各级党委（党组）的主体责任及派出单位责任和保障落实责任。以责任传导压力、凝聚合力。市委常委、市委秘书长刘文勤，副市长吴清海就做好选派优秀干部驻村开展精准扶贫和美丽乡村建设讲了具体意见。

【脱贫攻坚暨农村工作会议】 1月18日，市委、市政府召开脱贫攻坚暨农村工作会议。市委书记周仲明出席会议并讲话。市委副书记、代市长常丽虹主持会议并讲话。市人大常委会主任郭群，市政协主席韩福才，市委常委赵险峰、李晋宇、刘文勤出席会议。会议对承德市脱贫攻坚和农业农村工作做出全面部署，明确了时间表、路线图和重点任务。周仲明在会上强调，要突出重点，切实做到“六个精准”：扶贫对象精准；项目安排精准；资金使用精准；措施到户精准；因村派人精准；扶贫成效精准。常丽虹在总结讲话中要求：一要统一思想抓落实。二要聚焦政策抓落实。三要营造氛围抓落实。四要实干担当抓落实。

【深化农村改革暨推进农业农村工作会】 3月8日，市委、市政府召开深化农村改革暨推进农业农村工作会议。会议要求，牢牢把握七大关系，重点抓好十项工作，努力让农业强起来，农民富起来，农村美起来，为全市经济社会发展作出更大贡献。

市委常委、市委秘书长刘文勤主持会议并讲话，市委农工委书记、副市长吴清海就全年全市农业农村工作作出安排部署。

【全市美丽乡村片区规划评审调度会议】 4月10日，市委、市政府召开全市美丽乡村片区规划评审暨推进调度会议。市委书记周仲明、市长常丽虹出席会议并讲话。市领导刘文勤、丁伟、吴清海出席会议，吴清海主持会议。承德县、滦平县作了美丽乡村片区规划修改完善情况的汇报。各县区和高新区作了关于精品片区规划修改完善情况的汇报和2016年美丽乡村建设主要任务及美丽乡村融资平台搭建、重点项目谋划、资金筹措、引进战略投资者、项目开工准备等情况汇报。市领导、与会市直单位分别对规划情况进行了点评。会议强调，进一步推动美丽乡村建设，要坚持高起点规划、工匠式建设、精细化管理。

【全市扶贫开发领导小组专题会议】 6月30日，市委、市政府召开全市扶贫开发领导小组专题会议。市委书记周仲明出席会议并讲话。市长常丽虹主持会议。市人大常委会主任郭群，市政协主席韩福才，市委常委、市委秘书长刘文勤出席会议。会议对全市上半年脱贫攻坚工作进行总结，对下一步工作进行安排部署。会议听取了全市脱贫攻坚工作总体情况汇报，听取了各县脱贫攻坚工作推进情况汇报，以及市直相关部门重点任务进展情况汇报。周仲明强调，要创新举措，大力推进“政银企户保”金融扶贫模式，破解资金制约。常丽虹强调，要带着感情、带着责任、带着压力抓好脱贫攻坚。要强化问题解决，持续坚持问题导向，倒逼工作落实。

【京津对口帮扶承德贫困县对接调度会】 8月26日，市委、市政府召开京津对口帮扶承德贫困县对接调度会议。市委常委、市委秘书长刘文勤主持会议并讲话，副市长吴清海出席会议并对下步工作提出具体要求。刘文勤强调，要精心、精准做好各项工作，借力推动与京津的全面合作和协同发展。在做好帮扶对接工作的同时，激发承德市扶贫工作的内生动力，充分发挥全社会的力量，推动全市脱贫攻坚持续健康发展。

【全市贫困退出推进工作会议】 10月12日，市委、市政府召开全市贫困退出暨农业产业发展引导基金推进工作会议，就全市贫困退出工作和农业产业发展引导基金推进情况进行全面安排部署。市委常委、市委秘书长刘文勤主持会议，副市长吴清海出席会议并讲话。会议要求，市县乡村要落实责任，具体做到“四个坚持、四个防止”。坚持实事求是，防止弄虚作假；坚持分级负责，防止推脱扯皮；坚持规范操作，确保精准脱贫；坚持巩固成果，降低返贫比率。在工作中要落实责任，细化操作流程，建立激励机制，不折不扣落实好每一环节工作任务，确保承德市脱贫攻坚决战决胜。会议还就进一步推进全市农业产业发展引导基金作了明确安排部署。

【农业农村及扶贫工作课题调研会议】 12月27日，市委、市政府召开农业农村及扶贫工作课题调研会议。市委书记周仲明出席会议并讲话，市长常丽虹主持会议，市人大常委会主任郭群、市政协主席韩福才，市领导刘文勤、吴清海出席会议。会议听取了承德市农业农村调研课题组调研成果汇报，与会领导分别讲了意见。会议强调，要大力推进美丽乡村和特色小镇建设，将其与脱贫攻坚、乡村特色游、现代农业园区、民俗文化、沟域经济开发紧密结合，确保农民持续富裕、农村持续美丽；要全面深化农村改革，认真抓好农业结构调整、农村金融制度改革等工作，提升农村发展活力。会议要求，要牢牢把握好农业供给侧结构性改革这条主线，积极发挥自身优势，积极创建全国农业高新技术产业开发区。

市委城市建设类会议

【全市环境保护大会】 5月24日，市委、市政府召开全市环境保护大会。会议深入贯彻中央和省重大决策部署，落实全省环境保护大会精神，进一步解放思想、提高认识，切实把承德生态环境保护好，把承德生态潜力挖掘好，把承德生态优势利用好，坚决走生态优先、绿色发展之路。市委书记周仲明讲话。市领导郭群、韩福才、赵险峰、路洪昌、张庆祥、陈德光、于庆贺出席会议。副市长李维主持会议。周仲明强调，要实现当前和今后一个时期环境保护和生态建设的总体要求必须突出抓好四方面重点工作：一要全面加强环境治理，进一步提升环境质量。二要大力加强生态建设，进一步巩固和扩大生态优势。三要积极推进生态资源开发利用，进一步发挥生态引力。四要牢固树立机遇意识，全力争取各类政策支持。副市长李维就贯彻落实此次会议精神讲了具体意见。

【城市工作会议暨“五城联创”动员会】 5月27日，市委、市政府召开城市工作会议暨“五城联创”动员会议。会议贯彻落实中央、省城市工作会议和全省文明城市创建推进会等有关会议精神，围绕创建“国际旅游城市、全国文明城市、国家森林城市、国家卫生城市、国家环境保护模范城市”进行安排部署，全力打造山川秀美、富有活力、独具特色的生态强市、魅力承德。市委书记周仲明讲话。市长常丽虹主持会议。市人大常委会主任郭群、市政协主席韩福才，市委常委阮树平、刘文勤、陈德光、于庆贺出席会议。会上，双桥区围绕“五城联创”工作进行表态发言。围场满族蒙古族自治县围绕县城建设三年攻坚行动进行表态发言。市委文明办结合全国文明城市创建工作进行表态发言。周仲明书记强调，要坚持高标准规划，坚持高标准建设，坚持高质量管理，坚持高水平运营，把承德打造成魅力独具、特色彰显的精品城市。常丽虹在主持会议时强调，抓城市就是抓发展，要强化以人为本理念，用工匠精神建设和管理好城市市长，让城市的发展成果真正惠及全市人民。

【创建国家森林城市推进工作会议】 8月5日，市委、市政府召开创建国家森林城市推进工作会议，进一步动员全市干部群众迅速行动，全力开展创建国家森林城市各项工作，确保创建目标如期实现。市委常委、市委秘书长刘文勤主持会议，副市长、市委农工委书记吴清海出席会议并讲话。会议强调，确保完成创建目标任务。重点在四个方面下功夫，要有重点地建立一批城乡绿化工程，立体式做好创建国家森林城市工作宣传，从现在起做好档案资料收集归档等创建基础工作，切实解决好资金投入问题。

【“一带三区”建设座谈会】 9月1日，市委书记周仲明主持召开“一带三区”建设座谈会，就城市拓展、产业发展等工作广泛听取各方面意见。市领导郭群、韩福才、刘文勤、柴山、李维、丁伟、吴清海、王学出席会议。会上，双桥区、双滦区、承德县、高新区主要负责人，市委办、市政府办主要负责人和分管负责人，市人大常委会城建环资委、市政协财经委、市发改委、市国土局、市住建局、市规划局、市水务局主要负责人分别发言，提出具体意见和建议。与会市领导分别讲了意见。周仲明在会上强调，要明确城市功能定位，不断加快建设步伐；要加强领导，高起点做好规划，建设精品工程；要招大商、招龙头；要突出文化特色，加强基础设施建设，完善城市服务功能，强化市场化运作。

【“一带三区”发展规划汇报会】 12月26日，市委、市政府召开“一带三区”城市发展战略规划工作汇报会议。市委书记周仲明出席会议并讲话，市长常丽虹，市委常委、市委秘书长刘文勤，副市长丁伟出席会议。会上，市规划局汇报了承德市“一带三区”城市发展战略规划编制情况。市领导及与会部门负责分别就规划编制讲了意见。周仲明强调，要高站位做好规划，充分发挥规划引领作用，统筹编制好区域整体规划、分区规划、详细规划，注重“一带三区”规划与城市总体规划的衔接；要加大重大基础设施项目建设力度，创新思路、多措并举，以基础设施建设推动“一带三区”建设。

市委其他类会议

【统战工作暨全市民族工作会议】 1月26日，市委、市政府召开统战工作暨全市民族工作会议，深入学习贯彻中央和省委统战工作会议、中央和全省民族工作会议精神，全面安排部署承德市统战、民族工作。市委书记周仲明讲话，市委副书记、代市长常丽虹主持会议。市政协主席韩福才，市委常委赵险峰、李晋宇、阮树平、刘文勤出席会议。周仲明在会上要求，要切实加强领导，形成强大合力，做好新形势下统战、民族工作。常丽虹就贯彻落实会议精神提出三点要求：一要思想认识到位，二要工作措施到位，三要职责落实到位。阮树平就做好下一步统战、民族工作进行了安排部署。市委组织部、中共围场满族蒙古族自治县县委、河北民族师范学院党委做了大会交流发言。

【全市宣传文化工作会议】 2月25日，市委、市政府召开全市宣传文化工作会议。会议主要任务是传达贯彻全国宣传部长会议、全省宣传文化工作会议精神和省委学习贯彻习近平总书记在党的新闻舆论工作座谈会上的重要讲话精神，总结去年工作，安排部署今年工作。市委常委、宣传部部长张庆祥出席会议并讲话。副市长刘新宇主持会议并讲话。会议还传达了市委书记周仲明对全市宣传文化工作的重要批示。

【科技创新大会】 8月28日上午，市委、市政府召开承德市科技创新大会。会议强调，全市上下要深入贯彻以习近平为总书记的党中央关于推进科技创新的重大决策部署，贯彻落实全国、全省科技创新大会精神，深入实施创新驱动发展战略，为建设“生态强市、魅力承德”提供新动能、厚植新优势、打造新引擎。省科技厅厅长王志欣，市委书记周仲明，市长常丽虹，市领导郭群、韩福才、赵险峰、路洪昌、李晋宇、阮树平、张庆祥、刘文勤、刘新宇、于庆贺，市人大常委会、市政府、市政协其他领导成员，市法院、市检察院负责，市长助理、市政府党组成员出席会议。市委书记周仲明讲话，市长常丽虹主持。王志欣、周仲明、常丽虹、郭群、韩福才等领导分别为新获批复的国家农业科技园区、省级高新区、省级产业技术研究院授牌，为2016年度市科学技术奖获奖代表颁发证书。市委常委、常务副市长李晋宇宣读了《承德市人民政府关于2016 年度承德市科学技术奖励的决定》。有关部门企业和县区负责人作典型发言。周仲明在讲话中指出，当前和今后一个时期要着力抓好五个方面工作。一要突出企业主体作用，全面加强企业创新能力建设。二要抓创新人才，全力打造科技创新的人才高地。三要抓创新投入，建立多元化科技创新投入机制。四要抓协同创新，打造京津冀科技成果的承接地。五要抓创新改革，健全完善科技创新的体制机制。周仲明强调，要围绕产业、集中发力，不断增强科技创新支撑经济社会转型发展能力；要加强领导、形成合力，扎实推动全市科技创新目标任务落到实处。在主持会议时，常丽虹就贯彻中央，省委、省政府，市委、市政府的部署要求提出四点意见。一要统一思想抓落实，切实把发展的战略基点转移到科技创新上来。二要聚焦政策抓落实，千方百计释放科技政策红利。三要扭住目标抓落实，推动科技创新能力大幅提升。四要凝聚合力抓落实，为创新型承德建设创造良好环境和条件。会议印发了《中共承德市委、承德市人民政府关于加快科技创新建设创新型承德的决定》《中共承德市委、承德市人民政府关于深化科技体制改革加快推进创新发展的实施意见》《中共承德市委、承德市人民政府关于深化人才发展体制机制改革的实施意见》《中共承德市委、承德市人民政府关于加快高层次创新创业人才(团队)引进的意见》《承德市科学技术奖励办法》《承德市科技创新“十三五”规划》《承德市科技型企业倍增计划实施办法》《承德市支持众创空间发展的若干举措》《承德市加快知识产权强市建设的实施方案》《承德市“科技创新十佳”评选办法》等文件。

【全市社会治安立体化防控现场会】 9月29日，市委、市政府在营子区召开全市社会治安立体化防控体系建设现场会。会议贯彻落实中央、省政法委相关会议精神，认真分析近年来承德市社会治安立体化防控体系建设形势，交流经验、查找问题、研究举措，全面推进全市社会治安立体化防控体系建设，不断提升社会治安防控能力。市委常委、政法委书记阮树平出席会议并讲话。副市长、市公安局局长董天利主持会议。市政协副主席雷威对专题视察进行了点评。与会人员先后实地参观了营子区兴煤社区综合服务平台、“1231”社区警务模式和“老娄调解室”及创业小区的平安建设、技防建设和物业管理工作情况，现场观摩了营子区巡特警大队的拳术和警用器械表演。随后，听取营子区、平泉县、双滦区、围场满族蒙古族自治县等四县区大会发言。阮树平在讲话中强调，一是要更新观念，为防控体系建设提供强大的思想保障。二是要重在建设，为防控体系建设提供强大的基础保障。三是要高效运行，着力提升防控体系整体效能。同时，要加强领导、落实责任。会议期间，市政协副主席雷威带领部分市政协常委、委员对营子区社会治安立体化防控体系建设情况进行了专题视察。

【卫生与健康大会】 12 月 14 日，市委、市政府召开卫生与健康大会，市委书记周仲明出席会议并讲话。市长常丽虹主持会议，市领导郭群、韩福才、赵险峰、路洪昌、阮树平、张庆祥、刘文勤、陈德光、魏莉出席会议。周仲明强调，要坚持精准聚焦、深化举措，积极推动医疗卫生事业加快发展。常丽虹在主持会议时强调，要统一思想认识，切实把健康承德建设抓紧抓实抓好；要坚持发展为本，全力培育壮大生命医学大健康产业。

【全市文物安全保护工作会议】 12 月 29 日，市委、市政府召开全市文物安全保护工作会议，传达学习河北全省文物安全保护工作会议精神，安排部署全市文物安全保护工作。市委书记周仲明主持会议并讲话。市长常丽虹出席会议并讲话，代表市政府与各县区签订文物安全工作责任状。市领导刘文勤出席会议。周仲明强调，要坚持问题导向，保持高度警惕，全面加强文物安全保护工作。常丽虹强调，要坚守安全底线，全面加强文物保护管理，实施好重大文物保护工程，提升安全预警和抗风险水平，依法严厉打击文物违法犯罪行为，坚决杜绝各类问题发生，同时坚持合理适度利用，让广大群众共享文物保护成果。

重大决策

【构建和谐劳动关系】 5 月 3 日，市委、市政府下发关于构建和谐劳动关系的实施意见。为落实《中共河北省委河北省人民政府关于构建和谐劳动关系的实施意见》（冀发〔2015〕24 号）精神，构建和谐劳动关系，推进“生态强市、魅力承德”建设，结合实际提出如下实施意见。劳动关系是最基本的社会关系之一，构建和谐劳动关系，是加强和创新社会管理、保障和改善民生的重要内容。要坚持以人为本、依法构建、共建共享和改革创新的工作原则，进一步建立健全党委领导、政府负责、社会协同、企业和职工参与、法治保障的工作体制，完善源头治理、动态管理、应急处置相结合的工作机制，逐步实现劳动用工更加规范、集体协商有序开展、职工工资合理增长、劳动条件不断改善、社会保险全面覆盖、工会组织普遍建立、职工安全健康得到切实保障、人文关怀日益加强、劳动关系矛盾纠纷有效预防化解，全面建立规范有序、公正合理、互利共赢、和谐稳定的劳动关系。到 2020 年，全市各级构建和谐劳动关系的体制机制和工作格局全面完善，调整劳动关系的政策法规全面规范，企业职工劳动合同签订率达到 96% 以上，企业集体合同和集体协商建制率达到 80% 以上，职工代表大会（职工大会）建制率达到 80% 以上，企业和谐劳动关系创建率达到 90% 以上。

【促进民营经济发展】 6 月 28 日，市委、市政府下发关于促进民营经济又好又快发展的实施意见。为认真贯彻落实习近平总书记在全国政协十二届四次会议民建、工商联界委员联组会上的讲话和省委、省政府《关于促进民营经济又好又快发展的意见》精神，激发承德市民营经济发展活力，促进民营经济加快发展，特制定本实施意见。总体要求。全面贯彻党的十八大和十八届三中、四中、五中全会精神，牢固树立创新、协调、绿色、开放、共享的发展理念，解放思想，创新机制，着力解决民营经济发展面临的现实问题，营造有利于民营经济发展的宽松环境，激发民营经济发展活力，提高民营经济综合竞争力，促进民营经济加快发展，使民营经济成为推动承德“绿色崛起”的强大动力。主要目标。到“十三五”末，全市民营经济实现总量快速增长、质量显著提升、结构明显优化，力争全市民营经济实现“六个显著提升”“三个明显增强”。“六个显著提升”：即民营经济增加值占全市 GDP 的比重显著提升，达到 65% 以上；民营经济单位数量显著提升，万人民营经济单位个数达到 650 个以上；上缴税金占全部财政收入的比重显著提升，达到 75% 以上；吸纳就业人员数量显著提升，民营经济从业人员占全市二、三产业从业人员比重达到 85% 以上；民营经济固定资产投资显著提升，达到全市固定资产投资 65% 以上；年营业收入 10 亿元以上大企业集团数量显著提升，达到 20 家以上。“三个明显增强”：即创新发展能力明显增强，突破一批关键共性技术，科技型中小企业数量达到 1500 家以上；转型发展能力明显增强，战略性新兴产业和现代服务业加快发展，产业结构更趋合理，第三产业比重达到 40% 以上；绿色发展能力明显增强，推进各级工业园区、骨干民营企业实施循环化改造，全面实施清洁生产，主要污染物排放达到行业先进水平和特别排放限值要求。

【人才发展体制机制改革】 8 月 26 日，市委、市政府下发关于深化人才发展体制机制改革的实施意见。为深入贯彻落实《中共河北省委、河北省人民政府关于深化人才发展体制机制改革的实施意见》精神，激发人才创新创造创业活力，结合承德市实际，提出如下实施意见。深入学习贯彻习近平总书记系列重要讲话精神，紧紧围绕“五位一体”总体布局和“四个全面”战略布局，牢固树立并切实贯彻五大发展理念和科学人才观，突出服务创新驱动发展的主线，大力实施“双引双育”工程，进一步解放思想、解放人才、解放生产力，充分激发大众创业万众创新动力活力，为全面创新改革、建设经济强市提供坚实人才智力支撑。

【建设法治政府】 10 月 31 日，市委、市政府下发关于印发《承德市法治政府建设实施方案》的通知。为深入贯彻落实《中共中央、国务院关于印发〈法治政府建设实施纲要（2015—2020 年）〉的通知》（以下简称“《实施纲要》”）和《中共河北省委、河北省人民政府关于印发〈河北省法治政府建设实施方案〉的通知》，加快推进法治政府建设，确保如期完成各项工作任务，结合实际，制定本实施方案。紧紧围绕《实施纲要》确定的法治政府建设的指导思想、总体目标、基本原则、衡量标准、主要任务和具体措施，按照省委、省政府的要求，力争到 2017 年年底，法治政府建设的制度机制基本健全，重点领域和关键环节取得重大进展；到 2018 年年底，基本完成《实施纲要》确定的各项目标任务；2019 年，进一步拓展、完善和巩固，确保到 2020 年基本建成职能科学、权责法定、执法严明、公开公正、廉洁高效、守法诚信的法治政府，为建设生态强市、魅力承德提供有力法治保障。

【法治宣传教育“七五”规划】 11 月 12 日，市委、市政府转发承德市法制宣传教育领导小组《关于在全市公民中开展法治宣传教育的第七个五年规划（2016—2020年）》的通知。在市委、市政府正确领导下，全市“六五”普法规划顺利实施完成，法治宣传教育工作取得明显成效。以宪法为核心的中国特色社会主义法律体系得到深入宣传，法治宣传教育主题活动广泛开展，多层次多领域依法治理不断深化，法治创建活动全面推进，全社会法治观念明显增强，社会治理法治化水平明显提高，法治宣传教育在推进法治承德建设中发挥了重要作用。深入开展法治宣传教育，增强全民法治观念，对于服务协调推进“四个全面”战略布局和“十三五”时期经济社会发展，对于推进京津冀协同发展、法治承德、魅力承德建设具有十分重要的意义。为做好第七个五年法治宣传教育工作，制定本规划。高举中国特色社会主义伟大旗帜，全面贯彻党的十八大和十八届三中、四中、五中、六中全会精神，以马克思列宁主义、毛泽东思想、邓小平理论、“三个代表”重要思想和科学发展观为指导，深入贯彻习近平总书记系列重要讲话精神，坚持“四个全面”战略布局，坚持创新、协调、绿色、开放、共享的发展理念，按照全面推进依法治国、建设法治承德新要求，深入开展法治宣传教育，扎实推进依法治理和法治创建，弘扬社会主义法治精神，建设社会主义法治文化，推进法治宣传教育与法治实践相结合，健全普法宣传教育机制，推动工作创新，充分发挥法治宣传教育在法治承德建设中的基础作用，推动全社会树立法治意识，为“十三五”时期经济社会发展营造良好法治环境，为“五城联创”、生态强市和魅力承德建设做出新贡献。

【价格机制改革】 12月29日，市委、市政府下发关于全面推进价格机制改革切实加强价格监管的意见。为全面贯彻落实《中共中央、国务院关于推进价格机制改革的若干意见》和《中共河北省委、河北省人民政府关于推进价格机制改革的实施意见》精神，扎实推进价格改革向纵深发展，加快完善主要由市场决定价格机制，结合承德市实际，特制订如下实施意见。深入贯彻落实党的十八大、十八届三中、四中、五中、六中全会和习近平总书记系列重要讲话精神，按照中央和省、市委的部署要求，主动适应和引领经济发展新常态，紧紧围绕使市场在资源配置中起决定性作用和更好发挥政府作用，坚持市场决定、放管结合、改革创新，全面深化价格改革，为全市绿色发展、跨越发展、和谐发展营造良好价格环境。到2017年，竞争性领域和环节价格基本放开，有效发挥价格杠杆作用，促进转型升级、节能环保的价格政策体系基本建立，维护公平竞争的价格监管体系基本形成，公开透明的政府定价制度基本完善，灵敏及时的价格调控机制和优质高效的价格服务机制基本健全。到2020年，竞争性领域和环节价格全部放开，最大限度发挥市场决定性作用的价格形成机制进一步完善，更好发挥政府作用的价格调控监管机制进一步健全。

【生态文明体制改革】 12月30日，市委、市政府下发关于印发《承德市生态文明体制改革推进方案》的通知。为贯彻落实《中共河北省委河北省人民政府关于印发〈河北省生态文明体制改革实施方案〉的通知》（冀发〔2016〕2号）精神，加快推进全市生态文明制度改革和体系建设，制定本推进方案。深入贯彻党的十八大和十八届三中、四中、五中、六中全会和习近平总书记系列重要讲话精神，遵循国家、省生态文明体制改革的思路、原则，认真落实全市生态文明体制改革决策部署，牢固树立“绿水青山就是金山银山”的发展理念，坚决守住发展和生态两条底线，坚持把节约优先、保护优先、自然恢复为基本方针，围绕“京津冀水源涵养功能区、国家绿色发展先行区、环首都扶贫攻坚示范区、国际旅游城市”发展定位，大力实施“一带三区”城市发展战略，健全完善生态文明制度体系，筑牢京津冀生态安全屏障，为构建“生态强市、魅力承德”提供更为有力的生态文明体制支撑。到2020年，通过打造京津冀生态环境支撑区，着力解决生态环境领域突出问题，使全市生态环境质量保持京津冀领先水平，确立由自然资源资产产权制度、国土空间开发保护制度、空间规划体系、资源总量管理和全面节约制度、资源有偿使用和生态补偿制度、环境治理体系、环境治理和生态保护市场体系、生态文明绩效评价考核和责任追究制度等8方面构成的生态文明制度体系。

附：中共承德市委领导名录

书　　记：周仲明

副 书 记：常丽虹（女）

张泽峰（12月任）

常　　委：阮树平（12月免）

邢留逮（12月任）

张庆祥（12月免）

刘新宇（8月任）

赵险峰（12月免）

路立营（12月任）

卢建国（2月免）

路洪昌（2月任）

陈德光（2月任）

李晋宇（12月任）

于庆贺（1月任）

魏　莉（女、8月任）

刘名义（8月免）

刘文勤（12月免）

丁　伟（12月任）

委　　员：周仲明

常丽虹

韩福才（满族）

赵险峰

路洪昌

李晋宇

阮树平（满族）

张庆祥

刘文勤

陈德光

刘新宇

于庆贺

魏　莉

王素芝（女）

张树民（满族）

柴　山（满族）

李　维（满族）

董天利

丁　伟

吴清海（满族）

高　嵩

孙　林（满族）

董正国（满族）

路立营

傅海旺

王瑞林（满族）

关继高（满族）

陈恩惠（满族）

王　宇

李　伟

刘众民（满族）

方志勇

陆文龙

齐建文（满族）

蔡福浩

祁海东（满族）

薛青松（满族）

杨　宏

赵克宁（满族）

范振喜（满族）

候补委员：

丁　然（满族）

刘海丽（女，满族）

张建文（满族）

赵春丽（女）

房宝占（满族）
王利华（女）
蔡　青（满族）

（供稿　杨　静）

市委办公室工作

【概况】 市委办公室坚持深入贯彻习近平总书记系列重要讲话精神，以栗战书在5月10日习近平总书记“5·8”重要讲话发表两周年学习座谈会上的讲话和全国党委秘书长会议讲话精神为指导，认真落实赵克志来承调研时的讲话和全省党委政府秘书长会议精神，按照“5431”的总体思路，以“五个坚持”为总纲，强化“四个意识”，严格“三致”要求，深入贯彻落实全面提高党委办公室系统整体工作水平的一个意见，强化责任担当，不断锤炼过硬作风，真正把夙兴夜寐、激情工作作为常态，努力推动党委办公室系统工作提档升级上水平。

【参谋服务】 强化以文辅政效果，不断提高市委重要文稿起草工作的研究力度。成立新发展理念研究小组。围绕中央、省委决策部署和市委中心工作，确定研究题目，列出参考书目，定期专题研讨，力求学精吃透，掌握核心实质，不断提高政务服务人员的综合素质和业务能力。创新重要文稿起草工作机制。组织市直有关部门人员，邀请相关领域专家，吸收县区党政领导参与，集中各方面力量，完成市委重要文稿起草任务。不断加强与重点部门、各县（区）的沟通协调，借助部门的信息资源和专业优势，及时掌握省委决策部署和市委中心工作的推进落实情况，把握脉动、丰富素材、提炼观点，夯实文稿起草基础。加强对市委领导修改稿和优秀文稿的学习研究，经常性开展专题讲评，全面把握市委领导的思想脉络、思维特点和工作关注点。全年共起草市委全会、全市经济工作会议、旅游推进会等各类讲话、主持词、推介词181篇，约133万字，起草各类信件、整理领导文稿18篇，共14万字。围绕中央、省委和市委重要决策部署开展精准调研。改进调研理念、方式和机制，突出决策参考类和问题分析类调研，坚持全员搞调研，支持打破科室局界限自由组合搞调研；实行调研课题计划管理和自由选择相结合，确保人人搞调研、时时出成果。直接组织市委主要领导调研、视察等政务活动73次，牵头组织了中央政治局委员、中组部部长赵乐际，省委书记赵克志和天津党政代表团莅承调研等重大活动，全程协调组织承德市党政代表团50余人赴苏浙宁及邢台等地实地考察调研活动。加强对舆情热点和焦点问题的分析和反馈。践行“网上群众路线”，加强社会热点和社情民意问题的综合分析，加强对网民留言的汇总整理，推动共性、深层次问题有效解决。全年编印《每日动态》165期，《承德情况》40期，《情况特刊》27期，多次得到市委主要领导肯定性批示；上报省委信息专报13件，信息摘报120条、河北信息116条，省委领导批示14件次。市委主要领导署名文章《大力弘扬塞罕坝精神　构建绿色发展先行区》在人民日报发表，在中国绿色时报刊发文稿《功勋树》。

【决策部署】 围绕市委重大决策部署和重点中心工作，着力在促进工作落实上下功夫、求实效。针对督什么、考什么，谁来督、谁来考，怎样督、怎样考和督考结果运用等关键环节的关键问题，对市委督查室、市政府督查室、市委组织部干部考核科进行整合，合署办公，对外挂市委督考办牌子。进一步制定完善了责任目标体系设定、督考组织体系建设、日常督考推进实施、督考结果运用以及机关内部制度等5个方面，17项配套工作制度。建立了上级党委、政府和市委、市政府两套年度重点工作台账。梳理谋划了项目工作、园区建设、脱贫攻坚、美丽乡村建设、改革事项、民生实事等六项年度督查考核重点工作，严格按照“四干”要求和“四有”标准，把责任、任务、目标分解落实到每位市级领导、每个责任单位和具体人员，实行挂账盯办。全年收发办理书记批示件3021件，累计立项分解、跟踪督办八大类642项重点工作，下达督办函201份，印发《督查考核通报》23 期，报送《督查考核专报》55期，确保了“事事有着落、件件有回音”。全年共受理、处置群众来信、来访374件次，其中书记批示93件，移交信访局等部门281件次，解决了一大批群众反映强烈的问题。完善督考制度，构建工作网络。坚持市委常委带队督导制度，不断完善和加强《督查考核联系领导和联络员工作制度》《督查人才库使用管理办法》等与市县有关单位进行沟通联络的工作机制，构建了以督考部门为“枢纽”、以工作承办单位为“终端”、以督查人才库为“拓展”，互联互通、协调联动的抓落实工作网络。启动重点工作周报、专报制度。每周或定期向市委、市政府领导报告重点项目、大数据综合利用、承德高新区发展建设等工作动态，努力做到情况翔实准确，既能客观反映问题，也能提出合理建议，有效服务领导决策，推动工作落实。创新抓好督查考核网络平台建设。将传统督查方式与在线督查手段有机结合，依托承德市督查考核软件管理系统，对所有纳入年度重点工作台账的工作事项进行在线督查、实时考评。编报的《承德市市委常委带队开展学习贯彻省九次党代会精神等“五项重点工作”集中督导活动》《承德市建立容错免责机制为党员干部创新创业保驾护航》等5篇督查调研文章由省委《督查通报》刊登印发。《承德市推行“督考问用”一体化 积极创新抓落实机制》经验材料被中办秘书局《秘书工作》杂志采用。省委督查室等上级单位对承德市创新实施“督考问用四位一体”工作落实机制相关做法进行了肯定和推广，河南省濮阳市、唐山市曹妃甸区等地督查考核部门先后到承德市学习先进经验。

【办文办会】 不断优化公文办理流程。加强与各县区和市直各单位的沟通协作，完善紧急发文处理办法，缩短公文签收、登记、拟办、传递、印制、分发等环节时限。坚持来件“立即办、零停留”“当日件、当日清”，把紧抓快办、精细精准、高质高效、安全保密、勤俭节约充分体现到工作中，全力打造随叫随到、协调联动、无缝衔接的一体化工作运转流程。全年办理上级来文757件，下级请示、报告、呈阅件600余件，传阅人数达3000多人次，无一出现漏办、错办、延误现象；下发各类公文485件，发送电子公文500件，印制各类公文近105万页，未出现任何差错。充分发挥公文审核关口作用。严格规范公文规格、文种、格式、词句等，深究数字、概率等硬性条件的出处和来源，确保文件在法律、法规等上位文件规定范围内运行，坚决维护市委文件和重要决策部署的科学性、严肃性和权威性。强化前置审核，对提交市委常委会议审议的市委党内规范性文件，提出科学精准的发文意见建议。全年共审核各类公文302件，约180万字；报备各类规范性文件88件；审查县区和部门备案文件343件，发协同审查函8份，电话提醒并纠正存在问题的备案文件21件。公文审核经验材料《坚守“前沿阵地”确保法规制度落实不走样》在中办《党内法规研究》第四期刊发；《筑牢公文审核钢铁防线》在中办《秘书工作》第六期上刊发。集中力量编辑了《公文审核与备案审查工作参考资料汇编》《十七大以来我市印发的关于表彰机制和招商引资方面文件汇总》等资料汇编，为各级各部门开展相关工作提供了参考依据，提高了工作便利性。梳理起草了《关于加强机关管理规范考核表彰活动的建议及相关文件汇总》，为激发广大干部干事创业热情，提供了依据。《中办通讯》通联工作连续三年被中办秘书局表彰，2016年被中办秘书局评为全国一等奖；被省委办公厅评为全省先进单位。大力开展整治文山会海活动。准确把握公文主要内容的党政、条块属性，能由政府、议事协调机构、部门或部门联合发文的，不以市委和市委办公室文件形式印发，最大限度减少党政联合发文。严把报送文件和简报审核关，对不在报送范围、格式要素、行文规则、文字表述等不规范、不正确的，该退回的退回，该修改的修改，不凑合应付。改进和规范会议活动审批程序，凡以市委名义召开或市委主要领导出席的会议活动，方案一律经市委办公室协调把关。加强对一个时期内确需集中召开会议活动的统筹，科学合理安排会议活动时间，对参加人员范围相同、相近的会议活动，安排套开或衔接召开。起草印发了《中国共产党承德市委员会工作规则》《关于需提交市委常委会研究相关工作的计划》《关于进一步规范会务工作的通知》等文件，不断规范会议活动。全年制发各类会议通知182个，召开各类大小会议120余次，同比减少8.2%；服务并记录市党代表会议1次、市委全会2次、常委会议39次；审核并制发市委常委会纪要39次，市委领导议事纪要、会谈纪要18期；服务市委秘书长办公室主任会议5次，记录并撰写纪要5期。加快政务内网、视频会议系统建设，改进机要交通工作。按照省委办公厅统一部署，在全市县党委办公室开通试用安全电子文件交换系统，提高党委、政府文件传输交换效率。对电子政务内网进行升级，改造内网机房，推进市级网络结点和县级用户终端汇集点，以及安全电子文件交换系统等应用系统的分级保护测评工作。对视频会议室进行全面改建提升。加快市委机要文件交换中心建设，建立网络传输系统，开设专线建设，大幅度减少人工送发，提高送达效率。

【机要保密】 不断完善制度保障，保密工作提档升级。制定印发了《承德市关于加强和改进保密工作的实施办法》《承德市“十三五”时期保密事业发展规划》《承德市保护国家秘密应急预案》，建立健全保密突发事件应急机制，全面提高承德市对保密突发事件的处置能力。制定完成了定密、涉密人员、涉密会议等保密管理“八大流程图”。开展保密大调研活动和自查自评全覆盖督查活动，对市直104个单位和11个县区进行了检查，对95个存在问题隐患的单位下发了整改通知书，对23台风险大、涉嫌泄密的计算机和2个U盘进行了封存，对22名责任人进行了党纪政纪处理。上报信息被《保密工作》杂志采用4篇，《保密科学技术》杂志采用1篇，国家保密局《保密工作动态》采用1篇，河北《保密工作》简报采用信息39篇、简讯8篇。组织近100名县区保密干部赴省参加了全国保密干部全员培训。积极参加全省保密比武练兵活动，获得了1个单项3等奖、1个团体3等奖的成绩。强化密码安全管理，确保通信安全可靠。共组织6次全市应急密码通信演练，为中央、省市领导提供高质量随行通信服务12次，充分发挥了“生命线、保障线、指挥线”的重要作用。在《机要工作》刊发稿件16篇，在《河北机要工作》刊发稿件23篇，在《河北密码工作简报》刊发稿件3篇，多篇简讯在省市机要网站刊登。“聆听机要故事，弘扬机要传统”主题征文活动，获省机二等奖、视频短片获中机二等奖。

【组织协调】 牢固树立目标导向，强化问题意识，着重从三个方面推动全市全面深化改革工作进步、提升。发挥组织领导作用，谋划推进重点改革任务。着眼于落实顶层设计与加强实践探索相结合，确保全面深化改革出实招、见实效，确定了63项重点改革任务整体推进。同时牵头推进易地扶贫搬迁与中心村建设融合示范、相对集中行政许可权改革、研究提出促进开发区发展和调动干部职工积极性的政策建议等三项改革任务。制定印发了《易地扶贫搬迁与中心村建设融合推进实施意见》。先后3次赴银川、威县等地学习考察，对全市233项行政许可事项和28个市直部门的行政审批人员进行了两轮摸底。发挥统筹协调作用，推动改革措施落地见效。坚持把抓改革措施落实摆在重中之重的位置，同步推进整章建制与督察督导，打通改革的“最后一公里”。制定印发了《市直单位全面深化改革工作考核实施细则（试行）》和《县区、承德高新区全面深化改革工作考核实施细则（试行）》，作为实施考核的依据。建立工作台账制度，将年度重点改革任务细化为298项具体工作，逐一建立工作台账。印发4期工作通报，下达督办函、提示单45件次。制定了《全面深化改革督察办法（试行）》，将各专项改革小组的人员纳入督查队伍，成立督导组，不定期到县区、市直部门进行实地督导。发挥参谋助手作用，推动改革工作高效运转。作为市委全面深化改革领导小组的办事机构，成功组织了5次领导小组会议，2次联络员会议，审议通过了18个改革专件。先后梳理了《鼓励支持农民工进城相关政策》《支持革命老区开发建设的意见政策分解》《全面推进资源税改革相关政策》《2015年以来可争取政策》等155项具体政策，组织开展“改革创新金点子”征集活动，梳理出有价值的意见建议77条篇。在《河北改革动态》刊发承德市工作经验18篇，向中改办推荐1篇，信息工作综合排名全省第三。

【干部队伍建设】 多种形式开展学习教育活动，不断提高干部素质能力。认真开展“两学一做”专题教育和学习交流活动，把专题民主生活会和组织生活会作为党性锻炼的主要平台，在批评和自我批评中涤荡灵魂、强化党性。加强“和谐、专业、创新、廉政”机关文化建设，不定期开展文体活动，建立志愿服务小分队，组织机关党员干部到帮扶村慰问困难户、贫困学生，参加义务劳动等活动，进一步增强了做好群众工作的本领。坚持每周五下午集中学习制度，提高办公室全体党员干部的综合素质和工作能力。组织全体党员干部学习党规党纪，定期开展廉政教育、观看警示教育片、通报反面典型。教育引导党员干部从点滴做起、从细节抓起，严格遵守党的各项纪律。鼓励干部职工参加在职学习，组织多批次干部选学培训、集中轮训和专题培训，扩大教育培训覆盖面。加大干部选用工作力度，优化干部队伍结构。积极做好干部选用、培养、输送工作，拓宽选人用人的范围和视野，注重从基层遴选优秀年轻干部，注重从各方面、各领域、各条战线物色高水平人才，充实办公室干部队伍。全年提拔处级干部10名，科级干部18名，调入处级干部4名，其他干部7名，提升了市保密局机构规格。通过第三方组织选调工作人员考试，从基层调入35岁以下年轻干部4名，改善了干部队伍年龄结构。加大工作考核力度，激发干部干事创业活力。严格执行市委办公室《科室局年度工作考核管理办法（试行）》，建立单位工作台账、个人实绩档案，做到每季一汇总、年底总考评。注重考评结果运用，与评优评先、提拔任用等挂钩，真正解决“干与不干一个样、干多干少一个样”问题，加大正向激励力度，激励干部干事创业。

【驻村帮扶】 为帮扶围场的两个村引进投资1500万元的食用菌项目，能带动周边7个村相关产业发展，联系北京商会、团市委等单位和个人对70多个贫困户进行长期帮扶。哈里哈村被评为“两学一做”先进基层党组织，驻村工作组被评为全市最优工作组，三义号村美丽乡村建设成为全市样板工程，被评为省级美丽乡村。

【思想政治建设】 始终坚持把思想政治建设放在工作首位，把理论武装作为思想政治建设的重中之重。紧紧围绕市委中心工作，深入开展理论学习，成立学习贯彻习近平总书记系列重要讲话精神研讨小组，由办公室分管领导牵头，分专题学习研究，定期举办研讨会，深入研究如何推动总书记重要讲话精神和省委书记赵克志到承德调研讲话精神在承德贯彻落实。不断加强形势教育。认真分析把握当前政治安全、经济发展、社会稳定、意识形态等方面的形势和问题，增强全体干部的政治意识、大局意识、核心意识、看齐意识，提高政治敏锐性和政治鉴别力。始终坚持问题导向，从办公室实际出发，选择重要工作节点，持续开展解放思想大讨论，反复找问题、找差距，不断更新思想观念，创新方式方法，着力在谋划大局、服务大局、推动大局上下功夫，做到各项工作与市委中心工作有机契合、同频共振、融为一体。始终把纪律和规矩挺在前，时刻践行讲政治守规矩要求，大力推进正风肃纪，严格落实党风廉政建设“两个责任”，坚持办公室领导班子例会制度，定期召开市委办公室秘书长主任会议，督促领导班子成员认真落实主体责任，严格自我约束，落实党风廉政建设约谈制度，办公室主任对领导班子成员，领导班子成员对分管科室局主要负责人，每半年约谈一次，使“咬耳、扯袖、红脸、出汗”成为常态。健全完善廉政风险日常防控机制，落实提醒警示制度，牢牢把握民主集中制原则，加强班子内部监督，集合领导班子智慧和力量，积极发挥坚强前哨和巩固后院作用，机关作风整顿、“两学一做”学习教育和“三严三实”专题教育等效果显著，在全市党政机关中起到表率作用。

【后勤保障】 始终把落实中央八项规定和省委、市委有关纪律要求作为一项长期政治任务，对标先进、弥补缺位，在抓实、抓细、抓常上下功夫，努力让好的作风成为新常态。积极做好机关后勤保障工作。严格执行厉行节约、反对浪费等规章制度，在水、电、纸、笔、硒鼓等用品使用上实行登记制度，鼓励节约，通报浪费。统筹协助市直机关事务管理局，改造市领导及市委办公室办公用房34间。建立固定资产管理制度，固定资产实行统一登记、核实，不断改进加强车辆管理方式，完成办公室车辆改革工作。认真执行各项财务规定。细化预算编制，加强对各项经费的管理，重点加强对“三公经费”和会议费、培训费等经费支出的审核，对不符合条件的坚决不予报销。精心做好离退休干部服务工作。为年龄偏大、行动不便且子女不在身边的老提供看病就医等方面帮助。建立市级老领导随行帮办特事特办机制，力所能及的帮助老领导解决实际困难。加强应急值守工作，保障运转畅通。健全值班工作全程跟踪督办机制，在紧急信息报送、文件运转、政务问询、值班带班等方面精细到每一时间节点，确保零停留、零失误。按照“日常高标准、节日严要求、敏感期重点抓”的要求，对县区和市直单位进行值班专项督导检查。全程跟踪推进乡镇党委值班工作规范化建设。高度重视紧急重大突发事件报告工作，重点做好节假日和敏感时期等重要时段值班值守。全年共办理值班报告453期，其中接报办理紧急重大事件38起，向省报告紧急重大突发事件8起，全部得到及时妥善处理。

附：市委办公室领导名录

副秘书长、办公室主任：
王国维（满族）

副 秘 书 长：王瑞林（满族、8月任）
王和平（满族、7月任）
高永海（满族）

副秘书长、改革办常务副主任：
刘秉奇（满族）

副 秘 书 长：任溧馨

市纪委驻市委办纪检组组长：
李玉成（12月任）

副 秘 书 长：王泽辉（7月任）
杨　勇（满族）
高春林（满族）

办公室副主任：张宏生
孙宝贵（12月免）

（供稿　杨　静）

组织工作

【概况】 在市委的坚强领导下，全市组织系统深入学习贯彻党的十八届三中、四中、五中、六中全会和省、市委全会精神，全面落实全国和全省组织工作会议部署，把握大局大势，突出工作重点，坚持改革创新，以落实全面从严治党要求为主线，统筹推进党的建设和组织工作各项任务，在建设“生态强市、魅力承德”进程中充分发挥组织保障和人才支撑作用，全市组织工作取得了显著成效。突出学做主题，扭住关键环节，深入开展“两学一做”学习教育，相关做法得到中央政治局委员、中组部部长赵乐际的充分肯定。坚持严格代表条件，严把代表结构，严格履行程序，顺利完成党的十九大代表候选人初步人选推荐工作和省第九次党代会代表推荐选举工作。紧扣好干部标准，注重选优配强，领导班子和干部队伍建设持续加强。抢抓协同发展机遇，集聚各类人才，人才支撑作用成效明显。落实党建责任，夯实基层基础，基层党建整体水平全面提升。注重加强和改进党员队伍教育管理，党员队伍精细化、规范化、刚性化管理水平不断提升。积极探索电教远教工作管理模式，党员电教和现代远程教育工作实现创新发展。规范大学生村干部管理，促进大学生村干部联系群众、扎根农村、服务基层、改进作风、锻炼成才。立足村情实际谋划实施重点项目，精准脱贫和美丽乡村驻村工作建设成效明显。坚持从严治部，着力打造模范部门和过硬队伍，组织部门自身建设进一步巩固深化。同时，老干部工作、干部档案管理、组织史征编、大组工网分级保护建设、信访接待等工作也都取得显著成效。

【“两学一做”学习教育】 坚持把“两学一做”学习教育作为2016年党建工作的“龙头”工程，切实履行牵头抓总职责，突出学做主题，扭住关键环节，精心组织，扎实推进，落实规定动作，创新自选动作，全市学习教育取得明显成效，党员干部干事创业的精气神明显提振，有关做法得到中央政治局委员、中组部部长赵乐际的充分肯定。

精心组织指导。突出落实领导责任、谋划制定方案、强化业务培训、加强督导调度四个重点，确保学习教育高起点谋划、高标准推动、高质量落地。明确各级党组织书记第一责任人职责，成立专门协调机构，健全协调沟通、议事决策、工作提示等工作制度，推行“1+N”工作模式，确保领导有力、工作顺畅、推进扎实。细化全市学习教育《实施方案》，实施八个“专项行动”，充实“脱贫攻坚党旗红活动”“弘扬塞罕坝精神”“向范振喜学习”和“基层党风清洁行动”等内容，力求体现承德特色。坚持“领导联系、巡回督查、专题调度、以考促学”四措并举，充分发挥调度推进、党建量化考核激励约束作用，推动“两学一做”学习教育落地生根、开花结果，全年刊发《工作提示》10期，组织专题调度7次，集中督导5次。聚焦学深学精。组织党员干部深入学习党章党规、习近平总书记系列重要讲话精神，全面贯彻落实党的十八届六中全会、省第九次党代会精神，广泛开展“学抄党章100天”等系列活动，集中宣传“最美基层干部”范振喜和塞罕坝精神，保证了学习内容丰富翔实。推广“以上率下学、规定书目学、专题研讨学、广泛宣传学、对标先进学、带着问题学、上门送学、点对点帮学”八种学习方法，通过中心组学习、座谈交流、专题讨论等形式，以典型引领带动学习教育开展。全市共培树典型1500余个，实现了行行有标杆、业业有榜样。“七一”期间，市委对320名优秀个人、160个先进集体进行了通报表扬，3个典型经验被收入到全省学习教育特色案例。全年共发放学习资料15万余套、“明白纸”20余万张，组织宣讲2000余场，刊发学习教育稿件1000多篇，“塞罕坝精神”专题片被央视专题展播，学习宣传“塞罕坝精神”推动脱贫攻坚工作做法在中央电视台《新闻联播》栏目播出。持续做细做实。重点推行党员设岗定责、承诺践诺、挂牌示范、“1+10”联系户等制度，组织各级党组织按农村、社区、企业、机关、学校、窗口单位特点，细化实化党员岗位目标，广泛开展“戴党徽、亮身份”活动，激励党员在“八小时内”立足岗位做贡献，全市为党员配发党徽近20万枚，发挥了做贡献、树形象的作用。精准开展志愿服务，力促党员“八小时外”奉献爱心做贡献，全市共建立党员志愿服务组织5900余支，志愿者11万人，集中开展活动近2000次。“日行一善，助学扶老”、河钢集团承钢公司鲍守坤爱心团队、丁玉龙和杨丽锟等志愿服务项目、品牌、组织和个人受到省表彰。严肃党内政治生活，坚决贯彻落实中共中央印发的《县以上党和国家机关党员领导干部民主生活会若干规定》，高质量做好市委常委“两学一做”专题民主生活会服务工作，高标准指导全市县处级领导班子和党员领导干部开好专题民主生活会，细化规范组织生活会和民主评议党员程序，周密安排2016年度组织生活会和民主评议党员工作，落实好党日制度，提升组织生活的规范性、严肃性和实效性。务求真抓真改。在“两学一做”学习教育中，扎实推进机关作风整顿，引导党员争做“五个表率”；深化机构改革，推进内设机构和职责整合，理顺权责关系，市本级撤并机构9个、精简机构6个。深入开展“一问责八清理”、基层党风清洁和优化发展环境专项行动，加大执法问责力度，查处各类问题1万多件，批评教育2700余人，给予党政纪处分1000余人。加大软弱涣散基层党组织整顿转化力度，压实县、乡和帮扶部门、驻村工作组责任，363个后进村党组织有362个完成整顿转化任务。对照党的群众路线教育实践活动和“三严三实”教育查摆出的问题清单、问题台账和整改落实情况进行总结盘点和系统清理，对尚未解决的问题及时跟进督办，确保件件有着落、事事有回音。

【中共十九大代表候选人初步人选推荐】 坚持严格代表条件，严把代表结构，强化指导把关，认真把握开好代表推荐工作会议、市委常委会议、市委全会等关键环节，推荐产生了9名党的十九大代表候选人初步人选。高度重视，确保代表候选人初步人选推荐工作顺利进行。将党的十九大代表候选人初步人选推荐工作摆上重要议事日程，省委召开出席党的十九大代表选举工作会议后，立即制定了《承德市推荐出席党的十九大代表候选人初步人选工作实施方案》，向市委常委会汇报了省会议精神，成立了代表人选推荐工作领导小组，组织全市各级党组织和党员深入学习领会、全面准确把握中央精神和省、市委有关政策要求，为确保代表人选推荐工作顺利进行打下了基础。充分发扬民主，确保严格按照规定程序推荐十九大代表人选。12月19日，组织召开了承德市推荐出席党的十九大代表候选人初步人选工作会议，对代表候选人初步人选推荐工作做出了具体安排部署。会后，指导全市17个二级推荐单位经过“三上三下”程序，组织所辖党组织以支部、基层党委为单位进行层层推荐酝酿，并召开县区委常委会、全会、工委扩大会、党委会对代表人选进行研究遴选及征求意见后，向市委推荐了90名十九大代表候选人推荐人选，党组织参与面实现了全覆盖，党员的参与率和知晓度达到了99.53%。经过严格审核、反复酝酿沟通、征求推荐单位意见、与省委组织部沟通、报请市委常委会研究后，提出了9名党的十九大代表候选人初步人选建议名单。12月30日市委十三届十一次全会以举手表决方式通过了9名党的十九大代表候选人初步人选。严把条件构成，确保代表候选人初步人选的先进性和代表性。在确定推荐出席党的十九大代表候选人初步人选过程中，既注重先进性、纯洁性和广泛性，又注重代表人选结构的合理性。一是认真把握人选条件，注重推荐工人、农民、专业技术人员党员中的先进模范人物和有突出贡献的专家学者。特别是注意选择党的十八大以来在群众路线教育实践活动、“三严三实”专题教育、“两学一做”学习教育、“脱贫攻坚党旗红”和弘扬“塞罕坝精神”活动中涌现出的先进模范党员。二是兼顾行业领域和地区分布，注重从机关企事业单位等生产和工作一线以及市县乡村各个层面考虑合适人选。三是注意和全国人大代表、全国政协委员的提名通盘考虑，党的十九大代表与全国人大代表、政协委员尽可能减少交叉。四是严格落实省委关于代表人选结构要求，充分考虑了妇女、少数民族、55 岁以下和工人代表人选的构成比例。9 名人选中，市级领导干部 2 名，占 22.22%；县区领导干部 1 名，占 11.11%；基层一线党员 6 名，占 66.67%。妇女党员 2 名，占 22.22%；少数民族党员 4 名，占 44.44%；55 岁以下党员 9 名，占 100%；工人党员 1 名，占 11.11%。

【省第九次党代会代表推荐选举】 在省第九次党代会代表推选过程中，认真执行省委关于推选党代表的“三上三下”要求，严格审核把关，反复沟通人选，认真履行各项程序规定，11 月 3 日至 4 日，中国共产党承德市代表会议选举产生了 35 名承德市出席中国共产党河北省第九次代表大会代表。高度重视，超前谋划，做好代表推荐和提名的基础性工作。省第九次党代会代表选举工作会议后，认真研究制定了《承德市出席省第九次党代表大会代表选举工作实施方案》，向市委常委会汇报了省会议精神，成立了领导工作机构，明确了责任分工。9 月 22 日，组织召开了承德市出席省第九次党代会代表人选推荐工作会议，传达了省党代表选举工作会议精神，印发了《关于做好承德市出席省九次党代会代表人选推荐工作的通知》，对代表人选推荐工作做出了具体安排部署。严格程序，发扬民主，确保代表的先进性、纯洁性和广泛性。指导各县区和市直单位党（工）委认真研究制定具体实施方案，自下而上、上下结合、反复酝酿、逐级遴选，根据多数党组织和多数党员的意见，确定了代表人选 139 名，党组织参与面实现了全覆盖，党员的参与率和知晓度达到了 96.3%。经严格审核，反复酝酿沟通、报省委审核同意、深入考察审核、调整补充人选的基础上，提出了 44 名出席省第九次党代会代表候选人预备人选建议名单。10 月 26 日，市委十三届十次全会圈选确定了承德市出席省第九次党代会代表候选人预备人选。综合考虑，合理安排，确保代表结构的合理性。在确定人选名单过程中，既注重先进性、纯洁性和广泛性，又注重代表人选结构的合理性。提名各级领导干部人选时，在坚持中央和省委规定的代表条件和推荐原则的基础上，注意从县区、市直综合部门单位、人民团体、大型国有企业主要领导人员中选择符合条件的。提名各类专业技术人员代表人选时，注意把握具有较高的专业技术职称、有较强的专业能力或科研能力、专业成就比较高、社会贡献比较大、在行业内有较大影响力和认可度的人选。提名各条战线先进模范人物代表人选时，注意把握在 2011 年以来获得市厅级以上表彰奖励、社会影响力比较大、贡献比较突出、基层党员群众普遍认可的人选。同时，注意选择在“两学一做”学习教育、“脱贫攻坚党旗红”和弘扬“塞罕坝精神”活动中涌现出来的新典型。在区域分布上，既考虑到县区，又兼顾到市直单位；在行业分布上，既考虑到党政机关，又兼顾到旅游文化、教育、卫生、工业、交通运输、战略新兴产业等经济社会发展的各行各业，并注意从大型企业、科研院所和农村基层党组织中考虑合适人选。同时，充分考虑了妇女、少数民族和 50 岁以下代表人选的构成比例。精心组织，充分酝酿，选举产生符合省委结构比例要求的高素质代表。代表候选人预备人选获省批复后，按程序确定了市党代表会议代表 415 名，制定《组织组工作日程》和《选举工作实施方案》，明确责任分工，倒排工期，挂图作战，按序时进度完成市党代表会议筹备工作。坚持发扬民主，认真组织代表正确行使代表权利，履行代表职责，充分酝酿讨论，采取先差额预选后等额正式选举的办法，以无记名投票方式，选举产生了承德市出席中国共产党河北省第九次代表大会代表35名（含到承德市参选的2名省级领导）。在35名代表中，有各级领导干部23名，占65.7%；各类专业技术人员7名，占20%；各条战线先进模范人物5名，占14.3%。妇女党员9名，占25.7%（高于全市妇女党员占党员总数23.9%的比例）；少数民族党员17名，占48.6%（高于全市少数民族党员占党员总数43.3%的比例）；50岁以下（含50岁）党员17名，占48.6%。

【领导班子和干部队伍建设】 坚定不移贯彻落实新时期好干部“20字标准”、省委“五个重用、五个不用、五个调整”要求和市委“六个旗帜鲜明”用人导向，以县乡领导班子换届为契机，不断优化领导班子结构，激发干部队伍活力。突出抓好市县乡领导班子换届工作。在市级领导班子换届方面，认真做好市级领导班子换届前期筹备，成立了市县乡换届工作领导小组，明确责任分工，提前研究呈报市第十四次党代会代表名额、构成比例及分配原则、“两委”组成等重要事项，经市委十三届十一次全会表决通过后，向省委呈报了《关于召开中国共产党承德市第十四次代表大会的请示》。同时，与市人大常委会党组、市委统战部就人大、政协换届的有关问题进行了沟通协商。配合省委考察组完成了市级领导班子换届考察工作。在县区领导班子换届方面，严格落实中央和省委的政策要求，精心谋划实施，坚持做到谋划部署抓“早”、程序标准抓“细”、干部调整抓“稳”、人选把关抓“严”、换届纪律抓“实”，及时成立了换届工作领导小组，精心制定工作方案，认真贯彻市委“大稳定、小调整”基本原则，强化对县区党代会的业务指导，坚决执行中央和省委“四凡四必”要求，突出抓好换届纪律的监督检查，圆满完成县区换届前期筹备工作。在乡镇领导班子换届方面，提前对乡镇领导班子配备情况进行调研摸底、统计分析、综合研判，严格审核各县区乡镇领导班子换届人事安排方案，加强换届工作宏观指导和督导检查，强化舆论宣传，截至12月底，全市22个乡镇完成了领导班子换届选举工作，各职候选人均顺利当选。着力加强领导班子和干部队伍建设。牢固树立“以事择人、公道正派”的选人用人理念，抓住县乡领导班子换届的关键节点，着力选拔使用承德事业发展需要的“好干部”，先后调整干部8批次304人。贯彻落实《中国共产党地方委员会工作条例》《中国共产党党组工作条例（试行）》要求，清理规范市直单位党组29个，清理规范县（区）直单位党组199个。会同有关单位，圆满完成市人大十三届五次会议和市政协十三届四次会议选举工作，省委提名的市政府市长候选人和市委提名的政协秘书长、政协常委候选人均顺利高票当选。围绕承德经济加快发展和京津冀协同发展，加大干部互派交流力度，接收北京来承挂职干部12名，选派到中关村挂职锻炼干部7名。注重从源头选拔年轻干部，面向“985”重点院校定向招录选调生39人，圆满完成常规招录选调生80名。深入开展了全市干部人事档案专项审核工作，完成档案审核工作任务83557卷。统筹推进干部教育培训工作。坚持以理论武装为根本、以党性教育为核心、以能力提升为主线，加大培训力度，全面提高干部队伍综合素质，举办各类培训班346期，培训党政干部5.2万人次。围绕“两学一做”学习教育、“五大发展理念”、“十三五”规划、京津冀协同发展、供给侧结构性改革等重大课题，邀请国家部委领导或知名专家教授到承德举办高端讲座4期。会同市扶贫办举办精准脱贫业务培训班8期，培训干部2400余人次，对全市904名驻村第一书记进行全员培训。积极推进企业经营管理者教育培训，先后在中国人民大学、清华大学举办3期示范培训班，取得良好效果。为滦平县委党校争列2016—2017年省级重点扶持对象，获得扶持资金300万元，改善了基层党校的办学条件。深化干部人事制度改革。强化从顶层设计到基层探索的联动效应，制定出台了一批领导班子和领导干部选拔培养、考核激励、运行管理等方面的制度文件，并强力推动落地见效。在建立健全乡镇领导班子运行机制方面，出台了《加强乡镇领导班子建设的指导意见》，明确了基层干部选拔配备、教育管理、工作机制、激励保障等多方举措，激发乡镇领导班子内在活力。在公务员职务与职级并行改革方面，大力推进县以下机关开展公务员职务与职级并行工作，已完成审批5384人，进入常态化运行阶段。在年轻干部队伍建设方面，下发了《关于做好培养选拔年轻干部工作的实施意见》，实施了“135”百人计划，积极破解干部队伍后继乏人的难题。在考察识别干部方面，建立了在发展改革稳定重大实践中考察识别干部的工作机制，着力发现和使用一批在重大项目、脱贫攻坚、信访维稳等一线表现优秀的干部。在检法体制改革方面，全面落实入额法官、检察官单独职务序列改革工作，全市确定三级高级法官13人、三级高级检察官5人，四级高级法官81人、四级高级检察官83人。不断完善干部考核体系和方法。进一步优化“1+3+N”干部综合考核评价体系，调整完善考核指标，实行差异化分类考核制度，激励干部干事创业，充分发挥了考核的“指挥棒”作用。积极推进“督考问用”四位一体落实机制，加强日常督查考核制度建设，会同市督考办制定了《承德市日常督查考核暂行办法》，对县区、部门单位日常督办事项实行同步考核评价，评价结果计入年度综合考核评价结果。依托网上督查系统，创建承德市督查考核电子平台，开通省市定量指标、职能业务目标等在线考核功能，建立了实时上报、跟踪调度、审核评分等制度，提升了干部考核的信息化水平。抽调14个考核组，圆满完成对县区、高新区、省级经济开发区和市直单位的领导班子和市管干部2015年度实地考核工作。从严加强干部管理监督。紧密围绕“一问责八清理”专项行动，牵头组织超职数配备干部、违规进人和领导干部违规经商办企业专项清理工作，圆满完成各项清理任务，全市消化超配干部1077名，整改完成违规进人1360人，收集整理领导干部及其亲属经商办企业报告表13177份。制定出台《承德市“跑官要官”黑名单制度实施办法（试行）》，严肃查处跑官要官、托人说情的干部。印发《关于市属高校领导干部报告个人有关事项抽查核实工作的操作办法（试行）》，为规范市属高校领导干部报告个人有关事项的抽查核实工作提供了有效依据。深入开展假户口、假身份证问题专项治理工作，全市共新备案人员87458名。严格落实领导干部提醒、函询和诫勉的操作办法，全年开展领导干部提醒413人、函询17人、诫勉16人。不断强化“两查一审”制度，对14名县区和市直部门“一把手”进行用人责任、机构编制检查和经济责任审计，取得良好监督效果。

【人才队伍建设】 围绕“打造紫塞慧谷，助力绿色崛起”目标，紧密对接京津冀协同发展机遇，认真履行牵头抓总职责，集聚人才，人才服务发展的作用不断增强。健全完善人才工作政策体系。围绕省、市委全会和省、市组织工作会议确定的中心任务和重大部署，制定并印发了《2016年全市人才工作要点》，提出具体工作目标和要求，对全市人才工作进行部署。围绕全市十大绿色产业，制定了“1+9+N”系列科技创新政策，出台了《关于深化人才发展体制机制改革的实施意见》《关于加强高层次创新创业人才引进的意见》等系列文件，人才政策机制进一步健全完善。多渠道引进京津人才智力。组织科技、发改、教育、人社等部门，分别赴北京市东城区、朝阳区就人才合作进行对接，初步达成合作框架协议。深化招商引资和招才引智的“双招双引”活动，利用经贸洽谈会、重点项目对接会等契机，宣传推介承德人才政策，吸纳聚集产业人才。积极搭建承德与京津常态化人才交流机制，组织重点企业参加“京津冀区域（北京）人才交流洽谈会”等大型招聘会12场，达成引进意向644人次。注重发挥人才工作领导小组成员单位作用，依托研发中心、项目合作、“假日博士”等平台，加大柔性引才引智力度，推动“承德避暑山庄农业发展有限公司”、“承德神栗食品股份有限公司”设立院士工作站，现已有6家院士工作站落户承德，与9位院士建立了长期合作关系，与45所京津等著名医院建立合作关系，开展技术合作120余项。全市柔性引进各类人才智力2499人次，组织赴京津学习培训32批次1198人，京津组织来承学习培训9批次86人。开展拔尖人才助力脱贫攻坚专项行动。着眼服务全市脱贫攻坚大局，印发了《关于开展“拔尖人才助力脱贫攻坚”专项行动的通知》，组织开展了扶志行动、“五送”下基层、结对帮联、及时服务、专家献计等五个专项行动，全年组织市、县管专业技术拔尖人才下基层3270余人次，培训指导农村技术骨干8700余人次。进一步浓厚树先励优工作氛围。提高落实市管拔尖人才、新世纪学术带头人津贴待遇，完成市管专业技术拔尖人才健康体检。配合市人社局完成第七批“百人计划”人选申报推荐工作，承德市宇航人高山植物应用技术有限责任公司刘春海被评选为国家“百人计划”人选。完成省青年拔尖人才、省巨人计划年度目标考核、省管优秀专家延续管理推荐工作。开展第十六批市管专业技术拔尖人才评选和第十、十二、十四批管理期满考核工作。开展“人才工作宣传月”活动，在《承德日报》开辟“紫塞人才风采录”专栏，集中宣传33名优秀人才的先进事迹，重点展播人才事迹宣传片28部，刊发各类人才工作宣传报道51篇。

【基层党组织建设】 积极适应全市经济社会发展新要求，抢抓京津冀协同发展机遇，以开展“一抓三促奔小康”行动、“脱贫攻坚党旗红”活动和“两学一做”学习教育为重要抓手，突出重点、分类指导、整体推进，统筹推动各领域基层党建工作开展。深入开展“一抓三促奔小康”行动。紧密结合承德实际，以“守底线、快转型、促协同、奔小康”为主基调，明确“一抓三促奔小康”基层党建工作思路，指明落实党建责任路径。落实党建“第一责任”，强化“党建主业”意识，坚持“书记抓，抓书记”，实行三级书记抓党建责任、问题、整改三项清单管理，进一步完善“述职述党建、评议评党建、考核考党建、任用看党建”制度，深入推行党委书记抓基层党建创新项目和履职纪实制度，推动管党治党责任得到真正落实。紧紧围绕“促生态、促发展、促和谐”抓党建，发挥党员主体作用，着力提升基层党组织服务能力，全力推动经济转型升级、重大项目建设和精准扶贫攻坚，加快推进和谐承德建设。全力推进“脱贫攻坚党旗红”活动。在全市各级党组织全面开展“脱贫攻坚党旗红”活动，通过设立“树旗、亮星、带富”目标，重点实施“堡垒示范”“致富先锋”“能力提升”“能人返乡”“结对帮扶”五大工程，全面营造党建工作与脱贫攻坚互促共赢的良好局面。活动中，全市建档立卡贫困村党组织及党员带头创办专业合作社4516个，行业协会77个，家庭农场361个，农业发展公司310个。依托经济合作组织，建立党组织860个，引回在外创业有成人员1100人，培训农村党组织书记4337人次，其他村干部1.09万余人次，探索形成了基层“党建链条”和“产业链条”融合发展的农村党建脱贫攻坚新模式，经验做法得到中央政治局委员、中组部部长赵乐际的充分肯定，中央电视台、新华社和《人民日报》、中组部《党建研究》、《河北日报》等媒体都对承德市开展的“脱贫攻坚党旗红”活动进行了深入宣传报道。认真做好精准脱贫和美丽乡村建设驻村干部选派管理工作。坚持“四选四不选”标准，选准配强“第一书记”和驻村干部，全市共派驻省直驻村工作组128个384人，市直驻村工作组172个518人，县直驻村工作604个1831人，选派美丽乡村建设工作组36个，美丽乡村建设重点村全部达标，精准脱贫驻村帮扶工作取得阶段性成效。省委组织部简报刊登承德经验做法13期，省交通厅驻隆化县老窝铺村工作组等一批典型事迹在中央和省级媒体报道。严格落实《河北省精准脱贫驻村干部选派管理办法》规定，不断加强精准脱贫和美丽乡村驻村日常管理，严肃驻村工作纪律，全面实行驻村干部“双签到”和书面请销假制度。加大督导力度，开展不定期暗访，及时通报暗访情况，全市召开调度会议3次，开展集中督导3次，重点检查驻村工作组137个，约谈管理失责的直接责任人18人，通报批评脱岗、“走读”驻村干部32名，约谈不严格履行请销假制度的驻村干部12名。统筹推进各领域基层党组织建设。制定了《关于进一步加强农村基层党建工作统筹抓好“三支队伍”建设的若干意见》，着力发挥乡镇党委书记队伍、村支部书记队伍和致富带头人队伍的模范带头作用。分类加强基层服务型党组织建设，建立健全乡镇“五个一”便民服务体系，全面推行“帮扶支部”做法，深入开展社区建设“四有一创”和“六个延伸”，总结形成了一系列具有承德特色的党建品牌。强化提升基层党组织服务能力，不断加大基层党建投入力度，全市村级组织运转经费平均达到3.8万元，社区组织运转经费平均达到5万元，无集体经济收入村缩减至676个。深入开展基层党组织按期换届专项检查，实行挂图作战、限期整改、销号管理，全市779个基层党组织全部完成换届。及时组建市委非公有制经济组织和社会组织工作委员会，配备专职人员；开展了集中攻坚行动，强化集中组建，全市已建非公企业党组织1258个，覆盖非公企业2374家；已建社会组织党组织471个，覆盖社会组织669个；选派党建指导员1611名，党的组织覆盖和工作覆盖显著提升。

【党员发展教育管理】 强化上下对接，推行“三推两票决三公示三审”制度，坚持“七注重、七严禁”发展标准，合理分配省下达发展计划，注重在农民工、教师、非公经济和社会组织等重点领域发展党员，实行“靶标”式发展。全市新发展党员4269名，其中35周岁以下3294名，高中（中技）以上学历3757名，生产一线发展党员3080名，分别占总数的77.2%、88%和72.2%，全市党员结构进一步优化。深入实施党员“双育工程”，举办专题培训班2期，培训200人，全市全年累计培训党员近20万人次。实行党员“先锋指数”积分制管理，以党支部为基本单元，把党员参加“三会一课”等组织生活、做组织分配任务、遵守社会公德等纳入积分体系，明确项目、设定分值，定期考评、确定等次，并把考评等次与评先评优、处置不合格党员直接挂钩，打造示范带动、奖优罚劣、动态管理新平台。加强流动党员管理，建立完善流入地和流出地双向共管机制，重新理顺党员组织关系1205名，10229名流动党员全部纳入到党组织的有效管理当中，党员管理的规范化水平得到提升。全面开展党员组织关系排查、党代会代表和党员违纪违法情况排查清理等工作，排查失联党员5846人、“口袋”党员113人，找回失联党员5552人，处置不合格党员1035人，终止撤销“两代表一委员”资格党员375名，排查清理其他违纪违法党员366名。扎实做好党费收缴专项检查工作，实行政策专人解答、半月上报、专门台账管理、完成申报验收等制度，全面完成排查收缴任务，全市补交党费2784万元。落实党内激励关怀帮扶制度，加大党员救助帮扶力度，全市走访慰问困难党员1.5万人次，发放慰问补助240余万元。

【党员电教和现代远程教育】 继续推进基层远教资源整合，建成“四上一整合”基层服务型站点16个，完成基层站点升级任务1696个，超额完成13%。开展基层站点百村调查活动，走访基层站点1338个，全面掌握基层站点管理情况。着力提升电教远教业务水平，举办了“聚焦县区对标先进”主题制片、电教远教业务培训等活动，拍摄、制作课件能力明显增强，全年有5部作品入选全国党员教育片库，15部专题片在全省观摩交流活动中荣获一、二、三等奖。“基层发现”栏目被评为党员教育优秀电视栏目。以庆祝建党95周年为主题，拍摄典型事迹专题片21部，其中《美丽的山村我的家》《小支部大作为》在河北新闻联播专栏中播出。围绕“两学一做”学习教育，积极拓展党员电教远教服务功能，依托网站、手机等平台开通专栏，编发承德党建手机报12期，刻录各类视频资料500余份，更新党建信息800余条，转载各类信息2600余条。

【大学生村干部管理】 围绕“下得去、待得住、干得好、流得动”工作目标，结合承德实际，坚持把好两个关口、搭建三个平台、培树一个典型，大学生村干部管理规范化水平得到进一步提升。

坚持把好入口关，新选聘大学生村干部81名，其中“985”高校毕业生、硕士以上研究生和“211”工程院校本科生37名，中共党员（含预备党员）65名，性别和学历结构得到优化。坚持把好出口关，扎实推进大学生村干部有序流动。2008届、2009届49名大学生村干部全部通过考核招聘方式，招录为县以下事业单位工作人员；完成2010届18名大学生村干部考核招聘县以下事业单位工作人员的申请、推荐、审查、考核和体检程序。搭建为民服务平台，进一步完善大学生村干部工作室制度，391名在岗大学生村干部所在村全部建立了大学生村干部工作室，健全完善了相关制度，在全省大学生村干部工作座谈会上做经验交流。搭建教育培训平台，发挥宽城县委党校和周台子培训中心的资源优势，分两期对81名新选聘大学生村干部和100名优秀大学生村干部进行了“两学一做”教育、大学生村干部创业、农村电子商务和农村专业合作社建设等内容的示范培训，取得良好效果。搭建创业成才平台，与清华大学联合举办优秀大学生村干部及致富带头人综合能力提升研讨班，免费对25名有创业经历和创业意向的大学生村干部进行为期5天的培训。联合清华大学考察组对5名大学生村干部创业项目进行考察调研，达成初步合作意向。注重典型培树，全市4名大学生村干部典型事迹在省委组织部《大学生村官季度十例》上刊登。12月12日，河北新闻联播以《承德宽城—盛开在大山深处的大学生村官姐妹花》为题，报道了李芳、李超男带领乡亲们脱贫创业的典型事迹，北京电视台、中国教育电视台随后进行了转播，在全国、全省上下引起了强烈反响。

【精准扶贫】 在精准脱贫和美丽乡村驻村工作中，驻兴隆县大碌洞村工作组紧紧围绕脱贫攻坚重点任务和“一抓三促奔小康”“脱贫攻坚党旗红”活动要求，团结带领全村干部党员群众，牢固树立“宁愿苦干、绝不苦熬”的理念，按照党建统领、文化聚力、产业富民的思路，抓党建、促增收、聚合力，全力推动脱贫攻坚和美丽乡村建设。全年累计协调争取资金850.92万元，实施特色产业、基础设施、美丽乡村、基层党建等各类项目31个，到位资金(含物资)500.92万元。省市电台、电视台、承德日报等媒体先后对驻村帮扶工作进行了宣传报道，工作组被评为“全省脱贫攻坚先进集体”“全市最优工作组”。驻鹰手营子矿区跳沟村工作组，按照“共促环境美、力争产业美、引导精神美、营造生态美”的工作目标，围绕“12+1”专项行动，大力推进村内基础设施建设，实施乡村旅游、道路改造、村庄美化、产业提升等方面项目4个，协调争取资金760多万元，极大地促进了跳沟村美丽乡村建设。先后举办了京津冀百家旅行社走进鹰城宣介启动仪式、“寻后龙风水宝地·赏鹰城梨园风情”主题的鹰城跳沟首届梨花节活动，山楂小镇跳沟村的社会知名度得到进一步提升。

【自身建设】 树立“三严三实”导向,秉承“严、细、公、慎、诚、勤”六字要求，着力建设高素质组工干部队伍。部机关被授予全市“两学一做”学习教育先进基层党组织、市级文明单位,“六五”普法工作先进集体、保密工作先进集体等荣誉称号。扎实推进组织系统“两学一做”学习教育，加强思想政治建设。以深研细学习近平总书记系列重要讲话精神为主线，抓好动员部署、学习研讨、专题党课等规定动作，先后组织开展党章党规党纪知识测试和“手抄党章·学思践悟”等创新活动。大力弘扬塞罕坝精神，组织机关年轻干部围绕学习弘扬塞罕坝精神撰写心得体会，并开展心得体会文章评选活动,将优秀文章辑印成册,供大家学习交流。坚持办好“周末课堂”，先后围绕学习李保国先进事迹、研读《党章》等内容，组织集中学习 11 次，进一步提升了机关干部的政治理论素养。深入开展机关作风整顿，加强作风建设。认真组织开展机关作风整顿活动,制定部机关作风整顿实施方案，有序推进相关工作。精心开展“党员活动日”，部机关全体干部职工为帮扶村困难群众王悦捐款 17200 元。协调有关单位义诊送医、传授农技，为近 300 名群众提供免费医疗服务和传授农业技术。推行生病探望、生日祝福、健康体检等福利制度，组织机关干部参加奥林匹克日长跑和全市环境综合整治义务清扫等活动，积极营造健康和谐的机关氛围。着力抓好“素质提升年”活动，加强能力建设。深化“读书富脑”活动,发放《知之深、爱之切》《摆脱贫困》《党章悦读》等书籍，引导干部多读书、读好书。以党性教育、素质提升为重点，选派 7 名干部到全国组工干部学院等知名院校跟班学习。强化实践锻炼，选派 5 名干部参加精准脱贫和美丽乡村驻村工作。深入开展保密自查自评工作，完成市、县大组工网分级保护系统的测评和保密技术防护专用系统的安装调试工作，信息安全保密管理水平不断提升。注重对内对外宣传,不断加强和改进组工信息和课题研究工作，《严明政治纪律和政治规矩问题研究》《新常态下干部教育培训工作研究》分别荣获全省组织工作调研成果一等奖和优秀奖；全市组织系统在省以上内刊刊发信息 31 篇（条），信息工作位居全省前列，市级信息工作位列党群系统首位；发表影响力网评文章 2968 篇，在国家级和知名网站上稿 1200 多篇，为全市组织工作创新发展营造了良好舆论环境。

附：中共承德市委组织部领导名录

市委常委、组织部部长：赵险峰（12 月免）
路立营（12 月任）
常务副部长：李兴臣
副部长：关继高（满族，兼）
贺长青（满族，兼）
高旭升（满族）
段向东（满族）
韩跃华（满族）
部务会成员：杨立君（满族）
司景成（蒙古族）

（供稿　李　鑫）

宣传工作

【概况】 全市宣传思想战线全面贯彻党的十八大和十八届三中、四中、五中、六中全会精神，紧紧围绕“五位一体”总体布局和“四个全面”战略布局，认真落实中央和省、市委重大决策部署，坚持围绕中心、服务大局，解放思想、改革创新，宣传思想工作的针对性、实效性、满意度和贡献率显著提升，为实现“脱贫摘帽、全面小康”、建设“生态强市、魅力承德”提供了有力的思想保证、精神力量、道德滋养和文化条件。

【理论工作】 坚持用习近平总书记系列重要讲话

精神引领航向，不断加强理论武装，真正做到思想上认同核心、政治上维护核心、行动上紧跟核心。全年围绕党的十八届五中、六中全会精神和全国“两会”精神、“两学一做”学习教育、习近平总书记“七一”重要讲话精神、视察唐山重要讲话精神和省第九次党代会精神等专题，组织市委理论中心组集中（扩大）学习17次，培训理论宣讲骨干5000余人，开展主题宣讲700余场。党的十八届六中全会和省第九次党代会结束后，及时组织市委理论学习中心组专题学习会议精神，并迅速开展全市宣传宣讲工作。省委第一宣讲团成员、市委书记周仲明所作的省第九次党代会宣讲报告，在承德广播电视台新闻综合频道全程直播，全市近10万人同时收听收看，覆盖面之广，听众规模之大，前所未有。围绕意识形态工作责任制落实、加强和改进基层宣传工作等扎实开展调研活动，完成省重点调研课题1个、省重点关注调研课题4个、市重点调研课题12个，省思想政治工作立项研究课题14项。围绕党的重大理论创新及省市重大部署，联合承德日报、承德广播电视台开展了“坚定忠诚、寄情于民、勇于担当、奋发作为”主题征文、“县处级党（政）一把手‘不忘初心，继续前进’”系列访谈等活动；建立市县乡村四级理论学习宣传微信群1555个，总人数22300余人。理论武装、舆情信息、调研及部刊工作继续保持全省前列。

【对上对外宣传】 坚持党管媒体、党管舆论，以宣传贯彻习近平总书记系列重要讲话精神为主线，以宣传党的十八届六中全会精神和省第九次党代会精神为重点，聚焦“两学一做”学习教育、京津冀协同发展、脱贫攻坚等市委、市政府中心工作，在《承德日报》、承德广播电视台等媒体开设“学习贯彻党的十八届六中全会精神”“认真贯彻落实省第九次党代会精神”“深入开展‘两学一做’建设生态强市魅力承德”“脱贫攻坚党旗红”等专栏专题80余个，刊发系列评论员文章100余篇，有效发挥了凝聚共识、增强信心、鼓舞士气的积极作用。常态化开展“五进”基层主题新闻采访活动，策划推出“春耕时节乡村行”“劳动者风采”“最美扶贫人”等一系列贴近百姓生活的鲜活报道，新闻舆论传播力、引导力、影响力、公信力显著增强。在第32届河北新闻奖评选中，承德市6件作品获一等奖，10件作品获二等奖，12件作品获三等奖，5件作品被评为优秀旅游新闻作品；立足京津冀水源涵养功能区发展定位，紧紧围绕发展“十大绿色转型产业”、创建“国家绿色矿业发展示范区”、弘扬“塞罕坝精神”等重点工作，借助“中国·承德国际旅游文化节”“千名美国游客游长城”“承德国际马拉松赛”“承德冰雪季”等重大活动和“京津冀协同发展 承德节能环保产业项目推介会”“河北省经济贸易洽谈会”等经贸活动，集中打造对上对外宣传声势。截至11月底，在《人民日报》等11家省以上主要媒体刊播稿件4150篇，同比增加140篇；在中央重点新闻网站和知名商业网站刊发首页首屏新闻稿件420篇、转载3.6万篇。其中，《人民日报》等四家中央媒体刊发头版头条4篇、《河北日报》刊发头版头条6篇，推出重点深度报道1080篇。《人民日报》头版头条刊发《河北滦平：一泓清水送京津》；《新华每日电讯》头版头条刊发《久久为功绿承德 生态屏障护京城》取得上宣工作重大突破；《中国日报》刊发的《夏日到承德：逃离酷暑享受宁静》被译成多种语言在国际传播；《人民日报》内参《从一棵树到百万亩人工林场》得到中央主要领导批示；中央人民广播电台关于承德市保护京津水源工作的内参稿件得到中央政治局常委、国务院副总理张高丽批示；大力弘扬“塞罕坝精神”“脱贫攻坚党旗红”等宣传工作得到中央政治局委员、中组部部长赵乐际的充分肯定。

【核心价值观建设】 坚持用社会主义核心价值观

凝心聚力，深入挖掘塞罕坝精神，组织召开全市弘扬“塞罕坝精神”先进事迹报告会，编辑《塞罕坝精神风采录》《塞罕坝精神故事集》，拍摄《中国绿宝石——塞罕坝》纪录片、弘扬塞罕坝精神系列专题片，举办“学习弘扬塞罕坝精神 建设生态强市魅力承德”电视演讲比赛，开展多种形式的报告会、学习会、党团日等活动，引导全市干部群众牢固树立“绿色、创新、开放、转型、协调、共享”的发展理念。建立先进典型月报制度，开展“中国梦•赶考行”第三期365百姓故事汇、第三届诗词楹联颂党恩活动，举办群众宣讲300余场，培养群众宣讲员100余名，涌现出一大批感动承德的典型人物，成为宣传践行社会主义核心价值观的身边典范。范振喜被中组部、中宣部评为“最美基层干部”，六家中央主要新闻媒体对其先进事迹进行了集中报道；文庙社区被中宣部命名为全国社区宣传思想文化工作示范点，薄锡春、杨艳等7个最美人物和双滦区御祥园社区等8个最美景物入选全省“最美”系列。通过开展庆祝建党95周年、纪念长征胜利80周年系列活动，投放设置公益广告、主题微电影征集展示、开展思想政治工作课题研究、组织思想政治工作暨企业文化建设培训交流、文化科技卫生“三下乡”等途径，进一步激发爱国热情，提振民族精神，持续推动核心价值观落细落小落实。

【精神文明建设】 以《省级文明城市创建方案》“八项工程”为重点，高点定位、全面动员、精心组织，统筹推进文明城市、文明县城、文明社区、文明单位、文明校园等群众性精神文明创建工作，着力解决城乡公共环境、公共服务、公共秩序方面存在的突出问题，顺利通过省和全国年度测评验收。成功举办中国好人榜发布仪式暨全国道德模范与身边好人现场交流活动，承德市“一带一塑”道德典型示范引领模式得以充分展示，爱心企业和道德模范群体结对帮扶共建模式得到肯定，《中国好人榜》主题旗帜在承德市首发。以“积善承德”主题道德实践活动为统揽，多层面开展道德典型评选活动，3人入选中国好人榜、6人入选河北好人、12人入选“河北雷锋”，表彰了第三届“最美承德人”。以“魅力承德——志愿服务行动”为主题，广泛开展志愿服务活动，表彰了优秀志愿服务组织、品牌和个人，打造16个省级志愿服务培训基地和实践基地，全市注册志愿者达13万人。深入实施未成年人“道德阳光”工程，表彰了第五届“美德少年”，实施文明校园创建“七项工程”的做法得到中央文明办充分肯定并在全国推广；争取上级资金851万元，新建乡村学校少年宫14所、社会主义核心价值观实践基地3个、志愿服务站10个，精神文明建设阵地不断扩大。实施美丽乡村文化建设专项行动，评选450个文明村、5万户十星级文明户、2000个最美家庭，建立200个农村文化大院，通过开展农民文化艺术节、“邻居节”等群众文化活动，推动核心价值观进村入户。

【文化事业及文化产业】 认真学习贯彻习近平总书记文艺工作座谈会重要讲话精神和在全国第十次文代会、第九次作代会开幕式上的重要讲话精神，坚持以人民为中心的创作导向，大力弘扬时代精神。电视剧《功勋树》由郭靖宇担纲，正在积极推进；歌曲《想想老百姓》创作完成，在中国文联“深入生活 扎根人民”慰问演出上演唱；《作家笔下的承德》即将出版；话剧《塞罕坝》完成剧本创作，长篇报告文学《塞罕坝》创作完成，广播剧《追梦塞罕坝》在多个平台播出；3D民族史诗电影《丝绸之路•云镝》在全国院线上映并参加上海国际电影节；电视剧《大清江山之龙胆花》取得放映许可证。成功举办第七届冰心散文奖颁奖典礼、燕山梦正圆——中央电视台“心连心”艺术团隆化慰问演出、京津冀“潮河情•滦水行”创作采风采访、第二届“刘章诗歌奖”颁奖典礼等活动，不断扩大承德的艺术影响；深入实施文化惠民工程，全市第一批94个贫困地区村综合文化服务中心示范工程全部完工并投入使用；相继开展“京津冀文化行”北京东城区赴承文化惠民演出等12项50余场次承德市第二届文化艺术展演季系列活动，微电影《闺女不哭》获第四届亚洲微电影节金海棠一等奖、中国金风筝微电影节最佳公益影片奖，《水果英雄》获“中国金风筝国际微电影奖”最佳作品奖；制定出台《关于推动国有文化企业把社会效益放在首位、实现社会效益和经济效益相统一的实施意见》等3个文件，以改革思路推动文化产业健康发展。积极对接京津，成功举办第四届京津冀文化产业合作暨项目对接推介会，承德市35个文化产业项目得到重点推介；作为北京国际设计周河北唯一分会场，举办了“创意承德·2016”暨承德第二届手工艺品设计大赛。唐家湾丹霞文化旅游景区、欢乐谷大型户外游乐场等10个文化融合项目建成运营；兴隆山文化旅游景区、大稿国际艺术区等40个亿元以上项目开工建设。全年争取中央、省级项目资金1515万元。平泉入选省文化产业十强县，大清猎文化产业园入选省文化产业十大项目，承德鼎盛文化产业投资有限公司获全国先进旅游集体称号。

【网络管理】 坚持正能量是总要求、管得住是硬道理，全面提升网络建设、运用、管理水平。充分发挥市委网络安全和信息化领导小组统筹协调作用，全面加强市县乡三级网信机构建设，建立三级贯通、统一完备、运转高效的网络管理体制，组建专家级5人、核心级30人、骨干级100人、普通级1200人的四级响应力量，加强与知名博主、民间大V、权威媒体人、高校教师、技术专家等五类人才联络，壮大网络“同盟军”。开展全市关键信息基础设施网络安全集中检查，加大对网上负面信息及恶意炒作的源头排查和监管力度。共发表网评文章661篇，微博微信11.9万余条，完成紧急跟帖任务1231项，转帖跟帖186万余条，排名全省第一位；上报网上舆情17期，下发舆情预警132次，清理有害信息235条次、违规账号58个、不良贴文234条，网上舆情态势平稳。

【意识形态建设】 认真履行意识形态工作领导责任，把意识形态工作列入年度工作要点，列入中心组学习计划，列入年度考核内容，做到了“三纳入”“四一同”。市委常委会研究意识形态相关工作9次，召开意识形态和宣传思想文化工作领导小组会议1次，市委坚持每半年向省委、省委宣传部专题汇报一次意识形态工作，在党内通报意识形态领域情况。为落实《河北省党委（党组）意识形态工作责任制“三办法两清单”》，市委出台了《关于贯彻落实〈河北省党委（党组）意识形态工作责任制“三办法两清单”〉的意见》，成立了承德市意识形态领域突发事件应急处置指挥部，加大意识形态工作指导、督查、落实力度。11月28日，市委组成11个督导组，由市委书记周仲明、市长常丽虹等11名市委常委带队，利用10天时间，分赴各县区、承德高新区，对宣传贯彻落实党的十八届六中全会和省第九次党代会精神、落实意识形态工作责任制情况进行集中督导检查，确保意识形态工作各项任务落到实处。

【干部队伍建设】 在“两学一做”学习教育中，部机关始终坚持问题导向，紧紧扭住改进作风、提高素质主线，把学习习近平总书记系列重要讲话特别是关于意识形态工作的重要讲话贯穿始终，把“两学一做”学习教育与机关作风整顿、“一问责八清理”、解放思想大讨论有机结合，突出查找和解决问题的精准度和连续性，着力强化政治纪律和政治规矩，着力增强政治意识、大局意识、核心意识、看齐意识，扎实践行“四讲四有”合格党员标准，党员干部队伍的思想作风明显改进，综合业务素质普遍提高，形成了《关于建设学习型机关的意见》制度性成果。深入实施人才培养工程，13 人被评为燕赵文化之星，1 人被评为燕赵文化英才，4 人被评为河北省宣传文化系统“四个一批”人才。

附：市委宣传部领导名录
部　　长：张庆祥（12 月免）
　　　　　刘新宇（12 月任）
常务副部长：王　强
副部长（兼市文明办主任）：董　宇
副部长、互联网信息办公室主任、外宣局局长：
　　　　　王新生　（满族）
副　部　长：冉　君（女、蒙古族）
　　　　　邱亚民
　　　　　李　勇

（供稿　佟欣然）

统战工作

【概况】 在市委的坚强领导和省委统战部的正确指导下，市委统战部深入学习贯彻和落实党的十八届系列全会和中央、省委统战工作会议精神，紧紧围绕市委、市政府重大决策部署，抓重点、攻难点、求亮点，各项工作取得阶段性成果，统战干部的精神风貌、工作状态和工作效率都有较大提升，统战工作呈现创新发展、跨越发展的良好态势。

【开展学习实践活动】 深入学习总书记系列重要讲话精神。中央和省委统战工作会议之后，及时整理有关资料在市委常委会上集中传达学习。通过党委理论中心组集中学习、个人常读统战期刊、主动参与统战工作等，各级党委（党组）领导班子成员带头学习宣传和贯彻落实党的统一战线理论、方针、政策和法律法规的氛围日渐浓厚，领导干部会说“统战话”、会交党外朋友、会解统战难题已经成为基本的工作手段。去年底以来，先后邀请省社会主义学院、省民宗厅有关领导专家等来承专题授课。组织了各民主党派市委机关干部、骨干成员代表以及市委统战部机关干部60 余人，赴中央社会主义学院开展了为期一周的统一战线专题学习培训。2016 年全市各级干部主题培训班上，共安排 3 类 16 个班次开设《中国共产党统一战线工作的历史与经历》专题课。结合纪念中国共产党成立 95 周年，以增强多党合作制度自信为重要内容，在各民主党派、无党派人士和非公有制经济人士中深入开展中国特色社会主义学习实践活动；以“守法诚信”为重点，继续深入开展了非公有制经济人士理想信念教育实践活动。广大党外代表人士在思想上有新境界、理念上有新突破、素质上有新提高。

【服务改革发展】 鼓励支持非公有制经济健康发展。结合承德市实际，对统一战线服务非公经济发展搞好课题调研，推动落实党政主要领导与民营企业家经常性座谈见面制度、各级党政领导联系民企制度、政府综合部门与民营企业家定期沟通制度。针对全市小微型企业融资难问题，指导工商联开展“点对点、面对面”银企对接活动，为近 100 家会员企业现场定制符合企业实际的个性化融资方案，提供贷款 5亿元。积极谋划 APP 融资信息平台，搭建小微企业融资的移动互联新模式。抓住京津冀协同发展的机遇，搭建转型升级平台，指导工商联组织非公企业赴外观摩交流，参加各类洽谈会10 余次。协调有关部门加强劳动关系处调机制建设，为企业快速有效地解决经济纠纷提供途径。教育引导非公有制经济人士健康成长。开展企业培训专项调研活动，向民营企业发放《企业经营管理者培训需求调查问卷》，据此制定《承德市工商联 2016 年民营企业家培训方案》。截至年底，会同市工商联举办了 300 余名民营企业家参加的专题培训班，选派部分企业家先后参加了河北行政学院举办的“领导干部与民营企业家推进京津冀协同发展研讨班”，香港金融学院举办的“河北省青年民营企业家赴港素质提升班”，北京大学组织的“河北省工商联科技创新型民营企业家素质提升研讨班”，省工商联组织的民营企业家素质提升研讨班。广大非公经济人士能力素质得到较大提升。

【民主党派建设】 政党协商制度化建设取得进展。推动落实《中共承德市委关于加强社会主义协商民主建设的实施意见》，协助市委和各民主党派做好专题民主协商，促进市委市政府科学、民主决策。支持民主党派、无党派人士和工商联组织结合各自优势选好课题。一年来，落实市委与党外人士进行党际协商2次，党外代表人士随市四大班子主要领导调研重大工作56人次，市党政领导联系党外代表人士93名。民主党派、工商联换届工作圆满成功。按照省委统战部和市委意见精神，自4月正式启动了各民主党派市级组织和市工商联换届工作，10月14—30日陆续召开了各民主党派、工商联（总商会）换届大会，全市共选举产生民主党派市级组织委员102人，主委、副主委30人。安排市工商联常委会委员99人，执委会委员199人，选举产生主席、副主席、秘书长19人。市委统战部与各民主党派市委酝酿产生的候选人均高票当选。按省委、市委要求实现了新老班子的平稳过渡和政治交接，党派、工商联和社会反响良好。

民主党派自身建设实现新增强。经市委统战部积极推荐，市委组织部按着德才兼备的标准和实际情况，提拔2名民主党派成员任区政协领导职务。按照中央、省委统战工作会议要在民主党派履职保障上求突破的精神，市委统战部对各民主党派机关的公用经费、专项公用经费、交通费、民主党派市委换届经费等进行了摸底测算，参照承德省其他市民主党派年度工作经费情况，向市委呈报了《关于民主党派市委工作经费问题的请示》，市委常委、政法委书记阮树平，市委常委、市政府常务副市长李晋宇均做出批示，批转市财政局研究落实。市财政为各民主党派市委增加专项公用经费36.3万元，平均每个党派6.05万元。

【党外代表人士队伍建设】 党外干部使用安排取得长足进步。中央和省委统战工作会议召开后，市委和各级党委（党组）、有关部门能够做到少算“位子账”，多算“政治账”，按照“抓基础、抓结构、抓素质”的总体要求，及时把更多素质过硬、符合要求的党外干部安排到重要岗位上来。33个政府工作部门中，有2个部门配备了党外正职干部，有9个部门配备了10名党外副职干部，配备比例达到33.33%；人大机关配备党外专委会主任委员1名，政协机关配备党外专委会主任2名，副主任2名。法检两院领导班子党外干部和市级人大、政协党外副秘书长的配备工作正在积极推进中；11个县区共配备党外干部40名。此外，在市政府工作部门中还配备了5名党外调研员和3名党外副调研员；有关团体配备党外正职1名；医院、学校领导班子配备党外干部4名。抓好党外干部培训和挂职锻炼。利用中央、省、市社会主义学院及省市委党校，加强对党外干部的教育培训。全年共安排2名党外领导干部和40名党外科级干部参加省委统战部组织的党外干部进修班。安排了2名民主党派驻会干部到县区或市直部门挂职（民革承德市委驻会副主委俞虹霞挂职兴隆县政府副县长、农工民主党承德市委驻会副主委谷雪芬挂职市农牧局副局长）。党外知识分子工作填补历史空白。就成立承德市党外知识分子联谊会组织调研论证，用近5个月的时间，对全市党政机关、社会团体、大专院校及所有相关单位进行了摸底调查。经与组织部、民政局沟通，完成了人员审批和团体审批程序，并于5月成功召开了第一次全体会员大会，选举产生了承德市党外知识分子联谊会理事会组成人员，填补了承德历史上没有党外知识分子联谊组织的空白。

【落实民族宗教政策】 认真贯彻落实中央和省民族工作会议精神，深入开展民族政策宣传教育和民族团结进步创建活动，大力宣传民族团结模范人物和集体。会同有关部门对省、市民族工作会议精神贯彻落实情况进行督导检查。指导少数民族外来务工人员较多的单位、企业做好服务和管理工作，及时排查化解涉及民族因素的矛盾纠纷，维护其合法权益。关心西藏、新疆在承德市就读大、中学生的成长，协调有关部门帮助解决实际困难。宗教工作基础更加牢靠。在全市宗教领域开展“交朋友”活动，各级宗教干部与宗教界代表人士交朋结队，及时掌握思想动态，有效解决困难难题。圆满完成基督教“两会”班子换届和市伊协、市佛协班子增补调整工作，积极稳妥地完成了天主教区神父轮堂工作。开展“三支队伍”大培训工作，今年成功在中央社会主义学院展开了培训工作，受到了广大宗教干部和宗教人士的大力欢迎。积极稳妥处理教产纠纷等历史遗留问题，宗教界人士和信教群众爱国爱教热情更加饱满。天主教承德教区主教府建设项目施工进展顺利，项目已按照合同基本完成建设。维稳防范工作更加有力。落实“八项长效机制”，做好敏感和特殊时期的思想引导和特殊教育培训活动，确保了在全国（全省）“两会”、天主教“朝圣敏感日”等重要时间节点上均不发生问题。突出抓好清真食品的监管，在易发环节上排除隐患。在全市范围开展宗教势力排查防范工作，确保承德市没有形成宗教势力的土壤和苗头。利用好横向到边、纵向到底的秘密力量网络，提升情报收集能力，建立完善情报会商机制，坚决打击地下势力和境外敌对势力宗教渗透，全力维护宗教稳定。

【统战干部队伍建设】 以贯彻中央和省委、市委统战工作会议精神为契机，不断提高履职能力和水平。实现了市、县(区)委常委担任统战部部长。市委统战工作会议之后，按照周仲明书记提出的“常委兼任统战部部长的问题，承德不考虑兼任，要同时担任”的要求，一次性理顺了市、县（区）委统战部部长任职模式。市及各县区全部实现党委常委担任统战部部长，其中常委担任统战部部长1人，常委、政法委书记兼任统战部部长4人，常委、组织部长兼任统战部部长4人，常委、宣传部长兼任统战部部长1人，常委、政府办主任兼任统战部部长1人，1个县实现了专职常委统战部部长。新任统战部部长全部到位,进入角色，开展工作。县级统战力量整合工作顺利完成。全省推进县级统战力量整合工作现场会议后，市委统战部立即着手谋划了承德市的整合工作计划，向市委及有关领导呈报了《关于全省推进县级统战力量整合工作现场会会议精神及我市贯彻落实意见的汇报》，并及时与各有关常委沟通，争取支持。市委书记周仲明，市委副书记、市长常丽虹，市委常委、常务副市长李晋宇均作出批示予以支持。在随后召开的市委常委会上，由市委统战部提出的整合意见得到全数通过。5月下旬，市委办公室转发了《中共承德市委统战部关于推进县级统战力量整合工作的意见》，彰显了市委做好此项工作的决心。在两级统战部门的大力推进下，所有县区已全部完成整合，实现新增编制34人，新增办公用房面积346平方米，工作经费均有增加。统战信息宣传调研工作有成效。进一步加强与新闻宣传部门，各民主党派市委、市工商联等有关单位的联系，形成了媒体宣传、刊物宣传、社会宣传并重的立体式统战宣传网络。全年在市级以上媒体刊载统战系统宣传稿件38篇。连续八年被中央统战部、中国统一战线杂志社评为《中国统一战线》宣传先进单位。通过电话、互联网等渠道加强与各县区沟通指导，不定期将上级部门关心的热点、重点问题通报给各县区，进一步提高了统战信息质量。全年共报送信息近百条，省级以上信息载体采用 32 条，被省委统战部评为年度信息工作三等奖。编发《承德统战》20 期，刊载信息 80 条。积极开展调研工作，组织撰写统战理论调研文章，总结统战实践创新成果，在全省统战理论研究成果及实践创新成果评比中，承德市有 4 项获奖。

附：市委统战部领导名录

部　　长：阮树平（满族，9 月免）

　　　　　刘新宇（满族，9 月任）

常务副部长：徐佩文（满族）

副 部 长：谭玉广

　　　　　郭紫金

　　　　　董鹏普（满族）

（供稿　檀青文）

农工委工作

【概况】 市委农工委按照建设“生态强市、魅力承德”，总要求，牢牢把握京津冀水源涵养功能区和同步解决贫困问题功能定位，认真贯彻落实中央、省、市农业农村工作会议精神。以脱贫攻坚统揽农业农村工作全局，充分发挥综合协调作用，强力推进美丽乡村、农业产业化、农村综合改革、农民合作社等重点工作，在产业支撑、能力支撑、科技支撑、改革跟进等方面取得了阶段性成效。全市 243 个省级美丽乡村建设成效显著，得到省领导充分肯定；谋划实施投资千万元以上农业产业化项目 164 个，项目总投资 564 亿元，创历史新高；15 项农村改革扎实推进，亮点较多；农民合作社数量超过 1 万家，实现数量质量双提升。

【美丽乡村建设】 按照“规划引领、高标定位、高点起步、精品示范、统筹布局、压茬推进、持续发展”的总体思路，大力实施“12925”建设工程，呈现出起步早、标准高、进展快的良好态势。一是精品片区规划得到省市领导认可。按照“AAA 起步，AAAAA 目标”要求，聘请国内顶尖的规划设计单位高质量编制了十大精品片区规划。市委、市政府先后两次召开规划评审会议，对每个精品片区规划进行了审查。省领导来承德调研时批示：承德美丽乡村建设规划达到了全国一流水准，令人震撼。并将承德市 1 个省级片区规划，9 个市级片区规划全套送其他市参照学习。二是融资平台实现新突破。与农业银行合作，设立了总规模达 50 亿元的“农业产业发展引导基金”，其中美丽乡村建设基金 20 亿元，已启动实施；推动各县（区）设立美丽乡村融资平台 15 个，已到位项目资本金 3.5 亿元，计划贷款规模 247.4 亿元。全市通过财政投入、争取上级支持、整合各类政策资金 49.9 亿元。三是 1 个省级精品片区——兴隆燕山峡谷精品片区已争取省级美丽乡村建设专项资金 1.8 亿元，“12+1”专项行动扎实推进，引进了 8 个战略投资者和 14 个投资主体，开工建设旅游项目 12 个，总投入达到 30 亿元；开工农业项目 19 个，投入 20 亿元。实现了基础设施建设项目和产业发展项目双提升，兴隆燕山峡谷精品片区建设成果得到省领导高度认可。四是 2 个省级中心村示范县——平泉县、滦平县，通过争取省级奖补资金、县财政投入、筹集社会资金等办法，项目建设总投资达到 10.2 亿元。两县中心村建设成果均得到省领导肯定，并在今年计划召开的全省中心村建设（三区同建）现场会议上做典型发言。五是九大市级精品片区建设成效显著，其中围场木兰秋狝•皇家猎苑美丽乡村精品片区和隆化热河皇家温泉美丽乡村精品片区两个精品片区由于建设成果明显，有望争取为 2017 年的省级重点片区。六是 50 个精品村高标准规划、高水平建设、高质量打造，各项建设任务已基本完成，开展经营活动，并获得较好收益。七是 243 个重点村“12+1”

专项行动基本完成或超额完成全年建设任务。农村环境、产业、精神、生态“四美”建设步伐加快，人居环境和生产生活条件明显改善。全省首批美丽乡村精品村验收，承德市入围17个，预期全年可入围30个（去年15个）。八是特色小镇建设初具成效。全年重点培育特色小镇7个，其中隆化温泉康养小镇、围场木兰秋狝皇家猎苑小镇、丰宁京郊马术小镇、兴隆诗歌创意小镇已初具雏形，同时新谋划6个特色小镇。九是山区综合开发稳步推进。23条市级示范沟域实施建设项目589个，引进战略投资者33家，建设景区景点113个，旅游村102个，预计总投资将达到78亿元。

【农业产业化】 按照突出重点抓项目、集中精力创品牌、全力以赴争资金的思路，农业产业化工作实现新突破。一是项目投资创历史最好水平。164个重点项目开工率达到97%，实际完成投资85.3亿元。项目开工个数和完成投资数均创历史最好水平。二是龙头企业数量有了新提高。组织开展了省级、市级龙头企业监测认定工作，新增市级龙头企业47家，达到404家，新认定省级龙头企业15家，达到65家。三是农业品牌创建数量快速增加。已有10家企业11个省著名商标正在申报中国驰名商标，缘天然、神栗9个商标材料已报送到国家工商总局或国家商评委；在首届河北省十佳农产品区域公用品牌评选中，承德市有三个区域公用品牌入选，列各市之首。四是农业产业化增信基金试点工作推进顺利。承德市被省政府批准为省农业产业化增信基金试点，总额度为10亿元。制定出台了承德市农业产业化增信基金试点方案和管理办法，与农行承德分行签订了合作协议，并开设了农业产业化增信基金专户。已发放无担保无抵押增信基金贷款2.138亿元，受惠企业32家。10月，承德市参加了省2017年农业产业化增信基金竞争立项答辩，成功列入2017年试点市，争取省资金2500万元。五是龙头企业上市融资有新突破。会同市金融办组织了龙头企业上市融资培训班，建立了30家农业龙头企业上市资源后备库，宽城神栗食品股份有限公司已经完成股份制改造，承德县双承生物科技股份公司已在新三板挂牌，承德县金谷酒业在北方股权交易所挂牌，滦平兴春和股份公司在石家庄股权交易所挂牌。

【农业农村改革】 根据问题导向，本着“既要稳妥推进，又要积极创新；既要兼顾延续已开展的改革工作，又要对下步重点改革作出具体部署”的原则，制定下发了《承德市深化农村改革实施方案》，明确了全市“十三五”规划期间，尤其是2016年、2017年两年农业农村改革的重点任务、工作目标、工作路径、工作举措、牵头单位、配合单位、试点县区等，系统解决了干什么、谁来干、干到什么程度等问题。组织召开了推进会议。组织召开了“全市深化农村改革暨推进农业农村工作会议”。会上，市政府与各县区政府签订了目标责任书，进一步明确了各县区、市直部门的改革任务和试点任务；强调要用全球化视野，谋划农业农村工作；用改革的思路，破解体制机制障碍;用市场的理念，破解资金瓶颈制约。重点抓好“三块地”和“五个专项领域改革”，实现九个保障性工作创新。组织了对县区、市直部门改革工作调研督查。5月和9月，在刘文勤秘书长指导调度下，会同市委改革办分别组织了对各县区和市直部门农业农村改革工作督导调研。对农村土地确权登记、农村股份合作制经济发展、农村产权交易平台建设、“政银企户保”金融扶贫平台建设、供销社改革、水务改革、林业改革等工作进行了专项调研督导，形成了调研督导报告，提出了有针对性的工作建议和下步重点工作，促进了各项工作开展。推出了一批改革典型。向省农业厅（农办）上报了双滦区集体股份制改革试点、隆化“政银企户保”金融扶贫平台建设改革试点、承德县供销社改革、平泉县股份合作制经济改革、兴隆社会化服务体系建设等八项改革典型。市委农工委承担的农村股份合作制经济改革工作取得了明显成效。全市发展股份合作制经济组织1806个，其中龙头企业带动286个，合作社改制360个，农民带头人领办的1186个；实有成员达到68660人，带动农户11万多户，其中辐射带动贫困户约1.5万多户；辐射行政村2086个，占全市行政村总数的83.8%。10月22日，省扶贫办副主任王留根带队对承德市股份合作制经济改革情况进行了专项督查，对承德市工作给予高度评价："承德积极探索了多种形式的发展模式，工作扎实深入，措施有力，取得了很好效果"。在广泛调研的基础上，起草了《承德市鼓励支持农村股份合作制经济发展的指导意见（征求意见稿）》，经市农村改革领导小组研究后，近期下发。正在督导各单位与省对接，做好年底考核和2017年工作谋划。

【农民合作社数量质量双提升】 全市在工商行政部门登记的农民合作社达到11156家，新增3146家，实现了农民合作社在全市行政村和农村各个行业全覆盖。今年又新增国家级示范社6家，达到20家；新评定省级示范社57家，达到114家。5月上中旬，在北京成功举办了第八届农民合作社理事长培训班，90多名合作社理事长参加了培训。在农村闲置房屋利用上，按省要求积极探索农宅合作社建设，承德市有20多个村正在组建农宅合作社，大部分已经完成注册工作，确定了入股分红的办法。同时积极引进唐乡、首旅寒舍等有关旅游公司，进行项目开发，推进了农村闲置资源的高效利用。全市合作社拥有自主商标品牌425个，获得无公害、绿色、有机质量认证274个，60多家合作社产品出口境外，有效地提升了市场竞争力。

【争取资金支持创新高】 全年共争取国家和省补助资金42095万元，创历史最好水平。一是美丽乡村建设资金37450元。包括兴隆县美丽乡村精品片区建设补助资金1.8亿元，省级美丽乡村建设先进县、省级美丽乡村奖补1850万元，领导联系村项目资金1800万元，省级精品农宅合作社奖补250万元，省级精品旅游村补助资金3500万元，省级中心村建设奖补资金6100万元，中期省级美丽乡村精品村奖补资金1750万元，省领导联系村第二期追加项目补助资金4200万元。二是农业产业化补助资金4350万元。包括国家农产品产地初加工补助项目资金1050万元，省级农业产业化支持项目资金3300万元。三是农民合作社建设项目资金295万元。产业化和合作社资金均已到位。

【发挥综合协调作用】 按照市委、市政府工作部署，起草了《承德市2016年农业农村工作要点》《2016年承德市美丽乡村建设实施方案》《深化农村改革实施方案》《十四次党代会农业农村工作调研报告》《农业农村重点工作考核办法》等一系列政策文件和调研材料，为推动工作、领导决策起到了积极作用。协调推动重点工作开展。组织召开了全市农业农村重点工作推进会议、两启动一开工拉练、美丽乡村观摩联查等系列活动，有力推动了重点工作落实。统筹推进"六位一体"农业农村重点工作。以美丽乡村建设为抓手，统筹力量集中向农村基础设施建设、农业产业发展、农民增收致富等方面全力倾斜，实现了美丽乡村建设、现代农业、脱贫攻坚、乡村旅游、山区综合开发、特色民俗文化等"六位一体"统筹发展。

【机关干部作风建设】 认真组织开展了"两学一做"和"脱贫攻坚党旗红"活动。把两项活动与机关作风整顿、美丽乡村建设、现代农业发展、农村综合改革等工作紧密衔接，要求干部在工作中用最短的时间，最高的效率，最好的方法，最佳的路径，按照"细致、精致、极致"的标准，圆满完成上级党委和领导交给的工作任务。为进一步提升机关工作人员素质，组织全体进行了公文写作培训辅导、工作经验交流研讨，进一步提升了大家的办文办事和综合协调能力。规范了机关内部财务、用车、请销假、文件运转等相关制度，理顺了机关内部秩序，调动了工作人员积极性，机关作风和职工精神面貌发生了新的变化。

附：市委农村工作委员会、市农业委员会领导名录

农工委书记：吴清海（满族）

农工委常务副书记、农委主任：

王　江（3 月免）

刘宝龙（满族、3 月任）

农工委副书记、农委副主任：

郭久林（9 月免）

侯光然（满族）

宋文平

田艳飞（满族、3 月任）

（供稿　王凤春）

机关工委工作

【概况】　市直机关工作委员会（以下简称“承德市直机关工委”）直属党委 2 个、机关党委 42 个、总支 21 个、支部 20 个，党员 13168 人，其中在职党员 9055 人。一年来，在市委的坚强领导下，深入学习贯彻党的十八大、十八届六中全会和习近平总书记系列重要讲话精神，紧紧围绕市委市政府决策部署，主动适应新形势、新任务要求，牢牢把握“服务中心、建设队伍”两大核心任务和“走在前、做表率”总体要求，着力强化四种意识，贯彻全面从严治党要求，统筹推进机关党的思想、组织、作风、反腐倡廉和制度建设，为实现“脱贫摘帽、全面小康”目标，加快“生态强市、魅力承德”建设提供坚强保证。

【理论武装工作】　坚持不懈地用中国特色社会主义理论体系和马克思主义中国化的最新成果武装党员干部，深入学习贯彻习近平总书记系列讲话精神，认真开展“两学一做”专题学习教育活动，注重突出领导带头作用，坚持问题导向，注重学用结合，增强党员学习教育的思想行动自觉，推动学习教育抓在日常、严在经常。深入查摆机关日常学习教育的突出问题，夯实真学基础。围绕强化“四个意识”、践行“五大理念”，指导市直机关基层党组织开展了一系列载体活动。结合纪念建党 95 周年，通过网上答题、集中测试等方式，开展“两学一做”知识竞赛，深入开展“远学李保国、近学范振喜”活动，深入开展党的十八届六中全会精神学习。引导各支部把十八届六中全会精神纳入“三会一课”，广泛开展学习交流研讨、典型案例警示、先进事增强学习针对性。

坚持把“两学一做”学习教育作为加强机关党建的重要契机和有力抓手，与中心工作紧密结合，引导全体党员以“四讲四有”为标准，在干中学、学中干，努力在本职岗位上履职尽责，把做合格党员要求落实到具体实践中。把学习教育凝聚的共识、激发的热情转化为推动工作落实、促进改革发展的强大动力。

【机关作风整顿】　按照市级机关作风整顿领导小组工作部署和任务，市直工委从严要求，强化责任担当，一是加强统筹协调，讲究方式方法，增强督导工作成效。组建由 8 个巡回督导组，迅速投入工作。通过规范工作人员管理，规范工作程序管理，厘清督导组和巡回督导组的管理权限。在督导工作中，8 个巡回督导组采取“看”即审阅准备材料。“查”即实地考察。“访”即个别访谈的形式足记遍布市级机关 91 个单位及 12 个县区，把暗访式督导作为推进工作的有效方式，对为官不为、懒政怠政问题进行体验式暗访，发现问题及时向相关单位进行通报，要求相关单位近视调查核实情况，对相关责任人进行处理，并提

出具体整改措施。对机关作风整顿良好氛围形成起到积极作用。经过广泛征集、总结提炼、层层筛选，辑印了《承德市“转作风、优环境”，助推“生态强市、魅力承德”建设“一招鲜”举措汇编》，供全市上下相互学习、交流和借鉴。同时创新提出《实地走访记录》和《实地考察记录》两个记录簿，在将压力层层传递的同时也将责任层层落实。二是注重激励和约束，坚持客观全面，增强作风评议实效。按照《市级机关作风公开评议工作实施方案》文件精神，对84个市级机关的作风建设进行了主体评议和网络评议。主体评议由176名各界人士组成的市级机关作风整顿暨优化发展环境特邀督导队伍，根据平时掌握的各方面的意见建议，年底进行现场评议。网络评议依托市广播电视台智慧承德手机台设计的市级机关作风评议平台完成。按照“坚持分类评议、坚持面向服务对象、坚持客观公正”的原则，科学汇总主体评议和网络评议结果，对84个市级机关的作风建设评出了“优秀”“较好”“一般”等次。

【基层组织建设】 把推进基层党建七项重点任务落实作为加强机关党建的有力抓手，进一步细化工作措施，对所辖基层党组织需要解决的问题，实行项目化管理，对任务推进情况做到全程跟进，挂图作战、逐项销号。一是严格基层党组织换届选举。抓细节、重规范，认真开展机关基层党组织换届工作排查，对年内应换届的基层党组织建立台账，采取多种方式进行督导，严把程序、审批、考察关，指导80个机关党组织进行了换届选举，机关党组织按期换届率达到100%。按照市委要求，高标准、高质量完成了十九大代表、省九次党代会代表的选举工作，通过自下而上、上下结合、反复酝酿、逐级遴选等程序，选举产生出席十九大代表候选人14名、出席省九次党代会代表27人，双桥区人大代表3人。二是党代表和党员违纪违法未给予相应处理情况排查清理工作。把此项工作作为落实从严治党要求的一项重要工作，严格落实工作责任，要求各基层党组织对本单位人员进行全面排查，认真梳理，逐一核实，严肃审慎的甄别人员身份。指导各单位建立并完善党员信息核查、信息通报机制，对违纪违法的党员及时做出相应处理，并将处理结果及时通报反馈。在清理排查过程中，积极与人大、纪委、司法紧密配合，积极衔接核对，保证了清理排查工作的准确性。三是开展党员组织关系集中排查工作。周密部署、统筹安排，市直机关各基层党组织以党支部为单位对党员组织关系集中开展梳理排查，通过核查党员名册、党员档案、党员缴纳党费和参加支部活动记录等办法，确保排查范围全覆盖、无死角，尽最大可能使每名党员特别是失联党员、“口袋”党员回归组织。市直各基层党组织以此项工作为契机，进一步研究党员管理工作中存在的问题，通过建立健全党员基本信息、加强流动党员管理、实施党员分类管理以及严格党内组织生活等手段，不断提升党员管理水平，加快形成从严管理党员的长效机制。四是党费收缴使用管理工作专项检查情况。把正面教育、思想引导摆在突出位置，使收缴党费的过程成为党员增强党性观念和党员意识的过程。抓常态、重长效，党费补缴全部完成，党费收缴工作实现进一步规范化。要求市直各基层党组织严把政策，按照时间节点做好党费补缴工作，特别强调在做好此项工作中把握好尺度，做好政策宣传，并严格纪律要求，做好舆情监控，防止负面炒作。

【党员教育管理】 坚持严格党员标准、严格发展程序、严把党员“入口关”，进一步规范发展党员程序，注重入党前的培训，加强入党后的教育，对130余名入党积极分子、新党员进行了培训，不断提高发展新党员的质量，全年发展新党员102名。加强党员教育和培训，不断拓宽培训内容、创新培训方式、增强培训效果，引导党员干部认真学习党章，不断增强党章意识、党员意识、服从意识，忠诚履行义务，规范行使权力。

强化党务干部队伍建设。坚持培训内容高水准、培训机构高资质，实施“走出去”战略。2016年，在延安市委党校举办了以“不忘初心、继续前进，提升市直机关党务干部履职能力”为主题的党务干部培训班，为期7天，共79人参加。通过教育培训，党务干部开阔了眼界、增长了才干、提升了必备知识的厚度、拓展了创新思维的宽度、增添了做好工作的内动力、执行力和创新力。创建党员志愿服务品牌。打造独具特色的党员志愿服务品牌，引导市直机关广大党员在服务社会、服务群众中更好地发挥先锋模范作用，把“学”和“做”融入日常生活中的细微之处。围绕重要时间节点开展了系列志愿者活动，参与市直机关党员志愿服务活动的志愿者达5000余名。开展了志愿者无偿献血活动，共有200余名党员志愿者参与献血活动，成功献血人数达146人，献血量达48400毫升。为承德市血库做了应急储备，为社会奉献了爱心，彰显了共产党员的高尚情操。四是健全完善党内激励关怀帮扶机制。积极探索建立健全党内激励、关怀、帮扶机制的新途径和新办法，努力传递党的温暖、营造党内和谐氛围，不断增强党员的荣誉感、归属感和责任感，加强对先进事迹的宣传力度，培养广大党员积极向上的精神风貌，激励广大党员在工作中发挥模范带头作用，努力形成“比、学、赶、超”的浓厚氛围。“七一”前，对41个先进基层党组织、240名优秀党员，59名优秀党务工作者进行了表彰。建立特困党员台账，适时对生活困难党员和老党员进行走访慰问和救助帮扶，“七一”前慰问人数8名，金额4000元；元旦、春节期间慰问人数130名，金额72000元。

【党风廉政建设】 加强对党风廉政建设和反腐败工作的领导，注重研判形势，及时解决重点、难点问题。一把手认真履行“第一责任人”责任，班子其他成员严格履行“一岗双责”，坚持把党风廉政建设各项要求体现到业务工作和日常管理中。结合实际，制定了《2016年市直机关党建工作和党风廉政建设主体责任工作安排》《2016年市直机关党风廉政建设和反腐败工作要点》《市直机关工委党风廉政建设党委主体责任清单》，形成了集体领导和个人分工负责相结合，一级抓一级，层层抓落实的党风廉政建设工作格局。支持纪工委依纪依法履行监督责任，定期协调研究反腐倡廉建设各项工作，持续就加强“四风”监督检查等工作进行专题研究。纪检干部自觉接受干部群众的监督，努力做到忠诚干净担当。按照《承德市纪律检查体制改革专项小组2016年工作要点》等文件要求，积极与省直纪工委沟通，起草了《关于加强市直单位机关纪委建设的意见》，得到市纪委领导充分肯定，在制度层面为加强市直部门纪委建设、明确职责、配强队伍、理顺机制、发挥作用提供了依据，推动了纪检体制改革向基层党组织延伸。

附：中共承德市委市直机关工作委员会领导名录

书　　记：刘文勤（12月免）
　　　　　丁　伟（12月任）
常务副书记：梁少明（满族、7月免）
　　　　　李桂梅（女、满族、7月任）
副 书 记：苏海玉（满族）
　　　　　刘秀芬（女、满族）
　　　　　常会友
　　　　　高永阁（满族、12月任）
纪工委书记：牛秋华（女、满族、7月免）
　　　　　孙宝贵（12月任）

（供稿　肖建华）

机构编制管理

【概况】 市机构编制管理工作紧紧围绕市委、市政府决策部署，牢固树立和贯彻落实“五个围绕”

要求，服从服务于承德市“守底线、快转型、促协同、奔小康”主基调，主动站位、标明导向、积极担当，抓改革、严管理、搞服务、带队伍，圆满完成了各项目标任务。

【行政审批制度改革】 大力简政放权。年内衔接3批次，取消59项，下放89项，全部在20个工作日内落实到位。更加注重从实际出发，着严突破制约基层发展的核心问题，制发了《下放市本级行政权力工作实施方案》，研究形成了自主向县区下放行政权力目录，加大自主放权力度。依法规范治权。遵循“上下对应、事项法定、类别规范”原则，全面清理行政审批中介服务事项，衔接2批次22项，取消8项，保留实施5项，纳入政府部门审批程序技术性服务事项9项，各类主体的办事门槛与办事成本进一步降低。积极推进制度创新，制发《进一步优化审批流程、压缩审批时限、精简审批要件的意见》（承市政字〔2016〕56号），严格规范具体审批行为，实行市县共有行政许可事项审批程序、审批时限、审批条件、申报材料“四统一”，做到全域内同一事项无差别办理，行政审批规范化、标准化建设进一步提高。公开透明晒权。继续深化权责清单建设，建立事项调整变动提醒、事项公开督办制度，市本级39个部门3953项行政权力及时调整并公开。推动集中用权。认真总结平泉县实行相对集中行政许可权改革，组建行政审批局的经验做法，结合赴外考察成果，向市委、市政府提出在全市推行此项改革的建议，列为重点推进的改革任务。经前期深入调研、科学研判和积极争取，省批复同意承德市在市、县（区）两级组建行政审批局。

【重点领域体制机制改革】 完成扶贫工作体制改革。主动服务扶贫攻坚战略，整合组建了市和7个重点县扶贫和农业开发办公室，实现了扶贫开发工作职能统筹、集中发力。代市两办制发了《加强县乡（镇）扶贫工作机构建设的通知》，强化了县乡扶贫攻坚领导体制和工作机制，调整充实了乡镇扶贫机构工作力量。深化旅游管理体制改革。围绕承德市加快旅游业发展的部署，着眼强化旅游管理部门发展旅游产业的统筹规划和总体协调职能，将市、县（区）旅游局更名为旅游发展委员会，并根据发展全域旅游和智慧旅游的实际所需，及时调整了市旅游委内设机构和人员编制，为促进全市旅游产业转型升级、持续发展增添了动力。推进国有牧场和国有林场改革。积极参与组建御道口牧场管理区后续工作，配合提出人员安置意见，同步规范了事业单位设置。在隆化、丰宁国有林场改革试点取得经验，顺利通过国家和省政府验收的基础上，配合相关部门研究制定并向省上报了深化全市国有林场改革方案，经批准后将组织实施。深化开发区机构编制改革。全面落实省、市加快开发区改革发展的部署要求，配合完成“一县一区、一区多园”整合工作，按政策研究提出了承德高新区和整合后省级开发区管理机构改革方案，通过省批复。立足聚焦引领发展，释放发展活力，推动各类开发区（园区、聚集区）实施人员控制数和全员聘任制管理、因地制宜自主设置内设机构等方面的改革。落实市县纪检体制改革。在市直空余行政编制极为有限的条件下，多方调剂行政编制100名，足额保证了市委“一办四组”巡察机构和市纪委30家派驻机构共186名行政编制的需求。对县区纪委内设机构改革和党委巡察机构建设，从政策把关和技术支持上给予有力指导，及时研究解决了遗留问题与难点问题。年内，在全省第一家完成了市、县（区）纪检监察机关机构改革和党委巡察机构组建工作，机构设置和编制配备如期落实，全面实现了派驻监督和党委巡察全覆盖，进一步提升了纪检监察机关执纪监督问责职能。组织力量深入研究监察体制改革、市级机关内设机构改革和精减人员编制、城市管理综合执法体制改革、省以下环保机构监测监察执法垂直管理改革等重点任务，提出了相应预案，为下步落实做好了准备。

【严控机构编制】 把握控编减编工作常态，强化机构编制管理刚性约束，通过传导压力、压实责任、强化督查，不折不扣抓好落实。总量控制目标落地。将机构限额和编制总量作为政策“高压线”和纪律“红线”，坚持不能突破。全面落实《严格控制机构编制和人员工作方案》和《严格控制机构编制和人员工作责任书》，全市机关事业单位编制总量得到有效控制，确保了各级机构限额和各类编制总量均未突破。只减不增取得实效。在落实编制使用核准制和实名制管理基础上，实行编制使用计划管理，并严控增量需求，资源动态调整，消化超编存量。年内，市本级控制不合理机构增量 26 个，减少增编需求 361 名；通过撤一或撤多建一的办法设置机构 17 个，调剂用编 211 名；市直超编行政、事业单位分别较 2011 年年底减少 21 个、57 个，消化超编人员 894 名。

【事业单位登记管理】 全市机关、事业单位统一社会代码赋码工作圆满完成，事业单位法人治理结构建设试点稳步推进，1 个省级试点和 3 个市级试点理事会组建到位，“民主管理、依规运行”体制已经确立，政事分开、管办分离深入推进，试点单位内部活力和创新力明显增强。

【机构编制监督检查】 建立了全市机构编制跟踪评估和审计考核工作机制，定期对县（区）和市直部门机构编制配置及执行情况进行跟踪指导、督查问效。深入开展“两查一审”，按职责分工专项检查了平泉县政府主要负责人任中机构编制执行情况，找准问题，严督整改。积极参与“一问责八清理”专项行动，按相关规定严格审核市直和县区违规进入人员，提出了整改意见。进一步加大工作力度，采取撤销、整合、降格、逐步消化等措施，整改违规设置的处级机构 24 个、科级机构 8 个，违规设置机构问题全部解决。

【服务改革发展大局】 把服务保障市委、市政府重大战略部署作为鲜明导向，按照“调弱济需、有保有压，调剂用活、有增有减，聚焦资源、优化供给”的思路，坚持有所为、有所不为，对重大任务和重点方面给予倾斜。从实际出发，重点加强了非公经济组织和社会组织党建、县区深改工作、教育发展、能源产业、安全生产、特色中药材产业、水库移民、公共资源交易、城乡医保和机关事业单位养老保险、法律援助、高速警务、法警队伍等方面的职能与机构建设，把宝贵的执政资源用在了刀刃上。经济发达镇改革试点工作继续深化，积极推进向 2 个试点镇放权，探索完善财税管理体制和创新机构编制管理。事业单位分类改革稳妥推进，拟定进一步清理规范市直事业单位的意见，并为顺利推进承德热力总公司转企改制做好了政策服务。

附：承德市机构编制委员会办公室领导名录
主　任：王利华（女）
副主任：胥广和
　　　　李松华（满族）
　　　　王　炜（满族）

（供稿　孟宪虎）

政策研究

【概况】 市委政策研究工作紧紧围绕“求实、严谨、创新”的政研精神和“忠诚、干净、担当”的要求，主动服务，积极作为，在文稿起草、课题调研、办刊创新和机关建设等方面，较好地完成了市委、市政府交办的各项工作任务。全年共参与起草市委全会文件、领导讲话、书记署名文章等重要文稿 15 篇，14 万多字；编发《呈阅件》15 期、《调研专报》12 期，共 15 万余字，批示率达 100%。承德市在河北省政研系统优秀调研成果评选中有 5 篇文稿获一等奖，19 篇文稿获二等奖，18篇文稿获三等奖，获奖数量在全省名列前茅；在十五届河北省社会科学优秀成果评选中获三等奖1篇。市委原常委、市委秘书长刘文勤批示："可喜可贺！请再接再厉，再创佳绩。"

【以文辅政】 在文稿起草上，不断在高站位、高质量上下功夫，努力提升文稿起草工作水平，以文辅政作用得到进一步发挥。代市委起草了关于对省第九次党代会报告议题的建议、关于省第九次党代会报告征求意见稿的修改意见和市长常丽虹在省第九次党代会报告征求意见座谈会上的发言提纲，起草了市委书记周仲明《在全市扶贫开发暨农村工作会议上的讲话》等重要文稿。在筹备承德市第十四次党代会过程中，在人员少、任务重的情况下，发挥研究室特别能吃苦、特别能战斗的作风，先后完成了《调研工作方案》起草、16个重大课题调研调度、仲明书记听取专题汇报的安排组织工作。进入报告撰写阶段工作后，先后召开十余次研讨会，七易其稿，反复讨论，经过近三个多月的研究修改，正在全面征求意见。根据省委、省政府重大工作部署和宣传承德的需要，组织撰写市委书记周仲明署名文章3篇，《守底线快转型促协同奔小康》《用新理念指导新实践坚定不移闯出一条绿色发展之路》《实施一带三区战略加快构建城市经济高地》，分别在《河北发展》第一、第五、第十期刊发。

【调研文章】 紧紧围绕全面深化改革的重大部署和市委、市政府中心工作，主动"换位思考"，把领导的"关注点"作为思考问题的"着力点"，开展决策性、建议性调研，力求参谋思维与领导思维的"同频共振，"为市委、市政府科学决策提供参考。紧紧围绕省委书记赵克志到承德市调研时强调的承德要坚守生态和发展两条底线，加快产业转型升级步伐，努力走出一条生态优先、绿色发展的新路，撰写的《一场绿色发展的产业变革——关于承德市以十大绿色产业替代"两黑"产业的调查》文章，省委政研室于12月2日以《〈政研与决策〉清稿（17）》形式报省委、省政府相关领导，省长张庆伟，省委副书记李干杰，省委常委、秘书长商黎光都作出了重要批示。其中省长张庆伟批示："承德市委、市政府及各县坚定走新路，下决心大力度调整产业结构应予肯定。省发改委、财政、国土、环保、住建、旅游等部门要给予大力支持，在转移支付、节能环保产品特别是新型建材推广应用、协同发展、承接项目等方面倾斜，相信承德市在贯彻新发展理念，落实省第九次党代会中攻坚克难，坚持不懈。"省委政研室于12月14日将该调研报告刊载于《政研与决策》第43期发全省各级各部门。推动传统产业迈向中高端，是承德市转型升级、绿色发展的"重头戏"。对此，深入调研，撰写了《加快从"钢铁之城"转身为"钒钛之都"——对我市钒钛新材料产业基地建设的调查与建议》，市委书记周仲明批示："请发改委王毅主任召钒钛办研究，下力推进钒钛产业项目。"市长常丽虹批示："这项工作对推动承德市传统产业优化升级和供给侧改革意义重大。请莲蒂参考。"围绕打赢脱贫攻坚硬仗，决战决胜全面小康，摸实底、算细账、探路径，组织了《承德离全面小康还有多远？》专题调研，市委书记周仲明批示："该文分析透彻，切合实际，所提建议很有价值。"市长常丽虹批示："全面小康是一个完整的指标体系，涵盖多个方面，也是一项系统工程，需要综合发力。这份调研报告很有价值，需要认真研究、分析，对症解决问题，请清海阅研。"市委原秘书长刘文勤批示："此调研专报坚持全面小康标准，坚持问题导向，有数据、有分析，既把脉又开方，很有借鉴价值，请市直各部门主要负责认真参阅。"针对绿色发展、生态建设方面存在的短板，坚持以更开阔的视野审视思考，及时借鉴外地经验，形成了《浙江特色小镇建设的经验与启示》，以"呈阅件"形式报市主要领导。市委书记周仲明批示："这篇调研很有价值，请转至各县区委书记，县区长阅，认真借鉴。"在省九次党代会期间，常务副省长袁桐利表示：在碳交易等几个方面要给予承德大力支持。第一时间调研撰写《碳交易：生态生财的好门路——对加快推进我市碳交易市场建设的建议》，市委书记周仲明批示："请发改委、林业局研究借鉴外地先进经验，大力度推进承德市碳交易。"刘文勤批示："这是我市推动生态文明建设的重要内容和途径，应下大力度突破。"近年来，大数据在承德市崛起迅猛，如何推动这项科技产业在承德市快速崛起，与承德县委研究室共同撰写了《以德鸣速度直冲云端——对承德德鸣大数据产业园项目速度与激情的调查思考》，市长常丽虹批示："这份报告很好，德鸣大数据项目的成功实践充分说明，只要积极而为，定会大有作为。在当前承德市下行压力和转型升级压力持续加大的情况下，德鸣现象值得研究，德鸣速度需要推广。"

【决策建议】 针对影响市经济社会发展中存在的深层次矛盾和问题，深入调研、深刻思考，先后撰写20余篇高质量的调研报告，以《呈阅件》形式报送市"四大班子"相关领导。例如，"贷款难"一直是制约农村脱贫的一个"瓶颈，"如何破解？调研撰写了《打通金融扶贫"最后一公里"——对我市创新"政银企户保"模式破解贫困户贷款难的调查与思考》，刊发省委研究室《送阅件》第39期，分别呈报给省委书记赵克志、省长张庆伟和干杰、超英、向利、田庚等。12月27日，市委书记周仲明批示："效果很好。研究室最近几个专题确实有力度，应予充分肯定。"老旧小区物业管理一直是承德市的一个老大难问题，围绕这个多年没有得到很好解决的难题，进行专题研究，3月，撰写了《从"营子模式"看如何破解物业管理"老大难"》，市委原秘书长刘文勤批示："营子区老旧小区物业管理新模式是一个积极探索且初见成效，可资借鉴。请办公室以承阅件印发各县区参阅学习。"按照周仲明书记交办，就省政府研究室牵线江苏泰州中国医药城与承德市对接合作事宜，及时进行了沟通，积极协助双方开展前期工作，起草了承德市与江苏省泰州市建立友好城市的协议，提供了承德市和滦平县的一些基本情况和优惠政策，力促合作成功。就滦平县邓厂满族乡脱贫情况进行跟踪调研。早在1985年，时任全国人大常委会副委员长习仲勋曾对该乡贫困现状作出重要批示："请周杰（时任中央办公厅副主任）派人调查一下，和当地群众座谈几次，提出致富措施，并选出几个退下来的身体健康的，住在这里，具体帮助工作。像这样贫困的死角地方，每省都会有的，把这个乡搞好，就可起个带头作用。"三十多年过去了，这个乡情况怎么样，调研后，实事求是反映现在的情况和问题，提出了今后工作和宣传建议，得到市委原秘书长刘文勤的肯定。此外，抽出一名副主任参与了省市纪委组织的"河北农村基层党风廉政建设百村调查"参与撰写了《承德市农村基层党风廉政建设调查报告》。

【对上宣传】 坚持以超前思维审视基层干部群众的实践探索，跟踪总结创新性做法，并不断加大对外宣传力度。2015年，《精准扶贫的"三个零模式"——对平泉县创新推进产业扶贫的调查》，得到省委原副书记赵勇指示："请省扶贫办推广"。市长常丽虹批示："平泉县委县政府能够用改革创新精神推动理念和机制的创新，敢于探索、大胆实践、破解难题，聚焦脱贫产业，助推精准脱贫。'三零模式'是一条成功经验，请扶贫办牵头推广、学习借鉴。"《五年60亿！转型聚合华丽转身——对承德市鹰手营子矿区破解资源枯竭城市转型难题的调查》，在河北省委《信息专报》刊登，《建设旅游强省的战略选择——关于我省加快推进旅游产业化的调查与建议》省领导赵勇、范照兵先后做出重要批示。《项目立县的“滦平密码”——来自滦平项目攻坚年一线的调查》，并在《河北发展》第11期刊发。市委书记周仲明批示：“集中精力上项目，力促绿色发展，滦平的经验值得推广学习。”《承德“一带三区”筑城市经济高地》，2016年12月25日在《河北日报》头版头条发表，周仲明批示：“效果很好，望再抓几个角度，每隔一段一个重点题目，扩大对外宣传。”

【精细办刊】 把办好市委、市政府机关刊物《承德建设》，作为服务中心、服务基层的重要载体和平台。坚持正确办刊宗旨，突出党刊特色，不断增强《承德建设》的权威性、综合性、指导性。特别是围绕全力打造精品党刊，把传递决策信息、反馈基层声音作为办刊的立足点，以多角度、全方位、组合拳的形式，深度解读市委、市政府的重大决策部署，根据不同时期的工作重心，开辟不同的栏目。通过开办“两学一做征文”“扶贫攻坚”“塞罕坝精神”等栏目配合全市中心工作，推动各项决策落实。在《建言献策》栏目，刊发外埠稿件20余篇，这些建议稿件以承德市改革发展稳定工作中存在的现实问题为导向，提出的具体意见和建议具有实用性、针对性和可操作性，刊发后反响很大，得到领导认可。同时，对封面进行了重新设计，改变以往以图片为背景的旧模式，改版后的《承德建设》以清新、典雅、大方、简洁的风格展现在读者面前，增添了刊物的活力，拉近了与读者的距离。全年编发《承德建设》正刊12期、编辑稿件240多篇，120多万字。

附：市委研究室领导名录

主　　任：孙志广

副 主 任：杨延平

　　　　　李晓莉（女）

　　　　　曹进波

（供稿　曲久清）

对台工作

【概况】 认真贯彻落实中央和省委对台工作会议精神，按照省、市委对台工作的决策部署，紧紧围绕“服从服务于祖国统一和全市经济社会科学发展两个大局”的指导思想，坚持“一个中国”原则不动摇，坚决反对“台独”分裂势力及其活动。结合承德市对台工作实际，调整工作思路，创新工作措施，统筹兼顾，着重做好涉台重点工作。牢固树立和努力践行“六种工作意识”，较好地完成了全年对台工作任务。

【涉台稳定】 将做好涉台稳定工作贯穿于对台工作的全过程，切实抓紧抓好。按照“属地管理”、“谁分管、谁负责”以及“四个第一”的原则，分工到部门，责任到人，把有效预防和妥善处置涉台突发事件作为对台工作的一项重要任务。认真落实和执行“防突”工作预案、涉台突发事件紧急处理预案，强化情况信息上报、台胞上访接待、涉台矛盾纠纷排查处理等制度的落实，形成了责任明确、措施具体、操作性强的维护涉台稳定工作机制。认真做好来信来访工作。对来信来访实行首问首办责任制，明确要求，明确责任。做到接待热情、调查翔实、解决合规、有理有据。对一时解决不了的，耐心细致的做好解释工作，使访者满意。继续保持了全市涉台稳定和涉台工作“零事故”。

【对台交流】 全年组织成行赴台交流团组3个，11人次；接待台湾来承交流团组4个，56人次。在对台交流工作中，把重心放在基层，重点推进承台在文化、科技、教育、体育、旅游、卫生、宗教等领域和基层民众深度交流，加强针对性，不搞泛泛之交。充分利用承德的旅游资源优势、区位优势以及京津冀协同发展的契机，积极开展承台双向交流活动。一方面宣传领导层，求得领导的支持和参与。9 月 7 日，台湾海峡两岸经健文教交流发展协会理事长、“台湾地区立法机构”最高顾问、中壳润滑油股份有限公司董事长、健行科技大学董事郑金玲、校长李大伟一行 10 人到承德参访，实地考察了河北旅游职业学院。双方在相互了解各自学院的发展历史、专业特色等基本情况基础上，都表示在师生交流、学术研究等方面进行更广泛的交流与合作的意愿。民革中央联络部副部长章仲华、市政协副主席、民革承德市委主委胡晓红全程陪同参观考察。另一方面市、县（区）台办认真谋划对台交流项目，积极组织各部门、各行业单位组团赴台交流，支持各行业参加省以上部门、行业组织的赴台交流活动。进一步规范交流管理工作。在对台交流项目审核、报批中严格把关，做到了无实质交流内容的不报批；严格落实赴台交流全员行前教育及每团归后总结等规定。

【对台经贸】 全年赴台经贸考察团组 1 个，7 人次。在对台经贸工作中，积极调动各方面的力量，加大承台经贸考察和交流力度。大力向来访台胞、台湾团组推介承德市的投资环境、经济发展方向、产业优势、资源情况和承德在京津冀协同发展中的定位，增强来访台胞对承德的感性认识，激发台湾经济界人士参与承德市经济建设发展的热情。

充分发挥台办职能作用，加大招商引资力度。积极组织有关部门和相关企业参加省、市举办的“河北国际经济贸易洽谈会—台湾产业园专题对接洽谈会”“2016 年海峡两岸共祭中华三祖”“第十八届中国国际高新技术成果交易会”等各类大型招商会、洽谈会。活动期间，加强与市商务局、市发改委、市旅游局、各县（区）等招商职能部门的联系，协调联动，优势互补，形成合力抓好招商引资的各项工作。

严格贯彻落实《台湾同胞投资保护法》及其《实施细则》，依法妥善调处涉台投诉纠纷，切实保护台商合法权益，营造“离家不远、一切方便”的营商环境，做好台商、台企服务工作。一是对辖区内台资企业定期进行走访调研，掌握台资企业生产经营状况，做到情况明，底数清。3 月 22 日至 25 日，市台办主任王德明、副主任丁惠荣及经贸交流科的先后到承德县的承德百顺服装有限公司、承德德惠石油液化气有限公司、承德三融畜牧发展有限公司、承德御翔鑫消防设备有限公司、承德大润发商业有限公司等台资企业进行了走访调研。通过与企业主要负责人座谈，了解台资企业经济状况。并促成了“三融”畜牧发展有限公司与“大润发”超市实现商务合作对接。积极协调当地的公安、交警等部门，协调解决驻承台商办理、更换大陆驾驶证的问题。二是加强对台资企业矛盾纠纷的排查工作。指导协调县区台办进一步做好优化台资企业发展环境工作，积极为台商排忧解难。三是做好涉台突发事件的预防工作。市、县（区）台办坚持敏感期 24 小时值班制度。

【对台宣传】 坚持“寓对台宣传于各项对台工作之中”的指导思想，紧密结合对台交流、对台经贸工作，利用一切宣传渠道和时机，采取多种形式，广泛深入开展对台宣传。深入开展涉台对内对外宣传。充分利用《台湾工作通讯》、《两岸关系》、《承德对台工作通讯》、国台办网站等宣传媒体宣传党的对台方针政策、工作动态，全力做好对台宣传工作。全年发表在有关报刊、电视台涉台宣传稿件、上报涉台信息 15 条。积极开展入岛宣传。把对台交流、人员往来和对台经贸活动作为入岛宣传的主要途径，通过座谈、赠送礼品等方式进行入岛宣传。利用传统节日，向台湾同胞寄送贺卡，鼓励、指导台属利用书信对在台亲属进行宣传。共有 100 多件反映民族团结、历史文化、自然景观、经济发展的光盘、画册等宣传品输入岛内。紧紧抓住接待台湾人士到承德参访交流、经贸考察的契机，多角度、全方位向台湾客人推介和展示承德在经济、社会发展，产业发展规划，投资软硬环境建设和城市建设的新变化、新成就。四是充分利用赴台交流考察团组做好入岛宣传。五是扎实开展涉台教育工作。紧紧围绕两岸关系热点问题、如何正确理解党的对台方针政策和维护涉台稳定工作，通过走访座谈、“行前教育”、广播电台、各级党校，通过接待到访等形式对干部群众进行涉台宣传教育。利用召开全市台办主任工作会议之机对涉台干部进行业务培训。

【基层工作】 针对各县区对台工作任务侧重点不同，加强分类指导，总结工作经验，推广工作中的“闪光点”，相互学习，相互促进。隆化县台办以加大对台胞服务、台属帮扶力度为抓手，认真做好对台经贸工作。承德县是台资企业大县，在对台工作中，深入贯彻落实《台湾同胞投资保护法》和《承德县保护台资企业（暂行）规定》，协调税务、环保、劳动、司法等部门共同做好台资企业服务工作。坚持和完善联系台资企业制度，依法保护台资企业的合法权益。平泉县台办把对台宣传和涉台教育工作列入各级党委考核目标，纳入各级领导班子、党委学习中心组学习辅导内容。同时作为县委党校培训的内容之一。在服务台属工作中，继续完善和坚持“乡镇副科级领导干部联系、帮助台属户”制度，将精准脱贫工作与台属工作相结合。营子区台办在对全区台胞台属调查摸底的基础上，到台属家中进行走访，了解台属工作、生活上的困难和问题，帮助他们解决困难和问题。通过他们向在台湾的亲人宣传党的对台方针政策，通过他们向台湾亲属表达祝福，把党的方针政策传递到台湾岛内。引导和鼓励台胞为营子区招商、引智、引人贡献一分力量。围场县台办在认真做好对台接待任务，积极组织本县企业家参加“2016 年中国廊坊国际经济贸易洽谈会”的同时，注重做好对台经贸工作。认真谋划符合当地经济发展方向，具有相对资源优势、绿色能源、生态农业项目 12 个，旅游产品开发类项目 5 个。

【思想作风建设】 大力加强干部队伍自身建设。加强思想政治学习。通过各种形式组织全办工作人员认真学习党的十八大、十八届三中、四中、五中、六中全会精神和习近平总书记对台工作重要思想，全面系统地贯彻落实党的对台方针政策，在思想上和行动上始终与以习近平为核心的党中央保持高度一致。深入开展“三严三实”“两学一做”学习教育等，做到相互融合、互动互促，以严和实的精神推进专题教育等各项活动深入开展，用实实在在的工作成就检验专题教育活动的成果。通过专题教育活动，进一步提高广大干部的政治意识、大局意识、核心意识和看齐意识，增强做好对台工作的责任感和使命感。大力开展党风廉政建设。认真组织学习习近平总书记关于党风廉政的重要论述、组织全办党员干部学习《中国共产党党内监督条例》《中国共产党纪律处分条例》《中国共产党党员领导干部廉洁从政准则》，学习和领会党的十八大报告、十八届三中、四中、五中全会及市纪委关于加强党风廉政建设的会议精神，随时传阅有关党风廉政建设的文件。加强警示教育。注重以通报的违法违纪典型案例为反面教材警示党员干部，认真剖析原因，吸取教训，引以为戒，牢固树立立党为公、执政为民的理念。加强各项工作制度建设，建立长效机制。形成具体工作“副职分管、正职监管、领导班子集体决策、干部职工监督”的工作机制，优化权力结构，合理分工，从源头上预防腐败。四是推进政务党务内部公开，每季度向机关党员干部公布财务收支情况，尤其是招待费和公车费用等及时公开。加强财务监督，严格执行台办财务管理规定，实行超过限额领导班子集体讨论决定的原则。按照要求，修改完善了《市台办各项规章制度》，涉及公文处理，公务接待，车辆、人事、财务管理、党建工作等多项规章制度。这些规章对规范人员工作行为，堵塞管理漏洞，进一步推动全办管理工作走上制度化、科学化、规范化轨道将起到积极的推动作用。

附：中共承德市委台湾工作办公室领导名录
主　　任：王德明
副 主 任：丁惠荣（女）
　　　　　杨国新（满族）

（供稿　张　军）

信访工作

【概况】 在市委、市政府的坚强领导下，认真贯彻落实中央、省市委对信访工作的系列部署要求，紧紧围绕“阳光信访”“责任信访”“法治信访”建设，进一步强化政治意识和责任意识，深入推进信访工作改革，圆满完成了各项信访工作任务。全市信访工作总体平稳，继续保持良好态势。从“三访”（赴省集体访、进京集体访、进京“非访”）情况看，取得了“三少三降”较好成效，即：①赴省集体访24批次，全省最少，同比下降24.5%。②进京集体访26批次，全省较少（仅次于衡水市，倒排第二位），同比下降13%。③进京非正常上访66人次，全省最少，比2015年567人次减少501人次，下降88.3%。“非访”处置工作成效明显，受到省联席会议表扬，典型经验做法在全省转发。从市、县区受理访量情况看，市、县两级共受理群众来访3028批次、15706人次，同比下降57.5%和65.7%，其中受理集体访652批次、12336人次，同比分别下降62%和68%。市信访局受理群众来访720批次、5373人次，同比下降62.4%和74%，其中集体访188批次、4395人次，同比下降73.3%和76.1%。这也是近六年来市、县区受理群众上访首次呈现大幅下降。从“三率”（信访事项及时受理率、按期答复率、群众满意度评价率）情况看，承德市信访工作机构和责任单位及时受理率分别为99.5%和98.4%；信访事项按期答复率为99.3%，按期复查率和复核率为100%；信访部门参评率为89.5%，群众满意率为56.2%，责任单位参评率89%，群众满意率67.7%，各项指标均保持良好态势。在全省网上信访工作会议上，承德市做了典型发言。从特殊时期情况看，在全国“两会”期间，承德市未发生进京赴省集体访和“非访”，省联席会议在全省进行了通报表扬。在敏感节点安保期间，承德市未发生到北戴河核心区、唐山世园会和杭州“G20峰会”上访问题。中央六中全会和省第九次党代会期间，信访秩序平稳。中央和省领导到承德市检查指导工作期间，秩序良好，没有发生拦截、围堵问题。省委换届考察组和省委巡视组在承德市工作期间，没有发生到驻地集体上访和在行政中心聚集、围堵等问题，为考察和巡视工作创造了良好环境。

【构建信访工作“大格局”】 市委、市政府高度重视信访工作，市委书记周仲明多次听取信访工作汇报，强力推动工作落实。自5月13日全省信访维稳攻坚行动动员部署会议后，市委、市政府和市信访联席会议先后12次召开会议进行安排部署。从11月下旬至12月上旬，由市委常委带队利用2～3天时间赴各县区对信访稳定工作，进行了精准督导，确保特殊群体稳定和全年信访稳定工作持续巩固。市级领导共召开信访案件协调会、调度会48次，解决疑难信访案件42件。按照“谁主管、谁负责”原则，由市直和驻承中省直相关部门牵头，对当前19类信访突出问题开展集中排查整治和化解，起到了较好效果。市、县区级领导轮流定期到联合接访中心公开接访或约访，直接就地解决信访问题。同时，市委、市政府主要领导深入县区亲自接待群众来访，现场解决问题。7月29日，市委书记周仲明到双滦群众工作中心，亲自接待群众来访2批，现场解决。8月4日，市长常丽虹赴双桥区群众工作中心接待群众来访，现场解决2件疑难信访案件。市级主要领导以上率下，进一步带动和推动了各级领导干部接访工作。市、县两级领导干部共接访约访下访3235件，化解2028件。

【信息化建设】 按照国家、省信访事项办理“可跟踪、可查询、可督办、可评价”的目标要求，全力打造“阳光信访”。各县区、市直有关部门及部分乡镇和县区直部门都已开通了网上信访信息系统，基本实现了省、市、县、乡四级信访信息系统的互联互通。6月，按照全省信访攻坚行动推进工作电视电话会议要求，积极探索和创新‘代理访’‘网络访’等多种渠道的信访新模式。制定了《关于全市推行信访代理制实施方案》《网上信访事项办理实施办法（试行）》，为打通联系服务群众“最后一公里”和进一步规范提升信访事项办理质量和效率奠定了良好基础。按照国家信访局《信访事项办理满意度评价工作实施办法》要求和省市县“四三三”的原则，对网上信访事项，坚持每天至少两次登陆信访信息系统，对国家和省网转送的信访事项及时转交至县区和市直相关部门办理，做到了不漏查、不漏登、不漏报、不漏转。共承办省转送网上信访事项件1231件次，在办理过程、结案质量和“三率”等工作上得到明显提升。承德市网上信访投诉平台、微信公众平台和信访“头条号”等信访信息平台正式启用，全年共受理发布事项217件次。

【责任信访】 在解决问题，强化责任上突出“五个加大”：加大领导包案督访力度。省、市、县三级领导共包案督访1111件，办结1096件，办结率98.6%，息访942件，息访率84.8%。其中省领导和厅级领导包案8件，全部办结，办结率100%，息访5件，息访率62.5%；市领导包案督访70件，全部办结，办结率100%，息访57件，息访率81.4%；县级领导包案1033件，办结1018件，办结率98.5%，息访880件，息访率85.2%。加大积案化解力度。国家省交办信访积案152件，全部办结，息访140件，息访率92.1%，超过省规定的息访率80%目标任务。加大进京赴省集体访和“非访”解决力度。省交办赴省集体访24件，办结21件，其他3件未到结案期，息访15件，息访率62.5%，省交办进京集体访26件，办结22件，其他4件未到结案期，息访15件，息访率57.7%；省交办2015年以来重复进京“非访”86人次，全部办结，息访79人次，息访率91.8%；省交办2016年以来进京“非访”66人次，全部办结，息访率83.6%。省督导组对承德市信访攻坚工作给予了较高评价，认为问题抓得准、工作抓得实、解决力度大。加大疑难复杂案件解决力度。利用中央、省、市三级信访补助资金117.53万元解决了21件复杂疑难信访案件，资金使用均符合审批审查规定要求，并按期完成国家信访系统报送入库工作。同时，经与省积极争取，省联席办同意拟拨2017年中央资金75万元，用于解决20件特殊疑难信访案件。经市政府研究，暂定每年列入市级解决疑难信访问题补助资金75万元，建立资金配套长效机制。加大协调调度力度。市信访局共召开协调会、调度会189次，协调解决各类问题113件。

【法治信访】 全市信访机构共向有关县区、乡镇和市、县区直部门提出“三项建议”83件，其中改进工作建议57件、完善政策建议7件、给予处分建议19件。市信访局提出三项建议22件，其中，改进工作建议14件、完善政策建议3件、给予处分建议5件，除未到反馈时限外，其余全部向信访机构书面反馈了落实情况报告，有效规范了信访工作行为。同时，各级公安机关按照公安部和省要求，依法打击违法上访行为，坚持“发现一起、处理一起、曝光一起”，对66名“非访”人员全部进行了依法处理，其中，行政拘留40人，刑事拘留2人，依法训诫24人，并加大宣传曝光力度，对违法上访的8起典型案例制作了专题片，在市电视台“承德新闻”“今日聚焦”和“法制视野”等栏目滚动播放，在县（区）联合接访中心适时播出，起到很好的警示教育效果，进一步营造了依法、逐级、有序信访的良好氛围。

【解决重点领域“信访老大难”】 解决市属国企破产及遗留问题取得新突破。市委、市政府高度重视国企改制破产遗留问题，将其列入重点信访和民生问题，市长常丽虹2次主持召开市长办公会，专题就市属32家破产企业资金筹措及职工安置工作进行了认真研究，出台了《关于深化国有企业改革的实施意见》（承发〔2016〕20号）和《市属32家破产企业职工安置和资产处置工作方案》，对筹措资金一次性解决问题作出具体安排，强力推动此类信访积案得到妥善化解。国资、财政、人社、住建、商务、国控等部门正在积极推进。近一段时间以来，此类问题上访明显减少。解决“三年大变样”拆迁安置等遗留问题取得新突破。市委、市政府多次专题研究“三年大变样”拆迁遗留问题，金牛山庄、福地花园等14个重点项目已拿出处理意见。为彻底妥善解决市住建系统历史积案，市政府决定拨付75万元专项资金，对确属住房或生活困难的，积极协调申请廉租房或申请信访补助资金给予适当救助。市住建、城管等部门化解了一批上访长达十年以上的信访积案，12名缠访老户签订了息诉息访书。解决潘家口水库移民信访问题取得新进展。2015年7月全省水库移民信访工作会议以后，承德市结合实际科学制定水库移民信访稳定工作方案，深入排查解决各类难点热点问题1687件，化解各种矛盾纠纷1935件，妥善处置群体性苗头153件，没有发生进京赴省集体信访和群体性突发事件。为切实做好潘家口水库34673名移民的稳定工作，市、县两级加大了县级领导包案，实行精准扶贫等工作力度，已经完成投资6316万元，解决了660个历史遗留问题，进一步减少了信访隐患。

附：市信访局领导名录

局　　长：关利军（满族）

副 局 长：张俊东（满族）

　　　　　葛利军

　　　　　郝秀喜

（供稿　孙红升）

老干部工作

【概况】 在市委、市政府的正确领导下，在省委老干部局和市委组织部的指导下，全市老干部工作系统认真贯彻落实党的十八大和十八届三中、四中、五中、六中全会精神，深入学习贯彻落实中办发〔2016〕3号文件精神，紧密结合老干部工作创新发展、转型发展、科学发展的新要求，积极探索老干部工作的新思路、新方法，深入开展“两学一做”学习教育，以为党和人民的事业增添正能量作为价值取向，全面加强离退休干部服务管理工作，圆满完成了全年的各项工作任务。

【老干部基本情况】 承德市共有离退休干部36113人，其中离休干部1604人，退休干部34509人。离休干部中：市直单位713人，承德县80人，围场县83人，丰宁县150人，隆化县108人，滦平县83人，平泉县122人，宽城县78人，兴隆县108人，双桥区32人，双滦区20人，鹰手营子矿区27人；行政机关713人，事业单位465人，企业单位426人；享受副省级医疗待遇1人；正副市（厅）级（含享受）35人，正副处（县）级（含享受）812人，享受正副乡（科）级待遇756人；红军时期参加革命工作1人，抗日战争时期参加革命工作132人，解放战争时期参加革命工作1471人；70岁至79岁1人，80

岁以上 1603 人。平均年龄 86.9 岁。

【领导重视老干部工作】 积极争取领导的关心和支持，全市老干部工作呈现新局面。市委书记周仲明作出重要批示，指导全市老干部工作顺利开展。3 月 10 日，市委常委会专题听取了市委老干部局关于全省老干部工作会议精神和全市贯彻落实意见的汇报，并对落实老干部政治生活待遇、提高退休干部特需费标准、建立离退休干部党（工）委等问题进行认真研究。3 月 14 日，市委书记周仲明对全市老干部工作作出重要批示，明确提出各级党委、政府要从传承党的优良作风、弘扬中华民族传统美德的高度，全面落实中央关于老干部工作的方针政策，对老政治上多关心，生活上多照顾，精神上多关怀，做到真心实情、周密细致、保障有力、待遇落实。这一重要指示精神，为进一步做好全市老干部工作指明了方向，注入了新动力。市委常委、组织部部长赵险峰，市委常委、常务副市长李晋宇多次听取老干部工作汇报，帮助解决实际问题。市领导到市老干部活动中心调研，帮助解决实际问题。7 月 23 日，市委书记周仲明、市长常丽虹、组织部部长赵险峰、常务副市长李晋宇、市委秘书长刘文勤等市领导利用休息日的时间带队到市老干部活动中心调研，并召开了市委办、市人社局、市编办、财政局、住建局等相关部门主要责任人参加的协调会，研究解决市老干部活动中心、市老年大学的改建问题及市老干部活动中心职工安置问题。会议研究决定，将原教育局所属 1400 平方米的楼房、原德汇门大酒店部分经营用房收回后划归市老干部活动中心和老年大学使用，要妥善安置好 37 名老干部活动中心在职职工，责成市编办、人社局、财政局、市委老干部局协商、制定出一套切实可行的方案，稳步推进各项工作。

【落实老干部政治待遇】 认真落实好离退休干部的各项政治待遇，把老干部的思想和行动统一到中央、省、市委的要求上来，做到政治坚定、思想常新、理想永存。深入学习贯彻落实中办发〔2016〕3 号文件精神。中办、国办《关于进一步加强和改进离退休干部工作的意见》（中办发〔2016〕3 号）下发后，立即向市委书记周仲明和市委常委、组织部部长赵险峰作了专门汇报。赵险峰部长出席全市老干部工作会议并做了重要讲话，对学习贯彻落实《意见》精神进行全面部署。按照中办发 3 号文件的要求，强化党委（党组）主要领导的第一责任人职责，进一步落实组织部门、离退休干部工作部门党建工作责任，探索在老干部工作部门建立离退休干部党（工）委，滦平、围场等县已建立老干部党委，并配备了专职党委副书记，其他县区正在大力推进和沟通协调办理中。积极开展老干部喜闻乐见的文体活动，打造健康向上的晚年生活。先后举办了市直第 36 届、37 届“长寿杯”老干部门球赛、全市第一届老干部门球赛暨中国门球冠军赛承德选拔赛。隆化县承办了第一届“海派”门球邀请赛，滦平县老干部门球队荣获第三名。4 月，在承德县举办了承德市首届老干部台球赛。10 月，在老干部活动中心举办了市直离退休干部棋牌赛。年末更新了市老干部活动中心乒乓球桌、台球桌等活动设施。继续组织 22 位实职市级离退休干部到赤峰宁城热水镇第二宾馆进行为期 7 天的健康疗养，受到广大老特别市级离退休老的欢迎。开展离退休干部党支部书记培训工作，不断加强党支部建设。10 月，举办了为期 5 天的市直老干部党支部书记培训班，市直 90 余名老干部党支部书记和老干部科长参加了培训，邀请了市委党校 9 位专家教授对相关方面的内容进行讲解，贺长青局长专题解读了中办发〔2016〕3 号文件精神。四是举办老干部座谈会和形势通报会。分别于 2 月和 10 月召开了市级实职离退休干部座谈会、市直离退休干部形势通报会。市委书记周仲明，市委副书记、市长常丽虹等领导参加会议，就推动老干部工作创新发展讲了具体意见。组织老干部参观考察。6月，组织市级离退休干部参观考察了平泉县的城区建设、山庄老酒产业文化园。9月，组织20名市级实职离退休干部赴承德县参观考察，实地参观了恒伟唐家湾景区开发、德鸣大数据、华唐服务外包等项目建设，让老干部亲身感受到了承德经济发展的新面貌和新兴产业发展带来的新气象、新变化。

【保障老干部生活待遇】 深怀感情，主动服务，深入细致地做好离退休干部服务管理工作。坚持年节走访慰问，为老干部送去组织温暖。春节前夕，市领导分10组走访慰问了56名实职市级离退休干部、1名老红军和31名实职市级老干部遗属。红军长征胜利80周年之际，陪同省委老干部局有关领导看望慰问了老红军戈力。与公费医疗办、教育局等单位共同协商解决多名老干部及遗属的医疗费、生活补贴等生活待遇问题。全年共参加20多位离退休干部的遗体告别仪式，看望了60多名住院的离退休干部。根据年初工作安排，向31名易地安置的离休干部寄送了慰问信和慰问金，表达了对老干部的问候和祝福。认真开展特困帮扶工作。市直共上报帮扶特困离退休干部124人，总计发放帮扶资金10万元（其中离休干部59人、40500元，退休干部64人、59500元）。各县区共慰问特困离退休干部880人，发放帮扶金73.15万元。扎实推进社区“四就近”工作。继续在全市各县区大力推广双滦区社区“四就近”工作经验。丰宁县在社区建立了爱心驿站开展“五有”关爱活动，承德县把有能力、讲奉献的老干部选拔到社区组织领导岗位，平泉县每个社区每年2万元的活动资金已列入财政预算，宽城县一年来在社区组织离退休干部学习14次、专题讲座5次、举办健康讲座4次。为老干部办理优待证。为市级实职离退干部办理“避暑山庄及外八庙实职市级离退休干部优待证”55个，继续为离休干部办理、补办离休干部优待证1593个，积极协调、解决离休干部用证出现的问题。

【发挥离退休干部作用】 依托老年大学、关工委、各种涉老团体和组织等阵地，搭建平台，积极引导广大离退休干部为社会增添正能量。充分发挥窗口阵地作用，老年大学办学水平逐年提高。市老年大学通过内部挖潜，多层次设置课程，缩短学制，增加老年大学承载量，满足更多老年人来校学习的需求。全年累计开设65个专业，182个教学班，学员5379人次。6月，承德市第一所企业分校—承德市老年大学河钢承钢集团公司分校成立，缓解了市老年大学招生压力。同时积极组织学员创作精品、开展书画交流、参与竞赛、送文化下基层，进一步提升社会影响力和知名度。2016年，先后举办和参与了庆祝“中国共产党成立95周年暨长征胜利80周年”系列活动和彩色周末专场演出，荣获二等奖、三等奖和优秀组织奖；宫廷器乐合奏《浪淘沙》在河北省第三届中老年才艺风采大赛中荣获综合类金奖并参加了全省首届中老年春节联欢会节目录制；京剧、评剧教学班在全市第三届戏曲票友大赛上创佳绩。坚持服务青少年的正确方向，全市关心下一代事业蓬勃发展。深入贯彻落实习近平总书记重要指示和省委常委会纪要精神，推动全市关心下一代工作进一步发展。5月底，省人大常委会原副主任、省关工委常务副主任白润璋到承德市调研督导。市本级关工委经费增加到30万元，11个县（区）关工委列入财政预算的经费均已增至10万元，都配备了行政或事业编制的专职工作人员，并对本县区关工委组织机构进行了调整，充实了关工委队伍。其中，平泉等6县实现了乡镇级关工委组织全覆盖。在全市征集红色故事80余篇，精选优秀作品编辑成了《红色故事读本》下发至基层关工委、社区、学校，受到广大青少年的喜爱。全市各级关工委组织共筹款363.65万元，帮助了5000余名贫困、患病青少年。并通过各种方式捐赠图书3万余册，丰富孩子的精神文化生活。在市关工委的积极争取下，围场县朝阳地小学成为“中国关心下一代教育示范基地”，中关工委基金会捐助50万元。6月份召开了“全市关心下一代工作暨‘双先’表彰大会”，表彰了为全市关心下一代工作做出突出贡献的56个先进集体，55名先进个人，33名先进工作者。市关工委从工作经费中拿出2万元，慰问了11个县区的20名长期做关心下一代工作并取得良好社会效果的基层“五老”。10月，在市委党校举办了全市关工委系统业务培训班，促进了承德市关心下一代工作者的理论素养和业务能力的提升。打造多样化平台，涉老组织焕发新活力。老年摄影家协会积极开展采风活动、举办影展。老年作家协会编著了《承德老红军故事》等15本诗歌、散文集作品，大力弘扬红军精神，坚持出版大型文学期刊《燕山》，为广大文学爱好者提供了创作平台。老作协会员、退休干部刘兰松退休后坚持创作，出版了《避暑山庄梦萦》等多部作品。市老科协艺术团舞蹈队以一支原创的、极具承德地域和满族文化特色的舞蹈《萨满腰铃》，在“中华精彩老人全国文艺会演”中夺得了唯一的一等奖。

【信息宣传和调研】 由处级领导带队到各县进行深入调研，充分利用《河北老干部工作》《承德老干部工作》等平台，及时宣传老干部政策规定、承德市老干部工作的好经验、好做法，总结推广典型事迹，扩大老干部工作的社会影响力。6月，省、市关工委组织《河北日报》、河北电视台等多家媒体记者深入到宽城县龙须门镇对“九老”普法队进行采访拍摄，宣传他们30年来始终坚持战斗在法律宣传教育第一线，引领青少年成长的感人事迹，在省内外引起强烈反响。市国土资源局退休干部曹焕毅成立家庭党小组14载的事迹被人民网采访报道。

【精准扶贫工作】 按照全市统一安排，老干部局派出了由副局长倪进能带队的3人工作组进驻平泉县卧龙镇庙后村开展精准扶贫工作。工作组先后协助村两委研究制定《庙后村2016年精准脱贫帮扶工作实施方案》《2016年庙后村建档立卡贫困户精准脱贫路径图》《市委老干部局机关党员结对帮扶计划》，签订《单位一把手帮扶驻村承诺书》，提出了精准扶贫总体思路和目标任务，制定6条帮扶措施。自筹资金5000余元，清理残垣断壁和路障8处，清理庭院320户，清理垃圾5000立方米。协助县相关部门新修通村道路2条10余千米，新修桥梁4座。完成13户危房改造任务。更换高杆30余根，铺设线路约5千米，更换变压器6个。为全村争取到食用菌产业发展补助资金38万元。协助镇、村清退不符合低保条件的低保9户、20人。“七一”期间局领导带队走访慰问了村困难老党员张臣和刘荣富，并给他们送去了慰问金，春节前给村贫困户送去了米、面、油等生活用品。局自筹资金2万元支持村部建设。全年共协调资金40.8万元，扶持项目2个，20户建档立卡贫困户实现了稳定脱贫，全村实现了脱贫出列。

【老干部工作队伍建设】 把开展教育实践活动与加强队伍建设、改进老干部工作结合起来，采取多种措施，提升队伍素质能力。自觉将老干部工作融入京津冀协同发展大局。及时抢抓京津冀协同发展机遇，推动老干部工作创新发展。10月，承德市老年大学在南水北调五省市北京市主办的老年书画联展中4幅绘画作品入展，加深了与其他省市书画技艺的交流。经多次沟通联系，11月3日，与北京市东城区委老干部局签订了老干部工作合作共建协议。深入开展“两学一做”学习教育。及时安排部署，认真制定学习方案，扎实开展专题学习研讨，高质量讲好专题党课，按时召开专题民主生活会和组织生活会，抓好整改落实和立规执纪，“两学一做”学习教育扎实有效。认真做好业务培训工作。为深入贯彻落实习近平总书记和中央领导在全国离退休干部“双先”表彰会上的重要讲话精神，不断提高全市老干部工作人员的业务素质和服务能力，经过精心准备，于5月举办了老干部工作人员业务知识培训班，局主要领导做动员讲话并解读中办发〔2016〕3号文件精神，其他几位局领导分别从老干部政治、生活待遇落实，如何办好老年教育、做好关工委工作等方面进行了辅导，反响较好。积极开展机关党建活动。积极配合全局中心工作，坚持周三理论学习制度，定期组织党员开展活动，不断提高党员素质和党组织的凝聚力。“七一”期间组织开展了优秀共产党员的评选表彰活动，向市直机关工委推荐受表彰对象4名，局机关党委表彰优秀共产党员6名；完成了2名年轻党员的发展工作；慰问了机关、活动中心和帮扶村的困难老党员；春节前组织了“唱红歌，促党建”联欢活动，极大地调动全体干部职工的工作积极性。认真做好机关老干部服务工作。每月定期组织机关老干部集中学习，按时为离休老干部报销药费，按规定订阅报纸和《老人世界》杂志。全年共到医院看望住院老干部6次，到家中看望8次。坚持重大节日必慰问，离休干部及70周岁以上退休干部的生日必到，机关老十分满意。在组织部门的关心下，二名转任正科级实职，一名提拔为副科级实职，进一步增强了机关干部干事创业的活力和激情。

附：市委老干部局领导名录
局　　长：贺长青（满族）
副 局 长：张晓军
　　　　　李兆军
　　　　　倪进能

（供稿　万金水）

党校工作

【概况】 市委党校围绕中央、省委和市委市政府工作，坚持以习近平总书记系列重要讲话精神为指导，全面贯彻《中共中央关于加强和改进新形势下党校工作的意见》，落实省市党校工作会议部署，以全面深化改革为动力，坚持党校姓党，圆满完成了各项工作任务。主体班培训卓有成效。共举办主体培训班20期，包括县处级领导干部进修班4期、新提拔干部任职培训班2期、县区直主要负责人培训班2期、市管干部轮训班8期、青年干部培训班1期、全市党校系统师资培训班1期、人大常委会委员履职能力培训班1期、省九次党代会代表培训班1期，累计培训学员1300余人。共完成授课专题57个，其中有守纪律讲规矩、全面推进从严治党，习近平治国理政思想，坚持走马克思主义中国化道路等主业主课，也有承德市产业结构及转型升级研究、“十三五”规划下的京津冀与承德发展、塞罕坝精神内涵与当代价值等立足市情实情研究的专题。

【社会培训】 积极配合市委宣讲团做好宣讲工作，在“两学一做”、十八届六中全会精神宣讲等重大宣讲活动中充当了主力军角色，先后组织8名教师参加省委组织部组织的宣讲志愿者队伍，参与市委宣讲团组织的宣讲活动50多场次，另有12人次应邀参与兴隆县委组织部、双桥区工会等多家单位在校外举办的培训班次。承担管理党政机关单位及企业举办的各类培训班次，共涉及25个单位系统，36期班次，4700余人。在职研究生教育工作再上新台阶。在职研究生招收公共管理和政治学两个专业，报名人数达到370人，录取106人，实现历史性突破。在校生日常上课、考试工作有序开展，毕业生毕业相关工作有条不紊，班级管理更加科学规范，呈现“新常态”，2016年连续8次荣获省委党校优秀在职研究生工作站称号。

【教学科研】 创新教学方式，在鼓励教师广泛采用研讨式、互动式教学方式基础上，坚持改革，开辟情景模拟教学课堂，成立情景模拟教学团队，开设以“新闻发布会”为主题的情景模拟教学。

组织召开开班动员联席会和结业教学检讨会，公示主体班课程新专题，对专职教师和兼职教师认领和申报专题提出具体要求。加强学风建设，抓好教学评估，坚持落实中组部《关于在干部教育培训中进一步加强学员管理的规定》，引导学员牢固树立纪律意识和规矩意识，完善教学效果评价体系，以每课一评的方式让全体学员对所学课程进行评价，优秀率、满意率均达到95%以上。

【教学基地建设】 在充分发挥市廉政教育基地、上板城监狱、滦平周台子新农村教学基地作用的同时，积极促成省社会主义学院、中华文化学院教学基地挂牌，将民主党派、无党派培训纳入培训系列，完善党校、行政学院、社会主义学院在培训中的作用。科研工作是党校的重要工作，按照“三个服务”的指导思想，遵循“教学科研咨政一体化”的原则，取得科研成果55项，其中国家级8项，省级11项，市级36项。

【扶贫攻坚】 积极落实市委、市政府安排部署，选派副处级领导和骨干力量参与开展隆化县七家镇温泉村美丽乡村建设和隆化县韩麻营镇京堂沟村扶贫攻坚活动。温泉村作为市级精品村，经过省验收组验收，被评为省级精品村并奖励温泉村100万元用于2017年村产业项目发展，现正在组织申报2016中国美丽乡村百佳范例，温泉村的建设得到了省市领导的一致好评。京堂沟村扶贫攻坚工作组积极行动，深入贫困户、精准落实政策，促成党员及致富带头人与贫困户结对帮扶，发放贷款86万元，贷款额度在韩麻营镇名列前茅，改善了五个自然村居民的饮水状况和一个自然村的居民出行状况，京堂沟村入选美丽乡村投融资项目村，村企合作致富事宜正在商谈，旨在从源头上带动贫困户脱贫。

附：市委党校领导名录

校　　长：张泽峰

常务副校长：杨宝林

副 校 长：闫　坤

　　　　　聂志信

　　　　　律　波

　　　　　闫晓斌

（供稿　刘艳楠）

党史研究

【概况】 在市委的坚强领导和省委党史研究室的有力指导下，认真贯彻党的十八大、十八届六中全会和习近平总书记系列重要讲话精神，紧紧围绕中央、省、市委工作部署，全力做好党史编研、资料征集、党史宣教、机关党的建设等重点工作，围绕中心、服务大局，充分发挥党史部门以史鉴今、资政育人作用。

【完成省部署任务】 组织开展《晋察冀边区大事记述》编写工作。为推进晋察冀边区抗日根据地的研究宣传，中共河北省委党史研究室、河北省档案局、河北省出版传媒集团、上海世纪出版集团、上海交通大学出版社、河北美术出版社联合启动“晋察冀边区文库”编纂出版工程，河北省各市委党史研究室担负《晋察冀边区大事记述》书稿撰写工作，承德市相关工作随之启动。组织完成全国、河北省党史部门的党史优秀科研成果（2011—2015）的推荐上报工作，共筛选报送著作类二部、论文类四篇。其中：《承德地区史录》（《综合卷》《口述卷》）荣获河北省党史部门党史优秀成果奖著作类一等奖，《群众路线——建设中国特色社会主义的保障》获二等奖、《论毛泽东调查研究的艺术性》、《浅议毛泽东的领导方法对预防和化解群体性事件的现实意义》分获三等奖。组织开展的第三届全国党史文化论坛学术研讨会征文活动（由中共中央党史研究室、中共四川省委、中国中共党史学会、中国中共党史人物研究会主办),《以历史语言的精准表述助力文化自觉——以对“九一八”和“七七”表述的分析为例》入选学术研讨会。四是完成《中国共产党河北年鉴(2015)》“承德市部分”相关内容的撰写和上报工作。五是按照《关于征集整理抗洪降灾资料的通知》要求,完成了此项任务的安排部署。

【党史编研】 完成《承德地区史录》的编写工作。在市委分管领导的直接指导下,全体编纂人员历经两年多的不懈努力,《综合卷》《口述卷》完成出版发行,并于4月在山庄宾馆召开《承德地区史录》发行座谈会,中共中央党史研究室、省委党史研究室、市委、市人大、市政府、市政协主要领导分别出席会议,相关编纂人员和部门主要负责参加了会议,取得良好效果。获得承德市第十三届社科成果奖一等奖。下力推进全市党史二卷的编写工作。组织开展《中国共产党承德历史》(第二卷)资料收集以及编写大纲的修订工作。组织召开全市党史研究室主任会议暨业务工作会议、县区二卷本工作调度会,推进各县区党史二卷本编写工作及业务工作的开展。完成滦平、丰宁、兴隆等县党史二卷初稿审稿工作。《中国共产党平泉历史(第二卷)》已正式出版,滦平、丰宁、兴隆等县党史二卷完成初稿,待印刷。正式启动《承德市志 承德市党史工作志》的撰写工作,完成编写方案的确定和资料收集工作,已进入撰写阶段。完成《承德年鉴(2015)》“党史研究”部分的编写、审稿、报送工作。做好党史资料共享工作。热情接待市内外相关人员来访、查询资料,其中,接待解放军开国少将徐文烈、陈云中后代来访,组织召开专题座谈会。完成《中国共产党承德年鉴(2015)》“党史部分”相关内容的撰写和上报工作。认真研究制定“十三五”党史工作规划。按照中央、省委党史研究室《2016—2020年工作规划》和市委要求,紧紧围绕市委工作大局和承德党史工作实际,研究、制定《中共承德市委党史研究室2016—2020年工作规划》,并以市委文件发全市,明确了今后五年全市党史研究工作的指导思想、工作着力点、主要任务和保障措施。

【党史宣教】 利用纪念中国共产党成立95周年之际,受承德电视台之邀,在每日关注频道讲述承德历史上党组织的创建及其带领人民进行革命、建设、改革的光辉历程。应承德市纪委之邀,配合市纪委廉政宣传教育工作,撰写万余字的《光辉的历程——承德历史之最》,在《承德广播电视报》刊发。协助承德电台《中央领导与承德名人》专题节目开展工作,协调并安排党史专业人员参与节目的制作。开展承德市大事记编纂工作。

【机关建设】 根据市委部署,围绕“两学一做”学习教育活动、“三严三实”专题教育等活动内容,不断加强机关建设。开展作风整顿,优化机关作风。深入贯彻落实习近平总书记系列重要讲话精神和党的十八届六中全会精神,严格执行《中国共产党纪律处分条例》《中国共产党廉洁自律准则》。强化廉政教育,遵规守纪,清正廉洁。认真执行“一岗双责”,落实“两个主体责任”,切实增强全面从严治党的政治自觉和行动自觉。坚持“三会一课”、中心组学习等组织制度。加强制度建设,构建全面从严治党制度保障。对照全面从严治党要求,围绕落实“两个责任”,结合“两学一做”学习教育和机关作风整顿,进一步完善了机关党务、人事、财务、学习、作风、机关建设等多方面工作制度。按要求完成了党费基数重新核算和党费的收缴工作。大力加强法治建设,坚持依法办事。把宪法法律知识列入室理论学习中心组学习内容,有计划地组织法律法规学习;明确学习重点,提高法治观念。重点学习宪法和国家基本法律的有关内容、党章、党规的有关内容以及河北省“七五”普法相关内容;结合党史工作实际,抓好经常性学习教育,加大对党章党规党纪、法律法规的学习培训；推进依法决策。以法治思想、法治思维，推进机关各项工作，严格执行相关法律法规和决策程序，确保了各项工作有序开展。

【《党史博采》征订】 《党史博采》是省委党史研究室主办的中共党史杂志，是河北省重要党刊之一。经过全室人员的共同努力，完成了2017年度的《党史博采》征订工作。

附：市委党史研究室领导名录

主　　任：张立君

副 主 任：杨迎春（女）

　　　　　李　伟

（供稿　杨迎春　刘占广）

档案工作

【概况】 在市委、市政府正确领导下，深入贯彻落实党的十八大和十八届三中、四中、五中、六中全会精神，紧紧围绕全市中心工作，扎实推进档案馆（室）建设、档案资源建设、档案信息化建设、档案开发利用体系建设，档案安全体系建设，不断夯实档案事业发展基础，档案工作取得了新进展。

【档案法治建设】 配合市人大常委会组成档案执法检查组对市政府贯彻实施《档案法》和《河北省档案工作条例》情况进行检查，起草并经市十三届人大常委会第二十六会议通过了《承德市人民政府关于贯彻实施〈中华人民共和国档案法〉和〈河北省档案工作条例〉情况的报告》，形成审议意见。为贯彻落实审议意见，起草由市政府办公室下发《关于加强档案工作的通知》，修订完善《承德市档案事业发展“十三五”规划》，编制《承德市档案法治教育宣传“七五”规划》，组织举办了全市贯彻实施“一法一条例”宣传图片展，研究制定印发了《关于提升档案工作服务能力的意见》，对承德机场、环境监测站、第三医院、邮储银行等单位进行了执法检查，严格按照《承德市档案局行政权力清单》和《承德市档案局行政权力流程图》，扎实推进档案法治化建设。全市各级档案行政管理部门在行政执法检查工作中，将档案行政执法和年度归档文件整理、档案工作目标管理认定相结合，推动档案工作在法治轨道上健康发展。

【档案馆库建设】 为推进档案馆建设，筹备并由市政府组织召开了全市县级综合档案馆建设工作座谈会，时任省档案局局长魏四海，市委常委、副市长于庆贺出席会议并讲话，对档案馆建设进行了安排部署。会后市档案局对兴隆、宽城、丰宁、平泉等县建馆情况进行了调研督导。兴隆县已将档案馆新馆建设纳入本县“十三五”规划，正积极准备启动档案馆与博物馆、文化馆、图书馆合建项目，档案馆规划建筑面积4860平方米，主体投资1500万元。宽城县初步拟定会展中心办公用房置换改扩建为档案馆，总建筑面积3000平方米，拟于2017年建设。平泉县档案馆新馆建设项目已列入县“十三五”规划，按县级一类档案馆（建筑面积4600～6800平方米）设计，拟于现在的平泉县老干部活动中心新建，计划2019年建设。丰宁县档案馆新馆建设项目已纳入国家重大建设项目库三年滚动计划，规划建筑面积5000平方米，总投资2000万元。双桥区已将档案馆新馆建设纳入区“十三五”规划，初步拟定待双桥公安分局搬迁后，采取调剂方式按国家要求增加区档案馆面积。截至年底，围场县、承德县经过自主建设，县档案馆面积基本达到国家标准。隆化县档案馆新馆已经竣工。营子区、双滦区档案馆正在按照档案馆建设项 目复查意见进行整改。滦平县争取国家中西部县级档案馆建设补助资金，档案馆正在和山戎博物馆合建。

档案局向市委、市政府报送了《关于市档案馆建设推进情况的报告》和《关于增加市档案馆面积的申请》，提出利用清理腾退办公用房契机调剂档案库房增加市档案馆面积，待条件允许时启动市档案馆新馆建设。市委、市政府领导高度重视，分别作出批示。正在积极沟通，力争调剂方案尽快落实，并积极推动适时启动市档案馆新馆建设。

【档案资源建设】 全市各级档案部门继续贯彻落实国家档案局8、9、10号令，强化档案资源建设，确保档案应收尽收。全市各级档案馆共接收档案2.5万卷10.12万件。在依法接收进馆单位档案的基础上，市档案馆加大档案征集力度。为弘扬塞罕坝精神，保存塞罕坝人奋斗足迹，赴国家林业局、河北省林业厅、塞罕坝机械林场、中央档案馆、河北省档案馆等地征集了一批记录塞罕坝机械林场发展历史的档案，并与塞罕坝机械林场、围场县档案局建立联席会议制度，协商塞罕坝人口述史档案采集、开发事宜。继续把知青这一特殊群体作为口述史采集重点，开展知青口述史采集工作，采集录音时长516分钟，整理文字113812字。

【重点档案的保护与开发】 承德市作为国定项目革命历史档案目录数据库建设河北省三个试点市之一，对全市各级国家综合档案馆保存的1.5万件革命历史档案逐件进行了整理、编目、微机著录和全文扫描，建立全市革命历史档案目录数据库和全文数据库。此外，还确立了承德清代行宫及周围寺庙档案保护与开发、热河省档案保护与开发等自定项目，明确每个项目的分管领导和责任人。承德清代行宫及周围寺庙档案保护与开发项目的成果——26万字的《承德清代行宫》一书已编辑完成，即将付印。结合搜集整理塞罕坝机械林场档案，编辑两期《档案资政参考》，得到市委分管领导的批示肯定。为保护与开发热河省档案，赴河北省档案馆和辽宁省档案馆等地，进一步了解热河省档案分布情况，并对河北省档案馆所存有关热河省档案目录进行了标注，为分步复印有关重点档案编辑《热河省要事纪略》打下基础。全市各级档案馆积极为社会各界提供档案信息服务，为2.49万人次提供档案6.82万卷（件）次，发挥了档案在全市经济社会发展中的特殊作用。全市获河北省开发利用档案优秀服务成果奖10个，其中一等奖2个，二等奖6个，三等奖2个。

【档案信息化建设】 为加快信息化建设步伐，召开了全市档案数字化工作推进会，提出到2020年完成数字化档案馆（室）基本架构的目标。市县区档案数字化全文扫描工作采取项目外包、聘用公益岗等多种方式全面推进。全市各级档案馆累计扫描档案全文1685万幅，著录目录312万条。其中市档案馆累计扫描档案全文637万幅，著录目录63万条。市档案局把具有档案移交进馆任务的市直单位作为数字化档案室建设的重点，选取部分单位作为试点，并将逐步推开，力争用3～4年的时间基本完成数字化档案室建设任务。在全市电子政务内网建设过程中，积极与牵头单位市委办充分沟通，密切合作，将数字化档案馆（室）建设纳入全市电子政务内网建设整体布局。借助“全市电子政务内网推广年”契机，对全市相关人员进行了技术培训，为在全市电子政务内网推广过程中加快数字化档案馆（室）建设奠定了良好基础。

【档案服务基层】 继续推进机关企事业单位档案目标管理认定工作。对市直部分单位进行档案年度归档文件整理工作进行指导，督导企事业档案工作有序开展，通过在行业和系统内培树典型，下发通知，召开座谈会、培训会等方式，保证机关企事业单位目标管理的认定质量。各县区档案馆对档案工作目标管理认定做出了统筹规划和具体安排，准确把握认定标准，保证认定质量，采取有效形式推动档案升级工作有序展开。全市共有74家机关、企事业单位通过档案工作目标管理认定。切实抓好农业农村档案工作。为推动农业农村档案工作，市档案局召开了全市农业农村档案工作现场会。观摩学习农业农村档案工作经验，就农业农村档案工作、农村土地承包经营确权登记颁证档案工作进行了安排部署。以"5533"档案管理示范工程（全市重点抓好50个美丽乡村、50个扶贫村、30个乡镇、30个社区档案管理示范点）为抓手，以点带面，推动了农业农村档案工作开展。及时跟进重点建设项目档案工作。把双峰寺水库等事关承德经济社会发展大局的重大项目作为工作重点，事前介入，事中服务，事后验收，确保项目档案齐全完整。同时派相关工作人员全程参与民族博物馆和清史展览馆建设项目，指导项目档案工作开展。

【档案安全工作】 档案安全工作是档案工作的生命线，做到警钟长鸣，增强干部职工的安全防范意识。认真做好局馆自身安全检查节假日值班等工作，将档案安全工作职责落实到科室，分解到具体人员。加强对数字化服务机构、数字化场所、数字化加工设备和档案网站等安全管理，杜绝失泄密隐患。督导县区档案局做好档案安全保护工作。

附：市档案局（馆）领导人名录

党组书记、局（馆）长：冯国杰（满族）

党组成员、副局（馆）长：周东来（满族）

年晓燕（满族）

周书星（满族）

（供稿　朱　虹）

接待工作

【概况】 市委、市政府接待工作，严格执行中央八项规定，全面推进领导班子建设、干部队伍建设、作风纪律建设，全年共完成接待任务275批次3370人次，其中国家级7批100人次，省部级53批921人次，厅级94批906人次，其他客人121批次1443人次（巡视组、督导组、检查考核组、调研考察组约107批次，招商引资和项目签约81批次），圆满完成了中共中央政治局委员、中央组织部部长赵乐际，全国政协副主席齐续春，全国政协原副主席李兆焯等党和国家领导人到承德视察的重大接待任务，受到各级领导好评。

【精准脱贫】 按照市委组织部统一安排，在美丽乡村建设的基础上，2月，选派由副主任带队的精准脱贫工作组到承德县老烧锅村任第一书记、工作组组长。在各级政府和各界人士的大力支持下，扎实推进开展扶贫开发工作，通过积极协调跑办外联，争取帮扶物资和项目资金共785.443万元，用于村的产业发展和基础设施建设，使贫困人口收入水平和基本公共服务水平实现较大提升。工作组所开展的各项帮扶工作、义诊活动、"七一"组织活动以及向校点捐赠等情况，先后在市委办《承德情况》，《承德日报》《承德广播电视报》《合和承德新闻网》《承德晚报》，承德电视台"今日视点""百姓连心桥"和承德县精准脱贫工作简报、广播电视台、周讯等均进行宣传报道。特别是80户建档立卡贫困户270人，各项脱贫指标均达到出列标准，并通过了承德县、岔沟乡脱贫工作审定组验收。驻村"第一书记"、工作组组长祝万才被评选为全市"脱贫攻坚"优秀共产党员和"2016年度精准脱贫驻村最美扶贫人"。

【加强县区指导】 班子成员认真落实《领导干部直接联系群众制度》，分别深入县区蹲点调研，查实情、访民意，帮助解决实际问题，特别是县区有重大接待任务时，都及时派领导班子成员赴县区加强现场指导，帮助释疑解惑，规范接待服务细节，充分利用重大接待任务进行现场培训，及时协调公安、交通、信访等有关部门，注重提前沟通，形成接待联动机制。全年共指导县区接待任务31批次。

【完善决策机制】 认真贯彻习近平总书记“要把抓好党建作为最大的政绩”的指示精神，坚持用党的最新理论成果武装头脑，指导实践，充分发挥核心带头作用，努力打造学习型、服务型、创新型机关党组织，全面增强了班子的凝聚力和战斗力。提高领导班子的决策水平。按照“集体领导、民主集中、个别酝酿、会议决定”的原则，完善了班子内部议事和决策机制，建立和完善党内情况通报制度、情况反映制度和重大决策征求意见制度，做到科学、民主、依法决策。认真贯彻落实民主集中制。凡属重大问题，都由集体讨论决定，防止个人或少数人说了算，及时落实一把手不直接分管财务、人事工作及末位表态制度。严格按照《中华人民共和国公务员法》和《党政领导干部选拔任用工作条例》的要求，严格落实考察、试用期制度，经办领导班子集体研究决定。在选人用人、考核评优工作中，坚持执行民主测评和公示制度，从而保证了选人用人、评优等项工作的公开、公平、公正。加强领导班子团结。在工作中，班子成员遇事勤沟通、多商量，既有分工，又有合作，面对困难和难点问题，领导班子成员都能顾全大局、团结一心、不畏困难、勇挑重担，自觉维护集体利益和领导班子团结。

【思想政治建设】 始终坚持把思想政治教育作为班子建设的重要内容。扎实开展专题教育。主要开展了“两学一做”学习教育和作风纪律专项整顿活动，坚持召开领导班子专题会议进行研究，主要领导亲自部署、亲自做动员、亲自讲党课，领导班子成员认真结合实际谈体会，通过集中学习和个人自学等方式，合理处理工学矛盾，切实提高能力水平，使专题教育收到了较好的效果。坚持理论中心组学习制度。班子成员带头学习，不断深化教育实践活动，准确掌握精神实质，提高思想认识，共组织理论中心组（扩大）学习13次，按要求保证了学习时间和学习效果。认真贯彻中央及省委、市委的决策部署。自觉做到执行党的路线方针政策不动摇，执行党的决定不走样。通过学习贯彻党的十八大精神，班子成员思想政治素质和理论水平得到了进一步提高，理想信念更加坚定，政治鉴别力和组织领导能力得到了较大提高。

【建立健全各项制度】 坚持用制度管人管事，建立完善各项制度。牵头制定市级规章制度。按照中央八项规定精神和中央、省《党政机关厉行节约反对浪费实施细则》《党政机关国内公务接待管理办法》《承德市党政机关国内公务接待实施细则》等内容，牵头制定并以市两办名义印发了《关于严格落实中央八项规定加强公务接待管理的通知》（承传〔2016〕8号），《关于重申重要来宾来承信息报告制度的通知》（承传〔2016〕58号）、《关于在重要公务接待活动中加强保密工作有关事项的通知》（承办文〔2016〕22号），对全市接待工作起到了规范、指导作用。完善接待工作管理制度。结合实际情况，在完成《内部控制规范实施细则》《公务出差审批管理制度》《党员领导干部直接联系群众制度》等制度的基础上，继续健全完善了《公务用车管理制度（试行）》《财务管理暂行办法（试行）》《保密工作制度（试行）》。狠抓各项制度落实。认真执行中央“八项规定”和《承德市党政机关国内公务接待实施细则》等制度，特别是在接待工作中始终严格审批程序、严格财务管理、严格公务卡使用和资金转账，厉行勤俭节约，优化接待服务环节，合理降低接待成本。坚持接待清单审批制度，明确各科科长、分管副主任、主任三人审核把关，认真负责地落实接待中每一个环节工作。严格执行接待标准，对住宿、用餐、陪餐人数、酒水等都认真按标准执行，坚持原则。简化接待迎送环节，合理安排会议，减少陪同车辆和陪同人员，在规范接待细节上注重全面提升服务质量。

【强化内部管理】 把正风肃纪与“一问责八清理”结合起来，认真传达贯彻市委第四巡察组和市审计局的反馈意见，自觉检查执行中央八项规定情况，经常对各科室执行情况进行指导检查，发现问题及时地进行纠正。高度重视保密工作，按照市委保密局工作检查要求，认真制定整改措施，专题组织保密教育等会议4次；同时积极组织收看中央电视台《作风建设永远在路上》专题片，安排全体干部职工针对收看内容进行交流讨论，加强对八小时工作之外的教育、提醒，增强自我管理意识，做到管思想、管作风，持之以恒地抓好改进作风的各项工作。

【党风廉政建设】 严格落实主体责任。认真学习贯彻中央和省、市委关于党风廉政建设和反腐败工作部署要求，一年来共专题研究党风廉政建设工作2次，每一年度都认真制定《反腐倡廉工作计划》，班子成员、纪检监察员都分别自觉签订了履行党风廉政建设主体责任书和监督责任书；认真落实每年度7月10日和1月10日前2次专题报告党风廉政建设情况，不断完善反腐倡廉领导体制和工作机制。班子成员自觉履行党风廉政建设主体责任，按照市委办《关于印发〈承德市落实党风廉政建设主体责任和监督责任追究办法（试行）〉的通知》《关于市直机关贯彻落实全面从严治党要求实施意见》和《关于市直机关党组织落实党风廉政建设主体责任实施细则》等要求，坚持从自身做起，做到管好自己、带好队伍，切实增强廉政风险的防范意识。严格党内政治生活。在认真贯彻民主集中制的同时，班子成员都能以普通党员的身份积极参加党组织生活会和党日活动，坚持以上率下，带头讲党性、重品行、作表率；认真贯彻落实新党章、准则、条例等规章制度，主动接受监督，敢于坚持原则，坦诚开展批评与自我批评，努力做到“为民、务实、清廉”，不断增强自我净化、自我完善、自我革新、自我提高的能力，树立了风清气正的良好风气。加强政治纪律约束。班子成员坚持在讲政治、守纪律、讲规矩上做表率，树立科学的发展观和正确的政绩观，不超越权限办事，在思想上政治上行动上与党中央保持高度一致，自觉维护中央权威和党的团结统一，绝不妄议中央，“慎思、慎权、慎微”，做政治上的明白人，不断提高政治敏锐性和政治鉴别力，坚决杜绝违反政治纪律和政治规矩的各种行为。

【专题警示教育】 有针对性开展党风廉政专题警示教育，切实使党员干部心存敬畏、廉洁做事、从严治家。坚持理论武装头脑，办党组坚持把学习习近平总书记系列重要讲话精神作为一项长期的政治任务，深刻领会核心思想和精神实质，共开展党性党风党纪专题警示教育8次。同时班子成员积极参加市委组织部组织的党员领导干部主题培训活动，坚持在解放思想中不断凝聚共识，多次自学准则、条例和《中国共产党党组工作条例（试行）》《习近平关于党风廉政建设和反腐败斗争论述摘编》《河北省党员干部政治纪律和政治规矩“十不准”》等内容，增强了廉洁自律的自觉性，提升思想防范能力。加强党性锤炼。班子成员坚持把党章党纪学习与实际相结合，以先烈先辈为榜样，深学、细照、笃行，同时以《领导干部违纪违法典型案例警示录》为鉴，坚持党性原则，严格党内政治生活，同违背党性原则的言行划清界限，不断提升党章意识、党员意识、公仆意识，努力在理论联系实践上下功夫，使党性修养不断增强。树牢群众观念，班子成员认真践行群众路线，带头转变作风、带头学法用法，带头执行制度，做到身体力行，关心全体职工思想和生活，定期听取驻村帮扶工作汇报，认真落实结对帮扶制度，党员干部共结对帮扶42户。办领导带领全体职工认真践行“三严三实”,树立了良好的“窗口”形象，为建设“生态强市、魅力承德”做出了贡献。

【撤销市接待办党组】 市委组织部《关于撤销市接待办党组的通知》（承组通字〔2016〕142号）文件要求，根据《中国共产党党组工作条例（试行)》规定和《中组部、省委组织部关于党组（党委）清理规范的通知》精神，经7月14日市委常委会研究决定，撤销市接待办党组。党组撤销后，原党组书记、党组成员职务自然免除。

附：市接待办公室领导名录

主　任：张迎春（女）

副主任：赵凤强（满族）

于卫国（满族）

祝万才

（供稿　王继东）

市直机关事务管理

【概况】 市直机关事务管理工作按照“管理规范化、保障法制化、服务社会化”的总要求，以党政机关公务用车制度改革、市直机关办公用房集中统一管理、保障行政中心运行为重点，理顺职能，创新上位，圆满完成了年初确定的各项目标任务。

【公务用车制度改革】 按照省批复的时间节点要求，精心组织，稳步推进，市直机关车改工作于5月底前完成，各县（区）车改工作于6月底前完成，全市共保留公务用车3608辆，整体留车比例为57.35%；顺利通过省车改办考核，并得到省车改办的充分肯定。

【机关事务管理体制机制改革】 认真贯彻落实省机关事务管理局《关于指导市县机关事务工作的意见》，成立了推进落实《意见》工作领导小组及办公室，认真研究，快速行动。将《意见》迅速转发至全市12个县区机关事务管理部门，提出明确要求，迅速学习传达到位。组织召开局党组（扩大）会议和局务会议，认真研究部署，把全局干部职工的思想和行动都统一到推进落实《意见》上来，结合贯彻落实《承德市机关事务管理办法》，督导各县（区）设立机关事务管理部门，科学合理设定管理职能。年底，全市11个县区和承德高新区中已有围场、平泉县、双滦区等7个县区设立了机关事务管理局，明确了相应的工作职责，初步理顺了市、县机关事务指导关系。

【下营房回迁建设】 下营房回迁建设为市政府代建项目，涉及回迁居民662户、2000余人，计划2012年全部实现回迁。由于受政策和企业资金等因素制约，到2015年年底，回迁工作仍未完成。按照市政府明确的要求，及时抽调1名副处级领导及3名工作人员组成专项工作组，全力投入到回迁建工作中；积极谏言献策，帮助企业争取政策支持，解决建设资金和做好回迁居民的思想稳定工作；积极协调市住建等部门，多次组织召开专题会议研究解决推进中遇到的问题，认真制定回迁工作方案并全力抓好落实。到2016年12月，回迁房主体建设已全部完成。

【印刷厂职工安置】 印刷厂为下属自收自支事业单位，自2009年6月起由该厂职工自主经营，自负盈亏，至2015年8月经营合同到期并停止运营，7名职工无生活来源。为确保稳定，及时报请市财政局拨付2008年市委机关事务管理局上缴财政的45万元自有资金，暂时用于发放自2015年9月停产后部分职工生活费和缴纳各类保险等费用。但由于资金有限，只能维持一段时间，该厂职工先后20余次到行政中心上访，要求安置工作，解决生活来源问题。为了妥善解决印刷厂问题，经调查研究，拟以合作形式恢复行政中心印刷厂经营，为7名印刷厂职工提供生活保障。

【行政中心竣工验收】 由于行政中心建设项目竣工结算资料不齐全、管理不规范，加之时间紧迫，致使行政中心未经竣工验收便投入使用。按照市政府安排，机关事务管理局于2014年年初负责推进行政中心整体验收工作，除消防专项验收因存在重大安全隐患不能通过验收外，单体验收和规划、电梯等其他专项验收均已完成。为促进行政中心消防达标并通过验收，根据公安消防部门《责令限期改正通知书》要求，拟定消防系统整改方案，且已经市政府批准，项目已经市发改委立项，概算资金为480万元。上半年，已完成项目设计、审图等工作，待落实行政中心消防整改资金后，立即实施消防整改工程并通过验收，确保全面完成行政中心竣工验收工作。

【办公用房集中统一管理】 面对市直机关办公用房空闲量少、需求量大的双重压力，积极协调，统筹安排，有效确保了市直机关办公秩序。机关事务管理局成立了专项工作领导小组及办公室，全力配合市发改委做好市直机关办公用房清理整治工作。2月，省督导组对承德市办公用房清理整治工作进行检查验收时全部达标，得到省督导组的肯定和认可。7月，按照省机关事务管理局《关于开展党政机关办公用房清理整治后资源利用情况调查的通知》要求，机关事务管理局责成专人负责，认真筹划，迅速行动，对全市党政机关办公用房清理整治后资源利用情况进行自查，对清理腾退办公用房的统筹使用与闲置情况进行解析，对办公用房管理工作提出合理化建议和措施，形成专题报告上报省机关事务管理局。共调剂解决了34个部门申请新增、置换、借用办公用房60余间约2300平方米。在此基础上，着重加强行政中心办公用房的使用管理，于3月起，对行政中心办公用房进行再次摸排，绘制了行政中心办公用房分布示意图。同时，对市直各单位办公用房腾退、调整、出租出借等情况建立数据表格和工作台账，做到有账可查，为集中统一管理打下坚实基础。本着认真负责、避免浪费的原则,第一时间到申请维修改造单位进行现场查验，结合实际提出初审建议。全年，共批复38个市直单位办公用房维修改造申请，全部通过财政审核验收。

【公共机构节能工作】 严格贯彻落实省、市公共机构节能领导小组的要求，会同相关部门积极开展各项节能创建活动，有力地促进了全市公共机构节能工作取得较好成效。对2015年度全市公共机构能源资源消耗情况进行统计，及时上报省机关事务管理局。据统计，全市2015年度人均综合能耗同比下降16.67%，人均水耗增长0.47%；单位建筑面积（每平方米）综合能耗同比下降9.3%，单位建筑面积（每平方米）水耗下降3.45%。6月上旬，在市中心广场举办了以“节能领跑、绿色发展”为主题的节能宣传周活动，通过发送宣传画、摆放宣传板等方式，广泛宣传节能知识，营造了良好的社会氛围。同时，与市水务局联合下发了《关于开展公共机构节水型单位建设工作的通知》，以公共机构节水型单位创建工作为突破口，带动全社会节能意识的提升。根据《河北省公共机构节约能源资源“十三五”规划》，编制了《承德市贯彻落实河北省公共机构节约能源资源“十三五”规划主要任务分解》，并征求了市发改委、市财政局、市住建局、市环保局和市水务局的意见,以市政府名义印发执行，为全市“十三五”规划期间做好公共机构节能工作提供了遵循。

【设施设备运行管理】 注重对电梯、空调系统、高低压配电、二次供水等设备的提前检测、定期保养和及时维修，严格执行带班值班、定期巡查等制度，发现问题及时解决，共对市委政法委、市委组织部、市委宣传部等十多个单位新增加安装19套空调末端设施，解决跑冒滴漏或不制热（冷）等各种故障500多次，确保了各项设施设备安全运行。4月，市委办责成机关事务管理局负责协调解决电子政务内网涉密机房和双中心机房供电等问题，由于行政中心高低压配电室变压器长期处于超负荷运行状态，无法满足内网机房用电需求。经与市委办沟通协调，最终启动了行政中心配电室变压器负荷改造工程，并确定了改造方案，招标了设计单位，进行了专家评审和财政评审，正在办理政府招标手续。该项目投入运行后，将彻底解决行政中心日益增长的用电需求，对用电的安全性和连续性起到至关重要的作用。

【餐饮服务保障】 通过理顺工作职能、健全管理制度、提高饭菜质量、创新服务模式等举措，推进了餐饮服务保障的规范化管理和制度化运行。定期组织开展机关食堂工作人员业务能力培训，提高服务水平。切实把好进货及出入库、食品制作及售卖、日常管理等关口，努力创建放心、舒心、安全、卫生的就餐环境。

【行政中心安全保卫】 认真贯彻执行《承德市社会治安立体防控体系建设实施意见》，建立社会稳定风险评估机制，按照规定的时间节点抓好安全工作的落实。研究制定行政中心应急处突预案，定期组织安全及消防演练，增强应急处突和化解安全隐患的能力。成立了消防、应急处突、岗位值班（执勤）、车辆管理等队伍，提高临机处理安全问题的能力。建立出入人员登记、值班人员交接、夜间巡逻、签订责任书等规章制度，按时与驻行政中心各单位签订《安全管理责任书》，明确分工，落实责任。同时，协助市信访局处置到行政中心上访人员269批次、7450人次，协助市公安局巡警支队、治安巡防大队办理行政拘留64人，确保了行政中心安全稳定。

【机关建设】 “两学一做”学习教育。按照市委统一部署，机关事务管理局从4月开始，在全局深入开展“学党章党规、学系列讲话，做合格党员”学习教育活动，成立了组织机构，明确专人负责，扎实组织推进。在活动中，坚持以领导带头为基本要求，以党支部为基本单位，以“三会一课”为基本形式，以落实党员日常教育管理制度为基本依托，采取定期组织集体学、小组交流讨论学、专题党课辅导学、红色基地体验学、聘请专家授课教育学等方式，切实提高学习教育的吸引力、感染力和实效性。全年共组织集中学习8场次，专题辅导2场次。

机关党建。加强机关党委组织建设、思想建设，提高党务工作能力。依据《中国共产党和国家机关基层组织工作条例》规定，结合实际配齐配强机关党委专职工作人员。按照市直机关工委统一部署，于11月2日至5日，组织机关各党支部进行了换届，选举产生新一届党支部委员会。

作风整顿。严格按照市委关于作风整顿的要求、指导原则和方法步骤，坚持高标准、严要求，认真推进落实。组织全体干部职工以“自己找、群众提、领导点”的方式开展自查活动，要求机关干部紧密联系实际，本着“有则改之、无则加勉”的态度，认真查找存在的问题，对症下药，制定出有效的整改措施。2月，依托微信平台建立了办公群，做到“及时发现问题、及时沟通问题、及时解决问题、及时反馈问题”，显著提高了工作效率。6月，印发了《关于进一步严格考勤制度的通知》，每月进行考核，并由人事劳资、办公室、机关党委联合定期或不定期采取检查、抽查及暗访等方式，对全局工作纪律进行督导检查，确保作风整顿落到实处，收到较好效果。

整改落实巡察意见。根据市委统一部署，市委第二巡察组从 4 月 7 日开始，利用 1 个月的时间进行巡察，8 月 25 日向机关事务管理局反馈了巡察意见。局党组把整改落实工作作为当前首要的政治任务，认真研究，抓好整改，成立了市委第二巡察组巡察意见整改工作领导小组及办公室，召开党组扩大会议专题研究制定了《整改工作方案》，对整改落实各项目标任务进行细化分解，明确了责任领导、牵头单位和责任单位、完成时限，将各项整改任务落实到科室、落实到人头，确保整改工作不留盲区、不留死角。12 月，向市委第二巡察组上报了《关于市委第二巡察组反馈意见整改落实情况报告》及相应整改资料。

附：机关事务管理局领导名录

党组书记、局长：柳海东（满族）

党组成员、副局长：张　勇（满族）

柴秀军（7 月免）

王凤书（7 月免）

郝瑞凯（满族）

于元振（7 月任）

梁晓红（女，7 月任）

党组成员、纪检组长：潘玉荣（女，满族）

（供稿　高　鹏）

承德市人大及其常委会

综　述

2016年，市十三届人大常委会在市委的领导下，深入学习贯彻习近平总书记系列重要讲话精神，全面落实中央、省委、市委的决策部署，按照“围绕中心、服务大局、贴近实际、注重实效”的工作思路，紧紧围绕全市改革发展稳定大局，带领市人大常委会认真履行宪法和法律所赋予的各项职责，圆满完成了市十三届人大五次会议确定的各项目标任务。一年来，共开展视察、调查和执法检查15次，听取和审议市“一府两院”专项工作报告或汇报38项，就重大事项作出决议、决定6项，形成审议和评议意见13项，依法任免国家机关工作人员68人次，为推动全市经济社会发展，发挥了地方国家权力机关的作用。

人代会常委会主任会

【人代会】　2月17日至2月20日，承德市第十三届人民代表大会第五次会议在承德大剧院召开。大会应出席代表372名，实出席代表348人。大会主席团由33人组成。周仲明、郭群、郭椿、曹凯、邢书印、王素芝、张树民、张举为主席团常务主席。

指导思想。全面贯彻党的十八大和十八届三中、四中、五中全会以及习近平总书记系列重要讲话精神，以省委八届十二次全会和市委十三届八次全会精神为指导，以对人民高度负责的态度，切实履行宪法和法律赋予的职责，充分发扬民主，严格依法办事，圆满完成大会各项议程。在市委的领导下，动员和团结全市人民，坚持“守底线、快转型、促协同、奔小康”的主基调，为确保实现“增比进位、同步小康”的总目标，为加快建设山清水秀、富有活力、独具特色的生态强市、魅力承德贡献力量。

主要议程。听取和审议承德市人民政府工作报告；审查和批准承德市国民经济和社会发展第十三个五年规划纲要；审查承德市2015年国民经济和社会发展计划执行情况的报告及2016年国民经济和社会发展计划草案，批准承德市2015年国民经济和社会发展计划执行情况的报告及2016年国民经济和社会发展计划；审查承德市2015年市本级预算和市总预算执行情况的报告与2016年市本级预算和市总预算草案，批准2015年市本级预算执行情况的报告与2016年市本级预算；听取和审议承德市人民代表大会常务委员会工作报告；听取和审议承德市中级人民法院工作报告；听取和审议承德市人民检察院工作报告；选举事项。

议案处理。大会共收到10人以上代表联名提出的议案2件。大会议案审查委员会对代表提出的2件议案逐件进行了认真审查，认为其中一件议案，法定人数具备，但内容不属于市人民代表大会职权范围，拟作为建议连同大会期间收到的代表建议、批评和意见，交市“一府两院”及有关部门认真办理并答复代表。另一件议案，法定人数具备，但内容不属于市人民代表大会职权范围，构不成议案，也不应作为代表建议、批评和意见提出，拟会后协商有关部门处理。

【常委会会议】 十三届人大常委会第二十四次会议。1月26日上午，市人大常委会主任郭群主持召开市十三届人大常委会第二十四次会议，副主任郭椿、曹凯、邢书印、王素芝、张树民，秘书长张举和委员共28人出席会议。会议表决通过了市十三届人大五次会议建议会议议程草案、市十三届人大五次会议建议会议日程草案、市十三届人大五次会议各项建议名单草案、市十三届人大五次会议关于设立市十三届人大法制委员会的决定草案、市十三届人大法制委员会组成人员人选建议名单草案、市人大常委会关于调整市十三届人大常委会代表资格审查委员会组成人员的决定草案、市十三届人大常委会代表资格审查委员会关于补选市十三届人大代表的代表资格的审查报告、市人大常委会工作报告讨论稿以及人事任免事项。会议决定任命于庆贺为承德市人民政府副市长。

十三届人大常委会第二十五次会议。4月26日至27日，市人大常委会主任郭群主持召开市十三届人大常委会第二十五次会议，副主任郭椿、曹凯、邢书印、王素芝、张树民，秘书长张举和委员共32人出席会议。会议听取和审议了市公安局副局长马占林受市人民政府委托作的市人民政府关于贯彻实施《中华人民共和国消防法》工作情况的报告、市人大常委会内务司法工作委员会主任兰德龙作的市人大常委会执法检查组关于检查市人民政府贯彻实施《中华人民共和国消防法》工作情况的报告、市住房公积金管理中心主任郭伟受市人民政府委托作的市人民政府关于全市住房公积金管理与使用情况的报告、市人大常委会城乡建设和环境资源工作委员会主任赵喜萍作的市人大常委会视察组关于视察全市住房公积金管理与使用情况的报告、市规划局局长高中卫受市人民政府委托作的市人民政府关于《承德市城市总体规划（2015—2030年）》执行及编修情况的报告、市科技局局长李威受市人民政府委托作的市人民政府关于提请审议《滦平丰宁国家农业科技园区总体规划》的说明、市人大常委会教育科学文化卫生工作委员会主任梁荣华作的市人大常委会教育科学文化卫生工作委员会关于《滦平丰宁国家农业科技园区总体规划》的初审报告、市财政局局长王宇受市人民政府委托作的市人民政府关于提请审议《批准2015年地方政府债务限额的议案》的说明、市人大常委会财政经济工作委员会主任王艳云作的市人大常委会财政经济工作委员会关于《市人民政府关于提请审议批准2015年地方政府债务限额的议案》的审查报告，审议了《承德市城市总体规划（2015—2030年）》《滦平丰宁国家农业科技园区总体规划》《市人民政府关于批准2015年地方政府债务限额的议案》。会议还表决通过了有关代表事项和人事任免事项。会议决定任命袁丽枝为承德市监察局局长；毛银为承德市司法局局长；王江为承德市林业局局长。会议决定免去周源的承德市司法局局长职务；李桂林的承德市林业局局长职务。会议任命王俊茂为承德市中级人民法院审判委员会委员、审判员；田立敏为承德市中级人民法院审判委员会委员、审判员；李彬为承德市中级人民法院审判委员会委员、行政审判庭庭长、审判员；任树勋为承德市中级人民法院审判员。会议免去王建平的承德市中级人民法院审判委员会委员、民事审判第一庭庭长、审判员职务；王海涛的承德市中级人民法院审判委员会委员、行政审判庭庭长、审判员职务；刘淑贤的承德市中级人民法院审判员职务；刘海臣的承德市中级人民法院审判员职务；陈德贵的承德市中级人民法院审判员职务；魏宪的承德市中级人民法院审判员职务；李欣的承德市中级人民法院审判员职务；王晓法的承德市中级人民法院审判员职务；张锦隆的承德市中级人民法院审判员职务；郑建强的承德市中级人民法院审判员职务；李森林的承德市中级人民法院审判员职务；李奇的承德市中级人民法院审判员职务；陈国洲的承德市中级人民法院审判员职务；戚洪泽的承德市中级人民法院审判员职务；孙卫光的承德市中级人民法院审判员职务；刘茹的承德市中级人民法院审判员职务；刘玉琴的承德市中级人民法院审判员职务；马晓新的承德市中级人民法院审判员职务。

十三届人大常委会第二十六次会议。6月28日至29日，市人大常委会主任郭群主持召开市十三届人大常委会第二十六次会议，副主任郭椿、曹凯、邢书印、王素芝、柴山，秘书长张举和委员共33人出席会议。会议听取和审议了市地税局局长路坦受市人民政府委托作的市人民政府关于全市地方税收征管工作情况的报告、市人大常委会财政经济工作委员会主任王艳云作的市人大常委会视察组关于视察全市地方税收征管工作情况的报告、市人民政府副秘书长刘英杰受市人民政府委托作的市人民政府关于贯彻实施《中华人民共和国农村土地承包法》情况的报告、市人大常委会农业和农村工作委员会主任李成彦作的市人大常委会执法检查组关于检查市人民政府贯彻实施《中华人民共和国农村土地承包法》情况的报告、市档案局局长冯国杰受市人民政府委托作的市人民政府关于贯彻实施《中华人民共和国档案法》和《河北省档案工作条例》情况的报告、市人大常委会教育科学文化卫生工作委员会主任梁荣华作的市人大常委会执法检查组关于检查市人民政府贯彻实施《中华人民共和国档案法》和《河北省档案工作条例》情况的报告、市中级人民法院副院长王淮志作的市中级人民法院关于“一乡一法庭”建设情况的报告、市人大常委会内务司法工作委员会主任兰德龙作的市人大常委会视察组关于视察市中级人民法院“一乡一法庭”建设情况的报告以及市人大常委会法制工作委员会主任相文举作的市人大常委会关于《承德市地方性法规立项办法（草案）》和《承德市人大常委会聘请立法咨询专家办法（草案）》的有关情况说明。会议对市人民政府关于全市地方税收征管工作进行了评议，表决通过了《承德市地方性法规立项办法（草案）》和《承德市人大常委会聘请立法咨询专家办法（草案）》以及《承德市人大常委会关于调整承德市人民代表大会换届选举时间的决定（草案）》。会议还表决通过了有关人事任免事项。会议任命李莉为承德市中级人民法院审判委员会委员；张小健为承德市中级人民法院民事审判第一庭庭长；周亚秋为承德市中级人民法院民事审判第三庭庭长；聂国智为承德市中级人民法院民事审判第四庭庭长；薛林儒为承德市中级人民法院民事审判第五庭庭长；李亚平为承德市中级人民法院未成年人案件综合审判庭庭长；王芳为承德市中级人民法院立案二庭庭长。会议免去孙琳丽的承德市中级人民法院审判委员会委员职务；张小健的承德市中级人民法院民事审判第四庭庭长职务；周亚秋的承德市中级人民法院民事审判第五庭庭长职务；李亚平的承德市中级人民法院立案二庭庭长职务；王芳的承德市中级人民法院刑事审判第二庭副庭长职务；金小雁的承德市中级人民法院刑事审判第二庭副庭长职务；张认众的承德市中级人民法院民事审判第三庭副庭长职务；裴赤博的承德市中级人民法院民事审判第三庭副庭长职务；黄鸣春的承德市中级人民法院行政审判庭副庭长职务；陈辉的承德市中级人民法院审判员职务。会议任命侯宇为承德市人民检察院检察委员会委员；张宏民为承德市人民检察院检察委员会委员、检察员；刘亚芳为承德市人民检察院检察委员会委员；丁红琳为承德市人民检察院检察委员会委员；刘长华为承德市人民检察院检察委员会委员；刘北南为承德市人民检察院检察委员会委员；马健为承德市人民检察院检察员；刘娜为承德市人民检察院检察员；刘国雄为承德市人民检察院检察员；申国宁为承德市人民检察院检察员；李静为承德市人民检察院检察员；段岩山为承德市人民检察院检察员；侯文军为承德市人民检察院检察员；王小清为承德市人民检察院检察员。会议免去柴畅达的承德市人民检察院检察员职务。会议批准任命王景华为宽城满族自治县人民检察院检察长；柴畅达为平泉县人民检察院检察长。会议批准免去张宏民的宽城满族自治县人民检察院检察长职务；王景华的平泉县人民检察院检察长职务。

十三届人大常委会第二十七次会议。8月29日至30日，市人大常委会主任郭群主持召开市十三届人大常委会第二十七次会议，副主任郭椿、曹凯、邢书印、王素芝、张树民、柴山，秘书长张举和委员共36人出席会议。会议听取和审议了市发改委主任王毅受市人民政府委托作的市人民政府关于2016年国民经济和社会发展计划上半年执行情况的报告、市财政局局长王宇受市人民政府委托作的市人民政府关于2016年市本级预算上半年执行情况的报告、市发改委副主任刘建海受市人民政府委托作的市人民政府关于化解过剩产能调整产业结构情况的工作报告、市人大常委会财政经济工作委员会主任王艳云作的市人大常委会视察组关于视察全市化解过剩产能调整产业结构工作情况的报告。会议还表决通过了市人大常委会立法咨询专家人选名单和有关人事任免事项。会议决定免去刘新宇的承德市人民政府副市长职务。

十三届人大常委会第二十八次会议。10月26日至27日，市人大常委会主任郭群主持召开市十三届人大常委会第二十八次会议，副主任郭椿、曹凯、邢书印、王素芝、张树民、柴山，秘书长张举和委员共33人出席会议。会议听取和审议了市财政局局长王宇受市人民政府委托作的市人民政府关于2015年市本级决算和市总决算情况的报告、市审计局局长王允昌受市人民政府委托作的市人民政府关于2015年度市本级预算执行和其他财政财务收支情况的审计工作报告、市人大常委会财政经济工作委员会主任王艳云作的市人大常委会财政经济工作委员会关于2015年市本级决算和市总决算的初审报告、市农委主任刘宝龙受市人民政府委托作的市人民政府关于美丽乡村建设工作情况的报告、市人大常委会农业和农村工作委员会主任李成彦作的市人大常委会视察组关于视察市人民政府美丽乡村建设工作情况的报告、市人民政府副市长薛寒受市人民政府委托作的市人民政府关于贯彻实施《中华人民共和国食品安全法》情况的报告、市人大常委会教育科学文化卫生工作委员会主任梁荣华作的市人大常委会执法检查组关于检查市人民政府贯彻实施《中华人民共和国食品安全法》情况的报告、市人民检察院检察长赵智慧作的市人民检察院关于行政执法与刑事司法衔接工作情况的报告、市人大常委会内务司法工作委员会主任兰德龙作的市人大常委会视察组关于视察市人民检察院行政执法与刑事司法衔接工作情况的报告，表决通过了有关人事任免事项。会议决定任命魏莉、邓子来为承德市人民政府副市长。会议决定免去刘名义的承德市人民政府副市长职务。会议期间，对市人民政府贯彻实施《中华人民共和国食品安全法》情况开展了专题询问。

十三届人大常委会第二十九次会议。12月27日至28日，市人大常委会主任郭群主持召开市十三届人大常委会第二十九次会议，副主任郭椿、曹凯、邢书印、王素芝、张树民、柴山，秘书长张举和委员共33人出席会议。会议听取和审议了市政府秘书长信祥受市政府委托作的市政府关于市十三届人大五次会议以来人大代表建议批评和意见办理情况的报告、市人大常委会选举任免代表工作委员会主任郭保童作的关于市十三届人大五次会议以来人大代表建议批评和意见办理情况的报告、市司法局局长毛银受市政府委托作的市政府关于法治宣传教育第六个五年规划实施情况和在全市公民中开展法治宣传教育第七个五年（2016—2020年）规划的报告、市人大常委会内务司法工作委员会主任兰德龙作的关于在全市开展第七个五年（2016—2020年）法治宣传教育的决议草案起草情况的说明、市审计局局长王允昌受市政府委托作的市政府关于2015年度市本级预算执行和其他财政财务收支审计查出问题整改情况的报告（书面）、市财政局局长王宇受市政府委托作的市政府关于2016年市本级预算和市总预算调整方案草案的说明、市人大常委会财政经济工作委员会主任王艳云作的关于《2016年市本级预算和市总预算调整方案草案》的审查报告、市住建局局长刘宏伟受市政府委托所作的市政府关于全市住宅物业管理情况的报告、市人大常委会城乡建设和环境资源工作委员会主任赵喜萍作的市人大常委会视察组关于视察全市住宅物业管理情况的报告、市环保局局长陈恩惠受市政府委托作的市政府2015年度环境质量状况和环境保护目标完成情况的报告（书面）。会议还表决通过了有关人事任免和选举事项。会议决定任命张树国为承德市质量技术监督局局长；王成军为承德市旅游发展委员会主任；马占山为承德市公安局局长。会议决定免去王冰松的承德市质量技术监督局局长职务；张树国的承德市体育局局长职务；董天利的承德市公安局局长职务。

十三届人大常委会第三十次会议。12月30日下午，市人大常委会主任郭群主持召开市十三届人大常委会第三十次会议，副主任郭椿、曹凯、邢书印、王素芝、张树民、柴山，秘书长张举和委员共35人出席会议。会议表决通过了有关人事任免事项。市委常委、市政府常务副市长李晋宇，市委常委、市委组织部部长路立营出席会议，并作干部任免情况说明。会议决定任命苏铁成、王成为承德市人民政府副市长；决定免去董天利、丁伟、吴清海的承德市人民政府副市长职务。会议决定任命刘福明为承德市中级人民法院副院长、代理院长；决定接受刘光辉辞去承德市中级人民法院院长职务的请求。会议决定任命纪志明为承德市人民检察院副检察长、代理检察长；决定接受赵智慧辞去承德市人民检察院检察长职务的请求。

【常委会主任会议】 十三届人大常委会第三十三次主任会议。1月21日上午，市人大常委会主任郭群主持召开市十三届人大常委会第三十三次主任会议。市人大常委会副主任郭椿、邢书印、王素芝、张树民，秘书长张举出席会议，市人大常委会副秘书长，研究室、选任委、财经委主要负责人，办公室副主任列席了会议。会议研究决定了市十三届人大常委会第二十四次会议召开时间及议程，并对市十三届人大五次会议相关事宜进行了研究。

十三届人大常委会第三十四次主任会议。1月25日上午，市人大常委会主任郭群主持召开市十三届人大常委会第三十四次主任会议。市人大常委会副主任郭椿、邢书印、王素芝、张树民，秘书长张举出席会议，市委组织部市人大常委会相关部门主要负责人列席了会议。会议研究确定了于庆贺挂职副市长相关事宜。

十三届人大常委会第三十五次主任会议。2月26日上午，市人大常委会主任郭群主持召开市十三届人大常委会第三十五次主任会议。市人大常委会副主任郭椿、邢书印、王素芝、张树民、柴山，秘书长张举出席会议，市人大常委会机关各工作部门负责人列席会议。会议研究确定了市人大常委会主任会议成员工作分工，研究讨论了市人大常委会2016年度工作要点，听取了市人大法制工作委员会年度工作计划的汇报。

十三届人大常委会第三十六次主任会议。3月1日上午，市人大常委会主任郭群主持召开市十三届人大常委会第三十六次主任会议。市人大常委会副主任郭椿、邢书印、王素芝、张树民、柴山，秘书长张举出席会议，市人大常委会相关部门负责人列席会议。会议研究讨论了市人民检察院关于报请许可对一名市人大代表采取强制措施的报告及相关事宜。

十三届人大常委会第三十七次主任会议。4月14日上午，市人大常委会主任郭群主持召开市十三届人大常委会第三十七次主任会议。市人大常委会副主任郭椿、邢书印、王素芝、张树民，秘书长张举出席会议，市人大常委会机关各工作部门负责人列席会议。

十三届人大常委会第三十八次主任会议。6月15日上午，市人大常委会主任郭群主持召开市十三届人大常委会第三十八次主任会议。市人大常委会副主任郭椿、邢书印、王素芝、张树民、柴山，秘书长张举出席会议，市人大常委会机关各工作部门负责人列席会议。会议研究决定了市十三届人大常委会第二十六次会议召开时间及议程。

十三届人大常委会第三十九次主任会议。8月16日上午，市人大常委会主任郭群主持召开市十三届人大常委会第三十九次主任会议。市人大常委会副主任郭椿、邢书印、王素芝、张树民、柴山，秘书长张举出席会议，市人大常委会机关各工作部门负责人列席会议。会议研究决定了市十三届人大常委会第二十七次会议召开时间及议程。

十三届人大常委会第四十次主任会议。10月14日上午，市人大常委会主任郭群主持召开市十三届人大常委会第四十次主任会议。市人大常委会副主任郭椿、邢书印、王素芝、张树民、柴山，秘书长张举出席会议，市人大常委会机关各工作部门负责人列席会议。会议研究决定了市十三届人大常委会第二十八次会议召开时间及议程。会议上，就下步工作，郭群要求：一是做好换届准备工作，要加强与市委及相关部门的联系，及早介入，早做准备，增强换届工作的前瞻性和主动性；二是做好人代会筹备工作，重点做好市人大常委会工作报告的起草等相关准备工作；三是做好常委会日常工作，常委会机关各部门要切实加强机关作风建设，统一思想，振奋精神，狠抓落实，确保市人大常委会全年目标任务圆满完成。

十三届人大常委会第四十一次主任会议。12月14日下午，市人大常委会主任郭群主持召开市十三届人大常委会第四十一次主任会议。市人大常委会副主任郭椿、邢书印、王素芝、张树民、柴山，秘书长张举出席会议，市人大常委会机关各工作部门负责人列席会议。会议研究决定了市十三届人大常委会第二十九次会议召开时间及议程。

十三届人大常委会第四十二次主任会议。12月28日，市人大常委会主任郭群主持召开市十三届人大常委会第四十二次主任会议。市人大常委会副主任郭椿、邢书印、王素芝、张树民、柴山，秘书长张举出席会议，市人大常委会相关部门负责人列席会议。会议研究讨论了拟任马占山为市公安局局长有关事项。

十三届人大常委会第四十三次主任会议。12月28日下午，市人大常委会主任郭群主持召开市十三届人大常委会第四十三次主任会议。市人大常委会副主任郭椿、邢书印、王素芝、张树民、柴山，秘书长张举出席会议，市人大常委会相关部门负责人列席会议。会议研究讨论了补选省人大代表相关事宜。

十三届人大常委会第四十四次主任会议。12月30日下午，市人大常委会主任郭群主持召开市十三届人大常委会第四十四次主任会议。市人大常委会副主任郭椿、邢书印、王素芝、张树民、柴山，秘书长张举出席会议，市委组织部副部长李兴臣、市人大常委会机关各工作部门负责人列席会议。会议研究讨论了有关人事任免事宜。

工作和法律监督

【计划预算审计监督】 为认真做好国民经济和社会发展第十三个五年规划审查工作，在人代会前，常委会组成人员深入进行调研，提出多条建设性修改建议。适时听取和审议市政府关于国民经济和社会发展计划执行及经济运行情况报告、有关预决算调整报告，及时作出决议决定。注重发挥审计监督作用，听取和审议市政府关于预算执行及其他财政财务收支情况的审计工作报告，针对存在的问题向市政府提出整改建议。

【生态建设和环境保护工作】 围绕"京津冀水源涵养功能区"发展定位，关注生态建设和环境保护工作，对《中华人民共和国水污染防治法》《中华人民共和国固体废物污染环境防治法》进行执法检查，视察了污水处理、垃圾填埋等环保项目和京津风沙源治理等生态项目，并以武烈河流域水环境综合治理为重点，通过听取专项工作报告、视察、专题询问等监督方式，实施跟踪监督，推动一些突出问题的解决，为市政府力争三年内实现武烈河流域水环境根本好转，提供了支持。

【规划审议工作】 围绕"建设国际旅游城市"和"一带三区"城市发展战略，审议批准了《承德市城市总体规划（2015—2030年）》。为做好规划审议工作，常委会组成人员提前进行视察调研，全面调查了解城市总体规划编制情况，提出了16个方面26条修改意见。

【单项检查跟踪问效机制】 对文化产业建设、休闲旅游、城市管理等情况进行了视察，启动了单项检查跟踪问效机制，对避暑山庄外小热河周边环境整治等重点问题进行了跟踪督办，提出具体要求，督促工作落实。对承德市冰雪运动休闲旅游文化产业发展情况进行了专题调研，向市委提交了专题调研报告，对加快承德市冰雪运动休闲旅游文化产业发展提出了具体建议。

【产业优化升级工作】 围绕产业结构调整、加快转型升级，将产业优化升级工作列入常委会重点调研内容和审议议题，听取审议了市政府的专项工作报告，深入到多个县区和产业园区对化解过剩产能调整产业结构工作情况进行视察，关注工业产业项目和重点项目建设情况。加大了对科技进步与创新工作的监督力度，在健全完善科技成果转化体制机制和引导企业科技创新等方面，提出一些符合承德实际的意见建议，批准设立了滦平、丰宁两个国家级农业科技园区，努力营造有利于创新驱动的良好环境。同时，党组每年围绕全市工作大局或人民群众关注的热点难点问题开展专题调研，撰写调研报告，呈报市委，供市委决策参考。2016年共向市委呈报9项调研报告。

【执法检查】 围绕依法行政、公正司法，对市政府贯彻实施《中华人民共和国农村土地承包法》《消防法》《档案法》等11部法律法规进行了执法检查；对全市住房公积金管理与使用、物业管理等工作情况，对市中级人民法院"一乡（镇）一法庭"建设、市人民检察院行政执法与刑事司法衔接等工作情况进行了视察，促进了法律的贯彻实施，优化了经济社会发展环境。围绕人民群众关心关注的民生问题，继续开展跟踪监督工作。就《中华人民共和国食品安全法》贯彻实施情况开展了大型执法检查，常委会组成人员及与会人大代表围绕9个方面的热点难点问题开展专题询问，市政府及有关部门负责人当场作答，形成的审议意见转交市政府及相关部门，并对落实情况进行适时督办。同时，对教育、卫生、养老和美丽乡村建设等民生工作实施监督，推动了民生改善。

立法工作

【地方立法权获批】 按照《河北省省委组织部、省人大常委会办公厅、省编制委员会关于做好赋予设区市地方立法权准备工作的通知》《河北省省人大常委会依法赋予设区的市立法权实施办法》要求，市人大常委会积极筹划，本着"依法有序、积极稳妥、打牢基础、确保实效"的工作思路，认真做好各项准备工作，制定了《关于加快推进我市立法准备工作方案》。2016年3月，承德市获得地方立法权。市委、市人大常委会、市政府及相关部门，高度重视，把地方立法作为全市政治生活中的一件大事，积极稳妥、扎实推进，努力开创承德市地方立法工作新局面。

【立法机构建立】 2015 年 10 月，依法成立了承德市人大常委会法制工作委员会，正处级规格。2016 年 2 月，市十三届人大第五次会议表决通过设立承德市人民代表大会法制委员会，法制委员会设主任委员 1 人、副主任委员 1 人、委员 5 人。

【建立完善立法制度】 进一步明确《承德市人大常委会法制工作委员会工作职责》《承德市人民代表大会法制委员会工作职责》。建立人大立法咨询专家制度、地方性法规立项制度、备案审查制度、地方立法程序等，制定出台《承德市人大常委会聘请立法咨询专家办法》《承德市地方性法规立项办法》《承德市规范性文件备案审查办法》《承德市制定地方性法规办法》，为地方立法工作提供了制度保障。建立立法咨询机制。为增强立法能力，保证立法质量，与专门立法咨询机构建立协作关系，同时聘请全国和省立法专家作为市人大立法咨询专家。市人大与河北大学立法研究机构建立了立法合作关系，聘请国家环保部、北京大学、河北大学专家为承德市立法咨询专家。

【建立立法项目库制度】 为实现立法项目管理科学化、规范化，学习借鉴外地先进经验，根据地方立法工作实际，建立实行立法项目库制度。立法项目库是编制立法计划的重要依据，是开展具体立法项目前期调研工作的基础数据库，对立法计划的编制具有重要的预测和指导作用。项目库实行动态管理，根据经济社会发展、调研论证以及有关立法议案、建议、提案等情况，适时对项目库进行调整，及时增补承德市经济社会发展需要的立法项目，删除已经没有立法必要或者缺乏可行性的项目，确保项目库建设切合经济社会发展实际、反映人民利益意愿，具有较强的操作性和针对性，同时也是立法规划的重要补充。

【立法培训】 为尽快适应工作需要，提高立法人员素质，积极开展立法培训工作。2016 年 6 月和 9 月，举办立法工作和备案审查工作专题培训班，邀请全国人大、省人大、河北大学法学院等机关院校立法专家学者到承德市授课，市人大常委会全体组成人员、法制委员会委员、部分人大代表、县区人大常委会主任、副主任和市人大机关全体人员、人大立法咨询专家参加了培训学习。

【制定实施立法计划】 《承德市制定地方性法规办法》，2016 年 6 月市人大常委会第二次会议审议，同意提请下次代表大会审议通过。起草制定《承德市水源涵养功能区保护条例》(以下简称《条例》)，是建设京津冀水源涵养功能区，推进京津冀协同发展战略的重要举措，也是认真落实习近平总书记对张承地区定位“加快建设京津冀水源涵养功能区,同步考虑解决周边地区的贫困问题”重要指示的政治责任。

【认真开展备案审查工作】 按照《承德市规范性文件备案审查办法》的要求，市人大着手备案审查工作程序的制定，起草制定备案审查衔接联动工作机制，谋划建立完善报备系统审查机制。审查市政府及相关部门报备的规范性文件。积极参与国家立法和省地方性法规草案的修改工作。法工委成立后，共收到全国人大、省人大立法机关法律法规征求意见草案 13 件，提出修改建议或意见 90 多条。

换届选举相关工作及对县乡人大指导

【三级人大换届选举工作】 市人大常委会党组按照市委的安排部署，以高度的责任感、饱满的精神状态，依法有序做好各项换届选举准备工作。及时向市委呈报了《关于市县乡三级人大换届选举有关工作的实施意见》，组织各级选举工作人员参加省人大的专门培训。加强对县乡人大换届选举工作的指导，成立五个督导组，分别赴各县区对换届选举准备工作进行检查督导。认真做好市级人大换届选举和市十四届人大一次会议的各项筹备工作，确保换届选举风清气正、圆满完成。

【人事任免工作】 依法做好人事任免，落实宪法宣誓制度。坚持党管干部与依法任免的有机统一，不断规范任免工作。坚持对拟任命干部实行供职发言、颁发任命书等制度，同时，按照全国人大、省人大关于实行宪法宣誓制度的要求，制定了《市人大常委会关于向宪法宣誓制度的操作程序》，全面实行宪法宣誓制度，进一步增强被任命人员的宪法意识和公仆意识。

【提高代表履职能力】 强化服务意识，充分发挥代表作用。加强履职培训，不断提高代表履职能力，采取党校主体班和外出培训等形式，组织了三批次130余人的人大代表培训。为代表订阅报纸、杂志，拓宽代表知情知政渠道。组建市、县区“代表之家”，强化市人大常委会联系代表、市人大代表联系人民群众“双联系”机制，健全代表履职档案制度，筹建代表工作网络平台。组织人大代表参加有关征求意见会、座谈会和听证会，参加视察、调研和专题询问，列席市人大常委会会议。对市十三届人大五次会议收到的260件代表建议，采取跟踪督办、重点督办、听取汇报、加强反馈等措施，进行督办催办，不断提高办理质量。已办结或列入办理计划的有216件，占83%，代表对承办工作的满意率不断提升。

【代表变更】 承德市第十三届人民代表大会代表应为379名。市十三届人大四次会议以来实有代表359名。根据《中华人民共和国全国人民代表大会和地方各级人民代表大会选举法》和《中国人民解放军选举全国人民代表大会和县级以上各级人民代表大会代表的办法》的规定，有关单位依法补选市十三届人大代表13名：双滦区代表团杨国辉、赵振清、耿立唐，围场满族蒙古族自治县代表团李威、钟玉清，丰宁满族自治县代表团常丽虹、赵喜萍、姜昆，隆化县代表团吴清海，滦平县代表团关玉玲，宽城满族自治县代表团张守义，兴隆县代表团王毅，解放军代表团陈德光。承德市第十三届人民代表大会常务委员会代表资格审查委员会对以上13名代表资格进行了审查，确认代表的产生符合选举法规定的程序和法定票数，其代表资格有效。

承德市第十三届人民代表大会第五次会议实有代表372名。

【推动县乡人大工作和建设】 制定督导方案，分组深入各县区督导省委、市委人大工作会议精神和《中共承德市委关于进一步改进和加强人大工作的决定》的贯彻落实情况，确保全市人大工作在党委领导下依法有序开展。为深入贯彻落实中央和省委关于加强县乡人大工作和建设的文件精神，党组向市委呈报了《关于加强县乡人大工作和建设的实施意见》，由市委转发。党组以县乡人大换届为契机，对实施意见的贯彻落实情况进行了督导。

自身建设

【思想政治建设】 以“两学一做”学习教育为契机，加强党员干部日常教育管理，坚持党组成员集中学习、常委会履职学习和机关每周五政治学习制度，深入学习习近平总书记系列重要讲话精神，学习党的十八届六中全会、省第九次党代会和市委全会精神，学习党章、党规和党史，组织开展了3次专题学习研讨，深刻剖析党员干部思想认识方面存在的问题，有针对性地制定整改措施，切实把思想和行动统一到中央和省委、市委的决策部署和要求上来。

【严肃党内政治生活】 认真学习贯彻落实党的十八届六中全会精神，组织学习两条例、两准则，时刻把政治纪律和政治规矩挺在前面，认真落实“三会一课”、民主生活会、党组成员双重组织生活、民主评议党员、谈心谈话等制度，认真落实民主集中制，开展严肃认真的批评与自我批评。强化组织观念，认真落实处级以上干部个人有关事项报告制度，严格执行领导干部外出请假报备制度。认真执行党内监督条例，坚持党组成员以身作则、以上率下，为机关党组织和党员干部作出示范。

【党风廉政建设】 认真落实党风廉政建设的主体责任，切实履行党组书记第一责任人的职责。严格贯彻落实中央“八项规定”精神，坚持作风建设永远在路上，建立和完善与作风建设相关的长效机制。制定改进会风举措，人大“三查（察）”活动轻车简从，认真执行办公用房有关规定，严格控制“三公”经费支出，坚决防止“四风”反弹，扎实营造人大常委会机关清正廉洁的政治生态。

【工作制度建设】 为巩固党的群众路线教育实践活动成果，践行“三严三实”要求，深化“两学一做”学习教育成果，制定完善了《市人大常委会党组关于加强领导班子建设的有关规定》《市人大常委会专题询问办法》等24项工作制度，进一步提高了人大工作制度化、规范化和科学化水平。

【信息宣传和信访】 制定了“两网两平台、一号一系统”信息化建设目标，开通承德市人大官网和承德市人大微信公众号，不断提升人大信息化建设水平。充分发挥新闻媒体作用，认真做好人大相关会议和代表活动的宣传报道。办好市人大常委会内刊和专版，共编发《承德人大工作》15期，在《承德日报》刊发《承德人大》专版6期。将信访工作作为联系群众、反映民意、体察民情的重要渠道，努力化解社会矛盾，全年共接待人民群众来信来访152件、240余人次。对来信来访反映的问题做到“件件有着落、事事有回音”，努力促使上访群众的合理诉求得到解决。

附：市人大常务委员会及办事机构、工作机构

承德市第十三届人民代表大会常务委员会组成人员

主　　任：郭　群

副 主 任：郭　椿（满族）

曹　凯

邢书印

王素芝（女，满族）

张树民

秘 书 长：张　举（满族）

委　　员：门玉生（满族）

王　琦

王志军（满族）

王艳云（女）

王振廷（满族）

王爱杰（女）

叶振宇（蒙古族）

兰德龙

刘永平（满族）

苏艳华（女，满族）

李成彦（满族）

李兴臣

李建华

杨秀华（女）

杨海燕（女）

吴晓群（女，回族）

谷雪芬（女）

张学军（满族）

陈志民（满族）

邵东明
武卫东
赵春丽（女）
相文举
俞虹霞（女）
郭保童
常英瑞（满族）
梁荣华（满族）
韩　旭（女）

承德市人大常委会办事机构和工作机构

副秘书长：门玉生
魏长春
办公室主任：门玉生
副主任：李立全（8月任）
信访室主任：杨　柳（女）
研究室主任：叶振宇（蒙古族）
副主任：闫永澜
选举任免代表工作委员会主任：
郭保童
副主任：刘雅丽（女）
胡颖杰（女）
内务司法工作委员会主任：
兰德龙
副主任：李素娥（女，满族）
毛曙光
财政经济工作委员会主任：
王艳云（女）
副主任：韩国祥（满族）
黄冠毓
农业和农村经济工作委员会主任：
李成彦
副主任：甄丽华（女）
城乡建设和环境资源工作委员会主任：
赵喜萍
副主任：宋晓梅（女，满族）
教育科学文化卫生工作委员会主任：
梁荣华（满族）
副主任：张瑞林（女，满族）
民族侨务外事工作委员会主任：
杨国辉
副主任：林秀玲（女）
法制工作委员会主任：相文举
副主任：张　斌
景国富

（供稿　潘晓勇）

承德市人民政府

综 述

2016年，面对复杂严峻的国内外经济形势，认真贯彻落实党中央、国务院和省委、省政府的重大决策部署，承德市人民政府主动适应经济发展新常态，牢固树立“创新、协调、绿色、开放、共享”的发展理念，按照“京津冀水源涵养功能区、国家绿色发展先行区、环首都扶贫攻坚示范区、国际旅游城市”的发展定位，坚持“守底线、快转型、促协同、奔小康”主基调，迎难而上，奋力赶超，全力推动经济社会平稳较快发展，实现了“十三五”规划良好开局。全市生产总值完成1432.9亿元、增长6.9%；规上工业增加值471.1亿元、增长5.0%；固定资产投资1615.5亿元、增长6.8%；全部财政收入147亿元、下降10.1%，其中公共财政预算收入82.1亿元、下降15.6%；社会消费品零售总额达到543亿元，增长10.7%；城镇居民人均可支配收入24856元、农村居民人均可支配收入8736元，分别增长8.6%和10.3%。

面对经济下行带来的巨大压力，坚定不移稳增长、增后劲，经济发展实现企稳回升。全力开展“企业帮扶年”活动，围绕“三去一降一补”目标，制定实施房地产去库存、企业降本增效、促进企业技改扩能、支持重大战略性产业发展等一系列政策措施，尽最大努力保骨干企业不减产、降本增效。争取上级财政资金195亿元，完成国有及国有控股投资545亿元、增长21%。深入开展“企业帮扶年”活动，制定实施7个方面政策措施，减少涉企收费20项，投放“银企帮扶基金”190亿元，为企业减负13亿元，帮助120家企业恢复正常生产。全力实施项目攻坚“3281”工程，着力推进30个省重点、200个市重点、830个亿元以上以及100个兴市立县的重大产业和基础设施项目，实施亿元以上项目841个、完成投资1124亿元，分别增长3.1%和2%，省重点项目开工率和投资率达到100%和71.1%。实施技改项目241个，完成投资310亿元。成功引进香港梧桐集团注入31亿元对天宝矿业实施重大技改，通过采用先进技术和工艺实现降本增效。承德机场即将通航，平泉机场开通国内首条军民合用短途运输航线。京沈客专（承德段）全面推进，双峰寺水库具备蓄水条件，丰宁抽水蓄能电站二期开工，南郊热电即将投入运营，一批重大基础性工程的建设使长期制约发展的短板得到明显改善，对助推经济社会发展起到至关重要作用。

面对新旧动能转换的严峻挑战，市政府坚定不移转方式、调结构，绿色产业体系加速构建。坚持“差异化、特色化、增量调整”的发展思路，大力发展“十大绿色产业”，全力实施“三年倍增计划”，加快培育新的发展动能。文化旅游及医疗康养产业，启动实施国家全域旅游示范市创建，以避暑山庄和外八庙为核心，发展京承皇家御道旅游带、燕山环京津国际休闲旅游带，加快打造五大精品版块和御道口、热河皇家温泉等六大旅游度假区，推动兴隆山、金山岭长城争创AAAAA级景区，谋划实施森林温泉、冰雪运动、低空飞行、马术马业等一批旅游新业态新项目。获得2018年全省旅发大会承办权，成功举办中美旅游年“千名美国游客游长城”、中国承德国际旅游文化节等系列大型活动。承德冰雪季激活冬季旅游。全年接待中外游客4636万人次、实现旅游收入506.6亿元，分别增长38.4%和49.8%。大数据及电子信息产业，先后引进大数据电子信息产业项目30个、总投资685亿元，德鸣大数据、CEC生态科技城、南开大学大数据研究院、中科曙光大数据学院等先后落地。河北省大数据交易中心、清华华唐服务外包产业园、人社部教培中心大数据人才培训基地落户承德；清华同方智慧谷、软通动力软件基地等一批信息软件项目签约落地，大数据产业体系初步形成。天然山泉水产业，依托已发现的345处高锶、低钠、弱碱涌泉点，谋划实施矿泉水勘查项目21个，引进天然山泉水产业项目21个，产能达到320万吨。农夫山泉兴隆生产基地、汇源果汁围场生产基地、北京中建水立方等项目建成投产；阿尔山医疗专用矿泉水、伊逊山泉二期等项目顺利推进，努力打造“京津水源　皇家山泉”品牌，产业规模效应、品牌效应初步显现。绿色食品和生物制药产业，以72个千亩以上特色农业园区、54个省级中药材种植示范园以及河北省燕山中药材经济核心示范区为基础，深入推进与首农、汇源、神威药业等大企业大集团的合作，露露扩能、栗源食品工业园、颈复康中药、杏仁油提取等27个重大产业化项目加快推进，“百万亩经济林、百万吨食用菌、百万亩中药材花海、百万头优质肉牛、百万只优质肉羊”示范基地加快建设。钒钛新材料产业，充分发挥钒钛资源优势和产业优势，谋划实施了钒铝合金、钒电池试验示范、钛合金加工、钒氮防弹钢等一批高端钒钛材料及制品项目，拉长产业链条，加快转型升级，加快打造国家级绿色钒钛产业基地。先进装备制造产业，做优做特智能化仪器仪表、汽车零部件、石油机械、阀门管件等传统主导产业，比亚迪新能源汽车实现整车下线，北汽福田发动机一期工程建成投产，北汽福田高精尖汽车零部件项目已经签约落地。新型建材产业，大力推进“住宅产业化”和“绿色建筑示范应用”，研发新型建材产品10大类50余种，实施承德新通源、绿标建材等尾矿综合利用项目106个，新型建材产业生产企业达到110家，实现产值160亿元。节能环保产业，与环保部对外合作中心和中国水环境集团等一批央企京企签订战略合作协议，重点推进实施项目27个，投资10亿元的国投盛世沸石环保新材料加快建设。被确定为“国家环境污染第3方试点城市”“环保部环保技术国际合作基地”和“河北省千亿级环保产业基地”。清洁能源产业，加快打造3个千万千瓦级清洁能源基地，新增光伏发电16.5万千瓦、风力发电23万千瓦，电力装机发展到380万千瓦，发电量达到65.7亿千瓦时，争取到商业电站、扶贫电站（含村级扶贫电站）并网补贴指标26.9万千瓦，总容量287万千瓦的百万千瓦风电基地二期工程已全部获得核准，正在加快推进。被列为“全国新能源示范市”和“全国生物质能供热示范区”。现代物流产业，农产品物流产业园、电子商务产业园加快发展，滦平进京农产品冷链物流中心、丰宁丰鑫冷链物流、承德农产品冷链物流产业园项目成为“全国冷链物流综合示范试点”省重点项目，物流骨干企业达到38家，承德国际商贸物流园荣获“全国电子商务物流示范基地”。深入实施“电子商务三年行动计划”，阿里巴巴、京东、移联网信、好实再等一批知名电商进驻。累计争列“国家级电子商务进农村综合示范县”3个，被评为“互联网+ 2015年度中国网络零售最具活力城市”，电子商务交易和网络零售额达到550亿元。

面对全面建成小康的繁重任务，坚定不移夯基础、抓重点，脱贫攻坚实现首战告捷。突出抓好产业扶贫。按照“龙头带基地（园区）、连农户、拓市场、共致富”的思路，大力发展林果、蔬菜等九大特色扶贫产业，市级以上农业产业化龙头企业达到404家，农业产业化经营率达到68.7%。大力推进农业种植结构调整“一减六增”工程，压减玉米种植56.5万亩，新增蔬菜

11.6万亩、食用菌3.6万亩、马铃薯6.1万亩、中药材6.8万亩，农业生产效益显著提升。“一地四生金”“三零”扶贫模式广泛推广，平泉食用菌产业扶贫模式被评为“全国十大产业扶贫范例”。全力推进美丽乡村和特色小镇建设。把美丽乡村建设与脱贫攻坚相结合，与乡村特色旅游、农业园区、特色民俗文化开发、沟域经济紧密结合，重点打造以乡村旅游为特色的9个精品片区和15个特色小镇，在北京组织了“乡下咱家.特色旅游小镇”大型活动，与70多家行业龙头和高端经营团队进行对接，引进首旅寒舍、中青旅、国旅、首农等29家战略投资者，签约美丽乡村建设项目63个，243个重点村超额完成“12+1”专项行动任务。大力创新体制机制。着力搭建涉农资金整合、农村产权交易等融资平台，创新实施“政银企户保”五位一体金融扶贫模式在全国推广，实现扶贫小额贷款“无抵押、无担保、无风险”，撬动金融资金67亿元，社会资金188亿元，为龙头企业贫困户提供了信贷支持，与中国农业银行合作设立了50亿元的全国首支农业产业发展引导基金和10亿元的农业产业化增信基金。

面对京津冀协同发展历史机遇，市政府坚定不移搞对接、促合作，对外开放水平全面跃升。认真落实京津冀协同发展重大国家战略，全面加强与京津的对接合作，争取到位资金518.4亿元，引进项目290个；与天津市成功签署“1+4”战略合作协议，京津两市5年出资15亿元对7个贫困县的对口帮扶全面启动，天津中德应用技术大学承德分校征拆占和规划设计工作进展顺利。签署京冀承医疗卫生协同发展合作协议，与北京朝阳医院等5家知名医疗机构开展深度合作。精准开展对接。大力推行跑国家部委争取政策支持、请京津部门帮助协调推进、找行业协会联络企业大户、向科研机构寻求技术依托、引行业龙头带动落地项目的“五合一”精准对接模式，先后到37个国家部委汇报工作，与京津19个区县、106个部门和重点产业园区对接，与60家行业协会组织、56所大专院校及中学、68家科研单位、46家医疗机构、183家央企京企津企展开合作，在大数据、大环保、大健康等多领域达成一批合作意向。全面招商引资。坚持立足京津冀、融入环渤海、对接东北亚、面向海内外，吸引优质生产要素向承德聚集。成功举办大数据、节能环保、绿色食品北京行、特色产业推介大型招商活动，对接合作项目325个，协议总投资4600亿元，已完成投资350亿元。外贸出口总额15.7亿元，实际利用外资5.5亿元。

面对水源涵养的重大政治责任，市政府坚定不移守底线、优环境，生态支撑能力持续提升。牢固树立“绿水青山就是金山银山”的绿色发展理念，把生态环境作为发展的第一资源、第一竞争力，全力打造国家绿色发展先行区。大力实施山水林田湖综合治理，总投资117亿元的162个项目纳入全省生态修复试点方案。总投资73.6亿元的“两河”治理全面推进，潘家口水库网箱养鱼清理完成任务量的70%。全市出境水质达标率达到100%，饮用水水质达标率保持100%，水环境质量保持全省领先。深入实施风沙源治理、京冀津冀水源林、再造“三个塞罕坝”和“一个优质坝上草原”等生态工程，新增造林绿化78.4万亩、草地综合治理30万亩。以打造京津冀最优的空气质量为目标，坚决打赢“减煤、治企、控车、抑尘、多污染物治理”五项攻坚战，累计取缔燃煤锅炉351台，改造工业锅炉140台，完成黄标公交车淘汰任务，新增新能源机动车1668辆。PM2.5年均浓度40微克、下降7%，优良天数275天、增加15天，继续保持京津冀前列。全面实施矿山综合整治。积极开展国家绿色矿业发展示范区创建，全面启动“6743工程”，完成100家矿山关闭和100家矿山覆绿任务，压减矿权140个，完成损毁山体修复12平方千米。创新生态文明体制机制建设。全力推动跨区域生态补偿机制，争取中央财政，天津以及河北省3年15亿元生态补偿。委托中科院编制自然资源资产负债表，资产总额达19.4万亿元，成为全国首个公开自然资源资产的地级市，被中科院推荐为“承德模式”。

面对创新驱动发展战略大势，市政府坚定不移抓改革、重创新，发展的内生动力逐步增强。深入推进放管服改革，衔接国家和省取消行政权力59项、接收下放89项。完成“五证合一”“一照一码”商事登记制度改革，农村土地承包经营权确权登记颁证土地达到595万亩，流转率超过27.8%。农业新型经营主体不断壮大，家庭农场722家，农民合作社达到11156家。农村集体资产股份制改革试点稳妥推进，集体林权颁证基本完成。农村产权交易平台实现市县区“全覆盖”。扎实推进国有林场、农牧场及供销社改革，成为全国供销社系统组建农村供销银行第一家试点。大力推进投融资体制改革，国控集团实现规范健康运营，资产总额达到177亿元，盘活整合国有资产96亿元，撬动社会资本230亿元。新设立河北银行、张家口银行县级支行13家，首家法人保险机构总部“亚联创隆”保险经纪公司落户承德，新增上市企业6家。与中国农业银行合作建立了20亿元的水利产业发展基金，争取国开行债券基金5.26亿元。

面对基础设施存在的最大短板，市政府坚定不移破瓶颈、强保障，城乡统筹发展步伐加快。着力构建“一核三带”市域城镇体系，加快城乡统筹步伐，壮大县域经济，推动城镇建设水平全面提升。启动实施“五城联创”。以建设国际旅游城市为统领，同步创建国家森林城市、全国文明城市、国家环保模范城市、国家卫生城市，以“滦河72千米城市发展带、承德机场临空经济产业区、双峰寺水库国际康养休闲区、大黑山皇家滑雪度假区”为核心的“一带三区”城市框架全面拉开。加强基础设施建设。抢抓京津冀“交通一体化”率先突破机遇，全力推进“交通道路三年攻坚”。张唐铁路、承张高速正式通车，津承铁路前期启动，承平高速控制性工程开工建设。新开工建设干线公路296公里、农村道路1053千米。

面对财政收支日益突出的矛盾，市政府坚定不移惠民生、办实事，社会各项事业扎实推进。通过公开向社会征集和认真研究，重点实施“十项民生工程”，切实办好学校和幼儿园建设、老旧小区管理、棚户区改造、城区供热、道路管网等一批惠民利民实事，让人民群众在共建共享中有更多获得感。着力提升社会保障水平。继续提高企业退休人员和城乡居民养老金、工伤保险待遇标准，大病保险实现全覆盖。农村低保线与扶贫线“两线合一”，标准提高到没人每年3300元。城乡居民医疗保险和养老保险参保率分别达到95%和99%。改造棚户区6360套、农村危房3.49万户。统筹推进社会事业发展。着力解决新建小区教育配套和外来务工人员子女入学难问题，积极落实乡村教师支持政策，实施薄弱学校改造工程310个，购置设备10.68万台。广泛开展全民健身活动，成功申报为国家级体育产业联系点城市，金山岭射击基地列入省重点项目，承德冰上活动中心、民族团结清文化展览馆暨承德市博物馆项目开工建设。成功举办承德国际马拉松等重大赛事活动。荣获全国双拥模范城“八连冠”。四是确保社会大局安全和谐稳定。扎实做好企业安全生产、食品药品安全和森林草原防火工作，打赢防汛抗洪抢险救灾硬仗，扎实推进社会管理创新、有效防控各种风险，法治承德、平安承德建设取得新的进展，全市人民群众生命财产安全得到有效保障。

市政府常务会全体会党组（扩大）会

【市政府常务会议】 十三届第四十五次常务会议。1月15日，中共承德市委副书记、代市长常丽虹主持召开市政府第十三届第四十五次常务会议，研究部署支持重大战略性产业发展、开展项目攻坚年活动等工作。会议研究了项目攻坚年活动实施方案和重点项目督导考核办法（试行）。会议强调，项目建设始终是各项工作的重中之重，也是永恒的工作主题。要高度重视，强化责任、任务、措施的落实；要强化督导考核，把考核奖惩真正落到实处。会议研究了加快园区发展的实施意见。会议强调，要以超常规的举措实现最大限度的突破，通过园区的发展带动产业的健康发展；要充分发挥市场在资源配置中的决定作用，通过龙头企业的带动，吸引京津等外埠大企业进驻园区；要做好与产业发展扶持政策的衔接；要强化园区软环境建设；要强化考核。

会议指出，民生工程事关群众福祉，要把百姓关注、反映强烈的民生工程放在优先位置。要细化和完善工作方案，明确推进的目标要求、完成时限。要在落实上下功夫，对每项民生工程都要逐一分解和明确责任，强化督导考核，确保工作实效。会议研究并原则通过了支持优势工业企业技术改造推动转型升级的若干意见和减少部分涉企行政事业性收费促进企业降本增效的意见。会议还研究讨论了扶贫开发相关政策制定、中心城区房地产去库存等事项。

十三届第四十八次常务会议。3月9日，市长常丽虹主持召开市政府第十三届第四十八次常务会议，研究重点工作目标任务分解落实等事项。会议对2016年省政府重点工作涉及承德市的目标任务和市政府工作报告中明确的重点工作目标任务进行了分解。会议强调，工作部署之后，重在落实。会议研究并原则通过了调整成立先进装备制造业、现代物流产业、健康养生养老产业、新城区建设、电子竞技等18个产业发展和重点工作领导小组。会议听取并原则通过了滦平、丰宁创建国家科技园区的总体规划。会议学习了新《中华人民共和国安全生产法》。会议要求：一是切实增强抓好安全生产工作的责任意识；二是切实增强落实的意识；三是强化执法；四是加大对新《安全生产法》的宣传力度。会议还研究了其他事项。

十三届第五十次常务会议。4月21日，市长常丽虹主持召开市政府第十三届第五十次常务会议，研究深化科技体制改革加快推进创新发展等事项。会议首先学习了新《中华人民共和国食品安全法》。会议要求用最严谨的标准、最严格的监管、最严厉的惩罚、最严肃的问责来切实保障全市城乡广大人民群众舌尖上的安全。会议研究讨论了深化科技体制改革加快推进创新发展实施意见、发展众创空间推进大众创新创业实施意见、科技型企业倍增计划实施办法和“科技新十佳”评选办法。会议强调，为确保相关实施意见务实管用，具有可操作性，一要突出围绕中心，服务全市转型升级、绿色崛起，特别是要发挥科技创新在促进十大绿色产业发展中的积极作用；二要突出与京津高校、科研院所的合作，使科研成果能够在承德落地；三要突出人才引进和培养，充分发挥政策激励作用，吸引京津的高层次人才参与到承德的经济社会建设中来，同时要注重本土人才培养，发挥好承德市高校作用。会议研究并原则通过了开展“五城联创”的实施意见。会议强调，开展“五城联创”要坚持高标准，以创建国家级城市标准为底线，调高标尺，严格掌握；要稳扎稳打，统筹协调推进；要完善实施步骤和方法，增强可操作性；要强化责任，做到有目标、有任务、有责任人、有考核、有奖惩。会议听取了全市安全生产工作汇报。会议强调，一是高度重视安全生产工作，克服各种松懈、麻痹、侥幸心理；二是强化《中华人民共和国安全生产法》和各项要求的全面落实。三是深入开展督查活动；四是强化安全生产工作的必要条件和基本保障，并切实加强人才队伍建设。会议研究并原则通过了《承德市整合城乡居民基本医疗保险工作实施方案》、建立市政府法律顾问制度等其他事项。

十三届第五十一次常务会议。5月23日，市长常丽虹主持召开市政府第十三届第五十一次常务会议，研究落实《河北省推进京津冀协同发展规划》和“营改增”试点等事项。会议首先学习了《河北省推进京津冀协同发展规划》。会议强调，要确保省委、省政府推动协同发展的重大决策部署在承德市落地生根；要突出重点，强力推动承德市列入规划的事项和重点工作；要强化责任分工，明确责任单位、责任人、完成时限、完成标准；要加大考核督导力度，出台考核办法，将考核奖惩真正落到实处。会议听取了“营改增”试点工作情况的汇报。要深入研究“营改增”政策对承德市的影响，加强对企业的纳税辅导，切实发挥好政策在促进企业降本增效、培植涵养税源和产业结构优化等方面作用的同时，切实防范和减少税收流失，最大限度地争取上级支持。相关部门要密切配合，形成合力，把握机遇，促进承德市服务业的发展，最大限度地为企业和群众提供便利。会议研究并原则通过了2016—2018年实施全市普通公路建设“三年攻坚”实施方案。会议强调，要加强领导，成立普通公路建设“三年攻坚”领导小组，各部门要各负其责，通力合作。要做好项目规划，突出开发区、重点景区、特色乡镇和美丽乡村片区、重点扶持的贫困村，谋划好县乡村道路建设，形成以县城为核心、辐射各乡镇、连接各村（组）的公路网络。要建立审批、核准的绿色通道，全面提速项目落地进程。要严格督查考核，建立定期调度、通报制度，确保全市上下形成合力，集中精力，全力确保“三年攻坚”如期完成。会议听取了今年以来全市环境保护工作开展情况、下一步重点工作安排，研究并原则通过了承德市市区夏季环境空气质量达标方案和承德市水污染防治工作方案。会议还研究了其他事项。

十三届第五十二次常务会议。6月15日，市长常丽虹主持召开市政府第十三届第五十二次常务会议，研究部署绿色产业发展和重点工作推进等事项。会议首先传达了河北省依法行政工作会议精神，研究承德市贯彻落实意见和2015年度依法行政工作考核结果。会议强调，要学法、守法、用法。充分认识依法行政的重要性，善于运用法治思维和法治方式来思考问题、处理问题、解决问题，自觉做遵法、学法、守法、用法的模范。要深入学习贯彻好国务院《法治政府建设实施纲要》（以下简称“《实施纲要》”）。要把学习贯彻《实施纲要》精神作为深入推进依法行政、加快法治政府建设的一项重要任务，切实融入实际工作中。要抓好依法行政重点工作的落实。突出抓好依法决策、政务公开、简政放权、规范执法行为、深化司法改革、化解矛盾纠纷以及“两法衔接”等重点工作，切实做到办事依法、遇事找法、解决问题用法、化解矛盾靠法，全面提高依法工作水平。要充分发挥考核的督促引导作用。不断提高考核标准，加大考核力度，更加注重制度建设，坚持用制度管人、管事、管权；更加注重行政执法，严格依照法定权限和程序行使权力；更加注重行政监督和问责，确保权力依法规范运行；更加注重依法化解社会矛盾纠纷，切实维护社会和谐稳定。会议听取了承德市绿色产业发展和重点工作推进方案制定情况的汇报。会议强调，19项绿色产业和重点工作事关承德经济社会长远发展，各级各部门要竭尽全力完成好所承担的任务。会议研究并原则通过了承德市武烈河流域水环境综合整治三年攻坚行动方案。会议强调，在治理中要集中力量解决直接排污、水质富营养等突出问题，同时兼顾武烈河流域沿岸治理，确保问题得到有效解决。会议传达了省统计工作座谈会精神，研究承德市贯彻落实意见，研究并原则通过了承德市乡村教师支持计划实施办法、承德市海绵城市建设管理暂行办法和承德市城乡管理若干规定。会议还研究了其他事项。

十三届第五十三次常务会议。7月22日，市长常丽虹主持召开市政府第十三届第五十三次常务会议，研究部署深化国有企业改革和道路运输安全专项整治等事项。会议首先学习了《中华人民共和国审计法》。会议强调，各级各部门要学习领会好《中华人民共和国审计法》的精髓和要义，积极主动地抓好审计中发现的各类问题和整改落实工作，更好地促进承德市稳增长、调结构、促改革、惠民生、防风险以及党风廉政建设和反腐败工作深入开展。会议研究并原则通过了深化国有企业改革的实施意见。会议传达了全省道路交通安全工作电视电话会议精神，并研究承德市道路运输安全专项整治活动实施方案。会议研究并原则通过了承德市农业产业发展引导基金管理办法。会议强调，要加强对各县区基金使用和管理的指导和培训，搭建好承接平台，谋划包装一批大项目、好项目，使基金尽快落地发挥效应。会议研究并原则通过了进一步加快推进企业上市工作的实施意见，传达了全省计划生育工作会议精神并研究承德市贯彻落实意见，研究并原则通过了承德市计生卫生规划（2016—2020年）及重点任务分工方案。会议还研究了其他事项。

十三届第五十四次常务会议。7月28日，市长常丽虹主持召开市政府第十三届第五十四次常务会议，研究部署全市防汛救灾工作。会议传达了国家和省领导关于防汛抗洪抢险救灾工作的重要讲话和批示精神，分别听取了市防汛办、市救灾办关于防汛救灾工作情况的汇报。会议要求，要把防汛救灾的责任真正落到实处。要按照市委、市政府的统一部署和要求，坚持党政同责、一岗双责，领导干部靠前指挥，层层压实责任，层层传导压力。各级各部门要各司其职，各负其责，密切配合，协调联动，扎实做好汛情预警预报、抢险救援、物资调度和应急值守等工作，确保承德市安全度汛。

十三届第五十五次常务会议。8月15日，市长常丽虹主持召开市政府第十三届第五十五次常务会议，研究部署承德市防汛抢险救灾和科技创新等工作。会议首先听取了全市防汛抢险救灾有关情况汇报，研究承德市下一步工作意见。会议强调，要进一步统一思想、提高认识，增强做好抢险救灾和灾后重建工作的紧迫感和责任感，积极争取上级支持，千方百计筹措资金，确保受灾群众有饭吃、有衣穿、有住所、有干净水喝、有病能够及时救治，基本生活得到有效保障，确保社会秩序和谐稳定。会议研究并原则通过了《关于加快科技创新建设创新型承德的决定》《关于加快高层次创新创业人才（团队）引进的意见》和《关于深化人才发展体制机制改革的实施意见》。会议强调，要切实把科技创新摆在经济社会发展全局的核心地位，使科技创新真正成为推动经济社会发展的第一动力。会议研究并原则通过了《承德市医疗卫生服务体系规划（2016—2020年）》。会议研究并原则通过了《承德市加快发展体育产业促进体育消费的实施意见》。会议强调，要积极推进体育产业发展，扩大体育消费，努力提高全市人民的身体素质和健康水平。会议听取了2016年以来全市信访工作情况汇报，安排部署下一步工作。研究并原则通过了《承德市社会科学普及办法》，听取并原则通过了将兴隆县烈士陵园等17个烈士纪念设施列为市级烈士纪念设施的汇报。会议还研究了其他事项。

十三届第五十八次常务会议。9月29日，市长常丽虹主持召开市政府第十三届第五十八次常务会议，研究部署贯彻落实市委十三届九次全体（扩大）会议精神，并对安全生产、脱贫攻坚等工作进行研究调度。会议学习传达了市委十三届九次全体（扩大）会议精神，并研究贯彻落实意见。常丽虹强调，要认真学习领会，切实把思想和行动统一到市委全会精神上来；要围绕重点工作集中发力，针对问题集中调度、协调解决，确保高标准、高质量完成好全年任务目标。要把保障和改善民生放在更加突出的位置，高度重视就业、教育、医疗卫生、脱贫攻坚、棚户区改造、冬季水电暖供应、节日市场供应、群众来信来访等工作，努力让人民群众有更多获得感；要着手做好2017年重点工作、重点项目的谋划，抓紧梳理、提早启动前期工作，为2017年项目开工做好充分准备。要加快推进“十三五”各专项规划编制工作，明确时间节点，以规划引领各项工作顺利开展。会议听取了全市安全生产工作汇报。会议强调，要高度重视安全生产工作，时时敲响警钟，不能有一时一刻、一丝一毫的松懈和麻痹。会议强调，要聚焦重点抓脱贫，突出抓好产业扶贫、破解金融瓶颈制约、拓展贫困群众稳定增收渠道、强化基础设施建设、移民搬迁等工作，要切实落实好精准脱贫任务。各级各部门要聚焦目标任务，做好市县考核相关工作，加强与上级对口部门的主动沟通对接，确保完成2016年脱贫摘帽任务。会议研究并原则通过了《承德市现代农业“十三五”发展规划》《承德市法治政府建设实施方案》《承德市关于加快金融改革发展的实施意见》《承德市县城建设3年攻坚行动实施方案》《承德市深入推进新型城镇化建设的实施意见》《承德市光伏电站项目竞争性配置办法》《承德市市场主体集群注册登记管理试行办法》《承德市企业简易注销登记改革试行办法》。会议还研究了其他事项。

十三届第五十九次常务会议。11月9日，市长常丽虹主持召开市政府第十三届第五十九次常务会议，研究部署承德市贫困退出工作和公路治超等事项。会议首先学习了《中华人民共和国旅游法》。会议强调，要继续加大《中华人民共和国旅游法》的宣传贯彻落实力度，进一步扩大社会影响，让更多的人深入了解这部法律、自觉遵守这部法律。会议传达了全省贫困退出工作调度会议精神，研究承德市贯彻落实意见。会议强调，严格执行全省贫困退出工作标准和程序，把握时间节点，加强县区指导，确保贫困退出各项要求落实到位；要认真研究国家和省贫困退出政策，制定切合承德市实际的具体政策措施，促进贫困退出工作有序开展；要加强工作培训，加大督导检查；要切实做好市本级的核查工作，发现问题立行立改。会议研究并原则通过了《承德市滦河流域水污染防治规划（2012—2020年）》和《承德市蟠龙湖生态环境保护总体方案》。会议强调，要以坚决的态度、明确的底线和更高的标准，不折不扣地抓好水污染防治规划和生态环境保护各项措施的落实，促进滦河流域和蟠龙湖生态持续改善，为建设“生态强市、魅力承德”发挥重要作用。会议听取了贯彻落实国家和省新治超政策规定情况的汇报。会议强调，要以推进“三个专项行动”为重点，全面开展对货车非法改装和超限超载的集中整治，迅速掀起一次全市治超专项行动，要严格落实链条追责机制，强化各级各有关部门协调配合，加大履职尽责监督检查，形成全市上下治理超限超载的强大合力。会议研究并原则通过了《承德市全民健身实施计划（2016—2020年）》《承德市关于建立城镇职工长期护理保险制度的实施意见》《承德市建立完善城乡居民基本医疗保险制度的实施意见》。会议还研究了其他事项。

十三届第六十次常务会议。12月16日，市长常丽虹主持召开市政府第十三届第六十次常务会议，贯彻落实全省领导干部会议和文物保护会议精神，研究部署安全生产等工作。会议首先传达了赵克志、张庆伟、袁桐利在全省领导干部会议上的讲话精神，研究承德市贯彻落实意见。会议指出，做好钢铁煤炭去产能工作，是中央对河北省的明确要求，是河北走好加快转型、绿色发展、跨越提升新路的现实选择，也是承德实现生态发展、绿色崛起的现实需要。会议强调，要以坚决完成去产能任务的决心和行动体现政治意识、大局意识、核心意识和看齐意识，切实将上级的决策部署贯彻落实到位。各级领导干部要保持清醒头脑，杜绝麻痹大意，确保排查任务全方位、无死角，持续保持高压态势，严防各种违法违规现象反弹。会议传达了全省文物保护会议精神，研究承德市贯彻落实意见。会议强调，要加强人防、技防、物防的基础设施建设，切实提升各级文物保护部门依法保护的能力和水平。要在做好文物保护的基础上，合理开发利用，促进文物资源与文博创意产业产品、旅游产业的有机融合，走出一条符合承德实际的文物保护和科学利用之路。会议听取了全市安全生产及职业卫生工作情况的汇报。会议强调，各级各部门要进一步明确责任，同时积极引导生产经营单位落实好安全生产主体责任，确保生产安全，坚决遏制各类事故发生。要高度重视职业卫生工作，加强领导和监管，落实主体责任，严防职业病危害事故的发生。要抓紧制订2017年的去产能计划，加大督查排查力度，不断巩固承德市化解钢铁煤炭过剩产能的各项成果。会议传达了全省推进水价调整补偿工作会议精神和省长张庆伟就第三次全国农业普查工作给各市市长的书信精神，听取承德市第三次全国农业普查工作情况的汇报，研究承德市贯彻落实意见。会议听取了京津两市对口帮扶承德市有关情况的汇报。会议强调，要加强对帮扶内容、措施、政策和京津两地市场的研究，主动出击，精准对接，加快推进。会议研究并原则通过了《承德市关于加快民族教育发展的实施意见》《承德冰雪运动旅游产业区规划（2016—2025）》和《承德休闲旅游产业发展规划》。会议指出，要抢抓机遇，推动承德市民族教育事业、冰雪运动和休闲旅游产业再上新台阶。会议研究并原则通过了《承德市特困人员救助供养管理办法》和《承德市提高贫困人口医疗救助保障水平解决因病致贫因病返贫问题工作实施细则》。会议研究并原则通过了《承德市关于大力推进大众创业万众创新若干政策措施的实施意见》《承德市居住证实施办法（试行）》《承德市关于加快农产品加工业发展的实施意见》《承德市标准化体系建设发展规划》《承德市市场中介组织管理办法》。会议还研究了其他事项。

【市政府全体会议】 3月11日，市政府召开全体会议，市长常丽虹出席会议并讲话。市委常委、常务副市长李晋宇主持会议。市政府领导刘明义、刘新宇、丁伟、吴清海、徐民、胡仁彩、信祥出席会议。市人大常委会副主任郭椿、市政协副主席王学应邀出席会议。会上印发了2016年省市重点工作目标任务分解方案。常丽虹代表市政府与29个部门签订了重点目标责任书。责任书针对2016年要实施的重点工作，明确了牵头领导、牵头单位、协作进度要求和完成时限。常丽虹在会上就加强政府自身建设强调：一、各级领导干部要带好头、作表率。二、强化讲政治、守规矩意识。三、调高工作标尺。四、提高工作效率。五是严格落实责任。常丽虹还就当前抓好即期调控、项目开工、企业帮扶、以企招商、备耕生产、安全稳定等工作提出明确要求。会上，李晋宇就重点工作落实情况讲了具体意见。

【市政府党组（扩大）会议】 5月23日，市长常丽虹主持召开市政府党组(扩大)会议。她强调，要增强“两学一做”学习教育的紧迫性和自觉性，把学习教育作为当前的一项重大政治任务，进一步抓好个人自学，做到学思践悟，学以致用，切实将“两学一做”学习教育成果转化为推动发展的实际行动。市领导李晋宇、刘名义、李维、刘新宇、丁伟、吴清海，市政府党组成员徐民，市政府秘书长信祥出席会议，市政府各副秘书长及办公室党组成员列席会议。会上，市委党校副校长聂志信做“两学一做”专题讲座。

11月1日，市政府党组书记、市长常丽虹主持召开市政府党组（扩大）会议，深入学习贯彻党的十八届六中全会精神，研究部署市政府贯彻落实意见。会议传达学习了《中国共产党第十八届中央委员会第六次全体会议公报》，中央办公厅、省委办公厅《关于认真学习宣传党的十八届六中全会精神的通知》和《赵克志同志在省委常委（扩大）会议传达学习党的十八届六中全会精神时的讲话》精神。会议要求，要坚定不移地把学习贯彻全会精神作为当前一个时期首要政治任务，迅速掀起学习贯彻高潮。

全市调度会及座谈会

【全市农民工工资清欠工作调度会】 1月9日，市政府召开全市农民工工资清欠工作调度会议。会议要求各级各部门千方百计做好农民工工资清欠工作，切实维护农民工的合法权益，坚决避免不稳定事件发生。市委常委、市政府常务副市长李晋宇出席会议并讲话。副市长丁伟主持会议。市法院、市住建局、市人社局、市公安局以及各县区相关负责人参加会议。会上，承德市住建局、承德市人社局分别汇报了全市农民工工资清欠工作，分析了当前清欠工作形势。兴隆等县汇报了省督办案件处理进展情况。

【全市优化发展环境企业家代表座谈会】 1月30日，市政府召开全市优化发展环境企业家代表座谈会，市委书记周仲明，市委副书记、代市长常丽虹出席会议并讲话。市委常委、市委秘书长刘文勤主持会议，市政协副主席段晓岩出席会议。会上，各企业家代表纷纷发言，对承德市优化经济社会发展环境提出了具体意见和建议。周仲明强调：当前，承德正面临着京津冀协同发展、脱贫攻坚、生态文明建设等一系列千载难逢的重大发展机遇，也面临着产业发展青黄不接、动能换挡的巨大压力。越是困难时期，越要抢抓机遇谋求更好更快发展。常丽虹指出，要加大对企业发展的政策支持力度，支持优势企业改造升级；加大环境支持力度，加快法治型政府建设步伐；加大政府职能部门经济学知识的培训、培养，为承德发展聚集力量；加强服务支持力度，持续开展企业帮扶年活动，全力促进优势企业做大做强。

【承德市通用航空产业发展调度会】 7月7日，市委常委、市政府常务副市长李晋宇组织召开加快承德市通用航空产业发展调度会。市发改委、规划、国土、旅游、国控等部门，以及围场、丰宁、平泉等八个县主要领导参加会议。会上，李晋宇听取了市发改委、国土、规划等有关部门和各县区主要领导关于推进承德市通用航空和航空产业发展工作情况的汇报，并对有关问题进行调度，提出指导意见。李晋宇指出，全市各级各有关部门要紧紧抓住国家支持通用航空产业发展和低空空域管理逐步开放的重大机遇，充分发挥承德市各方面优势，进一步解放思想、转变观念，尽快启动通用航空建设，引导和推进航空产业健康快速发展，加快培育战略性新兴产业，促进产业结构转型升级，将航空产业打造成为承德市经济发展的新一轮增长点。

【省市重点工作进展情况调度会】 8月1日，市长常丽虹主持召开省市重点工作进展情况调度会议。她强调，要进一步集中精力，狠抓落实，踏踏实实、兢兢业业把各项工作完成好，确保完成全年各项目标任务，为承德改革发展、增比进位做出更大的贡献。市领导李晋宇、于庆贺、董天利、刘新宇、丁伟、吴清海出席会议并结合各自分管工作，就省市重点工作完成情况讲了具体意见，市政府党组成员徐民出席会议。常丽虹要求，要强化督导考核，对省市重点工作任务完成情况进行逐项梳理，下达督办任务书，确保如期完成。要加强协调调度，市政府各分管要按照时间节点和存在的问题对各项工作落实情况进行集中调度，把各项任务压实砸死。要对重点工作定期报告，尤其是各重点产业领导小组办公室对各项工作落实情况要定期向市委、市政府报告，全力推动各项目标任务的落实。

【京津冀协同发展重大项目调度会】 8月9日，市长常丽虹主持召开京津冀协同发展重大项目调度会议，她强调，要立足自身优势，抢抓协同发展机遇，全力以赴推动重大项目在承德市落地生根。市委常委、常务副市长李晋宇出席会议。会议听取了市协同办和各县区、市直部门关于京津冀协同发展重大项目总体情况和进展情况的汇报。常丽虹强调，要进一步完善项目推进机制，继续巩固和强化一把手亲自抓、组建强有力的工作班子，把重大项目盯死、盯牢、盯实，力促重大项目加快落地，要进一步优化项目结构，对重点项目进行再筛选，实行动态管理，推动更多大项目、好项目落户承德，要提早谋划明年的省市县重点项目。李晋宇就推动重大项目建设讲了具体意见。

【全市教育工作座谈会】 9月1日，市委常委、市政府副市长于庆贺率领市政府办、市教育局、市政府教育督导室相关人员对全市教育工作进行了专题调研。在深入40所各类学校进行了调研的基础上，在滦平县召开了2016年度全市教育工作座谈会。滦平县主要负责，市教育局主要负责和相关工作负责，各县区分管负责和教育局局长，以及全市范围内职教、高中、初中、小学、幼儿园5个层面共12名学校代表参加会议。会议对全市教育工作调研情况进行了通报，部分县区、学校代表作了经验交流发言。于庆贺在座谈会上讲话强调，要查找问题、补齐短板，大力实施基础能力提升、教育质量提升、队伍素质提升、特色品牌提升四项“教育提升”重点工程。

【津承对口帮扶座谈会】 10月11日，天津市合作交流办来承德市就衔接对口帮扶工作进行调研。天津市合作交流办巡视员、副主任张庆恩，河北省协同办副主任许爱朝，市长常丽虹出席活动并讲话，市委常委、常务副市长李晋宇，市委常委、市委秘书长刘文勤出席活动。座谈会上，围场、隆化、平泉、兴隆、承德县分别汇报与天津开展对口帮扶工作的思路及建议，与会嘉宾就两地加强生态环保产业对接、谋划推动创建津承对口帮扶示范区、建立两地人才流动常态化机制等事项进行了深入交流。常丽虹强调，要建立和完善对口帮扶机制，抓紧启动对口帮扶规划和帮扶资金使用管理办法的制定工作；要建立联席会议制度，畅通沟通渠道；要明确设计规划，确定专业设置，尽快启动天津中德职业技术大学承德分院建设。常丽虹在会上要求，各级各部门要在脱贫攻坚中强化自身主体意识和责任意识，借力而不依赖；要集中全力做好生态保护和修复工作，把供应天津的“这盆水”保护好；要把天津的人才、产业、市场优势与承德市的资源等优势实现对接，借好天津的“力”，培育和形成承德市各县各自的特色主导产业。

全市电视电话会

【全市春季防火防疫电视电话会】 3月18日，市政府召开全市春季防火防疫暨造林绿化工作电视电话会议，对全市森林草原防火、重大动物疫情防控、造林绿化等重点工作进行了安排部署。副市长、市委农工委书记吴清海出席会议并讲话。会议强调，务必要增强工作的自觉性和主动性，克服麻痹思想和侥幸心理，增强危机感和紧迫感；加大检查督导力度，落实好各项综合防控措施，确保不发生区域性重大事故。

【全市环境保护工作电视电话会】 3月25日，市政府召开全市环境保护工作电视电话会议，通报2015年全市环境保护目标管理和污染减排工作考核结果，总结2015年全市环保工作，并安排部署承德市当前环保工作。会议强调，务必要突出重点，严格执法，落实环保工作责任，努力开创全市环保工作的新局面。

【第四次廉政工作电视电话会】 4月22日，市政府召开第四次廉政工作电视电话会议，贯彻落实中央和省纪委全会、国务院和省政府廉政工作会议以及市纪委十三届六次全会精神，总结2015年工作，安排部署2016年政府系统党风廉政建设工作任务。市长常丽虹出席会议并讲话。市委常委、市政府常务副市长李晋宇主持会议。市领导路洪昌、于庆贺、李维、丁伟、吴清海，市政府党组成员胡仁彩，市长助理冯树楷，市政府秘书长信祥出席会议。常丽虹在会上强调：一是严明纪律规矩，推进重大决策部署落实。二是下大力简政放权，加快推进政府职能转变。三是实施源头治理，进一步加强重点领域防控。四是坚持标本兼治，始终保持反腐败的高压态势。五是强力正风肃纪，进一步弘扬勤廉务实的作风。李晋宇就做好政府系统党风廉政建设工作讲了具体意见。会上，市监察局、市发改委和双滦区政府作了发言。

【深化医药卫生体制改革电视电话会】 9月23日，市政府召开全市深化医药卫生体制改革工作电视电话会议。会议总结了前一阶段医改工作，表彰了2015年度医改工作先进县区，并对下步工作进行了安排部署。市政府副市长薛寒出席会议并讲话。会议强调，要协调推进医药、医保、医疗“三医联动”，推动公立医院综合改革由点及面、全面深化，稳步推进分级诊疗制度建设，不断创新机制促进社会办医加快发展，进一步强化医疗合作，推动京津冀医疗卫生协同发展、融合发展。

全市其他类会议

【安委会全体会议】 1月31日，市政府召开承德市安委会全体会议，全面总结2015年全市安全生产工作，分析当前形势，查找存在问题，安排部署当前及今后一个时期的安全生产工作。市委副书记、代市长常丽虹出席会议并讲话。会上通报了2015年全市安全生产工作情况、道路交通和消防火灾工作情况。会上还对省安委会下发的唐山“1·30”建筑工地坍塌事故进行了通报。常丽虹指出，要深刻汲取事故教训，切实做好近期安全生产工作，有效遏制事故发生，确保今后一个时期内安全生产形势稳定。常丽虹还就春节及两会期间的安全生产工作进行了部署。副市长李维就全市安全生产工作讲了具体意见。

【食品安全委员会全体会议】 5月12日上午，市政府召开食品安全委员会全体会议，学习传达中央和省、市领导对食品安全工作的重要指示和批示精神、国务院食安委第三次全体会议和河北省食安委第五次会议精神，研究审议食安委成员单位考核办法，通报2015年度各县区食品安全工作考核结果，总结前一阶段食品安全工作，对当前和今后一个时期的重点工作进行安排部署。市委常委、市政府常务副市长、市食安委主任李晋宇出席会议并讲话，副市长、食安委副主任刘新宇主持会议。李晋宇强调，要进一步提高食品安全工作的严谨性、权威性、实效性；要强化宣传，利用各类媒体，加大曝光违法案件力度，在全社会营造人人关心食品安全的良好氛围；要切实落实工作责任，进一步形成食品安全工作的工作合力和长效机制。刘新宇就相关工作进行了安排部署。

【商务交流会】 6月16日，市政府在唐山市举行承德市人民政府·中国——中东欧国家地方领导人会议代表团商务交流会。市长常丽虹出席并致辞，省外国专家局局长王仲群出席会议，副市长刘新宇主持会议。马其顿共和国政府代表团、塞尔维亚经济部代表团、爱沙尼亚瓦尔加市政府代表团、爱沙尼亚纳尔瓦市政府代表团、爱沙尼亚锡拉迈市政府代表团、爱沙尼亚城市协会代表团等外国嘉宾出席交流会。常丽虹在致辞中首先对外国友人的到来表示欢迎，并简要介绍承德市市情。常丽虹表示，希望与会外国友人以中国同中东欧国家“16+1”合作机制为契机，借助“一带一路”发展战略，与承德正在打造的文化旅游和健康养生、大数据电子信息、先进装备制造、节能环保等绿色产业进行对接合作，到承德投资兴业，共谋发展。

【国有企业改革领导小组工作会议】 7月23日，市政府召开国有企业改革领导小组工作会议，研究审议《关于妥善解决市属22家破产企业职工安置和资产处置有关问题的工作方案》（以下简称“《方案》”）。市长常丽虹主持会议并讲话。市委常委、常务副市长李晋宇，副市长李维、刘新宇、丁伟出席会议并对《方案》提出具体意见。常丽虹强调，一要落实责任，抓紧启动实施《方案》。二要把握关键，协调联动推进。三要依法合规，科学规范操作。四要加大宣传，以人为本，确保社会稳定。

【全市旅游景区整改提升工作会议】 8月17日，为贯彻落实国家旅游局和省旅游委关于旅游景区整改提升工作的有关精神，安排部署下一阶段承德市旅游景区整改提升工作，市政府组织召开全市旅游景区整改提升工作会议。会议传达了国家旅游局通报和全省景区工作会议精神，通报了全市旅游景区明察暗访情况，安排部署了下一步旅游景区整改提升工作，市政府与各县区政府签订了景区整改提升责任书，市旅游局与全市AAAA级旅游景区签订了整改提升责任书。会议强调，景区整改提升要坚持以人为本的原则，坚持问题导向和严格标准，抓住关键环节和工作重点，持续用力进行整改，要确保旅游安全，搞好景区厕所改造提升，规范景区管理和服务，规范票务，做好设备设施维护，强化市场秩序整治，提升景区周边环境。

【妇女儿童工作会议】 11月10日上午，市政府召开妇女儿童工作会议，会上总结交流承德市5年来妇女儿童工作开展情况，安排部署今后一个时期全市妇女儿童工作，并对全市5年来实施妇女儿童发展规划先进集体和先进个人进行表彰，市卫计委、市教育局、平泉县和鹰手营子矿区作了经验介绍。副市长、市委农工委书记吴清海出席会议并讲话。会议要求，要强化男女平等和儿童优先意识，维护广大妇女儿童合法权益；要明确思路，强化措施，进一步促进妇女儿童发展规划有效实施。市妇儿工委、市妇联及市直、县区有关单位负责人参加会议。

【承德市现代农业发展规划新闻发布会】 11月11日上午，《承德市现代农业“十三五”发展规划》（以下简称“《规划》”）新闻发布会在行政中心举行。发布会邀请了中国农业大学承德市现代农业“十三五”发展规划编制组组长、中国农业大学MBA中心主任付文阁教授就《规划》编制背景、主要框架结构等进行了介绍，并在会上举行了《规划》交接仪式。副市长、市委农工委书记吴清海出席会议并讲话。会议强调，要突出重点，着力抓好农业结构调整、农业园区创建、功能农业发展、产业后端“补强”、农业农村改革以及农业生态治理几项工作，全力推动《规划》在全市农业农村发展实践中落地生根。

【市政府经济工作务虚会】 12月28日，市长常丽虹主持召开市政府经济工作务虚会，总结2016年工作，分析当前经济工作形势，研究谋划2017年政府经济工作。市领导李晋宇、于庆贺、魏莉、李维、薛寒、丁伟、吴清海、邓子来，市政府党组成员胡仁彩、市长助理冯树楷出席会议，分别围绕各自分管工作完成情况、存在问题和下一步重点工作提出具体意见。市政府秘书长、副秘书长参加会议。常丽虹强调，要全力谋划引进一批重大项目，谋划建设一批大的平台打造一批龙头企业和知名品牌，研究制定一批重大政策措施，推动建立一批务实管用的工作机制，确保圆满完成各项经济工作任务。

市政府和政府办文件

【经济建设】 1月15日，承德市人民政府印发《关于减少部分涉企行政事业性收费促进企业降本增效的意见》，旨在积极应对经济下行压力，切实减轻企业负担，优化发展环境。

1月15日，承德市人民政府印发《关于中心城区去库存促进房地产业健康发展的意见（试行）》，旨在扩大住房消费，化解中心城区房地产库存，促进房地产平稳发展。

6月20日，承德市人民政府办公室印发《关于承德市新型建材产业推进方案的通知》，旨在通过3～5年的工作推进，突破一批建设急需、引领未来发展的关键材料和技术，培育一批龙头骨干示范企业，形成一批凸显本市特色的新型建材产品。

6月20日，承德市人民政府办公室印发《关于承德市推动先进装备制造业发展工作方案的通知》，旨在推动全市先进装备制造业加快发展，切实提高产业链核心竞争力，增强全市经济发展后劲，推进产业转型升级，实现产业结构调整。

6月20日，承德市人民政府办公室印发《关于承德市航空产业发展推进工作方案的通知》，旨在充分发挥承德市航空产业发展优势，引导和推进航空产业健康快速发展，加快培育战略性新兴产业。

6月20日，承德市人民政府办公室印发《关于承德市旅游产业发展工作推进方案的通知》，旨在进一步加快承德市旅游产业发展，切实把旅游业培育成为全市重要的战略性支柱产业。

7月4日，承德市人民政府办公室印发《关于促进全市外贸回稳向好的若干措施的通知》，旨在推进承德市外贸结构调整和转型升级，加快培育外贸竞争新优势，促进外贸回稳向好。

8月4日，承德市人民政府印发《关于鼓励开发区投融资发展的暂行办法的通知》，对鼓励企业挂牌上市、鼓励资本市场债券融资、扶持贷款担保业务、支持股权投资业务、鼓励其他金融机构发展、鼓励投融资机构进驻开发区等方面作出规定。

8月10日，承德市人民政府印发《关于进一步加快推进企业上市工作实施意见的通知》，旨在加快推进承德市企业上市工作，培育一批主业突出、核心竞争力强、带动能力强的企业集群到多层次资本市场上市融资。

9月18日，承德市人民政府办公室印发《关于承德市贯彻实施质量发展纲要建设质量强市2016年行动计划的通知》，旨在以提高发展质量和效益为中心，开展质量品牌提升行动。

9月21日，承德市人民政府办公室印发《关于加强全市项目管理库建设的实施方案的通知》，旨在进一步加强全市项目管理工作，提高项目管理水平，切实发挥项目管理库在全市经济和社会发展中的支撑作用。

10月13日，承德市人民政府办公室印发《承德市落实国务院促进民间投资专项督查整改工作方案的通知》，旨在进一步促进承德市民间投资。

11月2日，承德市人民政府办公室印发《关于承德市市场主体集群注册登记管理试行办法的通知》，旨在充分释放商事制度改革利好核心，进一步激发民营经济发展活力，营造承德市“大众创业、万众创新”的良好氛围。

11月16日，承德市人民政府办公室印发《关于加强旅游市场综合监管工作的实施意见》，旨在加快建立权责明确、执法有力、行为规范、保障有效的旅游市场综合监管机制，进一步规范旅游市场秩序，维护旅游者合法权益。

12月19日，承德市人民政府印发《关于降低实体经济企业成本工作的落实意见》，旨在切实做好降低实体经济企业成本工作，促进承德市经济平稳健康发展。

12月22日，承德市人民政府办公室印发《关于承德市风电项目竞争性配置办法的通知》，旨在进一步优化资源配置，规范风电项目投资市场秩序，做好风电项目开发建设工作，推进风电产业健康快速发展。

12月22日，承德市人民政府办公室印发《关于保持全市有效投资力度着力补齐短板的实施意见》，旨在增强承德市投资精准性和有效性，补齐脱贫攻坚、技术改造、产业培育、公共产品和服务等方面短板。

12月23日，承德市人民政府办公室印发《关于承德市促进科技成果转移转化行动计划（2016—2020年）的通知》，旨在促进科技成果转化为现实生产力，依靠科技创新推动承德转型发展。

12月30日，承德市人民政府办公室印发《关于发挥品牌引领作用推动供需结构升级的实施意见》，旨在全面提升承德市品牌的质量水平，更好发挥品牌引领作用，推动供给结构和需求结构升级。

【深化改革】 1月11日，承德市人民政府办公室印发《关于认真做好行政许可和行政处罚等信用信息公示工作的实施方案的通知》，旨在提高行政管理透明度和政府公信力，切实做好行政许可和行政处罚等信用信息公示工作。

1月15日，承德市人民政府印发《关于支持重大战略性产业发展的意见》，旨在推动全市产业转型升级，优化产业结构，鼓励重大战略性产业项目落地，实现率先突破。

2月6日，承德市人民政府印发《关于承德市市属国有企业改革攻坚实施方案的通知》，旨在大力推进供给侧结构性改革。

4月10日，承德市人民政府印发《关于深化市级财政科技计划管理改革办法的通知》，旨在进一步深化市级财政科技计划（专项、基金等）管理改革，切实解决各类科技计划（专项、基金等）多口管理、重复资助、资源配置“碎片化”等突出问题。

5月10日，承德市人民政府印发《关于建立市政府法律顾问制度实施方案的通知》，旨在保障政府和政府工作部门用法治思维和法治方式履行职责。

5月10日，承德市人民政府印发《关于推进国内贸易流通现代化建设法治化营商环境的实施方案》，旨在到2020年，全市基本形成规则健全、统一开放、竞争有序、监管有力、畅通高效的内贸流通体系，以及制度体系健全、执法效能良好、市场主体规范的法治化营商环境。

6月3日，承德市人民政府办公室印发《关于承德市简化优化公共服务流程方便基层群众办事创业工作方案的通知》，旨在进一步提高公共服务质量和效率，切实解决基层群众“办证多、办事难”等问题，更好地推动大众创业、万众创新，激发市场活力和社会创造力。

6月20日，承德市人民政府办公室印发《关于承德市开发区改革发展工作推进方案的通知》，旨在努力把开发区打造成为全市新兴产业的聚集区、创新驱动的策源地、改革开放的桥头堡、经济发展的增长极。

6月20日，承德市人民政府办公室印发《关于承德市整合建立统一的公共资源交易平台工作推进方案的通知》，旨在促进公共资源交易由管理操作一体向“管办分离”转变。

7月21日，承德市人民政府印发《关于先照后证改革后加强事中事后监管的实施办法》，对严格行政审批事项管理、落实市场监管职责、实施协同监管机制、构建社会共治格局、强化组织保障等方面作出规定。

9月18日，承德市人民政府办公室印发《关于做好省政府部门再取消下放一批行政权力事项衔接落实工作的通知》，旨在做好上下衔接，确保下放行政权力事项落实到位。

10月17日，承德市人民政府印发《关于加快金融改革发展实施意见的通知》，旨在加快推进承德市金融改革发展。

11月15日，承德市人民政府办公室印发《关于做好国务院取消一批职业资格许可和认定事项衔接工作的通知》，旨在要求各级各部门认真做好国务院取消47项职业资格许可和认定事项衔接和后续工作。

12月20日，承德市人民政府办公室印发《关于加大改革创新力度鼓励社会力量参与林业建设的意见》，旨在加大改革创新力度，鼓励和引导社会力量参与承德市林业建设。

12月28日，承德市人民政府办公室印发《关于创新流通促进消费的实施意见》，旨在深化供给侧结构性改革，加快流通模式创新，积极引领扩大消费，培育经济发展新动能。

【农业农村】 3月14日，承德市人民政府办公室印发《关于进一步强化责任全面治理拖欠农民工工资问题的实施意见》，旨在切实维护广大农民工合法权益。

4月1日，承德市人民政府办公室印发《关于促进承德市农产品出口的指导意见》，旨在进一步推动承德市由农业生产大市向农业强市转变，力促农产品出口工作再上新台阶。

6月15日，承德市人民政府办公室印发《关于承德市农业产业化增信基金管理办法的通知》，对基金的设立与管理、融资对象及条件、运行流程、风险防控、代偿程序、职责分工、监督管理等方面做出明确规定。

8月12日，承德市人民政府印发《承德市农业产业发展引导基金管理办法的通知》，对基金的设立、管理、基金投资方向和投资方式、基金监管方式、退出方式、基金的预算管理等方面作出规定。

8月16日，承德市人民政府办公室印发《关于推进农业水价综合改革实施方案的通知》，旨在建立健全农业水价形成机制，促进农业节水和农业可持续发展。

10月29日，承德市人民政府办公室印发《关于引导农村产权流转交易市场健康发展的实施意见》，旨在积极培育和发展农村产权流转交易市场，引导农村产权流转交易市场健康发展。

12月2日，承德市人民政府办公室印发《关于发展壮大农村集体经济的意见》，旨在进一步加快发展农村集体经济，夯实农村经济基础，提高村级组织领导农村经济社会发展的能力，加快推进农村脱贫步伐。

12月5日，承德市人民政府印发《关于承德市2016—2017年度冬春农田水利基本建设实施意见的通知》，旨在扎实推进全市冬春农田水利基本建设，改善农村生产生活条件，提高农业综合生产能力。

12月5日，承德市人民政府印发《关于认定2016年第二批农业产业化经营市级重点龙头企业的决定》，旨在通过深入实施“一环六带”扶龙行动，增强农业产业化重点龙头企业的生机和活力，充分发挥重点龙头企业在现代农业发展中的示范带动作用。

12月30日，承德市人民政府办公室印发《关于推进农村集体经济组织股份合作制改革工作实施意见的通知》，旨在进一步深化承德市农村产权制度改革，发展壮大农村集体经济实力。

12月30日，承德市人民政府印发《关于加快农产品加工业发展的实施意见》，旨在切实加快承德市农产品加工业发展，促进全市农业农村经济繁荣。

【城市建设】 2月14日，承德市人民政府印发《关于承德市城镇棚户区改造货币化安置补偿管理实施办法的通知》，旨在推进城镇棚户区改造货币化安置工作，用好国家城镇棚户区改造贷款政策，做好城镇棚户区改造安置和利用存量商品住房衔接的工作。

4月11日，承德市人民政府办公室印发《关于进一步落实市容和环境卫生“五包”责任制的通知》，旨在创造“干净整洁、秩序井然、文明和谐”的城市环境。

7月25日，承德市人民政府印发《关于承德市城乡规划管理若干规定的通知》，旨在进一步规范和加强全市城乡规划管理，促进城市科学发展，开创城市现代化建设新局面。

9月14日，承德市人民政府办公室印发《关于调整两宫门周边区域城市管理体制的通知》，旨在切实解决该区域功能混杂、管理责任主体多的问题。

【社会事业】 4月28日，承德市人民政府办公室印发《关于承德市整合城乡居民基本医疗保险工作实施方案的通知》，旨在加快推进全市城乡医疗保障制度改革，稳妥有序地做好城镇居民基本医疗保险和新型农村合作医疗（以下分别简称“城镇居民医保”和“新农合”）整合工作。

5月18日，承德市人民政府办公室印发《关于改革完善博士后制度的实施意见》，旨在深入实施人才强市战略，充分发挥博士后制度在促进人才培养、推动创新创业中的引领作用。

6月19日，承德市人民政府办公室印发《关于承德市健康养生养老产业发展工作推进方案的通知》，旨在积极应对人口老龄化的挑战，不断满足日益增长的养老服务需求，加快推进承德市健康养生养老产业发展工作步伐。

8月25日，承德市人民政府印发《承德市科学技术奖励办法》，对奖励范围、评审和授予、罚则等方面作出规定。

8月25日，承德市人民政府印发《关于加快发展体育产业促进体育消费的实施意见》，旨在加快承德市体育产业发展，全面促进体育消费。

8月27日，承德市人民政府办公室转发《承德市高层次创新创业人才（团队）引进实施细则（试行）等文件的通知》，旨在提升全市创新创业水平。

8月27日，承德市人民政府印发《关于承德市加快知识产权强市建设实施方案的通知》，旨在加快知识产权强市建设。

8月27日，承德市人民政府印发《关于承德市支持众创空间发展若干举措的通知》，旨在加快发展创新创业服务平台，提升创新创业服务能力，激发大众创新创业活力，打造经济发展新引擎。

8月27日，承德市人民政府印发《关于承德市科技型企业倍增计划实施办法的通知》，旨在营造大众创业、万众创新的良好环境，加快推进科技型企业发展。

8月27日，承德市人民政府印发《关于承德市科技创新“十三五”规划的通知》，旨在推动以科技创新为核心的全面创新，加快创新型承德建设。

8月30日，承德市人民政府办公室印发《关于承德市医疗卫生服务体系规划（2016—2020年）的通知》，旨在加快京津冀医疗卫生协同发展，促进承德市医疗卫生服务体系建设与发展。

10月18日，承德市人民政府办公室印发《关于进一步完善城镇职工医疗保险政策的通知》，旨在承进一步完善城镇职工医疗保险政策。

10月25日，承德市人民政府办公室印发《关于促进承德市医药产业健康发展的实施意见》，旨在全面提升承德市医药产业核心竞争力，促进医药产业持续健康发展。

11月15日，承德市人民政府办公室印发《关于建立完善守信联合激励和失信联合惩戒制度加快推进社会诚信建设的实施意见》，旨在构建以信用为核心的新型市场监管体制，提高政府服务水平，营造公平诚信的市场环境。

11月17日，承德市人民政府印发《关于承德市全民健身实施计划（2016—2020年）的通知》，旨在进一步推动承德市全民健身事业发展，提高全市人民身体素质和健康水平。

11月23日，承德市人民政府办公室印发《关于承德市气象事业发展“十三五”规划的通知》，旨在着力提高气象预测预报能力、气象防灾减灾能力、经济转型发展保障能力、开发利用气候资源能力和保障生态文明建设能力。

11月23日，承德市人民政府办公室印发《承德市城乡居民基本医疗保险制度相关配套文件的通知》，旨在做好全市城乡居民基本医疗保险参保缴费工作。

12月23日，承德市人民政府办公室转发市文广新局等部门《关于推动文化文物单位文化创意产品开发实施意见的通知》，旨在深入发掘承德市文化文物单位馆藏文化资源，提升文化创意产品研发、创新能力，弘扬优秀传统文化，提高文化软实力。

12月23日，承德市人民政府办公室印发《关于承德市全民科学素质行动计划纲要实施方案（2016—2020年）的通知》，旨在到2020年，承德市公民具备基本科学素质的比例达到全省平均水平。

12月23日，承德市人民政府印发《关于加强困境儿童保障工作的实施意见》，旨在进一步加强困境儿童保障工作，维护困境儿童合法权益。

12月27日，承德市人民政府办公室印发《关于优化学术环境的实施意见》，旨在深入实施创新驱动发展战略，营造尊重科学、尊重人才、尊重创造的良好学术生态，调动全市广大科技工作者的积极性和创造性，推动大众创业、万众创新。

12月27日，承德市人民政府办公室印发《关于承德市“十三五”卫生与健康规划的通知》，旨在适应经济发展新常态，满足承德市人民群众不断增长的卫生与健康需要。

12月28日，承德市人民政府印发《关于承德市标准化体系建设发展规划（2016—2020年）的通知》，旨在推动标准化工作改革，加快完善标准化体系，提升承德市标准化水平。

【生态建设】 4月7日，承德市人民政府办公室印发《承德市创建国家绿色矿业发展示范区2016双百行动——百矿关闭实施方案的通知》，旨在实现矿业与经济、环境、社会协调发展。

6月7日，承德市人民政府办公室印发《关于开展环境污染第三方治理实施方案的通知》，旨在打好环境污染治理和大气污染防治攻坚战，持续改善生态环境质量，促进环保设施建设和运营市场化、专业化、产业化。

6月20日，承德市人民政府办公室印发《承德市节能环保产业发展工作方案的通知》，旨在加快推动全市节能环保产业发展，加速推进产业转型升级，促进节能减排和民生改善，落实大气污染防治行动计划，构建绿色产业体系。

6月20日，承德市人民政府办公室印发《承德市清洁能源产业发展推进工作方案的通知》，旨在充分发挥资源优势，把握京津冀协同发展的重大机遇，进一步加快清洁能源产业发展步伐，推进国家级清洁能源产业基地建设。

6月21日，承德市人民政府印发《承德市武烈河流域水环境综合整治三年攻坚行动方案（2016—2018年）的通知》，旨在进一步改善武烈河流域水环境质量。

6月29日，承德市人民政府办公室印发《承德市海绵城市建设管理暂行办法的通知》，旨在加快推进海绵城市建设，改善城市生态环境，提高抵御自然灾害的能力，促进城市经济社会和环境的协调发展。

8月3日，承德市人民政府办公室印发《承德市水资源税改革试点工作实施方案的通知》，旨在用税收杠杆调节用水需求，引导和鼓励节约利用地表水资源，抑制地下水超采，有效加强水资源保护，促进水资源可持续利用和经济发展方式转变。

10月12日，承德市人民政府办公室印发《承德市畜禽养殖禁养区专项整治实施方案的通知》，旨在大力推进承德市畜禽养殖污染防治工作。

10月20日，承德市人民政府办公室印发《承德市秸秆打捆直燃高效锅炉推进方案的通知》，旨在有效解决乡镇机关和企业事业单位使用燃煤锅炉造成大气污染问题。

10月28日，承德市人民政府关于印发《承德市依法取缔潘家口水库网箱养鱼工作方案的通知》，旨在加强潘家口水库生态环境保护，做好库区网箱养鱼取缔工作，有效改善库区水质。

【应急管理】 1月13日，承德市人民政府办公室印发《关于承德市强降雪灾害总体应急预案的通知》，对该工作的组织指挥体系及职责、预警信息发布与报告、应急响应处置、物资储备、监督管理等方面作了规定。

3月3日，承德市人民政府办公室印发《承德市2016年重大动物疫病防控工作实施方案的通知》，旨在有效控制高致病禽流感、口蹄疫、猪瘟和高致病性猪蓝耳病等重大动物疫病发生，确保重大动物疫情稳定和动物源性食品质量安全。

6月17日，承德市人民政府办公室印发《承德市2016年地质灾害防治方案的通知》，旨在做好全市地质灾害防治工作，保障人民群众生命财产安全。

7月28日，承德市人民政府办公室印发《承德市大面积停电事件应急预案的通知》，对应急组织体系、监测预警和信息报告、应急响应、后期处置、保障措施等方面工作作出规定。

9月22日，承德市人民政府印发《承德市"7•19"特大洪水灾害灾后重建实施方案的通知》，旨在进一步动员全市干部群众投身灾后重建主战场，支持和帮助灾区尽快恢复生产生活秩序，重建美好家园

12月16日，承德市人民政府办公室印发《承德市重污染天气应急预案的通知》，旨在提高预防、预警、应对能力，及时有效应对重污染天气，减缓重污染天气程度，保障人民群众身体健康和社会稳定。

附：市政府领导名录

市　　长：常丽虹（女、2月任）
副 市 长：常丽虹（女，代市长）
常务副市长：李晋宇
副 市 长：刘名义（10月免）
李　维（满族）
董天利（12月免）
薛　寒（女，蒙古族）
刘新宇（8月免）
丁　伟（12月免）
吴清海（满族，12月免）
于庆贺（1月任）
魏　莉（女、10月任）
邓子来（10月任）
苏铁成（12月任）
王　成（12月任）
市长助理：易长生
冯树楷（12月任，满族，挂职）
秘 书 长：信　祥（满族）
常务副秘书长：佟伊民（满族，4月免）
刘树华（满族，4月任）
副秘书长：刘　杰（满族，2月免）
赵长智（满族）
刘树华（满族，4月免）
柳海东（满族，2月免）
牛立杰（女）
丛云飞（满族）
薛莲蒂（蒙古族）
孙　雷（蒙古族）
遇建军
刘英杰（2月任）
丁贺成（4月任）

政府办公室工作

【概况】 2016年，政府办紧紧围绕市政府中心

工作，坚持服务领导、服务部门、服务基层和群众的“服务意识”，不折不扣抓落实，尽心尽力办文办事，持续提升办公室整体工作水平，确保了市政府工作的高效运转。

【公文处理】 按照“办文制度程序化，办文处理制度化，办文管理规范化”的理念，进一步提高办文质量，建立了查找迅速、运转快捷、安全保密、归档及时的新型办文模式。抓好办文时效和保密两个环节，提高工作质量。做到文件登记、拟办意见、传阅无周转时间差，真正做到“文不过夜、事不隔天”，研究制定了《承德市人民政府办公室关于国务院文件和省政府文件拟办意见中办理时限的说明》，全年共传阅上级文件2300余件，提出拟办意见2300余条；严把保密环节，提升保密工作整体水平，调整充实了保密组织领导和工作机构，适时开展保密工作自检自查，对办公室计算机及纸质涉密文件管理、存放、交接等情况认真核对和检查,全年没有发生泄密事件。建立跟踪式办文新模式。对于下级来文和市委领导签批件，实行3日和5日两次催办制，每月汇总上报，做到责任到人、跟踪督办，得到了市领导的肯定。全年共办理各县区、市直单位请示报告件1900余件，收转文件35000余次，办理电报类急件900余件，做到了编号准确，存档、备用件齐全。规范发文程序，提高印刷质量，纸质公文和电子公文并行发送。健全公文制发审核备案程序，严格把关，对不符合审批手续文稿的一律不予印制。同时各类文件印刷均由专业人员负责设计、操作和印制，有力保障了公文印刷质量和安全。推行纸质公文和电子公文并行发送，全年共编发政府和政府办公室各类文件900余件，发送纸质公文4万余件、电子公文600余件。档案工作实现新突破。进一步健全档案保管、编目、利用、编研、保护、保密等方面的规章制度，对档案文件严格按照程序做好鉴定、销毁、归档工作，真正做到责任到人，措施到位。同时建立了电子文档目录，实现档案管理数字化。全年同归档文书档案100余卷，查档400人次左右，年底文件归档率达到98%以上，档案管理水平达到AAA级。机关标准化年度审核工作顺利通过。对《承德市人民政府办公室程序文件》和《承德市人民政府办公室标准化管理手册》进行了修订完善，并结合实际对各项工作的合法性、过程的完整性、标准的合理性、流程的便捷性进行了验证，做到了边运行、边修改、边完善，持续优化流程和标准。顺利通过了中国质量认证中心河北评审中心审核小组对办公室标准化认证工作进行的监督审核，并以零差错赢得审核小组的好评。

【参谋调研】 整合力量。研究中心实际在岗1人，既履行着自身职责，还承担着市政府主要领导的政务服务，人员紧张、任务较重。为解决人员力量不足，对管理机制进行了创新，打破科室之间界限，把经研中心和政府办综合一科人员统筹使用，这项机制运转良好。统筹布局。充分发挥牵头组织作用，构建起以各县区、各部门、政府办综合科室和经研中心为节点的工作格局，政研工作合力明显增强。破解难题。信息跟进。多层面、宽领域汇总国家宏观政策走向、国内外经济社会发展重大问题、先进地区改革发展中的好经验和好做法，为领导掌握上情、了解外情、知晓内情提供参考。每有重大政策出台，都及时呈报领导阅研。全年编制《专题调查》22期,《今日择报》218期。提高文字水平。起草城市年鉴、省政府研究室系统主任会议发言材料、会议通知、简报、通报、阶段性成果总结等一般性文稿，参与起草经济工作会议讲话和政府工作报告等重要文稿，全年起草《政府工作报告》等重要文稿1000余件，500余万字。

【信息工作】 努力提高本级服务水平。把领导关注的、思考的问题，作为信息工作的切入点，认真收集和掌握全市经济社会发展中出现的最新情况和动态，全年共编发各类信息刊物 190 余期。多层面、宽领域汇总国家宏观政策走向、国内外经济社会发展重大问题、先进地区改革发展中的好经验和好做法，为领导掌握上情、了解外情、知晓内情提供参考。努力服务决策，围绕全市不同阶段的工作重点，第一时间采编的《2016 年我市普通高考情况》《全市“十一”黄金周交通安保工作情况》等信息，为领导深入决策提供了第一手资料，并得到市领导的肯定性批示；抓好动态信息，重点编发承德市工业、农业、旅游等方面的动态信息，及时通过信息反映承德市经济社会发展近况；及时捕捉热点问题，快速搜集掌握苗头性、倾向性信息，通过进一步综合分析，编发的《我市铁矿采选企业运营现状、遇到的困难和建议》《我市与京津冀主要经济指标对比分析》等信息，为领导优化决策、协调操作提供辅助依据，其中编发的《住房维修基金在管理使用中存在的问题与建议》得到了市长的高度重视；反映基层亮点，通过《政务情况交流》及时反映各县的工作动态、阶段性工作成果，编发的《承德县“万户阳光工程”带动三万人精准脱贫》《平泉县探索“三零”模式加快推进扶贫攻坚》《双桥区积极探索社区管建新模式》等信息，起到了相互学习、交流经验、互相借鉴、共同提高的作用。全面做好信息上报工作。全年共上报各类信息 1600 余篇，被省政府办公厅采用 174 篇、国务院办公厅采用 4 篇，《承德市反映跨境电商新政实施后影响及建议》得到国务院领导批示、10 篇受到市领导肯定性批示。信息工作再次被评为全省政府系统信息报送工作优胜单位。

【建议提案】 2016 年，市政府系统共办理建议提案 526 件，其中国家级提案 1 件（会办）、省级代表建议 14 件（8 个主办）、省级提案 2 件（2 个主办）、市级代表建议、政协提案 509 件，共涉及 55 个承办单位。经研究确定 23 件建议提案作承办工作重点件，交有关单位重点研究办理。完善机制，落实责任。市政府及各部门切实把政协提案的办理工作列入重要议程，下发实施了《市政府系统承办人大代表建议政协提案工作考核办法》，将建议、提案办理工作列入全市政府系统综合考评内容。尤其是市两会以后，立即对建议、提案办理工作进行安排部署，对每件建议、提案按照政府领导工作分工进行精心梳理，并由各位市领导签批具体意见，承办部门一把手主动承办，把关答复。加强沟通，创新举措。办理前积极与代表委员沟通，了解代表委员的意图；办理后及时对代表、委员回访，征询代表、委员对办理情况的满意度，力争所反映的问题落到实处，取得实效。把建议、提案办理纳入市政府 2016 年重点工作任务进行分解，结合《政府工作报告》的落实，一同部署、一并调度、协同督办，对重点承办件办理定期进行通报。积极挖掘承办过程中的好经验、好做法，宣传推广典型。加强督办，跟踪问效。对重点承办大户督促其制定具体时间表、路线图，实行按月督办，保证承办建议提案按时办复。加大办复后的跟踪督办、再次反馈力度。制定《承办市级人大代表建议政协提案办理工作要求》，对落实不到位、答复不明确、不符合办理要求的退回重办；对职责交叉、牵头不利的重新交办；对未按规定时限完成承办工作的进行通报。加大对重点建议提案的督办力度，下发《关于认真做好重点人大代表建议政协提案承办工作的通知》，及时通报重点件的落实情况，有力推动了建议提案承办的落实。人大代表建议政协提案按时办复率、答复函规范化率、走访代表委员率均达到 100%，代表委员满意率达到 98% 以上。市政府办公室在河北提案工作中被河北省政协提案委员会评为先进单位。

【应急工作】 健全应急管理体系，提高综合应急能力。重新修订《承德市人民政府值班工作办法》，进一步明确了应急值班的工作职责、工作程序、工作要求和工作纪律，严格实行双人 24 小时在岗值班，应急值守工作更加规范化，及时向省政府和市政府领导报告突发事件信息、综合情况和值班情况 384 件次，协助市政府领导妥善处置较大级别以上突发事件 6 起。健全应急指挥和专家体系，进一步强化应急管理工作的组织领导，重新调整了由市长任主任，常务副市长、副市长及军分区主要领导任副主任，市直 38 个部门为成员单位的承德市突发事件应急管理委员会，进一步加大了对应急管理工作的组织、指挥和协调力度。成立了第三届政府应急管理专家组，新一届专家组涵盖了自然灾害、事故灾难、公共卫生、社会安全、综合管理五大类共 61 名专家。不断加强完善应急预案体系建设。修订完善市政府专项应急预案 4 个，制定印发《关于进一步做好基层突发事件应急预案编制修订工作的通知》，督导县区、政府部门修订完善基层和部门工作预案，为处置突发事件提供依据。完善监测预警机制，拓宽预警信息发布渠道。督促指导气象局等部门加强气象、森林火灾、地震、地质灾害、防汛等自然灾害监测预警预报能力建设，积极争取将应急公告通知纳入政府微信公众平台，通过微信发布预警信息。全年通过各种方式成功发布各类预警信息 20 次。加强宣传培训与应急演练。市政府应急网站建成并投入使用，集中开展了防灾减灾日宣传活动，组织市直各有关部门、各县区进行宣传活动 30 场次。联合市防汛办、市卫计委开展了军地联合防汛培训演练和全市地震等重大自然灾害卫生应急实战演练，积累了处置重特大自然灾害实战经验。

【电子政务】 稳步推进电子政务外网建设。2016 年初对市级电子政务外网整体进行招标，经过近一年的建设，在核心设备、线路带宽、机房维护等方面较之前均有了本质的提升。市级公务外网市直入网单位带宽提升至 100M，县（区）政府提升至 500M，市级互联网出口提升至 2000M。年内下发《关于加强县区电子政务外网的指导意见》，对县区级电子政务外网建设、网上应用开发等方面，提出明确要求。积极拓展电子政务应用。2016 年新增信用体系平台、投资项目在线审批监管平台、京津冀及周边地区大气污染防治信息共享平台、公共资源交易平台、政法综治系统、铁路护路联防系统、全市住建信息系统、政府微信公众平台等多项应用。继续深化政府门户网站建设与普查。对政府门户网站进行了栏目的重新设计和整合。根据市委、市政府全年各阶段的工作重点，先后增设了多个专题栏目。按照省政府要求，建立政府网站季度抽查机制，并按照对市直部门抽查率不低于 20%，对基层政府网站抽查率不低于 15% 的要求，采用“人工监测”的方式对承德市 137 家政府网站进行抽查、检查。针对每季度抽查中存在的问题下发通知限期整改，现已按要求全部整改到位。不断完善机关办公自动化管理。五是深入开展机关网络信息安全保密工作。

【政府信息公开】 建立培训工作常态化机制，通过发放资料、集中学习、以会代训、上挂培训、网上交流指导等方式，组织开展面向信息公开工作人员、新闻发言人、政府网站工作人员、政务微博微信相关人员等的专业培训，及时总结交流经验，不断提高相关人员的政策把握能力、舆情研判能力、解疑释惑能力和回应引导能力，不断提高工作的规范化水平。加强督导检查。市政府办协调相关牵头部门对各单位落实情况进行自查自纠，同时对牵头重点单位进行了面对面重点督导。经过检查，对个别单位推进落实不及时、公开不及时、内容不全面等问题进行及时纠正并建立了问题台账。政府信息主动公开情况。截至 12 月中旬，通过政府信息公开平台公开规范性文件 391 条。政府信息依申请公开情况。截至 12 月中旬，受理信息公开申请共 22 件，全部按《中华人民共和国行政信息公开条例》规定予以答复。行政复议、申诉和行政诉讼情况。行政复议 1 件，行政诉讼3件。“五公开”工作。全力推进“五公开”工作,保证做到“应公开、尽公开、应上网、尽上网”,让公众看得到、能监督。着重推进“就业创业、市场监管、减税降费、环保、政府和社会资本合作项目（PPP）、扶贫、食品药品卫生、深化户籍制度改革、规范旅游市场秩序、‘两张清单’公开、预决算公开、教育”等方面公开。开展政策解读情况。将政策解读与政策制定工作同步安排,进一步落实解读责任,规范解读程序,丰富解读形式，加强交流，主动对接，不断完善政策解读专栏，及时发布解读材料，并根据实际需要进行补充解读。

【后勤保障】 按照《大型会议组织管理办法》的要求，认真做好大型会议组织管理工作。按要求组织国务院廉政工作电视电话会议、市政府全体会议、全市经济工作会议等大型会议30余次，精细组织好省政府领导赴承德调研汇报、座谈会议，协助组织各专业会议800余次。各项服务工作做到了及时准确无差错，保证了各项会议活动的顺利进行。积极做好与新闻媒体的协调工作，为市政府重要会议及活动协调新闻媒体进行宣传报道90余次。实施财务管理和接待及勤务制度。认真执行财务和接待审批制度，严格公物管理，压减行政开支，杜绝铺张浪费。规范程序，狠抓重点，严控“三公”经费支出。坚持勤俭节约办事、优质服务至上的原则，在合理合规的前提下，完成了各项任务。

【“961890”群众服务热线】 加强制度管理，明确责任分工。严格考核管理。热线办运用电子考勤系统进行上下班实时登记考勤，对话务员的规范用语、工作流程和服务质量都明确了标准，工作人员每月对每名话务员的出勤情况、工作纪律和业务水平进行考核，考核结果与绩效挂钩。实行岗位责任制。明确工作职责,做到责任具体化,任务明细化,责任到岗,责任到人。强化新知培训。每周由专人负责整理近期与群众息息相关的政策实事或阶段性热点问题相关的政策及法律法规，并将新知向全体话务员共享、讨论学习。四是规范人员流动。热线办作为政府与群众紧密连接的平台，业务范围较广，涉及内容较为零散，为保证服务质量，提高服务形象，将工作表现突出的话务人员作为储备干部培养，并对新入职人员进行帮扶指导，将人员流动管理规范化。优化办理流程，建立高效运行机制。建立协调联动机制。严格承办工单。严把工单质量关。及时督办反馈。创新服务举措，拓展业务范围，服务热线功能不断提升。开通了公交集团、水务集团和供热集团三家企业对接端口，实现群众与企业的直接对接办理。尝试与偏远乡镇实现热线电话直接沟通。开通政企直通车服务平台，为各行业企业提供便捷、高效的优质服务。增加“为官不为”受理机制。对外公布24小时举报电话，增加“诉求人来电举报”索引,以便及时梳理“为官不为”投诉事项。2016年，服务热线共受理群众来电39135件次，办结38805件次，整体办结率为99.15%。全年电话呼入总数为43161次,接通总数为39466次,接通率为91.44%。热线办为群众解决各类困难、问题，共收到群众来电表扬101件次。

【扶贫点工作】 郑栅子村是市政府办公室的扶贫点。驻郑栅子村扶贫工作组开展帮扶工作一年来,立足精准脱贫、产业脱贫，实现建档立卡贫困户全覆盖，年带动贫困户人均增收1500元，达到4200元。因地制宜制定精准脱贫规划。通过入户调查摸底，逐户确定脱贫之策，其中：发展产业脱贫56户，184口人；扩大就业脱贫14户，55口人；生态保护脱贫4户，14口人；教育扶智脱贫3户，13口人;低保兜底22户，53口人。全力以赴争取政策资金支持，共为该村争取政策支持项目资金794万元。攻坚克难实施项目建设。实施扶贫的项目有6项，分别是：5000万户用光伏扶贫项目；山地果园项目；壮大村集体经济试点项目；特色村寨建设项目；光伏发电电力增容工程；村级幼儿园项目，10月已经开始施工，主体已经完成，春节后可正式开园。对照户7项、村10项的脱贫出列验收标准，经县有关部门初步核查认为，郑栅子村如期实现了脱贫出列目标。

【机关作风和廉政建设】 扎实推进“两学一做”教育深入开展。按照全市的安排部署，市政府办公室积极推进“两学一做”教育，积极组织各总支、支部搞好宣传教育活动。一是精心安排部署。全市教育活动启动后，市政府办公室专门成立办公室专题教育联系会议，党组书记担任召集人。结合办公室的职能特点和工作实际，研究出台《市政府办公室“两学一做”教育实施方案》，细化了各项规定动作的流程图，对专题教育作出了具体、详实、全面的安排部署，按照活动方案全面完成教育活动各规定动作。二是扎实开展学习。以支部为单位积极开展学习，各级领导干部严格落实“两学一做”的要求，以普通党员身份积极参加所在支部学习活动，市政府主要领导在滦平县周台子村为办公室全体党员上了专题党课。创建办公室党建工作微信群、QQ群，重点推出习近平总书记系列讲话、中央文件精神、条例、准则等内容，党员积极参与评论并转发，实现单项被动的沟通向主动交流的改变，将教育活动从线下延伸到线上。活动期间办公室以支部为单位组织开展集中学习10次，副科级以上党员干部每人撰写心得体会2篇，认真组织开展专题辅导和宣讲，提升办公室队伍素质，提高了办公室干部能力。按照市委“三严三实”专题教育领导小组的安排，认真组织开展专题辅导和宣讲，切实营造学习氛围。以创先争优常态化、长效化作为支部工作着力点，结合岗位实际，引导党员干部以便民利民为目标，注重改进服务方法，进一步优化服务流程，提高服务效能。把党支部建设与中心工作紧密结合，与岗位职责紧密结合，创新党委、支部的工作机制，创新活动方式，创新党员管理，充分发挥党支部的战斗堡垒作用和党员的先锋模范作用。严格落实“一岗双责”，扎实推进党风廉政建设和反腐败工作。紧紧围绕政府办公室的惩防体系建设和党风廉政建设工作，以《建立健全惩治和预防腐败体系2013—2017工作规划》为抓手，制定《承德市人民政府办公室2016年惩防体系建设工作要点》，明确工作目标，加大推进力度，建立思想道德教育的长效机制，完善惩治预防腐败长效制度，加强权力运行机制监控。较好地完成了政府办公室在惩防体系建设中承担的各项工作任务。认真落实党风廉政建设“一岗双责”目标管理。全面落实党委主体责任和“一岗双责”目标管理。年初党组成员、直属单位和科室负责人与分管的党组成员签订了《党风廉政建设责任书》，责任到人，一级抓一级，层层抓落实，杜绝了“死角”和“盲区”。强化责任追究。将党风廉政建设责任制执行情况，纳入领导干部个人述廉、评廉、考廉及年终政绩一并考核。实行党员干部廉政和作风建设“一票否决”制。

督查督办

【落实上级重大事项】 做好国务院第三次大督查迎检工作。按照国家、省通知要求和市政府主要领导的指示精神，将国务院第三次大督查四个方面督查重点内容进行了责任分工，明确了牵头部门、责任部门和责任人，并纳入内网电子台账管理，列入年终考核，对整个大督查工作全程进行了跟踪督查，并向省政府反馈了落实情况。完成省、市政府重点工作责任分解，在省、市《政府工作报告》的基础上，制定印发了2016年重点工作目标任务分解方案，确定省重点工作涉及承德市26项、市政府重点工作158项，细化目标、明确责任、挂图作战、倒排工期，推动落实完成。

对不同阶段、不同时期工作要求和目标，逐项进行分解，层层落实部门责任，建立季调度、半年通报制度。对重点工作定期进行跟踪督办落实，有效促进了各项工作的开展。2016年，共组织召开市政府常务会议16次，议定事项131项。

【领导批办件落实情况】 按照“传达精神不走样、督办要求要明确，反馈结果须及时”的要求，及时将领导交办的每一个批示件、交办件交承办单位落实，提出具体的办理要求和办结时限，并将办理结果和进展情况以《督查专报》形式向领导反馈。全年承办市政府主要领导批示418件，均全部办结。

【专项督办】 按照市政府主要领导要求，对省市重点工作实行两周一报送、两周一通报和定期报告督查情况等制度，共下发《督查通知》16个，下发《督查通报》6个，向市长呈报《督查专报》9期。将民生实事作为年度重点督办内容，全年共开展惠民利民实事完成情况专项调研督办4次，实地踏查督办6次，以《督查专报》的形式向市政府领导专题报告，20件民生实事均已达到年初目标任务要求。

外事与侨务

【涉外管理】 编制《2016年度全市市级、处级及以下人员年度因公出访计划》。完成“一问责八清理”专项工作。外办作为“一问责八清理”专项行动中承德市违规公费出国（境）公款旅游问题专项清理工作牵头单位，对2015年以来的51批次团组、102人次所涉及的组派因公出访单位的全覆盖式联查，梳理、归集出33个具体问题并全部整改完毕。为进一步规范因公出访审核、报批相关工作，出台了《关于进一步加强因公临时出国（境）团组行前教育及回国后公示工作的通知》和《关于因公临时出国（境）经费管理的补充通知》两个文件。完成全年因公出访审核、报批和办理因公护照相关工作。截至11月中旬，共审核因公出国团组36批，72人次。同时，加强对公务护照的管理，加大了对出访报告和护照的收缴力度，未发生任何证件丢失和违规使用现象。加大APEC商务旅行卡申办力度。为进一步服务企业，便利企业对外经贸合作，积极加大民营企业APEC商务旅行卡审核申办工作。截至11月中旬已为21家企业、41人次申报了APEC商务旅行卡。完成涉外接待工作。接待外交部、中联部、国侨办、全国友协及省外侨办安排来承外宾共24批、178人次。积极参与涉外安保、综治、追逃追赃及反恐怖协调领导小组工作。

【国际交流】 开启与原友城交流合作的新篇章。3月，以“美丽中国、古老长城”为主题的“千名美国游客游长城”活动在承德启动，千名美国游客实地探访了金山岭长城，深入了解中国历史，品味中国文化。6月，德国勃兰登堡州政府代表彼得·科纳特和波茨坦市副市长杰娜·马格多夫斯基到承德市进行访问，并签订《中国承德市—德国波茨坦市文化艺术友好交流协议书》；8月，日本柏市议会第一次派议长率领议会代表团访问承德，同承德市人大举办座谈会，共商双方交流事宜；在承德市举办“2016年国际马拉松”活动期间，柏市体育协会会长、前千叶县议长率团来承观摩，给予承德市组委会大力的支持。此外，承德市青少年代表团访问柏市，采用“homestay”的形式，同柏市青少年交流共同感兴趣的话题，共诉友谊，增进两市青少年的了解。为表彰和鼓励日本柏市在友城交流中的贡献，经承德市推荐，日本柏市在“2016年中国国际友好城市会议”上荣获“对华友好城市交流合作奖”称号。积极拓展新的国际友好关系。10月，日本轻井泽日中友好协会访问团来访，双方就旅游、体育、文化等方面进行了座谈，并与相关部门就2017年在承德举办“轻井泽文化节”达成合作意向。

【推动院校国际合作】 经过积极协调联络，在河北旅游职业学院先后派遣了3批69位学生赴塞舌尔带薪实习的基础上，正在筹备第四批学生赴塞带薪实习工作；河北旅游职业学院与加拿大拉萨尔学院、日本轻井泽市观光协会就教师进修、学生实习项目正在有序开展。河北民族师范学院与澳大利亚新南威尔士大学、吉尔吉斯共和国国立加拉拉巴维大学签订合作办学协议书。承德第一中学与日本柏市立柏高中互派学生体验学习。韩国东国大学庆州校区与滦平县职教中心已达成互派留学生合作共识，有2名韩方学生在承学习汉语，承德市派出11名学生赴韩国学习。中美交流协会组织第七批美国高中生夏令营代表团来承与承德外国语学校的师生进行友好交流。

【协助外媒采访】 4月，英国WINDFALL FILMS制片公司在华拍摄纪录片《世界建筑丰碑—长城》，经协调，此摄制组来承德市滦平县金山岭长城景区进行拍摄采访；10月，与市文物局、围场县、滦平县联系，协助马来西亚摄制组在承德拍摄《美游》纪录片。此摄制组用外媒的视角在承德市拍摄采访，重在介绍承德市丰富的旅游资源，让马来西亚更多地了解承德。

法制仲裁

【依法行政】 2016年，承德市深入贯彻全面依法治国要求，始终坚持把法治建设摆在重要位置，扎实推进依法行政。年初，市政府常务会议专题听取2015年度依法行政工作情况汇报，制定出台了《承德市法治政府建设实施方案》。加强学习培训。制定年度学法计划，扎实落实市政府常务会议学法制度。每次常务会议安排市政府部门的主要负责人就本部门的专业法律进行讲解。全面推行清单制度，对政府各部门权力清单和责任清单实行动态管理，理顺了部门与部门、上级与下级之间权力边界，在食品药品安全、城市管理领域内推行跨部门综合执法。开展依法行政评议考核。对各县区政府、承德高新区管委会及市直执法机构2015年度依法行政工作完成情况进行考核。经过验收，承德市的依法行政工作得到省政府法制办公室的认可，名次较2014年上升一位。

【法制监督】 认真开展规范性文件备案审查工作。坚持有备必审、有错必纠。严格审查市政府各部门、各县区政府报备规范性文件。全面规范行政执法队伍，提升执法队伍综合素质，举办行政执法人员法律知识培训5期，近千人参加。积极开展对不作为、乱作为行为专项整治。实施行政执法人员资格认证和持证执法制度。认真审核行政执法证件申领、换发，严把入口关。

【规范性文件和政府重大协议审查】 审查出台多项市政府规范性文件。审查承德市大项目招商引资政策导则、外来投资工业项目引荐人奖励优惠政策、加强招商引资工作的意见等文件的审查。开展规范性文件清理工作。按照“有效、简洁、规范”的原则，对规范性文件进行全面清理，全面清理以由国务院宣布失效，与现行上位法不一致、已被新规定涵盖或替代、调整对象已消失、工作任务已完成、试用期或有效期已过的以及根据实际无继续执行必要的文件，确保全部规范性文件及所有条款的系统化和规范化。以市政府令形式公布7件规范性文件予以废止，对6件规范性文件予以修改。

【行政复议和行政应诉】 2016年市本级共收到复议案件59件，共审结48件，待结案件11件。加强行政复议指导和应诉案件统计分析工作，提高全市行政复议工作水平。积极探索行政复议办案新机制，首创的“领导领办、专家指导、集体研审”的办案工作新模式已经国务院法制办网站登载。完善行政复议证据规则，加大实地调查力度，重大复杂案件举行听证会，让当事人充分质证，在查明事实的基础上，依法作出复议决定。高度重视行政应诉工作。配合人民法院做好开庭审理工作，认真做好答辩举证工作，行依法履行行政应诉职责。

【政务参谋服务】 建立政府法律顾问制度，完善行政决策机制。提请市政府常务会议审议通过《建立政府法律顾问制度的实施方案》。聘请10位律师事务所的专业律师担任市政府法律顾问，通过政府购买法律服务，为领导科学决策提供专业咨询意见。完善政府公文与政府行为的合法性审查机制。组织市政府法律顾问参与市政府规范性文件草案讨论、重要协调事项法律论证以及对市政府各部门起草的、拟以市政府名义签约的各类协议、合同文本进行法律审查。确保政府决策合法合规、各项事务在法制轨道上运行，全年集中审查修改签约文本86件次。进一步推行行政执法全过程记录等工作方式，印发《关于进一步推进行政执法全过程记录工作的实施意见》。重点安排好2016年度省对承德市的依法行政考核及承德市对各县区和市政府各部门的依法行政考核工作。

【仲裁工作】 2016年共受理各类纠纷280件，标的4.1亿元，受理的案件数量较往年增长较多，标的额有明显提升。结案调解和解率为80%，结案率为90%，自动履行率为85%，仲裁案件“三率”基本稳定。与银行、多家企事业单位沟通联系，探索合作方式研究为银行类金融机构开展仲裁服务的举措。走访20多家大中型企业，帮助分析经营中易发生纠纷的环节，研究适合选择仲裁服务的范围，解答企业生产经营中遇到的法律问题。通过座谈交流，听取意见建议，促进仲裁发展。依靠各类媒体积极宣传《中华人民共和国仲裁法》，辅以介绍承德仲裁委员会工作制度、仲裁指南、服务宗旨、服务特点等。千方百计提质量，扎扎实实打基础，务求做到公正、及时、高效 坚持公正快捷的原则，牢固树立质量第一，信誉为上的宗旨，把依法公平、公正仲裁作为仲裁机构办案的准则，案件不分大小难易，当事人不分单位、个人，标的不分大小，一视同仁，平等对待。在工作中始终把保障案件质量放在首位。进一步加强仲裁员管理，认真开展以严格仲裁操守，严肃仲裁纪律的教育活动。采用不定期培训方式举办仲裁员培训班，不断提升仲裁员的综合素质、办案技巧和庭审能力。坚持使用重点仲裁员制度继续扩大外聘仲裁员适用范围，提高使用比率，把发挥仲裁员的影响力和审理具体案件的能力结合起来，充分调动仲裁员的积极性、主动性。

政务服务

【公共资源交易】 整合交易平台。按照市政府安排部署，立即行动，不推不拖，仅用时一周，于7月15日完成市建设工程交易管理中心、市环保科技发展中心、市产权交易服务中心、市矿业权交易中心等4个部门25名工作人员进驻政务服务中心工作的既定任务。从7月20日起，各类公共资源交易项目（不含政府集中采购目录项目）全部纳入市公共资源交易中心进行开评标活动。 规范交易场地。科学划分交易服务区、开标区、评标区、监督管理区等功能区域。设立4个开标厅、4个评标厅、答疑室、交易监督室、专家抽取室、监控室、档案室、专家休息室、专家用餐室等，充分满足“交易受理、交易组织、交易评审、交易见（鉴）证”的运行程序需要，达到市级交易中心场地建设的标准。完善管理制度。坚持用制度规范行为，制定《公共资源交易中心服务规范》《行政监督管理制度》《举报、投诉管理制度》《评标工作制度》《开评标区管理规定》等15项规章制度。

加强交易管控。通过科技监管系统管控。运用拾音视频监控系统、实现了全场无死角拾音视频监控全覆盖；运用指纹解锁门禁系统、通信信号屏蔽系统，实现评审封闭区与外界隔离。通过岗位分工管控。建立开标区、评审区、门禁、监控区等多岗位管控机制。进入公共资源交易市场所有人员的一举一动，一言一行都纳入掌控之中，交易全过程可查、可纠、可控。通过交易规则管控。印发了《承德市公共资源交易市场运行规则》（承市政办字〔2016〕162号），转发《河北省公共资源交易市场投标保证金代收代退暂行规定的通知》（承市政办字〔2016〕163号），规范交易运行和保证金收退。推进信息化建设。11月10日已完成全市统一的公共资源交易信息服务平台建设，启用了市级公共资源交易项目管理系统。11月21日起，在市公共资源交易中心开展招投标项目的受理登记、信息发布、获取招标文件、保证金收退、专家抽取、开评标情况登记、中标公示、交易见（鉴）证等环节，全程应用电子化管理。

【投资项目审批和监督服务】 房地产审批协调工作。全年受理房地产项目审批业务咨询66次，组织施工图联合审查4次，竣工联合验收1次，涉及总建筑面积38.42万平方米，总投资约5.15亿元，共收缴各项行政事业性收费及政府性基金882.71万元。依法合规优化审批流程。清理建设项目竣工环境保护验收监测或调查、生产建设项目水土保持设施验收技术评估、建设项目雷电灾害风险评估、建设工程场地地震安全性评价等8项行政审批中介服务事项，不再要求申请人提供报告。根据承德市人民政府《关于取消市政府部门非行政许可审批事项决定》（承市政字〔2015〕124号）要求，调整施工图联合审查申请资料，不再要求提供规划局盖章的总平面规划图，改为提交规委会主任委员议事会批准方案的会议纪要。为简化房地产项目验收程序，提高验收效率，避免重复验收，经市领导批示，相关工作由市住建局在修改验收办法时一并处理。全力推进投资项目在线审批监管平台建设。按照省政府办公厅对全省投资项目审批在线监管平台建设和运行管理的统一部署，市政务服务中心负责承德市平台建设和管理工作。中心采取突破技术壁垒、梳理审批事项、加强培训等有效手段，较好地完成了工作任务，确保了该平台平稳运行。该平台上线运行以来，预审通过项目1190个，总投资1949亿元，位列全省各市排名第二，多次受到省相关部门表扬。设立总代办处，开通审批绿色通道。在一楼大厅规范设立代办服务处，实行一个窗口受理、一站式办公、一条龙服务。公开透明、阳光作业。总代办处和发改、规划、住建3个组长单位集中办公，提供全程领办代办、地接式协办帮办。印制告知单、公示代办指南。安装即时评价器，办事群众通过电子评价器一事一评、当场评价。开通了24小时全天候服务企业热线电话。发放了"重点项目审批绿色通道记录卡"。真正做到服务受理零推诿、服务方式零距离、服务质量零差错、服务结果零投诉。2016年以来，总代办处共受理29个建设项目咨询、领办、帮办事项，受理为民服务代办36次。得到办事群众的一致好评。

继续加大监管力度。纪律检查员每天至少两次不定时对窗口工作纪律进行监督检查，及时制止、纠正窗口工作人员的不规范行为，同时认真做好巡查记录。与进驻部门窗口负责人逐一签订纪律作风责任书，明确窗口负责人认真履行监管责任，进一步落实责任追究制度；积极探索窗口管理的新思路、新举措。在继续落实首问责任、一次性告知等行之有效规章制度基础上，先后又制定和完善《预约服务》《延时服务》《超时默许》等规章制度。印制《优化发展环境制度汇编》《中心管理制度汇编》《中心监督管理办法》。重新梳理进厅行政许可事项目录，同时要求涉及衔接的部门做好衔接落实工作，新接收的许可事项按照标准化要求印制服务指南和业务指导规范。在大厅显著位置重新设置意见簿、意见箱，公布投诉电话，由专人负责，确保“事事有着落、件件有回音”。标准化工作取得突破。2016年6月，政务服务中心顺利通过国家标准化管理委员会批准，成为河北省首批、也是地市级唯一一家国家级政务服务标准化试点单位。至此，承德市政务服务工作实现了从省级标准化示范到国家级标准化试点的历史性突破。根据国家标准委和省质监局要求，确定试点项目实施机构，研究制定《实施方案》，成立政务服务标准化工作领导小组。组织开展标准化业务培训。有计划地开展标准化基本理论和标准化专业知识的培训，学习贯彻国家标准、行业标准、地方标准等各类规范性文件，提高服务业标准化工作意识。收集适用于政务服务标准化的国家标准、行业标准及地方标准，对中心正在执行的各类规章制度进行整理。四是制作了事项标准化模板、标准编写说明书等应用文件，督导各窗口严格按照标准化流程办理审批服务事项。

【争取领导支持】 市长常丽虹亲临中心调研指导工作，市委常委、组织部部长赵险峰、市委常委、常务副市长李晋宇、市委常委、市委秘书长刘文勤多次研究调度中心工作。优化营商环境“市场准入”专题督查组、优化营商环境“政务大厅服务”督导组、重大政策措施贯彻落实情况督查组、公共资源交易市场建设情况督查组、“放管服”改革第三方评估组、文明城市测评检查组等各类督查检查组来大厅视察检查，均对中心工作给予充分肯定。通过《河北日报》《承德日报》承德广播电台、承德电视台、各大门户网站，发表外宣稿件30余篇次。

地方志

【概况】 2016年，全市地方志系统深入学习贯彻落实《全国地方志事业发展规划纲要（2015—2020）》和《河北省地方志事业发展规划（2016—2020）》精神，认真研究分析地方志事业发展状况，精心制定目标任务和具体举措，全力做好地方志工作，努力推动地方志事业加快发展。

【制定全年目标任务】 4月，市政府秘书长、常务副秘书长专题听取地方志工作汇报，市地方志办公室抓住时机，在汇报工作的同时，争取领导支持将地方志事业发展列入全市国民经济和社会发展“十三五”规划，使地方志工作和事业发展“有章可循”“有法可依”。为了加大志书编纂工作力度、加强方志网建设，市方志办争取主管市长支持，以地方志编委会名义印发了《关于加强全市部门志专业志和县区概况编写工作的通知》《关于启动承德方志网建设的通知》和《关于进一步做好全市志书编纂工作的通知》3个文件；为提高年鉴编纂质量、效率，经过反复与市委、市政府两办沟通，得到领导支持，以两办名义印发了《关于做好2016年度承德年鉴编纂工作的通知》。同时，加强内部管理，制定“关于部门志专业志编纂三审责任制”“关于部门志专业志稿审核分工及说明”“年鉴编纂工作制度”等制度，以确保志书、年鉴编纂符合国家规范。及时召开全市地方志系统工作会议，传达国家、省地方志工作精神，研究部署全年各项工作任务。

【加大志书编纂力度】 把志书编纂工作作为重中之重，全力推进各级各类志书编纂向广度和深度拓展。一是以修市志为根本，推动市级部门志专业志编纂。全年召开工作督导调度会9次，开展业务培训11次，一对一辅导65次，编写指导46次，上门督导62次，电话督导1500余次，审改志稿38部。二是对未完成二轮修志任务的三个区进行深入的督导、指导、检查、协调，大大加快三个区的志书编纂进度，《双滦区志》已送出版社，即将出版发行；《鹰手营子矿区志》基本完成市级评审修改，年底报省终审；《双桥区志》已完成初稿，送市方志办二审。三是加快推进乡镇村志编纂试点进度。围场在首批开展试点的8个乡镇、8个村（每个乡镇含1个村）编纂的基础上，进一步扩大了编写村志的规模，全县试点达到8个乡镇、16个村。其中吉上村、吉下村、坡字村、棋盘山村已完成初稿，还有2个村的志稿编纂接近尾声；庙宫村经过市县方志办入村考察座谈后，及时督导指导，正在全力申报中国名村志工程。四是做好旧志整理工作。督导围场满族蒙古族自治县的《围场厅志》高清影印工作加紧进行。

【提高年鉴质量效率】 市方志办对《承德年鉴》从框架设计、条目分类到内容记述、表现形式等大力进行修改完善，力求实现全书的系统性、完整性、逻辑性；借鉴其他地区经验，吸收上海、杭州等地经验，谋求实用性、创新性；改变以往路径，精心拟制年鉴编纂工作通知和实施方案，对部门供稿提出具体要求，并与市委办反复沟通，得到领导支持，以两办名义印发，起到了较好的作用。对县（区）年鉴进行培训指导，对全部11个县（区）年鉴主编进行业务培训，有针对性地对年鉴编纂中存在的问题予以纠正、指导，并结合当前全国全省地方志事业发展形势和相关规定，要求大家加强理论、业务、时事学习，提高自身素养和眼界，努力做到与时俱进、质量提升。11个县区全部启动编纂，承德在全省率先实现了市、县两级综合年鉴全覆盖。

【搞好资源开发利用】 《掌地方史志　观承德发展》地情丛书《生态文明建设》篇完成初稿，此书从承德的绿色屏障、环境治理、园林建设、重大工程，和围场塞罕坝、丰宁小坝子等典型案例，共设置13个篇章，已完成初稿，正在修改完善中。为市委市政府对外开放、京津冀协同发展、上级领导调研、外省市党政代表团考察、中国作家看承德等全市重大工作、活动提供《承德史话》用书300余册。督导围场完成《木兰秋狝》大型诗画编纂设计，即将进入出版程序。

【加强方志网馆建设】 承德方志网全面完成总体策划、版面设计、板块和栏目设置等，于11月建成上线运行。网页采用一屏展示的方式，力求以最简约的形式表达最广博、丰富的内容，共设置18个栏目（二级栏目60个），其中横向导航栏设承德志书、承德年鉴等10个，纵向导航栏设走进方志等5个，首页栏目设工作动态等3个；同时，设体现工作动态的新闻图片栏和由承德风光、城市建设等相关图片组合栏；页面融入了世界文化遗产避暑山庄及周围寺庙元素，充分体现了承德的特色。到12月31日，共发布工作动态信息14条，通知通报22条，领导讲话7篇，其他15个栏目都填入了相关内容，并及时跟进、更新、维护，有力地促进了全市志书、年鉴的编纂督导指导，方便全市各级各部门各界了解地情和从事方志工作人员查阅相关信息、书籍。

市方志馆建设逐级汇报至市政府主要领导，将与档案馆一并考虑建设。市地方志现有40余平方米资料室，有各类志鉴地情书300余种。滦平方志资料室现有藏书2000余部，其中大部分是与全国有关县区交换的志书年鉴等书籍。围场县现有一个小型方志库，面积25平方米，馆内收集上架各类方志书籍300余部。丰宁方志办争取县政府的支持，采取政府给房，财政拨款方式，初步建成小型方志馆，面积160平方米，配备基本的硬件设施，馆内收集上架各类方志书籍

5290 部。

【努力提升业务素质】 为有效行使职责、取得工作成效，注重加强全员素质提高。一是强化政策和业务学习，深入学习全国地方志事业发展规划纲要和省规划，全面理解吃透地方志加快发展、转型升级的精神。二是严格按照“三严三实”“二学一做”要求及时参加办公室学习和各项活动，努力提升思想境界，增强四个意识，做合格党员、做合格公务员。三是不断学习业务知识，提高工作水平，与全国唯一的地方志专业出版基地即方志出版社联系，购买《当代志书编纂教程》《年鉴学》《地方志理论文集》等相关书籍发给大家，每人一套，一边学习一边工作，学以致用、效果较好。

做好志鉴、地情书以及信息化建设等各项工作，涉及全市各行业各领域近 150 个部门单位和县（区），针对这种范围广、任务重的状况，地方志办公室倡导和发扬坚韧不拔、锲而不舍、攻坚克难、甘于奉献的精神。以顽强的意志、决心和信心做好工作，千方百计、想方设法履行职责，采取多种形式，反复督导上稿，认认真真对稿件指导、把关，取得了比较好的成果，受到上级和供稿单位的肯定和赞扬。

附：市政府办公室领导名录

主　　任：佟伊民（兼，满族，4 月免。根据机构改革要求，市政府办不再设办公室主任，办公室工作由常务副秘书长负责）

纪检组长：李玉成（12 月免）

李建国（满族，12 月任）

督查室主任：耿鑫华（满族）

地方志办公室主任：奚晓红（女）

信息中心主任：程志刚（满族）

承德市政务服务中心主任：李云腾

经济社会发展研究中心主任：

辛国勇（4 月免）

程志忠（4 月任）

仲裁委秘书长：崔　晨（满族）

承德市人民政府驻天津市办事处主任：

陈涌泉（蒙古族，12 月免）

陆羽军（满族，12 月任）

应急管理办公室主任：闫景会

外事办公室主任：阎　洋（女，满族）

副　主　任：徐树清

法制办公室主任：丛云飞（兼，满族）

（供稿　孙　杰）

政协承德市委员会

综　述

2016年，市政协深入学习贯彻习近平总书记系列重要讲话精神和中央、省委、市委决策部署，自觉践行“三严三实”，主动适应经济发展新常态，牢牢把握协同发展新机遇，紧扣全市中心工作履行职能、发挥作用，凝聚团结奋斗正能量，形成协商议政新格局，续写政协事业新篇章。

强化政治意识，增进认知认同。深入学习中国特色社会主义理论体系、习近平总书记系列重要讲话和中共十八大以来中央历次全会精神，坚决同以习近平为总书记的中共中央保持高度一致。强化机遇意识，致力全面小康。深入学习习近平总书记关于京津冀协同发展的重要论述、省委八届十二次全会、市委十三届八次全会和中央、省、市经济工作会议精神，坚定“脱贫摘帽、全面小康”的信心和决心，找准政协履职的切入点和着力点，搭好协商民主“大舞台”、始终与市委同心、同向、同行。强化担当意识，忠诚履行使命。深入学习习近平总书记关于人民政协的重要论述，中央、省委、市委加强协商民主建设的重要文件，以及省委书记赵克志、市委书记周仲明在2016年省、市政协全会开幕时的重要讲话精神，围绕大目标，凝聚大合力，促进大发展，在担当使命、奋发作为中体现人民政协的时代价值。

把助推“十三五”规划顺利实施作为政协履职的一条主线，紧扣市委十三届八次全会作出的决策部署，选择承德市发展最主要、最突出、最紧迫的问题，重点围绕加快产业转型升级、培育壮大“十大优势产业”、发展现代农业、发展实体经济、推动科技创新、优化创业环境、推进法治承德建设等领域，精选课题、精心调研、精准建言。把助推京津冀协同发展作为政协履职的着力点，认真贯彻落实《京津冀协同发展规划纲要》、相关专项规划和中央城市工作会议精神，突出承接北京非首都功能疏解、加快补齐承德发展短板、实施增绿富民工程、加强面源污染防治、有效化解“城市病”、推动教育医疗卫生资源共享等方面，深入调查研究，广泛协商聚智，提出真知灼见。把助推精准脱贫作为政协履职的重要任务，围绕贯彻落实中央、省、市扶贫工作会议精神，就产业脱贫、生态补偿脱贫、美丽乡村建设、少数民族乡村同步小康等重点任务，多谋精准脱贫大计、多献利民富民良策，为加快实现脱贫攻坚目标献计出力。

着力拓展协商形式，以常委会议、主席会议、座谈研讨、提案办理为主要载体，通过专题协商、对口协商、界别协商、提案办理协商等形式，组织协商活动，丰富协商内容，增加协商密度。着力增强协商实效，围绕打赢脱贫攻坚战、建设国际旅游城市，就“加快推进我市林权制度改革和碳汇交易”“优化和完善城区大交通体系”议题，分别召开议政性常委会议进行专题协商，为市委市政府提供决策参考；致力建设美丽乡村、创建全国文明城市、推进大众创业万众创新，就“加强农村环境综合治理”“提升城市服务功能”“加大我市产业需求人才培养力度”等议题，以主席会议、对口研讨等形式，充分协商，建言献策；坚持提高建言质量与推动成果转化并举，运用多种履职形式，促进协商意见建议转化落实。着力推进民主监督，围绕市委、市政府重大战略部署、重要事项决策和委员提案办理、协商成果转化等方面，选准角度、把握尺度，更好履行政协民主监督职能。

加强与民主党派、工商联的合作共事，以中共中央出台《关于加强政党协商的实施意见》为契机，发挥承德市各民主党派、工商联的优势和作用，积极协助市委、市政府向国家层面争取支持；完善市政协与各民主党派、工商联工作联动机制，加强重要课题的联合调研、重点提案的协商督办、重大活动的通力合作，为其参政议政创造更多机会、提供更好条件。加强与民族宗教、港澳台侨界的团结联谊，厚植共同利益，增进民族认同。加强与人民群众的直接联系，为增进民生福祉献计出力。加强与县区政协的协调联动，促进优势互补、工作互动、力量融合。加强与外地政协的工作交流，组织委员到先进地区学习考察，开阔视野，增长见识，提高履职能力。加强与新闻媒体的联系合作，注重培树典型、挖掘亮点，大力宣传政协履职成效和委员履职风采。抓好《承德文史》编辑出版工作。

充分挖掘委员潜力，切实增强专委会的凝聚力，不断提升政协机关的服务保障力，深入开展“三严三实”专题教育和解放思想大讨论，抓好专题学习，完善工作机制，加强履职能力建设，巩固作风建设成果，为政协更好履行职能提供有力保障。全年，政协承德市委员会有26名市政协委员变动，其中撤销委员资格1人，请辞9人，增补委员16人。截至2016年12月31日，政协承德市委员会共有市政协委员367名，常委会组成人员71人。

政协全会常委会主席会

【政协十三届四次全会】 会议议程。2月16日至2月19日，政协承德市第十三届委员会举行第四次全体会议，应出席会议委员367名，因事因病请假28名，实际出席339名，列席人员73名。会议的主要议题是：听取和审议政协承德市第十三届委员会常务委员会工作报告；听取和审议政协承德市第十三届委员会常务委员会关于十三届三次会议以来提案工作情况的报告；列席承德市第十三届人民代表大会第五次会议，听取并讨论承德市人民政府工作报告及其他有关报告，讨论《承德市国民经济和社会发展第十三个五年规划纲要（草案）》；审议通过政协承德市第十三届委员会第四次会议政治决议；审议通过政协承德市第十三届委员会常务委员会工作报告的决议；审议通过政协承德市第十三届委员会常务委员会关于十三届三次会议以来提案工作情况报告的决议；审议通过政协承德市第十三届委员会提案委员会关于第四次会议提案审查情况的报告；选举事项。

会风会纪。严格执行廉洁自律有关规定，严禁铺张浪费、自行提高食宿标准。驻县（区）的与会人员严禁在委员驻地以外留宿（不含家在市内人员）。严禁参加高消费娱乐活动和组织、参与赌博等活动。严禁组织、参与各种宴请和与会议无关的活动。严禁相互赠送纪念品、代金券和购物卡等。严禁违反政治纪律和组织人事纪律。严格遵守会场纪律和要求，做到“八不准”：不准迟到、早退或随意缺席会议；不准安排他人替会；不准任意增加参会人员；不准擅自离开会场或在会场内来回走动；不准在会场内接打电话、玩手机；不准随意丢弃各种会议资料；不准转借和不按要求佩戴有关证件；不准编造、散布、传播政治谣言和小道消息。

执行主席。2月16日：韩福才（满族）、王学（满族）、高嵩。2月17日：胡晓红、雷威、贾珍山。2月18日：王学（满族）、段晓岩（女，满族）、孔庆龙（蒙古族）。2月19日：韩福才（满族）、高嵩、孙林（满族）。

大会秘书长和副秘书长。秘书长：王学（兼）市政协副主席、党组副书记。副秘书长：单化军市政协党组成员、刘俊伟市政协副秘书长办公室主任、高旭升市委组织部副部长（正处级）、王强市委宣传部常务副部长、郭紫金市委统战部副部长、赵兴海市公安局副局长、殷广兴盛华大酒店总经理。

【政协常委会议】 市政协十三届十七次常委会议。1 月 19 日，政协承德市第十三届委员会常务委员会召开第十七次会议，会议应出席 71 人，实到 61 人。会议的主要议题是：听取市政府办公室关于市政协十三届三次会议以来提案办理情况的汇报；市政协各专门委员会报告 2015 年工作（书面）；审议通过《政协承德市第十三届委员会常务委员会关于召开政协承德市第十三届委员会第四次会议的决定（草案）》；审议通过《政协承德市第十三届委员会第四次会议议程、日程（草案）》；审议通过《政协承德市第十三届委员会常务委员会工作报告（草案）》；审议通过《政协承德市第十三届委员会常务委员会关于十三届三次会议以来提案工作情况的报告（草案）》；审议通过《政协承德市第十三届委员会常务委员会工作报告报告人名单（草案）》；审议通过《政协承德市第十三届委员会常务委员会关于十三届三次会议以来提案工作情况的报告报告人名单（草案）》；审议通过《政协承德市第十三届委员会第四次会议执行主席名单（草案）》；审议通过《政协承德市第十三届委员会第四次会议大会秘书长、副秘书长名单（草案）》；审议通过《政协承德市第十三届委员会第四次会议小组召集人名单（草案）》；审议通过《政协承德市第十三届委员会第四次会议列席人员名单（草案）》；审议通过《政协承德市第十三届委员会第四次会议分组名单（草案）》；人事事项。

市政协十三届十八次常委会议。2 月 17 日，政协承德市第十三届委员会常务委员会召开第十八次会议，会议应出席 69 人，实到 65 人。会议的主要议题是：听取市委组织部关于选举政协承德市第十三届委员会秘书长、常务委员建议名单的说明；审议《政协承德市第十三届委员会秘书长、常务委员候选人名单（草案）》；听取各组讨论情况汇报；审议《政协承德市第十三届委员会第四次会议选举办法（草案）》；审议总监票人、监票人名单（草案）；审议《政协承德市第十三届委员会第四次会议关于常务委员会工作报告的决议（草案）》；审议《政协承德市第十三届委员会第四次会议关于常务委员会十三届三次会议以来提案工作情况报告的决议（草案）》；审议《政协承德市第十三届委员会第四次会议政治决议（草案）》。

市政协十三届十九次常委会议。2 月 18 日，政协承德市第十三届委员会常务委员会召开第十九次会议，会议应出席 69 人，实到 66 人。会议的主要议题是：通过政协承德市第十三届委员会秘书长、常务委员候选人名单；通过政协承德市第十三届委员会第四次会议选举办法；通过总监票人、监票人名单（草案）；通过《政协承德市第十三届委员会第四次会议关于常务委员会工作报告的决议（草案）》；通过《政协承德市第十三届委员会第四次会议关于常务委员会提案工作情况报告的决议（草案）》；通过《政协承德市第十三届委员会第四次会议提案委员会关于第四次会议提案审查情况的报告（草案）》；通过《政协承德市第十三届委员会第四次会议政治决议（草案）》。

市政协十三届二十次常委会议。2 月 19 日，政协承德市第十三届委员会常务委员会召开第二十次会议，会议应出席 69 人，实到 69 人。会议的主要议题是：听取大会选举结果的报告。

市政协十三届二十一次常委会议。2 月 19 日，政协承德市第十三届委员会常务委员会召开第二十一次会议，会议应出席 72 人，实到 72 人。会议的主要议题是：审议《市政协 2016 年工作要点》；韩福才主席讲话。

市政协十三届二十二次常委会议。7 月 8 日，政协承德市第十三届委员会常务委员会召开第二十二次会议，会议应出席71人，实到61人。会议的主要议题是：审议《关于充分利用环城高速缓解市区交通拥堵的建议（草案）》；人事事项；审议《中国人民政治协商会议承德市委员会关于同意撤销平泉县设立平泉市的意见（草案）》。

市政协十三届二十三次常委会议。10月11日，政协承德市第十三届委员会常务委员会召开第二十三次会议，会议应出席71人，实到63人。会议的主要议题是：（1）审议市政协《关于加快推进我市金融扶贫工作的建议（草案）》；（2）审议人事事项。

【主席会议】 市政协十三届二十一次主席会议。1月17日召开十三届第二十一次主席会议，会议听取了市委组织部关于选举政协承德市第十三届委员会秘书长、常务委员建议名单的说明；审议《政协承德市第十三届委员会秘书长、常务委员候选人名单（草案）》；听取各组讨论情况汇报；审议《政协承德市第十三届委员会第四次会议选举办法（草案）》；审议总监票人、监票人名单（草案）；审议《政协承德市第十三届委员会第四次会议关于常务委员会工作报告的决议（草案）》；审议《政协承德市第十三届委员会第四次会议关于常务委员会十三届三次会议以来提案工作情况报告的决议（草案）》；审议《政协承德市第十三届委员会第四次会议政治决议（草案）》。

市政协十三届二十二次主席会议。2月18日召开十三届第二十二次主席会议，会议听取各组讨论情况汇报。

市政协十三届二十三次主席会议。3月11日召开十三届第二十三次主席会议。会议研究2016年市政协工作任务分解。

市政协十三届二十四次主席会议。5月30日召开十三届第二十四次主席会议。会议传达省委政协工作会议精神；讨论《中共政协承德市委员会党组关于省委政协工作会议主要精神及承德市贯彻落实意见的报告（讨论稿）》；讨论《中共承德市委关于支持人民政协履行职能发挥作用的意见（讨论稿）》；介绍2016年政协提案交办情况和下一步重点提案的督办安排。

市政协十三届二十五次主席会议。7月6日召开十三届二十五次主席会议，会议研究人事事项；讨论《关于充分利用环城高速缓解市区交通拥堵的建议（草案）》；讨论《市政协关于同意撤销平泉县设立平泉市的意见（草案）》；研究政协承德市第十三届委员会常务委员会第二十二次会议议程。

市政协十三届二十六次主席会议。10月9日召开十三届第二十六次主席会议，会议讨论市政协《关于加快推进我市金融扶贫工作的建议（草案）》；研究人事事项；研究确定常委会议的时间、议程和开法。

建言献策

【概况】 主动适应新形势，牢固树立和贯彻新发展理念，紧紧围绕中共承德市第十四次党代会提出的“12345”总体目标思路，准确把握“守底线、快转型、促协同、奔小康”主基调，坚定不移走好“转型升级、绿色发展、跨越提升”新路，全面落实“三区一城”发展定位等新部署新要求，明确履职方向和工作着力点。

【推动改革发展】 紧盯深化供给侧结构性改革、推动京津冀协同发展、建设生态水源涵养功能区、发展“十大绿色产业”、实施“一带三区”城市发展战略等中心要务，坚持问题导向，精准选题、深入调研、聚智助力，多进诤言、多谋良策、多出实招，为党委政府科学决策提供参考，使各项工作有抓手、能落地、见实效。

【服务改善民生】 紧紧围绕打好精准扶贫精准脱贫攻坚战、提升承德文化软实力、促进就业创业、优化教育和医疗资源、加强社会保障、提升社区治理能力、建设美丽乡村、改善人居环境等事关群众切身利益的问题，及时了解和反映群众诉求，多为群众办实事、做好事，推动提高群众福祉，让人民群众在发展中有更多获得感、幸福感。

【履行民主监督】 积极拓展协商民主形式，搭建机制化、常态化的协商民主平台，增加协商密度，扩大社会有序参与，使协商民主过程成为发扬民主、集思广益的过程，成为凝聚共识、汇聚力量的过程。认真贯彻落实中共中央办公厅《关于加强和改进人民政协民主监督工作的意见》，以推动党政决策部署贯彻实施为重点，把推动精准脱贫和“转作风、优环境、促发展”活动作为专项监督内容，围绕保护生态环境、治理大气污染、促进公正公平司法和依法行政、提高服务质量和效率等，深入开展民主监督活动，促进经济社会实现更有质量、更加协调、更可持续的发展。

【提案办理】 2016年，共收到提案305件，经审查立案302件，占提案总数的99%；未予立案，作为意见建议或以其他方式处理的3件，占提案总数的1%。在已立案的提案中，集体提案30件，委员提案272件。截至2016年12月底，提案已全部办复，所提问题已经解决或基本解决的155件，占办复总数的51.3%；正在解决和列入规划逐步解决的114件，占37.7%；因客观原因和条件所限暂时难以落实的33件，占11%，已向委员做解释说明。

合作联谊

【与各民主党派、工商联合作】 深化团结联谊，加强真诚合作。坚持定期走访制度，完善联系沟通机制和工作联动机制，积极搭建学习培训平台、考察交流平台和参政知情平台，建立重大建议、重要诉求“直通车”反映机制，为其更好地履行职能、发挥作用创造条件。

【与民族宗教、港澳台侨界联谊】 认真宣传贯彻党的民族宗教政策，注重发挥民族宗教界委员的独特作用，密切同少数民族、宗教界人士的联系，巩固和发展民族团结、宗教和睦的良好局面。加强与港澳台侨委员的联络联谊，为招商引资、招才引智和扩大开放铺路搭桥、增添动力。

【政协宣传阵地建设】 充分利用各种新闻媒体，及时反映政协工作动态和履职成效，多层面多角度宣传政协委员履职风采，展示良好形象，提升政协的影响力和感召力。

自身建设

【完善规章制度】 相继修订完善多项制度规则，涉及会议、调研、提案、专委会和政协机关工作的综合协调、规范服务等方面，使制度建设适应形势发展、工作要求，为提高政协工作水平奠定坚实基础。

坚持在继承中创新发展，认真总结以往政协工作的好传统好经验，探索工作规律，健全制度体系。积极探索协商民主新领域和新方法，把握精准选题，改进调研方式，加强分析论证，创新例会形式，推进各项履职制度化、程序化和规范化。

【发挥常委会示范引领作用】 强化常委会议的学习功能、协调功能、议事功能，进一步落实市政协年度学习计划，充分发挥主席会议成员和常委在学习、调研、协商等活动中的骨干和示范引领作用。

【发挥委员履职主体作用】 健全委员知政知情机制，将市情要点系统打包提供委员；及时通过简报、摘编等方法向政协委员传递群众关心的热点难点，积极组织委员开展调研视察；邀请委员参加重要会议和重大决策论证活动，充分保障委员知情权。加强委员履职情况的统计分析，专委会定期反馈督促，提高委员履职的积极性。

【学习培训】 以“委员强则政协强”的理念指导委员队伍建设，把学习培训作为关键抓手，作出制度性安排，充分利用省、市及外埠的党校和社会主义学院，有针对性地开展履职培训，增强委员履职之智。坚持对标先进，结合调研议政课题适时组织委员外出学习考察，开阔眼界，丰富思路，增长才干。巩固和深化“两学一做”学习教育成果，深入开展“转作风、优环境、促发展”活动，引导委员和政协机关干部守纪律、懂规矩、重品行，增强“忠诚干净担当”的意识，时刻把纪律和规矩挺在前面，严格执行中央“八项规定”，严防“四风”反弹回潮。坚持求真务实，倡导事争一流，着力营造树正气、讲团结、聚合力、促发展的浓厚氛围，以政协委员的新作为推动政协事业的新发展。

【机关服务】 以建设学习型、服务型、团结型政协机关为目标，明确工作标准，完善督查办法，落实考评措施，有效提高机关工作人员的素质能力、服务水平和团结协作的意识，改进工作作风，提升工作效率。

附：市政协及工作机构领导名录

政协承德市第十三届委员会组成人员主席会议成员：

主　　席：韩福才（满族，12 月免）
　　　　　刘文勤（12 月任）
副 主 席：王　学（满族）
　　　　　胡晓红（不驻会）
　　　　　雷　威（不驻会）
　　　　　贾珍山（不驻会）
　　　　　段晓岩（女，满族，不驻会）
　　　　　孔庆龙（蒙古族，不驻会）
　　　　　高　嵩
　　　　　孙　林（满族）
秘 书 长：单化军
常　　委：于明辉（满族）
　　　　　才亚民（满族，7 月免）
　　　　　王　学（满族）
　　　　　王冬梅（女）
　　　　　王会云（女，满族）
　　　　　王连盈
　　　　　王显华（女）
　　　　　王淑华（女，满族）
　　　　　王瑜京
　　　　　孔庆龙（蒙古族）
　　　　　史俊峰（满族）
　　　　　付战成
　　　　　代　林（蒙古族）
　　　　　白宝君（满族）
　　　　　冯　岩（女）
　　　　　冯保中（满族）
　　　　　司志通
　　　　　司瑞军（满族）
　　　　　刘俊伟
　　　　　刘福君
　　　　　关利军（满族）
　　　　　孙　林（满族）
　　　　　闫忠民（满族）
　　　　　纪春艳（女，满族）
　　　　　苏永敏（女）
　　　　　李　莉（女，满族）
　　　　　李广安
　　　　　李云霞（女）
　　　　　李月明
　　　　　李守山

李国华
杨贵明
杨爱文（满族，1月免）
肖　冰（满族）
肖　冰
汪亚东（蒙古族）
张　忠
张学东
张振坤
张铁民
陆　媛（女，满族）
陈卫华（女,满族,1月免）
陈东辉
周晓燕（女，满族）
单化军（满族）
封捷然（满族）
赵　永（满族）
胡晓红
段晓岩（女，满族）
秦　涛
袁丽枝（女）
贾珍山
徐大维
殷明慧（女）
高　嵩
高　巍
高立国（蒙古族）
高纪辉
高旭升（满族）
曹　静（女）
梁中海（满族）
葛月龙（满族）
葛曙光（女，满族）
董　昆（女，满族）
韩福才（满族）
程　静（女，汉族）
傅宏杰（满族）
雷　威
潘宪忠
潘艳红（女，满族）
魏洪如

政协工作机构：
副秘书长：刘俊伟
柴方杰
刘立平（女）
办公室主任：刘俊伟
副主任：王凤才
提案委员会主任：潘宪忠
副主任：陈秀东（女）
财政经济委员会主任：张振坤
副主任：赵志敏（女）
人口资源环境委员会主任：于明辉
副主任：王　旭
教科文卫体委员会主任：董　昆（女）
副主任：王喜永
社会和法制委员会主任：高纪辉
副主任：刘爱华（女）
港澳台侨联络委员会、民族宗教委员会主任：
李月明
副主任：朱丽华（女）
刘秀芹（女）
文史资料委员会主任：葛曙光（女）
副主任：于兴华（女）

（供稿　甘明锋）

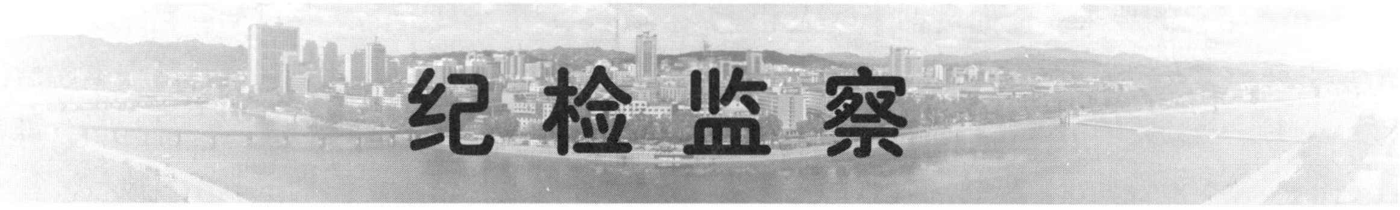

纪检监察

综　述

2016年，在市委和省纪委的坚强领导下，全市各级纪检监察机关全面贯彻中央纪委和省、市纪委全会部署，聚焦监督执纪问责，坚持把纪律挺在前面，积极践行监督执纪“四种形态”，坚定不移惩贪治腐，持之以恒纠正“四风”，着力解决群众身边的不正之风和腐败问题，党风廉政建设和反腐败工作取得明显成效。全市纪检监察机关全年共处置问题线索3928件，立案2161件，结案2055件，为全市“政通人和万事兴，风清气正劲头足”良好局面形成发挥了积极促进作用。多项工作走在全省前列：在全省率先实现届内对市直、县直、乡镇巡察全覆盖；县区县处级干部贪腐案件移送司法机关覆盖排在全省首位；纪律审查、巡察监督、向基层延伸、监督执纪谈话和市县（区）纪检监察机构改革等工作的创新探索，多次得到时任省纪委主要领导的批示肯定，并在《中国纪检监察报》《河北日报》和中央纪委、省纪委内刊、网站上刊发。

全体会常委会常委（扩大）会

【纪检委全体会议】 3月3日中国共产党承德市第十三届纪律检查委员会举行第六次全体会议。出席全会的市纪委委员28人，列席247人。市委书记周仲明出席全会第一次大会并作重要讲话。市委常委，市人大常委会、市政府、市政协和市法院、市检察院领导出席会议，有关方面负责参加会议，并以视频会议形式开到各县区。全会由中共承德市纪律检查委员会常务委员会主持。全会认真学习贯彻习近平总书记在十八届中央纪委六次全会上的重要讲话精神和省委书记赵克志在省纪委八届六次全会上的讲话精神。按照省纪委和市委的部署要求，总结2015年全市纪律检查工作，研究部署2016年任务。审议通过了路洪昌代表市纪委常委会所作的《坚持依纪依规治党，聚焦监督执纪问责，为建设生态强市魅力承德提供坚强纪律保证》的工作报告。

2015年总结。在省纪委和市委的坚强领导下，全市各级党组织深入学习贯彻习近平总书记系列重要讲话精神，统筹推进“四个全面”战略布局，严格落实管党治党政治责任；市纪委和全市纪检监察机关坚持把纪律和规矩挺在前面，持续发力正风肃纪，坚定不移惩贪治腐，全市党风廉政建设和反腐败工作取得了新成效。全会总结了做好纪律检查工作的四点体会：忠诚履行管党治党的政治责任，必须始终保持坚强政治定力不动摇，必须强化各级党组织领导核心作用，必须着力聚焦中心任务开展工作，必须充分依靠人民群众的支持和参与。

认识存在的问题。当前承德市党风廉政建设和反腐败斗争形势依然严峻复杂，全面从严治党靠全党、管全党、治全党的局面还没有形成。落实“两个责任”不到位、不平衡，存在“上热中温下冷”层层递减的趋向；实践“四种形态”有偏差、有误判，越往后执纪越严尚未形成常态；“四风”问题屡查屡处不绝，不收敛、不知止，顶风违纪时有发生；自身建设与全面从严治党的要求存在差距，能力不足问题还比较突出。

2016年总的要求。全面贯彻十八大和十八届党中央、中央纪委历次全会精神，深入学习习近平总书记系列重要讲话精神，按照省纪委六次全会的部署和市委要求，保持坚强政治定力，坚持全面从严、依纪依规治党，把纪律挺在前面，把握运用“四种形态”，深化标本兼治，创新体制机制，强化履责担当，驰而不息纠正“四风”，坚定不移惩治腐败，着力解决群众身边的不正之风和腐败问题，建设忠诚干净担当纪检监察队伍，为顺利实施“十三五”规划、建设生态强市魅力承德提供坚强纪律保证。

严明党纪党规。坚持挺纪在前，严明党的纪律和规矩。坚持把严明政治纪律放在首位，严肃查处搞团团伙伙、结党营私、对抗组织审查、政治利益和经济利益相互勾连等问题。加强对重大决策部署执行情况、组织纪律执行情况、换届纪律执行情况的监督，坚决维护政令畅通。开展贯彻执行准则和条例专项监督检查，对违反纪律规定的坚决查处，对贯彻执行失职失责的严肃问责。发挥抽查核实和倒查复核利器作用，按一定比例进行抽查、复核，坚决维护纪律的严肃性。

加快体制机制改革。突出内涵式发展，加快纪检体制机制改革。严格落实市委“两个责任”实施意见和责任清单，强化问责追究，压实“两个责任”，增强从严治党内生动力。制定完善县区纪委向市纪委报告线索处置和执纪审查情况的具体办法。采取单独派驻和综合派驻两种形式，积极推进市本级派驻监督全覆盖。突出政治巡察，深化专项巡察，年底前完成对市直部门巡察监督全覆盖任务。扎实推进“一问责八清理”专项行动，严肃问责和通报曝光一批落实责任不力、顶风违纪的典型。

瞄准要害问题纠风。瞄准问题要害，驰而不息纠正“四风”。坚守重要节点，盯紧年节假期，对不收手、不知止、规避组织监督的，一律快查严办，一律上追一级，一律通报曝光。盯紧新情况，对隐形变异的“四风”问题深挖细查、决不放过。坚持用制度管人管事，从根本上解决乱发滥补问题。强化思想引领，引导党员干部自觉培养高尚道德情操，主动抵制不良风气。

保持高压态势。践行“四种形态”，持续保持惩治腐败高压态势。立足防微杜渐，做实第一种形态。认真落实谈话函询等制度，推动咬耳扯袖、红脸出汗常态化、制度化。坚持动辄则咎，用好第二种形态。纪律检查工作各环节，都要用纪律思维分析问题，按纪律标准处置问题，用纪律底线丈量党员干部的行为。依纪施以重拳，严格第三种形态。对“三个时间节点”后仍然我行我素、顶风违纪、造成恶劣影响的，即使够不上违法，一律从严从重处理。保持高压震慑，强化第四种形态。重点查处党的十八大后不收敛、不收手，问题严重、群众反映强烈，现在重要岗位可能还要提拔使用的党员领导干部，三类情况同时具备的作为重中之重，一律严惩不贷。

深化专项整治。深化专项整治，坚决查处群众身边的不正之风和腐败问题。推动全面从严治党向基层延伸，督促基层党支部书记切实履行“第一责任人”责任。深入开展优化发展环境和机关作风整顿，把破坏发展环境和“为官不为”行为作为监督执纪的重点，准确把握落实“三个区分开来”。集中整治损害群众利益突出问题。开展扶贫领域突出问题专项治理，开展群众身边不正之风和腐败问题专项治理，继续开展“小官贪腐”专项整治，本着什么问题突出就解决什么问题原则，扩大治理范围，延伸执纪触角。

完善内控机制。坚持更高标准，打造忠诚干净担当的纪检监察队伍。以换届为契机，落实市委“四个提名考察办法”，切实把忠诚干净担当的干部选拔进纪委领导班子。努力学思践悟，提升整体素质。加强党风廉政建设和反腐败斗争新理念、新思想、新要求的学习，积极开展多层次、多形式的干部培训，着力提高各方面能力。带头严守纪律，强化队伍监督。各级纪检监察机关要强化自我监督，巩固深化“三严三实”专题教育成果，完善内控机制，发挥干部监督机构作用，始终保持纪检监察队伍的纯洁和肌体的健康。

【纪检委常委会议】 市纪委第1次常委会议。1月13日召开。会议审议案件审理报告会议议定，同意审理意见；会议通报机关内设机构及所属单位职责调整情况；会议还研究机关干部调整事项，并对班子部分成员分工进行调整。

市纪委第2次常委会议。1月27日召开。会议传达学习省纪委八届六次全会精神。原原本本的学习工作报告，卢建国对报告内容进行重点讲解。

市纪委第6次常委会议。3月15日召开。会议审议了案件审理报告会议议定，同意审理意见；研究并同意委局有关纪检监察室提交的立案呈批报告；研究并同意《承德市纪委纪检监察室联系县区和市直单位分工调整方案》。

市纪委第7次常委会议。4月21日召开。传达学习省“一问责八清理”专项行动问责工作领导小组会议精神，研究承德市贯彻落实意见；传达学习省纪律检查体制改革专项小组第三次会议精神，研究承德市贯彻落实意见；听取了关于河北省（承德）廉政教育基地新建办案楼使用功能调整的汇报；研究审议了7件违纪案件审理报告；研究审议了1件申诉案件审理报告、5件解除处分报告；研究并同意有关纪检监察室提交的拟立案案件报告。

市纪委第9次常委会议。5月10日召开。审议通过《中共承德市纪委承德市监察局关于2015年全市纪检监察机关纪律审查工作情况通报》；审议通过《中共承德市纪委承德市监察局关于表彰2015年度全市纪检监察机关纪律审查工作优秀集体和优秀个人的通报》；审议通过《承德市纪检监察机关2016年度纪律审查工作考核办法》；研究审议4件违纪案件审理报告；研究并同意有关纪检监察室提交的拟立案案件报告。

市纪委第11次常委会议。6月1日召开。传达学习中央纪委副书记杨晓渡在河北调研座谈时的讲话；传达学习全省市县乡领导班子换届工作会议精神、全省加强换届风气监督工作视频会议精神、中共河北省纪委和中共河北省委组织部联合印发的《关于加强换届风气监督工作确保风清气正的通知》（冀组发〔2016〕12号）精神，研究承德市贯彻落实意见；传达学习全省“一问责八清理”专项行动领导小组会议精神，研究承德市贯彻落实意见；研究《承德市委巡察工作实施办法》；研究《承德市深入落实监督执纪“四种形态”的实施意见》；研究《承德市开展基层党风“清洁行动”推动全面从严治党向基层延伸的实施意见》；审议18件违纪案件审理报告；审议14件立案呈批报告。

市纪委第12次常委会议。7月13日召开。传达省委常委、省纪委书记陈超英承德调研讲话精神，研究承德市贯彻落实意见；传达全省市县党委巡察工作座谈会精神，研究承德市贯彻落实意见；传达省委反腐败协调小组（扩大）会议精神，研究承德市贯彻落实意见；审议《关于在换届工作中加强纪检监察干部队伍建设的意见》；审议“四个提名考察办法”办理工作程序；听取《赛罕湖宾馆改扩建工程结算审计和财务决算审计情况汇报》；审议《承德市纪委公务用车使用管理暂行办法》；审议《党政纪案件办理适用简易程序的暂行办法》；审议审理报告10件、解除处分报告4件；研究并同意委局机关有关单位提交的拟立案案件呈批报告。

市纪委第15次常委会议。8月29日召开。会议着重就严肃市纪委换届工作纪律提出要求，并对当前几项重点工作进行再安排再部署。

市纪委第17次常委会议。9月9日召开。听取河北省（承德）廉政教育基地扩建追加设计费等相关事宜的汇报；传达全国监督执纪问责信息管理系统河北省试点工作动员会议精神，研究承德市贯彻落实意见；审议审理报告19件、解除处分报告4件；研究并同意有关纪检监察室提交的拟立案案件呈批报告。

市纪委第18次常委会议。9月28日召开。传达学习全省“一问责八清理”专项行动总结会议精神，研究承德市贯彻落实意见；传达学习中央纪委关于扶贫领域涉嫌违纪问题信访举报督办工作部署会议精神，研究承德市贯彻落实意见；通报省纪委集中交办兴隆县问题线索核查立案情况；审议审理报告15件；研究全市巡察工作会议方案。

市纪委第19次常委会议。10月20日召开。传达全省推进市县纪检监察机构改革和党委巡察机构建设工作动员部署会议精神，研究承德市贯彻落实意见；传达全省纪检监察信息化工作座谈会议精神，研究承德市贯彻落实意见；审议审理报告15件；研究并同意有关执纪办案室提交的拟立案案件呈批报告；研究进一步做好纪律审查工作的意见。

市纪委第20次常委会议。11月1日召开。传达学习十八届六中全会精神，对全市纪检监察机关学习贯彻全会精神进行研究部署；研究调整部分委局班子成员分工；研究调整反映领导干部问题线索处置程序。

市纪委第21次常委会议。11月17日召开。传达省委八届十五次全会精神及全市领导干部大会精神，研究贯彻落实意见；审议《关于加强市纪委派驻机构建设的意见》；审议《关于全面落实市纪委向市一级党和国家机关派驻纪检机构的方案》；审议违纪案件审理报告38件；研究并同意有关执纪办案室提交的拟立案案件呈批报告。

市纪委第22次常委会议。11月28日召开。会议专题传达学习中国共产党河北省第九次代表大会和省纪委九届一次全会精神，研究承德市贯彻落实意见。

市纪委第24次常委会议。12月20日召开。审议违纪案件审理报告28件；研究并同意有关执纪办案室提交的拟立案案件呈批报告；研究市纪委监察局2017年度经费预算计划报告；研究省纪委、市委对委局年度考核事项。

【纪检委常委（扩大）会议】 市纪委第14次常委（扩大）会议。8月10日召开。学习《中国共产党问责条例》（以下简称“《条例》”）；学习中纪办通报第4期《关于2016年上半年纪检监察工作情况的通报》和《关于2016年上半年全省纪检监察机关纪律审查工作情况通报》（冀纪字〔2016〕17号），分析承德市纪律审查工作情况；听取纪检监察信息化工作培训班情况及相关工作落实意见；审议《中共承德市纪委机关财务管理制度》和《中共承德市纪委承德市监察局涉案款物管理规定》；审议审理报告7件、解除处分报告1件；研究并同意有关纪检监察室提交的拟立案案件呈批报告。

落实两个责任加强纪律建设

【明确主体责任】 市委把落实全面从严治党主体责任作为一项重大政治任务，牢牢抓在手中、扛在肩上。年初，专题召开党风廉政建设责任制领导小组会议，把年度落实主体责任重点任务逐项分解到市级领导和成员单位。一年来，市委常委会先后18次研究监督执纪“四种形态”、基层党风“清洁行动”、巡察常态化全覆盖等党风廉政建设和反腐败工作，推动全面从严治党向纵深发展。市委书记周仲明带头履行第一责任人职责，坚持与市纪委书记每周一碰头、每月一分析，亲自谋划部署反腐倡廉建设，亲自阅批举报信件，对重要问题和重点案件研究提出明确意见，支持纪检监察机关履行监督责任。累计签批反映贪腐问题信访件36件，直接约谈县区和市直单位一把手68人，对市委常委进行集体廉政谈话，召开警示教育暨集体廉政谈话会，谈到乡镇党政正职。紧紧抓牢管党治党主体责任“牛鼻子”，把主体责任落实情况纳入市委对县处级领导班子和市管干部综合考核，设定了9个方面19项考核指标。进一步健全“两个责任”实施意见、责任清单、追究办法等制度体系，严格推行签字背书、全程纪实、定期报告、督导考核等制度，层层签订《党风廉政建设主体责任书》，督促各县区、市直各部门及其下属单位，分层次、分类别建立责任清单、问题清单，推动责任和压力向下层层传导到位、落到实处。开展落实主体责任大督查活动，由各位市委常委带队到各县（区）专项督导主体责任落实情况，并对县级领导干部和部分乡科级干部进行集体廉政谈话，推动全面从严治党有关要求逐级传导到基层“末梢神经”。

【履行监督责任】 严格执行《中国共产党问责条例》，对该约谈不约谈、该处理不处理，落实“两个责任”不力的，严肃追究党委主体责任和纪委监督责任。实行“一案双查”，对发生重大腐败案件和严重违纪问题的，既追究当事人责任，又倒查追究相关领导责任，倒逼“两个责任”落地。8月初，根据2015年度主体责任考核结果，市委、市纪委主要领导对排名靠后的1个县和3个市直部门主要负责人进行了约谈。2016年，全市有58名领导干部因履行“两个责任”不力被问责，起到了“问责一个、警醒一片”的效果。

【强化“四个意识”】 坚持把深入学习贯彻习近平总书记系列重要讲话精神放在首位，组织全市系统党员扎实开展“两学一做”学习教育，努力推动政治意识、大局意识、核心意识、看齐意识成为纪检干部的价值取向和行为准则。对全面从严治党的新理念新思想新战略，以及新颁布的廉洁自律准则、新形势下党内政治生活若干准则、纪律处分条例、问责条例、党内监督条例等党内法规，第一时间跟进学习、研究落实意见。用最新的理论成果武装头脑、指导实践，用最新法规成果规范履职、推动落实，进一步坚定理想信念，增强党性修养，提升政治觉悟，保持政治定力。

【严明党的政治纪律和政治规矩】 紧盯“六大纪律”特别是政治纪律、组织纪律，把对抗组织审查、搞封建迷信活动、不按规定请示报告重要事项等作为执纪监督的重点，严肃查处了市直机关事务管理局原局长孙守民对抗调查 、营子区寿王坟镇原党委书记李东风搞迷信、看风水等一批违反政治纪律的典型案件，154名党员干部因违反组织纪律受到处分。严肃换届纪律，分层召开换届风气监督视频会议，组织11500多人次集中观看警示教育片《镜鉴》，制作发放“九严禁”警示牌1500多个，组织与换届有关人员签订《严守换届纪律廉政承诺书》6500多份。严把“党风廉政意见回复”关，坚决防止带病提拔、带病上岗，及时核查涉及换届人员问题线索398件，初核了结256人，给予组织处理99人，立案110人。推行新提职领导干部个人有关事项向纪检监察机关备案制度，113名新提职干部按要求进行了报备。

【宣传党规党纪】 把中央新颁布的“两准则四条例”列为党委（党组）理论中心组学习和系统党员教育培训内容。由市纪委班子成员带队组成宣讲团，深入县（区）、市直部门集中开展清正廉洁辅导讲座，已宣讲120多场次，3.2万党员干部受到教育。充分发挥河北省（承德）廉政教育基地作用，组织县处领导干部和执法、行政审批涉农等重点岗位中层干部163批次5687人进点参观接受教育。全市召开警示教育大会26次，组织党员干部到监狱、看守所接受现身说法，14788人接受警示教育和现场教育。深入开展“党规党纪下基层”“亮家规家训树廉洁家风”“廉洁承德大家谈”活动，对2538名基层“七所八站”负责人进行廉政教育，征集家规家训1637条，有137名党政“一把手”笔谈廉政。进一步提高了全市党员干部把党章党规党纪刻印在心、一体执行的思想自觉和行动自觉。

【依规管党治党】 坚持问题导向，围绕践行“四种形态”、向基层延伸、落实中央八项规定精神等工作，研究制定《关于深入落实监督执纪“四种形态”的实施意见》《承德市监督执纪谈话办法（试行）》《车改后保留公务用车配备使用管理监督检查办法》等11个规范性文件和配套制度，进一步健全纪检监察法规制度体系。建立廉情预警机制，市县（区）联网、“一人一档”，建设了承德市领导干部廉情监测评价系统，已完成10350名乡科级以上领导干部廉情信息的录入，出具廉情评价意见和建议165份。

执纪审查

【监督执纪】 认真落实《承德市监督执纪谈话办法（试行）》，区分不同情形，开展廉政谈话、提醒谈话、函询谈话、诫勉谈话；建立分级分层谈话机制，明确谈话主体的责任和任务；推行“五个一”（一套谈话方案、一份问题清单、一份谈话记录、一份签字背书承诺、一份整改报告）制度，全程留痕。市纪委积极主动协调“备料”，梳理44名县处级领导干部初核了结信访件，作为谈话问题线索，转交市委、市政府主要领导和分管市领导，推动市级领导履行一岗双责“谈起来”。一年来，全市共开展组织约谈、提醒谈话或要求在民主生活会上作出说明9610人次，县处级干部谈话实现全覆盖，乡科级干部谈话覆盖面达到74%；谈话函询和诫勉谈话1102人，其中涉及县处级领导干部195人、乡科级干部512人。谈话处理是党政纪处分人数的4.3倍，真正做到“红脸出汗”常态化。承德市广泛、规范开展监督执纪谈话的做法，原任省委常委、省纪委书记陈超英批示：“值得学习借鉴！”；在《中国纪检监察报》刊发后，引起监察部副部长陈雍的关注。陈超英再次批示：“承德市委的做法很好。”

【开展“清仓”行动】 深入开展“清仓”行动，以减存量促遏增量，全市共清理排查出尚未进入审查流程的问题线索599件、573人，逐一明确处置方式、承办单位、办结时限，截至年底清仓办结率达到95%以上。综合运用信访举报、巡察监督、专项治理、核查档案和重大事项报告、责任审计等手段，全方位收集各类信访举报件和问题线索4871件，严格按照标准分类进行处置。坚持对轻微违纪问题早发现早处理、快办快结。全市纪检监察机关共对2484名违纪党员干部作出党政纪处分，其中，纪律轻处分2038人，占处分总数82%，经谈话函询或初核后不构成立案给予组织处理958人，真正做到用纪律管住大多数。

【把握节点从严执纪】 对“三个时间节点”后，特别是“三严三实”专题教育以后，仍然我行我素、顶风违纪、造成恶劣影响的，一律从严从重处理。规范执纪行为，对严重违纪但尚未构成犯罪的，严肃审慎作出纪律处分。完善重大职务调整程序，对犯有严重错误，已不适宜担任现任职务或者存在妨碍纪律审查的，及时作出重大职务调整。全市有446人因严重违纪受到党政纪重处分和重大职务调整，占处分总数18%，其中，涉及县处级干部7人、乡科级干部71人。

【从严惩处“三种人”】 坚守遏制腐败蔓延势头目标不动摇，围绕形成地域和重点领域震慑全覆盖，紧盯中央纪委提出的“三种人”，从严惩处、保持高压态势。坚持定期交办线索要结果，先后分4批向县（区）和市直部门交办问题线索170件，立案91件，党政纪处分和组织处理87人，成案率明显提升。全年，全市严重违纪涉嫌违法犯罪移送司法机关77人，占处分总数3%，其中，县处级领导干部7人，乡科级干部23人。共为国家和集体挽回和避免经济损失2.48亿元。重点查办了双滦区原常务副区长李吉先，双桥区原政协副主席、环卫局局长王树勤等一批大案要案。全年立案处分县处级领导干部51人,消灭了丰宁、双滦2个县处级干部移送“空白点”。全市11个县区中，县处级干部贪腐案件移送司法机关覆盖面达到90.9%，乡科级干部移送实现了全覆盖。

【形成践行“四种形态”合力】 强化目标导向，及早制发《纪律审查工作考核办法》。强化压力传导，每月调度、通报，拧紧螺丝、持续加压，对连续两个月排位靠后的，市纪委主要领导直接约谈县区纪委书记。强化督查督办，推行信访件和问题线索集中排查交办，累计集中交办各类问题线索879件；对案情复杂、进展缓慢、查办阻力较大的，实行市纪委直查、领办和市县联办，先后查办了承德县政府原党组成员殷江等28件重大违纪案件。强化组织协调，市、县（区）两级反腐败协调小组成员单位共移送违纪案件线索45件，配合突破大案要案25件；对涉法未处分人员进行清理，共清理涉刑案件645人，累计发现处分不到位或处理不当197人，全部按照管理权限进行分级处理。规范纪律审查行为，制定执纪审查流程图3个、规范文书模板9个，推行《标准卷格式》，实行疑难复杂案件会商研判机制和审理提前介入制度，定期进行纪律审查质量抽查，着力提升办案工作的制度化、规范化水平。全市办案周期缩短达7天，“两规”平均时间下降25%。

基层党风“清洁行动”

【找准基层党风廉政建设短板】 为认真落实中央纪委和省纪委关于加强基层党风廉政建设的战略部署，从调查研究入手，制定《承德市农村基层党风廉政建设“百村调查”专项行动工作方案》，随机抽取宽城县、围场县、承德县、双桥区、双滦区和高新区的12个行政村，深入开展“百村调查”，累计发现农村政策落实、基层组织建设等5个方面17类典型问题。在此基础上，进一步拓展范围和内容，在更广泛层面开展专题调研，深入了解全市基层党风廉政建设存在突出问题和矛盾，研究解决对策，形成《选准突破口 下好先手棋 推动全面从严治党向基层延伸》调查报告，受到中纪委研究室和省纪委领导肯定批示。据此谋划开展了基层党风“清洁行动”，制定出台《关于开展基层党风“清洁行动”，推动全面从严治党向基层延伸的实施意见》，推动主体责任、纪律审查、作风建设、巡察监督等向基层多元延伸。

【深化“小官贪腐”专项治理】 把纪律审查作为全面从严治党向基层延伸的“先手棋”，紧盯市直部门科长，县（区）直部门局长、股长及基层所站长，乡镇党委书记、乡镇长，村支部书记、村主任等科级及以下党员干部，深入开展“小官贪腐”专项治理，严查基层干部贪腐问题，打开基层党风“清洁行动”突破口。累计初核各类“小官贪腐”问题线索1416件，立案811件，党政纪处分770人，涉嫌违法移送司法机关70人。其中,涉及乡科级干部分别为159件、处分138人。涉案金额10万元以上的82件、100万元以上的28件。重点立案查办了滦平县红旗镇东沟村原党支部书记曹国刚向企业强行勒索329万元、兴隆县三道河乡原乡长王殿臣截留挪用专项资金253万元等一批典型案件，震慑延伸效应初步显现。

【整治损害群众利益突出问题】 把扶贫资金项目落实、集体“三资”管理、惠民惠农政策落实、土地征收和房屋拆迁、公共资源和农村产权交易等领域中存在的侵害群众利益问题作为纪律审查重点,着力整治群众身边的不正之风和腐败问题。截至年底，全市共查处此类问题455个，给予党政纪处分569人，移送司法机关62人，切实增强了基层群众正风反腐的获得感。认真落实中央纪委扶贫领域涉嫌违纪问题信访举报督办工作部署会议精神，组织开展专项行动，累计查处扶贫领域违纪案件 565 件，查结 446 件，给予党政纪处分 468 人，查结率达到 78.9%。突出抓好省纪委交办承德市兴隆县的七件反映基层干部问题线索查办工作，成立专案组，抽调市纪委机关 7 个纪检监察室主任和县（区）纪委人员组成包案小组，分管副书记、主管常委实地坐镇指挥，历时两个月全部查清查透，累计立案 44 人，其中处级 1 人、科级 22 人，移送司法机关 16 人，受到省纪委领导批示肯定。

【“一问责八清理”专项行动】 把“一问责八清理”专项行动作为削减问题存量、强化问责追究、推动基层历史问题整改的重要抓手，紧紧抓住关键环节，建立“线索梳理、问题清理、追究问责、整改建制”同步推进机制，做到边清边查边改边问责。市专项行动领导小组实行周报告和零报告抽查、半月调度、月通报制度；对疑难复杂问题，及时向相关分管市级领导下发督办卡，督促研究解决；对专业性较强的问题，聘请中介机构进行清理，确保专项行动圆满完成。全市共清理问题 10397 件，按照省标准整改完成率 99%，批评教育 2703 人、组织处理 260 人、纪律处分 591 人、移送司法 24 人。承德市的工作，受到省专项行动领导小组及其办公室的肯定，在全省总结会议上作了典型发言；《中国纪检监察报》《河北日报》、河北纪检监察网等媒体先后刊发了承德市经验做法。

【“优化发展环境”专项行动】 坚决整治“为官不为”，加强对落实“十三五”规划、京津冀协同发展、生态环境治理和供给侧结构性改革等中央和省、市委重大决策部署执行情况的监督检查，严肃查处不作为、乱作为、不在状态等方面问题 1876 件，纪律处分 272 人。深入开展机关作风整顿暨优化发展环境专项行动，突出执法、监管部门和具体负责分配、审批、监督的科室，重点查处了双滦区原安监局长郭福连违反廉洁纪律受贿收礼 214 万元、滦平县地税局原局长刘瑞东单位受贿、套取资金 169 万元等一批搞权钱交易、吃拿卡要、破坏发展环境问题。同时，准确把握“三个区分开来”的要求，建立容错纠错机制，坚持严格执纪与支持激励干部并重，为担当者担当、让干事创业者放胆，努力为“生态强市、魅力承德”建设保驾护航。

巡察监督

【规范巡察组织】 在全面总结承德市近年来开展巡察工作经验基础上，在全省率先出台《市委巡察工作实施办法（试行）》，明确巡察组织机构、方式方法、工作程序和有关要求，进一步推动巡察工作规范化、精细化、常态化。市县（区）同步成立巡察工作领导小组，将市委巡视办和此前建立的纪检监察工作协作组调整组建为市委巡察办和巡察组；县区层面，按照省纪委推进市县（区）纪检监察机关改革和党委巡察机构建设动员部署会议精神要求和平泉、丰宁等县试点成果，整合纪工委监察分局、县直部门内设纪委机构职数和人员编制，按照“一办 N 组”模式，组建巡察工作机构。同时，市、县（区）两级建立了 913 人的巡察人才库，根据需要通过固定巡察组“裂变”、抽调人才库人员补充组建临时巡察组。

【创新巡察方式】 在巡察定位上，向党中央和省委巡视工作看齐，突出政治巡察，围绕加强党的领导这个根本，着力发现和解决党的领导弱化、党的建设缺失、全面从严治党不力等问题。在巡察方式上，探索出了常专结合、以专为主，交叉巡察、上调巡察、下沉巡察、延伸巡察等多种破解基层人情干扰、提高巡察实效的方式方法。8 至 9 月份，突出群众反映较强烈的涉农资金使用、医疗卫生等重点领域，组织 12 个巡察组，对 11 个县区的 38 个县区直部门和乡镇开展了“点穴式”下沉巡察，对承德高新区开展巡察“回头看”，共发现各类问题451个，提出整改建议254条，移交问题线索303个。结合第三轮巡察对11个县区和高新区开展了换届纪律专项巡察。

【实现巡察全覆盖】 推行市委巡察组联系指导县区制度，完善巡察机构与派驻机构、执纪审查机构有效衔接机制，统筹巡察监督、派驻监督和执纪审查力量，形成监督执纪合力。年内市本级完成了对36个市直部门和单位的巡察任务，还延伸巡察了32个行政村；县区巡察了257个县（区）直部门、60个乡镇。在全省第一个做到届内市县乡三级巡察覆盖率全部达到100%，彻底实现了巡察全覆盖。一年来，通过巡察共发现“两个责任”落实和“六大纪律”等方面存在的问题2202个，提出整改建议867条，发现问题线索683个，给予党政纪处分100人。

【突出问题整改】 建立“1+1+x”巡察结果报告制度（在撰写被巡察单位巡察报告和问题线索报告的同时，对发现的普遍性、系统性的问题形成专题报告），全年累计梳理出工程建设招投标管理不规范、财政专项资金管理使用存在漏洞、基层执行惠民政策走偏、村级基层组织涣散等带有共性的突出问题18个，引起市委、市政府高度重视，推动相关制度不断完善。在第二轮对县区直部门和乡镇的下沉巡察中，市委第四巡察组针对巡察中发现的问题，形成的《关于宽城满族自治县扶贫资金管理使用情况的调研报告》，受到市委、市政府和市纪委主要领导肯定批示，市委办公室转发各县（区）和市直相关部门。承德市巡察工作起步早、抓得实、成效明显，经验做法被中央巡视办《巡视参考》刊发，并得到省纪委主要领导和分管领导的多次批示。原任省委常委、省纪委书记陈超英批示要求：“总结承德经验，为全省各市全面开展好巡察工作打好基础”。10月26日，承德市召开巡察工作会议，时任省纪委副书记、监察厅厅长，省委巡视工作领导小组成员、办公室主任董云鹏到会指导。

作风建设

【坚持不懈抓节点】 把作风建设作为从严治党的切入点，在坚持中深化，在深化中坚持。建立“委局领导班子成员牵头、纪检监察室直查督办、巡察组重点关注、综合室办共同参与、县区纪委异地交叉检查、市直纪检组轮值抽查、党风政风监督室综合协调”的查纠“四风”工作机制，紧盯元旦、春节、清明、端午、中秋、国庆等重要时间节点，加强监督检查，从严查处违规公款吃喝、公款旅游、公款购买赠送节礼等顶风违纪行为。一年来，共发现违反“八项规定”精神问题线索310个，对460人作出处理，其中给予党政纪处分393人。全市点名道姓通报曝光107批次，涉及典型问题245个375人次，持续释放越往后执纪越严的强烈信号。

【巩固查纠整治成果】 针对一些基层党员干部“捉迷藏”“躲猫猫”问题，向重要时间节点前后延伸，强化错时监督检查，扭住“钱迹”“行迹”调视频、查资料，深挖私设“小金库”、变相发放津补贴、收送礼金红包、组织隐秘聚会、出入私人会所等隐形变异“四风”问题，累计查处隐形变异“四风”问题60个，对109人作出处理，其中给予党政纪处分90人。围绕不同时期的高发问题，有针对性地开展查纠整治。及时跟进公务用车制度改革，制定《车改后保留公务用车配备使用管理监督检查办法》，开展专项监督检查，重点查处违规借用车辆，公车私用、私车公养，领车补用公车“两头占”等问题84个，党政纪处分80人。暑假期间，指导全市教育系统开展违规操办和参加“升学宴”“谢师宴”专项治理，积极倡导良好社会风尚。

【纪检长效机制建设】 针对一些单位和部门对相关政策吃得不透、把握不准和执行跑偏等实际情况，协调市财政、审计、人社、总工会等部门就值班费、加班费、通信费、福利费等相关政策进行界定和明确，从根本上遏制乱发滥补问题。印发《关于贯彻落实〈河北省党员干部操办婚丧喜庆事宜规定（试行）〉的通知》，严格规范党员干部操办婚丧喜庆事宜。针对涉农和扶贫资金使用、工程项目建设、教育卫生等服务窗口问题多发实际，全面推行“一函两承诺”制度（“一函”即发放涉农、扶贫资金时，同步发放廉政提示函；“两承诺”即医疗机构与患者、工程建设单位与施工单位签订廉政承诺书），累计发出附廉政提示函的拨款文件147份，签订医患双方廉洁承诺54337份、建设工程廉洁承诺10份，着力从源头上遏制不正之风和腐败问题。

体制改革

【强化纪委双重领导】 落实“查办腐败案件以上级纪委领导为主”，认真做好省纪委交办案件查处工作，累计查办省纪委交办件79件，省委巡视组交办案件查实率55.6%。全面推行“一为主两报告”，全市各县区纪委、市直派驻机构共上报线索处置和执纪审查情况报告263件，上报市管干部问题线索2件；市纪委向省纪委和市委上报线索处置和执纪审查情况报告36件次，上报省管干部问题线索2件。落实“各级纪委书记、副书记提名考察以上级纪委会同组织部门为主”，研究细化了县区纪委书记、副书记等四个提名考察办法及具体操作规程，按照新办法和规程，抽调22名纪检干部组成11个换届考察组，完成县区纪委班子换届考察工作。

【实现派驻监督全覆盖】 出台《关于加强市纪委派驻机构建设的意见》《关于落实市纪委向市一级党和国家机关派驻纪检机构的方案》，采取单独派驻和综合派驻两种模式，设置市纪委派驻纪检组30家，覆盖市一级党和国家机关、群团单位68个，实现派驻监督全覆盖。通过划转、调剂、适当增配等方式，解决编制不足问题；坚持严把入口、严格标准，筛选配齐派驻纪检组组长和工作人员，有效加强派驻监督力量。改革完善派驻机构领导体制和工作机制，理顺派驻机构与派出单位和驻在部门的关系，实行统一名称、统一管理，派驻纪检组组长不进入驻在部门党组，不参与其他工作分工，不承担驻在部门日常党风廉政建设工作，专司监督执纪问责，切实增强了派驻监督的独立性和权威性。

【市县纪检监察机构改革】 深入开展专题调研，并在丰宁、平泉等县区进行试点，探索总结了“统筹使用委局机关、纪工委监察分局、县区直部门内设纪委机构编制和人力资源，设立监督、执纪、综合保障三类机构，日常监督网格化、定期交叉巡察”的模式，受到省纪委领导肯定，并被部分吸纳到省纪委《关于推进县区纪检监察机构改革和党委巡察机构建设的实施意见》当中。组织召开县（区）纪检监察机构改革和党委巡察机构建设动员会，按照省纪委统一要求，结合承德市实际，稳步推进县（区）纪检监察机构“四位一体”改革工作进程。市委全面深化改革领导小组审议通过《关于承德市党委巡察机构建设的方案》，市县巡察机构建设和县（区）纪检监察机关改革实现机构、编制、人员“三到位”。

自身建设

【提升队伍素质】 市纪委常委会率先垂范，把学习中央纪委领导讲话和省纪委常委会精神作为首选议题，不断统一思想、把握定位、推动工作。加大教育培训力度，先后选派70多名纪检监察干部参加中央纪委、省纪委组织的各类业务培训班。组织执纪审查业务培训班，聘请中央纪委、省纪委领导就践行“四种形态”作专题辅导，市纪委和县区执纪审查一线260多人参加了培训。加强调查研究，在全市纪检监察系统领导干部中，专题开展践行“四种形态”、加强监督执纪理论研讨和实践调研活动，形成高质量调研成果8篇，先后有4篇在中央纪委和省纪委内刊上发表。加强实践锻炼，分批选调90多名基层纪检干部参与办案、跟班实训等方式，提升业务素质，为深入推进党风廉政建设和反腐败工作提供有力保障。

【健全管理机制】 把绝对忠诚、干净干事、勇于担当作为队伍建设的核心目标，不断深化“三转”，聚焦主责主业。加强内部监督，市纪委机关内部逐层签订党风廉政建设责任状，推进委局班子成员、各部门负责人和工作人员几个层面落实党风廉政建设主体责任。强化工作落实，及时将纪委全会报告、常委会议定事项和主要领导批示件进行责任分解，逐项明确责任领导、承办科室和具体责任人，定期跟进督办，确保各项工作落实到位。健全完善联系服务群众制度，选派4名干部驻村开展精准扶贫和美丽乡村建设。

【强化服务保障】 加强执纪审查硬件建设，投资1700万元，新建高标准办案楼3000平方米。强化信息化支撑，投资300余万元对纪检监察专网的软硬件配置、涉密机房和门户网站硬件设备进行升级改造。积极推进纪检监察专网分级保护项目，实现了委局领导和各内设机构涉密终端全覆盖，并于年初在全省率先通过测评。升级改版门户网站和内网网页，制定了《信息网络系统安全保密管理规定》《信息网络涉密系统人员管理规定》等12项制度，保密管理进一步加强，市纪委机关被评为省级保密工作先进单位。扎实推进全国监督执纪问责信息管理系统试点工作，按时完成了数据迁移，并实现即时录入新增数据，涉密终端增配和分级保护二期项目已完成施工。

【严防“灯下黑”】 严格执行《承德市纪检监察干部监督工作办法（试行）》，明示“六条铁律”。充分发挥纪检监察干部监督室和外聘纪检监察监督员的作用，畅通纪检监察干部信访举报渠道，严肃查处纪检监察干部违规违纪问题，通过问责追责倒逼履职尽责。一年来，先后对17件反映纪检监察干部的问题线索进行调查核实，立案3件，谈话函询7件，诫勉谈话5人，给予党政纪处分3人。

附：中共承德市纪委领导名录

书　　　　记：卢建国（1月免）
　　　　　　　路洪昌（2月任）
副书记监察局局长：袁丽枝（女、4月任市监察局局长）
副　书　记：寇占武
　　　　　　李铁柱
常　　　委：李中东
常委、秘书长：杨树国（满族）
常委、第一纪检监察工作协作组组长：
　　　　　　董汇源（12月免第一纪检监察工作协作组组长）
常委、市委巡察组正处级巡察专员：
　　　　　　董汇源（12月任市委巡察组正处级巡察专员）
常委、市监察局副局长、正处级纪检监察员：
　　　　　　刘清海（8月免市纪委常委、市监察局副局长）
常委、监察局副局长：林国利（8月任）
常委、监察局副局长：郭力天（8月任）

附：中共承德市纪委委员

王　铮
王允昌（满族）
王东利（蒙古族）
王玉洁

王会利（满族）
王国维（满族）
毛建海（满族）
卢建国
庄爱新
刘今保（满族）
刘立群（满族）
刘国峰
刘宝龙（满族）
刘科军（满族）
刘清海（满族）
李中东（满族）
李兴臣（满族）
李铁柱
李桂梅（女，满族）
李海健
杨树国（满族）
吴景新（满族）
宋玉平（女，满族）
张俊瑛（蒙古族）
张铁军（女，满族）
陈雪峰（满族）
林国利
郭力天
赵常林（蒙古族）
袁丽枝（女）
徐立新（女，蒙古族）
高云涛
崔万峰（满族）
寇占武
董汇源
惠春林
路洪昌
甄毓敏（女，满族）

（供稿　张绍楠）

民主党派 工商联

民革承德市委员会

【概况】 2016年，民革承德市委在市委和民革河北省委的领导下，坚持以邓小平理论、“三个代表”重要思想、科学发展观为指导，深入贯彻落实中共十八大精神，贯彻中共承德市委第十三届第十一次全会精神，积极投身京津冀协同发展工作中，团结带领广大党员，紧紧围绕中心、服务大局，不断推进思想建设，努力强化组织建设，认真履行参政党职能，各项工作取得显著成绩，为推动全市经济跨越发展、建设生态强市、魅力承德做出新的贡献。

【换届工作】 10月23日，在承德盛华大酒店召开中国国民党革命委员会承德市第八次代表大会。选举产生民革承德市第八届委员会，选举委员17名；选举出席民革河北省第十二次代表大会代表9名。召开民革承德市第八届第一次会议，选举张富民为主任委员，俞虹霞、鞠永才、马广春、肖冰为副主任委员。

【参政议政】 认真学习贯彻中共十八大精神，围绕生态文明建设、承德市创建国际旅游城市、京津冀协同发展、全面小康社会建设和“精准扶贫”等重大问题，从大处着眼，小处入手，深入调研。在政协承德市第十三届委员会第四次会议上，民革党员共上交提案29件，占总数的13%。大会以《创新融合“互联网+”新业态，助推我市蔬菜产业加快发展》的发言受到市政府领导重要批示，集体提案《发展多功能林业，用生态补偿助推农民脱贫致富》作为大会书面材料印发，《关于建设小热河桥跨武烈河桥的建议》《关于尽早开放承德市避暑山庄碧峰门的建议》《关于建设南园北口跨武烈河桥的建议》受到与会人员关注。

发挥民革中央“直通车”优势开展调研活动，4月13—14日，全国政协副主席、民革中央常务副主席齐续春率领民革中央调研组一行来到隆化县，围绕“京津冀协同发展中的贫困带问题”开展调研讨论，调研报告《关于解决京津冀协同发展中贫困问题的建议》受到习近平、李克强等中共中央领导批示。

【服务社会】 11月24日，副主委俞虹霞带领承德民革企业家等一行3人赴石家庄慰问精英博爱小学学生，为孩子们送去毛衣100余件。组织附属医院内科、外科、妇产科、儿科、皮肤科、超声科、中医科、疾控预防等专家们赴丰宁满族自治县苏家店乡开展义诊活动，为老人和儿童免费检查身体，给村民们普及传染疾病的预防方法及日常疾病的常见治疗方法，共计226名村民接受检查、诊治。为扶贫村隆化县南营村筹资250万元修建了南营村部、小学校舍、村卫生室、综合广场、修坝、便桥、修路、公共厕所。协调民革中央委员会联系西门子企业为承德医学院附属医院捐赠总价值1600万元医疗设备。为丰宁满族自治县苏家店乡干沟门村协调资金50万，修建护村坝1200米；协调市交通局修路15公里，协调资金180万元；协调资金20万元修建便民桥一座。

协调北京外经贸大学图书馆与承德建立长

期联系，先后为承德市、县扶贫学校捐赠图书4万余册；协调北京朝阳七支为美丽乡村建设捐助太阳能路灯23盏，价值11.5万元；协调民革党员李俊峰捐助酵素菌菌种100公斤，价值40万元；协调民革中央委员会把“美丽家乡科普环保公益电影万里行”第四届活动落户兴隆,为帮扶点周家庄村捐赠节能环保炉具400台，价值48万。

开展文化艺术服务社会活动。5月24日，民革承德市委受邀参加由北京中山书画社、北京中山文化交流协会主办，“翰墨两岸情”纪念孙中山先生诞辰150周年海峡两岸书画展开幕式。民革中央副主席修福金，民革中央、北京市委相关负责人，民革承德市委副主委俞虹霞携承德中山书画院3名党员参加此次活动。

民革承德市委野生动物救助协会成功救助并放飞国家一级保护动物黑鹳、国家二级保护动物红隼、国家二级保护动物秃鹫、国家三级保护动物池鹭等野生动物4只。

【两岸交流】 发挥人才优势，以书画、摄影、文物为纽带，加强两岸之间的联系。党员吉久利以摄影会友，邀请台北两批摄影团共60余人赴围场坝上创作，采风。承德中山书画院积极参加中央、省举办的各类书画活动，征集字画近百余幅。参加由北京中山书画社、北京中山文化交流协会主办的“翰墨两岸情”——纪念孙中山先生诞辰150周年海峡两岸书画展，书画摄影作品为两岸交流起到积极的推动作用，国际名家美展、海峡两岸书画展的成功举办更为加强海峡两岸、港澳及海内外的文化艺术交流与合作做出重要贡献。

相互往来，扩大交流，经民革承德市委协调，受民革中央委员会邀请，9月7—10日，台湾海峡两岸经建文教协会理事长、台湾立法院最高顾问郑金玲女士一行6人到承德进行教育考察。探索多种方式促进两岸合作，河北旅游职业学院与台湾大叶大学、台湾健行大学合作，为两岸学校与学校之间展开研究与教学的合作搭建平台，扩展学生的眼界，刺激学生对文化议题的思索，积极为推动两岸教育交流与合作做贡献。

【思想建设】 认真学习中共十八大、十八届三中、四中、五中、六中全会精神以及习近平系列重要讲话精神，学习中央统战工作会议精神、学习《中国共产党统一战线工作条例（试行）》《中共中央关于加强社会主义协商民主建设的意见》《中共中央关于加强政党协商的实施意见》和《中国国民党革命委员会章程》等文件精神，不断强化党员参政党意识、多党合作意识和走中国特色社会主义道路意识。开展坚持和发展中国特色社会主义学习实践活动，是由各民主党派中央、全国工商联和无党派代表人士提议，经中共中央批准的重要活动，是民主党派深化新一轮政治交接的必然要求，是增进政治共识的核心内容，也是当前和今后一个时期统一战线工作的有力牵引，具有重要的意义。积极参加支部和市委会活动、履行民革党员职责。民革承德市委补充支部调研经费，要求切实调研出成果；发挥优势、服务政府经济工作；继续进行博爱牵手服务社会、百姓活动等。通过学习实践活动，进一步增强党员道路自信、理论自信、制度自信、文化自信，巩固更为坚实的政治共识，提高合作共事的能力。

附：民革承德市委领导名录

主　　委：张富民（满族，不驻会）

副 主 委：俞虹霞（女）

鞠永才（满族，不驻会）

马广春（不驻会）

肖　冰（满族，不驻会）

（供稿　白　冰）

民盟承德市委员会

【概况】 2016年，民盟承德市委员会注重抓全体党员的思想政治建设，组织学习中央的文件精神、到革命圣地接受革命思想教育，使全体党员进一步提高了对执政党的坚定信念。认真履行参政党义务，积极为承德的发展建言献策，共提交人大、政协议案140件。加强组织建设，注重对新老党员的培训；推进农村烛光行动及帮教活动，为贫困小学捐款捐书，培训劳教人员，使他们成为对社会有用之人。截至年底，民盟承德市委共有支部27个，盟员388人，其中：河北省人大代表1人、承德市人大代表1人、河北省政协委员2人、承德市政协委员17人、区级政协委员11人。

【换届工作】 10月23日，中国民主同盟承德市委第九次代表大会在云山饭店隆重召开，民盟河北省委副主委、邢台市政协副主席、民盟邢台市委主委田咏，市委常委、政法委书记阮树平，承德市人民政府副市长李维，市人大副主任张树民，市政协副主席孙林，市委统战部常务副部长徐佩文，民盟河北省委组织部部长耿联巧，各民主党派、工商联负责人以及盟员单位代表出席会议。选举产生中国民主同盟承德市第九届委员会。随后召开中国民主同盟承德市第九届委员会第一次会议，选举白宝君为主任委员，姜桂民、肖冰、张学军、刘翠哲为副主任委员；选举产生出席民盟河北省第十一次代表大会的代表8名，省委委员3名。

【参政议政】 2016年，市民盟成员中有34名盟员担任各级人大代表和政协委员，占盟员总数的9.1 %，盟员人大代表和政协委员认真履行职责，共提交人大代表建议8件，政协提案132件，盟市委向政协全会和常委会共提交集体提案6件，大会发言2篇。其中，向省人大提交的《关于建立行政审批和行政执法事项合法性审查审批合议制的几点建议》被评为优秀建议，向市政协大会提交的《打造环京津养生安老居地，营建京津人绿色第二家园》被市政协列为重点督办提案，市领导签批《关于我市成立由公安、民政、城管部门组成的巡查小组对流浪乞讨人员进行救济清理的建议》。

向上级机关报送《关于加快我省影视文化产业发展的建议》《支持企业采用融资租赁方式开展技术改造的建议》《关于在城市强制推行雨水回渗技术的建议》等社情民意信息28篇。其中省领导签字批转2篇，中央统战部《零讯》采用2篇，省委统战部采用3篇，省政协采用3篇；民盟中央采用的《关于建立“粮食银行”的建议》的建议，获得民盟河北省委授予的“社情民意信息工作”二等奖1次，三等奖1次，先进集体1次。

积极参加民盟中央和全国部分城市盟务工作交流会，《关于对加强民盟基层组织建设的思考和建议》在民盟中央组织的民盟基层组织负责人培训班上做了交流发言，《坚持“五高”标准，创新基层盟务工作》等4篇盟务工作典型经验交流材料在全国部分城市盟务工作会议交流。共向盟省委、市委统战部提交调研报告5篇。其中《关于支持承德发展林下产业经济的建议》和《关于民族地区社会管理的几点建议》作为盟省委集体提案，提交省政协全会。

【组织建设】 重点发展文教、科技领域代表性人物加入民盟组织，保持民盟在该领域的特色和优势的同时，吸引经济、金融、法律、民营企业家、政府机关工作人员中的代表人士加入民盟组织，全年发展盟员29名。围绕组织发展、学习交流、教育培训等问题，与基层盟员广泛沟通，探索开展了“五个一”和“三比三促”评比活动，对盟员的学习培训、参加会议、视察调研、提交提案、报送信息等履职情况进行量化考核，考核结果与年度评先选优挂钩，共56位盟员获得盟省委以上表彰奖励。教育支部获得民盟中央"先进基层组织"荣誉称号，民盟承德市委获得民盟中央委员会授予的"基层组织工作优胜奖"和"社会服务工作先进集体"称号，李波获得"民盟中央社会服务先进工作者"荣誉称号。

组织新盟员培训班和社情民意信息培训班，参训盟员53人次，累计参加中央社会主义学院、河北省社会主义学院、市委统战部组织的培训班2批次，参训盟员21人次；参加民盟河北省委组织的各类培训、考察学习1批次，参训盟员12人次。

注重加强宣传阵地建设，相继建立承德盟友QQ群，承德民盟微信群、盟友欢乐颂微信群。在民盟河北省委网站建立承德民盟专版网页，网络宣传体系雏形初现；创新《承德讯盟》编辑思路，稿件质量不断提高。民盟承德市委还根据活动规模和重要程度，在民盟中央委员会和民盟河北省委网站发稿8篇。加强与新闻媒体的合作，进一步拓宽民盟工作的常规宣传和重点宣传渠道，通过河北省电视台、承德电视台、《承德日报》《承德晚报》等媒体报道盟务工作3篇，盟外媒体有关承德民盟的报道数量明显上升。

创新制定《关于做好参政议政工作的办法》等工作制度8项，初步建立健全了盟务工作制度体系，促使盟务工作逐步走向规范化、程序化。民盟承德市委通过承办民盟中央委会、民盟河北省委的调研、考察活动，与民盟天津河东区委、民盟辽宁大连市委、民盟西部8省市首府城市市委建立区域性盟务工作交流合作长效机制。民盟承德市委机关还建立盟员的动态信息库，全面采集盟员情况变动信息并逐一进行核对、及时更新数据库，完善盟员信息电子档案。

【农村教育烛光行动】 积极响应民盟中央委员会和民盟河北省委的号召，制定"农村教育烛光行动"工作方案，卓有成效地开展系列助教活动。协调新东方教育集团，先后在平泉县、宽城满族自治县和丰宁满族自治县举办"新东方教师社会责任行"培训班3期，培训391人。培训对象为初中、高中的英语教师，培训内容主要针对新课改进行了英语教学发展趋势浅析，中考、高考英语命题解析及备考规划，英语听力口语培训，初中阅读教学模拟课堂，高中语法教学模拟课堂及教学研讨等。捐助家庭困难的服刑人员子女就学，承钢支部、双滦区支部和综合三支部共筹资1.5万元到秦皇岛爱心光明孤儿院慰问承德籍服刑人员子女；开展"一支部一帮扶活动"，10个支部分3年，累计为上板城监狱家庭困难的10名服刑人员子女捐赠助学金3.6万元；帮扶定点学校，积极协调争取开展跨省市的捐赠活动，与民盟天津市委联系，向兴隆县北营房中学赠送了计算机62台，背投电视2台，为隆化县山湾中心小学捐建了图书室，协调市体育局，捐建健身路径、篮球架、乒乓球台等10余万元的健身器材。

【监狱帮教】 将上板城监狱作为"黄丝带走进狱园"帮教活动联系点，继续秉承"出主意，想办法，做好事，做实事"的箴言，立足盟内人才优势，把握原则、准确定位、持之以恒，通过慰问、调研、帮教、培训、建立基地、帮助就业等方式，与上板城监狱的干警精诚合作，形成长期化、制度化、系统化的帮教工作机制。为了帮助服刑人员在监狱学习一门技能，回归社会后能够自食其力，促使监狱管理从"向社会释放无害之人"转变为"向社会输送有用之才"转变，在省地理信息局和承德今图地理信息工程有限公司的支持下，启动五级工程测量员资格培训工作，46名服刑人员参加培训，33名考试合格的服刑人员获得由国家测绘地理信息局职业技能鉴定指导中心认证的"五级工程测量员资格证书"。6名盟员企业家在参与"帮你走上回家路"的职业推介会时，与服刑人员面对面的谈心沟通，商洽出狱后的就业接洽事宜。支部累计捐献图书2100册，为第一监区、第六监区和监狱医院建立了"民盟爱心阅览室"。

组织盟员艺术家到上板城监狱进行文艺慰问演出3次，举办“博爱溶化坚冰，忏悔惊醒人生”主题帮教警示教育会和“薪火传承、爱满狱园”主题帮教活动，聘请承德市委党校教授、民族师范学院教授、承德医学院心理系教授和盟员书法家到监狱授课，营造良好文化氛围，增强服刑人员改过自新、重塑新生的信心与决心。

【送温暖献爱心活动】 承德医学院附属医院支部和承德市中心医院支部的盟员医学专家分别为承德市防汛抢险队、承德县五道河乡九道河村、围场县荣复军人光荣院和“五保”中心开展义诊活动；参政议政专委会、教育支部、文化艺术支部分别到双桥区头道牌楼社区、驻承某空军导弹营、承德市看守所慰问活动；河北旅游职业学院支部多次深入农区，免费为种植户、养殖户进行技术指导；多个支部通过“一日捐”、志愿者服务队等形式，多次捐款捐物。盟员郭靖宇向兴隆县茅山镇中心学校捐赠260万元，用于改建校舍；杨向德等多位盟员资助多名贫困学生。

【思想建设】 根据政治形势和中心任务的要求，先后开展了政治交接、坚持走中国特色社会主义道路、树立和践行社会主义核心价值体系等系列主题教育活动，及时组织广大盟员学习中共十八大及历次全会精神和习近平系列讲话精神，学习《关于加强社会主义协商民主建设的意见》《中国共产党统一战线工作条例（试行）》。坚持召开传达省、市“两会”精神报告会，多次组织盟员参加盟省委、市委统战部举办的《“同心”思想教育报告会》等系列学习培训。举办纪念“五一口号”学习教育活动，分批次组织骨干盟员到革命圣地西柏坡、张澜故居、“盟遂合作纪念馆”、中国民主同盟历史陈列馆、费孝通江村纪念馆等民盟中央命名的爱国主义教育基地接受民盟传统教育。

在民盟河北省委的协调下，与民盟葫芦岛市委联合开展了《冀辽长城保护与开发》课题调研，提出了促进长城开发与保护的建议，由民盟中央委员会采纳。开展“民盟魂•中国梦”和“同心共筑中国梦”书画展2次；与民盟天津市河东区委合作，在宽城满族自治县建立写生基地，为民盟艺术家进一步施展才华、交流艺术、增进友谊搭建新的平台。

推进参政党理论研究，完成民盟中央的《运用社会主义核心价值体系改造监狱服刑人员思想》课题、《新常态下民主监督运行机制研究》课题、《环京津少数民族村寨智力扶贫建议与对策》等理论课题研究，形成良好的理论研究氛围，被盟省委评为“思想宣传和理论研究工作先进集体”。

附：民盟承德市委领导名录

主　　委：白宝君

副 主 委：姜桂民

肖　冰

张学军

刘翠哲

（供稿　董　虹）

民建承德市委员会

【概况】 2016年，民建承德市委在中共承德市委和民建河北省委的领导下，坚持以邓小平理论、“三个代表”重要思想、科学发展观为指导，深入贯彻落实中共十八大精神，深入贯彻中共承德市委第十三届第十一次全会精神，积极研究京津冀协同发展，团结带领广大会员，紧紧围绕全市发展大局和中心工作，不断推进思想建设，努力强化组织建设，认真履行参政党职能，各项工作取得显著成绩，为推动全市经济跨越发展、建设美丽幸福承德做出新的贡献。认真履行参政党义务，强化社情民意工作，加强组织建设，组织会员开展爱心活动，为贫困山区捐款捐物，开展公益活动，弘扬社会正气。

【换届工作】 10月20日在承德盛华大酒店隆重召开了中国民主建国会承德市第十次代表大会。代表107名，选举产生委员19名。选举出席民建河北省第九次代表大会代表10名。选举薛寒为主任委员，邵东明、付秋杰、宋立铭、邢晓冬为副主任委员，选举王萍为秘书长。

【参政议政】 “两会”期间会内的人大代表、政协委员围绕河北省发展和建设及“生态强市、魅力承德”，向各级人大、政协提交提案建议40余件，其中在市政协会议上共提交《依托数据黏性打造公共免费WiFi城市的建议》等5件集体提案和蔡成等委员分别提交的《关于中小学生使用手机的规定的建议》等个人提案19件，占市政协提案总数的9%。在市人代会上，《关于建设城市立体车库解决停车难》等3件建议被评为优秀代表建议，占获表彰建议的33.3%，会员徐伟华被评为优秀人大代表。

深入开展专题调研，会员杨建光主笔撰写的《促进我市跨境电子商务发展的建议》等5篇调研报告上报中共承德市委。在民建省委与民建北京市委、民建天津市委联合主办的2016京津冀协同发展活动中，会员杨建光撰写的《发展3D打印产业 做强京津冀发展新引擎》和《推进京津冀协作发展 河北绿色崛起 加强承德生态水资源涵养区建设的建议》等调研文章和会员王冬梅撰写的《推进京津冀协同发展 河北绿色崛起 加强承德生态水源涵养区建设》报告，由《2016京津冀协同发展正定论坛论文集》采用。杨建光撰写的《关于退堤还滩 建设海绵型城市的建议》由民建省委第十九次常委会采用并做专项研究。

强化社情民意工作，全年市委会共编发社情民意信息50多篇，分别由民建中央，省委省政府、省委统战部、民建省委采用。其中省委统战部网采用1篇，人民建议采用2篇，民建省委采用20篇。

【发展会员】 坚持“注重质量、注意数量、保持特色、优化结构”的组织发展原则，注重发展高层次、高学历、代表性强的会员，有效改善了会员队伍结构。全年共发展会员22人，其中男性会员17人，女性会员5人。平均年龄38.4岁，其中大学以上学历20人，中级以上职称4人。截至2016年年底，全会共有会员400人，平均年龄50.9岁，大专以上学历354人，中级以上职称175人。会员中担任各级人大代表、政协委员63人次，其中常委13人。14个基层支部通过举办座谈会、参观学习、开展联谊活动、捐资助困等形式，充实支部活动内容，支部成员参与活动的积极性有了很大提高。综合二支部到敬老院捐助，企业二支部举办扶贫捐助活动，科教支部与东北毛泽东思想宣传队举办联谊活动，双滦支部、双滦二支部联合开展捐资助困捐助活动等，这些活动的开展，加强了支部成员的联系和交流，进一步增强民建组织的凝聚力和向心力。

【服务社会】 配合民建中央抓好丰宁扶贫工作，积极帮助丰宁争取政策、项目和资金支持。围绕“环首都欠发达地区发展”实地调研，以欠发达地区如何发挥自身优势脱贫致富、科学发展为切入点，探索农业发展、农村繁荣、农民增收服务的科学路径。8月，副市长、民建承德市主委薛寒陪同全国人大常委会副委员长、民建中央主席陈昌智赴丰宁考察扶贫工作。陈昌智对民建市委会工作和多年来坚持协助丰宁扶贫工作给予充分肯定。

坚持开展慰问老干部、老会员、病困会员活动，春节前夕市委会领导带领机关干部到市委会原主委、副主委等家中慰问，“九九”重阳节组织离退休老干部、老会员举办庆祝活动。切实关心会员发展，通过走访会员企业、召开企业会员座谈会、举办中小企业论坛活动等，广泛了解会员企业遇到的问题和困难，积极为企业发展提供力所能及的支持和服务。会员张晓东积极主办“承德市中小企业高峰论坛”活动，为民建会内外企业交流和企业家合作提供了新机遇。

民建承德市委责成企业委员会通过“思源救护中国行”暨“芭莎公益慈善”基金项目，为滦平县、丰宁县、围场县、隆化县、平泉县共争取到捐赠救护车辆9辆,价值60多万元。在申报、审核、复核和交付车辆过程中，民建承德市委以减少环节、避免浪费为原则，方便受助单位申报材料和领取车辆，得到丰宁县委统战部和隆化县妇幼保健院等9家受助单位的好评。

先后组织或参与多项爱心活动，其中开展纪念长征精神活动1次，开展定点扶贫驻村调研1次。为迎接建党95周年追忆祭奠革命烈士，纪念党领导下革命战争的伟大功绩，原承德市副市长、民建承德市主委彰无忌与参加过冀察热辽抗日战争、解放战争的先辈子女一行14人，从北京、天津、上海、承德等地赶到内蒙古赤峰市，组成红色寻访团。民建会员先后4次参加全市大型爱心活动、大型公益活动。在有关部门的支持下，会员张晓东主办承德市首届公益盛典，主办“承德市第二届公益论坛暨宽城爱心联盟年会”，弘扬社会正义，传播大爱精神。会员王金刚由公安部、全国总工会、共青团中央共同授予“第四届全国先进保安员”称号，并受邀到人民大会堂出席“第四届全国先进保安服务公司先进保安员表彰大会”，受到中央政法委书记孟建柱亲切接见。会员刘爱军及其单位荣获市文明办授予的公益事业先进单位和先进个人奖励。

10月14日，多名民建会员积极参加由中国田径协会和承德市人民政府主办，承德市马拉松协会承办的“2016板城和顺·承德国际马拉松赛”。原民建承德市主委彰无忌，民建会员、市马拉松协会会长辛科安，民建会员张晓东、王金刚等，为首届国际马拉松赛事服务，并参加部分比赛项目。部分医疗界民建会员和部分会员企业还为赛事提供医疗保障服务工作和现场治安服务工作。

7月12日，原民建承德市委员会主委彰无忌邀请市政协副主席胡晓红、市教育局局长丁然出席引入英国教育的座谈活动，商讨与英国爱丁堡安德鲁校长在承建国际学校相关事宜。

全年共计为特殊岗位工作者、贫困群众、困难学生等，捐款捐物合计人民币2万余元。6月，双滦区总工会与墨迹书画院联合开展“彰显大爱助女孩圆梦”爱心义卖活动中，民建会员积极参与义卖活动，义卖所得全部用于患病女童李函阳的医疗费用。其中，民建会员、书法家何九伶在百忙中创作《正清和》《龙》等作品，共拍得1500.00元。8月，会员邢晓冬再次赴承德交警和环卫工人一线岗位，慰问工作在一线的劳动者；中秋佳节来临之际，再次组织赴武警驻地，慰问战士，加强军地共建；邀请全国作协委员、书法家、河北省作协副主席、原承德日报社社长、第九、十届全国人大代表何申，书法家张邕刚，承德市美协副主席仇承轩等文化名人，到驻承武警中队某部，挥毫泼墨，激情为部队书官兵写立志和激励的书法作品，丰富部队的文化生活，得到官兵们的高度赞扬。

【思想建设】 围绕学习贯彻中共十八届五中、中共十八届六中全会精神，学习习近平系列重要讲话精神和民建中央、民建河北省委指示精神，切实把广大会员的思想和行动统一到中共中央的决策部署上来，增强了会员责任意识、大局意识和履行职责的能力。在支部和专委会开展纪念中国共产党成立95周年和民建河北省委成立60周年相关活动。通过骨干会员座谈会、谈心会，积极引导广大会员进一步坚定中国特色社会主义共识。举办民建承德市委委员、骨干会员培训班、组织新会员、骨干会员、支部主委及机关干部赴民建中央参观学习，加深会员对中国政党制度的认识；深入开展学习宣传活动，借助民建中央民建省委会刊、网站和市委会QQ群、微信等平台及时反映、宣传承德民建在开展思想教育、会务活动、扶贫帮困等方面的典型事例和先进经验，大力弘扬民建爱国、爱党、爱会的光荣传统；参加民建中央、民建省委基层组织负责人培训等系列学习活动，努力提高会员政治把握能力、参政议政能力、沟通协调能力、合作共事能力，民建队伍的整体综合素质进一步提升。

附：中国民主建国会承德市委员会领导名录

主　　委：薛　寒（女，蒙古族）

副 主 委：邵东明

付秋杰（女）

宋立铭

邢晓东

（供稿　杨建光）

民进承德市委员会

【概况】　2016年，民进承德市委员会在民进河北省委和中共承德市委的正确领导下，高举中国特色社会主义伟大旗帜，全面贯彻中共十八大和十八届三中、四中、五中全会精神，深入学习贯彻习近平系列重要讲话精神，坚持解放思想、实事求是、与时俱进的思想路线，坚持“有思有行、集智聚力、顺势而为、开拓创新”的工作方针，以政治交接为主线，按照《中国民主促进会章程》和《民进河北省委关于2016年市级组织换届工作的意见》要求，圆满完成换届任务，进一步加强高素质参政党建设。以参政议政能力建设为重点，围绕市委、市政府中心工作，凝聚全会智慧和力量，求真务实、真抓实干，为构建社会主义和谐社会，为促进承德市“科学发展、富民强市”做出新贡献。

【换届工作】　10月15日，中国民主促进会承德市第九次代表大会在锦江会议中心召开。民进河北省委副主委王世强到会祝贺，市领导阮树平、邢书印、丁伟、高嵩、孔庆龙出席大会，市各民主党派，工商联负责人参加大会，民进承德市委会员代表120名参加大会。

大会审议并通过孔庆龙代表民进承德市第八届委员会作的《认真履行参政党职能　为全面建成小康社会贡献力量》工作报告，选举产生民进承德市第九届委员会，选举委员17名。选举产生出席民进河北省第九次代表大会代表7名；通过《中国民主建国会承德市第九次代表大会决议》。在民进承德市第九届委员会一次会议上，孔庆龙选举为主任委员，王显华、王琦 、刘丹、薛梅当选为副主任委员，王显华为秘书长。

【参政议政】　每年在“两会”召开之前对会内代表和委员进行建言献策专题培训，引导代表、委员围绕党和政府中心工作进行深入调研，提出有见地、高质量的意见、建议。全会共提交建议、议案、提案及大会发言53件。其中，省政协委员孔庆龙提交的《关于支持承德市建立生态补偿机制的建议》《关于建立京津冀一体化交通网络的建议》等多份建议引起省环保厅、交通厅、教育厅高度重视并予以采纳。省人大代表王显华提交的《关于促进清洁能源产业持续健康发展的建议》被省人大评为2016年度河北省优秀代表建议。市人大常委王琦提交的《关于在我市主要交通拐点建人行天桥和地下通道的建议》由市委、市政府列为重点督办提案。民建承德市委在政协大会上作的《关于加强市区基础教育均衡发展的建议》《关于加快我市政务云计算中心建设的建议》等5篇大会发言均受到市委、市政府重视，并予以采纳。

扎实做好调查研究及调研成果转化工作，按照“以新作为巩固老阵地，在顺势中开拓新领域”的工作思路，民进承德市委认真制定《调研工作计划》，有重点、有步骤地开展调研工作。全年先后完成《关于破解面源污染难题保障京津冀生态环境安全健康协同发展的建议》等调研报告11篇，其中《关于促进清洁能源产业持续健康发展的建议》被省政府列为2016年重点处理的代表建议，并且在新华网河北频道全文播出。《关于推动我市加快构建绿色产业体系的建议》得到市委书记周仲明的批示。《关于强化畜禽养殖污染防治的建议》等多篇调研报告均转化为社情民意信息。

在“京津冀文化协同发展研讨会”上，以“关于构建现代公共文化服务体系”为重点提出，以文化共享工程、数字图书馆推广工程和公共电子阅览室建设三大数字文化惠民工程为抓手，以现代信息技术为支撑，以打造新媒体的服务新业态为目标，努力构建内容丰富、技术先进、覆盖城乡、传播快捷的公共数字文化服务体系。在市委、市政府召开的《政府工作报告》修改征求意见会上提出，抓好农村特别是边远贫困地区基础教育的学科配置，保质保量完成义务教育规定的教学任务。

【服务社会】 大力帮扶偏远山区基础教育，为提高农村学校办学质量，改善办学条件，民进承德市委聘请多名省市级骨干教师，为丰宁满族自治县石人沟小学、双滦区陈栅子中心小学、滦平县虎什哈小学作数学、语文、英语、音乐教学观摩课，安排省市级骨干教师与农村教师开展教学交流活动，使农村教师零距离感受市区小学课堂教学的改革思路和教学方法。民进承德市委还为承德县北孤山小学、丰宁满族自治县石人沟小学、双塔山镇中营子小学捐赠电脑、计数器、图书、篮球等教学器材、图书资料和体育用品，折合人民币2万余元。民进电大支部为山区学校捐款捐物折合人民币4000余元，新闻出版支部为山区学校捐赠图书折合人民币3000余元。

以承德市博杰广告有限公司为依托创办承德大学生微电影节，参与微电影节活动的大学生有200多人，参选作品有30余部。此项活动已经成为中国承德国际旅游节的指定项目，并在承德国际旅游节的开幕式上正式启动。

【思想建设】 坚定正确的政治方向，以“认真贯彻中共十八大精神”为主线，扎实学习中共第十八届三中、四中、五中全会精神，深入研究学习《坚定不移沿着中国特色社会主义道路前进 为全面建成小康社会而奋斗》《社会主义核心价值体系》等理论，围绕“实现中国梦”宏伟目标，学习习近平关于治国理政的一系列重要论述。明确“十三五”规划时期“四个全面”布局，为全面建成小康社会，实现中华民族伟大复兴的“中国梦”积蓄力量。开展主题鲜明、形式多样的学习实践活动，将民进承德市委纳入“民进中央学习实践活动第二批联系点名单”，民进承德市委根据《民进中央学习实践活动第二批联系点工作方案》指导精神，在全会开展主题鲜明、形式多样的学习实践活动：开展会章、会史和统战理论知识竞赛；邀请民进中央副主席刘新成来承德市作专题报告；继续开展“我身边的先进”主题报告会等活动。推进民进承德市委网站宣传力度，通过网页专栏、书画艺术等宣传形式，扩大宣讲活动的实效，激励广大会员继承优良传统、弘扬时代精神，不断巩固道路认同、目标认同、价值认同。开展“同心思想”教育，坚定走中国特色社会主义道路的决心和信念。为进一步搞好政治交接，全面落实“同心思想”教育，组织班子成员参加省社会主义学院举办的“党外代表人士同心思想教育培训班”，组织骨干会员到西柏坡纪念馆参观学习，促使广大会员自觉地担负起历史赋予的责任和使命。

【组织建设】 优化领导班子建设，增强组织领导能力，在领导班子建设中树立“三个坚持”，坚持认真贯彻民主集中制；坚持强化政治理论学习；

坚持提升综合素养和能力。举办民主生活会、谈心会，查找问题、剖析根源，提出改进办法和措施，不断提高班子成员政治把握能力、参政议政能力、组织领导能力、合作共事能力、解决自身问题能力。健全完善各项制度，提升组织建设水平。根据发展的需要，修改《关于进一步规范会员入会手续及审批办法的意见》《民进市委基层支部工作条例》《民进市委专门工作委员会工作条例》《参政议政工作条例》《关于评选“双岗建功”先进个人的具体条件和办法》等多项制度；针对《民进全省基层组织状况调查问卷》结果所反映的问题，对《基层支部工作条例》等5项制度进行修改和充实。根据《河北省民主党派组织发展工作规程》对民进组织发展需要注意的事项作了明确规定。

开展形式多样的组织活动，有效提升组织凝聚力，组织广大会员先后开展了“喜迎‘三八’妇女节•健康知识讲座”和“摄影技术辅导讲座”，开展“立足本职•双岗建功先进事迹演讲”。与河北省摄影家协会、市文学艺术界联合会、市文广新局共同主办“美丽承德摄影作品展”等活动。在民进市委的影响和带动下，各基层支部也纷纷开展丰富多彩的组织活动。新闻出版支部开展文化服务体系建设调研活动，文化支部开展支部发展历史资料搜集整理活动，电大支部开展会史会章培训活动，企业联合、双滦教育两个支部开展在暖水湾建立体育培训基地调研活动，医卫支部深入隆化县韩麻营乡开展义诊活动，一中支部召开“爱祖国、爱事业、爱学生”座谈活动，二中支部开展“捐资助学•圆贫困学子大学梦”活动，金融支部开展金融知识宣讲活动，师院支部开展参观承德热河地质博物馆活动，双桥教育支部开展校际联盟打造精品课活动。据统计，基层支部全年开展活动近50次。规范组织发展，强化人才队伍建设，按照《河北省民主党派组织发展工作规程》要求，严格把握界别比例，规范考察程序，注重发展质量，努力把德才兼备的优秀中青年人士吸纳入会。全年共发展新会员18人，其中研究生学历3人，本科学历12人。截至9月底，民进承德市委会员总数达296人。按照《民进河北省委关于加强后备干部队伍建设的意见》要求，建立健全后备干部的选拔培养、管理使用机制。

附：中国民主促进会承德市委员会领导名录

主　　任：孔庆龙（蒙古族）

副 主 任：王显华（女）

王　琦

刘　丹（女）

薛　梅（女）

（供稿　郭　妍）

农工党承德市委员会

【概况】 2016年，农工党承德市委坚持以邓小平理论和科学发展观为指导思想，团结带领全体党员，深入开展学习中共十八大和十八届三中、四中、五中、六中全会精神，努力加强自身建设，切实履行参政党职能，积极参政议政，努力建言献策，为承德经济发展和社会进步作出积极贡献。截至年底，全市共有基层支部13个，党员288人，其中：市厅级领导1人，县处级7人；省人大代表1人，省政协常委1人，省政协委员1人；市政协副主席1人，市政协常委4人，委员8人；市人大常委1人，区政协委员4人。

【换届工作】 10月17日，召开中国农工民主党承德市第八次代表大会。农工党河北省副主委霍兴文出席会议并致辞，中共市委常委、政法委书记阮树平出席会议并致辞，市人大常委会副主任郭椿、副市长吴清海、市政协副主席孙林出席会议。市各民主党派、工商联代表出席会议。大会听取并审议了农工党承德市委主委雷威代表农工党承德市第七届委员会所作的《工作报告》，选举产生农工党承德市第八届委员会，委员15名；选举出席农工党河北省第八次代表大会代表8名。通过《农工民主党承德市第八届代表大会决议》。在农工党承德市第八届委员会第一次会议上，选举郭靖涛为主任委员，谷雪芬、胡桂才、徐大维、姜丰为副主任委员，聘雷威为农工党承德市第八届委员会名誉主委。

【参政议政】 积极参加中共承德市委召开的民主协商会，就承德市委党代会及全会报告、市政府工作报告、全市经济社会发展的重大事项及重要人事任免等协商内容提出意见和建议，为市委、市政府重大问题决策的民主化和科学化建言献策。就医疗体制改革、中医药事业发展、中草药种植、大农业、生态环境保护、城市建设、社会和谐稳定等方面的内容，提出建议5条，得到市委、市政府的重视和答复。

围绕市委、市政府工作重点，结合京津冀协同发展战略，开展实地调查研究，坚持理性思考，着眼对策实效，共完成调研报告3篇，《关于加强城市环境综合整治的建议》，市长常丽红亲自签批，分管副市长丁伟落实，城市容貌得到改善。社情民意报送数量实现新突破，共4篇，报送质量同步上升。

【服务社会】 根据农工党中央和农工党河北省委的要求，开展“中国环境与健康宣传周”“法治宣传周”“国际科学与和平周”活动。分别在围场城子乡卫生院、隆化步古沟镇东曹碾村开展活动。共诊治患者300余人，为老党员、低保户、“五保”户捐赠米面油价值6000元，为当地学生捐赠书包、笔、本、打印机等文具办公用品价值4000元，免费发放药品5000元，发放明白纸和宣传技术材料500份，服务联系卡100多张，医学知识讲座1次，农业专家讲座1次，参加活动专家30人。活动受到当地群众的热烈欢迎。农工党河北省委授予农工党承德市委“第八届中国环境与健康宣传周先进集体”“第27届国际科学与和平周”先进集体。

【思想建设】 加强理论知识的学习，把握正确政治方向，贯彻落实农工党中央委员会《关于在全党开展坚持和发展中国特色社会主义学习实践活动的决定》精神，带领广大党员深入学习贯彻中共十八大及十八届三中、四中、五中、六中全会精神，学习习近平系列重要讲话精神，学习全国“两会”精神、中央统战工作会议精神、省委统战工作会议精神、市委、人大、政协工作会议精神；开展“同心思想”教育；学习《中共中央关于加强新形势下党外代表人士队伍建设的意见》；2016年4月组织20名党员参加“京津冀三地”北京社会主义学院培训班学习。免费发放《中国农工民主党党员知识读本》《中国特色社会主义学习读本》《习近平系列重要讲话》《前进论坛》《农工冀讯》等书籍和杂志，带领党员共同学习《中国共产党统一战线工作条例》等，思想上做到主动向中共中央路线方针和重大决策看齐。

始终把革命传统教育、党史党章教育作为思想建设的首要任务来抓。2016年4月，以纪念农工党成立86周年为契机，赴深圳、惠州、广州市，参观邓小平改革开放纪念公园、农工党创始人邓演达纪念园、叶挺将军纪念公园、黄花岗七十二烈士墓等，增强党员坚持中国特色社会主义道路自信、理论自信、制度自信，思想政治建设得到巩固。

注重发挥主委办公会、市委委员会的领导核心作用，2016年共召开主委办公会2次和市委委员会4次，落实“集体领导、分工负责、民主集中、个别酝酿、会议决定”的议事规则和决策程序，形成“互相支持、努力合作”的工作氛围。

【队伍建设】 组织21名党员参加农工党河北省

委“走进基层、贴近党员、培育和践行社会主义核心价值观”主题宣讲走进张家口活动。组织党员参加农工党河北省委“学精神、学党章、学党史”知识竞赛，3人获三等奖。6月，农工党河北省委对2013年以来坚持和发展中国特色社会主义学习实践活动进行表彰，农工党承德市委会荣获参政议政工作先进集体和组织建设先进集体称号；第三支部、第五支部荣获先进基层组织称号；14名党员被评为优秀党员；2人被评为优秀党务工作者。注重发现、培养和使用新党员、中青年骨干党员，为年轻党员提供了解党派工作，尽快融入党组织的平台。

发放《支部工作手册》，规范支部组织活动。建立优秀支部评比制度，对参加省农工党、农工党中央评比的支部公开、公平、公正，定期督促检查支部活动。每年底支部主任提交书面工作总结。每两年参加一次先进支部和优秀党员的评比。

按照农工党河北省委《党员发展工作规范》，结合承德实际特点，科学制定党员发展规划，注重发展质量，控制数量，坚持以医药卫生环保为主，重点吸收高层次有代表性人士和热爱农工党事业的其他界别代表人士入党。与统战部协商，严把入口关，规范发展程序，从源头保证党员整体素质。

附：中国农工民主党承德市委员会领导名录

主　委：郭靖涛

副主委：谷雪芬（女）

徐大维

姜皑丰

胡桂才（女）

（供稿　李向宝）

九三学社承德市委员会

【概况】 2016年，九三学社承德市委围绕中心，服务大局，参政议政工作取得新成绩，全年提交省市人大、政协建议、提案合计60余件，数量和质量都有所提高，6件建议被市人大、市政协评为优秀提案和建议，4人次被评为优秀人大代表和政协委员。注重加强宣传信息工作，主要活动情况和参政议政成果，九三学社中央网、九三冀讯、社省委简讯、《承德日报》《承德晚报》、承德电视台等给予报道和刊登相关信息总计6次。广大社员立足本职、爱岗敬业、开拓进取，在不同的工作岗位上，取得了可喜成绩，其中市属医院支社李建华获中华全国总工会“五一”劳动奖章、李长林获“全国五一行业模范”“世纪骨伤功勋专家”等称号。

截至12月底，九三学社承德市委员会共下辖支社8个，社员总数165人。社员中有省人大代表1人，省政协委员2人（其中常委1人），市人大代表2人（常委1人），市政协委员14人（其中副主席1人、常委3人），双桥区政协委员2人。社员中的人大代表、政协委员人数占社员总数的10%。

【换届工作】 10月14日，召开九三学社承德市委第七次社员代表大会。九三学社河北省委专职副主委刘林平，中共承德市委常委、政法委书记阮树平，中共承德市委常委、市政府副市长于庆贺，市人大常委会副主任郭椿，市政协副主席高嵩出席会议。大会听取并审议九三学社承德市委专职副主委王会云代表九三学社承德市第六届委员会所作的《工作报告》，选举产生九三学社承德市第七届委员会，委员15名；选举出席九三学社河北省第八次代表大会代表5名；通过《九三学社承德市委员会第七届代表大会决议》。在九三学社承德市第七届委员会第一次会议上，李建华当选为主任委员，王会云、高立国、王志勇、董焕臣当选为副主任委员。

【参政议政】 在省、市“两会”召开前，九三学社承德市委和各支社专门召开提案、建议工作专题会议，组织动员九三学社承德市委员会各级人大代表、政协委员和广大社员积极参与、认真谋划，力争提出战略性、前瞻性和具有可操作性的提案和建议。九三学社承德市委主委会成员带头参加调研和建议、提案的撰写工作，使得建议和提案的质量逐年提高。提交省市人大、政协的建议、提案合计60余件。其中省人大2件，省政协5件；市人大6件，市政协18件。在市政协大会发言和专题会议发言3件，九三学社承德市委集体提案4件，市领导批示、督办和重点办理的3件。数量和质量都有所提高，6件建议被市人大、市政协评为优秀提案和建议，4人次被评为优秀人大代表和政协委员。

针对住宅小区电力设施建设收费规定不合理的情况，九三学社承德市委组织相关人员进行深入调研，由省政协委员杨艳荣提出《关于废止〈河北省设区市市区新建住宅小区电力设施建设费管理暂行办法〉的建议》的提案，得到省物价局和住建厅的高度重视，多年垄断住宅小区电力配套建设得以解决。

九三学社承德市委和九三学社北京市委重点课题组就“京津保中心区生态过渡带建设”开展联合专题调研，与市发改委、市农牧局等8个市直部门座谈，并赴滦平沃土农牧有限公司、同发永农牧专业合作社、巴克什营镇凤凰古镇中心村、白草洼国家森林公园进行实地考察。联合形成了《推进生态屏障建设，保障京津冀城市群生态安全》《 京津冀协调发展框架下的区域林业发展》的调研报告。

【民主监督】 积极、认真参加市委、市政府及有关部门召开的工作会议、征求意见会、行风评议活动、价格听证会等，以及各级人大、政协组织的执法检查、工作视察活动，对相关法律、法规实施情况和依法行政情况进行监督检查，结合社会各界的反应，代表社组织提出建议和意见。积极推荐社员中有代表性、责任感强、参政热情高的担任检察院、财政局、物价局、环保局、教育局、食品药品监察局、卫生局、文化局等单位的特邀监督员，为广泛参与民主监督工作提供了平台。

向九三学社河北省委和九三学社中央委员会提交关于中国政党制度教育、地震灾区重建、抗旱防洪工程建设、社会治安专项治理等方面的信息建议7条，其中全国政协、九三学社中央委员会选用3条。多次被九三学社省委和统战部评为信息工作先进单位。

【自身建设】 认真学习贯彻中共十八届会议精神，下发了《九三学社承德市委关于深入学习贯彻中共十八大精神的通知》《九三学社承德市委转发九三学社中央、河北省委关于学习贯彻中共十八届三中、四中、五中全会精神的通知》，各支社采取多种形式组织广大社员学习贯彻。开展坚持和发展中国特色社会主义道路学习实践活动，根据九三学社中央委员会和九三学社河北省委的统一部署，制定《九三学社承德市委员会关于坚持和发展中国特色社会主义道路学习实践活动为主题活动方案》，成立了活动领导小组。学习实践活动以各级领导班子成员和骨干队伍包括在各级人大、政府、政协中任职的社员为重点，通过宣传动员、学习教育，使广大社员准确把握了“坚持和发展中国特色社会主义”的丰富内涵和内在要求，深刻把握中国特色社会主义的新阐述；深刻把握全面建成小康社会奋斗目标的新要求；深刻把握推进政治体制改革的新思路。始终做到与中国共产党思想上同心同德、目标上同心同向、行动上同心同行。组织广大社员学习《九三学社章程》、九三学社发展史，通过学习使社员们的思想政治水平得到提高，对九三学社的性质、地位、作用有了更加清醒的认识，对九三学社的发展历程以及在中国革命和建设中的重要贡献有了更加全面的了解，对中国共产党领导的多党合作和政治协商制度有了更加深刻的认识。结合坚持和发展中国特色社会主义学习实践活动，做好思想建设工作，增强广大社员接受中国共产党领导的自觉性和坚定性。5月，九三学社承德市委组织重点课题组在重庆参观了九三学社成立纪念碑、中国民主党派历史陈列馆等，追寻前辈们的光辉足迹，追忆接受中国共产党领导、与其亲密合作的发展历程，进行多党合作传统历史教育。九三学社承德市委领导班子通过政治交接学教活动，确定了社务工作的方向和重点，进一步增强了承德九三学社组织的凝聚力和战斗力。

认真学习和实践社会主义核心价值观，把学习和实践社会主义核心价值观作为本质要求，最大限度地达成政治共识，使一切工作始终沿着正确的政治方向前进；所有社员的心往一处想、劲往一处使，实现组织的团结、稳定和和谐发展；让所有成员的思想道德品质有一个准确的衡量标准，在全组织内部形成良好的道德风尚和前进动力。自觉为完成共产主义这一最终使命不懈的努力奋斗。

【科技服务】 组织社员中的有关专家开展技术咨询服务活动。市属医院支社组织专家开展义诊活动。工程支社先后为市县两级法院选派专家开展司法技术鉴定10余次，为法院民事审判工作提供技术服务，促进司法审判的公平、公正，维护社会稳定。科技支社组织专家深入林场、果园开展技术服务，为县乡政府处理林权纠纷提供技术依据。积极响应九三学社中央“亮康”行动号召，为承德县脑瘫患儿小家家联系石家庄脑系医院进行免费救治。社员傅玉章主动到市福利院捐款，市属医院支社副主委建安医院院长李长林利用专利技术为许多贫困患者免费治疗，并积极带领医护人员深入山村进行义务诊疗。共组织各科专家到市、县、乡镇宣传共计达到十余次，到现场的患者和群众总计达500多人次，受到当地患者的好评。

据不完全统计，社员中20人被评为技术拔尖人才和自然科学学术技术带头人，荣获“市优秀科技工作者”和九三学社中央委员会授予的“优秀社员”称号各1人，18人次获九三学社省委表彰。40余人次在学术刊物上发表论文 210余篇，出书论著25部，完成研究项目42项，142人次获得科技、教育方面国家、省、市级奖励，38人分别获得“省优秀人大代表”“市名医”“市十佳青年文明号”“杰出岗位能手”、高校“优秀教研室主任”等荣誉称号和奖励，12人选入全省“三三三人才工程”专家库，20名社员被晋升为正高职称和研究生导师，其中市属医院支社李建华荣获中华全国总工会“五一”劳动奖章、李长林荣获“全国五一行业模范”“世纪骨伤功勋专家”等称号。

【班子建设】 发挥领导班子的表率和带头作用，九三学社承德市委领导班子在理论学习和工作实践中身先士卒，坚持领导班子学习、会议制度，通过开展谈心活动，班子成员之间互相尊重、团结协作、顾全大局，形成较强合力，起到了核心作用。认真开展九三学社承德市委主要领导年度和届中述职和民主评议。坚持抓好后备干部队伍建设，加强了届中对后备干部的推荐和动态管理，对政治素质高、社会活动能力强，群众基础好的中青年社员进行多方面培养和培训，共推荐78人次参加各级社会主义学院和市统战部的学习和培训，加强其理论学习和实践锻炼，提高其政治修养和领导能力。积极稳妥地发展新社员，在发展社员工作中，认真贯彻《河北省民主党派组织发展规程》，始终坚持“三为主”原则，注重代表性和政治素质标准，正确处理好质量和数量之间的关系，严格履行发展程序，在中青年知识分子中选拔有较高政治素质和理论水平、有代表性和有社会影响的技术业务骨干加入九三学社组织。

加强基层组织建设，全市各支社委员会在每年九三学社纪念日、中共中央十八届各次全会闭幕后，组织开展多种形式的学习活动。结合各自特点还分别开展参观考察、调研、技术服务等活动。工程技术支社两次被评为全省“先进基层组织”。

加强机关建设，为提高机关工作人员能力，派出年轻干部到统战部锻炼；完成承德九三学社志编撰、社员名录录入、全市社员通讯录的更新等工作。先后开展“创建九三社员之家”和“机关作风建设年”活动，以形象提优、工作提质、效能提速为目标，使机关各项工作政令畅通，履职尽责，工作纪律，效能高效。工作人员做到精诚团结，紧密配合，发挥创新精神，创造性地开展工作，进一步提高九三学社承德市委机关工作效率和工作人员办事水平。九三学社承德市委机关注重加强宣传信息工作，及时反映承德市九三学社组织的主要活动情况和参政议政成果，九三学社中央网、九三冀讯、社省委简讯、《承德日报》《承德晚报》、承德电视台等给予报道和刊登相关信息总计 6 次。

附：九三学社承德市委员会领导名录

主　委：李建华

副主委：王会云

高立国（蒙古族）

王志勇

董焕臣

（供稿　刘晓民）

承德市工商业联合会

【概况】　2016 年，全市工商联会员总数为 8742 个，市工商联直属行业组织 13 个。市工商联认真学习贯彻中共十八大及中共十八届三中、四中、五中全会和习近平系列重要讲话精神，深入贯彻落实省、市委全会精神，围绕中心，服务大局，突出“两个健康”主题，坚持“三性统一”特征，充分发挥优势，积极主动作为，各项工作取得新进展。

【十四届四次执委会】　3 月 11 日，市工商联召开第十四届执行委员会第四次会议。市委常委、市委秘书长刘文勤出席会议并讲话。市人大副主任张树民，副市长刘新宇，市政协副主席王学，市政协副主席、市工商联主席段晓岩出席会议。段晓岩代表市工商联第十四届常委会作工作报告。市工商联执委以上会员近 200 人参加会议。

【参政议政】　在 2016 年全市政协大会上，市工商联做《关于推进企业适应信息公示新常态的建议》发言，得到市领导和相关部门重视；引导工商联界别政协委员撰写提交《关于加快非公有制经济发展的建议》《关于召开民营经济发展战略工作会议的建议》等提案。会同市工信局承办全市民营企业家座谈会，40 余家企业负责人参加会议，市委、市政府主要领导在会上认真征求企业家意见和建议，并做重要讲话。针对全市民营经济发展面临的新情况、新问题，市工商联多次在市委、市政府文件起草征求意见过程中建言献策，开展多项调研活动，完成《加强“创二代”培养教育，促进民企传承发展》《关于企业法制环境的调研报告》和《关于民营企业“走出去”情况报告》等调研文章，积极为民营企业代言发声。

【服务企业】　做好“点对点”金融服务，针对企业具体融资需求，推荐适合金融机构，为供应商联合会会员企业对接邮储银行、承德银行；为全市大型矿山企业对接中行、工行、平安银行等，通过对接为双方搭建合作桥梁。与建行承德分行、双桥区政协共同组织“破解企业融资难题，银企共赢对接会”，市、区工商联会员、直属商会代表50余人参加会议；组织宽城、兴隆、承德县工商联人员和会员企业参加北京市工商联举办的“京津冀协同发展金融服务推进会”。试运行“市工商联金融圈”微信群，实现企业和银行双方供求与供给信息无障碍对接，达到“一户企业需求、多家银行关注”效果。积极向企业宣传银行新产品新举措，及时将建设银行互联网金融“善融商务”、承德银行微贷中心业务等信息传递给企业。

抓住京津冀协同发展重大机遇，加强与北京市工商联及朝阳区、海淀区、顺义区等地工商联沟通联络，宣传承德、推介承德，组织承德市企业和工商联人员赴北京参加朝阳区和海淀区工商联年会，友好商会“名优特”农产品交易会、“丝绸之路经济带”国家投资环境与项目沙龙等活动10余次，接待北京客商30余人次。围绕“互联网+”“一带一路”等主题，组织全市50余名企业家分别赴浙江、江苏、甘肃等地考察学习，参加第二十一届中国兰州投资贸易洽谈会，并与江苏徐州市工商联，甘肃酒泉市、张掖市、金昌市工商联缔结友好商会。

与市地税局、国税局联合成立承德市纳税人维权服务中心，下发《承德市纳税人维权服务中心管理制度（试行）》，通过维权服务中心积极反映企业合理诉求，依法维护会员合法权益。充分发挥工商联系统中人大代表、政协委员作用，积极参与立法协商，时刻关注制约和促进民营经济创新发展的各类问题，不断推动改善企业发展环境。配合市人社局、总工会积极做好和谐劳动关系相关工作。

以会员小组为单位组织参观考察、学习调研等活动十余次，使会员之间联络沟通和信息交流制度化、常态化。积极开展会员沙龙活动，组织中法“甜蜜之旅”葡萄酒品鉴会、种植协会公益林、“阅读品道沙龙”等活动。运营好市工商联官方微信平台，通过承德市民营企业家交流群、市工商联所属商会秘书长群、市县区工商联机关交流群等，及时发布政策和信息，为会员企业家交流沟通、共享信息资源搭建平台。

【扶贫开发】 市工商联组成驻村工作组，联系帮扶隆化县汤头沟镇凤凰岭村，结合帮扶村实际，深入走访、认真谋划，积极与县扶贫办、发改局、水务局、林业局等多个部门对接，为村里跑项目、跑资金，驻村工作组还专程赴北京门头沟区妙峰山万亩玫瑰园进行考察对接，为打造凤凰玫瑰谷做好前期工作。2016年，共为帮扶村落实扶贫资金60万元，谋划项目5个，解决实际问题5个。

【教育培训】 邀请国家信息中心首席经济师范剑平为全市300余名企业家做《新常态下2016年中国经济走势和企业机遇》专题报告，深入解读新常态下中国经济走势和全国两会政策。积极参加省工商联培训，组织50余名会员企业家和工商联机关人员分批次参加“河北省民营企业家守法诚信创新发展培训班”和三期“全省企业家专题培训班”，就企业守法诚信、创新发展和股权重组等主题进行深入学习；组织年轻企业家分两次赴石家庄、深圳、天津等地参加省工商联“创二代”企业家素质提升研讨班。积极开展异地培训，北京朝阳区、海淀区工商联培训平台向承德企业家全部开放，已组织百余名企业家参加北京培训20余次。认真开展“三严三实”专题教育和解放思想大讨论活动，聚焦“八破八立”，严格纪律约束，转变工作作风，提高干部素质，努力形成“树正气、讲团结、聚合力、促转型”的新局面。认真做好上级交办工作，圆满完成全国工商联、省工商联和市委、市政府交办的调研、培训、统计、会议等多项任务，得到肯定和好评。加强对县区工商联的指导，组织部分县区工商联负责人赴北京参加“全国县级工商联主席、党组书记培训班”，积极推动“五好”县级工商联建设，宽城和滦平工商联被命名为全省县级工商联建设示范点。

【组织建设】 做好新会员考察审核工作，进一步规范入会审核程序，对提交入会申请的企业，严把审核准入关，从源头上杜绝“带病入会”，确保新入会会员质量。考察了多名非公经济人士，部分入选为市工商联直属会员。完成全国工商联组织数据库和会员组织统计数据填报工作，为实现会员企业动态管理、资源共享奠定基础。认真履行行业商会业务主管单位职责，指导行业商会加强自身建设，提高管理和规范化水平。指导各直属商会做好年度检查和社会组织评估工作，督导商会配合市民政局开展好全市行业商会脱钩情况摸底调查和行业商会收费情况专项检查工作。注重引导条件成熟的行业组建行业商协会，成立承德市中小企业协会。积极推进异地商会建设，引导组建石家庄丰宁商会。在发展商会的同时注重商会党建工作，组织行业商会党支部人员参加市直工委发展党员工作培训班，向市委组织部推荐温州商会党支部为“全省社会组织党建典型”。全年行业商会党支部转正党员 4 名，发展预备党员 4 名。

按照全国工商联和省工商联统一部署，将“守法诚信”作为重点，继续深入开展非公有制经济人士理想信念教育实践活动，通过座谈会、研讨班，实地调研走访，发放调查问卷等多种形式，广泛宣讲，有序推进。在工商联网站和官方微信平台加大对教育活动的宣传，推动成果转化，营造浓厚氛围，有效地增强了非公经济人士对中国特色社会主义的信念、对党和政府的信任、对企业发展的信心和对社会的信誉。教育实践活动得到省工商联领导的高度肯定，推荐围场工商联、河北畅达集团和市葡萄酒协会为全省理想信念教育实践活动先进典型候选单位。

附：市工商联领导名录

主　　　席：段晓岩（女，满族）
党 组 书 记：刘凤宇
常务副主席、党组副书记：陈志民（满族）
副主席、党组成员：帅五宝
副　主　席：王贵玉（满族）
高　巍
吴国强（满族）
司瑞军（满族）
卢久友
史俊峰（满族）
王书立
尤文武
张建勇
杨玉锡（满族）
李　杰
刘彦华（女，满族）
周印军（满族）
王景荣（满族）

（供稿　石志强）

社会团体

承德市总工会

【概况】 2016年，承德市总工会在市委和省总工会正确领导下，紧紧围绕全市改革发展稳定大局，认真履行各项职责，坚持把大事做到位、善事做精准、要事做规范、有影响的事做成品牌，实现常规工作有发展、重点工作有创新、难点工作有突破、整体工作上台阶的目标。全市基层工会组织达到6387个、会员总数达到60.75万人，农业产业化龙头企业专项竞赛活动被确定为全省劳动竞赛重点项目，在全国首创企业劳动关系监测制度，为促进全市经济发展和维护社会和谐稳定做出积极贡献。

【建功立业】 着眼全市经济发展大局，市总工会组织开展重点项目建设“三比一创”、脱贫攻坚“六比一创”和京津冀交通一体化等系列劳动竞赛活动。承德市农业产业化龙头企业专项竞赛活动被确定为全省劳动竞赛重点项目，全市共有3100多家企事业单位、26万名职工参赛。积极开展助力“五城联创”职工系列争创活动，市委书记周仲明批示将《关于在开展“五城联创”活动中充分发挥工会组织作用的实施意见》转发全市学习借鉴。着力提升职工职业技能素质，借助高校教育资源开设职业技术技能培训项目45个，组织教育、卫生、旅游、农牧等20多个行业系统、2.6万名职工开展技能竞赛和岗位练兵等活动，造就一批职工高技能领军人才。

【维护权益】 全面落实工会与同级政府联席会议制度，市本级和11个县区全部召开联席会议，研究解决30多个涉及职工利益和工会发展的重大问题。制定了《关于构建和谐劳动关系的实施方案》，新增“AAA”级、“AA”级劳动关系和谐单位78家。积极开展工资集体协商“百日行动”，集体协商动态建制率达到80%以上，承德市深化企业工资集体协商“母子合同”经验被全国总工会《工会要情》刊发。不断加大职工维权维稳工作力度，出台《关于进一步做好职工信访稳定工作的实施意见》，全力配合市政府做好22家国企改革攻坚工作，调解劳动争议案件120多件。先后妥善化解承德建龙特殊钢公司和铜兴矿业公司职工群体信访维权案件，得到市委领导的充分肯定。

制定《承德市企业民主管理监督办法（试行）》，这一经验做法在《工人日报》和《中国工人》刊发，得到全国企业民主管理工作调研检查组的高度评价，全总书记处领导对此也作出重要批示，同时荣获2016年度全省工会工作创新成果三等奖。

【服务职工】 不断深化互助“一日捐”活动，全年参与职工20.81万人、募集资金1280.82万元，“两节”期间开展二次救助和“急难暖心”专项救助活动，累计向5230名符合救助条件的会员发放互助金1259.2万元。继续实施关爱职工系列帮扶项目，通过困难职工粮油专供站向3836名困难职工按季度补贴发放米面油等生活必需品，为380名困难职工子女发放金秋助学金101.3万元，向符合“尿毒症肾透析”救助条件的252名困难职工发放医疗救助金126万元。同时，多方筹集争取资金210多万元，支持承钢公司、兴隆矿业公司、铜兴矿业公司等去产能和经营困难企业开展职工困难救助、转岗就业培训，全力帮助他们渡过难关。

抢抓省总工会支持县级职工服务中心建设的重大机遇，有9个县（区）达到省级示范型标准、2个县（区）达到省级达标型标准，全市县级职工服务中心设施规模由建设前的1700多平方米增加到10691平方米，实现3年内县（区）职工服务中心建设焕然一新的目标。特别是在省总工会和市委、市政府的大力支持下，市总工会购置了5.2亩土地和近9000平方米的建筑设施，改建为市职工综合服务中心，彻底解决市级职工服务设施长期空白的问题，并争取市政府将中心纳入全市公共文化服务体系。

全力支持配合市政府举办承德国际马拉松、承德冰雪季职工赛事活动，联合有关部门组织开展了庆祝建党95周年职工歌咏大赛和推广“八段锦”职工工间操等多项大型职工文体活动，极大地丰富了广大职工的精神文化生活，进一步活跃了职工文体活动品牌。

按照“银行+服务项目+会员”的模式，为广大职工提供生活便利、帮扶救助、金融理财等多元化、社会化服务。围绕衣食住行娱等方面签约合作商家150多家，在合作银行河北银行承德分行投入260余万元的基础上，由市县总工会共同出资为首批持卡会员每人赠送一份人身意外保险，全年发放激活会员卡10万张，超额完成了省总下达的目标任务。

【联席会表彰会】 4月28日，在承德大剧院以市委、市政府名义高规格召开承德市弘扬塞罕坝精神、建功“十三五”规划劳动模范事迹报告暨庆祝“五一”国际劳动节大会，市委书记周仲明出席会议并讲话，市委常委、政法委书记阮树平主持会议。大会对获得全国、省表彰的先进集体和个人，省、市劳动竞赛的获奖代表进行表彰，市总工会党组书记、常务副主席佟伊民宣读《致全市广大劳动者的倡议书》，先进集体代表和劳模代表作先进事迹报告，唱响劳动光荣这一时代强音。

12月27日，市长常丽虹主持召开市政府与市总工会联席会议。会议听取市总工会工作情况汇报和需要联席会议研究解决的问题，会议议定：支持市总职工综合服务中心建设，市财政要将市委、市政府支持的2000万元建设资金列入2017年度财政预算，同时将市职工综合服务中心纳入公共文化服务体系；加大工会经费收缴力度，市地税部门要积极配合市总工会做好经费代收工作，抓紧研究制定承德市进一步规范工会经费代收工作的意见，报市政府审核同意后尽快印发执行。

【专项行动】 围绕“脱贫攻坚、全面小康”工作目标，大力实施“建会入会、扶心扶智、创新创造、维权维稳、结对帮扶、共建共享”6个专项行动，各级工会结对帮扶农业企业400多家、困难农户800余户。市委书记周仲明作出批示，对市总工会这一做法给予充分肯定。

加大困难职工解困脱困帮扶力度，先后举办困难职工快餐行业、家政服务业创业项目技能培训，累计无偿投入创业资金48万元，扶持困难职工实施创业项目43个，部分项目已为创业困难职工带来收益。

【组织建设】 扎实开展会员实名制普查，深入推进农民工入会数量和服务质量“双提升”，全年新建工会组织389个，新发展会员3.2万人，符合建会条件的12个园区全部建会。着力推动工会规范化建设，在4个优秀县级工会的基础上，又有宽城县、滦平县2个县通过省总考核验收并评定为优秀。制定《关于乡镇（街道）工会规范化建设实施意见》，评选市级规范化建设优秀乡镇（街道）工会10个，选树省百家示范乡镇（街道）工会4个。坚持“会、站、家”一体化建设，对全市109个省级和全国模范职工之家进行复查验收，选树“省百家示范非公企业工会”10个，全市示范非公企业单位达到了31家，基层工会活力不断增强。

附：市总工会领导名录

主　　　　　席：孙　林（满族）
党组书记、常务副主席：赵克宁（满族，3月免）
　　　　　　　　　　佟伊民（满族，3月任）
党组成员、副主席：李　峙
　　　　　　　　　孙清江
　　　　　　　　　司志通
　　　　　　　　　刘忠云
　　　　　　　　　于卫红（1月免）

（供稿　陈　锐）

共青团承德市委员会

【概况】　2016年，全市共有基层团委514个、基层团工委24个、团总支205个、团支部9300个。全市共青团组织按照团省委要求和市委全会决策部署，牢牢树立“绿色、创新、开放、转型、协调、共享”六大发展理念，紧紧围绕市委市政府大力推进转型升级、脱贫攻坚以及“五城联创”，加快建设“生态强市、魅力承德”的中心工作，以保持和增强共青团工作的政治性、先进性、群众性为目标，以全省共青团“五项工作”为重点，以助力“生态强市、魅力承德”党政大局为重心，以“魅力承德·青春建功”专项行动为统领，着力打造“1+3+N”重点项目工作模式，即以共青团改革和作风建设为统领，围绕思想引领、创业扶贫、志愿公益三方面重点开展15项工作任务，有效推动核心任务见实效、重点工作见功效、常规工作见长效，不断团结带领广大团员青年为承德市“十三五”规划开好局起好步和加快“生态强市、魅力承德”建设做出新贡献。

【“青年中心”阵地建设】　在全市各级青年中心中开展“活力中心建设年”活动。制定下发《关于进一步加强青年中心建设工作的通知》，从扩大覆盖范围、规范建设标准、整合优势资源三方面着手，打造拥有固定场所、骨干队伍、必要设施、统一标识和特色项目的市县乡三级青年中心服务体系。截至年底，全市共建立青年中心230家，市、县、街道覆盖率达到100%，乡镇青年中心覆盖率达96%，共青团综合改革试点县、贫困县和异地搬迁县所辖的乡镇、街道青年中心实现了全覆盖。针对全市青年中心运转，除发挥青年中心十项基础阵地作用外，分别设计青年中心关爱农村留守儿童“青春守护点对点”专项行动、“助力脱贫攻坚服务青年就业创业”主题活动、“邂逅青春·邂逅你——我在青年中心等你”系列青年交友联谊活动、“青年中心在你身边”系列志愿公益行动、开展学习贯彻习近平系列重要讲话精神“百个青年中心百场宣讲”等主题活动5项，制定创建活动管理办法，为全市各级青年中心开展工作提供了方向指引。在全市范围开展市级示范性青年中心创建活动，争创承德特色青年中心。全市共有市级1家、县区级12家、乡镇（街道）或村级38家承德市市级示范性青年中心，争创团中央示范综合服务平台2家，其中1家获扶持资金10万元。在市级层面，组织开展关爱老人、保护母亲河等志愿公益活动，累计参与志愿者2000余人次；面向社会公开招募公益心理咨询师、法律维权工作者27名，正式启动市青年中心心理健康法律维权工作室；设立青年书吧，为青年提供图书借阅、图书漂流等服务。在各个基层青年中心，开展关爱农村留守儿童、创新创业培训、心理辅导、志愿服务等活动160余场次，覆盖青年24000余人。

【青年之声平台建设】　搭建市级“青年之声”互动社交平台1个，下设县区、企业、高校、服务联盟等领域平台26个，开通“网上共青团”

门户网站12个，邀请社会各类青年工作者、青年专家人才3501名，组建服务联盟7支，为青年提供全面服务；结合承德市“青年之声”平台工作实际，制定下发《关于进一步做好青年之声工作的通知》，出台《承德市“青年之声”平台建设与运行考核方案》，强化服务专家值班、工作人员专职分办及审核制度，组织召开全市“青年之声”专题调度会，实行周通报及月报告制度，不断加强对青年之声工作的日常调度，保障平台的制度化、长效化、规范化运行。各级团组织通过设置主题论坛、开展线上评选、展示主题活动、三微一端捆绑推介，先后开展“青年之声 两会问吧”视频征集、“就业服务季”创新创业论坛、优秀青年志愿者评选、“寻找身边的好青年”“网络安全—我承诺·我践行”“青言青语话国庆·承心承意庆十一”等线上主题活动十余次，逐步扩大“青年之声”平台影响力，吸引团员青年利用青年之声平台发布诉求、提问问题28149条，平台访问量达800万余人次。全市各级团组织将青年之声线上服务与青年中心线下服务充分结合，通过网上共青团发布各类活动信息、青春典型视频等资料260余项，组织专家线上回答青年问题，结合青年需求开展青年交流联谊、青年创业培训、贫困学生救助、青少年心理咨询等线下服务活动30余次，覆盖青年15000余人，真正打造青年身边的共青团。

【青少年维权】 进一步加强青少年法治教育，推进校园法治文化建设，先后开展平安日集中宣传、校园食品安全、反传销进校园等大型宣教活动，在广播电视报开设“平安与法治”板块，扩大法治宣传教育覆盖面，取得良好效果；深化开展“共青团与人大代表、政协委员面对面”、青少年自护教育等活动，着力推进“12355”平台建设，青少年进行心理咨询和法律援助2000余人次；深入推进社工队伍建设，推荐省青年法律工作者协会理事6名、省青少年社会工作者协会会员2名，有效带动全市社工队伍发展；牵头起草承德市《关于进一步深化预防青少年违法犯罪工作的实施意见》初稿，将为全市预青工作及青少年维权工作提供制度化保障。

【创新工作】 以品牌化经营、项目化打造为工作思路，着力创新青年志愿服务工作方式，将全市青年志愿服务整合为“小青橙”志愿服务品牌。在全省首创大学生志愿服务学分制建设，将大学生志愿服务纳入学分制管理。形成青春守护点对点、日行一善等多个“小青橙”承德志愿者服务品牌活动。截至年底，注册志愿者10万余人，直接组织实施各类志愿服务活动6000余次，多项活动由《中国青年报》等主流媒体报道，多个志愿服务项目在全国大赛中获奖，取得良好的社会反响。围绕助力“国际旅游城市”创建活动，全市共计5000余名“小青橙”青年志愿者为“千名美国游客游长城”“2016承德国际马拉松赛”等大型活动赛事中提供专业化志愿服务保障，得到社会各界的一致好评，受到市政府通报表扬，形成以“青春承德 志愿有我”为理念的“小青橙”承德青年志愿服务品牌体系。

为引导各级团组织集中力量办大事，团市委主动改进考核方式，将对各团县（区）委和直属团委的全面常规考核向打造特色亮点考核转变、将年底一次性考核向日常动态督导考核转变，转变过去单纯以工作总结论长短的模式，更加注重工作状态、工作作风的评价，更加注重结合当地实际、突出单位特色，探索打造特色亮点工作考评模式。在团的考核评价体系中，增加各团县（区）委对团市委机关工作的评价考核，由团市委班子成员和各团县（区）委书记共同组成考核小组，对团市委机关各部室工作进行评价打分，增强服务对象对团市委工作的评议权重。团市委主动将共青团的工作公开公示，并组织开展网评点赞，征求团员青年对共青团工作的意见建议，开展社会评议共青团工作，将团的各项重要工作置于青年的监督之下。结合“青年之声”平台优势，开展为期两个月的“魅力承德·青春建功”专项行动阶段成果展示活动，将各县（区）活动开展情况发布到平台上，接受青年的评价。

【脱贫攻坚】 结合承德市脱贫攻坚新形势，全力开展“脱贫攻坚党旗红·青春建功做先锋”专项行动，此项工作在《河北日报》刊载报道，受到省委办公厅关注。深入开展“青春守护点对点”关爱农村留守儿童，引进希望工程款项315万余元，发放助学金158万余元，改善贫困村办学条件，解决贫困留守儿童“上学难”；着力开展外出务工青年返乡创业就业计划，通过组织开展留守儿童家长返乡专场招聘会、技术培训等形式，带动和吸纳留守儿童家长就近就业1800余人。依托各级青年中心，免费开办留守儿童培训班及法律维权讲座100余场次，依托重点扶贫村村部建立“留守儿童之家”或“七彩小屋”9个，组建“小青橙”关爱农村留守儿童青年志愿服务队30支，开展各类关爱志愿服务活动150余次，结对500余个，帮扶困难家庭160余个；实施“小青橙”志愿服务、“青春守护点对点”爱心接力项目，筹集物资近100万元，为2000余名留守儿童送去学习用品。开展“小青橙”全承公益趣跑，筹集善款2万余元为农村留守儿童提供购买保险服务。发挥青联、青企协、青年文明号等团体阵地力量，通过开展公益宣讲、便民服务、公益晚会、爱心超市、徒步越野赛、圆梦微心愿等系列关爱活动，募集社会资金近50万元。探索“微企家庭农场”工作模式，调研家庭农场十余家，形成情况分析报告和工作实施方案，选取农业基础较好的滦平县和隆化县为试点，开展先行先试。继续联合农牧局、农广校等部门开展职业农民培育专项行动，集中培训青年农民1000余名。重点实施大学生返乡创业行动，争取专项扶持资金40万元，与市农行联合出台《大学生返乡创业扶持方案》，扶持200名大学生返乡创业。举办农村青年电商创业培训班，对全市600余名农村电商青年、返乡创业青年、大学生村干部等创业青年群体进行集中培训，为农村青年脱贫创业提供一技之长。

【服务青年创业】 坚持以激发青年创新创业热情、搭建创新创业平台为工作思路，推动培育和扶持科技型中小企业等重点工作落到实处。完成市青年企业家协会换届，吸纳会员115名。同步启动承德市青年创业融资平台，组织金融、政策等相关部门人员开展走访科技型中小企业活动4期，为科技型中小企业发展出谋划策、搭建交流平台。成功举办第五届承德市青年创业创新大赛及首届承德市青年旅游文创设计大赛，近300个项目参赛，5个项目晋级“创青春”和“中国创翼”两项创新创业大赛，其中承德市“兴春和种植”和“大槐树电商”作为全省两个代表晋级“创青春”全国赛十强，分获银奖和铜奖。打造承德市电子商务产业园等“青创空间”12家，申报省级青年创业孵化基地9家，推荐3家孵化基地为河北省大学生创新创业联盟特邀团体会员，1家认定为省级青年创业孵化基地。动员各青年文明号集体开展创新创效创优活动，申报创新创效创优项目14个，认定市级青年文明号289家，争创集体39家，评选年度市级青年文明号标杆20家，优秀号长20名，获评省级青年文明号6家、省级青年安全生产示范岗4家、全国青年安全生产示范岗1家，充分挖掘农村青年创业典型，在全市开展“寻找脱贫攻坚青春榜样”典型选树活动，承德市9人获评“河北省农村青年致富带头人”，3人参评“全国农村青年致富带头人”。

改革培训方式，首次采用与涉农电商企业合作的模式，借助涉农电商龙头企业较为成熟的农村电商发展模式和优厚的理论营销师资力量，从政策分析、案例讲解、技术实操等多方面对学员进行指导培训。突出培训重点，扶持重心向农村特别是贫困村推进，培训重点针对贫困村和电商发展较为迟缓的落后村开设，培训对象覆盖到大学生村干部、驻村工作组成员、乡镇青年干部，有意愿或已经从事农村电商经营的农村青年，具有涉农创业计划的大学毕业生，以及具有一定创业基础的优秀返乡创业青年等三类群体。注重后期跟踪服务，已有十余名考察认定合格的学员就农特产品销售、商品门店代理等项目与大槐树电商达成合作，真正实现以电商带创富，以创富助脱贫。

【专项行动】 主动融入京津冀协同发展大局，邀请北京市朝阳区青联考察团来承对接交流，成功举办京承青联协同发展交流考察——朝阳青联宽城行活动。结合承德市“京津冀水源涵养功能区”定位，开展“生态承德·创森有我”行动，以解放军青年林、“小渊基金”青年林、中日“岛津友谊林”等项目为龙头，开展植树造林及城郊绿化活动，共计植树42万余棵，面积达5285亩，开展各类环保公益活动8场次，参与青年1100人次。在首届京津冀晋蒙青少年生态环保大赛实践赛和计划赛的国家级决赛中，承德市推荐的2个项目入围全国赛，其中1个项目荣获亚军。围绕美丽幸福乡村建设，开展“美丽乡村·发展有我”行动，以大学生暑期实践“三下乡”活动为载体，实施文化墙绘制项目，绘制文化墙1500平方米。

围绕全市“创建全国文明城市、国家环境保护模范城市、国家卫生城市、国家森林城市、国际旅游城市”的总体部署，团市委以志愿服务为载体，以宣传发动为抓手，在广大青年中广泛开展“五城联创·青春建功”专项行动，掀起助力“五城联创”高潮。全市成立环保、医疗等12支“小青橙”专业队伍，服务“五城联创”，组织各级团组织和志愿者开展“五城联创”主题活动40余次，开展“五进”宣讲活动20余次，发放各类宣传材料上万份，覆盖青年3000余人。利用团属新媒体开展“你我携手创森·青春不惧挑战”万步微挑战等主题活动2次，点击人数破万，转发10万余次；开展各类青年志愿服务335次，参与志愿者1.2万人次，清理环境垃圾300吨，栽植各类青年林4000余亩。

【组织制度改革】 全面谋划，以上率下，成立全市共青团改革工作领导小组，起草制定全市共青团系统改革方案（初稿）、团市委机关改革方案（初稿），指导试点县隆化县制定《共青团改革试点方案》（征求意见稿）。聚焦问题，突出重点，围绕“打造专职、挂职、兼职相结合的团干部队伍”，制定《关于选配年轻干部到团市委机关挂职兼职的工作方案》，联合市委组织部共同启动团市委机关专兼挂干部队伍建设，选配7名挂职干部和5名兼职干部到岗工作；围绕“举办机关开放日集中活动，探索建立‘普通青年群众评议团的工作’机制”，开展机关开放日活动20余次，加大工作公开公示力度，探索创新工作考评模式。统筹推进，抓好试点，隆化县、双滦区起草本县（区）共青团改革实施方案（初稿），双桥区、双滦区、滦平县根据工作需求探索优化团的领导机关内设机构方式方法，增强县（区）工作力量。双桥区增加团区委下设股级事业单位双桥区青年中心1个，增设全额拨款事业编制3名；双滦区增设行政编制1名，核定副科级领导职数1名；滦平县增加行政编制2个，拟增加内设机构1个（青工部），待县编委会批准。1个县（区）即滦平县，探索打造专职、挂职、兼职相结合的团干部队伍，滦平县经县委组织部批准，增设团县委挂职副书记1名、兼职副书记1名。在21个乡镇（街道）团委中各增设兼职团委副书记1名，8个镇团委副书记人选已经同级党委任职。兴隆县积极探索把团组织建设纳入同级党委党建工作年度考核内容，联合县委组织部印发《关于深化党建带团建创建星级服务型团组织的实施方案》，推进党建带团建工作。完善机制，优化结构，着力完善市县团的领导体制和运行机制，优化委员结构，提升基层一线青年比例。市级团代会代表中基层一线代表占比97%，市级团的委员会中基层一线占比81%；市级青联中一线委员占比10%。

【思想建设】 坚持以学习近平系列重要讲话为核心，以“两学一做”主题宣讲、“学传诵”习近平讲话经典古诗词、“互联网+”网上专题培训为主要载体，推动青年读书班向新经济组织、新社会组织、网民和新兴群体延伸。年内共举办各类读书班366期，培训人员31700人次，其中市本级举办青年读书班4期，培训各级团干部、青年致富带头人、青年电商等青年骨干600余人次。坚持分类引导，针对不同青少年群体，利用“五四”“六一”等重要时间节点，抓住建党95周年、长征胜利80周年等重大活动契机，开展各类主题团队日活动、主题宣传日活动106次，覆盖青少年23780人次。通过开展入队、入团、“5·18”成人礼等仪式教育，举办承德市首届家风与成功家庭教育高峰论坛。深化“三下乡”等实践活动，切实让核心价值观在青少年中内化于心、外化于行。注重典型引领，集中开展“两红两优”“五四奖章”评选表彰活动，培树国家级典型1个、省级先进集体和个人28名，市级先进集体和个人350余名。集中开展“最美青春故事分享会”等活动，广泛树立全市青少年“身边的榜样”。集中开展“弘扬塞罕坝精神”专项行动，“五四”期间召开纪念五四运动97周年暨“脱贫攻坚·青春建功”学习弘扬塞罕坝精神主题青年座谈会，联合市委宣传部、教育局、电视台、文广新局等单位开展“魅力承德·生态承德”微电影大赛、文化展演等活动，动员全市各级团组织广泛开展报告会、征文、绘画、演讲、分享会等主题活动，积极弘扬本土先进精神。

【组织建设】 扩大团的基层组织覆盖，深化开展区域化团建工作，全市新增非公组织、社会组织团建56家；着力提升基层团组织活力，配备各类志愿者128名，充实基层团组织工作力量；着力推动配齐配强市县团委班子，市级领导机关书记、班子和机关干部配备率均达到90%以上，县（区）中，11个县（区）书记配备齐全，7个县（区）班子和机关干部配备齐全。

深入推进“两学一做”学习教育，集中开展“五个一”专题活动，团市委机关开展集中学习交流44次，撰写心得体会18篇；在全市共青团系统深入推进“团干部如何健康成长”大讨论活动，覆盖专兼职团干部705名，实现从严教育、规范管理。深入开展机关作风整顿及“一问责八清理”专项行动，出台《团市委贯彻落实八项规定实施办法》，规范机关各项工作，转变机关干部作风。深化机关开放日“请来青年”，全市共开展“机关开放日”活动22次，直接联系青年800余人，收集青年合理化建议300余条。深化常态下沉“走进青年”，推动完善团干部“1+10”“1+100”直接联系青年机制，全市各级专兼职团干部常态联系基层青年12823名。制发全市发展团员计划方案，严把入口、严控规模、严控流程，保质保量做好团员发展；开展团员先进性教育，提升团员队伍素质；深入实施中职中学共青团“固本强基”工程和高校团支部“活力提升”工程，有效加强和改进团支部基础团务管理、队伍建设和制度建设。

附：共青团承德市委领导名录

书　　记：韩　旭（女）

副 书 记：秦　涛

宋宇宁（3月免）

王耀霆

艾　铮（3月任）

（供稿　胡　彬）

市妇女联合会

【概况】 2016年，以中共十八大、中共十八届三中、四中、五中、六中全会和习近平系列讲话精神为指导，认真贯彻落实党的群团工作会议精神，扎实开展“两学一做”学习教育，在市委、市政府和省妇联的坚强领导下，围绕中心服务大局，注重科学谋划、工作创新、整体推进，各项工作取得较好成绩。

【妇代会换届】 6月28日，承德市妇女第十六次代表大会胜利召开，市委书记周仲明出席会议并讲话、省妇联副主席王静到会祝贺。市领导常丽虹、韩福才、阮树平、刘文勤、邢书印、孙林及各县区分管妇联工作的县领导出席大会。来自承德市各行各业216位优秀妇女代表出席大会。大会选举产生承德市妇联第十六届执行委员会委员51名、主席1名、副主席3名、兼职副主席5名，常务委员6名。赵春丽当选为承德市妇女联合会第十六届执行委员会主席，彭兴怀、郑洪波、郭蕾蕾当选为承德市妇女联合会第十六届执行委员会副主席，刘秀芬、张秀玲、杨玉艳、范庆杰、窦立新当选为承德市妇女联合会第十六届执行委员会兼职副主席。

【家风建设】 2016年在全市开展“善美承德·爱在我家——寻找最美家庭”主题活动、“平安家庭”创建活动，一年来，表彰优秀市级最美家庭95户、优秀“平安家庭”100户，围场满族蒙古族自治县王淑芹家庭获得2016年全国“最美家庭”荣誉称号。全市各级妇联组织开展评选“好婆婆、好媳妇”“五好”文明家庭等活动231场次，涌现先进典型925人。

制定出台《2016年承德市美丽庭院创建工作实施方案》。发放宣传册、门帘、笔记本等宣传品40000余份。全市共成立讲师团23支，讲师300余人，培训妇女2000人次，开展实践活动20余次。村民讲习所讲师培训班，培训县（区）妇联干部、美丽乡村建设重点乡镇、村妇联干部等107人。成功承接河北省张承唐片区“美丽庭院”经验总结座谈会，承德市“美丽庭院”创建亮点工作受到省妇联的充分肯定。

【巾帼建功行动】 结合全市“五城联创”工作，制定出台《“美丽承德·巾帼添彩”活动方案》，在全市各行各业的女性群体中，以“服务创一流，巾帼展风采”为主题，开展争创“巾帼文明岗”和“巾帼建功标兵”、岗位建功、技能比武等活动。与市广播电视台联合开展“魅力巾帼·最美女性”评选活动，评选出承德市首届“魅力巾帼·最美女性”10名，授予市公交公司七路线为承德市首届“魅力巾帼·最美女性”团体奖，在全社会营造爱岗敬业、无私奉献、尊老爱亲、争创一流的浓厚氛围。

各级巾帼志愿服务组织以关爱空巢孤寡老人、关爱留守流动妇女儿童为重点，积极开展“爱心代理儿女”“爱心代理妈妈”、帮扶困难家庭等志愿服务活动3000余次，参与巾帼志愿者超万人。其中，承德爱心联盟志愿者协会已有会员327位，注册志愿者4870位。2016年协会筹集助学资金40万元、助老资金37万元，资助贫困学生900余名，帮扶孤寡老人1000余名，为30多所中小学校捐赠爱心书包13000余个，发放物资4000余次。2016年协会被省精神文明建设委员会、省志愿服务指导委员会授予“河北省志愿服务培训基地”称号；被省妇联授予“河北省巾帼志愿服务示范基地”荣誉称号。

通过搭建交流平台，围绕承德市发展定位，加快推进企业转型升级步伐，共发送展会、培训、表彰等各类信息126条，女企业家通过平台反馈信息500余条，全年组织优秀女企业家代表参加“京津冀巾帼创业行——暨农业示范基地项目对接”、法律知识讲座暨银企对接联谊会、赴邢台灾区进行慰问等活动11次，组织协会会员为贫困妇女儿童共捐款捐物百余万元。

【巾帼脱贫攻坚】 2016年，市妇联发挥“联”字优势，充分利用各种资源、政策，帮扶贫困妇女通过参与现代绿色农业、乡村旅游业、家庭手工业、家政服务业等适合妇女发展的产业实现脱贫。

先后制定下发《承德市妇联推进“巾帼脱贫攻坚行动”实施方案》《关于实施“妇女脱贫增收技能培训工程”的通知》，与市扶贫办、市旅游局联合下发《关于“十三五”期间开展巾帼乡村旅游示范创评活动的意见》、与市扶贫办下发《关于在脱贫攻坚战中大力推进金融扶贫促进建档立卡贫困家庭妇女脱贫致富的通知》，这一系列政策的出台，为实施“巾帼脱贫攻坚行动”提供政策保障。

以项目管理方式，与县（区）妇联联合开展“妇女脱贫增收技能培训工程”，举办以课堂讲授为主，实际操作与视频学习相结合的各类妇女实用技能培训，培训涵盖乡村游、家政服务、手工制作、农业技术等多个方面。已投入培训资金48万元，办班26期，直接培训农村妇女4300余人，其中培训“热河巧娘”300余人。继续实施“热河嫂”家政服务工程，培训学员170余名。“热河嫂”三家实习就业基地共有稳定员工200余名，年内接待客户800余户，成功服务451户家庭，安置就业685人次。

9月，与市旅游局、市扶贫开发办联合开展“2016年承德市巾帼乡村旅游示范村和示范点评选活动”，活动通过县区推荐、网络投票、专家组评审、授牌表彰、典型宣传等5个环节，在20个候选村、50个候选点中，评选出巾帼乡村游示范村12个、巾帼乡村游示范点36个，给予挂牌表彰。此外，联合市电视台为11个从事乡村游的村、户做专题宣传片，在承德电视台“今日聚焦”栏目播出，增强示范带动效应。

在巾帼扶贫工作中探索特色工作模式。①“班带店 店连片”模式。滦平县妇联通过争取上级妇联组织支持，整合扶贫、人社、残联、科技局、农户自立服务社等部门资源，举办与妇女手工相关的手工编织、乡村旅游、妇女电商等培训班，在培训班中发现培树典型，通过为典型提供创业政策引导、注册建店、市场营销等服务，带动本村贫困妇女脱贫。②“公司＋基地（合作社）+ 贫困妇女”扶贫模式。各级妇联组织积极引导“巾帼现代农业科技示范基地”、女性任法人的农业龙头企业、专业合作社、女能手等发挥引领带动作用，以食用菌园区、种植养殖基地、中草药种植园区为主要阵地、助推其为农村妇女尤其是农村贫困妇女优先提供就业岗位、技能培训、农产品生产销售等帮助，实现与贫困妇女的结对帮扶、互助合作。平泉县瀑河源食用菌有限公司吸纳近200多名农村妇女就业；滦平县互营电子商务有限公司，发展“一村一店”电商服务站200个，其中80%为农村妇女。截至年底，全市一大批女企业家在发展产业的同时积极对接贫困妇女需求，以帮助贫困妇女脱贫为己任，优先吸纳贫困妇女就业脱贫。③资金入股帮助贫困母亲模式。继续实施“温暖援助单亲母亲”项目，以“项目资金促进产业扶贫”的模式向隆化、丰宁两县50名贫困妇女发放25万元“河北省温暖援助农村贫困单亲母亲”项目资金，以股本金的方式入股农业龙头企业，并倡议公司优先聘用有劳动能力的贫困妇女参与公司生产，带动项目户脱贫增收。丰宁满族自治县御今农业发展集团有限公司流转贫困单亲母亲资金16万元，为32名农村贫困单亲母亲免费提供香菇大棚，年增收1.5万元。④“一带多”的牵手发展脱贫模式。按照依托资源、易推广、投资小、见效快的原则，引导旅游资源丰富地区的贫困妇女，通过发展乡村特色旅游实现脱贫增收。选取其中带动能力强、有示范性的乡村旅游重点大户，通过妇联组织协调将本区域内的妇女家庭手工产品、特色农业产品等依托重点大户成立合作组织，进行整体策划、整体包装和整体营销，打造一批集妇女家庭手工、休闲观光农业、特色民食民宿和民俗文化娱乐于一体的乡村旅游精品示范点，既增强了当地乡村游的吸引力，又解决了贫困妇女脱贫增收的需求，实现互利共赢。

【妇女儿童工作】 2016年，市妇联圆满完成省政府对承德市实施《承德市妇女发展规划（2011—2020年）》《承德市儿童发展规划（2011—2020年）》两规划中期评估工作，并针对评估督导组的反馈意见，及时制定整改措施。针对出生缺陷、基础教育薄弱等指标问题，撰写《承德市妇儿工委办公室关于提高出生人口质量、减少出生缺陷的调研报告》《承德市基础教育现状及发展对策》等调研文章2篇。组织召开全市妇女儿童工作会议，就承德市5年来妇女儿童工作开展情况做总结并对今后一个时期全市妇女儿童工作安排部署。积极争取项目资金和动员社会力量开展妇女儿童关爱行动，全年共争取“两癌”“关爱革命母亲”“护蕾行动”“音乐之声”“让我玩”“欧迪芬2016年公益捐赠”、北京富德基金会“漂流瓶”活动图书捐赠、扶轮社救助资金等项目和捐款资金56万元，募集各类救助物资325.8万元，惠及贫困妇女儿童6470名。全市11辆母亲健康快车下乡义诊263次，累计服务1.3万余人次，免费接送急救孕产妇及急救病人1760余人次、转运危重病人457人次，赠送药品、器械15万余元。

【青春期教育师资培训】 市妇联争取省专家团对全市8个县（区）进行9天的师资培训，专家授课48场次，累计培训教师700余名，直接受益学生2300人，发放青春期教学用书《生命花季》1000余册。与宣传部、教育局、团市委共同主办“传承中华文化 共筑精神家园”第二十三届青少年爱国主义读书教育活动，吸引全市37万中小学生踊跃参与。与教育局、承德日报社、团市委共同主办首届儿童国学经典诵读大赛，评选出一等奖82名，二等奖140名，三等奖195名，优秀教师指导奖24名。妇女儿童活动中心发挥校外教育的优势与平台作用，年内为妇女儿童提供培训1.7万人次。

“六一”儿童节活动丰富多彩。市妇联与市教育局在“六一”节期间，评选表彰家庭教育工作先进个人、家庭教育工作先进集体、优秀家长学校等先进典型85个。全市“六一”儿童节期间共组织庆祝演出、表彰、艺术节演出630场次。各级妇联为儿童之家、幼儿园，送去近13万元的书籍、玩具等节日礼物。

服务妇女群众能力水平不断提升。利用财政专项培训资金，以承德市妇女培训学校为依托，不断加大对骨干村妇代会主任的培训力度，共举办基层妇联干部培训班2期、村民讲习所讲师培训班1期，培训303人。增强互联网意识，利用“两网、两号、两群、一平台”，开展女网民交流互动，积极探索线上线下互动融合的培训工作新格局，全年在网上发布培训信息资料234条。市妇联根据工作需要，编辑《承德市妇女干部读本》3期，累计发放3600册。

【普法维权】 制定出台《承德妇联系统开展法制宣传教育的第七个五年规划（2016—2020年）》；积极开展“三八”维权周、“普法进家庭 共建和谐梦”等直接面向广大妇女群众的宣传活动，各级妇联组织利用“三级妇女儿童维权站”“律师牵手巾帼维权行动”“木兰有约”等活动平台，共发放《妇女土地权益宣传手册》《中华人民共和国反家庭暴力法》与《反家庭暴力法亮点解读手册》等3万余份，举办普法讲座及各类法律宣传活动339场次，参与妇女人数达8万余人。

2016年，在全省率先开展建立政策法规性别平等评估机制的改革探索。市妇联联合市人大常委会办公室、市政府法制办下发《关于建立承德市政策法规性别平等咨询评估机制的通知》，召开全市“政策法规性别平等咨询评估机制联席会议”，建立评估专家库，承德市政策法规性别平等咨询评估机制已正式启动。与市中级人民法院、市司法局、市民政局联合制定下发《关于进一步加强婚姻家庭纠纷专业人民调解工作的意见》，成立承德市婚姻家庭纠纷人民调解委员会，并将婚姻家庭纠纷人民调解工作以政府购买服务方式纳入承德市人民调解服务大厅。截至年底，全市共建立各级婚姻家庭纠纷人民调解委员会569个，有专职调解员113人，兼职调解员1068人，已调解案件876件。

【组织建设】 为加强乡镇（街道）妇联工作，推动乡镇（街道）妇联换届工作圆满完成，与市委组织部联合下发《关于加强乡镇（街道）妇联建设的意见》，并召开全市“三有两突出”妇联基层组织示范创建工作推进会议，对乡镇（街道）妇联示范点换届工作提出具体要求。截至12月底，全市11个县（区）已全部完成示范点换届任务。其中，滦平县、承德县被认定为省级示范点。在探索组织建设模式创新上，继2015年滦平县周台子村成立了村妇联后，2016年围场庙宫村也成立村级妇联。

在全市村（社区）妇女之家全覆盖基础上，开展省市“示范”妇女之家创建活动，着力打造“升级版”妇女之家，2016年，全市上报省级示范乡镇（街道）7个、示范村（社区）24个、表彰市级“三有两突出”基层示范乡镇(街道)23个、示范村（社区）35个、有省级示范“妇女之家”22个，表彰市级示范“妇女之家”41个。特别是双滦区妇联在区委的重视支持下，率先在全省实现省级“示范妇女之家”在社区全覆盖。2016年，争取省妇女之家建设资金220万元，儿童之家建设资金10万元，进一步加强妇女儿童之家建设。市妇联新购置价值35.323万元的图书，在18个村建立第四批巾帼书橱，巾帼书橱已装备72个妇女儿童之家。

积极推进网上妇联建设，已形成由承德妇女网、承德妇女儿童活动中心网、承德女性微信公众号、承德市妇女儿童活动中心微信公众号、承德姐妹微信群、承德女企业家微信群、移动手机工作信息发布平台构成的“两网、两号、两群、一平台”的“天网”妇联工作体系。利用新媒体平台持续发布先进典型事迹及工作快讯阅读量不断走高，关注人数已突破2万人。牢牢把握网上传播正能量，加快打造高素质网宣队伍进程，已举办网宣队伍培训班3期，累计培训网宣员103名。

附：市妇女联合会领导名录

党组书记、主　席：赵春丽（女）

党组成员、副主席：彭兴怀（女，满族）

郑洪波（女，满族）

郭蕾蕾（女）

（供稿　李秋菊）

市文学艺术界联合会

【概况】 2016年，市文联在市委的坚强领导和省文联、市委宣传部的有力指导下，组织全市文艺界深入学习贯彻落实习近平系列重要讲话精神，特别是《在文艺工作座谈会上的讲话》和《在中国文联十大、中国作协九大开幕式上的讲话》精神，全面落实中央、省关于繁荣发展社会主义文艺的意见，结合市委、市政府中心工作，引导广大文艺工作者充分认识在全面建成小康社会决胜阶段做好文艺工作的重大意义，从坚持服务大局、自觉服务群众、加强对外交流、精心组织创作、积极培育人才等方面围绕“生态强市，魅力承德”建设，推动全年文艺工作健康发展。与此同时，按照市委精准扶贫工作指示，负责承德县甲山镇西梁村脱贫工作任务，并顺利完成全年工作目标。

【多彩文艺活动】 相继承办由中国文联主办的"文艺志愿者歌曲《到人民中去》MV 发布会暨文艺扶贫慰问演出"；中国散文学会主办的第七届冰心散文奖颁奖典礼；由省委宣传部、省文联、市委市政府主办的"美丽河北·第五届中国（承德）国际摄影艺术大展"；由省文联、市委宣传部主办的第二届"刘章诗歌奖"颁奖典礼；由省委宣传部和省文联主办的第二届河北省中青年文艺评论人才高级研修班；由河北省作协和《诗选刊》杂志社主办的"美丽河北名村古镇"走进周台子村采风启动仪式。举办第一届、第二届冰雪季摄影大展；聚焦塞罕坝系列主题创作活动；全市戏曲票友大赛；"中国梦·美丽承德"第六届原创歌曲、歌手大赛暨第三届河北省音乐小金钟选拔赛；"舞出青春风采，绽放中国梦想"承德市第六届舞蹈大赛暨第七届青少年集体舞大赛；创意承德·2016 暨承德第二届手工艺品设计大赛以及庆祝建党 95 周年，"翰墨丹青紫塞情"承德市书画展；迎国庆·爱家乡《歌声里的避暑山庄》——康熙三十六景系列歌曲音乐会。

【志愿服务】 继续深入开展"深入生活、扎根人民"主题实践活动和"艺术星火·三一行动"，推动文艺志愿服务常态化开展。与承德旅游职业学院共同主办"文化名家进校园"讲座《文学在民间》。组织赴平泉县黄土梁子镇双河社区、承德县岗子乡郑栅子村、承德县甲山镇西梁村等地进行慰问演出；与市消防支队共同举办"红门精神，卫士风采"文艺采风创作和作品征集活动。市戏协、音协、舞协、美协、摄协、书协、曲协等协会全年共组织专场文艺演出、培训、采风、慰问等活动 130 余场，让文艺走进基层，走进人民中间。

【对外交流】 加强国内交流，打造文艺品牌和创作基地，"诗上庄"经过文联多年持续打造，高端文化活动不断落户，知名文艺家经常踏访，影响力不断扩大。打造"中国作家看承德"品牌。举办"幽燕丹青"——"赞华杯"京津冀九区县美术精品巡展，计划用 5 年的时间打造区域"幽燕丹青"美术文化品牌。举办"潮河情·滦水行"京津冀三地作家、记者采风采访活动。与唐山、张家口、秦皇岛联合举办"北方四市书画联展"活动。组织承德市传统手工艺参加"我的中国梦——2016 年河北省迎新春民间美术作品展"、北京龙潭和地坛两大庙会、"水源地承德·绿色产品北京行活动""第十二届文化产业博览会"、第九届河北省民俗文化节暨第六届中国剪纸艺术节等活动。王冰玉、何申、刘福君等参加了中国文联第十次全国代表大会、中国作家协会第九次代表大会，并由王冰玉作为与会代表向市委常委会汇报会议精神，市委书记周仲明作出 5 点指示。

拓展国际交流，党组书记王冰玉随同市领导刘新宇会见德国勃兰登堡州政府代表访问团，并签订《中国承德市—德国波茨坦市文化艺术友好交流协议书》。举办"纪实新力量：国际行动主义摄影大展"。组织承德市金山岭农民摄影团体的 40 幅优秀摄影作品参展洛杉矶中国摄影节。组织承德市书法家与日本柏市艺术家代表进行书法笔会和座谈活动。

【文艺创作】 文学方面：创作《承德三章》《一条大河波浪宽》等优秀文学作品；何申、王琦、刘福君、田林、绿窗等人的多篇文学作品在《人民日报》《人民文学》《中国作家》《诗刊》《民族文学》《解放军文学》等国家级报刊发表；田林获 2016 年全国首届"浩然文学奖"三等奖；绿窗散文《凤山胡同》获河北省"美丽河北，我的家乡"征文一等奖。戏剧方面：隆化县河北梆子剧团根据全国劳动模范、全国绿化标兵、隆化镇闹海营村农民郑淑芳绿化荒山先进事迹创排的河北梆子《卧云岭》，参加中宣部、文化部组织的全国基层院团戏曲优秀剧目展演；创编的小戏《好山好水》代表河北省参加第十一届中国艺术节、第十七届政府群星奖展演，入围决赛。影视方面：2016承德少儿春晚获得第七届全国春节电视文艺晚会“十佳春晚奖”；音乐电视《面对鲜红的党旗》等5个影视作品获得第二十一届河北省影视艺术奔马奖一等奖。音乐方面：创作《我爱黄河，我爱长江》《带你到塞罕坝看星星》《美丽的塞罕坝》等优秀歌曲。编辑出版承德原创歌曲精选《美丽承德》，收录了206首歌唱家乡承德的优秀歌曲。舞蹈方面：《萨满腰玲》荣获中华精彩老人全国文艺会演一等奖；《神佑萨铃》荣获河北省第四届少数民族文艺调演优秀创作奖；幼儿舞蹈《小雨莎莎》获得河北省第七届舞蹈大赛一等奖、第八届华北五省市舞蹈大赛表演一等奖、创作二等奖；《五谷丰灯》获得河北省第七届舞蹈大赛一等奖，第八届华北五省市舞蹈大赛表演三等奖，创作二等奖。美术方面：熊英《风之恋》入选第四届全国漆画作品展；何万里、徐扬、刘大力、程宝江、曹玉香等人绘画作品分别入选中国美术家协会主办的其他美术作品展。民间文艺方面：孙瑞林获河北文艺贡献奖·突出贡献奖，其评书《牡丹情·中国梦》获得中国曲艺家协会举办的第四届“包公杯”反腐倡廉曲艺作品大赛优秀奖。孟仁作词、张士杰作曲的《天河山爱情山》、王振平创作的组诗《心歌烂漫》均获河北省文明委举办的“天河山杯”七夕婚爱主题作品征集三等奖。

【人才培育】 撰写《推进承德市文艺人才队伍建设的思考》，研究并提出进一步加强文艺人才队伍建设的对策措施。通过树标杆，增强榜样力量，主办“翰墨传香”关阔先生作品研讨会和追思会，《承德文脉鉴藏录》首发式及品读座谈会，鼓励支持承德市文艺家积极参加全国挂届评比、展事、赛事活动，将市级人才推向全省、全国，市戏协李素梅参加中央电视台“青春戏院”栏目组名家名段演唱录制。市音乐家协会胡颖超、蔚春城、等人演唱或创作的歌曲在省级比赛和征集活动中获得优异成绩。与市报社、电视台开展合作，开设文艺专栏，推出承德市优秀文艺作品，宣传德艺双馨的文艺家和文艺工作者；出版《中国作家看承德》书籍；改版《热河》文学期刊，努力提升办刊水平；编辑出版《2016承德文学作品年选》，展示全年承德市文学创作成果，推出新人新作。将“专栏”、《热河》杂志、年选作为承德市文艺人才培养的阵地。

附：市文艺工作者联合会领导名录

党组书记、副主席：王冰玉

主　　　　　席：王　琦

党组成员、副主席：贺成利

何英华

（供稿　苏志欣）

市社会科学界联合会

【概况】 2016年，市社科联在市委领导下，从事社会科学理论研究、宣传，对全市社会科学学会、协会、研究会进行指导、协调和管理的学术性人民团体。2016年，内设机构为办公室和科普部2个科室；人员编制由6名增加到9名，核定处级领导指数2名，主席1名，副主席1名，科级领导职数由1名（1正）增加到2名（2正）。承德市社会科学发展研究课题管理办公室、承德市社会科学优秀成果评奖办公室、会刊编委会办公室设在社科联。所属团体会员36个，兴隆、围场、隆化3县成立社科联组织，创办了会刊《承德社会科学》（季刊），开办承德社会科学网站(http://www.cdskl.net)。

市社科联指导所属各社科团体的组织管理和业务；围绕市委、市政府的重大工作部署，有计划地组织广大社科工作者开展年度社会发展课题研究工作和学术交流活动；定期组织开展全市性社会科学优秀科研成果评奖工作；动员和组织各级各类社科力量依法开展社会科学知识宣传、普及和咨询服务工作，建设和管理社会科学普及基地和哲学社会科学研究基地；搭建社科学术交流、成果推介平台，出刊《承德社会科学》，编报《社科成果呈阅》，主办承德社会科学网站，出版《智库研究文集》、组织社科学术“沙龙”活动、开展理论宣讲活动。

【理论研讨学术交流活动】 市社科联组织座谈会，举办研讨班，就深入学习贯彻习近平在哲学社会科学工作座谈会上的重要讲话精神进行专题研讨交流，组织开展“坚定忠诚、寄情于民、勇于担当、奋发作为”主题征文活动，组织承办“清代的府县”等学术研讨会，积极做好全市哲学社会科学“十三五”发展规划论证，全年全市组织社科人员下基层开展理论宣讲活动60余场。

【社会发展课题研究】 2016年年初，市社科联立项社科发展研究课题140项，中期结项资助42项，编报《社科成果呈阅》24期，形成了一批有价值的学术成果，《水利工程坚持开发性移民的方针，前期补偿补助与后期扶持相结合》等38项重点课题，受到市委、市政府领导批示肯定。

【第十三届社科优秀成果评奖】 市社科联共评选出优秀社科成果奖171项，其中，《承德历史文献集成》等10项成果为一等奖，《癌症是可以战胜的》等47项成果为二等奖，《滦平县地方文献汇编》等74项成果为三等奖，《在线直播开放视频资源综合利用对策研究》等40项成果为优秀奖。

【社科普及依法开展】 《承德市社会科学普及办法》以政府令形式颁布实施；以“贯彻五大发展理念、助力生态强市建设”为主题，开展第十一届社科知识普及周活动；隆化县民族博物馆和平泉县契丹博物馆命名为省级社会科学普及基地，确定普通话与承德地域文化研究基地、承德历史文化研究基地、民族传统体育文化传播基地为市级哲学社会科学研究基地，全市有22处省市级社会科学知识普及基地，推动社科普及工作的社会化、群众化和经常化建设。

【社团组织】 市图书馆学会组织儿童经典阅读、“书香溢满承德”系列活动，市金融学会举办“金融与京津冀协同发展”研讨活动，市国际税收学会举办理论研讨活动；市婚庆协会发起“为残疾人举行公益婚礼”活动，都具有一定影响和品牌效应。推进社团党建工作，具备条件的3个社团建立了党支部。依法按规管理，市国学研究会、图书馆学会、金融学会等6家社会组织被评定为A级社会组织，易经研究会被评定为AAA级社会组织。承德市社科联被评为“全省社科知识普及先进单位”，在全市目标管理考核中获良好等次，所属统计学会等3家学会被评为“全国先进社科学会”。

附：市社会科学界联合会领导名录

党组书记、主席：王景山

党组成员、副主席：付喜宗（满族）

（供稿　李翠云）

市贸易促进会

【概况】 2016年，市贸促会围绕全市经济发展大局，紧紧抓住国家京津冀协同发展、“一带一路”建设、“中东欧市场开拓”“中拉友好往来”经贸合作等重大机遇，不断创新拓展渠道，有效发挥职能作用，为承德市项目招商和企业对接创造条件，为企业参与境外市场开拓提供指导和帮助，较好地发挥政府与企业的桥梁纽带作用。

【交流互动】 2016年，市贸促会先后拜访中国国际商会和中国食品行业协会，重点对接农产品深加工和山泉水产业项目；多次拜访中国畜牧业协会，深入推进与隆化县屠宰加工厂项目；继续巩固与台湾世贸中心联络，积极推荐承德水产业项目；对接联络北京环交所，推介隆化洁净煤等清洁能源项目；积极联络对接河北省京津冀大数据产业协会，推动与承德市大数据产业达成多个合作意向。通过与台湾中华青年企业家协会进行多轮的对接磋商，最终促成台湾大叶大学与承德医学院签订合作议定书，并于12月跟进赴台考察与业务交流，在教学合作基础上，着手开展中药和保健品的合作研发，为承德、台湾两地高校合作开创了新篇章。

加强与北京、天津贸促会对接联络，多次赴北京、天津市贸促会进行走访，双方就会员企业交流及合作方面达成共识，并建立常态联系机制。其中与北京贸促会建立推进两地企业对接交流合作机制，定期发布招商合作项目，同时邀请北京国际商会会员企业参与承德市经贸洽谈活动。组织企业参加“京津冀天津自由贸易示范区经贸对接”活动，推动全市企业与天津东疆保税区企业开展对接洽谈，并达成项目合作协议。加强与边境贸促会联络，组织承德国际商会会员企业赴丹东、延边、满洲里等边境地区进行对接和交流，一方面推介承德市产业发展和投资优势，一方面推介承德国际商会会员企业的产品，为开拓东北边境市场奠定基础。加强与珠三角、长三角贸促会对接。通过杭州、佛山贸促机构，协助全市企业考察对接新能源、会议会展、高新技术等优势产业，吸取先进发展经验，对接战略合作者。加强同国家贸促会驻外代表处的互动，赴欧洲、美国、加拿大、秘鲁等境外参展、境外出访活动，积极与当地国家贸促会驻外代表处开展联络，通过驻外代表处境外联络资源，为考察项目、走访商会提供便利。

有针对性地走访阿特斯（中国）投资有限公司、联想集团、德国DEG投资有限公司、远大集团途远公司、重庆恒都集团、广东（潭州）国际会展集团、佛山会议中心集团等十余家有实力的大企业，推进阿特斯在宽城大地乡光伏发电项目并网发电、并与鹰手营子矿区签订合作开发建设寿王坟尾矿库的光伏电站项目；引进并多次实地考察，由石家庄中信石化有限公司投资1.5亿元的油库项目已完成选址，地点在张百湾镇，占地30亩；持续推动联想集团拜博口腔医院与承德市卫计委和口腔医院开展合作对接；推进德国DEG投资有限公司与平泉舒适公司开展融资对接，持续地为承德市企业和产业创造发展机遇。

【促进展会项目】 针对全市外贸企业规模小、市场开拓意识差等问题，以推进食品企业参展为重点，有计划、有针对性地走访承德市外贸企业，大力宣传境外参展扶持政策和境外市场开拓的成功案例，与企业逐步建立更加紧密的联络机制。先后组织企业参加2016塞尔维亚农业产品及设备展、2016年韩国首尔国际食品展、2016年法国巴黎国际食品展、2016年中东迪拜国际果蔬展等。同时，积极配合省贸促会开展2016中国—中东欧国家进出口商品博览会、2016河北（邯郸）台湾名品博览会商机媒合洽谈会、2016意大利食品和红酒展（新加坡）等展会的招展工作。通过参加境外展，有效推动全市企业对外交流互动、开阔视野、抢占国际市场。

围绕推进大数据产业，组织相关县（区）、企业参加2016年贵阳国际大数据产业博览会。围绕省贸促会重点展会项目，组织参加2016年中国·河北国际经济贸易洽谈会、2016中国—中东欧国家进出口商品博览会、第二届中国康养产业发展论坛展览会、第二十届中国（廊坊）农产品交易会、唐山中拉企业高峰会等。积极拓展对外经贸交流与合作，8月组织经贸合作代表团赴加拿大、美国，考察加拿大国际展览中心、美国亚美协会等商协会和企业，就汽车产业园项目、农产品贸易项目、旅游合作开发项目进行洽谈，并达成意向；8月赴秘鲁、智利，与当地商协会和企业就建立中国商品城、栗仁产品出口等达成合作意向，并为11月在唐山举办的中拉峰会做好前期工作；11月，经贸考察团赴泰国，拜访泰国商务部、泰国中小企业促进局、泰国农业部及亚洲国际贸易投资商会并考察泰国金池工业园，推介承德市相关项目和出口产品；12月，经贸合作代表团赴台湾，推动承德医学院与台湾大叶大学的深度交流合作。通过一系列境外经贸活动，为全市企业与境外商协会、经销商搭建沟通的桥梁，推动合作项目和产品出口，为企业未来开展贸易合作打下良好基础。

【高峰论坛】 在市贸促会指导帮助下，由承德市烹饪协会承办的世界中餐现状及未来发展趋向国际高峰论坛于6月28日在承德召开。论坛以弘扬中华餐饮文化、推进中餐业转型升级为主题，邀请了来自世界中餐业联合会成员单位、美国中餐联盟总会、法国刘基文化学会、宁夏餐饮饭店协会等国内外200余名嘉宾参会。与承德市烹饪协会筹备会前会后的各项组织工作，并在论坛中向参会来宾推介承德总体环境，发放承德招商手册。世界中餐业联合会与河北怡达集团签署战略合作协议，进一步扩大承德对外影响，吸引更多客商关注承德经济建设。

【服务企业】 扎实开展法律服务，完成各类商事认证出证291份。其中，出具一般原产地证260份，新增注册企业3家，办理优惠原产地证21份，认证涉外商业单据8份，代办使领馆认证1份，代办ATA单证册1份。为预防和妥善处理贸易摩擦，及时通过网络向企业定期发送《国际经贸摩擦预警短信息》，帮助企业及早预警和妥善应对。帮助企业开展项目融资，针对宇航人、舒适家用品有限公司等企业的融资需求，先后赴京走访了新企投资、联想控股、德国DEG等多家投融资机构，邀请来承考察，为企业双方搭建合作桥梁；针对新澳食品、欧亚杏仁等企业的市场开拓需求，积极为企业争取展位资源、制定展览方案，为企业产品开拓国际市场。定期走访会员企业，制定会员企业走访统计调查表，及时掌握企业诉求，为企业提供更加具有针对性帮扶。

附：市贸促会领导名录

会　长：张庆来

副会长：李金龙（满族，3月免）

姜　涛（满族）

（供稿　赵宏生）

市归国华侨联合会

【概况】 2016年，市侨联认真学习贯彻党的中共十八大和中共十八届三中、四中、五中、六中全会精神，学习贯彻省第九次党代会精神和市委全会精神，围绕全市中心工作和年初制定的年度工作计划，发挥侨联纽带作用，外引内联，为承德的经济建设牵线搭桥；开展《中华人民共和国归侨侨眷权益保护法》宣传活动，营造学法、懂法、守法、用法和依法护侨的良好社会氛围。开展公益、扶贫解困活动，利用节假日看望有困难的侨属侨眷，走访慰问8县3区归侨侨眷80户，发放慰问金7.5万余元，发放御寒棉衣1000件。继续协助平泉一中向浙江新华爱心教育基金会申报承德市第六个珍珠班项目。通过举办征文活动，向海外推介承德特色文化。积极支持县（区）侨联建设组织机构，8县3区已全面完成县级统战力量整合工作任务。

【服务侨界侨企】 充分发挥联系广泛的优势，向海内外侨界人士积极宣传推介承德文化旅游与健康养生、绿色大数据、清洁能源、钒钛新材料、技能环保、绿色产品及生物医药、天然山泉水、新型建材、先进装备制造、现代物流等十大绿色产业和政策环境，努力吸引侨商、海外高层次人才来承德投资兴业。

3月下旬至4月上旬，市侨联积极开展侨资企业基本经营情况调研，有针对性的深入侨资企业走访，了解生产经营情况和企业需求，帮助他们搭建与国内外华商会的联谊平台，一方面促进承德侨商企业内部合作，抱团发展；另一方面充分发挥好华商会联系广、层次多的优势，促进承德侨资企业与海内外华（侨）商的交流与合作。

积极与廊坊、秦皇岛、辛集等市侨联合作，通过邀请接待澳大利亚河北商会副会长王铭宇一行、河北省华商会副会长聂玉林一行、秦皇岛市侨联华商会执行副会长汪长春一行等侨商考察团，开展项目考察和对接洽谈。侨商考察团走进承德市高新区、兆通物流产业园区、大稿国际文化产业园区以及有关企业，达成合作意向，共同创造合作发展的机会。

做好签约项目跟踪服务工作，4月下旬美国河北同乡联谊会会长、美国博文国际投资集团董事长王博宇、美籍华人农业专家、教授Aidy Yang、北京河北企业商会常务副会长、北京浩天泰能源科技有限公司董事长郑辉一行7人赴承德参观考察，并签署与承德市农牧局合作的绿色农业《美国绿宝土壤改良试验示范》基地项目、与双桥区政府合作的《中国承德好莱坞旅游文化基地》项目等合作协议。其间，承德市侨联主动服务，将《承德市人民政府关于中国承德好莱坞影视城基地项目文件的批复函》等相关文件资料报送王博宇会长。

不断充实完善海外高层次人才、海外侨团、有影响的知名人士数据库，坚持在重要传统佳节春节前夕向海外人士发送电子新春贺卡。借助微信、QQ、电子邮箱等方便快捷的媒介，与海外侨界人士特别是一批重点代表人士保持经常性的联系，做到问候不停，联谊不断，增进彼此感情。

【交流互动】 获悉德国HK国际公司总经理、德国柏林生命科学院院长、天津纳图生物科技公司董事长、河北省国际商会海外理事金鑫有意在兴隆投资兴业后，市侨联积极联系兴隆县委、县政府和部门，组织安排金鑫等一行5人于8月15日至8月22日赴兴隆考察项目，根据考察情况，金鑫将就建立功能饮料工厂、天津第一附属医院国际康复中心的分支机构（康复养老项目）、生物科技实验室中心等方面项目做进一步的选址论证和推进安排。

为承德与英国医学领域交流与合作搭桥，12月21日市侨联邀请英国伦敦圣乔治医院副院长张伟女士到承德市参观考察，就输送市中心医院院长、医生、医学生赴英国国家公立医院进行考察、进修、交流事宜与承德市两家医院进行接触和交流，双方达成互派专家、建立联系、为进修创造前期交流和准备，以及建立远程会诊的合作意向，为承德与英国医疗医学领域的交流与合作探索有效途径。

7月6日至8日，组织侨商会会员企业参加在廊坊举办的“廊沧衡承协同发展，四地华商廊坊行”活动。9月25日至27日参加省侨联组织的河北省侨联海外华侨华人社团联谊大会和2016年“走出去”国际产能合作交流大会，通过活动促进全市侨商企业与海内外华商的交流与合作，加强与各地侨商的互动联谊。

结合承德市建设国际旅游城市的战略目标，进一步探索将历史文化资源优势与侨联工作有机结合的新路子。11月中旬，在收到中国华侨国际文化交流基地的申报通知后，市侨联明确一名领导分管此项工作，指定专人具体负责，积极推荐承德避暑山庄及周围寺庙景区、金山岭长城参与申报。

世界华人学生作文大赛自开赛以来，市侨联及各县（区）侨办、教育局、学校等各有关单位把组织参赛作为弘扬传承中华文化、扩大海外联谊、活跃学生课外生活、展示学生精神风貌的重要载体。在第十七届世界华人学生作文大赛中，承德市有439名中小学生获奖，其中一等奖24人、二等奖157人、三等奖258人，393名教师获辅导奖，承德市侨联等7家单位获优秀组织奖。

【代表团出访】 为加强承德与海外侨界的友好交往，拓展海外联谊，10月22日至31日市侨联王蕾随河北省侨联工作代表团于对德国、丹麦、英国进行访问。访问期间，通过不同规模、层次的座谈会、恳谈会、联谊会和实地参观考察，与德国全德华侨华人联合总会、德国河北同乡联合总会暨商会、丹麦上海总会，英国河北会、英国亨利商学院、牛津中国学生学者联谊会、伯明翰华人商业联盟等28个华侨华人社团和机构的300多名侨胞座谈和交流，详细介绍承德独特的区位优势、资源禀赋、优势产业、文化特色及十大绿色产业，扩大承德在海外的影响力。出访期间，共向华侨华人及外籍朋友发放承德公益宣传光盘50张，发放承德旅游宣传册25套，承德非物质文化遗产满族剪纸10套，共交换名片150多张，互加微信50多人次。结识法兰克福外国人参事会议员顾裕华、哥本哈根市议会唯一华人议员王海迪（Heidi Wang）、全英中国统一促进会总会长单生、德国中华工商联合会主席易冰、德国河北同乡会会长暨商会会长房心如、丹麦上海总会副会长杨蕾等一批海外重要人士及侨团和侨领，进一步夯实承德侨联海外工作基础。与雷丁大学亨利商学院院长 John Board、副院长唐银山、“博士联盟”常务副主席韩婧博士、英国伦敦圣乔治医院副院长张伟、德国 CTG 商旅服务中心董事长崔立达、《欧洲时报传媒集团》总编胡旭东、《德国生活报》主编刘畅等一批海外高层次人才建立联系，为推动承德市产业转型升级开展技术、项目合作提供智力和人才支持。

与德国河北同乡会暨商会、全德华侨华人联合总会、丹麦上海总会、英国河北会等侨团签订友好合作协议书4份，达成文化交流、医疗发展、旅游合作、海外宣传合作意向5项，拓展了海外侨务工作新领域。

【侨法宣传】 9月24日，市侨联在世纪城社区开展以“知侨法、护侨益、聚侨心、促和谐”为主题的侨法宣传进社区活动。在世纪城社区活动现场通过悬挂宣传条幅、摆放宣传展板、发放“侨法”宣传彩页、环保宣传袋、归侨侨眷、海外留学人员登记表，现场咨询等形式，普及“侨法”知识，让社区居民更直观地了解“侨法”及涉侨法律法规，同时也为掌握新侨收集了第一手资料。社区还请来老年秧歌队，现场为宣传活动造势助兴。借助社区平台和服务功能，通过开展一系列贯彻“侨法”、维护侨益的学习宣传活动，提高广大居民对“侨法”重要性的认识，营造学法、懂法、守法、用法和依法护侨的良好社会氛围，并鼓励侨界人士积极参与社区建设、为构建社会主义和谐社会多做贡献。

【开展公益解困活动】 为扩大侨界公益活动的社会影响，在发放御寒棉衣过程中，借助老家热河微信公众平台发布澳大利亚慈善家魏基成夫妇为承德市捐赠冬衣的消息，由热心网友和承德爱心联盟来推荐有需求的贫困人士，最终对征集上来的人员情况进行甄选、汇总、平衡，通过市县侨联、侨办、爱心联盟代表、爱心人士等将棉衣亲自走村、进校、入户直接送到慰问对象手中，确保将棉衣发放到全市8县3区内的最大范围。

市侨联党员干部每个月一对一给侨界离退休人员打一次慰问电话，在重要节假日登门看望，特别是要关注侨界空巢老人及鳏寡孤独老人的生活状况，使侨联组织与广大归侨侨眷联系的更紧密。承德市侨联积极向省侨联和省侨办为患胃癌的蒙古归侨刘汝坤和患乳腺癌的侨眷高贺芬争取到大病医疗补助金1.5万元，受到侨界群众的好评。

年初，市侨联开展对全市困难归侨侨眷的

全面普查，做到精准掌握具体情况。在元旦、春节期间开展“献爱心、送温暖”活动，慰问对象主要是全市的贫困归侨侨眷，侨联的老领导、老委员及家中有变故的侨界群众家庭、平泉一中珍珠生等。市侨联驻会人员不畏严寒，顶风冒雪深入到承德8县3区近80户归侨侨眷家中走访慰问，发放慰问金7.5万余元，发放澳大利亚慈善家魏基成夫妇捐赠给承德市价值40万元的御寒棉衣1000件。

继续协助平泉一中向浙江新华爱心教育基金会申报承德市第六个珍珠班项目获得批准，定名为“华保珍珠班”，为60名家庭特困且成绩特优的“双特学生”争取到完成三年高中学业的捐赠资金45万元。2016届“中欧121在一起珍珠班”高考毕业珍珠生40名，取得可喜的成绩，一本上线39人，二本上线1人。其中最高分656分的吴佳泽被武汉大学录取。

【对外宣传】 借助平台，多层次、多途径开展文化宣传，切实增强侨联对外宣传的辐射力、影响力和感染力，最大限度地发挥出对外宣传工作的效能。积极向各类新闻媒体投稿，邀请媒体记者参与侨界活动，多角度、多层次的宣传侨联、推介承德。通过报刊、电视电台、网络媒体向外传递侨界声音，展示市侨联社会形象，提高承德美誉度。年内有30余篇稿件被《中国侨联通讯》《河北侨联》、中国新闻网、中国侨网、中国河北网、河北侨联网、《承德日报》、和合承德网等各类媒体刊发转载。

做好《侨联简报》编撰工作，积极放大侨界声音，及时向市委、市政府和相关部门、侨联委员反映、传递侨联活动工作动态。在“情”上做文章，用“情”把广大归侨侨眷、海外侨胞凝聚起来，用“情”把侨联组织的性质充分体现出来，做到拓展海内外宣传工作既全面推进，又重点突出。

春节前夕，市侨联精心设计建立起以“知侨情、暖侨心、护侨益、聚侨力、促发展”为主题的“走廊文化”展示墙。通过简明扼要的文字和形象生动的图片让“走廊文化”处处体现承德侨联人团结协作、昂扬进取、积极向上的良好精神风貌，使之成为展示侨联人文风景、宣传侨联日常工作的主阵地，让社会各界和侨界群众知晓明了承德侨联人实实在在地在谋事、想事、干事、成事，践行宗旨履职尽责，时刻激励承德侨联人永葆务实、干事、创业的热情，努力提高侨联团队的凝聚力、向心力、战斗力。“走廊文化”展示墙的建立，受到领导、友邻单位、侨界群众的一致好评，为严肃的办公环境平添出许多温馨暖人的画面。

6月11日，通过老家热河公众平台，结合2016年文化遗产日“避暑山庄 和合承德”主场城市活动，开展“中国梦·承德情·赤子心”乡亲乡情——老家热河征文大赛活动。征文活动由市侨联牵头，与市政协港澳台侨联络委、市海外联谊会、中国避暑山庄外八庙保护协会、河北民族师范学院避暑山庄研究院、承德热河文化传媒有限公司联合举办。为期半年的征文活动期间，共收到来自美国、澳大利亚、新西兰、印度尼西亚、日本等十多个国家和中国香港、澳门、台湾地区应征稿件400余篇。通过征文活动，向外宣传承德。

【成立首个“侨胞之家”】 9月24日，市侨联在世纪城社区举行侨胞之家挂牌仪式，全市首个“侨胞之家”正式挂牌，市侨联驻会人员、社区干部、社区居民、侨界代表共同参加揭牌活动。承德世纪城社区居住着众多归侨侨眷以及海外留学人员亲属，是侨眷相对集中的大型社区，服务站、活动室、图书室、娱乐室等文体活动场所设施齐备。依托社区的环境和条件建立“侨胞之家”，可以为广大归侨、侨眷、海外留学人员亲属提供一个良好的活动场所，成为知侨情、听侨意、解侨忧、促和谐的有效平台，延伸拓展、活跃丰富社区每个侨胞家庭开展联络感情、交流信息、学习培训、文化娱乐的空间，为广大归侨、侨眷、海外留学人员亲属和海外侨胞提供更加细致贴心的服务。

【组织建设】 年底，全市 8 县 3 区已按《中共承德市委统战部关于推进县级统战力量整合工作的意见》部署要求全面完成县级统战力量整合工作任务，围场满族蒙古族自治县确定“1+3+1”集中办公方式，即统战部 + 工商联、台办、侨联 + 党外人士服务办公室（股级事业单位）；滦平县实行“1+3”集中办公方式，即统战部 + 工商联、台办、侨联。成立滦平县工商联会员服务中心和台务侨务管理中心；兴隆县实行统战部 + 民宗局、工商联、台办、侨联的“1+4”集中办公方式；双桥区、鹰手营子矿区采取“1+4”集中办公方式，增设了侨务服务管理中心；丰宁、宽城两县实行统战部 + 工商联、台办、侨联“1+3”集中办公方式开展工作。各县（区）侨联筹建工作有序推进。

12 月，在河北省及海内外侨界高层次人才、专家学者、高新技术人才组成的智库组织河北省侨联侨界专家委员会成立之际，市侨联认真做好专家委员代表推荐工作，经过甄选，推荐承德日报社总编、高级记者王德光，河北民族师范学院教授孙东波，承德籍北京兴国环境有限责任公司总经理李海宾等 3 人作为承德市的河北省侨联侨界专家委员会人选并入选委员会委员。

【思想建设】 根据市委关于在全体党员中开展“学党章党规、学系列讲话，做合格党员”学习教育的要求，召开市侨联“两学一做”学习教育动员会，传达全市“两学一做”学习教育动员电视电话会议精神，认真学习市委书记周仲明重要讲话，学习贯彻市委《关于在全市党员中开展“学党章党规、学系列讲话，做合格党员”学习教育实施方案》。成立学习教育领导小组，积极组织侨联机关党员干部认真学习《中国共产党党章》《中国共产党廉洁自律准则》《中国共产党纪律处分条例》《习近平总书记系列重要讲话读本》等，通过党组书记上党课、撰写读书笔记、写学习心得等，开展专题学习讨论、专题组织生活会，开展民主评议党员等，引导侨联党员干部坚定理想信念、保持对党忠诚、树立清风正气、勇于担当作为，进一步增强为侨服务的使命感、责任感，为抓住新机遇谱写新形势下侨联工作新篇章提供坚强的思想和组织保证。

积极选派相关人员、业务骨干参加全省侨联系统联络工作座谈会、河北省侨联系统“主席读书班暨党建工作研修班”、中国侨联“法治中国 你我同行”——侨界群众法治学习班、四省市侨联系统干部培训班等学习活动。通过集中学习、交流座谈，较为系统地了解了新形势下侨联工作的新特点、国内外形势及侨情特点，为进一步做好新时期侨联工作明确了方向。同时，分赴贵州省侨联及遵义市侨联、中国侨联干部培训广东基地考察学习，交流座谈开阔视野，拓宽思路。

附：市归国华侨联合会领导名录

党组书记：徐　毅（驻会）

副 主 席：武国庆（兼职）

　　　　　李海军（兼职）

（供稿　陈　燕）

市残疾人联合会

【概况】 2016 年，市残疾人联合会深入开展“两学一做”学习教育活动，全体党员围绕“坚定理想信念，明确政治方向”“坚持根本宗旨，发挥党员作用”和“坚守纪律底线，培养高尚情操”主题开展大讨论，着力提高自己的政治觉悟，树立正确的人生观、价值观，坚定的政治立场。不断加强法制建设，制定出台一系列有利于残疾人事业的规章制度，为今后承德市残疾人事业发展打下法律的基础。提高康复医疗服务水平，全年免费为约400名贫困残疾聋儿、脑瘫儿童、智力残疾儿童、孤独症儿童、贫困成年听力残疾人提供耳蜗手术、康复训练及助听器，培养、创建儿童康复机构。积极开展以“就业帮扶，真情相助”为主题的“就业援助月活动”，继续扶持残疾人创业就业，帮助464名就业困难人员实现就业，帮助415名就业困难人员享受政策扶持；开展多项职业技能和实用技术培训50余期，共培训残疾人4100名次。

【张海迪来承慰问】 1月27日，全国残联主席张海迪携中国残联机关一行14人到滦平县调研慰问，在市委书记周仲明，市委副书记、市长常丽虹，市政府秘书长信祥、市残联理事长李树德、滦平县委书记蔡福浩、县长崔瑞祥、县残联理事长窦连祥等陪同下，到滦平县贫困山村贫困残疾人家中走访慰问，了解基层残疾人的生产生活情况，提前送上新春的祝福。并将兴隆县、滦平县作为中国残联及海迪主席工作点。

【规章制度建设】 初步制定《承德市十三五发展纲要》，制定实施《农村残疾人脱贫攻坚行动计划（2016—2020)》，实施精准扶贫、脱贫。制定出台《承德市康复人才培养规划（2015—2020)》《承德市关于加快构建残疾人文化服务体系的实施意见》《残疾人公共文化服务保障标准》《承德市社区康复站指导意见》，探索建立残疾人运动疗法康复报销范围制度、残疾人基本辅具适配补贴制度，不断提高残疾儿童康复救助能力。按照新常态要求，全面完善机关的各项制度，形成严肃活泼的氛围。修订完善工作人员行为规范、学习、资金经费使用及财务管理内控、公务接待、请销假、督办督查、车辆管理等制度，自编撰写专题学习材料3本。建立起落实“两个责任”和“主体责任”制度，使机关党建、廉政建设与内部管理跟上时代步伐。

【康复服务】 制定《关于做好2016年残疾人事业发展康复服务项目的通知》，全市投入资金170余万元，为4206名残疾人提供基本康复服务，为1148名残疾人提供基本辅助器具适配服务。有需求的残疾儿童和持证残疾人接受基本康复服务的比例达到80%以上。实施省残疾儿童康复救助工作、国家彩票公益金救助等项目。推荐10名贫困残疾聋儿实施电子耳蜗手术，为53名贫困聋儿、35名脑瘫儿童、137名智力残疾儿童、10名孤独症儿童康复训练和35名残疾儿童辅助器具适配等提供补贴，为聋儿适配助听器40台，为80名贫困成年听力残疾人免费验配助听器。组织筛查国家彩金聋儿康复训练20名、脑瘫儿童康复训练50名工作任务，将尽快安置到定点康复机构接受训练。按照《承德市贫困残疾儿童康复救助实施办法（试行)》要求，市、县、区积极争取财政支持，落实配套经费340.86万元，为420名贫困残疾儿童康复训练提供补贴。培树创建县级残疾人康复示范机构2个、市级家长学校工作典型机构1个。新增设聋儿语训机构1个、智力残疾儿童康复机构3个、脑瘫儿童康复机构1个、孤独症儿童康复机构1个。同时，加强县级各类定点康复机构规范化建设，逐步扩大服务范围，提高服务能力。全市新建、改建社区康复示范站24个。积极争取国家、省培训项目和培训名额，多层次、多形式培养为掌握康复技术和管理人员，提升其康复服务能力。充分发挥承德医学院附属医院人才培养基地作用，组织对定点机构专业技术人员和社区康复协调员的培训，提高项目管理和服务水平。与市卫计委协调，探索对村医的康复培训试点，全市培训社区康复协调员（村医）800名。已经审核下拨康复经费568.71万元。

【教育文体事业】 按照“义务教育抓质量，两头延伸创特色”的要求，全面参与国家特殊教育实验区创建活动，县（市、区）全部实施送教上门工作，有需求残疾人送教上门服务率100%。全面落实残疾人参加中高考的扶持措施，推进残疾人高中、中专教育、高等教育和职业教育。实现贫困残疾人学生和贫困残疾人家庭子女入学资助全覆盖，确保无因贫失学现象。落实彩票公益金学前残疾儿童助学项目，资助50名残疾儿童入学，落实“通向明天——交通银行青少年助学计划”项目，资助33名残疾在校高中学生。对考入本科院校的残疾考生11人，贫困残疾人家庭子女39人，省级资助资金150000元。考入专科院校的残疾考生13人，贫困残疾人家庭子女23人，市级资助资金72000元。

积极参与全国公共文化体系服务示范区建设，健全残疾人文体事业发展机制，承德市残疾人事业受到主流媒体关心关注，市、县电视台开播手语新闻栏目、广播电台开播残疾人专题节目、报纸刊登残疾人工作专版、车载电视播放残疾人公益广告片。承德市肢体残疾人张凤菊（女）、视力残疾人杨明源入选中国残奥代表队，于8月28日参加9月7日至18日在巴西里约热内卢举行的第十五届夏季残奥会，这是承德市残疾人运动员第一次参加国际残疾人奥林比克盛会。在京津冀残疾人门球友谊赛中，承德市残疾人门球队获得金奖。组织参加2016年全国残疾人高山滑雪、单板滑雪项目运动员选拔、和全省残疾人运动员选拔；做好河北省残疾人冰橇冰球运动队在市训练；组织开展第二十六次全国助残日活动；积极参加河北省第八届残疾人艺术会演并取得优异成绩；3个社区被评为国家级残疾人健身示范点；组织参加省残联举办的省级残疾人体育健身指导员师资培训班，并组织各县区开展残疾人体育健身指导员培训班。上报300户残疾人康复体育进家庭。

【扶残助残】 市残联和双桥区残联联合在市中心广场开展以“关爱孤残儿童，让爱洒满人间”为主题的宣传活动。市委常委、政法委书记、统战部长阮树平与参加活动人员共同为10名特困残疾儿童发放了儿童轮椅，为18名在校残疾学生发放助学金，并向30名特困残疾人发放米、面、油等生活慰问品。双桥区智力残疾儿童康复中心的孩子们和老年大学艺术团为市民带来了丰富多彩的文艺节目。副市长丁伟带领市残联、双桥区政府、双桥区残联部分工作人员来到双桥区残疾人综合服务中心，看望慰问残疾儿童，并为他们送去助残慰问金2万元。10月，承德市政协委员视察全市贯彻落实《中华人民共和国残疾人保障法》情况。实地察看市内无障碍建设、双桥区残疾人综合服务中心、兴达涂装福利企业、特教学校等单位，并听取了市残联的汇报。

【就业脱贫】 开展以“就业帮扶，真情相助”为主题的“就业援助月活动”。活动月期间，全市残疾人就业服务机构走访就业困难人员和零就业家庭1578户；登记认定的未就业困难人员554人，其中残疾人就业困难人员为185人，低保家庭成员181人；帮助就业困难人员实现就业464人，其中残疾就业困难人员为88人，低保家庭成员为158人；帮助就业困难人员享受政策扶持415人；认定的零就业家庭18户；帮助零就业家庭至少一人实现就业18户；帮助零就业家庭实现就业18人；辖区内招用就业困难人员并享受扶持政策的企业总数为117个；企业招用的登记认定的困难人员为268人。针对残疾人的需求开展计算机、家电维修、大棚蔬菜、食用菌种植、畜禽养殖、美容美发等多项职业技能和实用技术培训共50余期，共培训残疾人4100人次。认真开展残疾人自主创业活动，扶持100名残疾人自主创业，650名残疾人实现就业。参加盲人医疗按摩考试3人，盲人计算机和手机读屏软件培训2人，医疗按摩人员继续教育培训2人，盲人保健按摩师高级培训4人。积极推进“互联网+”就业工作，丰宁的“淘宝云客服”项目共培训残疾人100多人，其中60人已经通过培训实现就业。

共收缴残疾人就业保障金3294.5万元，同比增长32%，其中双桥区局收缴942万元，同比增长60%。开发区局收缴292.19万元，同比增长12.3%。积极推动残疾人养蜂产业项目试点工作，选择兴隆、滦平2县8地作为试点，10月12日兴隆县在天子山景区省级贫困村二旬子村，与蓟县对接养殖技术培训、成立养蜂合作社、订购蜂箱等前期准备等工作。

【生活保障】 落实贫困残疾人生活补贴、重度残疾人护理补贴制度等各项残疾人生活保障制度，积极开展建立残疾人福利补贴制度研究工作。全年共上报贫困残疾人生活补贴人数45746名，重度残疾人护理补贴人数27100名。做好新农保试点中贫困残疾人参保扶持政策的落实，参保人数已达80000余名。做好有智障、精神和重度残疾人员托养服务工作，已建成机构13个，在托养机构及日间照料的残疾人1042名，享受居家服务的残疾人达到620余名。新建残疾人扶贫就业基地13个，安置残疾人就业429名，辐射和带动残疾人就业上千人。坚持扶贫到户到人的方针，残联和社会力量通过"帮、包、带、扶"等多种方式，共扶持30000余名农村残疾人从事种、养、加等项目。

【信息更新】 认真贯彻落实河北省残工委和省残联《关于全国残疾人基本服务状况和需求信息数据动态更新工作》等文件精神，并以承市残联字〔2016〕30号转发省残联的3个文件，参加省残联6月20日在唐山组织的38名全国残疾人基本服务状况和需求信息动态更新工作河北省培训班，进行入户登记，录入及数据质量控制。此次动态更新持证残疾人100986名，死亡注销残疾人6864名，总计更新107850名。严格标准和程序办理残疾人证工作。2016年共复审归档死亡注销等残疾人证21474名，其中：复审13912名，纸表签字27824名，纸表盖章27824名，残疾人证盖公章和钢印13912名，变更受理7562名。整理电子和纸质档案13912名，累计办理残疾人证共115607名，累计死亡注销等变更受理9250名。

附：市残疾人联合会领导名录
党组书记、理 事 长：李树德
党组成员、副理事长：李海强
沈庆富（满族）

（供稿　梁士杰）

市工业经济联合会

【概况】 2016年，市工业经济联合会（以下简称"市工经联"）在市委、市政府正确领导下，深入贯彻中共十八届四中、五中、六中全会精神，全面学习习近平系列重要讲话和省第九次党代会精神，牢固树立"四种意识"，扎实开展"两学一做"学习教育和机关作风整顿工作，自觉加强作风建设，积极服务发展大局，以良好的状态履行职责，在加强机关自身建设、推进全市经济类行业协会规范发展、加强行业协会党建工作等方面取得新进展和新成效。截至年底，有单位会员81家，主要由在本行业中有代表性的企业、全市性经济类行业协会、县（区）工信局（工经联）组成。

【企业排序申报工作】 由省工经联主办的2016年度"河北百强企业排序"申报工作于2016年3月20日启动，市工经联严格按照申报要求，在认真调研、摸清底数的基础上，积极动员和组织、指导承德市候选企业进行申报，于4月初按时、保质完成承德市参评企业的推荐上报工作，为宣传企业形象、展示企业风采搭建良好平台。排序结果于8月底揭晓，全市共有6家企业荣登榜单：承德建龙特殊钢有限公司同时入选"2016

年河北百强企业”及“2016年河北制造业百强企业”；河北承德露露股份有限公司同时入选“2016年河北制造业百强企业”及“2016年河北利润50强企业”；承德苏垦银河连杆股份有限公司、中红三融集团有限公司、承德天宝矿业集团有限公司、滦平县伟源矿业有限责任公司等4家企业获评“河北重点行业排头兵企业”。

【行业协会工作】 根据《社团登记管理条例》和市民政局对行业协会的年检要求，从2016年3月中旬到5月底，组织所属11家全市性经济类行业协会在规定时间内顺利完成2015年度年检初审工作，结合年检初审发现的问题，逐一提出整改意见，并监督指导落实，使年检工作具有一定考核功能。5月，组织并参加由承德可再生能源协会主办，及其所属十余家行业协会协办的“承德智慧风电场及智能防雷技术研讨会”。11月20日，联合承德市经纪人协会举办经济信息工作及经纪人征信研讨会。11月25日，联合承德市可再生能源协会举办建筑光伏应用研讨会，人大代表、政协委员、政府有关部门及相关企业的100多位代表就分布式光伏发展现状与存在问题交流和研讨。另外，积极协助电子商务协会、燃气协会完成协会名称、法人代表以及业务变更；指导全市建筑装饰装修企业筹备成立协会组织。

为切实落实中央及省、市委有关社会组织党建工作的总体部署，市工经联严格按照市委组织部10月31日下发的《关于推进社会组织党建工作的通知》要求，立足实际，认真谋划，周密部署，积极推进所属协会党建工作。为确保如期完成“党的组织全覆盖”目标任务，成立社会组织党建工作筹备组，负责所属协会党建基本信息收集工作，组织、指导所属协会成立党组织；组织召开由各协会秘书长参加的党建工作动员会，深入传达学习中央及省、市委关于加强社会组织党建工作的会议和文件精神，统一思想，提高认识，并就着力推进协会党建工作做出全面部署。截至2016年年底，市工经联所属行业协会11家，共有中共党员39名，筹备成立临时党支部2个。为没有党员的两个协会选派党建联络员，确定党建工作联络员。11月底，向承德市社会组织党委递交成立申请。

【作风建设】 深化思想教育，按照中央和省市委的统一要求，对学习内容、时间、方式等进行细致安排，力求做到应学必学，学深学透。先后组织学习《中国共产党章程》《中国共产党廉洁自律准则》《中国共产党纪律处分条例》等各项党内法规，引导党员干部严守党的政治纪律和组织纪律，牢记党的宗旨，增强党性观念；认真组织学习习近平重要讲话精神，通过研读《知之深，爱之切》《习近平总书记系列讲话读本》、习近平“七一”讲话等，引导干部职工深入领会以习近平为核心的党中央治国理政的新理念、新思想、新战略；同时开展学习李保国、范振喜、塞罕坝精神活动，以先进模范人物为榜样，进一步增强勤政为民、务实清廉的自觉性；中共十八届六中全会、省第九次党代会召开后，及时组织全体干部职工深入学习会议精神，并着眼自身工作实际进行专题研讨。通过学习，提高干部职工的思想认识，增强改进作风的自觉性和主动性。

深入查摆问题，按照省市委关于开展机关作风整顿的统一部署，通过专题研讨、开展谈心谈话、召开组织生活会、设立意见箱等方式，引导干部职工对照“八破八立”要求，聚焦突出问题，认真开展批评和自我批评，深入查摆个人思想、工作、作风等方面存在的问题。4月至5月，利用“河北省百强企业排序”申报工作和所属11个行业协会年检初审工作这个契机，积极向服务对象征询意见。

分类整改，建章立制，把整改工作贯穿于活动开展的各个环节，边学边改、边查边改、立行立改。对梳理出的问题不回避、不掩饰、不等不靠，明确整改责任人，制定改进措施、时间表，把整改工作贯穿到底，层层抓落实。在建章立制环节，立足于建立“提前防范、主动防范”的长效工作机制，结合机关建设实际，对前期制定的制度进行认真梳理，修改完善制度6项，新建制度2项，为机关规范化建设提供制度保障。通过作风整顿，干部职工的精神面貌有明显改观，综合素质进一步提高，工作积极性和主动性显著增强。

附：市工业经济联合会领导名录

会　长：丁建东

秘书长：才文荣

（供稿　王红卫）

承德市红十字会

【概况】　2016年，市红十字会遵循国际红十字运动人道、公正、中立、独立、志愿服务、统一、普遍的七项基本原则，以保护人的生命健康，弘扬人道、博爱、奉献红十字精神，促进和平进步事业为宗旨，以救助最易损害群体为目的，依据《中华人民共和国红十字会法》和《中国红十字会章程》，指导全市各级红十字会开展备灾救灾、初级卫生救护培训、红十字青少年活动和志愿服务、推动无偿献血、组织造血干细胞捐献、器官捐献、国际人道法传播以及国际人道主义救援、国际交流与合作等工作。

【完善救助机制】　为加快推进全市红十字事业发展，全面贯彻省红十字会“十三五”规划，更好地服务大局，践行使命。8—10月份，对全市各县（区）红十字事业重点工作督导调研，总结一批好的建议及经验做法，强调两公开两透明制度建设和落实，规范善款的管理和使用，确保善款的安全和救助的严肃。基本达到了解现状，查找不足，研究对策，实现效果提升的目的；在督导调研基础上，参考多个省市人道救助经验，广泛征求社会各界意见的基础上，制定《承德市红十字会人道应急救助分级管理实施方案(试行)》，使人道救助工作初步实现科学化、制度化、规范化。解决全市多年来人道应急救助没有统一制度、统一标准、统一流程的问题，对各县（区）红十字会赋予统一的责、权、利，进一步增强县（区）的主观能动性和开拓创新能力，为全面提升整体救助能力打下坚实基础。

【扩大募捐】　2016年，市红十字会共接受慈善捐助款物1479.18万元。其中，市本级募集款物270.11万元。分别是全市各级红十字会开展“博爱一日捐”活动收到社会各界捐款163.86万元，其中平泉县红十字会配备专职人员，采取县委、县政府全面下发“博爱一日捐”文件，专人督导募捐工作进度、对于未组织活动的单位再次下发督促函、红十字会负责人深入企事业单位上门协调沟通等方法，加强募集捐款力度，实际募集57.34万元，占募集资金总额的35%；承德市创远矿业有限公司为患尿毒症贫困学生定向捐赠资金5万元。围场县红十字会延伸筹资渠道，拓展服务载体，与中国石油天然气管道局助力精准扶贫工作有关领导加强沟通协调，最终促成定向捐赠100万元活动，为围场惠汉村和小上村脱贫工作提供了重大支撑。“5·8”世界红十字日期间为民间公益组织承德蓝天救援队定向募捐0.1万元；组织“7·19”抗洪救灾募捐工作，在报纸、网站、今日视点传媒公司百余块LED显示屏上发出呼吁公告，公布募捐账号，爱心榜名单等信息，接受捐款0.055万元；颈复康药业集团—承德腰痛宁公益基金会定向捐赠常用药品，价值1.09万元。接受省级以上捐赠转赠款物1086.66万元：分别是通过实施“小天使基金”和“天使阳光基金”项目，共救治贫困白血病患儿27人，省级拨付救助款80万元；承德市22名特困家庭获得省级人道救助资金3.5万元；获得中国红十字基金会、省红十字会定向转赠救助0～6岁贫困儿童"贝因美"奶粉，价值达152.21万元，已分发至全市各县(区)3550名贫困儿童受益；天津市红十字会通过河北省红十字会向承德市承德县、平泉县、隆化县、围场满族蒙古族自治县、兴隆县对口帮扶一批棉被、棉服、运动鞋等救助物资，价值约93.5万元，用于元旦、春节期间开展困难群众救助工作。全市138所医疗卫生机构获得中国红十字基金会、省红十字会定向转赠乡镇卫生院及医疗机构医疗检测设备283台，总价值686.6万元；承德市第三医院、承德市妇幼保健院获得中国红十字基金会转赠医疗设备2台，价值52万元；承德市医学院附属医院、承德中国人民解放军第二六六医院两所航空医疗救助联盟医院获得中国红十字基金会、省红十字会转赠面向贫困百姓发放的"牡蛎碳酸咀嚼片"，价值6万元；省红十字会"2017年博爱送万家"活动调拨博爱箱80个，价值1.85万元。丰宁西官营接受省红十字会大米1300袋，胶鞋400双，价值11万元。推进4个省级以上援助项目落户承德市，争取援建资金达122.41万元，分别是：承德市避暑山庄、塞罕坝国家森林公园景区获"幸福天使红十字救护站"项目，专项资金53万元；丰宁王营乡辛营村获总会博爱卫生站建设项目，专项资金15万元；隆化韩家店乡老窝铺村获得省红十字会博爱家园项目，专项资金54.41万元。同时，积极配合总会事业发展中心在承举办曜阳养老培训项目，邀请市级领导出席培训活动，并与承德职业护理学院携手圆满完成全国20余省200余位养老护理员培训工作，受到上级领导好评。

【救助义诊】 全市各级红十字会主动收集困难群众、易受损群体的信息，整合爱心资源，探索京津红十字会对口帮扶全市困难群众的工作机制，在兜住民生底线上发挥更大作用。全年对537名患大病等特困家庭发放人道救助资金，共发放救助金85.87万元，主要救助符合红十字会宗旨的患白血病、尿毒症、再生障碍性贫血、儿童先心病等重大疾病和火灾等意外伤害为主的困难对象，还包括艾滋病患者的慰问救助、贫困的遗体或眼角膜捐献志愿者的救助。

开展博爱送万家活动，集中采购粮油、棉衣价值11.89万元，发放到全市1250户贫困群众家庭和养老机构，受益群众达5000余人。组织中国红十字总会、基金会、省红十字会和天津红十字会，援助承德市各类款物价值千余万元，受益群众超过5万人。与市委组织部、市管拔尖人才卫生协会专家共同对承德县岔沟乡老烧锅村、围场县道坝子乡永丰村、隆化县庙子沟乡三间房村等7个扶贫重点村开展义诊赠药活动，受益村民1500人,缓解村民"小病懒得治,大病治不起"的问题。

【备灾救灾】 贯彻落实自然灾害及突发公共事件应急预案，并建立完善"一网四库"，辖区内如果有灾情或突发公共事件发生,能做到及时报灾、救援。深化京津冀人道应急联勤联动机制，4月20日承德市承德医学院附属医院、承德市中国人民解放军第二六六医院、围场、丰宁、隆化、承德4县医院6家医疗机构正式加入京津冀人道应急创新发展合作联盟，建立起京冀两地红十字会航空医疗救援协作机制，为紧急人道需求搭建起空中救援"绿色通道"。强化对备灾救灾物资的管理，全年出入库物资近20万元，做到摆放有序，账册清楚。

【救护培训】 依据《中国红十字会应急救护培训标准化工作手册》开展救护培训工作，全年组织救护培训5500人次，发放师资证61本，初级救护员证2200本。其中政府购买服务完成承德医学院开展大学生应急救护培训项目，培训师资50余人，大学生2000多人；推进红十字救护培训进社区、进农村、进学校、进企业、进机关"五进"

活动。与承德市中心医院合作培训公务员、企业员工、大学生等各类人群3000余人；与承德蓝天救援队合作对社区居民、在校学生，以及易受损高危人群进行应急救护培训，受益人群约500余人。

【“三献”工作】为确保做好器官、遗体捐献工作，顺利完成省红十字会下达的造血干细胞采集任务，全市各级红十字会积极努力，把“三献”工作与应急救护培训、“5·8”世界红十字日、“6·14”世界无偿献血日及无偿献血活动结合起来，成立无偿献血和造血干细胞捐献志愿者服务大队，探索无偿献血、造血干细胞捐献、人体器官捐献“三献并推”的宣传形式和途径，弘扬“三献”正能量，倡导挽救生命的德行善举。全市共完成无偿献血31538人次，全血采集12.1吨，同比增长9.8%；与市中心血站联合采集入库造血干细胞144人份。

组织承德医学院加入全省遗体捐献志愿者联盟，接受捐献遗体2例、眼角膜3例，其中围场满族蒙古族自治县2人次、双桥区、鹰手营子矿区各1人次。联合承德电视台摄制微电影《全家福》，在全市巡演，大力弘扬“人道、博爱、奉献”的红十字精神，彰显造血干细胞捐献者的高尚情怀，树立红十字事业良好的社会形象和责任担当。并通过电影拍摄花絮，针对初筛联系率低、动员反悔率高、临捐反悔现象常见的普遍问题，采访干细胞成功捐献志愿者如何秉持尊重关爱，做好心理疏导，以及捐献工作把好政策关、法律关和程序关，确保每一例都经得起检验。

【对外交流】 12月，与省红十字会共同承办2016年冬季澳门红十字会博爱小学探访体验活动，得到滦平县县政府、教育局、卫计局及滦平县红十字会的大力支持，取得圆满成功。代表团24人深入滦平县金钩屯博爱小学听取经典诵读和普通话公开课，参与学校少年宫课外活动，体验充满活力的儿童课间操，并向师生捐赠衣物和学习用品，与数百名小学生做红十字主题游戏。与承德石油高等专科学院大学生红十字会开展应急救护交流，并组织别开生面的救护竞赛。

【信息宣传】 加强市红十字会官网建设，创建微信公众号，扩展朋友圈，吸引青年志愿者参与红十字活动，更多了解红十字宗旨、工作内容和信息。全年更新各类工作信息100余条。通过电视、报纸、广播、网站等媒体，报道市红十字会工作25次。组织“7·19”抗洪救灾募捐工作，在报纸、网站、今日视点传媒公司百余块LED显示屏上发出呼吁公告。策划开展了“5·8”世界红十字日宣传周和“12·1”艾滋病防治宣传周等重要节日宣传活动，活动内容丰富多彩，取得良好的社会效益。及时在官方网站公示募捐和救助信息，按要求制作白皮书，实现标准化两公开两透明，得到社会各界的普遍赞誉。

附：市红十字会领导名录

会　长：薛　寒（女）

副会长：曾　强

（供稿　姜咏秋）

承德军分区

【概况】 2016年，军分区党委始终坚持以习近平系列重要讲话精神为指导，按照军委国防动员部、省军区党委的决策部署，围绕军分区党委年度工作安排，狠抓学习教育、战备训练、干部管理、安全稳定，各项工作有序开展、稳步推进，军分区全面建设取得新的进步，呈现向上向好的发展态势。

【全体会议军会】 3月25日，军分区党委召开九届五次全体（扩大）会议，总结2015年工作，部署2016年任务。军分区党委第一书记、市委书记周仲明作重要指示。军分区党委书记、政委王兰生作党委工作报告，党委副书记、司令员陈德光讲话，参谋长张占武传达北京军区、省军区党委全体扩大会议精神。主任孔令桥宣读2015年度全区受省级以上表彰奖励情况通报。后勤部部长张中伟宣读军分区表彰奖励通令、通报。

12月7日，市委召开议军会议，研究讨论加强承德市国防后备力量建设发展的重难点问题。市委书记、军分区党委第一书记周仲明主持会议并讲话。由军分区提交会议研究三个议题：关于研究出台《承德市推进军民深度融合发展的意见》。《意见》从贯彻中央战略部署的重大举措、参与京津冀协同发展的重要内容、建设“生态强市、魅力承德”的有效途径、提升全市国防动员能力的必然要求4个方面，阐述推动军民深度融合发展的重大意义；指导思想、基本原则、发展目标，提出推动全市军民深度融合发展的总体要求；围绕在思想观念上强化融合、在城市规划上贯彻融合、在产业发展上推动融合、在资源统筹上落实融合、在政策机制上保障融合、在补齐短板中加速融合6个重点，明确推动全市军民深度融合发展的主要任务；最后，围绕加强组织领导、军地协调联动、强化督导问效，作出具体要求。关于研究出台《承德市关于做好深化国防和军队改革期间军队转业干部安置工作的实施办法》(以下简称“《实施办法》”)。《实施办法》就准确把握接收条件、做好计划分配安置工作、调整增加编制办法、做好自主择业工作、加强教育培训、妥善安置随迁随调家属等方面，作出明确规定。

【战备训练】 始终坚持战斗力这个唯一的根本标准，实行军事训练成绩不合格者在评功评奖、晋职晋衔上一票否决制，树立大抓军事训练的鲜明导向。持续狠抓战备制度落实，坚持日检查、周通报、月总结，值班秩序更加严格正规。持续狠抓应急力量建设，每逢重大节日和防火、防汛期，都组织拉动演练，提高民兵应急分队遂行任务能力。兴隆县、承德县人武部在“7·19”抗洪抢险中反应迅速、处置得当，发挥作用明显；积极参加省军区民兵预备役应急力量拉动检验暨“军事日”活动，7个人武部121人参加了森林扑火训练演练，科目设置新、实战背景强、训练作风硬、演练效果好，受到军地领导的一致好评。持续狠抓军事基础训练，半年和年终均组织全体现役干部进行考核。

始终把军事训练作为部队第一要务，军事基础训练形成常态，从3月开始，常态抓好每天1小时体能训练。坚持抓好登记考勤，每周张榜公示，坚持以考促训，落实“半月一测试、季度一小考、半年一大考”的训考制度，健全单位和个人军事训练档案，确保训练时间、内容、人员、效果“四落实”。严密组织全区62名现役干部进行半年军事基础训练考核，综合成绩合格51人，不合格11人。民兵应急训练持续开展，按照统一时间、统一计划、统一内容的方法，结合民兵应急力量拉动检验，着力抓好民兵“三支队伍”编组训练，结合季节性防火、防汛、反恐维稳等任务，指导各（县）区完成反恐维稳、森林扑火、抗洪抢险、抗震救灾四类课目训练，做到人员、时间、内容、质量“四落实”。出色完成应急力量拉动检验活动，在全区抽组122名应急队员，专门组织森林扑火战术训练，为参加省军区演练奠定基础。按照“演练好、形象好、安全好”总要求，出动125人，车辆28台，应急装备3400余件套，往返机动1100余千米，出色完成应急力量拉动检验森林扑火行动演练和应急装备静态展示任务。始终坚持依法正规组训，各级领导带头参训参考，全区掀起大抓军事训练热潮。严格登记统计，健全军事训练档案，严密组织军事训练考核不合格人员补考，做到训练考核有始有终。

坚持以实战需求为牵引，狠抓后勤专业技能实战化训练和保障法演练，后勤战备水平和保障打赢能力不断提升。年初，按照真打实备要求，修订完善各类后勤保障预（方）案，全面推进全区后勤战备库（室）建设，配备配齐各类战备、应急物资器材，定期对在用物资器材的检修保养，遂行保障年度冬季适应性训练，研究探讨冬训保障方面存在的问题和解决方案，持续提高应急应战后勤组织指挥和保障能力。全面落实省军区后勤战备工作实施细则，加大后勤指挥和专业骨干的培训，积极组织人员参加省军区参谋骨干集训、指挥演习和基础训练比武竞赛，后勤指挥人才队伍建设得到进一步加强。

【征兵工作】 针对“当兵冷、征兵难”的严峻形势，深入开展宣传发动、严格组织体检政审、公开公正集体定兵，下力抓好廉洁征兵工作，严格落实总部规定的“五条禁令”，高标准高质量地完成上级赋予的兵员征集任务，大学生征集比例占总任务数的42.5%，超过2015年10个百分点，初中生征集比例控制在1%，实现报名人数、体检合格率、大学生士兵比例大幅上升和退兵人数大幅下降的“三升一降”目标，受到省军区肯定。双桥区、双滦区人武部征兵任务完成出色，走在全市前列；隆化县召开退役军人安置政策和就业工作推介会，围场满族蒙古族自治县为应征入伍大学生补助1万元奖学金，调动适龄高学历青年的参军热情。

全面开展“百校万人献身国防签名暨大学生参军入伍政策宣讲”“大学生进军营”等活动。充分运用大众传媒，将《中华人民共和国兵役法》《中华人民共和国国防法》、兵役登记与征兵政策有机结合，在《承德日报》《承德晚报》和“承德新闻网”“合和承德网”多次刊发，拍摄宣传片12部长时播放，制作展板110块组织展出。开通“承德征兵服务平台”微信公众号，以新颖的形式吸引了广大适龄青年和大学生关注国防、关注军队、关注征兵。各县（区）在城区人流密集场所组织“征兵宣传日”活动，现场答询5500余人次。征兵办人员“赶集入市”发放宣传册2.5万份，宣传车“进村入校”广播征兵信息200余条1600余次。锁定高校应届毕业生、返乡在校大学生和高考生3个群体入户访谈，帮助适龄青年和家长算清政治账、经济账、前途账，通过各类活动扩大了征兵影响，激发了参军热情，双合格人数同比增长35%。

在上级机关的指导和市委、市政府的领导下，着眼实践强军目标、输送优质兵员，按照“确保风清气正、确保完成任务、确保安全稳定”的总要求，全市各级各部门和兵役机关坚决执行征兵命令和上级指示，突出重点、深度宣传，抓住关键、依法征兵，圆满完成征集任务，其中义务兵大学生占总任务数的42.5%、超过征集指导任务数10.5个百分点，达到上级关于征兵工作“五率”量化考评要求，兵员质量全面提升，实现上站体检人数大幅上升、大学生征集任务超额完成、低学历人数大幅下降、违纪举报数量为零、退兵数量为零的总目标。

【安全安保工作】 始终把抓安全保稳定作为高于一切、重于一切、压倒一切的重要任务来抓。坚持以规范化促正规化、促安全管理，在宽城县、滦平县人武部召开了“四个秩序”规范化建设现场会，注重把抓点与促面相结合。坚持查纠隐患抓安全，始终突出人、车、枪、弹、密、网、财等17个安全重点因素的严格管控，定期分析安全形势，排查安全隐患，制定整改措施，先后对全区11个人武部和军分区干休所、民兵装备仓库进行了四个波次的拉网式检查，有效堵塞安全漏洞。狠抓民兵装备仓库建设，投入经费100多万元，改善基础设施，调整充实队伍，完善安防手段，保证重点目标绝对安全。

深入开展“四反”工作，结合承德地区民情社情，组织隐蔽斗争专题教育，针对南海仲裁案等敏感问题，组织专题时事政治教育；严格按照规定程序要求，区分层次对核心涉密岗位人员、重要岗位人员、新招预备役人员进行政治考核和思想考察，确保重点部位人员绝对忠诚可靠；加强与公检法、国安、信访等部门的联系，扎实开展军地平安建设，积极预防和妥善处置群体性上访事件。根据省军区通知要求，对部分县（区）转业志愿兵上访情况调查摸底和上报，配合地方相关部门做好教育引导工作。深入搞好思想摸排，结合每月首长办公会，定期开展人员思想形势分析，掌握官兵思想动态，严防发生事故案件；积极开展涉军维权法律援助工作，充分发挥军分区的军地桥梁纽带作用，妥善处理7起部队官兵家庭涉法案件。

【应急力量建设】 指导人武部圆满完成20000名基干民兵编组工作，把应急力量和基层规范化建设作为重点，进一步调整结构，配强骨干，补充装备，加强训练，高标准完成整组任务。抓好民兵“三支队伍”编组训练，积极加强硬件建设，完善软件资料，结合季节性防火、防汛、反恐维稳等任务，指导各县区均利用12天时间，组织民兵应急营、应急连完成反恐维稳、森林扑火、抗洪抢险、抗震救灾四类课目训练，做到人员、时间、内容、质量“四落实”。同时，对训练经费实行司令部、后勤部联审制度，做到专款专用，确保将钱花到“刀刃”上。

【军需保障】 严格落实被装实力联审制度规定，按标准编制被装预、结算，请领、发放被装1326余套（件），调换了被装100余套（件），收旧被装110余套（件），确保全区官兵军服穿着适体。加强在大项任务活动中军需保障工作的研讨，有力地实施全区组织的“军事日”活动被装及饮食保障。严格落实军粮差价补贴政策，按时间节点编报军粮预、决算，足额发放全区2015年度军粮差价补贴。

着眼综合防卫作战任务需求，深入挖掘属地交通数据，细化军交运输动员及保障方案。充分准备、统筹协调，圆满完成了多次训练演练、森林防火行动及新兵铁路运输等交通运输保障任务。严格管理驾驶员资格审批，认真做好驾驶员调整相关工作。加大军车号牌使用管理力度，将安全警示教育贯穿全年，“平时树管教，出行严要求”，实现全区军车交通违法零抄告，展现全区军车的良好形象。高效完成全区实物油料供应工作，优先保障军事日训练等大项军事活动油料供应，严格管控机关勤务油料使用，积极协调并更换代储代供加油站，准确审核2016年全区各团级单位油料保障社会化经费，完成与市中石油、中石化公司油料保障社会化改革对接，保证资源优化配置，高效节约。

【后勤管理】 狠抓历史遗留问题处理，党委班子成员坚持新官理旧账，积极妥善解决军兴小区 4 栋房屋整修、金龙集团违规占用原一招土地、退还原 24 集团军部分老干部、职工购房款及住房补贴、为 41 名职工补发绩效工资。严密组织经济责任审计自查自纠，先后进行 4 个波次集中整改，做了大量扎实细致工作，为迎检奠定良好基础。全面展开停止对外有偿服务工作，组织召开部署会、推进会，摸清底数、稳步推进，截至年底，全区 34 个可控托底项目全部关停，所有空余房地产实现定人、定点、定责管控。积极推动人武部独立营院建设，全区已有 5 个人武部在改善营院建设条件上，与地方政府达成一致意见，干休所营院综合整治有实质性展开。

始终坚持预防为主的原则，对常见病、多发病、季节性疾病进行有效防控，科学管理全区人员健康档案，组织全区干部、退休干部、战士、职工，以及机关干部家属的进行年度体检。年度门诊数量 1450 人次，较去年下降 140 人次（约占 14.85%）；严格落实对机关食堂饮食卫生监督检查制度，完成年度职工医疗保险上缴和医疗卡的年审工作，高标准保障军事训练考核，有效地开展年度征兵体检巡检和女兵初检工作。

积极适应新的领导管理体制，着眼提高经费保障效益，严把经费预算和结算报销审核关，行政消耗性开支较往年大幅下降。严守经费决算上报关口，严格按供应标准请领经费，做到决算上报数据精准，全年无核增核减经费。围绕即将开展的领导干部经济责任审计，在人少事多的情况下加班加点，持续开展财务管理自查工作，重点清查中共十八大以来经费收支情况，并结合原总后勤部下发的《问题纠治办法》，对存在的部分问题进行整改。进一步强化财务服务保障职能，认真执行各级政策规定，高标准完成各单位、各类人员待遇经费保障任务和工资调整补发工作。

加大基础设施设备维修投入力度，完成军兴小区倒塌多年的围墙修葺，铺设混凝土路面、改造排污管道工程，恢复 4 亩地综合用房监控设施，并安装电动伸缩门。进一步完善营院基础设施；完成军兴小区别墅及下二道河子家属楼基础设施更换改造工程，更换塑钢窗和自来水管道、重新粉刷楼道并安装不锈钢楼宇门、硬化部分出行路面，优化生活条件。加强空余房地产正规化管理，稳步推进停止对外有偿服务项目，对各县（区）人武部、干休所空余房地产租赁项目进行检查指导，全区共有对外有偿服务项目中 58 个，已停止项目 24 个；同时对全区空余房地产租赁项目进行安全隐患排查，保证空余房地产租赁管理工作的正规有序和安全稳定。高标准完成军分区工程建设项目和房地产资源管理整治工作，指导各团级单位完成营区综合整修工作。

下大力筹措经费，落实 2013 年 7 月到 2016 年年底职工工资待遇，为全区职工补发工资差额 120 余万元，补缴养老保险 6 万余元。妥善解决退休职工养老金及医疗保险接续工作，申报退休职工独生子女父母退休奖励费。常态化开展职工安全教育，维护职工队伍思想稳定和团结，调动职工工作热情。

【双拥共建】 积极发挥桥梁纽带作用，响应国家打响扶贫攻坚战号召，协调组织驻承团级以上单位和市直机关召开驻承部队参与打赢脱贫攻坚战工作会议，对各单位落实会议精神情况进行跟踪督导，分别向省军区、市扶贫办报告情况，在全市《扶贫工作简报》转发相关经验做法；积极协调上级和友邻单位与承德地区贫困村进行帮扶，保障北京卫戍区、军事科学院等十余个单位开展调研对接；在全市驻军中开展“校官 1+1”爱心助学活动，驻承各部队共资助贫困学生近 200 人，资助金额 10 余万元（其中军分区及各人武部资助金额 4.8 万元），组织军分区官兵“向洪涝灾区捐款”，共捐款捐物 3 万余元；多次前往军分区帮扶村即兴隆县靠山村，实地调研对接，协调地方职能部门在产业项目、基础设施上加大投入力度，组建农民专业合作社，各项基础设施建设稳步推进；积极协调驻军部队参加新春军地座谈会、“八一”军地座谈会、春季义务植树、烈士纪念日公祭、“紫塞最美双拥人物”评选、庆祝荣获全国双拥模范城“八连冠”暨双拥模范县区命名大会等多项活动，推动全市“双拥”共建取得新的进步。

坚持军地合力解决制约国防后备力量建设的重难点问题，协调召开市委议军会和党管武装工作述职会，专题研究解决军民融合发展、国防和军队改革期间转业干部安置、应急分队器材建设等重难点问题；围绕推进军民融合深度发展，到国防动员委员会8个成员单位进行专题调研；军地联合召开驻承部队参与打赢扶贫攻坚战推进会，军分区各级拿出近百万元经费用于扶贫工作；积极开展“校官1+1爱心助学”和“向洪涝灾区捐款”活动，驻承部队累计捐款12万余元；协调安排随军家属就业43人，妥善处理涉军维权案件8起，解决官兵的后顾之忧；成功举办首届退伍军人就业专场招聘会和首届军地青年相亲联谊会。在军地持续共同努力下，承德市荣获全国双拥模范城“八连冠”。

【思想建设】 始终用党的最新理论成果武装官兵头脑，坚持每月利用两天时间组织党委中心组带机关理论学习，持续抓好习近平系列重要讲话、中共十八届六中全会、军委改革工作会议、十八届中央纪委七次全会精神的学习贯彻，及时把大家的思想和行动统一到党中央、中央军委和习近平的决策部署上来。突出抓好“坚定改革强军意志、投身改革强军实践”主题教育和“两学一做”学习教育，扎实开展纪念中国共产党成立95周年和红军长征胜利80周年系列活动，引导大家争做“四讲四有”合格党员，积极投身改革强军实践。丰宁满族自治县人武部注重用身边典型教育激励官兵，总结宣扬邢海慧先进事迹。突出抓好意识形态工作，集中开展“严守政治纪律和政治规矩”“在改革大考中交出合格答卷”主题党日活动，严密组织肃清郭徐流毒影响工作，确保全区上下坚决听党指挥、绝对忠诚可靠。

坚持把“两学一做”作为重大政治任务，认真筹划部署，精心组织实施，有序推进落实，突出做到“四抓”：①抓整体筹划部署。紧跟教育进程，第一时间传达部署，定期分析形势，先后制定下发学习教育的《实施方案》和肃清工作《实施方案》等措施办法，为各级提供依据和抓手。②抓规定动作落实。着力抓好应知应会内容掌握、领导干部授课辅导、党课落实质量、党支部自主抓教，以及交党费、上党课、过组织生活、组织党员承诺践诺等规定动作落实，为全分区统一“四本两表”（理论学习笔记本、体会摘记本、党支部会议记录本、党小组会议记录本、民主评议党员表、承诺践诺表），政治部党支部、党小组率先做出“样板”供机关、部队观摩借鉴；组织全体机关干部战士到热河烈士纪念馆、董存瑞烈士陵园缅怀先烈伟绩、重温入党誓词；结合“两学一做”活动，组织开展了“四讲四有”合格党员大讨论，对手抄《中国共产党章程》进行展评，增强学习教育的实际效果。③抓末端督导落实。紧紧围绕深入系统地“学”和积极稳妥地“改”抓好落实搞好督导，确保“两学一做”学习教育有序有效推进。11月底，政治部利用一周时间，对团级单位和机关各部学习教育情况进行检查督导。④抓成果拓展深化。以行业风气清理整治为抓手，继续巩固八个方面清理整治成果，着力推动历史遗留问题解决，牵头起草的经验做法被省军区党委转发，“党支部之家”网站建设在省军区名列前茅；同时把“全面彻底肃清郭伯雄徐才厚流毒影响、深入推进正风肃纪反腐倡廉工作”纳入“两学一做”学习教育重要内容，有序有力推进，确保肃清工作全面彻底。

【党委班子建设】 狠抓党委班子自身建设，以践行“三严三实”要求为主题，严肃认真地召开师团两级党委民主生活会；着眼提高集体领导水平，组织团级单位党委书记集训；对全区12个团级党委班子、干部队伍和基层全面建设情况逐一进行了综合考核，强化各级党委班子原则性战斗性。狠抓党风廉政建设，认真学习贯彻准则和条例，严格查处违规违纪问题，每逢重大节日都组织明察暗访，营造从严治党、从严执纪的浓厚氛围。狠抓干部队伍建设，特别是突出从严治官，注重加强对团以上领导干部的教育管理监督，深入贯彻《关于加强党管干部、从严治官的决定》，制定出台《干部量化管理实施办法》、“三学习一提高”“创三优”活动三项措施落实，始终坚持每季度讲评一次干部，干部队伍整体面貌明显改善，年终总结时受到省军区表扬。

附：承德军分区领导名录
司　令　员：陈德光
政 治 委 员：王兰生
参　谋　长：张占武
政治部主任：孔令桥
后勤部部长：张中伟

（供稿　焦志伟　张津彦　张　岩　于　洋　方　宁　赵永明）

武警支队

【概况】 2016年，武警承德支队坚持以改革强军目标为统领，认真贯彻落实总部、总队党委工作部署，深入推进政治建军、改革强军、依法治军，针对支队“一大”，即辖区范围大，3.95万平方千米，约占河北省总面积的1/5，“两弱”，即全面建设基础弱、干部骨干能力弱，“三难”，即基层平衡发展难、部队分散管控难、争取建设资金难现状和负重爬坡的队情，按照“举旗铸魂强根本、聚焦中心谋打赢、从严治警抓安全、夯实基础促发展”的工作思路，部队建设呈现出稳中有进。

【全体会全委会】 3月2日，召开支队党委六届六次全体（扩大）会议。党委书记王爱民以《聚焦改革创新　聚力稳中求进　全面提升部队建设质量水平》为题向大会报告工作，党委副书记武卫东以《统一思想　强化担当　稳心定神　以高标准实现两个确保的实际行动迎接部队改革》为题做重要讲话，司、政、后各部门分别部署新年度工作。

8月18日，支队严密组织召开党委全委（扩大）会，专题传达学习总部、总队基层建设暨士官队伍建设工作会议和党委书记座谈会精神，深入分析部队建设形势，科学谋划下步工作。支队党委书记马建军主持会议，党委常委、机关全体干部和大、中队主官出席会议。

【领导考察】 8月16日至17日，总队政委陈维旭率干部处处长张永强、警务处副处长贾治国、军需处副处长刘庆义、组织处干事崔晓波一行5人，深入承德市支队检查指导工作。检查期间，陈维旭及工作组一行先后深入丰宁满族自治县中队、承德市中队、平泉县中队、承德县中队和支队机关，对支队全面建设情况进行深入检查调研。

11月20日至28日，总队副司令曹善贵率处长李运涛、干事胡东坡、助理孟猛，对承德市支队进行年终考帮建，并督导复退工作。其间，曹善贵深入承德市、承德县和隆化县中队实地检查指导工作，看望慰问基层官兵。

【维稳工作】 着眼“多能一体、有效维稳”，突出打好“三场维稳战役”，全面提升部队核心军事能力。认真学习武警部队执勤战备工作集训精神，严格落实执勤系列规定，以执勤“五防一体化”建设为推手，以执勤“三治”为主线，突出隐患治理、正规勤务秩序、完善执勤设施、提升信息化水平，开展“三学”“六查”“四治”教育整顿活动，整治各类执勤隐患38处；严管“三员”、狠抓“一兵”、常抓“一组”、勤抓“一班”，研究制定《特殊时期战备执勤安全措施》《应急班编携配装规范》等措施；采取“试点先行、分类指导、逐步推进”的方式，深入贯彻落实总队执勤优化部署改革现场会精神。

严格落实军委联合作战值班要求，组织值班培训4次，战备演练9次，保持常态化应急战备水平。积极争取地方资金370余万元，在全总队率先完成追逃车购置任务。严密组织“卫士－16”演习，取得张家口片区首长机关比武第一名。圆满完成北戴河暑期警卫和唐山世园会机动备勤任务，全国“两会”和中共十八届六中全会环京卡点任务，“四站一街”巡逻、承德国际马拉松赛警卫、武装押解等临时勤务30余起，为维护社会稳定发挥“压舱石”作用。

深入贯彻总部“千人大集训”和总队实战化训练现场会精神，依照《军事训练“八落实”标准》和《武警部队“六种组训模式”运行规范》，着力补齐教练员和训练场地两个短板，组织应急班、预提指挥士官、军体示范兵、狙击手集训各1期，教练员、片区特勤排“魔鬼周”集训各2期，机关干部轮训3期，勤训轮换4期，累计轮训2000余人次，消耗弹药11万余发，特邀约旦特种兵比武教头施拉姆和世界狙击手冠军张华到队指导，培养了50余名训练尖子。在总队组织的新训骨干和预提指挥士官集训结业考核中，分别取得了团体第一和第二的好成绩。

【基础建设】　认真贯彻落实武警党委文件精神，按照纲要和“三十条”要求，坚持把工作重心放在基层。落实“三帮一提高”要求，克服“四难”束缚（拓展观念难、激发活力难、铸造精品难、发展进步难），制定《按纲指导基层建设规划》《精准帮建基层方案》，严把“制订计划、季度考评、形势分析、督导整改”等环节，细化“一队一策、一队一案”帮建措施，安排5次作组深入基层、现场办公、帮建指导，先后安排机关干部蹲连住班98人次，面对面指导，手把手帮带，连续5年以上未进入先进的隆化县中队实现“摘帽”。严密组织两级纲要培训，提升各级按纲抓建水平；利用勤训轮换、政工例会、留营住宿等时机，采取集中培训、以会代训、机关带基层等方法，不断提升干部能力素质；分两批组织机关干部、基层主官到廊坊支队参观见学，开阔视野、找准差距、明确目标，在承德市中队和承德县中队分别召开军事、政治、后勤3个现场会，规范经常性基础性工作落实，提高部队全面建设水平。积极推进暖心工程，为2名转业干部安置了满意的岗位，为4名干部家属协调安排工作，为22名干部子女办理入学入托，为15名大龄官兵解决婚恋问题，为210名官兵办理免费公交IC卡，为35名因自然灾害、重大疾病等导致家庭困难的官兵发放救济金20余万元。

【“卫士－16”演习】　5月24日至28日，出动385名官兵，28台车辆，机动900多千米，支队在总队导演部的全程指导下，完成为期5天的“卫士－16”演习任务。参演部队感受战场氛围，积累实战经验，增强首长机关战法运用、组织指挥和研判处置的综合素质，锻炼部队在实战背景下的处突反恐能力。

【从严治警】　坚持把依法从严治警作为基础性长期性工作紧抓不放，支队连续9年被武警总队表彰为预防事故案件工作先进单位。强化法治思维，全面贯彻军委《深入推进依法治军从严治军的决定》，狠抓武警部队基层建设会议精神落实，在机关和承德市中队召开正规化建设现场会，对机关办公秩序和基层八库七本五簿三表一册进行规范统一。持续开展“学法、知法、用法、守法”活动，坚持每季邀请专家授课、每月观看警示录像、每周组织学法活动，制作下发“十条禁令”鼠标垫、“八项纪律”“六个严禁”的警示卡和警营学法用法365教材，培养官兵令行禁止、敬畏法度的行动自觉。

狠抓安全防范，认真贯彻落实武警总队安全工作“八个规范”、总队“六个突出”抓安思路和“两个细则”要求（机关、基层落实八个规范组织与实施细则），深刻汲取通报事故教训，明确“三包四定”责任（常委包片、股室包队、干部包班，定任务、定责任、定措施、定奖惩），以“安全大检查”“百日安全竞赛”活动为抓手，开展六个方面专项整治活动，印发“安全隐患排查内容对照表”，组织4个回合逐单位逐内容对照整治，投资50余万元,对二层以上窗户全部加装防护栏，楼顶天窗全部加固，刀具毒品药品等危险品全部入柜上锁，消除各类隐患120余项。在“百日安全竞赛”活动中取得了总分第二的好成绩，受到武警总队通报表彰，两篇经验做法被总队转发。

严抓“三大关口”,抓补入,落实“四防”要求，认真组织“三查”，及时消除新兵思想和身体问题12起。抓选晋，坚持按制度、规矩和程序办，采取“三统、一定责”办法（由支队统一考核、统一测评、统一体检，基层谁推荐谁负责），坚持“一个挂钩、四个不选”（一个挂钩：责任挂钩，谁推荐谁签字谁负责。四个不选：表现不好的不选，军事考核不合格的不选，个人与家庭意见不统一的不选，年内受过处分的不选），一把尺子量长短，全程公平、公正、公开，全年，选晋士官155名，退役士兵220名，官兵无杂音、部队很稳定。抓培训，全年严格选拔推荐91名士兵参加各类技术培训，全部顺利结业，提升士兵专业技能水平。

【后勤保障】 以全面建设现代化后勤为目标，聚焦“六型”后勤要求，着力推动“后勤变前勤”。提升应急保障能力，修订各类保障预案12份，优化“一组五队”编组，投资20万余元储备350人份保障物资，与驻地银行、超市、医院、车站签订保障协议，完善警民融合保障体系，结合“卫士－16”演习和“一组五队”实兵演练，有效提升综合应急保障能力。突出专项清查治理，财务清查中，坚持整风整改、真查严治，共清查各类凭证260余册，票据2万余张，压减行政性开支40余万元，收回违规报销款项24万余元，整改各类问题280余条；房地产专项整治中，补齐40余份工程建设手续，补报原招待所部分营房拆除报备销号手续，全面停止原机关楼和招待所租赁项目，依法启动教导队外租土地回收程序，实现房地产历史遗留问题的起底清零；“三库”整治中，率先完成改建任务，受到总队通报表扬。提升综合保障效能，全面落实总队“伙食精细管理年”现场会精神，在承德县中队召开伙食精细管理暨后勤建设现场会，全面推广“1126”“6211”饮食保障模式，基层伙食满意率达到98%以上；投资8万余元为机关干部和随军未就业家属进行体检，协调驻地医院签订警民共建协议，每年为基层官兵免费体检，建立健康档案；稳步推进滦平、宽城、平泉三个中队营房新建和二大队五中队营房扩建；协调解决高庙家属院燃煤炉改造经费404万元；谋划空余房地产使用改造，向总队业务部门和驻地专业机构咨询，拟将原机关楼和招待所改造成70余套公寓房，改善官兵居住环境。

【班子建设】 注重在学习提高中把关定向，深入调研中理清思路，团结协作中增强合力，改进作风中培树形象，完成任务中推动发展，经受住一系列重大任务和复杂形势的考验。坚持把学习贯彻中共十八届六中全会和习近平系列讲话精神作为首要政治任务抓紧抓实抓出成效，深入开展两项重大教育活动，坚决肃清郭伯雄、徐才厚等案件流毒影响，不断强化官兵“四种意识”坚决向以习近平为核心的党中央看齐，《努力破解基层干部队伍“三力”不足难题》《选出骏马，管住野马，不出黑马》等8篇学习理论成果在军地报刊媒体发表，高海滨《为青春插上梦想的翅膀》

荣获“武警文艺奖”报告文学一等奖。坚持以《中国共产党章程》为根本遵循，以落实组织生活制度和党内条例法规为抓手，深入学习贯彻民主集中制，严格落实党内法规条例和规章制度，重温毛泽东《党委会的工作方法》，深入学习新《中国共产党章程》及“三条例”“两准则”等法规内容。班子成员自觉过好双重组织生活，带头上党课、带头汇报思想、带头开展批评和自我批评，带头对党问忠、对职问责、对己问心，更好地擦亮初心、回归初心，党内民主氛围更加浓厚。始终把团结作为班子的生命线。班子调整以来，成员间相互尊重、相互支持、相互谅解、相互补台，坚持以主官团结带动班子团结、以班子团结引领部队团结，做到理想信念统一、奋斗目标统一、工作步调统一、对外声音统一，较好地形成了支队上下形成了合心、合力、合拍干事业的良好氛围。全年，调整使用干部24人，发展党员70人。

【思想建设】 着眼加强党的思想建设和培育新“四有”革命军人，注重政治纪律和政治规矩教育，深入讲清“三个基本”（讲清基本概念、讲明基本观点、讲透基本道理）；严密组织“四个起来”（党章学起来，党费交起来，党活动搞起来，党性树起来）、“三个重温”活动（重温入党志愿、入党誓词、献身国防志愿书），广泛开展“四小四大”（小故事大讨论、小观点大辩论、小问题大争论、小情况大定论）、“做董存瑞精神传人、当护城河卫士尖兵”活动；采取仪式激励、参观见学、舆论引导、文化熏陶等方法，内有支队常委大课辅导、业务骨干小课串讲，外邀天津指挥学院教授高东升和《中国武警》杂志社王久辛主编言传身教，答疑解惑，有效提升学习教育效果，强化官兵“四种意识”，激发官兵爱军习武、强军兴军的政治热情。

高度重视做好一人一事思想工作，灵活运用“三互”、“双四一”和“大谈心”等有效载体，落实“日排查、周分析、月讲评”等制度，对重点关注人员区分岗位、籍贯、兵龄等情况，逐个分析排查，制定具体措施，先后转化怕苦怕累、进步受挫和身患疾病等有问题战士11人。按照“八个基本方法”和“八个到现场”要求，充分发挥政治工作直接作战功能，为圆满完成各项使命任务提供坚强的政治保证。重点加强“三战”队伍建设，严格人员选拔培训，配齐各类器材，加强人装结合训练，不断提升实战能力。编发《政工研究通讯》和《一线战讯报》，传达上级指示精神，宣传政治工作动态，激发干事创业动力。精选经验丰富的政工干部参加北戴河暑期备勤任务，坚持政治考核不间断、宣传鼓动不间断、思想摸排不间断，确保了参暑官兵忠诚纯洁可靠，11人受到记功嘉奖表彰。

附：武警承德支队领导名录

支　队　长：武卫东
第一政治委员：董天利（12月免）
　　　　　　马占山（12月任）
政 治 委 员：王爱民（4月免）
　　　　　　马建军（4月任）
副 支 队 长：周国臣
　　　　　　范寿松
副政治委员：孙庆刚
参　谋　长：郭保军
政治处主任：高海滨
后勤处处长：池海瑞

（供稿　王建刚）

国防教育

【概况】 2016年，市国防教育工作在市委宣传部、军分区政治部的领导下，深入贯彻落实党的中共十八大和中共十八届三中、四中、五中、六中全会精神，按照省国防教育办公室年初工作安排，紧紧围绕推动实现中华民族伟大复兴的中国梦和党在新形势下的强军、兴军目标，从维护国家主权、安全和发展利益出发，紧贴形势任务，坚持“常规领域抓深化、重点工作求突破、自身建设促提升”的原则，不断推进全民国防教育普及深化，取得良好成效，受到省国防教育办公室的好评，被评为“全省国防教育工作先进单位”。坚持从加强基本建设入手，按照“以突出教育重点促进教育普及，以创新教育方式推动教育深化”的工作思路，扎实推进国防教育进机关、进校园、进社区、进农村、进企事业单位的“五进工程”，扩大教育覆盖面，提升教育效果。

【国防教育】 结合重要节庆日、纪念日、全民国防教育日、国防法规颁布日以及征兵等时机开展集中宣传教育，重点开展以“增强国防意识、重视国防教育”“立志成才、爱我中华”“积极参军、报效祖国”“军民鱼水情、军民一家亲”“拥军、爱军、参军”为主题的五大系列教育活动。全年先后邀请首批国家级国防教育师资库专家王明香、教授于群到各县（区）各高校做国家安全形势巡回报告13场，受到市县理论中心组和高校师生的好评。针对青少年思想特点，采取课堂教学、主题讲座、国防征文、知识竞赛、演讲比赛、军事训练等形式，扎实推进国防教育进校园行动。借助外力，强力推进国防教育进农村、社区行动，取得良好效果。宽城县“国防教育小剧团”在重要时间节点“送戏下乡”，他们编排的具有国防教育内容、富有浓郁乡土气息的《深山红嫂》《大山魂》等剧目接地气、聚人气，让村民在欣赏感人故事中受到教育。通过实施“五进工程”，强力开展“五大系列”主题活动，全市共组织各种国防教育主题宣传教育活动80余场，参与人数达到2万余人次，发放《国防法规宣传手册》等宣传资料16000余册，出动宣传车70台次，举办国家安全形势报告会、国防法规讲座80余场次，举办国防教育主题征文、知识竞赛、演讲比赛等活动42次。在全市营造关心国防、热爱国防、献身国防的浓厚氛围，激发青年学生爱国爱党、从军报国的热情，2016年征兵过程中，有6907名青年报名参军，是2015年报名人数的4倍，其中有大学生1938名，是2015年报名的3倍。

【宣传工作】 在充分利用好市、县电视台播出国防教育电视公益广告片的同时，加强国防教育网络阵地建设，完善承德市全民国防教育网建设，进一步规范国防理论、国防法规、国防历史、基地建设、征兵宣传、工作动态、国防要闻等模块，集中宣传国防建设的方针政策、法律法规、国防知识，以及全市国防教育活动情况。网站访问量已突破8万人次。注重发挥舆论引导作用，加大新闻媒体宣传力度，一批有分量新闻稿件发出：报道国防教育义务讲解员吕小山事迹的长篇通讯“相伴存瑞50年，英雄从未走远”在《中国国防报》头版头条发出；滦平村民柳景馨以国防为内容的短篇小说《早立子》在《中国国防报》“长城”专版刊发；“三主动力促国防教育上水平——承德市国防教育工作纪实”，在《河北日报》版面头条发出；对韩丽、狄晓黎、董文玲、李平阳、孙丽艳5位承德“好军嫂”进行大规模宣传报道，先后在《河北日报》《燕赵都市报》《承德日报》《承德晚报》刊发稿件16篇次，网络转发370篇次。

【基础建设】 为加强国防教育工作，从四个方面进一步完善国防教育工作运行机制，有力地促进国防教育基础建设。首先完善由市委书记担任组长的市国防教育工作领导小组，充实健全领导体制和工作机构，各县（区）相应成立由县区委书记任组长的国防教育领导小组，建立军地领导重视、部门密切配合、权责清晰明确的国防教育工作运行机制；充实以王明香、于群两位全国首批国防教育专家为首的27名国防教育师资队伍，经常活动在全市8县3区，被誉为国防教育

"轻骑兵"。加强国防教育基地建设，全市共有市级以上国防教育基地16所，其中国家级国防教育示范基地1所、省级国防教育基地5所、市级国防教育基地10所，实现每个县（区）至少有1所国防教育基地，满足人民群众开展国防教育集中活动的需要。各级国防教育基地基本达到主题内容鲜明、管理正规有序、基础工作扎实、经费保障落实、社会效果明显的标准。重点培育出16所国防教育示范学校建设，进一步提升学校国防教育工作质量，激发广大师生爱国热情。

附：市国防教育办公室领导名录

主　任：梁世芳

（供稿　付　强）

人民防空

【概况】 2016年，全市人防工作坚决贯彻落实中共中央总书记习近平系列重要讲话精神，认真学习第七次全国人民防空会议和河北省人民防空会议精神，按照河北省人民防空办公室年度重点工作安排，围绕承德市人防"2234"基本工作任务，攻坚克难，狠抓落实。5月召开的第七次全国人民防空会议上，市人民防空办荣获"全国人民防空先进单位"称号。7月召开的河北省人民防空会议上，市人民防空办指挥信息保障中心、承德县人防办荣获"河北省人民防空系统先进集体"称号，5人分别受到国家人防办和省人防办的表彰；承德市指挥训练、信息化建设、行政执法工作受到河北省人民防空办公室表彰。

【人防工程建设】 重新硬化和修缮德汇门前14000平方米范围内广场，改造地下停车场出入口5个，仅用一个多月的时间圆满完成市政府下达的整治任务。市级人防基本指挥所工程是承德市人防"十三五"规划时期的重要建设项目，市人防办党组高度重视，组建工程指挥部，抽调骨干人员组成工程建设指挥部，从2015年下半年开始跑办建设审批手续，2016年12月21日，取得施工许可证，施工单位、监理单位进驻施工现场，实现年内开工建设的目标。为依法保障防空地下室批建和易地建设费收缴落到实处，市人防办严格执行国家人防办文件规定，本着"应建必建、以收促建"的原则，稳步提高人防工程建设规模，全市人防"结建"工程建收率达到100%。

着力强化人防工程质量监督，市本级人防工程质量监督实现网上报监；严格规范人防工程"结建"审批流程，全力打造便民服务模式。

【人防工程管理】 着力强化人防工程质量监督，按照新版《人民防空工程质量验收与评价标准》，对市本级在建人防工程进行全面检查，对县级人防工程质量监督工作进行巡回督导，纠正和整改存在的问题，对质量监督档案不完善的，责令建设单位严格按要求补充。9月，市本级人防工程质量监督实现了网上报监。严格规范人防工程"结建"审批流程，分管领导带队进驻行政审批服务大厅，严格执行"一个窗口受理、一次性告知、一站式审批、一个窗口收费"的"四个一"审批方式、"公开办事程序、公开申报资料、公开承诺时限，公开收费标准"的"四公开"办事制度和服务工作"零推托"、服务方式"零距离"、服务事项"零积压"、服务质量"零差错"、服务对象"零投诉"的"五个零"服务模式，不断提升服务质量，全力打造便民服务模式。

组织地下宫、招待所两支人防工程巡察管护队伍常态化开展已建和在建人防工程巡察管护，全年集中开展安全生产和防火、防汛检查10次，消除安全隐患，确保人防工程始终处于良好状态。积极开展直属人防工程安全检测工作，省人防办及市人防办组织有关人员检测直属人防工程7处。加大人防工程开发利用力度，根据省人防办统一部署，6月初开始，组织开展"城市地下空间资源调查”“人防工程开发利用详查”和“早期人防工程普查”攻坚行动，市、县（区）同步开展，9月底完成调查、详查报告，按时上报省办。大力开展“疏散地域规范化建设”攻坚行动，依据承德山区特点和城市布局，结合美丽乡村建设、精准扶贫行动、旅游开发和特色小城镇建设等工作，制定疏散地域规范化建设工作方案，自下而上地开展了规范化试点工作。市本级在双桥区范围内重新选定了示范点2个，制定近期建设方案和远期发展规划，完成基础数据调查统计工作。在县里选定示范点3个，分别完成自然条件等基础数据调查建档工作。

制定承德市《关于深入推进人民防空改革发展的实施意见》；按规定及时、足额完成防空地下室易地建设费8%的上缴任务，再创历史新高。

【训练演练】 先后5次同北京、天津指挥信息保障中心开展合练，4月5日参加北京、天津、河北省人防无线通信协同演练；10月与天津人防机动指挥系统开展协同训练。此外，在省军区司令员考察全省人防工作时，市人民防空办承担全省人防指挥通信汇报演练全部五项任务中的两项，出色地完成演练任务。大力开展人防机动指挥系统秋季大练兵活动，制定秋季大练兵活动实施方案，明确组织领导、目标要求、参训人员和主要任务。8月20日至9月23日，市人民防空办分管领导带队，组织市直属特种应急大队通信分队和市、县30余人，中、小型机动指挥系统11台，于围场满族蒙古族自治县坝上，开展为期5天的市、县两级机动指挥系统秋季野外练兵活动；10月17日至10月20日参加了北部片区第三阶段跨区支援演练。

按照省办统一要求，开展人防专业队整组训练工作，分别向县（区）人民防空办和专业队组建单位下发整训通知，对人防直属特种应急大队进行全面整组和扩编；为不断提高人防战斗力和人防专业队伍综合素质、实战能力，结合新颁布实施的《人民防空训练与考核大纲》，针对市办机关和指挥信息保障中心制定年度训练计划以及5年训练规划。开展人民防空训练日活动，在市区和各县设立人防宣传站，7月5日至7日组织全市11辆中小型机动指挥系统进行拉练和巡展宣传；组织开展卫星通信、短波电台通信、防空警报、移动指挥车和空情接收人员专业技能训练；结合“7·7”警报试鸣，先后组织人防各专业队实兵演练4次；参加省办组织的通信人员业务培训3次，有2人在北京参加培训期间表现突出，受到省人防办通报表扬。

组织宽城满族自治县带实兵开展年度“7·7”警报试鸣和演练活动，以宽城满族自治县自来水厂遭敌空袭为背景，以组织群众疏散、消除京津水源地被空袭造成的停水后果为内容的演练活动，市人防办主任担任总指挥，主管副县长任县级指挥部指挥长，调动治安、医疗救护、抢险抢修、通信、运输、消防、防化7种专业队和人防志愿者队伍及附近居民共200多人，动用各种参演车辆和便携卫星等通信设备参加演练，市本级和8个县的机动通信系统共同拉动，取得良好效果。

【重要经济目标防护】 对全市重要公路、高速隧道和承德钢铁公司等重要经济目标单位的自然情况、重要防护部位、防护措施摸底调查、定级分类，明确防护措施，充实重要经济目标数据库。与承德钢铁公司一起重新确定重要经济目标防护课题研究，组织制定钢铁类重要经济目标防护方案。县（区）同步开展重要经济目标调查工作。在“城市防空方案修订”工作中，依照全省城市防空方案修订集训精神，全市一盘棋，市县（区）同步修订。在重新采集核实相关数据的基础上，从11月1日起，组织全市11个县（区）的业务骨干统一到市人民防空办进行为期15天的系统培训和集中编制修订。市本级于11月20日，各县（区）于12月20日相继完成防空方案初稿修订工作，并按时限要求上报省办。

【信息网络建设】 市人民防空办已建成省、市、县三级联通的人防指挥信息专网，通过专网实现语音、视频、文字、数据的实时传输。是年，省人民防空办重新规划分配全省网络 IP 地址，将所有网络设备程序文件重新配置更新，市人民防空办按要求提前做好设备数据准备工作，实现一次测试成功。根据省办警报改频工作安排，从 9 月 4 日至 9 月 25 日，改造多台警报器。不断加强人防数据库建设，重新采集人防警报数据，及时更新数据库信息，对德汇门、丽正门地下停车场拆除的 3 台警报器进行重新选址安装；在县级推广警报示范区建设经验，隆化县、承德县、丰宁满族自治县、滦平县警报建设规划已编制完成，隆化县率先完成县级警报控制器改频工作，承德县按照警报建设规划已完成一期建设任务。

【宣传教育】 按照省人民防空办《关于开展人防宣教基地和宣教场所建设的指导意见》，7 月召开专题会议，动员部署全市开展宣教基地和宣教场所建设，成立领导小组，制定建设方案。依据前期走访调研情况和各县（区）上报的建设意见，制定全市宣教基地和宣教场所建设三年规划，确定市本级和各县（区）人防办宣教基地、宣教场所建设规模和建设场址。坚持以“进社区”“进学校”为牵引，上半年市本级分别打造双桥区常王府社区、双滦区万和城社区、鹰手营子矿区社区创业示范社区 3 个，确定双滦区第三中学为市本级示范学校。分别配备应急展示柜，设置固定宣传橱窗等物品，并为社区居民配发了防空防灾知识宣传手册 4.4 万册。其他各县建成“示范学校”1 所和“示范社区”1 个。充分利用各级各类媒体宣传人防工作，在《中国人民防空》等各类媒体上共刊发各类文章 33 篇，在“5・12”防灾减灾日、“7・7”警报试鸣日、国防教育日等时间节点开展宣传教育活动，向广大市民宣传普及人防基本知识常识，发放各类宣传资料 3 万余册，发放《人防知识读本》6800 本，悬挂条幅 30 条，悬挂挂图 200 余张，播放电视新闻 13 条。

创新宣传教育形式，制定《关于在高等院校招募人防志愿者的实施方案》，规定大学生人防志愿者的职责、权利、义务，并对招募条件提出明确的要求。以承德护理职业学院为依托，招募大学生志愿者 200 名，成立承德护理职业学院人防志愿者服务大队，下设分队 3 个。建立人防志愿者档案，统一配发 07 式迷彩装、人防志愿者臂章和《人防知识读本》。在学院设立人防志愿者工作站，购置平时演练用的担架、防护服、防毒面具、应急药箱等用具用品。12 月 14 日在学院礼堂召开志愿者服务大队成立大会，举行授旗仪式，并对首批大学生志愿者进行专题人防知识培训。

【法治建设】 积极开展制定承德市《关于深入推进人民防空改革发展的实施意见》，是年底，最终形成承德市《实施意见》（送审稿），共分为四大部分，22 个分项。进一步建立完善人防行政权力运行监控机制，科学制定权力清单，根据不同类别行政权力的职责和工作任务，逐一对职权归属进行清理，核实确认的行政权力事项予以保留，梳理出主要职责 12 项，细化具体职责 59 项，建立事中事后监管管理制度 10 项，明确公共服务事项 2 项，全部通过政府信息公开平台、人防网站公开公示，主动接受社会监督。提高依法行政能力，组织由分管领导带队，工程科、平管站等有关人员参加的省人防法制培训班；分 5 个批次组织全办执法人员参加市法制办组织的行政执法培训考试，积极组织骨干人员参加河北省法制系统开展的“深入推进依法行政，加快法治河北建设”征文活动，所撰写的《我所理解的法治》论文被省法制办评为一等奖，在全省通报表彰。

【财务保障建设】 按规定及时、足额完成防空地下室易地建设费 8% 的上缴任务，再创历史新高。

大力推动预算项目库建设，根据省人民防空办《关于推广使用河北省人防预算项目库管理系统的通知》要求，结合承德市人防建设和发展实际，按照“盘活存量，用好增量”的总体要求，全面开展2017年至2019年滚动预算编制工作。市本级人防指挥所工程及丰宁满族自治县、平泉县、承德县等6个建设项目统计入库。抓好人防财务检查、资产清查和内部审计工作，全年接受省人民防空办、市级有关部门专项检查6次；建立人防财务部门与财政收费系统联网机制，确保易地建设费入库率达100%；清查登记市本级人防国有资产，做到账账、账实相符；组织开展内部审计活动，严格内部审核制度，坚持采购与保管、账目分离，财务大小印鉴分人保管，会计、出纳岗位分设，做到权责明确。

【精准脱贫】 按照市委、市政府统一部署，抽调骨干人员，由党组成员、副主任带队，于2016年2月24日入驻滦平县涝洼乡大古道村，全面开展精准脱贫工作。相继完成为全村贫困户争取脱贫资金、与滦平县优质企业“兴春和种植有限公司”的签约入股、组织村民培训、争取修路资金、打井资金和危房改造等工作，取得了实质性进展。6月28日，承德市人防办党组书记、主任章文魁带领市人民防空办全体处级以上干部，结合“七一”党的生日和“两学一做”开展慰问走访送温暖活动，慰问了大古道村中华人民共和国成立前老党员、特困群众共计20人，每人慰问现金200元，计4000元；慰问村幼小班的孩子们，为32名小学生发送新书包1个，价值2558元。

【作风建设】 狠抓工作作风转变，理顺工作职能，明晰工作流程，细化岗位责任，落实推进措施，对重要工作任务实行“台账式管理、挂图式作战、倒逼式督办”。开展“两学一做”学习教育等活动，按步骤和要求深入开展“两学一做”，学习贯彻中共十八届六中全会和省第九次党代会精神活动，理论中心组、办领导和各党支部制定专题学习计划，围绕“两学一做”3个专题，组织不同层面的学习讨论，在专题学习讨论中，“一把手”带头发言，交流学习心得、查摆存在问题、制定整改措施，自觉把思想和行动统一到中央和省市部署要求上来。不断提升党建工作水平，逐级落实党建工作责任，严格党内政治生活，定期召开支部党员大会、支部委员会、党小组会，按时上好党课，不断加强党组织和党员队伍建设，发挥党支部战斗堡垒和党员先锋模范作用，推动各项工作任务落实。

办党组准确把握党风廉政建设主体责任和监督责任根本内涵，认真落实“两个责任”具体要求，坚守党纪党规“底线”，时刻把纪律和规矩挺在前面，努力加强党风廉政建设风险防控，构建起“不敢腐、不能腐、不想腐”的有效机制。

附：市人民防空办公室领导名录

党组书记、主　任：章文魁（满族）

党组成员、副主任：王　东

吴静平（女，满族）

任密龙

（供稿　李　默）

政 法

政法委及综治办

【概况】 市委政法委和各级政法部门以党的十八大、十八届三中、四中、五中、六中全会精神为指导，全面贯彻落实中央和省市委的决策部署，坚持“防控风险、服务发展、破解难题、补齐短板”，不断强化政治意识、大局意识、核心意识、看齐意识,以确保政治安全、社会稳定、服务发展、平安建设、法治建设、队伍建设为着力点，切实履行维护社会大局稳定、促进社会公平正义、保障人民群众安居乐业的职责使命，为保障和服务承德经济社会发展提供了和谐稳定的社会环境和公平正义的法治环境。

【巩固政治安全局面】 把握对敌斗争主动权，强化情报信息工作，密切关注各类社会热点问题，依托有效科技手段，统筹互联网资源，广泛搜集研判各类信息情报并上报，得到省、市领导的充分肯定。深化反恐防暴工作，圆满完成各节点安保任务。重新修订处置恐怖袭击事件总预案和11个分预案，在全省率先制定《反恐怖防范标准试行汇编》。对全市242个涉恐重点防范目标进行全面检查评估，逐一分级确定目标防范级别，对重点变电站、重要输电线路和塔基全部落实24小时“三防”措施。不断强化应急处突能力，组织特警开展机械化模拟警情处置拉动演练，组建7人警用无人机团队，提升突发事件现场掌控能力。完成“两节两会”、唐山世园会等系列活动、北戴河暑期、“八一”、十八届六中全会、省第九次党代会等一系列重大维稳安保工作任务。加强网络舆情监管，确保网络安全，处理涉及承德市的网络舆情80余起，维护了党和政府形象及社会稳定。

【维护社会大局稳定】 强化特殊利益群体稳控，妥善处置各类相关案事件。充分发挥各类村、居、社区、机关、厂、企等基层社会管理组织作用，形成联动机制，对涉军、“黄金佳”、民办教师、银行协解等9类群体3万余人予以密切关注。先后妥善处置“1·7”黄金佳、e租宝、金吉通等非法集资群体策划进京上访活动、“2·17”民办教师联合外省同类人员进京集访活动、“3·12”多地货车司机串联罢工事件、“2·28”部分疫苗受害家长拟进京集会游行活动、“7·7”部分民办教师拟组织赴省集访活动、“11·1”“11·7”、“11·14”三次涉军群体拟串联组织大规模进京集访活动、“12·12”百余名转业志愿兵到市政府聚集上访等一系列重大敏感事件。

【依法保障和服务社会经济发展】 完善社会稳定风险评估机制，服务转型发展。全市挂账重点项目完成评估11个省级中的4项，11个市级中的2项，没有发现因项目建设引发影响稳定的重大案事件。严打涉众经济犯罪，维护金融秩序。组织全市各级政法机关依法严厉打击非法集资等金融违法行为特别是打击涉众型经济犯罪，立经济案件131起，抓获犯罪嫌疑人117人，涉案金额4.6亿元，挽回经济损失5600余万元。其中涉众型经济犯罪案件10起,破案7起。服务生态环境建设，积极参与京津冀环境治理联防联治，持续深化推进“利剑斩污”专项打击行动，组织公安机关、环保、水务等部门共同开展环境专项督导检查、水环境整治和非法处置危险废物违法犯罪专项行动，破获环境污染刑事案件27起，办理环境污染治安案件34起，治安拘留26人。检察机关批捕破坏生态环境犯罪案件7件9人，提起公诉51件60人，立案查办破坏生态环境职务犯罪案件4件5人，提出检察建议4件。为扶贫攻坚保驾护航，组织全市政法机关通过市、县、乡三级联动法律援助宣传活动开展法制扶贫，组织市检察院、市扶贫办等部门开展危房改造领域和扶贫领域职务犯罪风险点专题预防调查和公益林补偿领域、危房改造领域查办专项工作，推动查办扶贫开发领域职务犯罪专项工作开展，共立案查办扶贫开发领域职务犯罪28件44人。加大严打整治工作力度，组织各级公安机关开展打黑除恶、打击盗抢骗、打击电信诈骗、缉毒收戒、利剑斩污等专项行动。全市立刑事案件8190起，破案3223起，破案率39.4%；发现受理治安案件18422起，查处17791起，查处率96.6%。八类严重暴力犯罪和“两抢一盗”侵财犯罪总体大幅下降，特别是42起现行命案侦破37起，破案率达88.1%；抢劫、盗窃、抢夺案件分别下降46.7%、13.9%、68%。

【社会治安立体化防控体系建设】 加强公共安全视频监控联网应用，全面提升社会治安立体防控信息化、科技化建设水平。组织市公安局建成市县两级视频监控共享应用平台、市县派出所三级视频传输专网，自建一类视频监控点3557个，每万人均9.51个，高于全国3.82个和河北省6.19个的平均值，在线率98.3%，实现视频监控系统与指挥调度、PGIS平台的整合应用，主城区天网覆盖率达到90%以上，乡村天网覆盖率达到70%以上，乡镇重点区域达到全覆盖。深度开展“天网覆盖”工程建设，对接视频巡控与街面巡逻、社区农村、内部单位、行业场所、动态轨迹“五张防控网”，形成专门警力控点、巡防力量控线、视频监控系统控面的立体防控格局。全市依托立体化防控体系的视频监控设备破获和查处的刑事案件和治安案件分别占到破案总数和查处案件数的38%和35%，可防性案件逐年大幅下降，群众安全感和满意度明显提升。

【创新社会治理方式】 探索建立“一村一名法制副主任”模式，助推基层依法治理进程。在全市选派2835名政法干警担任“村法制副主任”，与村综治专管员、信息员、调解员结对子，引导村居在普法宣传上由“赶集式”向“家访式”转变、在矛盾排查上由“阵风式”向“刨地式”转变、在问题解决上由“被动应付”向“主动化解”转变、在法律服务上由“窗口坐等”向“上门服务”转变、在绩效考核上由“一次性考核”向“阶段性测评”转变，努力实现普法零缺失、排查零盲点、调处零激化、服务零距离、考核零偏差。对此，中办信息专报、司法部法宣简报予以总结推广，《法制日报》进行专门报道。创新“农村中心派出所”警务模式，探索建立“大警务区制”，每区明确一个派出所为中心所，下辖2～5个基层所，中心所所长、指导员高配为正科级，基层所长任中心所副所长，承担起集中指挥调度、警力统筹使用、资源合理运用等职能，提高农村地区警务效能。中央、省政法委对此给予充分肯定，省委办信息予以总结推广，《法制日报》进行专题报道。

【坚持源头防控】 推动矛盾纠纷多元化解机制改革，以市委、市政府两办名义印发《关于运用法治思维和法治方式化解社会矛盾纠纷的实施意见》《承德市完善矛盾纠纷多元化解机制的实施意见》，市综治委印发《关于建立“互联网＋诉非衔接”工作机制深入推进矛盾纠纷大调解工作的意见》，进行总体规划部署。重点推行矛盾纠纷等级评估二分管理法、精准排查八类重点问题、建立十类行业性专业性人民调解组织、衔接运用五种手段。加强行业性人民调解组织规范化建设，协调市财政投资60多万元建设承德市人民调解中心，组织医患、物业、环保、旅游、婚姻家庭、校园突发事件等六类行业性专业性调解组织和军人维权法律服务援助工作站进驻中心集中办公，制定出台《承德市专职人民调解员等级评定暂行办法》。全市各级人民调解委员会3301个，人民调解员19409名，排查矛盾纠纷17882件，成功调解17484件，调解成功率达97.74%。建立市县两级行业性人民调解委员会136个，其中市级15个。组织开展矛盾纠纷排查化解攻坚行动，印发《关于对重大矛盾纠纷和社会治安重点地区突出治安问题进行挂牌督办的通知》，对24个重点矛盾纠纷进行挂牌督办。充分发挥综治部门职能优势，加强与市信访、维稳、公安等部门的紧密协作，共同做好进京“非访”的依法处置工作。协调市信访联席办、市综治办联合印发《关于对进京非正常上访重点案件进行挂牌督办的通知》，筛选25起（32人）重点案件进行挂牌督办，全市进京“非访”总量同比下降90.2%，继续保持全省总量最低。

【推进重点人群的服务管理】 严格落实严重精神障碍患者监护人责任险和以奖代补政策，制定出台相关文件，经费全部由县区财政保障，通过购买服务的方式为10933名监护人投保110万元，为563名监护人落实2016年“以奖代补”资金67.56万元，实现全覆盖。做好刑释解教和社区矫正人员管理服务工作，深化“社区矫正执法规范年”活动，创建完善落实“十项机制”，进一步加强社区服刑人员教育管理，再犯罪率0.19%。深化“安置帮教目标落实年”活动，认真落实安置帮教衔接、登记、跟踪考察帮教、家访帮教、信息管理、统计报告、档案管理等制度，落实包管、包教、包安置措施。刑释人员核查率100%，核实率99.8%，预释放信息回执率100%，帮教率100%，刑满释放人员重新犯罪率为0.04%，安置率97%。此做法被《人民日报》《法制日报》报道。加强吸毒人员管理，在全市范围内开展吸毒人员集中收戒专项行动，提高查处率。充分利用吸毒人员动态管控数据库，严防脱管失控，全市管控吸毒人员1806名。做好不良行为青少年帮教工作，依托“12355”青少年服务热线，面向社会招募200余名法律专业和心理学专业青年志愿者，组建关爱有不良行为或严重不良行为青少年群体服务队，定期深入基层社区为有不良行为或严重不良行为青少年提供法律维权及心理辅导服务。对排查出的不良行为青少年，进行针对性较强地教育感化和心理矫正，采取“一对一、多帮一”的方式在济困、助学、就业等方面给予关爱帮扶。

【法治承德建设】 按照省委相关要求，将法治承德建设领导小组办公室由市委办调整为市委政法委，明确办公室主任由市委常委、政法委书记兼任。按照《法治承德建设重点任务分工推进方案》要求，推行法律顾问制度和公职律师公司律师制度。提升各级政府依法科学行政、民主决策水平，市、县（区）聘请法律顾问269名。积极开展依法治县区活动，培树示范点4个（平泉县、承德县、双滦区、营子区），形成以点带面，梯次推进格局。全面深化司法公开，市县两级政法机关细化执法司法公开内容，向纵深推进公开工作，基本做到法无禁止即公开。将各级政法机关的执法司法公开情况实行定期网上巡查制、数据质量通报制、管理台账制，并列入年终考核的重要内容，实现执法司法公开制度化、日常化、规范化。6月，市县两级政法机关通过召开新闻发布会、邀请代表委员参观座谈等方式，开展执法司法公开宣传月活动。8月中旬，先后组织3000余人参观全市司法工作成果展。组织市直政法部门按照省定标准，以反复赴省进京上访、久办不结、信访人行为过激的疑难复杂案件为重点进行集中评查。对刑事、民事、行政审判、执行、治安处罚、交通事故处理六类案件采取部门自评、异地交叉评查、委托律师事务所评查等方式，查清案件是否存在错误、瑕疵，依法解决合理合法诉求，存在问题的要追究相关人员责任。对涉及承德市的5起党政机关未履行法院生效裁判案件进行督办，并全部履行完毕。积极稳妥推进各项司法体制改革，组织全市法检系统举行入额法官、检察官宪法宣誓仪式，全市法院系统入额法官384名、检察系统入额检察官323名，圆满完成司法责任制改革法官、检察官入额环节工作。制定《承德市领导干部和司法机关内部人员干预插手案件的追责办法》，建立领导干部和司法机关内部人员过问案件干预审判、插手具体案件处理的记录制度和责任追究制度，研究制定《承德市司法公开考核评价办法》。

【政法队伍建设】 坚持政治建警，提升政法干警专业化水平。研究制定《关于在市委政法委开展“两学一做”学习教育的实施方案》，及时组织全体党员学习党章党规和习近平总书记系列重要讲话精神，组织机关全体党员收听收看《塞罕坝精神专题报告会》和《李保国先进事迹报告会》，弘扬奉献精神，做合格党员。组织全市政法系统收听收看培训会4次，5600多人次参会。坚持从优待警，提高政法队伍战斗力。加强政法系统领导干部的选拔任用工作。全市提拔调整政法干部113人，协助县区组织部门批复县区调整政法系统领导干部33人。严格落实从优待警政策，为省级特困干警75人申请资助资金65.7万元，为市级特困干警106人申请资助资金100万元。坚持从严治警，打造规范化政法队伍。深入开展“一问责八清理”专项行动，制定具体工作方案，在政法系统认真开展自查和检查活动，查处相关问题3件3人。接待群众来访50余人次，接待信访举报11件。深化“四长”办案制度，不断加强政法部门领导班子队伍建设。健全考核激励机制，实化视听材料，细化考核指标，严格督导检查，实施通报制度，把“四长”及班子副职亲自办案的考核结果作为年底晋职评优的硬性指标和重要依据。全市“四长”办案共计2357件，无一起案件申诉上访，无一起案件为瑕疵案件。

【党对政法工作的领导】 提高党领导政法工作的科学化水平，保证党对政法工作的绝对领导。落实《关于加强和改进督促检查工作的实施办法(试行)》，实现督促检查政法工作的规范化和制度化，发出督办函67件，已办结48件，正在办理的19件。贯彻落实《关于政法机关党组（党委）重大事项向党委报告制度的实施办法（试行)》，市直政法机关向市委报告重大事项83件。制定完善《进一步加强和改进政法信息工作的管理办法（试行)》。充分运用新媒体，培育政法综治宣传特色品牌。开通“平安承德”“承德护路”等微信公众号，组建“丰宁县爱心E族”平安志愿队伍。通过“平安承德”微信公众号发布稿件1473条，“承德护路”微信公众号987条，在公共媒体上公布微信公众号二维码，引导广大群众关注、参与爱路护路工作。“丰宁爱心E族平安志愿者协会”以“助学、济困、交通协管、邻里纠纷调解、邻里守望、治安巡逻”为主要活动内容，组织活动100余次，累计捐助136万元。

附：市委政法委领导名录

书　　　　记：阮树平（满族，12月免）
　　　　　　　邢留逮（12月任）
常务副书记、综治办主任：
　　　　　　　李海健（11月任）
副书记、维稳办主任：王　学
副　　书　　记：曹士锋
　　　　　　　马致文
　　　　　　　齐建坤（11月任）
政法委委员、政治部主任：张新旭（7月任）

（供稿　徐庆哲）

公　安

【概况】 2016年，全市公安系统在市委、市政府和省公安厅的坚强领导下，以习近平系列重要讲话精神为引领，认真贯彻落实中央、省市政法、公安工作会议精神，紧紧围绕“四个全面”，统筹推进“四项建设”，大力实施“两河战略”，不断深化公安改革，顾全大局、忠诚履职，务实作为、攻坚推进，维稳能力和警务水平显著提升，切实维护承德乃至首都北京的安全稳定，有效服务京津冀协同发展。

【网络安全】 网络安全管控更加到位，每天巡查境内外网站1500余家次，全年共报送情报信息2472条，厅采656条、部采59条，省厅采用350条，采用率达94%，位列全省首位；完成导控任务51项，巡查处置专项有害信息3763条，位居全省第二，发布网络舆情引导信息7.5万条，落地调查40人次；严打涉网犯罪，网安部门自侦案件及抓获犯罪嫌疑人总数位居全省首位，全年共破获涉网案件823起，其中自侦21起、主侦254起、配侦548起，抓获嫌疑人664名，刑事拘留489人。有序推进全市无线上网场所安全管控系统建设，在全省率先完成了建设任务，强化上网场所监督管理，全市共建设场所前端设备8660个；网络与信息安全通报机制建设位居全省前列；开展网吧专项整治4次，抽查全市网吧143家，行政处罚14家，停业整顿8家。

不断强化矛盾纠纷排化，及时发现可能引发群体性事件的苗头性、倾向性问题，严防矛盾由小变大、蔓延升级，相互叠加、汇聚激化，全年共摸排矛盾纠纷4761起，化解4252起，化解率为89.3%。不断强化行政中心保卫，妥善处置到市行政中心上访群众249批次6903人次，确保行政中心区域安全。不断强化信访维稳建设，扎实开展信访积案攻坚活动，承办信访积案21起，办结率达到100%，全市公安机关共接待群众来访1650余人次，核查、办理信访事项370余件次。不断强化环京环秦安检，全年共出动警力18184人次、车辆2616辆次，盘查人员144.54万人次、车辆44.62万辆次，发放安检证44079张。

【打击各类犯罪】 强势开展打击严重暴力犯罪、打击农村涉恶类犯罪、打击盗抢骗等系列专项行动，取得明显实效。全年共侦破刑事案件3708起，查处治安案件19477起，抓获犯罪嫌疑人2285名、逃犯539名，刑事发案总数同比下降8.1%。其中立8类严重暴力案件267起，同比下降9.8%，破案218起，破案率为81.6%，刑拘217名，逮捕149名，起诉173名；全市发命案33起，同比下降5.7%，现行命案破案率保持100%，破获命案积案3起。严打黑恶痞霸势力，打掉恶势力团伙2个，共立9种涉恶类犯罪案件227起，破获178起，刑拘219人，批捕139人，移送起诉226人；在“打击农村黑恶势力违法犯罪专项行动”中破获各类案件665起，抓获犯罪嫌疑人1044人，刑拘608人，逮捕289人，移送起诉268人。严打盗抢骗犯罪，全年共破获“盗抢骗”案件1785起，打掉团伙48个，刑拘犯罪嫌疑人455人，逮捕321人，起诉373人。

按照“党政统揽、综合治理、公安担当、群众参与”的工作思路，采取一系列强有力的工作措施，全力推进各县（区）重点地区打击治理电信诈骗工作，取得突破性成果，实现重点地区“历史积案大批破获，本地发案大幅下降”的工作目标。专项行动开展以来，全市共发生冒充黑社会进行电信诈骗的案件6起，全市共破获电信诈骗案件2103起，抓获犯罪嫌疑人292名，打掉团伙27个，捣毁窝点19个，追缴赃款2600余万元。

深入开展“缉毒收戒”“4·14”打击制毒、“禁毒百日会战”等专项行动，严打涉毒大要案件。全市共破获毒品刑事案件40起，采取刑事强制措施60人，缴获毒品折合海洛因11千克。破获

1千克以上大案3起，摧毁制毒工厂1处，查处吸毒人员319名。破获部督目标案件1起、省督目标案件1起。开展“全市易制毒化学品集中检查整治行动”，全市易制毒化学品企业检查率达到200%。特别是禁种铲毒工作连续三年实现毒品原植物“零种植”，为全市“五城联创”建设做出重要贡献。9月18日，国家禁毒办向全国传发表扬通报，对承德市和隆化、丰宁、承德3县予以表彰。

突出查处涉众经济犯罪重点，全市公安机关共立经济案件272起，破案147起，抓获犯罪嫌疑人248人，涉案金额9.8亿元，挽回经济损失1.3亿元。不断强化金融风险防控，严厉打击涉众型经济犯罪，依法打击非法集资金融违法行为，全年共立涉众型经济犯罪案件17起，破案11起。

狠抓利剑斩污打击行动，积极参与京津冀环境治理联防联治，持续深化推进“利剑斩污”专项打击行动，联合环保和水务等部门组织开展环境专项督导检查、水环境整治和非法处置危险废物违法犯罪专项行动，以“零容忍”态度，严查狠打环境污染违法犯罪。全市公安机关共破获环境污染刑事案件32起，抓获犯罪嫌疑人46人；办理环境污染治安案件69起，治安拘留30人；与环保部门联合检查排污企业716家，查处225家，关停取缔17家、责令整改105家、限期治理17家，维护承德优良的自然环境，助推全市经济发展。

持续推进食品药品打假行动，全市共侦办食品药品类刑事案件58起，其中部督案件1起、发起全国协查案件1起，抓获犯罪嫌疑人35人，刑拘17人，批准逮捕7人，移送起诉7人，涉案金额1300余万元，切实保障食品药品安全。

开展旅游秩序专项整治联合执法行动3次，严打各类影响旅游秩序的违法违规行为，共驱散、警告违规导游、揽客行为300余次；在高速路口及半壁山、旅游桥等野导、野摩托拉客、揽客严重的地段进行巡查蹲守，共驱散拉客、揽客、截客车辆100余台次、人员200余人次；加大对故意伪造、变造证件行为打击力度，帮助查证假冒军官证、残疾证200余个，处理故意扰乱公共秩序人员19名，行政拘留8人，有效维护各大景区旅游秩序。

【交通消防管理】 开展春季城区交通环境综合整治、城区交通秩序整治“秋风行动”、农村地区交通秩序整治等专项行动11次、统一行动75次。强化重点车辆监管，累计检查危化品运输企业186家次，停运企业24家、车辆36辆。强化事故黑点排查治理，排查事故黑点和隐患点段18处，协调治理13处；共排查农村道路隐患点段4处，整治完成3处。强化交通硬件建设，接入道路安全公共防控体系工程点位274处，建设卡口155处，接入率达到100%。大型客车、校车、危化品运输车检验率为96.63%、报废率为96.78%。

全面整治火灾隐患，组织开展专项整治11次，检查社会单位9146家次，临时查封113家，“三停”119家，提请政府挂牌督办重大火灾隐患单位13家，整改完毕8家。全面加强文物古建筑防火，在人防方面，购置山地越野车、消防摩托车、无人侦察机；在各文物古建单位组建12支志愿消防队，在山庄景区组建巡逻队，投资6000余万元，为避暑山庄及其周围寺庙增设智能电器火灾防控系统，对普宁寺火灾自动报警系统升级改造，提升文物古建筑火灾防御能力。全市公安消防部门累计出动警力1万人次、车辆2000车次，扑救火灾161起，发生火灾事故起数同比下降59.4%，零人员伤亡；处置救援220起，社会救助986起，抢救被困人员170人，疏散被困群众494人，共计抢救财产价值2545.59万元，有效地保护人民生命财产安全。

【房屋人口危爆物品管理】 强化流动人口和出租

房屋管控，2016年全市新登记流动人口22286人、出租房屋2639户，办理居住证4486人。深入解决户口“重、错、假”问题，全市共核查疑似重复户口3784个，注销重复户口3229个；累计核查各类户口15668人，核查纠正户口问题1883个。强化重点人员动态管控，共列管重点人员6752人，在控5972人，管控率为88.4%。推进户籍制度改革，全市按户籍制度改革政策在本市落户人数15662人，其中市区由农村地区迁入人口627人，县政府驻地镇由本县农村地区迁入3440人，建制镇由本镇农村地区迁入4038人。

组织开展爆炸物品大清查行动，全面反复排查各类涉危隐患，共检查涉爆从业单位累计1300余家，废弃厂房、矿井、养殖场等涉爆重点部位2000余处，整改涉爆隐患68起，确保爆炸物品不丢失，不炸响。组织开展“缉枪治爆”专项行动，综合采取滚动排查、网上清查、深度调查、联控联查、安全检查“五查”举措，及时发现清查收缴流散社会的非法枪爆物品，严厉打击涉枪涉爆犯罪活动，共收缴炸药328千克、雷管4047枚、枪支113支、子弹7279发，破获涉枪涉爆刑事案件12起，查处涉枪涉爆行政案件78起，处理违法犯罪人员118名。

【信息化建设】　承德市公安局业务技术用房完成主体工程和部分设备安装工作，为承德公安基础信息化警务建设提供重要支撑。完成信息中心运行环境改造扩容建设，基础支撑能力大幅提升，实现了信息中心“核心+汇聚”的二层扁平化网络架构，使主干网由千兆达万兆、汇聚层由百兆达千兆。完成部门间信息共享与服务平台建设，共整合卡口、接处警、治安管理等18类非涉密信息系统资源145种，数据总量达4.7亿条，为全警信息资源综合应用提供支撑。完成警用地理信息基础平台与地理信息公共服务平台对接项目建设，共更新信息点9.5万个，保障公安实战对地图数据现时性的需求，为公安空间地理信息应用提供支撑。完成应急通信指挥车升级卫星系统建设，应急通信保障能力极大提升。启动实施公共安全视频监控联网应用工作，“天网覆盖”工程视频监控平台现接入监控图像3537路，重点区域达到全覆盖，主城区覆盖率达到90%以上，乡村覆盖率达到70%以上，各县（区）深化天网覆盖建设工程基本已进入招标建设阶段。逐步推广人脸识别技术，指导环京检查站完成快速通关系统建设。在深化看守所“五化建设”和拘留所“三项重点工作”基础上，承德市和承德县看守所完成监管场所信息化建设工作，并召开全市看守所信息化建设现场会。

【警务实战化建设】　制定《承德市公安局2016年警务实战化建设实施方案》及任务分解表、重点任务考核明细表，明确六大类18项41条工作任务；召开全市社会治安立体化防控体系建设现场会，对警务实战化建设任务进行专门督导部署。完成全市城镇派出所情报指挥室建设，实现警情、指令、情报线索“三互通”；整合非涉密信息资源58类1498余万条，为基层实战单位提供查询服务5000余次，支撑破案125起，抓获68人。

优化勤务指挥，将车辆卡口、查缉布控等5大系统，指挥调度、查询统计等十大功能整合到勤务指挥平台，完成全市201个封控卡点的科学布设、装备更新，修订市、县两级七类65种900多份应急预案；在856台制式警车上安装GPS卫星定位设备，对全市值班备勤警力实时掌控定位。

优化侦查打击，成立“侦查合成作战中心”，通过合成化作战破案300余起；完成刑事技术、审讯办案人才库建设，遴选专家人才71人；严格落实现场必勘工作，现勘信息录入率达到98.1%，物证提取率69.7%，同比均提高30%。优化巡防安检，投入资金500余万元，完成12个检查、警务站建设；在主城区试点网格化巡逻防控工作，采用视频巡控主导，车步巡相结合的方式，投入武装巡逻警力1.08万人次，巡逻车组2160余台次，开展常态化武装巡逻，街头警情同比下降15.7%。建立全市公安机关教官人才库，组建100名民警组成的省、市、县三级教官团队；全面推行轮训轮值、战训合一模式，得到公安部和省厅相关部门的高度认可。

优化警务保障，建立《承德市公安局装备动态巡检制度》，完成2016年转移支付资金业务装备计划的编报及批复，投入经费1030万元用于装备购置；落实“994”通信保障标准，完成应急通信指挥车升级卫星系统建设，实现双车双星互备；340兆无线图传系统进入招标程序。

【执法规范化建设】 健全执法制度建设，制定《案件质量联席会议制度》《典型瑕疵案件通报警示制度》《执法监督管理委员会制度》《中层领导办案制度》等制度，从源头上遏制执法随意性。加强执法监督建设，定期巡查案件，抽查考评案卷306起、案件视频895个，发现执法问题283个，整改执法问题198个。不定期对网上执法办案系统中的案件进行巡查，共下发执法监督通报5期，发现执法问题186个，全部整改完毕。推进执法权力运行机制改革，制定印发《贯彻落实改革完善受立案制度实施方案》《受案立案工作实施细则（试行）》及配套台账文书。6月1日，市、县两级公安机关案管中心投入运行以来，共对64627起警情、8670起行政案件、4104起刑事案件进行了监督，执法办案系统警情数量同比上升5%，全市检察机关对公安机关应当立案而不立案的监督数量同比下降77%，对公安机关不应当立案而立案的监督数量同比下降25%，受案立案工作正在得到逐步规范。推进执法信息化建设，完成“执法六必录系统”和“高清数字审讯系统”建设并与省厅对接。制定《承德市行政执法与刑事司法衔接工作规定》，共接收行政机关移交案件19起，均已立案侦查。深入推进执法公开建设，集中办事服务中心正常运转，共办理各类服务事项27315件。进一步推进“四群一网”在线服务平台建设，网上执法公开服务大厅信息公开更新449条，网上办事新增项目66条，微信、微博、手机客户端发布执法公开信息1241条。全面提升现场执法执勤能力工作，制定《承德市公安机关现场执法视音频记录使用管理规定》，切实解决基层民警现场执法面临的实际困难以及存在的主要问题，进一步规范民警执法行为。深入推进“五个一”工程建设，制定《承德市公安局单警装备使用管理规定》《承德市公安机关现场执法视音频记录使用管理规定》《承德市公安局执法执勤车辆管理规定》《现场执法执勤行为规范》，规范执法行为。

【特色亮点工作】 自主研发的移动警务系统，在安保维稳、打击犯罪、勤务指挥、服务群众等工作中发挥重要作用，实现指挥中心随时掌握值班备勤力量、装备情况。

根据实战需要，创新工作模式，集约使用警力资源，创造性地在承秦高速主线东川设立综合警务站，抽调相关县分局警力60人集中开展开检工作，对进秦车辆、人员、物品进行全面检查。工作中，根据安保工作要求设置三区、十三岗，总结推广车辆检查“五必查”、随车物品检查“五结合”、进秦人员安检“五必须”等查控方法措施，并创新采取通过微信传输证件，进行远程核查办理安检证等便民服务，研究制定《东川警务站绩效考核办法》和与周边高速总队承德支队、宽城满族自治县公安分局的警务合作方案，确保安检任务圆满完成，杜绝可疑车辆、人员、物品从东川警务站流出进秦。

食品安全快速检验实验室投入设备齐全，总投入10万余元。可实现对国务院有关部门公布的《食品中可能违法添加的非食用物质名单》上的绝大部分物质检验；《保健食品中可能非法添加的物质名单》上的部分物质；《易滥用的食品添加剂品种名单》上的部分物质；国务院有关部门公告禁止使用的部分农药、兽药进行定性或半定量的检验，可实现及时发现案源、及时固定证据、提升打击精准度、节约鉴定经费等多重效果。已利用快检实验室破获案件3起。

确立借鉴高速公路运用区间测速系统监控车辆行驶速度，探索在国道、省道山区路段设立区间测速系统用于预防事故的整体思路。经过多轮实地踏查，多方论证，在全市256省道双滦区大庙梁路段建设区间测速，对此项工作进行试点。试点取得成功后，围场、隆化也于同年分别建设了区间测速系统。全市已建成5处区间测速系统，有效降低事故发生率。2015年12月至2016年10月承围支线围场段发生事故同比下降49%，受伤人数同比下降37.5%；2016年2月至10月隆化段交通事故同比下降55.91%，死亡人数同比下降83.33%。2015年11月至2016年10月承围支线三岔口至韩麻营段事故起数同比下降50%，受伤人数同比下降75%。

【队伍建设】 扎实开展“两学一做”学习教育和机关作风整顿活动，组织市公安局党委理论中心组集中学习6次，部署专项活动5次，市公安局党委召开民主生活会进行查摆剖析，全局各级党组织召开组织生活会90场次；积极落实省厅便民利民新20条措施，通过调度会、检查督导等方式，确保了全部措施落实到位。

加强党风建设，严格落实“一岗双责”制度，成立党委办，专门负责党风廉政建设和推进公安改革，组织召开全市公安机关党风廉政建设电视电话会议，出台《党风廉政建设主体责任和监督责任清单》和《落实党风廉政建设党委主体责任纪委监督责任检查考核办法》，建立党风廉政建设队伍监督管理联席会议制度，有效督促各级党委班子党风廉政建设责任的落实。严格执行“一问责八清理”各项要求。

推动教育训练，集中开展警务实战春季整训，共举办培训班70余期，3200余名民警参加了培训。不断推进警官教育培训基地建设，加固场所硬件建设，优化基地教育资源，共完成省级培训班21期、市级培训班9期。完善网络教育训练平台建设和“微课程”建设，启用网上考试系统，形成民警学习、考试、评价为一体的综合学习考核平台。完善科学管警，各县公安分局局长全部进入同级政府班子，全年共任免科级干部30人，补充警力78人。规范人事档案和机构编制管理，查处涉嫌违规进人问题6起。

坚持典型引领，全市公安机关共有3名民警荣记二等功，103名民警荣记三等功，90名民警受到嘉奖。承德县公安分局刑警大队荣获公安部命名的“全国公安机关执法示范单位”。做好从优待警，落实民警警衔津贴调标工作和民警体检、休假制度，组织开展局属单位女民警专项健康体检工作。制定出台《承德市公安局人民警察职业荣誉仪式规范》，“两会”安保和暑期安保到一线送奖15次。强化量化考核，制定出台《县级公安机关及基层所队队伍正规化建设考核方案》，涵盖六大类41项88个考核点，明确县分局和基层所队队伍正规化建设重点任务和推进进度。对2015年确定的15个全市队伍正规化建设创建单位进行验收，命名双桥区公安分局为正规化建设示范单位。

附：市公安局领导名录

党委书记、局长、督察长：马占山（12月任）

董天利（12月免）

党委副书记、副局长：马占林

党委委员、副局长：徐振山（12月任）

徐品刚（满族）

党委委员、副局长、交警支队支队长：

张春华（满族）

党委委员、副局长：赵兴海

徐　爽

白志强（满族）

王文阁（2 月任）
党委委员、纪检组组长：耿云飞（满族，12 月任）
党委委员、政治部主任：张瑞林（满族）
党委委员、调研员：辛彩霞（女，蒙古族）
张建峰（满族）
党委委员：许大明（蒙古族）
党委委员、国内安保支队支队长：
李 北（满族）
党委委员、指挥部主任：张晓东（满族）
（供稿 刘天雯）

检 察

【概况】 2016 年，全市检察系统紧紧围绕“生态强市、魅力承德”工作大局，大力实施“绿色检察、民生检察、品质检察、素质检察、智慧检察”战略，充分履行检察职能，强化法律监督，共批捕犯罪嫌疑人 1278 人，起诉 2830 人；依法不批捕 292 人，不起诉 75 人，追捕漏犯 47 人，追诉漏犯 99 人，追诉漏罪 50 件；立案查办职务犯罪案件 168 人；提出刑事抗诉 19 件，提请民事行政抗诉 14 件，有力地维护了司法公正，实现检察工作稳步健康发展。

【领导考察调研】 1 月 18 日至 20 日，省检察院党组书记、检察长童建明到承德调研。在市委书记周仲明，市委常委、政法委书记阮树平，市委常委、秘书长刘文勤，市检察院党组书记、检察长赵智慧陪同下，检察长童建明先后到省检察院扶贫联系点承德县八家乡梓椤台村、孟家院乡毛杖子村和美丽乡村示范点新杖子乡大东营村，走访慰问 15 户贫困户，召开由村民代表参加的 3 场座谈会，听取当地经济发展情况的汇报，对下一步扶贫工作提出指导性意见，并对省检察院驻村工作组如何做好帮扶工作提出具体要求。童建明还实地察看了市检察院、承德县检察院、鹰手营子矿区检察院、兴隆县检察院等两级院检务公开大厅、远程视频接访室、办案工作区和案件管理中心，听取检察工作汇报。

7 月 6 日至 8 日，省检察院检察长童建明率领调研组就检察机关“五年来检察工作开展情况、2016 年以来各项工作任务完成情况，以及今后五年检察工作思路、举措及建议”等问题到承德调研，对全市检察工作给予充分肯定，并对如何做好“十三五”时期各项检察工作提出要求。调研期间，童建明检察长先后到承德县八家乡梓椤台村、深水河村、桑园村等三个扶贫村慰问调研，考察“避暑山庄企业集团”“神栗有限公司”，并召开座谈会听取相关工作汇报。市委政法委书记阮树平，市检察院检察长赵智慧陪同调研。

【社会维稳】 坚持把维护社会稳定作为最大的民生工程，深入做好打击犯罪、化解矛盾、推进扶贫攻坚等工作，确保社会安宁稳定。依法严厉打击各类刑事犯罪，完善打击黑拐抢、盗抢骗、黄赌毒犯罪常态化机制，依法严厉打击以诈骗、组织领导传销活动为重点的涉众型经济犯罪，批捕 53 人，起诉 47 人。积极投入打击治理电信网络新型违法犯罪专项行动，共批捕电信诈骗犯罪 104 人，起诉 49 人。承德县检察院依法批捕一涉案 40 人的电信网络诈骗案件，受到省检察院的肯定。深入开展危害食品药品安全犯罪专项立案监督活动，共监督行政执法机关移送涉嫌犯罪 5 件。通过梳理山东假疫苗案情通报，监督市场监督管理局向公安机关移送并立案查处曹某某、史某某涉嫌非法经营药品、疫苗类产品 44 万元案件。坚持把化解社会矛盾贯穿司法办案始终，正确贯彻落实宽严相济刑事政策，充分运用刑事和解、不捕说理、附条件不起诉等机制措施，努力化解社会矛盾、修复社会关系。优化优先办理群众来信工作，严格落实检察长接待日、带案下访、远程视频接访系统等制度措施，开展以“加强举报人保护，惩治惠农扶贫领域职务犯罪”为主题的举报宣传周活动，市检察院与市司法局、市律师协会会签定《关于律师参与化解和代理涉法涉诉信访案件的办法》，有效地提高办理信访效率和质量。共妥善处理来信来访2098件，化解信访积案1件。积极依托校园预防违法犯罪、社区矫正、执法办案三个平台强化未成年人犯罪预防帮教工作，开展社会调查19人次，案后跟踪帮教10人，提供法律援助11件次，开展法治教育活动40余次，增强法律意识。

【预防职务犯罪】 持续加大办案力度，完善“两局协同、市县互动”一体化工作机制，先后立案查处双滦区常务副区长李某某、双桥区政协副主席王某某等一批要案，引起社会强烈反响。制定实施查办本地贪污贿赂案件不低于本院立案总数60%的考核规定，共查办本地贪污贿赂犯罪112人，占查办贪污贿赂案件总人数的94.9%。进一步深化职务犯罪预防，结合执法办案撰写预防年度报告、专题报告、犯罪分析和预防调查68件，向党委政府和案发单位提出检察建议46件，12件年度报告及4件检察建议受到党委政府领导批示肯定。市检察院《关于2014年度惩治和预防职务犯罪综合情况报告》被评为“全省十佳”。深化系统预防，向党政机关、企事业单位领导干部印发《党员干部职务犯罪忏悔警示录》2000余册，建立并向社会推送“承德预防”微信公众号27期，构建起“订单式”预防、“剖析式”预防、“辐射式”预防模式，受到省检察院的充分肯定。开展集中惩治和预防扶贫开发领域职务犯罪专项工作，与市扶贫办等13部门会签《关于在扶贫开发领域开展职务犯罪预防工作中加强协作配合的意见》，并召开扶贫开发领域职务犯罪专项预防工作联席会议，安排部署专项预防工作。开展危房改造领域和扶贫领域职务犯罪风险点专题预防调查，有5个县（区）检察院7次向同级党委政府报送了预防调查专题报告，有4件专题报告被党委政府主要领导作出批示。组织开展查办公益林补偿领域、危房改造领域小专项工作，有效地推动查办扶贫开发领域职务犯罪专项工作开展，共立案查办扶贫开发领域职务犯罪44人，其中，查办公益林补偿领域贪污贿赂犯罪15人，危房改造领域贪污贿赂犯罪8人。

11月18日，市检察院、京沈客专京冀有限公司举行预防职务犯罪“平安之路”共建推进工作会，宣读《关于共同开展京沈客专河北段工程预防职务犯罪工作推进实施方案》，并为“平安之路”共建办公室揭牌。根据方案，市检察院、京沈客专京冀公司共同成立“京沈客专河北段工程‘平安之路’共建工作小组”，下设共建办公室，统一负责专项预防工作的计划、指导和重大预防活动的组织实施。市检察机关将对工程建设中的关键环节加强监督、重点预防，提出检察建议。双方将建立起检察机关、京沈客专京冀公司、工程建设单位的预防职务犯罪网络，通过多种方式加强警示教育、法治教育、职业道德教育，相互配合，认真查处违规违纪、违法犯罪案件，不定期组织预防工作分析会，加强与相关部门的工作联系，形成预防职务犯罪工作合力，遏制工程建设期间职务犯罪的发生，将京沈客专河北段工程建设成“工程优秀、干部优秀、资金安全”的平安工程。

【诉讼监督】 建立完善个案监督和类案监督相结合的立案监督机制，共监督公安机关立案、撤案46件。开展对“公安机关刑拘后未报捕、未移诉案件专项监督活动”，共监督立案、撤案4件，针对取保候审到期未解除、应当撤案未撤案等问题提出检察建议13件。加大案卷审查、提前介入侦查等工作力度，共纠正侦查活动违法意见196件。认真落实职务犯罪案件同步审查、列席审委会讨论案件、抗诉案件定期分析通报三项制度，共提出纠正审判活动违法意见53件，提出刑事抗诉意见19件，其中以审判监督程序提出抗诉意见6件全部改判，对3起判无罪职务犯罪案件坚决抗诉后均作有罪判决。市检察院提升规范公诉、专业公诉、优质公诉能力，推进公诉工作健康发展做法被高检院转发。深入开展基层推进年等活动，共提请民事行政抗诉意见 14 件，提出再审检察建议 23 件，对审判人员违法及执行违法提出检察建议 103 件，办理支持起诉和督促履行职责 363 件。加大落实执法规范监督力度，共立案查处刑事执行活动中职务犯罪 3 人，监督提请纠正减刑、假释、暂予监外执行不当 85 人次。与市司法局会签《社区矫正信息共享工作机制实施办法》，纠正社区矫正活动违法 133 人。深入开展清理判处实刑罪犯未执行刑罚专项活动和财产刑执行检察专项活动，依法监督纠正审前未羁押判处实刑未执行刑罚罪犯 14 人，监督纠正财产刑执行不当案件 129 件。

【服务经济发展】 坚持以市委“十三五”规划中提出的“绿色、创新、开放、转型、协调、共享”发展理念为引领，深入落实《服务京津冀协同发展、助推绿色崛起的意见》，切实增强服务经济社会发展实效。全力优化发展环境，依法严厉打击破坏市场经济秩序违法犯罪活动，共批捕危害税收征管、扰乱市场秩序等破坏社会主义市场经济秩序犯罪 96 人，起诉 175 人。重点打击金融领域非法吸收公众存款、妨碍信用卡管理等破坏金融管理秩序犯罪，依法办理承德申彤大大公司向承德 200 余人非法吸收公众存款 1000 余万元等一批典型案件，立案查处宽城满族自治县农业企业信用担保服务中心工作人员对外担保中玩忽职守犯罪 3 人，有效维护金融秩序安全。积极推进企业周边环境整治，共批捕破坏生产经营、盗窃、敲诈勒索等损害企业利益犯罪 32 人，起诉 61 人；结合执法办案，及时向党委、政府提交专题报告或检察建议，推进企业社会治理创新。滦平县检察院向县委、县政府提交的 2014 年以来全县破坏生产经营案件分析，受到县委领导及县高新区管委会充分肯定。深入落实最高人民检察院《关于充分发挥检察职能依法保障和促进非公有制经济健康发展的意见》，召开检察机关服务保障非公经济健康发展座谈会，通过在工信部门设立企业服务站 1 个及开发区派驻检察室的“一站一室”服务平台 10 个，强化“送法进企、帮企业解难、打击犯罪”常态化服务活动，共依法惩治涉及非公企业刑事犯罪 80 人，立案侦查向企业索贿受贿等职务犯罪 48 人，优化非公有制企业市场环境。全力服务生态建设，依法履行生态环境保护“捕诉监防”一体化职能，共批捕破坏生态环境犯罪 9 人，起诉 60 人；立案查办破坏生态环境职务犯罪 5 人，结合执法办案向相关单位提出检察建议 4 件。深入落实与环保等 7 部门制定实施的《环境司法执法联动工作机制的意见》，提前介入环保等部门行政调查案件 56 次，围绕排污监管不到位、生态恢复监督不到位等问题，督促行政执法部门履行生态环境保护监管职责 32 件，对执法过程中存在的违法行政审批、违法搜查等执法不规范问题提出检察建议 9 件。双滦区检察院通过检察建议督促国土部门对非法倾倒工业废渣企业和个人进行处罚和纠正，受到省检察院肯定。深入开展“破坏环境资源犯罪专项立案监督活动”，共监督行政执法机关移送案件 4 件，监督公安机关立案 3 件，督促国土、环保等部门对污水处理设施建设不到位、超范围采砂等 5 方面河道环境破坏问题进行整改。全力服务产业转型升级，依法加强经济转型升级、产业结构调整领域国家政策性补贴资金监督，组织实施关闭污染小企业中央专项补助资金专项监督活动，运用贪渎并查机制立案查处渎职犯罪 10 人，贿赂犯罪 4 人，保障国有资产安全。依法保障重大项目建设健康发展，对 25 个重点工程项目实行主办责任制和检察官进驻制，并深入开展“订单式”“共建式”预防工作，确保“工程优质、干部优秀、资金安全”目标实现。开展行贿犯罪档案查询 4971 次，对进入市场参与招投标的企业和个人严格把关。立案查处工程项目建设中征占地补偿资金发放、资金管理等环节发生的贪污贿赂犯罪12人，确保项目建设顺利推进。严格落实打击侵犯知识产权和制售假冒伪劣商品领域行政执法与刑事司法衔接工作，共批准逮捕生产销售伪劣商品和侵犯知识产权侵权犯罪18人，起诉52人，为大众创业、万众创新提供法律保障。

【信息化建设】 坚持牢固树立科技强检意识，高度重视和强力推进科技和检察工作深度融合，积极有效推动法律监督工作增亮点、出实绩。积极推进电子检务工程，认真落实省院实施电子检务工程建设部署，按照“以应用为导向，边建设边使用”原则，全市电子检务工程主工程部分全部完成，初步形成以视频为核心的指挥体系，以信息为导向的侦查体系，以数据为支撑的服务体系，并顺利通过验收。市检察院组建的智慧检察软件开发小组，参加全国检察机关轻应用开发活动获三等奖，并在省检察院第一届网络安全竞赛中取得优异成绩。电子检务工程建设被省院评价为：全省电子检务工程建设的领头羊，对全省电子检务工程和科技强检工作起到示范和辐射作用。注重科技在办案中的深度应用，按照“着眼实战、建用并举、以用为主”的原则，与市检察院自侦部门建立电子数据取证分析联动机制，共进行手机取证分析14次，电脑取证19次，有力支持自侦案件办理。利用相对书写时间鉴定实验室、同步录音录像等技术平台为办案工作提供服务，共办结检验鉴定10件、文证审查10件、技术协助73件，同步录音录像1021.25小时。深入推进“两法衔接”信息共享平台建设，与市政府建立由市政府市长、市检察院检察长作为主副召集人的联席会议制度，并召开全市“两法衔接”第一次联席会议，制定出台《承德市行政执法与刑事司法衔接信息共享平台建设实施方案》等4个规范性文件，举办由市级35个联网单位参加的“两法衔接”信息共享平台操作技能培训，保障了8月底前市、县两级“两法衔接”信息共享平台全部搭建完成并投入使用。共录入行政处罚案件1950件，审查备案1629件，监督行政执法机关移送涉嫌犯罪案件11人，公安机关立案5人。

【联席会议】 3月30日，召开全市预防扶贫开发领域职务犯罪联席会。市扶贫办、市财政局、市发改委等13家联席会议成员单位有关领导出席会议。市检察院党组副书记、副检察长崔雁侯出席会议并讲话，党组成员、副检察长蔡金城主持会议。会议传达最高人民检察院、国务院扶贫办《关于在扶贫开发领域预防职务犯罪工作中加强联系配合的意见》（简称“《意见》”），宣读市检察院与相关成员单位会签的《关于在扶贫开发领域开展职务犯罪预防工作中加强协作配合的意见》。市扶贫开发办主任王志宏和市财政局党组副书记、副局长栾志宏代表联席会议成员单位发言，分别介绍本单位预防职务犯罪的基本情况、主要成效、典型经验以及下一步打算。

5月5日，召开承德市行政执法与刑事司法衔接联席会议。会议贯彻落实中央和省“两法衔接”各项决策部署，研究部署深化全市“两法衔接”工作的具体举措。市长常丽虹出席会议并讲话，副市长董天利主持会议，检察长赵智慧出席会议并讲话。会上宣读《承德市行政执法与刑事司法衔接联席会议制度》，对全市“两法衔接”工作进行回顾总结，并对下一步工作进行安排部署。市长常丽虹强调，要突出重点，精准发力，全面落实“两法衔接”工作的各项任务要求；要着力建立完善“两法衔接”规范标准和配套制度机制，加快形成顺畅高效的行政执法与刑事司法衔接机制；要着力加大案件移送、审查和监督力度，做到主动移送、及时审查，并强化监督检查，及时防止和纠正违法或者不当的行政行为；要着力健全执法信息共享和联动协作机制，各有关部门要认真落实信息共享平台建设方案内容，抓紧启动县级信息共享平台建设并与市级平台实现互联互通；要着力提升行政人员和司法人员的执法水平，进一步增强行政和司法人员的法治思维、强化依法移送意识和依法办案意识，推动公正、规范、文明执法。副市长董天利就落实会议精神提出具体意见。

【入额检察官宣誓仪式】 10月8日上午10时，全市检察机关举行入额检察官集体宣誓仪式，市检察院及11个县（区）检察院首批入额的检察官面对国旗庄严承诺。市委政法委有关领导，部分市人大代表和市政协常委、委员现场观摩宣誓仪式。选任员额内检察官是推进以司法责任制为核心的司法改革的重要环节，自7月以来，全市检察机关按照中央深化司法体制改革的总体部署要求，在市委、省检察院的领导下，本着公开、公正、择优选任，圆满完成检察官选任的各项改革工作，为推进全市检察官职业化、专业化奠定基础。

【组织机关活动】 5月12日，全市检察机关优秀公诉人业务竞赛落下帷幕。来自市检察院及县（区）检察院公诉部门的26名干警参加竞赛，经过3天激烈的角逐，市检察院公诉一处林鑫洋、承德县检察院曾令省、市检察院公诉一处姜立强获得“优秀论辩奖”。市检察院检察长赵智慧、副检察长陈焕新、政治部主任侯宇到现场指导并看望参赛选手。来自公安机关、市检察院主要业务部门近50人到现场观摩。

5月24日，以“加强举报人保护，惩治惠农扶贫领域职务犯罪”为主题的全市检察机关举报宣传月拉开序幕。市检察院控告申诉处、职务犯罪预防处、民事行政检察处、宣传处干警与承德县检察院相关部门干警一起组成宣传团，在县城中心广场设立举报申诉、法律咨询点，展出职务犯罪警示教育展牌34块，利用LED屏循环播放检察机关公益短片，发放最新内容的宣传材料1500余份，接受各类法律咨询60余人次，当天接到承德县管辖范围的举报电话4起。

8月11日，来自北京平谷、密云，天津河东、蓟县，以及河北承德三地的公诉人聚首兴隆，共同参加“京津冀检察机关（友邻院）服务保障京津冀协同发展论坛暨公诉人论辩赛”，天津市检察院、河北省检察院相关领导到场指导。活动期间，北京市平谷区检察院、密云区检察院，天津市河东区检察院、蓟县县检察院与兴隆县检察院签署《关于服务和保障京津冀协同发展协作机制的实施意见》，举行“京津冀检察机关（友邻院）服务保障京津冀协同发展论坛暨公诉人论辩赛”，7名检察长针对构建区域协同发展信息共享机制、加强跨区域检务合作、优化发展环境等内容作主旨发言，部分公诉人代表就公诉引导侦查、刑事案件速裁程序、以审判为中心的诉讼制度改革等热点问题进行交流，6支代表队19名公诉人围绕精选案例发表意见、自由辩论、总结陈词，充分展示公诉人良好的职业素养、扎实的法学理论功底。论坛举办方还印发《京津冀检察机关友邻院服务保障京津冀协同发展论坛文集》，收录三地检察机关检察长和公诉人员论文87篇。

12月5日，按照省检察院统一部署，全市检察机关同步开展以“加强侦查监督，维护司法公正”为主题的检察开放日活动。市检察院邀请12位省、市人大代表、政协委员及人民监督员观摩指导检察工作，并向受邀代表通报2013年以来全市检察机关侦查监督工作开展情况及取得的成效。受邀代表视察市检察院侦查监督部门工作区，参观侦查监督工作展板和市检察院廉政文化长廊，观看《承德市人民检察院助力“生态强市、美丽承德”建设纪实》专题片，并进行座谈交流，认真听取受邀代表提出的意见和建议，进一步转变司法理念，改进侦查监督工作，全面加强队伍专业化、职业化建设，以适应以审判为中心的刑事诉讼制度改革对审查逮捕工作提出的新要求、新挑战。

【队伍建设】　深入开展“两学一做”学习教育活动，实施“干警素质提升工程”，精心打造全员公诉、京津冀三地相邻检察机关公诉人论辩赛等平台，先后举办业务实训、技能竞赛活动22期660人次，专项业务培训76期1359人，组织在线考试8次3172人次，干警专业技能和实战技能不断提升。加强检察人才库建设，将58名骨干纳入到新组建的案件评查和抽样评估市级人才库。积极推进检察人员分类管理改革，共有322名检察官入额，并对未入额人员转岗、定岗，区分检察辅助人员和司法行政人员身份，落实不同人员分类管理。坚持文化育检，举办市检察院机关职工运动会、庆祝建党95周年等系列活动，在市院机关建成检察文化廊和廉政文化廊，努力打造培树先进典型，学习先进精神、用先进文化育人的工作环境。坚持从严治检，层层签订《党风廉政建设责任书》和《检察干警遵纪守法承诺书》，组织以学习贯彻《中国共产党廉洁自律准则》和《纪律处分条例》为重点的全员考试、知识竞赛等活动，深入开展市院机关纪律作风整顿专项活动和“一问责八清理”专项行动，开展检务督察活动83次，查处违纪违规违法人员3人，用督察规范行为的廉政建设常态化机制。加强执法办案流程管理和动态监督，通过案管部门受案审查、流程监控和案件质量评查，发现纠正各类执法办案瑕疵问题。集中开展查封、扣押、冻结处理涉案款物专项清理活动2次，涉案款物管理更加到位。主动接受市人大常委会专项监督，提请审议开展“两法衔接”工作情况报告，制定具体的整改措施。认真执行人民监督员制度，组织监督评议案件5件，邀请人民监督员观摩庭审5次。市检察院投资60万元对检务公开大厅进行改扩建，检务公开设施条件更加便民；组织开展“检察开放日”、观摩评议案件庭审等活动，召开新闻发布会12次，认真听取和及时落实意见建议81条，寄送《承德检察》等宣传材料4000余份；制定《承德市人民检察院不起诉案件公开审查办法》，依托检察官网和“两微一端”新媒体矩阵，发布案件程序性信息5265条、公开法律文书1559件、公开重大案件信息48件，推动检务公开内容向司法办案延伸。深入开展“司法公信年建设”活动，大力实施干警素质提升、干警动态监督管理、“互联网+”、阳光承检“四项工程”，全市检察机关有5个集体10人次受到省级以上表彰，兴隆县检察院先后荣获“全国先进基层检察院”“全省先进检察院”及省“人民满意的公务员集体”荣誉称号；围场满族蒙古族自治县检察院、双桥区检察院分别荣获“全省模范检察院”“全省先进检察院”荣誉称号。在全省检察业务竞赛中有8人次获得竞赛标兵、竞赛能手、优秀公诉人、案件审查与文书制作优胜荣誉称号。

附：市检察院领导名录

党组书记、检察长：赵智慧（12月免）
　　　　　　　　　纪志明（12月任）
党组副书记、副检察长：崔雁侯
党组成员、副检察长：郑　川
党组成员、副检察长、安定里地区检察院检察长：
　　　　　　　　　徐树龙
党组成员、副检察长：陈焕新
党组成员、副检察长、反渎局局长：
　　　　　　　　　蔡金城
党组成员、副检察长：蒲英华
党组成员、纪检组长：赵常林
党组成员、政治部主任：侯　宇
党组成员、反贪局长：王　刚

（供稿　陈永丰）

法　院

【概况】　2016年，法院系统紧紧围绕市委中心工作，着眼发展大局，勇于担当、积极作为，充分发挥职能作用，全力推进经济社会又好又快发展。全年全市法院系统共受理各类案件74511件，审执结71378件，同比分别上升11.58%和18.62%，结案率95.80%，位居全省法院系统第1位。其中，市中级人民法院受理各类案件6839件，审执结6443件，同比分别上升30.14%和31.20%，结案率94.21%。

【惩处刑事犯罪】 法院系统共受理各类刑事案件2683件，审结2647件，结案率98.66%，判处罪犯2997人，其中，市中院受理428件，审结421件，结案率98.36%，判处罪犯43人，判处5年以上有期徒刑直至死刑的罪犯32人。依法严惩杀人、抢劫、绑架，涉黑、涉枪等暴力犯罪行为，全力维护社会和谐稳定。依法打击食品药品安全犯罪，切实增强人民群众的安全感。规范减刑、假释和暂予监外执行工作，加强涉刑特殊人群的跟踪帮教，全力促进社会长治久安，共减刑2602人，假释23人。成立未成年人综合审判庭，加大对未成年人维权保护力度。正确理解和适用刑法修正案（九）及相关司法解释及指导意见，依法惩处贪污、贿赂、渎职等职务犯罪，推进反腐败斗争深入开展。依法惩处非法吸收公众存款、集资诈骗、电信诈骗等金融领域犯罪，深入开展“非法集资专项治理”活动，加大对非法集资犯罪的打击力度。联合市检察院在全市开展“邀请代表、委员观摩评议刑事案件庭审活动”，进一步规范刑事审判工作，提升审判质效。

【民商事调节】 法院系统共受理各类民商事案件49128件，审结48236件，审限内结案率98.18%。其中，市中级人民法院受理4757件，审结4651件，审限内结案率97.77%。制定并出台《关于优化发展环境的实施意见》，精准服务和保障全市经济社会发展，得到市委书记周仲明、市长常丽虹、市人大常委会主任郭群、市委政法委书记阮树平等领导肯定。扎实推进家事审判改革试点工作，积极探索家事审判法庭、合议庭等新举措，着力提升审判效果，并于7月底在隆化县法院召开家事审判改革经验交流会。全面总结小额诉讼成功经验，深化多元化纠纷解决机制改革，联合市综合办、司法局全力推进“互联网+诉非衔接”工作，优化内外资源配置，凝聚矛盾纠纷化解合力，取得了良好效果，市中级人民法院在全省法院“互联网+诉非衔接”工作推进会上做典型发言。

【完善司法服务举措】 坚持以司法便民为抓手，强化宗旨意识，深化司法为民举措，积极延伸司法服务触角，拓宽司法服务视野，着力构建多元化、立体化、便捷化司法服务网络。坚持多元推进，拓宽服务渠道，强化“互联网+”建设思维，依托现代化信息技术，拓展诉讼服务功能，丰富诉讼服务内容，创新诉讼服务手段，实现诉讼服务中心系统化。坚持纵向延伸，完善服务触角，新建乡镇法庭认真落实“六项职能”，主动延伸服务触角，搭建“法庭+巡回审判”“法庭+人民调解”“法庭+业务培训”多元化解矛盾纠纷平台，充分发挥其在基层治理中的优势作用，实现司法服务“零距离”、群防群治“零缝隙”、业务指导“零懈怠”。

【审判管理工作】 牢牢把握执法办案第一要务，紧紧围绕审判质效提升，突出精细管理理念，坚持向管理要质效，全面规范审判管理工作，不断创新管理举措，有效推进审判工作开展。突出抓好审判管理，加大立、审、执各个审判环节的管控力度，持之以恒抓好案件评查工作，建立案件质量评查专家库，开展“庭审质量和裁判文书双十佳评选”，实现评查工作的常态化和科学化。强力推进司法公开，积极探索“互联网+”时代下司法公开新途径，努力实现司法公开规范化、科技化。进一步完善“两微一网站”和司法公开“五大平台”功能，建成8路庭审网络同步直播平台，完善庭审直播规定，着力提升司法公开水平。

【队伍建设】 牢牢把握队伍建设这一根本，坚持“严管厚爱”理念，不断加强干警思想政治、司法能力和司法作风建设，全力打造一支正规化、专业化、职业化的干警队伍。不断加强思想政治建设，坚持“抓党建带队建促审判”工作思路，全面加强基层党建工作，领导班子连续两年在市委年度考核中被评为“优秀”等次。不断加强司法能力建设，强化教育培训工作，提高干警对新法律法规的学习和新类型案件的研究能力，着力解决“本领恐慌、思维吃紧、智慧匮乏”问题，杜绝错案和瑕疵案件发生。不断加强司法作风建设，坚持党风廉政建设与“作风整顿”“两学一做”和“家风建设”相结合，深化“三严三实”专题教育成果，着力反“四风”破“六难”除“三案”，积极回应人民群众司法关切。不断加强法院文化建设，坚持以文育人、以文化力，进一步增强干警凝聚力和战斗力。

附：市中级人民法院领导名录

党组书记、院长：刘光辉
党组副书记、副院长：陈雪峰
王淮志（满族）
党组成员、副院长：马瑞卿（满族）
程中平（满族）
潘洪泉
党组成员、纪检组长：郭立琢（女）
党组成员、政治部主任：曲竑图
党组成员、执行局局长：李亚平（女）
党组成员、审监二庭庭长：王景林

（供稿 李胜利 张 莉）

司法行政

【概况】 2016年，全市司法行政机关在市委、市政府和省司法厅的正确领导下，以奋发有为的精神状态、更加严实的工作作风，坚决贯彻上级系列决策部署，认真履行法律服务、法治保障和法治宣传职责，全市司法行政工作整体推进，特殊人群服务管理工作、安置帮教工作、法律服务工作、社会矛盾化解工作、法治宣传工作、强制戒毒工作等重点工作亮点纷呈，为建设生态强市、魅力承德做出积极贡献。

【特殊人群管理】 深入开展“社区矫正执法规范年”、社区矫正安全隐患排查整治和集中清理判处实刑罪犯未执行刑罚专项活动，在全省率先实行“定位＋微信”一体化监管方式，利用“指纹＋人脸”双重识别考勤机对全市社区服刑人员进行管理，创建、完善、落实“十项机制”（即公正化评估机制；集中化教育机制；信息化监管机制；严格化管理机制；联合化检查机制；常态化培训机制；高效化工作机制；综合化保障机制；目标化管理机制；过错化追责机制）创新形成了社区矫正“承德模式”。进一步加强社区服刑人员教育管理，防止或减少其再犯罪，截至年底，全市已累计接收社区矫正人员10414人，解除矫正7578人，在册2836人，再犯罪率仅为0.19%，低于全国平均水平。7月14日，市司法局在全省社区矫正工作（鹿泉）会议上作典型经验发言；《人民日报》《法制日报》《河北法制报》等国家、省级报刊（简报）先后对承德市社区矫正工作予以宣传报道。

在全市组织开展“安置帮教目标落实年活动”，充分发挥各部门职能作用，健全市、县、乡三级安置帮教机构，较好地完成安置帮教工作目标任务。采取回乡安置、工作安置、创业安置和基地（18个）安置四种安置形式，共安置刑释人员9095人，安置率达到97%。在全省率先出资11万元，为23名刑满释放人员免费培训汽车驾驶技术；全市刑满释放人员重新违法犯罪4人，重新犯罪率为0.04%。

【法律服务】 继续加强村（居）法律顾问工作，重点建立健全工作规程、考核办法、工作日志、重大情况信息报告等制度。积极推荐优秀律师担任政府法律顾问，进一步扩大顾问律师的覆盖范围，推荐优秀律师与企业对接，为重点项目建设、重点企业发展提供有针对性的法律服务。继续组织信访工作律师团律师到涉法涉诉信访中心值班，推行“律师分流接访制”，受到百姓欢迎，有效地维护社会和谐稳定，得到市领导的肯定。全市律师在市、县接访中心接待信访群众9000多人次，担任各级政府法律顾问71家，办理各类案件10814件，接待咨询群众35288人次。围绕全市经济发展大局，积极做好精准扶贫、征地拆迁、安置补偿、环境保护、农村（社区）的改造治理等方面的公证法律服务工作，强力推进公证档案信息化建设。全市公证机构共办各类公证24536件，其中国内公证22306件，涉外公证2230件，提出法律建议216件，法律咨询17230件，提供法律援助1033件。组织开展了对全市司法鉴定机构规范执业情况综合考评和档案评查工作。全市15家司法鉴定机构共办理各类鉴定5342件。

开展“关爱农民工、下岗待业职工、农村留守人员法律援助专项行动”，积极筹划市级看守所设置法律援助工作站工作，多数县（区）在看守所建立法律援助工作站。4月，承德市综治办在66028部队召开“平安共建暨安全预防协作工作会议”，会上举行法律援助律师与部队所有分队手拉手活动，承德66028部队每个分队都聘请了法律援助律师1名，有针对性地为分队进行法律宣传、法律援助等服务。军人军属法律援助工作站成立以来，高质量地办理一批涉军案件，受到军地广泛赞誉。全市各级法律援助机构共办理各类法律援助案件4714件，受援群众7115人，解答法律咨询18356多人次，为受援人挽回损失或取得经济利益8548.6万元。整体工作在全省处于领先水平。

【化解矛盾】 坚持经常性排查和集中排查相结合，深入推进民间矛盾纠纷化解，有效地维护社会和谐稳定。全市各级调解组织共调解各类矛盾纠纷21286件，其中成功调解20702件，调解成功率达97.3%，涉及当事人50860 人，涉及金额达9458.77万元，排查纠纷8075起，成功预防纠纷4532起。积极推进专业性行业性人民调解委员会建设，全市已建立15个市级、105个县级专业性行业性矛盾纠纷人民调解委员会。承德市人民调解中心于12月4日正式揭牌运行，并实现与人民法院诉调对接，这是全省首家市级人民调解中心。扩大“民调通”人民调解信息化工作平台试点，全市“民调通”县（区）覆盖率达到100%，调委会覆盖率达到70%以上，超额完成省厅下达的任务。

【法治宣传】 “六五”普法任务全部完成，“七五”普法规划已经制定，启动大会顺利召开。围绕市委、市政府中心工作安排部署系列法治宣传活动，制定《承德市“建设生态强市魅力承德”主题法治宣传活动方案》，各县（区）、市直有关部门在6·5世界环境日期间组织开展系列宣传活动，与市安全局协调组织开展首个4·15全民国家安全日宣传活动，与市教育局、法宣办联合在教师中组织开展“法治教育征文”“法治教育教案”征集活动。推动落实国家机关“谁执法谁普法”的普法责任制。研究制定承德市《关于建立以案释法制度的实施意见》，推动有关部门分别建立法官、检察官、行政执法人员、律师等以案释法制度,组织全市“以案释法”优秀案例征集活动。与旅游、税务、市场监管、金融等市直部门沟通协调加强公共场所法治宣传教育工作。结合“五城同创”国际旅游城市建设实际，启动“法治宣传进景区”创建工作，确定丰宁大滩为“法治宣传进景区”创建示范点，组织“法律进景区”宣传活动。在国家宪法日来临之际,组织了全市厅、处级领导干部法律知识考试，在“12·4”法制宣传日当天，组织40余个市直单位在市中心广场举行大型法制宣传活动。

【强制戒毒】 坚持首位意识，落实第一责任，圆满完成春节、“两会”“六中全会”等时期的安保任务。认真抓好遣送工作，保证戒毒人员安全，严把体检“入口”关和遣送关，代收代管期间未发生过安全事故。截至年底，公安部门共送强戒人员64人，其中拒收34人，剩余30人全部安全送达接收单位。积极贯彻推进“365戒毒模式”。加大干警培训，组织40名干警分期分批到石家庄市戒毒所进行顶岗实习，民警业务水平不断提高。基础设施建设得到不断完善，国债项目社会帮教用房和戒毒人员食堂管网建设已经完工，安防监控12月13日开标，内部安防和管网配套工程完成后将大大提高场所收治能力，并解决没有生产习艺车间和戒毒人员食堂等硬件不足问题。

【规范管理】 认真落实省、市和司法厅改革部署，牵头研究起草《关于进一步加强法律援助工作的实施意见》，市深改组通过、市委、市政府“两办”印发，积极推动将法律援助纳入全市全面深化改革和法治承德建设考核范围，狠抓督导落实；积极推进律师制度改革，组织起草《关于深化律师制度改革的实施意见》，已经上报市委政法委；按照省厅要求，完成省、市人民监督员的拟任人选的选任和初步考察工作，其中，向省司法厅报送省人民检察院人民监督员7名，市本级人民监督员拟任人选85名。全力做好公证档案信息化建设工作，这项工作由省厅统一安排部署，在全国率先推出，得到司法部肯定。

【队伍建设】 认真谋划、精心准备，扎实推进“两学一做”学习教育活动，围场满族蒙古族自治县司法局作为唯一市、县级司法局在全省司法行政系统“两学一做”学习教育推进会上作典型发言。根据司法部、省司法厅、市委组织部要求，先后安排局领导参加全国司法行政系统领导干部学习贯彻中共十八届五中全会精神专题培训班、全省加快法治政府建设专题研讨班学习，市委党校进修班学习和必修课轮训。严密组织干警网络集中培训，先后5次组织全系统干警参加全省司法行政大讲堂专题学习，4次组织全系统干警参加中央政法委举办的政法干部学习讲座。组织举办实习律师、社区矫正工作人员，人民调解员、公证员等专题培训班。全面落实党风廉政建设主体责任和监督责任，严格执行中央八项规定，深入开展机关作风整顿和优化发展环境工作、懒政怠政不作为不在状态专项清理工作，队伍的公正执法、诚信执业水平明显提升。

附：市司法局领导名录
党组书记、局长：毛　银（1月任）
党组副书记、市戒毒所所长：孙俊杰
党组成员、副局长：何庆奎
副　局　长：白宝君（满族）
党组成员、副局长：佟　欣
党组成员、政治部主任：徐　宏（女，11月任）

（供稿　刘新春）

综合管理

发展改革

【编制发展规划】 面对严峻复杂的经济形势，始终把稳增长作为首要任务，力促经济平稳运行。加强监测分析，密切关注宏观经济动态，及时分析经济运行中的热点问题并提出应对措施，先后16次向市委、市人大、市政府和省调研组作专题汇报。加强规划引导，“十三五”规划纲要顺利通过市人代会审议并印发实施，规划执行监测工作进一步强化。围绕十大绿色产业、新型城镇化建设等方面，组织编制了13个市级专项规划，为全市发展提供了有效指导。加强运行调节，一方面加大企业帮扶力度，针对企业生产经营困难的实际，积极争取上级资金，有效支持了天大钒业钒铝合金、国投盛世沸石水处理剂、天成印刷纳米涂层材料等重点企业发展。另一方面降低实体经济成本，出台《降低实体经济企业成本工作落实意见》，积极争列电力直接交易试点，25家企业列入全省试点，交易额居冀北五市第二位。经过努力，全市经济保持平稳增长，32项计划指标中，有29项达到计划要求，为近年来计划执行情况最好的一年，地区生产总值增长6.9%，高于计划0.4个百分点。加强谋跑争抓，围绕市委、市政府中心工作，谋思路、跑项目、争资金、抓大事，制定“三去一降一补”工作方案、确保上半年实现“双过半”对策措施、全市特色小镇实施意见等29个政策文件，由市政府转发执行；全年争取中央、省预算内资金38.5亿元，争取专项建设基金25.45亿元，均居全省前列；抓成一批事关全市的大事要事，成功列入全国环境污染第三方治理试点，全国服务业综合改革试点、光伏领跑者基地等取得实质性进展。

【重点项目建设】 全面启动“项目攻坚年”，大力实施“3281”工程。项目整体效果明显，成功争列省重点项目28个，安排投资2亿元以上市重点建设项目200个，实际开工146个，完成投资521.2亿元，占年计划的107.6%；全年实施亿元以上项目841个，完成投资1124.4亿元。一批重大项目取得突破进展。比亚迪新能源汽车一期新车如期下线，已具备生产能力；承钢亚熔盐高效提钒项目全面开工，建龙提钒转炉升级项目获得省级备案；承德机场飞行校验一次性通过，与河北机场集团成功签订委托管理协议，即将正式通航；京沈客专累计完成投资112.4亿元；承平高速控制性工程隧道项目已开工；上板城热电厂土建基本完成，正在进行单机调试；丰宁抽水蓄能电站一、二期主体工程已全面开工。项目管理机制日臻完善。制定出台重大项目市、县领导分包、项目进展情况月度通报等一系列制度措施，严格执行项目工作月通报制度，项目管理机制日臻完善。全年安排项目推介、现场观摩等系列主题活动14项，先后组织两次集中开工活动，累计开工项目205个。

【发展绿色产业】 围绕发展十大绿色产业，坚持育动能与去产能并举，着力推动发展动能转换。构建转型升级政策保障。制定出台十大绿色产业推进方案，编制大数据、天然山泉水、钒钛新材料等产业发展规划。根据产业发展实际，制定出台《关于支持重大战略性产业发展的意见》《关于推进“互联网+”行动的实施意见》等20余项政策文件，为产业发展提供了政策保障。坚决打好去产能攻坚战。全面贯彻落实去产能决策部署,制定钢铁产能压减方案,提出煤炭去产能“三年任务两年完成”目标，经过努力，提前退出承钢450立方米高炉1座，压减粗钢产能52万吨，3家煤矿65万吨产能退出任务全面完成。推动能源产业加快发展。百万千瓦风电基地二期工程20个项目获得核准，核准容量达243.2万千瓦。全市木煤生产能力达到100万吨，建成天然气汽车加气站11座，全市天然气供应能力达6000万立方米。促进服务业提质增效。积极推进物流园区建设，承德国际商贸物流、平泉华北物流、丰宁现代物流积极推进，高新区农产品冷链物流产业园等23个项目有序推进，服务业增加值增长9.5%，高于GDP增速2.7个百分点。

【与京津合作】 聚焦对接重点，主动承接转移，努力推动协同发展向纵深突破。一批重大事项和项目进入国家和省盘子。经过积极争列，有87个重大事项和项目列入《京津冀协同发展规划纲要》和《“十三五”时期京津冀国民经济和社会发展规划》，把承德的发展第一次上升到国家战略。一批疏解项目落户承德。紧紧围绕《规划纲要》确定的4类非首都功能，对接国家部委、京津区县和重点行业龙头、行业协会、科研机构，以北汽福田、金隅建材为代表的65个传统产业项目落地实施，以中关村大数据产业联盟、中关村智慧环境产业联盟为代表的一批新兴产业加速聚集。一批战略合作协议成功签订。经积极推动，京津对口帮扶市贫困县方案最终确定，7个县5年将累计获得支持15亿元，天津出资2亿元支持中德技术大学承德分校建设。积极促成冀津协作和对口帮扶第一次联席会议，会上河北省与天津市签订《对口帮扶承德市贫困县框架协议》，与天津市相关部门签订《支援建设天津中德应用技术大学承德分校框架协议》等4个合作协议。全市共与183家央企和京津企业开展合作，对接合作项目734个，协议总投资4824.9亿元，累计完成投资1048.2亿元。

【改善环境质量】 落实绿色发展理念，坚持生态建设与削减煤炭消费并重，力促大气污染防治任务全面完成。加大生态建设力度。积极落实京津冀生态环境支撑区规划，大力实施京津风沙源治理、再造三个塞罕坝等生态工程，全年治理小流域105平方千米。大力削减煤炭消费。严格执行新上耗煤项目减煤量替代制度，落实约束性资源使用权交易相关政策，实施工程减煤、提效节煤、清洁代煤，加快实施取缔外来煤洗选、淘汰燃煤锅炉等削煤工程,全年单位GDP能耗下降3.7%，超额完成目标任务。加快发展节能环保产业。编制完成节能环保产业发展规划，制定出台节能环保产业发展工作方案，在北京成功举办6•16节能环保产业招商推介会，发布项目78个、签约项目35个。承德的生态建设工作得到国家的充分肯定，12月8日召开的全国生态文明建设工作推进会上，承德市作了典型发言，有4个县新列入全国生态县名单。

【增强发展动力】 全面推进各项重点改革事项，坚持用改革的办法、开放的思路解决发展中的突出矛盾和问题。经济体制改革工作稳步推进。牵头负责的31项改革任务全部完成。推动简政放权向纵深发展，充分利用省投资项目在线监管平台，对投资项目审批、核准和备案全部于在线平台运行，实现网上受理、办理、反馈“一条龙”服务。全市预审通过项目1297个，预审通过率居全省第二位。公共资源交易平台正式运营，率先实现了“三个统一、两个推进”，作为全省先进典型在省政府电视电话会议上发言。生态文明体制改革不断创新。成功举办自然资源资产负债表新闻发布会，成为全国首家向社会亮出自然资源资产“家底”的城市。制定出台环境污染第三方治理实施方案，承钢、盛丰烧结机脱硫等第三方治理项目加快实施。开放合作成果丰硕。在北京、上海、唐山等地开展“民企入冀”等集中推介及招商活动13场，举办“点对点”对接活动35场次，共签约项目86个，拟引进域外资金1345亿元。全年引进市外到位资金430亿元，增长8.1%；利用国外贷款2712万美元，创历史新高。

【稳定消费价格】 充分发挥价格对调结构、降成本、保民生的杠杆作用，稳价安民措施得到全面落实。深入实施价格改革。按照省、市部署，出台了农业综合水价改革实施方案，制定污水处理收费、差别电价、阶梯气价管理方案，建立了煤热价格联动机制，取消居民住宅暂停供热收费。强化价格监测管理。进一步完善价格形势分析联席会议和重要商品价格监测周报告制度，发布价格监测报告98期、市场信息86份，每天通过微信平台发布日常消费品、药品、楼盘等重要商品价格，为消费者提供价格服务。加强价格执法检查。开展旅游市场、涉农收费、停车场收费等多项集中检查，办结价格咨询举报203件，办结率97%，实施经济制裁30余万元，有效规范消费市场价格秩序。

【争取支持保民生】 着力解决群众最关心最现实的问题，大力争取上级支持，力促经济社会协调发展。易地扶贫搬迁稳步推进。启动了14840人的搬迁工作，45处集中安置小区全部开工。滦平县吸引外资、平泉县“两区共建”的经验做法得到国家发改委的肯定，将在全国推广。社会事业发展步伐加快。全年安排各类社会事业项目64个，积极推动社会领域大项目落地，冰上运动中心、“两馆”、市儿童医院、国际射击俱乐部等一批项目开工建设。特色小镇建设步伐加快。积极开展省级特色小镇争列工作，丰宁汤河温泉、围场皇家猎苑、承德县德鸣大数据等3个特色小镇列入全省首批30个特色小镇名单，占全省十分之一。援疆工作成果显著。国电投承德新能源公司与33团和尉犁县分别签订100万千瓦光伏发电项目，计划2017年开工建设。智力援疆、人才援疆等工作扎实开展。

【转变作风】 坚持以“求真务实、崇尚实干”的工作精神，抓班子、带队伍，抓成了一批事关全市的大事要事，成功列入全国环境污染第三方治理试点，全国服务业综合改革试点、光伏领跑者基地等取得实质性进展。组建政策理论研究小组，围绕产业发展、扶贫攻坚、基础设施等重点领域，定期开展学研活动，政策研究能力显著增强。先后建设协同办公、门户网站等12个网络平台，基本实现办公自动化。进一步完善工作制度汇编，制定72个单行管理办法，标准化水平不断提升。认真开展解放思想大讨论、机关作风整顿和“两学一做”学习教育活动，开展了行政法讲座、外出学习考察等多项培训活动，全委干部职工勇于担当的作风、善于担当的能力不断增强，推动一批重点工作进入省市先进行列，获得全市“两学一做”先进基层党组织的荣誉称号，在全市“同心向党、歌声飞扬”纪念建党95周年歌咏比赛中取得一等奖的优异成绩和优秀组织奖荣誉称号。先后获得省发改委主任、党组书记陈永久，市委书记周仲明、市长常丽虹和常务副市长李晋宇等省、市领导肯定性批示50余件，荣获上级各类奖项20余项。

附：市发展和改革委员会领导名录

党组书记、主任：王　毅（市粮食局局长；市物价局局长；市推进京津冀协同发展工作领导小组办公室主任）

党组成员、副主任：管国富（满族）
王凤翔（满族）
胡铁刚（满族，市地方铁

路建设管理局局长）
刘建海（市钒钛产业聚集区开发建设指挥部办公室主任）
赵长江
党组成员：王小鹏
党组成员、副主任：刘爱民
党组成员、纪检组长：张俊瑛（蒙古族，12月免纪检组长）
党组成员、副主任：尤文祥
穆素家（满族，3月任）

（供稿　徐艳艳）

财　政

【概况】 2016年，面对经济发展新常态，财政系统通过打开思想总开关，着眼发展想财政，站在全局谋财政，不断创立和完善财政工作新理念，努力为提高供给体系质量和效率、转换全市经济发展动力、重塑承德经济增长红利提供财政支持。

【争取上级资金】 先后辑印“承德市争取上级资金工作指南”2期，分别就2016年省级预算及123项可争取资金情况进行了说明，为各级各部门开展精准跑办奠定了基础。截至11月底，全市累计争取到位上级财政资金180亿元，超出2015年全年20亿元，为全市经济社会发展提供了支持。

在将全市纳入国家山水林田湖生态环境综合整治试点基础上，扎实开展试点方案编制工作，共梳理出8县3区9大类23个项目，总投资57.69亿元，拟申请资金28.15亿元。正在配合省财政厅开展项目核查工作。持续用力生态补偿领域。经过多次赴省进京汇报，将承德市国家重点生态功能区年补助资金提高到7.9亿元，同比增加8.2%，2009年以来累计争取到位补助资金35.8亿元。促成河北省与天津市签订《引滦入津上下游横向生态补偿协议》，中央将安排9亿元，省政府和天津市政府将各安排3亿元，用于水资源生态补偿。到位资金1.48亿元，集中用于支持潘家口水库网箱养鱼清理（省级资金补助2.59亿元分两年拨付到位，剩余部分2017年到位）。积极争列发展试点。将10个县区115个村争列为国家级促进村集体经济发展试点，占全省总量的20%，落实资金5750万元。将承德市争列为河北省“担保增信”即农业产业化增信基金试点，落实省资本金2500万元、市县配套资金7500万元，按1∶10比例，撬动农行出资10亿元，共同开展了担保贷款工作。截止到年底，共为26家农业产业化龙头企业发放无抵押无担保贷款1.81亿元，另有30家龙头企业进入增信基金贷款流程。成功争列为物流标准化试点市，争取到位中央资金8000万元。

【收入督导及综合治税专项行动】 牢固树立“以日保旬、以旬保月、以月保季、以季保年”理念，在严格收入调度机制刚性约束、强化动态分析研判基础上，每月定期到分包县区及市属重点企业督导收入，及时帮助解决组织收入中存在的问题，确保财政收入应入尽入。

在总结推广隆化税源信息管理经验同时，结合省综合治税信息共享平台，编制全市综合治税信息系统建设方案，全年累计采集涉税信息41万条。组织开展“个体和专业市场税收清查、医保刷卡支付信息比对、以电控税、财政投资建设项目源头控税、以地控税、商业用房产出租税收清查、福利企业税收清查、营业税欠税清查、金融企业及重点税源企业直查、关联企业税源管控”等10项专项治理，累计查补税款4.1亿元。全年全部财政收入完成147亿元、公共财政预算收入完成82.1亿元。

【财政资金基金化改革】 按照“政府主导、市场运作、科学决策、防范风险”原则，与农行合作设立承德市农业产业发展引导基金，基金规模设定为50亿元，首批提款20亿元已经到位，有效地缓解农业重点项目建设资金不足难题。在股权投资领域，推动设立了财鑫产业引导股权投资基金，注册资本3亿元，已到位1.55亿元，协助国控集团解决注册资本金问题，以市政府名义出资5000万元参股河北境外上市股权投资基金，实现一笔资金、多重投入的效果。

【政府与社会资本合作】 筛选总投资747亿元的47个项目建立PPP项目储备库。截至年底，全市已有8个项目成功入选全国第二批和第三批PPP示范项目，投资规模达529.11亿元，入选项目总数全省第一。5个项目入选全省第一批PPP试点项目，投资规模达382亿元，入选项目数占全省的25%，列全省第一。签约落地12个PPP项目，引入社会资本达97.32亿元。争取到省级推广应用PPP模式专项资金2850万元，占全省的22.6%，居全省首位。

【拓展财金合作领域】 利用财政间歇资金为担保公司提供借款1亿元，使其保证金保持在2.5亿元以上的水平，累计实现担保贷款超过100亿元；落实资金1000万元，支持开展小额贷款保证保险风险补偿工作；与建行、邮储银行合作推出中小微企业“采购贷”业务，为企业申请贷款4640万元；按财政、银行1:4比例，与承德银行合作发放2000万元委托贷款，缓解中小企业融资难、融资贵问题。

【重大项目育财源】 累计筹集资金超25亿元，为承德机场、双峰寺水库、“两馆”、冷链物流产业园、比亚迪、新城医院等重大项目建设提供支持，并积极配合做好京沈客专占地拆迁补偿资金的筹集工作，保障工程建设的顺利进行。

【突出开发区建设】 结合事权与支出责任划分、“营改增”改革，加快推进市对下收入体制划分，本着有利于开发区加速发展的原则，实施市对开发区激励性财政体制，配合县区政府加大对开发区的体制倾斜，建立健全事权与支出责任相匹配的分配制度。研究完善高新区财政体制优惠政策，年增加可用财力超过6000万元。

【重点扶持科技创新体系建设】 累计落实专项资金4910万元，较好地落实“1+9+N”政策文件涉及财政部门的23项支持政策，重点扶持了现代农业体系建设、市县科技创新等71个科技项目，着力培育潜在财源。

【绩效预算管理改革】 2016年市本级和各县（区）全部编制绩效预算，并完善预算项目库和预算项目申报程序。采取部门自评与财政评价相结合的方式，同时通过政府购买服务方式引入“第三方”中介机构全程参与绩效评价工作。2016年完成绩效监督评价金额28亿元，其中财政重点评价金额14.4亿元，较2015年增加7.6亿元，增长111.8%。

【保障民生支出】 民生支出占全市公共财政预算支出比重保持在八成以上。其中：落实资金9.2亿元，支持建立统一的城乡居民医保制度；落实资金7.9亿元，保障了城乡低保政策落实；筹集资金1.14亿元，将基本公共卫生服务人均补助标准从40元提高到45元；落实资金2亿元，为就业创业提供保障；筹集保障性住房资金6.8亿元，15740个家庭受益。累计筹集资金4.89亿元，支持大气污染防治、水污染防治、化解煤炭行业过剩产能、新能源汽车推广等环境治理和改善项目。

【扩大资金整合规模】 项目按照“整体规划、整合资金、合理集聚、整体管理、注重绩效”的原则，统筹整合目标相近、方向类同的相关资金，集中捆绑使用。如，在涉农领域，充分利用支持贫困县统筹整合使用财政涉农资金政策，累计整合资金 22.7 亿元，撬动社会资本 20 亿元。

【增强财政管理透明度】 在全市全面推开国库支付电子化改革和系统应用，市本级自助柜面系统已部署 93 个单位，组织开展会计集中核算平台建设，规范编制 2015 年政府财务综合报告。持续深入推进预决算公开，除涉密单位外，市级部门预决算信息和“三公经费”支出全部在政府门户网站公开，市、县两级政府预决算公开率全部达到 100%。严格落实《政府采购法实施条例》及相关规定，通过河北省财政一体化业务平台，在河北省政府采购网发布各类政府采购信息 6893 条，其中，市本级 1005 条，各县（区）5888 条。深化完善政府向社会力量购买服务政策措施，入库项目 278 项，涉及资金 8.4 亿元，同比增长 52.7%。

【搭建动态防控体系】 初步建立起县区风险防控体系，多维度实时分析县（区）收入、支出、负债及库款状况，全面掌握了各级财政运行信息，及时识别、预警、处置风险，促进了各级财政平稳健康运行。注重用好金融机构贷款。经过坚持不懈争取，新签约棚改贷款 18.67 亿元，累计签约额度达到 72.5 亿元，贷款转化率居全省前列。以亚行、世行贷款为股本金，入股河北省蓝天投资引导基金，已落实转贷贷款额 1875 万美元，拓宽大气污染防治资金筹集渠道。按照“整体谋划、统谈分贷、分级负责、市级为主、试点先行、控制风险”原则，市、县（区）均搭建美丽乡村融资平台，累计落实资金 52.15 亿元。

【财政资金监管的“两个责任”】 在严格落实《关于进一步加强财政管理的意见》基础上，提请市政府出台《市级财政投资预算评审管理办法》，厘清与审计部门的工作关系，同时引入第三方中介机构进入评审领域，顺利实现了职能转变。全年仅市本级就完成项目送审及核实性资金审核 14.74 亿元，审减率 19.56%。通过政府购买服务方式聘请第三方参与“一问责八清理”专项行动财政部门牵头事项，全市共检查财政专项资金 912.3 亿元，查出问题 466 个，问题资金总额 5.71 亿元。清理乱收费问题 6 件，问题金额 264 万元；乱摊派问题 21 件，问题金额 1994 万元。

【控制三公经费及公务支出】 在严格执行市级机关会议费、差旅费、培训费、因公临时出国经费、因公出国培训经费 5 个管理办法基础上，印发《关于调整市级机关差旅住宿费标准等有关问题的通知》，推行会议定点场所网上查询，进一步规范公务支出管理。以信息化手段为支撑，全面提速公务卡制度改革。全市 1309 个预算单位推行公务卡，累计发卡 39845 张，结算金额稳步增长。通过严格管控，1—10 月，全市和市本级三公经费支出分别较上年同期下降 21.3%、9.3%。

【国有资产监管】 组织开展行政事业单位国有资产清查，按时完成 2300 家单位的清查上报，累计清查资产 753.7 亿元，其中市本级 540.3 亿元。全市市直公车改革第一、第二批取消车辆公开拍卖工作顺利进行，共拍出公车 212 辆，成交总价达 873.4 万元，溢价率 80.7%。

附：市财政局领导名录

党组书记、局长：王　宇（满族）

党组副书记、副局长：栾志宏

党组成员、副局长：裴　越

党组成员、纪检组长：王会利（满族）

党组成员、财政干部培训中心主任：刘德涛

党组成员、副局长：张建军

林国华（满族）

钟燕燕（女）
付延民（满族）
（供稿　王　京）

国有资产监督管理

【概况】 2016年，在市委、市政府的正确领导下，在省国资委的支持和指导下，以“两学一做”学习教育为抓手，全面实施承德国资“一三一七一”发展战略，创新思路，加强谋划，落实举措，攻坚克难，深入推进国资国企改革发展，全面提高国资监管水平，圆满完成全年各项工作任务。2016年，监管企业在建、跑办、谋划重点项目73个，全部项目计划总投资185.35亿元，已完成投资9.61亿元。监管企业营业收入123267万元，同比增长24.4%；实现利润总额4019万元，同比增长128.5%；资产总额2858280万元，同比增长21.4%；所有者权益1517745万元，同比增长9.1%。

【“1+N”制度体系】 牵头起草了《中共承德市委、承德市人民政府关于深化国有企业改革的实施意见》《承德市人民政府关于改革和完善国有资产管理体制的实施意见》《承德市人民政府关于推进国有企业发展混合所有制经济的实施意见》《关于承德市国有企业功能界定与分类的实施意见》《中共承德市委办公室关于在深化地方国有企业改革中坚持党的领导加强党的建设的实施意见》和《承德市加快剥离国有企业办社会职能和解决历史遗留问题工作方案》，标志着国有企业改革“1+N”制度体系初步形成，为市国有企业改革明确了时间表和路线图。

【深化国企改革】 积极探索国有资本授权经营新模式，国控集团经过近一年的运作，融资平台和产业发展平台作用初显，在支撑承德绿色产业转型升级、完善城市基础设施、保障民生等领域发挥积极作用。2016年，国控集团完成30亿元的公司债券发行，启动规模10亿元的绿色债券，成为第一家在上交所平台发行公司债券的企业。组建产业发展技改基金、城市发展基金、中关村协同创新投资基金、开发区基础设施建设等基金，共投入12亿元，撬动社会资本近百亿元，起到了“四两拨千斤”的作用，为产业项目落地、基础设施建设解决资金瓶颈。旅游集团已经完成股改，即将在新三板上市，必将推动旅游产业由资源变资本、由资本变经济的转变。

【国有企业功能界定与分类】 按照国家、省的统一部署，对全市国有企业进行功能界定与分类，将市属24家国有企业（一级企业）和县（区）属80家国有企业（一级企业）进行分类，其中商业类国有企业61家、公益类国有企业43家，为国有企业分类监管、分类考核、分类改革及实现经营性国有资产集中统一监管奠定坚实基础。

【剥离国有企业办社会职能】 按照省、市要求，牵头成立了领导小组、办公室及日常工作机构，制定工作方案，摸清底数，确定试点企业，切实做到组织领导有力、任务目标明确、责任落实到位。营子区政府与兴隆矿业公司在全省率先签订“三供一业”分离移交框架协议和“三供一业”分离移交协议，承德市的剥离国有企业办社会职能工作实现良好开局。

【凝聚国资国企新力量】 在总结评估“十二五”规划时期国资发展战略实施效果的基础上，紧紧围绕“京津冀水源涵养功能区、国家绿色发展先行区、环首都扶贫攻坚示范区、国际旅游城市”的发展定位，抢抓京津冀协同发展、深化国有企业改革重大机遇，立足国资国企实际，深入分析国际国内经济新形势、产业发展新动向，科学谋划出国资国企“十三五”规划时期发展整体思路，提出积极构建监管企业“一区七板块”产业发展格局，到2020年年底，监管企业力争实现营业收入40亿元以上，实现利税10亿元以上，总资产达到400亿元以上，达到规模做大、产业做强的目标。御道口牧场以着力发展生态旅游业、现代农牧业和新能源产业为重点，加快产业结构调整，积极培育新的发展功能，举办首届御道口旅游发展论坛，为御道口国际生态旅游度假区建设理清思路。承德三元谋思路、强管理、抓项目，大力推进中育种猪示范场、千头奶牛示范场、御道口现代农业科技示范园等项目建设，其中御道口千头奶牛示范场项目已经通过竣工验收，2017年3月投入运营，将对河北坝上地区奶牛养殖起到带头示范作用。德厦公司抢抓机遇，积极拓展北京市场，并不断做大做强积极推进新三板上市步伐。铜兴公司面对困难主动作为，一方面积极准备复工生产，一方面谋划项目建设，制定企业复产方案。金盾押运公司坚持开源、节流、安全、服务的工作思路，押运业务持续平稳向好，业务发展迈上新台阶，在巩固金融服务单位的基础上不断拓宽服务范围，力争实现承德金融服务市场的全覆盖。

【京津冀协同发展】 充分发挥已搭建的国务院国资委、北京市国资委、中国企业联合会中国企业家协会、中国工业合作协会中国工合国际委员会、北京市工业合作协会5个平台，并在此基础上扩大对接合作范围，与北京东城区国资委进行对接，在旅游文化、现代休闲产业等方面达成多项合作共识。长河核电项目已经列入《河北省核产业发展规划》《京津冀能源协同发展规划》，已经完成初可研工作，正在开展长河核电项目可研专题论证和厂址保护工作，争取列入《国家核电中长期发展规划》；明阳集团风光储清洁能源装备制造基地项目已在开发区选址，承德明阳新能源公司已注册，进地前的准备工作已经完成，明阳集团光伏扶贫项目已在围场、兴隆选了三个试点，打造光伏扶贫及分布式村级扶贫电站示范项目；小型热电堆项目南区三道湾厂址、北区双峰寺厂址初可研报告通过了中咨公司评审，南区项目已上报国家能源局，北区厂址正在进行可研；同首农集团合作御道口生态旅游度假区项目，已经完成整体规划，正在开展前期工作。

【完成破产改制企业工作】 起草《关于市属国有企业改革攻坚实施方案》《关于妥善解决市属22家破产企业职工安置和资产处置有关问题的工作方案》，并以市政府名义印发。按市委、市政府要求，由国控集团融资近6亿元彻底解决全市1万多名破产企业职工多年来无法安置问题，切实保护职工合法权益、维护社会和谐稳定。按照进度要求，2016年年底完成职工安置三家连审和资产清产核资工作，国资系统4家破产企业也取得了突破性进展，2017年实现扫尾。筹措80万元用于解决新机器人公司退休职工的养老保险补缴问题；啤酒厂家属区物业移交问题，已与双滦区确定了移交方案；原东风、平安堡、涝洼滩三矿矽肺病工伤职工移交解决工伤问题，已同市社保局沟通并达成初步意见；华峰公司家属小区移交和平安堡煤矿职工家属院改造移交问题，已制定移交方案，其他遗留问题也得到妥善解决。

【信访维稳】 以解决国企改革中的信访问题为重点，全面落实信访维稳“一岗双责”，按照“政策不欠账、经济不欠账、感情不欠账”的原则，真心实意解决问题，全力以赴积极化解矛盾隐患。全年共受理了企业职工来访48批次，359人次，实现接访率100%，按期答复率100%。完成2个复查案件和2件省交办信件，办理2个“三跨三分离”信访案件，解决原麻纺厂职工、二轻旅游公司、东风煤矿、寿王坟铜矿职工上访等信访积案，积极做好国资系统转业干部、志愿兵相关工作，全年未发生赴省进京访和影响社会稳定的恶性事件，实现了“三个归零”“六个严防发生”

的工作目标。

【国资监管】 以管资本为主，进一步准确把握职能定位，明确监管重点，国有资产监管的科学性、有效性显著提高，国有资产保值增值责任全面落实。规范国有资产产权管理，切实把好国有资产处置关、评估关、核准关、转让关、交易关，全力推进产权管理“阳光工程”，规范国有资产产权登记、转让和国有资产评估核准、备案工作流程，加强资产评估的事先、事中、事后监督，严把资产评估报告审核关，依法合规做好国有资产处置工作，加强产权转让及交易监管。加强监管企业财务监管和经济运行动态监控，制定《监管企业内部审计管理办法（试行）》和《监管企业领导人员经济责任审计实施办法（试行）》，加强国资监管，防止国有资产流失。完成10家出资企业2015年度监事会监督检查工作，对出资企业大宗物资采购等环节进行效能监察，对重点企业资金使用、重点项目实施专项监督检查。加强对委属破产清算组的监督检查，制定《市国资委所属改制（破产）企业资金监管办法（试行）》，有效遏制各种违规违纪现象的蔓延，提高监督效能。起草《承德市国资委监管企业领导班子和领导人员综合考核评价办法（暂行）》和《监管企业经营业绩考核暂行办法》，完成履行出资人职责企业2015年度经营业绩考核和领导人员考核工作，合理确定2016年履行出资人职责企业考核目标。健全法人治理结构。按照《中华人民共和国公司法》要求，对国控集团、旅游集团的董事、监事、总经理人选进行考察和任免，推动出资企业完善现代企业制度，进一步健全完善法人治理结构。以“加强安全法治、保障安全生产”为主线，狠抓责任落实、加强监督管理、健全体制机制、强化宣传教育，制定《承德市国资委安全生产工作“党政同责、一岗双责”实施办法》《国资系统企业标本兼治防范遏制较大以上事故实施方案》《国资系统企业安全生产攻坚行动和重点行业领域专项整治工作实施方案》《国资监管企业职业病防治工作实施方案》《国资系统企业应急预案》等一系列文件，并加大督查力度，监管企业安全生产形势稳定，全年未出现安全生产责任事故。以推进法治国企建设为核心，在监管企业逐步推行法务部建设，健全和完善企业法律风险防范机制。谋划国资系统“七五”普法宣传教育规划，全年共印发“七五”普法宣传资料60期。开展以“深化国有企业改革”为主题的法制宣传日活动，全面提升国资系统广大干部职工的法律意识和法律素质。

【基层党组织建设】 进一步健全和完善基层组织设置，对基层党组织按期换届情况进行了专项检查统计，完成企业基层党组织按时换届工作。先后审批成立市旅游集团党委、矿业集团党总支和华润风电党支部。在党员中推行“先锋指数”积分制管理，切实加强基层组织管理，提升党员日常管理的精细化、科学化、规范化水平。组织庆祝建党95周年活动，召开国资系统庆祝建党95周年纪念大会，对系统内涌现出的先进基层党组织、优秀共产党员和优秀党务工作者进行通报表扬，进一步提高了基层党组织的凝聚力，激发了系统党员创先争优的热情。

【树立国资国企新形象】 严格落实党风廉政建设“主体责任”和“一岗双责”责任，建立健全党风廉政建设和反腐败工作体制机制，牢固树立抓党风廉政建设责任制的政治责任意识。制定《党风廉政建设和反腐败工作任务目标责任分解》，将党风廉政建设工作任务进行细化分解，实施统一领导、分工负责的体制，做到了党风廉政建设的全覆盖和层层传导压力，使之知其任、明其职、出其力、尽其责。进一步深化完善约谈、签字背书、督导检查机制，开展廉政谈话和签字背书工作，确保监督责任落实到位。组织系统党员干部深入学习党章和《习近平关于严明党的纪律和规矩论述摘编》《中国共产党廉洁自律准则》《中国共产党纪律处分条例》，开展“贯彻执行标准和条例”专项监督检查，真正让准则和条例入脑入心，唤醒党章党规党纪意识，明确党员追求的高标准和管党治党的戒尺，使遵规守纪成为系统每一名党员干部的思想自觉和行为自觉。认真落实中央八项规定，紧盯重要时间节点，采取明察暗访等方式，开展了对监管企业公款吃喝、出入私人会所、违规发放津补贴、收送红包、节礼、用公款购买礼券、购物卡等“四风”问题专项督查。加强了对企业负责人履职待遇和业务支出等规定执行情况的专项检查，坚决纠正监管企业在商务活动中讲排场、比阔气、撑门面等奢侈浪费现象。对系统监管企业违规配车用车问题专项清理，建立《监管企业公务用车配备、使用管理办法（试行）》，进一步规范配车、用车，从而有效推动监管企业党风建设和反腐倡廉工作。

附：市国有资产监督管理委员会领导名录
党委书记、主任：房宝占（满族）
党委副书记、副主任：聂红中
党委专职副书记：景联华（女，11月免）
党委委员、副主任：魏占军（满族）
陈　宏（4月任）
张　岭
党委委员、纪委书记：王瑞德
党委委员、监事会主席：杨兢诚（满族）
张　楠（女）

（供稿　陈宏燕）

国家税务

【概况】　2016年，市国税系统立足承德经济发展大局，以税收现代化为目标，以组织收入为中心，以绩效管理为抓手，以落实国税、地税征管体制改革为主线，持续深化“善治”国税建设，圆满完成各项任务，为承德经济发展作出了积极贡献。全市国税系统累计完成税收收入60.7亿元，同比增收5.1亿元，增长9.17%。其中增值税、企业所得税和消费税分别完成45.4亿元、10.9亿元、4.4亿元。

【组织收入】　2016年，收入形势复杂，经济增速放缓，主体税源减收，困难超过预期。面对严峻形势，国税部门见事早，行动快，措施实，既统筹施策又精准用力，始终坚守组织收入原则，既为保财力多措并举，又为提质量不越红线。科学研判税收风险新趋势，着力提高风险管理精准度，共推送风险任务2707户，入库税款及滞纳金1.6亿元。坚持全市“一盘棋”的稽查理念，落实“双随机”抽查机制，集中开展“双打”、专项检查和区域整治，共检查企业144户，查补入库收入1.5亿元。强化数据分析应用，建立涉税风险动态跟踪提醒机制，分三个维度对517户2000万以上及千户集团企业进行风险提示，有效降低税收风险，市国税局大企业部门完成市本级收入12.2亿元。全面推行增值税发票新系统，对作废和认证后失控发票进行风险核查，入库收入1959万元。9月以来，着力开展百日攻坚大会战，集中时间、集中力量实施一系列组织收入举措，入库税款1670万元，对完成收入目标起到有力促进作用。

【税制改革】　在营改增推进工作中，市、县两级国税迅速成立领导小组，组建营改增办公室，细化方案，倒排工期，挂图作战，保证工作整体推进，忙而不乱。主动向政府汇报，与财政、地税等部门联系，形成工作合力，市政府常务会专项部署营改增工作。在常规性推进四大战役的同时，注重把防范税收风险贯穿改革始终。在业务培训上，着力对重点企业和税负上升典型企业进行“一对一”政策辅导。在后续管理上，着力制定《旅游服务行业政策适用及发票开具指引》和《外埠建筑业管理办法》，有效防范税收风险，得到省局好评。在试点改革中，市、县两级国税领导班子超前谋划，靠前指挥，深入基层解决难题。各岗位人员甘于奉献，加班加点，立足本职忘我工作。成功打赢“开好票”“报好税”“分析好”“改进好”四大战役，使2.41万户纳税人如期享受改革红利。在征管体制改革中，拟定全市《征管体制改革实施方案》，提请政府审议通过并公告实施。对接和贯彻落实总局出台的7个配套文件和50个改革文件，结合承德实际，对31项任务进行全面分解，细化71项具体任务，包括重点推进项目29项、其他改革项目32项、创新改革项目10项。确定改革时限，将各项指标分解到各基层单位和机关科室，细化到事，责任到人，落实到位，全面完成年度各项改革任务，得到省深改办督查组高度认可，各项指标均获满分。

【核心业务】 坚持将税收管理和纳税服务统筹考量，互融共进。通过创新，推动工作，解决问题，提升层次，全面加强核心业务。深化纳税直评，发挥市国税局在纳税评估中的主体作用，对32户医药批发行业纳税人开展专项评估，查补入库958.6万元，提升税负0.5个百分点，经验做法被税务总局、省国税局刊发借鉴。探索创建所得税专家团队，科学识别9个房地产和金融企业高风险事项，评估入库税款1.59亿元，所得税风险管理工作得到省国税局认可。提升退税工作质效，实行AB岗办理、限时办结、随到随办等创新举措，办理免抵退税2.6亿元，平均退库时间5天，比税务总局规定减少15天，退税进度及一类企业占比全省第一。积极筹建实体“云办税厅”，配备自助办税终端59台，集合发票发售、申报征收等七大类98项功能，极大提高了办税效率。与银监部门联合推出“纳税信用贷”，对信用较好企业提供无抵押贷款，1202户企业被授予贷款额度199亿元，有效缓解企业融资难问题。深入开展国际税收情报交换，在省国税局专业会上进行典型发言。加强普通发票个性化、需求型管理，经多方协调，成功解决市区出租车司机反映强烈的燃油附加费使用一元版发票问题，既满足了纳税人合理诉求，又保障了发票使用安全。

【工作作风】 扎实开展“两学一做”学习教育，通过党组书记讲党课以上率下地学、开展专家讲座全面深入地学、主题实践活动感同身受地学，增强党员干部“四讲四有”的思想自觉和行动自觉。加强党员管理，开展党组织关系专项整治，清缴党费19.8万元。认真落实党风廉政建设主体责任和监督责任，全面运行“两个责任”系统，进一步促进市县两级党组真正履职尽责，促使纪检部门聚焦主责主业。统筹开展执法监察、执法督查、“一案双查”，做到责任无盲点、监督无遗漏、查处有保障。做好领导干部重大事项报告，151名副科级以上干部集中报备上年度个人事项，11名党员干部报备婚丧事宜。充分发挥巡视查改纠偏作用，对6个县（区）局开展巡视或回访，在全系统开展自查自纠，分类制定118条整改措施，巡视调研工作获省国税局认可。

【工作运转】 着眼法治保障，试点推行县级税务机关总法律顾问制度，建立5人公职律师队伍，在全省率先实现市县两级国税内外法律顾问全覆盖。促进凡事依法，突出文化特色，争创法治税务示范基地，推荐2个县（区）局候选省级示范基地，推荐7个单位候选全市示范窗口。着眼政务保障，坚持依法、科学、规范理财。财务支出、闲置资产管理、政府采购及队伍建设四项工作在全省推广借鉴。全面升级人事档案，对全员“三龄两历一身份”进行重新认定，审核整理档案1329卷。积极推行公车改革，依法拍卖封存车辆。统筹抓好信息宣传、办文办会、信访舆情和督查督办，提升行政运转保障水平。同时，初步完成《承德国税志》编写工作。着眼信息保障，做好安全维护。建立信息安全巡查、包保机制，制定信息安全五不准规范，在抓好资源整合、网络提速、安全管理、运维保障等工作基础上，强化信息支撑作用。

【队伍建设】 从提升能力、激发活力、凝聚合力入手，内外并举，树立了承德国税良好形象。发挥绩效管理“指挥棒”作用，始终紧盯绩效管理目标，围绕绩效核心要求抓工作、促改进、提质效、争上游。严格落实《党政领导干部选拔任用工作条例》，全年共提拔任用副科级以上干部28人、交流调整25人。认真开展教育培训，共组织各类培训40余期，参训2600余人次。扎实开展“岗位大练兵、业务大比武”活动，分5个系列抓好培训辅导和模拟测试。经过层层选拔，21人被市国税局评为岗位能手，2人被省国税局评为业务骨干。做好离退休干部工作，认真落实政治待遇和生活待遇，使老干部老有所养、老有所乐、老有所安。加强税务文化建设和思想政治工作，大力开展精神文明创建活动，通过践行承德国税精神、实施精准扶贫和参加社会志愿服务，进一步提升了承德国税知名度和影响力。全年共获得市级以上荣誉45项，30多项工作得到税务总局、省国税局和市委市政府领导批示肯定。

附：市国家税务局领导名录

党组书记、局长：赵锡铎
党组副书记、副局长：魏庆祥
党组成员、副局长：王成才
刘瑞民
安福臣
刘宝如（满族）
党组成员、纪检组长：张　凯（满族、2月任）
党组成员、总会计师：程连星（满族）
党组成员、总经济师：齐宗飞（蒙古族）

（供稿　孟　力　王占峰）

地方税务

【概况】 2016年围绕年初确定的“二三四”总体工作目标，系统上下团结一心、努力拼搏，实现“十三五”规划开局之年地税工作良好开局，“两个推进”深入落实，“三项突破”扎实推进，“四个确保”稳步实施。一年来，在坚持依法征税、深入推进各项税收改革、持续优化纳税服务、不断加强法治税务建设和班子队伍建设等方面都取得优异成绩。在省局组织的五个类别“岗位大练兵、业务大比武”活动中，综合成绩获得全省第一名；荣获河北省“五一劳动奖状”；全局组织收入工作、纳服工作、财装工作、法规和社保费工作、信息化建设、工会经费代征等项工作相继在省局级工作会议及专业会议上作典型发言。

承德各级政府重视支持税收工作。承德市人大常委会5年来首次组成视察组视察地税征管工作，并对地税工作进行评议，总评为满意；全系统市、县级领导先后20余次对地税工作做出肯定性批示。市委书记周仲明、市长常丽虹先后就组织收入工作、征管改革、税收调研、水资源税试点、纳税服务等项工作9次做出专门批示和肯定。

【税费收入】 深入落实“二三四”工作目标，努力缩小收入目标差距，实现应收尽收。2016年度共组织各项收入94.33亿元，同比减收11.27亿元，其中：入库税收收入65.36亿元，同比减收13.36亿元，减幅为16.98%，可比增收1.02亿元，可比增幅2.2%；入库基本养老保险23.38亿元，同比增收2.62亿元，增幅12.6%，入库失业保险费1.36亿元，同比减收0.43亿元，减幅24.04%。累计入库房地产业税收16.04亿元；铁矿业税源仍处低谷，累计入库铁矿业税收6.19亿元，与上年基本持平；水资源税和代征增值税成为新的税收增长点，累计入库水资源税4116万元，占同期资源税收的20.89%；累计清理欠税7.2亿元。

【税收法治】 以法治税务示范基地创建为抓手，切实加强税收法治工作，2个县（区）为省级法治税务示范基地参评单位，1个县获国家级法治税务示范基地提名；建立健全法律顾问制度，全面推行执法记录全过程，落实好行政处罚裁量权基准工作，全面做好“两法衔接”工作，该项工作得到市人大和市检察院领导的认可，在全市做了典型经验介绍，代表全市执法部门迎接省督导组督导检查，得到督导组的充分肯定。深入推进“四位一体制度管权”（征管:税政、监察、督察、内审四个部门联合检查，规范税收执法行为），推进“三个方案、一个意见”的落实，突出抓好政策清理、征管工作4+ N（四项工作：①欠税管理与清缴②双定户定额管理③国地税合作④委托代征；N：县区地税局征管方面的特色工作）等重点工作，促进了税收征管质量和组织收入质量的提高。创新“两查一报”（网上巡查、实地督查、一通报）督察模式和大额支出风险审计模式，初步实现执法督察工作到位、经济责任审计到位和基建审计到位。

【纳税服务】 积极开展税收宣传，提升纳税人税法遵从度;积极做好办税服务厅智能化升级改造，全市12个单位均实现了国地税联合办税。开展“纳税服务规范落实提升年”活动，落实好“便民办税春风行动”，对省局制定的10类27项具体工作进行任务分解，督导各责任部门按时间进度和职责要求抓好各项工作任务的落实。积极开展纳税信用等级评价，全市符合纳税信用评价条件的纳税人共8908户，其中A级纳税人399户，运用评价结果，与国税局、银监局联合推动“银税互动”活动，共向1193户A、B级纳税人贷款198.69亿元，其中为1033户小微企业提供123.18亿元贷款。

【税收征管】 税收征管改革在稳妥推进中迈上新台阶，“管户制”向“管事制”转变取得重要突破;逐步完善“三证（工商营业执照、税务登记、组织机构代码证）合一”后续管理，全年“三证合一”新增设立登记7570户，办理变更登记3256户；落实征管4+N重点工作，税收征管不断加强。强化双定户定额管理，对2058户纳税人协同国税开展了定期定额核定；与工商、国税联合进行非正常户的清理检查，共同核查认定258户非正常户，同比减少23%；抓好重点项目的委托代征，加大欠税管控力度，强化十项欠税管理措施，成效显著。广泛开展“涉房涉地”税收清理工作，全市清理检查5391户，查补税款9108万元；推行承接制，有效深化财产行为税管理;积极落实各项税收优惠政策，落实国家、省政府、市政府房地产去库存有关政策，房地产去库存效果明显；减免房产、土地税31户，减免税款1159.1万元，共为小微企业减免税款498万元；贯彻落实总局《深化国税、地税征管体制改革方案》和《国地税合作规范（3.0版）》，国地税共建办税服务厅3个，互设窗口5个，共同进驻4个政府政务大厅，为国税代征增值税3772万元，国税为地税代征税款10154万元。在全市培树“标准化合作示范区”2个，省级合作示范县（区）1个。

【税源监控】 建立“多角度识别，集中推送，定期抽查，回馈结果”的风险管理办法，实行闭环管理；稳步提高涉税数据质量，发现问题数据共涉及1466户，问题数据2233条，改正反馈2223条；发挥纳税评估主导作用，全市共推送259户风险企业，查补税款3940.84万元；贯彻落实《河北省税收征管保障办法》，推进第三方涉税信息数据采集与应用，全市共采集第三方涉税信息1602条，发现疑点信息329条，核实入库税款1661.23万元。

【税务稽查】 围绕打击、震慑、规范主线，以全市直查为抓手，充分利用全市稽查资源，突出精准打击和有效震慑，提升稽查工作质效。全年累计检查各类企业503户次，大口径入库税收收入29752万元，同比增收1640万元；其中四环节检查170户，入库税收收入14696万元，同比增收1053万元。大要案查补总额、百万元以上案件查处总额及查补比例三项指标创下近年新高；全市稽查系统查处30万元以上大要案41件，查补总额11945万元，大要案查处率82%。全市直查集中选取214户重点企业，共实现查补收入11764万元；共查处检举案件31件，入库税款和罚款总额676.01万元；打击发票违法犯罪活动，查处发票违法企业84户，发现非法发票15490份，查补税款691.04万元，处罚款390.04万元。获评2016年度全国发票打假先进单位。

【信息化建设】 顺畅运行第五代金税三期工程省级应用集中优化版。以“一个平台，两级运维”为指导思想，从流程、制度、人力资源、技术等方面着手，建立起一套科学合理的运行维护管理体系。在数据处理利用上，形成了一套适应工作实际的数据处理长效机制。发布《税收数据监控报告》66期，涉及监控内容1300余项。强力推进“互联网＋税务”行动计划，完成全系统标准化机房建设，实现智能机房云管理，为两个创新项目提供信息化技术支撑。

【税收改革】 以抓好省“十项措施”落实为着力点，全面加快推进深化征管体制改革，制定长、短期计划，稳步推进各项改革工作落实，取得积极成效，省督导考核组认为承德改革力度大、效果好，专项试点工作有特色，可复制性强。承德市委书记周仲明在《锐意进取推改革 服务大局促发展 市地税局深化征管体制改革措施得力效果显著》的工作专报上做出肯定批示；顺利完成“营改增”税制转换重头戏，全力做好“营改增”后代征工作；稳步推进资源税改革，实现水资源税顺利开征。

【廉政建设】 全面落实党风廉政建设责任制，逐级签订廉政责任状。召开6次专题党组会议研究党风廉政建设和作风建设工作；推动“两个责任”向基层和机关部门延伸拓展，深入开展监督执纪。认真开展“一问责八清理”专项行动；对新选配的22名副科级以上干部选拔程序和过程进行监督；加强公务用车、办公用房、公务接待等制度执行情况的监督检查；抓住重要时间节点开展明察暗访19次。在全市开展了落实中央八项规定、四位一体制度管权及财务制度执行等三项重点工作督查，共发现问题17个，提出整改建议6条；全年受理信访举报8件，全部查结，自办案件1起，政纪处分1人。

【绩效管理】 围绕“双促”开展绩效工作，实行市、县、分局绩效成绩三级联动，科学应用分档计分和连带加减分方法，在指标设计上实行“双保险”。组织2016年度优秀绩效指标评选，印制2016版绩效管理资料汇编，制作指标分解表。用“绩效提醒督办”卡和“指标完成进度”卡等形式强化日常监控，提醒督办指标进度40余项次。重新修订《创新项目管理办法》，组织全系统申报项目和分类别创新项目研讨会。

【地税文化】 设计2016年青年干部综合素质提升培训、新任职股长、分局长培训、科级干部领导能力提升等3个主体培训项目，其中青年干部综合素质提升培训共安排4期集中培训。组织安排绩效人员知识更新、信息化等各项专业化培训项目8个。重点实施青年干部培训班，通过多种方式方法的综合应用，参训学员的主动学习意识有了较大提升，取得了较好效果。开展各类培训

110余次，培训人数2000人次。组织完成以柔性执法、营改增、基层队伍建设、税收稽查为主题的全市重点调研课题4项，全年向《河北税务》投稿82篇、发稿20篇。刊发《承德税务》4期。高质量完成省局下发的“营改增后增值税代征工作情况反馈”、“征管体制改革给地税工作带来的影响和变化”等约稿，与唐山、张家口、秦皇岛3个市合作完成水资源税调研。以“解放思想大讨论”和“两学一做”学习教育等活动为契机，以机关志愿者和文化活动为抓手，在局域网开设“学习交流平台”，展示《知之深 爱之切》学习心得体会；组织机关党员到古北口抗战纪念馆参观学习，举办“激扬青春 奋发作为”主题演讲比赛，组织青年志愿者参加了“五城联动 青春建功”“小青橙”青年志愿服务品牌启动仪式，结合开展纪念建党95周年活动，开展“脱贫攻坚党旗红”活动组织“七一”走访。承德市局荣获“河北省五一劳动奖状”。

附：地方税务局领导名录
党组书记、局长：路　坦
党组副书记、副局长：曹开明
党组成员、副局长：张力唯
李凤军
党组成员、总经济师：于秀萍
党组成员、纪检组长：赵立成（8月免）
赵　群（12月任）
党组成员、稽查局长：郭建东

（供稿　步玉忠）

统计管理

【概况】　2016年全市统计系统深入学习贯彻习近平总书记系列重要讲话和重要指示批示精神，切实履行全面从严治党主体责任，紧紧围绕市委、市政府重点工作，积极适应把握引领经济发展新常态，明晰工作思路，确定工作举措，狠抓工作落实，统计自身建设和服务经济社会发展能力明显增强，圆满地完成各项统计工作任务，得到了市委、市政府和省统计局的充分肯定，统计事业有了长足发展。市统计局先后被评为“2016年度全国社科组织先进单位”“河北省1%人口抽样调查先进集体”“承德市2016年度社团工作先进集体”“承德市实施妇女儿童发展规划先进集体”“承德市污染减排优秀单位”。在全省业务规范化综合评定中，市局被评为先进单位。在纳入评定的4项重点工作中，数据质量“1+7”专项行动获第三名。26项专业专项工作中，承德市有11项工作进入全省前五名。

【统计咨询服务】　全市统计系统积极开展统计监测，深入分析研判经济形势，在稳增长中主动作为、有所作为，撰写统计分析91篇，市领导批示30篇，刊物及新闻媒体采用14篇，为全市主要经济指标实现“好于同期、好于预期、好于全省平均水平”做出积极贡献。周仲明指出：“市委对统计局的工作十分满意，对统计系统干部职工付出的努力和辛苦表示感谢。”市长常丽虹也高度肯定统计服务工作，指出：“统计局综合运用各类统计数据，对全市经济工作中一些重点领域走向、现状等进行系统分析，提出针对性很强的意见建议，充分发挥统计部门的职能作用，为市委市政府科学决策做出突出贡献。”围绕全市发展重心，抓好主要经济指标的统计和监测预警。加强基本单位名录库管理，扎实做好联网直报调查单位增减变动审核认定工作，坚持做好单位GDP能耗降低率和煤炭削减核算工作，建立工业经济运行旬报制度、落实投资项目现场核查制度、新开工项目入库现场审核机制、GDP核算月度监测机制，坚持社会消费品零售总额先行指标的月度监测制度，及时掌握指标运行情况，预判增长趋势，第一时间与领导和主管部门进行汇报沟通。坚持“月度简要分析、季度全面分析、重要时间节点深入分析”的经济形势分析制度，加强对经济运行状况的客观反映、跟踪监测和预测预警。围绕转型升级，深入开展重点领域统计监测和分析研究。紧扣“守底线、快转型、促协同、奔小康”的主基调，围绕十大绿色产业、战略新兴产业、三去一降一补等重点领域，以“局领导命题、科室自主选题、重大专项研究”等方式确定研究课题，狠抓督查落实，形成一批立意准确、观点鲜明、支撑有力的专题分析，30%以上获得市领导肯定性批示。配合相关部门做好省对市、市对县区的督查考核相关工作。认真做好省对市党政领导班子定量考核实绩分析评价、粮食安全、高新产业、节水城市建设、节能减排等各项考核的统计数据收集和提供工作。配合市督考办圆满完成对各县区、承德高新区、省级经济开发区党政领导班子定量指标考核工作，形成《承德市统计局关于2015年县区党政领导班子、高新区、省级经济开发区领导班子定量考核指标考核情况的报告》等8个书面报告，得到市委组织部主要领导肯定。做好面向社会公众的信息公开工作。缩短《统计月报》《统计提要》《统计年鉴》《经济手册》《统计公报》等系列统计产品的编校时间，更新版式，增加京津冀周边所有市或县（市）区指标。及时通过报纸、电台、电视台等传统载体发布统计信息，充分利用承德新闻网、“承德新鲜事”等微信公众号等新媒体宣传统计、发布数据。通过电台、电视台专题采访和做客直播间直接与百姓对话，解读统计数据，回应社会关注话题。

【重点统计改革任务】 农村统计联网直报改革取得阶段性成果。印发《关于开展农村统计联网直报工作的通知》。在硬环境上，使所有县、乡都具备联网直报基本的工作环境和可靠的技术手段；在软环境上，统一规范业务流程，统一管理调查单位名录库，实现农村统计数据的集中管理和在线同步共享。加强与涉农部门的沟通联系，共同评估数据，交流工作经验，做到统计口径一致、对外公布一致。投资项目入库制度改革顺利推进。印发《关于进一步加强新开工项目入库管理的通知》，明确工作要点、落实责任分工、配备专用设备，做好项目入统协调统筹与现场核实工作，做到环节紧扣，确保项目及时全面入统，数据质量得以提升。装备制造业统计改革稳步实施。开展装备制造业企业单位清查，建立装备制造业名录库、装备制造业企业“在建法人项目库”，加强对装备制造业行业发展的全面监测，建立企业储备库，将属于装备制造业的规下法人单位、产业活动单位、大个体等清理入库，为纳入规上统计做准备。扎实推进“三新”统计和“现代服务业”统计改革。严格按照省局的统一改革方案，成立领导小组，制定工作方案及具体实施意见，扎实开展业务培训和企业核查，建立“三新”和现代服务业企业单位名录库。结合承德发展实际以及省对市的目标考核要求，谨慎制定数据审核操作细则，进一步加强对基层数据的审核、评估力度，确保统计数据质量。扎实推进文化产业和现代服务业增加值核算工作。落实省局《文化及相关产业增加值核算方案》和《现代服务业增加值核算方案》，加强文化产业名录库建设，加强与文化产业有关部门的协调沟通，明确部门分工，强化部门责任，理顺统计数据来源、渠道，使部门数据之间协调一致，为文化产业增加值核算打下良好基础。编写现代服务业增加值试算程序，结合历年数据资料测算全市2015年现代服务业的各季度数据以及年度数据，为把握全市现代服务业增加值数据趋势提供有效参考。其他统计改革任务。积极开展第三方交易平台和网络零售统计工作，认真核实第三方电子商务交易平台单位情况和资格，确定调查单位，做好数据采集、审核与上报工作。积极配合省局做好绿色发展指标体系建设调研。关注自然资源资产负债核算试点情况，配合省局高质量完成相关专项调查工作，扎实做好资产负债表新方案试点。

【重点普查调查任务】 第三次全国农业普查。遵循“全市统一领导、部门分工协作、地方分级负责、各方共同参与”的原则，精心组织，强化管理，按时组建普查机构，圆满完成“经费落实、方案制定、综合试点、两员选聘与培训、宣传动员、普查小区划分、普查地图绘制、普查小区编码、清查摸底、物资准备与发放”等准备工作。1月1日，全市1.1万名普查人员走村入户，逐户、逐单位、逐指标进行普查登记。市纪检委委托的全面从严治党向基层延伸情况问卷调查。研究制定调查工作方案、精心设计调查问卷、制定科学的样本抽样方法，组织县区业务培训，市县共抽调300多人参与实地调查，市局组织6个督导组巡回督导检查，高标准高效率地完成全市2200个样本的现场调查和数据汇总，并撰写了调查报告。市委常委、市纪委书记路洪昌对统计系统讲政治、识大局、高标准、严要求的工作态度给予充分肯定，并对《调查报告》做出重要批示：“这项工作做得很好，市统计局的们辛苦了”。人口变动调查。高质高效地完成“两员”选调、业务培训等工作，如期完成全市12个县（区）、98个调查小区入户摸底登记任务，严格按方案要求组织开展事后质量抽查验收，严格数据质量审核评估，严把复查审核关口，确保调查数据质量。全面建成小康社会满意度调查。制定《承德市小康满意度调查样本抽选方案》并组织开展调查，圆满完成10个县（区）1800户的小康满意度调查任务。因样本抽选科学，在保证样本代表性的同时有效节约调查成本，此项调查工作在省局会议上做了经验交流。扎实做好工业成本费用、资产负债六项调查、村（居）委会调查、城乡住户等专项调查和城镇化、社会发展、妇女儿童等重点统计监测工作。

【统计规范化建设】 修订印发《承德市统计局2016年县（区）统计局业务工作规范化综合评定标准》、《承德市统计局2016年县（区）统计局业务工作规范化综合评定赋分标准》，细化标准，规范流程，严肃评定，确保评定工作的科学性和公正性。继续推进乡级统计站和村级统计室建设，全部乡镇统计站达到“七有”标准，村级统计达到有固定办公场所、有专兼职统计人员、有完整的统计资料档案，根据工作需要，有条件的村级统计室配备了计算机。深入开展“数据造假、以数谋私”专项治理。认真执行《河北省统计质量管理工作规程》《河北省统计局主要指标数据质量审议办法》，深入开展提升统计数据质量“1+7”专项行动。继续执行法治工作“一票否决制”，坚决消灭“统计执法空白县”。先后组织开展统计法律法规“宣传月”活动、《中华人民共和国统计法》和《全国经济普查条例》知识竞赛活动、第七届“中国统计开放日”宣传活动。建立执法人才库，严格执法人员持证上岗和资格管理制度。积极参加由市法制办组织的法律知识培训，组织开展案卷评查，提升执法水平，规范执法行为。全市全年共检查单位1245个，查处统计违法案件21起。重新制作了统计系统内、外网网站，内网网站于8月上线正式运行，网站架构更加先进，安全性更有保障，版面设计和内容管理方式更加优化。认真做好联网直报平台的维护与管理，组织新增专业一套表联网直报的培训，提高平台应用能力，提升县（区）技术人员业务水平，及时解决数据处理中出现的各种问题，有力地支撑了专业统计工作。

【党建工作】 及时传达学习和贯彻落实中央、省、市级领导关于统计工作重要讲话和批示要求，组织深入学习、贯彻中央、省、市级召开的重要会议、印发的重要文件和重要讲话精神，确保中央、省、市委市政府各项决策部署在统计工作中全面执行，确保在思想上、政治上、行动上与以习近平为核心的党中央保持高度一致，保证统计工作的正确方向。扎实开展“两学一做”学习教育。成立“两学一做”学习教育领导小组及办公室，制定《实施方案》和《学习安排具体方案》并抓好落实。处级领导干部在全局、支部分别讲党课，各支部组织党员扎实开展专题学习讨论。开展“两学一做”知识竞赛、组织参加全市“学习弘扬塞罕坝精神，建设生态强市魅力承德”电视主题演讲比赛和全市“坚定忠诚、寄情于民、勇于担当、奋发作为”主题征文活动，获优秀组织奖。印发《中共承德市统计局党组2016年党风廉政建设工作责任制实施办法》，局党组与班子成员、科长签订《2016年统计党风廉政建设主体责任承诺书》，坚持科长公开述职述廉制度，形成职责清晰、责任明确、运行有效的党风廉政建设责任机制。坚持党风廉政建设与统计工作同研究、同部署、同检查。强化纪律规矩，深入开展准则、条例学习，确保纪律挺在前面，规矩立起来。落实“三重一大”集体决策制度和“四个不直接分管”相关制度，进一步完善“廉政谈话制度”，支持驻局纪检组履行监督责任。认真组织召开领导班子民主生活会，扎实开展党员党组织关系排查，认真开展党费收缴专项检查工作，扎实开展“一问责八清理”和“为官不为”自查清理等专项活动。坚持抓好廉政理论学习和警示教育，建立党员“先锋指数积分制”管理制度，推进党员“戴党徽、亮身份”，设立党员岗位桌牌。严格按照发展党员方针制订发展党员计划，培养入党积极分子，落实党员管理制度。

【统计干部队伍建设】 严格按照《干部选拔任用条例》规定程序和习总书记提出的好干部标准，组织开展了局内科级干部选拔，5名年轻走上科级领导岗位。规范完成专业技术人员聘任工作，2名分别晋升为副高级和中级，2名聘任到高一级岗位。通过四级联考招录4名公务员。制定机关统计人员岗位知识培训计划，利用国家网络平台资源组织在线自学。组织市县（区）业务骨干参加国家和省的专题业务培训和师资培训。组织代表队参加省统计局建模比赛，郑贺元、李晓雪、张巍的参赛论文《基于VAR模型的承德旅游收入影响因素分析及预测》获得三等奖。通过召开年报会议、数据评估会议对县区统计人员进行业务培训。与工信等行业管理部门联合组织专题培训会议，加强对基层报表单位统计人员的业务培训。严格按照国家级考试的要求选择考试地点，抽调市局20多名工作人员加强监考力量，考场全程监控录像，省局、人社局和市局领导带领3个巡视组巡视考场，确保了考试工作的顺利完成，考试组织工作受到人社局和省局的高度肯定。

【精准扶贫和美丽乡村建设】 按照市委统一部署，由2名处级领导带领2个驻村工作组，驻村开展工作，取得显著工作成效：精准扶贫驻村工作组年终考核为优秀，被评为平泉县“十佳驻村工作组”，帮扶村党支部被乡党委推荐评为县级优秀基层党组织；美丽乡村驻村工作组被宽城县推荐出席市美丽乡村建设优秀工作组，2名被评为优秀工作队员。精准扶贫工作：资助东窝铺村15万元建设村浴池，在方便村民洗澡的同时也增加村集体收入，为2016年贫困村退出奠定坚实的基础。落实一座民心桥工程项目30万元、600米护村护地坝工程18万元，这两个项目已列入市发改2017年施工计划。多次组织慰问贫困户、老党员、小学生活动，向村小学捐赠近2800元的书包、文具等学习用品。驻村工作组利用县农牧局来村验收养殖项目的机会，为19户养羊贫困户争取到小尾寒羊种羊国家补贴2.4万元。经过不懈努力，东窝铺村顺利通过贫困村出列的验收，成为第一批出列的贫困村。美丽乡村帮扶工作：工作组协助乡、村完成了入户摸底、建档立卡、调查座谈、项目谋划、方案制定等工作，按照美丽乡村“12+1”

专项行动的工作目标要求，围绕北京首旅集团民宿旅游开发项目，谋划新民居建设项目9个，配套的基础建设项目8个。电力增容改造项目、饮水安全巩固提升项目、污水集中处理建设项目、村内主路道路硬化项目、新建冲水式旅游公厕及农户卫生改厕项目、村内路灯建设项目、手机信号塔建设及宽带入户建设项目等已立项，条件成熟即可开工建设。

附：市统计局领导名录

党组书记、局长：胡伟纲

党组副书记、副局长：任树怀

党组成员、副局长：张秀红（女）

鲍景欣（女，满族）

普查中心主任：鞠建茹（女，蒙古族）

总统计师：徐维军（满族）

（供稿　宋艳芝）

审计管理

【概况】　2016年，市审计机关共审计（调查）单位260个，查出主要问题金额689354万元。其中，违规金额8387万元，管理不规范金额680967万元。损益（收支）不实69486万元。审计处理处罚金额29809万元。其中，应上缴财政757万元，应减少财政拨款或补贴967万元，应归还原渠道资金2769万元，应调账处理金额25310万元。审计发现非金额计量问题248个。审计促进整改落实有关问题资金29628万元。其中增收节支4341万元，已调账处理金额25285万元，审计后挽回（避免）损失1767万元。移送处理事项18项，核减投资额17649.45万元。提交审计专题综合性报告和信息简报487篇，被《中国审计》、《中国审计报》、省审计厅网站等采用342篇。提出审计建议474条，被相关单位采纳282条。

【财政审计】　全市审计机关共对87个单位的预算执行情况展开审计，查出主要问题金额466949万元。市审计局在审计财政局具体组织的市本级预算执行情况和地税局税收征管情况的同时，重点延伸38户企业的税费缴纳、工会经费和残疾人就业保障金等代征业务的政策执行情况。审计市水务局、文物局等21个部门预算执行情况，共查出违规及管理不规范资金27.29亿元，向有关部门制发移送处理书3份。在第十三届人大常委会第二十一次会议上全票通过《承德市人民政府关于2015年度市本级预算执行和其他财政财务收支情况的审计工作报告》，市人大常委会对审计工作给予充分肯定。全市审计机关还审计财政决算项目27个。市审计局审计围场满族蒙古族自治县人民政府和承德市高新技术产业开发区管理委员会2014—2015年度财政收支决算情况，共查出违规和管理不规范资金39.06亿元。向围场满族蒙古族自治县纪检、公安、财政等部门制发移送处理书9份。同时，组织全市审计机关开展财政存量资金审计调查，得到省审计厅领导的肯定。

【金融与行政事业审计】　专项审计调查承德银行股份有限公司2015年度风险状况，针对审计发现的问题和经营管理中存在的漏洞，提出了14条审计建议，引起被审计单位高度重视。全年对承德市综治委铁路护路联防领导小组办公室、第二中学2015年度财务收支情况进行了审计。

【重大政策落实情况跟踪审计】　市、县审计机关围绕重大建设项目、财政资金统筹使用、“放管服（简政放权、放管结合、优化服务）”改革措施落实情况、风险防范、救灾资金管理等方面，跟踪审计全市2016年贯彻落实国家重大政策措施和宏观调控部署情况。其中市本级抽查单位38个、项目23个、涉及财政资金396766.5万元。县区审计机关共抽查单位224个、项目195个，涉及财政资金272259万元。共发现问题46个，年内已经纠正或整改21个，正在整改问题25个，有效地促进了全市稳增长等各项政策措施的贯彻落实。

【经济责任审计】 全市审计机关共审计78名领导干部任期经济责任情况，其中：任中审计21名，查出主要问题金额130461万元。受市委组织部委托，市审计局完成原兴隆县县长薛青松、原承德县县长齐建文、市城管局局长蔡青等13名主要领导干部任期经济责任审计，查出违规及管理不规范资金127723万元，向有关部门制发移送处理书1份。

【固定资产投资审计】 全市审计机关共完成投资审计项目52个，项目投资额999905万元，查出有问题资金12587万元。其中，市审计局共完成审计工程决（结）算项目16个，核减投资额1.46亿元，向有关部门制发移送处理书8份；跟踪审计双峰寺水库大型水利设施建设、承德民用机场建设等项目2个；完成了承德市中心区2013年至2014年住房维修资金、承钢铁路专用线市区段拆迁安置购房款情况专项审计调查项目2个。

【专项资金审计】 全市审计机关完成21个单位的专项资金审计，审计专项资金总额29.28亿元。市审计局组织对各县（区）和市本级2015年保障性安居工程、水污染防治资金审计，共查出违规及管理不规范资金20327万元，向有关部门制发移送处理书12份。审计报告均获得领导重要批示。同时，组织开展全市自然灾害救助资金跟踪审计，并运用大数据审计模式，完成对张家口市医疗保险基金的审计。

【精准扶贫】 根据市委、市政府和市委组织部关于驻村帮扶工作总体安排，市审计局选派帮扶工作组进驻平泉镇赵杖子村，就帮扶村的基础现状、存在问题和发展前景详细调研，多次召开村“两委”班子和村民代表会议，吃透政策，做细帮扶，赢得了广大群众的认可和支持。全年工作通过产业带动，引进特色种养殖产业1个、流转土地荒山1480亩，培育药材230亩，山杏套种油葵600亩；发展旅游，着力打造“契丹古村”项目；为群众解决困难，组织义诊并免费发放药品，捐赠米、面、油775千克，协调各项专项资金600多万元，进行水利配套基础设施、安装自来水、改电、契丹文化打造等。全村47户建档立卡户全部入住园区享受入股分红和“政银企户保”（政府＋银行＋企业＋贫困户＋保险）政策优惠，确保年底脱贫。

【美丽乡村建设】 根据市委、市政府《关于大力推进美丽乡村建设的实施意见》的统一安排部署，市审计局派出工作组，进驻承德县新杖子乡南台村，开展美丽乡村精品村驻村建设帮扶工作。全年主要完成民居改造和中心村建设、安全饮水工程建设、道路硬化工程建设、无公害卫生厕所改造工程建设、村庄绿化建设、实施清洁能源利用、“三清一拆”（清垃圾、清柴草、清残垣断壁、拆临建、违建）和垃圾治理、污水处理、特色富农产业建设、电商平台服务建设、乡村文化建设、基层组织建设等13项24个项目，完成建设投资1416.75万元，按规定保质保量完成南台村的美丽乡村建设任务。

附：市审计局领导名录

党组书记、局　　长：王允昌
党组副书记、副局长：周晓燕（女）
　　　　　　　　　　王双清
党组成员、副 局 长：陈宝春
党组成员、纪检组长：房宝轩
党组成员、总审计师：谷锦川（回族）

（供稿　焦红煜）

人力资源和社会保障

【概况】 2016年全市城镇新增就业5.6万人，城镇失业人员再就业2.3万人，困难人员就业8062人，农村劳动力转移就业4.2万人；城镇登记失业率为3.21%，始终控制在4.5%以内，高校毕业生就业率达到90.9%。全市基本养老、基本医疗、失业、工伤、生育保险参保人数分别为233.2万人、340.8万人、22.3万人、43.8万人、30.9万人；城乡居民养老保险参保171.6万人，参保率为98.6%。落实带薪休假制度。转发《河北省职工带薪年休假实施细则》，对各单位执行情况进行督导检查，保障职工带薪年休假制度落实到位，维护职工休假权利。

【就业创业】 深入推进“大众创业、万众创新”，在全市建成16家创业孵化基地，市大创园和高创园全部建成投入运营，入园项目分别达到55个和24个，两个创业园全部被评为“河北省创业就业众创空间”。同时，筹集创业扶持资金1000万元，积极推进高新区中关村双创孵化基地建设，其中高新区大学生创业园已启动实施。各县（区）全部建设了返乡创业园，吸引农民工、退役军人等返乡创业入驻项目60个。与北京明德创投股份公司签订战略合作协议，全面搭建互联云孵化平台，为创业者提供市场、资本、运营、管理、人才等一站式综合服务。印发《创业就业三年行动计划（2016—2018年）》，认真实施“离校未就业高校毕业生就业促进计划”“青年创业引领计划”“三支一扶”计划和就业见习计划，促进重点群体创业就业。发放创业担保贷款6465万元，直接扶持创业923人，带动（吸纳）就业1367人。争创省级充分就业社区指标10个。举办并参加青年创业创新大赛、家庭服务技能大赛，承德市推荐的益农科技育苗有限公司的现代化育苗技术项目荣获“中国创翼”农民工专项赛全国总决赛一等奖第一名。

围绕市委、市政府确定的“脱贫摘帽、全面小康”发展目标，积极推进就业扶贫，印发《就业精准扶贫工作方案》。在全省率先开发了就业扶贫工作软件，建立贫困劳动力实名数据库，对全市152844名贫困劳动力建档立卡实现动态管理，其中120534人已实现就业。全年共开展精准就业培训16520人，创业培训2379人；为贫困劳动力介绍岗位36600人，劳务输出4222人；帮扶自主创业574人，带动就业568人。

【做好化解过剩产能职工安置】 全市化解过剩产能涉及煤炭企业两家3处矿井，拟分流安置3552人，钢铁企业1家，拟分流580人。印发《关于做好化解钢铁煤炭等行业过剩产能职工安置工作的实施意见》《关于做好化解钢铁煤炭等行业过剩产能职工安置有关问题的通知》等政策文件，制定突发事件预防和应急处置预案、专项培训计划等，指导企业制定职工安置方案，对分流职工通过劳务险输出、转岗安置、就业扶持、兜底安置等综合措施进行安置。

【对接京津引进人才】 人才培训承德基地挂牌运行，共举办培训班12期，培训各类人才1467人。与北京市人社局签订《北京承德两地人才网合作框架协议》《关于家庭服务业工作协同发展合作框架协议》，承德市编印的《承德市2016年紧缺人才需求名录》在北京人才网实现信息对接。与天津市南开区人社局签订《推动人力资源和社会保障工作协同发展合作框架协议》，组织开展“饮水思源服务行”活动。创建3家省级家庭服务业培训就业基地，“邦诚士”被评为省级优秀家庭服务品牌，全年为京津输送家政服务人员近1000名。创新人才引进机制，制定《关于深化人才发展体制机制改革的实施意见》。全年通过组织企事业单位参加京津地区人才交流会、“第七届中国河北（承德）海内外高层次人才洽谈会”，以及周末工程师等方式柔性引进各级各类人才，累计通过各种渠道接待人才1.1万余人次，达成引进意向470余人。

【搭建人才项目服务平台】 申报国家级高技能人才培训基地1家、省级基地2家，国家级技能大师工作室2家，获批省政府“三三三人才工程”二层次1人，获批省人才培养工程资助人选3人，上报国务院特贴3人，博士后创新实践基地2个，“杰出专业技术人才”1人，承德技师学院石凤武获得“中国大能手”荣誉称号，5人获“河北省突出贡献技师”荣誉称号。市高创园1人获开发区“3·20”高层次创新创业人才支持项目。大力实施“引智共建蓝天计划”“京津冀协同发展引智计划”等五大引智计划，引进外国专家34人次，获批出国培训项目1个。

【管好用好人才】 承德技师学院列入全国建设职业训练院试点单位，将进一步提升培养高技能人才水平。大力实施人力资源素质提升行动计划，全面提高各类人才综合素质。进一步规范选人用人程序，完成431名2016年度公务员“四级联考”招录工作，组织事业单位公开招聘793人，完成公开选聘58人，实施公开遴选15人。严格审批程序，在编制限额内做好市直单位增人和调配工作。围绕“一问责、八清理”工作开展，扎实推进违规进人问题专项清理和“吃空饷”专项治理。推进职称制度改革，做好各类职称评聘工作。印发《关于做好2016年度国防和军队改革期间军转安置工作的通知》，完成18名军转干部定位安置和26名自主择业军转干部接收安置工作。推进流动人员人事代理档案信息化建设，将现存流动人员人事档案全部建成电子档案。

【完善工资收入调整机制】 按照每两年动态调整一次的要求，建立基本工资标准正常调整和工资水平正常增长机制，进一步优化工资结构。2016年机关事业单位工作人员年人均增资3600元，其中基本工资在工资总额中所占比重提高到55%。同时，全面做好艰边津贴、人民警察警衔津贴等待遇调整工作。认真落实县以下机关公务员职务与职级并行制度，5660名基层公务员晋升职务。

【事业单位绩效工资制度】 建立事业单位分配激励机制，实施以审批绩效工资总量为调控手段、以单位为分配主体、以考核分配办法为依据的绩效工资制度。特别是对市属5所高校及3所示范性高中提高了绩效工资总量控制线，绩效工资水平年人均增加9540～19080元。这是继2011年全市事业单位实施绩效工资制度以来首次执行提高控制线政策。

【各领域薪酬制度改革】 推进开发区薪酬制度改革，建立以绩效为核心的薪酬制度，对省确定的率先实行全员聘任和绩效工资制的承德高新技术开发区、平泉经济开发区和围场经济开发区在改革过程中给予政策支持和业务指导。稳步推进科技创新薪酬制度、公立医院分配制度、法检人员工资等项改革，其中法官、检察官和司法辅助人员年人均增资25200元。

【企业工资调控】 不断深化市属国有企业负责人薪酬制度改革，起草《关于深化市属国有企业负责人薪酬制度改革的实施意见》，待市政府研究通过后组织实施。贯彻落实最低工资标准和工资指导线，将全市最低工资标准提高到1590元/月。推动各类企业普遍开展工资集体协商，企业工资集体协商建制率达到94%。

【劳动维权】 印发了《关于构建和谐劳动关系的实施意见》，在全市范围内开展了用人单位劳动合同签订、农民工工资支付、清理整顿人力资源市场秩序专项执法行动。严格落实“三金”（工资保证金、工资预储金、应急周转金）、“三机制”（突发事件应急处置机制、行政执法和刑事司法联动机制、失信企业联合惩戒机制）、“一入罪”（拒不支付劳动报酬罪）等工资支付保障制度，共检查用人单位1682户，处理拖欠工资案件849件，为15975名劳动者追发工资待遇2.1亿元，向司法机关移送案件41件，将6家拖欠农民工工资问题严重的建筑企业列入了黑名单。不断健全完善基层调解组织，成立首家私营人力资源公司劳动争议调解委员会，累计受理仲裁案件2298件，涉案总经济标的达2400余万元，结案率达到95%。接待群众来信来访1257批(件)、2061人，确保重要时间节点社会和谐稳定。

【社会保险】 成功争列全国首批长期护理保险试点城市。围绕本市养老产业发展，通过积极争取，被人社部列入全省唯一一个全国首批长期护理保险试点城市。制定《关于建立城镇职工长期护理保险制度的实施意见（试行）》和《承德市城镇职工长期护理保险实施办法（试行）》，计划从2017年起用2年左右时间，在全市建立与承德市经济社会发展相适应、健康可持续的城镇职工长期护理保险制度。做好提高贫困人口医疗保障救助水平试点工作。

贫困人口医疗保障救助。通过全力对接，被省人社厅列入全省唯一一个提高贫困人口医疗保障水平解决因病致贫返贫问题试点市。至年底市人社局与民政、扶贫、卫计等部门积极配合，对全市贫困人口进行调查摸底，分别建立基础台账。制定《承德市提高贫困人口医疗保障救助水平解决因病致贫返贫问题工作实施方案》和《实施细则》，并按要求组织实施。

稳步推进城乡居民医保改革。按要求在全省率先完成制度、机构、人员等各项整合工作，印发《承德市整合城乡居民基本医疗保险工作实施方案》《承德市城乡居民基本医疗保险制度实施意见》和11个配套文件，现已进入全面实施阶段。全面落实各项社保政策。

落实各项社保政策。企业退休人员基本养老金实现“十二连增”，人均每月达到2265元，城乡居民养老保险基础养老金提高到每人每月80元，城乡居民基本医疗保险财政补助标准提高到每人每年420元。积极推进省内异地就医结算平台建设，全市所有职工医保定点门诊和零售药店全部纳入省内异地就医结算系统，市本级所有二级以上医院和各县（区）医院全部纳入省内异地就医结算系统的住院结算试点，实现了直接结算。大病保险制度全面实施，3186人次享受大病保险待遇。全面启动全民参保登记计划，制定出台《承德市机关事业单位养老保险制度改革的实施意见》，完成全市14.6万名机关事业单位养老保险参保登记信息数据采集，完成参保登记2.1万人。积极推进建筑业按项目参加工伤保险，全市累计按项目参保2351个，被省厅确定为“承德模式”在全省推广。加强人社信息化建设，深入推进社保卡应用，完成社保卡信息采集296万人。

附：人力资源和社会保障局领导名录

党组书记、局长、公务员局局长：
关继高（满族）

党组成员、副局长：贠福东
郭晓辉
裘长安
高志祥

党组成员、纪检组长：王　良

党组成员、外国专家局局长：
张贯民（满族）

党组成员、副局长、就业服务局局长：
任永志

党组成员、社会保险事业管理局局长：
冯　伟（4月免）
张会武（4月任）

（供稿　戴鹏飞）

民族宗教管理

【概况】 全市民族宗教事务工作紧紧围绕市委、市政府全市工作大局，以维护民族团结，确保民族地区同步全面小康，创新宗教管理，促进宗教关系和谐适应为重点，紧抓中央、全省民族工作会议、全国、全省宗教工作会议相继召开之机遇，认真学习领会会议精神，提高思想认识，把学习贯彻落实会议精神与谋划“十三五”规划紧密结合，紧紧围绕政策落实、维护团结、加快发展、依法管理等进行专题调研，积极探索加强和改进新形势下民族宗教工作的新路子、新举措，民族工作立足民族大市、贫困地区的根本市情，围绕全面小康的根本目标，深入研究利用政策，争取更大支持，坚持不懈开展民族团结进步创建活动，大力推进民族工作创新管理，营造团结进步的社会氛围；宗教工作全面贯彻党的宗教工作基本方针，坚持提高宗教工作法治化水平，着力研究政策，着力破解难题，着力加强宗教团体自身建设，着力引导适应，确保会议精神在承德落地生根，为维护社会和谐稳定、经济发展做贡献。

【民族工作】 以第七个“民族团结进步宣传月”为载体，以“中华民族一家亲，同心共筑中国梦”为主题，以培树民族团结进步进社区、进机关、进企业、进乡镇、进学校、进宗教场所的“六进”典型为重点，着力提升城市民族工作水平，在双桥区组织民族团结进步宣传月启动仪式。采取召开座谈会、中小学开展“民族团结第一课”“民族一家亲，文化下基层”“为少数民族贫困户送温暖”等多种形式，扎实开展民族团结进步宣教活动，努力培树事迹突出、影响力大的创建典型，充分展示民族工作所取得的重大成就，努力营造良好的社会舆论氛围，避暑山庄被国家民委命名为第五批民族团结教育基地，河北民族师范学院被国家民委命名为第四批民族团结进步创建活动示范单位。积极推进民族事务社会管理创新，加强以城市民族工作为重点的民族关系调处和管理服务工作，健全工作机制，按照特事特办、稳定为先的原则，会同有关部门依法及时妥善处理影响民族关系的难点问题和突发事件，有效地避免了矛盾激化升级。在全省第四届少数民族文艺调演活动中，承德市选送的具有独特民族风情和民族文化魅力的5个节目参演，荣获1个最佳表演奖、4个优秀创作奖的优异成绩。积极探索为少数民族地区送科技机制，协助省民宗厅、省科协、省农科院组织开展为少数民族和民族地区送科技活动，举办民族地区科技种植培训班，对推进民族地区科技推广普及，提高少数民族群众脱贫致富技能起到了积极作用。

【民族经济】 承德市是民族工作大市，所辖8县3区中，有丰宁、围场、宽城3个自治县和滦平、隆化、平泉3个民族县，全市另有26个民族乡，664个民族村。2016年积极争取省民宗厅的大力支持，充分发挥桥梁纽带作用，扎实做好省政府赴隆化、滦平现场办公工作。47个省民委成员单位和省直有关部门共承诺支持两县项目451个，资金92.22亿元，其中承诺支持资金53.94亿元，贷款和专项建设基金38.28亿元。截至年末，两县共落实支持项目421个，实际支持到位资金97.22亿元，其中贷款和专项建设基金32.25亿元，超额完成目标任务的223%，确保了一大批基础性、拉动型的重点产业项目得到高效落实，为加快民族地方的发展起到了有力的推动作用。立足民族大市和经济欠发达地区的市情，主动研究政策，多方争取支持，各类资金突破3000万元大关，再创历史新高，共争取少数民族发展资金3613万元，超额完成年度计划的80.6%。抓好少数民族特色村镇创建工作，在巩固提高原有的16个村镇创建成果的基础上，又有7个村镇作为环京津特色村寨示范带项目，形成整体规模优势。认真落实国家促进民贸、民品企业发展的有关政策，为宽城、围场、丰宁的5家民贸企业落实中央财政贷款贴息253万元。

【宗教管理】 全面推进《宗教事务条例》的落实。结合实际落实承德市宗教界依法依章加强自我管理现场观摩会精神，确保宗教活动场所管理“八项制度”得到有效落实。深入开展宗教领域“大调研、大检查、大整改、大提升”活动，进一步摸清底数，查摆问题，通过整改，巩固提升宗教工作依法管理水平；按照政策法规规定和有关要求处理宗教事务，在场所审批、团体换届、教职人员认定、举办活动等方面严格把关。多措并举，加强宗教场所、宗教活动的安全管理，健全制度，完善应急预案，坚持日常监管，切实保障宗教场所的安全稳定。

宗教领域突出问题有效解决。深入落实国宗局41号和66号文件，进一步清查整治寺观“被承包”“被经营”等借教敛财问题；继续开展制止和处理乱建大型露天宗教造像工作，对存在的问题进行两轮认真排查，督促有关县区制定整改方案。

宗教引导适应力度不断加强。认真学习贯彻全国、全省宗教工作会议精神，传达贯彻全省宗教工作会议精神，就进一步做好全市宗教工作提出明确要求；深入开展以“规范”为主题的“和谐寺观教堂”创建活动，着力培树先进典型，推选全国第三届创建和谐寺观教堂先进集体和个人。继续抓好对宗教团体、宗教活动场所负责人和宗教教职人员的考核。按照习近平总书记“四个必须”的指示要求，着力引导宗教界人士和信教群众坚持中国化方向，在扶贫攻坚、助残支教、维护民族团结、社会稳定和国家安全等方面发挥积极作用，收到良好的社会效益。

附：市民族宗教事务局领导名录

党组书记、局长：张　忠

党组副书记、副局长：苏玉友

党组成员、副局长：高士堂

官向前

高海滨

郭玉琢

（供稿　黄自强）

国土资源管理

【土地管理】 2016共争取新增建设用地计划指标15479亩，其中农用地14408亩（耕地10694亩），未利用地1071亩。其中省年初下达计划指标9481亩，全部为农用地（耕地7556亩）；省重点项目用地指标1545亩，含农用地1396亩（耕地731亩），未利用地149亩；调整使用2015年指标600亩，全部为农用地（耕地400亩）；追加2016年新增指标3366亩，含农用地2447亩（耕地1996亩），未利用地919亩；贫困指标487亩，含农用地484亩（耕地11亩），未利用地3亩。

【推进土地开发整理】 共验收土地整治项目57个，总投资1.54亿元，总面积3.57万亩，新增耕地面积0.65万亩，实现了耕地总量动态平衡和占补平衡。全年共供应国有建设用地324宗、面积31291亩（以出让方式供地226宗、面积8447亩，以划拨方式供地97宗、面积22824亩），其中，市本级供应国有建设用地51宗、面积15866亩。加大闲置土地处置力度，对存量未处置的和新发现的批而未供土地、闲置土地，及时处置整改到位。累计处置批而未供土地面积6411亩，2011—2015年土地供应率为63.75%，共完成闲置土地处置3宗，面积88亩。省厅共下达承德市卫星监测无用地手续图斑1233个，面积6339亩，其中耕地面积2170亩。共消除违法状态图斑835个，面积3973亩，其中耕地1639亩，全市违法占用耕地面积比例从12%降至2.7%。

【创建绿色矿业示范区】 制定《承德市创建国家绿色矿业发展示范区的实施意见》,全力推进“四个一批”,深入实施“6743 工程”,全面开展创建国家绿色矿业发展示范区及 2016“双百行动”(百矿披绿、百矿关闭)。综合整治,复垦披绿一批。共投入治理资金近6亿元,治理面积12平方千米,植树 7508 万株,100 家修复绿化的企业已全部完成绿化工作。绿色环保,整合改造一批。通过整合改造等措施,已经压减矿权 140 个。抢抓机遇,转产转型一批。已引导 80 家矿山企业实现了转产转型。严格标准,淘汰取缔一批。共关闭取缔矿山企业 100 个,减少矿区面积 13.24 平方千米,减少采矿、运输、加工等生产过程扬尘污染面积约 80 平方千米。通过积极争取,国务院批准的《全国矿产资源规划 2016—2020 年》已将承德作为建设绿色矿业发展示范区列入其中。

【地质勘查】 上报的 23 个省地勘基金项目已批复 19 个,资金 5716.77 万元。同时,全力推进矿产资源勘查工作,共实施项目 37 个,获得铁矿储量 1.4 亿吨(其中低品位钒钛磁铁矿 1.2 亿吨),金金属量 12.8 吨,钼金属量 2976 吨。

【打击非法违法采矿行为】 共查处各类非法违法采矿行为 54 起,立案 32 起,移送司法机关 4 起。

【露天矿山污染深度整治】 牵头制定《承德市国家绿色矿业发展示范区露天矿山污染深度整治专项行动工作方案》,以省政府确定的 476 家矿山企业为重点,全面开展露天矿山污染深度整治工作。其中:29 个需关闭取缔的矿山企业全部关闭取缔到位,443 个不具备环评要求的矿山中,26 个已通过环保部门验收,23 个申请关闭,394 个处于停产状态;要求 2016 年 10 月底完成治理的 2 个责任主体灭失矿产地已竣工并通过了验收。

【矿泉水产业发展】 《承德市天然矿泉水和山泉水资源勘查专项规划》通过专家评审论证,启动实施矿泉水和山泉水水源地勘查 30 处,全部提交年度勘查报告,初步探明水质和资源量,累计提交水资源储量 58249 吨/日。市地勘局与华北有色地质勘查局五一四地质队合作,于 2016 年 6 月正式挂牌成立中国(承德)矿泉水研发检测中心,并启动《承德市矿泉水资源优势综合研究》项目。同时,加大招商引资力度,分别在北京、张家港成功举办天然矿泉水项目招商推介活动,签约项目 22 个,总投资 56.5 亿元。

【不动产登记】 市本级和各县均已完成人员划转、业务流程再造、窗口设置、信息平台接入等工作,实现全域颁发新版不动产证书、证明,累计发放证书、证明 8822 本,其中,省级信息平台接入工作位于全省前列。同时,不动产数据整合工作积极推进,市本级和隆化县、平泉县完成数据整合招投标工作。

【信访工作】 进一步加强信访工作,全面落实信访工作领导责任制和领导接待制度。2016 年全年共处理国土资源部转(交)办违法线索 52 件、省厅转(交)办违法线索 103 件,省信访处转办件 18 件,“12336”国土资源违法违规电话 25 件,市信访局网上交办 6 件,市“961890”群众服务热线交办5件。以市政府名义进行信访复核17件,市局本级复查 1 件。全年信访及时受理率 100%、处理率 100%、群众满意率 100%。

附:市国土资源局领导名录

党委书记、局长:崔兴平(6 月免)
王鹤松(满族,6 月任)
党组副书记、地勘局局长:吴双麒
党组副书记、副局长:戴廷耀
党组成员、副局长:杜振学
于明东

范明杰

党组成员、纪检组长：靳传新

（供稿　陈月玲）

金融管理

【概况】 2016年是"十三五"规划开局之年，面对复杂严峻的经济金融形势和繁重的改革发展稳定任务，全市金融工作紧紧围绕市委、市政府的决策部署，认真贯彻落实国家和省各项金融政策，强力推进金融创新，积极防范金融风险，金融业实现持续、健康发展，为全市经济社会发展提供强有力的金融保障。全市实现新增挂牌上市企业13家，其中：在中小板上市1家；"新三板"挂牌3家；在域股权交易市场挂牌9家；上海股权托管交易中心挂牌2家；贵阳众筹所（"五板"）挂牌5家。此外，已完成改制并向"新三板"申报挂牌材料排队待审2家。截至年末，全市33家保险公司实现保费收入57.22亿元，同比增长15.46%，累计支付赔款及满期给付23.65亿元，其中财产险赔付率53.03%。全市保险深度为4.2%，保险密度为1505.8元／人。2016年新增小额贷款公司3家，总数达到60家，注册资本总额31.2亿元，贷款余额30.66亿元。市、县两级政银企对接工作已经形成长效机制，全年组织各类政银企对接活动60余次，帮助企业落实到位信贷资金近200亿元。积极推动金融创新，市政府出台一系列金融改革创新文件，推动金融改革，助力经济社会发展。严防金融风险，打造金融生态环境，积极开展防范非法集资、规范整顿交易场，化解企业偿债风险等各类活动，确保不发生区域性、系统性金融风险。

【增加信贷投放】 截至年末，全年金融机构人民币贷款余额1656.8亿元，同比增长10.8%，比年初增加161亿元。其中：小微企业贷款余额567.3亿元，同比增长11.0%，增速高于同期贷款平均增速0.26个百分点；贷款户数23,536户，同比减少6,596户；申贷获得率97.5%，高于上年同期1.5个百分点。涉农贷款余额795.2亿元，比年初增加74.9亿元，同比增长10.4%，完成涉农贷款持续增长目标。全年金融机构人民币存量存贷比75%、增量存贷比58%。各银行机构积极争取上级信贷政策和信贷规模支持，市、县两级政府通过设立信贷风险补偿基金、银企帮扶基金、应急转贷基金、担保资金、助保金等增信基金，支持"银税互动"，为企业和农户等经济主体增信，为银行分担信贷风险，促进银行加大信贷投放。各银行还充分利用承兑汇票、保函、委托贷款、贷款承诺、信用证等金融工具开展表外业务，市、县两级政府通过银企对接、项目推介、招商引资等多种形式，积极争取国家开发银行、兴业银行、民生银行等外埠金融机构信贷资金投放承德市，为全市经济社会发展提供强有力的资金支撑。

【金融体系建设】 积极推进银行、保险机构向县域延伸。引导河北银行承德分行、张家口银行承德分行加快县域机构布局，当年新设县域一级支行9家，其中河北银行5家、张家口银行4家。加快村镇银行建设步伐，未设村镇银行的5个县村镇银行的筹组计划已获银监会批复，其中宽城农商行作为主发起行筹建的宽城融兴村镇银行、温州瓯海农商行发起设立的平泉恒升村镇银行、承德县恒升村镇银行已获批筹建。稳步发展小额贷款公司，新设小额贷款公司3家，其中扶贫小额贷款公司2家、科技小额贷款公司1家，总数达到60家。加快推进村级金融服务助农网点建设，截至年末达到2213家，延长普惠金融服务半径。稳步发展保险机构，太平财险、燕赵保险2家承德支公司正式开业运营，并在县域布局7家分支机构；亚联保险经纪公司在承德高新区注册成立，为首家金融机构总部落户承德。截至年末，全市银行业金融机构总数达725家，其中：市级银行机构12家、村镇银行3家、农村商业银行3家、农村信用联社6家，县级及以下机构701家。保险经营主体市级三级机构33家，市区营业部11家，县区级四级机构123家，乡镇级五级机构162家。全市初步形成了政策性银行、国有商业银行、股份制银行、城市商业银行、农村合作金融机构和村镇银行等多种所有制、多种形式，竞争充分、功能齐全、覆盖城乡的银行组织体系；形成覆盖面广、产品多样、机构多元、公司自控、行业自律、运作规范、竞争有序，以社会需求为导向的保险服务体系。实现银行、保险机构县域全覆盖、乡镇全覆盖和基础金融服务行政村全覆盖。

【地方金融机构改革发展】 推动承德银行转型升级。承德银行"新三板"上市工作已完成全部基础性工作，申报材料已经上报待批。治理体系日趋完善，手机银行成功上线。全行分支机构总量达到73家，包括2家分行（唐山、秦皇岛）、70家支行，其中承德市辖区55家支行、唐山15家支行；2011年发起组建的围场华商村镇银行，下辖机构已发展到20家。形成了跨承德、唐山、秦皇岛三地，全面覆盖承德市8县3区的金融服务格局。积极推进农村信用社改革。省联社承德办事处改制组建省联社承德审计中心工作，已于2016年8月挂牌并履行审计中心职责；丰宁县联社改制为农商行工作，以3月31日数据为基数启动清产核资工作，完成清产核资工作的验收、整改、申报材料的撰写及审核等各项改制筹组工作，省银监局正式批复筹建，现已进入开业阶段的各项工作；承德县联社改制为农商行工作，以12月31日数据为基数，启动清产核资工作，经过努力，各项准入指标已经达标，省银监局同意启动农商行改制工作。

【推进企业挂牌上市】 市政府制定印发《关于进一步加快推进企业上市工作实施意见》，文件制定了12项扶持企业上市政策，进一步增强了企业挂牌上市的积极性。市政府成立以主管副市长为主持人，以金融办主任为召集人，由金融办、发改委、科技局、财政局等11个部门组成的企业上市联席会议制度。把握政策机遇，组织全市6个贫困县与证券公司对接，截至年末，已有3个县签署"一司一县"帮扶协议，并开始资本帮扶工作。其中国都证券公司结对帮扶围场县，平安证券公司结对帮扶平泉县，首创证券公司结对帮扶丰宁县。截至年末，全市共有挂牌上市企业29家，其中：深圳主板上市2家（承德露露、南江B），香港主板上市1家（中国瑞风新能源），深圳中小板上市1家，"新三板"挂牌6家，石家庄、深圳前海、上海股权托管中心等区域性股权市场挂牌19家。上市企业累计直接融资43亿元人民币。当年实现新增挂牌上市企业13家，此外，已完成改制并向"新三板"申报挂牌材料排队待审2家。截至年末，全市股民11.51万人，全年股票、基金等交易金额755.56亿元，纳税1534.10万元。恒银期货承德营业部全年交易各类农副产品、工业品、大宗商品、国债等达37个品种，成交量达205.13亿元。全市资本市场正走向快速发展轨道。

【发展现代保险业】 全市政策性农业保险涵盖了玉米、马铃薯、奶牛、能繁母猪、蔬菜、林业、设施农业等四大类10个险种，为农户提供风险保障金额322.55亿元。全市农业保险参保农户60万户次，承保种植业2905.19万亩、养殖业103.77万头，为各类灾害损失支付赔款6646.16万元，受益农户20万户次。继续推进农村住房保险，实现了8个县全覆盖，为66.2万农户提供风险保障102.4亿元，丰宁县、承德县冰雹灾害550户房屋受损，市人保财险公司核损赔付290万元。全年争取中央和省财政政策性保险补偿资金13,356万元。"一元民生保险"承保责任扩展了火灾、爆炸、暴力、恐怖事件、高空运行物体坠落及无责救助责任条款，进一步扩大保险责任。全市社会治安保险已达42.62万户。校园安全责任险实现校园全覆盖。全市已有633所医疗机构开办医疗责任保险。建立覆盖城乡居民的大病保险制度，全市新农合大病保险承保人数250.64万人，保险覆盖率98.04%，城镇居民大病保险承保人数37.41万人，覆盖率达100%。全市保险业为319889辆次机动车提供风险保障，支付因交通事故造成的人员伤亡、车辆损失等赔款61441.73万元。全市保险业承担的风险保障总额达到1.67万亿元，提供就业岗位2.3万个，缴纳及代收代缴税费25276.56万元。保险业在风险保障、经济补偿、社会管理、增加就业、维护稳定、服务经济等方面发挥越来越重要的作用。

【小额贷款公司】 新增小额贷款公司3家，总数达到60家，注册资本总额31.2亿元，贷款余额30.66亿元。在全部贷款中，农户贷款余额21.66亿元、占总数的70.65%，个体工商户贷款余额5.08亿元、占总数的16.57%，小微企业贷款余额1.30亿元、占总数的4.24%。累计发放贷款17.04亿元，支持小微企业等经济主体2059家，实现营业收入19,858万元、净利润7232万元，上缴税金3565万元。积极推动小贷公司做大做优做强，宽城神栗扶贫小额贷款公司于12月29日在石交所挂牌上市，丰宁巨润小额贷款公司的挂牌材料已经上报石交所；宽城神栗扶贫小额贷款公司开办“企业应急资金转续贷业务”，将在配合县政府帮扶企业发展中发挥资金的最大效益，并促进小额贷款公司持续健康发展。

【金融产品与服务创新】 代市委、市政府起草并以市委、市政府名义下发《关于金融支持脱贫攻坚的实施办法》《关于创新合作开发机制加快美丽乡村建设的指导意见》，市政府《关于印发关于鼓励开发区投融资发展的暂行办法的通知》《关于印发进一步加快推进企业上市工作实施意见的通知》《承德市金融助力科技创新实施办法（试行）》《关于印发加快金融改革发展实施意见的通知》等一系列金融改革创新文件，推动金融改革，助力经济社会发展。强化增信保障能力建设。全市融资担保公司总数达到19家（其中财政出资14家），注册资本总额超过14亿元，年担保贷款近30亿元，有效地缓解了中小企业融资难、融资贵问题。市“银企帮扶基金”，截至年末，投放信贷资金145亿元、扶持企业126家，完成倒贷174亿元、帮助29家企业恢复生产。债券和基金融资取得重大突破。支持符合条件的企业发行债券，依托特色产业吸引社会资本设立股权投资基金和产业投资基金，融资超过100亿元。农村金融产品创新取得新进展。依托农户信用信息系统，探索开展“整村批发、集体授信”的小额农贷业务，依托农业产业化龙头企业，推广产业链信贷创新产品，依托“两区”建设，开展“易地扶贫搬迁贷”“土地流转规模经营贷”“农村人居环境建设贷”等多个金融创立产品和服务；为解决小微企业、农户、个体工商户无抵押、无担保融资难题，由市政府出资500万元设立信贷风险补偿基金，市邮储银行与太保财险公司合作开展“小额贷款保证保险”试点，为90家小微企业、农户和个体工商户发放无抵押、无担保贷款2185万元；在全市推广“政银企户保”投融资模式，设立贷款担保基金8.17亿元、信贷风险补偿资金3.40亿元，累计发放贷款41.60亿元。加强与京津要素市场的对接合作。举办“京承要素市场对接会”，与北京市金融局、首都金融服务商会及北京产权、技术、农村产权、矿权、环境等交易所相关负责进行了对接洽谈，并达成对口交流对接机制。

【银企对接合作平台】 充分利用《承德日报》“金

融专刊”宣传平台，组织各银行机构、保险公司、证券营业部等宣传金融政策、推介金融知识，全年共出版24期，成为金融机构宣传金融产品、企业了解信贷政策的重要渠道。组织开展各类银企对接活动。3月市委、市政府组织召开“承德市政银企对接洽谈会议”，域内外25家银行和域内300多家企业参会，市政府分别与民生银行石家庄分行、北京银行郊区管理总部签订《战略合作协议》，39家企业与14家银行签订并落实73.1亿元贷款。市、县两级政银企对接工作已经形成长效机制，全年组织各类政银企对接活动60余次，帮助企业落实到位信贷资金近200亿元。

【防范和治理金融风险】 防范和整治非法集资。完善金融风险应急预警和风险处置机制，建立非法集资月报告和投诉举报制度，组织开展“防范和打击非法集资集中宣传月”和“涉嫌非法集资广告资讯信息排查清理”活动，制定《关于进一步做好防范和处置非法集资工作的实施意见》等文件，强化“属地管理”“行业监管”职责，加强部门协调配合，按照省处非办统一要求，积极妥善做好廊坊黄金佳、北京e租宝、云南泛亚等跨区域重大非法集资案件的处置和维稳工作，未出现越级访、进京访。在各银行机构营业网点常年通过电子滚动屏幕进行非法集资风险提示，设立抵制非法集资义务宣传员，在银行柜台向汇款人介绍非法集资特征，增强风险意识。通过银行汇款环节，发现2起集中向外地汇款的非法集资案件线索，市金融办协调市场监管、公安等部门，第一时间进行了核查和上报并及时得到了查办。成功化解宽城、承德两县“承德市中小企业集合票据”本息17,152万元按期兑付风险，维护全市良好的金融生态环境。开展互联网金融风险专项整治。制定《关于印发承德市互联网金融风险专项整治工作实施方案的通知》。同时，由市处非办牵头，市市场监管局、市人行、承德银监分局、市金融办相关科室各抽调1人，并从热河会计师事务所聘用2名专业人员，组成专项核查小组，对涉及承德市的企业逐一开展核查，对在核查中发现的问题已上报省互联网金融风险专项整治工作领导小组办公室，并督促企业进行自查和整改。推动交易市场规范经营。调查了解承德富汇燕兴大宗电子商务有限公司交易情况，与商务局共同约谈企业负责人，妥善解决群众上访；调查了解承德永瑞大宗电子商务有限公司经营情况，及时向省金融办反馈。确保不发生区域性、系统性金融风险的底线，维护市良好的金融生态环境。

附：市金融证券办公室领导名录

主　　任：赵宇峰（满族）

副 主 任：胡维俭（满族）

（供稿　杜延辉）

市场监督管理

【概况】 市场监督管理部门认真贯彻落实承德市委、市政府和河北省工商行政管理局、河北省食品药品监督管理局决策部署，坚持“监管唯严、服务唯实”的原则，以“六个专项行动”为抓手，在多项改革交织复杂形势下，守住食品药品安全底线，服务发展、监管执法、消费维权等各项工作均取得新成绩。

【维护食品安全】 以食品安全监管专项行动为着力点，认真贯彻习近平总书记“四个最严”要求，落实上级食品安全工作部署，开展生产环节、销售环节、餐饮服务、保健食品安全专项行动以及农村食品安全“扫雷”、“抓创建、保安全”等专项行动，确保全市食品安全形势总体平稳向好，没有发生较大食品安全事故（事件）。共抽检各类食品6152批次，查处生产、销售、餐饮、保健食品领域违法案件837件。加强农村食品安全治理，抽检328批次，下达责令改正通知书892份，查办违法案件34件。落实《河北省食品小作坊小餐饮小摊点管理条例》，登记小作坊519户，登记小餐饮1372户，备案小摊点6918户。有序推动食品质量安全追溯体系建设，5类75家食品企业建立健全食品安全追溯体系。全市持证餐饮单位量化分级率、“明厨亮灶”工作完成率均达到100%，93%餐饮单位达到“清洁厨房”相关标准。圆满完成国家领导人来承、千名美国旅客游长城、国际马拉松赛等42次重大活动保障任务；宽城满族自治县、隆化县、承德县、双桥区、双滦区、鹰手营子矿区、丰宁满族自治县相继通过第二批、第三批省级食品药品安全创建县验收。市人大常务会对全市贯彻《中华人民共和国食品安全法》情况进行了视察，认为总体情况良好。国务院食品安全办公厅副主任、国家食品药品监督管理总局副局长滕佳材一行在春节前食品安全监管工作检查中，对全市食品安全监管工作给予充分肯定。2月14日在河北省食品药品监管工作会议上，承德市市场监督管理局作《三抓三促推进销售环节食品追溯体系建设》大会交流发言。

【严格规范监管】 成立由主管局长任组长，科室监管人员为成员的专项整治领导小组，制发专项行动工作方案和目标考核工作方案，明确专项行动的目标、内容、措施、时间及工作要求，并对目标任务进行分解细化。分别于3月22日、5月16日、8月8日召开现场会、培训会、工作会议进行再动员、再部署。坚持“谁管辖谁负责、谁主管谁负责、谁排查谁负责”的工作原则，从市到县区、企业，层层分解工作任务，实施网格化监管，实现监管定格、定人、定责，责任到格、到位、到人。同时，积极推行大型餐饮企业、学校食堂食品安全隐患自查报告制度，牢固树立餐饮企业从业人员法律、道德、诚信意识。通过人人“责任在身、意识在心”，有力提升了专项行动工作水平。不断完善和提高餐饮服务企业在硬件和软件两个方面准入条件和标准，依据类别标准严把资料审核和现场验收关。对于达不到标准要求的，核查人员对照验收标准即时开展现场指导培训，同时下达整改通知书，责令限期改正。截至年底，全市共新办、变更、换发食品经营许可证2872份，注销食品经营许可证50个，办理小餐饮登记证622个。坚持把餐饮服务单位食品安全监督量化分级评定作为食品餐饮安全监督管理工作的重要抓手，作为餐饮服务单位“提质升级”的重点。实行A级餐饮单位作为重大接待活动指定单位，B级以上作为旅游团队接待指定单位等激励机制，充分调动餐饮单位提升等级，良性竞争的积极性。截至12月底，全市7076家持证餐饮单位量化分级率达100%，市局直管餐饮企业全部完成了量化等级的复核复审工作。全市餐饮单位A级72家，B级2185家，C级4819家，A、B级餐饮单位均比2015年有提升。多次召开推进和调度会议，将此项工作列入市政府考核县区食品安全工作重要指标，由“一把手”负总责，实行将责任落实到人头、限定工期、挂牌督办等措施。截至12月底，全市7076家持证餐饮单位全部完成了“明厨亮灶”工作，其中透明厨房766家，视频厨房4224家，隔断厨房1559家，网络厨房527家。紧密结合餐饮服务食品安全量化分级管理和“明厨亮灶”工作，进一步摸清业态分布，制定行动时间表，分地域深入开展餐馆、快餐店、小吃店、饮品店、食堂和集体用餐配送单位等餐饮服务单位“清洁厨房”活动。截至12月底，全市共有6579家餐饮单位达到“清洁厨房”相关标准，达标率为93.0%，全市餐饮服务“示范店”全部悬挂了“清洁厨房”牌匾。按照“分类指导、示范带动、分级实施、社会参与”的总体思路，制发了示范街、示范店创建方案，明确创建目标、标准和要求。确定全市餐饮服务食品安全水平较高，管理规范，诚信经营，影响力大的13条餐饮安全文明示范街、200个餐饮安全文明示范单位（店），作为首批创造示范单位，发挥其引领带动辐射作用，提升全市餐饮服务食品安全工作水平。创建工作已初步完成，大部分县区财政出资制作示范街、示范店标志牌，并进行了悬挂，做到“五个统一”：即统一公示许可证、统一公示健康证、统一公示承诺书、统一公示食品原料和食品添加剂、统一公示执法人员和管理人员、统一公示举报电话，让广大群众一目了然，放心消费。2016年共组织开展“3•15”消费者权益日、“食品安全宣传周”等多个重点活动，发放宣传资料8万余份，接受群众咨询650余人次。利用报纸、网站等媒体刊发餐饮安全宣传内容6期。截至12月底，全市共举办各类培训班20期,培训人员2700余人次。同时，充分发挥“12331”投诉举报热线的作用，全年共受理群众举报42件，已全部办结，妥善处理了百姓反映的餐饮食品安全问题，形成全社会关心食品安全、了解食品安全、参与食品安全的良好氛围。

【大排查大整治工作】 按照全省食品药品安全隐患大排查大整治活动“两个坚决、四个不让”总体要求，以加强监管人员责任意识和增强餐饮服务单位风险管理意识入手，围绕管理制度、人员管理、场所布局、设施设备、加工制作和清洗消毒等重点环节，全面开展餐饮服务食品安全隐患自查和隐患排查。建立“问题清单、防控措施清单和责任清单”。截至12月底，全市共检查餐饮单位18189户次，下达监督意见书3850份，针对排查出的问题要求限期改正2000余户。

【“四个重点”专项整治】 紧紧围绕专项整治任务，突出“僵尸点”、医院食堂、从业人员、餐饮具等重点，深入排查安全隐患，集中解决突出问题，确保餐饮食品市场安全稳定。检查餐饮单位9387家次，发现违法违规经营主体918家，发现违法违规问题590个，督促整改918家。行政立案275件，罚没金额164.7万元，移交司法处理4件。对313家无培训计划、无培训记录、个别无健康证明的违法违规餐饮单位进行了整改和处理。检查医院食堂101家，下达监督意见书87份。发现各类餐饮具清洗消毒问题单位304家，整改304家。

【学校食堂食品安全治理】 按照“零容忍、全覆盖、严打击、重实效”的方针，紧紧围绕学校食堂经营者的资质、从业人员素质培训状况、量化分级管理制度落实情况、消毒设施使用、索证索票记录、食品留样等8个方面，深入查找存在的突出问题及薄弱环节，依法查处重大违法行为，严防食物中毒事故的发生。8月18日针对9所市管大中专院校普遍存在的以包代管、擅自改变许可条件、许可证过期、卫生条件差等问题集中召开约谈会。截至12月底，全市共投资800余万对学校食堂进行改造，出动执法人员3100余人次，检查学校、幼儿园食堂、校外托管班826所，规范索证索票125家，责令整改56家，行政立案34件，罚没金额43.3万元。

【暑期景区食品安全监管】 为保证暑期游客餐饮服务食品安全，切实保障人民群众和广大游客餐饮安全和身心健康，从5月底开始对市主城区、隆化、丰宁、兴隆、隆化等县区开展旅游景区餐饮服务食品安全整治，对部分餐饮单位由于受景区季节性开业的影响，从业人员健康体检制度度不健全，制度执行不力，档案管理不规范，超范围经营、过期食品等违法违规行为进行了严格查处。此项工作正在有条不紊地开展中。

【落实农村聚餐备案制度】 以农村食品安全“扫雷”行动为契机，着力解决当前农村餐饮食品安全存在的突出问题，净化农村餐饮服务市场经营环境。严格落实《河北省农村集体聚餐监督管理暂行规定》，明确规定了农村集体聚餐的举办人或承办单位的负责人为集体聚餐食品安全第一责任人。实行就餐人数50人以上的集体聚餐，由举办者或承办单位提前5个工作日向村食品安全信息员报告制度，初步形成“事前有申报、过程有监管、事后可追溯”的农村集体聚餐食品安全管理工作机制。1月至12月，全市农村集体聚餐申报率达到了90%以上，现场指导率达到100%，未发生食品安全事故。

【重大活动保障】 按照“夯实基础、整体联动、严格管控”的工作思路，从完善责任落实、基础数据、分级保障三个体系，健全信息沟通、预案管理、技术支撑三个机制，抓好事前监督、驻点监控和检验检测三个环节入手，切实做到不合格原料不进厨房，不合格成品不进餐厅，非工作人员不到工作区，严防人为破坏和投毒，科学组织，严格管控，全力以赴，圆满完成国家领导人来承考察、千名美国旅客游长城、京津冀高层次人才联合休养、2016承德国际马拉松赛、中国·承德冰雪季等42次重大活动保障任务。

【食品抽样检测】 2016年餐饮环节市抽计划292批次，主要包括食品原料、调味品、食用油、淀粉制品、豆制品、发酵面制品、熟肉制品、果蔬汁饮料、餐饮用具。不合格样品16批次，其中3批次酿造食醋检出甜蜜素和总酸达不到国标要求，12批次粉条样品中检出二氧化硫，1批次发酵面制品检出铝。国抽计划7批次、省抽计划8批次已全部完成，未发现有不合格样品。

【药品安全】 扎实开展药品生产企业专项整治、药品流通安全专项整治和医疗器械安全专项整治。完成药品生产企业专项监督检查以及中药提取物、中药饮片、人工牛黄、特殊药品等专项检查。开展药品经营企业飞行检查以及特殊管理药品、医疗机构药品质量、疫苗、处方药等专项治理；开展打击非法制售和使用注射用透明质酸钠行为专项行动，对医疗器械经营企业冷链管理、无菌和植入性医疗器械、“3·15”晚会曝光的定制义齿问题等进行了专项检查。共抽检各类药品663批次，抽检医疗器械36批次，查处药品、医疗器械、化妆品违法案件1002件，移送公安机关7件。药品生产企业GMP跟踪检查完成率、药品批发企业GSP跟踪检查覆盖率均达100%。督促企业对在产的133种药品进行风险分析并建立健全台账。上报药品不良反应病例2935例，调查处理死亡病例1例，人工发现并处理风险信号1起。妥善处置山东非法经营疫苗系列案件，市委书记周仲明对此作出批示：“市场监督管理局反应敏捷，行动迅速，措施有力，效果好，望进一步加大力度，杜绝隐患”，市长常丽虹批示：“工作开展的及时、细致”。

【服务经济发展】 以深入推进商事制度改革为主线，扎实开展市场主体增量、商标兴企、融资活企、党建促企等专项行动，全市市场主体发展实现增量提质。如期保质完成工商营业执照、组织机构代码、税务登记、统计登记与社会保险登记的“四证合一、五证合一、一照一码”改革和个体工商户“两证整合”改革；进一步放宽住所登记条件；代政府起草《企业简易注销登记改革试行办法》、《市场主体集群注册登记管理试行办法》，并以政府办文件下发，得到市长常丽虹的高度评价：“市场监督管理局起草这两个办法是深入推进商事制度改革的重要举措，非常有必要，实施后将有效解决市场主体准入、退出便利化问题，非常好！”。全市市场主体已达18万户，较2015年年底增长16.6%。指导新注册商标1312件，注册商标累计达7356件；指导注册“隆化肉牛”地理标志证明商标1件，指导新认定河北省著名商标15件，延续认定河北省著名商标32件，全市著名商标数量已达139件。加强小微企业名录建设，经市政府同意，制定下发《关于加强小微企业名录建设促进小微企业发展的实施方案》，收集上传小微企业扶持政策18份，企业享受优惠政策信息570件。发挥职能助企融资270件，金额135.26亿元，超额完成全年目标的69%。市县两级均成立了个体私营企业党委，全市系统非公企业党组织覆盖率达58.72%，党建工作覆盖率达74%。

【维护市场秩序】 坚持把优化市场秩序作为重要职责，重点开展整治不正当竞争突出问题、保护注册商标专用权、整治虚假违法广告、查处无照经营、红盾网剑、市场中介组织整治等专项行动，查办上述各类违法案件2854件，全市市场秩序进一步优化。强化与县（区）局“联办互学”，查处不正当竞争违法案件212件，其中公用企业限制竞争案件6件，承德市某燃气公司乱收燃气计量装置更换费案，没收违法所得76万元，罚款76万元，社会反响强烈。强化与企业联手打假，查处商标侵权案件20件，注册商标专用权得到有效保护；强化对重点媒体广告发布事前、事中指导，加大广告检测与整治力度，立案96件，在河北省整治虚假违法广告专项行动量化考核中排名第一。强化无照经营行为与网络商品交易行为监管，查处无照经营案件1033件，查处网络违法案件17件。发挥中介机构监管联席会议办公室牵头作用，代市政府起草《承德市市场中介组织管理办法》，并以市长令下发实施，查处市场中介组织登记事项违法案件15件。

广告业及其他服务业管理

【概况】 截至到2016年年底，全市具有广告经营范围的经营主体为830户，其中国有企业4户、私营企业258户、个体工商户418户、事业单位12户、其他11户。从业人员3196人；广告营业额15520万元，纳税额1472万元；发布公益广告1600余条，刊播次数达35000余次。

【广告监督管理】 全市广告监管系统在整治虚假违法广告专项行动，监测检查新闻媒体广告783条次，检查、监测户外、印刷品等各类广告2000余条次。立案91件，结案81件，罚没款65.78万元。责令停止发布广告17次，约谈媒体、广告经营者93次，对广告经营者进行行政指导57次。

以加大广告监管力度为总纲领，以整治虚假违法广告专项行动为重心，以查看、运用总局广告监管平台为手段，以贯彻落实新《中华人民共和国广告法》为主线，采取多种有效措施，取得显著成效。在全省2016年整治虚假违法广告专项行动量化考核中，承德市局排名第一。

2016年国家工商局广告监督司的国家广告数据中心对市广播、电视、报纸媒体进行监测，广告监测平台显示的违法广告条数为零。

开展的其他各类专项整治工作。主要有：整治农村食品市场虚假违法广告“净流”行动；整治违背社会良好风尚和不良影响广告专项行动；开展互联网金融广告及以投资理财名义从事金融活动风险专项整治行动，代市政府起草《承德市开展互联网金融广告及以投资理财名义从事金融活动风险专项整治工作实施方案》，并起草印发《承德市市场监督管理局互联网金融广告及以投资理财名义从事金融活动风险专项整治工作方案》。

【系列广告宣传】 “12315”期间，全市11个市县级电视台、互联网站及大型户外显示屏等媒体播放公益广告宣传片826次。开展“防范打击非法集资广告资讯信息集中宣传月活动”。9月1日，在市中心广场举办了新《广告法》施行一周年、《互联网广告管理暂行办法》、《网络食品安全违法行为查处办法》正式施行的大型宣传活动，发放三个法律法规宣传册5000册。各县区在中心广场同时举办宣传活动，现场发放宣传单4000余份，为推动全市广告市场健康有序发展营造了良好氛围。举办《广告法》及配套法规培训和广告审查员培训班5期，350余人参加了培训。

【居民服务修理和其他服务业】 个体工商户：13174户，资金数额85309.47万元，其中城镇8334户，资金数额53717.41万元；本期登记2334户，资金数额20353.51万元；本期注销710户，其中城镇487户。内资企业：66户，注册资本25555.95万元，本期登记2户，注册资本15000.00万元；本期注销3户，其中国有企业21户，注册资本1109.95万元。私营企业：861户，注册资本88131.55万元，其中城镇716户，注册资本72459.05万元，本期登记211户，注册资本72459.05万元；独资企业64户，注册资本1759.00万元;合伙企业6户,注册资本329.00万元。

【保护消费者合法权益】 以"12315"护民生专项行动为着力点，消费者合法权益得到保护。开展"12315"消费质量提升、美丽河北·诚信商家放心消费创建、维权监督促消费、红盾质量维权、农村（乡镇）汽车市场整治专项行动，构建了安全放心的消费环境，在河北省两次调度、推进会上均做了典型发言。河北省工商行政管理局副局长陈润芝作出批示，对市场监督管理工作给予表扬。狠抓限时办结、限时反馈，加强对举报投诉信息处理与督办，共受理各类投诉举报15591件，调解各类消费纠纷1019件，成功调解1起涉及上千名消费者、金额达150万元的健身服务纠纷，社会效果良好。大力开展示范单位创建工作，指导创建放心消费示范单位123家，指导建设民用品维修行业星级服务示范点44个，指导规范农村维修企业289家。强化重点商品质量监管，坚持有针对性抽检、日常监管与紧盯热点相结合，抽检19大类1301批次商品，查处质量违法案件647件，联合消防部门集中销毁假冒伪劣灭火器材126件。加强农村汽车市场整治，调解维修纠纷97件，立案53件。对"3·15"晚会曝光的问题商品第一时间开展清查，组织开展"中、高考护航"集中行动，在河北省系统反应最快、效果最好。加强消费教育引导，在高校建立了"消法"教育基地，举办大型消费教育活动50余次，公布消费维权十大典型案例，完善了"12315"信息发布平台建设发布消费提示、警示、消费维权动态等相关信息1万余条次；对供热、保健品开展消费调查和评议，对计量衡器开展消费调查和体察，提升行业自律意识。

【事中事后监管新方式】 转变监管理念，不断强化信用监管核心作用，开展市场主体信息公示、市场主体公示信息抽查、合同格式条款整治、红盾治污和红盾护农专项行动，市场监管新方式得到进一步探索和实践。全市市场主体年报工作取得好成绩，内资企业、农专社年报率均居河北省第三位，外资企业年报率居河北省第一位。先后三次组织对4059户市场主体的公示信息、经营行为进行了抽查，抽查结果全部向社会公示，列入异常名录或标记为经营异常状态262户。牵头做好"双随机一公开"监管和跨部门联合抽查试点工作，研发双随机抽查软件，得到了国家工商行政管理总局、河北省工商行政管理局肯定，在河北省经验交流会上做了典型发言；联合市政府督查室对各县区和市直单位落实情况进行2次督查，推动全市工作开展。代政府起草《承德市关于"先照后证"后加强事中事后监管的实施意见》，编印事中事后监管清单。代政府起草《承德市涉企信息统一归集公示管理办法》，为实现部门信息互联共享,实施信用监管和联合惩戒打下基础。切实加强合同行政监管，查办案件231件，罚没款62万元。深入开展"红盾治污"行动，抽检煤炭629批次、成品油622批次，查办煤炭和成品油案件171件，罚没款106万元。继续"红盾护农"行动，查处农资违法案件311件，罚没款62.38万元，移送司法机关案件2件。充分发挥职能，认真开展打击传销规范直销、安全生产、信访、综治等各项工作，在全市安全生产目标管理考核中被评为优秀单位。

【依法行政】 对市、县（区）局和高新技术产业开发区分局的行政权力和监管责任进行了重新划分，在广泛征求意见的基础上，制定承德市食品药品监管行政权力清单和监管责任清单，除法律、法规和规章明确要求由市级承担的，一律下放到县（区）局。认真落实行政审批制度改革，做好行政许可事项目录动态管理，按照市政府推进行政审批服务“两集中、两到位”工作要求，重新梳理了审批服务事项及流程，集中在市政府行政服务中心“一站式办理”，受理行政许可1155件，群众满意率达100%。根据《中华人民共和国行政处罚法》以及相关法规、规章，结合机构整合后的监管执法实际，制定《行政处罚案件立案登记和核审制度》《行政处罚案卷管理制度》。进一步健全行刑衔接机制、打击生产销售侵权假冒产品联席会议机制、广告联合整治机制、区域性执法协作机制，提升监管执法效能。继续开展“规范执法杯”夺杯竞赛活动，实施行政许可和行政处罚“双公示”，进一步规范行政执法行为。全市市场监督管理系统责任清晰、分工合理、权责一致、运转高效的监管体系初步形成。

【基层指导考核】 积极推动县（区）政府落实“四有两责”，加快乡镇食品监管机构建设和村协管员队伍建设，确保监管体系全覆盖，“网定格、格定人、责到岗、岗到人”的食品药品网格化监管全面推行。强化基层检测能力建设，在推进双滦区新食品药品检验中心建设的同时，完成滦平县食品药品农产品检验检测中心、兴隆县区域性食品检验中心、县级食品检验室、乡镇派出机构食品快检室建设，提升基层食品药品检验检测能力水平。强化基层落实机制建设，在组织开展好对各县（区）食品药品安全工作督导考评的同时，进一步完善对县区局目标管理考核制度，实行目标管理考核百分制，将市场监督管理主要业务分为八个大专项33个小项进行综合考核，考核结果在全市系统通报。

【党风廉政建设】 严格落实党风廉政建设主体责任，以“两学一做”、解放思想大讨论、机关作风整顿、“一问责八清理”等活动为载体，不断强化队伍作风建设。先后出台《关于落实党风廉政建设党组主体责任、纪检组监督责任的实施意见》《党风廉政建设党组主体责任、纪检组监督责任清单》《关于对党员领导干部进行廉政谈话、诫勉谈话和函询实施办法》《关于进一步加强党风廉政建设工作的意见》等一系列党风廉政建设文件。针对市场监管部门行业特点，组织开展两次全系统纪律作风专项整治行动，采取会议发动、签字背书、集中警示教育、专题讲座、全员谈话、广泛征求意见、回访暗访、完善监督机制、加大纪律审查力度等一系列举措，全面加强党风廉政建设，市委常委、市纪委书记路洪昌对此做出肯定批示。

【消费宣传活动】 为增强消费维权合力，市消协牵头组织20家消协理事成员单位积极参与“3·15”现场宣传活动，指导各成员单位根据职责分工，利用展板、宣传单、宣传手册、现场展示等形式开展全方位、多层次的普法宣传，展示假冒伪劣商品、揭露不法商家欺诈消费者的违法行为。3月15日消费者权益日的宣传活动当日，市消协组织19家消协理事会成员单位和50余名大学生志愿者，在市中心广场设置展台，设立假冒伪劣商品展，发放宣传材料，现场向广大消费者宣讲有关法律法规，提供消费咨询，接待消费者投诉，受到广大消费者的称赞和积极参与，取得良好的效果。共接受咨询服务3800余人次，现场受理投诉160余人次，宣传展板100余块，发放宣传资料110余种，2万余份。

新消费我做主活动。“3·15”期间，按照省消协工作安排，市消协紧紧围绕“新消费 我做主”年主题，全面开展《中华人民共和国消费者权益保护法》（以下简称“消法”）宣传月系列宣传活动，为营造维权气氛，积极与新闻媒体合作开展宣传工作，在《承德日报》《承德晚报》上以“市民消费擦亮眼 及时维权别中招”为题发布十大典型案例；与电视台联合制作“新消费 我做主”消费维权专题节目，介绍消费维权成果，宣传“消法”等法律法规，大力宣传消协的消费维权工作；与广播电台合作，参与“百姓热线”“法理民生”直播节目，现场解答消费者的咨询和消费维权问题，接受消费者的投诉，同时动员各商家，积极参与到“3·15”活动中，在电子游走字幕上，反复播放“新消费 我做主”年主题，展示消费维权投诉电话，维权法规等内容，营造了时时“3·15”、处处“3·15”的消费维权氛围，在媒体上发布了“天天都是“3·15”维权打假莫止步”文章，与承德电视台“承德新闻”“今日聚焦”栏目联合制作“3·15”纪念活动影像节目3集，报纸刊登稿件8篇。通过宣传，提升了消协组织的社会公信力和消费维权能力。

消费教育进基层。到本市20余家大型商超企业以发放宣传材料、讲案例的形式，向企业进行了“消法”宣传，通过消费教育促使企业诚信经营，指导企业建立消费维权服务站，承担起维护消费者权益的社会责任，营造安全放心的消费环境。在“3·15”前后，要求全市各大商场超市在自己门店的广告显示屏上以明显的文字宣传“新消费 我做主”年主题。针对老年消费者购买保健品投诉成为消费热点问题时，发布“致全市老年消费者的一封信”，提醒消费者科学、理性消费；同时，到广电社区座谈讲课，向老年消费者发放“老年健康消费教育手册”4000册，教育老年消费者了解保健品的知识，避免被商家欺骗，受到广大老年消费者的欢迎。

【创建消费教育基地】 先后与承德医学院、承德师范学院联合，向在校大学生开展两次消费维权教育主题讲座，教育学生依法维权，学习如何识别假冒伪劣商品，现场解答学生提问，发放宣传书籍。针对大学生提出的网购、微商等问题，向学生们讲解新“消法”有关网购维权条款、消费维权知识和维权案例，教导学生提高风险防范意识，预防消费陷阱。共有3000余学生参加学习，发放宣传书籍材料3000余份，提高学生们在日常生活中的消费维权意识，实现了教育一人全家受益，受到学生们的欢迎。

【消费调查和评议活动】 年初，指导各县（区）消协认真开展对供热行业调查评议活动，每个县区分别组织消费者填写100份，共收“供热服务满意度调查表”1200份，根据调查表统计显示，有86.8%的居民认为随着煤炭价格下调，应该下调供热价格，不满意率占被调查七项内容之首。有关单位就居民关心的供热价格等热点问题约谈了承德市供热企业，建议供热公司积极关注、回应广大消费者的呼声，并以文件形式向政府建议下调本市供热价格。

在全市范围内开展保健品消费调查、评议活动，通过问卷调查、社区走访、座谈讲课等方式，发现保健品经销企业在销售、服务中存在的问题，加强社会监督，提高行业自律意识。

【消费者满意示范单位评选表彰】 为提高企业自觉履行社会责任的意识，树立依法诚信经营典型，引导大众正确选择消费，在全市范围内组织开展了2015年度省、市两级“消费者满意示范单位”评选表彰活动。15家企业被省消协评为省级“消费者满意示范单位”，19家企业被评为市级“消费者满意示范单位”。 被选企业签订“承诺保证书”，接受消协的监督，自觉履行保护消费者权益的责任。并召开“全市‘消费者满意示范单位’授牌暨经验交流会”，消费者满意示范单位代表进行典型发言，介绍先进经验，市日报、晚报、电视台派出记者进行采访，制作专题片进行广泛宣传。

【计量衡器消费调查】 7—8月，在全市范围内开展计量衡器消费调查、体察活动。市消协对全市区较大的商场、超市、农贸市场的计量衡器进行监督、体察活动，分别用100克、200克、500克国标计量砝码对商家的电子秤进行现场测试，共检测电子秤400余个，涉及蔬菜、水果、水产、生肉、熟食、粮食、调料、糕点等18类商品，检测结果所测计量器具全部达标。体察结果在新闻媒体公布后，社会反响非常好，为城市形象争光，为放心消费提供保障。各县（区）消协共调查、核实电子秤具1500台，对未及时年检的商户督导其及时年检，确保计量准确。

附：市场监督管理局领导名录

党组书记、局长：姜　昆

党组副书记、副局长：祁春艳（女，满族）

党组成员、副局长：石　锐

吕少斌

赵玉梅（女）

任阁兴（满族）

王小卫（12月免）

张学德（满族）

党组成员、纪检组长：刘佐兵

（供稿　韩丽伟）

无线电管理

【概况】 2016年，承德无线电管理局深入贯彻党的十八大和十八届三中、四中、五中、六中全会以及习近平总书记系列讲话精神，围绕习近平总书记对河北提出的“四个加快、六个扎实”总体要求，认真落实省厅、省局及市委、市政府的工作部署，按照“三坚持、三加强、三强化”的整体工作思路，积极推进无线电管理各项工作开展，圆满地完成全年各项工作任务目标。

【无线电技术应用】 截至年底，全市共有各类无线电台站13497部，台站数量较去年增长24.5%，其中广播电视台站103座，4G基站4193座，全市手机用户已达3174316部（4G用户达到1178602人），全市无线电业务稳步提升。同时，无线电技术已在公安、武警、通信、广电、铁路、交通、气象、林业、水利、减灾及重大活动中广泛使用，涉及政治、经济、国防、文化建设等方方面面。尤其在防汛、防火和反恐应急等政府中心工作中以及工业、交通运输、气象、旅游等重点项目和重要企业中发挥积极作用，无线电通信的顺畅，保障社会经济的快速发展。特别是在承德机场，双峰寺水库，平泉机场，围场机场等重点项目的建设中，提供了强有力的技术支撑。

【无线电频谱使用评估】 结合承德实际，成立全市专项活动的领导小组，制定出台实施方案，活动期间共组织三家电信运营商召开工作推进会议及研讨会议4次，出动技术人员14名，动用固定站10座，移动监测车2辆，开展测试20余天，各电信运营公司配合人员及车辆20余次，测试范围覆盖承德全境八县四区，总里程2525千米，采集数据56GB，各科、站密切配合，圆满完成了该项工作任务。并借此机会，着重在解决三大电信运营商基站技术参数不合标准问题，着重规范三大电信运营商微波、扩频和WLAN频率使用、台站管理混乱的问题，先后对三大电信运营商80座基站进行了检测，对存在问题的18座基站进行立案处理，并出台规范运营商微波、扩频和W-LAN相关台站管理的实施意见。

【打击治理新型网络违法犯罪】 按照国家、省、市打击治理电信网络新型违法犯罪工作联席会议要求，积极发挥联动机制作用，全年开展行政执法检查67次，与公安部门开展联合执法27次，检查60余家单位，完成行政处罚立案35起，结案35起，罚款6.4万元。其中有主案件26起，黑广播案件8起，非法设置中继台案件1起，没收违章使用无线电设备12件套。配合公安部门查处伪基站案件2起，协调解决干扰事件3起。

【专项整治】 成立相关单位领导小组，于10月18日组织市场监督管理局、质量技术监督局、公安局等部门，对辖区内3个销售无线电发射设备的较大场所12家商户开展执法检查，查处未经型号核准的无线电发射设备300余部。

【频率台站管理】 科学配置和优化无线电频率资源。全年受理行政许可事项31起，共新增台站812座（部），其中超短波对讲机173部，固定台2座，公众网基站655座，频广播电视台站2座。同时结合年度收费工作，核验49个单位的304个电台执照。加强台站监管。出台2016年台站监管计划，全年共监管1.8G无线接入、公众网基站、特高频固定台、广播电视台等类型台站120余座（部）；加强备案台站管理，出台《无线电台站备案管理办法》，明确W-LAN、公安系统等备案台站的审批流程和监管办法，确保备案台站的管理规范；对全市拟建的16座地面数字电视转播台站开展监测，并协调相关部门，确保辖内数字电视建设项目符合无线电管理相关规定，严防未批先建行为发生。深入电力系统开展调研，积极促成冀北电力有限公司的微波干线通道组建工作。加强对业余无线电协会工作的指导，组织业余无线电爱好者开展无线电科普和法规宣传活动，同时于6月15日组织开展2016年A类业余无线电台操作技术能力验证考试。

【行政执法】 全面落实“双随机、一公开”工作。下发实施方案，建立“双随机”抽查机制，明确了随机抽查事项清单，建立市场主体名录库和执法检查人员库，进一步加强规范事中事后监管工作，稳步推进“双公示”工作。全面梳理“行政许可事项目录”“权力清单”和“责任清单”，确定行政许可和行政处罚事项，编制并向市政府上报“双公示”目录，并将相关材料报送至承德市网上审批系统、承德市行政执法系统，切实转变政府职能，促进简政放权、实现放管结合。抓好重要时期无线电安全保障工作。认真做好国家、省、市两会期间的无线电安全保障任务，认真抓好“千名美国游客登长城”活动、“G20”峰会、承德国际马拉松赛事期间的无线电安全。特别是在承德国际马拉松无线电安全保障工作中，由于此次赛事在中央电视台体育频道（CCTV5）现场直播，这是承德市举办的重要体育赛事首次在央视直播，所以市委、市政府高度重视，作为组委会重要成员单位，在赛前的彩排演练中，协调解决央视直播用频干扰事件2起。全年共保障各类考试14场次，出动监测保障人员70余人次，动用固定监测站28次，移动监测车18辆次，监测设备60件套，保障考试的公平公正。

【技术管理】 进一步强化职能，履行职责，把维护空中电波秩序作为重点抓。全年共启动辖区内11座固定站和4座固定侧向站开展监测工作，共监测89000余小时，监测分析无线电信号620余个，开展不明信号定位查找40余次，全面掌握承德地区电磁环境状况，为台站审批和行政执法提供数据支持，特别加大对重点区域、重要频段、重要台网的保护力度，防火、防汛关键时期开展多次保护性监测。进一步加强事中事后监管。积极开展在用无线电发射设备检测工作，对新增的台站进行设备检测，共检测126部；重点加强对公众通信网基站的检测，共检测发射设备80台（套），规范了公众网基站设置使用；完善基础设施建设。为进一步提升无线电保障能力，服务重点项目建设，按照承德市的总体规划，完成安远庙大型站搬至承德机场的固定站搬迁工作；为3座固定测向站机房安装了机房防控报警系统，确保相关安全生产工作落实到位；建成罚没设备展示室，进一步展示部门形象；搭建PPT制作素材库，为全局干部职工提高计算机水平，提升业务能力打下良好的基础。

【宣传工作】 开展主题宣传活动，重点开展了“2·13”世界无线电日、无线电管理宣传月宣传活动，通过群发短信，广告牌宣传，室外大屏幕和楼宇电视播放宣传片，电视播放游走字幕等方式进一步扩大无线电管理部门的影响力。积极发挥党报党刊、广播电视等传统主流媒体的作用，不断推出主题宣传活动，时事新闻报道，更好地宣传无线电管理工作。2016年，《承德日报》、《承德晚报》、承德电视台等主流媒体先后播报无线电管理新闻42次。通过微信公众平台累计向广大设台单位和无线电爱好者发送最新政策资讯和无线电知识40余条，在线解答用户问题50余人次，关注用户逐渐增加。积极开展“法治八建”创建、“法律八进”主题活动，普法工作得到了市法宣办的肯定，承德无线电管理局被市法宣办推荐为“六五”普法先进集体，一名被推荐为“六五”普法先进个人。全年共发简报208篇，省局网站采用145篇，当地政府简报采用15篇。同时积极向各类新闻刊物投稿，被中国无线电杂志采用3篇，无线电管理工作通信采用5篇，中国无线电管理网站采用21篇。

【机关建设】 通过严格落实“一岗双责”，做到了党建工作与党风廉洁工作一级抓一级，层层抓落实，与无线电管理重点工作同部署，同落实。结合承德实际，印发《2016年党建工作要点》《2016年党建工作责任制》《2016年党风廉政建设工作要点》《2016年领导班子成员党风廉政建设责任目标》《2016年度学法计划》等文件5件，确保党建和党风廉政建设工作谋划在前，措施具体；坚持推进学习型党组织建设，积极引导全局党员干部增强学习的系统性、针对性和实效性，先后组织学习7次；严格党内生活，坚决落实“党章学习日”“警醒日”和“党员活动日”等活动，局党支部对党员活动内容作具体引导，确保“三会一课”经常化和制度化；坚持发展党员制度，对2名预备党员进行考核，并在支部大会上表决通过其转正申请，同时发展1名入党积极分子。积极开展相关主题教育和专项活动，以问题为导向，加强和规范工作行为，切实将相关主题教育和专项活动作为转变作风、提升素质的主要抓手来落实，先后共组织召开动员会议3次，印发实施方案5份，召开组织生活会2次，组织集中学习10次。落实党风廉政建设主体责任，先后4次召开专题会议部署党风廉政建设工作；积极开展廉洁教育活动，深入承德市廉政教育基地接受警示教育；层层签订《党风廉政建设责任书》，确保党风廉洁建设工作一级抓一级，逐级负责，将责任逐级量化、细化，落实到人头。同时还利用技术手段强化管理，建成行政许可、行政处罚公开办理室，要求行政许可、行政处罚相关工作全部在此办理室受理，确保了相关政务工作公开、透明办理。

附：承德无线电管理局领导名录

局　　长：赵东升

副 局 长：吕国栋

　　　　　王本周

（供稿　姚　远）

质量技术监督

【概况】 坚持以创新、协调、绿色、开放、共享为统领，坚持“守底线、快转型、促协调、奔小康”主基调，围绕“京津冀水源涵养功能区、国家绿色发展先行区、环首都扶贫攻坚示范区、国际旅游城市”发展定位，抓质量、保安全、促发展、强能力，唱响质量强市主旋律，坚持质量安全底线，强化标准、计量、认证认可、检验检测四大基础建设，持续全力推进质量技术监督事业发展，为建设生态强市、魅力承德做出新贡献。特种设备安全监察工作被市政府评为安全生产先进单位。信息宣传工作得到加强。开展“安全月”“计量日”“质量知识、特种设备安全知识进校园、农村、社区、企业”等宣传活动，利用承德质监局门户网站、市政府信息公开网站、各类新闻媒体等信息化资源，发稿927篇（条、次），营造了全社会关注质量工作的良好氛围。

【质量管理】 持续推进“质量强市、品牌立市”战略。制定实施《关于实施质量强市加快绿色崛起的实施意见》《承德市贯彻质量发展纲要质量强市2016年行动计划》《承德市标准化体系建设规划》《承德市关于发挥品牌作用推动供需结构升级实施意见》，积极参与政府质量宏观政策和当地“十三五”规划制定，将质量发展目标和落实举措纳入专项规划，取得有力的质量发展政策导向。分别对各县（区）政府推进质量兴市和名牌战略工作和特种设备安全监察工作目标任务实施年度考核，并向各县（区）政府通报和社会公告。编制《全市名优产品和服务品牌培育“十三五”规划》，围绕全市特色产业，重点加大活性炭、装备制造、特色农产品的品牌培育力度，千方百计扩大品牌影响力，加大名优品牌和质量奖宣传和保持力度。共有名牌62项、优质60项、服务名牌30家、质量效益型企业13家；组织38家企业参加了省局组织的首席质量官的培训活动；注重地标产品的普查、培育、申报和监管工作，已获黄旗小米、兴隆山楂等8个国家地理标志保护产品。按时完成各项质量状况统计上报工作。完成制造业质量竞争力指数、全市质量状况、重点工业企业产品质量指标、名优产品年度发展状况调查等质量状况数据的统计工作。完善企业信用档案，推进企业质量信用分类监管。对2011年以来各类质量信用信息录入企业质量信用档案数据库情况进行自查以及各市局间互查工作，并完成整改。改进政府质量奖评审机制，完善政府质量奖评审细则、激励政策和奖励措施，评选第三届市政府质量奖；4家企业3名个人获省政府质量奖，有4家企业8名个人荣获市政府质量奖。

【特种设备安全监察】 严格落实安全生产“党政同责”“一岗双责”，推动特种设备安全工作纳入各级政府安全生产目标和考核，联合相关部门开展特种设备安全隐患排查整治。落实质量分析会、质量问题约谈会等制度。加大安全监察力度。全市出动3788人次，现场检查设备使用单位1741家，现场检查重点单位644家，现场检查率为36.99%；设备使用登记发证率100%；在用设备的定期检验率95.42%，重点设备单位135家，检查单位数98家，重点监控设备定期检验率72.59%。设备注册数729，发证数629，作业人员发证数427。全市共有注册特种设备17142台，在用设备14465台，停用设备2677。其中在用锅炉680台，电梯7322台，压力容器3371台，起重机械2617台，大型游乐设施37台，场内专用机动车辆432台，客用索道6条。使用单位2221家。完善网格化监管机制，提高电梯安全监管水平。召开全市电梯安全网格化监管工作现场会暨特种设备安全监察人员培训会，现场观摩，利用“互联网＋电梯监管”模式，落实“五位一体”责任，推行电梯安全网格化监管，同时对全市特种设备安全监察人员进行业务培训。加强标准化管理。以贯彻《特种设备安全使用管理规范》地方标准为抓手，督促生产经营使用单位做出安全生产承诺，逐步实现特种设备安全管理标准化，大幅提升特种设备安全管理水平。市电梯应急处置服务中心建设已完成，人员已到位，已正式投入运行。

【特种设备专项整治】 全市特种设备监察机构共

监督检查企业510家，发现隐患102处，督导检查中立即整改的20处，限期整改的82处，下达安全监察指令书89份。检查涉氨制冷企业共28家，设备在用企业23家（冷库19家，涉氨企业4家），5家企业涉氨制冷设备停用。全市涉氨制冷企业中，食品加工类企业18家，仓储类企业6家，其他类企业2家，液氨储存量超过10吨的企业2家。合法使用容器数目是483台，其中49台停用。5台容器拆除。合法使用管道总长度18100.05米，其中646米管道停用。扎实开展全市35万只气瓶检验工作，加大对气瓶充装站和餐饮行业气瓶的监督检查力度，严厉打击非法充装，规范气瓶充装安全管理。

【成立电梯应急处置中心】 经市政府和市编委会批准成立承德市电梯安全应急处置服务中心，为科级单位，现已建设完成，设备人员均已到位，电梯应急处置服务中心现有15人，其中寻呼人员9人，管理人员3人，开通“96365”电梯应急处置电话，录入的数据覆盖8县3区，中心工作全面正式运行，电梯应急处置服务中心的建成为预防和减少电梯事故，提高监管效能提供新的保障。承德市共有电梯8773台，数量不多，但分布范围较广，现有维保单位57家，规模普遍偏小,业务量分散。召开全市电梯维保单位会议，下发电梯基础信息资料表,由维保单位据实填写，按规定上报。通过核对整理后，再将电梯数据按照区域划分，与县区局进行数据核对，核对无误后录入数据库并制作应急救援标志牌。共录入电梯数据7769条，发放应急救援标志牌7769块，覆盖率达88%。初期选取维保人员储备较多的维保单位,在全市共设置二级救援站24个,保证市、县主城区均配备2个以上的救援站。

【监督抽查】 围绕“重点产品、重点区域、重点问题”组织专项检查、随机抽查和行业调查。合理安排监督检查，有效掌控区域和重点产品质量状况，及时发布消费预警。加强消费品监管。以空气净化器、食品相关产品等老百姓普遍关心的10类消费品为重点，建立健全消费品质量安全风险快速预警制度和质量追溯体系，强化事中事后监管。狠抓产品质量提升。以产品质量提升活动推进各项监督业务深入开展，促进企业管理水平和产品质量上台阶。

【重点行业质量安全监管】 加强飞行检查，规范机动车安检机构和检验检测技术机构检验行为；加强危化品、汽柴油产品、纤维制品质量监督检查；加大煤质检测力度，按职责权限落实监管责任；促进服务业质量提升，落实家用汽车“三包规定”。印发2016年度煤质检验工作计划，全市共监督抽查煤样222个批次,其中省抽40个批次，综合合格率85.6%。完成13万支棉花样品的抽检工作，完成国储棉轮出89批，公检7万吨。

【春季农资打假】 出动执法人员498人次，执法车辆300辆次,检查农资生产、经销单位300余家。农资打假下乡数68个，入户数160个，组织宣传活动15次，发放宣传资料1770份，接受群众咨询110人次。“双打”和“质检利剑”行动出动执法人员2239人次，出动执法车800辆次，检查生产、经销企业、建筑施工单位及加油站600余家。完成“12365”应急指挥系统升级，落实热线值守制度，确保质监部门对外窗口的畅通。

【标准化工作】 组织申报省级标准化试点项目，提升企业标准化管理水平。申报《承德绿丰生态农业科技发展有限公司》和《承德北雁铸造材料有限公司》两家标准化良好行为企业。《承德赢运开电子商务有限公司》商贸物流标准化试点项目获批国家级物流标准化示范。精心筛选确立地方标准项目。农业类申报了《草莓四季生产栽培技术规程》等16个项目，工业类申报《尾矿砂建筑砌块》项目，服务业申报《连锁超市物流配送规范》项目，全年共申报18个省级地方标准项目。做好企业产品标准备案制度改革试点工作。认真贯彻执行《开展企业产品标准自我声明公开试点工作的通知》，探索将企业产品标准备案制度逐步改为企业产品、服务标准自我声明和公开制度。加快构建现代服务业标准体系。结合承德打造国际旅游城市的实际，重点围绕旅游等行业加快推行服务标准化。规范风景旅游点、重要干道和公共场所的公共信息图形符号，增强城市的指示和识别功能。抓好在建的国家级、省级服务业标准化试点项目建设，申请国家质检总局对避暑山庄及周围寺庙品牌价值进行评价评估，推动塞罕坝林场争创国家级知名品牌示范区建设。组织创建评价市级标准化示范区、示范点活动。加强对试点工作的宏观指导和管理，及时总结经验和做法，以点带面适时开展观摩与交流。

【计量监督】 建设“互联网＋计量”，强化节能减排数据采集监管。对11家数据在线采集企业完成采集任务，数据采集器以省统一政府采购；谋划加快能源计量中心建设，为全市环保、节能、减排提供更科学数据支撑；组织开展重点用能企业能源计量监督检查工作，加强计量基础建设和计量技术机构能力建设，提高县区计量管理能力和水平，组织开展计量管理工作监督检查；加强新建计量标准的规划管理和考核，建设和完善适合经济发展需要的量传溯源体系；组织对全市社会公用计量标准建设及运行质量进行监督检查。开展计量惠民生。继续在集贸市场、加油站点、餐饮行业、商店超市、医疗机构、社区乡镇等与人民群众生活密切相关的领域开展“计量惠民生”，严格定量包装商品生产及经销企业的计量监管和专项抽查。做好法制计量和强制检定工作。全市检定、校准计量器具56472台件，加强对取得制造计量器具许可证、计量标准、专项计量授权单位的监督管理。重点加强民用四表、加油机、衡器、出租车计价器、医用计量器具等强制检定工作，严厉打击计量器具作弊的违法行为。

【认证认可监督检查】 完成3家煤检机构和18家机构的专项监督检查；对全市50家检验检测机构进行专项监督检查和分类统计上报；检查2家有机认证企业，对围场县食品中心、滦平县农产品检验中心等5家实验室资质认定工作进行帮扶、指导。组织围场、丰宁有机认证示范县上报关于有机产品认证示范区创建工作相关资料，为2016版《中国有机产业发展报告》提供相关资料。积极组织隆化、滦平、宽城等县创建有机认证产品示范区。国家有机认证示范县创建工作走在全省前列。2015年2县获批，2016年2县正在创建，市政府已起动国家有机产品认证示范市创建工作，先后召开冀京津认证认可工作座谈会、全市有机农业功能农业发展现场观摩会议、农食客户交流会暨CQC品牌推广会，力争1～2年完成创建任务，拥有认证82个企业，53个产品，310张证书。

【棉花公证检验】 纤检所在邯郸、沧州、北京、新疆开展棉花公证检验工作，协助省纤检局完成监管棉花公证检验。工作得到了中纤局的高度认可。截至年底，已经完成125000支棉花样品的抽检工作，完成国储棉轮出88批，协助省纤检局完成监管棉花公证检验7万余吨，完成委托检验26个批次，共创收入384万元。

【行政执法监督】 提高行政效能，厘清各部门、各岗位任务清单、责任清单、权力清单、问题清单和收费清单，增强干部职工依法行政的能力和意识，加强对行政执法行为的监督。坚持案件进行集体审议；进一步规范行政处罚自由裁量权的使用，做好行政执法证件办理和年度审查工作。修订、完善行政许可工作制度、规范和作业指导书；加大行政许可人员培训力度，严格行政许可工作标准，按相关规定要求做好许可受理、审批和证书发放工作。

【党建工作】 收听收看弘扬“塞罕坝精神”报告会、召开“三严三实”专题民主生活会，组织中层干部述职述廉，召开党风廉政建设工作会、及时通报典型案例，召开“加强作风建设、优化发展环境、强化一问责八清理、狠抓工作落实会议”、开展准则、条例专项学习活动、党政领导讲党课活动、举办清正廉洁报告会等多种形式，组织市局机关和各直属单位干部职工认真学习领会十八届三中、四中、五中、六中全会精神实质，转变作风、求真务实、争先创优，不断开创质量技术监督工作新局面。改进监督方式，健全三项制度。健全完善定期报告制度。市局机关各科室、各直属事业单位每半年向市局党组和纪检组报告一次落实“两个责任”情况的工作报告。健全完善主要领导述廉制度。市局机关各科室、各直属事业单位每半年向市局党组和纪检组做专题述廉报告，并签订廉政承诺书。健全完善廉政提醒制度。针对群众反映的倾向性、普遍性问题和隐患，尚不构成违纪和诫勉谈话的，市局纪检组对被反映的党员干部和主管领导予以提醒。

【学习教育与业务培训】 以“两学一做”学习教育为契机，强化领导班子及队伍建设。出台《实施方案》，明确具体目标、措施和要求，组织七个系列活动，不断潜移默化提高班子的思想政治能力、动员组织能力、驾驭复杂矛盾的能力，提高向心力、凝聚力和战斗力。坚持中心组理论学习制度，召开专题交流会，加强民主集中制建设，不断提高决策的科学化民主化水平。抓好干部职学习，开展培训和岗位练兵。加强公务员绩效考核管理，有计划进行轮岗交流。组织系统干部 30 人到中国计量大学进行为期一周学习培训，连续 3 年开展春节后为期一周的质量大讲堂，班子成员全部进党校轮训一遍。通过以会代训、外出参训等多种形式，全年共有 100 人次参加不同层次、不同内容的业务培训。

附：市质量技术监督局领导名录

党组书记、局长：王冰松（12 月免）
局长：张树国（12 月任）
党组成员、副局长：党国欣
张进宇
毕治国
党组成员、纪检组长：杨长江（12 月免）

（供稿　史安妮）

安全生产监督管理

【概况】 2016 年，承德市安监局以贯彻落实习近平总书记、李克强总理等中央、省领导重要指示批示精神为引领，以“五级五覆盖”和“五落实五到位”责任体系建设为主线，以减少一般事故、遏制较大事故、杜绝重特大事故为目标，以强化专项整治、监管执法、打非治违、教育培训、安全大检查为抓手，扎实稳步推进安全风险分级管控和隐患排查治理“双重”预防机制建设，不断完善安全生产责任和管理制度，发挥信息化建设、安防工程、防控技术、市场机制的综合作用，圆满完成年度各项目标任务，实现安全生产与经济社会发展同步推进。

【控制指标完成情况】 1—11 月，全市共发生各类安全生产事故 48 起、死亡 40 人，同比分别上升 14.3%、8.1%，其中：工矿商贸领域发生事故 12 起、死亡 20 人，同比分别下降 36.8%、9.1%（化工和危险化学品发生 2 起、死亡 6 人，建筑施工发生 1 起、死亡 4 人，冶金发生 3 起、死亡 4 人，金属非金属矿山发生 3 起、死亡 3 人，其他行业发生 3 起、死亡 3 人）；道路交通领域发生生产经营性事故 36 起、死亡 20 人，同比分别上升 56.5%、

33.3%；较大事故发生2起、死亡8人。在面对经济下行压力持续加大、改革发展任务更加繁重等困难条件下，全市安全生产形势保持总体稳定。

【安全生产责任清单】 制定出台《承德市安全生产工作职责分工》，进一步明确各级党委、政府及部门的安全生产职责，实现安全生产责任“全覆盖”，为推进安全监管工作制度化、规范化提供了遵循。特别是市委、市政府主要领导亲力亲为、全力推动，形成了党政同责、一岗双责、以上率下、上下齐动的良好局面。

【汛期安全生产】 实行群防群治、联防联控，力保两节、两会、G20峰会、中秋、国庆、十八届六中全会等特殊敏感时期安全生产稳定，由于措施得力，其间未发生任何生产安全事故，得到国家、省督查组的一致认可。2016年国家安全监管总局局长、省纪委书记等领导对承德市汛期安全生产工作督查后，给予充分肯定。

【重点行业监管】 矿山方面，紧盯高风险点持续开展安全专项整治，高标准完成整顿关闭各项任务，矿业“规模化、集团化”发展模式在全省推广。尾矿库方面，持续深入开展安全专项整治，本着“放矿合理、筑坝合规、排洪可靠、监测有效、应急落实、管理到位”的原则，建立“九项管理制度”，市尾矿库安全整治和监管机制做法在11月11日全国非煤矿山遏制重特大事故工作会上进行经验交流。

【加强安全生产领导】 安全生产事关人民群众福祉，事关经济社会发展大局。市委、市政府始终把安全生产作为最大的民生、最大的政治、最高的责任，作为其他一切工作的前提、基础和保障其来摆位，纳入全市国民经济和社会发展计划纲要，与经济发展和社会稳定同研究、同部署、同推进、同检查、同落实。坚持市委常委会、市政府常务会等安全例会制度，深入学习宣贯《中华人民共和国安全生产法》、党中央和国务院通知要求和各级领导重要指示批示精神。党政主要领导亲自调度，分析形势，查摆问题，研究对策，针对阶段工作，及时指示批示；分管领导全力以赴，一线检查，督办落实，针对疑难问题，及时协调解决；各级党政班子成员和职责部门，也都按照“党政同责、一岗双责”要求，及时对分管行业领域的安全生产工作进行检查督办。特别是在全市公务用车改革中，市委、市政府召开专题会议研究，在核定安监部门保留7辆车的基础上，又增加7辆执法用越野车，保证监管执法正常开展。同时，市政府调整充实安委会组成人员，成立安全生产大检查和打非治违专项工作领导小组，进一步壮大了安全生产组织领导力量。2016年以来，全市先后召开6次常委会、7次常务会、17次安全生产电视电话会、6次安委会例会、8次安委会联络员会，特别是春节、两会、汛期、“十一”、岁末年初等敏感时期，市委书记周仲明、市长常丽虹坚持以身作则，既挂帅、又出征，28次率队检查调研安全生产工作，行程遍及12个县区和13个重点行业领域，带动其他党政领导也都纷纷深入基层检查督导，有力地推动各项安全防范措施的落实。

【安全生产责任制】 把责任制作为抓安全生产工作的纲。明职定责，出台《承德市安全生产工作职责分工规定》，进一步明确各级党委政府和47个职能部门的安全生产（含职业卫生）职责，确保实现安全生产责任“全覆盖”。年初，按照“党政同责、一岗双责、齐抓共管、失职追责”和“管行业必须管安全、管业务必须管安全、管生产经营必须管安全”的要求，市长常丽虹代表市政府与12个县区、20个职能部门签订《2016年安全生产目标管理责任书》，把安全生产责任目标任务层层分解落实到具体单位。督考问责，提高了安全生产考核权重，充分发挥考核导向作用，推动各项工作有效落实。凡安全生产被“一票否决”的，一律降低一个考核等次。制发《关于对安全生产“党政同责、一岗双责”制度落实情况进行督查督办的通知》《关于开展安全生产综合督查活动的通知》《关于集中开展暑期汛期安全生产督导执法检查的通知》，建立常态化的考核督办机制，对发现的问题和隐患拉出清单，及时与被督查单位交换意见，并实行责任捆绑，如督查组未认真履行职责，所负责的区域发生安全事故，督查组与所在县区同责。全市共成立综合督导组596个，督导检查2749人次、专家973人次，发现隐患和问题3968项，下发各类通报17份。以开展安全标准化建设为载体，以贯彻落实《中华人民共和国安全生产法》和“五落实五到位”规定为核心，深入开展安全生产承诺制建设活动，4559家企事业单位签订双向承诺书，将承诺事项逐级分解落实到每位员工、每个岗位，并在显要位置长期公示公开，确保兑现各项承诺内容，促进安全生产责任制落实。严格落实安全生产责任追究制度，凡是发生生产安全事故的，一律按照“四不放过”原则，查清责任、严厉问责，用事故教训推动安全生产工作。2016年发生的12起工矿商贸事故，已批复结案8起，报省待审核2起，正在开展调查2起，给予组织处理9人，党政纪处分8人，移送司法机关追究刑事责任3人，实施经济处罚457.43万元。

【构建三道事故防线】 牢固树立“事故可防可控可避免”安全理念。坚持在预先防范上下功夫，先后制发《集中开展安全生产攻坚行动实施方案》《加强安全预防控制体系建设实施方案》等文件，以建立“风险源头管控、隐患闭环管理、高效应急救援、社会齐抓共治”的事故预防控制体系为核心，把防控事故的关口前移、重心下移，着力构建“三道事故防线”。把风险挺在隐患前面，构建风险分级管控防线。建立定期风险评估制度，每季度对整体工作进行评估分析，研判预测各类风险点，确定重点区域、重点行业、重点企业，提前制定预防、管控措施，实行重点监管、跟踪指导，提高监管工作的针对性。在全行业领域开展安全风险辨识、评估、分级、管控，在前期23个市级试点、162个县级试点取得明显成效的基础上，水务、旅游、卫生、工信等部门分别制定出台评估标准，2595家企事业单位排查风险点17504项，逐一制定安全管控措施，372座投产库率先全部完成的风险评估分级。安监、旅游、水务、教育、工信、交通、质监、建筑、卫生等行业部门已建立风险分级管控机制并持续有效运行。把隐患挺在事故前面，构建隐患排查治理防线。以隐患排查治理“清单”管理为重点，以责任、清单、台账、公示、奖惩、培训、执行等“七到位”为核心，以制度化、标准化和全员化为目标，采取约谈调度、定期通报、专题培训、执法监察、强化考核等促动措施，督促企业建立并使用隐患排查治理信息系统查改隐患，提高隐患排查治理的有效性。截至11月末，全市利用隐患排查治理信息系统上报隐患24706条，已整改24576条，整改完成率99%。承德市已连续8个月在全省隐患排查治理绩效考核中位列第一，隐患自查自治自报实现了行业扩面、提质提效。强化事故前期处置，构建事前应急处置防线。监督企业建立风险警示和预防公告制度，在醒目位置设置公告栏，公布风险点、风险类别、重大危险源和管控措施，在存在安全风险的岗位设置告知卡，标明主要危险危害因素、后果、事故预防及应急措施、报告电话等内容，配备专兼职应急管理人员，配足应急器材和物资，定期修订完善应急预案，并加强实战化演练，确保遇有紧急情况，第一时间妥善处置，将事故有效化解或最大限度地减少人员伤亡。全市新签应急救援协议467份，重大危险源评估备案248个，设置安全风险和安全隐患公告栏55185个，发放岗位安全风险提示卡232410张，开展应急演练965次，参演人数达62380人，应急能力得到大幅提升。

【重点行业领域监管】 按照“常规工作上水平、重点工作见实效、难点工作求突破”思路，以提升企业本质安全为根本点，以防范各类事故为着力点，采取集中攻坚、重点攻坚、综合治理等措施，切实加强重点行业领域监管，先后制发《安全生产重点县攻坚整治方案》《防范和遏制较大以上事故方案》，各行业领域也分别下发了年度《安全生产工作要点》和《安全专项整治方案》，确保综合整治工作取得实效。

【安全生产监察执法】 始终把开展安全生产隐患排查作为防范遏制事故的第一抓手和检验安全生产工作成效的首要标准，按照“全覆盖、零容忍、严执法、重实效”的总要求，坚持针对教训查、突出重点查、抓住问题查，沉下去、严起来，全方位、多层次，深入排查安全隐患和薄弱环节，确保将隐患和问题消灭在萌芽状态。监督企业开展全方位、全过程、不间断的拉网式大排查，对发现的隐患和问题，能当即整改的立即整改到位，一时难以整改的按照“五落实”要求限期整改，确保排查实、整改实、见实效。同时，坚持专业化和社会化相结合，通过“政府买服务、专家查隐患、企业抓整改、部门督落实”的方式，引导社会专业力量参与隐患排查，确保隐患查得全、查得细、查得准。据统计，全市3722家企事业单位共排查发现一般隐患22887条，已整改到位22158条。深入开展安全生产大检查，针对两节两会、复工复产、暑期汛期、中秋国庆等特殊敏感时期，及时下发《关于深刻汲取事故教训切实做好当前安全生产工作的紧急通知》《关于做好复工复产安全生产工作的通知》等文件，突出重点行业领域和关键部位，深入开展安全生产大检查和专项执法、集中执法、联合执法、观摩执法、解剖执法等活动，以执法监察促隐患排查治理，有效消除了一批事故隐患，确保了特殊敏感时期的安全稳定。全市共成立检查组1657个，出动检查7613人次，检查企事业单位5412家次，发现问题和隐患8504条，已督促整改到位8496条，其余隐患正在按照“五落实”要求限期治理。深入开展“打非治违”行动。把非法违法行为视为安全生产最大的祸患，制发《关于立即开展安全生产“打非治违”专项行动的紧急通知》和《安全生产领域“打非治违”专项行动方案》，以严厉打击非法违法生产经营建设行为、治理纠正违规违章行为为重点，采取“双随机”抽查、暗查暗访、媒体曝光等方式，综合运用经济、行政和法律等手段，持续加大对各类非法违法行为的打击力度，严厉打击无视法律、无视监管、无视安全的非法违法行为。同时，实行群防群治、联防联控、举报奖励，对发现的问题，严格按照关闭取缔、上限处罚、停产整顿、严肃追责“四个一律”的要求，从严查处，决不姑息。2016年以来，全市共打击非法行为13起，查处违法行为385起，纠正违规违章行为4469起。

【基层基础工作】 安全生产的重点在基层，难点是基础。全面深化安全标准化建设。把安全标准化建设作为贯穿行业安全监管始终的核心和基础，严把创建关、评审关、达标关、执法关，提高安全标准化创建质量。新增二级达标企业59个、三级达标企业130家，达标企业（生产系统）已达到1039家，其中二级241家、三级798家。加快安全生产诚信体系建设。积极构建激励诚信、惩戒失信的工作机制，推动企业主动加强安全管理。新增评估授信企业160家，全市共完成评估授信416家，全部通过全省安全生产诚信信息平台向社会发布，接受社会监督。持续深化安全文化建设。围绕《中华人民共和国安全生产法》的宣贯，深入组织开展安全生产月、安全文艺演出、知识竞赛、志愿服务、领导谈安全、安全生产征文等活动，免费发放《市民安全知识手册》、警示教育手册等宣传资料5万余册，组织企业“三项岗位”人员培训和全员警示教育2万余人，录播安全生产专题22期，刊发报纸信息84篇，注册安全生产志愿者8437名，拓宽了受众面，普及安全知识，提升全民安全素质。大力开展县域监管规范化建设。以责任体系规范、制度建设规范、制度运行规范为目标，全面推进县委、县政府、县直部门、乡镇、村居和企业5个层面实现安全责任体系化、安全管理制度化、制度运行规范化，不断延伸安全监管工作触角。

【转变监管方式方法】 大力实施“科技兴安”战略。坚持人防、物防、技防相结合，持续推广应用尾砂胶结充填采矿法、天井钻机、撬毛台车、变频电机、高压辊磨机、尾矿浓缩输送、在线监测等一批先进适用的工艺、设备和技术，降低企业运行安全风险。全市建立重大危险源监控系统，537家企业安装视频观察点2387个，198座尾矿库安装了在线监测系统，并与市、县监控平台联网互通。危货运输车辆和客运车辆全部安装GPS系统，并设置24小时专人监控和限速程序。宽城建龙矿业有限公司“机械化换人、自动化减人”成效明显，井下作业人员由原来每天261人减至37人。积极推进政府购买服务。建立“政府买服务、专家查隐患、企业抓整改、部门督落实”的良性监管机制，由财政出资，聘请中介机构和技术专家，为矿山、尾矿库、冶金、危化等企业进行隐患排查，通过专家现场传、帮、带，有效地提升企业管理人员和安全监管人员的业务水平。大力推行安全生产责任保险。本着“政府引导、市场运营，试点先行、有序推进，服务企业、放眼长远”的原则，在高危行业领域引入社会保险机制，发挥保险在安全生产中的经济补偿和社会管理功能，预防和减少生产安全事故。全市已投保企业87家，投保人数1757人，总保费160.83万元，保额54279.2万元。深化行政审批制度改革。以加快推进简政放权、放管结合、优化服务为出发点，对市级所有行政审批事项进行再梳理、再清理，依法依规保留、下放和废止行政许可事项，做好“放、管、服”各项工作，做到既严格把关又优化服务。建立“双随机”“双公示”和执法案件“四审”制度，定期开展执法案卷评查，规范行政执法行为。

附：市安全生产监督管理局领导名录

党组书记、局长：曹金岗
党组副书记、副局长：武国庆
党组成员、副局长：张瑞芹（女）
　　吕树军（满族）
党组成员、纪检组长：凌　龙
党组成员、副局长：郭　涛（7月免）
　　葛　延（满族,9月任）
党组成员、监察专员：孙大光
党组成员、副局长：曲志清
监察专员：程木林
　　李西昆

（供稿　张凤君）

农　业

综　述

2016年，全市牢固树立和贯彻落实五大发展理念，抢抓京津冀协同发展战略机遇，以转方式、调结构为主线，以产业扶贫为统领，绘蓝图、明路线，强产业、建园区，调结构、提品质，上项目、促改革，育品牌、拓市场，严监管、保生态，大力发展生态农业、品质农业、美丽农业、功能农业，乘势而上、扎实工作、锐意进取，开创了承德现代农业发展的崭新局面，实现“十三五”规划现代农业开局良好、起步有力。

粮食、蔬菜、食用菌、中药材、马铃薯产量分别达到134万吨、463.1万吨、67.7万吨、10.8万吨，216万吨，同比增长10.5%、6.8%、13.4%、5.6%，26.8%；肉、蛋、奶产量分别达到45.7万吨、11.9万吨和15.3万吨，同比增长1.4%、2.9%和3.2%。食用菌、中药材规模、产量均居全省首位，其中食用菌连续数年成为全国夏季香菇价格形成中心。

全市完成造林绿化85.2万亩，完成义务植树768万株。全市累计完成经济林栽植、补植、提升改造116.69万亩，占任务110万亩的106.1%，其中干鲜果树86.29万亩、园林苗木20.4万亩、花卉5万亩、木本中药材5万亩。

全系统共争取政策性项目资金9.8亿元，同比增长16.3%；实施招商引资项目68个，已完成投资32亿元，成功引进京企中能昊龙控股集团在全市投资56亿元建设现代农业系列项目。

承德国光苹果、围场马铃薯、平泉香菇成功入选“河北省首批农产品区域公用品牌”（全省共10个），围场富龙马铃薯全粉荣获第十四届昆明国际农交会“农产品金奖”荣誉称号（全省共7个）。

圆满完成农业部例行抽检工作，抽检合格率为98.3%，高于全国96%的平均水平；滦平县、围场县被农业部命名为首批“国家农产品质量安全县”（全国103个、全省4个）；种植样品抽检合格率为100%，畜禽水产品抽检合格率为99.9%。

（供稿　赵玉聪）

对外开放园区和项目建设

【现代农业园建设】 全市新增省级现代农业园区6个、市级现代农业园区17个，各县区累计认定90个县级农业园区，全市已构建“1+11+31+N”（1个国家级园区+11个省级园区+31个市级园区+N个千亩以上产业标准园）的梯次发展格局。全市现代农业园区总规划面积1000万亩，已建成区面积达到226万亩，核心区面积125万亩。规划总投资1200亿元，已完成投资344亿元，园区亿元以上项目63个，入园加工企业560个，其中省级以上龙头企业33家，农业合作社3790家，家庭农场325家。园区总产值达到483亿元，其中一产总产值325亿元，二产总产值115亿元，三产总产值43亿元，直接带动就业26万人，园区内农民人均纯收入达到1万元以上。2016年吸引游客达到450万人次，休闲旅游总收入达到25亿元。围场、平泉两县被列为省级农业可持续发展试验示范区，正在积极争创国家级农业可持续发展试验示范区。

【招商引资】 深入研究国家、省有关惠农政策，把握新型势下农业项目的发展方向，切实做好项目谋划、争取和实施工作。全系统共争取国省资金9.8亿元，其中：争取农业支持保护补贴、农业机械购置补贴、畜禽良种补贴、基础母牛扩群中央补助资金、垦区、棚户区危房改造等惠农补贴资金4.5亿元；京津风沙源治理二期工程草地建设项目、巩固退耕还林成果草地建设、草原生态奖补、清洁燃烧炉具、秸秆能源化利用等生态环境保护建设资金3.6亿元；基层农技推广专项补助、新型职业农民培育工程等农牧生产保障资金0.3亿元；测土配方施肥、旱作节水项目、农机深松作业补贴、标准园建设等农业科技推广资金1.4亿元。同时，紧抓京津冀协同发展机遇，积极进行招商引资，全系统谋划实施招商引资项目68个，完成投资32亿元，各项目正在积极推进。招商引资取得新成绩，成功引进京企中能昊龙控股集团投资50亿元的“中国·滦平冀康国际物流产业园”、投资5亿元的隆化肉牛加工产业园和投资1亿元的“承德市冀康农耕文化产业园”项目,并与市、县（区）政府正式签订“1+3”战略合作框架协议和具体合作协议。

【农业对外开放】 市农业系积极开展农业对外交流与合作，加快推进农产品出口加工基地建设，取得显著成效。全年陪同省、市督导组督导帮扶出口企业5次，组织30余家农业出口企业参加省厅及市商务局等组织的促进外贸出口培训。全市农产品出口企业达到34家，比2015年增加8家，出口总额5820万美元，同比增长14.4%。全年共争取促进农产品出口项目3个，资金总额557万元，均为历年来新高，重点支持华都食品、三元金星、神栗食品等10家企业成功创建国际标准农产品生产示范基地，推荐宽城神栗、承德味来、平安高科等9家企业申报2016年农业企业认证奖补。在全省农业工作会议上，市农牧局荣获国际标准农产品生产基地建设和农产品出口工作先进单位。全年累计组织市内上百家企业参加第二十届廊交会、第十四届中国农交会、韩国自贸展会和第83届塞尔维亚国际展等国内外大型贸展十余次，为企业搭建对外展示展销平台，并争取展位费用补贴，实现贸易总签约意向20余亿元，富龙现代农业发展有限公司的马铃薯全粉荣获“农产品金奖”荣誉称号。

【农产品加工业】 与河北民族师范学院合作利用市级科技项目建成了BGB公共服务平台，与平泉乐神食品有限公司合作开展减曲高盐稀态发酵技术市级应用示范，该技术已经通过市科技局项目支持初审。组织470家企业进行了创业创新培训，建设企业数据库，收集全市农产品加工企业2400余家。利用市财政25万元和省财政60万元项目资金,建设承德市首个农产品加工实验室,实验室基础建设和仪器的安装调试工作已经全部结束。做好绿色食品认证及绿色产业推进工作。全市共完成绿色认证企业50家100个产品，完成续展9家,完成现场检查企业34家46个产品,新认证企业9家，认证企业及产品数居全省第一。建成“承德市绿色企业联盟”网络平台，入驻企业43家。积极做好农产品市场对接拓展工作。积极组织与天津食品集团下属16家绿色食品超市进行对接;组织参加京承农产品对接活动;组织召开承德名特优新农产品与北京市场对接会议，签订意向交易额5亿元。加快农业电子商务平台建设。完成了“承德优农购”本地电子商务网络平台的线上搭建、物联网集成、质量追溯体系集成等相关功能设计，完成43家绿色认证企业的线上入驻工作。承接省厅生鲜电子商务“基地+社区”模式的示范点建设。与蔬菜科学研究所完成了智能蔬菜物联网示范点建设；与锦州学院合作在平泉榆树林子黄瓜温室、平泉香菇出菇棚进行了新型物联网设备试验示范。承德优农网微信平台年发送各类政策性信息1000余条次，固定客户数达到2000余个，同比增长20%；配合功能农业建设开通“承德功能农业”微信平台，平台发送各类信息200余条次。加强农产品品牌建设。完成“京津水源 生态承德”区域公共品牌的注册工作，保护品牌13类。承德国光苹果、围场马铃薯、平泉香菇成功入选河北十佳公用品牌，滦平中药材被评为河北省知名区域公用品牌；宽城苹果被中国苹果大会评选为“全国苹果十佳品牌”，双滦葡萄入选河北省名优果品品牌称号。

全市食用菌生产正从分散经营向规模化、标准化经营转变。全市150亩以上园区93个，工厂化生产企业13家，从事食用菌产销龙头企业80多家，其中省级龙头企业5家，市级龙头企业12家。合作社581个。为提高标准化建设，在食用菌的新品种引进、新技术、新产品研制开发等方面进行攻关，制定《滑子菇标准化生产技术规程》和《香菇标准化生产技术规程》等十余项地方标准。

种植业

【概况】 坚持现代农业发展方向，结合承德农业的区域特点，按照“稳定面积、优化结构、发挥特色、注重科技、增加总产”的发展思路，通过政策引导、项目支持、园区建设、示范带动、产业升级等多种形式，突出主导产业发展，培育壮大了粮食、蔬菜、食用菌、中药材、马铃薯等主导产业，推进承德现代农业的发展步伐，全市种植业生产取得显著成效。

【粮食生产】 全市粮食作物播种面积434.7万亩，占农作物总播种面积的70.09%，比2015年减少37.39万亩，总产量134万吨。其中：玉米播种面积258.12万亩，比2015年减少60.29万亩，产量87.4万吨，比2015年增长1%；水稻播种面积19.39万亩，比2015年减少2.1万亩，产量10.5万吨，比2015年下降2.1%；小麦播种面积24.7万亩，比2015年增加1.04万亩，产量2.47万吨，比2015年增加0.03万吨；谷子播种面积21.3万亩，比2015年增加1.32万亩，产量5.9万吨，比2015年增加1.16万吨；大豆播种面积14.07万亩，比2015年增加3.2万亩，产量2.69万吨，比2015年增加0.81万吨；马铃薯播种面积83.13万亩，比2015年增加14.47万亩；杂粮杂豆播种面积21.82万亩，比2015年增加4.97万亩，产量4.74万吨，比2015年增加2.04万吨。

【蔬菜产业】 全市蔬菜总播种面积新增6.25万亩，其中：露地蔬菜面积新增0.91万亩，达到91.72万亩；设施蔬菜面积新增5.34万亩，达到59.07万亩；其中日光温室新增3.03万亩，达到36.89万亩；全市蔬菜总产值达到93.15亿元。销售渠道不断拓宽，依托京津大市场，积极发展直营销售和推进“农超、农校、农社”对接，发挥电子商务移动端平台在蔬菜销售中的作用，在北京建设蔬菜直供店总数达到38个，全市供京蔬菜产量达到 288.3万吨。农业物联网技术示范推广，在滦平、隆化、兴隆、平泉等地建立设施农业物联网控制系统示范应用，集中示范面积1000亩，通过自动检测和调控温室内地温、气温、土壤水分、光照、空气湿度、二氧化碳浓度，使设施环境更符合作物生长规律，节俭人工。创建农业科技精品示范园区，重点与滦平兴春和种植股份有限公司开展现代农业协同创新合作，完成建设集蔬菜、食用菌、养殖、循环农业为一体的现代循环农业精品示范园3250亩。同时协同平泉擎宇、瑞斌和绿之源三家蔬菜专业合作社在平泉县榆树林子镇建设4000亩高端日光温室园区；丰宁县在塔沟、朗栅子、三道营三个村建设1000亩的高端塑料大棚园区。通过精品亮点园区建设，为承德蔬菜产业发展提供样板。植保无人机应用到农业生产，提出农用无人机倾角合力升举式设计，研发出基于此设计的农用植保无人机系统，提高了农用无人机高荷载作业情况下的飞行稳定性，完成X4Z产品定型和实际应用。总结编制技术规范,弥补地方技术空白。在白菜、甘蓝、水稻、菜用枸杞等农业生产中应用无人机与人工作业相比较，节约用水90%以上，节省农药40.9%，节省人工91%。作业效率是传统人工植保的67.5倍。

【食用菌产业】 全市食用菌生产正从分散经营向规模化、标准化经营转变。全市150亩以上园区93个，工厂化生产企业13家，从事食用菌产销龙头企业80多家，其中省级龙头企业5家，市级龙头企业12家。合作社581个。食用菌工厂化生产已经基本具备日产百余吨的生产能力。继续向菌需物资供应、仓储加工、营销交易、文化休闲以及技术服务等第二、第三产业延伸，不断扩大食用菌产业的内涵与外延扩张效应。食用菌加工业不断增强精深加工产品开发力度，延长产业链，提高附加值，市森源公司已开发出食用菌功能性饮料——“生力饮”等产品。承德市各类食用菌经纪人2306余人，流通企业126家，投资建设了总建筑面积11.5万平方米、交易大棚2652平方米、保鲜库5000平方米的中国北方食用菌交易市场，实现集交易、仓储、加工、生活、娱乐为一体的多功能食用菌经营场所和购、销、信息咨询、检测、服务一条龙的产业体系。

【马铃薯产业】 坚持以丰宁、围场为重点的种薯繁育为支撑、以商品薯生产为主导、以马铃薯加工为延伸、以储藏保鲜为调控、以市场营销为载体，在“稳定面积、提高单产、改善品质、增加效益”原则指导下，经过多年的培育基本形成科研、生产、加工、贮藏、销售功能较完备的产业体系，已成为增加农民收入的农业主导产业。全市马铃薯种植面积83.3万亩，平均单产1990千克， 按市场1.1元／千克计算，总产值181.5亿元；主要种植的品种有“荷十五”、“冀张薯十二”、“夏波蒂”等。大力推广脱毒种薯、配方施肥、大垄栽培、地膜覆盖、膜下滴灌水肥一体化以及病虫害综合防治等综合配套栽培技术。错季马铃薯栽培面积稳步增长，在围场县、承德县、丰宁、隆化全面布点，起到了较好的示范带动作用。在全市范围内开展功能马铃薯试验示范工作。在围场推广富硒马铃薯5000亩，为功能马铃薯发展打下良好基础，提升示范区的科技含量。

【专用玉米种植】 2016年重点围绕促进全市玉米产业优化升级，在稳定全市玉米种植面积的基础上，以简化、低成本为主攻方向，研究、开发、建立承德市春播玉米高效丰产简化集成技术体系，综合应用玉米单粒精播技术、精准施用缓释肥技术、地膜覆盖与除草一体化技术。推广三种技术模式：承德地区冷凉早中熟区域地膜全覆盖、半膜覆盖简化栽培模式及中南部简化平种模式。大力推广配套综合丰产栽培技术，加大机械化作业水平，提高玉米单产和效益，促进加工增值，促进农民增收。

全市玉米种植面积258.12万亩，建立玉米创建示范区25个，面积25万亩。玉米品种方面，中南部推广应用农大364、先玉335、承玉10、农华101、海禾17、长城799等品种。北部推广应用龙单13、佳禾10、冀承单3号等品种。其中，农大364、先玉335、沈玉17等为高淀粉玉米品种；白马芽、豫青贮23、樱红等为饲用型玉米品种；鲜食型玉米品种有京科糯2000、中糯1号、合作2号等。

【中药材产业】 全市中药材人工栽培面积、销售额分别达到68.58万亩、18.1亿元，同比分别增长17.25%、19.16%，栽培面积、产量稳居河北省首位。其中道地大宗中药材黄芩种植面积27.45万亩、总产量3.49万吨，同比分别增长5.1%、47%，黄芪种植面积7.47万亩、总产量1.36万吨，同比分别增长14.6%、16%，桔梗种植面积6.89万亩、总产量2.15万吨，同比分别增长21.5%、50%，苦参种植面积6.14万亩、总产量1.63万吨，同比分别增长44.5%、126%。全市有中药材生产、经营企业27家，中药材专业合作组织50余家。全市已创建4个万亩中药材示范园区、15个千亩中药材示范园区，其中滦平县沿京承高速沿线创建了万亩黄芩示范园区，在金沟屯镇创建占地2000亩热河中药花海小镇，在滦平镇创建占地2000亩“承德逸曦庄生态农业产业园”，在巴克什营镇创建了千亩桔梗示范园区，在付营子镇创建占地千亩金银花示范园区；隆化县在韩家店乡创建万亩枸杞、柴胡示范园区，在七家镇创建千亩桔梗、红花示范园区，在步古沟镇创建千亩桔梗示范园区；围场县沿G111线创建万亩黄芪、益母草、甘草、桔梗示范园区，在城子乡创建占地1500亩沙棘示范园区；双滦区以大庙镇为主创建万亩椴树花示范园区；平泉县在北五十家子镇创建战地1500亩黄芩、黄芪示范园区，在南五十家子镇创建占地1300亩山桃示范园区，在榆树林子镇创建占地3000亩林下黄芩示范园区；高新区在冯营子镇创建占地2000亩北苍术仿野生种植示范园区；丰宁县在外沟门乡创建占地1500亩苦参、黄芪、黄芩扶贫示范园区；承德县在两家乡创建千亩黄芪示范园区；兴隆县在半壁山镇创建千亩苹果+翟麦“果药间作”示范园区；宽城县在板城镇创建千亩黄芩示范园区，总面积达到6.18万亩，有力地引导带动全市中药材园区向高标准方向发展。市农牧局连续两年蹲点帮扶打造的热河中药花海小镇现已形成集种质资源展示区、种子种苗繁育区、生态种植集成技术示范区、标准化种植区、观光休闲区“五大功能区”。燕山中药材博物馆和电商体验店建成，已累计制定42个覆盖全市主要中药材品种的种植技术规范，总结“药药”“粮药”“果药”“林药”四种生态化间作种植模式，发布桔梗、射干、黄芪、关黄檗仿野生栽培技术规程和热河黄芩产品初加工技术规程五项市级地方标准。8月18日河北省首届中药材产业发展大会在承德市隆重召开，全面推广创建模式，为全省中药材产业园区建设树立典范。

【燕山中药材示范区】 滦平县金沟屯镇下营子村建成燕山中药材核心示范区，占地2024亩的燕山中药材经济核心示范园区，形成涵盖种质资源展示区、种子种苗繁育区、生态种植集成技术示范区、标准化种植区、观光休闲区“五大功能区”。建立燕山中药材展览馆和电商体验店，与中国工程院院士、中国中医科学院常务副院长黄璐琦合作建设的中国北方中药材研发基地主体办公楼已落成。5千米高等级通村公路于8月初建成通车，村庄、街巷绿色、美化、亮化工程已基本完成。花海小镇自建设以来，带动当地近300户农民成为中药材产业工人，其中40余户贫困户采取“土地流转+企业就业”实现户均增收2.5万元以上。8月18日，河北省首届中药材产业发展大会成功在滦平县举办，国家、省、市领导到下营子村参观后给予充分肯定，年接待自发观赏、参观学习人员5000多人次，这些都为打造燕山中药材核心示范区奠定坚实基础。

【花卉种植】 全市花卉种植面积4.11万亩，总产值达4.1亿元。其中，鲜切花0.098万亩，盆栽植物0.32万亩，观赏苗木2.04万亩，食用与药用花卉0.075万亩，其他花卉1.577万亩。主要分布在平泉县、隆化县、宽城县。种植品种有：月季、百合、菊花、唐昌浦等，销往北京、天津、赤峰等周边县市，已形成以百合鲜切花为主，花坛花卉、露地鲜切花、地被植物、花卉育种、观赏苗木和野生花卉驯化等多品种、多结构共同发展的格局，有效地促进了产业发展和农民致富增收。平泉县平泉镇代同沟村花卉示范园区，建立

“公司＋基地联农户”的新型产业化组织，扶持壮大花卉企业，延伸产业链条。同时，建立“科研院校＋基地＋农户”的花卉科技生产体系，促进新品种、新技术引进、推广及科研成果转化，带动花卉产业快速发展。

【现代种业发展】 争取“河北省隆化县玉米杂交种生产及加工基地建设项目”总投资1330万元，其中：中央投资700万元，省级配套224万元，县级配套56万元，企业自筹350万元。全面清理整治种子市场。采取拉网式检查和不定期暗查等形式，重点对全市种子生产经营企业、种子批发商和大型种子集中交易市场，以及县、乡种子经销者进行监督检查，共出动执法检查人员200余人次，车辆50余台次，检查门市、商户450余个次。对全市玉米、蔬菜种子经销商、代理商进行全覆盖抽检，共扦取种子样品201个，其中玉米样品177个、蔬菜样品24个，占市场销售品种的35%，净度、水分、发芽率、纯度、真实性五项指标合格率达99%，其中：玉米种子全部合格，蔬菜种子1个不合格。对于质量不合格的种子，市站依法责令经销商停止销售，收回已售出的种子，杜绝不合格种子流入市场。开展夏季种子生产基地巡查行动。8月1—31日会同各县种子管理站对全市种子生产基地进行了巡查，抽检面积达2.02万亩，占制种总面积的87.5%，查处宽城和平泉县400多亩非法制种田。顺利通过农业部检验室资格认证。6月30日，以全国农业技术推广服务中心种子检验处赵建宗处长为组长，四人农作物种子质量检验机构能力考评小组，对承德市农作物种子监督检验站进行考评，通过文件审查和现场评审，承德市顺利通过农业部检验室资格认证。另外，积极做好玉米新品种展示（隆化县）、马铃薯种薯生产示范工作（丰宁县）和玉米新品种试验和审定工作。

【功能与休闲农业】 以建设首个“全国功能农业扶贫示范市”为引领，优先确定发展富硒马铃薯、胡萝卜、香菇、水稻等十大类、20余个品种，组织11个专家团队开展试验示范，先后制定了马铃薯、胡萝卜、黄瓜、肉牛、肉羊、香菇、黄芩、黄芪、水稻、谷子、牧草“单品冠军”及公共服务平台建设工作推进方案，与硒谷公司合作，完成单品样品权威检测工作，2017年将大面积推广种植；在市科技局大力支持下，先后成立中国（承德）功能农业产业研究院、苏州功能农业院士工作站承德站、承德功能农业产品检测及认证中心、承德市功能农业工程技术研究中心和功能农业产业技术创新战略联盟；围场、滦平和隆化县先后建立了富硒马铃薯、谷子、水稻示范区；富硒土壤大数据库建设、富硒肥料本地化生产、富硒农产品品牌注册和培育等重点工作均取得了积极进展。特别是围场县，创建了1万亩有机富硒马铃薯功能农业示范基地和5000亩有机富硒／富锌胡萝卜示范基地，在成功培育农业新品牌的同时，带动了2000余户贫困户实现了增收。在充分利用承德市独特的地理位置、资源禀赋、产业文化优势，紧抓京津冀协同发展的机遇，全力推动休闲农业迅速发展，取得显著成果。截至2016年年底，全市休闲农业专业村42个，农家乐2977个，休闲观光农园157个，从业人数52970人，年接待9024600人次，营业收入达到24亿元。承德市被认定为首批“休闲农业和乡村旅游示范市”（全国6家）。承德县、兴隆县被认定为河北省休闲农业示范县；隆化热河西道旅业有限公司被评为河北省休闲农业示范点；周台子村被认定为中国美丽休闲乡村，隆化县七家乡西道村等三个村和丰宁农牧局孤石牧场草原景观获评河北省美丽休闲乡村和河北省美丽田园；围场满族蒙古族自治县顺鑫果蔬种植专业合作社等五家休闲农业企业获评全国休闲农业和乡村旅游星级示范企业；滦平县兴春和种植有限公司、平泉县森德兰农业发展有限公司等四家企业获评河北省休闲农业星级企业。全年打造高品质休闲农业和乡村旅游精品线路十余条，其中6条通过中国休闲农业网、河北音乐广播、河北省休闲农业公众号等平台进行了推介，两条在全省网络投票中获得第一名。承德休闲农业正在成为促进农民增收、满足居民休闲需求的重要产业。

种植业管理与服务

【惠农政策补贴全面落实】 积极做好畜牧良种补贴工作。肉奶牛良种补贴：2016年，国家继续对奶牛养殖实施全覆盖的良种冻精补贴，按照每头能繁母牛每年补两只冻精，每支冻精按照15元的补贴标准，由国家财政直接将补贴资金补给供精单位。承德市获得国家补贴冻精5.58万支，补贴资金83.70万元。国家对肉牛实施了良种补贴，每头能繁母牛每年补两只冻精，每支冻精按照10元的补贴标准，由国家财政直接将补贴资金补给供精单位。共补贴肉牛冻精37.5万只，补贴资金375万元。生猪良种补贴：国家继续对养猪重点县实施良种补贴，每头能繁母猪补贴四份精液，一份补贴10元。共争取补贴4万头，补贴资金160万元。其中平泉县补贴2万头，滦平县补贴2万头。绵羊良种补贴：国家对山绵羊生产重点县继续实施良种补贴，全省有20个县（市、区）被列入国家绵羊良种补贴项目，通过积极争取，有围场、宽城、丰宁、平泉4个县享受山绵羊良种补贴，补贴种公羊数量3200只，补贴资金256万元。争取“菜篮子”畜产品项目资金250万元，共扶持8个畜禽养殖场进行了防污防疫基础设施建设、养殖设备更新换代、场区环境改造提升等。丰宁县、围场县、隆化县、平泉县争取到肉牛扩繁项目，补助资金3858万元。在丰宁、围场、隆化、宽城补贴存栏基础母牛500头以上的规模养殖大场14个，补助资金652万元。

【农业标准化与质量监管】 累计抽检生产基地、市内重点批发市场和四大超市蔬菜样品4380个，其中检测基地样品1960个，市场检测样品1680个，超市检测样品740个，全部合格，共编制检测通报261期，其中《基地检测通报》131期，《市场检测通报》92期，《超市检测通报》43期，检测月报12期。积极配合农业部抽样工作，全年共抽取水果、蔬菜、食用菌样品品种27个，238个样品，合格率98.3%，高于全国96%平均水平。顺利通过“双认证”工作考核，获得“中华人民共和国农产品质量安全检测机构考核合格证书”。全市无公害农产品产地环评面积925公顷，认证企业41家，其中食用菌企业20家，粮食企业2家，有效期内无公害农产品数102个，其中蔬菜产品76个，食用菌产品26个，粮食2个。

组织全市综合执法骨干23人次参加部、省级举办的农业综合执法培训班；组织相关执法人员共45人参加了市政府法治办组织的执法人员资格培训班；执法支队牵头组织全市农业综合执法培训班1期，培训人员100人。在2016年依法行政考核中，被市政府评为依法行政工作优秀单位。在省农业厅组织的农业行政处罚案卷评查中，承德县、围场县报送的农业行政处罚案卷被评为全省优秀案卷。“双随机一公开”监管工作有序开展。按照市政府的统一部署，制定出台《承德市农牧局推广随机抽查工作实施方案》《双随机一公开工作制度》等，并进一步完善一单、两库等“双随机一公开”的基本规定要求。以提高执法水平和规范执法行为为目标，以农业综合执法体系规范化建设为重点，全面推动“双随机一公开”监管工作。农产品质量安全示范县创建。滦平、围场两个首批国家级质量安全试点县通过核查，兴隆、双滦、双桥第一批省级农产品质量安全示范县获得批复。平泉县、双滦区被确定为创建第二批国家农产品质量安全示范县试点单位；宽城县、隆化县、承德县纳入第二批省级农产品质量安全示范县创建名单。建设全市农产品质量监管检测体系。8个县全部建立监管机构和检测机构并开展工作，市级两个检测中心完成实验室改造和检测仪器的提档升级，实现了省级检测机构“双认证”。围场县、滦平县通过省技术监督局计量认证，先期开展农产品质量安全监管信息平台录入工作。开展农产品质量安全专项整治行动。全市共出动执法人员56245人次，检查农产品生产经营场所9224个次，查处问题115起，没有发生农产品质量安全事件。配合完成农业部风险监测。市政府办公室印发《关于切实做好2016年国家对承德农产品风险监测工作实施方案》，印发《承德市农牧局2016年农产品质量安全风险监测工作方案》，对抽检不合格的14个样品，责成有关部门进行处理。食用农产品合格证试点。选择平泉县为试点县，选择15家企业（合作社）开展食用农产品合格证试点工作。开展农产品质量安全工作延伸绩效考核。对全市农产品质量安全的7个一级指标、30个二级指标进行了考核评估，评分97.45分。

【农村新能源建设】 争取中央和省级资金6910万元，其中中央资金6610万元、省级资金300万元。针对清洁能源开发利用工程项目资金切块到大气污染防治资金的实际情况，争取国家大气污染防治专项资金3410万元，于高效清洁燃烧炉具补贴；争取中央资金3200万元，用于围场县、平泉县农作物秸秆全量化综合利用试点项目建设；争取省级资金300万元，用于围场县秸秆全量化利用试点项目建设。按照省、市和局党组下达的建设任务，全市共推广高效清洁燃烧炉具4.451万台，完成省下达建设任务的127.2%；推广生物质成型燃料5.5万吨，完成省下达建设任务的110%；农牧设施清洁改造7.1万处，完成省下达建设任务的160%；同时，大力实施秸秆“饲料化”“燃料化”“原料化”“肥料化”和“基料化”及收储运体系建设，秸秆综合利用率达到97.9%。通过农户炊事、取暖和畜禽养殖场、温室大棚清洁能源改造实现农村散煤压减替代29.7万吨，完成省下达建设任务的118.7%。

【农业面源污染治理】 坚守生态和发展两条底线，遵循“一控两减三基本”原则，打好农业面源污染治理攻坚战，保护农业生态环境。大力发展节水农业，以旱作农业技术推广项目为抓手，落实地膜覆盖135.5万亩，推广水肥一体化技术面积49.95万亩，其中建成马铃薯膜下滴灌水肥药一体化核心示范区30496亩，集成八项先进技术，取得良好的经济和生态效益；推进“化肥、农药零增长”行动，全市累计实施测土配方施肥面积500万亩次以上，化肥使用量28.50万吨，同比增长0.5%（增长率符合政策要求），农药使用量1760吨，同比增长0.45%（增长率符合政策要求）；实施畜禽粪污治理工程，全市均完成禁养区、限养区、适养区划定工作，已累计关停或搬迁禁养区内养殖场36个，80%以上的规模养殖场配套建设了粪便污水处理设施，有效地探索部省级示范场周边主体小循环、种养结合示范区及有机肥厂周边主体中循环、县域内主体大循环的治理模式，规模养殖场畜禽粪便综合治理率达到85%以上。

【测土配方施肥与植物保护】 2016年，全市落实测土配方施肥项目资金262万元，推广测土配方施肥技术面积500万亩，应用配方肥4.9万吨。科学制定春玉米、马铃薯、水稻、蔬菜等肥料配方肥配方22个，测土配方施肥信息公告栏覆盖90%以上的行政村，发放培训材料8.78万份，开展科技下乡宣传培训农户23万人次。以配方肥推广应用为核心，抓好测土配方施肥技术推广。在继续完善主栽作物施肥指标体系，在配方施肥专家系统基础上，发挥测土配方施肥服务站信息服务平台（触摸屏、电脑版）功能，做好配方施肥技术服务，形成“一乡一站、一村一栏、一店一牌、一户一卡”推广服务网络。实施耕地质量保护与提升项目。项目资金总计240万元，分别在滦平县、围场县和宽城县实施，每个项目县实施面积1.6万亩，内容为补贴商品有机肥，每亩补贴50元。其中滦平县购买商品有机肥1231吨，围场县总计购买有机肥1051.5吨，宽城县总计购买有机肥1014.4吨。施用商品有机肥不仅有利于增加土壤中微生物的数量，还为土壤中微生物的活动创造良好的环境，增强微生物活性，促进微生物对有机肥料的分解转化能力。全市农业有害生物中等发生，局部地块偏重发生，发生面积2125.01万亩次，防治面积1398.67万亩次。专业化统防统治向省站争取资金10万元，在承德县建立1万亩的玉米中后期“一喷多效”减灾技术集成示范区。6月23日，在承德县召开了玉米“一喷多效”减灾技术集成示范项目现场观摩会，9月12日，在隆化县召开了统防统治与设施蔬菜绿色防控现场观摩会。争取重大农作物病虫害统防统治资金100万元。首台六旋翼植保无人机已经落户承德市，选派3名技术人员学习操作技术，并获得资格证书。绿色防控共建设18个绿色防控示范区，中心示范区总面积13000余亩。重点推广物联网应用、辣根素土壤绿色消毒、生物药剂、黄蓝板诱杀、熊蜂授粉、防虫网、水肥一体化、全膜覆盖、臭氧杀菌机、常温喷雾机等技术。选派两名专业技术人员参与滦平农业科技创新与集成技术示范基地蹲点，投入黄绿色防控物资合计3万余元。7月21日，在丰宁县召开了绿色防控暨检疫性有害生物监测防控技术培训与现场观摩会。省站王贵生副站长、阚青松科长到会指导工作。会议邀请了各地市植保同行以及北京市植物保护站、怀柔区植物保护站交流植保监测防控技术。植物检疫　新版全国植物检疫工作平台正处于试用阶段，京津冀植物疫情管理系统已于9月1日试运行。全市共受理调运检疫审批1474项，产地检疫审批515项。组织春季、秋季两次全市植物检疫执法联查活动。9月，组织植物检疫宣传月活动。重点加强苹果蠹蛾的监测，在兴隆、宽城、平泉、承德县、隆化建立监测点，投入诱捕器200套。

【农经管理土地确权与流转】　国家级改革试点工作收获新成果。截至年底，双滦区作为国家级试点，累计完成股改村19个，超额完成年度试点任务。试点工作的成功经验被《人民日报》《农民日报》《光明日报》头版长文刊发。以市肖店村为原型，反映农村股份制改革主旋律的数字电影《农民股东》在中央电视台播出。全力推进省、市股份制改革试点工作。全市共有40个村开展了试点工作。农村集体经济发展。全市12个试点村村集体经济总收入714.78万元。其中：集体经济总收入100万元以上的村2个，50万元以上的村4个。农业生产全程社会化服务试点。围场县被确定为省级农业生产全程社会化服务试点(此项试点全省6个)，争取项目资金1000万元。10月围场县社化服务试点被农业部批准为全国第二批政府购买农业公益性服务机制创新试点单位(此项试点全国38个)。社会化服务试点项目，涉及围场县26个乡镇及后沟牧场，马铃薯作业面积80000亩。通过项目实施，项目区范围内马铃薯预计平均每亩可增产500千克以上，节本增效达4800万元。平泉、隆化两县被农业部评定为第三批全国农村集体“三资”管理示范县。

土地确权登记颁证，全市已有2302个村完成外业调查、面积达到595万亩，2088个村完成二次公示、无异议面积达到560万亩，分别占全市“二调”耕地总面积的99%和93.1%，平泉县成为“农业部土地确权成果应用试点县”(全国7个)。土地流转，全市新增农村土地流转面积25万亩，累计达到115.3万亩，占家庭承包经营土地面积的27.8%，平泉县成为“农业部土地确权成果应用试点县”(全国7个)。培育规模经营主体，全市家庭农场累计达到722家，14

家家庭农场被新认定为省级示范家庭农场，其中4家省级示范家庭农场获得省财政资金奖补90万元（2个精品家庭农场共60万元，2个重点家庭农场共30万元），同时新认定市级家庭农场50家。农村土地承包纠纷调处工作稳步开展，全市共受理农村土地承包经营纠纷案件4803件，其中调解4468件，仲裁335件（调解276，裁决59件），全年未发生农村土地承包经营纠纷重大群体性事件。受理市信访领导小组批转代表市政府复核案件11件，已全部出具信访复核意见。

（供稿 赵玉聪 赵继艳 张 杰 孙秀华 谭雯雯 朱世言 赵海云 吕若梦 曹士国 刘玉坪 才凯华 孙玉春 修丽娜 李 兵 蒋俊杰 贾洪男 韩永生 张晓波 张 扬 南 洋）

畜牧水产业

【概况】 全市畜牧工作按照“以发展草食畜牧业为主、以发展食粮型畜牧业为辅”的思路，致力抓好“百万头优质肉牛”“百万只优质肉羊”产业带建设，加快优质肉牛、肉羊、奶牛等产业发展步伐，稳定生猪、禽类、水产等产业规模，促进全市草食畜牧业与食粮型畜牧业的比例进一步优化。全市牛饲养量170万头(其中奶牛存栏5.54万头)、羊饲养量423万只、生猪饲养量508万头、禽饲养量1.89亿只，带动贫困户约6500余户、户均增收约6000元。新创建生猪、奶牛、肉鸡、肉羊等各类省级示范场18个，已经通过验收等待挂牌。通过市、县农牧部门共同努力，全市现有部级示范场25个、省级示范场74个。全市共实施畜牧业项目28个，到位国省资金4.06亿元。

【畜牧产业化】 致力抓好“百万头优质肉牛”“百万只优质肉羊”产业带建设，加快优质肉牛、肉羊、奶牛等产业发展步伐，稳定生猪、禽类、水产等产业规模，促进全市草食畜牧业与食粮型畜牧业的比例进一步优化。积极发展肉奶牛、优质肉羊和毛驴产业，改造提升肉鸡和生猪产业，全力培育壮大以隆化为核心的百万头优质肉牛产业带、以围场为核心的百万只优质肉羊产业带、以丰宁为核心的10万头奶牛产业带，改造提升滦平、承德县两个肉鸡产业集聚区，发展链条经济，促进第一、第二、第三产业加快融合；稳定发展滦平、平泉两个生猪养殖大县。

【生猪产业】 在全市整体产业规划布局上，以承德县、滦平、平泉、丰宁、兴隆等5个县为主要区域，以承德县鹏程小店、滦平博亚、平泉三元中育、丰宁丰鑫实业、兴隆鑫鹏小店等为龙头，建设生猪繁育基地,带动周边地区生猪产业发展。在政策扶持上，滦平县、平泉县被列为国家生猪良种补贴项目县,2016年获得补贴资金160万元；滦平县为生猪调出大县，获补贴资金261万元。在品种特色上，全市重点推广“杜长大”三元杂交育肥猪品种。在提升产业水平上，以“龙头+合作组织+规模养殖场（户）”为主要发展模式，以“三位一体”生态养猪为补充，大力推广无公害生猪良种扩繁技术，以滦平博亚公司、丰宁丰鑫实业公司为核心示范区，以点带面，在全市推开。在圈舍设计上结合微生态发酵床的使用，解决养猪业所面临的环境污染问题，实现粪污“零排放”，猪群无疫病。在生猪屠宰加工上，丰鑫实业有限公司作为龙头企业，建立年屠宰200万头育肥猪的屠宰场，主要从事生猪屠宰、分割加工、销售。在生产过程中，严把生猪进场关、全封闭静养关、同步检疫检验关、全程质量关，于2013年通过了ISO 22000食品安全管理体系认证，所生产的猪肉产品注册为“满鑫”品牌，主要销往承德、张家口、内蒙古、唐山、北京、天津等地。在产品特色上，重点发展生态有机猪产业，并已在滦平、丰宁、平泉、宽城、隆化开始推广，产品通过美国及欧盟有机食品认证。

【肉禽产业】 市肉禽产业规模效益显著，是畜牧业支柱产业之一，截至年底，全市家禽存栏2862.6万只，出栏1亿只，其中鸡存栏4355.2万只，出栏1.39亿只；鸭存栏106.9万只，出栏470万只;鹅存栏31.8万只，出栏28.6万只。肉鸡产业围绕华都、三融建设中北部肉鸡产业带。肉鸭产业围绕金星鸭业等重点龙头企业。肉鹅产业围绕平泉县泉发畜禽有限公司，设保种场1处，重点保护区4处，带动周边肉鹅养殖业发展。

【肉牛产业】 全市能繁母牛存栏38.25万头，当年生产犊牛24.96万头。全市改良牛28万头，超额完成年初下达的指标任务。良种繁育体系建设稳步推进。截至年底，共建肉奶牛标准化改良站点230个，利用西门塔尔牛、夏洛莱、弗莱威赫、荷斯坦等优良品种，改良肉奶牛28万头；进一步优化产业布局，全力培育壮大以隆化为核心的百万头优质肉牛产业带；调整优化畜禽品种结构。通过引进优质胚胎或冻精，在对肉牛进行改良的同时，培育和发展安格斯、和牛等优质肉牛。争取项目,加快肉牛产业建设，全市共申请到肉牛扩群项目资金4510万元，其中丰宁、围场、隆化、平泉四县申请到肉牛大县补贴资金3846万元，丰宁、围场、隆化、宽城等4县共有14家养殖场申请到肉牛大场补贴资金652万元，市级申请到核查经费12万元。争取畜禽标准化建设项目用于支持围场县畜牧业绿色发展示范县建设，确定8个肉牛场为该项目承担单位，总投资297.48万元，其中申请补助资金250万元，养殖单位自筹47.48万元，经过养殖场自验、县级农牧部门初验和市级专家验收，各养殖场已经全部按照项目申报的设计内容完成建设。

【奶牛产业】 到2016年年底，全市规模养殖场区35个，其中规模场28个，存栏奶牛38449头，养殖小区7，存栏奶牛4860头。在产业布局上，奶牛养殖主要集中在丰宁、围场、滦平，隆化、承德县、平泉各有1个规模场。计划以丰宁鱼儿山牧场、围场御道口牧场为基础，建设两个标准化奶牛园区，带动丰宁、围场、隆化3县部分乡镇奶牛产业发展。形成以丰宁中兴农牧、围场天添乳业、市畜牧场等为龙头的乳品生产加工产业带。在品种特色上，通过实施奶牛良种补贴项目和奶牛标准化示范场建设项目，利用优质国产冻精、进口冻精、性控冻精、性控胚胎，不断加快全市奶牛品种改良进度，实现了数量增长、生产性能提高、生鲜乳质量可靠的目标。在产品特色上，全市已形成品牌的有：丰宁中兴农牧的“源天然”有机奶；市畜牧场生产的“霖霄泉”牌液态奶、活性奶;围场天添、银河生产的有机原料奶;这些品牌奶约占全市奶产量的20%以上，其余生鲜乳都销往“蒙牛”“伊利”“三元”“君乐宝”等国内大型乳品加工企业。

【肉羊产业】 自下半年开始，育肥羊价格逐渐回升，由8～10元/千克上升到14～16元/千克,以围场县为重点区域,开展“百万只优质肉羊”基地建设，带动了全市肉羊产业的发展，截至年底，规模羊场发展到2256个，其中100只以上羊场1488个，500只以上羊场738个，1000只以上羊场30个。在区域布局上，丰宁、围场、隆化县的接坝和坝上地区多以绵羊为主，宽城、兴隆、承德县及滦平多以山羊为主。在品种特色上，绵羊饲养以乌珠穆沁、河北细毛羊、小尾寒羊为母本，利用萨福克、无角道赛特、杜泊等优良的肉用品种为父本进行杂交提高产肉率；山羊则根据不同的生产用途，引进辽宁绒山羊和波尔山羊进行杂交，来提高产绒量和产肉率。在产品特色上，随着标准化规模养殖场不断增多和畜产品加工企业的诞生，“六和源”和“溯源”牌的手把肉、羊排、羊肉卷和礼品件等产品畅销国内市场。

【水产业】 全市渔业以小产业大作为、小行业大功能，建设高效、优质、安全、生态养殖水产业为发展原则；以提高产业化、规模化、标准化水平为发展方向；以大水面无公害养殖、冷热水名贵鱼养殖、生态休闲渔业为优势特色产业，调结构、壮基地、创品牌、增效益，实施科教兴渔和可持续发展战略，实现渔业提质提效、渔民增产增收。截至年底，全市水产品总产量42011吨，同比增长4.5%。其中养殖产量31761吨，同比增加7.4%；捕捞产量10250吨，同比降低3.69%。渔业经济总产值43296万元。新认证无公害水产品产地3家，3个品种，454公顷。全市设病害监测点15个，测报面积5300亩，监测品种7个。新建国家级健康养殖示范场2个，面积452公顷。示范区（场）标准化率达到100%。验船812艘7723.56千瓦。承德市水库养殖产量27686吨，养殖面积5382公顷，分别占全市总养殖产量和养殖面积的87.17%、91.70%。主要以潘家口水库网箱养殖为主。据2016年统计数据显示，潘家口水库承德库区网箱养殖面积为285.5981万平方米，占水库养殖面积的5.30%，其中，宽城县262.9981万平方米；兴隆县22.6万平方米；网箱养殖产量22075吨，占全市水库养殖产量的79.73%。按照河北省《潘大水库网箱养鱼清理工作方案》要求，10月28日，承德市人民政府成立由市长常丽虹任组长，李晋宇、李维、董天利、吴清海等副市长任副组长，水务局、农牧局、财政局、发改委等10个相关部门为成员单位的“承德市依法取缔潘家口水库网箱养鱼工作领导小组”，印发《承德市依法取缔潘家口水库网箱养鱼工作方案》，到2016年年底，两县分别完成任务总量的64.47%和19.10%。2016年，全市开展“规范标准抓创建，示范带动促发展”活动，以创建省级休闲渔业示范基地为切入点，建立分层次创建、逐级达标的评选制度，推荐省级休闲渔业示范基地3家，补助资金85.73万元。同时，引导休闲渔业经营者在京津周边、城镇周围、旅游景点景区发展不同层次、不同类型的休闲渔业模式，进一步提升渔业生产附加值，推动市渔业结构转型升级进程。据统计，全市从事池塘养殖的企业和个人开展休闲、娱乐、垂钓等休闲渔业经营活动的占比达到90%以上，休闲渔业发展继续保持良好态势。

畜牧水产业管理与服务

【渔政管理】 全年开展渔业执法检查426次，出动检查人员1328人次，执法艇30艘次，检查车145辆次；办理（含年检）“捕捞许可证”671本、“水生野生动物经营利用许可证”12本、“水生野生动物驯养繁殖许可证”6本；检验机动渔船812艘，7723.56千瓦。特别是在滦河国家级特有鱼类水产种质资源保护区资源保护工作中，市渔政站为加大巡护力度，购置了摩托车、执法记录仪、GPS定位仪等巡护设备。全年累计巡护160人次，其中：市渔政站30人次，御道口牧场130人次。还在当地聘用了2名保护区巡护员，负责日常巡护，对于人为因素破坏保护区生物资源和生态环境的活动及时制止，对于因自然因素导致保护区内生物资源和生态环境遭到破坏的情况，及时展开救护。

省农业厅、省财政厅下达市增殖放流补助资金共计227万元，用于潘家口水库池沼公鱼、鲢鳙鱼、草鱼增殖放流。河北省渔业资源增殖放流资金40万元。放流任务为：在潘家口水库，放流池沼公鱼受精卵6.667亿粒（投资20万元），放流规格为40～70克/尾的鲢鳙鱼鱼种2万千克（投资20万元），总投资40万元。分别于5月4日，圆满完成池沼公鱼受精卵增殖放流任务；于10月20日至21日，省渔业资源增殖放流指挥部监督组对承德市鲢鳙鱼鱼种放流情况进行了现场验收，圆满完成鲢鳙鱼增殖放流任务。国家水生生物增殖放流资金187万元。放流任务为：在潘家口水库放流规格为 40 ~ 70 克 / 尾的草鱼鱼种 3.1 万千克，投资 62 万元；放流规格为 40 ~ 70 克 / 尾的鲢鳙鱼鱼种 12 万千克，投资 120 万元。另外，5 万元用于包装运输、政府采购等费用补助。于 11 月 1 日至 5 日，历时 5 天，在省渔业资源增殖放流指挥部监督组全程监督下，完成国家水生生物增殖放流项目任务。

【畜禽良种繁育】 2016 年，新办续办种畜禽生产经营许可证企业 11 家。共有各类种畜禽场 36 家，其中种猪场 18 家，种羊场 9 家，种兔场 1 家，肉种鸡场 5 家，孵化场 1 家。种鹅场 1 家，种蜂场一家。通过引进优质胚胎或冻精，在对肉奶牛进行改良的同时，培育和发展安格斯、和牛等优质肉牛；以杜、长、大三元为主，积极发展热河民猪等优良地方品种，满足市场多样化的需求。引进优质种肉用公羊，对山绵羊品种进行改良；引进 AA+、海兰、农大三号等品种，对蛋肉鸡品种进行更新。利用杂交优势，提高畜禽产品产量和质量。共建肉奶牛标准化改良站点 230 个，利用西门塔尔牛、夏洛莱、弗莱威赫、安格斯、和牛、荷斯坦等优良品种，改良肉奶牛 28 万头；建肉羊标准化改良站点 185 个，利用小尾寒羊、乌珠穆沁、杜泊、萨福克、东弗里升等优良品种，改良肉羊 55 万只；建设生猪标准化改良站点 250 个，利用杜洛克、长白、大约克等品种，改良生猪 40 万头。以上各项改良进度，均超额完成年初任务。

【动物防疫体系建设】 覆盖市、县、乡、村的四级动物防疫体系已基本形成，机构健全、队伍完整，设施完备，在动物疫病防控工作中发挥着主力军的作用。市本级和 12 个县（区）全部建立健全了兽医管理行政机构、动物疫病预防控制机构和动物卫生监督机构，乡镇级全部按照 2 ~ 3 个乡镇设立防检分站，村级协防员达到每村 1 名。市级兽医科行政核编 2 人（现 4 人，2 人借调），动监所全额事业核编 21 人（现 18 人），疫控中心全额事业核编 20 人（现 17 人）；县级动监机构 12 个，全额核编 625 人（部分县区乡镇分站编制列入在县级动检机构），疫控中心 12 个，全额核编 36 人，均满编满员。乡镇级，全市合理规划建设区域化动物防疫分站 105 个，核定编制 459 人（其中全额 432 人、自收自支 23 人），均满编满员。村级，全市现有乡村兽医 804 人，通过推荐和考试招录协防人员 2534 人。依托国家基层动物防疫体系建设项目，为基层分站配备化验、监测仪器和面包车、摩托车等交通工具；市政府为每个基层分站充实配备价值 1 万元的冰箱和仪器。全市市、县、乡防疫机构人员工资全部纳入财政预算或财政支付。对符合条件的 16 家动物诊疗机构，颁发“动物诊疗许可证”。积极开展执业兽医考试和注册的组织工作，全市共有执业兽医师 203 人，助理执业兽医师 177 人，其中注册人数为 81 人，助理备案 14 人。全市登记注册乡村兽医 818 人。全面完成全市 23 家兽药经营企业复检工作。积极开展兽药市场集中整治，共出动执法人员 2746 人次，检查兽药生产经营企业 46 家次、兽药经营企业 425 家次、动物诊疗单位 1324 家、各类规模养殖场 2254 家。共查处违法案 11 起，货值 1.8481 万元。

【重大动物疫病防控】 全面完成春秋畜禽强制免疫工作。共强制免疫牲畜 545.01 万头只（猪 143.02 万头，牛 76.89 万头，羊 325.1 万只），禽类 1861.17 万只（鸡 1782.24 万只，鸭 64.9 万只，鹅 14.03 万只）。应免畜禽免疫率、免疫证发放率、免疫耳标佩带率、免疫档案建档率实现 4 个 100%，顺利通过省厅考核验收，实现全年没有发生重大动物疫情总体目标。开展免疫抗体监测工作。全年共监测口蹄疫 9484 份次，禽流感 14543 份次，猪瘟 5687 份次，鸡新城疫 9710 份次，牛羊布病样品 8627 份，结核病检测奶牛 3077 份，免疫抗体水平达到 85% 以上（国家标准 70%以上)，全年共检出布病阳性牛 12 头，羊 45 只，均按国家有关规定进行了无害化处理。完成双桥区、双滦区、营子、高开区的兽医实验室建设。12 月 5—7 日举办动物防疫人员专业技术培训班，培训人员 219 名。滦平县国润立德农牧有限公司申报种猪伪狂犬病的净化创建场。7 月 22 日—8 月 6 日，在围场县举办全省动物防疫职业技能优秀选手集训，重大动物疫病防控工作被省畜牧兽医局评为优胜单位第三名、市疫控中心被省中心评为 2016 年度全省动物防疫工作实绩突出单位、2016 年度全省动物疫病净化工作先进单位、市兽医实验室在全省兽医系统实验室综合技能大比武中荣获团体一等奖。

【动物检疫监督】 在省局“我为动监行业添光彩”活动中，全市共获得“河北省十佳动物卫生监督执法卫士”1 人、“十佳基层动物卫生监督所”1 个、“优秀执法能手”9 名、“优秀检疫能手”11 名，市所还被评为“2016 年全省动物产地检疫工作实绩突出单位”和“畜禽屠宰质量安全风险评估分级管理先进单位”。新增产地示范县 5 个，总数达到 9 个，全年产地检疫动物 9656 万头只，屠宰检疫动物 6318 万头只。风险评估工作，实施“四报告、四保证、四健全”管理措施，共完成风险评估对象 1474 个，风险评估率达到 100%。全年查办违法案件 194 件，罚款 26 万元。成功举办监督执法培训班，提高执法办案能力。8 月 30 日，联合市人社局、总工会举办了承德市“丰鑫杯”动物屠宰检疫技能竞赛，12 个县区代表队的 34 名选手参加比赛，比武状元申报了市级五一劳动奖章。在全省屠宰检疫技能竞赛上，荣获团体三等奖，3 名队员分别获得个人二等奖。与北京建立京承动物卫生监督联动机制。建设承德市动物卫生监管地图分布平台，将 13 项动物卫生信息录入指挥系统。严格种用、乳用动物的跨省调运许可，共申报跨省调运许可 11 批次，其中承德县监督审批调运种蛋 648 万枚，滦平县调运种禽 5.1 万只。

【畜禽定点屠宰】 承德市畜禽产品屠宰管理工作位列全省前五名，定点屠宰办公室荣获省畜禽屠宰管理先进集体，全市畜禽屠宰管理工作取得显著成绩。全市生猪屠宰企业标准化顺利推进。共投入标准化建设资金 4143 万元，标准化达标率达到 60.9%，超出省局要求目标 0.9 个百分点，按省局要求时限完成标准化建设目标任务。开展畜禽屠宰监管“扫雷行动”和“铁拳行动”。先后组织开展元旦春节畜禽屠宰集中整治，畜禽屠宰监管“扫雷行动”和“铁拳行动”畜禽屠宰宣传月等活动，使屠宰秩序环境进一步优化，畜禽产品质量保障能力进一步提升。开展屠宰监管担当年行动。按省局要求组织开展屠宰监管执法但当年行动，提升管理队伍“敢担当、能担当、会担当”的能力。下发审批事项。7 月 18 日，承德市人民政府办公室做出《关于将生猪定点屠宰许可由直接下放更改为委托下放的通知》，将全市生猪定点屠宰许可行政审批权委托各县（区）政府执行。

【草原建设与保护】 组织实施京津风沙源治理草地建设、巩固退耕还林成果草地建设、“粮改饲”示范县等一批草原建设保护项目，启动了已垦草地治理项目，完成全省自然资源资产负债表试点承德市草地资源调查工作，全市草原建设与保护取得明显成效。推进落实京津风沙源治理工程、巩固退耕还林成果后续产业两个草地专项工程。其中，完成 2015 年度京津风沙源治理工程草地建设 13 万亩、暖棚 21.6 万平方米、青贮窖 4 万立方米、贮草棚 4 万平方米，落实国家投资 5450 万元，完成年度任务的 100%；2016 年度计划 6142 万元资金已到位，建设任务为草地建设 12.7 万亩、暖棚 28.2 万平方米、青贮窖 4.5 万立方米、贮草棚 4 万平方米，按照上级计划要求完成当年总工程量的 60%。完成巩固退耕还林成果舍饲圈舍建设12.3万平方米，完成2015年度国家投资2460万元，完成年度任务的100%。实施国家级粮改饲试点项目。在围场、丰宁、隆化三县实施国家级粮改饲试点项目，实际落实粮改饲种植面积19.68万亩，收贮全株玉米青贮59.53万吨。其中，建设万亩示范区1个、千亩示范片8个，年内三县累计支出“粮改饲”补贴资金2873.67万元，完成资金计划的79.8%，剩余资金726.33万元结转至下年度合并实施。启动农牧交错带已垦草原治理项目，2016年投资3400万元，其中中央投资2720万元，省级投资680万元，拟治理已垦草原面积17万亩，涉及丰宁、围场县和御道口牧场，建设内容为草原围栏、人工草地建植等。如期完成草地资源负债表试点工作。积极组织各县（区）做好草地自然资源负债表编制试点工作，保质保量完成全市草地质量等级野外调查、产量测定登记、数据汇总上报工作。其间，承办了全省草地自然资源负债表编制试点技术培训班。

全年共接到农业部卫星监测热点信息12起，均及时核实处置，全市未形成草原火警和等级以上草原火灾。同时，借助草原补奖绩效奖励资金项目，完成御道口牧场防火视频监控系统改造提升和红松洼牧场草原保护监控体系建设项目，已投入使用，在两牧场主要场区实现了草原火情实时电子监控。组织申报河北省承德市草原防火基础设施建设项目，由农业部正式获批，项目总投资1833万元，其中国家投资1665万元，实施年度为2016—2017年，拟在兴隆县、围场县和平泉、宽城、承德县、御道口牧场同期建设草原防火物资站6处，防火库用房土建工程面积计3300平方米，建设物资储备架及防盗监控设备6套，购置储备防扑火设备66套、通讯保障设备6套、管理取证设备套及防火专用设备6批。其中2016年度中央资金1165万元已到位，委托专业设计单位完成初步设计、完成项目开工前相关准备，初步设计已通过省级专家评审，待省农业厅批复后实施。9月底，农业部副部长、草原防火指挥部总指挥于康震带队赴丰宁，就国庆假期草原火灾防控措施落实情况开展专题督查，对承德市草原防火工作给予充分肯定。

【草原生态补奖】 如期完成2015年度半牧区草原生态补奖资金到户发放工作，19.12万农牧户继续受到政策惠顾。完成2014年度和2015年度集体承包禁牧补贴资金使用方案、2015年度牧草良种补贴项目方案、2015年度绩效奖励资金项目的组织申报和评审批复工作；联合省畜牧兽医局、市财政局对2014年度绩效项目进行实地核查验收，2县1场全部建设项目通过省级验收。成功承办了全国草原生态补奖政策效益评价会。农业部畜牧业司、全国畜牧总站领导和13个牧业省区、新疆生产建设兵团、黑龙江农垦局以及中国农业大学、北京林业大学、中国农业科学院草原研究所、内蒙古草原勘察规划院、新疆草原总站、西南民族大学6支专家团队代表共51人参会，会议服务工作任务圆满完成。启动新一轮草原补奖政策，承德市新增滦平、兴隆2县，补奖范围扩大到4县1场，草原禁牧补助标准由原来6元／亩提高到7.5元／亩。上级确定承德市禁牧草原面积693.3万亩，每年草原生态奖补政策禁牧补助资金5200万元；同时争取到位2016年草原生态奖补绩效奖励资金6663万元。其中全部禁牧补助资金和与绩效奖励资金中的5331万元打捆使用，按照全省“一揽子政策”，统筹用于草原生态保护示范区建设，重点支持草原围栏封育、“三化”草原改良、严重退化草原典型区域治理和农牧交错带畜牧业转型升级示范基地建设；其余1332万元用于草原防控体系建设。

【草原鼠虫害监测防控】 全市草原鼠虫害工作总体形势平稳，实现可防可控、全年无大灾目标。全年草原虫害发生面积253.3万亩，严重危害面积在136.8万亩，完成草原虫害防治面积159.3

万亩，其中生物防治占到52%；草原鼠害危害面积达到146.3万亩，严重危害面积69.8万亩，完成草原鼠害防治57.7万亩，均超额完成省级下达的防治任务。在滦平、丰宁县实施草原牧鸡治蝗、野化狐狸控鼠项目试点工作，完成牧鸡治蝗防治9.2万亩、野化狐狸控鼠防治10.8万亩。6月至8月，市、县两级草原虫灾防治机构实行24小时值班制度和周报告、零报告制度，确保值守到位、监测及时和信息畅通。

【秸秆饲用与饲料生产管理】 全市产秸秆120万吨，完成秸秆科学处理56.5万吨（风干重），其中完成青贮120万吨（鲜重），微贮8.5万吨，秸秆压块8万吨，秸秆处理饲用率达到47%。全株玉米带穗青贮25万吨。加上直接饲喂12万吨，秸秆饲用率达到57.2%。青贮玉米种植达到20万亩。全市持证饲料生产企业12家（年内新增2家），其中肉禽料3家，猪料2家，精料补充料1家，蛋白饲料DDGS 1家，玉米蛋白粉1家，羽毛粉2家，预混料1家，饲料添加剂1家。全年饲料总产量20.6万吨。平泉避暑山庄集团饲料公司年产酒精全槽干饲料(DDGS)5.69万吨。加强饲料日常监管和饲料检测工作，完成2家饲料生产企业生产许可证报批初审工作，在全市范围内开展饲料联合检查、认真开展饲料生产企业安全生产工作；指导各县（区）建立并完善饲料、饲料添加剂监督管理档案；规范饲料生产、经营企业管理，全年省、市两级饲料抽样检测150个，未检出不合格样品。深入开展“瘦肉精”专项整治工作，积极妥善应对“瘦肉精”阳性事件，落实重点环节监管措施，为畜牧业发展提供保障。

【无公害产品认证】 全市在有效期内通过无公害畜禽水产品产地认定企业共 146个，其中通过无公害生猪产地认定企业58个共48.86万头，通过无公害活鸡产地认定企业10个共4902万羽，通过无公害肉牛产地认定企业16个共3.73万头，通过无公害肉羊产地认定的企业24个共21.53万只，通过无公害生鲜牛乳产地认定企业8个共27650吨，通过无公害鲜鸡蛋产地认定企业13个共6980吨，通过无公害肉类产地认定企业7个共36000吨，无公害水产品认定企业8个共410吨，其他企业2个。无公害畜禽水产品认证企业26个，其中通过无公害生猪认证企业4个共24400吨，通过无公害牛羊肉认证企业3个共2550吨，通过无公害生鲜牛乳认证企业1个共2000吨，无公害鲜鸡蛋认证企业6个共4280吨，无公害禽肉类认证企业3个共1750吨，无公害活鸡认证企业1个共2万羽，无公害水产品认证企业8个共410吨。

全市新申报无公害畜禽水产品产地认定企业13个，其中通过无公害肉羊产地认定企业6个共2.36万只，无公害牛肉产地认定企业1个共960吨，无公害鲜鸡蛋产地认定企业2个共600吨，无公害活鸡产地认定企业2个共300万只，无公害生鲜牛乳企业1个共2400吨，无公害水产品产地认定1个共21吨。新申报无公害畜禽水产品认证企业2个，其中牛肉产品企业1个960吨、水产品认证企业1个共21吨。

【畜禽水产品质量检验监测】 全年共完成检测任务2147批次，其中畜产品1643批次、饲料172批次、生鲜乳332批次，合格率99.9%。积极协调，配合农业部完成抽样工作。承德市代表河北省迎接2016年农业部例行监测抽样工作，宁波、大连两家部级检测中心对8县4区内的畜禽产品、水产品开展抽样，共抽取样品165批次。重点突出，加强节日期间检测力度。元旦、春节、“五一”端午、中秋国庆前夕，开展专项监测，检测样品352批次，合格率100%。紧张有序，实验室建设持续增强。购置液质质、超高效液相色谱等先进检测设备，弥补承德市在定量检测等方面的技术短板，为更好地服务承德农牧产业发展京津一体化发展提供强大技术保障。

（供稿　赵大彬　李素霞　刘爱君　刘计双　刘　楠　王青妹　郭立斌　张东冉　王洪涛　邢燕华　周长山　黄志龙　夏清华　张会文　王丽英）

农业机械与农业科技

【概况】 2016年农机总动力达到444.76（246.24+198.52农用运输车总动力）万千瓦，比2015年407.72万千瓦增长9.32%；大中型拖拉机达到20843台，比2015年的17840台增长14.4%；耕种收机械化作业面积达到740万亩次，农业耕种收综合机械化水平达到47.5%。各项指标均完成年初制定的年度计划目标。全市承担中央农机购置补贴专项资金5183.398（5305.768-122.37）万元。继续覆盖三区八县和御道口牧场（三区为双桥区、双滦区、高新区）。全年完成中央农机购置补贴专项资金4737.2201万元，剩余446.1779万元，占全部资金的91.4%。补贴各种农机具8475台、件，其中：耕整地机械2577台、种植施肥机械108台、田间管理机械1138台、收获机械79台、收获后处理机械2台、排灌机械33台、畜牧水产养殖机械515台、动力机械3988台、设施农业机械8台、其他机械27台。受益农户7275户。

按照省农业工作会议的总体部署，以提高科技支撑能力、加快发展现代农业、增加农民收入为目标，通过强化协调，加强监管，创新工作，农业科技工作取得了较好成效。4月，在承德县成功组织并筹办了全省农业科教工作会议；6月，平泉县代表承德市作为全国新型职业农民培育工作先进典型，在苏州全国新型职业农民经验交流会上做典型发言；9月，全省新型职业农民系统培训工作会议上，市局、平泉县、围场县分别做典型发言；11月，迎接省科教督导组对承德市推广补助项目及新型职业农民培育项目的检查验收，考核等级均为全省最优。12月，承德市申报的冀北设施蔬菜标准化技术集成示范推广、肉牛良种繁育及标准化养殖技术集成与推广分别获得全国农牧渔业丰收奖农业技术成果二等奖和三等奖，孙士河获得个人贡献奖。

【农机安全监管与服务】 全市未发生较大以上农机安全生产事故，农机安全生产形势保持平稳。强化监管能力，提升安全水平。针对春耕备耕、秋收、重点农时阶段、节假日农机事故易发的状况，组织农机监理人员深入乡村、集市、农户、场院等，通过发放明白纸、安全操作使用注意事项、宣传画等形式，开展送农机安全文化，安全知识下乡入户活动。并认真开展“强化安全发展观念，提升农机手安全素质”为主题的“农机安全生产月”活动。强化源头管理。规范业务流程，确保依法行政。全市共检验拖拉机2579台，安全教育驾驶员4100余人，办理拖拉机注册登记1518台，核发拖拉机驾驶证318本。农机安全生产形势平稳。通过开展“农机安全月”、农机安全生产大检查、“平安农机”创建等活动，进一步提高农机驾驶操作人员的安全生产意识，有效消除事故隐患，确保了人民群众生命财产安全。全市各级农机监理部门共出动人员520人次，检查机车920台，纠正违章92起，排查隐患329项，整改隐患329项，整改率100%。

全年机耕、机播、机收面积分别达到330万亩、280万亩、130.7万亩。全市5个县共完成实施农机深松作业面积56万亩，争取国家补贴资金1680万元。其中分别为丰宁27万亩，补贴资金810万元；围场22万亩，补贴资金660万元；隆化3万亩，补贴资金90万元；宽城3万亩，补贴资金90万元；滦平1万亩，补贴资金30万元。全市的农机维修厂点保有量为215个。其中：二级维修点4个，三级点142个，专项维修点69个。全市申报并完成农机职业技能鉴定21人，其中拖拉机驾驶员15人，农机修理工3人。

【提升农机化水平】 全市农机推广部门以“服务主导产业推进现代农业发展”为重点，加快先进适用、节能环保农机化新技术的推广应用，机械化应用领域不断拓宽，马铃薯生产机械化、玉米机械化收获等新技术有新突破。保护生态环境，持续推广保护性耕作技术，实施玉米机械化保护性耕作面积61万亩，约占全市玉米播种面积的23.4%，在全省处于领先地位；示范推广马铃薯全程机械化技术，实现多环节系列化作业，提高技术集成度，减少机具进地次数，简化作业工序，降低燃油、工时等作业成本。全市马铃薯耕种收综合机械化水平达到85%，取得重大突破；加强农机农艺结合，提高玉米机械化收获水平。推进玉米生产全程机械化进程，完成玉米机播160万亩，玉米机收39万亩；引进四行精量多功能谷子播种机，谷物全喂入联合收割机和谷草打捆机，实现谷子生产“机械耙压整地→机械精量播种→机械收获→秸秆处理”环节的全程机械化技术，填补了承德市谷子生产全程机械化的空白；根据中药材产业发展需要，与中药材园区和机具生产企业配合，探索谷物收获机在收获中药材小粒种子中的应用，取得进展。

（供稿 胡国勇 张 智 郭海燕 张书辉）

【农牧科技推广与应用】 大力推介和推广蔬菜、食用菌、马铃薯、玉米、肉鸡、生猪、肉奶牛，以及水产养殖等优新主导品种99个，组织筛选12项重点综合推广实用技术，着力提高农业科技贡献率，全市农业科技普及率、良种覆盖率分别达到96%、97%。12项重点综合推广技术共涉及14个科站，涵盖了市蔬菜、食用菌、中药材、生猪、肉奶牛、羊等主导特色优势产业，以及特色水产养殖，建立中心示范区81处，中心示范区面积近40000亩，共涉及农户25000余户，辐射带动14万户。

共争取基层农技推广体系改革与建设补助项目资金1146万元，比2015年增加128万元，其中承德县等5个一类县各补助130万元，丰宁县、宽城县3个二类县各补助81万元，承德县、滦平县两个科技集成示范基地各补助102万元。基层农技推广体系改革与建设日臻完善。截至年底，通过实施改革与建设补助项目，全市共建立综合区域站86个（农业、农机、畜牧三站合一），实际落实编制和科技人员均为860个，达到国家和省要求标准，已有2个基层区域站被农业部评为“五星级区域站”。全市共确定9600户农业科技示范户，辐射带动20余万户，选聘技术指导员共1900名，全年进村入户150天以上，确保每个示范户平均接受培训指导6次以上。全市共开展各类农业科技培训班400余期，组织现场观摩会120场次，对所有科技示范户、农业技术骨干进行培训，普训农民14万人次，发放各种技术资料12000余册。围绕全市主导产业，确定23个高标准农业科技试验示范基地，积极开展了新品种、新技术引进试验、示范、培训等工作，严格基地规范管理。市、县两级分别与中国电信共同制定《农技推广补助项目云平台建设实施方案》，启动开展河北农技推广云平台建设，截至年底，全市共注册用户11849户，登当总次数73876次，发布任务2149次；日志上报：30603次、上传文字29237次、上传图片15497张；相册统计：图片上传47407张、点赞139137次、评论91446次。

【新型职业农民培育】 全市共培育新型职业农民2774人，其中，培育现代青年农场主100人，新型经营主体带头人2664人；指导各项目县认定新型职业农民2351人，认定比例达到93%。组织召开全市新型职业农民培育工作研讨会，全市共遴选培育对象3931人，建立由“高端师资+行业师资+乡土人才”相结合的师资团队，筛选实训教学基地114个，其中省级实训教学基地15个，市级共享实训教学基地33个，县级实训教学基地66个，并建立新型职业农民培育QQ群、微信群、短信群发系统对学员进行全程跟踪服务。培育模式不断创新。继续发挥平泉县“校园村社企”培训模式、宽城县“幼教保姆”模式、隆化县“分段式”模式各自特色，积极探索职业农民培训新路径。

【农业信息服务】 加强农业信息项目建设。重点建设好四个项目：农业信息进村入户项目，围场县被列为全国农业信息进村入户项目示范县，争取资金136万元，实现该县行政村全覆盖；资料中心项目，争取资金39.8万元，建设涵盖全市农牧行业的视频、图片信息数据库，已投入使用；农产品市场分析预警项目，在全市6个农产品主产县选定84个分析预警信息采集点，进行数据采集并上报；蔬菜产销信息调研项目，与北京市农业局信息中心合作，首期在5个县选择100个信息采集点开展蔬菜产销信息调研，深化京承农业信息合作。提升农业信息采编水平。进一步提升信息发布数量和质量，全年共发布农牧信息1000余条。升级网站发布模式，年内完成2个县农牧信息网站托管。确保京承农产品产销信息平台顺利运行，完成数据采集和上报工作。

【科研院校农技推广】 市农牧局承担2个科研试验基地、6个区域示范基地、16个区域站的建设任务，涵盖马铃薯、食用菌、蔬菜、中药材、草食畜牧业，以及水产养殖等六大优势特色产业。通过指导市本级及7个项目县制定并上报了年度科研院校开展重大农技推广项目实施方案，落实项目资金1090万元，保障了项目的顺利实施。牵头成立了8个对接指导服务组，加强科研院校、省科教处与基地之间的联系沟通，做到勤联系、勤提醒，实现互联互通整体推进。项目首席及各岗位专家多次来承实地指导。试点开展以来，全市围绕新技术推广与应用共举办各类培训班41期，培训870余人次，各科研院校与各试验示范基地开展对接会、交流座谈会等多形式的合作接洽20余次，对项目实施进行4次督导，保证项目严格遵循建设程序。在隆化县举办春玉米示范基地现场观摩展示会，项目首席、各县科教、农业技术推广、各试验示范基地、基层区域站及部分县科技示范户200余人到场参观交流学习。

附：市农牧局领导名录

党组书记、局长：张学东

党组成员、农广校校长：王文合（3月任）

党组成员、副局长：王德林

范庆杰（女，满族）

韩立军

张长青（满族）

刘树新

（供稿 刘玉坪 胡朝兴）

林 业

【概况】 全市完成造林绿化85.2万亩，完成义务植树781万株。完成经济林栽植面积33.9万亩，其中干鲜果树栽植面积17.2万亩，占任务的121%。在总结丰宁、隆化21个国有林场改革全省先行试点的基础上，完成剩余32个国有林场改革方案，待省政府批复后实施。全市没有发生重大以上火灾，没有发生重大人员伤亡，实现了省委、省政府提出的“三个确保”目标；完成林业有害生物防治115万亩，其中病害防治6.8万亩、虫害防治77万亩、林业鼠（兔）害防治31.2万亩，没有集中连片林业有害生物发生。全年到位市级以上林业建设资金10.38亿元（含2015年提前下达资金）。

【生态工程】 河北省下达承德市林业生态工程建设总任务83万亩，全市完成86.58万亩，占总任务的104.3%（其中：人工造林48.58万亩，封山育林13万亩，抚育经营19.6万亩，补植补造4.4万亩)。京津风沙源治理工程完成29.7万亩(人工造林16.7万亩，封山育林13万亩)；京冀水源林项目完成5万亩；新一轮退耕还林完成造林1.2万亩；3个林场、木材战略储备基地、珍稀树种造林3个项目共完成造林4.53万亩。巩固退耕还林成果项目共完成工程建设39.35万亩，占任务35.7万亩的110.2%(其中：林业产业基地完成15.35万亩，占任务11.7万亩的131.2%;抚育经营完成19.6万亩，补植补造4.4万亩)，均占任务100%。财政补贴造林完成6.8万亩，占任务6.9万亩的98.6%。

【资源管护】 认真贯彻执行“十三五”规划期间年度森林采伐限额管理相关文件精神，根据掌握和限额使用情况统计，未发现超限额采伐现象。认真组织开展打击非法占用林地等涉林违法犯罪专项行动，全市共排查出非法占用林地等案件269起(其中非法占用林地案件221起、违规采伐林木案件41起、其他7起)，并依法进行了查处；受理行政许可事项126宗(其中征占用林地许可事项81宗、野生动物保护许可事项5宗、林木采伐许可事项40宗)，全部按规定时限办结。协助省林业调查规划设计院开展第九次森林资源清查工作，一类调查外业除御道口林场外其他已全部完成外业调查任务，二类调查除丰宁、围场外其他已全部完成外业调查任务。按照《京津冀协同发展，毗邻地区林业有害生物协同防控联动工作方案》要求，对本地区危险性林业有害生物预防和除治工作实行统一组织、协调和指挥，进一步完善林业系统内部各级林业主管部门预防和除治松材线虫病责任制。按照国家和省统一安排部署，本着“国有全面开展，集体(个人)试点先行”的方法，积极组织，迅速行动，扎实推进，落实天然林商业性采伐任务1201.1万亩，占任务1201.1万亩的100%；发放使用停伐补贴和停伐管护补助资金4.4177亿元；落实护林员1.77万人(贫困护林员9754人)，签订管护协议，划分管护责任区，实行网格化管护。

【森林防火】 按照“党政同责、一岗双责、失职追责”的总要求，全面加强森林防火工作。进入防火期，市领导多次在不同会议上强调防火工作，并根据防火形势作出指示和批示。11月1日，市委书记亲自带队到兴隆、宽城两县实地检查督导森林防火工作；5月、10月，国家森林防火指挥部副总指挥、国家林业局副局长张永利，国家林业局副局长李树铭先后到承德督导检查防火工作，并给予充分肯定。承德督导检查防火工作，并给予充分肯定。2016年，全市共发生森林火灾19起，过火面积213.61公顷(其中受害森林面积54公顷)，森林受害率0.024‰，火灾起数、过火面积、受害森林面积较上一年分别下降44.1%、3.5%和16.4%，没有发生重大以上火灾，没有发生重大人员伤亡,为全年实现“三个确保”目标奠定坚实基础。

【林业改革】 年初，国家验收组对丰宁、隆化两县21个国有林场改革试点工作进行检查验收，最终以93分的成绩顺利通过国家验收组验收。2016年，对全市剩余32个国有林场进行摸底调研，并起草修订32个国有林场改革方案，经市政府研究后报省政府，待省批复后启动实施。

【林果产业】 按照“宜林则林，宜果则果”的原则,建设经济林产业基地。围绕“百片十线一区”打造山杏产业。百片:以丰宁、围场、隆化、滦平、平泉、承德县的中北部6县110个资源相对集中的乡镇为重点，建设百个万亩以上片区。十线：以京承、承唐、承秦、承朝、承赤、承张、承围、101线、坝上天路和京沈专线为重点，建设10条山杏景观带。一区：以平泉县为中心，打造中国最完整的山杏产业聚集区。建设经济林优势产业区：以兴隆、宽城、滦平长城沿线为主建设板栗优势产业区；以平泉、承德县、兴隆、宽城为主建设苹果优势产业区；以兴隆、营子、隆化、滦平、承德县为主建设山楂优势产业区；以滦平、承德县、双桥、双滦和高新区为主建设时令果产业区；以丰宁、围场、平泉、滦平为主建设苗木、花卉、木本中药材优势产业区。围绕全市功能农业发展，大力发展功能果品。通过对老果园的改造提升，引进矮化密植栽培技术，大力发展富硒苹果、红国光、设施大樱桃、平欧大榛子等名优特新品种,调优产业结构。抓龙头带动。在培育壮大以“露露”“华净”为龙头的山杏产业链、以“怡达”为龙头的山楂产业链、以“神栗”“栗源”为龙头的板栗产业链的基础上，着力打造苹果产业链，树立承德国光苹果品牌，提升果品仓储、加工龙头企业能力。

【乡村绿化】 以推进美丽乡村建设为契机，以庭院、街道、村庄周围和宜林荒山荒地绿化为重点，引导农民大力开展村庄绿化，扎实推进246个重点村绿化工作。完成省级重点村栽树151万株，绿化面积1.54万亩，占全年任务1.14万亩的135%；完成面上绿化栽树103.9万株，绿化面积1.33万亩，占全年任务1.1万亩的120.9%。

【创建国家森林城市】 市委、市政府先后召开“五城联创”动员会，创森工作推进会、档案工作部署培训等会议，对创森工作进行安排部署，抽调林业、园林、水务、交通、城管、教育等相关部门业务骨干12人集中办公，通过新闻媒体宣传、网络宣传、社会氛围宣传、公众参与活动等，开展创森宣传。4月，组织开展“创森万人签名”活动；4月11日，市委书记周仲明、市长常丽虹在《承德日报》发表署名文章《创建国家森林城市，助力魅力承德建设》；10月，中国绿色时报头版头条刊发市委书记周仲明专访——《造福一方，承德的大事要事和善事》《承绿水青山伟业 现生态惠民功德》。聘请中视专业团队制作创森专题汇报片；强化档案管理，确保档案完整、规范，相关技术图件齐备。

【科技推广】 争取中央财政投资推广项目2项，每个项目国家补助资金100万元；联合市财政局相关科室对《红国光苹果集约化栽培技术示范推广》《围场县林木鼠兔害无公害化控制技术示范推广》项目进行绩效评价；报送《油用牡丹优质高效栽培技术研究》和《承德市平榛垦复开发利用技术研究》参加全市科技进步奖评选。针对林果栽培技术、生物防治林果病虫害等方面开展技术攻关，开展《典型生态脆弱区植被建设技术研究》《果树下经济植物高效种植模式与栽培技术研究》等项目研究；针对市林业生产建设中普遍存在和严重影响林业发展的重大问题，集中优秀专家和拔尖人才到重点林区、果园与当地林果农密切结合，解决具体问题；有针对性地遴选先进成熟的科技成果和实用技术到林果生产第一线进行组装配套和推广应用。引进新品种27个，推广苹果、核桃、枣、榛子、板栗等优质丰产栽培技术7项，新建果园良种使用率100%。2016年，全市举办培训班708期，培训林业基层技术骨干和林果大户2.1万人次，普训林果农22.5万人次；组织开展大型送科技下乡活动112次，科技人员下乡3500人次。

【林业宣传】 全年编发创森和林业工作简报52期。每月向省林业厅上报新闻线索，每季度按时上报季度宣传总结和媒体发稿情况。每月向市委宣传部报送省级媒体发稿情况。做好协调服务，先后接待陪同新华社、《经济日报》、河北电视台等多媒体来市林业局采访。根据需要，为重要会议和重大活动邀请媒体进行集中宣传报道。多次向市委宣传部、外宣局和多家媒体提供相关材料和照片。在全省林业宣传综合评价中名列第一位；荣获2016年度全市对上新闻宣传先进单位。

【森林净增量考核】 2016年度省林业厅下达承德市新增造林面积49.035万亩。全年完成人工造林49.7175万亩,封山育林面积12.2895万亩,规划内有林地消耗面积1.59万亩,新增造林面积51.81万亩,占省下达计划的106%。按照省考核要求,制定下发《承德市森林覆盖率净增量实施方案》和《外业检查细则》,组织对各县(区)的新增人工造林面积及成活率、森林采伐和征占用林地消耗的有林地面积进行外业核查,全市共抽查造林小班308个,面积2.7万亩,平均合格率98.16%。

附:市林业局领导名录
党组书记、局长:王 江
党组成员、副局长:牟广泽
孙金伟
段陟鑫
周 满
纪 彪
党组成员、纪检组长:高利民
党组成员、市森林公安局局长:
马钢利
党组成员、市绿化委员会办公室副主任:
李金鹏

(供稿 贾利婷)

水 利

【概况】 2016年,全市水务系统认真贯彻落实市委、市政府决策部署,以服务大局为中心,大力弘扬"塞罕坝精神",扎实开展"两学一做"和党风廉政建设,转变作风、创新思路、紧盯目标、狠抓落实,强力推进水利各项建设,超额完成年度工作任务。全年完成水利项目投资19.67亿元,占年度任务的163%;新增改善灌溉面积30.2万亩,占年度任务的163%;新增节水灌溉面积28.5万亩,占年度任务的317%;治理水土流失面积561平方千米,占年度任务的112%;新建小微型水利工程1794个,占年度任务的120%;小水电发电量达4529万千瓦时,占年度任务的226%;新建水利农民专业合作社47家,总数达到77家,占年度任务的107%;完成投资2700万元,解决了3.32万人的农村饮水不安全问题。

在水利改革发展、水资源管理、水利融资和防汛抗旱等方面,均取得较好成绩。在全省考核中被评为"优秀"等次,市委仲明书记做出"市水务局成绩优秀、贡献突出,应予充分肯定,表扬奖励。望再接再厉,创出更优成绩"的肯定性签批;水资源管理工作位列全省第二名;小型水利工程管理体制改革工作成效突出,典型经验被全面推广;水利融资规模创历史之最,有效破解了水利项目建设资金制约。

【项目建设及水利发展】 坚持把项目建设作为重中之重,以项目建设带动水利大发展,为全市经济社会发展提供强有力支撑。一年来,全市重点水利项目建设完成率393%,在全省中央水利投资计划执行完成情况评比中位居前列。一批项目建设和一些重大事项顺利推进。围绕"一带三区"城市发展战略,谋划实施了两河治理、双峰寺水库周边开发等重大项目,为有效拓展城市发展空间,承接京津产业转移创造条件。其中,总投资73.5亿元的"两河"综合治理工程中的滦河治理工程被列入全市"一带三区"发展战略,与新水源地、水源井工程同步开工建设,完成投资4.1亿元,治理河道8.25千米。双峰寺水库建设取得重大进展。水库大坝主体工程基本完工,完成投资36.5亿元,投资完成率97%;水库移民搬迁工作进展顺利,1346户6435人仅用45天时间,完成搬迁6358人,完成全部任务的98.8%,受到水利部高度重视,其典型经验将在全国推广。快速推进其他水利项目。国际滑雪度假区项目成功签约;投资2.5亿元的4项国土江河综合整治项目建成完工；投资5.61亿元的22项中小河流治理项目全部完工；投资7141万元的38座一般小型水库除险加固工程在全省率先完成；投资856万元的37项水利工程维养项目完成市级年度验收；下达移民后扶资金5272万元，审批项目342个，有效地改善库区和移民安置区基础设施条件，持续保持移民稳定。

【水利建设资金筹措】 为解决水利建设资金投入不足问题，坚持多腿走路、多方争取、多渠道筹措资金投入工程建设，全年争取资金51.14亿元，其中，政策性资金9.144亿元。挤入规划争资金。为使全市水利重点项目与国家层面规划有效对接，委托水利部水规总院，高标准编制完成《承德市水务发展“十三五”规划》。经过积极争取，承德市被列为第二批全国水生态文明建设试点市，总投资81.3亿元的39个项目列入《承德市水生态文明城市建设试点实施方案》；3座中型水库和43座小型水库初步列入《全国“十三五”中型水库建设规划》《全国抗旱十三五（2017—2020）实施方案》等相关规划；总投资26.75亿元的49个水利项目列入《国土江河综合整治滦河流域试点总体方案》；总投资98.84亿元的62项水利项目列入《京津冀协同发展六河五湖综合治理与生态修复总体方案》；总投资78.13亿元的83项水利项目列入《河北省山水林田湖生态修复试点方案》；总投资93.71亿元的20项水生态修复项目列入《河北省张承地区生态保护和修复实施方案》。创新模式融资金。以水务集团为平台，与中信集团、国开行等央企和金融机构深度合作，通过PPP等模式，为双峰寺水库、两河综合整治等项目争取资金41.995亿元，其中，两河综合治理专项建设基金11.065亿元，占当年国开行投放全市基金12.275亿元的90.1%。开展合作引资金。积极与北京市供销社开展合作，推进双峰寺水库周边综合开发，现已签订《合作协议》，完成公司注册，编制《双峰寺水库周边区域规划研究》。

【水利及水资源改革】 农业水价综合改革。提请市政府成立了以市长常丽虹为组长的“承德市农业水价改革领导小组”，编制印发《关于推进农业水价综合改革的实施方案》，明确农业水价形成机制、精准补贴和节水奖励机制及基础性工作要求，各县（区）初步编制完成改革方案。兴隆县水利农民专业合作社经验进一步推广，全市成立水利农民专业合作社47家、用水协会220家，其中，兴隆大碌洞水利农民专业合作社已申报省级示范社。

水权改革工作提前开展。承德市虽不是省考核方案要求的水权改革地区，但市委市政府根据形势需要和市水资源优势，提前安排开展了相关改革工作。已编制完成《承德市水权确权登记实施方案》《承德市水权交易实施办法（试行）》和《承德市水资源评价报告》。

小型水利工程管理体制改革。共发放所有权、使用权证书19753本，全部签订管护协议书，在全省排序中位列第一等次。《中国水利报》以《管好用好工程，促农业增效农民增收》为题，报道承德市成功经验。

水资源税改革试点提前完成。坚持高点站位、高速起步、高效推动，按时限要求提前完成工作任务，受到省水利厅充分肯定，承德市在全省水资源税改革试点工作会议上做典型发言。

【安全生产】 严守“红线”意识和“底线”思维，落实目标责任，完善安全体系，强化安全监管，全面推行建设项目安全生产明白纸告知制度，深入开展大检查大排查大整治活动，实现安全生产责任事故“零”目标，顺利通过省政府安全生产考核，受到水利部、省市安委会、水利厅专项考核组的充分肯定与好评。《中国水利报》对承德市水利水电施工企业在全省率先实现安全生产标准化做法及成效，进行了专题报道。

【农田水利建设】 完成农田水利基本建设投资8.59亿元。其中：春季抗旱投入9710万元，新增、恢复灌溉面积3.27万亩；应急调水150万立方米，及时解决市区生活和武烈河生态用水紧缺问题；投入抗旱3.8万人次，抗旱浇地60.4万亩，应急解决了1.98万人和1.53万头大牲畜饮水困难。

【防汛工作】 按照“一重三防五确保”防汛总目标，做到组织责任、应急保障、监测预警、协调调度、抢险避险、重点防控六个到位，下发防汛令8道、明电22份，提早6小时发布暴雨预警信息660万条，安全转移群众13960人，有效应对了“7•19”“7•24”两次历史罕见强降雨过程，实现人员无伤亡和工程安全度汛，有效地保障城乡居民生命财产和用水安全，使灾害损失降到最低。

【水利扶贫】 建立工作机制，成立水利扶贫工作领导小组，科学编制水利扶贫“十三五”规划，依托“建档立卡”成果，制定水利扶贫方案；强化项目支撑，优先向贫困地区、革命老区倾斜实施抗旱应急水源建设等工程项目，投资2275万元，解决了12283名“建档立卡”贫困人口饮水不安全问题；实施重点帮扶，先后为水务局包扶的贫困村和滦平小城子等美丽乡村协调资金869万元，扶持移民发展产业基地39个、龙头企业6家、致富典型511户，为贫困村脱贫致富提供有力支撑，其中，驻围场县城子村工作组帮扶成效明显，被市电视台作为典型在“今日聚焦”栏目专题播出。

【京冀合作项目】 紧紧抓住京津冀协同发展有利契机，积极推进密云水库上游生态清洁小流域建设，争取生态清洁小流域建设资金1.152亿元，《人民日报》《河北日报》对此项工作进行了专题报道，市委、市政府主要领导分别给予肯定性签批。

【取缔网箱养鱼工作】 认真落实省市决策部署，成立专门工作组，多次深入实地调研，与省厅沟通汇报合理诉求；科学编制《承德市清理取缔潘家口水库网箱养鱼工作方案》，公平、公正、公开推进取缔网箱养鱼工作。712户养殖户，1家养鱼企业已全部签订自行清理协议，累计出鱼10436.8吨，拆除网箱20440个。相关工作得到天津市党政领导和省委、省政府的高度认可。

【供排水设施建设】 铺设污水主干管道6.2千米、再生水利用管道22千米；完成主城区3个区域保障房配套供水管网建设；东区、南区水厂一期工程具备供水条件，新增供水能力5万吨／日。

【有效提升治水管水能力】 按照依法行政要求，健全制度，规范管理，强化落实。依法管水能力不断提升。认真落实最严格水资源管理制度，严守“三条红线”，各项指标均达到省厅要求，节水总量500万立方米，同比提高25%。依法治水力度不断加大。完善联合执法和综合执法机制，开展联合执法检查62次，出动执法人员3000余人次，排查各类重点部位351处，整改各类安全隐患182起；依法打击涉水违法案件，查处水事违法案件20起，案件查处率达到95%。水利科技工作取得突破。2项课题分别获得省水利学会科技进步一等奖和二等奖，3人获得2015年度河北省农业技术推广奖。政务服务水平持续提升。进一步下放审批权力，简化审批流程，实行行政审批“一站式”服务；积极落实老干部“两个待遇”；认真做好信访稳定工作，全年交办处理各类信访案件398起，案件接收率、办结率和信访参评率均达到100%。

【转变工作作风】 以“两学一做”“机关作风整

顿”专题教育为契机，全面加强思想、组织、纪律、作风和反腐倡廉建设。党风廉政建设深入开展。严格落实党风廉政建设“两个责任”，深化水务惩防体系建设，坚持把规矩和纪律挺在前面，加大反腐工作力度；严明纪律约束，严格遵守“八项规定”，坚持不懈纠正“四风”；严格落实“三重一大”制度，加强权力运行监控机制建设，建立健全专题会议、签字背书等23项制度。全局上下形成一级抓一级、层层抓落实的党风廉政建设工作良好格局。人才培训工作不断加强。按期组织市管干部完成4类20个班次的培训学习；组织4名干部参加全省水利局长培训班；培训水利业务骨干183人次。工作作风持续转变。扎实开展“一问责八清理”专项行动和机关作风整顿活动，认真查摆解决问题，完善相关制度措施，不断解放思想，凝聚共识，全局上下形成一种声音、一致步调、一个风格，一心一意谋发展、脚踏实地抓落实的良好氛围。水务影响力进一步提升。不断加大水务工作宣传力度，弘扬“献身、负责、求实”的水利行业精神，及时宣传水务政策、重大项目、重大事项推进情况，争取社会各界的理解和支持。全年共刊发政务信息和新闻稿件2700余条，多篇文章在《经济日报》《河北日报》等重要媒体刊载，信息宣传工作继续保持省市前列，水务系统影响力持续增强。

附：市水务局领导名录

党组书记、局长：李新华（满族）
党组副书记：孔令年（满族）
党组成员、纪检组长：孙华民
党组成员、副局长：慕宏彪（蒙古族）
刘剑锋（满族）
王淑国
刘志远（满族）
王永良
邢晨（满族）

（供稿　滕树海　刘玉铭）

工业和信息产业

综　述

2016年，市工信局坚持稳中求进总基调，积极适应经济发展新常态，围绕“科技创新、企业管理、资金支持、开拓市场、优化环境”五大重点工作，不断加大工业结构调整力度，千方百计帮助企业复产增效，支持重点企业技改扩能，大力推进食品医药、大数据、新型建材、装备制造等战略新兴产业发展,促进“两化”深度融合，全市工业经济平稳增长。

工业经济平稳运行，在经济下行压力加大，产业结构矛盾凸显的困难形势下，通过制定落实减负、降息、倒贷、对标、促销等一系列强有力措施，不断加大运行调节力度，全市工业经济保持了缓中趋稳的良好态势。规上工业完成增加值471.7亿元，同比增长5%，提高1个百分点，完成增长5%的目标任务。

工业技改投资下降，工业固定资产投资完成525.23亿元，比2015年同期下降2.43%；全市工业技术改造入统项目230个，完成投资264.82亿元；工业技改投资占工业固定资产投资50.42%，入统亿元以上技改项目74个，完成投资180.33亿元，同比下降20.35%；亿元以上技改项目完成投资占全市工业技改投资的68.07%。

出台《承德市人民政府关于支持优势工业企业技术改造推动转型升级的若干意见》，制定财税政策和激励措施，推进技改工作制度化、规范化；完成《承德市工业转型升级“十三五”规划》编制初稿，进一步明确工业信息化工作中长期目标任务，并认真组织实施。实行重点技改项目领导分包负责制和管理项目月报管理制度，落实一个项目、一名领导、一套班子、一抓到底的“四个一”工作要求，确保续建项目如期推进、按时竣工，新上项目落实条件、及时开工，储备项目积极推进、落实手续，争取落地。将露露迁址扩能、栗源食品工业园等绿色食品及生物医药产业27个重点建设项目分解到各县区，其中23个项目进展顺利。

承德市被列为国家2016年度电信普遍服务补偿试点地区，中央财政将拨付专项4494万元用于边远贫困山区1059个行政村的宽带光纤化改造升级。积极推进无线局域网WIFI建设，制定《承德市无线局域网WIFI建设和免费开放实施方案》，双滦区已率先实现主要公共场所实现WIFI覆盖并免费开放，其他县（区）也在全力推进之中。

2016年，全市民营经济呈现较为平稳的发展态势。截至2016年年底，全市民营经济单位个数达到21.3万家，同比增长4.1%；从业人员达到100.1万人，同比增长1.6%；实现增加值923.1亿元，同比增长8.1%，占全市生产总值的64.4%；完成营业收入4971.3亿元，同比增长5.4%；上缴税金111.7亿元,同比增长5%，占全市财政收入76%；出口产品交货值11.2亿元，同比增长12.2%。

全市民营经济单位个数同比增加8462家，其中民营企业同比增加2589家，个体经营户同比增加5873户。经济规模进一步扩大，实现增加值同比增加55.5亿元，营业收入同比增加253亿元，固定资产投入同比增加32.8亿元，从业人员同比增加1.5万人。全市民营企业共完成固定资产投资998.1亿元，比2015年同期增长3.4%，占全市固定资产投资的61.8%。投资项目945个，其中577个项目建成投产，为全市民营经济后续发展提供保障。效益逐步好转，共实现利润248.9亿元，同比增长7.5%；其中民营企业实现利润163.1亿元，同比增长8.7%；个体经营户实现利润85.9亿元，同比增长5.3%。

服务企业。印发《承德市人民政府关于减少部分涉企行政事业性收费促进企业降本增效的意见》，对涉企收费最大限度减、免、缓；严格督导落实帮扶工作机制，继续抓好"企业帮扶年"活动；进行仪器仪表、装备制造和食品医药企业专题调研，积极帮助企业排忧解困，并收到很好效果；组织工业企业统计业务培训，进一步规范统计标准，提高统计人员业务素质；发挥银企帮扶基金作用，全年累计使用基金296笔、共108.78亿元，帮助企业完成倒贷122.76亿元，有效解决市内骨干企业到期偿贷难问题，避免资金链断裂，降低融资成本。

加强对各县（区）上报的民营经济报表数据进行审核，举办有100人参加的中小企业生产经营运行监测培训班，全市中小微企业运行监测企业上报率居全省前列。

在全市工业企业广泛深入的推广滦平县稳增长促转型，怡达、神栗、承钢公司电子商务平台的好经验、好做法，承德露露股份有限公司"实施卓越绩效管理的实践经验"获2015年河北省质量标杆。

编辑发布《承德市主要工业产品目录》，涵盖35个行业、汇集540家企业产品信息，有效地提高产销对接效率。组织优势企业55家、数百种产品，参加2016年中国·河北国际经济贸易洽谈会，与近百家来访客商达成合作意向，与参展15家企业进行项目签约，签约额约2亿元。组织全市155家企业召开2016年度工业产品产需对接会，41对企业签订4.5亿元供需协议。

深入开展"两化融合"管理体系贯标试点工作，露露公司、山庄集团、泉力工贸3家企业列为工信部2016年"两化融合"管理体系贯标试点，全年新增省级"两化融合"重点企业5家，新龙电子物联网项目通过省级验收；河钢集团承钢分公司"以客户为中心的生产服务平台"建设项目被列为省"互联网+"制造业试点示范项目。

发展大数据产业。通过积极跑办，全力推进，承德大数据产业保持了强劲的发展势头。数据储存方面：承德德鸣大数据产业园、中经承园大数据光储中心、易骋云金融大数据产业园、斐讯云大数据中心建设顺利推进，国家旅游局数据灾备中心项目正在积极推进之中。服务外包方面：与华唐中科、清华大学共建的河北省首个"京津冀呼叫中心服务外包基地"——承德服务外包产业园1000个座席正式运营；博彦科技软件服务外包项目、软通动力天津IT服务共享（结算）中心即将迁入承德。人才培训方面：人社部教育培训中心大数据人才培训承德基地、河北民族师范大数据学院正式揭牌运营。数据交易服务方面：国内首家数据资产证券化服务机构及华北地区第一家数据资产交易平台——河北大数据交易中心投入运营；河北云上大数据运营服务平台项目也正在洽谈中。数据研发展示方面：中关村智慧环境产业联盟承德展示中心挂牌运营，承德大数据研发展示中心大楼已经封顶，承德大数据院士工作站、承德市大数据科创中心已正式揭牌，南开大学大数据研究院也即将建立。

为推进大数据产业集约化、规模化发展，大力推进大数据产业园区建设，承德高新区电子信息产业园、高新区绿色大数据产业园及承德县大数据小镇初具规模，中电长城网际大数据产业园、力海企业港、合志同方、北大青鸟IT教育软件园、德鸣大数据产业园、国家文献战略储备库等一大批项目入驻园区。智慧承德云平台、智慧交通、智慧旅游、智慧政务建设全面启动，腾讯微信便民服务平台已全面开展业务，华奥、乐视电竞项目正在深入洽谈。大数据招商引资成效显著，共与中国电子、南开大学等29家大数据产业链机构、企业签订合作及战略协议，总投资近685亿元。

尾矿资源综合利用。瞄准中高端产品，进一步加大协调推进和招商引资力度，一批中高端项目相继落地，产业发展后劲强劲。承德新通源尾矿微晶系列制品项目、承德绿标尾矿基装饰保温一体化项目、兴隆城泰年产100万平方米路面砖及砌块项目、承德绿建PC构件生产基地（装配式房屋）项目等10个重点项目建设全线铺开，项目总投资44.2亿元，已累计完成投资13.5亿元，7个项目竣工投产。全市尾矿综合利用项目累计达到110个，产值160亿元。成功举办京津冀尾矿综合利用技术研讨会暨京津冀尾矿综合利用产业技术创新联盟成立大会，河北睿索固废工程技术研究院建设已完成招投标工作。9月，工信部将承德确定为国家级工业资源综合利用示范基地。全市新墙材产量折合标砖102亿块，占墙材总量的比例达到100%，完成农村新型墙材示范房建设开工面积13万平方米，超额完成墙体革新工作目标任务。

完成工业燃煤锅炉改造141台，万元工业增加值能耗降低率2.24%，全年推广新能源汽车1668辆，超额完成1433辆年度目标任务。

优化民营经济环境。市委、市政府印发《关于促进民营经济又好又快发展的实施意见》，出台《承德市促进民营经济又好又快发展重点任务分解》，编制《承德市“十三五”民营企业发展规划》，制定《承德市2016年民营经济暨扶助中小微企业工作实施方案》。进一步明确工作目标、任务；组织召开全市民营经济发展大会和民营企业座谈会，表彰承德市12家入选2015年度省百强民营企业、15名优秀民营企业家和7名创业功臣。通过主动扶助民营企业，促进民营企业释放活力。

重新制定出台《市政府关于减少部分涉企行政事业性收费促进企业降本增效的意见》，对涉企收费最大限度减、免、缓；督导落实帮扶工作机制，继续抓好“企业帮扶年”活动，对仪器仪表、装备制造和食品医药企业进行专题调研，帮助企业排忧解困。市中小企业公共服务平台协同沃昆企业管理咨询有限公司联合对每个县(区）3～5家示范民营企业，以企业诊断、融资借贷、战略定位、营销策划、管理提升、体制建设、产业转型、企业托管、模式创新、重组上市为服务内容，进行重点帮扶。

提供民营融资服务。搭建融资平台，改进和提升金融服务，不断增加信贷投放，积极发挥银企帮扶基金作用。全年帮助296家企业筹集倒贷过桥资金，解决到期贷款128亿元，有效解决市内骨干企业到期偿贷难问题,避免资金链断裂，降低融资成本。提高创新能力，围绕产业升级，强化技术改造。鼓励企业引进先进的技术和设备，推进重点企业加强技术改造，加快改善装备、改进工艺。构筑以企业为主体的技术创新体系，增强企业开发拥有自主知识产权产品的能力，鼓励重点企业成立技术开发机构。实施名牌战略，打造一批名牌产品、驰名商标，以品牌创建促进产业提升，提高产品的知名度和美誉度。

抓好民营企业对接机会。强对接早投产，抓住京津冀协同发展的有利契机，立足国家、省对承德市功能定位，以国家级高新技术产业开发区和国家级钒钛产业基地为核心，以各类新兴产业示范区为依托，精准对接京津，打造产业转移平台，承接京津地区产业转移。全年重点抓“承德与北京中小企业项目（北京）签约仪式暨发布会”“2016食品生物医药产业项目北京推介会”，使更多项目早日落地投产。

加快推进企业联合重组，支持优势民营企业整合民间资本，开展跨地区、跨行业、跨所有制联合重组，着力打造一批国内领先、综合竞争力强、带动行业发展的龙头企业。加大列入“50强”的民营企业和“百家成长型中小企业”的扶持力度，在项目、资金、用地、生产要素供给等方面给予重点倾斜，促其尽快发展壮大，到2016年年底，全市规模以上工业企业达到518家。健全民营企业帮扶机制，抓好“个转企、小升规、规改股、股上市”的各项工作，引导企业健全组织机构和改进管理模式，建立健全现代企业制度。

民营企业人才队伍建设。加强对民营企业家的培训，进一步加大高端培训力度，加强学习和交流，不断提升企业家素质和视野。组织河北（承德）中小企业高层经营管理者领导艺术与企业转型升级专题培训班，市中小企业董事长、总经理和高层经营管理者60人参加培训；选送两名优秀企业家参加清华大学河北省中小企业经营管理领军人才高级研修班。引进急需人才，通过制定更优惠的政策和条件，吸引承德市急需的各类人才，补齐人才短板。加快人才培训基地建设，加强7家基地建设动态管理和培训质量评估，更好地为中小企业、民营企业提供人才培训、专业技术人才培养、管理咨询、市场开拓、产业升级等多方面服务。

附：市工业和信息化产业局领导名录

党组书记、局长：宋清礼

党组副书记、副局长：王书立

张希跃（满族）

副局长：李桂云

于清轩（满族）

王凌岩

刘智慧

（供稿　王晓光　程建国　白永开　赵晓林　马　民　王兆品　王浩蕾　刘爱明　于学强）

钒钛产业

【概况】　市政府组织召开市长专题协调会议，认真研究解决基地项目推进过程中的重大问题，推动各部门对基地项目建设工作的盯办力度。经过不懈地协调推进，承钢冷轧板项目省级层面的备案、能评、水保、土地、环评文件全部获得批复。承德建龙全提钒改造升级项目，老系统环保备案公示已结束。在市委、市政府全力支持和推动下，10月24日，省环保厅正式委托省环境工程评估中心对建龙全提钒改造升级项目环评文件开展技术评估，环评受理工作正式进入程序。

市委、市政府全面贯彻落实中央和省政府决策部署，把压减钢铁产能作为一项重要改革任务，及时安排部署，明确目标、强化措施，确保各项任务落实到位，全市钢铁行业化解过剩产能工作稳步推进。

市委、市政府主要领导及主管领导深入县（区）企业调研摸底和认真研究，结合承德发展实际，市发改委制定印发《承德市人民政府关于贯彻落实〈河北省人民政府关于支持钢铁行业化解过剩产能整合重组结构调整转型升级若干政策的通知〉意见的通知》《承德市人民政府关于钢铁产能部分退出方案有关情况报告》《承德市人民政府关于2017年压减钢铁产能计划的报告》《承德市人民政府办公室关于切实做好全市钢铁行业化解过剩产能工作的通知》。

市工信局组织并实施对全市区域性的违法违规建设钢铁项目封停设备复产落后产能及地条钢生产销售情况的大排查工作。同时，组织由市发改委、市工信局、市环保局和市人社局等部门组成的三个工作组，对重点县（区）进行现场抽查。为积极配合河北钢铁集团公司2016年完成产能退出任务，钒钛办认真组织协调、积极配合承德钢铁公司认真做好产能退出工作，并配合组织完成承德钢铁公司2号450立方米高炉退出拆除省、市、区三级联合验收工作。

扎实推进钒钛新材料产业发展，稳妥推动传统采选企业改造升级。研究制定《承德市钒钛新材料产业发展推进工作方案》，调查研究钒钛及深加工企业重点项目情况，摸清和掌握重点项目的基本情况，积极协调推进各项目进展，天大钒业一期工程已试生产，二期钒铝合金生产线主体车间已封顶，其他小品种车间及中频炉生产车间已经完成调试；承德钛能轧钢项目已完成备案、环评、用地等手续，建设规划及施工等手续正在办理中，项目已于8月中旬正式开工建设；承德钢铁公司亚熔盐高效提钒清洁生产示范工程项目环评已批复，职业卫生预评价已完成，项目已全面开工建设。

【承德建龙特殊钢有限公司】 成立于2001年(以下简称“承德建龙”)，是北京建龙重工集团有限公司旗下的钢铁子公司(以下简称“建龙集团”)。北京建龙重工集团有限公司（简称“建龙集团”）创建于1999年，是一家集钢铁、资源、船舶、战略新兴产业于一体的大型企业集团。建龙集团下属企业遍布河北、黑龙江、吉林、辽宁、山西、山东、浙江、北京、天津、四川、内蒙古、新疆、香港等地，全球钢铁企业粗钢产量排名第25名。2015年，建龙集团名列中国制造业企业排名第79位，中国企业500强第180位。

公司有职工2830人，其中博士、硕士20人，本科、专科937人，高级专家3人，总资产47.1亿元；公司钒钛特钢生产能力200万吨，年产五氧化二钒7000吨，其中引进的意大利达涅利圆坯连铸机，达到国内先进水平。

经多年的发展，承德建龙形成以高压锅炉管、气瓶钢、管线钢及石油套管用连铸圆管坯、电渣母材、圆坯锻打材、齿轮钢、轴承钢、钎具钢、钢球用钢、汽车及工程机械用钢和五氧化二钒等产品为主的钒钛特钢企业，产品广泛应用于铁路、风电、锅炉、电力、矿山、汽车、石油钻探、石油运输、工程机械、装备制造等领域。

【承德兆丰钢铁集团有限公司】 成立于2000年9月，是集铁矿石采选、烧结、炼铁、炼钢、轧钢和房地产开发为一体的民营企业，有员工5000人。集团下属矿山企业6个，具备年产160万吨铁粉能力。钢铁生产线员工3500人，主要装备有两台132平方米烧结机，两台10平方米竖炉，两座650立方米高炉，两座50吨转炉，一条650毫米轧钢生产线，两台12000立方米/小时制氧机，总装机容量3.3万千瓦的发电机组，具备170万吨铁、180万吨钢坯、150万吨带钢、自发电2亿千瓦时的年产能。

【承德盛丰钢铁有限公司】 组建于2003年，是根据承德市和宽城县域经济总体发展规划，以地方和企业自有铁矿资源为依托的具有矿山采选、加工、烧结、炼铁、炼钢、轧钢为一体及公辅设施配套的深加工型民营股份制钢铁联合企业。

公司主要生产装备：两座650立方米高炉、两台152立方米烧结机、一座10立方米球竖炉，两座45吨转炉、一座42吨转炉及配套连铸机其他配套设备。公司总资产30亿元，其中固定资产24亿元，员工3290人。公司已形成年产铁170万吨、钢200万吨、材130万吨规模能力。主要产品铁、钢、材产量分别完成142万吨、134万吨和124万吨。

（供稿　李天旭）

装备制造业

【概况】 2016年，全市装备制造业规模以上企业55家，实现主营业务收入705208.7万元，实现利润22173.9万元，从业人数10580人。产品主要分布在金属制品业、通用设备制造业、专用设备制造业、汽车制造业、电气机械和器材制造业、仪器仪表制造业等几个子行业。全市装备制造企业有省级企业技术中心 8 家，高新技术企业 35 家。工艺装备达到国内先进水平的占 32%。计算机辅助设计（CAD）、计算机辅助制造（CAM）、加工中心、数控机床等先进的技术手段和加工设备在全市装备制造业骨干企业得到普及。

【承德热河克罗尼仪表有限公司】 位于承德高新区，1991 年 6 月成立，是由承德林达仪表有限公司与德国 KROHNE 公司合资兴办，外方控股，专业生产流量仪表和液位仪表及其配套设备的高新技术企业，公司注册资本为 863.3 万美元。为中国石化资源市场成员单位，中国石油一级供应网络成员，德国 KROHNE 公司设在中国唯一的金属管浮子流量计服务及维修中心。主要产品有：H 系列、DK 系列金属管浮子流量计、VFM 型涡街流量计、DW18 系列流量开关、DWM1000 电子式流量开关和 DWM2000 插入式电磁流量计、BM70X 雷达液位计、BM51、BW25 系列液位计、BM17、BM34 系列液位开关等，特别是主导产品金属管浮子流量计，在国内市场中始终处于技术领先地位，年产量 2 万台，国内产品市场占有率达到 55%。

【博冠实业集团有限公司】 位于双滦区，原名承德市电子仪器厂，成立于 20 世纪 60 年代。1992 年被承德钢铁公司收购，2001 年 3 月从承德钢铁公司分离出来，成立新新电子股份有限公司，为承德钢铁公司控股企业。2005 年改制，实行主辅分离，正式从承德钢铁公司脱离。2008 年更名承德博冠实业有限公司，2009 年成立集团公司，更名为承德博冠实业集团有限公司，省级高新技术企业，集团下设工程公司、电控公司、电子公司、兴通钒业公司、新新机械公司、新新机电公司、卓诚工程监理公司、天运物流公司、渣业公司、天博工贸公司等，有员工 3000 余人，主要经营项目包括：工程建设、工厂设备运行维护、工程监理、机械产品制造加工、电控设备制造、电子产品研发制造、物流运输、起重装卸、冶金渣业深加工，位于承德市 50 强企业前列。

【苏垦银河连杆股份有限公司】 位于承德高新技术产业开发区东西营工业园区，2004 年 3 月成立，企业名称为承德银河连杆有限公司，专业化发动机连杆企业。2008 年 12 月，由江苏农垦集团与银河天成集团强强联合，进行股份制改造，更名承德苏恳银河连杆股份有限公司，注册资本 5000 万元，总资产 3.1 亿元，有乘用车连杆生产线 7 条、商用车连杆生产线 4 条。其中，6 条为高端裂解连杆生产线，填补高端粉末冶金连杆加工技术空白的企业。以生产乘用车、商用车、工程机械连杆为主，总产能已突破 1000 万件。公司不但被北京现代、东风悦达起亚、广汽菲亚特等诸多汽车品牌评为优惠配套企业，而且已成为上海通用、神龙汽车、长城汽车、长安标致雪铁龙、山东现代威亚主机厂配套供应商。

【高中压阀门管件集团有限公司】 承德高中压阀门管件集团有限公司始建于 1958 年，2005 年 3 月由原国有企业改制成立有限责任公司，2008 年组建集团公司，2013 年 10 月企业迁建到隆化县城南经济开发区。主要生产高中压阀门、管件、紧固件、化工设备（如大型水冷却器、管线、弯管）和石油钻采设备等，用于煤化工、石油采油、石化和化肥等行业。公司总资产 22416 万元，注册资金 10398 万元，有员工 280 人。公司通过整体搬迁扩大企业的生产规模和实力，年生产各类阀门 4200 吨、管件 3500 吨、化工设备 800 吨。已成为集设计开发、生产、销售和服务为一体的阀门集成专业制造供应商厂家，产品销往国内 29 个省、市、自治区，部分产品远销东南亚、欧洲、中东等地区的 20 多个国家。许多产品处于国内领先水平，拥有自主知识产权及核心技术，有15种阀门产品获得了国家专利技术证书。公司通过TS、GB/T 19022、ISO 9001、API、DNV、CE和TUV等国内和国际权威机构认证，取得相应资质。主导产品“LH牌高压阀门”被评为河北省名牌产品、承德名优产品、省著名商标，企业评为河北省创新示范企业、省级科技型企业、质量效益型企业、消费者信得过产品和市政府质量奖。“十三五”规划期间将积极引领经济发展新常态，继续做好阀门产业园区整体建设，使阀门技术向智能化和信息化方向拓展，开发高端产品，倾力打造具有世界先进水平的中国北方最大的阀门管件生产基地。

【开发区富泉石油机械有限公司】 位于承德市开发区，2001年8月成立，民营企业，员工100余人，占地58787平方米，企业注册资本1100万元，总资产17474万元。2016年实现销售收入5165万元，净利润1100万元，纳税547万元，出口创汇314万美元。企业主要从事石油钻采设备和成套井控装备的生产经营活动，主要产品有石油钻采专用设备防喷器及防喷器控制装置、井控装备、管汇、地面计量装备、带压作业装置、管阀系列130多个品种。公司在开发西区和开发南区拥有2座厂房，年产防喷器及防喷器控制装置30台套，其他产品500余套。在国内中海油、中油测井、大庆、辽河、新疆、胜利、四川等16个大油田得到广泛应用，并出口俄罗斯、乌兹别克斯坦、伊朗、印尼、美国等多个国家。企业2002年通过质量管理体系ISO 9000认证；2004年通过国家质量监督检验检疫总局颁发的全国工业产品生产许可证；2005年河北省科技厅评定其为“最具发展潜力的科技型中小企业”；2006年获得河北省高新技术企业认定；2006年取得美国石油学会颁发的API 6A、16A、16C、16D产品认证证书；2008年荣获承德市人民政府授予的“优秀企业”称号；2010年取得中华人民共和国特种设备制造许可证（压力管道元件）；2012年“富泉石油”商标由河北省工商局认定为河北省著名商标；2012年公司主要产品“防喷器及控制装置”获河北省名牌产品称号。2012年公司荣获河北省科技厅等七部门命名的“河北省企业技术中心”。2013年公司荣获“河北省质量效益先进企业”称号。2015年公司由河北省高新技术产业协会批准为“会员单位”。2015年通过环境管理体系ISO 14000和职业健康安全管理体系ISO 18000认证；公司共获得11项实用新型专利证书；是河北省和承德市税务部门首批认定的纳税A级信用企业，农业银行认定的AAA级企业。

【新新机电设备制造有限公司】 承德新新机电设备制造有限公司是以机械装备制造业为主导的国家新能源产业高新技术企业。公司原为“承德真空设备制造有限公司”，始建于1976年，2004年加入承德博冠实业集团，成为承德博冠集团全资子公司，2008年新厂区建设完成，生产规模扩大，正式更名为“承德新新机电设备制造有限公司”。公司总资产1.97亿元，职工300人。

公司产品包括：ITO、CTP等光电玻璃连续镀膜生产线，CIGS薄膜太阳能电池、AZO等光伏连续镀膜生产线，光学设备、蒸发镀、空心阴极离子镀和等离子体发生器及其应用设备等。新产品“高效率低成本连续镀膜生产线”研制成功，投放市场，在国际真空镀膜行业享誉盛名，获得客户的认可和好评。公司研发的一系列产品已经广泛应用于航空、航天、军工、汽车、电子、玻璃、饰品、五金等行业。公司已通过ISO 9001—2008质量认证，已获得15项国家实用新型技术专利，3项软件产品登记证书，是河北省认定的“高新技术企业”，是中国通用机械工业协会真空设备分会认定的“真空设备行业重点企业”，中国真空学会理事会“优秀团体会员”，是真空设备行业重点骨干企业。

【承德华通自动化工程有限公司】 是华勘（局）集团下属装备制造企业。公司成立于1993年，2003年改制组建为股份制有限公司，是国内现代制造物流自动化系统技术装备及涂装配套设备知名供应商。拥有开发区舜达工业园和承德县创新工业园两个生产基地。能为客户提供汽车焊装、车身储存、涂装、总装物流自动化系统解决方案及制造、安装调试和售后维保服务。

公司拥有自动化系统专业技术研发平台，与国内多家高校及设计院（所）有长期稳定的合作关系，获有多项国家专利和省部级奖项。技术力量雄厚，生产设备齐全，加工品质卓越。产品涉及汽车、工程机械、农业机械、冶金、化工、家电等行业，广泛应用于一汽、二汽、北汽、通用、长城、奇瑞、奔驰、凯马、宇通、吉利、长江等众多汽车生产厂家及小松、中联、山推等工程机械生产厂家，深受用户好评。公司立足长远，以市场需求为导向，以技术创新为动力，以制作精品为手段，以质量管理体系为基础，以全新的服务理念为特色，赢得了客户认可。公司也取得跨越式发展，成为华勘集团四大板块之一“工业服务业”的主力军。

【河北北汽福田汽车部件有限公司】 河北北汽福田汽车部件有限公司（以下简称“河北福田”）成立于2011年9月16 日，由北汽福田汽车股份有限公司、承德建龙特殊钢有限公司和北京汽车股份有限公司三家企业共同出资组成，注册资金5亿元，主要从事汽车核心零部件及配件的制造与销售。

河北福田地处河北省承德市双滦区钒钛冶金产业聚集区钒钛产业园内，规划占地1000亩，建设项目总投资37亿元，分三期实施：一、二期生产发动机铸件，年产15万吨；三期生产汽车底盘类铸件，年产15万吨，全部投产后年产发动机缸体缸盖、汽车底盘类铸件30万吨。

河北福田一期分两个阶段建设，一阶段2012年3月开始建设至2013年9月顺利投产，完成投资12亿元，形成年产6万吨六缸及四缸缸体、缸盖铸件规模；二阶段规划投资3.2亿元，形成年产3.5万吨四缸缸体、缸盖铸件规模。

河北福田以“科技铸造、数字铸造、绿色铸造”为建设经营理念，全力打造一个高科技智能化铸造中心。河北福田关键设备进口、其他设备国内择优配套，具备国内一流、国际领先水平。

河北福田是福田汽车集团“福田汽车2020”战略的重点项目，是实现“进入世界汽车企业十强、成为世界级主流汽车企业”的重要战略支撑点。公司自成立以来，一直秉承福田汽车集团“致力人文科技、驱动现代生活”的企业使命和“成为科技与品质领先的世界级汽车领导企业”的企业愿景，恪守“科学决策、高效执行”的管理理念及“持续改善、精益制造”的制造理念，脚踏实地，锐意进取，将通过5～10年的时间，打造成“国际领先、国内一流”的现代化汽车铸件生产基地，同时树立全球化福田铸造品牌形象。

【承德雅歌包装科技有限公司】 承德雅歌包装科技有限公司位于平泉县内，是一家专业生产食品药品用聚氯乙烯（PVC）硬片的科技型企业。公司成立于2009年10月，总资产8000万元，员工120余人。公司主要产品为各种厚度、宽度、透明及着色的食品药品包装专用PVC硬片和电子工业、精致手工艺品、玩具等普通工业品包装用PVC片材。工艺技术和产品质量在国内PVC包装材料行业处于领先地位。产品畅销哈药总厂、华润集团、华北制药、北京同仁堂、东阿阿胶、颈复康药业等国内知名药厂；同时远销印尼、泰国、越南、蒙古、多米尼加、俄罗斯、乌克兰等国家。

为进一步满足国内外日益增长的市场需求，

承德雅歌包装科技有限公司2013年至2015年利用公司生产区内原建的6000平方米的厂房，在原有三条生产线基础上新增一条高科技自动配混自动计量的1050生产线，实现生产过程、产品检验通过网络实时监控。同时对原有三条生产线进行设备更新、技术改进、产品升级。使食品药品包装用PVC硬片在原年产6000吨的基础上翻一番，达到了1.2万吨。

企业生产工艺及装备技术水平，已经进入国内先进水平行列，截至2016年年底，生产能力为年产药品包装用PVC硬片1.2万吨，占国内药包材市场销售的25%左右，挤入全国药包材生产企业三甲行列。

【承德比亚迪汽车有限公司】 承德比亚迪汽车有限公司于2014年12月在承德市高新技术产业开发区注册成立。项目一期工程用地218.60亩，总投资5.85亿元，建成年产2000辆纯电动客车生产基地，建成整条高标准整车生产线，单班日生产能力达到每日4台。已具备生产能力。自2015年7月已招聘员工570多人。承德比亚迪新能源汽车基地主要生产纯电动大巴车，主要应用于城市公交。经过十多年的不断完善，比亚迪在新能源汽车行业一直处于领先地位，尤其是电池、电控技术全球领先。产品具有零排放、使用成本低、行驶平稳无噪音、性能可靠等特点。

【河北滦宝装备制造有限公司】 滦宝装备公司有着悠久的历史和优良的传统，其前身是成立于1942年的八路军冀察热辽军区后勤部修械所，经过70多年的发展，先后历经承德矿山机械厂，承德输送机集团，承德天宝机械公司几个发展阶段，到2013年由开滦集团通过资本重组，更名为滦宝装备，成为国有控股公司。公司股东为开滦集团装备制造有限公司（控股51%）和河北天宝投资有限公司（控股49%）。2016年，公司占地303亩，注册资金2.19亿元，总资产47943万元，在册职工865人。主要生产设备700余台套，拥有铸钢、锻造、金属结构、机械加工、热处理、电气等加工手段。正常情况下可完成年工业总产值2.5亿元。主要产品分为物流自动化输送系统、水泥设备、冶金烧结设备、仓储设备、风电设备、机场行李输送设备和矿用设备等几大系列。服务的市场领域主要为汽车制造、冶金、煤炭、化工、建材、矿山、风力发电、机场、环保等行业。

滦宝公司是国内最早从事自动化物料输送机系统设计、制造、安装调试的专业化公司。有20多种产品获省部级奖，9种产品被列为国家级重点新产品，链式输送系统处于国内领先水平。公司的技术中心1995年成为国家级企业技术中心，现为省级企业技术中心，拥有一定的研发能力；其中汽车自动化生产线输送设备研发曾经在国内处于领先水平，主要服务于本田、东风、长安、北汽等国内汽车生产企业和各大钢厂铝厂。机场行李制造方面是西门子公司亚洲地区OEM合作伙伴，风电塔架主要服务于红松洼、华润、金风科技和大唐国际等用户。矿山干燥机产品系列作为国内行业标准起草单位，在业内得到广大用户的认可，在煤化工、有机肥等领域得到用户认可。

食品饮料加工业

【概况】 截至2016年年末，全市规模以上食品制造业工业企业30家，主营业务收入478459.6万元，利润总额25529.4万元，从业人员6575人；农副食品加工业39家，主营业务收入475177.2万元，利润总额28708.6万元，从业人员5994人。全市酒、饮料业规模以上骨干企业20家，主营业务收入726955.4万元，实现利润总额118409.7万元，全部从业人员年均人数5598人。

【承德露露股份有限公司】 位于承德市高新技术

开发区，前身为热河省蛋品有限公司，1950年6月成立，以生产蛋白片、蛋黄粉、全蛋粉为主。1954年，更名热河省承德食品厂。1975年，根据时任国务院副总理王震的建议，开始研制生产杏仁露饮料。1979年更名承德市罐头食品厂，同时开发生产红果露、大枣露、酸枣露、金莲花等饮料。1988年，停止水果罐头生产，以生产肉类罐头和杏仁露为主。1997年10月注册成立股份有限公司，注册资本2.6亿元。2006 年，公司主营产品露露牌杏仁露、核桃露、果仁核桃、花生露等植物蛋白饮料，经过多年的市场开拓，已拓展到国内22个省份，200多个地级市，销售额达到30多亿元。

【怡达食品集团有限公司】 位于鹰手营子矿区，1989年9月创办，原为承德市雾灵山果脯厂。1997年7月成立承德怡达食品工业有限公司，1998年7月与新加坡福南公司合资设立承德福达食品有限公司。此后，又收购区属企业通用机械厂、鹰达棚布厂、玻璃镀膜厂、河北莽源食品有限公司和兴隆山楂集团等企业。2000年7月成立河北怡达食品集团有限公司，成为中国北方大型食品加工民营企业集团，资产总额超过5亿元，集团占地500亩，厂房建筑10万平方米，年综合生产能力20万吨。主营山楂休闲食品、罐头、饮料三大类产品200多个品种，山楂休闲食品行业排名第一，罐头产品行业排名第三，其产品覆盖全国，出口亚、欧、美、非等部分国家和地区，“怡达”商标为河北省著名商标。

【隆泉米业有限责任公司】 位于隆化县，2000年成立，是河北省首家集无公害、绿色、生态、有机水稻基地开发、品种繁育、生产加工、物流销售为一体的农业科技型龙头企业。以“公司+基地+农户”为产业发展模式，形成优质水稻生产基地5万亩，涉及6个乡镇36个行政村。拥有全自动加工生产线2条，年产无公害大米、绿色生态大米、有机大米3万吨、生态杂粮1000吨。“隆泉”牌大米产品畅销国内10多个省市、部分产品已进入国际市场。

公司已通过国家农业部无公害产品认证、绿色食品认证、有机农产品生产加工认证，是农业部全国农业技术推广服务中心第一家指定使用“爱比美”生态食品标识的企业，2005年被认定为河北省扶贫龙头企业。“隆泉”商标被评为河北省著名商标。主要产品有河谷福稻长粒香米、隆泉河谷禧稻、隆泉河谷财稻、隆泉河谷禄稻、隆泉河谷生态福稻、隆泉河谷佳品大米、隆泉河谷尚品、隆泉河谷佳品米、隆泉河谷小康米、隆泉河谷大米、隆泉河谷御贡小米。

【森源绿色食品有限公司】 位于平泉县卧龙镇，股份责任制有限公司，原为承德绿源食品有限公司，1996年创建，是集食用菌基地建设、产品研发、生产、销售为一体的全国食用菌行业龙头企业，具有进出口经营权。2002年改称承德森源绿色食品有限公司，注册资本2500万元，员工200人，公司占地面积168亩，年生产加工能力达2.6万吨。其中罐头产品2万吨，速冻产品6000吨。主营产品有食用菌罐头、调理食品、速冻、盐渍、干品等五大系列百余个品种，“森源”和“菇芳源”商标已成为河北省著名商标。

【润隆食品有限公司】 位于平泉县卧龙镇，1998年成立，注册资本2225万元，固定资产2600万余元，拥有自营进出口权，国家级扶贫龙头企业。公司总占地面积7万平方米，下设速冻加工厂2座，拥有速冻生产线2条，年加工能力10000吨，冷库库容5000吨；盐渍品加工厂，保鲜品加工厂、罐头加工厂各1座。主营以食用菌为原材料的速冻、保鲜、盐渍、罐头、真空烘干、“百菇宴”即食系列产品，是集产品开发、生产、加工、销售和科工贸于一体的专业公司，主要产品有速冻蘑菇、蘑菇罐头、干鲜蘑菇、盐渍蘑菇、速冻果蔬、速冻牛肝菌、香菇、滑子菇、速冻蔬菜、速冻草莓、速冻红椒丁等。

【缘天然乳业有限公司】 位于丰宁满族自治县大阁镇，隶属于中兴农牧集团，2008年7月成立，私营企业，注册资本8000万元，员工300人。公司有机牧场位于丰宁天然坝上草原，实现了从牧草种植、奶牛养殖到乳品加工的全程产业链。同年，投资8000万元引进瑞典最前沿的奶加工设备和技术，建设高端有机牛奶加工生产线，年生产能力10万吨，主营产品有机系列牛奶、红牛奶、黑牛奶、纯有机奶、红枣乳酸菌、儿童酸酸乳饮品、芦荟酸酸乳、双复合果蔬酸酸乳等。

【乾隆醉酒业有限责任公司】 位于承德县下板城镇，前身是一家有200多年历史的庆元亨烧锅。1956年下板城成立热河第三区联合厂，利用庆元亨老烧锅酒场，按老五甄传统工艺恢复白酒生产。1961年，以白酒生产为主，组建独立于联合厂的承德县食品厂，设白酒车间，白酒生产实现工业化发展。1979年8月白酒车间从食品厂分离出，1980年改称承德县酒厂，为县属全民企业，酒厂占地面积44255.5平方米，主要产品有大曲酒、原浆白酒、配制白酒、果露酒等，所产酒称板城烧锅酒1989年，承德县酒厂生产的系列酒统称乾隆醉酒。1995年，完成“板城”商标注册。1996年4月，承德县酒厂改称承德乾隆醉酒厂。总资产3亿元，在职员工1200多人，现代化罐装生产线12条。主要生产板城烧锅酒、紫塞明珠两大系列共200多个品种中、高档白酒，实现销售收入2.5亿元，创利税8500万元。

【避暑山庄企业集团有限责任公司】 位于平泉县平泉镇，始建1949年，到2010年，有总资产10亿元，员工2000人，主要产品有山庄牌系列白酒、启健牌酒精、避暑山庄牌DDGS蛋白饲料、液态二氧化碳和玉米油。集团下辖承德避暑山庄饲料有限责任公司、承德避暑山庄酒业有限责任公司、平泉山庄老酒经营有限公司、平泉山庄废旧物资经营有限公司、平泉润和商贸有限公司、津钢二氧化碳有限公司等子公司6个。山庄牌系列白酒是中国地理标志产品、中国白酒工业十大创新品牌、国家非物质文化遗产、中华老字号、“山庄、启健、八珍、避暑山庄、皇家窖藏”商标是河北省著名商标，“山庄”“避暑山庄”商标为中国驰名商标。山庄牌系列白酒、八珍御酒、启健牌酒精、避暑山庄牌蛋白饲料是河北省名牌产品。集团是平泉县支柱企业，承德工业20强、河北百强民营、中国白酒行业30强企业之一，是河北省最大的酒精生产厂家，全国酒精10强企业，ISO 9001和ISO 14001国际质量环境管理体系认证企业，OHSAS 18001国际职业健康安全管理体系认证体系。

【宇航人高山植物应用技术有限责任公司】 承德宇航人高山植物应用技术有限责任公司成立于2003年10月，原名为“围场县森宝沙棘制品有限公司”，主要以沙棘果的收购和初加工为主，同时协助林业部门，推广种植和建设优质沙棘林。2006年公司充分利用承德区域内丰富沙棘及其他果蔬资源优势建设的，集沙棘果及其他果蔬资源开发、产品研发、生产销售为一体的高科技型龙头企业。资产总额3.59亿元，员工210余人，科研技术人员27人，拥有先进的全自动、全封闭加工生产线和高尖端的现代化产品研发中心和检测中心。

承德宇航人公司拥有车间面积达30000平方米，生产线7条，年处理沙棘果及其他果蔬能力已达到80000吨，公司主要产品有：以沙棘为原料为主生产的沙棘原果浆、沙棘浓缩清汁、沙棘保健食品、沙棘功能性饮品、沙棘化妆品，另有以本区域特产的黄太平、金红苹果等为原料生产的苹果浓缩汁、干粉等七大类170多个品种。相关生产线及厂房设施已通过 QS 认证、HACCP 认证，部分产品已获得有机食品认证，通过了 ISO 9001 质量管理体系认证。公司先后取得河北省农业产业化重点龙头企业；河北省林果产业重点龙头企业；河北省省级企业技术中心；河北省创新型企业；河北省技术创新示范企业；国家高新技术企业；河北省“巨人计划”创新创业团队等称号。

“十三五”规划期间公司计划投资 30100 万元，新上“利用生物工程技术提取沙棘果油产业化项目”“农产品质量追溯平台建设项目”“胡萝卜、黄太平、金红果等特色果蔬技改扩建项目”“天然有机沙棘冰酒产业化项目”。

医药产业

【概况】 2016 年年末，全市医药制造业规模以上企业 9 家。产成品 9382.5 万元，主营业务收入 150826.6 万元，实现利润总额 8994.8 万元，从业人员年均 2097 人。

【承德颈复康药业集团有限公司】 位于承德市高新技术产业开发东区，原为承德中药厂，1952 年建厂。1997 年整体改制，成立承德中药集团有限责任公司，公司注册资金 3038 万元，总资产 2 亿元，占地面积 9.9 万平方米，为国家大二型企业，国家中药 50 强企业。公司控股拥有承德中药集团雾灵药业有限责任公司、承德中药集团普宁药业有限责任公司、承德中药集团山庄大药房有限责任公司、承德中药集团中视广告有限责任公司等。2007 年改制为民营企业，更名承德颈复康药业集团有限公司，以开发传统中药为主，同时还控股赤峰颈复康药业有限公司、承德颈复康医药有限公司、承德天和医药有限公司、承德营子医药有限公司、承德雾灵药业有限公司和内蒙古颈复康药材基地，形成中草药种植、中成药研发、生产、销售一体化模式，拥有颗粒剂、硬胶囊剂、软胶囊剂、片剂、合剂、口服液、酊剂、丸剂（蜜丸、水蜜丸、水丸）、糖浆剂、贴剂等多种剂型生产线，生产销售国药准字号品种 170 个，其中颈复康颗粒、腰痛宁胶囊、复方石韦片、清宫长春胶囊、咳欣康片、北豆根胶囊、肾骨胶囊、金莲花片为国家中药保护品种，颈复康颗粒、腰痛宁胶囊年单品种销售均达 2 亿元左右，已经成为治疗脊椎类口服中成药物的领军品牌甚至是首选品牌。

【河北兴隆希力药业】 位于兴隆县，原为兴隆制药厂，始建于 1969 年，属地方国营企业。1996 年 10 月兴隆制药厂以部分资产与山东枣庄希力药业有限公司合资成立河北兴隆希力药业有限公司，1997 年 8 月山东枣庄希力药业有限公司将兴隆制药厂以承担债务式兼并。1999 年 12 月河北兴隆希力药业有限公司吸收中国香港丰金国际财务有限公司的资本，成为冀港合资企业。2002 年 9 月，河北兴隆希力药业有限公司投资数千万元，建符合 GMP 标准的生产厂区，2003 年年底完工，新厂区总建筑面积 8400 平方米，生产 5 种剂型 11 个品种药品，年产值 4 亿元。主导产品丹参酮胶囊和抗栓保心片，成为国家重要二级保护品种、SDA 确认的国家基本药物。

【承德天原药业股份有限公司】 承德天原药业股份有限公司位于承德市围场境内，南距承德 140 千米、距北京 360 千米，东邻辽宁朝阳、内蒙古赤峰，北与内蒙古锡林浩特接壤。气势恢宏的新厂坐落在承围公路旅游沿线及承赤高速出口附近，交通便利，环境优美，地理位置十分优越。

公司的前身是国有企业承德地区制药厂，始建于 1970 年，是一家有着 40 多年历史的中成药生产企业。2000 年由国企转制为民营企业，2014 年进行股份制改造，2015 年 5 月成功登陆“新三板”。是国家高新技术企业、河北省诚信守法示范企业、河北省知识产权优势培育单位、河北省创新型企业、河北省农业产业化经营重点龙头企业。2015 年，企业共实现产值 1.24 亿元，利润 1100 多万元，税金 760 万元。

公司注册资本 5100 万元，总资产 3.9 亿元，共有片剂、丸剂、散剂、胶囊剂、颗粒剂五个剂型、六大类（感冒类、胃肠类、清热解毒类、活血止痛类、镇静安神类、补肾强身类）64 个品种中成药。主导产品为金莲花片、金莲花颗粒，是治疗咽炎、扁桃体炎及上呼吸道感染的首选中药抗生素，均为国家医保品种和国家中药保护品种，其中金莲花颗粒为公司自行研制开发的国家级新药，全国独家生产。因其原料纯天然、无污染、无毒副作用而深受广大患者青睐。经过多年的市场培育，公司产品畅销全国各地，尤其在北京、天津、上海、广东、福建、湖南、湖北、浙江、四川等地，市场销量与日俱增，产品供不应求。

公司始终秉承“敬天道，积厚德，树正念，利他人”的核心价值观不懈追求，取得持续、健康、快速发展。为满足日益扩大的市场需求，早日实现产品质量升级，公司于 2011 年在围场四合永工业园区实施新厂区建设项目。项目占地 100 亩，一期工程总投资 1.3 亿元，其中固定资产投资 1 亿元，建设包括联合厂房、办公楼、食堂、宿舍、锅炉房等主要建筑 20000 平方米，新上生产线 5 条，新购进各种先进制药设备及精密检验仪器上百台（套），为公司生产及物料、成品质量检验控制提供了硬件上的保障，使公司设备先进水平处于同行业领先地位。新厂区设计生产能力为 2500 吨，产值可达 5 亿元，可实现利润 1 亿元，新增就业 300 人，经济效益和社会效益十分显著。2012 年 12 月公司通过 GMP 新版认证，走在同行业新版认证的前列，实现建厂 42 年来里程碑式的跨越。

【承德市天丰生物工程有限公司】 承德市天丰生物工程有限公司坐落于鹰手营子矿区食品工业园区，2002 年公司成立之初，从沈阳农业大学引进酶制剂生产技术和菌种，开始专门致力于酶工程行业。核心产品生物酶制剂，主要应用于果汁提取、饲料、制药、酿酒、石油开采、污水处理、皮革制造等领域，年生产能力 5000 吨，公司在国内占有 20% 市场份额，14 年来，公司不断发展壮大，组建技术研发团队，在引进、消化和吸收的基础上，不断创新菌种类型和生产工艺，相继研发出果胶酶、米曲酶、酸性蛋白酶等系列产品，2015 年年产 1000 吨新型酶制剂高效技术产业化项目的建成，弥补国内酶制剂活力低、生产工艺落后、稳定性差的空白。并且从过去 1500 平方米的小工坊易址扩建到 8400 平方米的规模化企业，购置先进技术设备 28 台（套），总投资 3651.68 万元，职工 83 人，于 2 月开始进行试生产。

2015 年，公司拥有 2 条酶制剂生产线，酶制剂产品为绿色低碳产品，其原料为农作物秸秆，每年需收购农作物秸秆 3.2 万吨，不仅减少燃烧秸秆造成的大气污染，同时可为周边村民创收 1440 万元。酶制剂产品用途广泛，主要应用于饲料、纺织、造纸、食品、污水处理、医药及石油开采等行业。公司生产的纤维素酶、果胶酶、酸性蛋白酶、米曲霉等，主要应用于饲料行业和食品行业。产品均达到国家标准，特别是纤维素酶达到国内技术领先水平。

【承德燕峰药业有限责任公司】 承德燕峰药业有限责任公司其前身是原宽城制药厂，始建于 1972 年，2003 年 9 月改制更名为承德燕峰药业有限责任公司。公司占地面积近 1 万平方米，建筑面积 6000 平方米，有员工 120 人，（不含外地销售人员 30 名）各类专业技术人员 23 名，大中专毕业生 30 名，具有高级技术职称的 1 人，中级技术职称的 7 人；拥有各种生产、检测设备近

200台套。

公司拥有有片剂、丸剂、颗粒剂、胶囊剂、酊剂、口服液等6个剂型，90多个品种，已有片剂、颗粒剂、胶囊剂三条生产线第三次通过国家GMP认证;常年生产的品种有10多个，其中：愈风宁心片、根痛平片、复方羊角颗粒、芎菊上清片、小儿咽扁颗粒、麻杏止咳片等为主导产品；销售网络逐步向全国辐射，在企业生产管理、质量管理过程中无违规违纪行为，产品质量在各级抽检中未出现不合格产品，赢得广大用户的一致认可和好评。

【承德保承药业集团】 承德保承药业集团成立于2014年6月30日，前身保承中药材种植有限公司，始建于2009年，注册资3500万元，公司法人代表李玉龙，总部在围场半截塔镇。集团公司下辖3个子公司，分别为围场满族蒙古族自治县保承中药材种植有限公司、承德保承农业开发有限公司和承德保承中药科技开发有限公司，一个祁都合作社。2016年公司有固定员工112人，产收高峰临时用工超过600人，全年劳动者报酬1000多万元,使当地500多个家庭直接因此受益，周边地区因从事这一产业的劳动者间接利益更是难以计量。2015年，企业完成产值8737万元，增长60.0%。

集团拥有各类专业技术人员21名，设有良种选育、基地生产、药材加工、机械制作、市场业务、风险评估、财务管理、科技研发等管控部门。拥有全国最先进的种植技术、实现播种、起垄、喷灌、打药、施肥、割秧、收获全程机械化。 是河北、辽宁、内蒙古、河南等18家中药材种植专业合作社和有限公司的依托单位。在全国各大药市都有委托代理供货商，商务部中药材信息指定采集点，北京中医药大学研究生实践基地，河北省省级优秀科普示范基地，省、市级农业龙头企业、省级科技型企业，国家级示范合作社，市级AA级劳动和谐企业。

能源业

【概况】 2016年年底，全市电力总装机达到491.95万千瓦，发电量达到118.38亿千瓦时。其中，火电装机111.86万千瓦，发电量达52.64亿千瓦时；风电装机达到302.76万千瓦，发电量58.58亿千瓦时；光伏发电装机70万千瓦，发电量5.2亿千瓦时；小水电4.93万千瓦，发电量0.56亿千瓦时；生物质发电2.4万千瓦，发电量1.4亿千瓦时。全市共有500千伏输变电站3座，220千伏输变电站19座，110千伏输变电站60座。有10回500千伏线路（承德—姜家营双回、上都—承德三回、御道口—金山岭单回、金山岭—承德双回、金山岭—平安城＜唐山＞双回），总长度1346千米；220千伏输电线路64条、总长度2429千米;110千伏输电线路118条、总长度2544千米。

【火电新建项目】 在建热电联产项目1个，为上板城热电厂，该项目装机70万千瓦，由2台35万千瓦热电联产机组组成，项目已基本建成，配套电网送出工程正在抓紧施工建设，到2016年年底已并网运行。锡盟—泰州特高压直流工程围场段正在紧张作业。

【煤炭整合】 全市原有煤炭生产企业8家，核定年生产能力200万吨，2016年实际生产原煤99万吨。按照国家和省煤炭去产能工作要求，承德市提出“三年任务两年完”的目标，到2016年年底，已关闭退出企业4家，淘汰产能107万吨；正在实施关闭的企业2家，产能48万吨。全市煤矿企业仅剩2家，产能45万吨。其中，承德县鑫发矿业产能30万吨,兴隆平安矿业15万吨。近年来承德市煤炭需求量均保持在每年1200万吨左右（2015年约为1226万吨），除少量靠本地生产供应外，大部分从山西、内蒙古等地购入。

【风电项目】 全市投产、在建及开展前期的风电项目总规模604.74万千瓦，已完成装机302.76万千瓦（并网发电292.34万千瓦），核准在建301.98万千瓦，其中总装机287.65万千瓦的承德百万千瓦风电基地二期工程全部获得核准，已建成并网发电项目1个，装机4.8万千瓦；在建项目12个，装机149.05万千瓦；推进前期项目13个，装机133.8万千瓦。

【光伏发电】 全市建成、在建及推进前期工作的光伏发电项目共40个，总规模98.2万千瓦。2016年年底已累计完成装机70万千瓦（并网61万千瓦）。承德生态光伏领跑者基地开发建设方案已上报省能源局，正在审核过程中。

【水电发展】 全市已建成常规水电站31座，总装机规模4.93万千瓦。装机360万千瓦的丰宁抽水蓄能电站项目一期、二期（均6台30万千瓦机组）工程上下库、引水系统、地下厂房等正在同步施工建设，已累计完成投资36.95亿元。

【核电列入规划】 河北长河核电项目已获省发改委批准开展前期工作，正在争取获得国家发改委开展前期工作的批复。承德核小堆项目建议书已上报到省发改委，并列入京津冀协同发展规划，正在全力争取列入国家核电发展规划。

【生物质利用】 全市已有丰宁宏森木业（产能27万吨）、平泉奥科新能源（产能12万吨）、滦平县恒盛绿能（产能7万吨）等具有一定规模的生物质固体燃料生产企业17家，生产能力达100万吨。继承德环能2.4万千瓦垃圾发电项目投运后，兴隆3万千瓦生物质发电项目已完成核准，正在进行附属设备招标等工作。

【地热能利用】 已探明的地热温泉点有12处，均属低温地热（25℃～90℃），丰宁洪汤寺、围场山湾子、隆化七家、茅荆坝、承德县头沟等地8处地热资源已开发利用，主要用于洗浴疗养、养殖及饮用水加工。浅层地热供暖面积达301万平方米，污水源热能供暖面积达12.24万平方米。

【天然气可持续发展】 大唐煤制天然气管线工程全线贯通后，承德市长输天然气入市管网工程已建成通气。全市8县3区均建设了城区燃气管网项目，管线总长度近350千米，已建成新能源汽车加气站11座，天然气居民及工商业用户达7万余户，2016年天然气用气量达到6395万立方米。

【新能源装备生产】 全市已经具备年产兆瓦级风机整机3500台，风机罩1150台（0.75和2.5兆瓦），风机塔架120台、垂直轴风力发电机组6000套的生产能力。此外，承德万利通全钒液流储能电池项目（5—16千瓦电堆、质子传导膜）具备批量化生产条件。

（供稿 刘 帅）

信息产业

【概况】 2016年，承德市围绕“京津冀大数据走廊”、京津冀旅游大数据实验区，不断加大跑办力度，主动与京津、上海、深圳等地优势大数据企业对接，建立承德大数据微信号，先后在北京、石家庄、廊坊等地举办6场大规模招商推介会，京津乃至全国大数据企业纷纷来承洽谈投资。成功引进中国电子、南开大学等大数据电子信息产业链机构29家，签订合作及战略协议总投资685亿元。深入开展“两化融合”管理体系贯标试点工作，露露公司、山庄集团、泉力工贸3家企业由工信部列为2016年“两化融合”管理体系贯标试点，全年新增省级“两化融合”重点企业5家，即河北北汽福田汽车部件有限公司、河北北塑管业有限公司、承德华通自动化工程有限公司、承德雅歌包装科技有限公司、丰宁平安高科实业有限公司。新龙电子物联网项目通过省级验收；河钢集团承钢分公司“以客户为中心的生产服务平台”建设项目被列为省“互联网+”制造业试点示范项目。承德已列入中关村《京津冀大数据走廊规划》重要支撑城市、《京津冀大数据综合实验区》旅游大数据实验区，将在更高层面、更深领域得到国家、省，特别是京津地区的更大支持。

【承德移动通信公司】 2016年，承德移动通信公司围绕年初确定的总体工作思路，攻坚克难，全面完成全年各项工作任务，基础网络能力全面增强，关键业务指标大幅提升，经营业绩平稳增长，实现4G客户规模、宽带客户规模、专线客户规模、宽带客户覆盖翻一番，实现“十三五”规划的良好开局。

大力推广省公司APP、门户网站、微厅三大线上渠道，做好自有微号运营，微粉突破20万户。同时加强实体渠道建设，全区实体渠道总数达到 3000余个。大力推动重点业务发展，4G终端规模突破100万户，宽带客户突破10万户，集团新增2000余家，集团成员净增近10万户，累计通信和信息化收入超亿元（不含集团流量结算费用），累计净增专线3000多条。

重点围绕4G、政企客户和家庭宽带市场，科学投入资源，实现“无线+有线”网络能力的整体提升。在全省领先完成LTE 三期四阶段、四期一阶段工程建设，12月底提前完成省公司要求工程建设任务，全年共开通4G宏站1400多个，4G室分400多个，累计基站总数到达4000余个。率先完成家宽建设工程，二批工程和三批工程全省均排名第二。全年完成小区的家宽建设任务近千个，总计新增覆盖40余万用户。完成集客预覆盖2500多个客户点，集团专线共建设2500多条，其中工程模式800余条、装维模式1700余条，新建EDC机房服务器100架。乡镇综合业务区覆盖率达85%，市政管道覆盖率达到87%，PTN环网成环率提升45个百分点。全年工程建设综合排名全省第四。

4G网络质量大幅提升，市区综合覆盖率提升3.15个百分点，高速覆盖率提升17个百分点，基本实现市区、县城、行政村全覆盖、高速公路连续覆盖、重要场景深度覆盖。4G三网流量占比提升20个百分点，有效支撑流量经营。家客用户覆盖到达近百万户，整体覆盖率提升34个百分点。集团专线预覆盖达到2800多个点位。PTN网络健康度提升8个百分点。

开展集中化运维，全网集中故障管理有效性指标及综合资管数据质量全部达到省公司优秀值。通过优化装维流程，建立协同机制，提升人员素质，有效提高宽带和专线装维效率。完成与铁塔公司的资产交接、租赁、维护对接等工作，优化与铁塔公司的维护管理流程，建立常态化维护对接与考核机制。

附：中国移动通信集团河北有限公司承德分公司领导名录

党委书记、总经理：许　沛（6月免）
张　军（6月任）
党委委员、副总经理：李继业（蒙古族，6月任）
邢东升（6月任）
张彦生（6月任）

（供稿　丛　丹）

【承德联通公司】 2016年，承德联通公司在省公司和市委、市政府的正确领导下，积极响应国家号召，落实提速降费政策，加快4G网络建设，深入开展党建工作，在全体干部员工的共同努力下，企业实现快速发展。全年实现主营收入5.98亿元，缴纳税金1333万元。客户规模不断壮大。移动宽带用户到达46.3万户，宽带用户到达31.7万户，固定电话用户到达23.8万户。

新建4G基站510个；移动网络质量升级投诉率、VIP断站次数均为零，客户综合感知为100%。宽带网建设FTTH端口22.5万线。在网光纤单宽带下行速率低于20M的客户全部免费提升至20M。下调手机流量标准资费至0.27元/MB。

推出智慧沃家融合套餐，用户在享受家庭通信整体优惠同时，还可享受家庭成员之间宽带、语音、流量等业务的全面共享，有效地节省家庭通信整体支出。顺利完成春节期间、两会期间、省委重要电视电话会议、千名美国游客游长城活动、丰宁国际马联一级耐力赛、承德国际马拉松赛事等活动的通信保障工作。

开展防范打击通信信息诈骗专项行动，对语音专线、"400"号进行信息核查，确保网络接入安全。认真实施电话用户实名登记工作，完善用户信息。开展国有企业互联网网站安全专项整治活动，重点对IP地址备案、网站备案等进行规范，严格按照实名制要求等记使用人信息，为防范打击通信诈骗营造良好的环境。

在开展"两学一做"学习教育过程中，统一配发《支部工作手册》和党员学习笔记。公司领导讲党课7次，外请市委党校教授讲党课2次，党务工作者培训2期90人次，党员领导干部警示教育一期70人次。参加"学党章党规 学系列讲话学习竞赛活动"和"学党章党规、学系列讲话"答题活动、"两学一做"学习教育知识竞赛活动和纪念长征胜利80周年知识竞赛4期，参与率达到95%以上。通过加强党员个人自学、领导上党课、撰写心得体会、讨论交流等形式，进一步增强学习效果。

附：中国联合网络通信有限公司承德市分公司领导名录

党委书记、总经理：丁鹏程

党委委员、副总经理：李宝文

冯树楷

李志远（回族）

马　晋

石　岩（满族）

（供稿　杨丽稳）

【承德电信公司】　2016年，承德电信分公司紧紧围绕"规模发展，效能提升，团结协作，敬业务实"的主线开展重点工作，全体干部员工怀着共同的梦想与希望，以服务百姓为中心，发扬"团结拼搏、务实高效"的精神，披荆斩棘，一路前行。连续5年获得中国电信集团公司"双领先奖"，4年获得省公司"综合管理优秀奖"，收入保持快速增长，各项工作均取得长足的进步，企业综合实力不断增强。2016年，承德电信分公司实现营销模式向翼支付互联网金融生态圈转型，实现移动网净增6.71万户，同比提升8.6%；4G用户净增10.53万户，同比增长18.2%。同时，承德电信分公司积极响应国家"提速降价"号召，借助电信电视优势，全年实现宽带用户净增3.65万，规模到达15.47万户，"百兆"光宽带用户占全网用户的44%，电信电视网上用户突破10万户。同时提出宽带"当日装、当日修、慢必赔"的服务理念，宽带满意度同城第一。

结合政府需求，重点打造行业应用等标杆项目，在双滦区成功开通全省首个"无线城市"项目，与承德市政法委签约"平安云"项目。通过上门走访，设点演示，纵向一体化管理等多种方式，实现教育云、医疗云、专线电路等业务突破发展，200户以上集团签约15家，其他中小集团签约30余家。

全年新建基站562座，新增布线覆盖19万户，基本实现"全光"网络接入。4G网络建设做优做深，市区、县城覆盖率达到99.42%以上，4G移动网感知优良率提升8.12个百分点，进一步加强网络服务能力，极大提升用户使用感知。宽带覆盖布线达到79万户，农村覆盖能力不断增强，新增布线达到13万户。同时，强化服务能力提升，宽带测速达标率提升至99.8%以上。

由面向设备、面向指标维护向面向用户维护转型，根据产品不同，率先推行产品经理制度，提供五大产品端到端服务支撑，得到省公司大力支持和推广。

切实履行党委主体责任、纪委监督责任，做到党建工作与生产经营工作“两手抓、两手硬”，制定党建工作责任制实施办法，对全年党建工作进行评价考核；聘请纪委常委讲廉政党课，聘请专业讲师讲基层党课，公司领导班子成员讲党课4次，各基层党支部书记讲党课18次，提高全员思想意识；根据“支部建在县上、建在部门”的原则，重新划分14个党支部，全年召开支部会议28次，对基层党支部工作进行整体指导；成立团委，全年组织党工团各类活动28次，做到了党建工作与生产经营工作的有机结合。

附：中国电信股份有限公司承德分公司领导人名录

党委书记、总经理：李学庆
党委副书记、副总经理：马秀琳（满族）
党委委员、副总经理：荣立军（满族）
白浩雷（满族）

（供稿　刘函语）

邮政管理

【概况】 2016年，市邮政管理局坚持“安全为基、发展为要、服务为上、监管为本”的理念要求，实施“123工程”，即坚持稳中求进的总基调、实施中央和地方双轮驱动，以服务为上，做承德邮政惠民服务的发动机。全市邮政业务量、邮政业务收入、快递业务量、快递业务收入平均增长分别为21.74%、21.67%、45.25%和36.78%。分别是2012年的2.19倍、2.2倍、3.5倍和4.45倍。

承德邮政公司下设县（区）分公司10个，职能部门9个，辅助部室2个，生产部门7个。在岗职工1655人。全市现有邮政网点133处，其中综合网点50个，纯邮政营业网点53个，纯邮政储蓄网点23个，代办所7个。共有投递道段571条，单程里程1.67万千米。有邮路48条，单程总里程3552.5千米。

全市邮政实现收入24474万元，完成预算98.09%，列全省第9位，同比增长3.82%。净利润−1202.6万元，圆满完成省公司利润计划；业务总量18985万元，同比增长16.18%；全员劳动生产率比上年提高5.02%。

【规划编制】 《承德市邮政业发展“十三五”规划》编制期间深入开展重点调研，全面把握发展方向，积极与发改、交通运输、商务、住建等地方相关部门多次沟通，征求意见，经过一年多的反复修改论证和广泛征求意见，形成送审稿，经市政府审定同意，于10月22日正式发布实施。规划以落实“建成与小康社会相适应的现代邮政业”为目标，按照全市经济社会发展和河北省邮政业“十三五”发展规划的总体要求，结合邮政业发展的新环境、新形势、新机遇，立足承德邮政业实际，确定“十三五”规划邮政业发展的指导思想、基本思想、总体目标、具体目标，及7个方面的保障措施。为贯彻落实国家邮政管理局、省邮政管理局和市委市政府关于推动快递和电商协同发展的工作部署，承德市快递电商联合会8月10日正式成立。“开全省首家　居全国前列”，既是河北省成立的第一个市级快递与电商行业的联合组织，又是服务理念位居全国前列的快递与电商行业的联合组织，同时也是承德市快递业与电商业发展历程中的重要里程碑，对促进承德市快递与电商行业的持续健康发展有着十分重要的意义，将有力促进承德市邮政行业的健康发展。

【提升服务水平】 创新“一所一案”方法，全面完成全市“十二五”期间116个乡镇邮政局所补建任务，解决边远乡镇群众用邮问题；帮助邮政企业融合发展创新工作机制，支持邮政公司在双滦区、平泉县和宽城满族自治县设立农村电子商务公共服务中心和村邮乐购运营中心，在全市建成标准服务网点224个、简易服务网点670个，平泉县行政村村邮乐购网点全覆盖；在《承德市交通运输业与邮政业协同发展实施意见》基础上，推动邮政企业与交通运输企业在邮件运输、客票代售等多个方面的合作，邮政企业在11个县（区）共有39条邮路委托交通客运企业进行运输，企业年均节约费用高达340余万元；推进快递企业网点标准化建设，加强对快递末端网点的规范管理，着力提升企业形象；加快推进“快递下乡”工程，全市“快递下乡”已实现覆盖率100%；召开快递服务制造业工作推进会，引导快递企业为电子信息、医疗保健、精密仪器等制造企业提供全产业链配送服务。各大快递企业积极与怡达（山楂）、神栗、露露等农特产品生产厂家建立长期合作关系。

【寄递渠道管理】 加大行业安全监管力度，重点落实收寄验视、实名收寄、过机安检寄递三项制度。要求已配备安检设备的企业通过张贴安检标识的方式对出口件进行过机安检，尤其是中通兴隆县、丰宁满族自治县快件直通北京的点部也配备安检机，确保进京快件全部安检。规模较小、资金紧张的、未配备安检设备的企业通过企业合作、改变路由的方式进行过机安检。发挥承德市寄递渠道安全工作领导小组作用，多次召开联席会议，会同综治、公安、国家安全、安监等部门多次开展寄递渠道安全检查、打击假冒产品寄递、反恐怖、禁毒、扫黄打非等活动。督促邮政、快递企业成立安全保障机构，配备安全员，建立隐患排查、登记、报告、整改、销号闭环管理制度，开展安全隐患排查治理活动。

【基础管理】 做好网站维护，及时更新政务信息，发挥网站窗口作用，接受社会监督，完善政务公开机制建设。全年共通过各类网站、报纸、新闻媒体发布新闻信息148条次，同比增长12.98%，走访并答复人大建议、政协提案3个。积极开展“3•15”消费者权益日、世界邮政日、“百姓热线”、“12•4”法治宣传日等宣传活动，会务接待、后勤保障、信息化建设、保密等工作不断加强。先后荣获承德市“六五”普法中期先进单位、河北省级依法行政示范机关、全国空白乡镇邮政局所补建工作优秀集体、2011—2015年全省法治宣传教育先进单位、2015年、2016年承德市“扫黄打非”先进集体等荣誉称号。

“双十一”期间，全市11家主要品牌快递企业共处理快件200.22万件，同比增长71.76%，单日最高快件处理量达10.33万件。稳步做好全国春节、两会、唐山世园会、G20峰会等重大活动期间寄递渠道安全保障工作。制定《快递业务旺季服务保障应急预案》《关于做好二十国集团（G20）峰会寄递渠道安全保障工作》的通知，灵活调度、妥善处置有效应对冰冻雨雪、汛期暴雨等恶劣天气，严格落实各项安全检查方案和防范措施，维护行业安全平稳运行。

通过与生产厂商及快递企业多次沟通，全市4所高校、2所职业学校均已安装智能快件箱，共1300余格口。承德市圆通快递在“双十一”前，在20多个小区布置智能快件箱。承德圆通专门为双桥区政府设立快递标准化网点，方便政府工作人员收发快件。着力解决快递企业用地难，通过充分发挥快递电商联合会的职能和作用，经过与双滦区政府多次沟通和协商，年底，市快递电商联合会与承德市国际商贸物流园区签署框架合作协议，拟建设承德市快递产业园区。

附：市邮政管理局领导名录

党组书记、局长：付铁柱

党组成员、副局长、纪检组长：赵铁政

（供稿人：郭丽伟）

邮政集团

【经营与发展】 积极推进全市金融转型，10个三方带转网点全部通过转型验收，网点效能得到提升。实现收入14036万元，完成预算的100.42%，列全省第七位；同比增幅3.28%。新增余额3985万元，活期比42.15%。新增手机银行19560户，同比增长51.19%，电子银行替代率60.33%，较上年末提高15.05个百分点。实现保费10亿元，万元收益率4.32%，列全省第一位，期缴5650万元，占比5.65%。

包裹快递业务专业化发展，实现业务收入2455万元。寄递业务收入市场占有率5.53%，高于省均水平2.65个百分点。电子面单使用率92%，列全省第一位，当日妥投率和妥投信息实时反馈率均达省定标准。稳步推进农村电子商务平台建设，全市累计建成村邮乐购站点972个，完成计划的110.45%。建成平泉、宽城、双滦、丰宁4个运营中心，并通过省分公司验收；双滦、平泉分公司成为政府全覆盖建设主体，政府补贴资金147.4万元。运营指标及运营质量逐步提升，A类站点218个，占比22.15%；全年商品交易额和进销存交易额均达1.9亿元，批销交易额76.26万元；代投自提站点942个，累计发展会员78452个。开展网点活动200余场，新增金融总资产2847.5万元，实现保费214万元。融合发展电商分销业务，组织车险产说会、团购会90场次，车辆投保转化800辆，形成保费300万元，订购分销商品20万元。组织分销产品巡回订货会20场，累计订货额233.96万元，发展金融总资产512万元。

基础类业务加快创新转型步伐，报刊发行、集邮、函件业务以文化引领，积极融入新文化传媒。报刊发行收入1459万元，特训营项目招生81人，实现收入15.39万元，完成省订计划的135%。集邮、函件专业加快融合，积极打造新媒体平台。“丙申年”生肖贺岁季和“集邮文化季”主题营销项目收入795.3万元。加大项目开发力度，强化管控，促进落地，取得较好成效。124个重点营销项目实现收入7955.85万元，完成计划的139.06%，占总收入的32.5%。35个B类项目收入4538.19万元，完成计划的139.38%。89个C类项目收入3417.66万元，完成计划的138.65%。

【改革与管理】 人力资源管理工作不断加强，6人入选省分公司百优人才；完成市级青年人才库纳新工作，积极开展青年创新实践活动，共立项26个，向省分公司报送10个项目；56人通过考核聘任专业技术人才。优化用工结构，规范用工管理。453名人员转为承揽用工，签订协议。配备转型督导员15名，调剂配备网点客户经理77名。规范岗位设置，对全市1655名员工岗位进行梳理、核对、修正。加强教育培训工作，组织各类培训班48班次，培训1689人次；20名员工报考在职学历提升学习；386名基层员工参加职业鉴定活动。

【财务审计安全管理】 持续深化全面预算管理，加强动态控制，构建以利润为导向的财务管控体系。优化成本费用标杆体系。压缩非生产性支出，较2015年降低14.46%。加大重点业务和重点项目的费用支撑，较上年多支撑956万元。提升资产管理水平，加强基础设施与核心能力建设。加大资产盘活力度，全年盘活收入1255万元。投资设备与车辆等661.75万元，争取网点改造、普服建设、“三农”建设资金共392万元。强化资金管理。核清往来款项759条，金额10364.46万元。完成ERP系统上线工作，强化合规经营，确保总账数据真实。

开展离任、专项、工程等64项审计工作，审计工程资金193.74万元，审减金额19.43万元，综合审减率为10.03%，较好地发挥审计监督的作用。

强化检查、落实整改，关键环节和重点部位得到有效管控。持续加大安全防范技改力度，投入资金308.67万元，加快推进全市ATM110联网报警、网点监控配套设备及业务库改建等项目，有效改善技防落后局面。加强监督检查力度。网点检查全覆盖，重点环节高频检查。加强与银行协作，积极开展专项检查、抽查活动，累计专项检查13次。加大处罚力度，按月通报违规行为，处罚相关人员，累计处罚210人次，罚金47500元。

【企业建设】 认真落实员工代表大会制度，强化企业民主管理及民主监督机制，提高工会组织参与企业决策的能力水平。加强员工小家建设，4个员工小家全部通过检查验收，杨树岭支局被评为模范员工小家。继续实施“送温暖”工程，救助大病和困难员工33人，金额8.16万元。节日慰问劳模、困难员工107人，慰问支局班组员工155人，发放慰问金12.89万元。开展购买山庄年票、组织员工体检等切实关系员工利益的活动。丰富员工业余文化生活，组织健步走、跳绳比赛、棋牌比赛等活动。员工受益稳步增长，平均收入提高8.38%，有效提升员工幸福感。被全国总工会、国家安全管理局授予“2015年度全国安康杯优胜单位”，南营子投递站荣获河北省工会评为“工人先锋号”称号。

附：中国邮政集团公司承德市分公司领导名录

党委书记、总经理：赵利民（12月免）

党委书记、副总经理：满赤兵（12月任）

纪委书记、副总经理：安德斌

工会主席、副总经理：郭奕君

（供稿　李青芳）

旅游业

综述

2016年度，全市旅游工作按照市委、市政府确定的工作任务，认真落实全市旅游工作会议精神，紧紧围绕建设国际旅游城市的总体目标，牢牢把握京津冀协同发展机遇，以创建国家全域旅游示范市为抓手，抢抓机遇、强化举措，突出重点、真抓实干，旅游业呈现良好的发展势头。全年共接待中外游客4636.58万人次，同比增长38.42%；实现旅游收入506.58亿元，同比增长49.79%。其中接待国内游客4604.12万人次，同比增长38.74%，实现旅游收入495.03亿元，同比增长49.77%；接待境外游客32.46万人次，同比增长4.10%，实现旅游收入1.74亿美元，同比增长39.83%。

多项活动取得好成绩。承德市“京承皇家御道”获得中国自驾游路线年度评选“中线休闲类唯一金奖”，成功举办了2016环中国“皇家御道围场—丰宁赛段”国际公路自行车赛，并与韩国首尔、新加坡、泰国清迈，中国的桂林市、成都市、昆明市一起荣获2016亚洲旅游“红珊瑚”奖——亚洲最受欢迎旅游城市。6月，承德市成功取得河北省2018年旅游产业发展大会承办权。11月，承德市被国家旅游局列入第二批“国家全域旅游示范区”创建名单。承德市被国家旅游局授予“2016年旅游厕所革命工作先进市”。

节庆活动

【第十六届中国承德国际旅游文化节】 本届旅游节以“行走‘京承皇家御道’，畅游大美承德”为主题。本届旅游节举办：中国马背嘉年华系列活动暨国际马联一星级耐力赛、金山岭长城越野跑、2016木兰围场首届国际旅游文化季、第六届避暑山庄文化使者出行活动暨承德避暑山庄荷花节、老爷车巡游活动、第二届白草洼徒步越野大赛等六大项“京承皇家御道”系列活动；2016百佳深呼吸小城（兴隆）旅游文化节、中国·兴隆全国徒步大会等一系列特色旅游文化活动。经过几年来的不断探索和相关部门的共同努力，旅游节实现了由政府办节、财政投入为主，向政府搭台、企业为主体、全社会广泛参与的转变。中国承德国际旅游文化节已经成为展示承德地方文化特色、旅游产业发展成果和城市魅力的窗口，成为带动管乐、非遗、轮滑、老爷车等文化、体育和相关产业发展的桥梁，随着众多国外演出团队的参与，承德国际旅游文化节国际化程度和知名度越来越高，“旅游节庆活动”经济雏形已初步形成，节庆活动品牌效应逐渐加大，对全市的综合影响力也在逐步加大。

【举办首届冰雪温泉国际旅游节】 2015—2016首届中国承德冰雪温泉国际旅游节于2015年12月16日在紫塞冰城——承德的著名旅游景点避暑山庄举办了声势浩大的开幕式。本次活动以“玩欢乐冰雪、观冰上竞技、逛皇家灯会、泡雪景温泉、赏民俗古韵，承德邀您过大年”为主题。系列冰雪活动赛事、“鼎盛皇家灯会”系列活动、“第二届畅达冰雪”嘉年华活动、冬季温泉养生节、“吉祥承德·禅修之旅”佛教主题文化活动、“承德邀您过大年”民俗体验系列活动、

“承德之冬”摄影大赛、2016全国雪地摩托车越野锦标赛（承德御道口站）等一系列主题活动异彩纷呈。承德市已连续五年打造冬季冰雪系列活动，充分展示了市冬季旅游资源，繁荣冬季旅游市场，树立冬季冰雪休闲旅游品牌，努力实现承德旅游由一季游向四季游转变，推动国际旅游城市建设。

【金山岭长城杏花节】 由承德市旅游局、滦平县人民政府主办，金山岭长城管理处承办的金山岭长城杏花节在每年4月上旬开幕。金山岭长城景区地理位置优越，景区内风光秀丽，特别是每到春天满山杏花开，杏花与古老长城交相辉映，更是别具一番景象。为进一步推进金山岭长城国际旅游资源的开发，全面提升金山岭景区的旅游形象和社会知名度，金山岭杏花节孕育而生。金山岭最佳赏花期为4月5日至15日，杏花节期间游客除了赏花、游玩以外，还将推出踏青赏花、徒步长城、长城马拉松、长城舞龙舞狮、长城太极拳、太极扇表演、非物质文化遗产展演，摄影展、文艺演出、炫彩集市展出等众多丰富多彩的主题活动。一系列的体育健身、文娱活动为杏花节以及金山岭长城增添别样的风情。

【中美旅游年高峰活动】 由国家旅游局主办，河北省旅游发展委员会、承德市人民政府、滦平县人民政府承办的2016中美旅游年高峰活动“千名美国游客游长城”启动仪式于3月25日在河北省承德市金山岭长城举办。活动取得了显著的成效，助推中美交流合作，拉动美国旅华市场的增长；拉动承德旅游发展，全世界主流媒体聚焦承德，极大地提升了承德旅游的知名度；带动承德旅游国际市场；改善中美双边关系，加强中美两国的合作交流。

【金山岭长城马拉松】 2016金山岭长城马拉松赛由承德市体育局、承德市旅游局、滦平县人民政府主办，金山岭长城管理处、多威路能体育用品公司承办，滦平县教体局、滦平县文旅广电局协办，于2016年4月17日9:30在金山岭长城鸣枪开赛。参加2016金山岭长城国际马拉松比赛的运动员有美、日、韩等35个国家，及国内马拉松爱好者共计1500余人。本次活动让国家名胜风景、世界文化遗产——雄伟的金山岭长城走向世界，让充满激情和挑战的马拉松走进万里长城。组委会也将致力于打造全球最佳长城马拉松品牌，召唤全世界的马拉松爱好者投入到“爱长城·爱马拉松”的运动中，让雄伟的金山岭走向世界，让充满激情和挑战的马拉松走进万里长城。

旅游市场开发

【城市宣传与推介】 加大主流强势媒体广告投放力度，先后在中央电视台综合频道（CCTV-1）“朝闻天下”、《中国旅游报》、《消费日报》、《承德日报》、人民网等采取专题、专版形式宣传承德。旅游节期间，邀请《人民日报》、人民网、《中国旅游报》、《经济日报》、《消费日报》、河北电视台、新浪网、搜狐网等近百家新闻媒体记者参加旅游节，对活动进行跟踪宣传报道。组织县（区）及旅游企业参加2016北京国际旅游博览会、2016第二十一届中国北方十省旅游交易博览会等旅游展会、2016中国旅游产业博览会、2016中国国际旅游交易会，宣传推介承德旅游资源和旅游产品，树立承德旅游形象。

【入境旅游】 全年先后接待韩国的学生考察团、美国重点旅行商、东南亚地区的旅游批发商，以及中东欧客商4个境外考察团；这些考察团对承德及周边的旅游资源、特色线路、皇家文化等进行实地探察；邀请西班牙国家电视台和日本RKB电视台2家境外媒体到承德进行专题拍摄，针对到承德的客商、媒体均严阵以待、派专人陪同并请专业外语导游进行全程讲解，增进境外客商、媒体对承德市旅游资源的了解，为宣传承德的国际旅游形象及深化对外交流合作，开拓入境客源市场提供了新的契机。

【推进“互联网＋旅游业”新业态】 围绕落实京津冀协同发展的重大战略，与北京旅游委和爱知世元（北京）网络股份有限公司，签署《北京—承德旅游合作框架协议》，达成在北京旅游网设立“承德旅游”子频道的共识，努力打造京津冀旅游协同发展的合作范本。4月1日，北京旅游网承德子频道正式上线(www.visitbeijing.com.cn/chengde/)。北京旅游网承德子频道设立:畅游承德、游记攻略、承德美食、承德购物、承德住宿、旅游快讯六大类板块。依托北京旅游网的平台，大幅提高承德旅游在国内外的关注度和影响力。

【旅游电商平台开通】 承德旅游电商平台于4月28日正式开通上线。平台上线后已逐步实现承德市景区、酒店、演艺、特色精品旅游线路等的在线预订及线上交易全覆盖，打造属于承德的“吃、住、行、游、购、娱”的旅游综合电子商务平台。承德旅游电商平台的建立，拉动承德旅游经济的增长，并将传统的销售方式转化为适应智慧旅游发展要求的简单的、便捷的、安全的网上预订销售模式，进一步提高对到承德游客的服务品质，让游客拥有更好的旅游体验。现承德地区已有多家饭店及A级景区入驻此平台。

【承德旅游官方微信平台工作】 本着全力推广与宣传承德旅游的根本宗旨，打造有活力的旅游政务平台的要求，每日对承德旅游官方微信平台进行更新与维护。针对承德举办的各种节庆活动、赛事活动进行前期宣传和跟踪报道；在“第三届鼎盛皇家灯会”“金山岭赏花节”“千名美国游客游长城”“国际山楂文化节”“承德国际旅游文化节”“丰宁国际马术节”“醉美红叶节”“2016环中国国际公路自行车赛（承德皇家御道赛段）”，“2016承德国际马拉松赛”，这些活动中微信、微博的信息推送均收到良好的宣传效果。根据承德市的季节变化，编辑符合承德季节性的旅游文章；及时报道承德旅游新闻动态以及承德旅游的新鲜事；及时推荐与季节相符的最佳旅游线路，并配线路图，确保为游客提供最佳的承德旅游出行体验；微信公众号每天制定统一的发文顺序，并保证在工作日内日发文量3～4条，月发文量保持在80条左右；微信平台开放评论区功能，能够第一时间与粉丝互动，从而提升承德旅游微信的关注度；不断完善微网站内容，方便粉丝随时查看承德旅游的相关信息。2016年，共发文1000余条，累计阅读量40万次。已经成为承德地区极具影响力的政务旅游微信平台，并在2016年前20期中国旅游业微信影响力周榜排行中，连续近10期均入选100强。

【新浪微博维护】 承德旅游官方微博平均月增粉丝200人，粉丝总数48万人，日均发文数量在8条左右，月均发微博总数260条，全年累计阅读量达到120万次，已属承德地区发文数量、被关注度以及粉丝活跃度均较高的官方微博之一。针对微博形式灵活性强、关注度高、互动性强等热点，承德旅游官方微博发文也涉及承德的吃、住、行、游、购、娱各个方面，并及时报道承德旅游的相关新闻与动态。配合微信平台宣传与报道各项节事、赛事活动;介绍承德旅游景区景点，介绍承德不同方面的文化。通过网络文字，美图等形式，介绍承德旅游的不同侧面，从而宣传推广承德旅游，并吸引越来越多的粉丝关注承德旅游并进行互动。

【开通今日头条官方账号】 今日头条是一款基于数据挖掘的推荐引擎产品，它为用户推荐有价值的、个性化的信息，提供连接人与信息的新型服务，是国内移动互联网领域成长最快的产品服务之一，开辟了一条宣传承德旅游的新窗口。自从6月开通今日头条后，每日更新推送承德旅游方面的文章，累计阅读量达到了36万次，已经成为宣传承德旅游的重要途径之一。

【入驻腾讯企鹅媒体开放平台】 承德旅游11月正式入驻了腾讯企鹅媒体开放平台。企鹅媒体平台即腾讯开放媒体平台，通过企鹅媒体平台，承德旅游发布的文章将在天天快报、腾讯新闻客户端、微信新闻插件、手机QQ新闻插件、QQ公众号、手机腾讯网、QQ浏览器等平台渠道进行一键分发，实现优质内容的更多、更准确曝光。

【旅游统计分析】 根据《河北省旅游局关于做好2016年旅游统计工作的通知》，以及《河北省旅游发展委员会关于规范全省旅游统计核算工作的通知》的要求，承德市加大统计力度，并协调各县区旅游局认真落实《通知》要求，指派专人负责旅游统计工作，并按月上报旅游接待情况，保证承德市旅游统计工作的科学有效进行，并于规定时间上报到河北省旅游发展委员会，确保全省旅游统计工作的顺利进行。5—7月进行入境游客调查问卷发送及统计，5—9月进行国内游客调查问卷发放，11月底前进行统计分析汇总，已经按要求完成2016年全部工作。为适应省统计系统新调整后的要求，在每月月初及时督促星级饭店上报上个月的入境旅游接待情况，及时录入河北旅游统计调查分析系统，并填报国内游客接待情况，以便分析承德市游客的接待情况与创汇增长率。

旅游规划

【概况】 聘请北京大衍致用旅游规划设计院为承德市编制《承德市旅游业“十三五”发展规划》，规划组于5月24—27日在承德市进行座谈和实地考察，启动编制工作。6月22日市政府召开旅游工作领导小组第一次会议对《承德市旅游业“十三五”发展规划》进行了审议，原则上予以通过。8月1日，省旅发委组织专家对全省各市“十三五”旅游规划进行统一评议，经专家组讨论，从规划的指导性、操作性、创新性、科学性等角度对承德市的规划进行打分，承德市的规划平均分为82分，水平等级为良。8月15日，规划组向承德市提交了《承德市旅游业“十三五”发展规划》终稿。

【“十二五”规划回顾】 旅游业发展取得的主要成就：旅游经济快速增长，主导产业地位更加稳固；产业体系不断完善，产业集聚程度不断增强；产品结构明显优化，发展质量再上新的台阶；市场开发持续创新，旅游品牌建设成效显著；区域旅游合作深化，国际旅游城市建设加快；乡村旅游贡献突出，强力支撑旅游扶贫攻坚；智慧旅游成效初显，旅游信息化水平显著提高；政策保障更加完善，体制改革实现突破性进展。旅游业发展存在的主要问题：旅游品牌相对老化，在国际上缺乏影响力；旅游产品同质单一，与“全域、全时”要求不匹配；旅游产业联动不足，旅游大产业格局尚未形成；旅游服务供给薄弱，与国际旅游城市标准尚有差距；生态优势凸显不足，青山绿水尚未实现价值转化；旅游投融资渠道有限，项目开发建设相对缓慢；旅游管理体制机制僵化，改革创新力度有待提升。

【国际旅游城市发展】 发展机遇：一是世界旅游进入新的全球化红利期；二是国际旅游城市建设的机遇；三是国家推进生态文明建设；四是供给侧改革；五是京津冀一体化助推承德国际旅游发展；六是全面建成小康社会；七是美丽乡村建设；八是中国入境游三年来首次出现正增长。面临挑战：一是国际层面；二是国家层面；三是地区层面。

【指导思想与思路】 指导思想：充分对接国家“十三五”旅游业发展规划、河北省旅游“十三五”发展规划及承德市国民经济“十三五”发展规划，围绕国际旅游城市建设的总体目标，以创建“国家全域旅游示范市”为统领，对接“一带三区”城市发展布局，全面实施“一心、两带、五大板块、六个旅游度假区”发展战略，将旅游业确定为全市第一绿色主导产业，使其成为承德市“十三五”规划期间乃至未来全市经济社会发展的融合点、核心点和引爆点，通过国际旅游城市的落地实施，为全市转型升级、绿色崛起做出更大贡献。发展思路：三个对接，对接世界发展趋势。对接国家发展战略。对接区域发展计划。三个支撑，旅游产业发展，通过做特要素产业，把六要素都打造成旅游吸引物。三网协同建设，通过打造“快旅慢游”旅游交通网、构建“快捷慢享”旅游服务网、开拓“第五疆域”智慧旅游网，构建承德“皇家服务＋感动常在”的旅游公共服务体系。体制机制创新，成立承德市旅游发展委员会，赋予旅游相关的审批、执法权力，设计旅规引领的保障机制，统筹协调全市相关部门间的旅游合作与融合发展。三个融合，全力落实“三个融合”，推动全域旅游示范市创建和国际旅游城市建设相融合；皇家文化与生态环境、传统观光与休闲度假的融合；重点景区打造与全域旅游建设的融合。定位目标：发展定位，国际旅游城市，从避暑山庄时代迈向全域旅游新纪元，承德十大绿色产业之首，战略性支柱产业。发展目标，以建设国际旅游城市为统领，创建国家全域旅游示范市。发展指标，在“十三五”规划期间，基于全要素、全产业、全过程、全行业、全部门进行打造的构想，将承德市建设成为河北省首批全域旅游示范市与国际旅游城市。大幅提升旅游业在承德市国民经济收入中的占比，“十三五”规划期末达到15%以上。“十三五”规划期末全市接待中外游客突破6800万人次，实现旅游收入1000亿元以上，旅游业对GDP综合贡献率达到15%以上，旅游新增就业占当年新增就业的20%以上，带动15万人脱贫致富。

【建设理念】 基于承德生态文明建设的理念，空间布局必须打破行政区划限制，青山绿水变为金山银山，生态环境变为生态产业，按照生态板块的分布，结合历史文化基底进行空间架构，实现全域旅游的生态格局和产业格局，用生态格局支持产业格局，介于此，承德市“十三五”规划期间的旅游发展空间布局为“一心、两带、五大板块、六个旅游度假区”。一心：国际旅游城市核心区。两带：京承皇家御道旅游带、燕山环京津国际休闲旅游带。五大板块：皇家文化旅游板块、森林草原旅游板块、长城生态旅游板块、燕山山水旅游板块、冰雪温泉旅游板块。六个旅游度假区：御道口旅游度假区、兴隆山旅游度假区、热河皇家温泉旅游度假区、金山岭旅游度假区、蟠龙湖旅游度假区、京北第一草原旅游度假区。

【推进旅游产品国际化】 按照从山庄时代迈向全域旅游新纪元，打造国际旅游城市的发展目标，结合全域旅游“全时、全季、全维度”的产品创新要求，在“十三五”规划期间重点推出四大国际品牌产品、八大新业态产品。四大国际品牌产品：皇家文化、长城精粹、森林草原、冰雪温泉。八大新业态产品：森林狩猎、健康养老、房车露营、低空飞行、马术马业、佛教禅修、满蒙风情、丹霞风光。

【突出旅游扶贫精准化】 通过一村一业，五个就地，第六产业三大旅游扶贫理念，集中优势资源，引导乡村旅游片区化、集聚化、品牌化发展，全力建设九大美丽乡村品牌片区，促进区域乡村旅游实力的整体提升，全域精准扶贫。划定精准扶贫重点区域：利用好国家旅游局、国家扶贫办将承德作为全域旅游扶贫试点的重大机遇，积极争取国家和省在政策、资金、人才、技术等方面的支持，针对燕山兴隆山区、贫困县、空心村三大扶贫重点，围绕燕山地区、特色产业区、传统村落区三大重点区域，通过生态度假、养生农业、乡村民宿三个主要途径，全方位提升乡村旅游品质，进而促进全域旅游精准扶贫。建设九大美丽乡村品牌片区：兴隆燕山峡谷省级精品片区、隆化热河皇家温泉精品片区、滦平“小兴洲·大观园”美丽乡村精品片区、围场“木兰秋狝·皇家猎苑”美丽乡村精品片区、宽城蟠龙湖满族风情精品片区、丰宁京北第一草原精品片区、承德新杖子花果观光采摘农家游片区、平泉辽河源契丹文化精品片区、环主城区休闲体验精品片区。建设一批特色旅游小镇：结合承德市“十三五”规划期间旅游发展热点，计划启动建设 15 个特色小镇，近期 2 年重点扶持滦平长城河谷互联网小镇、金山岭滑雪小镇、围场皇家猎苑小镇、丰宁大滩中国马镇、兴隆诗上庄文化小镇、隆化温泉康养小镇等6个特色小镇。打造一批精品旅游村：坚持把旅游发展与扶贫攻坚、休闲观光农业、山区综合开发、美丽乡村建设统筹推进，实施乡村旅游示范工程，全力打造 50 个特色精品旅游村，实现“一村一业”。

【推进重大项目建设】 重点项目建设工程对接大众旅游新时代的市场需求，秉承全域旅游的发展理念，以打造国际旅游城市为目标，“十三五”规划期间全市新建、续建重点旅游项目 85 个，总投资 780 亿元。A 级景区建设工程“十三五”规划期间，承德市创建国家 AAAAA 级景区数量达到 3 个（避暑山庄及周围寺庙、兴隆山景区、金山岭长城景区），达到国家 AAAAA 级景区建设标准的景区 3 个，AAAA 级景区 16 个、AAA 级景区 13 个、AA 级景区 15 个，全市 A 级景区总量达到 50 个。

【培育国际旅游品牌群】 营销目标：构建承德全域旅游品牌、树立承德国际旅游城市形象。营销定位，形象定位，“避暑山庄，和合承德”，在“十三五”规划期间以体现皇家文化休闲度假为目标，向全球征集承德全新形象，彰显承德国际旅游城市品牌。市场定位，基于承德皇家文化旅游资源，提出皇家、避暑、狩猎、养生四种价值体验，为承德贴上皇家文化、长城精粹、森林草原、冰雪温泉四大旅游品牌标签。客源群、客源层定位，皇家狩猎体验——针对木兰秋狝活动、围场狩猎、马术小镇的新型旅游市场。森林草原度假——针对坝上草原、木兰围场的避暑消夏度假市场。冰雪温泉康养——针对冰雪运动、温泉养生、山水生态养老市场。四是皇家山水休闲——长城、燕山、水脉、避暑山庄及外八庙休闲观光市场。 客源地目标定位，一级市场：京津冀地区。二级市场：山西、河南、山东、辽宁、内蒙古等周边省市。三级市场：长三角、珠三角及国内其他省市地区。重点市场：常驻京津的外国人；机会市场：境外对中国皇家文化感兴趣的国家，如亚洲的日本、泰国，欧洲的英国、西班牙、荷兰等。市场营销方式：品牌线路营销。锦绣长城之旅、草原天路之旅、多彩京畿之旅、冬奥冰雪之旅、皇家御道自驾游、塞外山水休闲游。环境品质营销。对承德市的各种环境指标进行科学测定，尤其是特定区域的生态环境指标，包括气候舒适度（温度、适度、日照、风力），森林覆盖率，负氧离子含量，空气清洁度，温泉成分和疗效，居民幸福指数等，通过专业机构与组织公证之后，由媒体向社会公开发布监控综合报告书，以数据化的环境品质营销，展现全域旅游空间的度假生活魅力。高端论坛营销。举办“承天道、德天下”世界旅游论坛、中国生态文明城市建设高峰论坛。国际链接营销。结合“跟着贝尔去冒险”此类的国际旅游王牌栏目，对接国外主流娱乐、旅游媒体，通过真人秀的节目拍摄方式，展示承德的民族文化、大美风光、狩猎历史等旅游资源。创新四微营销。“微电影”“微博”“微信”“微网”。营销活动：中国承德国际旅游文化节、木兰围场那达慕大会、丰宁京北第一草原马文化节、中国承德国际马拉松大赛、御道口全国雪地摩托车锦标赛、金山岭长城徒步大会。

【建设全域旅游服务网】 承德构建旅游公共服务体系的总体要求：皇家服务＋感动常在。打造“快旅慢游”旅游交通网。外部交通连线，京承高速旅游化升级。开通京津承旅游专列。开通通用航空航线。依托未来即将开通的高铁、机场设施，设置交通集散中心。内部交通廊道，到2018年形成公路、铁路、航空体系完备、便捷顺畅、立体高效的旅游交通格局。开通市区直通A级景区旅游专线巴士，中心城区和景区周边规划建设便于游客步行和骑行的绿色通道。构建“快捷慢享”旅游服务网。“游客速达”旅游集散体系。打造一个国际旅游集散服务中心，构建全域无缝对接集散服务体系。“综合便捷”游客服务体系。构建旅游信息咨询服务体系、旅游交通便捷服务体系、旅游行政服务体系、旅游安全服务体系、旅游便民惠民服务体系、智慧旅游服务体系共计六大服务体系，保障承德市旅游发展，提升游客满意度。“自由尽享”自驾车服务体系。建设一批自驾车营地，完善自驾车服务配套体系，完善自驾车安全体系，加强旅游者权益保护，加强公共设施建设。开拓“第五疆域”智慧旅游网。全面融入京津冀旅游一体化网络平台，构建智慧旅游城市，整合承德旅游网等旅游信息化资源，建设承德市旅游综合服务管理平台，开发建设“一个中心、三大平台、六大系统”，全面实现景区门票、酒店、演出、特色精品旅游线路等的在线预订及线上交易全覆盖。建设三大智慧旅游平台。建设旅游公共服务、旅游电子商务、旅游行业监管三大智慧旅游平台。构建六大智慧旅游系统。建设旅游信息电子认证系统、电子门票分销系统、旅游电子导航系统、办公自动化系统、游客流量动态监测系统、旅游预报预警系统六大智慧旅游系统，高效快速的收集、分析、处理游客的实时需求。

【多态产业融合】 做特要素产业，把六要素都打造成旅游吸引物，积极发挥旅游产业在食、住、行、游、购、娱等方面的旅游“方”效应。做优住宿产业。到2020年，建设10个野奢帐篷酒店和汽车营地，培育20家精品文化主题酒店，打造50个精品民宿示范点。做特餐饮产业。到2020年，打造3条特色美食街区，扶持6家（皇家、满族、蒙古族、契丹族、禅修、猎宴）特色餐饮企业，培育50家知名餐饮品牌店。做强购物产业。力争到2020年，AAAA级以上景区、旅游集散中心等旅游商品购物店达到全覆盖，旅游购物收入占旅游总收入的比重达到30%以上。做优娱乐产业。深入挖掘承德文化内涵，积极发展演艺活动、戏曲表演等多种娱乐形式，策划、开发和提升大型文化娱乐演艺活动，大力发展城市、景区休闲娱乐活动。 做强旅行社产业。到2020年，力争百强旅行社达到1家，培育一批提供自驾游等专业服务的旅行社和俱乐部。做强融合产业。以全域旅游发展为契机，以“农旅融合、文旅融合、康旅融合、商旅融合、体旅融合、航旅融合、工旅融合、红旅融合”八大工程为抓手，撬动全市各产业融合发展，调整产业结构，提升产业层次，形成以旅游为引导的产业升级模式。做大关联产业。大力发展旅游电子商务。大力发展旅游度假地产。大力发展旅游装备业研发。做好社会服务性外包。

【政策保障新举措】 创新旅游体制，成立承德市旅游发展委员会，推进“景区＋村镇＋公司”“公司＋合作社＋农户”的管理运营模式。创新管理权限，切实解决条块分割、责权分离、管理缺位等问题。构建生态旅游系统。凸显优良生态品质，修复优化生态系统，提升生态安全水平，强化生态环境保护，构建生态产业体系。加大财政政策支持。设立旅游发展专项资金，争取中央和省各类专项资金适度向承德倾斜，争取省内预算内投资安排资金支持承德重点项目前期工作，认真落实国家和省出台的有关旅游发展的各项税收优惠政策。推进市场主体改革。加强旅游景区管理改革，推出承德旅游集团、避暑山庄旅游集团等一批大型旅游企业集团，争取有 1 ～ 2 家旅游综合企业集团跨入全省5强。拓宽旅游融资渠道。设立全市旅游产业引导股权投资基金，鼓励金融机构创新旅游金融证券产品，鼓励民间资本、外商资本和社会资本开发旅游资源，支持承德旅游集团做大做强。搞好旅游试点试验。做好旅游功能区试点建设，做好智慧景区试点工作，做好旅游扶贫试点工作。优化土地利用政策。旅游项目优先获得土地审批，争取河北省建设用地指标适度向承德倾斜，旅游重大基础设施和产业项目等用地优先列入市土地利用年度计划，建议收取的土地出让金全额返还旅游进行基础建设。依法整治旅游市场。强化综合整治，加强诚信建设，营造文明环境。加强人才队伍建设。鼓励开展人才交流，加强行业培训，开展旅游机制建设、智慧旅游、旅游规划、旅游投融资、市场营销等方面的研究。加强规划组织督导。将旅游业发展指标纳入对县区级政府领导班子年度目标考核体系，科学制定政策和配置公共资源，广泛动员全社会力量，共同推动规划重点项目的顺利实施，加强规划协调管理，完善规划实施机制，强化财力保障，充分调动全社会积极性。加大资源保护力度。强化对绿色发展的刚性约束，做好水体资源保护，实行严格的“绿色 GDP”考核制度，实行分类考核评价的“绿色考核体系”，完善与天津等生态补偿机制，加大生态补偿适当资金支持，实行生态红线管控制度，加强地质遗迹以及温泉地热资源的监测与保护工作，加大文物、遗址的保护与利用，强化非物质文化遗产的保护与活化利用。

景区建设

【概况】 截止到 2016 年年底，承德市共有 31 家国家 A 级旅游景区，其中 AAAAA 级 1 家，AAAA 级 9 家，AAA 级 7 家，AA 级 14 家。2016 年，全市旅游项目共 59 个，总投资 1166.3 亿元，其中续建 36 个，新建 23 个。兴隆山景区、鼎盛梅园、隆化热河皇家温泉度假区、契丹水洞、雾灵养生谷等项目进展顺利。共完成投资35亿元，同比增长23%。

表 3

承德市 A 级景区一览表

等级	景区名称	隶属部门或单位	备注
AAAAA级	避暑山庄及周围寺庙	市文物局	
AAAA级	塞罕坝国家森林公园	围场塞罕坝机械林场	
	京北第一草原	丰宁县政府	
	御道口草原森林风景区	围场御道口牧场	
	磬锤峰森林公园	市林业局	
	金山岭长城景区	滦平旅游文化局	
	双塔山风景区	—	股份
	董存瑞烈士陵园	隆化民政局	
	兴隆溶洞景区	兴隆千华旅游开发有限公司	
	大汗行宫旅游景区	大汗行宫旅游开发有限公司	

续表 3

等级	景区名称	隶属部门或单位	备注
AAA级	白云古洞	丰宁旅游局	
	魁星楼	市林业局	
	奇石谷风景区（兴隆）	—	个体
	六里坪—九龙潭	兴隆林业局	
	辽河源森林公园	平泉旅游局	
	平泉泽州园	平泉林业局	
	蟠龙湖风景区	宽城旅游局	
AA级	茅荆坝森林公园	隆化林管局	
	关帝庙	市统建办	
	城隍庙	—	股份
	九龙松	丰宁旅游局	
	千松坝森林公园	丰宁林管局	
	朝阳洞	承德县旅游局	
	都山景区	宽城林业局	
	万塔黄崖景区	宽城民宗局	
	花溪梨园景区	滦平西沟乡	
	苇子峪景区	承德县新杖子乡苇子峪村响洞子果品专业合作社	
	大清猎苑景区	承德大清猎苑酒业有限公司	
	菁润观光园景区	承德菁润生态农业观光有限公司	
	宝山休闲庄园景区	宽城尖宝山生态农业观光有限责任公司	
	塞北江南景区	宽城中远希望农业开发有限公司	

【招商引资】 为贯彻落实市委关于利用农村宅基地城乡共建住房的有关精神，于4月11日在北京举办“乡下咱家”“特色旅游小镇”项目招商推介会。市委书记周仲明、市长常丽虹出席会议。会上，介绍承德市美丽乡村重点招商片区情况和旅游项目推介工作，港中旅等70多家企业参会，对承德市投资环境给予高度评价。编辑印制皇家御道沿线旅游招商项目手册，精选10个项目制作PPT对外推介，选取20个项目印刷成册。与海航置业进行对接，提供招商项目供其选取。6月18日，在唐山进行旅游项目招商推介会。

【项目专项资金检查】 按照省财政厅《关于认真做好财政专项资金问题清理重点检查工作的通知》和省旅游委重点检查工作方案要求，对全市三年来共106个项目进行全面细致的专项资金清查工作，为省旅发委提供承德市所涉专项资金使用情况的账目和发票等，督促项目单位就存在的问题进行整改，完成2013—2015三年专项资金检查工作。

【组织申报专项资金和发展基金】 2016年省级旅游专项资金共支持承德市953万元，其中旅游厕所建设补助资金747万元，美丽乡村建设资金206万元。中国·承德鼎盛文化创意产业基地和滦平县金山岭长城景区旅游厕所改造提升项目，申报2016年国家旅游发展基金。

【旅游景区复核和评定】 召开景区工作会。3月29—30日组织召开全市旅游景区工作会议，聘请专家进行景区建设、厕所建设专题讲座，对各县区旅游局工作人员和全市31家A级旅游景区管理人员培训，确定28人为承德市首批景区评定员。开展复核工作。5—6月，开展全市A级旅游景区复核工作，采取全面检查形式，分成6个检查组，通过明查和暗访对全市A级旅游景区进行检查复核。检查组对发现的问题进行梳理，下发《整改通知书》30份，要求景区限期整改，有力督促精品景区建设。督导磬锤峰景区整改提升。针对磬锤峰景区整改工作，向相关部门和单位下发《整改通知》，磬锤峰游客中心、停车场、山上旅游标识牌、旅游厕所建设完毕，步游路、铁路涵洞、停车场商铺整治工作正在有序进行。

【督导景区提升】 8月10日，组织召开全市A级旅游景区整改工作会议，传达国家旅游局对5家AAAAA级旅游景区处理通报和省旅游委景区工作会议精神，通报了承德市对A级旅游景区复核情况、旅游厕所上半年完成情况，就下一步A级旅游景区整改工作作出了安排部署。8月12—15日，市景评委组织安排两个检查组，对全市AAA级以上旅游景区通过明察暗访进行抽查工作。8月17日，组织召开全市旅游景区整改提升工作会议，会上，传达国家旅游局关于对湖南长沙橘子洲旅游区等5家AAAAA级景区的处理通报、省旅游委关于对部分AAAA级以上景区处理意见的通报。市政府与各县区政府签订旅游景区整改提升责任书，市旅游局与全市9个AAAA级旅游景区签订景区整改提升责任书。

【推进旅游厕所革命】 引进北京康之维科技公司在承德成立康吧科技有限公司，专门负责承德旅游厕所革命工作，2016年，争取旅游厕所专项资金747万元，市配套旅游厕所专项资金340万元，各县（区）积极推动旅游厕所建设工作，每个县（区）建设了1～2个高标准旅游厕所。全市124座旅游厕所开工109个，完工77个。

【推动旅游商品发展】 成立承德市旅游协会旅游商品分会。9月8日，承德市旅游协会旅游商品分会成立大会在市印象承德召开。各县（区）旅游局主管领导带队组织辖区内各旅游工艺品、旅游用品、旅游食品、旅游饮品等49家旅游企业代表参加会议并加入旅游商品分会。给旅游商品企业提供了一个信息沟通、经验借鉴、学术交流、资源整合、资金利用、宣传推广、共谋发展的服务平台，还为开发建设自己的旅游商品品牌，做大做强旅游产业奠定坚实有力的基础。积极组织旅游商品企业参加展会和赛事活动。4月29日—5月1日由河南省旅游局与洛阳市人民政府共同举办的“2016中原旅游商品博览会暨‘老家礼物’旅游商品大赛”在洛阳市栾川县凤凰天街举行，承德市营子区河北怡达食品集团有限公司参加此次大赛。组织参加在浙江省义乌市举办的第八届中国国际旅游商品博览会和“中国旅游商品大赛”，承德市“热河玉雕件”和“桃木神”参加此次活动。组织8家旅游商品厂家，提供具有承德市特色的旅游商品到保定涞源县，参加2016年河北省旅游产业发展大会的商品展，隆化县非物质文化遗产“二贵摔跤”，得到观展领导的一致好评。8个旅游商品获得省旅游协会推荐商品。参加2016上海中国国际旅游交易会——中国特色旅游商品展示活动，组织特色旅游商品品牌“桃木神”参加展示，展现承德市独特的桃木工艺品。

【旅游大数据建设】 为进一步落实市政府《关于大数据产业重点项目责任分工的通知》的相关精神，推动承德市旅游大数据建设，尽早地完成承德智慧旅游云平台建设的目标，结合承德市旅游实际需求，与承德联通一起对承德旅游云项目方案进行讨论设计。承德旅游大数据方案设计方案已完成，力争按计划有序推进项目进展。

乡村旅游

【概况】 乡村旅游工作重点抓好精品村建设、乡村旅游扶贫攻坚、乡村旅游培训升级、乡村旅游规划设计、“首旅寒舍”项目建设等工作，全市建设乡村旅游精品村 50 个；打造乡村旅游业示范点 1 个；复核全国金牌农家乐 40 户；创建巾帼乡村旅游示范村 12 个、培育巾帼乡村旅游示范点 36 个。全市乡村旅游累计接待游客达 1275 万人次，同比增长 30%，实现旅游综合收入 73 亿元，同比增长 40%，共有乡村旅游星级示范户 532 户。形成了乡村旅游产业的集约化、市场化、品牌化发展。

【精品村建设】 结合全市美丽乡村建设省级重点村中有 46 个旅游精品村的实际，确定打造 50 个市级精品示范村的战略部署。按照市委、市政府工作部署，把发展乡村旅游作为全市美丽乡村建设支柱产业，作为美丽乡村建设中贫困村脱贫致富的有效途径，作为全市美丽乡村提升建设水平的有力抓手，认真抓好旅游精品村建设，实现预期效果。

【省级旅游示范村规划】 安排河北民族师范学院、承德市规划设计研究院、承德世代峰景旅游规划设计公司 3 家规划实施单位对市 11 个省级旅游示范村进行乡村旅游规划编制工作。召开专门会议确定时间节点，并组织省专家顾问、市乡村旅游专家、各相关县（区）旅游局、乡镇及村负责人召开中期论证会和最终评审会，经过充分论证评审，11 个村的规划全部通过专家组的认定，按时保质完成规划任务。

【“首旅寒舍”项目】 结合“京承皇家御道黄金旅游带”和“燕山环京津国际休闲旅游带”建设，按照市委书记、市长与首旅酒店集团董事长张润刚关于利用农村集体建设用地和农民宅基地联合建设休闲康养用房的谈话精神，年初与首旅集团签订战略合作协议，全年共接待企业考察 40 多处乡村旅游点，签署战略框架协议 8 处，正式签约 2 处，并不断拓展合作领域，发展除典型的“首旅寒舍 + 乡村”模式外的“首旅寒舍 + 景区”模式，合作的力度不断加深，有效地提升乡村旅游产业发展质量。乡村休闲旅游的发展，为推动农村改革、盘活农村闲置资产资源起到积极推动作用。

【合力推出示范项目】 与市妇联、市扶贫办联合开展巾帼乡村旅游示范创评活动。经过自评申报、县区筛选、网络投票、重点抽查和联合评审五个阶段，全市评选出以“生态美、文化浓、服务优”为标准的巾帼乡村旅游示范村 12 个、培育巾帼乡村旅游示范点 36 个。于 12 月 13 日召开“承德市巾帼脱贫攻坚行动推进会暨巾帼乡村旅游示范创评表彰大会”，对 2016 年度承德市巾帼乡村旅游示范村和示范点进行表彰和授牌，并向受表彰的单位赠送桌布。会后邀请市旅游学院的李建峰老师和李倩老师对参会人员进行乡村旅游发展理念和旅游服务礼仪等农家旅游知识培训。同时，聘请承德电视台拍摄巾帼乡村旅游新闻宣传片，在承德电视台“今日聚焦”栏目播出，此外，在市妇联官网、市妇联微信平台和各类旅游网站上开展宣传展示活动，同步宣传参与旅游脱贫致富的先进典型，激发妇女求富裕求发展的内生动力，增强示范带动效应。

【加强从业培训】 为更好地建设全域旅游城市，抢抓京津冀一体化机遇，满足京津市民对乡村旅游市场的需求，与北京旅游发展委员会主动对接，组织在当地有示范带动作用的星级示范户或农村产业片区负责人 10 名人员参加 2016 年北京对口支援地区旅游管理及从业人员培训班。培训以乡村旅游开发、经营、管理为主要内容，采取“集中授课、现场交流”相结合的方式进行，培训过程中，承德市全体学员严格遵守学校纪律，学习积极性最高，受到学校的一致肯定，在总结会上公开表扬承德市承德县新黎明生态园董事长宋悦的论文。通过10天12门课程7次体验教学的系统学习，学员们从专家学者授课中接收到旅游业新的管理理念，对乡村旅游的发展机遇和政策情况有了更为系统的认识和理解；从管理干部授课中学到新的管理办法、新的发展思路、新的发展举措。此次培训工作使学员增进交流、更新旅游管理理念、提高业务素质和公共服务的能力。为巩固和扩大培训成果，还制定了《2016年度乡村旅游从业人员培训实施方案》，以规范提升乡村旅游从业者专业技能和服务水平为目标，采取“市级现场观摩＋县区授课”的培训方式,实施“千名乡村旅游从业人员培训”工程。同时，为保证乡村旅游培训工作顺利进行，对各县（区）培训工作进行资金补贴。

【旅游扶贫】 在第二届全国乡村旅游与旅游扶贫工作推进大会上，公布全国旅游扶贫示范项目名单，河北省有13个项目列入，其中承德市有3个项目。围场县万家客栈企业管理有限公司列入全国“公司＋农户”旅游扶贫示范项目名单、围场县柳塘人家乡村休闲旅游合作社列入全国“合作社＋农户”旅游扶贫示范项目名单、丰宁县大滩镇小北沟村五湖山庄总经理于存永列入全国“能人带户”旅游扶贫示范项目名单。市旅游扶贫工作成果得到各级领导充分肯定。

【工农业旅游示范点建设】 全市有工业旅游示范点5处。位于平泉县的承德山庄老酒文化产业园建设承德避暑山庄皇家酒文化博物馆，具备成为工业旅游景点的基础。对照《河北省工业旅游示范点检查标准》，经初步检查并现场进行打分，该公司已达到河北省工业旅游示范点检查标准，已按程序向省旅发委进行申报。

行业监督管理

【概况】 截至到12月31日，全市共有星级饭店41家，其中五星级饭店1家，四星级饭店16家，三星级饭店21家，二星级饭店3家。年内新增四星级饭店1家，注销三星级饭店1家。共有旅行社136家（其中具有出境资质的旅行社9家），旅行社分社48家，服务网点163家；年内新增旅行社11家，新增旅行社分社8家，新增服务网点91家；年内注销旅行社5家，注销旅行社分社13家，注销服务网点16家。

【旅行社管理】 加强旅行社监管。根据工作实际印制《申办旅行社需提交的材料清单》《申办旅行社分社需提交的材料清单》《申办旅行社服务网点需提交的材料清单》。把申办旅行社、旅行社分社和旅行社服务网点需填报的表格制式化，规范和简化申办旅行社的报备材料和审批程序，申办者备齐所需提交的材料，即可取得证照，真正实现“一站式”办公。

根据国家旅游局、河北省旅发委《关于规范出境游保证金有关事宜的通知》要求，对出境社收取旅游者保证金的情况开展了自查和清理。在旅行社分会和中信银行的配合下，建立了长期、稳定的出境游保证金银行托管工作机制，并拟订了由旅行社、旅游者、银行参与的出境游保证金三方托管协议。设置“个人旅游保证金缴存相关业务流程图”牌匾，杜绝挪用出境旅游者保证金情况的发生，保障消费者权益。

根据国家旅游局和交通运输部《关于进一步规范导游专座等有关事宜的通知》要求，协调承德众信、万和、安华三家旅游客运公司在旅游客车内设置了“导游专座”。“导游专座”的设立，保证了导游员的人身安全，改善了导游员的执业环境，有利于建立导客平等关系，亦是开展文明旅游的举措。

按照旅游行业标准《旅行社行前说明服务规范》（LB/T040—2015）相关要求，行管科要求全市各旅行社建立游客出行前“行前说明会”制度。落实行前说明会能够强化游客出境旅游的文明、安全旅游意识，有效推进旅游市场健康发展。

【旅游饭店管理】 加强星级饭店监管，年内组织星级饭店检查员对全市4家三星级饭店进行评定性复核。配合河北省星评委完成了平泉泽州大酒店和平泉客官国际饭店的四星级评定性复核工作。根据山庄宾馆申请，承德市旅游饭店星级评定委员会对照《旅游饭店星级的划分与评定》（GB/T14308—2010）标准，完成山庄宾馆申请四星级的初评工作。并顺利通过河北省旅游饭店星级评定委员会的检查。河北省旅游星级饭店评定委员会已于2016年11月29日正式批准山庄宾馆为四星级旅游饭店。

表4

承德市星级宾馆饭店一览表

星　级	数量	名　称	地　址
五星级酒店	1家	嘉和国际饭店	承德市迎宾路23号
四星级酒店	16家	天宝假日酒店	承德市新华路6号
		云山饭店	承德市武烈路41号
		盛华大酒店	承德市武烈路22号
		承德宾馆	承德市南营子大街19号
		文冠饭店	承德市环城南路僧冠峰景区
		京城大酒店	承德市半壁山路12号
		乾阳大酒店	承德市普乐北路8号
		宽城天宝酒店	宽城县民族街359号
		东杉坝上草原假日酒店	丰宁县大滩镇
		隆化阳光假日酒店	隆化县北旱河北英雄广场东侧
		平泉客官国际饭店	平泉县兴平南路
		平泉泽州大酒店	平泉县渝州中路
		仟喜龙度假村	兴隆县雾灵山乡眼石村
		紫御国际假日酒店	承德市武烈路6号
		福满家大酒店	承德市普乐北路兴盛丽水商业街9号
		山庄宾馆	承德市丽正门127号
三星级饭店	21家	承钢宾馆	承德市双滦区宾馆路1号
		碧峰饭店	承德市德汇大厦B座
		白楼宾馆	承德市开发区西区13号
		丰宁银河温泉度假村	丰宁县汤河乡洪汤寺
		丰宁怡园山庄	丰宁县汤河乡洪汤寺
		承德围场宾馆	围场县木兰中路150号
		龙骧大酒店	隆化县建设街中段
		围场新红楼宾馆	围场县塞罕坝机械林场
		乾隆宾馆	承德县板城大街88号
		上兰宫苑	围场县御道口牧场
		宽城京城宾馆	宽城县行政中心西侧
		滦平新区大酒店	滦平县北山新区1号

续表 4

星级	数量	名称	地址
三星级饭店	21家	兴隆县仟禧龙大酒店	兴隆县西关京唐路
		广兴宾馆	兴隆县兴开街
		华成商务酒店	承德市双桥区翠桥路甲1号
		围场太阳湖度假村	围场县御道口牧场
		明珠大酒店	承德市山庄东路小南门
		雍和园商务会馆	承德市武烈路园林管理处69号
		易园宾馆	承德市双桥区丽正门大街7号
		不倒翁酒店	滦平县三地沟门
		承德大厦酒店	承德市车站路5号
二星级饭店	3家	丰宁华泽宾馆	丰宁县新丰北路230号
		丰宁金凤凰宾馆	丰宁县新丰路202号

【导游员管理】 组织2016年导游人员年审培训工作。全市导游员首次实行网络视频教学模式，对年审培训内容、培训师资、视频录入等环节进行落实，年审培训人数达到3566人。5月7—9日，针对木兰围场旅游景区（点）导游员举办了为期3天的培训班。参训人员170人，通过考试159人，通过率93%。办理中、高级导游资格证22个，新证导游证330个，导游证坏、遗失及消磁补发90个，换种语5人，调转停职29人，改名6人。

【旅游监察安全】 认真贯彻落实《中华人民共和国旅游法》和《河北省旅游条例》，采取有力举措，全面提升旅游行业的服务质量。规范旅游市场秩序。建立健全旅游综合管理和执法体系，制定下发《游客不文明行为记录管理暂行办法》《推广随机抽查规范事中事后监管工作实施方案》等文件，深入推进依法治旅，加大对重点区域旅游秩序的整治，加强对“零负团费”、欺骗或强迫消费等侵害旅游者权益事件的查处力度，切实保护旅游者合法权益。以联合检查、专项检查和重点抽查等方式行动30次，出动检查180人次，共检查旅游企业（包括旅行社、星级饭店、A级景区、农家乐等）610家，有效净化了旅游市场环境。健全旅游投诉体系。按照“小问题不过夜，大问题不过周”的原则积极受理游客投诉。共受理旅游投诉92件，结案率达100%。其中景区（点）投诉47起，占投诉总数的51.08%；旅行社及导游员投诉37起，占投诉总数的40.21%；星级宾馆饭店投诉1起，占投诉总数的1.1%；在线旅游投诉3起，占投诉总数的3.3%；交通投诉2起，占投诉总数的2.2%；其他投诉2起，占投诉总数的2.2%，共为游客挽回经济损失近3万余元。全年未发生重大投诉事件，整体投诉数量较往年保持平稳。强化旅游安全工作。牢固树立“没有安全就没有旅游”的意识，制定《全市旅游行业安全生产活动实施方案》，与相关旅游企业签订责任状250余份。

附：市旅游局领导名录

党组书记、局长：王成军（满族）

党组副书记、副局长：李思泉（11月任党组副书记）

党组成员、副局长：武永东（满族，3月免）
孟凡虎
甘彦秋
李金龙（3月任）
王　征（9月免）

党组成员、纪检组组长：刘志媛（女）

（供稿　杨　名）

商贸流通

综述

2016年，全市实现社会消费品零售总额543.3亿元，比上年增长10.7%，增速居于全省第三位。从经营地看，城镇实现消费品零售额407.0亿元，增长10.2%；乡村实现消费品零售额136.3亿元，增长12.1%。

全市限额以上批发零售业商品零售额118.1亿元，比上年增长11.4%。其中，粮油、食品类零售额17.8亿元，增长5.7%；烟酒类零售额10.1亿元，增长8.2%；服装、鞋帽、针纺织品类零售额15.4亿元，增长17.0%；日用品类零售额4.2亿元，增长6.4%；金银珠宝类零售额1.8亿元，增长20.3%；家用电器和音像器材类零售额4.9亿元，增长3.6%；文化办公用品类零售额1.7亿元，增长1.5%；石油及制品类零售额22.1亿元，增长9.3%；汽车类零售额26.1亿元，增长22.2%。截至2016年年底，全市共建成各类电子商务交易平台50个，全市电子商务交易额达到500亿元；全市大型农产品批发市场达到25个；新改造农村集贸市场15个，累计改造完成110个。

对外贸易与对外经济合作

【概况】 2016年，全市外贸进出口累计完成31.6亿元，其中出口29.1亿元，进口2.5亿元，同比分别增长27.7%、22.6%和144.4%，实现进出口、出口、进口增幅三个全省第一。

【搭建贸易展会平台】 抢抓国家建设“一带一路”战略机遇，组织市外贸企业参加省“境外百展市场开拓行动计划”中的重点展会、东盟博览会、中国进出口商品交易会、澳中商业峰会、法国巴黎国际食品展览会、北京世界食品博览会等国内外知名展览会，帮助企业开拓国际市场，扩大出口份额。其中，春秋季广交会共达成出口意向额1000万美元，法国巴黎国际食品展达成意向成交额600万美元。

【强化企业服务力度】 起草《促进承德市外贸回稳向好的若干措施》并经市政府常务会议审议后下发，建立承德市外贸工作市级联席会议制度和重点企业服务台账，强化对市、县两级重点联系帮扶企业的政策支持和帮扶力度，提高了企业出口信心和积极性。组成专题督导组先后4次赴各县区深入重点出口企业走访调研，为企业出谋划策。牵头组织海关、国税、检验检疫等多部门开展了两次“承德市外贸政策联合大培训”，帮助企业运用好政策措施。帮助神栗食品争列为“河北省外贸品牌优势企业”。支持梵纳瑞进出口商贸有限公司等4家企业申报省跨境电子商务项目，其中鹏涛跨境电商产业孵化中心项目已开工建设。

【企业境外投资平台】 抓住“一带一路”有利机遇，积极引导企业转移过剩产能，新增6家企业到境外投资，全市境外投资企业累计达20家。积极与省中行、建行、中信保等金融企业联系，为市企业争取了信保、贷款的支持和投资风险的帮助。组织企业参加巴基斯坦、乌克兰、保加利亚、澳大利亚、蒙古等国家公路、电力、水库、建筑项目的发标和投标，为工程承包企业争取项目提供支持。

招商引资

【概况】 围绕建设“生态强市、魅力承德”和“一带三区”城市发展战略，以小团组“请进来”和“走出去”为主要手段，以经济开发区为重要载体，全力招商，签约一批高质量项目，扩大对外合作步伐。2016年，全市实际利用外资2亿美元，同比增长25.4%，完成任务比位居全省第二，增幅位居全省第五。全市共新注册审批企业6家，投资总额为7901万美元，合同利用外资1920万美元；同时，严格按照省商务厅年初下发《关于进一步改进外商投资管理工作的通知》文件要求，行使设立和变更审批权限，今年市级审批变更经营范围企业1家。

【搭建招商引资平台】 重点组织参加了第三次中国—中东欧国家地方领导人会议暨2016年中国·河北国际经济贸易洽谈会、第十九届中国国际投资贸易洽谈会、第十届中国—拉美企业家峰会、全省招商代理项目对接会等大型招商活动以及系列小团组对接活动，全年签约对内经济合作项目65个，总投资1103.6亿元；外资项目4个，总投资5.49亿美元，达成合作意向50余项，签约项目涉及大数据、新能源、节能环保、文化旅游、健康养老、高新技术、装备制造等产业，是签约数量最多、投资规模最大的一年。

【争取一批重大支持事项】 经过积极争取，多方协调，促成市长常丽虹、副市长刘新宇率队赴北京市商务委召开推进京津冀协同发展专题对接会并签订会议纪要，承德市被列为“环首都1小时鲜活农产品物流圈”规划节点城市；9个重点物流项目列入北京商贸物流发展资金支持范围；9个项目列入“环首都1小时鲜活农产品物流圈”规划，居河北省各设区市首位。

【打造水源地承德品牌】 促成承德市作为河北省唯一代表城市，免费参加北京市2016年龙潭、地坛庙会；牵头在北京王府井步行街、家乐福超市四元桥旗舰店举办持续1个月的“水源地承德——绿色产品北京行”活动，共接待中外游客200多万人次，销售额突破130万元，打响水源地承德品牌，中央电视台、《环球时报》等几十家主流媒体对活动进行专门报道；组织全市14家企业参加“2016年北京市对口支援地区特色产品展销会”，得到北京市政府、国务院扶贫办主要领导的高度评价。

【拓展农产品进京通道】 促成承德市被列为“北京两节、两会农产品定点供应城市”，与北京市商务委签订《保障冬季首都市场蔬菜供应合作协议》，建立蔬菜保供保联供应长效合作机制；多次组织北京商超到承德市实地对接，促成皇家136庄、围场味来食品、宽城神栗、滦平兴春和等企业与北京物美、家乐福、沃尔玛、华润万家等企业达成采购合作；在北京老字号最大菜市场——东单菜市场开设特色承德馆，累计在北京市各区开设社区体验店400多家，并争取北京市商务委为每店每年补贴10万元租金，拓展承德绿色农产品进京渠道。

【重点区域招商】 积极加强与长三角、珠三角、台湾等地区的企业、协会对接。与深圳河北商会签订《招商引资战略合作协议书》；与北京市台办、台协建立良好的沟通对接机制；与华润集团合作持续深化，合作领域扩大到医疗大数据、天然山泉水开发等；直接促成总投资15亿元的上海诺奚互联网金融大数据中心及注册资本5亿元的河北易骋云数据科技有限公司落户高新区。

【引进重点战略项目】 通过亲自跑办，走访对接央企、京企、驻京机构及京津冀大型企业，直接促成市政府与新奥集团签订战略合作协议，与海淀区政府签订建设信息谷合作框架协议，与慧科教育集团、大连聚智慧科教育咨询有限公司签订三方共建创业小镇合作协议。

【经济开发区建设】 全市经开区主营业务收入完成1534.11亿元，同比增长9.85%；税收收入40.04亿元，同比增长10.76%；固定资产投资379.71亿元，同比增长18.41%，正在成为引领全市经济发展的新引擎。

强化规划引领。牵头成立开发区改革发展工作领导小组，组织召开全市开发区改革发展推进大会，代市政府出台《关于加快开发区改革发展的实施意见》《承德市开发区改革发展工作推进方案》等一系列政策文件。启动实施开发区改革发展三年攻坚行动和开发区优化整合工作，将全市原有15个省级以上开发区整合为10个，增大了开发区体量。整合后全市经济开发区规划面积247.07平方千米，可建设用地面积138.92平方千米。强力推进机构编制、人事薪酬、行政审批、投融资平台四项开发区重点改革任务，市、县(区)领导兼任开发区领导全部到位；承德高新区、围场经开区、平泉经开区作为人事薪酬制度改革试点制定《人事薪酬制度改革方案》《岗位设置方案》《绩效考核管理办法》等文件；承德高新区组建行政审批局，启用“承德高新区行政审批专用章”，实现“一枚公章管审批”；涉及投融资平台建设的开发区均完成独立法人资格的投融资平台建设任务。

【园区建设和项目招商】 采取PPP等市场化运作机制破解资金筹措难题，推动经济开发区起步区全部实现“七通一平”及WIFI全覆盖，双滦开发区起步区实现“九通一平”。组织各经济开发区参加了“民企入冀·河北开发区长三角招商”“京津冀协同发展·河北省开发区投资说明会”等系列招商对接活动，新签约项目50个，总投资额222.46亿元。促成上海远景能源项目、中检溯源检验检测认证研发示范基地、福田汽车新能源智能化产业基地、宽温锂电池、农夫山泉、沸石产业园等一批重点项目落户经济开发区。

商贸管理

【概况】 围绕“促消费、稳物价、惠民生”工作主线，加快电子商务发展，完善城乡市场体系，促进消费增长，推动商贸“活起来”，带动第三产业发展。全市城乡市场体系不断完善，商贸发展后劲不断增强，城乡消费市场更加活跃，居民消费环境得到明显改善。

【电子商务】 抓住“互联网+”机遇，把电子商务作为促进产业转型升级的新动力来抓。积极落实《承德市电子商务发展三年行动计划》，组织参加了首届CIIU“联动·中国”互联网+产业联盟创新峰会、“中国CS:GO超级联赛”决赛、“京津冀O2O电子商务暨跨境电商博览会”等活动，与中国网库集团达成共建“承德电商谷”战略合作，促成上海华奥集团在承德全资注册华奥电竞（承德）科技有限公司。全市10个电子商务产业园9个建成投入使用，建成各类电子商务平台50个，培育了“大槐树”“北纬42度”“承德神栗”“承德怡达”等一批自有电商平台，引进“阿里巴巴”“京东”“移联网信”“淘实惠”“乐村淘”等一批知名电商进驻承德，全市电子商务交易额达到500亿元、电子商务零售额55亿元，同比增长42.9%和37.5%，被评为“互联网+2015年度中国网络零售最具活力城市”。

【农村电商全覆盖】 新争取围场县为2016年度全国电子商务进农村综合示范县；宽城县在商务部首批国家级电子商务进农村综合示范县绩效评价中成绩位列全省首位，受到商务部、省政府和省商务厅的高度认可。全市有国家级电子商务进农村综合示范县3个，省级电子商务进农村综合示范县5个，完成了国家级、省级电子商务进农村综合示范县全覆盖。“大槐树”农村电商平台覆盖河北、辽宁两省45个县（区），发展成为全省三大电商平台之一，受到省领导批示肯定，《河北日报》进行专题宣传并在全省进行推广。全市从事农村电子商务企业达310家，累计建成2474个行政村级电子商务服务站，12个县级农村公共服务中心、12个县级电商物流配送中心、55个乡镇配送中心建成并投入运营，实现行政村电子商务进农村应用全覆盖。

【与京东达成扶贫合作】 与京东集团达成电商精准扶贫战略合作，滦平县列为京东“华北首批电商精准扶贫示范县”；组织“首届中国（承德）国际山楂文化节系列活动暨京东集团精准扶贫·山楂基地授牌启动仪式”；营子怡达集团在京东商城开设“中国特产·承德馆”，被列为京东“精准扶贫山楂基地”；首批精准扶贫合作项目——“蹦跶鸡”众筹项目半个月网上众筹60万元，在京东“电商扶贫众筹项目”和“生鲜肉品类众筹项目”中总金额均为第一；促成兴隆县与京东合作举办“京东家电下乡、兴隆农产品上行——精准战略合作联合展销会”，双方合作深入推进。

【服务外包】 组织参加了2016京交会、承德大数据产业推介暨项目招商会等大数据服务外包活动，推介承德市服务外包产业，签约一批重点项目。全市发展服务外包企业11家，与北京华唐公司合作建设的承德县服务外包产业园被评为全省首家“河北省呼叫中心服务外包基地”。

【农村市场建设】 新建宽城汤道河、平泉三联、滦平万泽等大型农产品综合批发市场，改造提升平泉榆树林子果品蔬菜、北五十家子杏仁等一批辐射华北乃至全国的大型批发市场，全市大型农产品批发市场达到25个；将农村集贸市场改造提升作为解决农村市场脏乱差、占道经营、食品安全无保障等问题的重要民生工程强力推动，累计改造农村集贸市场110个，改善农村消费环境，得到农民好评。

【现代物流体系建设】 争列为“国家物流标准化试点城市”，获得中央财政8000万元资金扶持。滦平进京农产品冷链物流中心、丰宁丰鑫冷链物流、承德农产品冷链物流产业园、围场雄威农业发展公司蔬菜冷链物流4个项目列为河北省“全国冷链物流综合示范试点”重点项目。全市开工建设10个物流产业园区，其中省级物流园区3个、区域性物流园区4个，物流骨干企业达到35家，重点物流产业项目23个，总投资135亿元。培育新建“冀客通”和“物流承德”2个物流公共信息服务平台，推动物流业实现线上与线下结合发展，电商与物流协同发展。加快推动物流项目建设，总投资40亿元的承德农产品冷链物流产业园、总投资10亿元的承德怡达进京农产品冷链物流仓储中心暨首都农产品应急储备基地、总投资12.5亿元的滦平进京蔬菜生产基地暨农产品冷链物流中心等一批重点项目快速推进，全市物流业水平进一步提升，怡达集团被河北省列为国家候选的“农产品冷链流通标准化示范企业”。

【商贸惠民工作】 着力推进商业综合体、特色街区、星级酒店等项目建设和招商，全市累计建设1万平方米以上的大型购物中心、百货商场、超市、家居建材城32家，大型连锁超市36家，社区便利店和生鲜直投店250家，蔬菜平价直营店30家，构建一刻钟便民生活圈，提升居民消费品质。举办美食文化节、烤全羊大赛、节日促销等促消费活动，拉动消费增长。设立惠民肉菜补贴专柜，完成燃油品质提升工作，保障市民生活需求。

【开展消费促进活动】 组织大型商贸流通企业利用元旦、春节及商家店庆等重大节日，开展包括“品牌购物大优惠”“餐饮美食大促销”“网络放心购”“肉类直补惠民生”等为主要内容的促销活动。在春节、“十一”期间，以每千克低于当日市场2元的价格投放惠民猪肉16.5万千克，平抑了物价。举办第七届“幸福河北欢乐购”—金秋季消费促进活动和第八届“幸福河北欢乐购”—元旦、春节消费促进月活动，各商贸流通企业销售额同比增长9.5%以上。

附：市商务局领导名录

党组书记、局长：高俊虎（满族）
党组副书记、副局长：张建勋（满族）
党组成员、副局长：李月武
艾雪峰（满族）
褚瑞成
张　健
桑爱民
张庆江（挂职）
孙永阁
党组成员、纪检组长：李建国（满族）
党组成员：张庆来（贸促会会长）

（供稿　李　静）

商品检验检疫

【出入境检验检疫】 2016年，承德出入境检验检疫局共完成检验检疫出境货物2818批，同比增加3.56%，货值14898.3万美元，同比增加8.12%；入境货物74批，同比增加48%，货值1431万美元，同比增加48.64%。检出不合格批次（出境12批，入境11批），货值9.6万美元（出境3.7万美元，入境5.9万美元）。2016年，按出口金额比，承德辖区前五位出口企业分别为承德舒适家用品有限公司（出口商品为农用手工具等）、河北滦平华都食品有限公司（出口商品为热处理鸡肉等）、承德盈科精细化工股份有限股份公司（出口商品为无水氟化铝）、河北钢铁股份有限公司承德分公司（出口商品为钢铁制品等）、承德神栗食品股份有限公司（出口商品为板栗及其制品、食用菌等）。

【推进质量提升】 2016年，推进一系列质量提升行动，加强输非商品检验监管，检出不合格出口商品1批，货值1.6万美元；加大打击假冒伪劣商品力度；开展进口缺陷汽车召回及“三包”落实情况监督检查，对涉及辖区5个进口汽车经销店的5个品牌14个批次，及时通知4S店实施召回；对辖区重点、大宗、敏感产品及产业等相关情况进行调查摸底；撰写上报《国外技术性贸易措施对承德食用菌出口影响调查报告》；完成进出口食品检验、卫生标准等九大类85小类产品标准的汇总完善及更新；开展质量月活动。

【国门安全宣传】 组织开展“全民国家安全教育日”宣传活动，发放200余份以“旅客携带物、邮寄物检验检疫”为主要内容的宣传材料，营造全社会共同关注国门生物安全的和谐氛围。联合承德医学院共同组织开展一次以“维护国门生物安全，共建美丽生态家园”为主题的国门生物安全宣传活动，为该院150多名师生举办知识讲座，有效增强师生们的国门生物安全意识。动员全社会支持和参与食品安全工作，夯实出口食品安全基础，增强全社会对食品安全的参与意识，普及食品安全科学知识。

【进口粮食检验检疫监管】 按照省统一要求，组织人员对近年来进口粮食检验检疫监管工作开展情况进行检查。在进境粮食检疫许可初审、跨辖区调运手续，以及接卸、生产加工存放等过程实施检疫监管等方面的自身工作情况进行自查的基础上，对河北四海发展实业有限公司进境大麦场地防疫消毒、下脚料处理等及有无存在擅自调运、改变流向、改变用途等违规情况进行检查。针对存在的问题研究制定整改措施，指导企业整改。

【质量安全示范区建设】 将民族地区经济发展纳入到示范区建设中来，制定发布《促进民族地区农产品出口工作“十三五”计划》，在平泉县示范区选取7个民族乡镇进行帮扶，深化示范区内涵，延展示范区的引领效应。在兴隆县创建出口板栗示范区的过程中，首次引入民族乡镇和非疫区理念，为示范区建设探索新的路径。将示范区建设与精准扶贫相结合，帮扶平泉县围绕该县食用菌、设施园艺、林果业和精品养殖四大主导产业，推行产业扶贫。引导该县特色产业遵照示范区管理相关体系建设，积极发展以“公司＋合作社＋基地＋贫困农户”为代表的新型农村股份合作制经济，大力推广产业扶贫园区模式，深化扶贫帮困“春雨行动”，积极探索电商扶贫、旅游扶贫等新业态，引导贫困群众参与到食用菌等特色产业发展中来，形成稳定的增收渠道。建立示范区建设取得新突破，兴隆县获批成为国家级出口板栗质量安全示范区，成为继平泉县出口食用菌质量安全示范区后，承德辖区获批的又一国家级示范区。

【E－CIQ系统上线运行】 承德作为第一批电子检验检疫(E－CIQ)主干系统试点,确定14类商品，涵盖局大宗、代表性的进出口商品，进行集中审单及报检受理相关操作，确保工作顺利开展，圆满完成主干系统第一批顺利运行。同时，派员参加E－CIQ主干系统的维护和质检总局系统运行等方面培训，其中王相臣更是以优异的表现被总局确定为E－CIQ系统培训导师，先后对全国多个直属局进行相关培训，为该系统在全国上线运行开展辅导做出贡献。

【“同线同标同质”帮扶行动】 落实国家认监委下发的出口食品企业内外销“同线同标同质”帮扶行动计划,成立领导小组,确定16家帮扶企业,制定并落实帮扶计划，通过召开宣贯培训会、企业座谈会、派出工作组、一对一指导等措施，宣讲有关政策，制定降低风险的防控措施，全方面帮扶企业入驻“同线同标同质”信息公共服务平台，助推企业提升质量管理水平。2016年，共帮促承德辖区5家企业上线服务平台，9家企业已将信息录入待审批，2家企业正在申请中。

【服务地方外贸经济发展】 制定《促进民族地区农产品出口工作“十三五”计划》，首次引入民族乡镇和非疫区理念，推广产业扶贫园区模式，帮扶贫困群众形成稳定的增收渠道；全面实施出口直通放行、无纸化报检、无纸化通关等贸易便利化举措，使辖区近40家出口企业享受优惠；调整辖区出口农食产品生产企业风险分类，将3家企业提升为一类，加快出口验放速度；协调各进口商属地报检，协助进口食品企业进行进口商备案，检验完成进口食用植物油2批，进口菊粉1批，实现进口食品业务零的突破；指导帮助承德三元金星公司完善质量管理体系，通过香港食环署官方现场检查，获得满意评价；为帮促辖区内蔬菜出口，主动与潍坊局、寿光市政府、寿光胡萝卜协会等单位进行沟通接洽，达成共促承德错季蔬菜出口意向。

【开展“两学一做”】 采取多次集中授课方式，局党组四名班子成员分别作专题授课，加强全体党员的思想政治建设，深化党性教育，强化党员意识和纪律意识，全体党员中在日常工作中树立榜样，争当楷模。同时，开展党员“百日手抄党章”活动，坚持尊崇党章、遵守党章、维护党章；

学习党规法律，深刻学习领会习近平总书记系列重要讲话精神，增强党性，做合格党员。此外，承德局利用灵活多样的方式浓厚学习氛围。开展“面对党徽重温入党誓词”，签订廉政责任书，坚定党员信仰；通过“增强党性修养，锻炼身体意志登山”活动,增强支部凝聚力战斗力;通过“党章党规知识竞赛”活动，检验党员学习情况，强化党员积极性；通过观看《李保国同志事迹报告会》，学习先进党员精神；通过微信交流群，推送学习知识，引导党员随时主动关注媒体上的学习内容；在一楼大厅制作展板，结合检验检疫工作实际，扩大学习教育覆盖面，在全局党员中持续有效地开展“两学一做”。

附：承德出入境检验检疫局领导名录
党组书记、局长：于培文
党组成员、纪检组长：纪正忠（满族）
党组成员、副局长：黄冬磊
李玉景

（供稿　王春龙）

粮食流通

【概况】 2016年，在市委、市政府的正确领导下，市粮食局立足全市经济社会发展和服务“三农”工作大局，主动融入党委、政府中心工作，抢抓机遇求突破、奋发有为促发展，各项粮食流通工作稳中有进、稳中有为，取得显著成效。

【粮食宏观调控】 全系统粮食收购助农增收成效显著，在玉米价格大幅下滑情况下，全年收购农民余粮60万吨，及时支付农民售粮款9.6亿元，有效防止农民“卖粮难”，保护农民种粮积极性；粮食储备和应急保障体系进一步建立健全，全市存储省、市、县三级储备粮达到14.8万吨、储备植物油1037吨，建立粮食应急加工、销售、储运及粮食配送中心网点245个，落实成品粮油储3580吨，广大城乡居民和部队粮食供应得到可靠保障。

【粮食安全保障】 高度重视国务院和省政府文件落实，市政府出台对县级政府的考核办法，层层分解工作任务，逐级落实工作责任。市局围绕落实粮食安全省长责任制,认真检查工作中的短板，研究出台粮食安全责任制考核评分细则，扎实开展粮食安全责任制考核准备工作，推动粮食安全责任制落到实处。

【国有粮食企业振兴工程】 经过二轮改革，全市国有粮食企业“一县一企、一企多点”的格局基本形成，小散弱状况得到改变，企业规模进一步壮大，实力、活力、竞争力进一步增强，企业面貌焕然一新。加强对国有粮食企业经营管理的指导，积极探索搞活企业的路子，不断创新经营机制，扩大联合与合作，推进军民融合发展，全系统实现了不亏损多盈利的目标。市局以对亏损“零容忍”的态度，进一步完善《市本级国有粮食企业管理办法》，与各企业签订经营管理目标责任书，对企业各项费用支出严格实行刚性成本预算管理，千方百计帮助企业拓宽增收渠道，营造良好发展环境，确保国有资产保值增值，得到省局的充分肯定，在全省粮食流通工作会议上进行经验交流。

【粮食项目建设】 全力推进总投资1.2亿元“承德市小杂粮（成品粮油）批发市场项目”，着力打造“京津冀辽蒙小杂粮（成品粮）”集散地，如期完成了一期工程3万吨仓储物流中心建设任务。省下达的全市“危仓老库”改造、“军粮专项”维修改造项目任务基本完成，完成投资1亿元，维修改造仓容量43万吨，新增仓容11万吨。与此同时，谋划启动“粮库智能化升级改造”项目和“仓顶光伏发电”项目。全年累计争取国家、省项目资金支持 2048 万元。

【粮食购销合作】 大力推进与中储粮、中粮、京粮和省粮集团粮食购销合作，倾力打造国家京津冀储备粮中转基地，搞活粮食流通，维护全市粮食安全，努力在京津冀协同发展大局中有所作为。引进中储粮总投资 2.5 亿元，占地 200 亩，新建仓容 30 万吨的国家储备粮库建设项目在平泉县开工建设；争取承储国家储备粮 8 万吨，年增加企业收入 800 多万元；加强粮食产销合作，引进央企、省企资金 1.5 亿元，代购代销代储粮食 20 多万吨，并与石家庄市、吉林通化市签订《粮食产销合作框架协议》，建立确保应急状态下小麦、稻谷保障供给的长效机制。辖区内存储国家、省储备粮达 65 万多吨，位居全省前列。在抓好粮食项目建设的同时，积极参与全市经济发展大合唱。牵头引进总投资 5 亿元中农绿农生物质天然气项目在平泉县签约；指导围场富龙现代农业发展公司马铃薯主食化产业发展，科学规划企业发展方向、发展路径和举措，挤入全省重点支持农业产业化项目，得到国家、省有关部门的关注和支持。

【安全生产和信访稳定】 高度重视安全生产和信访稳定，构建“平安粮食”。全系统没有发生安全生产任何责任事故，市局连续 9 年被市政府评为安全生产目标管理先进单位。从解决问题入手，积极化解信访隐患，妥善解决国有粮食企业改革改制一些历史遗留问题，维护社会大局的稳定。

【行业整体素质】 在抓好业务工作的同时，市粮食局分党组一招不让地抓好党务工作，带好队伍。把继续巩固党的群众路线教育实践活动、“三严三实”专题教育成果，深入推进“两学一做”学习教育、开展“解放思想大讨论”、落实党风廉政建设主体责任，作为从严治党和驾驭新时期粮食流通工作全局的重要举措。坚持局分党组抓总、班子成员率先垂范，科室单位狠抓落实，全系统党员干部的党性观念、纪律意识、服务意识、反腐倡廉意识不断增强，思想作风、工作作风进一步转变，驾驭粮食流通工作全局能力进一步提高，为粮食流通持续健康发展提供有力保障。

（供稿　侯嘉贤）

供销合作

【概况】 2016 年，承德市供销合作工作紧紧围绕全市“三农”工作大局，按照“改革强社、服务兴农”的总体思路，坚持“供销合作社主导的行业指导体系和社有企业支撑的经营服务体系”两条主线，不断深化改革、强化服务，突出抓好项目建设，全面完成了省市综合改革任务及市委、市政府重点工作任务目标，全市供销系统改革发展呈现良好态势，在服务“三农”工作中发挥重要作用。

【综合改革试点工作】 制发《关于下达 2016 年全市供销社综合改革目标任务的通知》《关于下达 2016 年全市供销社综合改革目标任务的补充通知》《2016 年全市供销社改革目标考核办法》。作为全省供销综合改革的试点市，2016 年，全面完成省下达的改革任务目标是承德供销全年工作的重中之重。供销合作社紧密结合承德实际，按照“试点先行、稳妥推进，重点突破、典型带动”的原则，积极谋划、主动作为，供销综合改革试点工作高标准完成了省下达的任务指标，顺利通过全省综合改革验收。经验收，全市 4 个试点县全部完成供销综合改革试点工作，非试点县（区）也完成相应的供销社综合改革目标任务。全市供销合作系统为农服务能力、经济实力和社会影响力显著提升。

【基层社多元化改革】 在全省率先示范推广“两社融合”模式，即“基层社领办农民合作社，农民合作社改造基层社，实现两社在组织、经营、服务上深度融合，协同发展”，共建成具有“两社融合”性质的新型基层供销社120个，吸纳230家农民合作社加入新型基层社，直接参与26个主导优势和特色产业发展，带动农民就业8.3万人，每年帮助农民增收近8亿元。

【搭建供销金融扶贫平台】 在深化供销综合改革工作中，将发展农村合作金融体系与精准扶贫相结合，在滦平县培育“政府、银行、农民合作社联合社、农户、保险”五位一体的金融扶贫发展新模式，形成典型经验，并以市政府名义出台《承德市政银企户保供销金融扶贫平台管理暂行办法》，按照“双审、双保”的模式，着力搭建破解农民融资瓶颈平台，全市形成供销社主导、市场化运作、全链条防控、多渠道融资的金融扶贫工作格局。“政银企户保”供销金融扶贫平台建设经验得到了全国总社、省社和市委、市政府的高度重视，两次在总社主任王侠召开的座谈会上做典型发言，9月22日，全省金融扶贫工作现场会在承德市召开并在全省推广。市委、市政府高度重视，把“政银企户保”供销金融扶贫平台打造成为全市精准扶贫工作的重要平台和主要抓手。“政银企户保”的工作在经济日报、人民日报、《河北日报》头条、河北网等多个网站和报纸上发表。省长沈小平批示：各贫困县要借鉴隆化“政银企户保”五位一体模式，并结合实际创新探索，切实加大金融扶贫力度；副书记赵勇批示：请省扶贫办，省农办，农业厅在全省推广隆化经验，请省委宣传部加大宣传力度，以金融支撑扶贫攻坚和现代农业；省长张庆伟批示：隆化县的五位一体模式值得推广，很重的是县政府领导挂帅，多部门协同，有组织有机制，这样才有效。

【承德农村合作银行组建】 在政府主导下，成立市长为组长的领导小组，市金融办和市社抽调人员组建筹建机构，市财政和市供销社已筹集资金1亿元，拟募集社会资本4亿元，组建承德农村合作银行，申报方案获省政府批准，已进入银监会申报审批程序。

【筹建新合作相互保险公司】 根据国务院有条件的供销合作社可依法设立农村互助保险组织，开展互助保险业务的相关精神，4月12日，中国人保集团与河北省供销社达成共同组建“新合作互助保险组织”合作意向。承德市供销系统各级社、企业积极参与省社新合作互助保险组织筹建，分别以主要发起人和一般发起人的身份成为互助保险组织会员为农民开展“土地流转履约保证险”和“农产品成本价格险”等保险产品，建立一个当地政府管得住、用得上，群众信得过，具有自己特色，为当地经济发展服务的保险公司。各市县设分公司。

【成立承德供销集团】 市委、市政府对市供销社建设以社有企业为支撑的经营服务体系和以供销社为主导的行业指导体系工作十分重视，就成立承德供销集团问题进行专题研究，决定成立与市供销社人财物彻底分开、独立运行的集团法人单位，成为全市五大直接隶属于市政府管理的大型企业集团之一。2016年1月承德供销集团正式注册成立，4月市委批准成立承德供销集团党委。承德市供销集团经营管理制度进一步完善，超10亿元的企业资产已全部划转集团公司，一批重点项目相继落地。全系统购销总额80亿元，实现利润681万元，市本级供销社经济实力有明显提升，成为供销社发展的新亮点。承德供销集团的成立，是承德市认真贯彻落实《中共中央国务院关于深化供销合作社综合改革的决定》精神，全面深化社有企业管理体制改革的一次全新探索，在新型资产运营管理体系的建立上又向前推进一步。各县供销社全部按照“三位一体”改革要求，成立供销集团或资产中心，“供销社＋联合社＋供销集团（资产中心）”的“三位一体”组织架构已经形成，开始运行。

【健全理事会、监事会制度】 强化供销社主导的行业指导体系建设，理顺工作关系，经市委市政府批准设立市供销社监事会机构，配备正处级监事会主任，监事会组成人员已经到岗就位，监事工作开始运行。8个县社参照市社做法，向县委、县政府提交完善供销社监事会制度的报告，积极协调编制等有关部门给予支持，所有县（区）均已成立供销社监事会。

【联合社实体化改革】 经市政府批准，市供销社联合所有县级农民合作社联合社，注册成立承德市供销农民合作社联合社。按照打造市场经营主体、为农服务载体、合作经济组织联合体的标准，以基层社和农民合作社为成员，逐级联合组建跨产业、跨区域的综合性农民合作社联合社，全市组建乡镇级供销农民合作社联合社188个，实现市、县、乡农民合作社联合社全覆盖。为了提升基层组织建设水平，打造功能齐全，职能完备的全新基层供销合作社，争创省级示范供销社，将培育示范供销社作为供销合作社综合改革的重点工作来抓，确定重点、谋划方案，着力打造了围场、承德县、平泉三个县级示范供销社以及平泉县黄土梁子、承德县三家等一批销售总额在亿元以上、包含社区综合服务中心、合作金融超市、电商平台的24个基层示范供销社。

全市供销社综合改革工作取得显著成效，为农服务能力、自身经济实力、在党委政府占位以及社会影响力都得到了显著提高。4月全国总社主任王侠、省长张庆伟、省委副书记赵勇、市委书记周仲明都对承德市建立供销金融扶贫平台做法给予充分肯定，并分别做出重要批示；新华社、《人民日报》《河北日报》《承德日报》、河北电视台、承德电视台都报道了市供销社综合改革事迹；市供销社综合改革工作经验在“京津冀沪渝四市一省”供销社协同发展协作会议上进行介绍，得到与会人员的高度评价。承德市在省支持供销社综合改革方案基础上又增加8项货真价实内容，其中市级财政列入专项资金3000万元，用于组建承德农村合作银行；市级财政每年安排500万元、县（区）财政每年不少于100万元的资金列入同级财政预算，用于支持供销社主导的公益性农产品批发市场建设；财政每年安排300万元，县财政每年安排100万元专项资金列入财政预算，设立供销社系统农民合作社发展基金，用于支持供销社改革和农民合作社发展；全市设立“政银企户保”供销金融扶贫平台风险补偿金2.5亿元。各级财政列入预算的资金支持力度前所未有。

【发挥担保平台作用】 在市委、市政府的高度重视下，各县（区）积极作为，强劲推动，供销、扶贫、财政、农业、银行、保险等部门合力攻坚，“政银企户保”金融扶贫担保平台在全市精准扶贫工作中发挥重要作用。共到位扶贫贷款风险补偿基金6.23亿元，可撬动银行授信贷款规模62亿元，平台已发放贷款34.14亿元，涉及农户82000余户，有效缓解农民融资难、融资贵的问题，形成政府能协调、农民用得着的农村扶贫金融模式，为“三农”工作发展提供资金支持，供销社成为市扶贫攻坚的重要力量。探索“多户联保模式”“龙头带动模式”“公司＋合作社＋农户模式”等多种扶贫支农模式，供销社在乡、村一级设立金融超市，农民可以足不出乡（村）就可以实现向平台申请50万元以内贷款，2000元以内取款以及存款、转账、保险、产权交易、电话缴费、网上购物、邮件寄送等便捷服务。“政银企户保”平台合作金融业务向农村延伸和拓展，解决了农村金融服务“最后一公里”问题。

【搭建农村资源配置平台】 着力推进市、县、乡三级农村产权交易平台建设。市、县两级都建成农村产权交易中心，制定完善管理制度，完成办公设施配备，操作软件调试，人员岗前培训等工作，具备运营条件。滦平、丰宁、隆化、围场、宽城、承德县等6个县实现与省农村产权交易平台对接，兴隆县与北京平台进行对接。市政府出台《关于引导农村产权流转交易市场健康发展的实施意见》。市农村产权交易中心专门赴山东进行了学习考察，进一步开阔视野和思路，全市共流转土地2953亩，交易金额262万元。

【农产品现代流通网络建设】 承德农产品冷链物流园项目是全市重点民心工程，供销社下大力量抓好这个项目建设工作，预计2017年年底建成投入使用。该园区总建筑面积30万平方米，设有农产品区、电子商务区、物流配送区、农产品加工区、低温冷藏区、名品展示展销区、生活服务区7个功能园，园区建成后，设计年交易量200万吨，交易额100亿元，将成为华北地区规模最大、功能最完善、配套设施最齐全、辐射范围最广的绿色、安全、高效的农产品冷链物流集散中心和批发中心。加快市县农产品电子商务建设，8个县与省社"农交汇""八方联采"等网上平台进行对接，全市发展电子商务村级服务站189家，其中50个美丽乡村建设示范村建成电商服务站25家，供销社农产品电子商务经营额达1600多万元。

【为农村提供全程社会化服务】 适应新型城镇化和城乡一体化日益推进，农村居民消费结构不断升级的新趋势，大力发展农村社区综合服务中心，开展全方位、一站式服务，满足农民多样化、个性化需求。全市依托基层供销社共建设乡镇综合服务中心30家，依托供销社网络延伸，建设村级综合服务社1300家，为农民提供日用消费品、农资供应、农产品收购、文体娱乐、便民金融等多样化服务。

【加强项目攻坚】 把项目建设作为供销社改革发展的重要抓手，举全社之力，奋力攻坚，寻求突破。抓住京津冀协同发展和行业综合改革的有利时机，瞄准上级政策支持，加大项目跑办力度，开工建设项目达12个总投资43.3亿元。服务"三农"的能力和行业的社会影响力明显增强。承德农产品冷链物流产业园总投资20亿元，已被省发改委列为河北省"十三五"规划期间重点扶持的农产品流通项目，已完成投资1.4亿元，全市建成或正在开工建设的农产品交易市场、县城商贸综合体等重点项目22个。总投资10亿元的承德县商贸综合体项目三期和总投资11亿元的隆化县商贸综合体项目一期工程完成主体工程。围绕美丽乡村建设，累计投入2亿多元，建设30家集公益性和经营性为一体的乡镇综合服务中心，为60多个乡镇、200多个行政村提供社会化服务。积极争取上级农业综合开发供销社示范社项目资金840万元，共投资2289万元，实施承德市副食品总公司产业融合项目。

附：市供销合作社领导名录

党组书记、主任：刘玉铁（满族）

党组副书记、副主任：赵树才（满族）

党组成员、监事会主任：王晓利（女，满族）

党组成员：于雪梅（女，6月任）

（供稿　兰爱国　李登峰）

烟草专卖管理

【概况】 2016年，承德市烟草专卖局（公司）在省局（公司）、市委、市政府正确领导下，在有关部门的大力支持下，维护国家利益和消费者利益，紧紧围绕国家局、省局目标要求，坚持新常态新作为，树立信心，调整状态，迎难而上，真抓实干，稳步推进各项工作。但是受到经济下滑、购买力下降等因素影响，经济运行遇到了诸多困难和问题。主要表现为“五降一升”，即：卷烟销量下降、销售结构下降、卷烟销售额下降、卷烟利润下降、上缴税利下降，三项费用率同比上升。

【卷烟经营】 坚持围绕省局党组安排部署采取一系列措施，紧盯市场精准调控，积极开展品牌培育，组织适销对路货源，扎实开展卷烟销售工作。累计实现销售卷烟121761箱，同比下降8.68%，其中销售1～3类卷烟68127箱，同比下降6.25%，占总销量比重55.95%，同比增加1.45个百分点；实现销售额25.06亿元，同比下降9.20%；单箱销售额20583元，位列全省第七位，比全省单箱销售额少757元，同比下降0.57%；人均销售卷烟8.62条，同比减少0.82条，比全省平均水平多0.69条，位列全省第三位；实现税利5.75亿元，同比下降2.80%，实现利润总额1.31亿元，同比下降40.82%；三项费用率7.76%，同比增加0.55个百分点。

【打假破网】 坚持“守土有责、守土尽责”方针，加强市场监管，保持打假高压态势，围绕“打击有力、管理到位、疏导及时、服务周到”的市场监管体系，不断强化日常监督，共开展8次专项行动，出动专卖执法人员16500余人次、执法车辆4300余台次，对零售客户、邮政物流企业、集贸市场、景区景点等各类业态进行全面有效监管，市场状态得到明显改观。建立多部门快速响应机制，完善联合路查制度，全力保持市场高压态势。全年共查处案件593起，查获卷烟959.63万支，案值337.25万元，刑事拘留26人，批捕22人，判刑10人，查处案件起数、查获卷烟数量、案值分比同期增长204%、1033%、388%。破获国际网络案件6起。其中1起烟丝烟叶网络案件在承德市近年来侦办的国际网络案件中尚属首例，查获非法烟丝烟叶25.4吨，已被国家局、公安部列为部级督办案件；1起利用手机社交软件售烟网络案件牵涉福建、北京、四川、辽宁等16省30余市，正准备申报集群会战。

【内部监管】 坚持按照“以更加严格、更加规范理念统领一切”的要求，时刻牢记规范是行业发展的生命线，切实做好内部监管和规范管理。认真落实国家局、省局专项巡视整改任务要求，积极开展物资采购和工程建设项目专项治理，建立健全“三库”管理办法及采购监督管理工作规则等规章制度，进一步完善物资采购工作流程。紧紧围绕《工作规范》，严格监管卷烟经营全过程，充分利用信息系统对卷烟零售市场进行监控、分析，排查内部违法违规线索。以非烟治理、综合管理为主要考核指标，细化真烟外流和查扣真烟考核指标，激励和引导各单位加强市场监管。以监管订货IP地址重复为突破口，加强卷烟经营重点工作监管。加大清理、取缔“无证户”“僵尸户”力度，开展“春雷一号”等专项行动，共清理取缔717户。以专项巡视整改工作为契机，开展专项整治和专项治理工作，建立问题、任务、措施和责任清单，逐一整改完善。积极开展党风廉政教育，编印全市行业《党风廉政建设制度汇编》，筑牢拒腐防变防线。完善廉政风险防控监督与执纪监督体系，强化重要节点、环节、事项监督检查，开展三个专项检查，发挥执纪监督作用。“法治烟草”建设向深层次、多维度延伸，行业依法行政、依法经营、依法管理的能力和水平显著提升。

【队伍建设】 以“两学一做”学习教育为契机，突出抓好作风建设，坚持“以人为本”不断推动队伍建设全面发展。深入开展“两学一做”学习教育。学习党章、准则及习近平系列重要讲话等重要内容，开展党员明白纸、知识竞赛、书法比赛、“两优一先”评选等活动，引导党员自主学习、互动交流，扩大学习教育覆盖面。开展专题研讨和“我到基层讲党课”活动，将活动延伸覆盖到基层党组织。突出党员领导干部表率作用，党组成员深入基层联系点开展调查研究，指导和推动基层党组织开展“两学一做”学习教育。落实党员示范岗和党员责任区制度，实现党员挂牌上岗，自觉接受群众监督，展现党员先进性。积极推进干部人事制度改革。坚持党管干部原则，遵循20字好干部标准，树立正确用人导向，努力打造“政治强、懂专业、善治理、敢担当、作风正”的干部队伍。认真执行机构编制和干部人事、劳动用工管理有关规定，扎实开展干部人事档案审核工作。抓好教育培训和人才引进，注重职工专业技能提升，努力为企业培养高技能人才，积极抓好复转军人安置和优秀人才储备工作，1人入围行业国际化人才库。党建和工会工作水平不断提高。开展基层党支部补选、改选和换届选举工作，充实、加强基层党组织力量，推进党组织标准化建设。细化党建考核标准，强化制度建设，开展“六查六看”党建专项自查整改活动，积极推动全面从严治党工作有效落实。

附：承德市烟草专卖局（公司）领导名录

党组书记、局长：贾立业（8月任）

党组副书记、局长、经理：田茂军（8月免）

党组成员、副经理：王满福

滕佃军

党组成员、纪检组长：吴月江

（供稿　尚历简　于腾飞）

中国石油化工承德石油分公司

【概况】　2016年，中国石油化工股份有限公司河北承德石油分公司（以下简称“中石化承德分公司”）全面贯彻落实上级工作部署，认真开展加油站（油库）运营能力评价体系、风险防控体系和“落实家文化，开心在基层”主题实践活动，以“两学一做”学习教育活动提升党员素质，以“两力一精神”专项活动提升全员的凝聚力、执行力和敬业精神，大力夯实“三基”工作；以各项主题活动为载体，抓住关键人，抓好关键事，不断强化党风廉政建设，稳步提升各项经营管理工作。确保了全年安全、数质量无事故。2016年在省公司考核指标中，经营考核排名第三，管理考核排名第一，综合考核排名第二。夺得省公司比学赶帮超红旗14面，向片区、油库颁发市公司比学赶帮超红旗47面。2016年全年销售成品油45.85万吨，完成累计计划的101.99%，计划完成率全省排名第三，同比增幅5.91%，其中汽油同比增加2.37万吨，增幅为10.44%，柴油同比增加0.19万吨，增幅为0.91%。零售完成36.17万吨，完成累计计划的99.60%，计划完成率全省排名第四，增幅1.45%；直批完成9.68万吨，完成累计计划的112.07%，计划完成率全省排名第二，增幅26.75%。全年实现非油品营业额9485万元，完成累计计划的106.21%，计划完成率全省排名第四，增幅15.82%。完成重点商品2082.03万元，完成累计计划的110.81%，计划完成率全省排名第三。实现含税毛利额1479万元，完成累计计划的137.19%，计划完成率全省排名第二，增幅为22.72%。

【货源储备管理】　按照三座油库范围内零售、直批市场需求，落实一次物流精准发运要求，全年进货46.09万吨。执行二次配送最短运距标准，严格控制跨库配送，践行“脱销就是事故”的工作要求，全年出库成品油45.67万吨，同比吨油运费节约2.89元，降幅为5.37%。密切关注天气变化及时调整柴油品号供应，确保柴油适销对路。

【深挖销量增长点】　向客户要销量。坚持客户走访制，全年共走访直批客户294家，开发新直批客户170家，实现销量14617吨，开发加油卡积分客户20个，自备罐客户3个，实现增量2319吨。向营销措施要销量。开展柴油限时定向优惠2625站次，累计增量11666吨；开展点对点竞争，51座柴油增量站同比增加9155吨；开展油非互促活动，兑换非油品商品价值627万元。

【强化运营能力】 扎实推进运营能力评价工作，学习借鉴秦皇岛和保定公司的先进经验，落实“一站一档、一站一策、一站一责”工作要求。通过专题会议对接，现场调研等形式，逐站分析，对确定的397条提量措施进行分类，明确责任部门和实施措施。还积极向员工征集改善经营管理建议137条，上报省公司58条，获得销售企业改善管理金点子称号员工1名。抓住旅游旺季，全力促销上量。认真落实《承德公司加油站节假日及旅游旺季期间销量突增应急预案》，加强物流、零管、商客等部门沟通协调，严格落实节假日期间值班制度，确保资源有效供应，保证加油站不脱销断档；片区统筹各站排班，灵活调动高峰上班人员数量，适当延长营业时间，加油站全负荷运行。根据统计，节日放假期间，日均汽油增加近百吨。开展夜间值班加油服务。为避免夜间加油站服务不及时导致的“跑车”现象，市公司制作“夜间加油服务投诉电话”提示牌，安排零售管理部门定期抽查夜间加油服务情况，全力保证夜间客户加油需求。坚持月度经营分析，对各片区运营结果进行对比，帮助指标落后片区查找原因，提出整改建议，力促各片区均衡发展。2016年公司运营能力评价工作全省考核排名第三。全年共获得省公司“比学赶帮超”零售量红旗2面，非油品经营红旗3面，直分销经营红旗3面，物流运行红旗1面。

【网络建设】 加强库站基础建设。共争取省公司立项10项，获得省公司批复资金3448万元；认真完成省公司批复的加油站微改造、隐患治理、加油站专项改造、液位仪改造，以及加油站视频监控系统改造项目。充分利用维修费，解决基层普遍存在的问题。统一更换加油站油气回收接口，统一制作加油站进出口标识牌；改扩建非油品库房3座，改造非油品便利店4座。拓展“美丽加油站”建设，按照省公司统一部署，各站完成环境卫生整治工作，完成87座加油站地面画线工作，完成14座站的地面维修，完成9座站的罩棚维修，完成11座站的外墙保温施工，完成11座站的门窗更换工作，并开展“美丽油库”和“美丽机关”活动，提升企业的整体形象。积极跑办双滦选矿厂站、双桥太平庄站、丰宁白塔站、兴隆二站和营子东大桥站等项目，选矿厂站已营业，太平庄站建设已完成，正在跑办开业手续，营子东大桥站完成土地招拍挂，正在办理用地许可手续。加强工期管理，倒排工期，管控好时间节点，确保各施工项目如期完工。积极开展“他有我管”和短租短付租赁业务，租赁的平泉21站已开业，4座“他有我管”站已获省公司批复。认真做好2012年前工程项目消防审核及验收手续办理工作。建立市公司到片区、油库的视频会议系统，节约费用，提高工作效率。公司获得工程管理年度红旗，年终投资管理考核全省排名第二。

【完善管理制度】 从严管理，落实HSE管理要求。完善制度，强化责任。全年共修订完善相关制度14项，全员签订“安全承诺书”1182份，逐级签订“安全环保责任书”，将安全理念贯彻到员工日常操作中。积极开展“我为安全作诊断，我为企业保平安”活动，全年开展培训2965人次、安全诊断3709站次、应急演练2152站（库）次。加强安全检查。市公司开展各类重点检查、专业检查和综合检查245次，加油站油库级安全检查6805次；坚持市公司领导和基层领导带头夜间检查，全年市公司层面组织夜间检查121次，片区油库层面夜查2235站库次。抓好“平安工地”

建设，分别与油库、片区、发展基建科签订平安工地建设责任书，严格手续传递，强化施工现场监管，严格对承包方、施工方、监理人员的有效约束。积极开展“罐区隐患攻坚战”工作，彻底整改罐区隐患，按工期进度完工。积极开展职业卫生健康检查，实现员工 100% 体检，按时发放劳动保护用品。高度重视环境保护工作，全年未发生环境保护事件。年度 HSE 管理考核全省排名第二。三岔口油库和兴隆蓝旗营加油站获销售公司“绿色基层”荣誉称号，三岔口油库付油班组获销售公司“安全班组”荣誉称号，零售管理部和三岔口油库分别被省公司评选为安全管理先进科室和油库。

【提高数质量管理水平】 加强关键环节管理。严格执行油库卸油七步法和加油站卸油十步法；坚持规范计量和测量、定期校验；落实每批次油品化验要求，加油站更换品号时及时送检油样，积极配合职能部门抽样化验。全年未发生油品数质量问题。完善“月度考核、预赔付、累季清算”管理要求，全年油库、加油站各品类油品均不超耗。严厉打击各环节偷盗油和不规范施打铅封等行为。加强日常监管，定期进行油品和非油品库存盘点，确保账实相符；落实门店食品安全管理要求，强化临期商品管理，确保不出现任何食品安全问题。年终数质量管理考核全省排名第五。

【财务人事劳资管理】 做好费用管理工作。合理调整费用预算分解方式，严格固定费用和变动费用的使用标准。对物流二次配送运费实行日监控，在全年同比增加出库 8.49 万吨的基础上，节约运费 74.49 万元，同比减幅为 3.88%；增强算账意识，不搞盲目降价，加强与中石油的沟通，提高价格到位率；通过点、线、面、片，综合分析各项营销活动的量利情况。加强资金发票管理，每月对加油站资金发票进行抽查。积极做好消防用地税费减免，减免金额 111 万元。认真做好营改增工作，增加专用增值发票的取得力度。加强资产管理，定期组织人员逐站盘点资产情况。加大对出租资产管理力度，全年租金收入为 110 万元。积极规范土地和房产手续，现已完成 38 处。年终全省考核中财务管理排名第二，实物资产管理全省排名第六，节能降耗考核全省排名第六。获得省公司“比学赶帮超”月度利润红旗 1 面。

严格控制用工总量，调整用工结构，杜绝超编问题出现。继续深化调整营业时间和优化排班工作，确保员工休假权利落实。根据淡旺季市场需求，适当调整用工数量和营业时间。大力开展“师带徒”工作，通过传帮带的方式提升员工业务能力和职业素养。通过清单考核，抓好关键事，每月制定市公司月度重点工作清单，确保省公司重点工作落实到位；通过积分管理抓好关键人，将考核结果与每位员工的积分挂钩，通过积分量化员工工作结果。人才队伍建设管理考核全省排名第一，劳动工资管理考核排名第二。

【增强风险防控能力】 认真落实风险防控体系建设，完善岗位责任制，做好岗位风险全面防控工作，堵塞漏洞。严格落实内控制度，坚持定期进行内控自查。加强合同管理，严格审核合同内容，全年审批合同 224 份，合同管理综合排名全省第二。加强打假维权工作，共抽查社会加油站 71 站次。加强加油卡系统日常检查和监督，处理异常数据 32 笔，涉及金额 3.39 万元，防范了加油卡风险。加强舆情监控，每天对网络舆情进行监控，发现网络上有关谣言时，及时启动应急处置程序，第一时间辟谣，确保企业稳定运营。企业法律工作全省考核排名第一，内控管理考核排名第一。获得省公司年度“档案管理”红旗。

【美化库站整体形象】 开展“最美加油站”评选和“我为加油站问诊”活动，共检查验收 173 站次，达标 97 站次；制定《承德公司加油站（油库）日常物品使用管理暂行规定》，明确物品管理标准和责任，提升企业形象；开展“珍惜岗位，违规违纪行为自查自纠”活动，将员工日常操作的违规违纪行为发生率降到最低。积极开展“美丽加油站”建设活动，对照罩棚、立柱、厕所、食堂、地面、照明六项内容，市公司领导带队逐站调研，现场确定整改方案，重点解决影响经营工作和员工工作、生活的问题。积极开展“两比两看两对应”活动，分组对比，月度通报，用考核结果检查片区经理和站长的营销和管理能力；积极开展“油库基础管理提升年”活动，以油库全员“岗位练兵”为突破口和基准抓手，全面抓好员工基本功训练，提高员工专业素养和操作技能，强化油库基础管理、现场管理和数质量管理。制定《承德公司加油站现场服务有效投诉惩罚办法》，对外公布加油站客户投诉电话，对省公司客服通报中反映出的服务不到位问题，严查责任人，严肃追责，遏制了有效投诉产生。发挥视频监控室的管理职能，定期安排专人通过视频监控对各站现场进行检查，通报检查问题，定期复查，确保整改到位。年终零售管理考核排名第一，非油品管理考核排名第二，获得省公司零售管理服务年度红旗。三岔口油库在省公司“油库基础管理提升年”活动年终排名第三。

【“家”文化建设】 以“心系一线、情暖基层”为主题，深入开展“五必谈五必访”“三个必须集体一起过”“走基层、访万家”，以及寻找最美青工等活动，引导各级党员干部下基层、送温暖、解难题。关心职工生活，为加油站油库统一制作员工宿舍窗帘，配备小书架，设计并制作加油站家史集册。丰富员工业余生活，在各个传统节日组织开展各项有益的文体活动，建立特长人才库，为员工提供展示自我的舞台。在省公司举办的乒羽大赛中，公司获团体第二名。坚持基层调研，为基层解决困难。市公司班子坚持带队对全区进行了调研走访，共收集问题和建议151项，现已全部整改。为降低因开票系统更换和电脑数量不足给员工增加的工作量，市公司筹措资金，为加油站购置40余台电脑，提高工作效率，降低员工劳动强度。“家”文化建设工作年度考核全省排名第一，取得“家”文化季度红旗1面。

【营造“比学赶帮超”氛围】 充分利用《承德石油简讯》、《承石纵横》月刊、公司官微等内部媒体进行宣传报道，全年刊发《承德石油简讯》198期，中国石化报上稿47篇，中国石化新闻网上稿4篇，河北石油上稿48篇，官微全年共推送各类图文信息129期251条，朝阳e站上稿6篇，省公司官微上稿99篇。《打赢旅游季攻坚战》获中国石化报刊新闻三等奖。通联工作年度考核全省排名第二。强化典型引路，大力弘扬石油石化优良传统。在省公司举办的“我身边的感动”巡回演讲中，公司一线员工于洪伶和退休党员赵天恒的事迹被进行了广泛宣讲，赵天恒的事迹被《中国石化报》人物头条和《石化老人》杂志刊登，反响热烈，很好的凝聚了企业崇德向善正能量。延伸考核，传递压力，根据省公司考核重点，对片区和油库设置了枪出零售量、非油品、直分销、油库经营管理等4类项目评比考核指标，按月向片区、油库兑现比学赶帮超红旗。通过设立争先进位奖项，强化月度重点工作落实，大力营造“比学赶帮超”氛围，年终在省公司考核的24项管理指标中6项指标排名第一，8项指标排名第二，3项指标排名第三，6项指标实现进位。

【党建工作】 党委主要从贯彻落实集团公司“1+7”党建制度入手，通过建立责任清单，签订党建工作责任书，分层分类明确责任，形成大抓党建的工作合力，2016年公司党委获得集团公司授予的“先进基层党组织”称号。一是深入开展“两学一做”学习教育，通过学习研讨、知识竞赛、支部书记讲党课等活动，深化对党章党规和习近平总书记系列重要讲话精神的理解和把握，各级党员干部党性修养得到加强。二是夯实支部基础工作。着重打造以三岔口油库党支部、承德县党支部为代表的模范支部，以加强“三会一课”制度的执行为抓手，提升基层党支部规范化水平，开展支部间的互学互促活动，共同提高基层支部管理上台阶。三是借助雷锋活动日、向宋丽萍学习、重温入党誓词等活动促进党建与经营工作深度融合，接受教育员工400余人次，发布事迹宣传60余篇，增强思想政治工作的针对性和感染力。

细化党委主体责任、纪委监督责任，加强干部人才队伍建设，发挥纪委监督作用，对于党委在后备队伍建设上的做法进行监督，全程监控上下交流、多岗位锻炼，完善民主、公开、竞争、择优的选人用人机制。年内8项人事任免事项均按程序征求纪委意见，并按要求进行任职谈话，由本人签订廉洁从业责任书。加大监督执纪问责力度，妥善处理群众来信来访2件次。强化业务公开监督，上报问题14个。通过开展重点人员参观廉洁教育基地、新员工入企廉洁从业教育等活动，打造风清气正的企业环境。

附：中国石油化工股份有限公司河北承德石油分公司领导名录

经　　理：赵文勇

党委书记：王卫东

副 经 理：李海生

（供稿　许　静）

中国石油天然气承德销售分公司

【概况】 2016年面临复杂多变的市场形势，承德分公司紧紧围绕河北销售公司整体工作部署，制定工作目标，树立全局观念，创新发展思路，强化落实执行。新班子成立后，认真贯彻落实河北销售公司“提质增效”座谈会议精神，制定“三个方案”“三个办法”，有效促进分公司经营管理工作稳步提升。全年累计销售成品油12万吨，同比提升0.8%；非油收入1300万元，同比提升52.43%；总体实现了稳中有进。

【营销业务】 强化市场研判，紧盯油价走势，高效有序组织市场营销。面对油价跌宕起伏的局面，紧紧围绕省公司“扩销上量”销售政策，灵活运用稳价扩销、控量减亏、稳量推价等营销策略，坚持全员营销，提前预判，制定营销方案，抢抓销售时机，营销能力显著增强。持续开展“市场大调查、客户大普查”活动，组织客户座谈会，主动跟踪、分析客户需求，判断客户购油周期，成功开发承德盛通等20余家新客户。始终将保资源、保库存、零超耗作为工作目标，提前谋划各站需求，确定合理配送路线、时间，建立库存预警机制，确保多品号运行形势下，不断档不脱销。

【零售业务】 认真落实省公司纯枪增量“十项措施”，加大“加满赠”“加满降”“一客一议”“以站代库”销售力度，开展“扩销增量、提质增效、大干一百天”劳动竞赛，完善《工效薪酬考核管理办法》，有效调动员工的销售热情。坚持“点对点”竞争，建立零售日监控制度，加强跟踪分析，注重量效测算，灵活营销策略，提高汽油价格到位率达98%，位居全省前列。

【双低站治理】 按照“3+1”治理模式，通过调查摸排、分类梳理、逐站诊断，科学制定治理目标和推进计划表，精心组织，逐步推进。坚持治理与稳定“两手抓、两手硬”，班子成员分片分站包干负责，做好员工思想工作，消除不稳定因素，顺利完成个人承包9座，团队经营6座，委托转制管理13座，油卡非润一体化治理2座，完成治理进度的107.1%。

【提升卡营销质量】 做实线上线下宣传活动，通过交通台广播、微信等平台，利用重大节日，到各大院校、商场，以及承钢集团公司进行卡业务宣传，为客户制定“省钱攻略”，吸引大批客户咨询、办卡。与移动公司洽谈积分兑换“和包”支付业务，推动合作共赢。

【综合管理】 狠抓优质服务，以“两服务、两清洁”为抓手,深入开展“百日服务劳动竞赛”、“最美微笑”等活动,强化品牌形象,让服务“出彩”、客户满意。定期开展日常检查和稽查，各类常态化的检查有效地加强加油站现场指导；完善视频监控管理办法、现场服务体系及管理规范，明确奖惩标准，加大现场服务、开口营销考核力度。

【非油业务】 积极备战省公司组织的竞赛活动，在“缤纷有礼、清凉一夏”包装饮料销售竞赛活动中，以第二名成绩入围；在“一天一包水”销售竞赛活动中，有9座加油站便利店入围，占19座入围站数的47.37%。调整非油绩效考核机制,加大非油工效兑现考核力度，层层传递压力，有效调动员工的销售积极性，非油销售收入、利润均同比上涨。持续推广大石庙加油站“奖优罚劣激励法”和 班前会“三分钟开口培训”，有效提升员工的销售技能，激发员工的销售热情。组织开展开口营销达人赛、专项商品促销、“创意堆头”大赛等竞赛活动，定期评选公司、片区、加油站三个层面的“非油销售冠军”，公司上下形成比、学、赶、帮、超的营销氛围。加大选品选商力度，商品结构日趋优化，店内经营质量明显提升。

【安全管理】 深化新两法宣贯执行，推进“六个一”安全文化培育，定期召开安委会，落实“一岗双责”，开展HSE承诺，签订承诺书340份、质量安全环保责任书60份，有力推动全员安全环保责任制的落实。针对省公司HSE体系审核和内部自查发现的146项问题，强化整改复核，整改率达98.63%。落实板块审核指导意见，完成18 座HSE标准化样板站的打造。深入开展安全生产月活动。观摩昆恒油库“着火突发事件联合应急演练”，组建代表队参加全市危化行业应急救援竞赛，配合各县（区）安监部门开展灭火实战演练，有效提高了员工应急处置及救援能力。全年共开展应急安全演练459次，5个演练视频被省公司评为优秀视频。严格油品数质量管理。严把油品质量和数量关，加强远程监控系统监督，全面落实“手指口述”执行，强化月度、季度盘点，修订加油站油品数质量管理规定，施行月考核，季赔付制度，零售保管损耗管理在全省排名前列，连续两年获得省公司“安全数质量管理先进单位”称号。

【网建工程】 坚持网络质量效益发展目标，完成投资3233万元，实现新开发站9座，新投运站1座。张承高速隆化服务区加油站顺利完成工程改造和验收，投资项目稳步推进。积极推进双层油罐、油卡非润一体化改造和安技改项目。全年加油站改扩建完工10座，安技改完成7座，加油站配电系统和燃煤锅炉更换电锅炉改造工程25座。大石庙加油站改造项目经历28天攻坚克难，完成样板站的打造，改造后日均销量提升18.54%。重点强化承包商安全教育和现场施工监管，做到“人员到位、措施到位、执行到位、监督到位”，确保施工安全、高质、高效推进。

【队伍建设】 领导班子以身作则、率先垂范，狠抓队伍纪律作风建设，落实“两学一做”专题教育，召开第一次党员大会。深入开展“三基”达标验收活动，9座站通过省公司考核。通过参加加油站站务会、班前会，召开座谈会、面对面交流、发放调查问卷等方式广泛征求员工的意见和建议，并及时做反馈。

【作风建设】 学习贯彻领导干部“八条禁令”，干部作风“十条纪律”、员工职业操守“八条禁令”，切实转变工作作风。全面推进“五型机关”建设，着力打造“服务优良、运行高效、好学进取、务实创新、廉洁规范”的机关干部新形象。坚持重点工作迅速传达，省公司工作会议、重要视频会议、各种重大事件、重要文件及时迅速传达到位，并确保传达到加油站。员工素质培育不断加强。推动“人往基层走、钱往基层投、心往基层想、事往基层办”的干事创业机制，结合员工需求编写课件，通过集中培训、加油站现场培训、现场会、班前会等多种培训形式，培养员工诚信、友善、优质、高效的服务理念。全年共组织培训19期，参加省公司培训18期，外部培训12期，参训人员累计达到1千人次。聘请专业培训团队，组织开展为期3天的企业素质心态培训，参加人数达100余人，使员工树立积极向上的心态、增强团结、激发爱岗敬业的热情。内外发展环境更加和谐。切实履行社会责任，组织“春耕”“三夏”保供、驻村扶贫、志愿服务等活动，树立企业良好形象。推进重塑形象大讨论活动，大力弘扬“石油精神”，加强基层组织建设，全面推广“示范党支部”创建活动。注重典型引导，9个集体、22名个人分别荣获河北销售公司、承德分公司“先进基层党组织”“优秀共产党员”“先进个人”等称号。公司上下和谐稳定，整体工作有序发展。

附：中国石油天然气股份有限公司河北承德销售分公司领导名录

党委书记：曹　军

副 经 理：柏秀臣

总会计师：唐新平

（供稿　王秋平）

银行业

综　述

2016年，全市银行业金融机构坚持稳中求进的工作总基调，合理把握信贷投放力度和节奏，在支持政府PPP项目、高铁、电力等基础设施建设方面提供充足信贷资源，为全市重点项目有序进展提供强有力的资金支持。截至2016年年末，全市银行业金融机构人民币各项贷款余额1656.8亿元，全年新增160.8亿元，增长10.7%；考虑贷款置换政府债券40.3亿元因素，全年实际新增贷款201.1亿元。各银行业金融机构积极拓展表外业务，为承钢、中滦煤化工、中航租赁等企业办理融资租赁14.1亿元，办理银行承兑汇票126.7亿元，理财产品支持辖内企业1.6亿元，为实体经济发展拓宽融资渠道。

优化信贷结构。全市银行业金融机构主动调整信贷结构，积极盘活存量、用好增量，在支持地方产业转型升级、降低企业融资成本、加大“三农”、小微企业和精准扶贫力度、做好京津产业转移金融支持等方面做出大量工作。农发行突出棚改、扶贫、重大水利、农村路网、人居环境改善等五大领域，在投放的区域上重点向国家贫困县倾斜。工、农、中、建、邮储等商业银行从重点项目、重点板块和重点客户入手，在京承高铁、丰宁抽水蓄能、风电热电项目、承钢集团以及个人住房贷款等方面发挥主力军作用。交通银行、中信银行发挥集团全牌照优势，大力引入域外融资。农村信用社系统、承德银行以发放小额贷款为主，支持大部分小微企业和农户的信贷需求。河北银行、张家口银行大力拓展网点布局，金融服务触角向基层延伸。

从数字上看，全市信贷结构调整取得明显效果。2016年，全市银行业金融机构新增贷款投向较为集中的行业是：电力热力燃气及水生产和供应业、制造业、建筑业，分别占新增贷款的16.37%、13.19%和4.38%，“两高一剩”行业采矿业，2016年贷款下降4.13亿元。从贷款增长动能上看，承德市与全国和河北省的形势一致，受房地产市场升温、个人购房需求旺盛影响，个人住房贷款快速增长，截至2016年年末，个人住房贷款余额268.6亿元，全年新增77.3亿元，占全部新增贷款的48.1%；同比增长40.8%，是全部贷款平均增速的3.8倍。涉农贷款余额797.3亿元，全年新增72.4亿元，占全部新增贷款的45%。小微型企业贷款余额427.3亿元，同比增长2.3%。

推进普惠金融。全市紧紧围绕“创新、协调、绿色、开放、共享”五大发展理念，切实推进普惠金融发展，努力满足多层次、多元化的“三农”金融服务需求，着力增加普惠金融服务和产品供给，明显改善对小微企业、“三农”等领域的金融服务水平。加快基层营业网点建设。全市银行业金融机构不断优化网点布局，一些科技支行、商圈特色支行、产业链特色支行应运而生，金融服务更加特色化、专业化，全市银行业金融机构增设分支机构37家，实现乡镇金融服务全覆盖。进一步完善支付功能。大力增加社区、县城乡镇金融便利店、离行式自助银行布放力度，通过向服务点投放固话POS及自助服务终端，配以手机银行、网上银行平台，推动自助银行网络不断向基层乡镇延伸。全市共布放ATM1354台、

POS 机 19667 台，农户金融服务便利性逐步提高。降低收费水平。在银行卡年费、工本费、小额账户管理费、跨行取现手续费等方面实行减免政策，最大程度上让利于民。广泛开展金融宣传，积极保护消费者权益。大力开展“金融知识普及月”“金融安全月”等主题宣传活动，有效提升消费者的安全责任意识和风险意识。通过网点定期明查、神秘人暗访、在线监控和调阅录像等模式，推动银行网点文明服务水平进一步提升。

强化外汇政策引导。2016 年，承德市在“控流出、扩流入”的政策导向下，外汇收支整体形势平稳，与全国的涉外收支形势相反，资金呈净流入态势，国际收支和银行结售汇均呈现大幅顺差，资金流出压力较小。贸易进出口总体形势平稳。新增出口大户鹏涛跨境电商公司的出口手机业务稳步开展，有效弥补了因重点钢铁企业业务下降带来的出口收汇缺口，成为带动全市涉外收入逆势增长的亮点。全年办理贸易进出业务的企业 97 家，新增 20 家，进出口报关总额 49825 万美元，同比增长 26.64%。直接投资类业务持续增长。2016 年，直接投资项下涉外收支 3912 万美元，同比增长 26%，实际利用外资 2039 万美元，汇出境外投资 770 万美元，全年仅有 2 家企业汇出当年利润 239 万美元，同比下降 91%，未出现外资企业利润大规模集中汇出情况。个人外汇收支平稳。境外旅游及教育培训等刚性需求仍是拉动居民个人支出增长的主要因素，2016 年，全市个人项下涉外收支总计 9289 万美元，同比小幅增长 2%，其中：个人外汇支出 8085 万美元，同比增长 15%。

金融产品创新取得新进展。人民银行承德市中心支行大力推进“扶贫再贷款 + 政府担保基金 + 贫困户信用评级”创新项目，加大对精准扶贫和建档立卡农户等重点领域和薄弱环节的金融支持。大力推进小额票据贴现业务，以小票中心为平台，2016 年累计为 127 家小微企业办理 300 万元以下小额票据业务 734 笔、金额 14.4 亿元，有效缓解小微企业融资难、融资贵的问题。全市银行业依托农户信用信息系统，探索开展“整村批发、集体授信”的小额农贷业务。依托农业产业化龙头企业，推广产业链信贷创新产品。依托“两区”建设，开展“易地扶贫搬迁贷”“土地流转规模经营贷”“农村人居环境建设贷”。围绕保障资金链持久延续，积极开展“重大水利工程专项过桥贷”，探索实行“农户发展产业过桥贷”。为解决小微企业、农户、个体工商户无抵押、无担保融资难题，由市政府出资 500 万元设立信贷风险补偿基金，开展“小额贷款保证保险”试点，为 90 家小微企业、农户和个体工商户发放无抵押、无担保贷款 2185 万元；由市政府出资 10 亿元引导资金，与农银国际共同发起设立 50 亿元的“承德农业产业发展基金”，与农行合作设立 10 亿元的“承德市农业产业化增信基金”，为更大地撬动金融资源提供可行条件。在全市推广“政银企户保”扶贫信贷模式，设立贷款担保基金 8.17 亿元、信贷风险补偿资金 3.4 亿元，累计发放贷款 41.60 亿元，“政银企户保”和基金模式已被中央改革办内参刊载，被河北省委、省政府确定为金融扶贫先进典型，在全省范围内进行推广。充分利用国家放开中资企业可以举借外债的政策优势，为中资企业办理境外融资 2900 万美元。充分发挥金融机构国际化便利，架通涉外企业“走出去”桥梁，先后 2 次携手全市 40 余家中小企业与国外 30 多个国家、130 多家企业进行沟通，对接特色产业，主动为企业“走出去、迎进来”提供跨境投资撮合服务，让更多的承德中小企业走向世界舞台。

（供稿　路　勇）

中国人民银行承德市中心支行

【概况】　2016 年，人民银行承德市中心支行按照“以人为本、开拓创新、务求实效、和谐发展”

的工作思路，积极贯彻稳健货币政策、维护辖区金融稳定、优化金融服务，各项工作取得积极成效。全年获得上级集体荣誉13项、个人荣誉20项，市委书记周仲明充分肯定中心支行2015年的工作，认为中心支行在贯彻落实国家货币政策等方面，全力支持经济社会稳定发展，做出了突出贡献。

【贯彻落实稳健货币政策】 人民银行承德市中心支行正确处理落实货币政策与支持地方经济发展的关系，有效发挥基层人民银行职能，积极配合落实承德市“三去一降一补”工作方案，全力推进金融支持供给侧结构性改革任务落实。扎实开展宏观审慎评估工作，引导银行业金融机构制定符合稳健货币政策和宏观审慎管理要求的信贷投放计划，全年累计向地方法人金融机构下达信贷规划102.5亿元。有效进行窗口指导，开展2016年度涉农和小微企业信贷政策导向效果评估，引导金融机构加大对“三农”和中小微企业的支持力度；加大对精准扶贫等重点领域和薄弱环节的金融支持，大力推进“扶贫再贷款＋政府担保基金＋贫困户信用评级”创新项目，全年累计发放支农再贷款和扶贫再贷款16.2亿元，再贷款余额10.4亿元，金融扶贫的精准度得到明显提高，主要做法在全省人民银行系统工作会议上进行经验交流。强化对金融机构流动性管理，加强对金融机构利率监测分析，探索开展合格审慎评估工作；强化对承德银行债券市场交易监测，利用常备借贷便利工具为承德银行融通资金40.1亿元，有效缓解流动性不足。

【辖区金融秩序稳定】 强化新设金融机构开业管理，进一步简化审批流程，完善申报资料，全年累计审批21家新设金融机构加入人民银行金融管理与服务体系；扩大综合评价覆盖面，全年累计对辖区市、县两级74家银行业金融机构开展非现场综合评价；加大综合执法检查处罚力度，严格按照检查程序开展调查取证和事实确认等工作，进一步提升金融机构执行人民银行政策的严肃性和有效性；畅通金融消费者咨询投诉渠道，共受理咨询投诉案件139起，均得到妥善处理。金融风险监测、预警和处置能力进一步提升。扎实开展存款保险风险评级工作，对13家投保机构首次执行风险差别费率，通过奖优罚劣机制，有效督促投保机构稳健经营；建立金融稳定信息共享机制，通过联席会议制度，分析金融稳定形势，有效防范和化解各类金融风险。

【提升金融服务水平】 扎实做好基础工作，金融服务水平不断提升。信息调研工作不断加强，积极探索延伸信息调研触角，增强对金融机构的协调能力，进一步拓宽信息来源渠道。调查统计工作规范开展，有效运用非现场监测考核机制，不断提高统计数据质量，全年上报统计数据实现“零差错”。反洗钱工作不断深化推进，有效运用监管走访和非现场监管的形式，促进金融机构提高反洗钱意识。支付结算管理和服务水平不断提升，夯实会计核算基础，保障全辖支付清算系统安全高效运行；落实个人人民币银行结算账户实名制，严厉打击电信网络诈骗，支付结算市场秩序进一步规范；持续优化银行卡受理环境，推广非现金支付工具，农村支付环境进一步优化。货币金银管理工作力度进一步加大，全年发行基金调入16.2亿元、调出12.8亿元，累计投放134.2亿元、回笼118.8亿元、净投放15.4亿元，收缴假币1.2万张、金额82.7万元。跨境人民币业务平稳健康发展，全年共新激活企业15家，累计62家，实现跨境人民币收支总量4.9亿元。征信业务和信用体系建设力度加大，全年全辖共查询信用报告9.5万份，有效防范非法查询和信息泄露等事故的发生；做好推广农户信用评级系统各项工作，推进进度在全省处于上游水平。

【金融运行情况】 承德市金融运行恢复平稳，信贷投放增速放缓、增量规模收缩，存款增速提升、增量规模明显扩张，前两年持续的以“贷强存弱、增量贷存比畸高”为突出特征的信贷扩张态势恢复常态，增量存贷比降至58%，较2015年同期下降54.2个百分点。受此影响，存量存贷比降至75%，较2015年同期下降2.4个百分点。横向对比，承德市本外币各项贷款余额、增量、增速在全省十个地市中分别排名第八、第九和第八位，本外币各项存款余额、增量、增速在全省十个地市中分别排名第十、第八和第四位。增量存贷比排名全省第八，存量存贷比排名全省第二，存量资金运用率处于全省前列。

【存款增速回升增量扩张】 承德市金融机构本外币各项存款余额2214.6亿元，比年初增加278.6亿元，同比多增100.2亿元，余额同比增长14.4%，较上年同期提高4.3个百分点。从存款结构上看，呈现全面增长态势。住户存款平稳增长，居民财富稳步增长、避险情绪增强是稳步增长的主要原因。住户存款余额1442.4亿元，同比增长12.9%，比年初增加165.6亿元，同比多增37.2亿元。非金融企业存款增速大幅提升，主要是受贷款投放派生存款增加、企业投资趋于谨慎等影响所致。非金融企业存款余额368亿元，同比增长20.0%。较年初增加87.8亿元，同比多增69.6亿元。广义政府存款保持平稳增长。广义政府存款余额398.7亿元，同比增长14.5%。较年初增加23.6亿元，同比少增15.5亿元。

【贷款增量、增速“双降”】 截至年末，承德市本外币各项贷款余额1657亿元，同比增长10.8%，较上年同期下降4.5个百分点，比年初增加161亿元，同比少增36.7亿元。住户贷款快速增长，非金融企业及机关团体贷款增长相对缓慢，受房地产市场升温、个人购房需求旺盛影响，住户贷款快速增长，住户贷款余额556.4亿元，同比增长18.7%，比年初增加87.3亿元，同比多增29亿元。其中个人住房贷款同比增长40.8%，比年初增加77.3亿元，同比多增40.5亿元，占住户新增贷款的88.5%。行业分布上，存量贷款仍然集中于交通运输仓储邮政业、制造业、采矿业，余额分别占全部贷款的13.0%、12.6%和8.4%。受供给侧改革推进等影响，新增贷款投向有所调整，2016年新增贷款集中于电力热力燃气及水生产和供应业、制造业、建筑业，分别占新增贷款的14.7%、11.7%和3.9%。受去产能影响，采矿业比年初减少4.1亿元。期限结构上，增量贷款期限结构呈现突出的短少长多的特点，中长期贷款新增144.4亿元，同比多增52.1亿元；短期贷款较年初增加0.3亿元，同比少增62.6亿元。银行资金应用呈现多元化的发展趋势。地方性法人机构债券投资、股权以及其他投资规模保持快速扩张，2016年余额合计367.6亿元，同比增长86.8%，较年初增加170.8亿元，同比多增77.4亿元。

附：人民银行承德市中心支行主要领导名录

党委书记、行长：杨建奎
党委委员、副行长：崔喜林
党委委员、工会主任：王少云（女，满族）
党委委员、副行长：宋　耐（满族）
　　　　　　　　　杨风华
党委委员、纪委书记：王金祥（12月免）

（供稿　路　勇）

银行监管

【概况】 2016年，承德分局认真贯彻落实银监会、河北银监局监管政策，积极引导辖内银行业机构大力支持供给侧改革，支持实体经济发展，持续加强处罚力度，维护良好市场竞争秩序，严守风险底线，辖区银行业保持良好的发展态势。

【强化监管能力建设】 结合省局工作要求，制定印发行政许可事项操作规程，进一步简化流程，提升效率。严格落实《银监会通过法定途径处理信访投诉请求清单》要求，依法分类处理信访事项，有效规避信访法律风险。认真组织开展银行业法律法规知识竞赛活动，监管队伍法治意识显著提升，承德分局代表队在河北省银行业法律法规知识竞赛中获得银监系统第三名。规范开展信息公开工作，在做好保密审查的基础上，每周将印发的批复文件报送省局统一对外公布。综合监管信息系统顺利上线，监管工作规范化水平进一步提升。严格落实“三必罚”要求，高度重视违法违规线索，到年末，已对6家机构违法违规行为进行处罚，金额合计人民币110万元，并对相关责任人员进行处罚，行政处罚有效震慑辖内银行业机构，监管权威进一步树立。

【强化EAST系统应用】 开展EAST系统数据治理，提高数据可用率；组织开展EAST系统应用培训5次，邀请银监会系统EAST应用分析能手现场授课，分享建模思路，传授检查经验。在现场检查工作中，积极应用EAST系统筛选可疑问题和风险点，实现现场检查“精确制导”。严格落实“双随机”要求，打破部门界限，发挥青年作用，扎实开展“两个加强、两个遏制”回头看现场检查工作，确保问题整改有始有终，不走过场，有效提升现场检查工作质效。

【消费者权益保护工作】 以消保区投入使用为契机，组织召开承德市银行业2016年消费者权益保护工作会议，印发《承德银监分局办公室关于2016年上半年银行业信访投诉工作情况的通报》，进一步强化银行业机构第一责任人意识。组织开展了“3·15”国际消费者权益日宣传咨询服务活动，发放宣传折页2500余份，解答咨询500余次。组织开展“金融知识进万家”宣传服务月、“送金融知识下乡”承德县专场、送金融知识进扶贫村等宣传活动，制作微信专刊90期，发放宣传资料6.67万份，投放电子海报508份，电视媒体宣传播放量1047次，受众客户数达25.7万人次。配合公安部门开展承德市银行业打击治理电信网络新型违法犯罪专项行动，清理非实名制银行账户8个，阻截电信诈骗案件19起，涉及金额共17.44万元。分局全年共接受电话投诉咨询366次，受理处置投诉事项15项，全部做到妥善处置,将矛盾纠纷化解在萌芽状态。大力推进“一区双录”工作,与辖内银行业机构签订“一区双录”建设工作承诺书，严格落实工作责任，确保按时完成建设目标。

【推动承德银行转型升级】 督导该行完成总行副行长、分行行长和四大业务条线总监选聘，将资金市场部、资产保全部调整为一级部室，经营重心突出，管理能力进一步增强，治理体系日趋完善；手机银行成功上线，为“互联网+”转型奠定基础。积极拓宽外部资本补充渠道，进一步规范公司发展，“新三板”挂牌工作即将完成。截至12月末，承德银行核心一级资本充足率9.53%、一级资本充足率为9.53%，资本充足率12.42%，分别高于省局要求2.83、1.83、1.92个百分点。

【推进农村中小金融机构发展改革】 围场华商村镇银行：截至12月31日，围场华商村镇银行共设立支行20家（县城4家、乡镇16家）和4家金融服务代办站，总行共设8个部室，分别是营业部、办公室、信贷管理部、稽核部、运营部、计划财务部、技术保障部和保卫部。现有员工188人，其中行领导5人，中层管理人员27人，员工155人。围场华商村镇银行秉承“扎根围场，服务三农，支持小微”的服务理念，根植广袤木兰大地，助力家乡经济发展。为进一步提升农村金融服务水平，推进普惠金融发展，该行新设立的御道口支行、大头山支行、城子支行、朝阳地支行、新地支行、克勒沟支行、广发永支行、山湾子支行、张家湾支行、半截塔支行 10 家支行盛大开业。

滦平盛阳村镇银行：截至 12 月 31 日，滦平盛阳村镇银行总行机构 1 家，共设 6 个部门，分别为：营业管理部、业务发展部、计划财务部、信息技术部、风险合规部、综合办公室，现已开设分支机构 5 家；现在员工 53 人，其中行领导 3 人，中层管理人员 14 人，员工 36 人。

河北丰宁建信村镇银行：成立于 2010 年 8 月 18 日，现设营业网点一处，位于河北省承德市丰宁满族自治县大阁镇新丰北路丰和园小区 5 ～ 7 号底商，人员 24 名，其中包括 5 名高层管理人员，下设 4 个部门，19 名员工。河北丰宁建信村镇银行多措并举，营造合规氛围，开展合规承诺签名、“合规在我心中”主题演讲、检察院法治教育培训、“讲规矩、正风纪、守廉洁”主题教育活动、组织员工到县预防职务犯罪警示教育基地参观学习等多项合规建设系列活动。

宽城农商行作为主发起行筹建的宽城融兴村镇银行筹建请示及相关材料已上报省局，预计年底前开业。温州瓯海农商行发起设立承德县、平泉县 2 家村镇银行预计年底前完成筹建审批，指导丰宁县农信联社完成了组建农商行。继续推行差别化监管，将“村镇银行合规建设年”与案防合规文化建设活动相结合，充分发挥“承德市村镇银行合作联盟”作用，发挥村镇银行整体优势，实现合作共赢。

【强化重点领域金融支持】 引导各机构加大对重点行业、战略性新兴产业和科技创新企业的资金倾斜力度，支持《中国制造 2025》河北计划、“互联网 +”行动计划、三个一百“领军企业”、科技型中小企业发展，支持“大众创业、万众创新”，大力支持技术创新和成果孵化。

【落实“三去一降一补”政策】 制定辖内银行业机构建立债权人委员会指导意见，督导银行业机构组建债权人委员会 26 个，妥善化解企业不良贷款。三季度，牵头行组织召开债权人委员会会议，经各成员行协商，承诺一致行动，对承德县建龙矿业有限责任公司办理展期，帮助企业渡过难关。

督导银行业机构严格落实服务价格管理规定和银监会“七不准、四公开”要求，积极做好银行业机构违规收费行为自查审核工作。引导法人机构改进贷款期限管理，降低企业资金周转成本，落实尽职免责要求。河北省小额票据贴现管理中心承德分中心累计为 86 家企业办理小票业务 13.36 亿元，承德银行微贷中心累计发放贷款 1239 笔，1.61 亿元，有效缓解小微企业融资困境。

【党风廉政建设】 扎实推进“尊党章守党纪严党规”专题教育活动，深入开展机关作风整顿和廉政风险排查活动，着力解决不能为、不敢为、不想为的问题，杜绝廉政风险隐患，全体党员干部纪律意识进一步增强。严格落实《河北银监局工作人员回避实施细则》，及时调整相关人员岗位，解决了岗位回避问题。针对中央专项巡视和银监会专项巡视反馈意见，分别制定整改计划，逐条制定细化整改措施，进一步落实了党委主体责任和纪委监督责任。

【文化建设】 深入实施“1234 青年成长工程”，组织开展党委书记谈心、演讲比赛、监管知识竞赛、青年大讲堂、户外拓展训练等一系列活动，青年干部综合素质得到锻炼提升。组织召开承德市金融团工委工作会议，开展丰富多彩的文体活动。分局羽毛球队获得 2016 年度河北银监局羽毛球比赛团体第一名，并代表河北银监局系统获得华北赛区团体第一名。分局工会荣获 2016 年度承德市总工会“模范职工之家”称号，队伍凝聚力进一步增强。

【规范内部管理工作】 认真开展公务用车改革和固定资产清查工作，规范财务报销流程，进一步加强政务值班工作。严格保密管理，相关工作受到河北银监局检查组及市保密局认可。组织开展公文信息写作、保密常识及信访工作培训，认真办理人大代表建议、政协提案工作，答复满意率达100%。截至12月末，分局共编辑信息107篇，被国办采用1篇，被银监会《监管工作信息》采用3篇，银监会E报采用5篇，河北银监局《监管简报》采用信息47篇；在中央级报刊媒体发表文章16篇，省级报刊媒体发表文章23篇。

【落实精准扶贫政策】 制定银行业机构积极投入脱贫攻坚战的指导意见，加强扶贫小额信贷管理，努力提高贫困地区建档立卡贫困户的申贷获得率，提高扶贫小额信贷发放的覆盖率，确保扶贫小额贷款持续增长。全辖170个乡镇，实现标准化网点全覆盖，2089个行政村，实现网点、机具或流动服务全覆盖。分局驻小彭杖子村精准扶贫工作组以产业扶贫为着眼点，积极引进扶贫项目，受到当地群众广泛认可。组织开展进扶贫村捐资助学和“捐衣赠书 递暖传香”活动，捐资14200元。

（供稿　魏剑峰　侯明辉）

银行风险管控和防范

【房地产信贷风险加剧】 房地产市场持续升温，中心城区房价涨幅较快，城区周边地区商品房保持较高价位。个人住房不良贷款增加，贷款违约风险增大。各银行机构在支持房地产去库存过程中，纷纷降低准入门槛，使一些收入较低或收入不稳定、高风险倾向人群涉足住房贷款，成为诱发住房贷款风险的潜在因素。商业用房不良贷款大幅上升。受电商冲击、传统百货行业萎缩、同质化现象突出、项目布局失衡等因素影响，部分商业地产项目出现空置率上升、经营收入下滑等情况，商业用房贷款风险逐渐显现。

【不良贷款反弹压力较大】 尽管三季度全市经济稳中向好，企稳态势进一步巩固，但前期商品市场低迷，矿业、建筑类等企业经营压力继续向银行业传导，银行贷款逾期现象继续增加，不良贷款反复波动，反弹压力依然存在。此外，郊区、兴隆、隆化、平泉等4家农合机构以政府资产置换不良贷款潜在法律风险问题仍悬而未决，7家农合机构信托收益权转让违规问题依然存在，给存量不良贷款处置敲响了警钟。

【案件风险防控形势严峻】 个别银行业机构距银行业安全防范标准仍有较大差距，部分网点重要场所内没有安装摄像头，个别网点金库及守库设施没有达到安全防范标准。从业人员结构不合理。国有大型银行人员结构老化问题日趋严重，新设机构人员调整较快且新手较多，队伍结构有待优化。农合机构仍存在大量4人社（行）和2人分社（分理处）问题，全辖缺员近350人，有的基层网点只能勉强维持对外营业，岗位制约无法保证。银行内控执行不到位。一些机构内部管理存在疏漏，交流、轮岗、回避和强制休假“四项制度”没有得到有效落实，给案防工作埋下风险隐患。

【管控各类信用风险】 强化经济下行压力下融资平台贷款、铁矿采选、房地产等重点领域信用风险防控；积极引导辖内银行业机构强化政府债务全口径管理，有序推进地方政府存量债务置换；组织开展专题调研，重点加强铁矿采选行业风险预警和管控，严防关联企业贷款风险；持续加大房地产信贷压力测试和风险监测，稳妥应对房企信贷风险。截至年末，全市银行业机构不良贷款余额27.58亿元，比年初减少12.18亿元，不良贷款率1.66%，比年初下降0.99个百分点。

【防范社会金融风险输入】 组织开展防范和打击非法集资集中宣传月、非法集资专项治理等活动，创新宣传渠道，明确责任分工，加强对非法集资等不规范金融活动危害性的宣传教育和排查整治，进一步提升社会公众的风险意识和自我保护能力。督导银行业机构对小贷公司、融资性担保公司等各类社会融资性公司一律按照一般工商企业对待，严格履行贷款“三查”等制度；禁止将非持牌办理金融业务的机构列为同业合作交易对手，严防金融体系外风险向银行输入，印发《关于规范市场竞争行为推进银行业市场稳健运行的通知》，维护良好的银行市场竞争秩序。

【操作风险及案件风险防范】 针对国内银行业票据业务违规、私售“飞单”等问题多发势头，及时督导银行业机构开展自查，排除隐患；以案件风险隐患季度排查为突破口，不断强化内控制度执行力建设，细化完善业务流程和员工行为标准，防止各类外部风险向银行业传染。此外，为强化案件风险源头防控，在全市银行业系统组织开展案防合规文化建设活动，让全体从业人员真正了解合规要求，知晓违规危害，增强合规意识；组织开展了邮储银行和农村中小金融机构安全检查，进一步规范安全保卫工作，提升安全防范能力，筑牢“防火墙”。

【妥善应对信息科技风险和声誉风险】 指导承德银行加强信息系统应急演练，提升风险分析和预判能力，有效降低业务外包风险。组织开展声誉风险自查，及时排除潜在的风险隐患；二季度，妥善处置“某信用社工作人员上班涂面膜”网络舆情事件，督导相关机构第一时间启动应急预案，及时采取问责当事人、跟帖引导、协调删帖等应对措施，防止舆情事件进一步发酵，将负面影响降到最小。

附：承德银监分局领导名录

党委书记、局长：宋有田

党委委员、副局长：焦彦辞

杨明东（满族）

党委委员、纪委书记：李应军

（供稿 魏剑峰 侯明辉）

中国农业发展银行承德分行

【概况】 2016年，中国农业发展银行承德分行在承德市委、市政府和省分行党委的正确领导下，在人民银行、银监局等相关部门的大力支持下，认真贯彻落实市委、市政府决策部署和总行、省分行年初行长会议精神，以服务“三农”为根本，以创新驱动为抓手，以支持“五大领域”为重点，以“两个从严”为保障，坚持“守底线、细管理、促发展、增效益、提素质、奔强行”工作主基调，巩固发展“四位一体”良性互动工作总格局，各项工作取得新进展。截至12月末，各项贷款余额830007万元，较年初增加44221万元；各项存款日均余额339995万元，较年初增加181115万元，人均日均存款1744万元；实现账面利润14158万元，人均利润72.61万元；中间业务收入299.23万元；国际业务结算量866万美元；全辖继续保持零不良的贷款质量。

【各项业务持续发展】 农业开发和农村基础设施建设贷款重点突破。全年营销农业农村基础设施建设中长期贷款项目26个，累计发放贷款40.88亿元，实现了经济效益和社会效益双丰收。粮油政策性业务运行平稳。全年累计发放粮油储备及调控贷款1.6亿元，发放粮油购销贷款0.9亿元，粮食购销储贷款余额16.7亿元，占全部贷款的20.12%。金融扶贫成效初现。发放易地扶贫搬迁贷款2笔，金额3734.5万元，支持建档立卡搬迁贫困人口1067人。支持实体经济健康发展。全年累计向16家优质粮食加工、果品加工、畜牧养殖及畜产品深加工、蔬菜及食用菌种植加工企业发放贷款4.64亿元。积极支持农村流通体系建设。全年累计审批农村流通体系建设贷款项目3个，金额5亿元，省分行对该行工作给予了充分肯定并以简报形式上报总行，被总行作为典型范例在全系统推广。农发重点建设基金有序投放。全年支持三批项目共3个，金额2.69亿元。

【经营效益稳步提升】 积极组织存款。进一步加大存款营销和维护力度，年末各项存款余额29.84亿元，同比增加9.76亿元，其中低成本存款日均余额34亿元，比年初增加18.11亿元，增效0.59亿元。大力发展中间业务和国际业务。抓好代理保险营销，做实咨询顾问业务，全年实现中间业务收入299.23万元，比上年增加35.49万元，增幅13.46%。全年实现国际业务结算量166笔，金额866万美元，同比增加81万美元，增幅10.32%。努力增收节支。加强企业销货款回笼监管，加大与财政部门沟通协调，确保企业自付息、财政贴息等各类利息应收尽收，贷款利息收回率达到98.71%。

【风险防控取得实效】 盯紧粮油库存。对全辖12家粮油储备购销企业逐库点、逐仓位进行认真核查，确保银企账账、账实相符，粮油质量符合要求。截至6月末，5家粮食购销企业实现了玉米贷款本息“双结零”。全面做好风险排查。对全行16家自营性贷款企业进行了全面风险排查，针对发现的问题，采取一企一策，完善担保措施，缩小风险敞口，累计完善手续5笔，贷款金额2.3亿元。加强评级授信和风险监测。加强评级授信管理，切实把好客户准入关口；搜集整理各类风险信息，对担保事项进行有效监测，不断提高监测预警水平。开展贷款讲评活动。6月，在隆化县支行开展贷款讲评活动试点；8月至11月，先后2次组织全行进行贷款讲评观摩比武活动。省分行对该行贷款讲评活动开展情况给予肯定，以“承德分行积极探索开展贷款讲评活动”为题在《河北分行简报》编发。做好债券置换工作。2016年，定向承销政府债券等置换贷款20.05亿元，有效缓释政府融资平台贷款风险。

【党建和基础管理】 深入开展“两学一做”学习教育。成立“两学一做”学习教育协调小组，制定印发《承德分行“两学一做”学习教育工作安排》，累计开展座谈讨论16次、撰写心得体会400余篇，营造了浓厚的工作氛围。市分行党委坚持带头示范，推动学习教育深入开展。坚持把学习教育与落实党支部“三会一课”制度和对党员的日常管理紧密结合起来，保证了学习内容、人员、时间和效果“四落实”。始终把查找问题、解决问题贯穿学习教育全过程，不断巩固和加强作风建设的成效。在全辖创新开展“党员学习年活动”，促使党员干部学规章制度、学政策理论，提升政治业务素质。狠抓各项管理工作。认真贯彻新修订的《干部任用条例》，按照“五好”标准和“三严三实”要求配备县级行领导班子和中层干部，全年共交流调整科级干部18人。根据年初制定的培训计划组织开展各类培训，举办现场业务知识竞赛2场，提高业务技能和综合素质。加强财会基础管理，坚持大额开支集体审议，完善重大财务事项决策机制和程序。通过开展制度执行情况大检查和客户风险排查，以及“贷后管理年”活动回头看，及时发现和解决信贷基础管理和操作中的问题，确保信贷制度落实到位。制定实施《承德分行案防合规文化建设方案》，促进案防文化建设的深入开展。认真开展“两加强、两遏制”专项检查及“回头看”整改工作，并对相关责任人给予违规积分处罚。组织开展案件防控专项排查，全面做好内控评价工作，进一步加强员工行为积分管理。加强党风廉政建设。不断强化党委主体责任和纪律监督责任，落实“一岗双责”，推进党风廉政建设见实效。逐级签订《党风廉政建设目标管理责任书》，进一步增强各级领导干部“一岗双责”意识。结合“两学一做”学习教育和“党员学习年”活动，扎实开展反腐倡廉教育。组织“遵规守纪”知识竞赛，开展全员网络答题和现场竞赛。认真贯彻落实“转职能、转方式、转作风”总体要求，切实把纪检监察工作重心转到监督、执纪、问责上来。组织相关方签订《工程项目建设廉洁承诺责任书》和《工程项目建设银企廉政共建协议书》。持续开展“正风肃纪”活动，加强作风整顿，进一步提高工作效能和服务质量。组织全员签订《廉洁从业承诺书》，与相关企业签订《银企廉政共建协议书》。

附：中国农业发展银行承德支行领导名录
党委书记、行长：李希杰
党委委员、副行长：赵学功（满族）
张爱其
肖俊青（满族）

（供稿　肖俊清　袁晓峰　任志伟）

中国工商银行承德分行

【概况】 2016年，中国工商银行股份有限公司承德分行（简称“工商银行承德分行”）认真贯彻落实承德市委市政府和总省行决策部署，秉承“工于致诚，行以致远”理念，积极应对经济发展新常态，以金融手段为引擎，在全市经济社会发展中主动作为，积极履行社会责任，展现出大行的形象。截至2016年年末，实现中间业务收入1.33亿元，拨备前利润4.62亿元，净利润2.65亿元。全部存款余额198.6亿元，较年初增加2.68亿元。其中，公司存款较年初增加0.35亿，机构存款较年初增加1.92亿元。全部贷款余额224.9亿元，较年初增加11亿元。其中，公司贷款累放27亿元，余额97.27亿元，较年初增加2.44亿；个人贷款余额108.8亿元，较年初增加18.7亿元，同比多增11.25亿元，同业占比均居首位。分期付款累放交易额3.81亿元，同比增幅32%。

【支持地方经济建设】 把建设“魅力承德”这一梦想作为自身奋斗的目标，特别是在经济下行的形势下，不畏压力，迎难而上，解放思想，主动作为，积极向上级行争取规模，做支持地方发展的领跑者。为河钢承德分公司、龙源风电、承德热电、华润新能源、承德天大钒业、平泉汇勇新能源、建投新能源、朗诚风电、丰宁抽水蓄能、新天绿色能源等项目发放贷款20余亿元，有力地支持了地方经济发展。同时，成功营销并审批了朗诚克旗上头地风电场、丰宁森吉图风电场(一期)、丰宁森吉图风电场（二期、三期)、丰宁千松坝风电场、丰宁梁后风电场等13个项目，金额23亿元。

【服务民生需求】 始终坚持“无中生有，有中生新”的发展思路，以服务创新、产品创新、流程创新为核心，深入研究行业、企业特点，不断丰富业务品种，顺应企业客户融资需求，不断进行产品和服务创新，将金融创新的立足点根植于服务实体经济，最大限度地支持绿色经济发展。积极与京津冀兄弟行开展深度金融合作，签订丰宁抽水蓄能22 亿元项目协议；签订克旗朗诚瑞风电力3.6 亿元支持协议，全面推进跨区域合作支持企业发展。该行围绕总行搭建的“融e购、融e联、融e行”互联网三大平台，加快互联网金融推广工作，丰富客户选择，为广大消费者提供更具效率、更富价值的金融服务。已推荐8家知名企业签约入驻工行电商平台。

【推动普惠金融发展】 针对当地大型企业少，小微企业数量大，分布广，活性强的特点。坚持扶“微”解困保证企业“输血供氧”，根据小微企业的特点和实际需求，提供网贷通、国内保理、周转贷款等个性化专属系列产品。在条件成熟的县区开办小企业经营型物业贷款、标准厂房按揭贷款、产业链贸易融资等业务，及时为小微企业“输血供氧”。逐步完善小企业贷款调查、审查、审批时效管理制度，实行押品评估、评级、授信、融资“四合一”流程，在最短的时间内为小企业提供最优的贷款。全年共计发放小企业贷款 3.25 亿元，比同期增长 4.65 亿元。

【提升服务水平】 全年共优化低效网点 2 家，装修改造网点 4 家，建设智能银行 10 家，最大限度地解决网点“操作长、流程长、排队长”的问题，使网点真正由“营销型”向“服务型”转变，使客户真正体验到服务、智能、高效、便捷、舒适的全新服务模式。建设离行式自助银行和自助银亭 5 家，填补工商银行承德分行在承德卫校、大学生创业园、开发区行政审批大厅、承德二中等区域服务空白。抓好服务品牌建设，通过发挥先进和典型的示范引领作用，以点带面带动全行服务水平的提升。太平桥支行被评为总行“优质服务百佳网点”，二仙居支行赵海燕和宽城支行闫继恩两名员工被评为总行“优质服务千佳明星”。

【履行社会责任】 始终秉承“服务客户，奉献社会”的使命，把开展社会公益事业活动作为义不容辞的责任，坚持开展好不同形式的爱心活动。积极开展金融知识进万家、金融知识万里行等金融知识宣传活动。积极投身公益事业，履行社会责任，坚持开展不同形式的爱心活动，连续七年开展“工行托举朝阳，爱心奉献春雷”资助困难学童活动、连续十五载坚守“爱的约定”看望孤残儿童、连续开展协管交通、博爱一日捐、义务献血等社会实践活动，已向社会捐款捐物价值 180 余万元，爱心充满社会的每个角落。

附：中国工商银行股份有限公司承德分行领导名录

党委书记、行长：张志斌（12 月免）
党党委副书记、副行长：韩晓坤（12 月任）
党委委员、副行长：张　晖
魏利军
杨林青
芮炳立
张小滨（满族）
党委委员、纪委书记：杨永志（满族，11 月免）
侯志坤（12 月任）
工委主任：庞凤祥

（供稿　肖静喜）

中国农业银行承德分行

【概况】 中国农业银行股份有限公司河北承德分行（以下简称“农行承德分行”）围绕国家及监管部门各项决策部署，紧密结合承德市“绿色、创新、开放、转型、协调、共享”的发展战略，坚持以服务区域供给侧结构性改革为主线，瞄准扶贫攻坚精准发力，积极适应和把握经济新常态，不断支持本地新经济、新模式、新主体和新要素发展和成长，同时加快经营转型，深化精细管理，筑牢“双基”基础，市场竞争力、价值创造力、风险管控力持续提升，实现了各项业务平稳、稳健、协调发展。截至年末，全行各项存款余额 253.3 亿元，较年初增加 15.3 亿元。各项贷款余额 188.6 亿元，在主动压降过剩产能产业和风险突出领域贷款 20 亿元的前提下，较年初增加 5.2 亿元。中间业务收入 1.5 亿元，拨备前利润 5.3 亿元，拨备后利润 4.7 亿元。

【支持重点领域和重点项目建设】 农行承德分行以稳中求进为总基调，以服务京津冀协同发展、“一带一路”等国家重点战略为方向，主动服务区域产业结构转型升级、推进创新驱动发展战略、实现绿色发展这一主线，不断扩大信贷投放规模，优化投放结构，科学把握信贷投放重点和节奏，加大对重点区域、重大项目的支持力度，贷款投放较好地契合国家和本地区产业政策和监管导向，有效地发挥金融促进地方经济社会发展和优化资源配置的重要作用。全力支持本地基础设施建设，着力加大“电、路、网、水利”等重点领域信贷投放力度，对40余个大客户、大项目进行信贷支持，大幅提升了区域交通互联互通、城镇化、农业现代化水平。主动支持非首都功能纾解工作。对接26家央企为投资主体的转移和新投资项目，制定差异化、专业化的金融服务方案。助力传统优势企业转型升级和“互联网+”业态快速发展。积极支持以河北钢铁集团有限公司为代表的传统工业制造业的技改升级，创新与本地农村电商的合作模式，助力区域经济调优存量，做优增量。

【发展绿色信贷】 通过一年来的不懈努力，推动一批具有资源优势、品牌优势、区域产业特征明显、有较完整产业链支撑、辐射带动能力强、发展前景好的龙头企业走上快速发展之路。同时，响应国家“双创”和“互联网+”号召，立足京津冀水源涵养区、绿色发展先行示范区等战略定位，持续加大对创业园区、大数据项目支撑，推动辖内现代服务业、旅游产业加快发展，严格准入标准，加大落后与过剩产能退出力度。

【支持薄弱领域】 农行承德分行在信贷规模十分紧张的情况下，把有限的资金规模优先用于支持小微企业、“三农”客户。支持小微企业做大做强。截至年末，小微企业贷款余额达47.9亿元，较年初增加8.3亿元，增速21%，小微企业户数和申贷获得率再创新高，累计创造新的就业岗位11000多个，近2000多个家庭脱贫致富。助力全辖农业现代化发展，围绕农业供给侧结构性改革，针对新兴农业经营主体、产业化龙头企业等市场主体，完善产品体系，推出“土地流转·经营权抵押贷”等产品，满足并引领新需求。推动一、二、三产业融合发展，支持十余家中小果品、食品加工业，为山区农民致富提供帮助。加快探索政府增信金融扶贫新模式。引入政府增信机制，积极推动市财政、扶贫办、供销社共同出资设立风险补偿基金，开展“政银企户保”担保贷款业务合作扶贫新模式，为全市金融扶贫攻坚战注入巨大动力。

【做实金融扶贫】 持续探索精准金融扶贫的新路径，创立“六业”精准扶贫模式，编制金融扶贫方案，绘制金融扶贫生态图谱，确立“一环六带”产业扶贫重点。加大贫困地区建档立卡户贷款投放、渠道惠农建设力度。全年支持带动建档立卡贫困户4910户，贷款余额达1.5亿元。“金穗惠农通”工程助农取款服务点达1034个，行政村覆盖率达到68.8%。在此基础上，推广“农银e管家”为主打产品的电商平台，在努力普及农村基础金融服务基础上，促进互联网金融向“三农”市场延伸。

【优化网点建设】 同步提升服务质量和水平，制定服务规范，提供个性化、精细化、多元化的金融产品和服务。增添服务设施，全行统一营业网点服务设施标准，设置“网点名称牌”“作息时间牌”“风险提示牌”和贵宾窗口，保持营业场所的规范统一。美化服务环境，落实卫生责任制，保持门窗、灯箱、自助设备的清洁卫生。各营业网点基本做到了环境整洁、门窗清洁、地面干净，装饰美观，形象端庄。

【强化基础管理】 强化信用风险管控。积极应对经济下行、系统同业信用风险频发的严峻形势，完善制度，细化客户准入、贷后管理等防控措施，全行信贷基础管理水平不断提升。强化操作风险管理。以“抓制度刚性约束落实”为纲领，以“制度、合规、效率”为主题，以“三化三铁”创建、提质控险、履职能力提升为抓手，有力促进了柜面质量和效率提升。保持案防高压态势。坚持按时召开案防工作例会，形成防范风险合力。强化员工行为管理，扎实开展员工经商办企业、参与民间借贷和非法集资专项治理活动，消除风险隐患。加大安保执行力建设，认真开展“三化三达标”创建工作,深化“平安农行”建设,全行“三化三达标”机构优秀率达到100%。

【党建工作】 严格落实“两个责任”。制定《承德分行党委抓基层党建工作责任制实施意见》、《承德分行党风廉政建设党委主体责任实施细则》等一系列制度办法，有效解决基层党组织抓党建束手无策、不深不实问题。召开全行党建工作大会、“两学一做”党课专题辅导报告会、反腐倡廉形势报告会等各种形式会议，以高规格、高频次、多角度的动员推动，有效提高全员对党风廉政建设工作重要性的认识，增强履职尽责的自觉性。高度重视作风建设。认真开展“两学一做”学习教育，层层签订《党风廉政建设责任书》，组织召开警示教育大会，严肃查处违规违纪责任人。注重加强领导干部管理，增强责任意识，提升领导能力。加强后备干部、年轻干部的培养，为全行发展打好人才基础。四是关爱员工生活，积极开展各项活动，为各类人才发展创造广阔的空间，激发全行积极向上的活力。

附：中国农业银行股份有限公司承德分行领导名录

党委书记、行长：马　韬
党委副书记、副行长：吕俊军（5月任）
党委委员、副行长：苗彦青（1月免）
刘建宁
孙士斌
侯晓东（6月任党委委员，8月任副行长）

（供稿　李东辉）

中国银行承德分行

【概况】 2016年，面对复杂的经济形势，紧紧围绕“一年强基础，两年大发展，三年大变样，打造当地极具市场竞争力和品牌影响力的最好银行”的三年发展目标，打基础、建机制、上项目、拓客户、抓落实，经营管理取得了新成绩。经营效益持续攀升。实现系统、同业“双提高”，主要财务指标增幅全部进入省行前4名，两项增幅列四行第1位。计费收入实现6.45亿元，拨备前利润实现4.4亿元，净利润实现2.72亿元，同比增幅18%，超额完成省行预算目标。存款实现平稳增长。在化解近20亿对公存款的基础上，两项存款实现逆境突破。人民币两项存款新增10.05亿元。新增额占比21%，四行排名第3位。其中：公司存款时点新增5.92亿元，增幅市场占比23%,排名四行第2位;日均新增13.1亿元，计划完成率164%。储蓄存款：时点新增4.84亿元，新增占比22%，四行排名第2位；日均新增5.32亿元。网均新增1676万元,四行排名第2位。授信结构持续优化。人民币贷款余额168.45亿元，新增11.55亿元；新增额占比27%。其中：公司贷款余额118亿元，累放64.72亿元（含福费廷9亿），较年初负增长0.95亿元，四行排名第1位。个人贷款余额45.93亿元,累放23.5亿元,新增额16亿元。完成省行任务200%，新增额排全省第4位，新增四行占比25%。资产质量持续向好。不良余额、不良率继续实现“双降”，资产质量实现全省最优，四大行最优。全口径不良贷款余额3855万元，较年初减少3973万元。其中：不良贷款率0.23%，较年初下降0.27个百分点。绩效考核实现争先进位。全年实现了从2015年末位升至同组第2位，这是近五年最好成绩。

【业务发展】 强化客户基础，实施项目带动战略。推动“一行一策”项目精准营销，重点解决客户基础薄弱“短板”，近100个存贷款项目取得突破。先后投放承张高速、国电热电、附属医院、大唐风电等一批项目，全年累放64.72亿元，新增列四行第1位。在做好传统授信的同时，更多的做了低风险的贸易融资、票据、福费廷等业务。全年叙做福费廷9亿元，累计办理票据贴现22亿元，列全省第3位，电票列全省第1位。全力做大个贷业务。成立了个贷专业支行，全辖全年新增额16亿元，是增速最快的2015年的2倍多，完成率排全省第4位，累放及新增均创历史新高。

【机制建设】 持续激发内生动力。建立支行行长业绩档案，成立法务中心、个贷专业支行，拓宽风险部、渠道部管理职能。着力推进“干部有担当，员工有激情，全行有目标，企业有文化”的企业文化建设。畅通员工言路，推动作风转变。加强人才队伍建设，启动“优秀人才培养计划和专家型技术人才培养计划”，多渠道培养和使用各类优秀人才。开展“三走进一弘扬”系列活动，营造了积极向上、争先进位的工作氛围。

【风险管理】 建立“大风险”授信管理体系以及“群防群控”内控体系。加强新增和存量管控，有效地防范了各类授信风险。强力清收，成功收回逾期7年的兴隆中医院不良贷款122万元，对已核销贷款实现现金清收788万元，收回以物抵债资产620万元。全口径不良贷款余额3855万元，较年初减少3973万元，对公不良历史性首次清零。持续加强“群防群控”内控体系建设。设立“高压线”，出台承德分行“内控九条”。做实内控副行长职责，制定《承德分行内控副行长考核方案》，在做好省行对内控副行长七项 履职要求的同时，重点加大对“内控”考核，强化内控副行长案防意识。着手建立“群防群控”机制，鼓励员工积极反映本机构违规违纪问题，防范各类案件风险。

附：中国银行股份有限公司承德分行领导名录

党委书记、行长：牛少辉（1月任党委书记，3月任行长）

党委委员、副行长：孙瑞稳

冀梦尧（女，11月免）

王　刚（满族）

党委委员、纪委书记：于文合

党委委员、副行长：张瑞军（满族）

秦树安（蒙古族，8月任党委委员，11月任副行长）

彭　涛（6月任）

（供稿　傅　黎）

中国建设银行承德分行

【概况】 2016年，建行承德分行认真贯彻总分行各项决策部署，坚持党建与业务发展“两手抓，两手硬”，抢抓市场机遇，扎实转型发展，强化风险防控，形成团结、健康、稳定、均衡的发展局面，实现健康快速发展。截至2016年年末，一般性存款余额210亿元，日均新增15.2亿，增速为8.7%；时点新增27.9亿，增速为15.3%。各项贷款余额197亿元，累放贷款114亿元，新增14.7亿元，增速8%。拨备前利润5.65亿元，增幅4%，实现经济增加值2.3亿元，超额完成省分行计划。

【夯实传统业务基础】 及把握重点项目，步步为营抢夺市场先机：抓市场机遇。对大唐、建投、龙源、国电等信用好、经营好、效益好的优质企业和大中型项目进行重点扶持。灵活运用建行产品，实现二十二冶承德高新区高铁商圈整体提升PPP项目产业基金项目落地。紧抓优质民营企业，对贷款到期的优质企业再次给予信贷支持。抓投放机遇。持续推进大唐、华润、新天、承张、国电、广恒新能源等传统项目的非贴投放，提升项目营销的转化效率。抓政策机遇。把握政策导向，逐户调查分析，防止盲目营销，加强贷后管理，有效控制宏观经济波动引发的信贷风险。

壮大资产规模，统筹业务发展与调控：严格管控产能过剩行业全口径融资余额增长，调整产品结构，降低信贷风险。坚持“以小为主、以微为重”的小微企业客户定位，对小微企业客户推进“五好”准入标准,以“五贷一透”为抓手，实现重点产品、优质客户的营销突破。组织开展房金业务旺季营销活动和“金九银十”抢抓房贷营销活动，抢抓发展机遇，加快个贷投放。实施个贷流程再造，提高一手房贷款的营销能力，提高经办效率。

抢抓区域热点，落实资金循环承接：挖数据、抓源头、抓核心，持续推进“两率”提质增量。及时掌握本建设项目信息，加大农民工预储金营销力度，年内取得91%的市区份额和22%的县域份额。成功营销市级及5个县级公共资源交易中心交易平台。全行大联动，营销双峰寺水库拆迁款3.12亿元,发展客户2092个。紧盯消费升级，加快发展消费金融，围绕百姓经常消费的社会零售行业，持续推进“一周一点一商户”活动，实现商户拓展常态化。运用联动营销作业书，针对存量的基本户和贷款户，深入挖掘代工需求，建立公私联动机制，提高代发工资的覆盖度。

【推动转型业务发展】 为更好地推动转型发展，在原有职责划分的基础上，围绕转型发展关键指标划分“责任田”，积极贯彻“落细落小落实”工作要求，强力推进措施落地。做大全量资金规模。围绕“两率”拓展低成本资金市场,立足“对公转对公、对公转对私、对私转对公、对私转对私”四个维度抓资金转换。夯实县域发展基础。深入挖掘县域优质产业园区发展潜力，找项目、拓客户，积极探索金融服务有效方式，多维度扩大业务触角;以助农点建设为突破口，延伸服务渠道，深挖县域蓝海。加快零售业务转型。围绕“金融生态圈建设”核心，加快零售业务转型步伐。重点落实6个生态圈建设。突出移动优先，助力全行转型发展。大力营销、发展手机银行、微信银行、短信客户等移动金融业务，做大电子银行客户基础，提升客户活跃度。强化产品拉动。持续推进融资租赁业务。

【业务经营精细化】 在业务推动上，精细谋划，深入推进，强化各项活动的阶段性推进成效；在客户维护上，注重精耕细作，出台客户分层维护办法，细化客户维护流程；在考核激励上，适时适度调整相关政策，加强综合经营计划重点指标的测算和数据通报，提出改进建议，为业务部门提供参考。网点转型精细化：变坐商为行商，按照“统一思想、因点制宜、分步推进、力求实效”的原则，“一点一策”确定“网点转型劳动组合优化方案”，有序推进“减高压低”。80台标准版智慧柜员机全部投产使用，网点功能分区进一步优化，劳动组合效率显著提升，智慧机业务迁移率达到57.09 %，位列全省系统前两位。为各营业网点配备爱心座椅、电子银行设备展示桌，用宣传广告灯箱遮蔽闲置高柜50余个。专项培训与日常培训相结合，有效促进人机协同营销，运用“两刊一群”落实督导，使网点物理环境、服务效率得到有效提升，在神秘人检查中得分全省第一。财务管理精细化：合理管控成本支出，加大集采范围及力度，加强系统数据信息管理与监控，注重传导与工作效率，提升规模管控、中间业务、定价管理服务质量。

【风险防控】 全力提升资产质量：在全行开展覆盖对公、对私信贷业务大检查工作，突出重点区域、行业、产品、客户，覆盖信贷业务全流程，为资产管控争取主动；加强对公贷款的质量管控；加大对个贷逾期不良贷款的催收处置。持续倡导合规文化建设：通过现场警示教育、案防专项会议、合规主题巡讲、主题征文等方式，深入推进“合规文化教育年活动”，全年未发生案件和重大违规违纪事件；持续推进流程标准化、可视化、开放性，突出风险识别和控制；加强操作风险管理，贯彻落实员工违规处理办法，强化员工合规操作意识和关键风险指标检测，加强动态管理，确保监测效果。保持风险防控高压态势：重点治理员工参与非法集资、资金掮客、“飞单”、客户信息泄露、客户经理参与客户网上理财等行为，落实案件风险隐患专项整治活动；制定“安保主管”制度，结合“安全隐患问题治理年”活动，在“平安建行”创建工作中，荣获全国二级分行先进集体荣誉称号；加强声誉风险管理。规范投诉处理流程，落实消费者权益保护，推进“一区双录”相关工作有序推进，保质保量完成监管要求；全面强化保密工作，各级领导干部及全体员工分别签署保密责任书、承诺书，做到在岗员工全覆盖。

【党建工作】 发挥党建引领作用，凝聚团队发展合力：坚持将党建工作和业务工作同谋划、同部署、同推进、同落实。认真落实“三会一课”等组织生活制度。扎实推进“两学一做”学习教育，增强全员政治意识、大局意识、核心意识、看齐意识。通过党员先锋示范岗、党员带领任务团队等方式，发挥党员的先锋模范带头作用和基层党支部的战斗堡垒作用，凝聚发展合力。领导班子坚持以身作则，自觉防范“四风”问题，严格落实廉洁自律相关规定。党委书记带头讲党课，从党委中心组到各党支部层层推进准则、条例学习和落实，形成风清气正的良好局面。党委中心组做表率，多维度打造学习型团队。坚持以德为先，凭业绩选干部。实施“双向培养”战略，鼓励优秀员工积极向党组织靠拢，鼓励党员立足岗位做贡献。以党建带团建，充分发挥共青团的助手和后备军作用、桥梁和纽带作用，积极促进团青工作与业务发展相结合，有效调动青年员工主动性和积极性。

附：中国建设银行股份有限公司承德分行领导名录

党委书记、行长：尹建中
党委副书记、副行长：杨占林
党委委员、副行长：池景明
党委委员、纪委书记：王呈禄
党委委员、副行长：何长军

（供稿　刘树兴）

交通银行承德分行

【概况】 交通银行承德分行建行3年多以来，在省行和市委、市政府的正确领导下，主动融入承德区域经济和社会发展战略之中，围绕打造“经营业绩优秀、风险管理稳健、体制机制灵活、公众形象突出”的国有商业银行，紧紧服从服务于全市发展大局，勇当全市发展的生力军，为全市经济和社会事业发展做出应有的贡献。截至12月31日，人民币存款余额11.94亿元；各项贷款余额14.40亿元，不良贷款占比0%；全行共实现中间业务收入1028万元；实现经营利润2712.98万元，较上年同期增加955.89万元，增幅54.4%。截至2016年年末，交通银行承德分行已建成2个综合型网点，4个普惠型网点和4个自助银行。拥有正式员工61人。

【内控管理】 强化内控管理，实现质效发展。严格控制费用支出，认真执行各项金融政策及财经法规，加强财务管理，增强合规意识，通过各种措施增收节支，严格控制成本支出。积极响应中央“厉行节约，反对浪费”精神，在规定限额内列支接待费、差旅费、会议费等费用，力求以最少的费用支出获得最大的经济效益。在抓业务发展的同时，全面强化内控体系的建设。在全行范围内组织开展“五大领域”专项治理、“两加强、两遏制”回头看、案防合规文化建设、“长剑行动”等一系列完善内控制度的活动，通过这些工作，强化政治纪律，抓牢、抓紧党员干部的思想之弦。实现无经济案件、无治安案件、无重大差错事故和无资金损失的目标，保障业务经营稳健发展。严格按照要求落实中央八项规定精神和总行25条意见，切实纠正“四风”。切实加强干部员工队伍执行力建设，倡导雷厉风行，反对疲软拖沓，转变工作作风，落实民主生活会制度。

【全面实现预期经营目标】 强力推进业务发展，全面实现预期经营目标。重点拓展与公积金等财政机构类客户的业务合作，大力发展系统性行业客户，发展有效户，为业务发展奠定坚实基础。突出转型发展，优化业务结构。发挥好对公、对私联动协调机制，加快发展电子银行业务、有效实现业务分流。

【加快网点建设布局】 加快网点建设布局，提升服务覆盖率。积极向总行、省分行争取新建网点指标，扩大服务半径。截至2016年年底，建成综合型营业网点2个，普惠型金融网点4个，离行式自助银行4个，基本实现双桥区、高新区、双滦区“三区”全覆盖。为3.1万户对私客户和400多户对公客户提供优质服务。

【提升服务水平】 坚持不懈抓服务，大力提升服务水平，树立良好的服务品牌。顺利完成承德银监分局的“一区双录”验收工作，承德银监分局给予高度评价，并在交行承德分行召开一区双录”工作现场会上，做经验介绍。在“金融知识进万家”活动中，积极行动、认真组织，共开展消费者教育宣传活动45场次，覆盖群体14000余人次，受到承德银监分局的通报表扬。投诉管理水平进一步提升，投诉数量明显减少，处理投诉的能力有所提高。“春夏秋冬客户关怀活动”在全行各个网点全面开展，2016年举行客户关怀活动56次，社会公益活动10场，取得良好社会效应。

附：交通银行股份有限公司承德分行领导名录

党 委 书 记 、 行 长：宋晓光

党委委员、行长助理：韩晓娟（女，满族）

党委委员、行长助理：赵利军

纪委书记、行长助理：李义凤（女）

（供稿　殷健凯）

中国邮政储蓄银行承德市分行

【概况】 2016年，中国邮政储蓄银行承德市分行按照“服务城乡大众、支持三农、服务中小企业”的市场定位，全行上下紧紧围绕年初决策部署，知难而进、主动应对、增补短板、转变模式，整体工作呈现“企稳突破”的发展态势。截至年末，全行资产总额107.05亿元，各项存款余额96.98亿元（其中邮政51.15亿元，自营45.83亿元）；各项贷款余额55.93亿元，当年净增16.17亿元，同比增长40.769%。

【经营模式转型】 2016年，承德市分行全面贯彻落实项目带动战略，各业务条线深入市场调研，积极谋划项目，力促项目落地，促进各项业务的快速发展和经营模式的转型升级。零售金融深化转型。个人金融业务深耕客户管理，做强客户资产，以项目为抓手，以活动为契机，突破发展瓶颈，在ETC项目、“两卡活动”的等的带动下突破发展瓶颈。促进客户总资产的动态沉淀与增加。截至12月底，全行个人金融总资产34.36亿元，个人金融总收入0.58亿元。其中，理财类业务收入 887.89 万元，同比增长 77.219%；全市 ETC 结余户数 8957 户；全市本年累计新增信用卡发卡 1.19 万张、同比增长 6564 张，结存卡量 2.59 万张、同比增长 1.15 万张。网上银行、手机银行新增注册用户分别达 3.37、4.01 万户。

零售信贷业务深入践行特色支行发展思路，确定小额贷款及消费贷款业务发展重点支行，鼓励支行结合本地情况集中精力抓好规模市场。同时搭建合作平台，全力促进农家游、政银企户保、政银保、一手房等项目落地，实现业务的快速发展。截至年末，小额贷款净增 9709 万元，消费贷款净增 7.81 亿元，个人商务贷款净增 7713 万元。小企业法人贷款业务全力促进，力推进新产品的营销及拓展，发放了"税贷通""增信贷""民营医院贷""新三板股权质押贷"等贷款新产品拓展，促进小企业金融的创新发展。截至年末，小企业法人贷款结余 5.33 亿元，净增 7061 万元。二是公司金融加快拓展。公司业务突出项目运作，带动经营能力持续增强。负债业务方面，在稳固机构类存款规模的基础上，企业类存款比重有效拓展；资产业务方面，坚持以客户为中心、以市场为导向，注重客户的综合开发，促进了业务规模持续增长。截至年末，公司存款时点余额达到 20.16 亿元，年日均余额达到 19.53 亿元；公司贷款累计发放 14.8 亿元，净增 4.8 亿元。实现票据业务净收入 890 万元。三是金融市场业务突破发展。金融市场业务通过专人负责、市县联动的方式积极开展对全市各金融同业的走访营销，实现突破发展。

【风险管控】 坚持风控优先的原则，强化风险防控力度，不断完善风险管理体系，风险管控水平持续提升。一是风险管理体系逐步完善。进一步强化风险监测预警工作，对出现预警信号的客户、行业和机构开展重点监测，下发风险提示 9 个，及时出台信用风险监测方案和资产质量管控方案并定期下发通报，督促化解重点问题。进一步优化风险管理方法，对重点行业、区域、产品和客户的资产质量开展全面调研分析和集中催收，对重点业务开展专项风险排查和回头看活动，及时提出整改建议；对资产质量相对落后的支行进行督导，实施风险化解措施；开展全面风险排查等活动，对各类风险进行全方位排查和整改。风险管理体系逐步完善。进一步规范资产分类和预测工作，对手工调整资产分类流程进行梳理规范，高质量完成季度资产分类、资产质量预测和资产分类偏离度检查工作。

【内控管理】 突出案防合规主线，切实发挥案防领导小组的核心作用，分析案防形势，明确工作重点，督促重大风险隐患及时整改。持续强化各单位"一把手"作为案防工作第一责任人的主体责任，组织全行逐级签订案防责任书，以各项检查防控案件风险，通过"问题整改月""两两回头看"等活动对违规问题进行检查和整改，并对违规责任人进行处罚。开展合规文化建设，通过组织全体员工观看案防警示教育片，开展十条禁令专题培训，开展"内控达标年"活动等方式在全行营造案防合规氛围。内控管理逐步加强。

【安全保卫】 以"提升安全保卫工作能力活动"为主题，坚持从人防、物防、技防、整章建制、加强队伍建设等方面入手，夯实安全保卫工作基础。全面推进营业场所安全管理标准化达标建设活动，双滦支行、营子支行两个试点已经达到规范标准。开展和安防建设，安装自助设备防护舱 68 个，更换高清摄像头 168 个，完成监控中心的建设工作。发挥监控中心优势，开展全方位非现场检查，同时进行和现场安全检查 6 次，及时发现和整改安全隐患。安保能力逐步提升。开展教育培训 3 次，组织各支行统一演练 20 余次，提高了网点人员的安防意识和技能。

【有效控制资产质量】 加强业务、授信、风险条线联动，加大力度推进贷前、贷中、贷后全流程风险管控，积极运用展期、减额续贷等缓释措施化解不良资产问题；另一方面，通过强化保全队伍建设、制定考核机制、开展清收活动、创新清收方法等方式切实加强资产保全工作力度，资产质量得到有效控制，不良限额严格控制在省行给定的目标值内，全行信贷资产不良率在全省（系统内）处于较好水平。

【服务模式转型升级】 加强平台建设，提高综合金融服务能力。深入践行以客户为中心的服务理念“以客户为中心”，通过专业团队对接大客户、运作大项目，搭建合作创业贷款担保平台、增信基金平台、银税互动平台、温商协会平台4个，与烟草公司、工商联温州商会签署签订战略合作协议，实现一点介入，全面支撑；推行特色支行建设，提高差异化服务能力。推行差异化经营策略，确定小额贷款、消费贷款、小企业法人贷款等特色支行，突出重点业务，着力提升重点业务服务能力。开发区支行、凤山支行、巴克什营支行结合当地市场环境，合理确定转型方案，高效推进特色支行建设，重点业务相继落地，特色支行建设成果初步显现，差异化服务能力稳步提高。引进大堂引导员外包管理方式，提高网点基础服务能力。为全市13家一级支行配备了26名大堂引导员，促进“业务分流、服务分层”“赢在大堂”策略的实施，大堂引导员与柜员及客户经理形成有效联动，提高网点的客户基础服务能力。

【基础管理提质增效】 薪酬绩效体系持续优化，绩效导向作用逐步深入。根据全年战略目标，完善2016年绩效工资考核办法，通过关键指标设定、考核指标权重分配，引导各项工作目标有序推进。实行工资总额切块预算管理，业务发展奖励额度下达给各业务条线，由各条线合理制定业务奖励政策，深入挖掘各条线发展潜力。加强综合绩效考核结果分析，通过对各项考核指标的横向、纵向对比，分析原因，查找薄弱点，有效针对短板业务实现重点突破。薪酬绩效体系持续优化，绩效导向作用逐步深入。

【财务管控】 财务资源配置日益精细，财务管控更加科学。强化财务分析及预算工作，改变传统预算分解方案，以量定收，预算编制更加科学合理。加强资产拨备控制，监督、引导不良资产控制，实现成本有序管控。制定资产负债利率定价制度，出台配套流程和审查审批机制，完成资本定价权管理、定价流程管理规范工作，进一步强化资产负债管理力度财务资源配置日益精细，财务管控更加科学。

【营运服务】 持续推进会计与营运后台集中处理，不断优化业务流程，完成全市个人业务集中授权上线、个人贷款放还款集中（第一阶段）、资金汇划业务集中、电子印章系统推广上线、冠字号码管理子系统上线、网点高低柜整合工作业务流程优化深入推进，营运质量和服务能力继续提升。开展营业主管派驻、公司账户二分集中对账上收的前期准备工作。会计营运管理框架更加完善，营运质量和服务支撑能力进一步提升。个金业务自营月均差错率、识别率分别列全省第3位、第2位，较2015年分别上升1个位次、4个位次。

【授信管理】 授信管理支撑更为有力，审查审批质量和效率再上新台阶。积极支持信贷产品优化整体流程，把握审查审批要点，减少或废止非风险点资料的收集。创新审查审批机制，通过完善审查审批结果信息通报制度、践行“服务承诺”、建立并完善沟通协调机制、积极推行平行作业等方式，支撑信贷业务快速发展，授信管理支撑更为有力，审查审批质量和效率再上新台阶。全年与业务部门走访客户、进行产品调研十余次，并深入宽城支行、平泉支行进行审查审批现场作业。

截至12月底,共审查审批个人贷款业务9221笔,同比增幅21.34%;金额19.82亿元,同比增幅66.28%;人均审查业务17.7笔,审批业务11.8笔。审查审批法人贷款业务199笔,金额23.26亿元。同时,强化审查审批是风险防控的第二道防线意识,关注风险防控要点,加强信贷风险管理。

【科技应用】 科技应用步伐不断加快,信息科技工作质量和水平实现较大提升。完成榆树林子蔬菜市场电子交易结算项目开发建设,填补河北省“多对多”快速结算方式的空白,个人客户间的转账业务交易时间由1分多钟(使用传统商易通)缩短至几秒钟,在省行首届科技创新项目评选中荣获二等奖;通过网络搭建、防火墙设置、网络导通实现各支行与财政联网,为国库电子化支付项目落地提供基础保障,科技转化为生产力效果初见实效。同时,强化基础工作,加大设备更新力度,优化整合网络资源,对网点、设备间、ATM配钞室的线路进行综合整治,下发相关管理办法,建立巡检制度,运维管理水平不断提升,信息科技风险防控能力持续增强,基础支撑水平进一步夯实。

【机关建设】 党建工作。严格落实从严治党的工作要求,加强各级党组织建设,组织13个县(区)支行党支部进行换届选举,将市分行机关党支部调整为9个,进一步理顺党组织关系。启动并有序推进“强基固本”工程建设,完善“三会一课”制度和党员信息管理系统,党支部各项基础工作得到有效规范。建设完成党员活动室,为各支部开展党员活动提供阵地。积极开展“三严三实”专题教育、“两学一做”学习教育、“政治生日”等主题活动,提升党员干部的思想水平。完成团委换届工作,选举产生新一届共青团委员会,为承德市分行有效开展青年团的工作注入新生力量。

党风廉政建设。严格落实党风廉政建设责任制,对“两个责任”落实情况进行自查梳理,逐级签订《党风廉政建设责任书》,明确各单位党风廉政建设责任分工,增强各单位一把手党风廉政建设的主体责任意识。成立市分行效能监察工作领导小组,创新开展案件防控和资产质量效能监察。开展“四风”整治回头看自查工作,积极认真对2013年以来开展反“四风”活动发现的问题进行自查整改。组织理论中心组学习7次,学习习近平总书记系列讲话等重要内容。

干部队伍建设。干部队伍建设不断加强,干部考核调整机制进一步完善。加强对领导干部履职考核,组织对全市43名助理及以上干部2015年度履职情况进行年度考核,并将评价结果反馈本人,促进领导干部及时发现问题、纠正问题。深化干部制度改革,促进干部合理流动、落实岗位轮换制度,2016年调整经理级干部44人。建立完善后备人才库,通过民主推荐、组织推荐,在专业知识扎实、工作能力强、发展潜力较大的年轻员工中选拔38人纳入后备人才培养对象,推进干部队伍年轻化、专业化建设。

【企业文化建设】 创新开展职工文体活动,组织迎春晚会、首届厨艺大赛、庆“七一”歌咏比赛等等20多项精彩纷呈的活动,职工精神文化生活不断丰富,企业凝聚力持续增强。关爱职工生活,继续推进职工之家建设,筹建西大街支行和世纪城支行两个职工之家,并按照“五有”建设标准完善多个职工之家。坚持以人为本,“两节”期间共慰问19名困难职工、6个偏远支行;建立“五必访”制度,探望干部职工30余人次。进一步完善职工代表大会制度,建立健全“工会主席办公会制度”,开展“合理化建议创意征集活动”,使工会工作参与到市分行的民主决策、民主管理、民主监督之中,进一步增强职工的主人翁意识和民主意识。

附:中国邮政储蓄银行承德市分行领导名录

党委书记、行长:刘晓东

党委委员、副行长：王金奎
李魁鹏
杨艳杰（女，回族）
熊　燕（女）

（供稿　王润卉）

河北省农村信用社联合社承德办事处

【概况】 截至2016年年末，全市农信社共辖9家县级行社（其中3家农商行、6家县级联社）、385个营业机构，在职员工2838人。业务指标稳步快速发展。截至2016年年末（下同），全辖农信社资产总额677.16亿元，比年初增加78.81亿元；各项存款比年初增加66.02亿元，余额达到577.28亿元，各项贷款比年初增加26.22亿元，余额达到392.37亿元。

【业务经营】 多渠道增加经营效益。实现总收入39.54亿元，考核利润12.67亿元，提取税金7.74亿元。开辟资金营运业务新渠道，资金收益率达2.8%，滦平、宽城、围场三家农商行加入全国银行间同业拆借市场和债券市场。大力推广电子银行业务。全辖建设金融便民店502个，“农信村村通”提升率20.8%。开通网银15万户，手机银行7.78万户。电子银行交易占比68.0%，金融电子化水平和业务贡献率显著提升。持续优化风险监管指标。资本充足率12.0%，拨备覆盖率158.5%，风险抵补和管控能力进一步增强。加大不良贷款清收力度，不良率降至3.7%，全辖9家县级行社不良率全部降至5%以内。

【普惠金融】 调整信贷投向。实行差别化信贷政策，优先支持绿色、环保、节能产业，严禁向“两高一剩”行业投放贷款，严控新增房地产企业贷款，将信贷资金向“三农”、扶贫、小微等领域倾斜。截至12月末，全辖涉农贷款282亿元，小微企业贷款213.24亿元。实施“双基”共建农村信用工程。以基层信用社和基层党组织为实施主体，逐个行政村建立金融支农服务站，推广使用“掌上通”移动终端，逐村逐户开展建档立卡和评级授信工作，打造诚信社会体系。截至2016年年末，全辖已建档立卡7.4万户，评级7.05万户，授信3171户，授信4.94亿元，用信3114户、金额4.92亿元。创新精准扶贫金融新模式。针对农户担保难问题，隆化联社创新推广“政银企户保”扶贫贷款，有力支持了当地精准脱贫，受到了各级党委政府的充分肯定，已在全市推广。截至2016年末，全辖发放“政银企户保”贷款2696笔，金额4.45亿元，受益贫困户2696户，带动农户4531户。夯实农村基础金融服务。重点实施“五个覆盖”：即，每个乡镇至少有1个营业网点，大的乡镇有2～3个，全辖营业网点376个，实现乡镇全覆盖；每个行政村至少设立1台EPOS机，并逐步将EPOS机改造升级为金融便民店，共布放EPOS机1895台，金融便民店502家，实现EPOS机行政村全覆盖；优先在中心城镇建设自助银行，共设立432家自助银行，实现城区、中心城镇全覆盖；挑选规模较大商户，积极布放POS机1389台，实现POS机广覆盖；最大限度满足客户多样化金融服务需求，努力实现电子银行产品广覆盖。

【重点领域改革】 深化市、县两级机构体制改革。按照省联社统一安排部署，将省联社承德办事处改制为省联社承德审计中心，8月26日省联社承德审计中心正式挂牌。完成丰宁农商行筹建阶段工作，正式进入开业阶段；承德县联社改制热河农商行工作已达到筹建标准。推进小额信贷改革。在全辖基层网点设立小贷分中心，实行单独建账、单独考核、严格管理，实现小额信贷质量和余额“双提升”。截至2016年年末，全辖共建立303个小额信贷分中心，贷款余额48.31亿元，较年初增加 33.52亿元，成为贷款投放的主力。试点绩效工资改革。郊区联社、滦平农商行试点绩效工资考核到人，积累一定经验，取得初步成效。

【风险管控】 以双线考核经营管理促合规。在继续考核经营指标的基础上，制定审计中心科室对县级行社对口考核办法，作为评判县级行社部室管理成效的重要依据。全市评分最高的部室负责人为市级优秀管理者，评分结果计入领导班子成员年度综合考核。开展各类专项检查。深入开展“两个加强、两个遏制”回头看检查、员工行为排查、贷款合规性、不良贷款责任认定和清收真实性、抵押贷款抵押品真实性等各类专项检查，发现问题限期整改。规范远程监控中心、集中授权中心、风险实时预警系统运行，构建“三位一体”的风险防控体系。保护金融消费者权益。开展防范和打击非法集资、电信诈骗专项行动，成功堵截33起电信诈骗案件。承德县刘杖子信用社成功堵截一起电信诈骗案，在中央财经频道第一时间栏目播出，电视台、微信平台等新闻媒体高频率转载，有效地宣传了防诈骗知识。

【党风行风】 从严治党狠抓作风建设。扎实开展“两学一做”学习教育，树立和宣传先进典型，兴隆联社兴隆镇信用社主任张树坤被省委授予优秀共产党员荣誉称号。加强监督执纪问责严惩违规违纪行为。对辖内违规违纪及腐败案件采取零容忍态度，深入开展“一问责八清理”、公务用车和办公用房清理回头看、大额不良贷款专项问责等活动，严肃查处各类违规违纪案件。加强干部员工队伍建设。完成县级行社备用高管竞聘和领导班子换届，举办员工岗位大练兵活动，承德审计中心代表队在全省农信系统业务技能比赛荣获团体第一。

附：河北省农村信用社联合社承德办事处领导名录

党委书记、主　任：刘　强

纪委书记、副主任：马月祥

党委委员、副主任：赵志刚

（供稿　刘志勇）

河北银行承德分行

【概况】 2016年是河北银行股份有限公司承德分行（简称“河北银行承德分行”）成立的第二年，也是业务上规模、管理上水平的重要一年。自2014年底开业以来，紧紧围绕总行“建设环渤海区域领先的公众银行”的战略目标，积极践行“责任心、团队、高效率”核心价值观，坚持全面争优创先，严守安全底线，奠定了持续健康发展的坚实基础，树立了“朋友金融•知心致行”的良好品牌形象。到年末，各项存款29.21亿元，较年初增加16.77亿元，增速134.81%。其中对公存款余额19.86亿元，较年初增长11.17亿元，增速128.54%。储蓄存款余额9.35亿元，较年初增长5.6亿元，增速149.33%。各项贷款余额13.25亿元，较年初增长7.8亿元，增速143.12%。其中个人消费类贷款余额4.16亿元，较年初增长3.63亿元。公司类非贴贷款余额5.49亿元，较年初增长2.1亿元。小企业贷款余额1.37亿元，较年初增长0.87亿元。

【机构人员情况】 河北银行承德分行下设8部1室，7家综合支行。分别为办公室、财务会计部、风险管理部 、公司银行部、个人银行部、小企业金融部、业务发展一部、业务发展二部、营业部、平泉支行、双滦支行、滦平支行、丰宁支行、承德县支行，围场支行、双桥支行在2016年取得开业批复及金融许可证。拥有高管人员4人，中层管理人员27人，员工113人；按知识结构分：研究生以上学历7人，本科学历117人，大专学历18人，中专学历2人。

【业务发展】 在零售业务发展上，河北银行承德分行将基础客户特别是中高端客户的培育和拓展作为核心任务，常抓不懈，做细做实。截至2016年年底，河北银行承德分行基础客户19188户。其中，高端客户数1184户，较年初增长696户；中端客户7593户，较年初增长4505户。

始终坚持高效、审慎的审批，利用京津冀协同发展战略带来的政策契机，大力支持水源涵养、清洁能源、产能转移、国计民生行业内优质项目。行系统内首笔、也是承德市首笔PPP项目融资业务——双峰寺水库银团贷款业务获批2亿元额度；清洁能源重点项目方面为风电企业年内累计发放贷款33笔，金额3.43亿元；为医疗机构发放贷款4500万元、办理银行承兑汇票4343万元，有效支持和服务了地方实体经济。

在普惠金融方面，综合运用授信产品，解决企业融资难、融资贵的状况。以个人消费贷款和小企业贷款为突破口，不断增加贷款投放、提升分行资产规模，全年新增贷款近4.5亿元。其中，个人消费类贷增长迅速，全年累计办理个贷业务1394笔，发放金额4.75亿元。同时，充分利用总行新推出的“年审贷、快速贷、循环贷、十年贷”等融资产品，解决企业续贷时筹资难的问题，已累计发放小微企业贷款127笔，金额1.63亿元，年末贷款余额1.37亿元，按时完成监管部门“三个不低于”指标。抵押类贷款占比提升到90.1%，资产结构进一步改善。

承接工会会员卡项目。2016年，承德市总工会按照省总工会统一部署，推出服务职工的工会会员卡项目，旨在通过工会会员卡的银行，创新服务方式，拓展服务途径，整合服务资源，深化服务内涵，提高工会服务职工的能力和水平。经过不懈努力，河北银行承德分行作为唯一一家与承德市总工会联合发卡的商业银行，为全市工会会员提供实名制多元化普惠制服务，三年内将为全市60万工会会员发放工会会员卡。到2016年12月31日，累计发放工会卡近10万张，激活近3万张。

【风险防控】 树立审慎安全的文化导向。年初召开安全经营工作会，研究部署分行全面风险管理工作，并在半年工作会议上首先对风险管控工作表现突出的单位和个人给予奖励，对运营条线员工在业务办理中成功识别假银行承兑汇票、成功堵截他人假冒办卡情况专门发文表彰通报。通过多种形式，持续向全体员工传递强烈的安全经营信号，号召全行员工树立审慎的合规操作意识，确保风险合规文化“内化于心、外践于行”。

有效防控授信风险。认真落实“贷款三查”，强调“后台为前台服务”的意识，实行风险部门、业务团队平行作业，前移风险关口，把牢实质风险。做好信贷资产分类管理，真实反映资产质量，提高风险甄别能力，控制好增量业务风险，加大风险预警和管控力度，严防关联企业贷款、担保圈企业贷款、循环担保贷款风险。及时对分行存量授信业务进行全面风险排查，覆盖率达到100%。实现全年各类信贷资产形态正常，无不良贷款。

有效防控操作风险。强化日常管理，加强高操作风险点的管控。业务培训与考试常态化，定期进行业务操作检查和通报，切实防范支付结算风险，严格落实业务对账要求，按季进行员工行为排查，覆盖面均达到100%。

有效防控安全风险。严格落实制度要求，精心组织开展安保、消防培训和应急演练，把功夫下在平时，真正做到安全教育警钟长鸣，风险防范一刻不松，以过程中的“百分之百”赢得结果上的“百分之零”，实现安全生产零事故。

防范声誉风险，做好消保工作。加强统筹管理和日常监测，充分利用工单系统、消保热线、内外部微信群等渠道，开展消保政策宣传、培训，将金融消费者权益保护和声誉风险防范工作落到实处。

【党风廉政】 积极贯彻落实上级组织各项要求，及时组织广大党员干部学习，加强和丰富党员组织生活。认真学习党的十八届六中全会精神及相关纪律要求，认真履行党风廉政建设责任制，按要求清退车补、补缴党费，集中开展“两学一做”专题教育活动。

附：河北银行股份有限公司承德分行领导名录
党委书记、行长：宋永记
党委委员、副行长：李瑞敏（女，蒙古族）
党委委员、副行长：徐晓晨（满族）
纪委书记、行长助理：罗士斌

（供稿　邓金宇）

承德银行

【概况】 2016年，承德银行股份有限公司（简称“承德银行”）以“稳健经营”为基本主线，以“转型”和“创新”为重要抓手，深入推进战略转型、公司治理、经营管理、风险防控等工作，全面超额完成了股东大会各项既定目标任务。截至12月末，全行资产总额906.62亿元，比年初增加282.32亿元，增幅45.22%；各项存款余额664.79亿元，比年初增加160.02亿元，增幅31.70%；利润总额11.07亿元，同比增加526.64万元，增长0.48%，完成全年计划任务目标的172%，净利润8.90亿元，同比增加2755.45万元，增长3.2%；资本利润率22.04%，资产利润率1.16%，成本收入比33.59%，盈利水平保持稳健；资本充足率12.42%，核心一级资本充足率9.53%，流动性比例47.03%，拨备覆盖率166.44%，主要监管指标全面达标。

【战略发展】 加速推进环京津、环渤海发展战略。秦皇岛分行开业，廊坊分行、石家庄分行获批筹建，全年新建机构11家，分支机构已达73家，立足河北、辐射京津、着眼环渤海的中长期发展战略正在加速推进。稳步推进新三板挂牌和定向增发工作。新三板挂牌完成尽职调查、全面审计、股权确权及托管、合规性审批等主要工作，择机适时上市，定向增发工作正在稳步推进。互联网金融业务实现成功试水。手机银行成功上线，微信、QQ、京东、财付通等互联网支付功能相继开通，“线上＋线下”的双轨服务模式正在加速形成。探索混业经营模式。探索通过参股金融租赁、开展产业合作基金、实施资产证券化、开办理财、外汇、消费金融业务等方式积极向混业经营模式转型，为有效应对利率市场化挑战奠定基础。

【资产负债管理】 转变营销理念，丰富引存渠道。科学测算资金内部定价，通过绩效杠杆引导全行加强低成本活期存款营销；开展机构类存款“包县区、包支行、包项目、包重点人”精准营销，深度营销财政、社保、水电暖、重点工程项目资金；研发“巧益增”“承银宝”系列产品，探索微信银行、直销银行、银商合作新模式，上线自助设备管理平台、高速存款机、智能便携终端，电子银行渠道业务替代率达到65.57%，热河卡发行量突破100万张。强化资产管控，保证资产质量。对采矿业、建筑业、房地产等十二大类行业的准入、审查、审批标准提出了明确要求，将营销重点放在民生类项目、基础设施建设、高新技术产业等领域；明确零售业务转型方向及中长期目标，搭建涵盖市场细分、产品研发、风险管控、考核激励、容忍度等要素的零售业务制度体系，探索研发卡易贷等微贷产品，截至年末，全行小微贷款余额186.34亿元，占比55.44%；完善授信审批机制，规范贷款审查、放款审核、五级分类等授信流程，对存量贷款进行风险排查监测，对逾期、不良贷款，逐户逐笔制定清收措施，强化不良授信追责问责，资产质量保持稳定。创新金融市场业务，提升资金运营能力。通过发行同业存单、吸收同业存款、开展银行间市场回购等多种渠道，形成更为主动、灵活的负债补充和资产扩大机制；创新开办非银存款投资、保险资管、债基类信托、货币基金等多种运营模式和产品种类，全年实现净收入10.88亿元，占全行收入总额的30.20%。

【人力资源管理】 总行部室调整至17个，增设两名班子成员、四大业务条线总监，明确分管领导、条线总监、部室经理职能定位；开发人力资源管理系统、绩效考核系统，建立涵盖员工从业经验、业务素质、职业愿景等因素的员工电子档案，人力资源统筹管理和考核激励更加科学有效；通过民主推荐、组织考察、个别酝酿、党委集体决策等程序提拔干部，全年招聘员工80人，提拔、调整、聘任各级干部91名；探索建立多层次、多条线、多渠道的员工培训体系，全年组织各类专题培训、对标学习70余次。

【风险防控管理】 健全内控管理机制。出台合规风险管理办法，明确董事会、经营层及各业务条线的合规职责；建立包括案件风险管理、排查、问责、处置等要素健全的案防制度体系；开展制度清理优化工作，优化后制度总数达到360余项。提升审计质效。引入非现场审计系统和外部专业审计机构，加强对信用、操作、科技、流动性等主要风险领域的重点检查；开展"一加强、两遏制"、金融市场、票据、电子银行业务、重大项目招投标、员工道德风险等专题审计。强化信息科技保障。上线资产负债管理、理财资管、协同办公等科技系统；搭建统一查控、IT运维监控、虚拟专用网接入等信息平台，为客户资金安全和移动终端信息安全提供有效保障；全年共开发、引进、升级各类系统30余项，基本实现各条线关键环节的系统嵌入和流程控制。发挥合规文化保障作用。加强合规文化建设，通过创办《法规之声》、开展新法速递、金融法规知识竞赛、警示教育等深化合规文化教育，引导员工主动识别、自觉防控风险。

【企业文化建设】 提炼设计核心文化内涵，总结承德银行发展历史、动人事迹、创业精神等，融入企业文化展厅、《员工手册》等文化载体中，深化文化渗透教育；充分发挥媒体宣传引导作用，全年在省、市主流媒体上发表宣传稿件200多篇，其中报道承德银行扶贫先进事迹的《金鸡沟的变迁》荣获2016中国银行业好新闻创新奖；获评青年文明号、五四红旗团支部等省市荣誉；建设员工休闲厅，开展青年员工座谈、营销创意比赛、书画摄影、登山、单身联谊等员工活动，营造健康向上、关爱互助的家园文化氛围。

附：承德银行领导名录

董 事 长：王振廷（满族）
行　　长：张　磊
党委副书记：史文浩（满族）
副 行 长：师文生（满族）
监 事 长：姜　鹏
纪委书记：马君慧（女）
副 行 长：张建军（满族）
　　　　　汪　泳
董事会秘书：赵广树
副 行 长：丁德民（满族）

（供稿　付　强）

张家口银行承德分行

【概况】 2016年，是张家口银行承德分行成立的第三年，也是该行创新发展的关键一年。一年来，全行紧紧围绕"核心竞争力打造年"与"品牌提升年"两大主题，紧密结合承德地区经济发展状况，努力践行本行"五好"银行工作目标，坚持稳健发展与机制创新相结合的工作方针，特别是面对承德地区有限的金融市场，不断创新经营思路，着实制定工作措施，有效拓宽发展空间，持续增强竞争实力，进一步加快机构建设步伐，坐实企业文化在全行的传承与落地，各项工作取得一定成效，圆满完成预定工作目标。截至2016年年末，张家口银行承德分行各项存款余额151209万元，较年初增加79197万元，同比增长109%。其中：对公存款余额37215万元，较年初增加6853万元；储蓄存款113994万元，较年初增加72343万元。对公结算户累计351户；开立同业账户17户；销售个人理财98082.1万元。各项贷款余额96124万元，较年初增加24562万元，同比增长34.32%。其中公司贷款93522万元，个人贷款2602万元，发放消费贷款48户，余额497万元，贷款综合收息率100%。全年实现企业网银172户，个人网银949户，较年初增加324户，手机银行1035户，较年初增加881户，个人电话银行191户，增加34户；个人开卡14472户，较年初增加8613户。年末实现账面利润2725万元。

【资产业务】 2016年，张家口银行承德分行紧密结合承德地区经济情况，严格执行总行授信范围及禁入政策，审慎进行客户选择。全年共发放公司贷款94422万元，小微贷款12961万元，个人消费贷款850万元，综合收息率均达98%以上。抓住重点对公客户。以支持承德市十大绿色产业为重点，优选了涉及农业、服务业、机械制造、房地产开发、建筑、批发零售等一批规模大、有实力、抗风险能力较强的企业，加大信贷投放力度。共向承德博亚农牧发展公司、承德怡阳兔业发展公司、承德避暑山庄碧峰门民俗文化园、嘉和国际饭店有限公司等企业投放贷款4.27亿元，所投贷款企业运营稳定，发展良好，还款及时。大力推介个贷产品。通过走进社区、深入机关、企业、医院、学校、制作调查问卷，利用报纸、广播、广告、微信平台、开展团购活动等形式，大力宣传推介本行“好运1+1”“畅享贷”“畅购贷”等方便快捷的普惠金融产品，有效推动消费信贷业务的稳步发展。积极支持小微企业。推出快易贷、满溢贷、急速贷产品，对符合贷款条件的小微企业，简化手续，优先审批，完成“三个不低于”目标。坚持合规操作。对已授信的企业，严格按照流程操作，对贷款用途逐笔分析，确保贷款真实合规。加强贷后管理。对贷款企业，严格进行贷后检查，风险排查、实时监控。建立客户经理定期联系、定期分析、定期报告制度，落实责任追究。加强授信师队伍建设，组建两支授信师团队，通过培训、实操，专业化、高效化、技术化水平进一步提高。

【个人业务】 以网点为主要阵地，以全员营销为主导力量，以先进的业务产品为推手，大力组织存款。大力开发业务产品。经过对承德地区同业产品、利率价格的调研，依据客户需求，制定出“本息保”系列智能存款产品收溢佳001～006号，全年累计销售额达7.5亿元。为弥补本行中长期存款产品竞争力不足的劣势，制定出三年期存款产品并于7月1日正式上线，通过差异化的产品包装千方百计拓展存款客户。大力开展宣传。制作宣传片、发放宣传单，在主要街道和商业集聚区循环播放“家银”产品。开展“寻找老顽童”“理财、开卡送好礼”等多项活动，通过微信、远程通信、利用媒体，展开“地毯式”“扫街式”立体宣传攻势，全方位宣传本行产品和服务亮点。大力组织营销。创新服务手段，提高服务质量，通过为客户提供人情化、贴心化、细心化服务等方法，维护老客户，营销新客户，发展潜在客户。

【县域业务】 在县域业务上，始终坚持以总行县域客群信贷政策为导向，结合当地特色行业，积极做好产业文章，有效拓展了县域房地产、食品加工、药材种植等特色产业。主动走访政府部门。分行及各支行都分别走访各级发改委、农工委、金融办、工信局等相关部门，汇报工作，沟通交流，全面把握县域经济情况，优化发展环境。大力开发授信产品。开发银保通、助建贷等17个信贷品种，其中“农业通”“种植贷”已成为承德地区量身定制的贷款品种。积极与企业高层、财务人员对接，形成良好合作关系。

通过拟定“白名单”对接计划，召开和参加银企洽谈会等形式，与目标客户进行接洽，选择优质客户。全年共与35家企业达成合作意向。重点支持兴隆怡达食品、宽城板栗、平泉食用菌、围场和丰宁马铃薯及中药材等项目，贷款金额1.1亿元。同时储备如双滦支行的福田汽车高精尖零部件、平泉支行的绿丰生态农业科技、宽城支行的公路建设等项目，为全面支持县域经济发展创造条件。

【风险防控】 把建立健全各项规章制度并严格执行作为防控风险的主要措施，建立由行长、副行长、经营层分工负责的内控及案防管理体系，形成以《案件防控目标责任书》为主要内容的防控责任机制。在细化岗位职责分工的基础上，完善各类规章制度及操作规范，并随着业务品种的开发进行修订。创建《授信项目评审打分卡》，修改抵质押权利证书、授信业务审批管理办法，出台授信业务审查工作规则，使各项工作有规可循，有章可依。以防范信用风险、操作风险、IT风险、声誉风险为重点，强化对重点环节、重点业务、重点机构的风险控制和检查力度，确保无责任事故发生。开展风险评估、“两个加强、两个遏制”回头看检查、案件风险排查及“一区双录”“百日合规”“案防合规文化建设”“非法集资风险专项治理”等专项治理工作。全年共开展内部检查10次，下发检查通报4次，处罚责任人24人次，罚款金额4200元，预警下发率100%。同时开展了警示教育活动，按时下发《风控指引》和《案情快报》内刊，营造良好的安全氛围。高度重视安保工作。全年共组织防火、防抢、防盗演练4次，组织消防安全等系列培训5次，组织专门检查6次。5—11月，全行统一开展“防范打击非法集资集中宣传月”和专项治理工作，防范和化解非法集资风险。年内新建两家金库，分行监控中心将于年末投入使用，为稳健运营提供保障。

【网点建设】 在年初双滦、平泉、宽城、武云桥等4家机构开业并正常运营的基础上，自5月开始，筹建滦平、丰宁、围场县3家支行，在完成手续申报、初期选址、人员选聘、员工实习、装修招标、设施采购、机具配备、组织验收等各项筹建工作的基础上，三家支行分别开始营业。至2016年年底，营业网点总数达到8家，其中县域6家，市区2家，逐步形成以分行为中心，各分支机构辐射承德市、县的网点布局，进一步延伸承德分行的业务领域。

【企业文化】 结合总行企业文化核心理念，进一步深化企业文化建设内涵。突出企业文化建设的创新性、可操性和可塑性，发挥其激发工作热情，塑造“家银”品牌，提升员工素质的作用。进行更名宣传。在完成分行和各支行的名称变更手续，统一更换门楣后，3月26日，各分支机构在分行统筹下举行盛大的更名揭牌仪式，并充分利用更名的契机，开展多项营销宣传活动，有效提升张家口银行在承德地区的知名度。组织征集活动。先后组织开展了企业文化案例、普惠金融案例、家银故事、案防合规、合理化建议征集活动，活动中，各行部及机关各部室共向总行提报案例156条，向分行上报征文200余篇，合理化建议50多份，分行以简报形式择优下发，供大家学习交流。组织行庆活动。10月31日，举行成立两周年庆典暨先进表彰、创新案例评审会，对荣获“最佳营销奖”“最佳行庆征文奖”“最佳案防合规文化建设作品奖”“最佳合理化建议奖”以及“最佳创新案例奖”的单位和个人进行奖励。大家纷纷抒发对“家银”的感激之情，并描绘出为本行发展壮大而释放才智、不懈追求、努力创出多彩业绩的决心和信心。开展品牌宣传。通过各种活动，赢得“家银”品碑。如组织举办的“寒冷冬日，张家口银行温暖您”活动，为清洁工人提供热水与休息的空间，在社会上引起广泛好评。组织开展的“春风送暖，情满承德”活动，为客户测量身高、体重、血压、并进行糖尿病风险提示，填写“健康卡”等，把金融产品一起送给客户，受到客户的高度赞誉。“五四”青年节期间，机关20多名青年员工深入帮扶村开展帮扶慰问活动，体现社会责任，展示外在形象。

【业务培训】 一年来，重点组织开展对新员工入职培训、员工岗前理论及实操培训、各岗位业务培训、各级管理人员培训、信贷业务专题培训、部门交叉培训、授信师团队专门培训等学习培训工作。全年共参加总行各类业务培训119期，441人次；分行各部门共组织理财业务、智能存款、电子银行、公务卡等业务知识培训255期，1600人次；各支行共组织各类业务技能知识培训652期，7968人次；共组织授信师团队专项培训16期，128人次；参加总行内训师培训8人次。创新培训方式。以传统的入职培训和幸福大学培训为基础，针对员工综合素质的欠缺，采取《员工基本行为守则》培训、举办新员工辩论赛、对新员工学习培训进行总结评估等一些创新性措施，进一步提高培训效果。搭建培训平台。在充分利用总、分行培训阵地同时，开辟微信群学习培训平台，利用手机功能实现移动式培训，让微信群成为全行员工学习培训的帮手。更新培训内容。针对员工学习情况，及时搜集培训课程，更新题库资料，增加学习内容，填补学习空白。检验培训成果。分行定期开展全员技能测评，每季举办一次“技能争霸赛”，支行坚持每周一小考，每月一大考及每日两小时强化训练。通过学习培训，员工的业务素质和工作效率明显提升。

【优质服务】 以“服务好”目标，认真坚持“客户至上，始终如一”的服务理念，在服务中尽量做到细致而灵活，安全而高效，规范而温馨。开展“金融知识进乡村”“金融知识普及月”“服务之星”评选、“全员服务体验月”“客户满意度调查”活动，努力提高服务品质。分行营业部将每月26日设定为“感恩客户日”；平泉支行联合北京师范大学平泉县盛世幼儿园共同举办庆“六一”儿童节献礼活动，与志愿者联合会承德工作站共同举办“大爱清尘”活动，为尘肺病患者捐赠制氧机和暖心物品；宽城支行开通客户办理业务无障碍服务；双滦支行发起“感恩回馈”“进行有礼”“奉献社会，有我家银”爱心捐款活动；武云桥支行以“零等待，零投诉”的理念服务于承德广大市民，与小区居委会联合组织开展棋牌竞技大赛以及营业部的“免费测血压”活动。全行统一规范服务流程、服务用语，统一规定晨会时间，随时抽查监控录像，各营业网点大厅美化亮丽、整齐划一，全行上下从服务态度、服务水平、考核机制等基础工作入手，培育员工文明服务和优质服务的意识，提高服务水平，营造全员文化，做到品质制胜。

【机关管理】 内部管理。修订《承德分行综合经营绩效考核办法》，全面实施对支行的考核管理。通过严格考核，促其增强发展意识，做大业务规模，提升盈利能力。成立管理工具箱团队，制定管理工具箱实施方案，召开了评选会，在全行范围内征集管理工具箱内容，进一步形成操作性较强的创新管理工具。通过行务会和行务扩大会方式，总结经验，查找差距，部署任务，推进工作。进一步加强考勤管理、人事管理、费用管理、物品管理、车辆管理和信息网络管理，做到有章可循，有制必遵，规范管理，全员执行能力明显提高，为业务经营提供保障。

党风廉政。坚持“以效益为中心，以发展为主线，围绕经营抓党建”的工作方针，落实“一岗双责”，把业务经营业绩作为检验党建工作的主要标准。集中开展“两学一做”学习教育活动，学教活动中，召开学习教育动员会1次，召开专题研讨会1次，分行领导及党支部书记讲党课8次。集中开展“作风整顿”活动，按照总行“一问责八清理”要求，党委成员认真分析工作中存在的问题，重点解决党员干部“不能为”“不想为”

和“不敢为”的问题。召开“家银兴亡，我有职责”专题民主生活会，党委成员按照“三段论”要求，明确提升自身素质的目标，找出自己工作中的短板，针对问题，提出切实可行的工作措施。按照总行《“家银兴亡，我有职责”活动实施方案》安排，精心组织、指导全员按照“三段论”要求，认识自身不足，明确行动目标，制定方法措施，形成自我评估和团队评估报告。组织党员赴西柏坡学习，受到深刻的党性、理想、信念和廉洁教育。全行紧贴业务经营抓党建，做到与市场营销、与企业文化、与防控风险相结合，抓争先创优，抓典型示范，树立团队精神，把党建工作贯穿业务工作始终。

附：张家口银行承德分行领导名录

党委副书记、行长：曹力兵

党委委员、副行长：单煜峰

纪检委员、副行长：陈景昊

党委委员、副行长：王　玉

（供稿　蒋玉璟　贾小川）

保险业

综　述

截至2016年年底，承德市共有市级保险公司33家，县级及以下分支机构297家。共有保险专业中介分支机构37家，各类保险兼业代理机构366家。保险业务平稳发展。2016年，承德市保险业实现原保险保费收入57.22亿元，同比增长15.46%；其中，财产险业务保险收入12.7亿元，同比增长10.9%；人身险业务保费收入41.2亿元，同比增长17.9%。截至年底，承德市保险公司总资产110.85亿元，比年初增加26.09亿元。保障水平提高。截至年底，承德保险业承担风险保障金额1.68万亿元，同比增长87.5%；寿险责任金余额7.23亿元，同比增长31.33%。保险业赔款与给付支出23.65亿元。

服务脱贫攻坚战略。健康扶贫，切实解决群众“因病致贫、返贫”问题。2016年，承德市城乡居民大病保险承保277万人，累计赔付9894万元，受益3.78万人次；同时为52万城镇职工和城镇居民提供大额补充医疗保险。涉农保险扶贫，切实解决“因灾致贫、返贫”问题。2016年，承德保险业共承担农业保险风险保障金额193.62亿元，同比增长14.28%。累计承保小麦、玉米、棉花、林木等种植业2850.55万亩，同比增长14.06%；承保能繁母猪、奶牛等牲畜103.88万头。累计赔款支出6645.32万元，受益农户达到10.99万户次，减少农业生产意外损失。农房保险实现全市统保，累计为66.2万农户提供102.4亿元的保险保障，支付赔款424万元。产业扶贫，创建保险扶贫长效机制。2016年，承德市多家公司参与“政银保”合作农业贷款项目，共计放款3.7亿元，涉及农村种养殖户、个体工商户以及小微企业5000余家，为农村地区经济发展提供了新的融资渠道。同时积极推进向日葵种植保险、林木火灾保险、瓜果蔬菜种植保险、西红柿价格指数保险、平泉专用日光温室大棚保险和平泉专用食用菌大棚保险等涉农特色产品。

服务经济实体经济发展。利用保险公司总部及集团资源融通资金，为实体经济提供动力。2016年，中国太平洋人寿保险股份有限公司与承德市人民政府成功签署战略合作协议，这是太平洋寿险在全国签署的第一家地市级战略合作协议，未来将会与市政府进行多层次的合作，为经济转型升级提供保险资金支持。平安养老为平安集团投资承德牵线拱桥，有多个亿元项目在积极推进，已成功为河北钢铁股份有限公司承德分公司融资3亿元。

积极纳税提供就业机会，为实体经济注入活力。全市保险公司缴纳及代收代缴税费2.53亿元，同比增长7.88%，其中保险代收代缴车船税1.09亿元。通过吸纳大学毕业生、社会失业人员、农村富余劳动力在保险业就业，以及带动汽车修理、楼宇经济等关联产业发展，为社会提供大量就业机构。截至2016年12月底，保险业为全市提供就业岗位2.66万个，同比增长19.28%。

服务社会治理体系建设。治安保险成为平安建设的坚强柱石。承德市治安保险实现保费收入478.32万元，累计为42.62万户农户提供了106.92亿元的保险保障，处理赔案502件，支付赔款129万元。承德特有的“一元民生保险”

为255.75万人提供民生保险保障，支付赔款金额82.2万元。环境污染责任保险为生态安全筑起绿色长城。截至年底，已成功承保31单，保费收入269.84万元，提供保险保障2.34亿元，为强化环境风险管理、减少污染事故纠纷，保护生态安全发挥重要作用。医疗责任保险成为化解医疗纠纷的重要途径。承德市医疗责任保险保费收入1000万余元，提供风险保障金额1.7亿元，为缓和医患矛盾、维护社会稳定做出积极贡献。

附：市保险协会领导名录

会长（兼职）：闫国林

常务副会长：米学贵

秘　书　长：任宝林

副秘书长：吴静云

（供稿　赵　璇）

中国人寿保险承德分公司

【概况】　截至2016年年末，总保费收入16.63亿元。首年标保1.48亿元，达成年计划123.32%，位列全省第四；首年新单6.92亿元，达成年计划105.83%，位列全省第三；首年期交3.27亿元，达成年计划112.34%，位列全省第四；10年期及以上首年期交2.10亿元，达成年计划123.78%，位列全省第三；短期险（不含大病医疗）9349.61万元，达成年计划101.63%，再创历史新高。核心业务发展成果与2013年比，相当于再造“一个承德”。

【服务社会】　始终坚持“客户至上”“客户利益第一”的服务理念，积极开展优质高效的保险理赔工作。截至年底，全辖累计补偿4万多人次参合患者，支付大病保险补偿基金1.07亿元。当年共受理人身险赔案23855件，赔款1.03亿元。其中短险理赔17957件，赔款4004.79万元；寿险赔案1981件，给付4871.72万元；基金支付3917件，支付1126.27万元。经济“助推器”作用显著增强。特别是为个体经营者提供小额贷款、小额融资助一臂之力，仅2016年就受理客户贷款15980人次，提供贷款金额2.564亿元。

【促进社会就业】　借助2014年8月13日《国务院关于加快发展现代保险服务业的若干意见》（简称“新国十条”）颁布实施的春风，通过大力推进个人代理人保险事业发展步伐，已安排保险就业工作岗位11000多个，这些人通过公司正规、专业、系统的再就业培训，已成为市金融保险行业一支重要的从业队伍，许多人已经成为精英骨干，走上公司管理岗位，实现个人和家庭创业、创富的梦想，有力地推动就业工作有效开展。

【开展扶贫工作】　认真贯彻落实中央和市委、市政府关于开展扶贫攻坚的指示精神和安排部署，切实将扶贫工作作为公司的一项重要责任、义务和使命，高度重视，从严要求，注重实效。市公司专门抽调一名机关正科级干部常驻丰宁选将营村开展扶贫工作，各县（区）支公司也都选出专人负责本县扶贫点的扶贫工作。

【队伍建设】　队伍规模实现有效扩张，销售人力总数达到10949人，占市常住人口3.1‰，全省最高，队伍建设经验在全省推广。进一步增强责任感和使命感，把队伍建设作为实现承德崛起的最大政治和最为紧迫的第一要务，积极实施以队伍建设为纲的先军、强军、固军战略；变压力为动力，解决成长中的困惑与烦恼。超越自己，超越历史，防止掉入纠缠预算的陷阱；不忘初心，坚持高目标引领。确定个险今年要建万人队伍，千人主管，使队伍人力占承德常住人口3‰的目标，已经实现；强化对标导向。明确提出队伍建设要盯得住、咬得紧、不放松、敢创新的总体思路，从对标策略到绩效薪酬都重点突出先将后兵的队伍建设策略，更加注重主管的选拔、训练、培育。对主管育成、晋升、做大、做强、做优进行深入研究分析，并采取行之有效的策略。严肃目标，严格标准。坚决反对弄虚作假，防止“劣币驱逐良币。”

【破解员工收入增长难题】 坚持“四个导向”。坚持目标导向：将“预算目标是底线，奋斗目标是标准线，对标目标是根本线”的要求贯彻到底，用高目标引领发展。坚持问题导向：以解决阻碍目标达成的迫切问题为导向，把解决问题作为履职尽责的第一要务；坚持对标导向：内部向全省先进看齐，外部誓与主要对手比高低。按月对标，放大格局，实现大发展。坚持基层导向：加大力度，打造县域营销、收展、农网三把“利剑”，实施分类指导，“一乡一策”。通过聚焦市场，强化对标，市场竞争取得新成效。截至12月底，公司总体市场份额41.82%，份额第一，全省最高。

【优化业务结构】 大力发展期交特别是10年期及以上首年期交，首年新单中，期交占52.19%；首年期交中，10年期及以上首年期交占68.37%。短期险中，主动甩掉高风险、高保额业务，大力挤掉赔付中的水分，短险创费水平明显提升。通过上述不懈的努力，费用水平大幅提升，解决了公司费用紧张、员工收入增长带来的压力和难题，向实现富员强司的“圆梦”目标迈出坚实一步。

【创新机制】 绩效考核体系更加完善。突出有效人力、主管数量、业务发展和经营管理导向。员工的薪酬改革顺利推进。走上“易岗易薪、岗变薪变、能上能下、多劳多得”的良性发展轨道；科学的选人用人机制顺利实施。对部门高管人员和新纳编人员实行竞聘制，建立科学、规范、竞争、择优的选人用人机制。坚持创新销售。实施大个险、大期交、大短险战略，以“储蓄大搬家，用好鑫账户”为主题的项目运作成效显著，为全省系统业务发展做出应有贡献。

【队伍管理】 大胆探索，实践自主经营。以城区收展为先导，努力激发主管抓机遇当企业家的意愿与梦想，不断创新突破队伍基础管理的瓶颈，强化主管自主经营的方式方法，彻底打破“勤婆婆养懒媳妇”“健康人坐轮椅”的现象，初步实现行政主导型向主管自主经营型的转变。在收入分配上，向队伍建设倾斜。让队伍建设成效显著的单位和个人享受改革发展的最大红利，体现重业绩、重能力、重销售队伍的薪酬分配导向，有力地激发基层单位抓销售队伍建设的积极性和创造性。

【考核工作】 在考核落实上：落实大道至简、化繁为简，突出重点，突出核心。队伍方面，只对新增有效人力和新晋组经理等关键核心指标进行考核，防止主次不分；财务管理方面，执行权责发生制原则，加强外欠费用清理，严禁无故拖延入账，对费用超支单位，进行绩效处罚。完善市场化的考核机制，全面引入市场竞争力系数，按月测算，并建立分门别类的评价体系，为更好更快发展提供了有效的制度保证。

【纪律和作风建设】 “两学一做”深入扎实开展。完善和落实纵横结合的党建工作格局，促进全面从严治党向基层延伸，党组织战斗堡垒作用和党员干部先锋模范作用显著发挥。积极开展“四风”问题整治情况“回头看”工作。通过从严治理领导办公用房超标等问题；全力配合省公司巡视组对承德公司的巡视工作；有力促进班子作风建设，确保“两学一做”学习教育不虚、不偏、取得实效。严守风险管控的底线，确保不发生任何经营风险。开展非法集资专项治理工作。集中开展防范打击非法集资宣传教育月活动，引导全员自觉远离非法集资；扎实做好反洗钱工作。按时完成客户身份识别和客户风险等级划分，以及自查自纠工作；关注重点客户投诉案件。及时追踪跟进，杜绝风险隐患发生。

附：中国人寿保险股份有限公司承德分公司领导名录

党委书记、总经理：刘东升
党委委员、副总经理：张立春
王秀梅（女）
金虹艳（女）
侯　杰

（供稿　孙彦东）

中国太平洋人寿保险承德中心支公司

【概况】 2016年，中国太平洋人寿保险股份有限公司承德中心支公司积极践行“以客户需求为导向，专注保险主业，推动和实现可持续的价值增长”的经营理念，在承德市委、市政府的正确指导下，业务快速增长，服务不断升级，在承德地区树立良好的企业形象和行业口碑。截至12月末，公司在全市设立18家分支机构，拥有190名内勤员工和9998名营销员，营销员总数全市第一。公司为全市44万客户提供个人保险保障服务，同时，公司是最早参与承德市医疗保险体制改革的商业保险公司，已经开办城镇职工、居民大额补充医疗保险业务和城镇居民大病保险等业务。公司不断提高保险服务水平，深入推动数字太保工程，借力“手机神行太保”“中国太保官微”“微店销售”及“太平洋寿险APP”等移动应用技术，全力打造移动互联下的智能化保险服务，通过加大对个人客户的人文关怀、再造服务流程、简化投保理赔手续、提升理赔时效等系列措施，切实提升客户体验，争做市场上服务最好的寿险公司。

截至12月31日，公司实现规模保费收入12.38亿元，较2015年增长29.1%，在太平洋寿险总公司全国系统内排第10位，在太平洋寿险河北分公司系统内排第1位；公司规模保费市场份额29.2%，较2015年上升2.5个百分点，其中营销新保业务市场份额44.9%，全市第一。公司上缴税费1961.03万元，全年为个人保险客户理赔3148笔，理赔金额4441万元，同比增长27.8%，理赔时效1.18天，充分发挥保险的经济补偿功能和社会稳定器的作用。

【成立城镇居民大病保险服务中心】 6月22日，与政府合作成立的“承德市城镇居民大病保险服务中心”正式开业，该服务中心的落成开业，标志着承德中心支公司与政府合作业务迈上新台阶。

承德市城镇居民大病保险业务开办伊始，承德市人力资源和社会保障局就要求成立“大病保险服务中心”以方便为全市参保人员提供优质的服务。从年初开始，承德中心支公司在分公司法渠医保合作部的指导下，开始筹建“承德市城镇居民大病保险服务中心”，在选址、报批、装修、开业的过程中，分公司财务部、办公室、合规管理部、信息部及法人渠道各部门对承德中支给予大力的支持与帮助。

新开业的“承德市城镇居民大病保险服务中心”位于承德市双桥区陕西营口1号写字楼的第四层，是承德市最繁华的商业地段，离公司所在地火神庙只有300米，办公非常便捷。该服务中心面积966平方米，与承德市基本医疗保险相关部门合署办公，内部设立四个职能部门，包括医保合作部、结算中心、医审稽核室和综合管理室；此外，公司法人渠道的其他业务部门也迁入该职场办公。该中心落成后，将对承德城镇居民大病医保实行“一站式”和“即时结算”服务，缩短患病人员报销医疗费用的时间，一方面使老百姓对大病保险服务满意度提高，另一方面也宣传太平洋寿险公司形象，提高公司品牌美誉度。

【"两学一做"捐资助村活动】 太平洋寿险承德中心支公司组织全体党员深入开展"两学一做"学习教育及"捐资助村"活动庆祝党的生日。7月1日当天，中支党委以庆祝党的生日到扶贫村捐款为契机，带领全辖党员在东营村举行"两学一做"学习教育专题党课。承德中支全辖内外勤党员干部共100多人，在承德中支党委书记、总经理吴鸿雁的带领下，再次为滦平县安纯沟门乡、项栅子东营村进行现场捐款，据现场统计，党员共捐款8300元，由吴总现场交予东营村曹书记。此外，公司还为村小学捐献一批书包和笔记本，鼓励孩子们好好学习，长大为家乡建设做贡献。

【签署战略合作协议】 9月2日，中国太平洋人寿保险股份有限公司与承德市人民政府成功签署战略合作协议，这是太平洋寿险在全国签署的第一家地级市战略合作协议，标志着双方合作将进入新的发展阶段。太平洋寿险河北分公司总经理周波、承德市人民政府副市长李晋宇出席战略合作签约仪式，双方就进一步深化战略投资合作进行洽谈交流。受太平洋寿险总公司董事长徐敬惠委托，周波代表太平洋寿险总公司介绍了公司近几年来在全国的投资成功案例及总公司在河北地区的投资现状，表达公司充分发挥保险专业优势和保险资金优势，为承德市经济发展和民生保障提供支持的愿望。李晋宇希望太平洋寿险公司在城市基础设施、道路交通和民生保障方面通过债权、股权或直投的方式对承德市进行投资。签约后，太平洋寿险将按照相关法律、法规和监管要求，充分发挥保险专业优势和保险资金优势，积极探索多样化的合作模式，与市政府开展全方位、多领域、多层次的战略合作，服务承德经济转型升级，服务承德民生保障。

【承保工会会员人身意外伤害保险】 12月26日，承德中心支公司总经理吴鸿雁代表承德中支与承德市总工会签订工会会员人身意外伤害保险协议。标志着承德中支将为承德8县3区60万工会会员提供人身意外伤害保险服务。该项业务的开展得益于工会普惠化工作，工会普惠化工作是工会为广大职工提供多元化、差异化、普惠化的民生服务，涵盖会员工作和生活中的各种需求，市总工会为完善承德市广大工会会员综合意外保障，加强对工会会员意外事故后家庭经济的帮扶而购买此保险。承德中支与市工会多次接触协商，最终用良好的市场口碑、专业的保险方案和高效的保险服务，赢得承德市总工会的信任，顺利签订人身意外伤害保险协议。

附：中国太平洋人寿保险股份有限公司承德中心支公司领导名录

党委书记、总 经 理：吴鸿雁
纪委书记、副总经理：于振满（满族）
副　总　经　理：王胜利
王楠勋
王　冲

（供稿　张　静）

中国人民财产保险承德市分公司

【概况】 2016年，中国人保财险承德市分公司借助"新国十条"颁布的契机，主动作为，创新模式，服务民生，充分发挥大型国有骨干保险企业主渠道作用。全年共计承担风险保障金额2953.16亿元，累计处理各类赔案49837起，支付赔款3.68亿元，缴纳和代缴税款7067.53万元；其中包括农险赔案8029笔，支付赔款4833万元，全市74476户农民受益；大力发展各类普惠民生、行业治理型保险业务，全年商业非车险累计赔款5000多万元，较好地保障承德市经济发展和人民生活的安定；积极落实市政府"政银保"实施方案，与银行合作放款3000余万元，有效地支持小微企业的发展。

中国人民财产保险股份有限公司承德市分公司秉承求实、诚信、拼搏、创新的精神，坚持以客户为中心、以市场为导向，全面提高服务质量和服务水平，竭力满足社会各界日趋多样化的保险需求。公司连续七年被市委、市政府授予“金融贡献奖”。

【参与社会治理体系创新】 积极参与社会风险管理和社会保障体系建设，重点推进环境污染、食品安全、医疗责任、校园安全、安全生产等与公众利益关系密切的责任保险，大力发展与人民群众生活息息相关的农村住房及治安家财保险等。2016年农房保险实现全市八县四区全覆盖，为66.2万农户提供了102.4亿元的风险保障，保费收入为595.69万元，全年累计赔款金额891.89万元；治安保险实现保费收入478.32万元，全市系统除双桥区以外，其他区县都开展了这项业务，累计为42.62万户农户提供106.92亿元的保险保障；精神病监护人责任保险实现全市100%覆盖；累计为255.75万人提供了“一元民生保险保障”，支付赔款金额82.20万元。

【发展特色涉农险种】 随着各县政府加快发展特色农业产业，人保财险承德市分公司新开办羊保险、平泉专用食用菌和温室大棚保险、西红柿价格指数保险。加之之前已经开办的向日葵种植保险、森林火灾保险、瓜果蔬菜保险、政策性大棚保险，人保财险承德市分公司开办的特色农业险种达到了8个，全年特色农业保险共实现保费98.55万元，为953户农户提供2915.81万元的风险保障，累计支付赔款832.89万元，使1370户次受益。

【提升服务水平】 在全市各县（区）设立分支机构15家，在大的乡镇设立保险服务部39个，形成了城市和农村立体的服务网络。公司开通365天24小时全国服务专线“95518”、www.epicc.com.cn官网直销平台、“4001234567”电话销售专线，随时随地为客户提供投保咨询、理赔查询等保险服务，打造“人保之友”客户俱乐部，为客户提供车务和生活相关增值服务，多样化的营销渠道足以支撑全国范围的“通保通赔”与“异地出险、就地理赔”等保险服务。围绕“多、快、好、省”不断提升理赔服务，连续5年在承德市保险行业协会组织的理赔查勘现场测评中保持行业第一成绩。

【深入推进农网建设】 继续将乡镇农村服务网点建设作为保障措施，持续增强“三农”保险农村基层服务体系建设，全县已建成获保监批准的乡镇“三农”营销服务部39所，并纳入人保财险承德市分公司五级机构管理，配备了正式员工和办公设备，每个营销部下拨查勘车和电动摩托车等交通工具，真正将人保公司的服务延伸到农村，从而有力推动“保险宣传下乡、保险产品进村、保险服务上门”的人保战略目标。人保财险承德市分公司三农保险基层服务体系在全县乡村覆盖率达到100%。

【坚定落实对口扶贫】 积极响应政府号召，努力践行社会责任，全面参与精准脱贫。共派出8支脱贫攻坚队25人分别到承德县、兴隆、平泉、滦平、隆化、丰宁、围场等乡下落实扶贫工作，累计为贫困村筹集帮扶资金126.6万元，其中包括直接支付资金20万元，为打赢全市脱贫攻坚战献策献力。

附：中国人民财产保险股份有限公司承德市分公司领导名录

党委书记、总经理：米学贵

党委委员、副总经理：武军生（满族）

于志勇
鲁振申（满族）
（供稿 朱多多）

中国太平洋财产保险承德中心支公司

【概况】 2016年，承德中心支公司在认真贯彻落实省公司“控品质、保盈利、强基础、增后劲”的工作思路，根据承德业务发展存在的问题和工作重点，明确以“三保、二强、一促”作为全年的工作方针（即：保品质、保盈利、保门槛，强基础、强队伍，促发展），全年工作取得较好成绩。

2016年，承德中心支公司全辖实现保费收入2.45亿元，同比增长7.5%，综合成本率94.81%，市场份额15.28%，同比下降0.22%；增速同比增长7.5%，低于行业1.85个百分点，承保利润1158万元，市场份额15.28%，市场排位第二名。实现规模和效益同步增长。把经营效益放在首位，公司各单位分别抓住具有当地业务发展特点的险种，全面落实省公司各项发展举措，推进业务又好又快发展。

【车险业务】 按照省公司业务发展导向，区分鼓励发展和限制发展类业务。大力拓展私家车业务，深度挖掘高品质客户，努力提升保费充足率，私家车业务实现保费12402万元，占比71.9%，占比同比提高10.4个百分点，车险结构持续优化，品质持续改善。车险综合成本率96.7%，实现利润542万元；

【非车险业务】 在持续抓续保、确保存量的同时，对于重点业务的续保项目，如：校责险、学平险、医责险等业务积极跟进；坚定不移改善业务品质，严控业务质量，确保非车险效益为先。农险业务方面找准发展定位，坚持“立足大田、拓展林业、依法合规、做真保实”的指导思想，取得阶段性成果，全年实现保费收入3600万元。农险综合成本率74.8%，实现利润740万元；非车险亏损104万元。

【基础管理工作】 重点加强运营、预算、绩效人力等基础管理工作。特别是理赔管理方面着重在提升减损成效、提高服务质量方面开展工作，加强理赔队伍建设，严格执行理赔人员“三不准”，理赔条线每月对人伤、诉讼、查勘、理赔岗位人员考核排名列全辖后位的人员进行督导谈话，对多次排名落后的人员，根据公司统一规定坚决淘汰出理赔队伍。按照省公司的统一部署，继续从现场查勘、车物损大案、人伤案件、诉讼案件、打假及反欺诈方面提升减损成效，降低赔付成本。做好车险未决案件清理工作，2016年，公司10万元以上未决案件 129件，占比 12.12%；未决估损2145.4万元。综合赔付率60.77%，同比下降12.71个百分点。

【专业化销售团队建设】 与省公司交叉条线共同强化渠道基础管理工作，提高职场专员的工作效率，实现寿代车保费收入5208万元。根据车商渠道业务发展特点，大力发展低价位乘用车业务，加快二级车商发展速度；提升送返修工作管控力度。选配好个销业务管理人员，扎扎实实抓好基础管理工作，加强业绩考核，推进营销员队伍建设、薪酬保障，个销渠道已经发展营销人员708人，实现保费收入2982多万元，收到较好效果。电网销渠道加强落地工作人员管理机制，重点做好电网销落地人员的队伍建设，严格执行平台营销政策，坚决杜绝对核保通过的保单进行渠道漂移，避免业务落地扯皮。按照上级公司攻坚破局整体安排，积极开展中支层面的个人直销业务转型工作，根据个人优势分流到其他渠道，进一步充实各渠道队伍的销售能力，为大力发展自有渠道加强实力，注入新鲜血液。成立团车业务部，为稳定团体业务客户提供更专业化的服务。

【农险业务】 农险业务实现入账保费3600万元，超额完成省公司下达的2000万元的目标值，市场份额19.19%。政策性农业保险已初具规模。承德地区灾害天气频发，隆化县遭受近三年来最大范围的风灾雹灾灾害，25个乡镇近300个村在7—9月间遭受多次风雹灾害事故，丰宁县也遭受向日葵大规模灾害，其他县（区）也不同程度受灾，接到报案后公司积极调配车辆、协调人员分批第一时间对受灾村落、地块进行100%查勘，查勘人员仔细、认真的工作态度，得到各乡镇、农户的一致认可。全辖农险赔款1200万元，已经将赔款送到农户手中。“政银企户保”金融扶贫项目是公司参与为农业、农村、农民服务的初步尝试，是在产品整合、业务模式创新、服务体系建设上的积极探索。该模式先后获得国务院扶贫办、河北省委、省政府以及市委、市政府的肯定和推广。

【政银企户保金融扶贫】 市委、市政府为创新金融扶贫机制，积极推行“政银企户保”五位一体金融扶贫信贷模式提出明确的要求和具体办法，之后，隆化县政府高度重视此项工作，及时协调各有关部门抓好落实。在互惠互利、风险共担、稳步推进的原则基础上于2月19日正式与太保产险河北省公司签订《隆化县政策性农业合作贷款（政银企户保）三方合作协议》。 8月5日，又签订《平泉县政银企户保三方协议》，这种合作方式符合承德市委、市政府全面落实《关于创新发展扶贫小额信贷的指导意见》的要求，是太平洋保险公司创新服务体系，助力脱贫攻坚的一项具体举措。

【驻村扶贫工作】 按照市委、市政府的安排，承德中支公司抽调专人组成工作组对滦平县平坊满族乡东山村开展帮扶工作。工作组紧紧依靠村委班子开展各项工作，村中重大事项均实行民主决策，各项工作公开透明，各项工作取得实效。向总公司申请10万元资金安装太阳能路灯项目；先后完成对222个贫困户的建档工作，新建垃圾池7个，维修垃圾池3个并坚持按时清运；积极向社会各界争取项目资金15万元，完成护坝177米，修建文化广场一处400平方米，建设便民桥1座，建宣传板报27延长米；完成路面硬化200米，全村路面硬化已全覆盖。

附：中国太平洋财产保险股份有限公司承德中心支公司领导名录

党委书记、总经理：姜跃利（蒙古族）
副 总 经 理：贾 梅（女，满族）
党委委员、总经理助理：黄五一（3月任）

（供稿 于大鹏）

中国平安财产保险承德中心支公司

【概况】 2016年，平安财产承德中心支公司在认真贯彻落实省公司“费改”的工作思路，根据承德业务发展存在的问题和工作重点，明确以“保服务、促发展”作为全年的工作方针。辖区内实现保费收入1.25亿元，同比增长20%，综合成本率105%，市场份额9%。实现规模增长。公司各单位分别抓住具有当地业务发展特点的险种，全面落实省公司各项发展举措，推进业务又好又快发展。

【车险业务】 按照省公司业务发展导向，区分鼓励发展和限制发展类业务。大力拓展私家车业务，深度挖掘高品质客户，努力提升保费充足率，车险业务实现保费11741万元，同比提高19.8个百分点，车险结构持续优化，品质持续改善。

【非车险业务】 在持续抓续保、确保存量的同时，对于重点业务的续保项目，如：校责险、学平险、医责险等业务积极跟进；坚定不移改善业务品质，严控业务质量，确保非车险效益为先。全年实现保费收入766万元，同比增长46%。

【基础管理工作】 重点加强运营、预算、绩效人力等基础管理工作。特别是理赔管理方面着重在提升减损成效、提高服务质量方面开展工作，加强理赔队伍建设，严格执行理赔人员相关要求。按照省公司的统一部署，继续从现场查勘、车物损大案、人伤案件、诉讼案件、打假及反欺诈方面提升减损成效，降低赔付成本。

【专业化销售团队建设】 根据车商渠道业务发展特点，大力发展低价位乘用车业务，加快二级车商发展速度；提升送返修工作管控力度。选配好个销业务管理人员，扎扎实实抓好基础管理工作，加强业绩考核，推进营销员队伍建设、薪酬保障，电网销渠道加强落地工作人员管理机制，重点做好电网销落地人员的队伍建设，严格执行平台营销政策。按照上级公司攻坚破局整体安排，积极开展中支层面的个人直销业务转型工作，为大力发展自有渠道增强实力，注入新鲜血液。

附：中国平安财产保险股份有限公司承德中心支公司领导名录

总经理、党委书记：杜　玮

副　总　经　理：侯　浩

（供稿　钟　鸣）

城乡建设 环境保护

城乡规划

【规划编制】 2016年，市城乡规划部门全面贯彻“创新、绿色、协调、开放、共享”的五大发展理念，围绕国家京津冀协同发展、新型城镇化重大战略和中央、省、市城市工作会议精神，开展系列规划编制工作及城市总体规划修编工作。按照完善市域城镇体系规划，突出都市区，加强对中小城镇及乡村的带动作用，优化产业布局的原则，完成《承德市城市总体规划（2016—2030年）》的修编和报批。8月31日，规划成果经省政府批复执行。

为站在更高的视角和范围审视城乡建设发展，配合省住建厅开展全省城镇体系规划编制工作，对接京津冀城乡规划、全省空间布局规划要求，组织编制《承德市空间发展战略规划》，谋划新时期承德空间发展的新战略与新格局，解决城市发展面临的新问题和新挑战，切实指导城市新功能和新项目建设。

为解决各类规划间存在的不协调、不统一问题，探索“多规合一”工作方法，以老城区为试点开展经济社会发展、土地利用、风景文物、名城保护、城市规划等规划“多规合一”工作，组织编制《老城区“多规合一”规划》，指导相关规划修编工作。

为构建现代化的交通体系，建立快速、便捷、高效、安全的综合交通网络，修编完成《承德市综合交通体系规划》，规划构建“一心放射、三级支撑、多廊分层、客货分离”的整体交通格局。

为适应京津冀协同发展、新型城镇化发展，对各县城乡总体规划进行调整完善和优化提升，开展总体规划“回头看”。为完善县城服务功能，增强承载能力，提升城市品位，使生产空间集约高效，生活空间宜居适度，生态空间山清水秀，开展县城建设三年攻坚行动，督导各个县编制县城建设用地控制性详细规划，并同步开展区段城市设计；完善专项规划，要求各县依据城市（乡）总体规划以及其他相关专项规划制定近期建设规划，做好城镇公共服务设施、城镇综合防灾减灾、城市停车设施专项规划编制工作。加强历史文化保护，丰宁凤山镇石桥村成功申报中国传统村落。坚持引领示范、因地制宜、分类指导、突出特色、六位一体、统筹推进的原则，督导编制完成241个省级重点村和1个省级9个市级美丽乡村重点片区规划，兴隆燕山峡谷省级美丽乡村片区总体规划经省美丽乡村建设领导小组审定实施，并作为样板规划在全省推广。

【规划管理】 全年共办理规划许可“一书两证”120个，其中《建设项目选址意见书》25个；“建设用地规划许可证”41个，规划用地面积139.14万平方米；“建设工程规划许可证”54个，审批建筑面积282.19万平方米（居住面积218.61万平方米，公建面积34.32万平方米，工业面积28.3万平方米，其他面积0.96万平方米）。

落实简政放权工作，修改完善《规划行政许可案卷卷宗》《规划窗口业务指导规范》《规划审批服务指南》。进一步梳理行政许可事项，理顺规划审批流程，明确审批承诺时限。加强市政务服务中心规划窗口建设，确保所有行政审批事项在窗口受理和办结，所有事项均在市行政审批网上办理，并接受电子监察。严格落实限时办结制度和一次性告知制度，审批事项按时办结率100%，规划审批效能有了进一步提升。充分发挥绿色通道作用，做好“重点项目代办”和“并联审批”等工作。

【历史文化名城保护】 积极做好优秀历史建筑修缮工作，承德市老火车站、热河省公安厅旧址、滦河老镇北门修缮工程已顺利完工，太平桥邮电局老办公楼项目也已经开始进行招投标工作。历史建筑修缮工作成效显著。开展普查工作，全面掌握历史建筑和历史文化街区的基本情况并公布、挂牌一批保护性建筑。按照《2016年全省城乡规划和村镇建设工作要点》《河北省住房和城乡建设厅关于开展历史文化街区划定和历史建筑确定工作的通知》等文件要求，起草印发《关于开展历史文化街区划定和历史建筑确定工作的通知》，督促协调各区政府、高新区管委会对名城保护范围内，经市政府公布的历史建筑、历史文化街区现状情况进行统计和登记造册、挂牌保护。

做好历史文化名城专项资金问题清理工作，按照《河北省住建厅关于做好历史文化名城专项资金问题清理工作的有关通知》《河北省住房和城乡建设厅关于印发〈滞留截留套取挪用财政专项资金问题专项清理重点检查工作方案〉的通知》的要求，组织各区政府、财政、住建、产权单位等相关部门对承德市历史文化名城专项资金的使用情况进行全面自查和梳理，起草《关于历史文化名城专项资金清理工作的自查自纠报告》《关于历史文化名城专项资金问题专项清理重点检查工作的汇报》《关于滦河老街历史文化街区环境整治工程2013年专项资金使用情况及整改措施的说明》等相关材料，向省住建厅专项资金督导检查组进行汇报，圆满完成此项工作。

【法规建设】 为贯彻落实《中共中央国务院关于进一步加强城市规划建设管理工作的若干意见》等国家、省陆续出台的城乡规划管理新政策、新要求，按照市委、市政府工作部署，组织修订《承德市城乡规划管理若干规定（试行）》，并于6月15日经市政府第五十二次常务会议审议通过，7月19日经市政府印发执行。

为加快推进中小学校、幼儿园落地建设，解决规划预留的教育用地被侵占、被压缩，配建学校建设不同步、移交使用难等问题，按照市委、市政府工作安排，本着依法合规、实效管用的原则，组织制定《承德市中心城区中小学校幼儿园规划建设办法》。在《承德市城乡规划管理若干规定（试行）》基础上，修订出台《承德市城乡规划管理若干规定》，新出台《承德市中心城区中小学校幼儿园规划建设办法》，两部规划管理领域的规范性文件，进一步推进全市城乡规划法治建设。深入开展法治宣传教育活动，充分利用参与“12·4”国家宪法日暨法治宣传日等宣传活动的契机，宣传《中华人民共和国宪法》和城乡规划相关法律法规，向市民发放规划法律宣传手册。强化学习培训，组织机关干部参加省住建厅组织的《河北省城乡规划条例》培训和全市干部法律知识考试，提高全局干部职工综合法律素质。着力提升全局规划许可案卷质量，组织开展规划许可案卷检查，形成检查情况报告。扎实做好涉访涉诉工作，全年办理信访复查复核、上级转交办等各类信访事项16起；认真做好市群众服务热线转办事项，累计完成“961890”热线转办事项6件，按时办结率达到100%。对行政诉讼案件进行剖析，提出改进意见。推进规划系统依法行政，充分发挥行政复议工作职能，办理各类行政复议案件3起。积极配合做好房地产开发建设违法行为专项整治行动相关工作，对于市整治办列入的重点难点项目，及时沟通相关部门意见，做好与市整治办工作的衔接。

【数字化建设】 以推进承德市规划信息化建设进程为目标，以三维仿真技术应用为重点，改进和提高城市规划管理水平。在已建成三维辅助规划决策系统基础上，投入981万元，全面启动中心城区现状地形图测绘和三维模型建设，已完成航飞和部分建模工作。推动规划方案采用数字化报建，年底前已有20个项目建立三维数据模型，实施数字化报建。加强规划信息网上公开工作，按照严格遵守发布审核制度、落实保密规定的要求，及时在网站上公布规划成果、审批信息和工作动态等各类信息140条。

【档案管理】 建设档案馆始终坚持从实际出发，实行分类指导。对全市重点工程跟踪服务，实行提前介入和有针对性的业务指导与培训。重点在开工前与建设单位签订《承德市建设工程档案移交责任书》，从工程办证开始就介入工程档案指导，以确保工程竣工档案的全部归档。全年共签订移交责任书69份。对132个单位工程组织档案专项验收，接收审查完成纸质竣工档案210个单位工程5100卷，核实电子档案5762卷，审查接收声像档案6个单位工程。建设档案馆在不断丰富馆藏和改善馆藏结构的同时，积极努力为社会提供热情周到服务，为个人和单位解决产权和经济纠纷、核查工程质量问题，为公检法等部门审查各类经济案件，以及城市工程建设、改扩建等项目提供大量翔实可靠的依据和凭证，全年共接待查阅工程档案202人次，调阅546卷，出示房产证明102份，接待查阅声像档案2人次，提供照片10张。产生了较大的经济效益和社会效益。全年为双峰寺水库、二仙居商业街、普宁机场等重点工程项目拍摄照片1898余张，录像14529秒。为全市重点工程项目建设过程留下比较完整的声像档案。

附：市城乡规划局领导名录

党组书记、局长：高中卫

党组副书记、副局长：白晓峰（1月任）

党组成员、纪检组长：周德利

党组成员、副局长：朱绍强

　　　　　　　　　方青春

党组成员、规划院院长：刘东达

（供稿　罗炎炎）

城市道路及市政建设

【景区道路及停车场翻修】 项目位于普乐寺、安远庙景区，是连接两景区与城市道路的唯一通道，由于景区道路年久失修，破损严重，已无法保障车辆通行安全，且与景区风貌极不协调。项目旨在恢复原有景区道路及停车场功能，改善景区风貌。工程为道路翻建项目，即拆除景区道路、停车场面层及部分基层，并按现状路宽重新恢复。由磬锤峰景区停车场分别通往普乐寺和安远庙，道路全长500米，分A、B、C、D四段，路宽5～8米，采用透水砖和彩色沥青混凝土面层铺装。工程于6月17日完成，并于9月11日竣工。共完成铺设彩色沥青混凝土路面5920.63平方米；水泥环保砖路面4934.258平方米；人行道344.6 平方米；路缘石2141.596米。

【步行系统整修】 步行系统整修工程涉及佟山中路、附属医院后道至佟山中路、双柳路、承朝高速双峰寺出口、牛圈子沟至南环路、潘家沟经于家沟至佟王府、南兴隆街至都统府大街共7条街巷，总长约1500米，宽2～9米，均按现状路宽进行道路翻建、改造。工程于6月1日开工，于12月30日全部竣工。完成铺设沥青混凝土路面3633.68平方米；人行道1755.6平方米；大方砖1456.69平方米。

【主干道养护维修】 市区主干道道路维修工程，主要依据维修计划、管辖范围内的城市道路破损情况、数字化城管系统反馈的市政设施损坏情况及临时道路抢险的情况。年内完成维修主要路段如下：鹫窝梁沿线、安远路至医学院沿线清理落石及零星砌筑挡墙；鹫窝梁清理落石及安装主动防护网；迎宾路沿线、东环路沿线沥青混凝土路面裂缝处灌封；武烈路沿线（德汇门至二道沟）、石洞子沟沿线、元宝线沿线、狮子园路、安远路沿线(二道河子桥至双峰寺交警支队)、翠桥路(体校门口)、山庄东路、水泉沟路、高庙路（公交公司至广仁岭隧道）沥青砼路面破损处补修；东环路（混凝土路面段）、虹云岭隧道、风云岭隧道混凝土路面破损处补修；丽正门大街、南营子大街、安远路、狮子园路、石油南路、迎宾路人行道维修；东环路、武烈路、狮子园路、狮子园桥、承德大桥引线、鹫窝梁段局部损坏的栏杆维修；武烈路沿线（德汇门至二道沟）、山庄东路、安远路、水泉沟路、翠桥路、南环路、丽正门大街、南营子大街、石洞子沟路、高庙路局部检查井周边破损维修及路面坑洞修补；武烈路观光桥木栈道维修及清坝木栈道维修。

村镇建设

【农村危房改造】 在省住建厅大力支持下，实施全市危房改造任务 34929 户，任务总量全省最大。各县（区）积极采取措施，通过落实乡镇政府主体责任、规范危改户认定审批程序、加强技术服务指导、严格竣工验收和资金监管等措施，加快危房改造进度。按照国家补助对象及危险房屋确认标准，组织各县（区）进行 2 次调查摸底工作，截至年底，全市共有四类重点对象危房数 53175 户，其中：建档立卡贫困户危房数 37789 户，其他低保户、农村分散供养特困人员和贫困残疾人家庭危房数 15386 户。

【特色小城镇建设】 培育重点小城镇，发挥示范带动作用。按照省委、省政府《关于加快新型城镇化与城乡统筹示范区建设的意见》的部署和省厅安排，积极组织申报省级特色小城镇，通过对标筛选，经各县人民政府同意后，推荐承德县六沟镇等 8 个建制镇参评省级特色小城镇，经省评选委员会评选，8 个镇全部确定为“全省重点培育的 100 个特色小城镇”。此外，兴隆县半壁山镇获住建部命名“全国美丽宜居小镇”称号，成为河北省入选的两个美丽宜居小镇之一。加大基础设施建设力度，提升承载力。将小城镇建设纳入市委、市政府重点工作，列入“2016 年市委市政府重点工作目标任务分解方案”，由市督考办督导落实。全年全市 33 个国家级和省、市级重点乡镇，共实施城镇基础设施建设项目 108 项，总投资 7.43 亿元，小城镇基础设施水平提升。协调推进特色小镇建设，实现差异化发展。配合市发改委完成特色小镇的筛选和推荐工作，围场皇家猎苑小镇等 6 个特色小镇进入《河北省首批特色小镇创建和培育类名单》。

【专项行动】 根据《河北省美丽乡村建设领导小组关于在全省农村开展“两改一清一拆”行动的实施意见》，从 5 月开始，全市“两改一清一拆”行动在 2458 个行政村全面开展，市城乡建设局制定《承德市农村“两改一清一拆行动”实施方案》，落实工作责任，明确工作目标，建立报告制度，加强对各县（区）的工作指导，经过不懈努力，到 11 月底，全面完成“两改一清一拆”建设任务，先后通过省美丽乡村办公室中期、终期评估验收。全年市、县（区）两级财政共投入农村生活垃圾治理专项行动资金 11704 万元，社会资本 800 万元。截至年底，全市纳入城乡一体化垃圾集中处理的村庄达到 242 个、垃圾转运站达到 96 个，大型运输车 709 辆，小型清扫车 1759 辆，配备专兼职保洁员 7077 人。

【污水处理】 指导各县（区）制定重点镇和其

他小城镇《三年小城镇污水处理设施建设计划(2017—2019年)》。加大重点镇污水处理设施建设力度，截至年底，全市14个重点镇，已有滦平县张百湾镇、围场满族蒙古族自治县四合永镇、丰宁满族自治县凤山镇等3镇完成污水处理设施建设；平泉县卧龙镇已经纳入县城污水管网处理系统；滦平县巴克什营镇完成一期工程和新区的污水处理设施建设，计划2019年完成全部建设工程；隆化县张三营镇、承德县六沟镇正在建设之中；其余7个重点镇正在积极推进，计划在2019年完成建设。统筹推进其他镇污水处理设施建设，其他69个小城镇，20个镇已经纳入城区污水管网处理系统；8个（丰宁鱼儿山镇、宽城板城镇、围场棋盘山镇、隆化唐三营镇、滦平红旗镇、鹰手营子矿区寿王坟镇、双桥区双峰寺镇、水泉沟镇）已建成或在2017年年底建成；11个计划在2018年前完成建设；其余30个计划在2019年前建成。

建筑业及管理

【概况】 2016年，全市建筑业企业（不含市政类）共计643 家，其中总承包企业243 家（房建总包企业182家）；专业承包企业214家；劳务分包企业186家；按资质等级分：一级企业18家，二级企业134家，三级企业305家。涵盖房屋、公路、铁路、水电、矿山、通信、基础设施、环保、电子、智能、消防等领域。完成建筑业总产值179亿元，其中出省施工产值16亿元，出国施工产值1.2亿元；增加值56.8亿元，占全市GDP的5%，建筑业从业人员年平均9.8万人，利润率6.1%，实缴税金10.4亿元。建筑业增加值60亿元；企业利润总额11亿元。

全年监督单位工程2343个，建筑面积2175.74万平方米。其中市区1512个，建筑面积1103.97万平方米；县（区）831个，建筑面积1071.77万平方米。新开单位工程880个，建筑面积639.34万平方米；其中市区284个，建筑面积215.81万平方米；县（区）596个，建筑面积423.53万平方米。上年度结转单位工程1295个，建筑面积1152.48万平方米；其中市区699个，建筑面积460.92万平方米；县（区）596个，建筑面积691.56万平方米。新开市政监督工程项目43项，其中市区17项，县（区）26项。共有564个单位工程竣工验收；其中市区251个，县（区）313个。399个单位工程竣工验收备案，其中市区121个，县（区）278个。市区依法立案查处违法违规行为案件7件，涉及处罚金额82.07万元。接待处理投诉信访事件324件，其中市区141件，县（区）183件，结案率均达到95%以上。处理不合格样品1182组，其中市区528组，县（区）1182组。市区下发工程质量问题整改通知书92份。市区报监工程监督覆盖率达到100%，住宅工程分户验收实施率达到100%；报监工程质量合格率达到100%。

【建筑业管理】 按照住建部、省住建厅的安排部署，针对建筑市场、工程质量存在的突出问题，承德市住房和城乡建设局，建机构、定制度、出方案，强督导、勤检查，定期召开会议进行总结调度，通过动员部署、组织实施、总结分析、迎接检查验收四个阶段的紧张工作，大大加强工程质量专项治理两年行动工作力度。有力地推动工程质量行动不断深入，各项治理指标得到积极落实，通过住建部“全国工程质量治理两年行动”检查组的综合验收，圆满完成各项工作任务。

加强建筑业企业资质行政审批工作，为366家总承包企业及专业承包企业换证，完成56家总承包企业、专业承包企业资质变更，14家监理企业、检测机构人员变更，完成对21家建筑业企业资质申报材料的审查、审批和制证工作。行政审批工作全部依据法定条件、时限完成。

加强建筑市场诚信体系建设，全市房建和市政企业已全部纳入征集平台。对信用信息的登录采取动态管理方式，建立统一的企业信用电子档案。为全市 300 多个项目提供数据支持，企业信用综合评价将更好地服务于招投标、施工、质量、安全等多个环节，有力地震慑企业违法活动。

全年对全市 379 个建筑施工现场监督检查，共出动 873 检查人次，下发建设行政执法调查通知单 90 份，其中本市级依法巡查事项(件)379 件，依法已纳入正常监管的事项 184 件，稽查覆盖率达到 100%。全年共作出行政处罚的案件 50 起，已处理完毕 40 起，有 10 起正在处理中。处罚金额全年共计 631.42 万元，其中上年结转 524.64 万元。

在全市范围内共开具“建设行政相对人守法情况证明”1752 份，计入违法行为记录 12 起，各违法违规企业共计扣除 74 分，为优化承德市建筑市场环境起到重要推动作用。

指导各县（区）执法业务共 78 人次，共处理建筑市场各类举报案件 3 起，含省厅转办举报案件 1 起，答复各类投诉举报问题 57 件，办结率与回复满意率均达 100%。

初步建立建筑市场网格化监管体系，充分发挥遥感动态监测在建筑市场稽查执法等方面的技术优势，将高新区、双桥区、双滦区的土建工程及全市市政建设工程纳入图斑监测管理范围，做到了及早发现、防患未然。

执法巡查建设项目 67 个，对 22 个分包行为不规范的项目进行指导，对事实清楚、依据充分的 10 个违法分包行为立案查处，罚款金额 18.6 万元；积极推进建筑二级市场健康发展，对 87 项工程施工分包情况进行检查，实施建设工程施工分包发承包交易备案制度，完成 26 项施工分包监管及备案工作；对 25 家外施进冀企业、进承企业进行日常监管和检查；新开工项目预储金缴存率达到 95%。

【提升工程质量】 工程实体施工质量得到提高，初步落实工程实体质量常见问题防治措施，逐步推进施工现场标准化管理，各县均召开工程质量现场观摩会，发挥示范工程的带头作用。各县质监站逐步提升监管能力，逐步实现监督管理科学化、规范化、标准化和监督执法精准化。

“避暑山庄杯”奖（市优质工程）申报项目 38 项，评审通过 31 项；推荐申报河北省“安济杯”奖（省优质工程）13 项，通过 13 项。申报省结构创优工程 16 项，通过 8 项，24 个单位工程。由承德名城建设集团有限公司承建、中国装饰股份有限公司参建的“名城新时代广场”项目，获得了 2016—2017 年度中国建设工程“鲁班奖”，暨“国家优质工程奖”，填补承德市没有国家级建设工程奖项的空白。

为落实好简政放权工作，承德市住房和城乡建设局相继成立高新区工程质量安全监督稽查办公室、双桥区工程质量安全监督稽查办公室和双滦区质量监督分站。市质监站设置监督管理科、质量管理科、办公室、法制科，加强对各区站办相关业务工作的管理、服务和指导。经过一年多的运行，已经产生良好效果。

【施工安全】 积极完善建筑施工安全监督工作制度和工作机制，强化落实建筑施工安全风险防控工作，深入开展安全生产攻坚行动和打击非法违法专项行动，多措并举狠抓施工现场消防安全工作，深化推进建筑施工安全生产标准化和信息化建设，继续加强建筑施工扬尘治理工作，积极开展安全生产培训工作，确保建设工程安全管理整体推进，加强安监机构和安监队伍建设，强化安全生产许可证动态管理，加强安全生产文明施工费用管理和项目标准化考评，共检查 470 个施工现场，检查中共下达安全隐患整改通知书 124 份，停工整改通知书 112 份，培训安管人员 1420 余人次，特种作业人员 746 人次。2016 年全市未发生建筑施工安全生产死亡事故，全市建筑施工安全生产形势保持平稳。

【建筑节能与建材管理】 承德市建筑节能与建材管理服务平台从正式运行以来，情况良好，已上报工程项目385项；开发企业519家，施工企业351家；建材供应企业 330家；监理企业32家；检测机构18家。组织1000余人开展新型墙材(技术）下乡宣传活动；完成《蒸压加气混凝土砌块构造》图集编制工作；启动《预制装配式混凝土检查井》《HUV预制装配式综合管廊》《预制装配式混凝土剪力墙》等三部图集的编制工作；完成《蒸压加气混凝土砌块构造》图集、《CDPA轻集料连锁砌块、复合保温连锁砌块构造》图集编制；31家预拌混凝土企业掺加使用铁尾矿砂石， 年利用尾矿约350万吨；起草《承德市加快推进建筑产业现代化发展实施意见》，承德绿建建筑材料有限公司建设的PC构件全自动生产线，总投资6000万元，年生产能力达到30万平方米建筑面积，已通过省住建厅组织的专家认定，成为河北省装配式建筑生产基地。高新区力海开发项目和双滦区欢乐江山保障房项目为承德市建筑产业现代化示范项目；对全市18家检测机构和51家预拌混凝土企业进行专项检查；新建建筑执行国家和省节能强制性标准率100%，并全部执行75%节能设计标准。

新建建筑全面执行绿色建筑标准，2016年取得绿色建筑设计阶段二星级评价标识一项，即承德市妇幼保健院新建承德市儿童医院迁建承德市妇幼保健院项目，建筑面积5.5万平方米。绿色工业建筑设计阶段三星级评价标识一项，即承德年产50万吨露露系列饮料项目生产厂区项目，建筑面积7.33万平方米。全市已取得国家绿色建筑评价标识15项（建筑面积104.97万平方米），其中三星级绿色工业建筑设计标识1项(建筑面积7.33万平方米)，二星级绿色建筑设计标识10项（建筑面积78.11万平方米)，二星级绿色建筑运行标识2项(建筑面积8.25万平方米)，一星级绿色建筑设计标识2项（建筑面积11.28万平方米)。在全市范围内开展推动承德市建筑保温与结构一体化工作，已实施项目竣工面积近60万平方米，在建项目近60万平方米，主要为CL结构体系、砌体自保温体系。完成可再生能源建筑应用城市示范验收评估工作。完成17项施工图节能审查备案登记及10项民用建筑工程的节能专项验收的监督工作。完成8项民用建筑施工现场节能稽查工作。

【投标管理】 总建筑面积224.87万平方米，拦标价总计386416.80万元，中标价总计375482.82万元，为国家节省资金10933.98万元。其中房屋建筑工程272个标段，拦标价总计284907.74万元，中标价总计275600.46万元。其中市政基础设施工程88个标段，拦标价总计100169.39万元，中标价总计97437.05万元。

2016年，由市招标办直接监管的市区国有项目93个标段（共计39个项目)（其中施工39个标段、监理25个标段、设计12个标段、勘察12个标段、代理比选1个标段、勘察设计联合体1个标段、设备采购1个标段)，91个标段公开招标，2个标段邀请招标，3个标段采用资格预审，91个标段采用资格后审，中标金额总计71110.52万元（拦标价84351.18万元，为国家节约资金13240.66万)。房屋建筑工程共计30个标段（共计12个项目)，(其中施工12个标段、监理6个标段、设计5个标段、勘察4个标段、代理比选1个标段、勘察设计联合体1个标段、设备采购1个标段）拦标价总计50255.56万元、中标价总计43653.96万元、建筑面积总计75640.5平方米，为国家节省资金6601.6万元。市政基础设施工程共计63个标段（共计28个项目)，(其中施工28个标段、监理19个标段、设计7个标段、勘察8个标段、测量1个标段）拦标价总计34095.62万元、中标价总计27456.56万元，为国家节省资金6639.06万元。非国有投资项目直接发包28个标段，总建筑面积109.18万平方米，中标金额总计19.29亿元。2016年市直监管的国有项目比2015年增长68%，非国有项目增长一倍。报建工程中应招标工程招标率、应公开招标工程公开招标率、市区监管的工程中施工合同备案率均达到100%。

在招投标管理上，规范程序，强化行为和过程监管，确保代理机构及评标专家工作规范，确保“公平、公正、公开”，加强围标串标行为治理，净化招投标环境，强化执法监督，坚决治理虚假招投标和转包以及违法分包行为，强化合同管理，重点开展合同履约行为跟踪监督，加强培训考核，提升总体素质，改善服务环境，提升服务水平。

【工程建设造价】 宣传贯彻《河北省建筑工程造价管理办法》《建筑工程建筑面积计算规范》及《河北省建设工程工期定额》，推行使用《建筑工程建筑面积计算规范》及《河北省建设工程工期定额》；贯彻执行《建筑业营改增河北省建筑工程计价依据调整办法》；完善最高限价备案，促进备案工作专业化，国有投资建设工程最高限价备案36个单位工程，总审定金额82155.21万元万元。建立完善统计台账，同时对招标文件进行符合性审核，及时纠正随意压缩工期、不执行优质优价等不符合定额规定的行为；参与非国有资金建筑工程及限额以下国有资金建筑工程合同备案时有关工程造价条款的查验工作；先后解决并答复工程造价方面的问题400余次；提高造价信息发布质量。共编辑发行《造价信息》11期，每期发布常用建筑、安装、装饰、市政材料价格共计332个、常用施工机械租赁价格共计34个、模板及脚手架市场租赁价格共计51个，并上报省站；参与棚户区改造工程的造价管理工作、地下综合管廊、滦平县地下管廊及上板城热电厂配套管网与管廊结合建设等工程项目的前期调研和建安成本分析工作。

圆满完成全市建筑工人培训和考核工作。共开15期58个班，包括钢筋工、模板工、砌筑工、混凝土工、电气设备安装工等18个工种，合计培训3508人；组织1519人建设领域现场专业人员培训和继续教育培训及考核工作；圆满完成全市造价师1118人培训考核管理工作。

【清欠工资】 全市共接到建设领域农民工欠薪投诉案件439起，已处理完毕418起，协调解决农民工工资1.5亿元，涉及农民工12000人，办结率95.2%，其中市中心区（包括市直管项目和双桥区、高新区项目）欠薪投诉案件158起，已处理完毕149起，协调解决农民工工资7185万元，涉及农民工5300多人，办结率94.3%。同比分别下降82.4%、53%和49.6%。

住宅与房地产

【行业管理规章制度】 在延续之前政策法规的同时，6月，起草出台《住建局关于进一步规范承德市中心城区房地产开发企业商品房抵顶债务核实备案工作的通知》，对开发企业商品房抵顶债务工作办理和办结流程提出具体办法和要求。8月，起草出台《承德市住房和城乡建设局关于进一步规范房地产市场经营行为的通知》，对房地产开发企业经营行为提出明确要求。7月，根据省住建厅《转发住房城乡建设部〈关于开展房地产中介专项整治工作的通知〉》要求，制定下发《承德市住建局房地产中介专项整治工作实施方案》。12月，起草《二手房交易结算资金监管办法》，制定新版《承德市二手房买卖合同》，与承德市国土资源局一起联合下发《关于市中心区试行二手房交易结算资金监管的通知》，同时发布《承德市中心区实施二手房交易结算资金监管的通告》。与承德市物价局联合下发《关于开展商品房销售明码标价专项检查的通知》，一系列文件规定的出台，对全市房地产市场、开发企业和中介机构经营行为的规范，促进房地产市场健康发展起到积极的作用。

【依据规范加强监管】 在出台相关文件的同时，市住建局几次组织各县（区）分管局长和科室负责人、房地产开发企业负责人、房地产中介机构负责人召开专题会议，就规范开发企业、中介机构经营行为，维护房地产市场秩序，特别是从新建商品房预售、预售资金监管、网签网备、销售代理等方面提出明确要求，对违法违规行为的查处制定具体措施。集中时间，集中力量依据《承德市住房和城乡建设局关于进一步规范房地产市场经营行为的通知》文件精神，结合清库存的工作需要，对市中心区45家房地产开发企业，其中有一些是商品房库存较大、投诉上访情况较多的销售中心进行检查。检查中发现问题，有8家房地产开发企业的售楼现场不规范。其中，承德富达、中诚、隆泰、香江、鹏润等5家企业销售大厅未按规定悬挂“五证”“购房须知”“一房一价”、《商品房买卖合同》范本；“承德鸿图”“富达”“隆泰”等3家房地产开发企业在未取得预售许可的情况下，虚假宣传，特别是承德鸿图房地产开发有限公司还存在有违规预售房源的嫌疑等，约谈违规单位主要负责人，下发责令整改通知，要求限期整改。对整改不到位或拒不整改的，也采取进一步措施，包括向社会发布风险提示、暂停预售许可、暂停交易系统网签备案权限等。问题较为严重的移交稽查大队做进一步处理。与此同时，按照省住建厅《转发住房城乡建设部〈关于开展房地产中介专项整治工作的通知〉》要求，成立“房地产中介专项整治工作领导小组”，根据承德市实际情况，制定并下发《承德市住建局房地产中介专项整治工作实施方案》，依据方案要求，对全市房地产中介机构和从业人员进行为期4个月的专项整治。整治活动中，将整治工作的目地和意义在承德房协网和燕赵都市报进行宣传报道。对市中心区11家房地产经纪备案机构及从业人员280余人，通过现场巡查、合同抽查、投诉处理等方式进行检查。张贴和发放风险提示、相关法律法规宣传单160余份。设立投诉举报电话，开通举报信箱用于接受群众举报和投诉。同时，对各县区的整治工作进行督导检查。对存在有违规行为的中介机构和从业人员，通过采取约谈企业负责人、下达责令整改等方式进行处理。违法违规行为较为严重的中介机构，移交房地产市场稽查大队做进一步处理。其间，对房地产中介机构进行多次不定期检查，持续保持高压态势，同时积极配合省厅对全市6家房地产评估机构资质进行延续和变更，对承德市6名房地产评估专家进行考评和初审，上报省厅进入专家库。

【资金管理】 核发商品房预售许可证。经过严格依法审核审批，并现场核查形象进度，全年共发放商品房预售许可证55份，按时办结率100%。监管预售资金和二手房交易资金，对审批的55个预售项目全部签订三方监管协议，商品房预售资金监管达到100%。于12月中旬对全市二手房交易资金通过委托承德银行开设公用监管账户的方法实施监管，并明确规定，交易双方凡是通过房地产中介机构居间服务的交易资金必须接受监管。此项工作的开展，对规范房地产中介行为，维护房屋交易双方的切身利益起到积极的作用。启动预售许可信息管理系统，5月，按照省厅《关于启用河北省商品房预售许可信息管理系统的通知》要求，启动预售许可信息管理系统，责成专人负责、整理、报送和更新有关信息资料，全年共完善房地产预售许可档案信息208卷。

【信访及接待工作】 坚持以事实为依据，以政策为准绳，注重工作方法，严格按照国务院《信访条例》办事，认真接待在房地产开发经营过程中引发的信访事项，处理、协调房地产开发项目群体信访事项4起，即承德市晨都房地产开发有限公司、承德京顺诚房地产有限公司、河北华脉房地产开发公司、承德山城房地产开发有限公司。配合市信访局协调解决承德市尚诚房地产开发公司及承德市天恒房地产开发公司因项目的验收入住、回迁安置等不规范行为引起的上访事宜，接待上访人数累计400余人。积极落实私房改造中遗留的问题及信访事项，共受理社会私房改造中遗留问题信访事项7起，其中5起已出具终结复核意见，1起出具答复意见，1起已答复、复查，省信访局已受理复合。

附：市住房和城乡建设局领导名录
党组副书记、局　长：刘宏伟
党　组　书　记：刘启明
党组成员、副局长：颜振乾
党组副书记、副局长：罗士学（11月任）
副　局　长：贾珍山
党组成员、副局长：李国富（1月任）
党　组　成　员：常英瑞（满族）
党组成员、副局长：常庆新
刘庆珍（满族）
党组成员、纪检组长：那　红（女，满族）
（供稿　杨　明　高天悦　邱永涛　李广贤）

城市管理

【概况】　2016年，市城管局以中共十八大和中共十八届三中、四中、五中、六中全会精神为指导，深入开展“两学一做”“优化发展环境”“机关作风整顿”“一问责八清理”四项专题教育活动，以建设国际旅游城市为目标，以精细化城市管理为抓手，以打造整洁靓丽的城市环境为重点，以工程项目为载体，坚持“六化”并进（亮化、绿化、净化、网格化、数字化、法治化），依法管理、科学管理、精细管理，全力打造整洁优美有序的城市环境。共实施城市亮化、广告牌匾、工地围挡、园林绿化、建筑立面整改、武烈河步行系统等七大类、24个项目，除酒仙庙公园属于跨年度工程和三项立面改造工程市政府决定暂不实施外，其他20个项目全部按时序进度完成，40%的工作提前或超额完成任务，各项工作取得成效，重点工作实现新的突破，进一步开创城管工作的新局面。获评全市“六五”普法先进单位；在春季环境综合整治以及马拉松国际比赛、国家省领导检查调研保障工作中受到市委、市政府的通报表扬。

【城市亮化】　共完成“两桥两坝一游园六小区”11项亮化项目建设。完成了偏岭大桥、武烈河大桥引桥、武烈河五至六道坝坝体、武烈河沿岸坝体雕塑、武烈河五道坝西侧游园、水岸龙庭、冀东花园、未来城、和润新城、紫晶花园、魁福园等11个亮化项目。完成武烈河沿岸亮化视频监控项目和夜景照明远程控制系统提质升级工作。这些新建亮化项目的投入运行，进一步完善和丰富武烈河沿岸亮化景观带，形成市区连接高新区沿河一道靓丽的风景线。

【基础设施建设】　武烈河复式河床步行系统贯通工程，是集交通慢行、娱乐健身、河道景观于一体的系统工程，已列入2016年全市重点工程和惠民工程。一期工程主要完成松鹤桥、承德大桥、武烈河大桥、半壁山大桥和府前大桥五座桥的桥下贯通及二仙居旱河、牛圈子沟旱河两条旱河的步行贯通。工程于9月20日开工，用时40天，高标准、高质量完成5架贯穿桥梁、3条贯穿通道、1处景观栈道主体工程建设任务。

【户外广告】　在中心城区范围内全面实施建设工地围挡广告整改提升工程，共维修、整改、更新围挡广告1524块、3.7万平方米，投放公益广告640块、1.65万平方米。公益广告比例由30%提升到50%。完成“三路两节点”5项沿街门店牌匾改造工程。完成了石洞子沟路、山庄东路、陕西营路、小南门体育局家属楼、北环路荣基花园等沿街门店牌匾改造工程。集中开展户外广告集中清理工作，对中心城区10条路段和广场、景区周边不符合规划要求的广告牌匾、灯箱等各类广告设施进行集中清理拆除。共拆除6460块、2.2万平方米，拆除存在多年的火神庙环岛周边护栏广告600米。完成54块商业店铺导引牌建设任务，商业广告审批和门店牌匾咨询服务更加规范、便捷。为方便群众，取消门店牌匾设置的行政审批事项，实行事前咨询服务。将需提供的资料由13项改为1项,办结时限从10个工作日压缩为6个工作日，在大型商业广告设置审批中，实行一站式服务，编制办事指南并公示公开，接受社会和服务对象监督。全年共审批商业广告6处，提供门店牌匾咨询服务215件。

【创园增绿】 完成两宫门广场园林景观改造提升、石洞子沟西口道路节点绿化、佟山公园绿化、武烈水游园改造、公园绿地和行道树补植补栽、园林设施增加及维修、立体鲜花造景及坝体桥墩立体绿化、石门沟花卉基地、德汇门广场东侧小热河坝边破硬还绿、城关门前绿地改造、一幼门口栽植大型油松等11项工程。另外还完成跨年度工程酒仙庙公园土石方工程的80%、公园设施建设的30%。积极争取古树名木保护专项资金60万元，完成市中心区2015年度古树名木保护工程。花卉苗木生产量足质优。全年共出圃苗木51个品种18061株（墩）、各类草花和宿根花卉61万盆。圃地存圃苗木达到150个品种33.2万余株。大力加强园林绿化监察执法工作。全年查处擅自砍伐修剪树木、占用公共绿地施工、破坏绿地行道树等违法行为106起，清理占用绿地停车33台次,退还擅自占用公共绿地260余平方米。县区和社会绿化统筹发展。全市城市园林绿化完成投资4.39亿元，新增城市绿地面积434.71公顷，其中公园绿地108.92公顷；全市新建10公顷以上综合性公园3个，2公顷以上公园17个，改造游园15个；新建绿道绿廊72.6千米。承德县创建国家园林县城已通过省住建厅初评。创建河北省星级公园、游园、广场、园林式单位、小区50余个。

【市容整治】 在全市开展声势浩大的春季城市环境综合整治行动，市城管局牵头组织实施，“市容秩序整治、环境卫生整治、违法违规建设行为查处、广告亮化整治、绿化增量提质、施工工地整治、城市噪声整治、交通秩序整治、河道水域整治、数字化城管提效行动”十个专项行动中取得明显成效，得到市委、市政府通报表扬。先后组织现场调度11次，集中督导检查25次，下发督查通报9期，交办整改各类问题249个。全市累计出动机关干部、城管环卫人员9.2万人次、机械车辆2.1万台次，共清理主次干道143条、治理楼院小区324个、取缔马路市场29处、清除垃圾2.3万吨、清理“僵尸车”1100余辆、拆除迁移14条主干道占道棚亭70处、新建改造公厕41处、拆除违法建筑209处2.2万平方米、治理公园绿地120万平方米、治理施工现场78个、集中6次清理武烈河240万平方米水面、治理旱河13.6万延长米。主城区实施全天24小时保洁，对37条主次干道全面实行洗扫、高压清洗、洒水降尘、护栏清洗复合作业，道路机械化清扫率已达到90%，比年初提高12%。完成重大活动的环境保障工作。完成第十四届中国承德国际旅游文化节、全市中高考、承德国际马拉松赛事、天津党政代表团考察、文明城市测评以及旅游旺季、重大节日等环境保障工作。

【执法监督】 创新项目规划审批执法监管方式，全面推行规划批后执法网格化管理，实现规划批后执法监管的精细化管理，力争违法建设问题在第一时间发现、第一时间处置、第一时间解决。积极推行全过程、全方位、全覆盖监管，对在建项目从开工建设，到竣工验收，再到交付使用进行全程跟踪监管，努力实现建设项目跟踪检查率、违法案件发现率、违法案件查处率均达到100%的目标。严厉查处违法违规建设行为，全年依法对中心城区231家建设单位、289个建设项目进行全过程、全方位、全覆盖严格监管，新发现各类违法违规问题36个，及时发现、整改项目23个，立案查处12个，结转违规问题66个，累计78个，已结案15个，其中罚款案件10个，罚款88.97万元。确保规划落到实处，保障城市建设健康有序发展。强化小区配套服务设施跟踪监管和验收工作。对12个竣工项目组织联合验收，验收合格项目7个。督导居住项目配建停车泊位4595个、12.2万平方米、超额完成108%，物业用房2587平方米，社区用房2483平方米，公厕2个，老年活动中心2个，幼儿园2个，垃圾转运站3个，新增绿地面积12.5万平方米。完成中心区房地产开发建设违法行为专项整治和违反规划调整容积率专项清理工作。已处理结案房地产开发项目和公益公建项目21个。处理完毕违规调整容积率房地产开发项目32个。

【数字化管理】 通过督查督办、领导约谈、媒体曝光等措施，不断提高案件办结数和整体结案率。2016年，市政府约谈单位6个，电视通报终端单位办结率12次。对各类城市管理问题共立案175085件（2015年为120545件），同比提高45.2%；各终端单位办结166163件（2015年为104993件），同比提高58.2%；全年整体结案率为94.9%（2015年为87.9%），同比提高7%。居全省数字化城管领先位次。强力推进县（区）平台建设，实现数字化城管平台全覆盖。指导已经正式运行的双滦区、平泉县、丰宁满族自治县，提高运行效率；帮助试运行的鹰手营子矿区、围场满族蒙古族自治县、隆化县、滦平县、承德县、宽城满族自治县，完善运行机制；协调督促正在建设中的双桥区、高新区、兴隆县尽早建成平台投入运行。待“两区一县”平台建成后，将实现数字化城管平台全覆盖。根据省住建厅关于视频会议系统建设的要求和全市数字化城管工作的实际，经市政府批准，谋划、实施省市视频会议和视频监控点位增加两大工程，两项工程均已竣工投入使用。

【精准扶贫】 市城管局精准扶贫定点帮扶围场县城子乡二号村，美丽乡村建设定点帮扶宽城县桲罗台镇新甸子村。在村班子建设、谋划项目、争取资金、村容村貌改造提升、帮扶贫困户脱贫等方面工作，取得明显成效。精准扶贫工作组被评为承德市精准扶贫最优工作组，两个驻村工作组的事迹在《河北日报》、河北旅游频道、《承德日报》、承德电视台、承德电台等新闻媒体先后20余次进行报道。精准扶贫工作组完成基层组织强化工程、集体经济培育工程、龙头项目带动工程、土地集约利用工程、特色产业增收工程、基础设施完善工程、美化绿化净化工程、劳务输出脱贫工程、医疗救助拓展工程、文化教育助力工程等10项惠民工程，壮大集体经济，农民增产增收，94名贫困群众顺利脱贫出列，占建档立卡贫困户总数的57%。完成“三清一拆”、滨湖景观公园建设、村民活动中心建设、标志碑广告牌匾更新、村庄绿化、道路改造、长城护坝、户厕污水处理及路灯改造、种植养殖富民工程等工程9项。

【城市绿化】 2016年，市园林局全年实施的绿化工程为石洞子沟西口道路节点绿化、酒仙庙公园建设、两宫门广场园林景观改造提升和中心城区秋冬季增绿提质工程，其中中心城区秋冬季增绿提质工程由佟山公园阳坡绿化、绿地栽植常绿树、绿地落叶植物栽植、武烈河 6 ～ 8 道橡胶坝新建复坝绿化四项工程组成；另外完成市政府交办的德汇门广场东侧小热河坝边破硬还绿、城关门前绿地改造、武烈水游园完善、一幼门口栽植大型油松等绿化任务；全年共栽植各类乔灌木 7219 株（墩），绿篱 1107 平方米，草坪等地被 9432 平方米。

实施立体鲜花造景，自 4 月下旬开始共在市区公园绿地和道路重要节点栽植摆放各类鲜花 85 万盆，在承德大桥头、火神庙、附属医院环岛、彩虹桥、二中环岛、马踏飞燕等节点设置大型花坛 6 组；在市区主干路沿途设置 684 套木质花箱、花钵、11 组铁艺花架、36 组槽式花架、50 组花柱、5 组花树、4 组花墙。在迎宾路、车站路、旅游桥、彩虹桥、承德大桥等桥体栏杆、灯杆安装 1282 套花篮；在承德大桥分车带设置 12 个层叠花架。11 月，在绿地花坛内栽植 2 万盆抗寒性强的羽衣甘蓝，在沿街摆放的花箱花钵内铺盖仿真花草。对武烈河沿岸裸露坝体进行垂直绿化，对南互通立交桥 100 个桥墩进行挂网绿化。鲜花造景和立体绿化，丰富城市色彩，扮靓了城市容貌，打造了城市节点景观。

全市创建成省级园林式单位 7 个、小区 5 个、街道 2 条，市级园林式单位 9 个、居住小区 10 个、街道 2 条；创建成河北省星级公园、游园共 8 个；承德县通过国家园林县城初验，由省住建厅向住建部推荐为国家园林县城。

【作风建设】 认真开展“两学一做”学习教育活动，组织干部职工系统地学习党和国家的路线、方针、政策，中共中央总书记习近平系列重要讲话，《中国共产党章程》《中国共产党廉洁自律准则》和《中国共产党纪律处分条例》，坚持不懈地进行思想改造，教育引导干部职工树立正确的世界观、人生观和价值观，坚持全心全意为人民服务的宗旨，用党性原则对照言行，用党纪国法规范行为。为确保四项教育活动深入开展，收到实效，及时组建四项教育活动领导小组和办事机构，精心谋划、主动作为，抓好各个环节工作和各项任务的落实。除完成规定的动作外，还开展一系列特色活动。先后开展“向范振喜学习活动”“弘扬塞罕坝精神”“脱贫攻坚党旗红”“先锋指数”“双育工程”“党员志愿者服务”等系列活动，收效很好。全年开设滚动课堂 30 余场次，共播放专题教育片 20 余部、受教育党员 1000 余人次；开展大型专题报告会 4 次，专题研讨会 5 次，各层党组织书记普遍讲党课 1 ～ 2 次。经验和做法由《承德日报》《承德组工信息》《承德情况》等刊物采用 6 条次，在全市推广，也得到了各级督导组的充分肯定。在开展“优环境、转作风”活动中，市城管局《多措并举优化政务“软环境”改善城市“硬环境”》文章由市委专报刊发，同时收入承德市机关作风整顿暨优化发展环境“一招鲜”举措汇编。通过深入推进“四项”活动，先后查摆问题 22 个，解决历史遗留问题 3 个，收到表扬信 16 件，锦旗 2 面。利用冬春季节，开展“百场万人”大培训活动。聘请专家、学者，有针对性地开展不同层次、不同内容的培训和教育活动，市级举办培训班 16 场，培训骨干 2600 人次；县（区）级举办培训班 85 场，培训执法队员 8000 人次。

附：市城管局领导名录

党组书记、局长：蔡　青（满族）
党组副书记、副局长：姜立新（满族）
党组成员、副局长：唐春金
孙柱彪
解洪峰
王云霄
党组成员、纪检组长：周占成
党组成员：万忠然（满族）

（供稿　刘丰全　韩　平）

环境保护

【概况】 2016年，全市环境保护工作坚持以科学发展观为指导，认真贯彻落实第七次全国环境保护大会、全省环境保护工作会议精神，以“生态环境质量在京津冀保持领先”为目标，强化污染治理，严格环保监管，污染减排目标任务圆满完成，环境质量实现持续改善，环保能力进一步加强，公众的环境权益得到切实保障，环境保护工作取得新进展，实现“十三五”规划的良好开局。环境保护优化经济发展的综合作用日益显现。2016年，全局行政编制42名，科级领导职数23名。直属事业单位17个。班子成员8名，其中：党组书记、局长1名，副局长4名，纪检组长1名，副调研员2名。干部职工378名。其中，公务员(参照公务员管理人员)116人，事业人员262人。大专以上学历人员共306人，占总人数的85%。其中，硕士研究生13名，博士研究生1名。

【法制建设】 在全市贯彻实施《大气条例》，特邀河北省法规处副处长华冰群到承德市对市人大主要领导干部进行针对性宣讲，增强领导法治观念，力促新法顺利实施和全面落实。组织开展全市各县（区）环保部门进行培训。为在执法过程中，坚持“有法可依、执法必严”打下坚实基础。将中央环境保护督察组进驻河北督察作为进一步做好环保工作的有利契机，印发实施《承德市贯彻落实中央环境保护督察组督察反馈意见整改方案》，确定6个方面28项具体措施，明确市委组织部、市纪委、市督考办、市发改、财政、国土、环保等33个部门以及12个县（区）党委、政府的整改职责，并将整改任务细化到具体责任人。同时，全面排查违法违规建设项目，并按照“完善一批、规范一批、淘汰一批”的原则，依法依规分类处理。严格按照有关要求，全力开展环境问题查处工作。为保障中央环保督查组交办问题整改到位，开展中央环境保护督察反馈意见落实情况专项督查。强化环保执法，先后开展“利剑斩污”专项行动、重点区域环境专项整治行动、污水处理厂专项检查整治行动、非法处置危险废物违法犯罪专项行动等各类专项执法检查，持续加大对各类环境污染违法犯罪行为的打击力度。

【制定规划】 市环保局通过实地考察和广泛争取各单位意见，编制完成《承德市环境保护“十三五”规划》《承德市大气污染防治规划》《承德市“十三五”主要污染物总量控制规划》《承德市潮河流域水污染防治规划》。从全新的角度探索人居环境理想空间，全面把脉城市定位、空间布局、产业结构、环境设施等的环境合理性，实现保护与发展共赢。

【环境整治】 严格落实污染减排政策，主要污染物总量减排。市政府与各县（区）政府签订总量减排目标责任书，并印发《2016年主要污染源物总量减排计划》等政策性文件，进一步明确年度减排措施，强化部门协调联动，建立起由市环保局牵头，多个市直部门协调联动的工作机制。2016年，省对承德市下达的减排目标是：化学需氧量、氨氮、二氧化硫和氮氧化物较2015年分别削减2.2%、2.6%、7.1%、7.1%。截至年底，承德市安排的173项重点污染减排项目已全部完成，按照“十二五”规划期间的减排认定原则，预测化学需氧量、氨氮、二氧化硫和氮氧化物较2015年分别削减3.7%、2.7%、7.2%、10.4%，能够完成年度减排目标任务。

开展“减煤、治企、控车、抑尘、多污染物治理”五场攻坚战和“散煤、露天矿山、焦化行业、道路车辆污染综合整治”四个专项行动，启动夏季达标计划。全年已改造集中供热面积1088.73万平方米，取缔无照经营煤炭单位256户，累计取缔燃煤锅炉351台，改造工业锅炉140台，整治施工工地面积1013万平方米，新增新能汽车

1668辆，淘汰老旧车辆3904辆。钢铁、电力、水泥行业全部完成脱硫、脱硝及除尘改造，空气环境质量持续提升，在京津冀地区保持前列。

在全省率先建立“河长制”管理体系，出台《水污染防治工作方案》，采取“控源、治理、修复”等措施，全力推进流域的综合整治。在控源上，建立最严格的水资源管理制度，实行水资源用水总量控制和纳污总量控制，强化水资源管理“三条红线”刚性约束，水资源管理得到有效加强；在治理上，针对滦河、潮河流域污染成因，制定防治规划和方案。新、改、扩城镇污水处理厂21座、垃圾无害化填埋场16座、污水管网近百千米，对全市23个城镇集中饮用水源开展保护区划定和风险源排查整治，近两年，累计投资62亿元，实施项目256个，全面消除劣Ⅴ类水体；在修复上，在确保全市污水处理厂稳定运行基础上，加快污水管网建设，全面取缔违法排污口，全力清理河道垃圾，积极推进河道生态修复，流域水环境质量持续改善。由于水污染防治工作成绩突出，滦河流域被列入国家首批国土江河综合整治试点给予支持。

以解决农村较为突出的垃圾和污水污染问题为重点，推进农村环境综合整治，600余个村庄完成治理任务，建成规模化农村垃圾填埋场25座，农村小型集中式污水处理设施25座，分散式污水处理设施3849套，60余万人口直接受益，其中地埋式垃圾一体化处理模式，被全省借鉴推广。由于乡村环境持续改善，截至年底，承德市有214个乡镇荣获国家级生态乡镇称号，26个镇荣获省级环境优美城镇称号，12个行政村被荣获省级生态村称号。

【环境监管】 按照“生态功能不退化、资源环境不超载、排放总量不突破、环境准入不降低”的原则，以环境影响评价和“三同时”为标准，全年对48个建设项目进行环评批复，从源头控制环境污染。加强建设项目竣工环保验收管理，采取逐个县（区）检查、逐个项目调度的方式，对所有审批未验收的建设项目进行“三同时”现场检查，对存在问题的项目提出具体整改意见。将污染物排放总量作为新、改、扩建项目的必要条件，积极推进排污权交易，全年共完成排污权交易69笔，总计交易金额399.25万元。

加大中央环保督察组交办环境问题整改力度，针对中央环保督察组交办的126件环境问题，根据《承德市贯彻落实中央环境保护督察组督察反馈意见整改方案》，确定6个方面28项具体措施，组成12个督导小组分赴各县（区），进行专项督查，中央环保督察组交办的126个问题中，举报属实的44件，已整改到位43件、基本完成1件（属矿山生态破坏问题，由于开采时间长，断面大，治理难度大，以市政府名义出具承诺书，承诺3年内完成整改），关停企业28家，行政处罚203.73万元，移送司法机关案件4起，采取强制措施5人。加大违法违规建设项目处理力度，对违法违规建设项目进行全面排查，并按照“完善一批、规范一批、淘汰一批”的原则，依法依规分类处理。截至年底，确认的171个违法违规建设项目（淘汰类项目18个、规范类项目88个、完善类项目65个），已全部清理整顿到位。加大执法检查力度，按照“打防结合、标本兼治”的原则，先后开展利剑斩污、雷霆行动、水“十小”取缔、“土小”排查整治、重点行业专项执法检查和远程执法抽查专项行动，全年累计出动执法人员6074人次，检查企业2446家，立案处罚90起，取缔关停35家，行政处罚475.3元，有力地震慑环境违法行为。

【科技与对外合作】 为贯彻落实京津冀协同发展战略，加快承德节能环保产业发展，6月16日市委、市政府于在北京召开“承德市京津冀节能环保产业基地建设招商推介会”。市环保局作为承办单位之一积极和市发改委配合，专门成立“承德市节能环保产业基地建设招商推介会”领导小组，认真做好会议签约项目、推介项目的筛选、推介手册和PPT的制作、参会领导和企业的邀请等相关工作。环境保护部对外合作中心主任陈亮、中国环保产业协会副会长樊元生等领导出席会议，社会团体、科研院所和知名企业共350余人参加会议。会议期间，签署合作协议35项，总投资达251亿元，发布10个方面78个节能环保项目，市政府主要领导对承德市京津冀节能环保产业基地建设招商项目进行了充分推介。10月30日在环保部对外合作中心的安排下，组织赴江苏宜兴、盐城环保产业园考察，市政府、环保部对外合作中心、宜兴环保科技园共同签订战略合作协议，双方就承德高新区环保产业园共建、环境区域治理等方面的合作产生共鸣，围绕在承德地区就环保产业园建设、环境区域治理等方面达成初步共识，高新区正在筹划“京津冀生态节能环保产业园”，将承德打造成在国内有影响力的节能环保产业基地。

为落实河北省人民政府办公厅《关于印发第三次中国—中东欧国家地方领导人会议暨2016年中国·河北国际经济贸易洽谈会有关贸展工作方案的通知》，承德市组织了承德同阳环保技术服务有限公司生产的城市扬尘在线监测仪（TY-DM型）；北京厨无忧科技有限公司生产的油烟抽排净化一体机；北京嘉孚科技有限公司生产的超低环温空气源热泵。3个展位面积分别为12平方米，总计36平方米参展。

【宣传教育】 全面贯彻落实中共十八大以及国家和省环保会议精神，以中共十八大精神谋划环保工作新思路、新发展，准确把握建设生态文明重要内涵，以生态文明建设为主线全面抓好各项环保工作落实，把环境保护作为生态文明建设的主阵地和根本措施，为建设幸福美丽承德做出积极的贡献。充分发挥媒体的舆论引导和监督作用，广泛开展形式多样的社会公众宣传活动，动员社会各界力量积极参与环保事业，开展大气污染防治攻坚行动、水污染防治专项行动等专题宣传报道，在《中国环境报》《经济日报》《河北日报》《承德日报》及电台、电视台刊登播发各类稿件300余篇，发布微博、微信信息100余条。同时，在“6·5”世界环境日期间，举办以“低碳·环保·健康”为主题的集中环保宣传活动，以纪念世界环境日为重点组织开展“环保进社区、进企业、进学校”等系列宣传活动，普及环保知识，广泛发动社会各界积极参与，受教育人数比往年大幅提升，活动形式和效果得到广泛好评。大力开展环境教育基地、绿色学校、绿色社区创建工作，形成全民环保的新格局。

深入开展“生态文明教育进校园进课堂”系列主题活动，全年共向128所小学免费赠送教育读本2万余册，在部分小学开设生态文明教育课程，进一步增强小学生的生态文明意识，在校园中、在全社会掀起倡导生态文明的浓厚氛围，有效推进生态文明建设走向深入。

【信息公开】 以推动公众参与环境保护为主线，以提高全民环境意识为目标，进一步畅通信息公开渠道加大信息公开力度。①对环境质量、行政许可、行政处罚、排污收费和环境信访事项查处等情况进行公开公示；②完成32家国控企业和379家非国控企业的自律体系的建设，监督企业及时将基础信息、监测数据、污染防治设施运行等情况进行公开。将公众参与写入《承德市环境保护监督管理暂行规定》，公众的知情权、参与权和监督权得到进一步固化和细化。

附：市环境保护局领导名录
局　长：陈恩惠（满族）
副局长：张自强（满族）
殷明慧
赵　乐（满族）
孙宝顺

（供稿　苑秋菊）

交 通

公 路

【概况】 2016年，全市交通运输系统贯彻落实市委、市政府和省交通运输厅各项决策部署，不断加快交通基础设施谋划和建设步伐，圆满完成各项工作任务，实现“十三五”规划开门红。

承平、承克（围御段）高速公路推进顺利，为确保承平2017年10月、承克2017年年底全面开工奠定基础、提供保障。

普通公路全年完成投资57亿元，创历史新高。高速公路连接线建成通车6条段117千米。

与北京对接的21条等级公路，北京已实现规划标准15条段，承德市完成16条段。与天津对接的一条段承德市已完成，天津2017年建成通车。京津冀公交“一卡通”完成设备设施升级改造，以及8000张IC卡发卡和试点试用工作，具备异地IC卡刷卡乘车条件。确定兴隆县为京津冀一体化公交化第三批试点，实施兴隆至平谷客运班线公交化改造。

全年共完成国家级、省级干线公路养护工程41项，完成投资4.93亿元，普通干线公路养护管理考评位次由全省第三提升至第二位。承德市代表河北省承担的交通运输部公路安全生命防护试点工程，4条段258千米国省干线、县乡村道示范路段全部完成，成为唯一一个完成全部工程的市，获得交通运输部专家的充分肯定，并在12月26日《中国交通报》“‘十三五’规划开局之年交通运输发展巡礼”版块作为河北经验，推广全国。“大养护中心”体制改革，自主研发的“互联网＋道路日常巡查养管系统”在全省推广。源头治超监控系统建成并投入试运行，50家源头企业纳入科技监控，走在全省同行业前列。同时，积极推动治超新政落地，推行联合执法，形成打击合力，启动流动治超、堵塞治超盲区等一系列举措，维护公路安全畅通。

城市公交、出租车、物流配送等项工作取得新成就，新投放纯电动公交车385台，新开通或调整公交线路11条；报废更新出租车704台，开通部分县高速客运班线；开展农村物流试点工作。廉洁交通、法治交通、平安交通建设取得新成效，维系全系统的统一协调。

【普通公路】 全年完成投资57亿元，创历史新高。实施普通公路“三年攻坚”，首次以政府文件形式出台公路建设实施方案，在全市掀起公路建设高潮。围绕“升级改造、服务园区和景区、服务美丽乡村片区、助推脱贫攻坚、加快公路弯道取直、加速京津冀交通一体化”六项重点，研究起草《承德市普通公路建设三年攻坚（2016—2018年）实施方案》，谋划投资240亿元，建设普通国省干线公路和农村公路6000千米，力争建设7000千米的建设规划，并以市政府文件形式印发全市执行，进一步明确任务、明晰责任、明白奖惩，为推进普通公路建设提供基本遵循和坚实保障。其中，2016年开工建设干线公路296千米，占“三年攻坚”计划的29.6%，“十三五”规划期间规划的其他干线公路项目有2/3启动前期工程，形成建设一批、开工一批、前期跑办一批的梯次推进格局。农村公路在全省率先完成项目入库工作，全年建设1110千米，占“三年攻坚”计划的22%。平泉、围场两县荣获省级“四好农村路”示范县称号。

不断拓展融资渠道，积极化解资金难题，引导和支持县（区）利用银行金融政策争得贷款28.84亿元，利用PPP等模式争取社会资金18.76亿元，为破解县（区）配套、拆迁资金不足和沉淀资金化解提供有力支撑。

公路设计和施工管理水平进一步提高，通过严肃设计规范，严把施工质量，将工程质量监督的重点由事中监督转向事前预控和原材料等源头把关，提高对质量、安全隐患的预辩能力，使得工程设计和施工质量稳步提升。

施工环境保障进一步加强，就影响施工的拆迁和阻工问题，坚持以专报的形式向市委、市政府主要领导及分管领导报告。市主要领导及相关领导先后8次赴现场解决问题或专题调度，推动诸多问题的解决。同时项目指挥部协调公安及拆迁办加大协办力度，形成工作合力，使施工环境的保障更加有力。

项目扎实推进，互联上突出广度，互通上突出深度。等级公路对接项目，与北京对接的21条等级公路，北京已实现规划标准15条段，承德市完成16条段。与天津对接的一条段承德市已完成,天津2017年建成通车。京津冀公交“一卡通”项目，已完成所有公交车车载终端、采集设备、充值设备的升级改造，以及8000张IC卡互通功能的初始化、发放及试点试用工作，并顺利通过交通运输部通信信息中心现场测试，已具备异地IC卡刷卡乘车条件，为2017年全面实施奠定基础。城际公交项目，确定兴隆县为京津冀一体化公交化第三批试点，实施兴隆至平谷客运班线公交化改造，正进行客运车辆收购整合工作。

【公路管护】 公路管养水平和能力进一步提升，道路安全畅通效果更加明显。6月24日省交通厅党组书记、厅长高金浩到承德市考察工作时，对承德市“生命安全防护示范工程”“绿美廊道建设工程”“公路建设技术创新成果应用”“公路沿线服务设施建设”“普通公路养护管理改革”等工作给予充分肯定，并要求作为全省“三个通道”建设典型进行推广。

公路养护水平稳步提升。全年共完成国、省干线公路养护工程41项，完成投资4.93亿元，其中，完成大中修项目6项192千米，公路安全生命防护示范工程两条段179千米，灾害治理工程5条段3649米，桥、隧维修改造工程1945延米21座，绿美廊道建设224千米。公路养护管理机制改革全面启动。完成全市26个大养护中心规划，以滦平为试点的大养护中心管理已在全市推开，已有9个大养护中心建成并投入使用。成立承捷公路养护公司，并开始筹建全省第一个市级交通系统应急物资储备中心，使路面综合挖补车、隧道清洗车等十几套专用养护设备实现统一管理使用，已确定用地和建设资金。公路站实现事业单位企业管理的转变，弥补资质管理上的不足。技术创新结出丰硕成果。研发的《经济型SMA路面技术研究》课题获得河北省科技进步三等奖；其他三个课题通过鉴定，两个达到国际先进水平，《高填方路堤深层软弱区域爆破挤密加固技术研究》课题达到国际领先水平；《玻璃钢管涵技术研究》课题研究实现涵洞装配式施工，解决路基施工工期制约的主要瓶颈；正在开展的厂伴热再生技术科研，将实现承德市的所有路面废料全部循环利用。

扎实做好货运物流发展工作，现代货物运输及物流商贸初步呈现。截至年底，全市共有物流站场和运输服务业户381家（市直74家），其中，交通运输部扶持的兴隆县汇丰甩挂运输试点项目正式建成投入运营；借鉴宽城满族自治县“大槐树”农村电商运营模式，丰宁、围场积极探索多站合一的农村物流试点工作。扎实做好危货运输监管工作，对23家危货运输企业677辆危货车辆换发“道路运输证”，并逐一标明运输货物品名，真正做到“一车一罐一品”。继续加大危货运输安全监管，累计注销道路运输经营许可类项36项，下达限期整改通知书34次，注销从业人员资格证21人次。

【公交出租车管理】 经营方面，全年无重特大安全生产责任事故。全年完成票款收入11486万元，比上年增收1021万元，增长9.8%；客运量1.025亿人次（实行IC卡调整统计口径后数字）；行驶里程4150万标车千米；多种经营收入1575万元，比上年增收358.84万元，增长29.5%。车辆投放和线路调整方面，年内投放纯电动公交车385台，并完成106台公交“黄标车”下线，至此黄标公交车淘汰工作全面完成。为不断满足市民出行需求，新开通火车站经外环路至滦河电厂的25路、南互通枢纽站至西北沟的36路、五云桥至陈栅子的37路、陈栅子至付营子的507路；规划旅游公交线路3条，开通市区环武烈河串联主要景点的游1路；将6路延伸至红石砬、57路延伸至小贵口、51路和52路双向环抱双滦物流园区；将9路、29路延时至晚10时等线路调整工作。京津冀公交“一卡通”方面，完成所有公交车车载终端、采集设备、充值设备的升级改造，以及8000张IC卡互通功能的初始化、发放及试点试用工作，并顺利通过交通运输部通信信息中心现场测试，已具备异地IC卡刷卡乘车条件，为2017年全面实施奠定基础。

严厉打击黑出租等非法营运行为，全年共检查车辆3600台次，处理各种违法违规案件286台次（其中非法营运案件193台次，出租车违规案件8台次，举报投诉案件15台次，擅自转让经营权案件70台次），有效维护城市客运市场秩序稳定，得到市领导和全社会好评。深入开展出租车行业改革政策宣传，密切关注行业动态，确保行业稳定。同时起草《承德市深化改革推进出租汽车行业健康稳定发展的实施意见》《承德市网络预约出租汽车服务管理实施细则（试行）》《承德市私人小客车合乘管理规定（征求意见稿）》，待经各级审定后印发执行。组织从业人员培训班12期，其中 1134人经考试合格取得出租汽车驾驶员“中华人民共和国道路运输从业人员资格证”，使市区从业人员增加至11477名。报废更新出租车达到704台，完成全年计划的255%，全部更新为乘坐安全、舒适的新桑塔纳和伊兰特车型。利用GPS系统的监督、实时调度、历史轨迹回放等功能，全年共受理举报投诉电话424起，为乘客寻找遗失在出租车上的手机、电脑、衣物等贵重物品48起，折合人民币12万余元，得到社会各界人士的好评。积极开展“献爱心、送温暖”等活动，高考期间共免费接送考生2100人次，得到广大考生、考生家长及社会各界的认可。成立承德市见义勇为协会出租车行业分会，已有200余名出租车驾驶员成为正式会员。

【客货运市场管理】 把推进新常态下运输市场的创新与发展作为首要任务，引导市场与新常态对接。班线客运，按照分片包干原则，进一步加强汽车站源头管理、客运市场监管、旅游车安全管理工作，规范安全例检流程，提高处置突发事件的能力。开通承德至下板城、承德至围场高速客运班线；完成承张高速客运班线招投标工作；新增省市际客运线路13条；完成94台省、市际包车客运车辆的申报工作，新增两家包车客运企业（承德众信旅游汽车有限公司和承德安华旅游汽车租赁有限公司），全部车辆实现公车公营。城乡客运一体化，全市县城20千米范围内农村客运线路公交化运行率达到50%，21%的乡镇完成农村班线公交化改造。以“平泉公交发展模式”为引导，推广单独组建公交公司实施客运班车公交化改造模式。

城际公交，兴隆县成为京津冀一体化公交化第三批试点，实施兴隆至平谷客运班线公交化改造，正进行客运车辆收购整合工作。兴隆县将公交线路延线，实现与密云16路公交车的对接。

【维修及驾培管理】 深入开展机动车维修业户质量信誉考核。全市共计考核各类机动车维修业户1923户，其中AAA级企业14户，AA级企业326户，A级企业1414户，B级（整改）企业169户，进一步提高机动车维修管理水平，促进机动车维修行业转型升级。全市驾培机构服务能力不断增强。2016年，有驾校43所，其中一级驾校4所，二级驾校22所，三级驾校17所，具有从业资格证培训资质的15所。共有1350台教练车安装GPS学时记录仪，有效解决日益增长的学车难问题。全面下放驾校审批权限，结业证考试、出证由属地运管所直接负责。启动全市道路运输驾驶员继续教育工作。1月至10月共完成从业资格证继续教育68960人次培训考试工作，完成从业资格证诚信考核工作100148人次，完成普训结业23000人，完成从业资格证考试7627人。加大驾培市场整顿力度，不符合规定的一律降级整改，全年有2所驾校由一级降二级，7所驾校由二级降三级，1所驾校停业整顿，并取缔非法招生点、黑培训点10个，处理乱收费投诉举报案件2起，处理恶性压价招生问题1起，确保全市驾培市场的健康有序的发展。

【法治建设】 突出法治交通建设，行政行为和执法水平有新提升。严格按照法定权限和程序行使权力、履行职责。严格落实重大决策法律咨询、法律支持和合法性审查机制。实行重大事项集体决策制，坚持发扬民主，落实末位表态。按照国家和省级取消、调整及下放行政许可事项安排，全年共取消许可权3项，承接省级下放许可权4项，配合市委改革办完成市许可体制改革前期摸底。认真组织法治培训，强化执法检查和案卷评查，重点规范行政强制程序的实施，大力推动权力清单和责任清单向县（区）级基层交通运输部门延伸。2016年办理的行政许可和行政处罚案件，未发生行政复议、行政诉讼及因执法程序问题被追责的情况。

遵守政治纪律和政治规矩，把政策学习放在首位，保持政治头脑清醒，把坚守中共十八届六中全会通过的准则和条例作为首要，严明纪律约束。深化制度落实，坚持用制度管人、用制度办事，严格落实“一岗双责”责任制。加大巡查力度，制定《2016年巡查工作方案》，组织开展局属企事业单位常规巡查、元旦、春节期间纠正“四风”和节后工作纪律执行情况的明察暗访，以及违规使用标志车辆专项治理等一系列巡查活动，并督促问题及时整改。加强专项治理和重点监督，持续抓好工程建设领域突出问题的专项治理，强化工程招投标、项目变更、合同履行等关键节点的监督，廉洁工程态势良好。

【平安交通建设】 围绕“平安公路、平安车船、平安场站、平安工地”四项重点创建内容，扎实开展危险品运输车辆专项整治、道路交通安全大检查、道路客运安全年、渡口渡船专项整治“回头看”、工程建设“防坍塌、防坠落、反三违”等专项活动，使企业安全生产主体责任进一步强化，责任制得到有效落实。全年维修、改造危桥21座2000余延米，整改场站安全隐患231处，督促工地整改安全管理方面的问题202个、施工现场安全隐患461处。

【高速公路】 承平、承克（围御段）高速围绕PPP实施方案编制及审批、工可和附件编制及审批、控制性工程开工和招选社会投资人四条工作主线，同步平行推进。年底，省发改委批复同意承德市提前开展两条高速公路的勘察设计招标，较正常工作流程提前3个月。高速公路连接线建设取得突破性进展，承张高速丰宁、隆化、红旗、单大连接线全面开工，部分路段建成通车；承赤高速机场、八里庄连接线全线建成通车。这6条段连接线实现通车里程达到117千米，使高速公路效益得以更加充分地发挥，同时还对促进各县（区）迎宾路建设起到至关重要的作用。

附：市交通运输局领导名录

局　　　　　长：张富民（满族）

党　组　书　记：毛建海（满族）

党组副书记、副局长：高松林（满族）

党组成员、副局长：张立新

王艳刚（满族）

房国民

党组成员、纪检组长：訾振华

党组成员、副局长：张长志（9月任）

臧志福（11月任）

付铁柱（9月任）

（供稿　张　伟）

铁　路

【车务段概况】　承德车务段行政管理机构设运输和统计科、安全技术科、施工管理室、综治环治办公室、计划财务科、劳动人事科、职工教育科、信息技术科、经营开发科、办公室；生产管理机构设安全监控和生产调度室。党群组织设党委（下设3个总支，65个支部）、纪委、工会（下设50个车间分会）、团委，辖党群工作办公室，管辖承德铁路俱乐部。集体经营管理机构设劳动服务公司。设流水沟、南大庙、猴山、虎什哈、五道河、二道沟门、平坊、滦平、窑上、张百湾、金沟屯、滦河沿、梁底下、白旗、超梁沟、闹海营、承德东、上板城、上板城南、西大庙、新杖子、南湾子、潘家店、下台子、洞庙河、北马圈子、鹰手营子、兴隆县、前苇塘、六道河子、下板城、甲山、永和、榆树沟、上谷、大杖子、小寺沟、平泉、承德、双峰寺、高寺台、韩麻营、隆化、滦平东、李家营、丰宁、隆化公寓，客运乘务等48个车间；半壁山、承德西、塔黄旗东、杨木栅子等4个无人值守车站及赵家店乘降所。年末职工总数1794人，其中干部321人，女职工168人，中级、初级专业技术人员分别为27人、101人，工人技师163人。全年承德车务段运输收入52478.3万元，非运输业收入809.6万元，运输总支出34258.66万元，旅客发送量297.2万人，货物发送量363.1万吨，日均装163.1车，日均卸568.8车，中转时间3.9小时，停站时间15.9小时。截至12月31日，实现连续安全生产1905天。固定资产原值10599.07万元。

【车务段辖属线路】　承德车务段管辖京承线自127千米至254.308千米，计15个站；锦承线自335千米至417.294千米，计8个站；承隆线自0千米至57.019千米，计4个站；京通线自115.708千米至244.565千米，计16个站；唐呼线自179.339千米至377.03千米，计7个站。管辖一等站1个、二等站3个、三等站7个、四等站39个，乘务车间1个，乘务员公寓1个。

段管辖营业站22个，其中客运营业站3个；货运营业站9个；客货运营业站10个，非营业站28个。段管内有货场20个、货物线50条、专用线31条、专用铁道4条。

【编发车次】　下属客运乘务车间担当承德至通州西6419/6420次，承德至石家庄（经京广线）K7754/7751/K7752/7753次，承德至石家庄、邯郸（经唐山、天津、津保线）K7758/7759次；7763/7762次，承德至兴隆县6433/6434次，承德至平泉6435/6436、6455/6456次，承德至隆化57041/57044次，计7对旅客列车客运乘务工作。非在编集体工担当承德至昌平北4473/4472/4471/4474计1对旅客列车客运乘务工作。

附：承德车务段领导名录

段　　　　　长：彭兴山

党　　委　　书　　记：刘金硬
党委副书记、纪委书记：李士军
工　　会　　主　　席：韩如珍
副　　　　段　　　　长：叶晓虎
韩志明
秦保祝
邢建国
王　鑫

（供稿　于长水）

【工务段概况】 承德工务段行政机构设职能科室14个，办公室、安全生产调度指挥中心、安全科、线路技术科、桥梁技术科、施工质检科、计划财务科、劳动人事科、职工教育科、材料科、经营开发科、综治环治办公室（内保科），辅助生产机构1个，计量室。党群组织设党委（下设20个党总支，83个党支部）、纪委、工会（下设20个车间分会）、团委，辖党委办公室。车间21个，古北口线路车间、虎什哈线路车间、滦平线路车间、隆化线路车间、兴隆线路车间、鹰手营子线路车间、上板城线路车间、承德线路车间、下板城线路车间、平泉线路车间、承德桥梁车间、隆化桥梁车间、承德重点维修车间、怀柔北重点维修车间、探伤车间、承德动力设备车间、综合机修车间、李家营线路车间、滦平东线路车间、滦平东桥梁车间、工程车间。班组114个。年末职工总数1391人，其中女职工44人，干部201人，具有高、中、初级专业技术人员分别为5人、27人、124人，有高级工人技师资格5人、工人技师资格117人，高、中级技工分别为731人、84人。截至12月31日，段实现连续安全生产1340天。2016年承德工务段承担了总公司重点课题《半径250米曲线铺设无缝线路稳定性控制研究》和北京铁路局重点课题《线间距测量装置的研发》，其中《半径250米曲线无缝线路稳定性控制研究》已经顺利通过专家技术评审，并获得路局科技进步二等奖。合理化建议提出奖54条，获得合理化建议和技改技革项目二等奖1项、三等奖1项、优秀奖3项；获得路局技术改进成果奖3项，路局技术革新成果奖3项，路局技术革新标兵3人；路局优秀QC小组成果奖2项。

【工务段管辖线路】 承德工务段管辖正线8条：锦承、承隆、京承、京通、唐张、京锦联络线、唐张京通联络线、唐张京承联络线。线路总延长1041.843千米，其中：正线824.285千米、站段岔特线217.576千米（到发线133.493千米）；道岔711组，其中：正线328组、站段岔特线383组（到发线道岔184组）。桥梁506座/50120米，隧道175座/186778米，涵渠1085座/31384米，天桥1座/396米，地道5座/157米，灰坑2座/100米，调节河流建筑物605座/立方米，桥梁建筑物总换长153392米。道口36处，其中工务看守6处、车务看守5处、地方监护12处、客车监护13处。担负锦承线与沈阳铁路局赤峰工务段分界335.000千米至417.770千米；承隆线因改线起点里程由原−0.431千米改至0.183千米，终点57.756千米不变；京通线与北京工务段分界61.5千米至与沈阳铁路局分界244.565千米；京承线与北京工务段分界127千米至254.293千米；唐张线（上、下行）与丰润工务段分界158.800千米至与张家口工务段分界335.500千米；京锦联络线0.000千米至1.095千米；唐张京通联络线274.261千米至285.061千米；唐张京承联络线208.683千米至216.939千米。固定资产原值232082.59万元。

【线路维修改造】 年内完成成组更换新道岔39组；更换新桥枕400根；股道更换再用轨17.633千米；更换再用枕5356根；配合大修段承隆线更换新Ⅲ型轨枕17100根，京承线更换新钢轨30.588千米；补充石砟460车；兴隆县站拆除道岔1组，堵豁40米；洞庙河站拆除道岔

2组；线路中修8公里；更换桥梁人行道板9座/2497平方米；预应力钢筋混凝土梁修补1座/9孔；普通钢筋混凝土梁修补4座/18孔；桥墩加固1座/6个；隧道漏水整治2座/100米；隧道整体道床下沉整治116米；隧道内排水沟清淤3430米；更换破损排水沟盖板61.6平方米；更换明桥面1孔/56根；唐呼线隧道侧沟结冰整治5座/10600米；承德站机6道检查坑大修浇钢筋混凝土边墙70米、更换短枕110块；完成平改立施工7处。完成电力线上跨、管道下穿等外委监护配合施工26处；完成京沈客专挂篮调整、永久性防护棚洞以及胡营西山隧道下穿唐呼线刘杖子隧道爆破工程等大量工作。全年完成无缝线路应力放散23段/18.594千米；更换曲线磨耗轨19段/9.455千米；铺设站线无缝线路15.298千米；完成10个站跨区间无缝线路改造；完成钢轨焊接797处；协调推进无缝线路断轨监测系统安装154.141千米，剩余锦承线19.08千米正在推进。完成大机线路捣固306.701千米；大机道岔捣固137组；大机打磨线路60千米；站内线路人工清筛起道修7.787千米；整治线路翻浆冒泥2.85千米、清筛、换砟、捣固6.78千米；道岔人工清筛30组；完成道岔Ⅲ型扣件更换为Ⅱ型共计40组；小半径曲线更换楔形胶垫28012块；推进10个站的达标建设工作；按计划完成线路综合维修89.377千米；道岔综合维修144组；线路保养1544.108千米；道岔保养735组；清理排水设备486.868千米；车工电联合整治道岔176组；线路零配件及外观整修612.368千米；完成钢轨打磨69.076千米；道岔打磨714组；焊缝打磨1029头；焊补锰钢辙叉50个；焊修钢轨47根；桥梁综合维修149座/7497米；隧道综合维修31座/17437米，涵渠综合维修204座/4231米；钢梁维护性涂装11孔；修补圬工梁29座；整治裂损墩台19座；整修桥枕2803根；整治梁端盖板失效及漏砟191处；护轨整修10344米；整治损坏涵渠10座；安装桥梁防护架8座；更换防撞架限高牌48块等。

【改善轻杂薄弱设备】　加强轻杂薄弱设备的结构改善与强化，完成主要大站场股道木枕更换混凝土枕2972根；木枕道岔通长垫板加强改造50组；木枕道岔弹性化改造12组；站线安装轨距杆456根；安装绝缘轨距挡板2000块；更换伤损尖轨30根；更换伤损基本轨33根、护轨3根；更换伤损辙叉33个；单根更换重伤钢轨38根；更换失效木枕852根、失效木岔枕551根、混凝土枕5982根。

附：承德工务段领导名录

党委副书记、段长：李东军
党委书记、副段长：刘福利
党委副书记、纪委书记：董海臣
副　段　长：刘跃民
赵世家
崔　冬
黄建国
刘　东
韩树柏

（供稿　仝　竞）

机场及高速铁路

【飞行区工程】　为保证飞行校验工作顺利开展，承德机场建设管理局对飞行区各项工程倒排工期，根据工期目标对各标段节点工程按每周每月作出详细安排。克服下雨天数较多等不利因素，完成飞行区跑道（含刻槽、灌缝、画线）、巡场路、排水、消防管网、围界、土面区覆土、植草等工作。针对目视助航灯光工程中铁塔施工难度大的实际，进行工程分解、专人盯办、灵活施策。针对通导、气象工程收招标影响施工单位进场晚的情况，预见性的提前开展土建施工，保证施工单位进场迅速安装调试。9月13日，组织机场各参建单位组成飞行区工程、空管工程、消防工程、围界工程、工程档案资料5个专业验收组进行竣工验收，民航华北地区专业工程质量监督站、省民航办领导进行现场指导，经现场检查、实际测量、综合评价、资料查阅等形式，同意承德机场飞行区工程通过竣工验收。

【飞行校验】 为保证校飞顺利通过，承德机场建设管理局委托民航空管工程技术研究所、东方航科（北京）科技有限公司针对承德机场特殊地形对通信导航设备电磁环境进行模拟评估；邀请民航通导专家闫豫海现场指导设备调试工作；制定校飞保障方案和应急预案，成立承德机场校飞保障领导小组和专业保障组，负责飞行校验全程的指挥协调、应急指挥等工作；协调组织市公安、消防、医疗、气象等部门做好现场保障。11月1日，承德机场正式开始投产飞行校验工作，中国民用航空飞行校验中心校飞机组对机场空管设备、地空通信、飞行程序、仪表着路系统GP/DME、LOC、全向信标台DVOR/DME设备、高频对空电台、甚高频对空电台、电磁环境检测、助航灯光等进行逐项校验，6日下午成功完成所有预设飞行任务，飞行耗时22小时18分，机场各项设施设备参数正常，校验结果均符合民航相关标准和规范，承德机场飞行校验工作取得圆满成功。

【航站区工程】 在航站区工程推进过程中，由于民航专业工程和非民航专业工程交叉作业，施工工艺节点多、工序复杂、协调难度大，为确保工程顺利推进，承德机场建设管理局要求各施工单位调派专业技术人员全程驻场，并多次召开协调会，协调各施工单位交叉作业等问题。截至12月，非民航专业工程项目通过竣工验收；完成民航专业设施设备（转盘、值机柜台、安检设备等）及航站楼弱电工程综合布线、广播、有线电视、视频监控、航班显示、紧急报警、门禁、离港等系统安装调试工作；克服施工前期机场连接线占用施工场地等因素，供油完成全部工程。

【临空经济区基础设施建设】 为积极推进临空经济区开发建设工作，承德机场建设管理局已启动临空经济区基础设施配套建设前期工作，总体设计由北京市城建设计发展集团股份有限公司承担，现已完成初步设计方案。同时启动区域1:500地形图测绘、地质勘查工作，测绘及地勘现已进场实施。完成后交由设计单位出具施工图纸，履行建设程序。为确保项目顺利开展，先期进行补偿北空375亩土地及临空经济区基础配套工程的征占地工作。

【机场建设其他工作】 供水、燃气、220千伏高压迁改工作全部完成；供电工程机场正式用电10千伏双回路输电线路，头沟一路8月20日正式供电。经多次与隆化县政府、承德市供电局、隆化县供电局等相关单位协商，克服施工过程诸多不利因素，隆化一路工程已基本完成；绿化景观工程完成飞行区种草、边坡植树工作。

为尽快确定机场运营机构，在先期与海航多次洽谈的基础上，又先后4次与河北机场集团洽谈协商，9月8日成功签订《承德机场委托河北机场管理集团有限公司委托管理协议》，承德机场有限公司主要负责人等已进驻承德机场开展机场运营前期工作。同中航油河北分公司多次协商，签订《航空油料供应及资产无偿使用合同》。

积极筹备试飞工作，已向民航华北地区管理局航务处提交了试飞申请，由民航局牵头成立机场试飞领导小组，安排试飞工作。同时与东方航空公司签订了试飞协议，由东航完成数据库建立PBN程序模拟及试飞工作。

（供稿　夏琦宇）

【高速铁路】 京沈客专是承德境内第一条高速铁路，线路自北京市星火站引出，经由河北省承德市、辽宁省朝阳市和阜新市，到达辽宁省省会沈阳市，设计最高时速350千米。线路全长约696.7千米，双线电气化客运专线标准，估算投资1245亿元，承德市境内约191.6千米，总投资约254亿元。承德设计概算征拆费21.2亿元，按省市县（区）6∶1∶3出资，已争取国家专项建设基金投资1.2亿元。京沈客专在兴隆西、安匠、承德南、承德县北、平泉北设车站5座。该项目途经兴隆县、承德县、双滦区、双桥区、开发区和平泉县，共涉及20乡镇、1个城区街道办事处、94个行政村。项目2014年7月正式开工建设，建设工期为5年。北京及河北段建设单位为京沈京冀客专公司。

京沈客专高速铁路建设累计完成投资112.4亿元，其中2016年完成投资39.47亿元。工程建设方面：开工隧道44座（其中12座隧道已经贯通），完成82860延米，占设计66.4%；完成桥梁18028延米，占设计55%；完成路基土石方1115万方，占设计84.8%。征地拆迁方面：红线内征地6261亩，已完成交地6229.7亩，占比99.5%；房屋拆迁1091户基本完成；企业拆迁234家，完成拆迁225家，占比96.1%，剩余未拆企业基本位于红线外，不影响施工；“三电”迁改366处，已完成342处，占比93.4%。累计发生征地拆迁补偿费20.89亿元。

（供稿：张英楠）

教　育

综　述

至2016年年底，全市共有学校1606所，其中，幼儿园993所，小学447所，初中99所，高中22所，特教学校9所，中等职业学校30所，普通高校6所。全市共有在校生数622427人，其中，幼儿园94407人，小学281781人，初中111683人，高中54164人，特教802人，中职36527人，高校43063人。全市共有教职工47105人，其中，幼儿园5903人，小学18889人，初中10231人，高中5260人，特教249人，中职2860人，高校3713人。全市共有专职教师39005人，其中，幼儿园4148人，小学17734人，初中8289人，高中3845人，特教207人，中职2051人，高校2731人。

2016年，第二期学前教育三年行动计划有效实施，全市幼儿园的办园水平得到明显提高。截至年底，60%的农村幼儿园达到省级二类园以上标准；平泉县、滦平县顺利通过国家义务教育发展基本均衡县验收，兴隆县、隆化县通过省义务教育发展基本均衡县验收。全市省级中小学素质教育示范校达到26所；9所中职学校跻身全省120所质量提升项目建设校，毕业生就业率多年保持在96%以上。承德县被命名为省级职业教育与成人教育示范县，省级以上职业教育与成人教育示范县达到5个。

学前教育

【概况】 2016年，市教育局全面贯彻落实《3～6岁儿童学习与发展指南》，及时转发《河北省教育厅关于防止和纠正幼儿园开展汉语拼音教学和小学缩短汉语拼音教学时间行为的若干规定》，坚决防止和克服幼儿园“小学化”倾向。召开全市学前教育内涵发展启动会。通过开展系列学前教育业务研讨评比、选派骨干园长外出参观学习等活动，不断提高保教质量，提升内涵发展水平。全面开展评估工作。加强评估前期的指导，重点加强对农村幼儿园的园所常规管理、规范保教行为、文化建设方面的指导。鼓励引导各级各类幼儿园达标升级，争创省、市级示范园。进一步健全幼儿园保教工作规范、质量评估监管体系。年底，有60%农村幼儿园达到省级二类园以上标准。在市直园探索实行招收幼儿统一时间和条件、网上报名、学位公开和招生情况公示的做法。

【举办幼儿园园长高级研修班】 3月，市教育局与北京师范大学合作举办幼儿园园长高级研修班，市直园所、各县（区）幼儿园的园长，以及学区学前研训员110人参加培训。研修班为期一周，安排《3～6岁儿童学习与发展指南》的解读、品牌园所的打造、教师职业倦怠的应对策略、幼儿园依法办园等专业课程。研修班邀请到中国教育科学研究院研究员刘占兰、北京师范大学硕士生导师钱志亮、北师大实验幼儿园原园长国秀华等专家学者和知名园长授课。学员还利用一天时间，实地参观北京三教寺幼儿园和劲松一幼。

【主城区儿童全部实现六周岁入学】 为确保主城区儿童全部实现6周岁入学，双桥区、高新区采取学校挖潜扩容、借用初中小学空余资源扩充、新建校招生合理过渡等办法，制定实施意见。信息采集显示，高新区今年小学招生40个班、1400人，全部实现6周岁入学，根据居住情况，划片就近入学；双桥区总计招生102个班6000人，同比新增约51个班3200名学生，由于教育资源限制，采取挖潜加过渡办法安排入学。根据各学区实际情况，教育部门分区域制定招生及安置过渡举措。其中，城区普宁小学、汇水湾小学、会龙山小学等10所学校招收2010年8月31日（含）以前出生的（年满6周岁）未入学的适龄儿童。普宁小学和汇水湾小学在正式投入使用前，学生和教师暂在第六中学校舍过渡；会龙山小学的学生和教师暂在东园林小学过渡。实验小学、南营子小学、竹林寺小学、避暑山庄小学、魁星园小学等5 所学校挖潜扩充5个教学班后，由于教育资源限制，只能招收片区2010年2月28日以前（含）出生的、满6周岁半未入学的适龄儿童。片区内6周岁至6周岁半的适龄儿童采取过渡办法，可以选择今年到交通便利的外学区学校入学，或者选择明年在本学区入学。

【承德新儿歌丛书出版】 6月中旬，《承德新儿歌》丛书由团结出版社正式出版发行。该丛书系承德市第四幼儿园在专家学者指导下，植根家乡文化沃土，历时4年时间组织编写而成，是全市首部“承德传统文化山水风光”幼儿读物。

义务教育

【概况】 全市小学、初中的生均公用经费实际分别达到856元、1056元，均超出省定标准；全面落实“两免一补”“三免一助”等各项资助免费政策。2016年全市学生资助项目总资金为34699.896万元，受助学生达118.68万人次；5个国家试点县的846所学校（其中教学点546所）实施农村义务教育学生营养改善计划，受益学生14.6万名。有512所学校采用食堂方式供餐，占比为60.52%，享受学校食堂供餐的学生人数为13.42万人，占比为91.92%；按照精准脱贫“五个一批”的要求，制发实施《关于推进教育脱贫行动的实施方案》。

【未成年人思想道德建设】 围绕立德树人根本任务，认真落实《关于培育和践行社会主义核心价值观的实施意见》。接受了省级、国家级文明城市和未成年人思想道德素质测评；《以“和合德育”为载体，将社会主义核心价值观融入教育教学全过程的探索与实践》课题顺利结题，取得重要阶段性成果；以“六好”标准、“七项工程”为重点，文明校园创建活动蓬勃开展；突出活动引领，组织开展丰富多彩的活动，荣获第23届爱国主义读书教育活动全国组织特等奖、全省组织特等奖，河北省青少年校外教育艺术节暨第六届“校外教育杯”系列主题比赛先进单位，河北省中小学国防教育活动优秀组织奖等多项荣誉称号。

【义务教育均衡发展】 规范义务教育招生秩序。指导各县区严格“免试、就近、划片”原则，做好义务教育阶段的招生工作。规范市区义务教育招生秩序，指导督促双桥区、高新区出台《义务教育阶段招生工作实施意见》和招生细则，在适龄儿童信息采集基础上，科学制定小学招生学区划片方案、小学升初中方案。落实《市区中小学（幼儿园）布局调整三期规划》，加大学校建设和布局调整力度，倒排工期、挂图作战、挂账督办，强力推进阳光四季小学、普宁小学、汇水湾学校等主城区15所学校项目建设。通过采取学校挖潜扩容、借用初中小学空余资源扩充、新建校招生合理过渡等办法，2016年秋季主城区适龄儿童全部实现“6周岁入学”。

【学校内涵建设】 在全省率先出台《关于推进中小学内涵发展的指导意见》。围绕内涵建设，召开县（区）局长、股长、主任和校长等不同层面的研讨会，先后在丰宁县、隆化县、宽城县、兴隆县组织召开学校内涵发展现场推进会，发挥典型引路、示范带动作用。在全市中小学全面推进师生阅读活动，共评选出书香校园22所、优秀校长22名、阅读标兵100名；以阅读指导课、师生读书征文、绘本评选为主要形式，开展“阅读，与经典同行”读书竞赛活动。

【教学改革】 积极开展国家课程校本化开发实践，推进语文主题学习、区域高中语文课程再造与重组研究等课堂教学改革实验项目和活动。形成以围场二中为代表的一批校本课程走班制典型。全市高中语文区域读物《语文专题性整体阅读》第一、第二册已由华东师范大学出版社出版发行。创新教研方式。按照“面上问题点上解决，点上经验面上推广”的要求，启动31所第二批学科基地校建设。依托学校基地校，开展教学观摩、课例研讨、教学论坛、专家讲座等多种形式的学科教研活动；大力推进网络教研，完善了学科教学资源、学科教学QQ群和网上学科远程教研交流等3个网络教研平台；组织召开了系列学科教学改革现场会、研讨会、经验交流会，以及教材教法培训会。专门召开了提高农村薄弱初中课堂教学实效专题研讨会。开展优质课评比、“山庄大讲堂”“同课异构”和“送教下乡”等活动。开展了初高中10个学科、小学4个学科的“山庄大讲堂”活动。小学“送教下乡”深受基层学校的好评。通过开展期初调研视导、组织备考报告会、集体备课、高三毕业班模拟考试等形式，不断提升教研服务水平。加强课题管理，加快科研成果转化。2016年立项省教育科学研究“十二五”规划课题27项。开展第六届教育科研优秀成果评选奖励；深入开展小课题研究，共立项课题192项。

普通高中教育

【概况】 2016年，全市普通高考整体取得历史性突破，获得“大面积丰收”，实现环比“八连增”。全市参加普通高考人数16249人，一本上线4828人，上线率29.71%，同比提高8.97个百分点，二本以上上线12685人，上线率78.07%。其中文史理工类考生13989人，一本上线3133人，上线率22.40%，同比提高7.98个百分点，二本以上上线10990人，上线率78.56%。文科一本、二本以上上线率和理科二本以上上线率均高于全省平均水平；全市中考纯文化500分以上2931人，比上年增加433人，优秀人数为4973人，比上年增加624人。

全市省级示范性高中共有14个。即：河北承德第一中学、河北省承德市第二中学、河北省隆化存瑞中学、承德县第一中学、平泉县河北蒙古族高级中学、平泉县第一中学、宽城满族自治县第一中学、兴隆县第一中学、丰宁满族自治县第一中学、承德市双滦区实验中学、围场满族蒙古族自治县第一中学、滦平县第一中学、围场满族蒙古族自治县卉原中学、承德市第八中学。

【提高教学质量】 规范普通高中招生秩序。召开普通高中校长座谈会，研究制定普通高中招生管理办法，按照职普招生大体相当原则，严格执行普通高中招生计划，严格招生范围，取消择校生，控制最低录取分数线。以加强普通高中校长队伍建设为抓手，提升教育教学质量。先后组织50名校长赴山东桓台一中挂职学习，30名校长赴高考改革试验区上海和浙江考察，80名校长赴华东师范大学，就高中教育发展趋势、现代化学校管理、课程改革、新高考指向等开展专题研修。

【新围场一中落成】 10月26日，围场县科教园区围场县新一中落成典礼仪式在自强广场举行。

市教育局局长、县“四大班子”有关负责人、三强集团有关领导出席庆典仪式，全县各科局、乡镇领导，全县学区、中小学、幼儿园负责人，局机关人员及围场一中部分师生代表参加仪式。仪式上，三强集团为围场一中捐赠助学金100万元，与会人员共同参观了新校园。围场一中项目占地154亩，建筑面积10万平方米，设计规模36轨，108个教学班，可容纳学生5940人，总投资4亿元，于2014年10月正式开工建设。

【全市高考中考工作会议召开】　5月25日，市教育局召开全市高考中考工作会议，市教育局相关科室馆站负责人，各县区（高新区）教育（教体）局局长、分管考试招生工作的副局长、招生办公室主任，市直高考考点主考参加会议。市教育局局长丁然与各县区（高新区）教育（教体）局长签订《承德市2016年高考中考管理工作责任书》，并做重要讲话，对高考和中考工作提出认清形势、明确责任、依法治考、周密部署等四方面意见。

中等职业教育

【概况】　2016年，承德市全力推进现代职业教育发展。加快转型发展步伐。争取省“十三五”产教融合发展工程规划项目，围场县、滦平县、丰宁县、承德县职教中心和承德工业学校5所中职学校及民族师院向应用型转型本科建设方案被列入省发改委、教育厅、人社厅“十三五”建设规划，围场县、滦平县职教中心成为第一批项目建设校。加强品牌学校和骨干特色专业建设。9所中等职业学校通过专家评审，进入全省首批职业教育质量提升工程120所项目建设学校序列。其中承德工业学校入围全省20所精品中职学校，丰宁县等8所县级职教中心入围全省90所名牌中职学校；专业建设取得新突破，7所学校13个专业被省教育厅分别认定为省级骨干专业、省级特色专业。全省遴选确定20所“河北省教育厅新型职业农民培养试点校”，承德市有6个县职教中心入围，全省新型职业农民培养现场会在承德市隆化县召开。

【提升职业教育水平】　依法规范中职学校招生，从2016年开始，全市公办、民办中等职业学校一律停止以初三在校学生为对象的春季职教分流招生，有效提升中职社会地位，中职招生呈良好态势，职普招生结构位居全省第二。全面启动中等职业学校教学诊断与改进工作。省级以上重点中职学校实行质量年度报告制度。继续与相关部门、行业协会联合举办中职学生专业技能大赛，比赛专业项目增加到8个。成立承德市机械加工专业大能手工作室，由荣获“中国大能手”称号的承德工业学校石凤武担任主任。举办或组织参加首届中职学校班主任研训班、河北省第二届中职学校班主任基本功大赛等活动，其中在省中职学校“创新杯”教师信息化教学说课大赛上，承德市选手在参赛的12个专业（学科）比赛中均取得一等奖，获得参加国赛资格，创造历史最好成绩。

【京津冀一体化协同发展】　充分发挥对接京津跑办工作领导小组的作用，积极抢抓京津冀一体化发展历史性机遇，主动承接京津教育功能疏解，实现借势发展、借力提高。市教育局分别与北京市朝阳区教委、天津市河西区教育局就领导互访、师资互学、合作培养等方面，签订职业教育战略合作协议和基础教育全面合作协议。承德县、滦平县、丰宁县职教中心分别与北京密云、怀柔、朝阳区中职学校开展深度联合办学。继续与北京师范大学合作实施全市教育系统队伍素质提升工程，已分期、分批开展高级研修班9期，参训人员达850余人次；天津援建的中德应用技术大学承德分校正在按计划扎实有序推进。

【新型职业农民培养试点推进会】 9月22日，省教育厅在承德市隆化县召开新型职业农民培养试点工作推进会。全省20所试点学校校长参加会议，并分别就试点工作实施情况、经验做法和存在问题作了汇报和交流研讨。省教育厅职成处副处长安顺英就贯彻落实《河北省教育厅新型职业农民培养试点工作方案（试行）》，从研发培训包、档案资料管理、优秀学员培养、利用现代信息技术手段加强沟通与宣传、建立健全规章制度、规范经费管理和使用、积极探索新的培养模式等方面提出具体意见和要求。与会人员实地考察参观了隆化县职教中心北窝铺新型职业农民培养教学点、现代农业实训室和耘艺现代农业实训基地。为加快新型职业农民培养，2016年4月省教育厅启动新型职业农民培养试点工作，全省共遴选包括承德市隆化县、围场县等6个县职教中心在内的20所中等职业学校作为试点校。

高等教育

【概况】 2016年，驻市各高校认真贯彻落实教育部《关于进一步引导和鼓励高校毕业生到基层工作的意见》，全面启动实施“高校毕业生就业创业促进计划”。大力开拓城乡基层就业空间，鼓励毕业生到中西部地区、艰苦行业和中小微企业就业。组织实施“大学生村官”“三支一扶”“西部计划”“教师特岗计划”等中央基层就业项目，向重点领域输送高校毕业生。深入推进大学生自主创业，完善细化创新创业各项优惠政策。加强精准化就业指导服务，切实做好建档立卡贫困家庭毕业生、残疾毕业生、少数民族毕业生等困难群体毕业生就业帮扶工作。

【承德护院加入京津冀共同体】 3月4日至5日，由天津医学高等专科学校发起成立“京津冀协同发展口腔职业教育合作共同体”。承德护理职业学院加入其中，与北京卫生职业学院、天津医学高等专科学校等10所院校签署合作备忘录。共同体将整合区域内各校优势资源及行业专家资源，实现共建共享和“产学研用”有机结合，为社会输送高质量的口腔医疗应用型人才。

【五方杯辩论联赛】 3月13—27日，承德医学院、承德石油高等专科学校、河北民族师范学院、河北旅游职业学院和承德护理职业学院五大高校团委，联合举办“五方杯”辩论联赛。五所高校各派出两支代表队参赛，比赛采用“五对五团体辩论赛”赛制，分为立论、攻辩、攻辩小结、自由辩、总结陈词5个环节，采用单循环积分方法计算成绩。经过激烈角逐，最终河北民族师范学院代表队摘得团体奖桂冠，承德医学院、河北旅游职业学院代表队获得团体奖第二名，承德石油高等专科学校、承德护理职业学院代表队获得团体奖第三名。

【交流合作】 3月，河北旅游职业学院与英国中央兰开夏大学塞浦路斯分校举行合作签约仪式。双方将本着“优势互补、资源共享、互惠互利、共同发展”原则，围绕学生交换、教师互派等方面，建立长期紧密的国际教育合作关系。

【石凤武勇夺数控车项目冠军】 4月8日，人社部与央视财经频道合作举办的《中国大能手》大型职业技能竞技比赛在湖北襄阳结束，承德工业学校教师石凤武夺得数控车项目比赛冠军，获得该专业“中国大能手”荣誉称号。

【河北旅院签署委托培养合作协议】 4月18日，河北旅游职业学院与河北德洋国际船舶管理有限公司签署委托培养合作协议书。双方以订单形式合作培养国际邮轮乘务管理专业学员80名、机电一体化技术（国际商船管理与技术方向）专业学员80名。2015年，双方已经开展校企合作，招收“德洋”班学员110名。

【民族师院满语教学开班】　10月7日，河北民族师范学院举行培育满族非遗传承办学特色解放思想大讨论暨聘请专家和满语教学开班启动仪式，聆听教育部规建中心首席专家牟延林等专家学者的讲座，聘请了东北师范大学教授、博士生导师刘厚生等8位专家和中国滕氏布糊画创始人、中国工艺美术大师、中国民间工艺美术大师滕腾等8位满族非遗传承人为兼职教授。

【见义勇为大学生】　5月23日，承德医学院召开表彰大会，授予2015级生物医学工程系王瞳瞳同学“见义勇为大学生”称号，奖励现金5000元，号召全校师生向王瞳瞳学习。双桥区委宣传部、文明办授予王瞳瞳“双桥好人”荣誉称号。5月22日中午，一名五岁男孩在避暑山庄不慎落入湖中，孩子母亲救孩子时也陷入险境。危急时刻王瞳瞳奋不顾身跳入湖中，将母子奋力推向岸边，在热心群众帮助下将母子二人救上岸。

素质教育

【素质教育改革】　围绕社会主义核心价值体系建设，加强和改进学校德育工作。继续督促指导各县区、各学校贯彻落实《关于培育和践行社会主义核心价值观的实施意见》，进一步挖掘培树典型县区和学校。成立中国避暑山庄外八庙保护协会青少年遗产教育工作委员会，并组织了系列活动。精心开展第23届“传承中华文化，共筑精神家园”爱国主义读书教育、“文明礼仪伴我行”主题教育实践、承德市首届少儿国学经典诵读大赛、《承德新儿歌》诵读联赛等多项活动，并取得优异成绩。围绕美育素养提升，出台《关于全面加强和改进学校美育工作的实施意见》，开展第八届中小学优秀传统文化艺术课评比等丰富多彩的艺术活动。围绕增强学生体质，广泛开展体育大课间、阳光体育运动。印发《关于强化学校体育促进学生身心健康全面发展的意见》《关于加快发展青少年校园足球的实施意见》，全市新增5所全国校园足球特色学校，总数达到49所。举办了第三期校园足球教练员裁判员培训班。在法治教育、依法治校方面，围绕建设现代学校制度，深入推进依法治校工作。8所学校接受第三批依法治校示范校复查验收。组建全市学校法律顾问人才库，并正式启动聘任工作。

【构建一体两翼教育网络】　在抓好学校教育的同时，注重发挥家庭教育、校外教育的重要功能。在家庭教育方面，印发《关于加强家庭教育工作的实施意见》和《家庭教育工作细则》，举办承德市首届家风与成功家庭教育高峰论坛。召开全市家庭教育和家长学校工作专项会议，举办家庭教育指导师培训班，开展家庭教育示范校和优质课评选。在校外教育方面，召开全市校外教育推进会，完成各县（区）青少年活动中心资金管理使用和星级创建评估。积极参加河北省青少年校外教育艺术节暨第六届“校外教育杯”系列主题比赛，荣获奖项106个。市教育局、丰宁县和滦平县教育局被评为先进单位，丰宁县、滦平县和宽城县青少年活动中心荣获优秀组织奖。

【推广普通话活动】　5月20日，“走进普通话体验区，大力推广普通话”主题活动在滦平县金山岭长城举行。仪式上，滦平县政府与北京师范大学、北京第二外国语学院、中国国际广播出版社、河北旅游职业学院、河北民族师范学院签署普通话实习基地合作协议，并为基地授牌。教育部语言文字应用管理司副司长彭兴颀、河北省教育厅总督学韩爱丽、市政府党组成员胡仁彩出席活动。

【京津冀书法名家在滦平】 为纪念《国务院关于推广普通话的指示》发布60 周年，9月20日，“京津冀书法名家进校园——走进普通话之乡中国滦平”活动在滦平县举行。教育部语言文字应用管理司司长姚喜双，河北省教育厅总督学韩爱丽，北京市教委语工处副处长安晶晶，天津市教委语民处副调研员王长海，市委常委、副市长于庆贺等领导先后实地考察金山岭长城游客中心普通话测试室、滦平县职教中心普通话体验馆并出席活动启动仪式。姚喜双在启动仪式上讲话并就《国家语言文字事业“十三五”发展规划》进行解读。京津冀书法家代表孙学峰、王骐、石彧、刘宗超、王家骥、张明利、李凤勇、王文博获荣誉证书，并联袂创作“大力推行和规范使用国家通用语言文字助力全面建成小康社会”主题书法作品。刘宗超、王家骥分别为承德市各县（区）教师、滦平县职教中心学生进行书法培训。

教育管理

【教师队伍建设】 落实乡村教师政策。以市政府名义起草并印发实施《承德市乡村教师支持计划实施办法（2015—2020年）》，确保乡村教师生活补助、职称评聘、乡村教师荣誉制度等政策真正落到实处。优化师资队伍结构。完成承德县等7个设岗县特岗计划招聘工作，共招录特岗教师670名，全部于9月初上岗任教，截至2016年年底，全市共招录特岗教师6157人。加大了对落实特岗教师相关政策的调度和督办力度，确保各项政策落实到位，保持特岗教师队伍稳定。年内，承德市组织完成2016年度上半年中小学和幼儿园教师资格面试工作，共有3121名考生参加，通过率为65.7%，达到省教育厅要求。上半年认定并办理各级各类教师资格证2225人。创新教师补充方式，分别以招聘全额事业编、政府购买服务的方式，为市直属学校补充教师45名、66名。强化师德师风建设。在全市教育系统开展向李保国学习活动，掀起学习李保国的热潮。进一步建立宣传、教育、考核、监督与惩治相结合、以校本师德建设为核心的师德建设工作机制。在全市中小学组织开展签订《师德责任书》《拒绝有偿家教承诺书》活动，实行“先签状、后上岗”，签订率达100%。深入开展师德师风专项检查和在职教师有偿家教专项治理工作，围绕“六个严禁”等要求，采取发放问卷、查阅资料、座谈了解等方式，加大明察暗访力度。加强各梯次名师的建设和管理。在对全市已取得市级教学能手、骨干教师和学科带头人称号的教师重新考核认定的基础上，评选市级教学能手、学科带头人；按要求完成特级教师和省级学科名师的选拔推荐工作。

【校长队伍建设】 加强培训工作，引领校长教师专业成长。校长方面，完成教育干部14批次、121人的国家级、省级送培任务，组织了全市中小学骨干校长高级研修班，共有118名校长参训。承德市第二幼儿园园长王秋云入选河北省中小学教育家型校长培养对象。教师方面，依托“教育部全国中小学教师继续教育网”，全市分学科、分层次开展中小学、幼儿园教师全员素质提高远程培训，共有15913名教师参训；完成国家、省级培训项目参训教师的遴选和送培任务，其中完成“国培计划”共18个项目、9756人次，省级4个、177人。完成了第三期小学骨干班主任、市级小学初中骨干教师培养对象跟进培训等培训任务，培训人数达700余人。此外，开展第五期校长和教师外派挂职研修，遴选270名初中、小学的校长教师到赤峰市挂职研修、跟岗学习。继续开展县域内校长、教师交流试点工作。年内全市共交流校长、教师2487人。

【督政和督学工作】 确保既定各级各类督导评估验收顺利通过。隆化县、平泉县、滦平县3个县顺利通过省政府教育综合督导评估和省教育厅教学评估；平泉县、滦平县顺利通过国家义务教育均衡发展验收，兴隆县、隆化县顺利通过省政府义务教育均衡发展评估验收。围绕各项评估和验收，抓好多轮次、多方面的过程性督导，围绕中心和重点工作，开展初中控辍、“全面改薄”、教育费附加征收使用、春秋季开学等专项督导。持续推进素质教育示范学校创建工作。全市省级中小学素质教育示范校达到26所。认真落实责任督学定期督导制度，开展责任督学挂牌督导创新县评选活动。平泉县、丰宁县通过市级复核，向省级递交申报材料。

【校园安全管理】 压实安全责任。进一步落实岗位安全责任制，制定印发《承德市教育系统党政同责一岗双责管理办法》；年初，市教育局分别与各县区教育部门、驻市各院校签订《承德市教育系统2016年度安全、综治、维稳工作目标管理责任书》《2016年度学校安全稳定工作目标管理责任书》《2016年度学校消防安全目标管理责任书》。狠抓专项整治。强力推动食品安全、消防安全、管制刀具集中清缴、校车及接送学生车辆等6项专项治理行动。抓住《河北省食品小作坊小餐饮小摊点管理条例》出台契机，加大学校门口小摊点清理力度；印发《关于开展校园欺凌专项治理的方案》，杜绝校园欺凌，培育良好校风。强化安全教育。按照“五有五落实”要求，扎实开展公共安全教育。认真组织开展第三届“上好消防一节课”活动和承德市首届公共安全教育优质课评选活动。做好信访化解。成立全市教育系统人民调解委员会。年内共受理各类信访事件28件，其中网上受理16件，按期受理率、按期答复率、群众参评率均为100%。全市教育系统呈现持续安全、和谐、稳定的良好局面。

【教育工程项目】 推广宽城县“产城教一体化”经验。按照分县（区）的布局调整规划和年度方案，围场县、丰宁县、滦平县已基本建成，隆化县已完成主体，兴隆县、平泉县、承德县正在进行前期准备；在支持学前教育发展、义务教育标准化学校建设、农村教师周转宿舍、高中建设、薄弱学校改造、校舍维修改造、特教工程、现代职业教育提升等项工程方面，累计落实资金10.99亿元，其中争取中央资金4.07亿元，省资金1.22亿元，市投入3661万元，县投入5.34亿元，共落实项目653个，圆满完成年度既定工作目标。“全面改薄”的开工率、竣工率、校舍建设资金支出占比、设备采购完成率均位居全省前列；现代信息技术和教学装备工程继续推进。2016年全市教育技术装备投入共7783.6万元。新建多媒体教室2012个，总数达到10757个。

【三通两平台建设】 坚持以教育信息化带动教育现代化。全市12个县（区）中有11个实现基础光纤“校校通”，建成了教育局域网，技术指标多数达到“千兆进校园、百兆到桌面”标准。全市约60%的中小学实现校内光纤“班班通”，建成了比较标准的校园网。全市中小学约93%的班级配备电子白板（或触摸一体机）的“班班通”设备，有8个县（区）覆盖率都达到100%。在网络空间“人人通”建设方面，2016年启动依托北京世纪飞育软件公司免费提供的“乐教乐学”平台的建设和应用工作，已经在8个县区推开，共计开通学校461所、班级6500个，教师注册1.7万人、学生注册23万人。加快市级城域网建设。借助全市大数据中心建设契机，积极与市大数据办公室及运营商沟通协调，为下一步开展数据中心建设、与8县3区联通、搭建“智慧教育云”奠定基础。加强信息技术和数字教育资源的应用。在全市开展“一师一优课、一课一名师”活动，网上注册教师

16264名，晒课11212节，共评出市级优课654节，推荐到省的优课有135节被评为省优课。组织或参加了全市“互联网+”数字技能大赛、全省课例课件微课选拔评比、全省第六届中小学信息技术创新与实践活动（NOC）、第十七届全国中小学生电脑作品大赛等多项竞赛活动，取得优异成绩。

【信息宣传】 编印《教育信息》内刊共36期，通过《河北教育》、《承德日报》、承德电视台、承德教育信息网等媒体，宣传报道全市教育改革动态、典型经验和先进人物事迹。其中在《承德日报》以专版形式刊发通讯《绘就人人出彩的“教育画卷”——承德市深化教育改革全面提高教育质量纪实》，宣传近年来高考取得的优异成绩，报道承德市着力提高教育质量所进行的锐意探索和不懈努力；9月10日教师节，组织召开承德市庆祝教师节大会，隆重表彰了获得“河北省优秀乡村教师”“承德市教育系统先进集体”等省、市级荣誉称号的先进单位和优秀教师，举办“播种未来”专场文艺演出，向社会传播正能量、塑造新形象。

【内部管理】 顺利组织完成各级各类教育考试19次，实现“平安招考”、“无事故、零差错”目标；在语言文字工作方面，成功举办“广汽传祺杯”中小学汉字听写大赛；在学校后勤管理方面，启动勤工俭学办公室更名和职能调整，召开工作会议，理顺管理体制，明确工作任务；在机关自身建设和管理方面，制发《关于建立收费情况报告制度和清单制度的实施办法》，制定形成《内部控制财务制度汇编》，完善局机关内部控制体系；圆满完成“三区”支教、援疆援藏、教育惠民服务、人才交流、老干部、驻村脱贫攻坚、“美丽乡村建设”等各项工作任务，均取得显著成绩。

党风廉政建设

【强化学习】 按照中央和省市委统一部署，有序有力开展“两学一做”学习教育。分机关和直属校两个层面制发实施方案，召开动员会，组织广大党员学习《中国共产党廉洁自律准则》、《中国共产党纪律处分条例》等必读书目篇目，开展研讨交流，举办专题辅导讲座、知识竞赛，在承德教育信息网上开辟专栏，编印《习近平关于教育工作的重要论述摘编》。

【加强制度建设】 认真落实和不断完善规章制度，推动市委教育工委、市教育局党组工作制度化和规范化。坚持落实理论中心组学习、民主生活会、党政班子述职述廉述责等项制度；制定印发《中共承德市委教育工委、市教育局党组工作规则》。认真落实党风廉政建设主体责任、监督责任。将党风廉政建设与教育事业发展同部署、同落实、同检查、同考核。按照“一岗双责”要求，对市教育局8个方面的45项反腐倡廉工作任务逐一分解到每位局领导和相关科室，与18所市属学校签订《2016年党风廉政建设责任书》。印发《廉政责任谈话实施办法（试行）》，统一印制《廉政责任谈话记录本》。逐步形成逐级负责、各负其责、一岗双责的党风廉政建设推进模式，构建党风廉政建设分级管理、分块管理、分层管理的有机管理体系。

【加大作风建设力度】 开展作风整顿暨优化教育发展环境工作，与“一问责八清理”专项行动统筹协调、有机结合。落实“规定动作”，聚焦存在问题，深度查摆剖析，列出《问题清单》和《整改清单》，明确整改目标和具体措施；按要求完成教育系统公车违规、专项资金、乱收费、乱摊派和违规招投标等问题的清理工作。在规范收费行为、查处案件方面加大力度。强化对办学、收费行为的监督。在学校自查基础上，市、县两级教育部门共组成检查组47个，检查学校618所，共发放问卷调查表5万余份，共查出问题17个，共查出违规收费13.74万元，清退12.29万元，共诫勉谈话14人，约谈21人，批评教育26次，通报批评9次，取消评优资格16人。全年下发通报3个、整改意见书40个。对违规违纪行为“零容忍”，坚决严肃处理、公开曝光。年内市、县两级教育纪检监察部门共收到举报件273件，立案43件，50人受到党政纪处分，其中10人受到党纪处分，41人受到政纪处分，双重处分1人。其中初核查结教育乱收费举报60件，因教育乱收费立案9件，13人受到党政纪处分，其中党内警告2人、行政警告7人、记过4人，因有偿补课受到党政纪处分10人。

附：市教育局领导名录

工委书记、党组书记、局长：
丁　然（满族）
党组副书记、副局长：魏宝林（满族）
工委副书记：赵相敏（女）
工委副书记、党组成员：史荣军
纪工委书记、党组成员、纪检组长：
邱爱君（12月免）
纪检组长：凌　龙（12月任）
副局长：杨玉艳（女，满族）
党组成员、督学：刘　伟
督学：梁喜林（满族，2月免）
党组成员、副局长：肖俊泉（满族）
党组成员、副局长：樊文广

（供稿　焦廷勤）

科技

综述

2016年承德市科学技术工作认真贯彻全国、全省科技创新大会精神和科技创新政策，全面落实创新驱动和京津冀协同发展战略，深化科技体制改革，促进科技成果转移转化，大力推动科技园区和产业基地等创新平台建设，积极培育创新主体，推进科技型中小企业、高新技术企业持续发展，推动大众创业、万众创新，为经济社会健康快速发展和产业转型升级提供有力支撑。

全市共组织实施国家、省科技计划项目56项，资金3108万元；安排市本级科技计划项目65项，资金1570万元。评选承德市科技进步奖50项。全市获得专利授权595件，其中发明专利71件，有效发明专利累计达到311件，万人发明专利拥有量0.88件。建成国家级农业科技园区2家，院士工作站2家；省级国际科技合作基地1家，省级农业科技园区1家，省级产业技术研究院2家，省级工程技术研究中心3家，省级产业技术创新战略联盟2个；市级产业技术创新战略联盟1个，市级农业科技园区11家，市级工程技术研究中心14家。20家星创天地获得省科技厅备案，其中5家获得科技部备案。新认定高新技术企业12家，有效期内高新技术企业达到 34家；全年新认定科技型中小企业有303家，科技“小巨人”企业15家。

承德市科学技术局被评为2016年度河北省科技系统信息宣传工作先进单位；被河北省地震局评为2016年度先进单位，承德县科学技术和地震局、平泉县科学技术和地震局、承德市科学技术局震害防御科获得河北省地震局先进集体荣誉；平泉县科学技术和地震局被评为2016年度全国县级防震减灾业务工作考核先进单位。

科研管理

【科技创新】 贯彻全省科技创新大会精神。先后召开市委常委会、市政府常务会、部门任务分解调度会传达贯彻全省科技创新大会精神，研究承德市贯彻落实意见。要求全市30余个部门贯彻落实好《河北省人民政府办公厅转发关于扶持高层次创新团队实施细则（试行）》等省级系列文件和《中共承德市委承德市人民政府关于深化科技体制改革加快推进创新发展的实施意见》等市级系列文件。组织召开全市科技创新领导小组会议研究部署具体落实举措。市长常丽虹主持，要求全市各级科技管理部门学习贯彻、研究制定措施、出台政策文件同步开展，并对系列推进科技创新的政策性文件进行集中讨论修改。高规格召开全市科技创新大会。县区分会场开到乡镇一级，参会人数1500余人。全市出台27个支持科技创新的政策文件(简称“1+9+N科技政策包”)。市科技局对全市科技创新大会新出台的系列科技创新政策进行详细的政策解读。

【科技领域改革】 努力构建全社会创新创业新机制。积极推进财政科技资金管理改革。印发《承德市人民政府关于印发深化市级财政科技计划管理改革办法的通知》，将各类市级财政科技资金优化整合为应用技术（基础）研究与开发专项和科技型中小企业技术创新基金两类科技计划（专项、基金等）。通过推进科技项目网上申报和评审系统上线运行，逐步建立了由市科技部门牵头，承德市市财政等相关部门参加的联席会议制度，构建公开统一的市级科技管理服务平台，实现科技计划统筹决策和联动管理。积极推进人才管理体制改革。承德市首次建立人才管理服务清单制度和实行科研项目负责人负责制，最大限度地将竞争机制、激励机制、约束机制、奖惩机制等有机地融合在一起。通过人才管理体制改革，赋予项目负责人更大的经费支配权。积极推进高校院所科研管理改革。重点推进承德市农林科学院组建工作。至年底，《承德市农林科学院组建工作推进方案》已出台，机构设置和相关组建单位的清产核资工作已启动，正在有序推进中。进一步完善人才流动及创新创业激励机制。《中共承德市委　承德市人民政府关于深化人才发展体制机制改革的实施意见》中首次明确提出“打破人才流动障碍”“鼓励机关事业单位人才离岗创业”“鼓励人才向艰苦边远地区和基层一线流动”的政策条款。

【完善涉企优惠政策】　从扶持科技企业孵化器和众创空间建设、落实税收减免政策、发挥财政资金引导和扶持作用等 7 个方面支持科技型企业发展。同时，严格执行企业研发经费加计扣除、高新技术企业减按 15% 税率征收企业所得税相关规定。2016 年，加计扣除研发费用 1670 万元，减免所得税 320 万元。建立承德市“科技型中小企业创新基金”，用于支持科技型中小企业发展，累计可用额度已达 3300 万元。进行市级创新基金使用方式的改革，已完成《承德市科技型中小企业创新基金管理办法（试行）》第二稿的修改，确定创新基金委托承德市财通股权投资基金有限公司进行资金运作。

【知识产权宣传与服务】　选派工作人员入驻展会、介入重点项目、对接高层次人才，深入企事业单位、学校、社区、农村，开展多方位维权援助服务和宣传活动。与分中心、工作站协作，利用展会、“4•26”世界知识产权纪念日、专利周、会议等大型活动，通过电视广告等多种方式，宣传“12330”公益服务热线的功能作用、服务范围、业务办理程序，加深公众对维权援助与举报投诉工作的了解和运用。加强政策保障。制定了承德市人民政府《关于印发承德市加快知识产权强市建设实施方案的通知》，为知识产权工作提供有力的政策保障。

科研活动

【科技宣传】　组织开展 2016 年度科技活动周、科技“三下乡”、国家宪法日、科普统计等科学普及活动。从征集的 102 项科技活动中筛选 55 个项目列入科技活动周重点推广，同时编印《2016 年承德市科技活动周工作实施方案》。在科技“三下乡”活动中，市科技局工作组分赴承德县新杖子乡苇子峪村、宽城县龙须门镇东李杖子村向农民朋友赠送农业技术图书，聘请市林业技术专家为农民朋友进行果树种植、疾病预防等方面的专业讲解。12 月 4 日，政研科、知识产权局、震害预防科组成市科技局法治宣传队参加市司法局组织的国家宪法日集中宣传活动。

“承德市科技金融政策法规宣讲系列活动”是 2016 年的创新工作，并且列为省重点科普项目。法规科与市金融办、河北银行、承德银行、邮储银行及上市企业进行了紧密对接，邀请有关负责组成专家组进行专业讲解，并于活动前编印了活动实施方案及《承德市科技金融政策法规宣传手册》。巡讲活动在开发区展开，100 多家科技型企业参加培训和银企对接活动。

刊发各类信息、稿件 1100 篇，其中在《河北科技》等平台刊发信息 220 篇，在两办信息平台刊发（含两办上报）信息 32 篇，在省、市级媒体刊登宣传稿件 72 篇。全市科技系统累计公开政府信息 1600 条，市科技局主动公开政府信息 423 条，主动公开率达 100%。

【国内科技合作与交流】 围绕京津创新资源，强化对接合作。中关村协同创新示范区建设初见成效。与中关村合作项目已累计达 43 项，其中落地实施 16 项，与中关村物联网产业联盟、赛伯乐投资集团、软通动力信息技术有限公司等大数据领域知名企业建立合作关系。博彦科技软件服务外包基地项目、承德中关村天合京津冀高新技术转化中心已落户高新区。承德市科技局作为首批成员单位加入全国科技成果转化促进联盟、北京院市合作协同创新联盟、中国国际石墨烯资源产业联盟；承德新通源新型环保有限公司与中国冶金建筑研究总院有限公司合作的“大宗尾矿与低品质非金属矿的资源化利用”项目经省科技厅推荐申报国家重点研发计划项目。与北京市科委合作实效明显。“京津冀尾矿综合开发利用技术联合攻关研究院及示范应用平台”等项目获得北京市项目资金支持；由承德市科技局牵头引进的斐讯——承德云计算数据中心项目已开工建设，并推动其与清华大学开展了项目合作；由市科技局牵头，本市企业与清华大学合作的“雷达液位计信号处理技术”“植物酸复合土壤调节剂”等五个项目已达成合作协议，并进行了实质性合作；“清华教授专家承德行”——清华大学·承德市企业对接系列活动取得良好效果，一批重点联合研发课题项目取得实质性进展；天津中德应用技术大学承德分校开工建设；承德泰航新材料科技有限公司与北京航空航天大学合作的“优质玄武岩纤维稳定高效生产与应用示范”项目经省科技厅推荐申报了国家重点研发计划项目。此外，围场县医院与中关村华医移动技术创新研究院合作，引进“华医在线”技术项目并申报了“移动智慧医疗三级影像在线服务功能开发示范”省级重点研发科技计划项目；与中国农大、中航工业集团、北京农信通科技有限公司、首创集团清源公司、钢铁研究总院、中冶建筑研究总院有限公司等单位，围绕木醋液产品开发、房车营地等文化科技旅游项目、农村电商和农业信息综合服务、农村污水综合治理示范、尾矿综合治理等各领域项目开展前瞻性技术对接工作。

【国际科技合作与交流】 组织承德中泽源农业开发有限公司成功申报成为省级国际科技合作基地，至年底，全市已有省级国际科技合作示范企业 3 家。组织申报 2017 年度国际科技合作项目 1 项；围绕现代农业和文化旅游领域，就引进“作物纤维喷膜除草技术”“倒置屋”等项目与意大利、波兰等国家企业、院所对接。9 月中国国际石墨烯资源产业联盟正式成立，市科技局成为首批战略合作伙伴。组织全市企业及相关县区、机构参加“第十九届中国北京国际科技产业博览会”、首都创新与协同发展国际论坛、2016 中国（北京）跨国技术转移大会等活动，推介全市产业和企业、项目和产品。

围绕全市重点产业，帮助企业、科研院所与各地专家建立灵活多样的合作关系，为全市开展科技咨询、项目规划论证、技术攻关、奖励评审和科技成果评价等提供智力支撑。新建承德避暑山庄农业发展有限公司和承德神栗食品股份有限公司 2 家院士工作站，推进“科技英才‘双百双千’工程”，吸引京津人才，全市已有两个技术创新团队获批，4 人被评为全省首批科技型中小企业创新英才。推荐 9 个创新创业团队和 11 名高端人才申报 2017 年省创新能力提升计划专项项目。

【科技金融融合】 市科技局与市财政局合作，开展市级创新基金使用方式的改革，完成《承德市科技型中小企业创新基金管理办法（试行）》第二稿的修改，确定创新基金委托承德市财通股权投资基金公司进行资金运作，基金公司协调金融机构根据基金项目申报情况确定增信倍率。深化与承德银行的合作。2016 年承德银行向科技型中小企业累计授信 37.52 亿元，共支持科技型企业 100 余家，其中，科技支行累计授信 0.74 亿元。拓展融资范围。与建设银行、邮储银行等金融机构开展合作，向其提供科技型中小企业名单及企业情况，到年底贷款有效期内的科技型中小企业达 35 家，贷款余额达 1.8 亿元，其中，邮储银行支持 24 家、贷款余额 1.38 亿元；建设银行支持 11 家、贷款余额 4230 万元。扶持企业上市融资。承德双承生物科技有限公司和承德莹科精细化工股份有限公司“新三板”挂牌上市，本市在“新三板”挂牌上市的科技型中小企业已达 5 家，共融资 5900 万元。

科研成果

【成果鉴定】 2016 年鉴定市级科技成果 126 项，其中，医药卫生 92 项，工业 16 项，农业 18 项；软课题评审 10 项。

评出市科学技术进步奖 50 项，其中，一等奖 15 项、二等奖 17 项、三等奖 18 项；推荐河北省科学技术进步奖 14 项，其中产业技术创新奖 3 项、技术发明奖 1 项、科学技术进步奖 10 项。承德锦科科技股份有限公司、河北钢铁股份有限公司承德分公司共同承担的“自蔓延燃烧合成氮化钒铁技术及其产业化”获得河北省技术发明奖二等奖；国网冀北电力有限公司承德供电公司承担的“冀北电网新能源多时间尺度优化调度关键技术应用”和承德华远自动化设备有限公司承担的“汽车总装柔性立体储运装配系统”项目获得科技进步奖二等奖；丰宁平安高科实业有限公司承担的“三步法纯化分级菊苣中菊粉系列产品与果糖工艺技术”和承德医学院附属医院承担的“呋喃甲酰基吡唑啉酮缩芳胺希夫碱过渡金属配合物抗癌活性研究”项目获得科技进步奖三等奖。全市获得河北省科学技术奖项目数量和获奖等级均达到历史最好水平。

全年共登记科技成果 156 项，其中医疗卫生 88 项、农业 31 项、工业 21 项、其他 16 项；按河北省要求，实行河北省成果在线登记 93 项，其中医疗卫生 72 项、农业 8 项、工业 11 项、其他 3 项。

重新修订《承德市科学技术奖励办法》，于 8 月 15 日承德市人民政府第十三届第五十五次常务会议上通过，以承德市人民政府令〔2016〕第 3 号发布。

【知识产权评选】 承德市专利申请 1185 件，其中发明专利 311 件，实用新型 712 项，外观设计 162 项；授权专利 595 件，其中发明专利 71 件，实用新型 408 件，外观设计 116 件。组织河北省知识产权优势培育工程专利奖评选。颈复康药业集团有限公司的“一种新健胃片及其制备方法”和承德华远自动化设备有限公司的“一种等速变倍输送机”发明专利获得优秀专利奖；知识产权局同时获得优秀组织奖。

【科技项目】 2016 年共组织实施国家、省科技项目 56 项，资金 3108 万元。其中：承德昊天硬质合金制品有限公司申报的“液相等静压烧结硬质合金技术研究开发”和丰宁平安高科实业有限公司申报的“三步法生产菊苣菊粉系列产品技术成果产业化”两个重大项目立项，每个项目获得资金 150 万元；河北睿索固废工程技术研究院有限公司申报的“高层次人才及产业创新团队专项”——“京津冀尾矿综合利用产业技术创新团队”和“中央支持地方科技发展专项”——“尾矿综合利用科技成果转化应用”分别获得 100 万元资金支持；承德华净活性炭有限公司申报的“高层次人才及产业创新团队专项”——“5 兆瓦杏核皮气化发电联产活性炭技术研发与示范创新团队”获得100万元资金扶持。组织编制市级自筹经费科技计划2批，下达项目273项。

科技推广与应用

【科技型企业发展】 以市政府文件出台《承德市科技型企业倍增计划实施办法》，大力实施苗圃、雏鹰、小巨人、上市四项工程，扶持科技型企业发展。全年新认定科技型中小企业303家，科技“小巨人”企业15家，高新技术企业12家。至年底，全市科技型中小企业已达890家，科技小巨人企业已达37家，有效期内高新技术企业达到34家，向省科技厅推荐高新技术企业培育库入库企业18家。

组织34家企业和团队参加第五届中国创新创业大赛（河北赛区）暨第四届河北省创新创业大赛，本市共有10个企业和团队获奖，其中3个项目获得省创新创业大赛二等奖，7个项目获得三等奖。

开展定期督导，强化科技创新，促进高新区的发展。截至年底，全市省级以上高新区总收入达358.02亿元，同比增长10.03%；主营收入达309.38亿元，同比增长13.76%；高新技术产业产值达69.89亿元，同比增长43.57%。各高新区内科技型中小企业已达228家，占全市的25.62%。其中，各高新区内高新技术企业已达20家，占全市的58.82%。

【农业科技】 新创建“河北山楂产业技术创新战略联盟”、“河北马铃薯产业技术创新战略联盟”和“承德市功能农业产业技术创新战略联盟”3个产业技术创新战略联盟，有效推动全市乃至全省山楂、马铃薯和功能农业产业技术升级。组织申报省山区创业奖，其中项目奖二等奖3项，三等奖4项，个人突出贡献奖3人。大力加强环首都现代农业科技示范建设。滦平、丰宁和兴隆三县已完成县域分规划和年度实施方案制定工作，谋划和组织实施丰宁县科技园区与北京市农林科学院签订农业科技合作框架协议，承德普润生物制药有限公司与中国农业科学院技术转移中心合作共建畜牧健康养殖示范园。开展科技特派员专项行动，共选派76名农业科技特派员到隆化、丰宁、平泉、滦平等贫困县（区）开展科技服务工作，获得科技部和省科技厅联合经费支持114万元（每人1.5万元）。重点培育15个农业产业化龙头企业，其中5个企业已发展成具有知名品牌的农业科技小巨人企业。培育承德神栗食品股份有限公司、丰宁银河生态农业开发有限公司等一批农业产业化企业。制定《承德市科技局深化农村改革任务落实方案》《承德市科技扶贫实施方案》。征集环首都现代农业科技示范带产业技术需求50项。向河北科技日报社组织推荐“河北十佳最美乡村科技致富带头人”候选人8个。

【科技创新】 构建多元化的科技服务体系。国家技术创新方法与实施工程技术研究中心——承德基地落户承德；河北省尾矿综合利用产业技术研究院和河北省仪器仪表产业技术研究院正式挂牌，共获得省级财政支持资金200万元。全市省级产业技术研究院达到3家。新建了3家省级工程技术研究中心，省级工程技术研究中心总数达到12家。

【基地建设】 加快推进科技园区、基地建设。大力推进承德高新区、国家农业科技园区、文化和科技融合示范基地、可持续发展实验区等国家级基地（园区）提档升级；滦平和承德县两个高新区的改革任务也在稳步推进，承德张百湾、六沟高新区分别整合为河北滦平高新区、河北承德县高新区。2016年年底，作为全省开发区改革发展工作的试点，承德高新区率先完成机构编制、人事薪酬、行政审批、投融资平台建设四项改革任务。至年底，全市园区总面积78万亩，其中核心区面积19.2万亩，入驻企业206家、农民经济合作社236个，已辐射带动全市82个乡镇，380个行政村，26万户农户发展种养业。

承德高新区投资1.6亿元，吸收社会资本15亿元，启动建设了承德大数据展示中心、中关村承德创新创业大厦等孵化平台等，承德县高新区与北京供销大数据集团共建承德德鸣大数据产业园，未来将成为北京周边规模最大的绿色数据中心。

【推动众创空间发展】　出台《承德市众创空间认定管理办法（试行）》和《承德市支持众创空间发展的若干举措》（承市政字〔2016〕103号），明确支持众创空间及其创新创业活动的扶持政策。国家级创新型孵化器“车库咖啡”落地营业；承德高新区创新创业苗圃已建设完成，筛选15个项目入驻。

【突出载体建设】　充分发挥产业基地的带动效应，推进文化和科技融合示范基地建设。本市的承德鼎盛文化产业投资有限公司、河北畅达集团、承德华净活性炭有限公司名列第二批河北省文化科技融合示范企业，全市已达6家；依托钒钛新材料、仪器仪表国家级产业基地，积极推进企业技术创新和产业链条延伸，加快钒钛新材料、仪器仪表产业的创新发展；本市钒钛新材料、仪器仪表两个产业集群被认定为第二批省创新型产业集群试点（全省共获批8个）；国家火炬计划承德仪器仪表产业基地顺利通过科技部复审。

【专业服务】　建设承德市技术交易市场和“互联网+”科技专家服务平台。建立符合承德市“十大产业”需求的专家库，科技成果转化服务专家市内84名、市外18名，引导科技专家对技术转移、成果转化、科技服务进行指导，通过专业服务，推动先进成果在承德市落地转化；全年征集各类科技成果1800项，筛分科技成果700项；开通手机APP和微信公众号服务功能，实现专家与企业的实时互动，建成“专家—企业家”“企业家—企业家”“政府—专家—企业家”直通交流模式。

地震监测

【防震减灾建设】　承德市地震局通过增设无线通信系统和网络中心，更新视频系统，完善地震应急指挥中心大厅功能，实现省、市地震应急指挥中心视频和应急通信系统联网，指挥一体化和资料信息共享。扩充短信速报平台及地震波型实时监测系统等，能更好地掌握地震后的相关资料，为震后预判做好服务。对地震应急队伍和应急救援装备等情况进行摸底和清查登记造册，责成专人管理，对县（区）应急场所数量不达标的限期整改，对应急装备和作业工具的更新、维护和保养，对地震应急避难场所进行统计，悬挂明显标识。

【监管和指导】　加强对新建、扩建、改建的重点工程抗震设防要求的监管和指导工作。审批权限下放后，下发《承德市抗震设防行政审批指南》，规范县（区）规范行政审批流程和基本要求；对新下放审批权限的双桥、高新两个区的抗震设防审批工作进行指导和培训，实行无缝对接；参照省政府新修订的《地震应急预案》，修订印发承德市《地震应急预案》，同时督导各县（区）、各部门修订和完善本单位和本部门的《地震应急预案》，不断提高预案的针对性和可操作性；开展执法证的发放和年检工作，重新对全市地震执法人员和执法证进行核实，新增地震行政执法人员5名，壮大地震执法队伍。全市完成抗震设防审批106项，办结率和满意率都达到100%。

【示范区申报和验收】 组织承德市双桥区狮子沟镇万树园社区申报国家级地震安全示范社区，平泉县柳溪镇薛杖子村的省级地震安全示范村建设工作；协调承德市教育局、科协联合开展“防震减灾示范学校”创建活动；协调市教育局、科协联合开展“防震减灾示范学校”创建活动，对2015年年末认定的8所中小学校为市级防震减灾科普示范学校进行验收。

【审批人员培训】 组织一线审批人员，参加省地震局在秦皇岛举办的国家强制性标准GB 18306—2015《中国地震动参数区划图》的培训，熟练掌握新一代区划图的主要内容、使用方法和抗震设防要求的新变化等，为基层工作人员开展行政执法和行政审批奠定坚实的专业基础。

【防灾宣传和应急演练】 利用“防灾减灾日”“科技活动周”“科普宣传日”等重要节点进行集中宣传。4月，组织平安中国防灾宣导系列公益活动组委会、河北省地震局、滦平县委、县政府参加的“平安中国”防灾宣导万里长城行活动，在滦平县金山岭长城举办启动仪式；“5·12”期间，在承德市电视台录制专题访谈，在《承德日报》上发表科普文章，在网站上积极进行防震减灾知识文章宣传；5月17日，邀请省地震局宣教中心主任王宝坤对室内几所学校开展防震减灾宣讲工作；10月14日，在承德县西坎小学组织地震应急演练，省地震局副局长张勤出席演练并做重要指示；配合市委宣传部和市电视台等单位积极筹备资料，制作防震减灾知识宣传片，在承德电视台和广播电台等媒体上播出；在平泉县薛杖子社区建立一处应急宣传窗口；积极开展防震减灾知识进社区、进企业、进学校等“六进”活动，印制防震减灾知识明白纸、制作光盘，进入家庭和单位进行发放，发放各类宣传资料2万余份；“5·12”和“7·28”期间，组织全市各系统和单位，特别是学校开展应急疏散演练，共有5000名师生参加演练，近400名社会各界人士观摩演练。

附：市科技局领导名录

党组书记、局长：李　威
党组副书记、副局长：崔海涛（满族）
党组成员、副局长：王亚洲（满族）
钱绍福（满族）
董凤义
刘承军（满族）

（供稿　丛晓颖　陈立权　付　佳　侯向伟　张立璇　李思敏　蔡淑娟　王九阳）

地质勘查

【地勘业转型】 为适应生态文明建设和京津冀协同发展的新形势、新任务及新要求，积极主动调整立项思路，地质找矿实现新的转型发展。调整找矿方向，多金属找矿实现突破。结合地质找矿转型要求，实施以“河北省承德县王家庄北沟钼多金属矿预查”“河北省承德市千层背、郑杖子、曹家窝铺斑岩型多金属矿预查”为代表的多个项目。“王家庄北沟”项目有望形成典型的小而富的中小型富钼矿床；“千层背”项目有望形成以钼为主的综合性矿床，为承德地区多金属找矿蓝图添加了浓墨重彩的一笔。立项成效显著。全年在立项的精准度上下功夫，结合河北省国土资源厅立项指南，把握立项重点，专门成立项目综合研究组。一方面加大对中央及地方政府政策的研究力度，确保立项符合找矿方向要求；另一方面，练好内功，充分利用现有资料，深入挖掘，综合分析，共组织编写立项申请书12个，其中8个项目评审通。抢抓市场项目不放松。本着双管齐下的理念，坚持一手抓财政投入多立项，一手抓商业项目不放松，不断强化市场意识，建立协作联络机制。在建项目进展顺利。全年完成“承德热河地质博物馆标本采集”“宽城满族自治县板城铁矿外围普查”“河北省丰宁满族自治县刘营金矿普查”等17个在建项目，共计完成钻探工作量14919.72米，化验样品2万余件，并成功通过“岩矿测试、岩矿鉴定”资质甲级申报，现全队拥有甲级资质已达16项。地质测绘抢抓机遇寻求突破。通过与各县（区）国土部门的沟通联系，积极承揽项目，完成“鹰手营子矿区三权发证”、“潮河流域大比例尺地形图测绘”等项目，成立地理信息中心、地籍调查部等部门，明确分工，为今后本市城市地质开展三维建模、无人机测绘等拓展奠定坚实基础。

【工勘业市场】 积极跟踪市场信息，抢抓京津冀协同发展和承德市“一带三区”建设的有利机遇，多方努力拓展业务，不断提升整体技术实力、服务水平和市场综合竞争力。共承接地基基础施工项目4项，风电、光伏施工项目3项，地灾治理施工项目2项，岩土工程勘察项目5项。主要项目有：承德市鹰手营子矿区跳沟村石灰石矿地质环境恢复治理工程、承德市二仙居商业街基坑支护工程、凤凰山小学桩基工程、平泉县引哈入瀑工程等项目。

【地灾地环业服务】 充分发挥水工环地质工作的公益性和服务性作用，依托京津冀协同发展、承德水源涵养功能区和承德市高锶矿泉城建设等重大发展机遇，各项工作迈上新台阶。一方面，主动寻求转型发展。共承接水工环类项目10项，建设项目地质灾害危险性评估报告22项，矿山地质环境保护与恢复治理方案9项，建设项目压覆矿产报告4项，地质灾害治理工程立项2项，地质灾害治理工程设计6项。重点项目有：承德市东区地热资源勘查、承德市兴隆县城周边地热资源可行性勘查、河北省承德市平泉县党坝镇永安村山泉水（矿泉水）勘查等项目。另一方面，加强综合技术实力，不断提升市场综合竞争力。联合中国工程院院士、中国矿业大学水害防治与水资源研究所所长、教授武强，在河北省地矿局第四地质大队建立院士工作站，为以后更好地开展地灾地环工作提供有力的科学理论指导和高层次专业技术人才支撑。

（供稿：石绍君）

气象工作

【概况】 2016年，全市气象工作以开展“两学一做”学习教育为引领，通过深化气象改革、创新驱动，加快推进气象现代化建设步伐，扎实推进各项工作，圆满完成年度目标任务。成功应对“7·19”罕见暴雨和“11·20”暴雪天气过程；市政府印发《承德市“十三五”气象事业发展规划》；全省年度目标综合考评中被评为“特别优秀单位”；大力推进县级综合气象业务转型，被评为全省气象部门年度创新工作先进单位；市级气象现代化阶段性评估得97.57分名列前茅。实现了承德“十三五”规划气象改革发展的良好开局。

【气象预报】 稳步推进市、县一体化实时监测和临近预警业务，在省台精细化格点要素指导产品基础上，汛期开展小时雨强预报和分县气象灾害预警业务；滦平局作为试点县制作发布分乡镇预警信号。作为全省预报服务集约化试点市，探索开展灾害性天气影响预报和风险预警业务，开发暴雨、暴雪等重大灾害天气基于影响的预报服务产品和风险预警产品。年内报送各类服务材料701期，发布灾害天气预警信号951次，有效地保护了人民生命财产安全。

【气象观测】 完善农业、林业、湿地生态等观测站网，增加茅荆坝林场自建的多要素站气象资料收集汇交。全市已建成多要素自动气象站93个，两要素自动站195个，暴雨站122个。总数达到

410 个。实现与水利、环保、林业等部门的数据共享。区域站公司化保障率达到 100%。继续依法保护气象探测环境。

【气象灾害防御】 组织开展尾矿库、旅游景区等重点领域和重点单位的气象灾害防御检查，参加全市军地联合防汛应急演练。印发《承德市气象灾害防御指挥部及办公室工作职责和工作流程》，与承德市综治办联合，将市、县气象防灾减灾职责纳入城乡网格管理。建立基层气象信息员微信群、QQ 群，通过微信、微博公众号实现信息互联互通。组织开发“乡镇气象信息服务平台”，完成全市暴雨洪涝、大风灾害风险普查和风险区划，开展气候可行性论证。

【气象服务】 加强公众气象服务能力建设。开展分乡镇短临预警和小时雨强预报业务，优化山洪、地质灾害风险预警。联合市防汛办共同编制“防汛用语十八条”，涵盖出行安全、暴雨应对、预防措施等。通过各种媒体及时向公众提供最新的天气实况和预报信息；继续做好气象影视、声讯电话等传统媒体服务。针对不同人群、不同阶层需求，提供更具针对性的服务，增加花粉指数和晾晒指数预报。加强专业专项气象服务能力。制定《2016 年智慧农业气象服务试点实施方案》，选定围场县局作为试点，明确目标任务和工作措施。向新型农业经营主体宣传推介农业气象 APP；推进河北省马铃薯气象中心建设，面向全省开展马铃薯全生育期气象服务。围绕承德扶贫攻坚规划，编制《关于开展特色农产品气候品质认证工作的专题报告》。完善气象、公安、交通三方协作机制，制作发布交通气象监测预报服务产品。制定气象服务工作方案，精心制作气象服务产品，保障“环中国国际自行车公路赛”“承德国际马拉松赛”“千名美国游客游长城”，及冰雪运动等重大活动顺利进行。积极为地方开发冰雪旅游等项目提供气象分析资料。加强生态气象保障能力建设。市气象台开展空气质量主客观预报检验评估业务，制作评估报告 13 期；开展湿地生态气象服务，发布专题材料 3 期；开展气候及气候变化研究，报送月、季、年《气候影响评价与评估》。积极组织开展人工影响天气作业，全年共组织地面火箭增雨作业 101 点次，发射火箭弹 504 枚，协调飞机增雨 16 架次，催化作业 46 小时。

【科技创新】 完善协同创新机制，围绕灾害性天气预报预警、大气污染防治、生态修复等重点领域，加强部门合作，开展科技攻关。编制核心技术研发指南，以科研项目为抓手，实施人才精准、定向培养计划。2016 年共设立科研课题 17 项；市生态与农业气象中心与市农科所加强合作，开展马铃薯晚疫病防治技术研究，联合申报科研项目；有 2 人参加了省创新团队；年内发表科技论文 14 篇，其中核心期刊 5 篇。

【气象台站建设】 加强统筹资金的管理，对基础设施建设单位进行重点支持。平泉、隆化县整体搬迁基础设施建设主体工程和附属设施建设基本完成。丰宁新址规划已经得到省气象局批复，前期工作进展顺利。已完成改造的县，基本达到“一流台站”的标准。

【气象事业发展】 9 月 13 日，河北省气象局与承德市人民政府召开共同推进承德气象现代化建设市厅合作联席会议，将气象工作纳入《承德市国民经济与社会发展“十三五”规划纲要》，并于11月23日印发《承德市气象事业发展“十三五”规划》。

【依法行政与社会管理】 依法厘清气象部门职责。继续开展地方气象法规、政府规章和规范性文件的清理和梳理工作。按照中编办和中国气象局《地方各级气象主管机构权力清单和责任清单指导目录》要求，动态修订气象部门权力清单和责任清单以及办事指南，并在政府信息公开平台进行公示。全面履行气象行政管理职能。清理规范行政审批事项和中介技术服务，与住建部门稳妥衔接房屋建筑工程和市政基础设施工程防雷装置设计审核、竣工验收行政许可事项。加强气象服务市场监管，组织开展“双随机”专项执法检查。提高依法行政能力。组织开展法律知识培训班，市、县局参公人员80%取得行政执法证件，开展行政服务大厅人员培训,深入开展普法活动，营造良好法治环境。依法管理气象事务。完善学法用法制度，聘请法律顾问，完善依法、民主、科学决策机制，发挥法制机构和法律顾问作用，强化决策的合法性审查。强化内部科学管理。进一步完善机关标准化建设，市、县加强内部管理，修订相关文件，印发《制度汇编手册》。积极做好气象宣传工作，在《中国气象报》、CMA网站等载体发布撰写的通信稿件29篇。在河北新闻网、《承德日报》等地方媒体发表宣传稿件20余篇。市委党校的县处级领导干部进修班将气象防灾减灾、气候变化等知识纳入课程。

【党建及党风廉政建设】 扎实推进“两学一做”学习教育。修订《承德市气象局党组工作规则》和《承德市气象局工作规则》，编印《承德市气象局制度汇编》。市局选配纪检组副组长，具备条件的7个县局明确1名副职分管纪检监察工作，市、县11个基层党支部都配备纪检委员。市局成立党组党建工作领导小组，印发《全市气象部门党建工作考核目标》。市局选举产生机关党委第一届委员会，隆化局成立党组，市县各基层党支部按期进行换届选举。市局连续18年获工委“先进基层党组织”表彰。

【获奖情况】 市气象局保持全国文明单位称号，市局申报新一轮省级文明单位，围场局获省文明台站标兵，平泉局获省巾帼文明岗，王宏获得巾帼建功标兵称号。

附：市气象局领导名录

党组书记、局　长：李兴文

党组成员、副局长：苗志成

曹丽华（女，满族，7月任）

党组成员、纪检组长：和　亮

（供稿　艾黎明）

卫生计生

综　述

截至2016年年底，全市共有各级各类医疗机构3679所。二级以上公立医疗机构31所，其中，三级医院4所（三级综合医院3所，三级中医医院1所）；二级医疗机构27所（二级综合医院15所，二级中医医院9所，二级专科医院2所，二级妇幼保健院7所）；二级以下公立医疗机构所9所；企事业医院4所；民营医院32所；乡镇卫生院204所；村卫生室2552所；社区卫生服务中心11所；社区卫生服务站66所；门诊部20所，诊所、卫生所、医务室734所。全市各级各类医疗机构设置床位19747张（医院13115，基层医疗机构6066张，妇幼保健机构566张），每千人口床位5.59张，病床周转次数28.8，病床使用率76.6%，平均住院日9.4天。其中，医院设置床位13115张，每千人口床位3.71张病床周转次数27.8，病床使用率84.26%，平均住院日10.7天。全市专业卫生技术人员19342人，执业（助理）医师8496人，注册护士6965人，药师914人，技师974人，其他1993人。每千人口卫生技术人员5.47人，每千人口执业医师2.41人，每千人口注册护士1.97人。2016年全市各级各类医疗卫生机构总诊疗2257.6万人次，住院治疗54.7万人次，住院病人手术82582人次，医疗总收入61.4亿元。医疗卫生总收入63.2亿元。

卫生管理

【整合城乡居民医保体系】 按照市政府常务会议决定，全市7月底完成了城乡居民基本医疗保险整合工作，建立起“统一覆盖范围、统一筹资政策、统一保障待遇、统一医保目录、统一定点管理、统一基金管理”的城乡居民基本医保制度。全省医疗服务智能监控系统覆盖全市二级以上医保定点医疗机构，实现定点医疗机构、医务人员和参保人员就医购药行为的全方位监控。推行以总额控制为主，按次均费用、按病种付费的支付方式改革。进一步规范基本医疗保险服务，保障医疗保险基金安全，维护参保人员利益。2016年，全市城镇医保参保80.9万人，参保率95%以上；新农合参合农民259.7万人，参合率达97.7%。截至10月底，新农合共补偿476.7万人次，补偿金额10.02亿元，门诊次均费用320元，住院次均费用为6503元，县外转诊率为10.9%。城镇居民大病保险核销住院患者1766人次，基金支出3826万元；新农合大病保险补偿3426人，补偿金额1133.9万元。

【县级公立医院综合改革】 各县（区）不断强化公立医院管理委员会的管理和领导作用，建立部门联席会议制度。建立多渠道补偿和价格调整机制。按照“总量控制、结构调整、有升有降、逐步到位”的原则，合理调整医疗服务价格，在现行政府指导价基础上，降低大型医用设备检查费用10%。明确价格测算项目、内容、范围及幅度，根据实际适当提高体现医务人员技术劳务价格的诊疗、手术、护理和中医特色服务等医疗服务项目价格。

【改革人事分配制度】 建立完善以岗位管理为重

点的人事管理制度，坚持按需设岗。制定各级各类专业人员选聘办法，通过公开竞聘方式，实行按岗聘用、竞争上岗。建立以服务质量、服务数量和群众满意度为主的分配机制，向技术骨干、拔尖人才、学科带头人倾斜，向重点岗位和高风险岗位倾斜。

【创建公立医院综合改革示范县】 市出台《创建深化县级公立医院综合改革示范县活动推进方案》《承德市2016年深化医药卫生体制改革重点工作任务》《关于建立分级诊疗制度的实施方案》等政策性文件，明确年度医改和示范县创建等重点任务和时间安排。宽城、滦平、丰宁、承德县开展县级公立医院综合改革示范县创建活动，组建公立医院管理委员会。4县分别投入医改资金2460万元、2040万元、1800万元、1530万元。全面启动分级诊疗制度建设。市出台《建立分级诊疗制度实施方案》。成立市级高血压、糖尿病和肺结核医疗质量管理与控制中心，以高血压、糖尿病、肺结核患者的分级诊疗、康复和管理为突破口，探索慢性病分级诊治管理模式，建立市县两级医疗质量控制、基层医疗机构与综合（专科）医院的分工协作机制，推进分级诊疗制度建设。确定隆化县、围场县为市级分级诊疗试点县，不断摸索积累成功经验，稳步推开。

【综合监督执法】 贯彻落实《承德市法治政府建设》和《法治政府建设工作要点》要求，加强卫生计生法治能力建设，规范执法行为。按照“应减必减、能放全放”的原则，做好取消下放行政审批事项落实和衔接工作。省下放的500张床位以上三级以下综合医院、100张床位以上三级以下专科医院、中医医院的执业、变更、歇业、注销登记行政审批纳入承德市行政审批。全市取消“国家工作人员再生育审批”事项。对全市涉及食品安全内容的3489家饭馆、咖啡馆、酒吧、茶座四类公共场所许可单位进行注销（变更），食品安全工作整合到食品药品监管部门。3月，完成与高新区在许可、监管工作移交。利用互联网+和大数据分析技术，完成4家公共场所在线监测试点安装工作，并投入使用。整顿医疗市场秩序，规范医疗服务行为。开展为期一年的医疗机构依法执业监督检查和两非“百日会战”专项行动，共检查单位19590户次，其中公共场所5431户次、饮用水468户次、放射307户次、学校949户次、医疗机构6730户次、传染病防治5629户次，结案893起，罚款共计127.39万元。公共用品消毒抽检756份，合格率达93.6%以上。10月14日，在“2016年河北省公共场所卫生监督专项技能竞赛”中，承德市选手获“决赛优胜奖”。10月25日，在京津冀饮用水污染卫生监督联合演练，自建供水污染事件应急演练科目中，本市代表队荣获第一名。

医疗医药制度改革

【医疗控费机制】 县级公立医院全面实施以总额控制为主，辅以按病种、按次均费用等付费的支付方式改革。县级公立医院将药占比、临床路径和单病种管理、次均费用控制纳入目标管理责任制和绩效考核范围。

【药品供应保障机制】 完善基本药物制度，各医疗机构全部实行药品集中招标采购，采购药品共计11.6亿元，30日回款率达97.6%，配送率90.2%，网采率100%；基层医疗机构药房规范化建设达标率90%以上。全市9个基层医疗机构采购用户和所有政府办二级及以上医疗机构采购用户均实行京津冀药品集中采购价格。4个公立医院改革示范县加入京津药品价格联盟，优先使用京津挂网药品，降低药品价格。选取三级医院、二级医院、社区卫生服务中心和乡镇卫生院各一所，开展短缺药品监测工作，截至年底，共报告短缺药品 56 个品规，为国家制定短缺药品定点生产政策提供依据。建立配送企业约谈制度，全市各采购用户定期监测配送企业药品配送情况，对配送率偏低、配送品种不全的企业定期进行约谈，提高乡村、边远地区药品配送能力。

【中医药管理】 贯彻落实《承德市全面振兴中医药事业发展的决定》，以加快中医药事业发展为主线，深化中医药改革，提升基层中医药服务能力。县级中医院基础建设取得新进展，滦平县、承德县、宽城县中医院迁建、扩建工程竣工并投入使用，总投资 4.4 亿元，新建 10.2 万平方米。加大中医重点专科建设力度，建成国家级中医重点专科 2 个、省级 15 个、市级 28 个。推进县级中医院医改。中医药报销比例提高 5%，中医院住院起付线比县医院降低 100 元。丰宁、围场两县试点开展门诊中药饮片新农合报销 50% 的政策。8 个县级中医院全部实行药品零差价，药占比下降到 50% 以下。开展基层中医药工作先进单位创建活动，提升中医药服务能力。新建国医堂 24 个，创建中医药特色示范村卫生室 88 个和中医药特色示范社区卫生服务站 12 个。乡镇卫生院和社区卫生服务中心均设有中医科中药房，70% 的乡镇卫生院和社区卫生服务中心设置康复理疗科，80% 的村卫生室和社区卫生服务站能够提供中医药服务。中医药健康管理 65 岁以上老年人中医药服务率达到 65.2%，0 ～ 3 岁儿童中医药服务率达到 63.98%，基层医疗机构中医药服务能力和水平进一步提升。加大中药产业发展力度，全市中药材种植面积达 68 万亩。8 月 18 日滦平县承办首届河北省中药产业发展大会，30 多家国内外大型药企与河北省中药材种植园区集中签订战略合作协议，共计签约收购中药材 9.5 万吨，涉及 43 个品种，订单收购额达 18.8 亿元。

【医学科技】 扎实推进“科教兴卫、人才强医”战略，加大对重点学科建设的扶持力度，积极引进新技术、新项目，不断提高重点学科的竞争实力。确定新一轮医学重点学科 55 个，重点发展学科 11 个。首次使用“承德市科技计划项目管理平台”和“河北省卫计委科教管理信息平台”申报省市重点课题计划 28 项。全市获河北省医药卫生科技和承德市科技进步奖共 44 项，其中获河北省医学科技奖 27 项，其中二等奖 24 项，三等奖 3 项。获承德市科技进步奖 17 项，其中二等奖 6 项，三等奖 9 项。加强卫生人才培养。培训第五期、第六期乡镇卫生院转岗全科医生 55 名，培训 2016 年卫生适宜技术进社区学员 210 名，远程教育培训全科适宜技术乡村医生 1000 名。强化实验室监管。全市二级及以上医疗机构实验室完成备案 40 个，备案率 80%，全省领先。出台农村订单定向免费医学生就业安置相关政策，2016 年农村订单定向毕业生 31 人，违约 12 名，19 名毕业生与各县区乡镇卫生院签订就业协议，平均工资 1408 元／月，并在河北省各住院医师规范化培训基地参加为期 3 年的全科专业住院医师规范化培训。启动“3+2”助理全科医生培训。承德县医院、隆化县医院申报河北省首批助理全科医生培训基地，已通过验收。承德医学院附属医院和市中心医院住院医师规范化培训基地共招收学员 237 人。举办“三下乡”“科技活动周”主题宣传活动，发放健康科普知识、疾病常识、就医指南等宣传资料和宣传纪念品 3000 余张（份），群众咨询 500 余人次，免费义诊 200 余人次，受到群众好评。

医政管理

【医政专项工作】 深入开展二级综合医院评审评价工作，对宽城县医院、平泉县医院、兴隆县医院、围场县医院进行带教评审，完成对承钢医院、滦平县医院二级甲等综合医院评审复核工作。开展“平安医院”创建工作，严厉打击侵害医患人身安全、扰乱正常医疗秩序违法犯罪活动。开展改善医疗服务行动计划，以“智慧医院，你我共享”为主题，利用互联网技术，提供在线分时段预约诊疗、候诊提醒、诊疗报告查询、移动支付、诊间结算、出入院即时办理、全自助服务等便捷服务。三级医院全面实施预约诊疗服务，平均实际预约率 18.8%，平均复诊预约率 8%。开展诊间结算等服务医疗机构 5 个，提供移动支付医疗机构 4 个，提供多种形式检查结果查询服务医疗机构 6 个，开展远程医疗的医疗机构 9 个。实施临床路径的医疗机构 25 个，管理病例总数 4225 例。实施检查结果互认的医疗机构 53 个。落实优质护理服务，实施优质护理服务的医疗机构达 25 家，实现病房全覆盖的三级医院数量 2 家，占三级医院总数 67%。8 月 22 日起，在全市二级以上医疗机构实行“两承诺”制度，全市二级以上医疗机构共签署《医患双方不收和不送“红包”承诺书》74328 份，《医疗机构医药产品廉洁购销承诺书》1783 份。开展医师多点执业试点工作，制定《承德市推进和规范医师多点执业实施方案》，鼓励医师到基层、边远地区医疗机构多点执业，完成医师注册 569 人、变更 1194 人，护士注册 698 人、变更 875 人，延续注册 509 人。加强全市“120”医疗急救体系建设，完善以市“120”急救中心为核心的市、县（区）、乡（社区）医疗急救体系，形成覆盖全市的医疗急救网络，着力打造城镇 15 分钟和农村 30 分钟急救圈，提高应急救治效率。开展抗菌药物临床应用专项整治活动，三级医院使用抗菌药物品种控制在 50 种以内，二级医院控制在 35 种以内。加强血液安全管理。全市参加无偿献血 30711 人次，采血量 11.7 吨，机采血小板 3150 人份，临床用血 100% 来自公民自愿无偿献血。完善 12320 热线服务，全年解答咨询 1468 例。积极推动社会资本办医。全市共设置审批民营医疗机构 805 所，占全市医疗机构总数的 21.6%；床位 1377 张，占全市医疗机构床位总数的 7.5%。

【卫生应急】 贯彻落实国家和省《突发急性传染病防治“十三五”规划》和《突发事件紧急医学救援“十三五”规划》，妥善处置突发公共卫生事件，卫生应急工作取得明显成效。推进卫生应急规范化建设。共存储市级应急预案 24 个，县级应急预案 288 个。全市二级以上综合医院、疾控中心均成立卫生应急领导小组，设立应急办，增储卫生应急物资共计 300 余万元，其中市级投资 30 余万元，县区级投入 271 万元。落实《京津冀毗邻县（市、区）卫生应急合作协议》，承德市环京津 4 县主动与京津毗邻县（区）开展区域卫生应急合作与交流，落实突发事件应对联防联控机制，共同维护京津冀北地区公共卫生安全。市本级调整组建“突传”“中毒”“核辐射”、医学救援、心理援助等五类 24 支 288 人的卫生应急队伍。建立全市突发事件心理救助专家库，确定市级突发事件心理救助专家 20 名，公卫应急管理专家 10 人。组建院前急救、院内救治、疾病控制、卫生监督 4 类 60 人的反恐怖卫生应急分队。全市报告突发公共事件 7 起，均妥善处置，维护了社会稳定。做好特殊时期应急保障。2 月至 3 月、“五一”，启动反恐应急二级警务措施，7 月中旬至 8 月上旬启动抗洪救灾卫生应急一级响应，全市卫生应急队伍，加强值守，有效开展突发急性传染病防控和紧急医学救援工作。组织开展实战拉练演练。4 月，组织围场、丰宁两个鼠防重点县的卫生应急、监测哨点人员开展鼠防应急桌面推演。6 月，参加在衡水举办的全省洪涝重大灾害卫生应急演练，展示承德卫生应急能力和水平。8 月，在承德县举办首次“全市地震等重大自然灾害卫生应急实战演练”，卫生应急处置能力进一步提高。2016 年，被市政府评为 2015 年度安全生产优秀单位。

【疾病防控】 加强传染病防控，落实各项综合防控措施，有效控制重大传染病疫情的暴发流行。全市报告法定传染病 22 种 1.4 万例，报告发病率395/10万，较2015年同期下降3.44%。建立市级防治重大疾病工作部门联席会议制度，30所县级以上医疗机构成立公共卫生管理委员会和公共卫生科。深入推进艾滋病综合防治示范市创建工作，定点医疗机构开展抗病毒治疗。实现结核病服务模式转型后指标整体回升，活动性患者登记和涂阳率比2015年同期上升3.8%和49.09%，被国家卫计委定为结核病分级诊疗和综合诊疗模式试点市。加强国家免疫规划工作，全市儿童接种58.71万剂次，以乡为单位免疫规划疫苗接种率为95.65%。有效应对山东非法疫苗案，保障第二类疫苗供应，无群体性预防接种异常反应事件报告。推进全市预防接种门诊规范化建设，完成示范预防接种门诊建设7个，在建11个。加强慢性非传染性疾病综合防治工作，建立精神卫生联席会议机制，开展精神卫生流行病学调查，重性精神疾病报告率3.82‰，年在管率85.7%，规范管理率71.46%。开展碘缺乏病、职业病、饮水和环境卫生、学校卫生、食品安全风险监测，建立承德市城镇市政集中式供水信息通报机制，提升市疾控中心饮水和食品安全风险监测检验能力，饮水检测项目达到104项。

【计生服务】 实施计生家庭奖励优惠工程，按照“新人新办法、老人老办法”的原则，严格落实各项奖励优惠政策，进一步完善利益导向工作机制。国家机关、企事业单位独生子女父母退休3000元一次性奖励新增3924人，落实资金1177.2万元；独生子女父母每月10元奖励符合65787人，发放资金789.44万元。奖扶特扶对象共36556人，较2015年新增5480人，奖特扶资金全部发放到位。审核农村独生子女高考加分 1064人、中考加分679人。实施计生特困家庭救助工程，争取计生特殊家庭帮扶项目资金47万元，组建志愿者队伍1152人开展精准帮扶，全市目标人群902户，1245人，建档率达100%。各县（区）明确1家公立综合医院与计生特殊家庭有效对接，49周岁以上计划生育特殊困难家庭父母享受每年免费体检一次，设立“医疗应急保障专项资金”，初步建立医疗服务绿色通道。把幸福工程、少生快富和精准帮扶相结合，与当地扶贫部门协作，成立“能人＋贫困母亲”“合作社＋计生户”的经营模式，建起千亩籽西葫芦和玉米、中草药种植和蔬菜大棚等基地。河北省电视台农村频道老三热线以“幸福工程中的幸福生活”为题对平泉县的幸福工程进行了采访报道。截至年底，全市幸福工程和少生快富项目覆盖全市8个县（区），投入资金508万元，发放贴息贷款1057万元，救助贫困母亲3680户，帮扶计生贫困家庭1298户，惠及12000多人，资金回收率达100%。全市2515个村（居）制定完善突出关爱女孩、计生家庭等“奖、优、免、扶、保、助”六位一体的优先优惠条款，并全部做到乡级审查备案。开展“婚育新风进万家活动”活动，全面推行“五个五工程”计划。全市新建婚育新风文明示范村50个、卫生计生科普宣传一条街50条、卫生计生主题文化长廊50条、卫生计生文化大院50个、文明幸福家庭5000户，此项工作经验在全省推广。开展亲情关爱送温暖走访慰问行动，走访慰问1889户，发放救助金和慰问品共计118万元。开展健康培训和心理抚慰培训12场，受益1200余人。兴隆、隆化、平泉等县分别为失独老人和伤残家庭投保住院陪护险或人身意外险，共计14.15万元。

【爱国卫生运动】 制定《创建国家卫生城市总体方案》和“创建国家卫生城市任务分解表”。成立承德市创建国家卫生城市领导小组以及业务指导组，召开全市创建国家卫生城市调度会，将创建国家卫生城市工作的8大项、40小项创建任务与各责任单位进行安排部署，确保创卫工作持续有效开展。组织开展世界防结核病日、世界卫生日、世界无烟日等宣传教育活动，提高广大群众防病、治病的健康素养。结合《承德市2016

年春季城乡环境综合整治实施方案》和第28个爱国卫生月活动，组织开展全市环境整治活动，加强城乡环境基础设施建设，彻底清除过冬垃圾、卫生死角和城市“牛皮癣”，消灭“四害”滋生地，规范和清理路边摊点，城乡环境焕然一新。到年底，全市共开展环境整治活动40余次，出动社区干部、学生、志愿者等16万人次，清理垃圾20万吨，清除卫生死角2万多处，为创建国家卫生城市打下良好基础。开展健康城市、健康乡镇、健康村试点工作，确定省级试点村6个。全市无害化卫生厕所普及率达到52%以上。推进卫生县城创建，兴隆县被命名为省级卫生县城，宽城、平泉县已通过省专家组考核验收。

【基层卫生】 开展创建群众满意乡镇卫生院活动，完成创建国家级“群众满意乡镇卫生院”20个，省级“群众满意乡镇卫生院”20个，平泉县七沟镇中心卫生院被列为国家重点宣传推介卫生院。基本公共卫生服务项目稳步推进，人均基本公共卫生服务经费提高到45元。为平泉、隆化、丰宁、宽城四县集体产权村卫生室配备健康一体机1283台。落实原“赤脚医生”养老补助政策，全市符合养老补助的原“赤脚医生”共7832人，年补助资金2425.48万元，11个县区已通过财政审核。推进基层家庭医生签约服务。以65岁老年人、孕产妇、0～6岁儿童、高血压、糖尿病等慢性病患者及重型精神病患者为主，通过全科医生（乡村医生）为主体、服务团队为依托、社区卫生服务中心和乡镇卫生院为平台、医疗卫生机构纵向协作为支撑的服务形式，逐步建立起“基层首诊、双向转诊、急慢分治、上下联动”的分级诊疗模式。共建立居民健康档案329万份，建档率达93%；65岁以上老年人健康管理26万人，管理率70%；高血压患者管理32万人，管理率42%；糖尿病患者管理8.5万人，管理率29%。大力开展全市基层卫生岗位练兵和技能竞赛活动。全市基层卫生岗位练兵和技能竞赛活动选拔出的6名参赛选手通过省级复赛进入决赛，获个人一等奖，团队三等奖。社区护理个人代表河北省参加全国社区护理比赛，获得第三名。

【妇幼卫生】 认真贯彻落实“一法两纲”，以“保障广大妇女儿童健康”为宗旨，以“降低孕产妇和婴儿死亡率，提高出生人口素质”为目标，实施“妇幼项目”带动战略，妇女儿童健康状况明显改善。孕产妇和儿童系统管理率均达80%以上，全市孕产妇死亡率下降到12.45/10万，婴儿和5岁以下儿童死亡率分别控制在3.86‰、4.76‰。加强出生缺陷综合防治，提高出生人口素质。成立5所胎儿先心病筛查诊治机构和2所产前筛查机构，血清学确诊唐氏综合征等畸形儿22人，超声确诊各类畸形儿231人，筛出PKU患儿40例、甲低患儿58例、听障患儿53例，新筛工作位居全省前列。新生儿35种疾病免费筛查公益项目运行规范，院内筛查率达到100%。开展“双百家”创建，建省级促进自然分娩示范医院3所、示范孕校5所。全市农村孕产妇住院分娩补助2.1万人；免费发放叶酸4.2万人；免费艾梅乙检测1.5万人，对筛出的阳性包括HIV 1人、梅毒25人、乙肝441人进行母婴阻断；免费“两癌”筛查2.5万人，检出宫颈癌17例、乳腺癌5例；营养包发放惠及9.9万名婴幼儿；新生儿35种疾病免费筛查1.7万名。代表省接受国家儿童项目督导，给予管理规范等高度评价。

【健康教育】 坚持深入宣传国家和省关于卫生计生工作的重大决策部署，发挥宣传在卫生计生工作中的先行先导作用，构建大联合大宣传的工作格局，为全市卫生计生事业改革发展提供思想引领、舆论支持和社会环境。各县（区）依托社区、非公企业和流动人口计划生育协会，在各大节假日、重要纪念日开展文艺演出和慰问活动，向群众宣传计生惠民政策。充分利用世界卫生日、世界人口日等综合性纪念日，策划开展集中宣传活动400余次、组织专家义诊300余次、组织政策知识等咨询服务活动500余次，受到群众广泛好评。巩固计生“双文明”创建成果，继续开展“婚育新风进万家活动”活动，全面推行“五个五工程”计划。2016年全市新建婚育新风文明示范村50个、卫生计生科普宣传一条街50条、卫生计生主题文化长廊50条、卫生计生文化大院50个、文明幸福家庭5000户，此项工作经验在全省推广。市县两级制作的以“关爱女孩”综合治理出生人口性别比为主题的宣传片共15期在承德广播电视台新闻综合频道及当地电视台定期播出，营造全社会关心关爱女孩的浓厚氛围。全年在电视台、广播电台、报纸及网站共发表稿件598篇次，其中中央级新闻媒体报道19篇次，省级45篇次市级534篇次。不断提高群众对计生政策及健康知识的知晓率。

【卫生服务体系建设】 结合承德卫生工作实际，围绕五大方面、21个课题，开展课题调查研究，形成前期课题研究报告。根据《河北省“十三五”卫生与健康规划》和《承德市国民经济和社会发展第十三个五年规划纲要》，完成《承德市“十三五”卫生与健康规划》编制和部门意见征求。贯彻落实《承德市医疗卫生服务体系规划（2016—2020年）》，指导各县（区）加快编制县域医疗卫生服务体系规划，10个县区规划通过专家论证。完成“十三五”规划项目储备库第一批储备项目申报工作，共3类、28个，规划建设总规模为200458平方米，规划总投资74050万元。按照国家投资方向，积极谋划、多方争取编报项目。承德市编报2016年中央投资卫生项目8个，建设规模20646平方米，总投资8666万元，其中中央投资4349万元。全市儿童医院项目取得“工程规划许可证”和“建筑工程施工许可证”，已开工建设。

【医疗合作】 深入推进京津冀医疗卫生协同发展，开展卓有成效的对外医疗合作。多次赴北京、天津与相关医疗机构进行对接、洽谈，并邀请相关领导和专家来承实地考察。北京航天中心医院整体托管承德市第六医院，开创承德市引进北京优质管理资源和医疗资源的新模式；京冀承医疗卫生协同发展框架协议正式签约，标志着承德市与北京市建立长期、稳定、全面的医疗卫生战略合作关系；承德医学院附属医院和市中心医院被纳入京津冀首批医学影像结果互认的医疗机构，此外承德医学院附属医院还被纳入京津冀首批临床检验结果互认的医疗机构。全市所有二级以上医院与45家京津著名医疗机构建立合作关系，在医疗服务、学科建设、人才培养、科研协作、双向转诊、医院管理等方面开展全方位、深层次合作。京津医疗机构选派1100余人次医疗和管理专家到承德进行指导、讲学，带来新的管理理念和管理模式；全市3000余人次专业技术人员得到专家的指导和帮带，1200余人次业务骨干免费到合作医院进修学习，为医院发展提供充足的人才储备；合作医院间开展远程会诊1300余次；京津名医到本市开展手术1800余台次，全市1.5万余人次患者接受京津专家诊治，群众不仅在本地享受到国家级专家的服务，就医费用也显著降低。

【医疗卫生产业】 制定《“大健康、新医疗”产业发展规划（2016—2020年）》，以发展“大健康、新医疗”为重点，以“突出自身优势、弥补短板”为导向，通过“走出去”积极对接交流、“请进来”现场参观考察的方式，稳步推进医疗卫生产业发展步伐。总投资6.5亿元的北京同仁堂承德医疗健康产业项目的一期项目已完成施工装修；总投资7000万元的承德朝聚眼科医院已开展诊疗活动；总投资2.9亿元的市妇幼保健院、市儿童医院等专科医院、总投资1.5亿元的承德圣华医院正在建设。由承德、上海宝藤生物医药科技有限公司、润泽安泰（北京）科技有限公司共同建设的京津冀精准医学大数据产业基地项目已签署战略合作框架协议；心源正义（北京）教育科技有限公司、中国红十字总会事业发展中心和承德市合作建设的国际健康产业园已签署合作框架协议。

承德医学院附属医院

【概况】 承德医学院附属医院是承德地区规模最大的集医疗、教学、科研、预防保健于一体的三级甲等综合性医院。

医院现有两个院区，占地面积218亩，建筑面积25万平方米，总资产17.99亿元，开放床位2360张。共拥有价值100万元以上医疗设备92台（套），10万元以上医疗设备619台（套）。设置有层流净化手术间33间（百级7间、千级4间、万级22间）。医院现有职工2924人，其中卫生技术人员2241名，正高159人、副高258人；具有博士硕士学历688人，享受国务院特殊津贴专家2名、河北省省管专家1名、河北省中青年突出贡献专家3名、河北省“三三三人才工程”青年专家6名、承德市拔尖人才18名。2016年全年门、急诊130万人次，出院病人5.87万人次，手术1.87万例（手术室完成）。医院获评“全国百姓放心百佳示范医院”。

【内设机构】 医院设有临床、医技科室54个，职能科室32个，中医妇科为国家重点中医专科；儿科重症、骨科、消化内科、康复医学科、神经内科、血液内科、眼科、皮肤性病科、口腔科、肿瘤科、普外科、小儿外科、肾脏内科、胸外科为省级临床重点专科；皮肤性病科、泌尿外科、呼吸内科、眼科为省级医学重点发展学科；内科学、口腔临床医学、皮肤病与性病学、眼科学为河北省高等学校重点发展学科。临床医学为学术型硕士和专业硕士学位授权一级学科。医院为首批国家级住院医师规范化培训基地。承德市神经疾病研究所等17个市级临床研究所挂靠在医院。

【荣誉奖项】 医院承担国家自然科学基金、河北省自然科学基金等各类科研课题共476项；获省、市、厅、局级科技进步奖225项；在核心期刊发表学术论文1770余篇；其中发表SCI 论文41篇，其中IF最高9.18分；开展国家、省、市级继续医学教育项目450余项。医院先后获得“全国卫生系统先进集体”“全国百姓放心示范医院”“全国卫生系统思想政治工作先进单位”“河北省创建‘诚信医院’活动先进单位”“河北省文明单位”“河北省卫生系统行风建设先进集体”等荣誉称号。

解放军第二六六医院

【概况】 解放军第二六六医院位于承德市双桥区北郊狮子沟镇，医院始建于1954年，先后历经5次整编，已发展成为一所集预防、医疗、保健、疗养、教学、科研为一体的现代化三级甲等综合医院。医院占地545亩，总建筑面积15万平方米。医院承担承德医学院、沧州医学高等专科学校等医学院校临床本科、专科教学任务。为承德地区3所三级甲等综合医院之一，向驻地及周边群众提供有偿医疗服务。

【科室设置】 医院现开放床位610张，设置科室40个，其中军区专科中心2个（脑血管病研究诊疗中心，创伤骨科研究诊疗中心），神经内科、心血管内科、消化内科、普通外科、感染科和肿瘤科是医院重点科室。拥有各种医疗设备3000余台件，总价值1.2亿元。医院是河北省医保定点医院，河北省新型农村合作医疗定点医院。

【荣誉称号】 医院被原卫生部认定为“爱婴医院”，连续三次获得全军“白求恩杯优质服务竞赛优胜单位”，被军区表彰为“先进医院”“为兵服务先进医院”等，被联勤部、分部表彰为落实联勤部《三年达标方案》“达标先进单位”“联勤工作先进单位”“科技练兵先进单位”“医疗护理质量”先进单位、“创新发展先进单位”“社会化改革先进单位”“备战训练工作先进单位”等。先后被驻地省市誉为“绿化先进单位”“花园式营院”“卫生先进单位”。

承德市中心医院

【概况】 承德市中心医院始建于1952年，现已发展成为集医疗、教学、科研、预防、保健为一体的综合性三级甲等医院、承德医学院第二临床学院、全国脑卒中筛查与防治基地、河北省住院医师规范化培训基地、红十字承德市急救中心、承德市全科医生临床培养基地、承德市放化疗中心、承德市健康体检中心、承德市临床检验中心、承德市第一司法医学鉴定中心。医院建筑面积7万平方米，开放床位922张，设临床科室32个，医技科室15个。现有职工1450人，其中高级技术人员278人，中级技术人员360人，博士、硕士研究生209人，硕士研究生导师20人，市管专业技术拔尖人才19人，市级名医17人，新世纪学术技术带头人24人。急诊科被评为省级临床重点专科建设项目单位，心胸外科、消化内科、心血管内科、神经外科被评为省级重点发展学科，16个市级重点学科、9个市级名科继续保持比较优势。

【诊疗设备】 医院拥有瑞典医科达医用电子直线加速器成套设备、德国西门子1.5T超导磁共振仪、德国西门子C型臂血管显影机、飞利浦64排128层螺旋CT机、飞利浦双探头ECT机等高精尖诊疗设备200余台。

【文化建设】 医院坚持以医疗质量为核心，以学科建设为主线，奉行“全人医疗、人文关怀”的服务理念，扎实推进“学习型、学院型、人文型、节约型”医院建设。尤其自2005年开展医院文化建设，按照以精神文化为核心、规范行为文化、推动物质文化的总体思路，通过多种形式和途径提升医务人员人文素养和医院软实力，截至2016年年底已邀请国内知名专家做专题培训30余场，并用“以病人为中心、以员工为主体”的人文管理理念不断创新人文关怀举措，使员工的精神追求有价值，物质收入有保障，实现了医院发展与员工发展、病人满意与员工满意的完美结合与统一。医院文化建设成果多次在国家级会议上做经验交流，解放军254医院、沧州市中心医院等多家医院前来参观学习。

【经济效益】 年实现业务总量4.62亿元，其中业务收入4.33亿元，为历史最高水平。门诊量618374人次，出院病人25746人次，病床使用率88.6%，病床周转次数27.92次，平均住院日11.20天，诊断符合率99.9%，危重病人抢救成功率92%，住院手术5952台次。

承德市中医院

【概况】 承德市中医院始建于1956年，是一所集医疗、教学、科研、预防保健、社区卫生服务等于一体的市级现代化综合性三级中医院。承德市医疗保险定点医院、公费医疗定点医院、新型农村合作医疗定点医院、铁路家属定点医院、工伤保险定点医院，同时还是承德医学院附属中医院、承德护理职业学院附属医院、北京中医药大学东方学院教学医院、河北中医学院附属中医院、北京中医药大学东直门医院合作单位、中国中医科学院广安门医院合作单位。2010年12月为推进国家重点中医院国债建设项目，建设三级中医医院。承德市中医院与承德市第五医院合并整合。整合后优化医疗资源，医疗技术优势互补，综合实力进一步增强，优势进一步显现，特色进一步突出。医院现有职工615人，其中副高职以上职称111人，中级职称144人。

【内设机构】 现有科室64个，包括职能科室25个，临床科室29个，医技科室10个，国家级重点专科1个（康复科），国家“十二五”规划重点专科培育单位1个（老年病科），省级重点专科5个，市级重点专科7个，省级名医2名，市级名医6名。医院在心脑血管疾病、肛肠疾病、糖尿病、肝病、肾病的治疗方面有一定特色。同时，手足显微外科、脑神经科、耳鼻喉科、老年病科等在我市具有一定影响力。医院的脑血管病康复科是国家级重点专科建设单位，2011年，通过河北省中医药管理局的审批，确立为“河北省中医药脑血管病后遗症重点研究室”。2013年，康复科病区被国家中医药管理局命名为“全国中医医院优质护理服务先进病房”。

【医疗设备】 医院拥有GE1.5T超导核磁、德国GE16排螺旋CT机、西门子双排螺旋CT机、德国数字DR-X光机、日本彩色多普勒超声仪、飞利浦彩色超声诊断仪、德国“费森尤斯”血透机、血液滤化机、日本奥林巴斯电子胃肠检查治疗仪、全自动生化分析仪、全自动免疫分析仪、24小时动态心电图、腔镜系统（关节镜、腹腔镜）、眼科超声乳化仪、美国尼高力全数字精确癫痫定位系统和精密显微外科手术器械等先进的医疗设备。

【医院建设】 医院新建综合病房楼已投入使用，开放住院床位400张，达到卫生部三级中医院标准。医院也于2014年11月整体迁入原承德市第五医院院址（承德市双桥区车站路18号），占地面积28亩，建筑面积2.9万平方米。医院以“厚德精术、承古纳新”为院训，以“仁爱济世，服务健康”为宗旨，秉承“弘扬中医文化，突出中医特色，强化中西医结合，打造精品科室，走积极稳健发展之路，实现创新型跨越式发展”的发展战略，为广大群众提供更加优质的服务。

承德市第三医院

【概况】 承德市第三医院（承德市肿瘤医院、承德市传染病医院、天津市肿瘤医院分院、首都医科大学北京佑安医院分院）是全市唯一一家肿瘤和传染病的专科医院，承担着承德地区肿瘤和传染病的诊断、治疗、急救、科研、教学、预防、筛查及重大公共卫生事件救治等任务。医院占地面积82亩，建筑面积18000平方米，开放床位400张（肿瘤病区202张，老年病区70张；传染病区108张），全院职工303人，其中医护技人员226人（高级职称35人、中级职称69人）；博士学位1人，硕士学位9人，在职攻读硕士5人，河北省政府公派出国留学1人，省“三三三人才”第二层次人选1人，省“三三三人才”第三层次人选3人；国家级专业技术委员会委员2人、省级专业技术委员会常委3人、委员20人；市管专业技术拔尖人员1人，市级名医4人，市级名护1人，市新世纪学术带头人津贴享受者3人，市级医学名科1个，市级医学重点学科3个、市级医学发展学科1个。

【内部机构】 医院临床科室：肿瘤内科、放疗科、肿瘤外科、微创外科、肿瘤妇科、老年病科、感染科、麻醉科。

【诊疗设备】 医院拥有肿瘤特色治疗设备、医用直线加速器、铱192后装治疗机、西门子螺旋CT、飞利浦500MA数字多功能X线机、GE彩色超声诊断仪、GE数字血管减影机、体外高频热疗机、床旁血液净化机、800速进口全自动生化仪、罗氏生化免疫全自动定量分析仪等先进医疗设备。

【医疗合作】 医院加强与省、京、津、沪等地大医院合作，成为天津市肿瘤医院分院、首都医科大学北京佑安医院分院，与北京地坛医院、第二军医大学东方肝胆外科医院、河北省人民医院、石家庄市传染病医院建立合作与帮扶关系，是承德医学院、承德护理职业学院、廊坊卫生职业学院的教学医院，同时与美国Tulane University癌症中心建立合作，聘请美国教授为医院技术顾问，采取远程多学科专家会诊形式为患者制定国际最先进的治疗方案。与美国M.D.Anderson癌症中心、河北医科大学、河北联合大学合作研究多项国家级科研课题，主持完成30余项科研项目，获省市级科研成果和科技进步奖20余项，出版专业医学书籍20余部，发表国家级核心期刊论著100余篇。

【荣誉称号】 医院先后荣获“百姓放心示范医院”“省安全生产管理先进单位”“市级文明单位”“物价信得过单位”“花园式单位”“市卫生系统先进基层党组织”等荣誉称号。

承德市妇幼保健院

【概况】 承德市妇幼保健院于1983年由原市妇产院和妇幼保健所合并建立，是全市唯一一所集保健、医疗、预防、科研、教学于一体的二级妇幼保健专业机构，承担着全市妇女儿童的医疗保健及基层妇幼卫生业务指导等任务。医院坐落于承德市双桥区马市街1号，占地面积1130平方米，建筑面积5300平方米，在职职工345名，专业技术人员321名，占职工总数的93%，其中高级职称人员78人，占22.6%，中级职称人员90名，占26%，研究生学历4名，本科学历人员218人，占63%。医院开放床位130张，设有保健、临床、医技、行政等29个科室，其中生殖医学中心、新生儿科、妇产科市级重点学科，生殖医学中心是全市唯一获得开展人类辅助生殖技术资质的单位。医院拥有E8、VV7高档彩超、移动“DR”、日本岛津X光机、日历生化仪等先进医疗设备120余台件。年门诊16万余人次，住院7000余人次，业务收入7000余万元。

【医院建设】 在各级领导的关怀和支持下，院领导班子带领全院职工，解放思想、更新观念，致力于打造全市妇女儿童医疗保健服务中心，确立“后勤围绕一线转，医技围绕临床转，临床围绕患者转”的管理模式，倡导“德技双馨，超值服务，感动服务”的服务理念，不断夯实基础，改善条件，加强管理，提升质量，强化服务，树立形象，促进医院规范化、科学化发展，综合服务能力和服务水平不断提升。承德市儿童医院建设项目和承德市妇幼保健院的迁建项目已经获得批准，新建儿童医院和迁建妇幼保健院50300平方米，400张床位，计划总投资2.4亿元，现有中央投资和市财政配套7625万元。

【荣誉称号】 承德市妇幼保健院先后获得全国新生儿复苏培训先进单位、省级文明单位、省妇幼卫生先进集体、省白求恩杯竞赛优胜单位等荣誉称号70余项。

【医疗合作】 医院紧紧抓住京津冀协调发展战略契机，通过多次洽谈与北医三院建立长期合作关系，建立人员定期培训、急危重症转会诊、专家定期出诊、医院间文化交流等合作制度。

通过与北医三院的合作，使医院在管理理念、学科建设、医疗质量、技术水平、服务能力等方面得到提升，实现医院得发展，百姓得实惠的目标。

承德市口腔医院

【概况】 承德市口腔医院为市属公立二级甲等口腔专科医院，医疗保险、工伤保险定点医院，是承德市唯一的口腔专科医院。医院坚持“以人为本、质量第一、诚实守信”的原则，科学发展不断创新，现已发展成集医疗、预防、教学为一体的标准化、信息化专科医院。医院拥有口腔专业医务人员135人，口腔专业技术人员126人，正高11人，副高24人，中职47人，中高级技术职称人员占60%以上。医院业务用房近3000平方米，设13个临床科室、5个医技科室，有牙科综合治疗台67台，年门诊量达10万余人次，服务范围覆盖8县3区。

【内设科室】 临床设有口腔内科、口腔外科、口腔修复科、口腔正畸科、口腔种植科、口腔特诊科、口腔综合科、口腔预防科、儿童口腔科、老年口腔科、牙周黏膜科、医学美容科。其中口腔正畸科、口腔修复科为市级名科；儿童口腔科、口腔种植科、口腔正畸科为市级重点学科。儿童口腔科、老年口腔科为本市独有特色科室。为配合高新区建设，2013年9月在高新区增设市口腔医院高新区院区，业务用房500余平方米，总院派出专业素质好、技术水平高医务人员出诊，为高新区群众和高校学生诊治口腔疾病提供方便。

【诊疗项目】 医院主要开展：种牙、镶牙、治牙、拔牙、洗牙、矫正牙、儿童及老年口腔疾病的诊治等。包括：牙齿缺损、缺失后，种植牙修复（引进国际权威种植系统），烤瓷牙修复（钛合金烤瓷牙、贵金属烤瓷牙、全瓷牙等），以及各种材质铸造支架活动义齿（假牙）、全口义齿、固定－活动联合修复等。龋病、急慢性牙髓炎、根尖周炎、楔状缺损、外伤牙折等牙体病治疗。牙齿美白治疗、牙龈炎、牙周炎等牙周疾病的系统治疗与维护。儿童、青少年及成人牙齿排列不齐、下颌前突（地包天）等错牙和畸形的矫治。微创、无痛拔牙、松动牙固定术等。同时开展医学美容手术等治疗。

【医院建设】 医院始终坚持社会主义公益医院办院方向，规范操作、科学管理，全心全意为全市人民服务，被市卫生局确定为承德市基层口腔卫生人员培训基地、承德市口腔医疗质量控制中心，并多次被评为市级行风先进单位、精神文明单位。

附：市卫生计划生育委员会领导名录

党组副书记、主任：朱守仓（满族）

党　组　书　记：胡光远

党组副书记、副主任、市医改办主任：
刘雁翔（蒙古族）

党组副书记、副主任、计生协会常务副会长：
罗东海（满族）

副　主　任：王淑华（女，满族）

党组成员、副主任：孙瑞国
祁玉莲（女，满族）
张秀玲（女，满族）
宋煜敏（女，满族）
屈　民（满族）

党组成员、副主任、市市场监督管理局副局长：
孙　臣（满族）

党组成员、副主任、爱卫办副主任：
刘　强

（供稿　于瑞强）

文化

综述

2016年，全市文化工作认真贯彻落实党的十八大和十八届三中、四中、五中、六中全会和习近平总书记系列重要讲话精神，紧紧围绕国家、省、市重大决策部署，牢牢抓住京津冀协同发展重大战略机遇，建机制、推改革，促协同、谋发展，统筹推进公益性文化事业和经营性文化产业，全面推动文化建设与经济建设、社会建设和生态文明建设的协调发展。现代公共文化服务建设体系搭建完成，制定出台《加快构建现代公共文化服务体系的实施意见》，就现代公共文化服务实施标准、重点任务、组织领导、财力保障进行明确部署；京承文化对接加快推进，国家文献战略储备库、中关村互联网文化创意产业园（承德园）、承德大稿国际艺术区、文化部国家文献战略储备基地等重点合作项目落地开工，成功组织京津冀文化产业项目对接会、临空经济区影视产业发展推介会等文化交流活动；文化品牌培育富有成效，新编抗日历史评剧《打狗棍》成功首演，“京津冀文化行”——北京市东城区赴承文化惠民演出、2016唐山世界园艺博览会开展“世园文化主题日——承德专场”演出圆满落幕；群众性文化活动日益丰富，成功组织“书香溢满承德”主题摄影巡回展，举办“中国·承德——刺玫瑰”国际微电影节、纪念红军长征胜利80周年文艺演出；非物质文化遗产保护成果丰硕，承德共有人类非物质文化遗产名录项目1项，国家级非遗项目9项，省级非遗项目59项，市级非遗项目134项。

文学艺术

【文学作品】 市文联创作《承德三章》《一条大河波浪宽》等优秀文学作品；何申、王琦、刘福君、田林、绿窗等人的多篇文学作品在《人民日报》《人民文学》《中国作家》《诗刊》《民族文学》《解放军文学》等国家级报刊发表。田林获2016年全国首届“浩然文学奖”三等奖；绿窗散文《凤山胡同》获河北省“美丽河北，我的家乡”征文一等奖。

【戏剧作品】 隆化县河北梆子剧团根据全国劳动模范、全国绿化标兵、隆化镇闹海营村农民郑淑芳绿化荒山先进事迹创排的河北梆子《卧云岭》，参加中宣部、文化部组织的全国基层院团戏曲优秀剧目展演；隆化县文化馆创编的小戏《好山好水》代表河北省参加第十一届中国艺术节、第十七届政府群星奖展演，入围决赛。

【影视作品】 2016承德少儿春晚获得第七届全国春节电视文艺晚会“十佳春晚奖”；音乐电视《面对鲜红的党旗》等5个影视作品获得第21届河北省影视艺术奔马奖一等奖。

【音乐创作】 市文联创作《我爱黄河，我爱长江》《带你到塞罕坝看星星》《美丽的塞罕坝》等优秀歌曲。编辑出版承德原创歌曲精选《美丽承德》，收录206首歌唱家乡承德的优秀歌曲。

【舞蹈表演】 《萨满腰铃》荣获中华精彩老人全国文艺会演一等奖；《神佑萨铃》荣获河北省第

四届少数民族文艺调演优秀创作奖；幼儿舞蹈《小雨莎莎》获得河北省第七届舞蹈大赛一等奖、第八届华北五省市舞蹈大赛表演一等奖、创作二等奖；《五谷丰灯》获得河北省第七届舞蹈大赛一等奖，第八届华北五省市舞蹈大赛表演三等奖，创作二等奖。

【美术作品】 熊英《风之恋》入选第四届全国漆画作品展；何万里、徐扬、刘大力、程宝江、曹玉香等人绘画作品分别入选中国美术家协会主办的其他美术作品展。

【民间文艺】 孙瑞林获河北文艺贡献奖·突出贡献奖，其评书《牡丹情·中国梦》获得中国曲艺家协会举办的第四届“包公杯”反腐倡廉曲艺作品大赛优秀奖。孟仁作词、张士杰作曲的《天河山爱情山》、王振平创作的组诗《心歌烂漫》均获河北省文明委举办的“天河山杯”七夕婚爱主题作品征集三等奖。

【艺术成果】 新编抗日历史评剧《打狗棍》成功首演。该剧被列入2015年度河北省文艺精品扶持项目和2015年度国家艺术基金资助项目。按照国家艺术基金的要求，重新对剧目进行修改和提高，使该剧目更具有故事性、艺术性、文学性和观赏性。10月28日，新编抗日历史评剧《打狗棍》在承德市承德剧场举行首演，获得巨大成功。11月6日，该剧作为参演剧目代表承德市参加第十届中国·唐山评剧艺术节，得到专家评委和现场观众一致好评。至年底，该剧已完成首演阶段8场演出。下一步还将计划巡演32场。

【举办京津冀文化行】 举办“京津冀文化行”——北京市东城区赴承文化惠民演出暨承德市第二届文化艺术展演季系列活动。演出活动于5月26日在承德大剧院举行，李金斗、莫岐等40余名演员为承德人民送上一台精彩演出。此次活动由北京市东城区委宣传部、北京市东城区文化委员会、承德市文广新局等单位共同举办。演出活动为两地文化搭建一座交流与合作的桥梁，推动京承公益性文化事业的协同发展。

【世园文化主题日专场演出】 2016唐山世界园艺博览会开展“世园文化主题日——承德专场”演出。演出以“生态强市、魅力承德”为主题，精选承德市《萨满舞·召唤》《鼓舞太平》《板城跑驴》等13个特色民族、民间、非遗节目参演，受到国内外游客的一致好评。活动的开展，对于宣传推介承德、唱响承德文化品牌、促进文化旅游发展意义重大。

【参加少数民族文艺调演】 河北省第四届少数民族文艺调演承德市选送作品荣获多项大奖。从全市范围遴选具有民族民间、地域生态的特色节目，进行创作排演。并于6月23日，在石家庄河北会堂经过综合评定，承德市选送的满族八角鼓弹唱《满乡月》获最佳节目奖，满族舞蹈《神佑萨铃》《欢乐满乡》、戏曲小品《视察》、凌河大鼓《契丹祖源美名传》4个作品名列优秀创作奖，承德市荣获优秀组织奖。活动的开展，为反映本市各民族平等、团结、互助和谐的区域民族关系，更好地宣传推介承德提供有力地文化支撑。

【文艺作品深加工】 重新编排两部大戏《鼎盛王朝·康熙大典》、歌舞诗《帝苑梦华》。组织精干的演职编创人员对《鼎盛王朝·康熙大典》、歌舞诗《帝苑梦华》等两部大戏进行再加工提高，并于4月底正式公演，截至年底，共计演出300余场，800余名演职人员参与其中。

广播影视

【概况】 2016年，承德广播电视突出主题宣传，组织开展了《学习贯彻党的十八届六中全会、省九次党代会精神》《加快建设生态强市魅力承德》《加大扶贫攻坚，建设美丽乡村》《弘扬塞罕坝精神，建功“十三五”》等一系列主题宣传和“对标发展，推动协作”聚焦采访活动，取得良好的宣传效果，得到社会各界的好评。聚力民生宣传，开展《寻计献策谋合作，广电记者走基层》采访活动，播出报道390余篇。民生类栏目继续突出反映百姓的就业、住房、医疗、教育等问题，较好地发挥了媒体的沟通、解疑、化问的功能。做强正面宣传，广播《365百姓故事汇》，电视《百姓故事》《人文承德》《天南地北承德人》等栏目，以清新朴实的文风，情真意切的语风，增强报道的感染力和生动性。承德新闻推出的《劳动者风采》栏目，受到省新闻出版广电局监管中心的特别关注和肯定。创新宣传方式，对全市重点工程、重点项目和民心工程，进行深入分析、全方位阐释，同时引进采访无人机，将空中航拍与地面采访结合起来，策划《空中瞰紫塞》系列报道。

【宣传工作】 紧紧围绕市委、市政府中心和特色、亮点工作。全年在国家级媒体发稿348条，比上年多发76条，同比增发28%。在省级媒体发稿945条。按市委宣传部考核分值，完成上宣749分，超出任务209分，超出任务38个百分点。市广播电视台还在美国斯科拉卫星电视网播出专题片13部，在中国黄河电视台播出专题片7部，在环渤海城市台播出专题片12部，较好地宣传推介了承德。获得中央电视台（河北站）2016年“最佳合作”二等奖、中央人民广播电台“市级媒体发稿十强”，并被市委宣传部授予“宣传承德”先进集体荣誉称号。

【节目奖项】 举办系列大型活动，成功举办“中国好人榜”发布仪式暨全国道德模范与身边好人现场交流、第四届“双十佳”评选等一系列重大活动，丰富节目原创内容和市民精神文化生活，扩大市台社会影响力。加强节目精品创作，30篇作品获河北新闻奖、河北广播影视奖、河北省影视艺术“奔马奖”。2篇作品获“走近世博园感受新唐山”集中采访报道活动一、二等奖。广播剧《魂归塞罕坝》获中国广播剧研究会广播剧专家奖连续剧铜奖，少儿春晚获全国春节电视文艺晚会十佳春晚奖。微电影《水果英雄》《草原母亲》《父爱如水》连续获得国家级奖项。在中宣部主办的“弘扬社会主义核心价值观”为主题的微电影大赛中，市电视台荣获“最佳组织奖”。积极参与公益实践，开展“童音计划”、南北公益大联盟丰宁自驾游、第六季“为梦想插上翅膀”等公益活动。

【媒体融合】 运行“智慧承德”项目，承德手机台、“智慧承德”微信公众平台均已正式上线。到年末，手机台总访问量突破300万次，微信平台粉丝量突破2000人。手机台成功对43个重大活动进行微直播。“智慧承德”微信公众平台初步实现了掌上广电、市民建言等功能。加强微信平台建设，提升网络媒体资质，各频率、频道及报网纷纷开通微信、微博等新媒体平台，影响力不断提升。承德新闻网于7月获得“中华人民共和国互联网信息服务许可证”，成为承德唯一一家省级重点网站。

【产业经营】 策划实施国际登山选拔赛、车房联展、小小特种兵、《诗意中国，夏韵承德》等系列活动，提高商家广告投放热情。与市中医、第三医院合办《中医大讲堂》《健康之窗》栏目。严格药品广告专题片剪辑，自主拍摄药品专题片。投入资金200万元，注册承德广电融媒体有限责任公司，负责手机台广告实体运营。3D电影《云镝》在全国院线上映并得到中宣部领导的批示肯定。数字电影《农民股东》在中央电视台电影频道（CCTV-6）播出。电影《我的无色世界》完成拍摄，电视剧《功勋树》将在2017年春季开机。

【事业建设】 重视安全播出工作，完善技术管理相关规范制度，完成“两会”、建党95周年、长征胜利80周年、十八届六中全会和G20峰会等重要活动期间的安全优质播出任务。持续强化技术维护管理，全年未出现任何人为责任事故，广播电视停播（传）率符合全省安全播出规定要求。加强技术设施建设，争取总投资1500万元的电视高标清同播升级改造工程，列入市政府20项民生工程，基本完成工程阶段性任务。佟山广播电视发射台开始试验播出18套标清电视节目，用户可以免费接收。佟山中波发射台完成用中波频率转播市电视台音乐广播节目工作。完成兴隆、营子、双滦三个县（区）广播节目发射站点的覆盖网建设，使市电视台三套广播节目覆盖到10个县区。抓好企业转型发展，电影公司完成明星宾馆合作经营，加盟尚客优连锁酒店，运营情况良好。群众电影院筹措资金对设施改造升级，做好影片营销策划，实现票房收入180万元。

【行业管理】 春节和“两会”期间开展广播电视播出秩序整治行动，并督导辖区内各级广播电视播出机构、传输机构，要求其进行自查自纠、对于存在的问题及时进行整改，并与工商部门协调联动，对市广播电视台的违规广告进行查处。年中，查处承德市人民广播电台擅自调整频道呼号的问题。开展打击治理“黑广播”违法犯罪专项行动，联合无线电管理部门，查处三个销售药品广告的黑广播频率93.3兆赫、98.8兆赫、95.5兆赫，查获设备3套。开展广播电视无线传输覆盖网秩序专项整顿行动，将各级广播电视播出机构在用的广播电视频率频道技术参数对照总局批准的调频广播频率、地面数字电视频道表进行认真核对，将加大频率频道的管理力度。进一步加强医疗养生类节目和医药广告播出的管理，根据省局的统一部署，就市广播电视台养生类节目制作播出情况进行备案，并将主持人、专家执业资质证书复印件、光碟等材料进行汇总，上报省新闻出版广电局进行备案。调查核实四家酒店落地境外节目的有关问题，认真开展境外卫星电视用户单位及卫星地面接收设施安装服务机构年度核验，并开展打击非法接收境外卫星电视节目集中整治行动。

【惠民工程】 对全市新闻出版广播影视基础设施进行调查摸底，组织滦平县广播电视台、隆化县广播电视台、围场县广播电视台申请中央投资共计800万元。为了解决偏远农村地区群众看电视听广播难的问题，开展“户户通”工程覆盖摸底工作，全市还有需要实施“户户通”的用户5万多户。推荐“纳米绿色印刷科技文化创新产业化”等六个项目申报2016年度文化产业发展专项资金新闻出版广播影视重大项目。组织5家影院申报影院建设补贴资金共计600万元，组织5家影院申报升级改造补贴资金共计600万元。完成2017年年满60周岁原乡镇老电影放映员生活补助资金的预算统计工作，全市共需发放资金223.944万元，其中省级下达资金45.87万元，市级配套资金10.116万元，县级配套资金167.958万元。落实农村电影放映工作。按照省局要求，开展农村电影放映情况调查，并将调查报告上报省局。截至11月底，已完成全年29820总场次的放映工作。

附：承德广播电视台领导名录

党委书记、台长：梁世杰
党委副书记、总编辑：杨正义
党委委员、〇五转播台台长：伊志山
党委委员、机关党委书记：陈克军
党委委员、副台长：赵德强
党委委员、副台长：计卫泽

党委委员、纪检组长：杨海儒（12 月免）
党委委员、副台长：李新华

（供稿　刘学梅）

新闻出版

【概况】　市文广新局进一步规范行政行为，强化服务意识，加大版权保护工作力度，深入开展政府机关软件正版化工作，积极推进全民阅读和农家书屋惠民工程，确保全市新闻出版行业健康、繁荣、有序地发展。

【政务工作】　市文广新局认真组织各县（区）局对全市各类经营许可证进行年度审验。利用年度核验的机会，集中对全市各类经营单位进行了全面调查摸底，同时完善了印刷企业、出版物发行单位电子年审档案和 QQ 工作联系群网，完成省批 27 家印刷企业网上印刷信息系统采集工作，实现了网上印刷委托备案工作。在市级新闻出版实现零审批、核验、备案事项的基础上，加大对各县（区）局行政审批、核验、备案事项的指导培训；耐心解答企业提出的各类问题，协调企业和省、县（区）新闻出版行政管理部门之间的业务往来，提高办事效率，减少不必要的环节。

【农家书屋建设】　市文广新局对全市 2480 个农家书屋进行了统一检查和调研，特别是对全市贫困地区农家书屋建设、补充更新和管理使用情况进行着重检查和调研，全市所有农家书屋均达到本地区基本文化服务实施标准。组织村民在元旦、春节期间走进书屋，读书看报，交流经验，切实发挥农家书屋开启农民智慧，丰富农村精神文化生活，并在暑期开展“我的书屋，我的梦”农村少年儿童阅读实践活动，激发学生的读书热情，学而励志，发奋成才，同时组织市、县图书馆开展向村民发放借书证活动，做好农家书屋图书循环流转工作，定期做好读物的流转更新，让农家书屋图书“活”起来。

【读书活动】　市文广新局认真组织“第四届河北省青少年阅·知·行读书活动”决赛。承德市竹林寺小学、承德市民族中学共 4 名同学在国学文化知识竞赛中获三等奖；滦平县滦平镇中心校等 11 所学校的 11 名教师获“书香园丁”奖；围场木兰实验小学等 3 所学校 7 名同学在“阅读点亮人生　书香浸润燕赵”诵读展演比赛中获一等奖和三等奖；围场县木兰实验小学、围场县围场镇第一小学荣获“书香校园”荣誉称号。组织开展承德市全民阅读“书香系列”评选活动。承德市“书香家庭”37 个、“书香之村”4 个、“书香社区”3 个、“书香之乡（镇）”2 个、“书香街道”1 个列入河北省“书香系列”。对入选的家庭和单位颁发荣誉证书和牌匾。对入选家庭和单位的读书事迹汇编并在河北网络电视台专题网页展示推广。

【版权保护工作】　市文广新局开展印刷企业大检查，重点检查具有出版物印刷资质、具备出版物印刷能力和因违法违规被列入“黑名单”的印刷企业，严厉打击印刷各类侵权盗版出版物的行为，严厉查处超范围印刷、无手续印刷等非法印刷行为。开展打击网络侵权盗版“剑网 2016”专项行动，加强对互联网企业和网站的主动监管，从源头上防范侵权盗版行为的发生。严厉打击非法传播影视、音乐、文学、软件作品的侵权盗版行为。重点加强对音频视频和文学网站、动漫网站、网吧以及网络商务平台的监控力度，重点围绕图书、网游动漫、音乐作品、软件等，严厉打击未经许可非法下载、传播他人作品以及通过电子商务平台兜售盗版音像、软件、图书制品等违法犯罪活动。开展打击侵犯知识产权和制售假冒伪劣商品专项行动，加大对印刷复制、计算机软件预装等活动的日常监管和专项检查，从源头上减少图书、软件、音像制品的侵权盗版行为；加大对网吧、演出市场、娱乐场所、图书、软件、音像制品市场的巡查，形成打击销售、运输侵权出版物活动的高压态势；加大对视频、电子商务等网站的主动监管，严厉打击网络侵权盗版行为。通过严肃查处一批侵犯著作权大案要案，曝光一批违法违规印刷复制企业和图书、软件、音像制品、互联网经营企业，并加大对侵犯著作权行为的刑事打击力度，使著作权市场秩序有明显改观，著作权保护水平得到全面提高。在“两会”和国庆节前组织开展印刷复制发行专项检查行动，将非法印刷复制案件高发地区、存在非法印刷复制行为隐患的地区作为检查的重点。对有违法违规记录的、举报线索指向较多的和具有出版物印刷复制能力的印刷复制企业进行重点检查。

图书馆

【概况】　承德市图书馆是承德市唯一一所面向社会免费开放的市级公共图书馆，其占地面积约2500平方米，建筑面积4200平方米，主体建筑4层，内设封闭型书库7层，由清代延续至今逐步建立了以收藏清代文史及地方文献为特色的藏书体系，总藏书量约为38万册。设有外借部、成人阅览部、儿童部、电子阅览室、咨询部5个读者服务窗口。

【特色服务】　在做好传统业务服务的同时，以图书馆服务宣传周、科技普及周、全民读书月和重大节日为契机积极开展一系列全民阅读推广活动。尤其面临“互联网+”时代的挑战，图书馆加快数字文化建设步伐，成功搭建起数字图书馆的软硬件平台，满足人民群众日益增长的精神文化需求，推动了图书馆公益文化事业在现代科技道路上稳步前进。

【图书活动】　承德市图书馆窗口部门共接待各类读者约8万人，办理借书证2600个；借还图书1万余册，集体外借2650册；采编部全年共收集地方文献108册。接收赠书55册；为儿童部采购新书900种2700册；根据财政局要求，完成2016年图书招标采购工作，编写采购项目需要，准备招标书目共计4250种。完成地方文献成果展，共展出地方文献46种46册；整编“燕赵活动”赠书3套81册；完成2017年度报纸杂志征订工作；咨询部全年接待读者350人次，提供文献3506册，及时归架查阅文献，解答读者咨询30条；完成全国古籍普查登记录入425条12311册，完成一审校对及审核工作，总计850条24322册；选派骨干人员参加古籍业务培训2次，搜集服务成果4项，建重点读者课题4项；为《承德日报》数字化争取经费，完成1947年至1966年版面数量查数工作，总计：206册23824版面。

非物质文化遗产保护

【概况】　通过完善体制机制、建立数据库名录、不断挖掘新项目，举办展示传承活动、积极争取资金支持等手段加大非遗的弘扬与传承工作力度。截至年底，全市共有人类非物质文化遗产名录项目1项，国家级非遗项目9项，省级非遗项目59项，市级非遗项目134项。

【专项补助资金申报工作】　按照国家文化部关于2016年国家级非遗专项补助资金申报要求，对全市2个符合申报要求的国家级非遗项目（宽城背杆、抡花）进行申报，共申请资金335.92万元；国家级代表性传承人2人，共申请补助经费4万元。

【申报省第六批非遗项目】　按照省文化厅的统一

工作部署，全市积极组织、认真遴选具有突出的历史、文学、艺术、科学价值，在当地世代传承、活态存在，具有鲜明特色，在当地有重大影响的非遗项目，推荐“腰痛宁胶囊组方及马钱子等药物的炮制工艺”“满族刺绣”“丰宁满族木作技艺”等22个项目申报河北省省级非物质文化遗产代表性项目。

【组织非遗代表性传承人申报】 根据《关于转发〈文化部办公厅关于开展第五批国家级非物质文化遗产代表性项目代表性传承人申报工作的通知〉的通知》要求，经过认真研究推荐，并公示无异议后，推荐石俊凤等4人申报第五批国家级非物质文化遗产代表性项目代表性传承人。

【非物质文化遗产活动】 6月11—13日第十一个文化遗产日暨第九届河北省民俗文化节在张家口蔚县举办，本市组织丰宁满族剪纸、滕氏布糊画、郑氏砂艺等项目参加，在全省民俗盛会上展示了本市非物质文化遗产的无穷魅力。

6月8—12日，第二届京津冀非物质文化遗产联展在天津市美术馆举办，承德市选派人类非物质文化遗产名录项目“丰宁满族剪纸”参加，展示承德历史文化，扩大承德非遗文化美誉度。

宽城背杆项目参加“第六届中国乐谷欢乐节暨2016年花会秧歌进城大拜年活动”，农历正月十五，由70多名演员组成的河北省承德市宽城县背杆会的“背杆”表演在平谷花会上格外引人注目。中央电视台综合频道（CCTV-1）、北京卫视、平谷电视、北京新闻网、《光明日报》《北京日报》《北京晨报》《北京青年报》、承德新闻网等十余家新闻媒体进行报道。

组织全市优秀非遗参加“京津冀”传统工艺暨文化创意产品展览展销会。该活动于10月20—24日在沧州市举办，是河北省举办的规模最大的非遗展示活动，承德市选派丰宁剪纸、布糊画、桦皮画等9个优秀项目参加，充分展示承德市非遗魅力和深厚的文化底蕴。

组织承德市第十一个文化遗产日展演活动。活动于7月2日在市中心广场举办，向广大群众宣讲“什么是非物质文化遗产”“保护非物质文化遗产的重要性”等等有关非物质文化遗产的相关知识，引得许多群众驻足观听。通过这次宣传活动，营造全民尊重、热爱、参与保护非物质文化遗产的良好氛围，提高全市人民群众对非遗的保护意识。

文化交流与合作

【重点合作项目】 建设国家文献战略储备库。已与国家图书馆签订战略合作协议。项目建设规模为69580平方米，总投资10亿元。该项目已被列为文化部“十三五”规划四大工程之一，至年底，已完成项目选址、初步设计等前期工作。

【文化创意产业园】 年底，中关村互联网文创产业园（承德园）已注册企业50家，其中，入驻企业47家。二期工程也与高新区完成签约。

【围场御道河谷文化旅游区】 建设集微电影艺术小镇、御水智慧养生小镇、万国庄园小镇、细鳞鱼养殖小镇、民俗民居小镇、风车屋小镇、科技农业观光光伏发电小镇、宝马汽车宿营小镇、蒙古包小镇等9个特色艺术小镇于一体的文化旅游区。该项目已取得土地7000亩，并完成规划设计，正在报审。

【举办京津冀文化产业项目对接会】 7月21—22日，“京津冀文化产业项目对接会暨中小微文化企业投融资项目路演·河北站”活动在承德市举行。文化部党组成员、部长助理兼办公厅主任于群，深圳交易所党委书记、董事长吴利军，省文化厅厅长张妹芝等领导出席活动，京津冀三地文化主管部门相关人员、20余家投资商代表、招商项目代表、40余家文化企业代表共150人参加活动。活动的成功举办，是对京津冀文化产业协同发展、优化中国文化产业优化布局的一次有益探索，对于帮助三地文化企业与投融资机构实现资源整合和资本对接有着十分重要的意义。

【举办图书交易博览会活动】 按照京津冀协同发展工作要求，市文广新局加强与北京对口单位对接，成功举办第八届河北省图书交易博览会暨第十四届北京国际图书节承德分会场活动，这是北京国际图书节首次在外省市设分会场。活动于8月26日至30日在承德市中心广场举行，展区总面积1500平方米，展位100余个，100余家出版社的3万余种，共计20余万册图书参展。活动期间，共售图书2.5万余册，码洋55万元。在开幕式上，组委会特为本市农家书屋及美丽乡村捐赠160万码洋图书。《河北日报》《中国新闻出版广电报》以及中国新闻网、新华网、凤凰网等多家媒体进行全面报道，有力地推动承德乃至河北省全民阅读活动的深入开展，营造浓厚的城市读书氛围。

【影视产业发展推介会】 为推动承德市"一带三区"战略实施，特别是临空经济产业区的影视产业发展，11月18日，在北京2016秋季电视节目交易会上，举办临空经济区影视产业发展推介会。会上，市委书记周仲明重点推介承德作为"天然摄影棚"所独有的人文、自然资源，通过促成影视产业聚集区项目落户承德市临空经济产业区，力争在承德市建成集影视拍摄、后期制作、体验娱乐于一体的国际知名影视基地，着力推动京津冀影视产业转型升级和融合发展，不断扩大承德对外影响力。光线传媒、华谊兄弟、博纳影视等50余家国内知名影视企业参会。

【开发移动终端电子游戏《承德传奇》】 与北京印刷学院合作开发移动终端电子游戏《承德传奇》。《承德传奇》以承德的风景名胜为背景、以历史典故为依托，通过游戏的开发让更多的人特别青少年了解承德、感知承德。游戏清新舒朗、老少皆宜。该游戏将于2017年3月在腾讯正式上线运营。河北师范学院与北京印刷学院开展合作。双方已正式开展国际交流合作办学、联合开展研究生教育、加强培训基地建设、开展学生交换培养等方面合作，提升全市院校教学水平、科研能力，增强全市院校人才的创新、创意水平和竞争力。至年底，12名河北师范学院本科交换生已到北京印刷学院学习。

群众文化

【制定加快构建现代公共文化服务体系】 结合全市实际情况，起草《承德市关于加快构建现代公共文化服务体系的实施意见》(以下简称"《实施意见》")。《实施意见》主要有七项内容。明确主要目标。到2020年，在全市基本建成覆盖城乡、便捷高效、普惠均等，与全市经济社会发展水平、人民文化需求相匹配的现代公共文化服务体系，各主要指标达到或超过全省平均水平，达到申报国家级公共文化服务体系示范区建设标准。明确10项重点任务。主要包括市、县、乡、村（社区）等公共文化设施建设、文化经费投入、非遗保护、人才建设等内容。加强公共文化产品和服务供给。包括提升公共文化服务效能，打造品牌文化活动等。推动公共文化服务与其他行业融合发展。包括公共文化服务与科技融合发展、旅游融合发展、美丽乡村建设融合发展等。加强公共文化服务保障。分别从加强组织领导、强化财税支持、加强队伍建设等方面加强公共文化服务保障力度。成立承德市公共文化服务体系建设领导小组。承德市基本公共文化服务实施标准（2016—2020年）以两办名义下发。

【组织“书香溢满承德”主题摄影巡回展】 4月20日，在（第21个）“世界读书日”期间，承德市第八届读书读报节系列活动之“书香溢满承德”主题摄影展成功举办。展览共分为两个部分：第一主题“阅读·悦心·约未来”，均为承德市摄影爱好者用镜头记录下的读书人的美丽瞬间；第二主题“一城·一馆·一书房”，通过照片展现全市多年来致力于保护人类文化遗产、开展社会教育、传递科学知识、推广全民阅读等方面的优秀成果。

【举办“中国·承德——刺玫瑰”国际微电影节】 9月29日，中国·承德——刺玫瑰”国际微电影节启动仪式在科技大厦一楼报告厅隆重举行，活动由文化部艺术发展中心、承德市人民政府主办。微电影节分为启动仪式、作品征集、作品评选、复赛、颁奖盛典五大部分，历时一年，将于2017年8月结束。这是继“北京大学生微电影节”“上海国际微电影节”之后，又一个有影响力的微电影节，对提升承德知名度、美誉度，加强承德与北京文化交流合作具有重要意义。

【举办纪念红军长征胜利80周年文艺演出】 为深入宣传长征精神，弘扬社会主义核心价值观，10月18日下午，承德市纪念中国工农红军长征胜利80周年文艺演出在承德大剧院隆重举行。市领导及各界群众共1000余人观看演出。演出激发了全市人民对中国特色社会主义的道路自信、理论自信、制度自信和文化自信，更激发人们珍惜现在的幸福生活和憧憬美好未来的豪情。

【文化惠民活动】 重点开展“艺术盛会、魅力承德”彩色周末文化广场演出、“文化艺术市民大讲堂”文化惠民工程、“乡村大舞台”和“市民大舞台”文化演出以及拥军慰问、“两节四送三下乡”等文化活动。通过开展上述种类丰富、形式多样的群众性文化活动，人民群众的精神文化需求不断得到满足，以人为中心的文化服务导向得以充分体现。

文化产业

【编制文化产业发展规划】 科学编制规划，引领文化产业发展。委托中国传媒大学文化发展研究院编制《承德市文化产业发展规划》，以文化创意引领产业转型为核心，坚持以基地为依托、平台为抓手、企业为主体、项目为载体，促进文化与多产业融合发展，做好全市文化产业中长期发展战略性规划。

【政策支持】 研究制定《承德市文化产业发展工作推进方案》。结合习近平总书记对承德市“京津水源涵养功能区”的定位与京津冀协同发展的要求及本市实际，实施“文化＋”战略，促进本市文化产业快速健康发展。研究制定《关于推动文化文物单位文化创意产品开发的实施意见》。深入发掘承德市文化文物单位馆藏文化资源，鼓励全市文物文化单位创新思路、拓宽渠道，积极开发一批具有承德市文化特色、符合市场需求的文化创意产品。《工作推进方案》《实施意见》并以市政府办名义下发。

【文化产业发展】 整合优化文化资源，集聚产业要素，坚持产业集约化、规模化、专业化、现代化发展，通过规划引导、政策扶持和市场驱动，促进文化与多产业的深度融合，强化文化园区的平台作用和聚合效应，加快推进重点项目园区建设。全市实现18个文化产业项目的落地、开工建设，总投资82亿元，30个文化产业项目有序推进，全市文化产业项目已累计完成投资近100亿元。

【培育龙头企业】 积极申报国家产业资金。组织本市承德展演基地、承德避暑山庄碧峰门民俗文化园区、中国·承德鼎盛文化创意产业基地、天成印刷科技文化产业园二期项目等9家优秀企业申报2016年度中央财政文化产业发展专项资金和2016年弘扬社会主义核心价值观动漫扶持计划。申报示范园区、基地称号。组织本市21世纪避暑文化产业园区、承德互联网文创产业园管理有限公司等5家优秀文化企业申报国家级文化产业示范园区创建和省级第五批文化产业示范基地。搭建宣传推介台。积极组织全市优秀文化企业参加第十二届中国（深圳）国际文化产业博览交易会、第十一届北京文博会、第五届河北省特色文化产品博览交易会、赤峰·蒙冀辽文化产业博览会等国内大型文博会展。

【中小微文化企业发展】 创新投融资渠道。为破解中小微文化企业融资难和本市社会资本进入文化产业领域存在渠道少的问题，有效盘活社会资金存量，积极组织北京和本市几家资金实力雄厚、具有投资文化产业意愿的公司，为成立承德市文化小额信贷有限公司做前期准备工作。推动传统网吧转型升级。与京东集团、中国互联网上网服务行业协会合作，将全市作为试点，拓展县乡村网吧功能，搭建信息推广及农产品交易桥梁，推进农村消费品市场建设。

文化市场

【市场监管】 市文广新局根据全国和省、市“扫黄”办统一部署要求，结合承德市实际，扎实开展“清源2016”“净网2016”“护苗2016”、打击侵权盗版专项行动、高校及周边复印店专项行动，全年共收缴各类非法出版物43900余册（张），查处上级转办案件1件，查缴侵权盗版出版物3册，取缔地摊4家。有效地震慑违法经营，确保全市意识形态领域安全。

【专项行动】 深入开展对网吧、KTV娱乐场所、高校周边及“高考”期间校园周边专项整治行动、“两会”期间文化市场执法检查等重点领域和重要时间节点专项行动。全年共出动执法人员600余人次，检查各类经营场所280余家次，查处违规经营场所7家，收缴非法出版物43900余册（张），取缔游商地摊4家，受理各类举报35起，办结率100%。

【内部管理】 推进文化市场技术监管与服务平台应用工作。指导并督促各县（区）执法人员及时规范录入日常检查记录，执法信息，规范执法流程，遵守平台应用规范，适应信息化的工作方式，提升日常管理和执法工作信息化水平。全年，通过平台录入日常检查记录2468条。深入推进“双随机一公开”工作。制定并落实《双随机一公开监管工作制度》《双随机一公开实施细则》等制度，全年共随机抽查各类经营单位36家次，出动执法人员80余人次。通过制度保障、调查研究、提高执法人员业务素质等多种途径，提高文化执法水平，进一步强化服务职能，取得良好的社会效果。

附：市文广新局领导名录

党组书记、局长：杨　铭

党组成员、副局长：李德承

党组成员、副局长：张廷柱

承德市文化市场行政执法大队长兼副局长：冯保中

党组成员、副局长：祝好勇

党组成员、纪检组长：任国先

党组成员、副局长：韩中山

（供稿　张　静）

文　物

【概况】 2016年承德文物工作取得长足的进步，文物保护队伍建设方面，市文物局围绕“安全稳定，文物稳固，效益稳增”工作目标，认真组织开展“机关作风整顿活动”“优化发展环境”“一问责八清理活动”等系列活动,收到良好的效果，在全省景区执法检查中，避暑山庄及周围寺庙景区被评定为优秀等次；被中国企业集团评为“2016中国产业园区成长力最佳”；国家旅游局将避暑山庄确定为“国家人文旅游示范基地”。经济效益方面，全年旅游人数达到325万人次，门票收入3.1亿元。

【文化遗产保护工程】 已有105项方案通过国家文物局及相关部门审批，102项方案通过省文物局及相关部门核准；开工工程100项，已完工或基本完工89项，其中71项工程顺利通过国家局验收。

【文物安全工作】 严格落实“全员防火、分级负责”“一岗多责”的工作制度，进一步健全安全工作责任体系，明确各个岗位工作目标，严格责任追究制度，确保每位干部职工做到有责、知责、尽责，严格按照要求落实各项防火工作。继续加强安消防基础设施建设，投资300万元，完成普宁寺消防系统修复工程和布达拉安消防报警系统升级改造工程并全部投入使用；景区电器火灾智能防控项目已完成招投标工作，已进入财政评审阶段，力争尽快开工。强化隐患排查工作，对景区低压线路进行全面排查整改，提高用电的安全性；加强景区安全巡逻，发现问题，及时整改，对2200余件（套）防火设施设备进行全面保养维护，确保处于良好状态，随时发挥作用。加强应急队伍建设，对景区防火队伍进行补充完善，组建景区专职消防队伍。组织召开全市安全工作会议，实地观摩了防火演练；全年共组织消防演练12次，有效地提升应急队伍的应急处突能力，为景区文物安全提供有力保障，通过全体干部职工的严防死守，实现文物安全无事故。

【文物执法】 及时处理滦平虎什哈镇梨树沟门墓葬群、围场朝阳湾镇孤山子村辽墓、隆化县尹家营乡上京堂村孙治沟墓葬被盗等6件古墓葬、古遗址被盗事件，有力地保障文物安全。

【文物保护和管理】 加强全市文物保护和管理工作，完成隆化县兴州窑考古调查项目的上报工作和围场县地井沟古墓发掘保护工程的上报审批工作；为做好国保单位四方洞的保护，完成四方洞保护工程立项报告的初审上报工作；立足加强围场半截塔的保护，完成半截塔城址残段文物保护工程的上报审核工作。

【可移动文物普查】 完成全市28个国有文物收藏单位3万余件套30余万件的文物信息审核工作，顺利通过省局验收。

【对外交流】 配合“京津冀一体化协同发展战略”的实施，为展示京津冀“地缘相接、人缘相亲、地域一体、文化一脉”的历史渊源,组织6件文物，参加天津博物馆组织的《地域一体文化一脉——京津冀历史文化展》，扩大对外宣传渠道。

【考古勘探】 配合全市重点项目建设，完成双峰寺热电堆示范项目、兴隆副将沟冶炼遗址、承平高速3个项目的考古勘探工作和滦平虎什哈镇梨树沟门墓葬等4个墓葬考古勘探工作；对避暑山庄广元宫、珠源寺须弥福寿之庙生欢喜心殿遗址进行考古清理，为做好保护工作奠定基础。

【景区整改】 按照AAAAA标准和国家检查组

提出的整改意见，完成景区整改提升工作，对景区服务设施、环境卫生、服务能力、旅游秩序等进行全面整治，取得显著成效；积极推进景区厕所革命工作。按照AAA标准，对景区20个厕所进行全面改建或新建，已完成2个厕所的改建工作，通过实施改建，调整厕位比例，引进具有先进专利技术的除味设备，厕所的功能和环境卫生得到大幅提升，进一步体现景区人性化服务理念；按照避暑山庄园林景观特点，投资120万元，实施园林整复工程，对重点景观进行治理、恢复景区地形地貌，特别是对牡丹芍药园、菊花园进行改造提升，举办第三届避暑山庄牡丹芍药节、荷花节、第四届菊花节，吸引周边地区大量游客前来参观游览，进一步打造景区旅游新名片；加快推进智慧景区建设，完成景区电子导览系统、信息发布系统、投诉及突发事件处理系统建设工程，现已全部投入使用，景区现代功能和智慧化水平得到全面提升。

【举办宗教文化活动】 按照佛教仪轨，先后举办“纪念佛祖成道日暨腊八施粥祈福活动”“大日如来灌顶法会”和六个专业法会，吸引北京、天津、河北、辽宁、内蒙古、吉林、山西、甘肃等地游客前来参加活动，对于进一步提升景区的影响力起到积极的推动作用。

【景区经营】 按照“对外营销做市场，本市营销有特色”的营销策略，加大营销工作力度。举办以“金色名片 君临天下”为主题的第六届避暑山庄文化使者网络选拔大赛，吸引1.3万多人参与，选出4名文化使者，开展万里文化巡游活动，对于开拓新的旅游市场，弘扬中华民族传统文化起到了促进作用。加大二次营销力度，在市内80家酒店放置宣传折页10万张；在景区售票处设置广告牌，大力宣传外八庙景区及联票政策；继续开展“购联票 享优惠 中大奖”活动，安排专人在丽正门现场推介、购联票抽奖、发放景区导游图，通过二次营销，大大提高游客的消费水平。借力唐山世园会，投资25万元，通过发放宣传资料等手段，最大限度开发唐山及中转旅游市场。积极推进对接京津工作。按照工作计划和市委、市政府相关要求，完成3次禅修之旅活动，中国藏传佛教唐卡精品展示项目已完成选址，将于2017年对外开放。

【组织宣传活动】 举办第11个中国文化遗产日主场城市活动，按照国家文物局、省政府以及省文物局、市委市政府的要求，圆满完成遗产日主场城市活动的筹备、组织、宣传等各项工作，得到各级领导的一致好评。积极开展宣传活动，抓住博物馆日等相关节日，利用摆放展板、发放宣传资料等形式，大力宣传文物保护知识，提高市民的文物保护意识；同时充分利用电台、电视台、报纸、网络等媒体，积极宣传全系统重点工作以及工作中的好经验和好做法，树立先进典型，通过宣传，征得社会各界的理解和支持，为全面做好文物保护和利用工作营造良好氛围。

附：文物局领导名录

党组书记、局长：张建文

党组成员、纪检组长：李季梅（女）

党组成员、副局长：周余良

相　阳

单洪斌（蒙古族）

李建来

党组成员：乔治海

（供稿　李　专）

体　育

【概况】 2016年，承德市体育工作以“全民健身”上升为“国家战略”、筹备2022年冬奥会、京津冀协同发展国家战略为契机，以加强党风廉政建设和干部队伍建设为保障，完成各项工作任务目标。共承办国家级、省级、市级赛事41项，完成冰雪季活动中涉及市体育局各项工作任务，市政府印发《承德市加快发展体育产业促进体育消费的实施意见》，省市企联办河北承德避暑山庄浩泰冰球队成功签约。争取到场馆基础设施建设、全民健身工程、场馆免费低收费开放补助和体育赛事活动经费等上级项目资金近3300万元。

【体育产业发展】 紧紧抓住京、津、冀协同发展战略机遇，成功申报并被确定为35个国家级体育产业联系点城市之一，科学规划论证《承德市冰雪运动旅游产业区规划》《承德市休闲体育产业发展规划》，两个文件拟以政府名义印发。市政府印发《承德市加快发展体育产业促进体育消费的实施意见》，市政府办公室印发《承德市体育产业工作推进方案》，起草《承德市体育产业十三五规划》和《承德市体育“十三五”规划》。指导滦平县金山岭融和体育产业园区、兴隆国际体育文化休闲公园社区项目、双滦区鼎盛休闲体育产业园区、承德县唐家湾丹霞景区休闲体育健身等项目建设。引进华奥星空、上海耀宇到承注册成立公司，并举办CSGO电竞赛事。与首体、天体、河北体院和承德市共同组建“京津冀体育发展协同创新中心”，把大力发展体育产业作为全市体育工作的重点予以推进。

【全民健身运动】 圆满完成2016中国·承德冰雪季活动的民族体育项目展演、第三届全国大众速度滑冰马拉松赛（承德站）活动，举办了第29届奥林匹克日活动、登鸡冠山大型户外健身活动等赛事活动10余项。指导相关县区举办双滦区第三届青少年滑雪比赛、大学生滑雪邀请赛、兴隆全国徒步大会、围场全国徒步定向越野赛、金山岭长城国际徒步大会等户外赛事活动20余项。组队参加全国青少年阳光体育大会和京津冀中小学和球锦标赛。培训二级社会体育指导员660人。继续实施“两河四带”三期工程、佟山公园改造提升工程、乡镇体育示范工程、农民体育健身工程和城市社区体育工程等重点工程，总投入达1300万元。制定印发《承德市全民健身实施计划（2016—2020)》，督导县区完成了本级《全民健身实施计划（2016—2020)》编制工作。

【竞技体育】 承办、举办全国U13男子篮球赛、河北省第八届青运会田径女子预赛、市级篮球比赛等国家级、省级、市级赛事11项。组队参加河北省第八届青运会和省年度赛，获金牌36枚、银牌47枚、铜牌56枚。组织国家级、省级、市级滑冰、足球等教练员、裁判员培训班6次。体育运动学校已进入全国高水平后备人才基地100强。确立承德县四小、承德市第十六中学等学校为承德市体校轮滑、冰上、举重项目训练基地，扶持基层业训网点资金20万元。避暑山庄冰球队参加第十三届全国冬季运动会，取得第三名的优异成绩，并代表国家参加世界大学生冬运会的冰球等国际赛事。承德市射击运动员杨浩然参加里约奥运会，田径运动员张大山在2016年全国田径冠军赛中获得800米冠军。

【体育社会组织管理服务】 承办2016中国承德国际马拉松赛、“国鑫杯”河北省桥牌比赛、河北省信鸽一级裁判员培训班、承超、承甲足球联赛等国家级、省级、市级赛事活动20余项。指导县（区）承办中国国际公路自行车赛。新审批单项协会2个，新建健身气功站点32个。成立协会党支部15个，联合成立党支部2个。开展单项体育协会年度检查工作。召开羽毛球、足球协会成立大会，通过篮球协会、排球协会前置审查工作，谋划体育记者协会、电子竞技协会等协会成立工作。与承德电台合作推出《踊踊运动》

栏目，以体育协会为成员单位做客直播间与主持人、听众三方互动方式，诠释各个体育项目运动的健身理念。

【体育行政审批】 全面推进岗位责任制、服务承诺制、限时办结制、首问责任制、窗口一次性告知制等制度，不断提高审批服务工作水平，确保所有审批服务事项进驻市政务服务中心办理，全面落实“一个窗口对外”，制作统一格式的服务指南，按要求公开服务事项办理法定依据、承诺时限等信息。全年共审批田径、摔跤、柔道、射击、乒乓球、跆拳道、武术散打、橄榄球等项目二级运动员85人次，前置审查登记体育社团2个，协调办理相关业务140余次，接待群众来电来访120余人次，所有承诺事项办结率达到100%。顺利完成“河北省政务服务督导组”“省厅重点项目检查组”“国家精神文明城市测评组”“省委深化改革领导小组”等50余次各级检查组的检查督导工作。

【执法检查】 重点是对全市滑雪、游泳等高危险性经营场所的监督检查。两次对双滦区元宝山滑雪场进行执法检查，提出整改意见，下达整改通知书。对全市游泳场所进行全面执法检查，与业主进行面对面的交流和讲解，对存在的问题提出整改意见，保证游泳爱好者的人身安全。全年没有安全生产事故发生。

【体育彩票销售】 体彩中心彩票销售突破6.23亿元，同比增长24.51%，超出年初任务目标7300万。增机75台，投注站达765台。配合省中心完成六次大规模促销、354家网点专区建设、75家四五星级网点改造、164台广告机安装工作，超额完成邮政渠道建设的全年增机任务。开展“两学一做”等教育学习，坚持依法治彩，以制度准则办事，不徇私情，营造风清气正的体彩工作环境。

【基础设施建设】 总建筑面积约2.82万平方米，总投资约2.3 亿元的承德市冰上运动中心项目顺利开工建设。金山岭射击基地项目落地并于5月开工建设。完成奥体中心南广场体育场、草坪翻新和外广场维修项目。南营子体育场改造维修项目顺利竣工并投入使用。完成奥林游泳馆改造维修项目建设。

附：市体育局领导名录

局　　　　长：张树国（蒙古族）
党 组 书 记：李战争
党组成员、纪检组长：王　宏
党组成员、副局长：王启宏（满族）
党 组 成 员：刘惠芬（女）
党组成员、副局长：张　延（满族）
党组成员、副局长：池景生
党组成员、副局长：裴福斌

（供稿　耿　超）

社会生活

人民生活

【概况】 2016年，在市委、市政府的正确领导下，全市认真落实中央、省各项决策部署，牢固树立新发展理念，主动适应引领经济发展新常态，扎实推进供给侧结构性改革，着力培育“十大绿色”产业等新经济和新动力，统筹推进稳增长、促改革、调结构、惠民生、防风险等各项重点任务。经济呈现了稳中有进、稳中向好的良好态势，社会事业长足发展，民生保障不断增强，为建设“生态强市、魅力承德”奠定坚实基础。

2016年全市常住人口达353.18万人，城镇化率达到49%。城乡居民社会养老保险参保人数171.3万人，城镇新增就业人员56221人，城市居民最低生活保障人数5.9万人，农村居民最低生活保障人数22.8万人。地区生产总值完成1432.9亿元，同比增长6.9%，比2015年增速提高1.4个百分点，城乡居民人均可支配收入增长高于地区生产总值3.2个百分点。

【城乡居民收入】 据抽样调查，2016年承德居民人均可支配收入16095元（新口径下同），比上年增长10.1%；城镇居民人均可支配收入24856元，比上年增长8.6%；农村居民人均可支配收入8736元，比上年增长10.3%。

城镇居民家庭人均总收入26722元。其中：工资性收入17653元，转移性收入5853元，经营性收入1099元，财产性收入1622元。

农村居民家庭人均总收入10378元。其中：工资性收入5016元，转移性收入1509元，经营性收入3674元，财产性收入180元。

城乡居民收入增长得益于国家利民政策的全面落实：调整最低工资标准、上调退休人员基本养老保险金、精神文明奖、扩大社会保险覆盖面、提高城乡职工医疗保险待遇、解决高校毕业生就业问题、退耕还林还草补贴、畜牧业补贴、粮食直补、家电补贴以及其他生活补贴。同时国家鼓励全民创业、调整产业结构，有效地促进高科技行业和服务业的发展，小微科技企业和服务公司不断涌现，吸收大量人才，扩大就业面。

【城乡家居条件】 城镇居民家庭人均住房建筑面积30平方米，比上年增加0.6平方米，90%以上的家庭户居住楼房、用上自来水、实现集体供暖、使用液化石油气或管道天然气，居民家庭住房配套设施更加完备，居住环境有明显改善。

2016年农村居民家庭人均住房建筑面积25.9平方米，比上年增加0.1平方米，近几年在政府相关部门的大力帮扶下，对全市各县（区）农村的部分危旧住房进行翻建改造，大大改善居住条件。村村实现道路硬化，三网融合，随着城乡一体化的不断深入，水、电、暖等生活条件正在逐步改进，新农村的面貌发生可喜的变化。

【耐用消费品普及率】 2016年年末，城镇居民家庭主要耐用消费品百户拥有量情况如下：家用汽车19辆，洗衣机99台，电冰箱100台，彩色电视机109台，计算机68台，其中：接入互联网计算机62台，微波炉64台，空调器27台，淋浴热水器69台，移动电话222部，其中：接入互联网移动电话117部。这几大项耐用消费品中，消费普及率较高的有：移动电话、电视机、洗衣机、电冰箱，几乎每个家庭都有。增长最快的是移动电话，比2015年百户拥有量增加3部，特别是联网移动电话比2015年大增20部，可见互联网植入家庭的速度，人们越来越依赖互联网的人性化功能。家用汽车百户拥有量比2015年增加2台。家庭现代化水平的不断提升和普及，给人们的生活带来舒适与方便。

农村居民家庭主要耐用消费品百户拥有量情况如下：家用汽车13辆，摩托车71辆，洗衣机89台，电冰箱86台，彩色电视机106台，计算机21台，微波炉10台，淋浴热水器24台，移动电话214部，其中：接入互联网移动电话70部，所有主要耐用消费品都比2015年有不同程度的增长，城、乡差距在不断缩小，移动电话、电视机、洗衣机、电冰箱、通信设备城乡差距几乎不存在。

【恩格尔系数有所降低】 新口径居民收支体系中新增自有住房折算租金指标，提升居住消费支出，进而提升居民生活消费支出，造成食品消费支出在居民消费支出所占比重下降，成为恩格尔系数总体水平降低的重要因素。2016年城镇居民生活消费支出17327元，居民人均食品消费支出4975元，占居民消费支出的28.7%；农村居民生活消费支出6865元，居民人均食品消费支出2246元，占居民消费支出的32.7%。

【消费结构有所变化】 2016年，在人均消费高速增长的基础上，居民消费结构和内容呈现出与以往有所不同的特点。

经过多年的高速发展，城乡居民中，尤其农村居民已经基本实现较低层次的生存需要、安全需要和社交需要，从而转向注重更高层次的尊重需要和自我实现需要，在消费方面，逐渐呈现出越来越明显的个性化、多样化特征。城乡居民的消费结构中，食品、居住消费仍占较大比重分别为30%、21%，交通通信占13%、医疗保健、教育文化、服装均占9%。消费需求出现向享受型、发展型转变的趋势。随着城镇居民医疗保险和新农合医疗保险的普及，医药费报销比例提高，就医成本降低。在8项消费支出中交通通信所占比重同比上升3个百分点，人均交通通信支出同比增加498元。

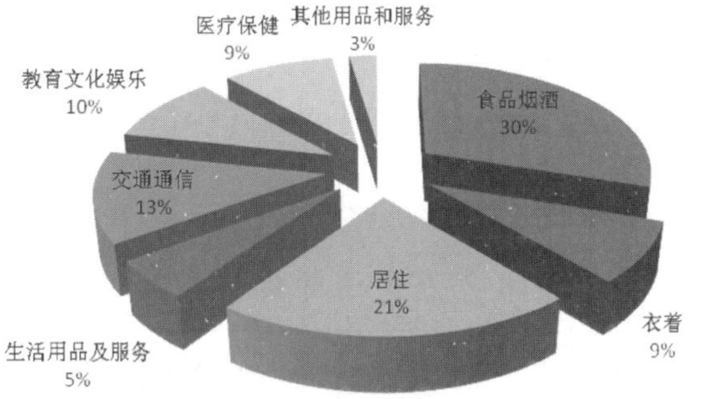

城乡居民消费结构比重

全市城乡居民的消费领域正在向基本实现现代化阶段迈进。消费领域由以吃、穿、用、住为主，逐步扩展到交通通讯、教育文化、旅游度假、休闲娱乐等方面。百户居民汽车拥有量为16辆，呈逐年上升趋势。计算机由38台增至43台，且基本连接到互联网络，移动电话由212部增至218部。

消费观念的转变、科技和经济的发展，使新兴消费方式层出不穷。近年来，刷卡消费、贷款消费、电话购物、网络购物、手机支付等方式，从无到有，迅速成长。特别是网购消费，随着移动互联网和智能手机的迅速普及，“网购大军”的队伍不断壮大，由城镇扩展到农村，由上班族扩展到各行各业，由年轻人扩展到全年龄层。网购的商品和服务增长率不断攀升。

（供稿　迟宪辉）

【居民消费品价格】 据国家统计局承德调查队抽样调查数据显示：承德市居民消费品价格总水平

同比上涨1.6%。其中：非食品价格上涨1.1%，服务项目价格上涨0.9%，工业品价格上涨1.1%，消费品价格上涨2.1%。新八大类商品价格呈现“七升一降”态势：食品烟酒价格上涨2.7%，衣着价格上涨3%，居住价格上涨0.5%，生活用品及服务价格上涨0.6%，交通和通信类价格下降2.2%，教育文化和娱乐价格上涨0.7%，医疗保健价格上涨5.4%，其他用品和服务价格上涨1.3%。

【工业生产者出厂价格】 承德市工业生产者出厂价格同比上涨0.5%，扭转了自2012年以来下降的态势。其中轻工业品上涨1.2%，重工业品上涨0.4%。

表5

2016年居民消费价格指数

项目名称	上年同期=100
居民消费价格总指数	101.6
一、食品烟酒	102.7
粮　　食	100.2
鲜　　菜	109.3
畜　　肉	111.0
水 产 品	99.3
蛋	99.0
鲜　　果	96.3
二、衣着	103.0
三、居住	100.5
四、生活用品及服务	100.6
五、交通和通信	97.8
六、教育文化和娱乐	100.7
七、医疗保健	105.4
八、其他用品和服务	101.3
居住	98.8

附：国家统计局承德调查队领导名录

党组书记、队长：何海龙

党组副书记、副队长：刘长龙

党组成员、副队长：王承华

党组成员、纪检组长：郝立芬

（供稿　尹文超）

扶贫开发

【概况】 2016年是贯彻落实精准扶贫、精准脱贫基本方略，打赢脱贫攻坚战的首战之年。市扶贫办和市农开办按照市委的决策部署，进行机构整合，合并后的市扶贫和农业开发办认真贯彻国家、省、市关于脱贫攻坚和农业开发的决策部署，精准扶贫基础更加扎实，工作更加有力，政策更加完善，责任更加落实，脱贫攻坚首战告捷，实现了良好开局。全市争取上级财政专项扶贫资金4.49亿元，同比增长52.9%。5月，在省对各市29项重点工作综合排名中，承德市位列第一。“政银企户保”金融扶贫模式、园区带动“三零”扶贫模式，得到国务院扶贫办和省委省政府的充分肯定，并在全省推广。承德成为全省唯一全域性旅游扶贫试点，正在打造国内首个“功能农业扶贫综合示范区”和村级光伏扶贫电站示范区。年内全市188个贫困村出列，12.8万贫困人口实现稳定脱贫。在全省农发系统信息宣传工作考核中，承德市荣获2015年度河北省农业综合开发信息宣传工作先进单位，为全市2017年度资金分配赢得加分因素。在2016年河北省扶贫开发领导小组开展的全省脱贫攻坚奖表彰评比中，市扶贫办被河北省扶贫领导小组授予“脱贫攻坚先进集体”荣誉。在2016年度振兴承德十大新闻事件评比中，“开展脱贫攻坚党旗红活动，实施‘五个一批’工程，创新金融扶贫新模式，全市12.8万贫困人口精准脱贫”的新闻报道被评为十大新闻事件之一。

【健全政策体系】 明确总体目标思路，健全政策体系。认真贯彻中央、省脱贫攻坚决策部署，紧密联系承德实际，坚持任务导向与问题导向相结合，研究确定全市“两步走”“三确保”“四提升”的脱贫攻坚总体目标、思路，先后制定形成了“1+10+N”脱贫攻坚政策体系，即《承德市关于坚决打赢脱贫攻坚战的决定》及10个专项政策文件，为深入推进脱贫攻坚进程，提供强有力的政策支撑。

【建档立卡】 把抓好精准识别建档立卡工作作为脱贫攻坚的重中之重，2月全市开展了建档立卡“回头看”，进村入户摸底排查，共剔除识别不准人口10.03万人，补录贫困人口6.88万人，识别精准度进一步提高。截至年底，全市8县4区尚有贫困人口19.5万户、38.1万人，实现贫困人口精准识别全覆盖。

【“五个一批”】 坚持分类精准施策，扎实推进“五个一批”。一是发展生产脱贫成效明显。全市累计投入省以上财政专项扶贫资金4.49亿元，扶持各类产业项目20883个，项目覆盖906个贫困村，直接扶持贫困户54920户155638人。二是易地搬迁脱贫开局良好。全市2016年启动搬迁14840人，其中集中安置3579户、10708人，分散安置1326户4132人。按省要求，精心编制易地搬迁工作规划和方案，成立市、县两级易地扶贫搬迁专项工作领导小组，组织各县投融资平台和省相关部门进行深入对接。各县争取易地扶贫搬迁资金近4亿元，其中中央预算内资金5033万元、专项建设基金3500万元、各县承接银行贷款1.86亿元、省财政地方债7000万元、农户自筹5350万元，各县实际使用和拨付资金近2亿元。全年计划启动的45处20户以上集中安置小区已全部开工建设。三是生态补偿脱贫进展顺利。通过实施经济林产业扶贫、森林旅游扶贫、生态产品扶贫、造林绿化扶贫、生态护林扶贫等5项重点工程，推动脱贫攻坚进程。充分利用良好的生态发展经济林、旅游、天保护林员工程等，带动416个贫困村发展、带动5.7万贫困人口增收。聘任贫困护林员9112名(工资8000元／年)。四是发展教育脱贫有序推进。通过“阳光工程”“雨露计划”和公办普通高中“三免一助”政策，资助建档立卡贫困家庭学生8000人以上。五是社会保障兜底和医疗救助工作扎实推进。制定低保线与扶贫线“两线合一”实施方案，将农村低保标准由每年2800元提高到3500元，高于贫困线474元。贫困人口医保参保率95.86%，救助补偿4.28万人次、7375万元；大病保险政策覆盖率达到100%，补偿1.95万人次、3391.8万元。

【农业开发】 农业开发工作实现了全面推进。一是2015年度项目顺利通过省级验收。全市2015年度农业综合开发项目共计43个，其中当年完成验收项目41个，延期验收项目2个。7月底，省农发办对市本级农业开发41个项目的内业管理、工程标准质量、项目资金使用管理以及工程效益等方面进行全面核查，均顺利通过省级验收。二是年度重点项目建设有序推进。围场县御路沿线现代农业综合开发示范区建设已完成主体工程。2016年批复该园区建设高标准农田2万亩，项目总投资2636万元，其中财政投资2604万元。通过三年建设期对该示范区的持续打造，将初步形成隆化至御道口沿线的百里长廊农业综合开发示范区的沿线精品工程。高标准农田建设模式创新试点项目全面开工。该项目全省共计3个，项目以兴春和园区为主要实施载体，总投资5880万元，其中各级财政资金4200万元，是全市农业开发史上争取的单个项目投资最大的项目。该项目已经完成招投标等前期准备工作，进入全面开工建设阶段，将于2017年年底前竣工。三是与扶贫项目资金合力推进“一环六带”农业产业发展。将扶贫与农业开发项目相融合，将两项资金进行整合，两类项目、资金整合后，共同围绕《承德市扶持“一环六带”农业产业三年行动计划》，重点扶持粮油加工、蔬菜、食用菌、果品、畜禽养殖等优势特色产业发展。扶贫开发和农业综合开发共同推进市场体系建设和合作组织建设，整合资源，避免重复投入，在打造一批资源条件好、生产规模大、产业基础优、带动作用强的优势产业发展带的同时，解决贫困户产前、产中、产后服务衔接问题，打通农户脱贫致富的“绿色通道”，使“两大开发”的互补效应得以凸显。

【“政银企户保”金融扶贫】 为破解扶贫融资难题，承德市积极探索创新“政府、银行、企业、贫困户、保险公司”五位一体的金融扶贫模式，构建“政府搭台、银行参与、保险兜底、企户受益”的金融扶贫绿色通道。截至年底，全市8县全部搭建“政银企户保”金融扶贫平台，贷款担保基金和风险补偿金达到115747万元。另外，在产业扶贫中，承德市坚持“资本到户、权益到户、效益到户”扶贫开发新机制，积极探索产业扶贫新路径，在全市推广股份合作“一地生四金”、园区带动“三零”“以贴息撬动贷款，以贷款入股分红”“六统一分一保障”“一林生四财”等五种可复制、可推广的产业扶贫新模式。

【培树扶贫新亮点】 培树扶贫新亮点，打造脱贫新引擎。全力推进全域性旅游扶贫试点。全市被列入国家级全域旅游扶贫试点，根据国务院扶贫办提出的“两带五起来”（景区带村，能人带户，广大群众组织起来，贫困群众带动起来，利益机制建立起来，文化特色弘扬起来，集体经济壮大起来）旅游扶贫总体要求和将滦平金山岭长城景区作为景区带动型旅游扶贫示范区的工作指示，起草《承德市全域旅游扶贫试点实施方案》，确定“十百千万”的旅游扶贫目标（重点建设10个旅游扶贫精品片区，重点支持推动139个贫困村发展旅游扶贫产业，扶持9880户建档立卡贫困户从事乡村旅游业，带动29458人实现脱贫）。结合美丽乡村建设、现代农业发展、山区综合开发和特色民俗文化开发，全面统筹推进全域旅游扶贫建设。已有63个贫困村进行旅游扶贫项目建设，共带动扶持贫困户5833户发展乡村旅游产业。扎实推进功能农业扶贫综合示范区建设。与中国科技大学功能农业工程技术研究中心和苏州硒谷科技公司深度合作，共同建设全国首个功能农业扶贫综合示范区。研究制定《关于加快功能农业扶贫综合示范区建设的若干意见》和《承德市功能农业扶贫综合示范区建设推进方案》，以建设“承德功能农业扶贫综合示范区”为载体，按照“统筹布局、稳妥推进，试点先行、单品突破，示范带动、整体提升”的思路，采取“政银企产学研”合作模式，加快生态高值农业发展，大力推动农业供给侧改革，努力实现“农业增效、农民增收、大众增寿”，把承德打造成为全国万亩功能农业试点区、功能农业扶贫先行区、功能农业“单品冠军”样板区和第一、第二、第三产融合发展示范区，探索形成“功能农业扶贫 +”产业扶贫模式。11月17日，举行承德市功能农业扶贫专题报告会暨集中签约揭牌仪式。全市规划富硒马铃薯、富硒小米等11个功能单品，围场县已发展有机富硒功能马铃薯1万亩、有机富硒功能胡萝卜5000亩，隆化县发展富硒水稻300亩。积极推进光伏扶贫工作。为贯彻落实国家和省关于光伏扶贫工作的要求，全市完成6个国家级扶贫开发工作重点县《2016年光伏扶贫实施方案》的编制和上报工作，制定《关于全面推进村级光伏扶贫电站建设的指导意见》，在全市906个建档立卡贫困村中，初步选定不需电网改造的401个村，先期开展村级电站建设。省已批复市村级光伏扶贫电站项目131个，总规模37767.4千瓦，覆盖贫困户7541户。已开工建设村级电站60个（已完工10个）。同时，全市已有6222个户用分布式电站开工建设。

【“两学一做”学习教育】 结合“两学一做”学习教育和抓党建促脱贫工作，组织开展“一抓三促奔小康”和“脱贫攻坚党旗红”活动。一是明确树旗、亮星、带富“三个目标”。通过“树旗”，真正把农村党组织打造成脱贫攻坚的领导核心；通过“亮星”，切实形成典型示范、争先致富、合力攻坚的生动局面；通过“带富”，全面促进贫困村和贫困户脱贫困、奔小康。二是实施堡垒示范、致富先锋、能力提升、能人返乡、结对帮扶“五大工程”。努力建设素质优良、结构合理、作用突出的乡镇党委书记、村党组织书记和农村致富带头人队伍，全市累计培训村干部1.09万人次，培训致富能手2.72万人次，推动农村“三支队伍”建设水平不断提升。吸引1894名在外创业有成人员回乡创业，有53人发展为党员，136人进入村“两委”班子。906个贫困村排查软弱涣散基层党组织275个，已有266个实现初步转化。全面推行了“一村一专业合作社”计划，建立各类经合组织，努力把党组织建在产业链上，让党员聚在产业链上，使群众富在产业链上，树起带领群众脱贫攻坚的鲜红旗帜。三是强化组织领导、挂牌示范、夺旗争星、考核奖惩“四项举措”。注重抓好贫困村党组织带头人队伍建设，统一设计党员示范牌，实行农村党员“挂牌示范”，亮身份、亮职责、亮承诺、亮标准、亮任务，深入开展“夺旗争星”活动。全市1341名致富带头人创办领办专业合作社1158个，依托经济合作组织建立党组织860个，带动6.33万贫困户加入各类经济合作组织。中共中央政治局委员、中央组织部部长赵乐际、省委书记赵克志和国务院脱贫攻坚督查组到承德市调研、检查时，对承德市的“脱贫攻坚党旗红”活动都给予充分肯定。

【社会帮扶】 紧紧抓住京津冀协同发展机遇，积极争取北京、天津对口帮扶，广泛动员社会力量开展结对帮扶，形成各方面关心支持脱贫攻坚的浓厚氛围。一是帮扶单位“联万户”。组织市、县两级直属单位与906个贫困村结对，安排机关党员干部与贫困户结对帮扶，做到“四帮四送”（帮思想、帮技术、帮解难、帮项目；送政策、送科技、送法律、送信息）。派驻单位党员干部与贫困户结对7.49万个。二是非公企业“帮千村”。 按照省扶贫办和省工商联的统一部署，组织全市82家非公企业和商会组织，结对帮扶82个贫困程度较重的贫困村；此外，经过与唐山市积极对接、沟通，109家唐山市的民营企业，与全市的94个贫困村确立了结对帮扶关系。通过发展一批特色产业、开发一批龙头带动项目、帮扶一批重点优抚对象、捐助一批贫困学生、解决一批贫困户就业、落实一批公益捐赠项目、引进一批扶贫项目，加快推进脱贫攻坚进程。三是群团组织“大会战”。 充分发挥群团组织桥梁纽带作用，调动全市各级群团和社会组织投入到脱贫攻坚战中来。截至年底，全市共培养青年致富带头人2833人，建立农村青年脱贫攻坚“突击队”612个，各级群团组织捐赠款物累计折合2427万元。四是京津对口帮扶工作“有作为”。积极主动与京津两市进行沟通对接工作，组织相关县做好京津两市帮扶的各项准备工作。北京市确定对口帮扶本市丰宁、滦平两县，天津市确定对口帮扶本市围场、隆化、平泉、承德县、兴隆5个贫困县。重点围绕产业、教育、劳务、人才交流、生态保护、公共服务等6方面的内容开展合作，打通全面对接、合作共赢的绿色通道。

【扶贫宣传】 加大扶贫宣传力度，营造浓厚舆论氛围。组织全市各级悬挂脱贫攻坚政策宣传牌，制作并张贴脱贫攻坚组织架构图、贫困户帮扶任务分解表、扶贫资金管理使用规定、贫困户识别和退出程序、扶贫驻村工作队标识牌等系列图表，印发扶贫政策明白纸；在“扶贫日”，首次组织“最优工作组”“最美扶贫人”评选活动，共评选出了40个“最优工作组”、100名“最美扶贫人”，同时举办全市精准脱贫工作成果展；在全市扶贫系统组织开展“扶贫宣传攻坚”活动，全系统在新华社、中新社、《人民日报》《经济日报》《参考消息》《农民日报》等主流媒体，以及新华网、人民网、中国网、长城网等各大网站刊发稿件1000余篇；制作《脱贫攻坚进行时》电视宣传片，创作《脱贫攻坚党旗红》电视歌曲。在市电视台播出有关扶贫工作的新闻消息100余条、播出脱贫攻坚党旗红、产业扶贫、驻村帮扶等方面的系列专题片150余期，为脱贫攻坚营造良好的舆论氛围。

（供稿　王　政）

农业综合开发

【概况】 承德市农业综合开发办公室紧紧围绕建设现代农业目标，着力加强农业基础设施建设，稳步提高农业综合生产能力，推进农业产业化经营，带动农业增产、农民增收。按照“强规范、重绩效”的总要求，抓投入、上项目、强管理，较好地完成年初确定的各项目标任务。

【农发资金规模】 在项目对接和资金跑办方面，克服开发县少、基数小等不利因素。共争取51个项目，其中土地治理项目19个，产业化经营项目32个。总投资44181万元，财政资金25991万元。同比增长32.5%。其中土地治理项目总投资18597万元，财政投资16871万元。同比增长37.9%；产业化项目总投资25584万元，财政资金9120万元。同比增长23.5%。其中：财政补助项目20个，财政投资4737万元；贷款贴息项目3个，银行贷款9150万元，财政贴息资金323万元；部门项目立项9个，总投资7451万元，财政资金4060万元。

【示范区建设】 强力推进围场县御路沿线现代农业综合开发示范区建设，该示范区规划建设期为2014年至2016年，总治理面积6万亩，农发财政投资13847万元。2016年批复示范区高标准农田建设项目建设总规模2万亩，项目总投资2636万元，其中财政投资2604万元。年底前完成主体工程。通过隆化、围场两个示范区的持续打造，将初步形成隆化至御道口沿线的百里长廊农业综合开发示范区的沿线精品工程。同时，积极做好滦平县现代农业综合开发示范区建设招投标等各项前期准备工作，适当时机开工建设。

【农田建设模式创新试点】 经过全省竞争，成功争取1个高标准农田建设模式创新试点项目（全省共计3个）。该项目位于滦平县滦河流域大屯乡、张百湾镇2个乡镇，建设以兴春和园区为主要实施载体，规划建设11500亩高标准农田建设以及秸秆发酵系统、日光温室、智能温室、农产品集散基地建设等产业化经营项目内容。项目总投资5880万元，其中各级财政资金4200万元，包括高标准农田建设部分财政投资2520万元；农业产业化经营部分财政投资1680万元。该项目是承德市农业开发史上争取的单个项目投资规模最大的项目。该项目已经完成招投标等各项前期准备工作，进入全面开工建设阶段。

【生态综合治理项目】 采取工程和生物措施，保护生态环境，提高农产品产量，主要是增加优质果品产量。实施生态综合治理项目9个，总投资5001万元，其中：财政投资4986万元，群众自筹资金15万元，治理规模为4.41万亩，主要工程：新打机井73眼，修复配套井33眼，铺设地下输水管道193.67千米，修机耕路27.18公里，新建小型蓄排水工程123座，输变电线路配套18.63千米，修梯田埂99千米，造林7800亩。通过修建机井、埋设输水管道、建小型蓄排水工程等水利扬水上山等配套工程，全面改善项目区的农业生产基本条件。

【农业产业化经营项目】 农业综合开发围绕“建设现代农业，着力打造农业产业集群，着力打造绿色有机品牌，促进农民增收”目标，培育优势主导产业，优化农业产业结构，为农业增效、农民增收、农村繁荣和社会主义新农村建设提供了产业支撑。共完成产业化项目总投资25584万元，财政资金9120万元。通过扶持龙头企业和农民专业合作社，直接带动基地面积9365亩，直接带动4749户农民增收6925亿元，增加就业561人。经济和社会效益显著。

【财政补助项目】 扶持农业综合开发产业化经营财政补助项目20个。其中:财政资金4737万元，企业自筹资金3923万元。20个项目即：承德市平泉县400万千克食用菌冷冻快餐调制产品加工扩建项目；承德市围场县1000万千克马铃薯淀粉加工技改扩建项目；承德市丰宁县400万株蔬菜工厂化育苗基地新建项目；承德市宽城县40万千克香菇酱加工扩建项目；承德市宽城县100万公千克双孢菇种植基地扩建项目；承德市隆化县980头肉牛养殖基地扩建项目；承德市丰宁县150头奶牛养殖基地扩建项目；承德市平泉县60万千克食用菌种植基地扩建项目；承德市隆化县900头肉牛养殖基地扩建项目；承德市兴隆县200万千克山楂储藏保鲜库新建项目；承德市滦平县10000只蛋鸡养殖基地新建项目；承德市平泉县90万千克食用菌种植基地扩建项目；承德市兴隆县100万千克鲜板栗储藏保鲜库新建项目；承德市滦平县500只良种羊养殖基地新建项目;承德市围场县880头肉牛养殖基地扩建项目;承德市滦平县800头肉牛养殖基地新建项目；承德市宽城县30万千克食用菌种植基地新建项目;承德市宽城县22万千克食用菌种植基地新建项目；承德市宽城县30万千克食用菌种植基地扩建项目；承德市宽城县36万千克食用菌种植基地扩建项目；通过实施财政补助项目，增强农业龙头企业生产能力和市场竞争力，有效扩大农产品基地的发展规模，促进农业结构调整，增加农民收入，实现扶持一个产业，富裕一方农民的目标。

【贷款贴息项目】 上级批复承德市2016年贷款贴息项目3个，财政贴息资金323万元，银行贷款9150万元。3个项目即：承德市隆化县稻谷收购3900万元流动资金贷款贴息项目；承德市兴隆县玉米收购2250万元流动资金贷款贴息项目；承德市围场县马铃薯收购3000万元流动资金贷款贴息项目。通过项目实施，有效解决农业龙头企业固定资产投资和流动资金等方面存在的难题，增强了企业实力。

【部门项目】 上级批复2016年部门项目9个，总投资7451万元，财政资金4060万元。9个项目即：河北省隆化县玉米杂交种繁育及加工基地建设项目；河北省承德市滦平县区域生态循环农业示范项目；河北省宽城县食用菌良种繁育及生产示范基地建设项目；围场县2016年农业综合开发沙棘基地示范项目；承德市副食品总公司8512平方米农产品物流交易中心新建项目；丰宁满族自治县绿原蔬菜专业合作社蔬菜基地扩建项目；承德县北强蔬菜专业合作社基地日光温室蔬菜大棚扩建项目；滦平县富绿蔬菜专业合作社1000吨蔬菜基地新建项目；兴隆县北水泉乡你我他山楂农民专业合作社130万千克山楂储藏保鲜库扩建项目。通过项目实施，增强农业龙头企业和农民专业合作社生产能力和市场竞争力，扩大农产品基地的发展规模，促进农业结构调整，增加了农民收入。

【规范管理】 按照省农发办工作部署，根据《河北省农业综合开发项目资金管理绩效考核办法》，综合评审科组织相关科室认真开展承德市农业综合开发2015年度项目资金管理绩效自评自查工作，并且按时向省农发办上报了自评自查结果。

同时，规范市级综合考评工作，完善细则，量化指标，实现与省办考核的有效对接，考评结果作为市级分配县（区）下一年度资金规模和确定末位警示县的重要依据，充分调动各县的工作积极性。按照《承德市农业综合开发综合考评办法》，结合承德市工作实际，通过对资金管理指标、综合管理指标、产业化项目管理指标、土地治理项目管理指标、监督评价管理指标5个方面24项指标打分，滦平县扶贫和农业开发办公室、宽城县农发办、承德县扶贫和农业开发办公室分别获得总分第一、第二、第三名，被评为“承德市2016年度农业综合开发工作综合考评先进单位”。市农发办将综合考评结果向各项目县（区）委、政府进行通报，综合考评结果作为下一年度资金分配和末位警示的重要依据。完善《承德市农业综合开发信息宣传考核办法》，对各县区2016年度农业综合开发信息宣传工作进行考核。考核结果作为重要因素与下一年度资金分配规模挂钩。三项考核工作的顺利完成，充分调动各县（区）争先创优工作的积极性，也为农发项目和资金规范化管理打下坚实的基础。认真开展项目评审工作。2016年，全省农业综合开发项目评审工作全面下放到市级开展，积极完善《承德市农业综合开发项目评审实施细则》，充实专家库，有序开展评审工作。1月9日，组织专家对承德市申报的12个第一批农业综合开发土地治理项目进行评审；3月6日对拟申报的17个第一批农业综合开发产业化经营项目进行评审。8月12日，对全市2016年度农业综合开发第二批资金土地治理2个项目进行专家评审；8月23日对2016年度第二批农业综合开发产业化经营3个项目进行专家评审。通过对申报项目的真实性、合规性、技术可行性、资金使用、效益发挥等方面严格把关，大大提高申报项目的前期工作水平。

【项目验收】 2015年度农业综合开发涉及8个县1个区，共计43个项目：其中土地治理项目12个，产业化经营项目31个。当年完成验收项目41个，延期验收项目2个。6月份，市办组织农发、财政和中介机构人员对竣工的41个项目进行市级验收。7月底，省农发办组织检查组对承德市农业综合开发市本级项目资金管理工作进行验收，对市级验收工作进行核查。从市办验收和省办核查情况看，项目内业管理、工程标准质量、项目资金使用管理以及工程效益等方面，均达到项目设计要求，项目顺利通过验收。

【信息宣传】 全市农发信息宣传工作突出三个围绕。围绕扩大农民群众的知情权农发政策宣传与立项施工季节紧密结合，让群众真正入心入脑，自愿投工投劳，筹资建设搞开发，保证农发工程的顺利实施；围绕扩大社会影响面，做好环京津文章，大力宣传承德农业综合开发在为京津“阻沙源、涵水源、保供给”中做出的突出贡献；围绕扩大开放，加大对全市优势特色产业发展成果的宣传力度，吸引多家知名农产品生产加工企业纷纷到农发项目区落户，建新厂，扩基地，创品牌，有力助推全市农业特色产业的进一步做大做强。通过宣传，营造良好的社会舆论氛围，赢得各级领导的关注、关心和支持。在全省农发系统信息宣传工作考核中，承德市荣获2015年度河北省农业综合开发信息宣传工作先进单位，为2017年度资金分配赢得加分因素。

附：市扶贫和农业开发办公室领导名录

党组书记、主任：王志宏（4月任）

党组副书记、副主任：邱　忠（满族，4月任，11月免）

刘海丽（满族，11月任）

党组成员、副主任：富东升（满族，4月任，11月免）

王兰军（4月任）

王庆民（蒙古，4月任）

张俊发（4 月任）
赵树才（4 月挂职）
党组成员、纪检组长：沈维生（12 月免）

（供稿　金凤岗）

住房公积金管理

【概况】 截至 2016 年年底全市共有 3343 个单位 25.52 万人建立公积金制度。当年全市共归集住房公积金 28.01 亿元，同比增加 5.03 亿元，同比增长 21.9%；审批办理住房公积金提取 16.65 亿元，占当年归集额的 59.4%；归集余额达到 79.6 亿元。当年共向 6188 名职工发放公积金贷款 20 亿元，同比增长 88.7%，个贷使用率达到 73.61%，同比提高 7.9 个百分点，贷款余额达到 58.6 亿元，贷款逾期率为 0.09‰。实现增值收益 1.2 亿元，住房公积金增值收益率达到 1.7%。年度共为职工结转住房公积金利息 1.02 亿元，均已划入职工个人账户。住房公积金管理规范，运行安全，贷款风险准备金充足率为 100%。

【公积金改革】 根据住建部提出“深化住房公积金制度改革，探索将进城落户农民纳入城镇住房保障体系”的要求，承德市将此项工作纳入全市深化改革重点事项之一，按照市委改革办的要求，市中心与市人社局、市总工会联合制定《关于加快推进进城落户农民依托单位建立住房公积金制度的实施方案》，并于 5 月开始执行。截至年末，全市已为 8066 名农民工建立住房公积金制度。

【规范管理】 按照住房和城乡建设部等四部委的要求结合本市实际情况，部署规范住房公积金缴存比例工作，逐步将公积金单位缴存和个人缴存部分进行规范管理。同时简化住房公积金提取所需要件和办理流程，方便职工提取。认真落实市政府关于化解房地产库存的相关政策，深入分析研究全市房地产市场前景和购房资金需求，科学制定公积金贷款计划，合理安排资金发放，当年全市共为 6188 名职工发放贷款 20 亿元，支持职工购房 63.6 万平方米。截至年末，全市共为 1227 名异地缴存职工发放 3.8 亿元公积金贷款，占全年贷款发放金额的 19%。进一步放宽公积金贷款申请门槛，调整二套房贷款认定标准，按照公积金使用情况认定二套房贷款，并将首付比例调整为不低于 30%；放宽二手房贷款条件，将房屋建成年限不超过 15 年调整为建成年限不超过 20 年；延长贷款年限至 30 年，提高贷款额度，夫妻双方缴存住房公积金的，最高贷款额度提高到 60 万元，夫妻单方缴存住房公积金的，最高贷款额度调高到 40 万元。

【改善“硬件”】 按照政府采购的相关要求，当年共为 2 个管理部购置营业用房，统一配备办公设施，实现办公场所的独立运行和规范管理。继续强化与委托银行的合作，充分利用各家银行的优质资源，拓展延伸服务网点，至年底，已委托 33 家银行网点办理归集、提取、贷款前台业务，有效地实现客户分流，极大地方便缴存单位和职工，提高办事效率和服务水平。

【优化服务】 大力开展培训工作，通过邀请专家讲课，到发达地区考察学习等方式，有效提升员工的综合素质。紧密结合工作实际，及时修订和完善公积金归集、贷款、会计等业务工作规范，细化业务办理标准、工作操作流程等事项，着力推动各项业务迈上程序化、规范化轨道。在各营业窗口，大力开展精神文明创建活动，实行规范化服务“八统一”（统一业务流程、统一柜台设置、统一各类标识、统一工作指南、统一服务内容、统一岗位职责、统一管理制度、统一文明用语）。同时，积极推行“首问负责制、限时办结制、服务承诺制”，全面实行“一站式、一条龙”服务，全力推广“预约服务、延时服务、上门服务”等新举措，职工群众的满意度明显提升。

【创新方式】 按照国家3个部委“健全住房公积金信息披露制度”的要求，建立信息披露机制，利用中心网站发布承德市住房公积金年度报告，主动接受社会监督，保障职工群众的知情权。通过开通“12329”住房公积金服务热线，提供业务查询、政策咨询、投诉举报等服务方式，打造承德市的公积金综合服务平台，为职工解惑答疑开辟有效途径。全年，总呼入量近20.3万个，其中自助语音量近18.9万个，日均自助语音量723个；人工语音量近1.4万个，日均人工语音量70个。推广网上营业厅，通过广泛宣传、组织培训、先行试点、简化办理等措施，为全市2129个公积金缴存单位开通使用公积金网上营业厅，极大提高工作效率。

【强化风险控制】 按照《住房公积金廉政风险防控指引》要求，进一步建立和完善资金调拨、账户开立、个贷管理、人事管理等各方面的制度及规定60余项。依托新的业务系统支撑，设计实施“账户统一管理、会计统一核算、资金统一存储、银行统一结算”的“四统一”资金管理运营模式，上收银行账户23个，撤销银行账户16个，将资金分散存放在多家金融机构，并改变手续费支付管理模式，将委托银行手续费列入大账管理，实现资金和核算的统一管理。借鉴外省市先进经验，采取内部稽核监督与第三方监督相结合的风险防控机制，构建“一横两纵”“五位一体”的风险防控体系。

附：市住房公积金管理中心领导名录

党组书记、主任：郭　伟

党 组 成 员：张跃里（蒙古族）

党组成员、副主任：蒯铁民

党组成员、副主任：徐　磊（满族）

（供稿　赵　磊）

社会福利

【概况】 全市坚持政府主导、统筹规划、社会参与，做强政策保障，做大建设格局，创新养老模式，积极务实地推进以居家养老为基础、社区养老为依托、机构养老为补充的养老服务体系建设，养老机构建设取得显著成效。截至年末，全市社会办养老机构47所，床位3915张，全市共建综合型居家养老服务中心6所，社区居家养老服务站135个，覆盖率82%，农村互助幸福院1846个，覆盖率75%。

【养老产业】 根据市政府第十三届第四十八次常务会议要求，结合承德实际制定《承德市健康养生养老产业发展工作推进方案》，下发《关于印发承德市健康养生养老产业发展工作推进方案的通知》（承市政办字〔2016〕120号）。着手编制《承德市健康养生养老产业发展总体规划》，明确规划的编制背景，确定规划的编制内容，规划以“健康之城”作为城市名片，形成“以大健康产业为支柱，生态休闲旅游、养老地产、康养社区、特色农林、产品制造等产业为支撑的产业布局，体现一城、一核、八大产业”的创新理念，构建“一带一心四轴五片”的发展格局。

【养老护理技能进社区】 为普及养老护理知识，在全市范围开展养老护理技能培训活动，居民反响热烈，认为此次培训贴近老年人实际需求，发挥实效作用大。此次培训共126场次，每期参加人员30～50人，累计培训7000余人。

【落实残疾人补贴政策】 积极开展摸底调查，共排查困难残疾人41756人，重度残疾人29968人。与市财政局、市残联印发《承德市困难残疾人生活补贴和重度残疾人护理补贴实施办法》，明确补贴对象、标准、程序，补贴资金全面发放。全年共为49194人发放困难残疾人生活补贴3144.366万元；为35975人发放重度残疾人护理补贴3426.49万元。首个“中华慈善日”在承德市中心广场举办慈善日宣传活动，积极倡导“以人为本，慈善为怀”的社会互助精神，拉起《认真学习贯彻慈善法、营造公益慈善新风尚》宣传标语，并发放慈善法宣传册，积极耐心向群众讲解《中华人民共和国慈善法》，宣扬做慈善献爱心的意义，增强全社会慈善意识，树立良好道德风尚，此次活动共发放宣传单5000份。

（供稿　秦　颖）

优抚安置

【概况】 2016年，全市共下拨各类优抚补助资金1.17亿元，其中，抚恤资金1.15亿元，医疗补助资金679万元，确保重点优抚对象抚恤补助金足额及时发放。

【优抚对象医疗保障体系建设】 各县（区）积极落实“一站式”结算服务，为优抚对象提供了简捷、高效的服务，已基本建立健全优抚对象医疗保障体系。部分县（区）提高各类优抚对象医疗费报销比例，有效地解决优抚对象看病难问题。

【关爱功臣活动】 结合庆祝中国人民解放军建军89周年、元旦、春节等重大节日，广泛开展“关爱功臣”活动，走访慰问重点优抚对象对5325名重点优抚对象进行走访慰问，慰问现金和物资折款350万元。各级优抚医院或优抚门诊广泛开展送医送药活动，全市共开展送医送药活动16次，服务优抚对象8331人，赠送药品180万元。市荣军医院组成医疗小分队，深入到各县（区）为优抚对象送医送药，为386人次重点优抚对象进行义诊，赠送药品合款4万元，有效推动全市“关爱功臣活动”全面开展。

【烈士纪念活动】 为缅怀革命先烈，继承先烈遗志，弘扬民族精神，广泛深入开展多种形式的纪念活动，9月30日，市民政局和热河革命烈士纪念馆承办承德市烈士纪念日烈士公祭活动，市委、市人大、市政府、市政协、法检两院及社会各界、解放军、武警官兵、学生代表1000余人参加。5月25日隆化举行“纪念董存瑞牺牲68周年”。

【烈士纪念设施定级工作】 兴隆县烈士陵园等17个烈士纪念设施批准为市级烈士纪念设施，29个烈士陵园及其他烈士纪念设施全部定为县（区）级烈士纪念设施。协助省民政厅在兴隆县成功举办京津冀双拥优抚工作交流会暨推进烈士褒扬工作合作意见签约仪式。

【义务兵家庭优待工作】 义务兵家庭优待工作发生重大变化，大幅度提高大学生义务兵家庭优待金标准，大学生义务兵（包括符合条件的高校往届毕业生、应届毕业生、大学在校生和刚被录取的新生）家庭优待金，按全省年平均最低工资标准150%计发。进藏和到新疆艰苦地区服役的大学生义务兵家庭优待金，按全省年平均最低工资标准200%计发。积极做好义务兵家庭优待金的测算工作，全年优待义务兵家庭优待金3108户，发放优待金3250元，其中，争取省财政支持1305万元，市本级配套437.3万元。

（供稿　王　雷）

老龄工作

【老年优待政策】 根据《老年人优待办法》，对老年优待政策落实检查中，国有公办旅游景区、客运车站、医院、法律援助机构等均按“办法”

落实相关优待，给老年人提供方便快捷服务，相应减免服务费用。协调市财政局、市公交总公司、中国人寿保险公司，为市、区 70 周岁及以上老年人办理更换乘车“敬老IC 卡”。争取市财政近 40 多万元资金为持敬老卡乘车的每名老年人购买 20 元的乘车意外伤害保险。全市共 7 个县(区)落实 70 周岁老人乘坐公共交通的优待政策。

【爱心护理工程资助项目】 对全市辖区范围的社会办养老机构进行摸底调查，对其规模，床位数、接收失能老年人人数及经营状况进行调查。打造厚德老年公寓、鹤鑫巢养老服务中心两所社会办养老机构申报全国爱心护理基地，争取省级资金 55 万元。基层示范性老年协会建设积极推进。根据省印发《基层示范性老年协会建设推进方案》，市老龄办加强督导，8 个县（区）按要求在年底前已超额完成建设任务（全市共建 8 个基层示范性老年协会)。

【建立高龄保健津贴制度】 承德市按照国家、省的要求全面落实 80 周岁以上高龄保健津贴制度。2016 年全市共发放高龄津贴约 2775 万元,约 7.1 万 80 岁以上老年人受益。“敬老月”系列活动扎实开展。开展特色活动庆祝老人节，共举办老年晚会 27 场、老年慰问演出 52 场,走访慰问 25 次，慰问老人达 443 人，发放慰问金 22.5 万元。利用发放宣传彩页、宣传单、悬挂标语条幅开展以人口老龄化国情、老龄政策法规为主要内容的主题宣讲活动。市老龄办做客承德电台《百姓热线》节目，对老年优待和权益保障等政策进行宣传和解读。重阳节期间河北省第三届中老年才艺风采大赛承德赛区激情开赛。评选出宫廷音乐《浪淘沙》代表承德市在省决赛中荣获综合类金奖的优异成绩并参加河北省中老年春晚。

【“助老安康工程”】 9 月 13 日，市老龄办与人保公司联合召开 2016 年度“助老安康工程”推进会议。宽城、围场、平泉 3 县的“助老安康工程”实现财政兜底为特殊困难老人投 1 份保险，全市老年人参加“助老安康工程”的覆盖面达到 23.84%，投保额达 354.6 万。较 2015 年参保老年人增加 1 倍，覆盖面增大 1 倍多，投保额增加 150 万元。

（供稿　刘　阳）

社区建设

【“四有一创”社区建设】 继续多渠道加强社区居委会硬件建设，除按每百户 30 平方米规划社区办公用房及活动用房外，全年争取省财政社区建设资金共 950 万元用于加强 21 个社区硬件建设，使全市 87% 的社区用房及活动场所达到“四有一创”建设标准。继续开展“全市文明和谐社区”创建活动，以“四有一创”为标准的“全市文明和谐社区”达到 91%。

【社区服务体系建设】 探索社区公共服务准入制度，整合社区资源，拓宽服务领域，推进公共服务、便民利民服务和志愿者服务。加快推进全市社区公共服务综合信息化平台建设，“96096”“12349”和“互联社区”等信息化平台建设覆盖率达到 51%。

【全国社区治理和服务创新实验区创建】 民政部专家组对承德市双滦区作为民政部确定的第二批“全国社区治理和服务创新实验区”创建情况进行实地验收。专家组认为，双滦区的创建工作命题不断、创新不断、举措不断，在社区管理目标、机制、主体、内容、手段等诸多方面进行卓有成效地探索与实践，较好地完成创建任务，为经济欠发达地区的社区创建工作提供借鉴。

【干部培训】 通过市、县、街、居四级对全市近

1000名社区居委会干部进行综合素质培训，与社区教育学院联合分二期进行政策理论培训和工作技能培训，实现居委会干部培训全覆盖。

（供稿　陈建民）

双拥工作

【荣誉奖项】　承德市荣获“全国双拥模范城”荣誉称号实现“八连冠”。7月29日，全国双拥模范城（县）命名暨双拥模范单位和个人表彰大会在北京召开，此次表彰大会以电视电话会议形式召开，在北京设主会场，在各省、自治区、直辖市和新疆生产建设兵团设分会场。承德市再次荣获新一轮“全国双拥模范城”荣誉称号。承德军分区政委王兰生、副市长丁伟、市双拥办主任常金超参加河北分会场并领取“全国双拥模范城”荣誉奖牌，这是承德市第八次荣获此项殊荣，实现争创全国双拥模范城“八连冠”的工作目标。

【“紫塞最美双拥人物”评选活动】　市双拥办历时3个多月开展2016年度“紫塞最美双拥人物”评选活动。根据各县（区）、各成员单位及驻承各部队推选的最美双拥人物提名名单，结合网民投票及征求各方意见等形式，联合承德军分区政治部、市委宣传部授予牟庆侠等15名为承德市“紫塞最美双拥人物”荣誉称号，并积极推荐省双拥办。最终丰宁满族自治县个体经营户牟庆侠荣获“河北省最美双拥人物”荣誉称号。承德市鹰手营子矿区寿王坟镇退休工人李瑞云、平泉县66435部队屈炳水获“美丽河北·优秀双拥人物”荣誉称号。最美双拥人物的评选，在全社会进一步营造支持国防和军队建设及拥军优属、拥政爱民的浓厚氛围，激发全社会爱心奉献的政治热情，展现无私奉献的良好精神风貌。

【拓宽双拥宣传教育渠道】　充分发挥报刊、电视、网络等载体功能，双拥宣传教育坚持做到“报纸上有一块，电视上有画面，网络上有一页”。9月25日、10月20日，在承德市中心广场和避暑山庄景区举办承德市双拥模范城“八连冠”成果展，展览搜集整理图片近千张，多层次多角度展示全市双拥工作中取得的成果和亮点，呈现全市军民共建和谐社会的一个个感人故事，热情歌颂军爱民、民拥军的鱼水深情，充分体现新时期军民融合式发展的崭新风貌。全年更新双拥网站信息100余条，有关双拥工作稿件50余篇，中国双拥杂志发表3篇，河北双拥杂志发表10篇，《承德日报》采用10余篇，电视台播发双拥新闻10余条，编发双拥简报15期。

【拥军活动】　充分整合军地资源，联合承德军分区政治部、市人社局、洪雅招聘网在市中心广场成功举办首届退伍军人就业专场招聘会。活动进一步提高退伍军人就业率，解决他们的后顾之忧，这是全市促进双拥工作在承德市深入开展的重要环节之一。为增进军地青年友谊、解决适龄青年婚恋问题，联合承德军分区政治部、承德市总工会、共青团承德市委、承德市妇女联合会、驻承各部队、“鸿雅传媒”举办“平安之夜　玫瑰之约”——承德市首届军地青年联谊活动；为驻承官兵免费办理2017年“公交拥军IC卡”，按时发放避暑山庄及周围寺庙景区门票。

附：市民政局领导名录

党组书记、局长：常金超

党组成员、副局长：丁朝东

窦立新

张万兴

巴　江（蒙古族）

贾国军

党组成员、纪检组长：马青龙（12月免）

（供稿　刘立新）

县区及承德高新区

双桥区

【概况】 双桥区行政区划总面积651.67平方千米，耕地面积亩2654.13公顷；总人口（户籍）38.6万人，人口自然增长率6.44‰；2016年全区地区生产总值完成167亿元，同比增长6%；全部财政收入完成19.3亿元，同比增长7.4%，其中公共预算财政收入完成7.01亿元，同比增长32%；工业增加值2.66亿元，同比增长1.3%；全社会固定资产投资累计完成64.9亿元，同比增长1.8%；社会消费品零售总额完成122.9亿元，同比增长11%；城镇居民人均可支配收入达到28168元，同比增长9.1%；农村居民人均可支配收入达到10485元，同比增长9.7%。

【重点项目】 全年共安排重点项目115个，年计划投资74.4亿元。其中区级领导分包重点项目99个，年计划投资51.5亿元，全年已全部开工建设。强力攻坚重点产业项目。休闲旅游项目9个，总投资119.2亿元。投资7亿元的马戏表演项目正在进行方案设计和土地征收，2017年即可开工建设；投资3亿元的云枫岭产业园二期工程正在进行道路整修、土地流转和农宅改造。投资8亿元的兆丰五星级酒店待规划方案已经市规委会审议通过。清谷休闲度假区等其他6个项目正在开展前期工作。文化创意项目8个，总投资86.6亿元。投资20亿元的姓氏文化产业园项目已完成土地收储前期准备，正在进行方案设计；投资8亿元的碧峰门民俗文化园区二期已入驻商家82户；投资7亿元的大稿（承德）国际艺术区正在进行厂房改造和管网铺设；投资5.5亿元的北方酒文化产业园正在进行土地补偿和城市控规报批；投资2.3亿元的文化创意印刷产业园已取得50亩土地使用权，规划方案审批通过后即可开工建设。其他3个项目正在开展前期工作。电子商务产业园项目3个。承德电子商务产业园已经入驻企业17家，其中与中国网库集团合作的承德电商谷项目20个单品平台已经完成筛选，企业已经入驻办公，预计经过3年努力，可实现销售收入30亿元。承德数据文化创业园占地32亩，建筑面积1万平方米，正在进行建筑改造。位于汇强大厦的中关村大数据电子商务创客空间，现入园企业17家，提供办公工位180个。商贸物流项目7个，总投资58亿元。投资12亿元的红星美凯龙商业综合体正在进行方案设计；投资25亿元的喇嘛寺商务配套区待规划方案通过国家文物总局和省住建厅审批后即可开工建设；投资12.1亿元的磬锤湾国际商业街正在进行主体施工。翠兴大厦、天山金街即将投入使用；二仙居商业街已基本完成主体；新华购物广场正在进行内外装修。其他项目9个，总投资72.6亿元。投资1.6亿元的冰上运动中心已经开工建设；投资28亿元的中乐汇—中国名人俱乐部承德总部基地已签约并完成选址注册，正在推进前期工作，预计引进企业总部100家；投资5亿元的国家冰球训练基地正在完善规划方案；总投资约26亿元，与红十字总会合作的国际健康城、京承健康大学和三甲医院、养老基地项目正在进行可研编制等工作，其他项目正在积极与投资企业接洽。积极推进重大专项工作。双峰寺水库移民工作顺利推进，共抽调18名区级领导、20个部门的150余人的精干力量，用2个月时间完成

6个村2225户6600多人的拆迁安置任务，库底清理工作正在有序展开。京沈客专建设有序施工，完成污水处理厂红线内及道路管涵改移和办公楼评估补偿工作，所有桩基都在有序施工。攻坚承张高速公路连接线征地拆迁，土地测绘和房屋及附属设施登统已完成，累计拆除违章建筑8000余平方米。启动承围路改线征地拆迁，已发布征地公告，土地测绘和附着物登统工作正在推进。

【京津冀协同发展】 加强领导带头对接。对接企业19家，达成合作意向7个，签约项目4个。深化合作交流。与政府部门对接，赴北京市怀柔区就城乡区域协调发展与和谐社区建设方面进行学习对接；与行业协会对接，重点拜访中国房地产协会、北京承德商会等组织；与教育、医疗、科研机构对接，与中国红十字会总会事业发展中心对接谋划承德拔萃双语学校、京承国际健康产业园等项目，合作正在积极推进中。大力进行招商引资。累计引进市外资金20.5亿元，完成年计划的100%，其中：省外资金14亿元，省内资金6.5亿元；引进经济联合项目40个，完成年计划的100%，全部签约项目计划引进投资52.22亿元。

【基础设施建设】 不断完善。实施道路畅通工程。道路建设和维护工程，总投资7.41亿元，启动9条道路建设工程，其中投资1.6亿元的北部新城01单元路管网工程已经竣工；投资2.67亿元的东山道路PPP工程正在进行土方工程；投资9400万元的贾营路已经开工建设；投资2000万元的牛圈子沟路已通车；投资2亿元的5条北区道路中，五道沟路、窑塞沟路、普宁路已实现通车，其他2条道路预计2017年6月竣工；同时已完成26条破损次干道、街巷维修维护，临时铺垫800平方米，铺油3000平方米。实施老旧小区改造工程。投资1100万元，改造老旧小区26个。实施“两场一厕”建设工程。加快推进停车场项目落地建设，已初步确定6处建设位置，2017年将对其中2处实施建设；全年投资233万元，改扩建公厕24座。实施亮化工程。市区21000多盏路灯全部纳入远程监控系统，实现智能化操控。

【城市管理】 深入推进市容市貌整治。年初开展为期3个月的环境综合整治活动，累计出动人员万余人次，车辆5000余台次，清理垃圾1万余吨，清理河道13.6千米、小区楼院743个，消灭卫生死角1297个，清除小广告5万余条、僵尸车1000余辆。同时，对占道经营、流动商贩、“新疆卖哈密瓜”等经营行为进行大规模的整治，市容环境得到显著改善。严厉打击违建行为。对违法建设行为进行不间断巡查，对新生违建做到及时发现、及时拆除。对已建成的违法建筑依法履行相关法律程序，进行依法查处，特别是对群众反映强烈、上级交办案件及影响重点项目建设的违法建筑及时拆除。结合集中拆违“百日攻坚”行动，共拆除违法建筑、私搭乱建210处，拆除面积3万平方米。加强景区周边环境综合治理力度。对避暑山庄、磬锤峰停车场、大红台、大佛寺等景区周边违规行为进行集中清理整治，规范牌匾21处，清理不规范经营2000余次，取缔了小南门花鸟鱼虫市场，拆除私搭乱建20处共1700平方米。特别是为解决避暑山庄两宫门间区域“九龙治水”的问题，成立两宫门区域综合管理办公室，对该区域集中管理，取得明显成效。保障重点赛事顺利举行。为确保2016年国际马拉松赛顺利进行，展现城市良好形象，双桥区对赛事沿线和周边的环境卫生进行集中清理，对道路设施进行不间断的清洗，根治狮子沟旱河南侧沙场和乱堆乱放问题，清理沙堆1.2万立方米，乱堆物料14处。

【回迁房建设】 北区五村拆迁回迁房。需建设总面积152.6万平方米，具备开工条件的120.96

万平方米已全部开工，罗汉堂村五道沟等5个地块44.39万平已完成分房，剩余32万平方米因军产、文保限制不能开工的回迁房将采取货币方式补偿到位。路网拆迁回迁房。共需建设回迁房25.6万平方米，已实现回迁8.7万平方米，货币安置8.89万平方米，碾子沟、马架子回迁房8.08万平方米正在进行电力施工，2017年年底前全部实现回迁。城中村改造回迁房。已启动的19个项目需建设回迁房约106.97万平方米。迎宾佳苑等10个项目40.24万平方米已实现回迁。剩余9个项目中：鸿福御苑等5个项目22.76万平方米回迁房已开工建设；其他4个项目，庄头营东山A2地块购置商品房进行回迁；偏岭、红石峦东山回迁房进行货币安置；水泉沟村二道沟回迁房项目城市设计方案已通过局务会，待上市规委会。

【优化债务结构】 争取国家政策性银行贷款支持，全力优化债务结构。向国家开发银行河北省分行申请外八庙景区周边9个棚户区改造项目贷款42.7亿元用款额度全部争取到位，支付总额累计达39.82亿元，债务结构持续优化，推动外八庙景区周边棚户区改造建设步伐。2015年9月争取到的红石峦小北沟村棚户区改造建设项目贷款1.68亿元，用款额度已争取到位8000万元，2016年已完成支付3500万元。申报的鸿福御苑等7个棚户区改造建设项目2016年年底通过国家开发银行审核，贷款金额14.8亿元。扎实推进政府置换债券发行，缓解债务压力。2016年以来，新增到位政府置换债券资金23.6462亿元。

【农业农村工作】 美丽乡村建设大力推进。重点实施了鸡冠山休闲度假小镇片区美丽乡村建设，涵盖太平庄、石门沟、鸡冠山3个行政村，共1059户3831人。该片区已完成部分道路、石坝、石墙的修复和建设，种植油葵、玫瑰1000余亩。基础设施更加健全。计划治理水土流失面积5平方千米，建设水源工程10处、节水工程10处；实施农村安全饮水续建工程，共解决农村人口1.086万人的饮水安全问题；实施农村公路建设6.4千米，完成石门沟村巷道硬化、整治500米，完成庄头营旱河西岸硬化120米。扶贫工作不断加强。完成344户722人的结对帮扶工作，切实将一户一档，一户一策落实到位；整合资金500余万元，组织技术人员对各村开展技术服务和技术指导；推行低保线与扶贫线“两线合一”，实行政策性兜底脱贫；申请国家补贴36万元，对300户退耕还林农户补助推广太阳能热水器300台。

【环境治理】 持续做优生态环境。强力推进燃煤锅炉取缔，至年底已取缔43台，同时完成2万套农村清洁炉具安装任务。加强道路扬尘综合治理，对市区渣土运输车辆和施工工地实行24小时动态监管，整改工地25处、查处违规车辆214台次；全面禁止露天烧烤、垃圾焚烧、秸秆焚烧；加强黄标车治理，受理2015年度黄标车提前淘汰补贴申请318份，发放补贴资金351.1万元。全年，辖区环境空气质量优良天数达标276天，同比增加14天，PM2.5平均浓度为每立方米39微克，同比下降7.1%。持续推进水环境治理。投资1377万元实施的16个武烈河污水直排口取缔和主城区污水支管网扩建工程，已完成工程量的90%；投资1429万元的武烈河上游污水总长5.1千米的管网工程，已全部铺设完毕；投资1334万元的武烈河医学院段右岸防洪堤工程，已全部完工。对区域内武烈河流域垃圾集中清理，实现11条旱河河道常态化保洁。区域内地表水省控监测断面水质达标率100%，饮用水水源地水质达标率继续保持100%。推进简政放权工作。全年共衔接省取消的行政审批事项8项，省下放行政审批事项10项，衔接国家取消的行政审批事项48项，清理规范中介服务事项6项。加强政务服务中心建设。将18个部门230项行政审批事项统一到双桥区政务服务中心集中办理，极大方便办事群众和市场主体。全力推进依法监督。全年共办理人大代表建议107件、政协委员提案106件，答复率和满意率均达到100%。完成政府投资项目竣工审计104项，节约财政资金87611487.33元。打造清正廉洁的政务环境。2016年共开展明察暗访60余次，查处问题162个、通报案件17起，给予党政纪处分43人。信访维稳成效明显。共安排区级领导接访265次，接待信访群众306批次1658人次；下访97批次，接待信访群众125批次157人次，信访形势保持稳定。公共安全不断加强。共立案刑事案件1841起，破获598起；查处治安案件4574起，抓获犯罪嫌疑人333人。

【社会事业】 全力做好社会保障工作。全年城乡居民养老保险扩面征缴176人，完成扩面任务目标的160%；城镇职工医疗保险累计新增扩面123人，城镇居民医疗保险累计参保112013人，完成目标任务的106%；新农合参合人数达到66043人，参合率为96%，覆盖率100%；失业保险新增扩面229人，完成目标任务的458%。全面开展低保核查，全区共4417户、7927人享受低保待遇，大幅提高城乡低保标准，城市达480元/月、农村达3300元/年，实现农村低保线和贫困线“两线合一”。做好医疗救助、临时救助、残障补贴等救济救助工作，累计救助3709人，发放各类救助金524万元。不断提升就业水平。全年实现城镇新增就业4146人，完成全年目标的142%；城镇登记失业率保持在4.2%以内；全区农村劳动力向非农产业转移415人，完成目标任务的104%。大力发展教育事业。加快学校建设进程。民族中学佟山校区2号、3号楼校舍改建已建成投入使用；普宁小学和汇水湾小学主体已经完成；会龙山小学正在进行主体建设；民族小学正在进行基础施工。解决适龄儿童入学问题。制定《义务教育招生工作实施意见》和《划片方案》，实施城区小区6周岁入学过渡方案，顺利完成义务教育招生工作，累计招聘教师95人，保证各学校暑期如期开学。顺利完成中高考组考工作。承德八中二本上线率达到54.55%。继续做好卫生和计生工作。医疗体制改革纵深推进。全面实行药品网上集中采购，药品零差率销售，基本药物使用覆盖率达到100%。基层卫生工作不断提高。城市社区卫生服务覆盖率达100%，普遍开展以建立居民健康档案、健康教育、老年人健康管理等12类国家基本公共卫生服务项目。人口和计划生育工作有序开展。全面实施放开二孩制度，完善落实计生利益导向机制，全年全区共出生人口2849人，出生人口男女比106∶100。不断提升社区建设水平。在全区70个社区结合五城联创和河北省和谐社区建设示范单位创建活动，从社区社会服务、卫生、文体、治安、环境卫生、便民服务等方面不断提升社区建设水平。大力发展文化事业。累计组织文化下乡演出活动十余次，为农家书屋补充图书8586册价值15.5万元。执法450余人次，检查各类经营单位200家次，构建健康稳定的文化市场秩序。结合2016年安全生产攻坚活动，做好全区文物古建安全治理工作。

附：双桥区领导名录

中共区委书记：宋成立（2月任）
方志勇　（满族，2月免）
副　书　记：杨玉甫（满族，4月任）
马浩然
区人大常委会主任：张　新
副　主　任：项争鸣（满族）
方国忠（满族）
胡立安（女，满族）
陈彦伦
区人民政府区长：杨玉甫（满族，4月任）
宋成立（4月免）
常务副区长：张　成（满族，4月任）

杨玉甫（满族，4 月免）
副　　区　　长：崔东鑫
刘俐宏（女）
关　越（满族，挂职）
郭德启（满族）
王文龙（满族，1 月任）
赵　泉
张洪亮（苗族，挂职，9 月任）
杨志新（女，满族，4 月免）
杜新成　（11 月免）
区 政 协 主 席：刘敏儒
副　　主　　席：郭凤水
王树勤
韩智军
闫亚丽（女）
区纪检委书记：刘国锋

（供稿　王　超）

双　滦　区

【概况】　双滦区是承德市中心区西区，区政府坐落在双塔山镇，距市区 12 千米。全区辖镇(乡)6个，行政村 63 个，街道办事处 3 个，社区居委会 18 个，总面积 451.74 平方千米。耕地面积 68803.35 亩、人均耕地 0.88 亩（按农业人口计算），2016 年，全区常住人口 14.8553 万人。全年出生人口 1858 人，出生率 12.51‰，人口自然增长率 7.96‰。2016 年，全区完成生产总值 102.7 亿元，比上年增长 6.9%。其中：第一产业增加值 2.4 亿元，增长 4.8%；第二产业增加值 70.5 亿元，增长 5%；第三产业增加值 29.8 亿元，增长 12.2%。三次产业增加值占全区生产总值的比重由上年的 2.3∶70.9∶26.8 调整为 2.3∶68.7∶29。全年完成财政收入 10.4 亿元，比上年增长 1.6%。2016 年空气质量 PM2.5 达标天数比率为 73%。集中式饮用水源地水质达标率 100%。

【工业平稳增长】　2016 年全区工业完成工业增加值 60.8 亿元，比上年增长 4.2%，其中规模以上工业企业 29 个，完成总产值 273.7 亿元，同比上升 8.8%，规模以上工业发展的主要特点：一是规模以上工业在经济增长中仍发挥重要作用，但支撑作用减弱，全年完成规模以上工业增加值 56.9 亿元，增长 4.1%，与同期相比上涨 3.2 个百分点；二是支柱产业作用减弱。铁矿采选业企业 5 个，累计完成产值 31.1 亿元，同比上升 23%，占规模以上工业比重 11.4%；制造业产值 228.1 亿元，增长 9.2%，占规模以上工业比重 83.4%；三是工业经济效益上升。规模以上工业产品销售率 97.3%，实现利润 8175 万元，比上年增长 4 倍。本年应缴增值税 3.4 亿元，下降 22.6%。全区完成建筑业增加值 9.7 亿元，增长 11%。建筑业资质以内企业 12 家，完成产值 20.8 亿元，增长 12.9%。

【农村工作】　全区完成农林牧渔总产值 39846 万元，比上年增长 4.9%，其中农业产值 22071 万元，增长 2.81%。据抽样调查全区粮食总产量 15510 吨，增长 2.6%。农作物总播种面积 3604 公顷，粮食作物播种面积 2792 公顷。粮食平均每亩单产 381 千克，其中：稻谷平均每亩单产 428 公斤，玉米平均每亩单产 385 千克。全区林业产值 3629 万元，比上年增长 17%。当年造林面积 1734 公顷，年末果园面积 731 公顷，比上年增长 11.2%，封山育林面积 667 公顷，育苗面积 10 公顷，木材产量 5900 立方米。森林覆盖率 29%。全区牧业产值 9483 万元，增长 6.7%。大牲畜年末存栏 1000 头，牛存栏 900 头，猪年末存栏 41700 头，肉类总产量 3311 吨，增长 10.8%。累计发放各类惠农补贴 4782 万元，惠农政策全面落实。持续扩大经济林、中药材、设施农业发展规模，建成精品农业科技示范园 14

个、市级农业产业化龙头企业10家，三杨生态园区获批省级现代农业园区。深化与科研院校合作，葡萄、草莓等新品种分获国家级大奖。农民专业合作社达到304家，获批市级以上示范社14家，农村经合组织实现全覆盖。在全市率先成立乡村旅游发展协会，创建星级示范户38户，双滦区获评“全国休闲农业与乡村旅游示范区”。农业生产方式已实现由传统种粮种菜向现代休闲观光有效转变。

【国内贸易和投资】 全区完成社会消费品零售总额20.5亿元，比上年增长14.9%。其中城镇消费品零售额18.4亿元，增长15%；乡村消费品零售额2.1亿元，增长8.9%。分行业：餐饮业零售额9.2亿元，增长17.8%；住宿业营业额2.3亿元，增长14.5%；批发业销售额143.4亿元，增长66.2%；零售业销售额22.3亿元，增长30.8%。全社会固定资产投资累计完成140亿元，比上年增长16%。第一产业完成0.08亿元，同比下降97%；第二产业完成11.85亿元，增长23%；第三产业完成128.02亿元，增长18%。其中房地产投资完成2.41亿元，比上年下降49%。

【金融保险运输邮政】 年末全区金融机构各项存款余额142.5亿元，比上年增长26.1%，其中城乡居民存款余额91.2亿元，比上年增长14.3%，各项贷款余额169.6亿元，比上年增长11.8%。保险业健康发展。人寿保险保费收入3400万元，比上年增长8.6%，全部赔款金额1125万元，增长51%。财产保险保费收入4133万元，比上年下降6.4%，财产险赔付金额2813万元，比上年增长54.2%。全年完成货运周转量14400万吨公里，比上年增长1.6%。营运车辆2010辆，其中货运车辆1658辆、出租车352辆。邮政业务总量956万元，比上年增长13.4%。

【教育文化卫生事业】 全区现有学校35所，其中：完全中学1所，职教中心1所，初中2所，青少年活动中心1所，小学30所(完全小学 14所，教学点16个)。在校生20395人，其中，小学12499人，初中4086人，高中2742人，职教中心1068人。有各类幼儿园43所，在园幼儿5879人。全区共有教职工1523人，其中专任教师1255人，市级以上骨干教师、教学能手、学科带头人、名师274人。文化广播事业繁荣发展。全年组织开展大型文艺演出活动12场次，全区有9个文化站，1个文化馆，各类文化经营户达到92家，农家书屋63个。全年旅游收入11亿元，接待游客207.8万人次。医疗卫生服务水平不断提高。全区有14个卫生机构，实有床位1005张，卫生技术人员1005人，医生381人。

【社会生活】 据抽样调查，全年城镇居民人均可支配收入28897元，比上年增长8.7%，农村居民人均可支配收入10420元，比上年增长10.1%。社会保障体系不断完善。全区参加基本养老保险职工人数1721人（行政事业单位），城镇职工参加医疗保险人数5875人，其中在职4775人，退休1100人，新农合参保人数62597人。城乡居民参加社会养老保险人数27032人。年末农村低保户3400户，低保人口5011人，城镇低保户2085户，城镇低保人口3531人。新增城镇就业1.4万人，失业率控制在3.9%以内，农村劳动力转移就业4155人次。城乡居民社会养老保险省级试点任务全面完成，机关事业单位养老保险制度改革启动实施，城镇居民基本医疗保险与新农合统筹并轨，大病医疗救助持续扩面，临时救助制度、残疾人补贴制度全面建立。实行低保线和扶贫线“两线合一”，城乡居民低保标准分别比2011年提高43%和88%。建设保障性住房4769套，改造农村危房1577户，城乡居民住房条件持续改善。财政用于民生领域支出30.6亿元，占财政支出的62%，人民群众获得感持续增强。

【基础设施建设】 承赤、承张高速公路建成通车，高速公路通车里程达65千米，南通京津、北达内蒙古、东连辽宁、西至张家口的高速路网全面贯通。等级公路新增83千米，市政道路新增35千米，乡村公路实现全覆盖，公交班线增加到25条。总长134.7千米的供热、供水、供气等市政综合管网投入使用,新增电力线路282千米，“三网合一”智慧城市指挥系统建成运营，城乡公共服务设施全面提升。建成区面积由20平方千米扩大到28平方公里，扩大40%，城市化率由66%提高到73%。改造城中村、棚户区15个，建成回迁楼70万平方米，惠及群众1500户。实施绿化、亮化、美化项目72个，新增城区绿地20万平方米。大力开展农村环境整治、美丽乡村建设，“两场一厕”布局完善，环卫保洁持续扩面升级，南山根村、中营子村和烧锅村获评省级美丽乡村。

【拓展投融资渠道】 金源国控集团组建运营，并融资12.2亿元，规模10亿元的京承文化发展承德投资基金成立，“政银企户保”金融扶贫新模式积极推进，金融机构助力91家企业融资47.9亿元，资金瓶颈有效破解。市政府将工业项目土地、规划等核心审批权委托下放到双滦经济开发区，困扰双滦多年的项目审批制约取得实质性突破。

【项目建设】 中东贸易平台连线开通，品雅生活跨境电商直营店建成运营，鹏涛保税物流项目加快推进，跨境电商走在全市前列，在全市领先完成外贸出口额2.8亿美元。获批筹建河北首家、全国第七家“国家检验检测认证服务示范区”，检验检测认证园区一期开工建设。筹备多年的钒钛基地获批建设，承德老酒如意洲模式在22个省3个直辖市推广，兴华恒通等5家企业在贵阳众筹交易所成功挂牌，与中国卫生集团合资合作的区医院和承德市精神卫生中心成功运营，WIFI信号在全市率先实现城区全覆盖。深化与京津及沿海地区沟通对接，113个重大项目签约落户。经济开发区加入京津冀开发区创新发展联盟，与北京多家经济开发区建立协同共建关系，文化旅游产业园区获选京津冀文化产业园区联盟副理事单位。“引进来、走出去”战略取得突破性进展，累计实现外贸出口9.7亿美元，利用外资1993万美元，对外开放的广度深度进一步拓展。

【生态环境】 狠抓节能减排，积极推进大气污染防治，PM2.5平均浓度由49微克／立方米下降到38微克／立方米，空气质量保持全市前列。深入开展水污染防治，滦河断面水质由四类提高到三类，出境断面和饮用水源地水质达标率保持100%，2.5万农村人口饮水安全问题得到解决。植树造林、封山育林7.1万亩，治理水土流失31平方公里，整治河道河堤37.4千米，双塔山滦河湿地公园获批国家级试点。

附：双滦区领导名录

中共区委书记：路立营（12月免）
赵振清（满族，12任）
副书记：赵振清（满族，12免）
刘　杰（满族）
区人大常委会主任：许先民（满族）
副主任：刘海峰（满族）
张晓国（满族）
王青春
周建军
区人民政府区长：赵振清（满族，代区长；2月任）
常务副区长：李吉先（5月免）
杨玉兴（9月任）
副区长：高立国（蒙古族）
张　杰
李秀宏（女 满族）

程彦龙（满族）
于春利（挂职，7月免）
区政协主席：李长银（2月免）
刘风宇（2月任）
副　主　席：徐小平
田　睿（蒙古族）
才亚民（1月免）
马玉兵（2月任）
谢汉杰（2月任）
区纪委书记：李　浩

（供稿　王乃民）

鹰手营子矿区

【概况】　鹰手营子矿区位于承德市西南部，辖鹰手营子、寿王坟、北马圈子和汪家庄4个镇及铁北路街道1个街道，总面积为149.31平方千米。总人口6.4476万人，人口自然增长率1.42 ‰，比上年下降0.62个千分点；全区地区生产总值完成35亿元，比上年增长5.3%；第一产业增加值9410万元，比上年增长6.4%，第二产业增加值246804万元，比上年增长3.9%，第三产业增加值92429万元，比上年增长8.9%；粮食总产量1926吨，比上年增加8.4%；财政收入2.236亿元，比上年减少29%；一般公共预算财政支出 6.326亿元，比上年增长6%；全年PM2.5浓度值为61微克／立方米，同比下降12.9%，低于全年平均目标3微克／立方米，空气质量达标天数为216天，同比增加45天，增加天数位居全市第一；社会消费品零售总额12.4亿元，比上年增长8.4%，固定资产投资完成30亿元，比上年增长7.4%；在职职工年平均工资收入38514元，比上年减少1.1%；农民人均纯收入8497元，比上年增长9.8%；城镇居民人均可支配收入22006元，比上年增长9.1%；年末城乡居民存款余额280445万元，比年初提高4.7%。

【招商引资】　抢抓京津冀协同发展重大机遇，加强与北京建龙、北京金隅、杭氧集团等大企业合作，在含钒特钢、新型建材等方面实现新突破。投资4700万元的金隅利用水泥窑协同处置30000吨／年危险废物技术改造项目投入使用，投资5亿元的建龙一期全提钒升级改造项目正在积极推进。积极开展并组织参加各类招商活动，共引进市外资金12.3亿元，新签经济合作和技术引进项目21个，引进人才360人，市外国内劳务输出完成6088人。深入研究“三去一降一补”有关政策，加大对中小型企业扶持力度，对重大项目提供全程跟踪服务，积极帮助中小企业解决融资难问题，新认定6家企业为河北省科技型中小企业，全年共为企业担保贷款1000万元。

【产业发展】　一产向精转变。全年共流转土地2600余亩，新增经济林2000余亩，改接果树1万余株，栽植中药材600亩。总投资6000万元的食品工业园项目投产达效，总投资4000万元的喇嘛沟生态智慧农庄项目已完成招投标工作。怡达、燕山圣达、宏运达、天丰生物等4家企业完成国家级、市级农业产业化重点龙头企业的监测认定，怡达集团完成省级现代农业园区创建工作。二产向强迈进。金隅、建龙支柱作用更加凸显，投资31亿元的金隅冀东北新型建材基地项目，已完成300亩土地收储及园区护坝、道路、供热、排污等工程，年产80万吨预拌砂浆项目一期建成投产，水泥纤维板项目完成可研，尾矿综合利用中试基地正在规划设计，住宅产业化项目正在加速推进；投资3.5亿元的建龙年产6000吨钒氮合金项目，已完成备案、选址、征地等前期工作。三产向大延伸。医疗康养产业方面，京津冀跨区域医养结合示范园项目已与中国建筑工程总公司达成合作意向，总投资5.6亿元的一期工程将于2016年开工建设。电子商务方面，总投资6000万元的怡达集团电商创业孵化平台建设项目已完成，与淘宝、京东、苏宁三大电商开展战略合作，淘宝“特色中国”承德馆正式上线运营，电商销售收入突破1.5亿元，大幅提高“水源地承德绿色食品”的品牌影响力。现代物流方面，总投资10亿元的怡达农产品冷链物流仓储中心暨首都农产品应急储备基地项目已经纳入北京商委“十三五”规划，成品库、冷库、保鲜库和产品生产基地已完成建设。

【城乡统筹】 2016年完成《承德市城市总体规划》鹰手营子矿区专篇和《鹰手营子矿区中心城区控制性详细规划》的修编工作。全年共收储土地380余亩，征收房屋180户、2万余平方米，为城市发展和项目建设预留空间。严格落实省、市关于棚户区改造的各项工作要求，全年共实施棚户区改造项目5项，总投资2.7亿元，完成投资1.7亿元，拆迁改造棚户区1800余户，其中货币补偿1000余户，共建设棚户区回迁房1610套、15万平方米；全年共分配保障房951套，完成了年度去库存任务。寿王坟铜矿工矿棚户区改造项目主体完工，桥南路东侧、祥泰丽景家园棚户区改造项目正在进行主体施工，北山地块综合开发、东风煤矿棚户区改造1号楼等建设项目正在办理前期手续。省道358线大修工程全面竣工；完成10千米农村公路改造项目；老厂子大桥已完成工程量的50%；寿王坟供热改造续建工程正在进行电力设施配套施工。按照城市精细化管理的要求，结合“省级文明城区”创建工作，不断加强基础设施建设和管理工作力度，有效提升城市的承载能力和环境面貌，城区垃圾处理率达到98%以上，污水处理率达到93%以上，城区道路机械化清扫率达到85%以上，居民幸福指数明显提高。小区物业管理提档升级工作成效显著，两次承办全市小区物业管理工作现场会，物业管理经验做法得到省、市领导的充分肯定。

【农业农村工作】 投资2400余万元加快推进美丽乡村建设，已完成12个专项行动任务，自来水实现全覆盖，铺设沥青道路3.8千米，新安装太阳能路灯133盏，完成绿化面积7500平方米，栽植树木500余株，拆除临建100余处，村容村貌大幅改观。深入推进农村产权交易市场建设，成立惠农农村产权交易有限公司。不断深化农村集体经济股份制改革工作，搭建“政银企户保”供销金融扶贫平台，建设股份制合作社3家，确定4个村为农村集体经济股份制改革市级重点村，发放贷款5笔250万元。扎实推进土地确权登记颁证工作，完成实测面积17800亩，超额完成60%。

【教育事业】 汪庄幼儿园已完成内部装修，鹰城一中已完成项目立项。坚持“一校一品”特色发展之路，初步形成了以“责任、博爱、体验、阳光、未来、生命、绿色、快乐、尚美”为核心的特色教育体系，并确定在鹰手营子矿区召开全市教育内涵发展建设现场会。不断强化教育教学管理，加强师德师风建设，大力弘扬富廷阁先进事迹，深入开展“一师一优课、一课一名师”活动，全年新增省、市级优秀教师5名，“综合晒课”获全市第三名。中高考成绩优异，2016年鹰城一中高考本科上线率达87.8%，位居承德市21所高中第二位；承德七中中考500分以上55人，创历史新高；鹰城一中和承德七中均被评为全市教育系统先进集体。努力提升学生综合素质，开展“书香校园”“庆祝中央红军长征胜利80周年”等系列主题教育活动，累计成立各类校园社团120个，滨河路小学、金扇子小学获全省科技创新大赛一等奖。积极开展“守护天使”行动，建立学校食堂领导体验陪餐制度，同时不断加强人防、物防建设，实现“一键报警”设施全覆盖，全年未发生校园安全事故。

【医疗卫生工作】 航天中心医院承德分院正式成立，投资3800万元的综合住院楼投入使用，并投资4000余万元升级诊疗设备，投资4600万元的体检中心项目已完工，建立健全进修培训机制，探索职级晋升与交流服务挂钩制度，总院专家共开展手术76例，开展医疗技能培训403人次，全年营业收入突破5700万元，同比增长30%以上。投资2470万元的铜城医院迁建项目已完成立项；总投资850万元的北马圈子镇卫生院、汪家庄镇卫生院投入使用。全区常规免疫疫苗接种率达到95%以上，新生儿首剂乙肝疫苗及时接种率、疾病筛查率均达到100%，城乡居民健康档案建档率达98%，65岁以上老人规范化管理率达90%以上。

【就业及社保工作】 全年城乡居民低保新增402户729人，取消1015户1458人，共发放保障金2413万元。城镇低保标准由每人每月402元提高到450元，农村低保标准由每人每年2430元提高到3300元。城镇新增就业2639人，下岗失业人员再就业762人；就业困难人员就业376人，农村劳动力转移就业484人；全区城镇登记失业率控制在3%以内，争取就业资金1202万元。贫困人口建档立卡工作精准到位，全区共采集一般贫困户42户103人、低保贫困户1276户2637人。

【文体旅游工作】 投资3000万元的综合展览馆具备开放条件，投资1200万元的全民健身中心项目正在积极跑办前期手续，寿王坟传说成功列入省级非物质文化遗产名录。与北京市东城区委对接，举办"2016年春节文艺晚会暨京津冀文化共享、北京东城区文艺惠民展示演出"和"北京市艺术名家赴承德市文化交流展演"活动，成功举办首届中国（承德）国际山楂文化节、首届梨花节、京津冀书画家艺术交流等活动。协助怡达集团积极推进山楂小镇建设，成功打造"第七纵队"野外军事训练项目，开展"百家旅行社进鹰城"宣传推介活动。

【社会综治】 着力构建"118"社会治安立体化防控体系，举办全市综治工作现场会，全年未发生命案，以及较大以上治安、刑事案件，未发生公共安全和群体性事件，未发生进京、赴省集体访和进京非正常上访，是全市唯一的"三无"县（区），娄树存被推荐为全国模范调解员和全省金牌调解员。

【生态环境】 大气污染防治工作进展顺利。制定《营子区环境保护监督管理暂行规定》和《营子区大气环境管理实施细则》，推进重污染天气预警应急体系建设，开展"利剑斩污"专项行动，全年PM2.5同比下降12.9%，空气质量达标天数为216天，同比增加45天，增加天数位居全市第一位。京津水源涵养功能区建设成效显著。总投资2607万元的南马圈至火道沟段河道治理工程初步设计已获省水利厅批复；总投资500万元的寿王坟老牛河治理工程正在施工；总投资450万元的喇嘛沟河引调水工程具备蓄水条件。区域流域水质达到Ⅲ类以上，水质达标率100%。生态环境治理明显改善。2016年共实施矿山环境治理项目5个，总投资2800万元，其中国家级矿山环境治理三期喇嘛沟河城区段治理工程已基本完工；省级原承钢石灰石矿和跳沟石灰石矿项目已完成。制定《营子区落实承德市创建国家森林城市推进方案》，大力实施京津风沙源治理项目，新栽苗木15万余株，全区森林覆盖率达到70%以上，绿地率、绿化覆盖率、人均公园面积分别达到45.72%、49.12%和15.81平方米。

附：鹰手营子矿区领导名录

中共区委书记：李　伟（12月免）
　　　　　　　谷宏健（12月任）
副　书　记：谷宏健（12月免）
　　　　　　杨永升（1月免）
　　　　　　吴景新（1月任）
　　　　　　高浚力（12月任）

区人大常委会主任：王贵君（8 月去世）
副　主　任：李瑞民
周辅民
邓会民
孙树军
区人民政府区长：谷宏健（12 月免）
高浚力（12 月代理）
常务副区长：杨海龙（12 月免）
副　区　长：高浚力（12 月任）
丁　一（4 月免）
辛国勇（4 月任）
马广春
王　明（1 月免）
徐树星（1 月免）
韩淑珍（2 月任）
韩　俊（4 月任）
区政协主席：蒋国成
副　主　席：杨永水
朱克玉
李振阳
区纪检委书记：吴景新（1 月免）
王　明（1 月任）

（供稿　彭立红）

围场满族蒙古族自治县

【概况】 围场满族蒙古族自治县位于河北省最北部，辖 8 个镇，29 个乡。总面积 9219 平方千米；耕地面积 111599.38 公顷。年末户籍总人口 541768 人，人口自然增长率 5.86‰。2016 年，在上级党委、政府的正确领导下，县委、县政府坚持以中共十八大、中共十八届三中、四中、五中、六中全会精神为指导，深入贯彻习近平总书记系列重要讲话精神，牢固树立新发展理念，紧紧围绕"科学发展、绿色崛起、晋位赶超"主题，团结带领全县广大干部群众，抢抓机遇，攻坚克难，较好地完成年初确定的各项任务目标。全县实现地区生产总值 109.01 亿元，同比增长 7.6%，其中第一产业实现增加值 41.29 亿元，同比增长 10.5%；第二产业实现增加值 29.23 亿元，同比增长 1.3%；第三产业实现增加值 38.49 亿元，同比增长 8.3%。粮食总产量 284367 吨，比上年减少 9362 吨。全年完成财政收入 81298 万元，同比增长 1.3%；全年公共财政预算收入 47130 万元，同比下降 12.2%；公共财政预算支出 318441 万元，同比增长 11.6%。全社会固定资产投资完成 127.73 亿元，同比增长 10.9%。农村居民人均可支配收入 7138 元，增长 11.8%；城镇居民人均可支配收入 20811 元，增长 8.5%。城乡居民收入比由 3.00 缩小至 2.92。年末全部金融机构人民币存款余额 1746981 万元，比上年增长 18.3%。

【旅游康养产业】 以全域游、四季游为方向，积极推进全域旅游"百千万"工程，加快木兰围场民族文化产业园、大清猎苑文化产业园、三强庄园式企业家会所、承德御道口养生休闲度假区等一批精品旅游项目建设；成功举办御道口环中国国际自行车公路赛、木兰围场草原文化节、冰雪嘉年华等体育赛事和旅游宣传推介活动，围场至丰宁赛段被评为"环中国"最美风景赛段，围场满族蒙古族自治县被评为"中国最佳休闲度假旅游名县""全国休闲农业与乡村旅游示范县"。全年接待游客突破 225 万人次，旅游综合收入达到 15.7 亿元，分别增长 12.5% 和 12.1%。

【食品医药产业】 率先启动国内首个"十万亩功能农业（有机富硒马铃薯）示范区"建设，牵头组建河北省马铃薯产业技术创新联盟，建设水肥药一体化农业示范基地 10 万亩，富硒（锌）马铃薯、胡萝卜基地 1.5 万亩。推进农业产业化水平提升，实施新瑞肉牛养殖、味来食品马铃薯主粮化技改等农业产业化项目 17 个，全县省级、市级农业产业化龙头企业分别达到7家和43家，产业化经营率达到59%，被评为“国家农业可持续发展实验示范县”“国家农产品质量安全县”。推进绿色产业基地建设，持续培育“2+3”农业产业体系，成功举办全省种植结构调整现场会，全年压减籽粒玉米10.93万亩，完成马铃薯种植73万亩，蔬菜种植30万亩，中药材种植11万亩。建设旱作农业技术推广基地42.73万亩，建成市级以上各类种植示范园区30个、标准化养殖场44个，建成国内最大的万亩日本当归育苗基地。

【能源环保产业】 全力打造千万千瓦清洁能源基地，建成第二个百万千瓦清洁能源基地，实施清洁能源产业项目15个，风光电新增装机26.8万千瓦，装机总量达到252.8万千瓦，实现产值19.35亿元，被列为“国家首批绿色能源示范县”。国投盛世沸石环保新材料、山湾子环保石材产业园二期、人和矿业伊利石选矿深加工等环保产业项目建成投产，全县环保新材料生产企业发展到6家，新型建材行业产值达到5.5亿元。

【信息物流产业】 深度整合商贸物流资源，优化信息物流网络，推动线上线下交易快速发展，北方物流园区汽配城、建材城、家具城项目启动建设，电子商务产业园建成投入运营。登记注册北纬42度、淘实惠等电商企业44家，物流企业35家，312个行政村实现村级电商服务网点全覆盖。骏通公司第三方物流的成功运营，使城乡物流服务“最后一公里”难题得到有效破解。各类农产品交易市场全面升级改造，覆盖城乡、线上线下双向联动的市场流通体系初步形成，全县线上交易额突破亿元大关，被确定为“2016年国家电子商务进农村综合示范县”，获得项目资金支持1500万元。全县社会消费品零售总额达到47.5亿元，同比增长11.4%。

【产业发展平台】 立足推动产业聚集、要素集中、项目集约，高标准建设围场省级经济开发区，将木兰皇家省级现代农业综合示范园区纳入开发区范围，形成“一区五园、功能互补、各具特色”的发展格局。推进开发区机构编制管理、人事和薪酬制度、行政审批制度、投融资平台建设等四项改革。由县财政注资3000万元，成立开发区投融资有限公司，有效破解开发区基础设施建设和企业担保融资难题。实施电力通信线路改造，道路桥梁、给排水、供热供气等基础设施建设工程，新建日处理能力2万吨垃圾处理厂1处，日处理能力5万吨和5000吨污水处理厂各1座，开发区基本实现“七通一平”。年内开工建设投资亿元以上项目9个，完成投资18亿元，新增入园企业6家，总数达到80家，主营业务收入完成59.2亿元，增长31.6%，实现税收收入2.38亿元，增长83.1%，主要指标增速位居全市前列。立足破解脱贫攻坚、美丽乡村建设、基础设施建设资金瓶颈制约，注资2亿元组建木兰围场发展建设投资（集团）有限公司，承接国家政策性贷款4.5亿元；注资5000万元成立承德硒缘功能马铃薯科技发展有限公司，累计完成农产品销售550吨，销售额124万元；注资5500万元搭建“政银企户保”金融平台，发放贷款5.3亿元；注资2.7亿元与河北天香集团合资成立文化旅游发展投资有限公司，作为猎苑小镇项目建设主体，争取省国开行、农发行贷款5.7亿元。

【市场主体建设】 大力实施骨干企业“技改提升”工程，天原药业异地搬迁与GMP改造升级续建项目等20个企业技术改造项目成功列入“省级千项技术改造项目库”，宇航人沙棘果油提取及产业化建设等11个项目列入“市级重点技术改造考核项目”，其中兴源保温岩棉保温板、傲虎新型墙体材料项目建成投产。新增高新技术企业1家（北雁铸造）、科技小巨人企业1家（宇航人）。全面开展“小升规”工程，围场广热锅炉、承德御园风能、承德凯拓新型建材3家成长型企业进入规上工业企业行列，规上工业企业总数达到40家，全年规模以上工业总产值实现39亿元，规模以上工业增加值实现20.8亿元，同比增长5.8%。

【生态建设】 围绕森林、草原、水域、廊道、城乡“五位一体”生态体系建设，大力实施再造“三个塞罕坝”、京津风沙源治理二期、新一轮退耕还林、观光廊道绿化美化等重点生态建设工程，完成生态造林15.35万亩，湿地保护5.76万亩，人工种草2万亩，水土保持治理30平方千米，节水灌溉7240亩，森林覆盖率达到58.8%，塞罕坝机械林场造林碳汇项目第一批次核证减排量成功获得国家发改委批准。积极开展森林城市和园林县城创建工作，西山泥石流综合治理、滨河水景观等重点绿化亮化工程稳步推进，各项年度建设目标圆满完成。加快推进GEP核算体系建设，GDP+GEP双核算机制创建取得阶段性进展。

【城乡基础设施】 以破解交通瓶颈为突破口，深入实施基础设施重构战略，全力推进路网、水网、电网、通讯网“四网建设”。交通方面，国道111线（围场镇至兴巨德段）大中修、县道四御线（围场镇北至龙头山段）二级公路改建工程等7项工程全部完工，国道111线四合永至朝阳地段49.6千米二级公路改造、槽子沟门至祁家营段10.48千米二级公路改建、县道湖泗汰沟门至清泉段12.1千米二级公路改建三项工程开工建设，全县通车总里程达到5882千米，城乡交通条件逐步改善。水利方面，完成总投资460万元的农村饮水安全巩固提升工程年度建设任务，解决11个乡镇5000人饮水安全问题；集中实施县城水网改造及水厂迁建工程，县城集中供水能力得到提升；加快推进京津冀风沙源治理二期水利工程建设，治理小流域12平方千米，实施水源工程75处；投入资金2000万元，完成下湾子、挖钱沟、甘沟口三个水电站机电安装任务。电力方面，组织实施总投资7586万元的49个电力农网改造升级项目，完成26个变电站的综合数据网改造，总投资4.9亿元的御道口至金山岭500千伏输电工程全面启动，累计建设充电桩24个，电力服务条件得到进一步优化。通讯方面，积极协调移动、联通、电信、铁塔公司，投资6800余万元，新建和改造通讯基站、网点288个，新建铁塔208个，全县基本实现4G网络全覆盖。

【农村面貌】 坚持把美丽乡村建设作为改善农村环境、提升农民福祉的重要抓手，以流域为单元，以产业为支撑，以皇家、民俗、生态为主题，按照“多规合一”的原则，高标准编制《美丽乡村建设总体规划》，确定“六区七线八种类型”的美丽乡村建设布局。将哈里哈“木兰秋狝·皇家猎苑”美丽乡村精品片区建设列为一号工程进行集中打造，围绕“一心一核两带三组团”的规划布局，坚持“五村联建、五位一体”统筹推进，重点实施美丽廊道、特色村寨、河道治理、基础提升、移民搬迁、农牧业优化六大工程，高标准完成年度各项建设任务，成功争列省级精品片区，皇家猎苑小镇被确定为河北省首批创建类特色小镇。积极推进27个省级美丽乡村重点村建设，累计投入资金2.7亿元，全面开展了村容整治、基础配套、民居改造、产业发展、道德文明、生态环保等15项重点工程，10个村被确定为省级精品村，其余村全部达到达标村标准。

【社会保障】 农村低保线与扶贫线实现“两线合一”，标准提高到每人每年3300元。失业、工伤、医疗等各类保险累计参保人数达40余万人，新增扩面参保2089人。积极开展就业再就业工作，新增就业3469人，失业人员再就业1336人，农村劳动力转移就业5481人。拓宽大学毕业生就业渠道，成功举办围场高校毕业生专场招聘会，120家企业提供就业岗位5000个，达成就业意向2000余个。大力实施安居工程，建成棚户区改造和保障性住房464套，分配公共租赁住房994套，改造农村危房2600户。

附：围场满族蒙古族自治县领导名录

中共县委书记：刘众民（满族）
副 书 记：甄毓敏（女，满族）
于景国
祁 军（挂职）
董春江（援坝，8月免）
李文双（挂职）
县人大常委会主任：杨国华（满族）
副 主 任：韩国忠（蒙古族）
白雅琴（女，满族）
段云峰（蒙古族）
县人民政府县长：甄毓敏（女，满族）
常务副县长：侯国天
副 县 长：张志民（满族）
王金良（满族）
马玉文（满族）
陆 媛（女，满族）
王占军（满族）
赵月楣（满族，3月免，挂职）
刘地震（7月免，挂职）
杨拥军（3月免，挂职）
石树俭（挂职）
彭 俊（3月任，挂职）
郭少伟（3月任，挂职）
杜建华（9月任，挂职）
县政协委员会主席：苗立田（满族）
副 主 席：李秀荣（女，蒙古族）
王丽英（女，满族）
曲景友（满族）
延禹龙（满族）
县纪检委书记：刘科军（满族）

（供稿 孙兆岭）

丰宁满族自治县

【概况】 丰宁满族自治县地处河北省北部，承德市西部，内蒙古高原南部和冀北山地北部。西靠张家口市的沽源县和赤城县，东连围场蒙古族满族自治县和隆化县，北接内蒙古自治区多伦县，南邻滦平县和北京市怀柔区。共辖10个镇，20个乡，全县总面积8765平方千米，耕地面积93262公顷，总人口411096人。主要经济指标完成情况：地区生产总值1014120万元，年均增长6.3%；第一产业增加值259288万元、第二产业增加值388452万元、第三产业增加值366380万元，分别增长6.5%、5.0%、7.6%；民营经济增加值807273万元，粮食总产量158848吨；全部财政收入106889万元，年均下降9.7%；全部财政支出311299万元，年均增长13.6%；社会商品零售总额43.6亿元，年均增长11.3%；城镇居民人均可支配收入达到19986元，农村居民人均可支配收入达到6829元，年均分别增长8.6%、11.0%；城乡居民储蓄存款余额148亿元。

【生态立县】 按照习近平总书记关于建设京津冀水源涵养功能区、同步解决环京津周边贫困问题的重要指示，始终坚持生态立县之本，贯彻生态优先发展战略。坚持山水林田路综合治理，实施一批重大生态建设项目，生态投入强度提高，保护力度不断加大，森林覆盖率达到54.4%。大气、水质、土壤等指标处在全省前列，生态环境对招商引资的吸引力越来越强。注重发展的质量和内涵，加快发展绿色产业、环保产业，积极推进生态产业化、产业生态化，现代农业、休闲旅游、装备制造等产业涌现新的增长点。探索市场化生态横向补偿机制，做成跨区域碳汇交易第一单。生态文明理念深入人心，保护生态环境、建设美好家园成为干部群众的自觉行动。

【京津冀协同发展】 借力京津抓开放，联合合作促发展，通过中直帮扶、政府对接、企业合作、高校联谊，累计引进县外资金285亿元，完成固定资产投资679亿元，实施投资亿元以上产业项目84个。抽水蓄能电站、远景能源风电装备、京北中小企业总部基地等大项目实施引领产业提档升级。县内企业努力适应新常态，规模和实力进一步提高。经济开发区实现主营业务收入60.8亿元、税收3.6亿元，分别比五年前增长110%、186%，特别是在“十三五”规划开局之年，与京津冀数十家知名企业达成合作意向，一批高成长性企业即将入园发展。

【城乡建设】 县城建成城区面积达到13.6平方千米，常住人口达到10.5万人。完善城市外环线和内部路网格局，供水、供热、供气、污水和垃圾处理功能日益完备，城区绿化、美化、亮化水平有新提高。新一中、新县医院建设带动教育、医疗布局调整，中小学、幼儿园和乡镇卫生院建设改造加速。通过农村面貌改造提升和美丽乡村建设，城镇所在地与行政村面貌明显改观，加快向宜居、宜业迈进。城乡基础设施经历投入高峰，虎蓝和张唐铁路建成，高等级公路通车，乡村路建设以及京丰公交运营缓解交通制约，高强度电网建设和农网改造强化供电保障，水利强投入改善生产生活条件。

【结构调整】 农业产业提质增效。共实施农业产业化重点项目65个，累计完成投资53.5亿元。启动全省首个“国家有机产品认证示范县”和“国家有机农业示范基地”创建工作，累计投入资金7亿元，建设有机园区38个。蔬菜种植面积达到13.5万亩，丰宁县被认定为“中国十大蔬菜之乡”。黄旗小米被认定为国家地理标志保护产品。“京东丰宁生鲜馆”上线运营。平安高科菊粉生产等一批重点项目建成投产。全县市级以上农业产业化龙头企业达到54家，农业产业化经营率达到61.2%。工业转型升级成效显著。累计推动实施重点工业项目66个，总投资312亿元。抽水蓄能电站完成投资27.6亿元。按照“以资源换产业”的思路，引进总投资10亿元的远景能源项目，一期竣工投产。宁丰电气设备制造项目试生产。风电实现并网发电60万千瓦。传统工业加强技改扩能，鑫源钼业四选厂、燕山银业铅锌综合选厂、炫靓建材等20余个工业项目投产。以旅游为龙头的第三产业活力增强。接待游客685万人次，实现综合社会收入37亿元。中视影视艺术中心、九龙醉文化产业园等项目竣工投用。成功举办国际马联一星级耐力赛等系列赛事活动。大汗行宫成为河北省文化产业示范基地和国家AAAA级景区。丰宁获得“国家民间文化艺术之乡”称号，被评为“全省十佳旅游特色产业县”、“全省文化产业十强县”。全社会消费品零售总额达到43.6亿元，第三产业占GDP比重提高3个百分点。

【基础设施】 以“路、电、水、讯”为重点，增投入、建网络、补短板。公路竣工通车总里程988千米，在建公路总里程574千米。张承高速及大滩、南关、县城3条连接线相继建成通车，结束了丰宁县不通高速公路的历史。国道111线全线升级并打通怀丰隧道，使丰宁融入北京1.5小时交通圈。御大线建成通车，改变了坝上地区没有高等级公路的状况，成为承德市旅游黄金廊道。半虎线分段实施升级改造，抽水蓄能电站进场路、112线中修改造等项目陆续竣工。全县所有行政村实现村村通水泥路。张唐铁路竣工通车，虎蓝铁路铺轨至黑山嘴镇，多伦到黄旗段通车运营。总投资15亿元用于电网建设，新建和改造配电线路2567千米，形成安全、可靠的智能电网。投资3亿元，完成县城第二水源和引水工程。投资1.5亿元，建设完善通信网络，互联网实现城乡全覆盖。无线通信覆盖率达90%，有线电视覆盖率达70%。

【城乡建设】 城市功能不断完备。新建天鸿街、胜利街、金融街等城市街道，县城内形成“五纵十一横”的路网格局。实施迎宾南路、潮河东路、影视城北街建设，与新111线形成县城大外环，拉大了城市框架。投资2亿元建设北新区、开发区市政综合管网。县城集中供热能力达到500万平方米，日供气、供水、处理污水能力分别达到10万立方米、3万立方米和3.5万吨，可满足未来3～5年城市发展需要。县城开发改造稳步推进。以新一中、新县医院等项目带动北新区加快发展。积极稳妥推进旧城改造，建成商住楼房200余万平方米，满足1.25万户家庭购房需求，有效推进了城镇化进程。按照“产城教一体化”建设模式，在经济开发区建设南部新城，总投资12亿元的京北中小企业总部基地和“三站合一”的汽车客运站竣工。城市环境持续提升。完成县城15条道路、4条旱河、35个节点绿化工程，道路绿化普及率从20%提高到100%，新丰路、华泽街、天鸿街达到省级园林样板街标准。累计建设公园、广场、游园11处，小川公园成为全市最大的平地公园，九龙山公园通过改造，提升为省四星级山体公园。数字化城管系统和“天网覆盖”工程有机整合，城市管理不断加强。美丽乡村建设成效显著。深入开展“12+1”专项行动，实施项目2771个，对149个村进行美丽乡村建设。云雾山、沙锦营、八间房等7个村被评为“河北省美丽乡村”，城根营、红旗营、头道营等 21个村被评为“承德市美丽乡村”，农村面貌大为改观。

【生态环境】 累计投入资金6亿多元，实施了退耕还林、千松坝造林、京津风沙源治理、京冀水源林等生态建设项目，完成造林100万亩，森林覆盖率比2011年提高8.2个百分点。规范林木采伐管理，加大防火禁牧力度，生态建设成果得到进一步巩固。海留图湿地公园顺利通过国家验收。小坝子国家沙漠试点公园获批。探索市场化区域间生态横向补偿机制，做成京津冀跨区域碳汇交易第一单。完成水土保持治理面积822平方千米。加大对集中饮用水源地的保护力度，水质达标率100%。投资2900万元实施农村环境总体改善工程。拆除燃煤锅炉181台，取缔黄标车2379台，“减煤、抑尘、控车、禁烧”综合整治取得明显成效，PM2.5浓度持续下降，二级以上天数达到259天，空气质量综合指数始终排在全省前列。

【脱贫攻坚】 累计投入各类扶贫资金12亿元，扶贫专项资金1.3亿元，实施基础设施建设以及易地扶贫搬迁、革命老区等项目。启动产业扶贫全覆盖工程，探索出奶牛扶贫牧场、股份合作养殖等十大产业扶贫模式，实现产业发展与贫困户脱贫协调推进。建立农业政策性担保中心、“政银企户保”等4个金融平台，为农业企业、贫困户发放贷款10.8亿元。扎实推进精准扶贫，完成8.2万贫困人口精准识别建档立卡工作。易地扶贫搬迁一期工程全面启动，13个集中安置小区全部开工；实现低保、贫困“两线合一”，生态扶贫、医疗扶贫、教育扶贫等精准扶贫政策深入推进，实现脱贫人口11.97万人。

【改革开放】 深化行政审批制度改革，精简审批事项，实行并联审批、为民代办，清理行政审批事项126项，审批时限平均缩短9个工作日。政府投资与采购、土地出让等全部纳入公共资源交易平台。规范风电、光伏资源开发和整合，有效解决优势资源利用效率低的问题。加强土地开发整理，新增耕地1103公顷。创新投融资模式，采取PPP模式成功运作县城及开发区供水、供热、汤河流域治理等项目。城区道路保洁、公共绿地管护市场化运营效果良好。完成国库电子化集中支付改革工作。建设银行、河北银行、承德银行等落户丰宁，全县商业银行达到11家，贷款余额达到132亿元。建立大元国控投融资平台，争取国开行、农发行各类贷款、基金15亿元，政府债券和置换债券4.8亿元。深化与怀柔区友好合作，签订“携手奔小康行动”协议，建立对口帮扶工作机制，两地规划对接，区域合作更加紧密。

【社会保障】 共实施向人民承诺的民生工程110项，财力更多向民生倾斜。社会事业加快发展。实施教育质量三年提升工程，办人民满意教育。投资3.55亿元的新一中投入使用，县城第六小学和第四幼儿园主体工程完工。新建、改扩建教学楼和宿舍楼项目35个、规模幼儿园27所。投资1100万元在全省率先实施“农村教学点标准化工程”，改造标准化教学点125个。职教中心被评为省级名牌中等职业学校和农村劳动力培训基地。启动“健康丰宁工程”。投资5.87亿元的新县医院投入使用。在全市率先实现公立医院医改全覆盖。累计投资5000万元，改造26个乡镇卫生院，完成241个村卫生室标准化建设及设备更新。完成全民健身馆建设、满族博物馆改陈提升、非物质文化遗产展馆陈列工程，凤山关帝庙及戏楼古建筑群升级为国家级文物保护单位，布糊画入选国家级非遗项目。社会保障更加有力。城镇新增就业1.8万人，农村劳动力转移就业3.3万人。培训农民工4.7万人次。城镇登记失业率控制在4.2%以内。建成保障性住房2244套，县城符合住房补贴条件的家庭达到应保尽保。完成外墙保温工程73万平方米，城区内具备条件的楼房全部改造到位。完成农村危房改造1.6万户。在全省率先实行政策性农房保险试点工作。解决22万农村人口饮水安全问题。京丰公交成功运营。实行残疾人、70周岁以上老人、1.2米以下儿童免费乘坐县内公交车。发放低保、“五保”、救灾等专项资金1.7亿元，保证贫困群众的基本生活。

附：丰宁满族自治县领导名录

中共县委书记：付海旺（满族，2月免）
方志勇（满族，2月任）
副书记：杨宪军（满族）
庄爱新
唐　越（女，挂职，9月免）
县人大常委会主任：韩贵德（满族，3月免）
刘海平（满族，3月任）
副主任：宋国文（满族）
应翠平（女，满族）
杨瑞满（满族）
李兆春（满族）
县人民政府县长：杨宪军（满族）
常务副县长：王国辉
副县长：徐树星（1月任）
孙海丰（满族）
陶　奎（满族，1月免）
杨新蕾（女，1月免）
宋宇宁（4月任）
李希友（蒙古族）
林树刚（蒙古族）
于　雷（满族，1月任）
肖　甫（挂职）
林胜鸿（挂职）
司劲松（挂职）
李　庆（挂职，10月免）
卢通永（挂职，10月免）
李　伟（挂职，4月免）
陈跃平（挂职，4月免）
张宁生（女，挂职，3月任）
胡艳春（女，挂职，9月任）
县政协主席：赵　林（蒙古族）
副主席：张建兴（蒙古族）
丛雁飞（满族）
韩世君（满族，3月任）
王　和（满族，3月任）
县纪检委书记：李文江

（供稿　刘竞元）

隆化县

【概况】 隆化县下辖25个乡镇、362个行政村、5个居委会；总面积5497平方千米，农作物播种面积64225公顷，粮食作物播种面积41175公顷，粮食总产量277914吨，同比增长−1.95%；总人口449137人，人口自然增长率8.11‰；年生产总值114.8亿元，同比增长6.5%，其中第一产业增加值31.7亿元，同比增长5.8%，第二产业增加值45.4亿元，同比增长5.0%，其中工业增加值35.9亿元，同比增长4.8%，第三产业增加值37.7亿元，同比增长9.5%；城镇环境质量明显改善，集中饮用水资源地水质达标率100%，全县空气质量二级以上天数达到241天；完成全部财政收入7亿元，同比下降10.2%，其中公共财政预算收入3.8亿元，同比下降9.5%，公共财政预算支出23.5亿元，同比增长0.8%；社会消费品零售总额42.6元，同比增长10.4%，固定资产投资152.7亿元，同比增长 5.9%；农民人均可支配收入7255元，同比增长10.6%；城镇居民人均可支配收入22173元，同比增长8.3%；年末城乡居民储蓄存款余额103.4亿元，同比增长11.6%。

【经济平稳发展】 从保障经济持续稳定发展入手，着力保企业、促消费、增投资。深入开展“企业帮扶年”活动，采取“一企一策、减税降费、产销对接”等系列措施帮助企业解决实际问题，向倒贷基金池新增注资3000万元，促成银企对接融资3.4亿元，顺达、柏通、兴隆等17家企业恢复生产，规上工业企业开工率达到78.7%。

【重点项目和招商引资】 做好协同发展文章，精准跑办、靶向招商，35个重大项目和事项列入国家、省、市协同发展规划盘子，成功举办“民企入冀——协同发展河北投资说明会”、园区招商合作（北京）说明会等大型招商推介活动，促成中能昊龙10万头肉牛深加工、中能昊龙矿泉水开发、地中海俱乐部温泉文化旅游小镇等44个、投资24.7亿元项目签约落地。抢抓省政府民族县现场办公、天津市对口帮扶等机遇，争取上级专款16亿元，置换债券资金10亿元，有效缓解财政压力。全年引进经济联合项目75个、技术项目60个，引进县外资金45亿元。以“项目攻坚年”活动为抓手，深化县级领导“五包一”工作机制，全年实施亿元以上项目91个，完成投资129亿元，79个县级领导包保重大项目全部达到预期。梵纳瑞“两仓”、石代冰泉、畅隆中药材、隆丰冷链物流、广利农产品物流等一批项目建成运营，绿色能源建筑建材一体化、鸿兆农工贸一体化等一批优质项目加快建设，星裕资本山水文化产业园、濡水湾矿泉水开发、北戎肉牛深加工等一批项目开工建设，发展后劲不断增强。

【改革创新】 集中精力抓好一批对全局工作具有明显作用的关键性改革，大力推进简政放权，衔接国家、省、市取消行政权力42项、接收下放12项，完成“五证合一”“一照一码”商事登记制度改革，全县新增市场主体4150户，增长37%。国控集团成功组建完成，资产总额达20亿元。扎实推进财税体制改革，“营改增”实现平稳转换，“水资源费改税”“矿产资源税从价计征”全面推开。探索土地入股和土地租赁等新型供地模式，为吸引项目、推动落地创造有利条件。大力推进农村综合改革，确权登记土地面积达到76万亩，流转率超过24%，农村产权交易平台组建完成并规范运营。国有林场改革顺利通过国家评审验收。

【产业转型升级】 壮大现代装备制造业。着力推进产业高端化、系统化、集团化发展，加快产业链向中高端拓展延伸。金风电控、新风风力、悬挂输送机等企业发展势头强劲，预计全年装备制造业产值达34.6亿元，占规上工业总产值比重达34.3%。全县新材料住宅产业化项目发展到7家，矿泉水开发项目达4家。新增科技型中小企业38家，培育科技型小巨人企业1家，全县农业科技园区数量位居全市首位。改造提升资源综合利用产业。坚持综合利用、挖潜创新、循环发展，加大技改投入，盘活存量，优化增量，改进提升传统产业，培育发展新兴产业。钛磷硫一体化、超薄型高精度冷轧带板及3D打印、大昌矿业150万吨技改扩能等项目进展明显，蓝铜、华冠、金峰等矿业资源加快整合，为全县发展注入了新的动力。大力推进现代农业。加快京津绿色食品供给地建设，抓特色、扶龙头、强品牌，“一主两辅”产业规模不断壮大。累计压减玉米种植面积6.77万亩，实施千万元以上项目21个，总投资28.7亿元。“隆化肉牛”获得国家地理标志证明商标，隆化县被批准为国家有机认证示范创建县、河北省“粮改饲”项目试点县，成为河北省唯一的鲜草莓出口基地。隆化现代农业“星创天地”成功入围国家行列，“众创空间”荣获首批市级认定。承德中泽源农业开发公司被认定为河北省国际科技合作基地。加快发展文化休闲旅游业。以打造“热河皇家温泉文化旅游新区”为带动，推进“景点游”向“全域游”转变，让生态、人文优势转化为新的经济增长点。积极引进世界华人灵泉皇家文化产业园、明珠国际温泉养生休闲产业园等项目，天域温泉二期、月亮湾温泉山庄二期、枫水湾温泉村水上乐园等项目加快建设。成功举办了民俗文化节、醉美红叶节、冰雪嘉年华等节庆活动。全年共接待游客145万人次，实现收入11亿元。积极培育商贸物流业。以“服务京津，辐射辽蒙”为目标，坚持示范引领、层级推进，加快构建以县城物流园为中心，以公路沿线所在地为重点的现代物流服务体系。城北物流园、鸿兆农工贸产业化等项目加快推进，义乌小商品批发交易市场项目正式签约，怡阳兔业进口保税仓库和出口监管仓库、广利商贸冷链物流等项目投入运营。依托“互联网+”平台，加快农村电子商务体系建设，以鸿兆集团为龙头、覆盖全县的电子商务网络正式建成。

【新型城镇化建设】 提升县城品味。启动“县城建设三年攻坚”行动，着眼“多规合一”，修订完善城乡总规、中心城区控制性详规等7个专项规划，加快推动阳光新城、卧龙湾、龙骧御府等房地产开发项目。实施振兴路、北安路、建设街等城区主干路网及配套建设，完成交通局、奥体中心周边等11条小街小巷硬化改造工程，第二热源厂开工建设，庙山污水处理厂竣工投用。夯实基础支撑。围绕产业建园区，隆化经济开发区新型建材、食品医药、装备制造、高新技术4个产业园，基础设施全部达到“七通一平”标准，规模以上入园企业达到19家，全年实现工业总产值88亿元，主营业务收入85亿元，在全省180家开发区中排名第78位。扎实推进“交通建设三年攻坚”，张承高速连接线一期、承赤线大修、韩七线改扩建等道路交通项目全面竣工，新开工建设干线公路95千米、农村道路221千米。打造美丽乡村。举全县之力打造热河皇家温泉美丽乡村精品片区，建成草莓公社、民宿小镇、枫水满乡等7个精品特色村，改造民宿房屋1100余户，公路沿线、景区周边种植结构调整全部完成，顺利通过了省级美丽乡村精品片区评审验收。投资1.5亿元，高标准完成美丽乡村建设“12+1”专项行动，32个省级美丽乡村重点村全面完成年度目标任务，温泉村、西道村、天义沟村被评为省级精品村，16个村被评为市级精品村。

【生态环境】 狠抓大气污染治理。深入开展“治企、减煤、控车、抑尘、禁烧”五大攻坚行动，加快推进集中供热、清洁能源替代工程，拆除燃煤锅炉109台，龙霄供热、喜上喜水泥、隆和碳素厂等完成脱硫脱硝工程，矿山开采低尘作业得到有效推广。全年单位GDP能耗、化学需氧量和二氧化硫排放量等主要指标，稳步下降，完成年度任务。全年好于二级以上天数达240天，一直位于全省前列。加强水环境综合整治。围绕京津冀水源涵养功能区定位，加快推进武烈河上游环境综合整治，大力实施矿山环境、农村环境、种养殖业、河道、温泉开发、“两线”绿化（河流沿线、公路沿线）“六大工程”，清理河道40千米，韩麻营—中关段水环境综合整治工程建设完成。在滦河、伊逊河、兴隆河等6条主要河流开展跨界断面水质监测，全县集中饮用水源地水质27项指标稳定达标，境内水环境不断改善。实施生态治理工程。以构建绿色生态屏障为目标，扎实开展京津风沙源治理、退耕还林、矿山绿化、禁牧舍饲等工作。全年新增造林面积13.8万亩，栽植绿化苗木1104万株，森林覆盖率净增0.99个百分点，治理水土流失和生态修复74.6平方千米。茅荆坝林场被评为“全国十佳林场”，成为全省唯一获此殊荣的国有林场。国家储备林项目列入《河北省国家储备林建设规划》。

【精准扶贫】 以“五年攻坚、三年脱贫”为总目标，大力实施脱贫攻坚战略，全年实现32个贫困村、1.6万贫困人口稳定脱贫。富民产业快速发展。紧紧围绕全县“一主两辅”农业产业架构，结合贫困村资源优势和农业发展现状，重点扶持贫困村发展养牛、蔬菜、中药材、林果等脱贫产业，汤头沟双大产业园区、唐三营千亩大榛子园、七家—茅荆坝旅游扶贫示范区等产业园区辐射带动作用明显增强。全年新增肉牛2.3万头、设施农业9530亩、中草药1.4万亩、大榛子4000亩、枸杞5500亩，新发展农家游82家，贫困群众脱贫产业基础更加牢固。金融助农活力彰显。创新“政银企户保”金融扶贫模式，从根本上破解贫困户“贷款难”问题，得到国家、省、市领导的高度认可，并作为典型经验在全省推广，“金融支撑产业发展，产业带动脱贫攻坚”的总体格局已初步形成。累计发放扶贫贷款5.6亿元，撬动社会资本20亿元，覆盖贫困户3.2万户，扶持市级以上龙头企业44家、合作社1638个，80%以上贫困户入社参股。脱贫政策有效落实。启动10个乡镇、1275人易地扶贫搬迁，6个集中安置小区全部开工，686口分散安置人员全部签订搬迁协议；实现低保线与扶贫线“两线合一”，标准提高到每人每年3300元，高于省平均线274元；“雨露计划”“三免一补”等智力脱贫工程惠及贫困家庭学生1754人；驻村帮扶投入资金4300余万元，为贫困村和贫困群众解决实际困难3000多个。

【创新社会治理模式】 把法治精神、法治思维贯穿于社会管理各个方面，健全机制，强化举措，重心下移，努力营造公平有序的社会环境。积极维护社会和谐稳定。以加强预防为重点，以解决问题为核心，认真落实领导干部“接访、约访、带案下访”“四长办案”等制度，坚持“日排查、周调度、月汇总、季分析”，综合施策、精准发力，排查各类矛盾3848起，化解率达98%，较好地完成十八届六中全会、G20峰会等重点时期安保任务。扎实推进“平安隆化”建设，严厉打击违法犯罪行为，有力震慑犯罪分子，维护公平正义。进一步健全综合防控体系，着力做好安全生产、森林草原防火、食品药品安全、禁毒等工作，社会环境平安稳定。着力加强精神文明建设。全面落实党委（党组）意识形态工作责任制“三办法”“两清单”，牢牢把握正确舆论导向，大力弘扬社会主义核心价值观，认真开展“积善成德—月度雷锋”评选、“道德模范”推荐评选、“讲文明、树新风”等主题活动。中央电视台“心连心”艺术团专程到本县进行慰问演出，河北梆子现代戏《卧云岭》，作为唯一作品，代表河北省到北京梅兰芳大剧院演出。小戏《好山好水》荣获第十一届中国艺术节政府奖、群星奖入围奖，隆化知名度、影响力进一步提升。深入推进“法治隆化”建设。不断完善“一乡一律师、一村一名法制副主任”、“一乡一法庭”、农村中心派出所等工作机制，深入开展“七五”普法等活动，着力推进政务、司法、执法“三个公开”。探索实施“医疗纠纷、交通事故、劳动争议、物业纠纷4个调解委员会和公共法律服务中心，参与信访接待”模式，成功调解矛盾纠纷300多件，经验做法在《人民法治》刊发。切实加强民主监督和民主协商工作。支持县人大依法行使职权，支持县政协履行参政议政职能。认真抓好新形势下统战工作，重视民族宗教工作，注重发挥工会、共青团、妇联等人民团体联系群众的桥梁纽带作用，加强党管武装工作，注重凝聚各方力量，努力营造齐心协力抓发展、同心同德促落实的良好局面。

【保障和改善民生】 坚持民本理念，落实民生投入、民生项目、解决民困“三优先”，让群众共享改革发展成果，全年落实各类民生保障资金19.9亿元，占全部财政支出的80%。优先发展社会事业。一中迁建、天卉中学、华冠小学等教育园区支撑项目完成主体工程，产教城融合发展取得实质进展。公立医院改革持续深化，县医院、妇幼保健院等优势公共服务项目加速外迁，“医联体”和“医联网”加快推进，公共服务水平持续提升。人口出生率10.38‰，自然增长率5.8‰。大力完善保障体系。新增城镇就业4630人，社保新增扩面4862人，完成既有建筑节能改造4万平方米，改造农村危房6500余户。积极组织体育活动。县游泳馆项目顺利实施，公共体育场和全民健身中心项目列入省级规划盘子。举办春季职工运动会、首届山地马拉松、中老年人门球赛等各项文体活动20余项。着力推进养老服务体系建设。张三营、蓝旗、章吉营“五保”供养中心稳定运营，社会福利服务中心市场化运作加快推进。

附：隆化县领导名录

中共县委书记：陆文龙
副书记：李　东（满族）
　　胡凤才（满族）
县人大常委会主任：陈亚媛（女，满族，1月免）
　　王胜军（满族，1月任）
副主任：刘在田（满族）
　　李　华（满族）
　　李大东（蒙古族1月任）
县人民政府县长：李　东（满族）
常务副县长：迟运鹏（满族）
副县长：刘海丽（女，满族）
　　田　晟（挂职）
　　贾一青
　　王胜军（满族，1月免）
　　龚宏光（满族）
　　刘　俊（满族）
　　刘成昆（挂职，6月免）
　　任　强（挂职）
　　段雪峰（挂职）
　　张明磊（挂职，3月任）
　　李冬雨（挂职，9月任）
县政协主席：韩　彪（1月免）
　　刘殿民（1月任）
副主席：赵长宇（满族）
　　王振平（满族）
　　赵桂华（女，满族）
　　张松明（满族）
县纪委书记：王东利（蒙古族）

（供稿　方瑞芬）

承德县

【概况】 承德县辖23个乡镇、1个街道办事处，378个行政村。总面积3648.1平方千米，耕地面积33105.25公顷。2016年末，全县总人口427996人（户籍）。其中，乡村人口335257人，城镇人口92739人；男性223955人，女性204041人。总户数152329户。出生人口4245人，出生率9.83‰，自然增长率5.12‰。全年实现地区生产总值120.44亿元，比上年增长6.9%。其中，第一产业实现增加值28.25亿元，增长7%；第二产业实现增加值52.8亿元，增长6.2%；第三产业实现增加值39.39亿元，增长8.1%。人均生产总值30670元，比上年增长6.8%。实现民营经济增加值83.9亿元，比上年增长6.8%。全年完成农林牧渔业总产值53.02亿元，比上年增长6.5%。全县农作物总播种面积60.8万亩，比上年增长1.58%，其中粮食作物播种面积49.1万亩，比上年增长1%，粮食总产量20万吨，比上年增长4.5%。蔬菜总产量41.05万吨，比上年增长10.55%，其中食用菌产量22万吨，同比增长22.2%。实现工业增加值46.58亿元，比上年增长5.2%。70家规模以上工业企业实现增加值42.05亿元，比上年增长5.5%。全县规模以上工业企业综合能源消费量33.21万吨标准煤，比上年下降2.08%；单位工业增加值能耗比上年下降7.18%。全年全社会固定资产投资195.34亿元，比上年增长7.2%。其中，固定资产投资（不含农户）完成193.04亿元，比上年增长7.8%；农户投资2.3亿元，比上年下降28.1%。实现财政收入10.42亿元，比上年下降14.5%。其中，公共财政预算收入5.53亿元，比上年下降22.5%；税收收入8.46亿元，比上年下降15.8%。公共财政预算支出23亿元，比上年增长6.2%。实现社会消费品零售总额48.9亿元，比上年增长6%。其中，城镇消费品零售额34.5亿元，比上年增长5.7%；乡村消费品零售额14.4亿元，比上年增长7.3%。全县城镇居民人均可支配收入23212元，比上年增长8.9%；农村居民人均可支配收入8999元，比上年增长10.4%。全部金融机构各项存款余额156.2亿元，比年初增长18.5%。其中，住户存款余额116.1亿元，比上年增长10.6%。金融机构年末各项贷款余额91.6亿元，比年初增长16.1%。全年出口创汇820万美元，比上年下降18%。实际利用外资15.7万美元，比上年减少10.5万美元。县城环境空气质量优良天数249天，较上年增加27天，PM2.5浓度52微克／立方米，较上年下降7微克／立方米。

【经济效益稳步提高】 开展帮扶企业活动，落实各项税收优惠政策，规范行政事业性收费，减轻企业负担。对经营困难、符合转型升级的企业给予重点帮扶，培育新的经济增长点。2016年规模以上工业企业停产数量由年初的38家减少至年底的25家，企业的发展信心逐步增强。开展政银企对接活动，组织市内外8家金融机构与42家企业、项目单位开展银企对接活动，发放签约贷款9.8亿元。协调企业通过多层次资本市场融资，承德双承科技有限公司在“新三板”挂牌，成为全省首家在“新三板”挂牌上市的食用菌企业。加大对融资性担保公司的财政扶持力度，县财政安排1000万元设立中小微企业发展基金。通过项目引导基金入股的方式为两个重点项目注资1500万元。支持企业创新发展。制定出台“创业就业三年行动计划”，2016年年末，全县各类市场主体达到15854户，增长26.2%。制定出台《关于加快科技创新建设创新型承德县的决定》等“1+7”科技政策包，激发以企业为主体的科技创新热情。全县科技型中小企业达到94个，科技小巨人企业达到5个，省、市级工程技术中心分别达到1个和12个，市级众创空间2个。德盛检测、可得电子、鼎信自动化3家公司被批准为高新技术企业。天成印刷科技股份有限公司与中国科学院合作建成世界首条纳米涂层绿色印刷版材生产线。中科亿鑫与中国科学院合作的新型超导磁体所需的低漏热、高强度拉杆项目正式投产。

【产业发展提升】 农业产业化扎实推进。按照"抓品牌、提质量、保安全"的工作思路，大力实施有机、绿色、无公害农产品产地认定和产品认证，全年认证无公害农产品17家、认定无公害产地3.2万亩。坚持"科技兴农"战略，突出抓好新型职业农民培育、农业新技术推广、农业科技队伍建设。全县农业科技贡献率达59%以上，建设苹果、蔬菜等科技示范基地50余个，引进苹果无公害标准化等适用新技术24项，推广优良品种及配套高产栽培等先进配套技术6项，全县先进适用技术普及率达到98%以上。裕丰种业公司建成全省唯一的杂交玉米工程技术研究中心，玉米种子自主知识产权品种达到34个。工业发展水平明显提升。新能源新材料、高端装备制造等新兴产业加速崛起。国电投光伏发电二期、承德露露包装制品加工、永泰环保生物质成型燃料和数控锅炉、众洁年产20万吨洁净型煤等项目建成投产。现代服务业加快发展。编制完成《承德县新杖子、大营子、仓子乡旅游发展总体规划》和《承德县刘杖子乡旅游总体规划》，成立承德恒泽文化旅游开发有限公司，旅游产业发展首次实现公司化运营。全年接待游客140余万人次，旅游收入达到4亿元以上。

【重点项目建设】 继续实施"三定四包"和"六个一"项目机制，突出续建项目抓进度、前期项目抓签约、签约项目抓落地，对重大项目实施领办代办，开辟绿色通道。省重点的3个项目全部开工，完成投资18.75亿元，22个市重点项目开工17个，完成投资78.4亿元，全县在建亿元以上项目109个，完成投资149.8亿元。年初安排首批县级领导包保项目77个，开工48个，完成投资185.2亿元。其中，华唐服务外包呼叫中心拓展到1500座席，华明服务外包产业园项目建设正在加快推进。总投资近10亿元的国家文献战略储备库项目土地收储工作即将完成。德鸣大数据产业园一期30000平方米两栋机房建设、3500个机柜全部安装完成，总投资200亿元大数据小镇列入全省首批30个特色小镇，成为全国首个"大数据"特色小镇。

【推进协同发展】 紧紧抓住、用足用好京津冀协同发展最大、最宝贵的机遇，密切关注国家和京津冀等上级规划，持续紧盯大企业大集团，加强项目谋划与包装，积极向上对接跑办，不断巩固与京津地区的合作成果。抓住天津对口帮扶承德的难得机遇，以加快津冀六沟合作示范园建设为载体，推进深度合作和主动对接，初步确定京津合作重大项目44个，落地14个，总投资255.3亿元。围绕"大智移云"等新兴产业，加强与京津科研院校、高新企业合作，13家科技型中小企业与中科院、中国农大等20多家院校开展长期合作，开发新产品19个，全年争取到位国、省政策资金13.6亿元。9月，在北京举办"承德国光苹果品牌战略发布会"，打造"承德国光苹果"区域公用品牌。12月，在北京举办"承德县引进企业上市政企对接会"，与中电华源、中航鸿业、浪潮信息等多家企业签订战略合作协议，总投资48亿元。

【加快高新区改革】 将县经济开发区和六沟高新区整合为县高新技术产业开发区，出台"1+3"政策文件，同步探索创新园区投融资管理机制，初步融资4亿元，开发区改革工作走在全市前列。利用PPP、TOT等方式，激活园区建设及开发运营，六沟产业园起步区"七通一平"，以及老牛河"六沟段"综合整治等基础设施加快推进。全市最大的16万平方米企业孵化器建成投用。已入驻企业和签约即将入驻园区企业达到20家。下板城园区，河西区域列入市"一带三区"重点推进规划盘子，总投资2.5亿元县城西区基础设施部分工程加快推进，甲山建材物流园完成土地收储718亩，3000亩总体规划和200亩修建性详细规划编制工作加快推进，意向入园企业6家。

【脱贫攻坚工作】 制定印发《关于坚决打赢脱贫攻坚战的决定》等“1+13”政策文件，整合农业产业引导基金、地方债券等20余项涉农资金3.3亿元，通过“政银企户保”金融扶贫平台为7592个建档立卡贫困户担保发放扶贫专项贷款5.4亿元。集中实施“1175”脱贫攻坚行动，启动实施易地扶贫搬迁计划，搬迁207户739人。通过采取“政府补、农户筹、信贷扶”运作模式，投资7800万元在全市率先启动实施“万户阳光工程”，受益贫困户年均收益8000余元。加强转移就业指导和服务，全县有劳动能力和就业意愿的建档立卡贫困人口18530人，实现就业11256人，年人均工资1.8万元。推进“互联网+”精准脱贫模式，全县129个贫困村实现电商网店全覆盖。建立完善“5431”社会帮扶机制，组建 23个乡镇精准扶贫工作站，派驻扶贫工作队到129个贫困村进行精准扶贫，全县8000余名干部职工与3.2万贫困人口开展结对帮扶。大力推广“龙头+基地+农户”、土地入股托管等模式，全县农民专业合作组织达到772家，带动2.2万个贫困户因地制宜发展农业主导产业。在“环市区、环县城”发展城郊型果品业，实施新栽与提质增效“双十”工程，新增以苹果为主的果品面积3.5万亩。在刘杖子片区、三家片区适度发展以香菇为主的木腐菌，新增栽培量5000万棒。全县百亩以上蔬菜示范园区达到66个，新增蔬菜面积4550亩。在新杖子、八家等环市区、环县城乡镇，新发展农家院102个，新建八家乡深水河、仓子乡七家等农家游重点村2个。发展“三化”养殖模式，肉鸡总饲养能力稳定在7000万只。以4条高速公路及101等国省干线沿线为重点，发展中药材5085亩、油葵2万亩、杂粮10403亩、藜麦1000亩。通过一年来的集中攻坚，40个贫困村、17129名贫困人口如期脱贫出列。

【城乡统筹】 编制完成《承德县中心城区控制性详细规划》《近期建设规划及年度实施计划》，完成南环路城市设计以及绿地系统、综合交通等15个专项规划编制工作。北外环、西区滨河路一期工程、东区热源厂等重点项目开工建设，旧城区雨污合流管网分流改造积极推进，城市基础设施建设不断加快。继续推进“三治两提”工作，生活垃圾填埋场扩容改造项目竣工投运，处理垃圾5.4万余吨，平均日处理垃圾150余吨，城市生活垃圾无害化处理率达到95%。大力实施城区亮化、绿化、美化工程，全力推进县城增绿、南环路绿化增项、松云岭公园、滦阳湖公园、县城区主次干道游园街旁绿地景观提升改造、县城绿道绿廊、县城高速口绿化及景观建设等九项园林工程，通过国家级园林县城初检验收。集中力量推进经济实力强、人口相对密集的重点建制镇加快发展，将紧临县城的甲山镇纳入主城区统筹规划，上谷、磴上乡完成撤乡设镇，新杖子乡、石灰窑乡撤乡设镇通过初检。按照“强点连线、扩点成片，分类推进、升级发展”的工作思路，重点推进45个村美丽乡村建设，大力开展“12+1”专项行动，累计完成投资4.5亿元，突出打造“一环两片”精品片区，集中建设京郊花果小镇与农业光伏小镇2个特色小镇。

【生态环境】 实施矿山生态修复工程，全县矿山环境恢复治理累计投入资金3.77亿元，完成尾矿库治理、绿化、山体破损面修复9400余亩。大力开展绿化造林工作，全年完成生态造林5.2万亩，治理水土流失面积8平方公里。积极推进大气污染防治工作，开展“减煤、治企、抑尘、控车、治污”五大攻坚战，推进“煤改气”和燃煤锅炉淘汰拆除工作。抓好水环境治理，巩固武烈河治理示范段绿化美化成果，对流域16个矿石加工点进行清理整顿。推进滦河综合整治，采用控源、治污、修复等综合举措，全面开展水环境治理和保护工作，国控、省控、市控断面水质全部达标。推进污染物减排。启动实施6个农村生活垃圾治理项目，加大河道综合整治及入河排污口取缔整治力度，指导武烈河流域30余家企业完善大气污染防治、水污染防治、固废渣土等防护措施，全县化学需氧量、二氧化硫、氮氧化物等主要污染物排放量均控制在省、市任务以内。

【深化改革】 深入推进“放管服”改革。建立行政许可清单、行政权力清单、责任清单、负面清单、监管清单“五项清单”制度，实行目录化管理。深化商事制度改革。完成“多证合一、一照一码”登记制度改革，实施“五证合一”。事后监管“双随机”抽查改革工作先试先行，成为全市典范。全面做好财税金融改革。“营改增”全面推开，制定出台《承德县政府投融资管理办法》，组建国控公司、畅美生态家园、城发实业、广地建设、承通公路等8家实体类融资平台，融资17.5亿元。县污水处理厂30年特许经营权项目成为全县首个PPP项目。河北银行承德县支行年底正式运营，恒升村镇银行来县设立支行获省银监局批复。继续深化农业领域改革。组建农村产权交易中心，建立上下贯通、流转顺畅、保护严格的农村产权交易网络，农村土地承包经营权流转面积达到11.02万亩。

【社会民生事业】 完善促进就业、鼓励创业的政策体系和服务体系，年内城镇新增就业4128人，城镇登记失业率控制在4.5%以内。建立教育园区，总投资7.4亿元的教育园区项目总体规划编制、前期手续办理等工作正在扎实推进，初步确定县职教中心整体迁建以及一所民办普通高中、一所公办初中等学校进入园区。县一中高考成绩再创佳绩，二批本科以上上线1346人，上线率98.3%，位列全市前列。全面启动县级公立医院综合改革试点县创建工作，继续深化医药卫生体制改革，完善一般诊疗制度，逐步建立分级诊疗制度。县中医院完成整体搬迁。文体综合活动中心项目工程主体建筑、暖通工程、消防工程等全部竣工，全民健身活动中心正在进行主体工程施工。城乡居民低保实现应保尽保，全年累计发放低保金5302万元，发放“五保金”1333万元。城镇低保标准每人每月提高至450元，农村低保标准每人每年提高至3300元，分散、集中“五保”供养标准每人每年分别提高至4250元、6000元。全面扩大社会保险覆盖面，企业退休养老金实现“十二连增”，城镇居民基本医疗保险和新型农村合作医疗实现整合。积极推进保障性住房建设，老梁棚户区改造、3548户农村危房改造工程全部完成，安居小区一期220套保障房完成分配入住，安居小区二期保障房项目主体竣工，南台小区棚户区改造项目开工建设。全县4万平方米既有建筑节能改造全部完成。

附：承德县领导名录

中共县委书记：王瑞林（3月免）
齐建文（满族，3月任）
副书记：齐建文（满族，3月免）
刘志琦
李建侠（女，满族，4月任）
王　乾（挂职，3月免）
县人大常委会主任：许志忠（4月任）
副主任：赵金瑞
吴家辅
范士庆
李桂云（女）
县人民政府县长：齐建文（满族，3月免）
刘志琦（3月任）
常务副县长：王贺民（满族，12月免）
副县长：杨海涛（蒙古族，1月任）
许志忠（1月免）
董旭明（11月免）
王亚君（满族，8月免）
李文水（满族）
李淑金（女）
薄国平（满族）
李　银（8月任）

孙瑞稳（挂职）
门加海（挂职，满族，9月免）
朱坤义（挂职，3 月免）
刘东革（挂职，6 月任）
罗　骥（挂职，侗族，8月任）
张学军（挂职，11 月任）
县政协主席：冯桂琴（女）
副　主　席：孙德功
马江宏
计德辉（满族）
张淑珍（女）
县纪检委书记：朱铁铮（满族）

（供稿　董全富）

平泉县

【概况】 平泉县位于河北省东北部，地处冀、辽、蒙三省交界，辖 12 镇 7 乡 1 个街道办事处、总面积 3294.1 平方千米，耕地面积 48533.46 公顷，总人口 48.20 万，人口出生率 9.61‰，人口自然增长率 4.46‰。2016 年实现地区生产总值 166.8 亿元，第一、第二、第三产业增加值分别是 32.97 亿元、70.8 亿元和 63.0 亿元，同比增长分别是 4.5%、6.1%、10.4%，服务业增加值占 GDP 的比重比上年提高 3.9 个百分点；民营经济增加值 115.1 亿元，同比增长 7.9%；民营经济增加值占地区生产总值比重 69%，同比增加 0.94 个百分点；农林牧渔业总产值 542199 万元，农林牧渔业增加值 33058 万元，同比增长 4.5%；农业产业化经营总量 561070 万元，农业产业化率达到 71.48%；各种设施农业占地面积 4910 公顷，其中食用菌种植 2942 公顷；干鲜果品产量达到 197040 吨。农作物播种面积 50271 公顷，粮食总产量 210666 吨，同比增长 3.61%；蔬菜种植面积 6917 公顷，产量 709249 吨；花卉种植面积 323 公顷，鲜切花达到 488 万枝；园林水果产量达到 193722 吨；年末果园面积达 16128 公顷；生猪存栏 684.26 百头，同比下降 17.7%，牛存栏 454.52 百头，同比下降 7.2%，家禽存栏 17832 百只，同比下降 20.46%；肉类总产量 21668.33 吨，蛋类总产量 17550 吨，奶类总产量 768 吨；荒山造林面积 3914 公顷，森林抚育面积 3066 公顷，森林覆盖率达到 58.3%。

全部工业增加值 639946 万元，比上年增长 5.5%，规模以上增加值实现 465186 万元，同比增长 5.6%，规模以下工业增加值完成 182000 万元，同比增长 4.8%，全县共有规模以上工业企业 69 家，实现利税 227671 万元，同比增长 15.3%；实现利润 158808 万元，同比增长 26.0%；全年固定资产投资完成 187.7 亿元，同比增长 11.7%，农户完成投资 2.6 亿元，同比减少 29.0%；全年引进县外资金 118.6 亿元，同比增长 19.6%；社会消费品零售额实现 604757 万元，同比增长 11.5%；出口创汇实现 4525 美元，同比下降 3.3%；财政收入 108086 万元，同比增长 6.9%；财政支出 288398 万元，同比增长 10.3%。固定资产投资 190 亿元，同比增长 10.8%；职工平均年工资 50210 万元；农民人均可支配收入 9990 元；城镇居民人均可支配收入 23752 元；年末城乡居民储蓄存款余额 151.5 亿元，同比增长 12.1%；广播人口覆盖率达 90%，电视人口覆盖率达 96.5%；城区空气质量二级以上的天数达到 253 天，达标率为 69.3%。PM2.5 浓度均值控制在每立方米 45 微克以下，位居全省 143 个县（区）第 16 位，平均气温 8.1℃。平泉县人民政府驻地平泉镇。

【招商引资和项目建设】 招商引资。以北京为“主阵地”，开展产业链招商、园区招商和以商招商，累计签约北京光大国信环保科技产业园等千万元以上项目 213 个，总投资 186 亿元。落地燕塞菌炭肥循环经济产业园等千万元以上项目128个，全年引进县外资金118.6亿元，增长19.6%。天津市对口帮扶工作正式启动，已谋划对接项目63个，总投资75.3亿元。全年争取上级资金20.3亿元，其中转移支付资金11.3亿元，分别增长28%、41%。重点项目建设。谋划总投资1233亿元的LED检测设备生产等千万元以上的项目632个。累计实施金储高科技万寿菊深加工一期等亿元以上项目102个，完成投资98亿元，其中新开工的恒港欧李产业综合开发等项目51个，完成投资42亿元，莹科高纯氟盐一期等38个亿元以上项目竣工投产。列入省、市级重点项目盘子23个。整合建立41.1平方千米的省级平泉经济开发区，完成基础设施投资1.1亿元，累计入驻企业123家，实现主营业务收入123亿元、税收收入3.2亿元。

【三次产业结构优化】 持续做大现代农业、做强新型工业、做优现代服务业，三次产业比重优化为19.9∶39.8∶40.3，加快工业经济转型。累计实施河北航研制冷设备分厂等千万元以上生产性项目94个，完成投资57亿元，其中技改升级类项目24个、新兴产业类项目52个，山庄集团新型复合酶制剂产业化等29个项目试产投产。在全国通用航空机场开通首个短途运输航线，国家林业局承德航空护林站落户平泉县。骨干企业不断壮大，莹科公司在“新三板”挂牌上市。做大现代农业。全年调整大田作物14万亩，其中，新增食用菌3947万袋，设施园艺1.5万亩；新建经果林基地3万亩，高接改优1.1万亩，打造果树专业村3个，实施千万元以上农业产业化项目24个，完成投资7.8亿元；杨树岭现代农业园区晋升为省级现代农业园区，呈祥有机蔬菜公司在“新四板”挂牌上市，“平泉香菇”被评为全省十佳农产品区域公用品牌；平泉县跻身国家食用菌农产品合格证管理试点县、全国优秀香菇出口基地县、省级农业可持续发展试验示范区行列，被评为全国山杏产业示范园。发展文化旅游。融合推进文化与旅游产业，实施契丹水洞文化旅游综合度假区等项目6个、完成投资1.5亿元，契丹祖源文化产业园完成基础工程，油画广场、油画景观带竣工投入使用。成功举办京津冀百家旅行社推介平泉活动，全年实现旅游综合收入8.5亿元。“中国契丹文化之乡”创建工作通过国家初验，蝉联省文化产业十强县，成为全国生态旅游目的地。完善商贸流通体系。华北物流公共服务中心项目累计完成投资7亿元，主要功能区建成投用。食用菌全产业链购销平台试运行，皇家136庄集团落户平泉，实现电子商务全覆盖。“平泉羊汤”走进百度等6家集团总部食堂。新增“杨杖子红薯”等省级著名商标和名牌产品27件，平泉县被评为全省商标示范县。

【新型城镇化进程建设】 以省级新型城镇化综合试点为载体，开展县城建设攻坚行动，推进城乡同步建设发展。城市品质日益提高。编制完成《中心城区控制性详规》等规范设计33项。累计实施绥远大街改造、祥宁街公园等城建项目66个，完成投资26.1亿元。抢抓国家启动山水林田湖生态环境综合治理机遇，规划推进总投资4.5亿元的瀑河生态治理、华北物流区域生态修复等生态治理项目11个。文魁公园成为省三级公园，人均公园绿地面积提高到11.9平方米。完成高铁站周边老旧建筑节能改造6万平方米。“撤县设市”“六城同创”（创建全国文明城市、国家卫生县城、中国人居环境奖城市、国家生态园林城市、国家循环经济示范城市和国家生态文明建设示范区）工作进展顺利，“三治二提”（治违、治脏、治乱；提升园林绿化水平、提升城市管理水平）攻坚行动稳步实施，城市管理水平进一步提升。城镇发展日渐繁荣。建设省级重点中心村10个，美丽乡村重点村28个，“12+1”（居民改造、安全用水、污水治理、街道硬化、无害化卫生厕所改造、清洁能源利用、“三清一拆”和垃圾治理、村庄绿化、特色富民产业、农村电子商务网点建设、乡村文化建设、基层组织建设，以及文化旅游等专项工作全面达标，薛杖子村和　椤树村社区被列为国家“环京津冀少数民族示范带新增特色村寨”。平泉县中心村建设经验被《人民日报》刊登，被确定为河北省农村社区建设试点县。平泉镇成为全国综合实力千强镇，卧龙镇成为全省重点培育特色小城镇。基础设施不断完善。南城区供水、县城钢板坝工程建成投用；南城区 220 千伏输变电站建成调试；京沈客专（平泉段）完成投资 28.6 亿元，赤曹高速列入省级规划并开展前期工作，实现县南区域城乡道路客运一体化；免费 WIFI 覆盖县城核心区域；全年争取土地新增规划规模指标 7700 亩，位列全市第一。

【改革创新增强发展活力】 坚持用改革创新的方法破解难题，坚守发展和生态两条底线，经济发展方式加快转变。深入重点领域改革。平泉县供给侧结构性改革做法在承德市推广。“放管服”改革顺利通过省第三方评估验收。农村产权交易中心挂牌运行，平泉县被列入全国土地确权成果应用试点县。河北银行、张家口商业银行平泉支行开业运营。高铁站周边基础设施建设等 4 个 PPP 项目完成招投标，水务 PPP 项目通过资格预审。“营改增”税制改革全面推开，新增市场主体 4898 户、同比增长 24.9%。提高科技创新能力。国家食用菌产业技术研发中心建成投入使用，河北省食用菌产业技术研究院科研楼等完成主体，华净公司热电炭肥联产一期并网发电。新增院士工作站一家、省科技型中小型企业 23 家，获得授权专利 26 项。平泉县顺利通过国家可持续发展实验区实地考察验收，科技创新经验在承德市推广。生态建设走在全省前列。新增造林面积 5 万亩，森林覆盖率达到 58.3%，高于全省平均水平 27 个百分点。治理水土流失面积 60 平方千米，新增和改善有效灌溉面积 1.7 万亩。完成减排工程 20 个，单位万元 GDP 能耗下降 4.3%，主要污染物排放完成上级下达的控制指标。平泉县被评为中国生态魅力县，全国生态田园城市。

【产业扶贫】 “六个精准、五个一批”（扶贫对象精准、项目安排精准、资金使用精准、措施到户精准、因村派人精准、脱贫成效精准；发展生产脱贫一批、易地扶贫搬迁脱贫一批、生态保护脱贫一批、发展教育脱贫一批和社会保障兜底一批）扎实推进，新建产业扶贫园区 70 个 8000 亩。创新推广“一户一棚”（一个贫困户至少经营一个设施棚）、两区同建（同步建设易地扶贫安置小区和现代农业园区）、三零模式（实现贫困户发展产业零成本投入，零风险经营、零距离就业）的“123”产业扶贫模式，被《人民日报》等高端媒体刊载，并与林果产业脱贫经验一起在河北省推广。启动易地扶贫搬迁 290 户 965 人，开工建设“两区同建”安置点 5 个，完工 4 个。“政银企户保”金融平台累计放款 5.2 亿元，跃居至承德市第二位。

【社会事业】 教育事业全面提升。搭建了云教育资源分享平台，实现了远程教育互动和城乡优质资源共享。中考、高考成绩保持承德市前列，平泉四中成绩连续十二年位居承德市第一位。城西小学教学楼等项目建成投用，通过国家义务教育发展基本均衡县督导验收。国家基本药物制度实现全覆盖，7 个卫生院改扩建项目建成投用，基本完成县医院迁建前期工作，平泉县被评为全国计划生育优质先进单位。建成村级标准示范活动中心 11 个，成功举办第五届全民运动会。科技创新能力不断增强。高新技术增加值 5.78 亿元，占 GDP 比重 3.5%，同比增长 14.4%。科技进步贡献率达到 55%，荣获全国科技进步先进县、全国科普示范县殊荣。文化事业蓬勃发展。公共文化服务体系进一步完善，“文、博、图、非遗、信息共享”全部实现免费开放。成功创建河北省书法之乡，荣获全国全民健身运动先进县荣誉称号。省级以上文物保护单位“四有”和清真寺消防安全设施建设，《平泉文物志》和《会州城保护规划方案》正在编制中，文化遗产得到了有效保护、传承与开发。

【社会保障】 医疗卫生服务水平稳步提高。医改工作进一步深化，新农合保障水平稳步提高。全县参合农民总数355961人，参合率98%，人均筹资标准提高到570元，筹资总额2.04亿元。全县19所乡镇卫生院和291个村卫生室全部实施国家基本药物制度，基本药物采购率达到100%，基本药物使用量和销售额达到30%。民生工作进一步增强。全年民生方面累计支出23亿元，占一般公共预算支出的82.7%，各类保险新增扩面4835人，城乡居民养老保险，新农合参保率分别达到98.5%、98%。新增城镇就业岗位4495个，高龄补助范围拓展到80周岁以上。平泉县被列为国家农民工返乡创业试点县。完成农村危房改造5265户。新建扶贫产业园区4.0万亩，惠及贫困户5000户。发放各类民生资金1.5亿元，救助和保障困难群众6.9万人次。

【社会和谐稳定】 “天网覆盖”三期工程有效推进，破获涉案金额达5000余万元的“大陆亿淘”非法传销案件。各类矛盾纠纷化解率达到95%。百日安全生产大检查、安全生产攻坚行动深入开展，安全生产形式总体平稳。连续6年被评为国家级出口食品、农产品质量安全示范区，连续3年荣获全国防震减灾工作先进县称号。

附：平泉县领导名录

中共县委书记：董正国（满族）
副书记：曹佐金
苏永民（满族）
县人大常委会主任：高玉怀
副主任：王学珍（女，满族）
王景海
尤文武（满族）
张永志（满族）
县人民政府县长：曹佐金
常务副县长：白晓利（蒙古族）
副县长：李　勇（蒙古族）
胡维民（满族）
孙立良（满族，3月免）
闫锡杰（蒙古族）
曹　静（女）
张靖楠（挂职，3月免）
吕国栋（挂职，3月免）
魏　勇（回族，挂职，3月免）
县政协主席：王　忱
副主席：林子武（满族）
吴景寅（满族）
李永星（2月任）
蒋宝维（2月任）
县纪检委书记：王　猛（满族）

（供稿　徐志友　张祥琴）

滦平县

【概况】 滦平县位于河北省东北部，承德市中西部。地处北纬40°39′～41°16′，东经116°40′～117°47′之间。东西直距84.8千米，南北67.3千米，总面积2993平方千米。年末耕地22237公顷。

滦平县下辖8个镇，12个乡（其中满族乡9个），1个街道办事处。2016年年末，全县有120891户，329701人，其中城镇人口87139人，乡村人口242562人，男女人口比例为104：100。

2016年全县实现生产总值160.2亿元，同比增长 7.9%，其中：第一产业增加值 28.46 亿元，同比增长 7.3%；第二产业增加值 81.86% 亿元，增长 6%，其中工业增加值 72.2 亿元，增长 5.6%；第三产业增加值 49.88 亿元，增长 12%。三次产业结构占比为 17.8∶51.1∶31.1，与 2015 年同期相比，一产提高 1.2 个百分点，二产下降 3.7 个百分点，三产提高 2.5 个百分点。民营经济增加值 143 亿元，增长 8%。农作物播种面积 32200 公顷，其中粮食播种面积 16933 公顷，粮食总产 79720 吨，比上年增长 2.6%，粮食平均亩产 314.2 千克，比上年增产 26.1 千克；油料产量 393 吨，增长 94.6%；蔬菜种植面积 11333 公顷，比上年增长 660 公顷，产量 736440 吨，增长 9.6%，中草药种植 3400 公顷，总产 21210 吨，增长 11.2%。全部财政收入 12.4 亿元，同比下降 12.4%。公共财政预算支出 21.9 亿元。社会消费品零售总额 45.5 亿元，比上年增长 11.6%；农村居民人均可支配收入 8029 元，同比增长 12.2%，城镇居民人均可支配收入 25105 元，同比增长 9%。年末，金融机构各项存款余额 1529105 万元，其中城乡居民存款 919146 万元，同比增长 7.2%；各项贷款余额 1081642 万元，增长 12.1%。

【重点项目】 全年实地考察盈时、光大国际等企业、财团 63 家，达成合作意向 50 多项，成功与中信中证、深圳麟德等多家大型企业签订项目合作协议 32 个，总投资额达 762 亿元。依托县级领导“五个一”帮扶机制，全年新开工各类亿元以上项目 51 个，金山岭国际滑雪旅游度假区、滦平光伏发电等 20 个省市重点项目，以及全市两批次集中开工的 24 个项目均超额完成投资任务。

【发展环境】 深化改革打破樊篱，大力推行简政放权、深化商事制度改革，将全县 95.7% 的审批事项纳入政务服务系统统一受理，市场经济更具活力；平稳推进农村产权改革，出台工商资本租赁农地监督和风险防范机制，探索发放“农村土地经营权流转证”3 家，认定家庭农场 26 个，农村改革持续深入。集聚要素破解瓶颈，紧紧抓住省政府民族现场办公、北京市对口帮扶等一系列现实机遇，争取到位上级专款 12.8 亿元，置换债券资金 22 亿元，有效缓解财政压力。利用融资平台，完成融资近 10 亿元，有力支持了新一中、北部新城土地整治、交通路网改造等项目建设；全年实施土地预流转 10.56 万亩，收储土地 958 亩，争取新增建设用地指标 2865 亩，为 145 个项目调整土地利用规划 16505 亩，生态红线面积由 71% 下降到 35%，项目建设的后备空间更加充足。各项重点电力工程稳步推进，累计投资 2310 万元，完成投产农网、生产性技改工程 19 项，供电可靠性稳步提升。

【产业结构合理】 传统产业加速转型。落实供给侧结构性改革各项措施，扎实推进铁选企业“保并关延”，全年累计实施技改升级项目 82 个，在产铁选企业由低谷时的 3 家恢复至 25 家，产能恢复至高峰时的 81%，是全市唯一实现铁精粉产量增长的县区。新兴产业稳步推进。先农科芦笋深加工等 4 个项目签约落地；大金星食品等 14 个项目开工在建；华朗休闲食品等 6 个项目竣工投产。中清华宁柔性晶硅光伏产品等 26 个高新技术项目落户高层次创新创业园，新兴产业初具规模。现代农业高点起步。成功举办河北省首届中药材产业发展大会，建成省级中药材种植示范园 7 个，开发特色沟域经济 13 条，中药材种植总面积达到 10.66 万亩；高标准打造尚亚、清谷等现代循环农业园区 6 个，成功促成兴春和在石交所主板挂牌；全县市级以上农业产业化龙头企业达到 52 家，产业化经营率达到 64.8%。高端旅游服务业快速发展。金山岭长城通过国家旅游局 AAAAA 级景区景观价值评审；中信“两镇一河”产业园区正式启动，阿那亚文化小镇、金山岭悦榕庄五星级酒店等一批重点旅游项目扎实推进。金山岭生态文化旅游经济区内13个投资超10亿元以上项目开工6个，累计完成投资超30亿元。覆盖全县的电商产业体系建成运转，冀康国际物流产业园前期工作稳步推进。鸿福医养结合护理院、北部新城医养结合、懋龙溪公墓等养生养老项目进展顺利。

【改善城乡面貌】 旧城面貌焕然一新，扎实推进融和岭秀等11个小区新、续建工程；改造县城路灯6438盏；完成皂沟路、鑫源路等4条市政道路改造升级；规划展览馆、山戎博物馆顺利推进；完成县城农贸市场搬迁，万泽农贸市场建成并投入使用；南山公园通过五星级公园评审验收，建成区绿地率达到38.2%。新城开发亮点纷呈，新一中项目代表省迎接住建部国检，取得第一名的好成绩；新县医院项目稳步实施；政务服务中心建成即将投入使用；采用PPP模式建设的北部新城综合管廊被评为国家级示范项目。县城规划区面积扩大至177.8平方千米，建成区面积扩展到8.5平方千米，城镇化率达到42%。美丽乡村成绩喜人。制定完成“一带一路两村”景观设计和12个重点村规划编制；12个重点村“12+1”专项行动任务全面完成；高标准打造了小城子、古城川、下营子、兴洲等精品村4个；启动中心村建设3个；撬动社会资本参与美丽乡村、中心村和特色小镇建设近20亿元。美丽乡村建设经验先后被人民网等各级各类网络、报刊、媒体报道100余篇次。

【生态环境建设】 开展燃煤锅炉拆除改造、露天矿山整治等各项工作，圆满完成各项减排任务；结合京津风沙源治理和生态清洁小流域综合治理工程，完成造林10万亩，矿山披绿1190亩，治理水土流失面积37.5平方千米，全县森林覆盖率达60.78%。创新农村环境治理工作，率先在全市引入农村垃圾处理社会“第三方”运营服务模式，试点开展垃圾、污水处理工作，完成21座垃圾焚烧炉、3个污水处理站建设。全县二级及以上天数达245天，饮用水水源地水质、地表水水质监测断面达标率均达到100%。

【民生工程】 民生工程成效显著。天然气入城工程基本贯通；全域WIFI实现县城重要节点全覆盖；山戎文化森林公园、公交客运枢纽主体完工；新增县城26辆新能源公交车，群众出行更加便捷。扎实推进保障性安居工程，红旗宜居新区417套棚户区安置房、育才苑55套保障房竣工入住，鑫家园69套保障房建设完成，磁源城58套保障房主体封顶；高质量实施农村危房改造工程3600户，竣工率100%。

【社会事业】 教育水平不断提高。高考成绩再创新高；成功创建国家级农村职业教育与成人教育示范县，顺利通过国家义务教育发展基本均衡县“国检”；职教中心被魏书生教育思想研究会授予“全国培养学生良好习惯特色观摩学校”荣誉称号。文化旅游事业繁荣发展。成功创建中国文联“文艺扶贫奔小康”志愿服务行动示范县；成功举办“千名美国游客游长城”、首届“滦平县文化旅游推介月”等系列活动，赢得全世界200多个国家聚焦滦平，知名度、美誉度大幅提升。医疗卫生基础更牢，县级公立医院综合改革示范县创建工作扎实推进，医联体、医共体深入实施，先后完成了中医院综合楼、妇幼保健院综合楼等一大批卫生项目，医疗卫生保障更加扎实。安全形势保持平稳。持续开展安全生产专项整治活动，防火防汛、食药安全等各领域安全生产形势平稳；圆满完成全国“两会”、十八届六中全会等重要时间节点的安保维稳任务；坚决依法打击“非访”“闹访”和破坏干扰项目建设的违法犯罪行为，社会大局持续稳定。

【脱贫攻坚】 创新搭建“政银企户保”金融扶贫

平台，发放贷款5.6亿元；借助易地扶贫搬迁、产业引导基金等各类金融扶贫平台，争取金融扶贫总融资量达到25.91亿元，有力支撑全县脱贫工作。创造“一地生四金”等八种扶贫模式，产业扶贫实现83个建档立卡贫困村全覆盖。大力推进易地扶贫搬迁工作，全县“一城、四区、四村”集中安置区全部开工在建，凤凰谷一期返迁房返迁入住173套，古城川、邢家沟门2个集中安置区在全市易地扶贫搬迁现场会上接受观摩。2016年，顺利完成27个村5392户11637口人贫困退出任务。

附：滦平县领导名录

中共县委书记：蔡福浩
副 书 记：崔瑞祥（满族）
李 浩（满族）
马学敏（女）
县人大常委会主任：吴 長（满族）
副 主 任：张殿功（满族）
丁万利（满族）
汤振兴（满族）
陈卫东（满族）
县人民政府县长：崔瑞祥（满族）
常务副县长：曾庆鹏（满族）
副 县 长：马学敏（女）
赵继承（满族）
姜 宁（挂职）
潘艳红（女，满族）
李 剑（满族）
张瑞林
王连福（满族）
王建文（满族）
赵志勇（满族，援疆）
任志远（土家族，挂职）
刘同起（挂职）
窦法荣（挂职）
段永利（挂职）
县政协主席：王海隆（满族）
副 主 席：王国平（满族）
赵振芳（满族）
杨占洲（满族）
刘云利（满族）
县纪检委书记：张铁军（女，满族）

（供稿 赵春燕）

宽城满族自治县

【概况】 宽城满族自治县位于承德市南部。县辖18个乡镇（7镇11乡）、205个行政村、5个社区，1个城区街道，1个经济开发区、总人口26万，其中满族人口占64.5%。县域总面积1936平方公里，耕地面积12784公顷。人口同比增长0.8%，人口自然增长率9.29‰，同比下降0.05‰。县情地理资源主要有三个特点：一是物产丰富，钒钛磁铁矿、鞍山式磁铁矿保有储量超过32亿吨，远景储量70亿吨以上。年产黄金10万两，年产板栗4万多吨，被誉为“塞外金都”“中国板栗之乡”。二是历史文化底蕴深厚，万塔黄崖寺是辽金时期汉传佛教圣地，喜峰口长城被列入全国红色旅游经典景区名录，王厂沟曾为冀东、热南抗战指挥中心。三是自然风光秀美，全县森林覆盖率67%，位居河北第四、承德第二，潘家口水库有“塞外桂林”美誉，都山是省级自然保护区，千鹤山是省级鸟类自然保护区。

全年实现生产总值208亿元，比上年增长7%；第一产业总值18.3亿元，同比增长6.6%；第二产业总值122.6亿元，同比增长6%；第三产业总值67亿元，同比增长9%。农业总产值31亿元，同比增长5.75%。粮食总产量59254吨，同比增加10812吨。规模以上工业总产值451亿元，规模以上工业增加值91亿元，同比增长5.5%。全年财政收入扭转了2015年断崖式下跌的不利局面，达到14.48亿元，增长1.6%，公共预算收入完成7亿元，增长22.5%。作为衡量经济运行晴雨表的售电量，全年完成29.63亿千瓦时，同比增长1.45%，占全市总售电量的22.1%。

固定资产投资195.5亿元，增长10%；地方一般性预算支出18亿元。社会消费品零售总额43.8亿元，增长11.7%；城镇居民人均可支配收入26676元，增长9%；农民人均纯收入10450元，增长10%。

【综合改革】 开展“两集中、两到位”改革，推行项目领办代办制，特别是强化内引外联，争取政府置换债券及新增债券18亿元、三保资金1.2亿元、政策性银行贷款和专项建设基金25.15亿元，组建国控集团并开展投融资业务10.03亿元，协调各金融机构不抽贷、不压贷、不断贷并降低贷款利率，全年新增贷款22.88亿元。各部门减免涉企行政事业性收费，为企业减负1.9亿元。全面落实商事登记制度改革，新登记注册市场主体2570户，新增企业数量同比增长23.4%。全面完成不动产登记、职责和机构整合及纪检监察机构改革工作。深入推进金融改革创新，组建国控集团，采用PPP模式运作一批重大基础设施项目，有效化解资金断链风险。

【开放水平】 借势协同发展，强外联、重招商，项目建设由本地投资为主向多元投资转变。全面对接京津冀协同发展，组织“走进宽城”活动20次，接待北京西城区政协、中旅等政商考察团400余人，签订总投资420亿元的22个合作或框架协议。辽宁忠大高铁大截面车体专用板、花溪城生态康养文化体验园、北京联华电机外壳、首旅寒舍高端民宿、碧桂园高端地产、银峰保温墙材等44个重点项目开工建设，中色地苑蟠龙湖开发、千森都山运动休闲、中实金融B区等40个项目扎实推进。其中辽宁忠大高端装备制造、长沙远大集成房屋、大连千森都山旅游开发等投资10亿元以上5个重大项目，使县域开放水平明显提升。围绕“水源涵养功能区、转型升级引领区、城乡统筹先行区、旅游生态民族县”功能定位，积极借力京津、促进协同发展，与20多家科研院所建立合作关系，已建市级工程技术研究中心6家、院士工作站1家，培树和对接院士工作站2家。

【产业结构调整】 积极培育绿色矿业、绿色建材、绿色有机食品、新能源、新材料、文化旅游休闲养老六大主导产业。三次产业结构比重调整优化为9∶58∶33，非铁类税收占全部财政收入比重提高到44.3%，发展质量和效率得到全面提升。按照供给侧结构性改革的理念，推动传统产业提质升级，稳住发展根基，下大力转变发展方式。在2014年、2015年的基础上持续用力，推进铁选企业整合、重组，汰劣培优，实现采选一体化，资源集中配置，奠定矿业可持续发展的基础。2016年，成功引进梧桐资本注资30亿元对天宝集团进行整合重组，极大地提升企业抗击市场风险的能力。积极推进京城、剑峰两大集团整合重组，淘汰落后选厂6家，技改升级优势选厂8家，推动传统产业规模化、标准化、集约化发展。

【保生产稳增长】 倾注全力、综合施策保证骨干企业正常运行、停产企业复工复产。把保障企业资金链条顺畅衔接作为重中之重，确保生产健康运营，稳定发展。累计为企业委托担保贷款136亿元、过桥倒贷63亿元、争取政策性银行贷款和专项建设基金25.15亿元，协调银行降息、减免涉企行政事业性收费1.9亿元，确保资金链条顺畅衔接；实行领导干部包保企业制度，解决困难问题500余件，维护良好的生产环境。成功为京城集团每年减少利息支出1.2亿元。全面免收缓收15项涉企行政事业性收费，为企业减负7000多万元。全年共有43家矿山企业复产，铁精粉产量达到611万吨，产能转车率从年初的

65% 提升到 75% 以上，占全市矿山企业转车总数的一半以上，钢铁、矿山及关联行业税收达到 6.5 亿元、同比增加 8%，主体税源实现稳定回升，使经济运行基本面持续向好。

全年争取政府置换债券及新增债券 17.6 亿元，争取“三保”补助资金 1.19 亿元，争取国开行、农发行专项建设基金、政策性银行贷款 25.15 亿元。补齐农村短板，实施重点交通建设项目 10 个，总投资 19 亿元，全年完成投资 4.2 亿元，在交通基础设施建设领域首次成功采用 PPP 模式，注入项目资金 18.8 亿元。加大域外金融机构对接力度，全县域内外贷款余额达 207 亿元，存贷比达到 104.5%。

【三绿两新一文产业】 着眼县域实际，依托四个功能分区，分类施策，全力调整产业结构，构建了“三绿两新一文”六大现代产业体系，“三绿”即绿色矿业、绿色冶金、绿色有机食品；“两新”即新能源、新材料；“一文”即文化旅游产业。

【优化环境上项目】 制定出台《优化发展环境促进二次创业优惠政策》和《促进企业发展奖励办法》等政策文件，严格落实项目包保责任制和全程领办代办制，落实对 5 亿元以上重大产业项目给予资金扶持政策，已成功为镕冠高端装备制造项目确定引导资金 4000 万元。走出去、引进来，签约落地辽宁忠大高端制造及高端装备检测中心、长沙远大集成房屋、北京首旅寒舍高端民宿、中色地苑蟠龙湖开发、大连千森都山体育文化生态示范园等一批大项目好项目。在优惠政策的牵引下，大连千森都山休闲运动、北京建新高锶矿泉水、北京诺维亚医疗、北京佰能生物质热电联产等一批项目先后落户宽城。2016 年，共实施重点项目 180 个，其中亿元以上项目 84 个，完成投资 128 亿元，完成市下达任务的 104%。

【城镇基础建设】 坚持走新型城镇化发展之路，抢抓 A 类县城建设、“五城联创”（国际旅游城市、国家环保模范城市、国家森林城市、省级文明县城、国家卫生县城“五城联创”）、“城市建设三年攻坚”等有利契机，持续用力，强化投入，加强城镇基础建设。统筹实施水利设施项目，投资 2.66 亿元实施滦河生态补偿项目、长河综合整治项目、农村饮水安全工程、京津风沙源治理二期、防洪堤应急加固工程等项目；农村饮水安全覆盖率达到 93.3%。大力实施公路项目攻坚行动，实施承秦出海路部分路段大修、北凌线新建、峪三线改建、上宽线大修和 23 个美丽乡村村组水泥路和桥梁改造工程；高标准实施邦宽线、宝清线、永喜线绿化美化工程。“以产兴城、以城带产”的产城教互融互促发展模式带来显著成效，房地产、医疗康养、酒店餐饮、商贸物流、信息服务等城市产业汇聚兴起，承载发展能力持续提升。

【特色城市建设】 编制完善城市规划，已完成城区 17.6 平方千米的控制性详细规划、《近期建设规划及年度实施计划》，完成 16 个乡镇总体规划、13 个专项规划。完善南环路、绕城路投入使用，盛丰大桥、兆丰大桥、栈桥三桥相连，形成“六纵八横、十桥两枢”交通体系，建成区面积由不足 4 平方千米增加到 11 平方千米，规划区面积由 165 平方千米增加到 590 平方千米，城市发展骨架全面拉开。

自来水厂迁扩建工程、污水处理厂二期扩建、污泥无害化处理等重点工程进展顺利。第三热源厂新建 2 台流化床锅炉和集中供气储配站项目已完工。铺设中压输气管网 30 千米。新建续建房地产项目 5 项，完成投资 8.57 亿元。完成建筑节能改造任务 6 万平方米，城市服务承载能力不断增强。

【县城和美丽乡村建设】 扎实推进“五城联创”活动，全面提升城市内涵。强化绿地控制，完成《城市绿地系统规划（修编）》和《城市绿道绿廊规划设计》，明确划定各类绿地范围控制线。全年投入绿化资金5288万元(含社会投入资金)，新增绿地面积46.49公顷。注重城乡统筹发展，精心绘制城乡一体化发展蓝图，编制完成2016年蟠龙湖满族风情精品片区美丽乡村建设总体规划和23个“美丽乡村”规划编制成果。美丽乡村建设扎实开展，1个蟠龙湖市级精品片区和23个省级重点村改造提升工作取得显著成效，4个省级美丽乡村和5个市级美丽乡村分别通过省、市验收。加快推进特色小镇建设，完成汤道河镇特色小城镇总体规划评估工作；化皮溜子乡、东大地乡撤乡建镇，城镇化率达到44%。先后荣获全国民族团结进步模范集体、全国电子商务进农村示范县、全国文明县城、全国园林县城、全省经济发展先进县、全省人居环境奖、省级环保模范县城等称号，全国卫生县城通过初验。

【生态环境】 强力推进矿山生态环境和损毁山体修复专项治理，取缔关闭矿山企业13家。累计投资800万元对承秦高速两侧5处露天矿山可视面进行修复，对61家矿山进行停产整治。强力实施“利剑斩污行动”和“雷霆专项行动”，企业污染物全部达标排放。深入开展企业粉尘、秸秆禁烧、燃煤锅炉、淘汰黄标车等专项整治，空气质量持续好转，PM2.5浓度持续下降，全年空气质量二级以上天数270天以上。严格落实河长责任制，全县主要河流河道环境持续改善；大力推进京津风沙源治理、退耕还林等重点生态工程，完成矿区绿化225亩，废弃矿山绿化1050亩，全民义务植树65万株，新增造林面积2.3万亩，森林覆盖率达到67%。

【优化政务环境】 深入开展机关作风整顿暨优化发展环境专项行动，建立了督考问用、素质提升等7项机制，开展了执行力提升、机关作风整顿等7个专项行动，取得显著成效。全面优化审批流程，共清理取消行政许可事项71项，平均提速60%；将政府投资类项目、企业投资核准类项目、企业投资备案类项目审批时限由原来承诺的153个、118个、113个工作日分别缩减到35个、27个、25个工作日，提速率达78%。建立了中介机构备选库，16类、85家中介机构入库备选，中介费用最多降低80%。深化领导干部包保企业制度，10名县级领导包保10个集团企业，28名县级领导分七大板块全程包保82个重点项目，选派124名干部包扶重点企业，累计解决涉企问题130余件。实行项目全程领办代办制，组建专门项目代办队伍，全年列入县级领导包保的82个项目，有75个取得实质性进展，完成投资72.8亿元。

【社会保障】 健全完善城乡居民医疗保险、社会养老保险、最低生活保障和社会救助等制度，城乡居民社会养老保险参保率达到95%以上。新农合筹资和补偿标准大幅提高，参合率达到98.15%。县综合福利院、汤道河敬老院二期工程、县光荣院和优抚医院建设工程顺利推进，大幅提高“五保”供养标准，供养水平全面提升。全面完成保障性住房年度建设任务，改造农村危房1750户。

【精准扶贫】 着眼“率先小康”的目标，按照“六个精准”要求，大力实施“五个一批”工程，深入开展“一抓三促奔小康”专项行动和“脱贫攻坚党旗红”活动，选派109名党员干部驻村一对一帮扶，以45个贫困村与15个有扶贫对象的非贫困村的扶贫对象为重点，建立脱贫产业示范基地30个，打造脱贫示范产业57个，全力实施产业扶贫、金融扶贫、社会扶贫和科教扶贫四大工程，共争取和协调各类扶贫资金6526.2万元，本年实现2309名扶贫对象与9473名低保、“五保”人口稳定脱贫。

【潘家口水库清网箱净水质】 积极落实国家政策，对潘家口水库宽城水域进行清网箱、净水质行动，水源涵养功能全面提升。共抽调1400多名干部组成10个专项工作组和17个包村工作组，由县“四大班子”成员担任组长，昼夜奋战，仅用3天签订全部协议；17天完成所有网箱及附属设施调查登统任务；3个月完成全部出鱼和拆解网箱任务的70%，水面环境库水质量明显改观。

附：宽城满族自治县领导名录

中共县委书记：祁海东（满族）

副书记：崔万峰（满族，12月免）
杨海龙（满族，12月任）
韩旭（女）
高浚力（蒙古族）

县人大常委会主任：张品川（满族）

副主任：葛月龙（满族）
李勤（满族）
王树满（满族）
姚乃兴（满族）

县人民政府县长：崔万峰（满族，12月免）
杨海龙（满族，12月任）

常务副县长：孙潇（满族）

副县长：高翠芝（满族，女）
张利民（满族）
刘长清（满族）
高秋波
张华（挂职）
戴利华（挂职）
王新艳（女，挂职，11月免）
梁阁（挂职，11月免）
旦增罗布（藏族，挂职）

县政协主席：王玉荣（满族）

副主席：刘瑞学（满族）
李海山（满族）
白春举（满族）

县纪检委书记：胡伟（满族）

（供稿 谷盛林）

兴隆县

【概况】 全县总面积3116.4569平方千米（311645.69公顷），耕地总面积9706.21公顷（2015年数据）。辖11个镇、9个乡，总人口33.0万人，人口自然增长率5.55‰。2016年生产总值100.9亿元，同比增长6.8%；第一产业增加值25.6亿元，同比增长4.5%；第二产业增加值43.1亿元，同比增长6.5%；第三产业增加值32.2亿元，同比增长9.1%；单位生产总值能源消耗1.0632吨标煤/万元；粮食产量33256吨，同比增长7.2%；财政收入7.8亿元，同比增长4.0%；财政支出19.8亿元，同比增长6.1%；社会商品零售总额49.0亿元，同比增长10.3%；固定资产投资158.9亿元，同比增长9.4%；城镇非私营单位从业人员在岗职工（含劳务派遣）年平均工资48050元，同比增长7.2%；农村居民人均可支配收入9911元，同比增长10.4%；城镇居民人均可支配收入22042元，同比增长8.8%；年末城乡居民存款余额107.7亿元，同比增长16.03%。

【凝聚共识】 围绕“十三五”规划目标任务，全县干部统一思想共识，专注保持经济平稳快速发展，深刻认识兴隆发展的优势与潜力，短板与症结，全县形成四点共识：一是思想共识。通过深入学习习近平总书记系列重要讲话精神，及时传达贯彻中央和省市委重大决策部署，扎实开展“两学一做”专题教育，切实将各级干部的思想统一到攻坚克难干事创业上来，在思想上、政治上、行动上始终与中央和省市委保持高度一致。二是机遇共识。全县积极抢抓协同发展和美丽乡村建设机遇，将其转化成“六城同创”［即国家生态文明建设示范区、国家卫生城、国家园林城、国家文明城、国家双拥模范城、中国旅游名城（国家全域休闲旅游示范区）］的基础工程和旅发大会的先行举措，集中力量打造“燕山峡谷”省级美丽乡村精品片区。各级干部主动正视旅发大会机遇，通过实地参观和务虚交流，进一步增强“办好旅发大会，建设全域旅游”的机遇共识。三是开放共识。面对京津冀协同发展和交通基础设施重大突破带来的前所未有投资热潮，全县明确了国有企业、上市公司和战略投资者三个“招商重点”，推动兴隆进入择优选商的开放开发新阶段。四是底线共识。坚守发展底线，加快创建国家生态文明建设示范区，各项生态考核指标持续提升；突出民生底线，最大限度地释放“精准脱贫”政策红利，广大群众的获得感进一步增强。全县干部在解放思想中激发热情，在学习实践中明晰路径，在团结协作中干出了业绩，兴隆上下谋发展、抓发展、快发展的强大合力已经形成。

【廉政建设】 重视思想政治学习，增强全县干部的政治意识、大局意识、核心意识和看齐意识。全年召开县委理论中心组学习12次，邀请中央电视台、省科技厅、河北大学、市委党校等专家专题辅导6场次，组织各级干部赴贵州、“涞（源）涞（水）易（县）”等地学习考察15批次303人次，参加省市集中培训8批次158人次。全面加强新闻报道、网络监管和舆论引导，营造良好舆论环境。大力弘扬塞罕坝精神，持续开展“兴隆榜样”“最美兴隆人”“兴隆最美家庭”等宣传评选活动，大力塑造“兴隆精神”，有效地提升兴隆人民的价值认同。

加强廉政建设。一是全面压实“两个责任”。制发《兴隆县党风廉政建设主体责任和监督责任清单》和《兴隆县党风廉政建设主体责任和监督责任追究办法（试行）》，全面推行“三定三查两结合”责任督导机制，实现“两个责任”和反腐倡廉工作任务双向清单式管理，对4名“两个责任”落实不力的乡科级领导干部进行追责。二是加强事前事中教育监督。坚持挺纪在前，积极践行监督执纪“四种形态”，分级分层开展廉政谈话199人次、谈话函询100人、诫勉谈话59人，对1101人进行廉政审查。高规格召开警示教育大会，通报典型案例23起，实现县乡村三个层面、处科股村四级干部警示教育全覆盖。深入推进纪检监察机构改革，组建县委巡查办和4个监督室，大力开展专项巡察、机动巡察和系统循环巡察，累计发现各类问题251个，提出整改建议86条。三是保持高压反腐态势。紧盯项目资金、拆迁征占、违反中央“八项规定”精神等重点领域，大力开展机关作风整顿、优化发展环境专项行动，全力配合省市纪委查办问题线索，全年共立案203件，结案199件，给予党政纪处分258人，移交司法机关3人。

加强领导班子建设，认真贯彻民主集中制，坚持“三重一大”事项由县委常委会集体讨论决定。严格落实“五重”选人用人原则，在县乡换届过程中，进一步规范个人自荐、组织推荐、竞争遴选等提名推荐方式，全面推行干部选拔任用全程纪实制度，全年共调整干部10批次、495人，其中提拔任职213人，轮岗交流178人，其他104人。建立县处级干部工作承诺、乡科级干部工作通报、股级干部交流、发展“容错”等机制，有效调动和保护广大干部的工作主动性和积极性。

【生态环境】 坚持生态立县发展战略，加快创建国家生态文明建设示范区，生态建设水平加快提升。水环境日益改善。县污水处理厂完成设备更新，依法全面取缔潘家口水库上游网箱养鱼，90平方千米生态清洁小流域治理项目全面启动，断面水质100%达标。生态修复成效明显。“双百工程”进展顺利，治理陡坡开荒3.5万亩，实施造林绿化1.6万亩，全县森林覆盖率提高到71.2%。成功列入河北省“山洪灾害防治示范县”。大气质量明显好转。淘汰燃煤锅炉24台，整治露天矿山54家，PM2.5平均浓度同比下降38.18%，超额完成年初下降8.7%目标任务。创建完成1个国家级生态镇、2个省级生态镇和290个市级生态村。连续三次入选“中国百佳深呼吸小城”，兴隆正成为京津周边的“避暑避霾胜地”。

【协同发展】 以项目园区工作为重点，借力京津，全力推进对外开放，加速发展获得新支撑。项目园区建设实现突破。全年共实施亿元以上重点项目80项，总投资321.9亿元，完成投资95亿元，农夫山泉、山楂干红酒庄等项目建成投产，兴隆山景区、荣盛新能源汽车等项目快速推进。特别是农夫山泉饮用水基地项目实现“当年签约、当年建设、当年投产”，开创全市乃至全省项目建设新速度。经济开发区与荣盛集团达成战略合作协议，引进新能源汽车、3D打印、生物医药等项目5个，总投资50亿元。对外开放成果丰硕。坚持同央企国企、上市公司、战略投资者合作为重点，与中信集团、中冶集团、南山集团、荣盛集团等15家投资签约，青松岭文化旅游度假区、六道河康养小镇等16个项目成功落地。全年共引进市外到位资金37.4亿元，成功列入“全国重点生态功能区”、“国家级山水林田湖综合整治示范区”、全省59个扩权改革县。积极争取到天津市北辰区对口帮扶，连续五年每年将获得4000万元以上资金支持。与京津名校名院深度合作，办学办医稳步推进。成功承办“美丽家乡·科普环保”公益电影万里行、全国“百佳深呼吸小城”旅游文化节等重大活动，举办“中国兴隆·刘章诗歌奖”颁奖典礼、“和谐杯京津冀公路自行车挑战赛”等重要文体赛事，获得“全国森林旅游示范县”“中国诗词之乡”“中国散文学会创作基地”等多项荣誉。要素保障能力大幅提升。全年共争取到位各类资金19.6亿元，在全市率先成立县级投融资平台公司，全年融资规模达到8.5亿元，为经济发展提供资金保障。全年完成土地调规11197亩，争取新增建设用地指标1091亩，全力保障未来两年重点项目用地需求。

【结构调整】 按照“五大发展理念”（即创新、协调、绿色、开放、共享）要求，大力推进转型升级，三次产业结构由2015年的25.2：44.8：30调整为25.4：42.7：31.9，结构调整迈出新步伐。现代农业再上台阶。实施重点农业产业化项目25项，产业化经营率达到68%。中国工程院院士牵头组建全省山楂产业技术创新战略联盟，成立山楂产业研究院，成功创建国家级板栗出口质量安全示范区，获评省级“现代农业示范县”。工业经济稳步升级。完成工业技改投资18亿元，实施市级技改项目28项，新增入统工业企业6家，规上工业实现增加值34.4亿元，增长5.2%。第三产业加速发展。国家全域旅游示范区创建迈出关键步伐，荣获“亚洲最受欢迎旅游城市”、全省“全域旅游与旅游扶贫示范区双创试点县”，获得2017年首届全市旅发大会承办权，三大核心景区（即兴隆山、六里坪、青松岭）、五个特色小镇（即诗歌小镇诗上庄、观星小镇长河套、康养小镇六道河、满族风情小镇南天门、影视文化小镇青松岭）、“百里百村”（即承唐高速白马川出口—大水泉乡—安子岭乡—半壁山镇—南天门乡—兴隆镇—青松岭镇—六道河镇，全程100公里、沿途周边近100个行政村）景观大道建设全面推进，以休闲康养、文化创意、影视传媒为主的十大旅游新业态正在加速形成。全年累计接待游客211.2万人次，实现旅游综合收入13.05亿元，同比分别增长14.2%、40.3%。商贸物流业加快崛起，汇丰物流园区全面投入运营，电商服务站点实现行政村全覆盖。

【城乡建设】 县乡村三级协同发力，城乡面貌呈现新变化。县城建设进一步加强。坚持以“六城同创”为引领，顺利通过“国家园林县城”年度评估。规划体系日益健全，推进城区建设用地范围内控制性详细规划、城区13个专项规划编制工作，高标准完成城乡总体规划“回头看”。公共设施建设有序开展，完成“两桥六路”、11条小街小巷和排水改造，（北）京沈（阳）客专兴隆西站加快推进。“智慧兴隆”全面启动，城区保洁、绿化管护水平有效提升。小城镇建设重点突破。完成雾灵山、李家营撤乡建镇，全县建制镇达到11个，半壁山镇成功列入全国重点镇和全国美丽宜居小镇、全省百个特色小镇。美丽乡村建设提档升级。高标准完成燕山峡谷片区39个村改造提升专项行动，乡村面貌持续改善，顺利通过全省验收。

【基础设施】 全力补齐短板，基础设施建设再获新进展。交通条件有效改善。重大交通设施全面提速，京沈高铁拆迁征占工作基本完成，工程建设按计划推进。承（德）平（谷）高速获得国家发改委和交通部正式批复，控制性工程全面开工。承（德）唐（山）高速新增安子岭互通获省交通厅批复。国省干线及农村路网不断完善，国道112线改造完成桥涵路基工程量70%以上，省道李杨（承唐高速白马川下道口到半壁山）线改造前期工作全面完成，实施北（营房）凌（河）线、东（平泉东大梁）北（上石洞与密云北庄界）线、半（壁山）苗（耳洞）线及乡村公路建设99.8千米。电力保障有效增强。实施工业园区110千伏，兴安民爆等35千伏变电工程4个，改造农网项目43项、173千米。广电通讯稳步发展。实施兴隆镇等9个乡镇双向网改工程254千米，网建项目223项。

【发展活力】 以改革求突破，以创新促升级，社会发展再添新动力。各领域改革扎实推进。“放管服”（即简政放权、放管结合、优化服务）改革持续加快，调整取消县级非行政许可事项68项，向乡镇下放权力36项。组建不动产登记局。公车制度改革稳步推进，建立公务用车服务平台，节支率达到9.72%。事中事后监管方式升级，全力推行“双随机、一公开”（即随机抽取检查对象，随机选派执法人员，及时公布查处结果）监管新模式，在全市率先建立公共资源“一网三厅”（即兴隆县公共资源交易中心网、中心业务大厅、公共资源交易信息统一发布大厅、公共服务大厅）电子交易系统。商事制度改革执行到位，全面落实“五证合一”（即营业执照、组织机构代码证、税务登记证、统计登记证、社保登记证），市场活力深度激发，新增各类市场主体2248户。农村改革不断深化，完成农村土地确权登记27.6万亩，土地流转2.1万亩，农村产权交易中心规范运行，完成“全国农田水利产权制度改革和创新运行管护机制试点县”年度任务。科技创新步伐不断加快。建成雾灵山省级现代农业园区，编制完成环首都现代农业科技示范带总体规划。年内新增高新技术企业2家、科技型中小企业29家。

【人民生活】 全力提升群众生活幸福感，社会事业实现新进步。脱贫攻坚加快推进。按照“六个精准”（即扶贫对象精准、项目安排精准、资金使用精准、措施到户精准、因村派人精准、脱贫成效精准）要求，大力实施“五个一批”（即发展生产脱贫一批、易地扶贫搬迁脱贫一批、生态补偿脱贫一批、发展教育脱贫一批、医疗保障和社会兜底一批）工程，实现4个贫困村脱贫出列，4512人稳定脱贫。创新金融扶贫，搭建兴隆县“政银企户保”平台（即政府、银行、企业、农户、保险五位一体金融扶贫发展新模式），累计向28家扶贫龙头企业、2280户贫困户发放贷款1.2亿元，撬动资金超10亿元助力脱贫攻坚。强化产业扶贫，采取到户扶持、股份合作等形式，发展种养殖、乡村旅游等特色产业，扶持带动贫困户2642户。加快易地扶贫搬迁，新建集中安置小区5个，协议搬迁2226人。就业和社会保障全面提升。全年城镇新增就业5081人，失业人员再就业1743人，提前超额完成全年目标任务，获得全省通报表彰。城乡居民基本医疗保险改革、机关事业单位养老保险并轨全面启动，社保扩面工作取得显著成效。农村低保标准由每人每年2800元提高到3300元，实现低保、扶贫“两线合一”，为4730名城乡大病特困群体发放救助金529.1万元。实施棚户区改造215套，改造农村危房3164户。社会事业不断进步。“产城教一体化”（即产业园区、县城建设和教育园区融合发展，以教促产，以产兴教，产教融合，产城互动）全面启动，教育园区完成规划选址，启动征占拆迁，新职教中心正式投用，省义务教育均衡发展通过验收。医疗改革紧贴实际，县内药品实现零差率销售，卫生院和医务人员绩效管理体制全面建立，农村妇女、老人大病筛查全面开展。法治兴隆、平安兴隆建设稳步推进，全县社会保持和谐稳定。

附：兴隆县领导名录

中共县委书记：薛青松（满族）
副书记：焦　军
李相林（11月免）
裴鹏飞（11月任）
县人大常委会主任：马德军
副主任：何玉萍（女，满族）
杨青山
高春明
贾海超
县人民政府县长：焦　军
常务副县长：郭建平（女）
副县长：张　成（4月免）
孙立良（3月任）
张松涛（满族）
董业良
孙佳嘉
强占坡
柴文成
王晓鹏
孙志强（援疆）
杨文利（11月任）
张振宇（10月任，挂职）
陈月侠（女，挂职）
刘　栋（挂职）
谢占生（挂职）
俞虹霞（女，挂职，民革）
县政协主席：马建权
副主席：王立群
孟宪龙
李桂霞（女）
刘海明
县纪检委书记：裴鹏飞（11月免）
那　红（12月任）

（供稿　白海霞）

承德高新技术产业开发区

【概况】 承德高新区1992年6月经省政府批准建立，初始规划面积6.2平方千米。2009年以来，市委、市政府相继批准高新区对2个镇、38个行政村实施行政托管，统筹负责市区南部新城一体化开发建设。截至2016年年底，托管面积320平方公千米，建成区面积15平方千米，人口近11万，耕地面积21613公顷。2012年8月，经国务院批准，升级为国家级高新区。全区共有各类企业1513家，其中，工业企业176家，规模以上工业企业30家。拥有国家级科技孵化器1个，在孵企业53家。拥有高新技术企业15家，科技小巨人企业5家，科技型中小企业130家，省级工程技术中心、重点实验室11家。

地区生产总值完成53.2亿元，同比增长

5%，第一产业增加值8727万元，同比下降2%，第二产业增加值36.5亿元，同比增长2.5%，第三产业增加值15.8亿元，同比增长10.7%；粮食总产量11763吨，同比增长28.6%；财政收入累计完成10.4亿元，同比增长21.5%；公共财政预算收入累计完成3.7亿元，同比增长52.2%，公共财政预算支出4.6279万元，同比下降10%；固定资产投资完成42.1亿元，同比增长15.3%，增速在全市排名第二；全年实际利用外资1476万美元;完成出口总额2100万美元，完成全年目标的87.5%；实际进口完成900万美元,同期增长66%。社会商品零售总额5.99亿元，同比增长10.1%。财政收入结构进一步优化，税收收入对全区财政增收带动作用明显，非税收入比例在合理区间内，综合经济实力明显提升。

【对外开放】 针对“重招商、轻养商、环境差”的问题，转变招商模式，侧重引进平台公司，由平台公司负责建设、招商、运营、管理，侧重点对点招商,精选实力雄厚的企业,以点带面,上下形成链条，建成相互关联、聚集程度高的园区，侧重为技术含量高、高成长性的小微企业，提供孵化或对接平台。全年已签约各类项目23个，重大在谈项目15个。前期重点推进项目36个，总投资203亿元。积极开展招商工作，接待碧桂园集团、华夏幸福基业等国内知名企业来区考察洽谈100余次，组织参加贵阳国际大数据产业博览会、“9·8”厦门投洽会等招商洽谈活动。

【项目建设】 全区全年开工千万元以上重点项目50个，其中新开工项目19个，续建项目31个，亿元以上项目37个。全年开工省重点项目1个，市重点项目6个。全年谋划城市建设项目55个，总投资127.6亿元，其中高新区直接投资实施42个。工业经济发展质量进一步提升，全区规模以上工业增加值完成32.8亿元，同比增长1.4%，高新技术产业增加值完成8亿，同比增长10.7%。第三产业增加值完成15.8亿元，同比增长10.7%。重点工业企业加快发展，现代服务业、电子信息产业呈现良好发展态势。

【产业发展】 坚持“以产兴城、以城带产、产城融合”的发展理念，按照市委、市政府“一带三区”的发展战略，按照“一区三园”的发展格局，大力度推进新兴产业聚集，加快高新区现代产业体系建设。加快推进城市南部新区建设。①基础设施方面，“四桥七路”及其附属工程建设进展顺利，闫营子大桥、后窑大桥、娘娘庙大桥、冯营子主干路、冯营子次干路、滨河路崔梨沟段、后窑段道路、冯营子至砖瓦窑连接线“三桥五路”已开工建设，西营大桥、东西营滨河路南路次干路和东西营滨河路北路次干路“一桥二路”已完成设计;②服务业项目方面，承德大数据研发展示中心项目主体工程已完成，中关村大厦项目正在建设中；③配套设施方面，凤凰山学校和阳光四季城小学已全面完工并投入使用，承德附属医院新城医院已投入使用，承德儿童医院项目正在建设中。积极推进大数据电子信息产业园建设。高新区已实施和正在洽谈的大数据产业项目20余个。大数据电子信息产业园已开始施工，园内的承德力海企业港项目已经开工建设。承德斐讯大数据产业园等3个项目土地已经摘牌，正在开展规划设计等前期工作。博彦科技软件服务外包基地等3个项目已开业。承德市大数据科创中心（姚建铨院士工作站）等4个项目已揭牌,正式落户高新区。与软通动力承德服务外包基地、中国电子信息生态产业园等10个项目正在洽谈。持续推进智能环保和装备制造产业园建设。全力配合市委、市政府做好环保产业园建设工作。承德微型智慧创业创新科技园正在施工,现已入驻项目7个。比亚迪电动汽车生产基地等3个项目已竣工投产，上板城热电厂年底前竣工投产。天创生物研发中心和本特生态秸秆高效锅炉生产线2个项目主体建筑已经封顶。稳步推进生命医学大健康产业园建设。该园区内鹫窝、砖瓦窑浅山区征地工作已经启动。澳大利亚爱康国际肿瘤治疗中心中国基地项目取得实质性进展。

【投资环境】 深入贯彻落实省、市关于作风整顿的决策部署，立足于打造京津冀一流的“环境高地、投资洼地和创业福地”，突出问题导向，深挖问题根源，针对“管理运行机制不优，缺乏内生动力；干部队伍作风不硬，缺乏工作激情；基础工作不实，重点工作推进困难”三个方面14个突出问题，强化制度建设、狠抓责任落实、弘扬担当精神，全面打响优化发展环境和作风整顿攻坚战，有效提升广大干部职工的大局意识、服务意识、责任意识、争先意识。在具体工作中，坚持以改革的思维贯穿始终，明确“一区三园”的发展定位，紧紧围绕体制机制管理创新、土地征收拆迁、三大产业园建设、南部新城建设与管理等中心工作，全力破解资金、土地、政策等要素制约，取得经济平稳发展、重点工作有效突破、各项事业协调发展的良好局面，为长远发展进一步夯实基础，增强社会各界对高新区未来发展的信心，赢得极为难得的支持和信任。

【体制机制创新】 推进管理体制改革，将经济开发建设职能逐渐从管委会职能机构剥离，建立机构精简、工作高效、竞争择优、分配公平的行政管理和服务体系，为区域发展提供优质服务；探索薪酬制度改革，推行绩效工资、全员聘任、岗位管理、绩效挂钩，形成人员能进能出、岗位能上能下、待遇能高能低的管理机制，进一步释放创新发展的活力和动力，年底，改革方案已报送市政府，待审批通过后执行。开展行政审批制度改革，全面清理审批事项，进一步压缩流程精简环节，办事效率和服务水平明显提高，全年共办理行政审批事项及政务服务事项107200件（除发票发售类业务外）。推进社区建设改革，成立高新区社区管理办公室及兰苑社区、滨河社区等7个社区居委会，实现社区管理、服务全覆盖。开展城市管理改革，加快推进城市环境卫生、园林绿化等城市管理工作市场化运行，并建立动态巡控机制。强化教育体制改革，公开选聘副校长2名，招聘教师37名，在凤凰御景学校和阳光四季城小学推进教师绩效工资改革，教学软硬件条件不断完善，区域教育质量进一步提升。扎实推进行政执法改革，进一步厘清高新区执法权限，打造权责清晰的行政执法环境。

【科技创新与高新技术企业】 实施科技型企业“倍增工程”和“科技小巨人培育计划”，全年完成科技型中小企业认定50家，高新技术企业认定5家，培育科技小巨人2家。全年完成申报专利52件，泽雨工控、龙志达、河北航天、克罗尼、鹰眼5家企业实现专利消零。与承德石油高等专科学校合作推进创新创业苗圃建设，每年苗圃扶持资金130万元，面积约1000平方米。苗圃装饰装修已完毕，办公家具及设备已到位，29个项目已经过专家评审。为解决孵化购地不足问题，经工管委研究决定购置华峰五星级酒店B座，面积2万平方米。正在履行相关手续，计划2017年6月底前装修完毕，孵化企业正式入驻。

【民生和社会事业】 深入实施就业培训、社会保障、住房保障、停车位增加等8大类22项民生实事，切实为群众办实事好事。全年城镇新增就业1104人，城镇登记失业率控制在4.5%以内，加强劳动监察和纠纷调解，和谐劳动关系进一步巩固。将城镇居民基本医疗保险与新型农村合作医疗保险整合统一，参保率达到了95%。民政、残联等工作有序推进，卫生服务和计生工作扎实开展，文体工作继续加强，区域社会事业发展水平明显提升。开展“美丽乡村”建设，已完成35个行政村总体规划和村庄规划，整合各类资金3515.12万元投入建设，完成上板城镇三道河村等6个美丽乡村的建设提升工作。

【京津冀协同发展】 坚持“创新驱动、市场主导、优势互补、高端融合、协同发展”的原则，以“突出特色产业发展、加快特色产业聚集，壮大特色产业规模”为目标，着力产业发展，完善基础设施，提升社会服务能力，全力打造“京津冀协同发展先行区、创新驱动示范区、高端产业集聚区、产城融合样板区”。2016年以来，高新区已落户京津冀合作项目30个，总投资355亿元，其中开工（开业）项目16个；在谈并达成投资意向项目25个，总投资280亿元。其中已落户的有中关村智慧环境产业联盟承德园、中关村互联网文化创意产业园承德园、承德力海企业港项目、承德新一代绿色数据中心项目、河北大数据交易中心项目、博彦科技软件服务外包基地项目、北大青鸟科技园项目、爱康国际肿瘤医院承德分院项目、天津中德应用技术大学承德分校项目等重点项目。在谈项目中重点项目有优客工厂优客创业文化小镇项目、北京电影学院影视文化产业创新园项目、中国航天万源国际石墨烯与储能技术项目、中国电子信息集团承德信息安全产业园项目等。

【和谐高新区】 全区安保维稳工作机制逐步健全完善，全年未发生影响政治安全和社会稳定事件，未发生重大群体性事件、极端个体事件和重大铁路安全事故；两个托管镇中心法庭完成升级改造，全年审理案件500余起；双桥区检察院派驻高新区检察室、区国安办正式挂牌成立并开展工作；投资160万元完成了群众工作中心建设，11个职能部门即将入驻开展工作；平安基层创建扎实推进，专项整治行动成效显著，信访工作水平有力提升，治安案件“查处率”实现100%；领导公开接访成为常态化，工、管委领导全年共接待群众到访38 批185人次，网上转交办信访案件93件，受理率、按期答复率、满意率均为100%，彻底化解严重影响社会稳定的重点疑难案件28件；项目施工环境全面优化，围绕京沈客专、南郊热电厂、大数据产业园等重点项目区域开展专项施工保障行动，开展重点治安清查7次，累计接待项目区域到访群众1000余人次，处理重点信访问题100余项，42个千万元以上项目全部顺利推进。全区全年未发生安全生产责任事故和职业危害责任事故，区域环境质量得到逐步改善，空气质量优良天数为278天，针对环境整治、食品安全、生产安全、交通拥堵等焦点问题，集中开展相关专项整治行动，区域发展环境进一步优化。

【党的建设】 提升干部队伍素质。依托市委党校、网络党校等教育平台，在实施全员培训基础上，重点抓好科级干部、年轻后备干部、村（社区）干部的教育培训工作，各级干部累计参加培训320余人次。扎实推进镇领导班子换届工作，严格按照程序做好具体工作，着力选优配强基层领导班子。树立“敢于担当、勇于作为”的鲜明用人导向，继续完善新调入科级干部“先到岗、后任职”的用人办法，全年调整干部3批次39人。推进基层党建。成立高新区社区工委，实现社区党建工作快速提升。新建扩建240平方米以上村部4个。开展非公党建摸排攻坚，组建“非公经济组织和社会组织工委”，非公企业党组织覆盖率达到42.1%，社会组织党组织覆盖率达到100%，进一步发挥党组织的战斗堡垒作用。完成三道湾村等6个后进村整顿转化工作。启用省农经管理信息平台，进一步规范农村集体“三资”管理。推进“智慧社区”建设，并打造2个示范点。采取多种形式力促非公企业党组织建设提质扩面，以“村企互动”“社区与企业联建”推行不同领域党建活动联办和组织生活联过，提升组织凝聚力和服务能力。开展宣传思想文化工作。制定出台《高新区工委意识形态工作责任制实施细则》等3个文件。在创新创业、配合上级机关等重点宣传取得突破。与中国新闻网、网易、搜狐、凤凰网等多家国家级媒体开展信息共享，外宣、网评能力明显增强。官方微信逐步形成品牌，舆情研判水平进一步提升。

附：承德高新技术产业开发区工委领导名录

党工委书记、管委会主任：
柴　山（满族，2月免）
傅海旺（满族，2月任）

党工委副书记、管委会副主任：
徐　民（挂职）
于　山（满族，12月免）
王国辉（12月任）

党工委专职副书记：刁　志（满族）

党工委委员、管委会副主任、曹妃甸承德临港工业园管委会主任：
杨文东（挂职，12月任）

党工委委员、纪检组长：
徐立新（女，蒙古族）

党工委委员、管委会副主任：
艾雪峰（满族，1月任）
王志一（11月任）

党工委委员：景联华（女，11月任）
王　钧（蒙古族）
王天一
魏　民
董智慧
薛文忠

（供稿　刘驰宇）

人 物

逝世人物

胡银椿

胡银椿（1932—2016）男，汉族，1932年11月出生于贵州省遵义县，初中文化，1949年12月参加革命工作，1955年11月加入中国共产党。1949年12月至1954年10月在部队服役；1954年10月至1957年2月任热河铁矿办公室科员、团委干事；1957年2月至1958年10月任热河铁矿双塔山选矿厂机修车间劳动锻炼；1958年10月至1960年7月任承钢黑山铁矿团委代理副书记、副书记；1960年7月至1963年5月任承德钢铁公司钢铁厂团委副书记、党委办公室秘书、团委副书记；1963年5月至1972年10月任承德市委组织部组织科副科长（期间，1971年12月至1972年9月在双滦区偏桥子公社插队）；1972年10月至1983年10月任滦河电厂革委会宣传组负责人、输煤车间党支部书记、党委宣传科科长、党委副书记；1983年10月至1988年3月任市委常委、纪委书记；1988年3月至1988年12月任中国人民政治协商会议承德市委员会第七届委员会副主席；1993年12月经河北省委组织部批准退休。2016年2月2日2时因病去世。

胡银椿多年从事领导工作，工作扎实，深入细致，责任心强。特别是在担任承德市政协副主席期间，积极协助主席开展调研、视察、论证及机关建设等工作，为承德市政协工作的开展做大量卓有成效的工作，先后多次被评为先进工作者和优秀共产党员。退休后，胡银椿仍然关心党的事业，关心承德经济建设，积极献言献策，为承德市社会事业发展做出积极贡献。

关 阔

关阔（1926—2016）男，满族，1926年3月出生于河北省承德市，1949年2月参加工作。1949年2月至1949年5月任承德市第二完小教员；1949年5月至1970年7月任承德市文化馆宣传组组长、副馆长；1970年7月至1973年5月在农村插队；1973年6月至1978年7月任承德市营子矿区文化馆馆员；1978年7月至1983年4月任承德市美术一厂副厂长；1983年4月至1985年7月任承德市文物局副局长，顾问；1985年7月至1993年12月任承德市人大常委会副主任；1993年12月离职休养。2016年2月14日因病去世。

关阔执着于对书画艺术探索和追求，作品多次入选全国及省级书法作品展览及在日本举办的书法展览，并被收藏。早年学版画，1957年套色木刻《春天》在上海《版画》双月刊发表。亦习水彩，有意与中国水墨结合。中年以后主攻国画，擅山水、花鸟、人物。山水出入宋人小品，冷隽飘逸；花鸟取法吴昌硕，能参以己意，喜作巨帧墨荷、松、竹、梅，拙朴苍秀；所作人物用笔刚健、婀娜兼而有之。1984年应邀为北京人民大会堂河北厅作巨幅古松《与祖国共苍翠》，同年，个人画展在北戴河展出。国画长卷《避暑山庄和外八庙》入选“全国工艺美术作品展”。1988年《秋声》等5件作品入选北京驻外使馆举办的“中国扇面画展”，《达摩渡江图》应邀在加拿大温哥华观音寺展出并被收藏。另有《贞松寿石图》《冷香寒禽图》《寒江独钓图》《一览众山小》等作品多次在国内外展出及在报刊上发表。关阔亦擅长书法、对古书画鉴赏及中国陶瓷、根雕艺术也有研究。他家境清贫，半生坎坷，学书法初宗何绍基，后研摩先秦两汉、魏晋南北朝金石碑版。其书法涉及篆隶楷行，喜作行草，尤擅简札，刚柔相济，风神洒脱，饶有北魏意态。有的作品入选1985年河南“国际书法展”。行草巨轴收入《中国现代书法选》(第三集)。1992年4月，率团访日，曾与日本书道名宿续木湖山、金泽子卿等交流书艺。传略辑入《中国现代书法界人名辞典》《当代中国书法艺术大成》《中国书法家协会会员名鉴》《中国美术书法界名人名作博览》《中日现代美术通鉴》《中华人物辞海·当代文化卷》《世界文化名人辞海·华人卷》《中国当代艺术界名人录》等。

关阔还在多个岗位从事领导工作，先后当选为第六、第七届全国人大代表，曾任人民日报社神州画院顾问，中国书法家协会会员，承德市书法家协会主席，中国老年书画研究会顾问，中国老年书画研究会河北省分会副会长，中国磁州窑研究会名誉理事，中国根雕艺术协会河北分会副主席，承德画院院长。特别是担任市人大常委会副主任时，认真学习研究人大政策法规，听取各方意见建议，做了大量卓有成效的工作。离职休养后，为承德经济社会和书画艺术的发展，积极建言献策。

曾当选为第三、四、五、六、七届全国人大代表。

张振存

张振存（1942—2016）男，汉族，1942年9月出生于宽城县柳树底下乡，大学学历，1968年9月参加工作，1966年4月加入中国共产党。1968年9月至1972年4月任围场县食品加工厂秘书、县安置办秘书；1972年4月至1974年4月任围场县农机局副局长；1974年4月至1977年9月任围场县农机修造厂党支部书记；1977年9月至1979年6月任围场县工业局副局长；1979年6月至1981年4月任围场县经委副主任兼县化肥厂党总支副书记、书记、厂长；1981年4月至1981年10月任围场县经委副主任兼糖厂党总支书记、厂长；1981年10月至1983年9月任围场县政府副县长；1983年9月至1984年10月任承德地区行署经委副主任；1984年10月至1990年6月任隆化县委书记；1990年6月至1993年6月任承德地委委员、纪委书记；1993年6月至1997年12月任承德市委常委、纪委书记；1997年12月至2001年2月任承德市委副书记；2001年2月至2001年6月任承德市委副书记、市政协第十届委员会主席、党组书记；2001年6月至2008年6月任承德市政协第十一届委员会主席、党组书记；2008年6月经河北省委批准退休。2016年5月3日因病医治无效逝世。

张振存在担任基层主要领导工作期间，锐意改革，开拓县域经济发展新思路，为改变贫困落后面貌做出突出贡献。在担任市委常委、纪委书记期间，认真履行监督责任，大力推进反腐倡廉工作建设。担任市委副书记分管干部人事工作期间，坚持正确选人用人导向。担任市政协主席后，带领市政协领导班子和广大政协委员、各族各界人士履行政治协商、民主监督、参政议政职能，充分发挥全市各民主党派、工商联和无党派人士在政治协商工作中的作用，为市委、市政府的科学决策提供大量富有成效的意见和建议，开创全市政协工作新局面。

退休后，张振存仍然关心承德经济社会发展，体现了一名老党员、老领导、老干部的优秀品质和高尚情怀。

谈文耀

谈文耀（1943—2016）男，汉族，1943年3月出生于河北省怀来县，1963年7月至1968

年12月在天津工学院机械工程系化工机械专业学习；1968年12月参加工作，先后在平泉县酿造厂、化肥厂工作，先后担任技术员、副厂长、厂长；1979年8月加入中国共产党。1984年10月任承德地区行政公署副专员；1987年2月任承德地区化工公司党委书记、经理，高级工程师；1991年9月任承德地区计经委主任、党组书记；1992年3月任承德地区经济委员会主任、党组书记；1993年7月任承德市经贸委第一负责人、主任、党组书记；1996年5月任承德市人大常委会副主任、党组成员；2005年4月经省委组织部批准退休。2016年12月5日因病去世。

谈文耀在30多年的工作中，从一名普通技术人员成长为懂经济、善管理的领导干部，为承德经济社会发展做出贡献，在平泉化肥厂工作期间，他大胆创新，积极探索，主持了4次重大技术改造工程，荣获河北省科技进步三等奖；在地区行署工作期间主抓的工业普查工作受到国家级奖励；在任市人大常委会副主任期间，他深入调查研究，撰写了许多符合全市经济社会发展实际的议案和报告。

退休后，热心关注全市各项事业，做了很多有益的工作。

全国"五一劳动奖章"获得者

张　春

张春，男，满族，中国共产党党员，九龙实业股份有限公司任科长。1982年参加工作，先后从事优质酒酿造及白酒品评、勾兑工作。1997年7月1日加入中国共产党，1998—2000年连续被公司评为一等功获得者，多次获得企业技术能手称号。2002年被评为省级品酒师，2011年被评为国家级品酒师。2014年被评为省级劳动模范。张春研发的"黄帖九龙醉""小白龙"、"红白帖""康熙大帝""中国印"等多个九龙醉白酒品牌畅销承德8县3区，其参与研发的九龙醉健康白酒，荣获国家食品药品监督管理局批准证书，正式批准为保健酒，既为消费者送去了健康，又实现了企业效益和社会效益的双丰收。2016年被全国总工会授予"全国五一劳动奖章"荣誉称号。

梁志刚

梁志刚，男，汉族，中共党员，承德市双滦建龙矿业有限公司工会主席。自2006年10月，参加工作，8年来不断刻苦钻研业务知识，时刻改进工作方法，通过他的不懈努力，2013年公司被河北省总工会评为"AAA级和谐企业"荣誉称号。2014年梁志刚荣获承德市人民政府授予的"承德市劳动模范"荣誉称号，同年被河北省人民政府评为"河北省劳动模范"荣誉称号。2016年被全国总工会授予"全国五一劳动奖章"荣誉称号。

河北省"五一劳动奖章"获得者

管文军

男，河北承德人，中共党员，河北管文军律师事务所主任，承德市律师协会副秘书长，中央电视台《法律讲堂》栏目优秀主讲人。

管文军中专毕业后通过刻苦学习，通过了法律专业的大专和本科考试，后又通过司法考试，成为一名职业律师。在近10年的律师执业生涯中，他承办的案件数千件，始终坚持依法办案，没有任何违法违纪行为。

2012年初，经过选拔，管文军成为中央电视台《法律讲堂》栏目的主讲人之一。至2016年，已录制节目40多期。法庭外，管文军是一名公益律师，法律援助志愿者，经常参加各种法律志愿服务和普法宣传活动，为消费者维权，为没钱打官司的人提供无偿法律援助，配合承德广播电视台定期录制普法宣传节目。自费开通免费法律咨询热线，义务接待法律咨询数千次，用法律知识帮助更多弱势群体。

2016年被省总工会授予“河北省五一劳动奖章”荣誉称号。

庞　博

男，中共党员，国网承德供电公司运维检修部主任。1999年7月毕业于河北工业大学电力系统及其自动化专业，获华北电力大学硕士学位。曾荣获“河北省五一劳动奖章”和“感动冀北电力年度十大人物”称号；多次被市政府评为“项目工作先进个人”；3次夺得省级以上重要奖项；获市级技术成果30多项。

承德供电公司运维检修部承担着全市201座变电站、7954公里输电线路、18万余公里配电线路的运维检修任务，他带领运维检修部每年出电网检修现场5000余个、运行操作上万项、抢修现场千余个。作为省、市两级公司优秀专家，参与了省国网冀北公司公司的规划、计划工作，圆满完成1640个帮扶村和986个重点村建设项目可研报告编制工作；完成冀北公司2013—2020年配电网规划滚动修编工作，形成“省、市、县三个层面”“1个规划报告和8个专题报告”及“4图3表2清册”的成果体系，为标准化网络结构、提高智能化供用电水平和电网优质服务能力做出突出贡献。主持研究多个项目分别获河北省优秀工程勘察设计二等奖和承德市建设工程勘察设计二等奖。

他领导的运维检修部连续4年实现检修管理同业对标第一，被国网公司授予“运维检修工作先进集体”，被冀北公司评为“运维工作先进单位”“输电专业精益化管理红旗单位”。2016年庞博被省总工会授予“河北省五一劳动奖章”荣誉称号。

胥林东

男，承德钢铁公司维护检修管控中心职工。先后获得“全国钢铁行业技术能手”、河北省国资委“新长征突击手”、河北省跨行业技术比赛优秀选手、“河北钢铁杯”技术比武大赛“技术能手”、承钢公司技术比武连续五届获得第一名，获“技术状元”称号。蝉联承钢第三届、第四届“十大金牌工人”等荣誉称号。2012年10月在“马钢杯”第六届全国钢铁行业职业技能竞赛中荣获“电焊工”第十三名，并授予“全国钢铁行业技术能手”荣誉称号。

胥林东用自己独特的焊接操作法，多次完成重大焊接任务。1#高炉热风炉烧嘴焊接结构开裂，他经过上百次实践，采用全新的焊接方法，攻克烧嘴焊接技术难题，节约资金105万元。炼铁厂5#高炉炉顶大人孔出现煤气泄露现象，他采用二氧化碳加富氩混合气体保护焊工艺，带领职工连续焊接48小时，圆满完成焊接任务。

他还主动担当培养学员的重任，开办钨极氩弧焊培训班2期，培训学员16名。组织小组职工修复高炉热风阀、炉前开口机马达、液压泥炮等创效180万元。2016年被省总工会授予“河北省五一劳动奖章”荣誉称号。

于清军

男，1992年7月毕业于承德农业学校，同年参加工作。在生态承德建设中，他争取国家资金7.9亿元，完成退化草地治理663万亩，引导群众改变传统放牧饲养方式为舍饲养殖，扶持建设舍饲圈舍303万平方米，购置饲草加工机械2.2万余台。通过治理，草地植被盖度提高38.6%，草地退化状况得到初步遏制。争取国家补奖资金5.56亿元，在丰宁、围场和御道口牧场实施草原生态补奖，共确权、承包草场1237万亩，17.5万农牧户直接户均增收3100多元；争取绩效奖励资金1.4亿元，对两县一场130多家规模养殖场进行牧场化、标准化改造。

草原防火工作实现20年无等级以上草原火灾，先后承办全国草原防火实战演练3次、全省草原防火实战演练2次。争取国家投资4000多万元，建设了承德市草原防火指挥中心、草原防火物资库和县级草原防火站9个，在全国率先实现了市级草原防火基础设施全覆盖。带领全系统查处草原违法案件80余起，累计恢复草原面积1100余亩。

2014年，先后获得“承德市造林绿化先进个人”“全国治沙先进个人”“农业部草原监理系统先进个人”，个人“嘉奖”“三等功”等荣誉。2016年被省总工会授予“河北省五一劳动奖章”荣誉称号。

岳丽华

女，2007年毕业于河北科技大学，2016年任承德宇航人高山植物应用技术有限责任公司质量技术部经理，曾先后获得河北省“五一劳动奖章”“承德市劳动模范”“承德市金牌工人”、围场县“第十批县管专业技术拔尖人才”、围场县“十佳技术创新能手”等荣誉。

岳丽华在新产品、新技术研发方面，取得多项自主知识产权技术成果，其中：起草并通过备案的企业标准15项，研究开发出沙棘系列新产品6种，新技术5项，申请国家发明专利4项。获得国家知识产权局授权的发明专利3项(“分离提取沙棘果油的方法”、“一种天然有机沙棘果酸及其加工方法”、“一种沙棘果酒及其制备方法”)、进入实审阶段的专利1项。“沙棘果油、沙棘果酸”2项发明专利技术分别申请国家成果转化项目和国家创新基金项目，为企业共争取国家资金120万元。

参与研发“分离提取沙棘果油的方法”“一种天然有机沙棘果酸及其加工方法”技术，先后获得承德市科技进步二等奖2项；河北省知识产权优势培育工程专利奖中的优秀奖1项；新技术获得河北省科技成果证书2项、承德市科技成果证书3项。在《中外食品工业》(2014年12月下)期刊上发表《超滤膜在浓缩沙棘清汁产品生产过程中的影响》论文1篇。利用独立自主的专利技术生产的沙棘果油产品、沙棘果浆（汁）产品，于2013年被评为“河北省优质产品”；2015年被评为“河北省名牌产品”；新开发的沙棘果酸、沙棘果汁饮料、浓缩汁等产品在2016年已累计实现销售收入5000余万元。

在检测、检验工作中，她所负责的出厂产品检测合格率达到99%以上，产品质量合格率达到100%。先后培养出合格检验员12名、工艺巡检员13名，为企业的长足发展奠定坚实的基础。2016年，被省总工会授予“河北省五一劳动奖章”荣誉称号。

中国好人榜

丁玉龙

男，1956年9月出生于河北省承德县六沟镇郝季沟村。

丁玉龙做过煤矿工人，卖过冰激凌，经营过食杂店，承包过小煤矿，通过多年的不懈努力，发展成了拥有几千万元资金的老板。煤矿关闭后，他热心贫困家乡的公益事业。

2008年，丁玉龙帮助家乡修建一条水泥路。为了让村里的空巢老人能安享晚年，2009年，他出资560万元，建成占地7亩，建筑面积1970平方米，集养老、娱乐、健身为一体“玉龙山庄幸福家园”养老院。把村里65岁以上的老人55名，都接到养老院免费赡养。丁玉龙自己身兼多职，是院长，也是服务员和勤杂工，和妻子共同为老人们服务。他的社会责任意识和无私奉献精神，得到社会各界的广泛赞誉。先后被评为“感动承德十大新闻人物”、“首届最美承德人”、河北省“助人为乐”道德模范和“最美基层党员”，并荣获2012年、2014年全国“孝亲敬老之星”、2014 年“全国社会扶贫先进个人”，2016 年 7 月入选“中国好人榜”。

王瞳瞳

男，1995 年 6 月出生，河北省保定市顺平县人，承德医学院生物医学工程系 2015 级医学生物技术班学生。2016 年 5 月 22 日中午 12 点半左右，在避暑山庄水心榭湖边，一个 5 岁的男孩不慎落入湖中，孩子母亲跳入湖中救孩子，却因水性不好双双陷入险境。王瞳瞳毫不犹豫地跳入湖中，将母子二人救起。救人后，王瞳瞳不留姓名返回学校。这一见义勇为的行动，被人用手机拍下并发到微信朋友圈,随后被多家媒体报道。王瞳瞳奋不顾身、舍己救人、见义勇为的精神和行为让社会深受感动，河北省人民政府授予他第十一届河北省“见义勇为英雄”荣誉称号；中共河北省委教育工委、河北省教育厅授予他“见义勇为”大学生荣誉称号。2016 年 7 月入选“中国好人榜”。

杨 艳

女，1979 年 1 月 12 日出生，蒙古族，河北省承德市隆化县人，承德爱心联盟志愿者协会会长。

杨艳出生于一个普通农民家庭，2008 年开始了她的公益道路。2008 年 5 月 12 日，汶川大地震，杨艳在互联网上发起成立“爱心好友团”。2009 年 8 月 16 日，“隆化爱心联盟”正式成立，杨艳被推选为“盟主”。 2014 年，隆化爱心联盟升格为承德市妇联主管的“承德爱心联盟志愿者协会”，并由民政部门正式注册。爱心联盟的人数在不断增加，志愿者遍布全国各地，团队人数已经达到上万人，其中 QQ 群成员 2000 多人。在她的带领下，承德爱心联盟志愿者协会先后开展了扶贫救残、捐肾行动、日行一善等志愿项目，汇集近一千多万元款物用于扶危济困。杨艳曾先后被获得河北省首届十大最美志愿者、河北省三八红旗手标兵、河北省五四青年奖章等荣誉称号。承德爱心联盟志愿者协会被评为中国“学雷锋四个 100 最佳志愿服务组织 ”。2013 年 10 月 28 日，杨艳走进人民大会堂，出席中国妇女第十一次全国代表大会，受到总书记习近平、国务院总理李克强等多位党和国家领导人的亲切接见。2016 年 7 月入选“中国好人榜”。

河北好人榜

冯海龙

男，1987 年 3 月 1 日出生，汉族，承德市双桥区双峰寺镇人。

2012 年 10 月 23 日，冯海龙驾驶出租车途经承德大桥，见有人落水紧急停车同另外两名人合力将落水女子救上岸。因从桥上跳河救人，导致他手腕受伤。

冯海龙不只一次救人，几年来，他见义勇为、助人为乐已习以为常。冯海龙也因此多次荣登“承德交通文艺广播 976 司机光荣榜”，2013 年入围第十届“昆仑奖”全国见义勇为英雄司机。同年，中华见义勇为基金会授予其“全国见义勇为英雄司机”荣誉称号；承德市文明办、承德广播电视台授予其“晨阳汽配城 2013 承德最美司机”荣誉称号。2014 年 1 月，当选“工行杯”2013 年度感动承德十大新闻人物。同年，双桥区文明办评选其为“感动双桥十大新闻人物”。2016 年入选“河北好人榜”。

于贵勤

于贵勤，女，1956 年出生，1987 年 10 月入党，满族，大专，承德县三家乡孤山小学校长，中共十七大代表。

于贵勤 1980 年开始从事教学工作，1990 年调入偏远山区小学孤山小学。初到孤山小学，校舍缺门少窗，教师住房矮小，阴暗潮湿。学校教学质量也处于全县29所小学末位。面对困难，于贵勤并不气馁。经过一年的努力，她把昔日名列全乡教学水平倒数第一的毕业班的学生，全部送入了初中。这一年，她被任命为该校校长。为了改善办学条件，于贵勤先后到市、县、乡的20多个部门和企业争取支持。10多年来，在省、市、县有关部门的帮助下，她先后为学校争取资金、物资合计100多万元，使孤山小学的教学条件发生巨大变化，成为一个占地1.3万平方米、能容纳200多名学生上课的一流乡村小学。教学质量也从全县最后一名，发展成为全县闻名的优秀小学。

于贵勤既是学生们的老师，又是他们的亲人。她把每个学生当成自己的孩子，为他们献出了全部的爱。10多年来，孤山村没有一个孩子因为没钱而辍学。于贵勤20多年如一日扎根偏远山区从事教育工作，像蜡烛一样燃烧自己照亮学生，她的敬业精神受到社会广泛的赞誉。于贵勤为学生的生活费、学费、医疗费究竟花了多少钱谁也不清楚，但人们知道于贵勤每月的工资根本剩不了多少，为了补贴生活她把新房子给卖掉了，一家人过着粗茶淡饭的生活。

于贵勤帮助许多孩子走出深山，成为名牌大学的大学生。她却放弃多次进城机会，无怨无悔地工作在深山的第一线上。她曾获全国模范教师、全国师德先进个人、全国三八红旗手等，省委省政府给她记一等功，并3次作为河北省代表进京受到党和国家领导人的接见。中央电视台曾三次进山将她的事迹拍成《冬天里的故事》、《梦圆孤山》等专题片播出。

1994年她被评为全国先进女职工；1996年荣获全国优秀新闻人物称号；1998年获教育部优秀教师王丹萍基金奖，1998年被评为全国师德先进个人，1999年被评为全国民族团结进步模范个人；2001年被评为全国模范教师；2002年获全国“三八”红旗手称号；2005年被河北省政府记一等功，被省妇联评为“十大女杰”；2007年10月光荣当选中共十七大代表；2008年获第七届中国十大女杰候选人提名。2009年入选建国以来河北省“最具影响力劳模”提名奖；2010年，参加省委宣传部、省总工会组织的河北省“全国劳动模范”事迹巡回报告团活动。2012年荣获中国“最美乡村教师”荣誉称号。2015年，荣获“河北省道德模范”提名奖。2016年入选“河北好人榜”。

李瑞枝

中共党员，承德市鹰手营子矿区鹰手营子镇敬老院院长。

李瑞枝原为一名乡村民办教师，2002年，主动申请到跳沟村敬老院任院长。担起照顾13名智障“五保”户的责任。初到时，敬老院环境卫生极差。她一边清理脏乱的环境卫生，一边筹集资金改善吃、穿、住条件，渐渐地，这13名“五保”户，打架的少了，耍脾气的人的少了，帮助李瑞枝干活的多了，大家和睦相处，互敬互爱。

李瑞枝将一腔热血倾注给敬老院的老人们，在最平凡的岗位上，用最平凡的点滴行动，诠译着一位共产党员最朴实的情怀，大家都亲切称她“傻子妈”。2016年入选“河北好人榜”。

朱纪坤、王长伶

朱纪坤，滦平县井上村人，中共党员，民事调解员；王长伶普通村民，朱纪坤妻子。

2016 年3月4日，朱纪坤发现同村朱光勇家卧室门反锁，从门缝散出浓烈的煤气味。他和妻子冒着煤气随时爆炸的危险，砸碎窗户，先后跳进朱光勇卧室。此刻屋里煤气突然起火，朱纪坤夫妇不顾生死，关掉煤气罐阀门，排除险情，夫妻俩却被浓烟呛晕，被大火烧伤，朱纪坤二级重伤残，王长伶三级重伤残。

朱纪坤夫妇英勇救险，不但拯救朱光勇一

家，也拯救了周边的邻居。鉴于夫妻二人的英勇行为，滦平县人民政府作出《关于表彰奖励见义勇为人员朱纪坤、王长伶的决定》，授予朱纪坤、王长伶“见义勇为先进个人”，号召全县人民学习朱纪坤、王长伶舍生忘死、英勇救人的高尚品德。2016年10月，朱纪坤、王长伶荣登河北首场好人榜。

王少富

中共党员，承德市双滦区城管局副局长。

2015年7月26日上午，王少富陪着家人到避暑山庄游赏，当走到“月色江声”湖畔时，听到有小孩落水的急救声。王少富跳入水中，救出落水儿童。在救人过程中，王少富的左脚受伤，半个月才痊愈。因舍身救人的壮举，2016年10月荣登河北省首场好人榜。

任学武

承德中滦煤化工有限公司（以下简称中滦公司）净化车间吸气机组组长兼净化党支部第一党小组组长，“河钢承钢鲍守坤爱心团队”成员。多年来，任学武积极践行社会主义核心价值观，奉献社会，多次被中滦公司评为优秀共产党员，被中滦公司净化车间树为“净化最美员工”。

任学武工作中刻苦钻研技术，很快为技术骨干。一次检修时，发现脱酸废热锅炉170根长7米、直径20毫米的过程气管存在被催化剂粉末等杂质堵死的危险，他主动钻进管道里，冒着50多度的高温，用吹氧管和不锈钢管，锤砸、焊钉字手柄旋转，几天下来都未取得有效进展。他白天想，晚上琢磨，终于想出省时省力的好办法，原本计划80天完成的工作量，只用10天就把170根管全部清理干净。

工作之余，任学武自学维修采暖、焊接PC管、修理自行车、磨菜刀等技术，自费购买焊工工具，为单位和周边邻居义务服务。给班组和公司各部室制作各种清洁工具架，既省钱又结实实用。任学武的事迹被河钢承钢电视台选为新闻故事，受到社会广泛好评。2016年10月荣登河北省首场好人榜。

救治车祸患者青年医生群体

10月2日，隆化县七家镇发生一起车祸，一名中年男子和一个8个月大的婴儿受重伤。车祸发生时，一支由6位青年医生组成的骑行团队刚好路过现场并立即实施救助。事故现场，婴儿已经没有生命体征，几位医生紧急把孩子抱到了开阔地带，交替为婴儿进行胸外按压和人工呼吸，后在一名出租司机协助下，医生李美楠跟随孩子父母将孩子送往医院。与此同时，医生刘世全、胡军、于宁等将受伤男子从车底拉出，清理伤者口鼻的积血和异物，就地取材，用木板固定好伤者骨折的小腿，直到救护车赶来。

伸手救助伤者的青年医生分别是承德医学院附属医院神经外科大夫胡军、儿内科大夫李美楠、胸外科大夫刘世全、神经内科大夫于宁、后勤保障处肖天辉以及承德市中心医院CT科大夫胡娜。青年医生们的义举被目击者传到互联网上，获众多网友赞扬。2016年10月，救治车祸的青年医生群体荣登河北省首场好人榜。

张 伟

1986年，出生于承德县三家乡一偏远山村，父母常年身体不好，生活境况窘迫。作为长子，张伟不但承担起家庭重担，还立志尽自己所能来回报社会。自2005年起，他先后在北京、承德无偿献血32次，其中包括20次血小板采集。荣获2008—2009年全国无偿献血金奖证书。2010年，他被确诊为患糖尿病后，自己不能再献血，开始借助网络平台传递爱心，成立了爱心QQ群。到2012年，网络救助平台已经在社会上小有名气，被人们亲切称为“献血哥爱心群”。5年里，他募集善款120多万元，资助多名重病患者、贫困学生、养老院等。

张伟虽然自身有病，但仍不忘帮助需要的人。曾经冒着被传染的危险，来回坐8个小时的火车，自费前往围场肺癌及肺结核患者家中慰问8次。自从走上公益道路以来，已经走访慰问救助对象100多次，自费行程7000多公里，慰问、帮助将近40个家庭。因过度劳累，2013年，张伟病情加重，仍然考虑如何为大家多做一些有益的事情。同年6月，得知围场县某小学的大部分学生家境贫寒没有钱买夏装，张伟自己出钱近6000元为他们买新衣服。2014年12月，承德气温达到零下20度，张伟糖尿病酸中毒血糖已达30.9，但为了家乡32户贫困乡亲能够获得长久获得基金会的对口扶持，冒严寒随河北省某慈善基金会领导和志愿者前往承德县三家乡考察济困，帮扶32个家庭，物款合计23000余元。

张伟的无私奉献，感到社会，曾获过全国无偿献血奉献奖、河北省“草根好人”等荣誉。2016年荣登河北省首场河北好人榜。

窦永宏

双桥区牛圈子沟镇蛤蟆石村村民。2016年10 月10 日下午，窦永宏经过山庄东路时，见到有母女两个人落水。由于大坝距离水面有两三米的高度，无法施救。围观群众拨打了急救电话正在等待专业救援人员到来。见落水儿童情况危急，窦永宏来不及细想，直接跳入水中救人。在周围市民帮助下，他先后将落水妇女和孩子拽到坝边水浅处，一边举着孩子，一边用手托着落水妇女头部防止呛水，等待救援人员，直到消防战士赶到把人救上岸，他才顺着梯子爬上大坝悄悄离开，后在热心人士的帮助下，经多方打听，才找到窦永宏。而他也因救人受凉得了重感冒，在家躺了几天。窦永宏舍身救人的壮举，受到社会好评，2016年10月，荣登河北省首场好人榜。

刘海燕

兴隆县陡子峪乡前干涧村村主任。当村主任前，刘海燕是改革开放先富起来的成功人士。虽然自己先富裕了，当看到同村的村民还没脱贫，年过半百的刘海燕后重返前干涧村当村主任，自己垫钱带领村民找水、修路、发展农家乐。

上任伊始，她向群众承诺：一要解决老百姓的吃水问题；二要解决好群众出行难问题、三要尽全力改变家乡贫穷落后面貌。前干涧村距离乡政府所在地约60公里，是陡子峪乡最偏远的行政村，群众到乡里办事得绕行天津、北京两市，行程一个多小时。为破解出行难问题，刘海燕多方跑办协商、研究考证，最终在乡政府大力支持，决定在前干涧与龙门两村之间开山修路。为解决修路资金不足问题，刘海燕把自家的钩机、铲车和两个四轮车都奉献出来，主动承担起施工任务。经过一年半的艰苦施工，一条长6公里、宽7米的前龙路（前干涧到龙门）建成通车。为了修路，她自己垫资200多万元。

前干涧村村民一直“靠天吃水”，新中国成立后虽先后打了15眼深井，但出水量少，遇干旱就不出水。上任后刘海燕下决心要为乡亲们打眼出水量大的井。她协调有关部门，勘探水源、筹措资金，2012年连续打深530米、320米、260米三眼机井，但由于出水量小，先后废弃。刘海燕没有放弃打井的承诺，2015年筹措20000多元请了专业人士做物理探测，用更为专业水钻打第6眼井，同年11月20日，乡亲们喝上了甘甜的山泉水。

有了水，通了路，刘海燕又带头开发农家乐旅游，带领乡亲们继续脱贫致富。2016年10月荣登河北省首场好人榜。

李铁申

李铁申，承德市审计局一名普通党员。1982年，荣立市级二等功一次、县级三等功一次。1983年，荣立省级二等功一次。1987年，荣获省部级科技进步三等奖。1989年至1991年，连续3年被评为先进工作者。1997年，被承德市交通安全委员会评为市级优秀车管干部先进驾驶员。2015年，被荣获“市级优秀共产党员”称号。

李铁申爱岗敬业，1994年，他在洗车时不慎滑倒摔伤，经医院确诊为腰椎间盘突出症，属于三等甲级伤残，医嘱已不能再开车。当时市审计局司机少，审计任务重，李铁申为不耽误全局工作，带病坚持正常上班，为完成每次出车任务，经常超量服用止痛药坚持工作，实在坚持不住时，他就利用休息时间去医院做理疗，边治疗边工作，从没因病耽误出车。

李铁申乐于助人，1986年，李铁申结识了一位残疾人杨某。杨某因在酒厂英勇救人，导致下肢瘫痪，生活难以自理。李铁申被杨某舍己救人精神感到，主动从生活及其他方面照顾、帮助杨某，一帮就是20多年。市审计局老干部崔某、张某退休后，身体不好，生活出行不太方便。李铁申便主动帮助他做一些事情。多年来，坚持为老干部代领工资，遇老干部有病住院李铁申不辞辛苦看望、陪护；经常为老干部更换煤气罐、义务理发、操持老干部家中的繁琐事务，从无怨言。

一个人做一次好事并不难，难的是持之以恒地做好事。他不为名利，默默无闻，无私奉献，用点滴付出彰显了一名共产党员的人性大爱。2016年10月荣登河北省首场好人榜。

感动承德十大新闻人物

“最美扶贫人”群体

以河北省人民检察院驻承德县八家乡椁椤台村工作组为代表的20个最优工作组及20名最美扶贫人的“最美扶贫人”群体——肩负使命精准扶贫恪尽职守造福百姓，攻坚路上创新举措“承德脚步”铿锵有力；一个个实招，一系列具有含金量的创新举措，让遍布县区的众多贫困乡村发生着巨变。

新修缮的道路平坦宽阔，新安装的太阳能路灯笔直挺立，新建的文化广场上，人们在惬意地休闲娱乐。现代农业蓬勃发展，富民工程顺利实施，农民收入稳步增长，村容村貌焕然一新……一系列可喜的变化正悄然发生在昔日的贫困山村。

“实现全面小康，不能让一个人掉队。”为了让贫困人口摆脱困境迈向富裕，承德市自上而下树立扶贫攻坚是最大民生的理念，咬定“精准”二字，对扶贫资源精细化配置，对贫困农户精准化扶持，确保扶贫资源真正向贫困村、向贫困户倾斜、聚集，努力探索一条把水浇到“穷根”上的精准扶贫、精准脱贫之路。因为爱、因为责任这些驻村干部不仅赢得了当地村民的信任，也让自己的驻村生活变得有滋有味有成果。

刘军、齐淑艳夫妇

登楼瞭望，做好记录，及时报告……这是林场护林瞭望员刘军、齐淑艳夫妇的工作写照。在塞罕坝112万亩人工林海中挺立着9座望火楼，这里远离人烟，无电、无水、无路。其中8座由他们夫妻二人执守，因此得名夫妻望火楼。这些望火楼是塞罕坝林场的制高点，取名望海楼，意为瞭望林海的楼。

三代塞罕坝人同土地沙化顽强抗争，将荒漠变为绿洲，这是一场与自然抗争的接力。在这个离北京直线距离不足200公里的地方，傲然生长着世界上面积最大的人工森林。作为塞罕坝人的刘军、齐淑艳夫妇践行着“为首都阻沙源”的神圣使命，默默诠释着护林员的无私奉献和真情付出。

11年来，刘军、齐淑艳夫妇与孤独为伴，和寂寞为友，面对极寒天气和艰苦条件，不舍不弃，无怨无悔，把青春献给了林场，用生命守候绿色，在日夜坚守中写就令人动容的奉献之歌。

刘佩仿

女，生于 1979 年 9 月，丰宁县黄旗镇城根营村党支部书记。

2015 年，刘佩仿被推选为村党支部书记。作为一名村干部，她勤奋敬业，从不服输，她始终以一个共产党员的光荣感与责任感，解百姓之忧，排群众之难。她到任仅用不到 5 个月的时间，城根营村实现了从脏乱差到洁净美的美丽蜕变，新建设的蔬菜基地成为富民增收的金土地。村里蔬菜基地规模逐渐扩大，引进北京诺亚庄园，城根营村的有机蔬菜成功打入北京、上海等地高端市场。

刘佩仿牢记自己是党员，时时处处以党员的标准严格要求自己，在政治理论学习、联系群众和遵纪守法等各方面都发挥着共产党员的先锋模范作用，自己以饱满的工作热情、扎实的工作作风、优异的工作成绩，得到广大干部群众的普遍好评。在她的带领下，丰宁满族自治县黄旗镇城根营村完成了根本转变，900 余名村民改变了过去贫苦的农耕生活，走上了一条一人一技、一户多能，依靠产业共同致富的幸福之路。

刘佩仿先后被评为 2012 年承德市优秀妇女之家、2015 年承德日报头版头条作了专题报道，2015 年末被评为感动承德十佳新闻人物提名奖，2016 年被选为河北省第九次党代会党代表，同年被评为感动承德十佳新闻人物，

于 龙

驻平泉某部队 81 分队炊事班班长。8 月 13 日晚，于龙到连队附近的贫困小山村平泉县西坝村副食品小店购买淀粉，正准备离开时，副食店突然断电。刺鼻的绝缘线缆的焦煳味引起了于龙的警惕，他意识到可能发生火灾，赶忙喊店主部月华跑到楼外，发现副食店二楼已经冒出浓烟。于龙问清电闸所在位置三次冲进火场，拉下了电闸。随后他又组织附近赶来的村民灭火，转移屋内物品。经过连续奋战一个多小时，大火最终被扑灭。面对群众的感谢，他只说一句 ："我是军人，关键时刻要冲得上去，危难时刻要豁得出去！"

行动是最好的证明，危险面前，他根本无需选择，因为这瞬间的壮举，源自于他的内心品质。冒浓烟，踏烈火彰显英雄本色，他不仅是"最美的逆行者"，更将"人民军队爱人民"的精神发扬光大。

白春向

自小在滦平涝洼乡五道梁村长大，白春向见证了五道梁长城的"衰老"。一个地地道道的农民虽然只有初中文化，但也明白长城是国家的宝贝。从那时起，白春向除了种地，又多了一个"营生"——保护长城 ：到长城上捡垃圾，劝告来猎奇的人别破坏长城，劝说村民不要再用长城大砖盖房子……面对误解和谩骂，他从不抱怨，在他心里，只要守住国家的宝贝，他一个人挨骂无所谓。他写论文，整理传说，成了圈里著名的"长城老白"。他自掏腰包，"赎回"散落的长城大砖和石碑，并把祖孙三代收藏的石礌无偿捐献给文物部门。

11 年，村民们终于明白了白春向的坚持。如今，村民们把从院墙脱落下来的长城大砖整齐地堆放在自家院里，需要重建房子的村民也没有拆掉原来用长城大砖盖的老房子，都加以保护起来。他们心里只有一个信念 ：家门口的这段长城是国家的宝贝，谁也不能再破坏！

王瞳瞳

（见"中国好人榜"）

肖 央

1980 年 4 月 7 日出生于河北省承德市，毕业于北京电影学院美术系。他是曾是北漂一族，

熬过最艰难的岁月，与王太利组成“筷子兄弟”，用作品为自己代言，从《老男孩》、《艺妓回忆录》到《父亲》，他创造着一个又一个的网络神话，每一首插曲几乎都成为引领风潮的主打歌，被万千歌迷传唱。他执导的电影《老男孩之猛龙过江》获得第17届上海国际电影节电影频道传媒大奖最佳新人导演奖。其中的插曲《小苹果》迅速风靡全球，成为新一代“神曲”，并获得2014 全美音乐大奖中年度国际最佳流行音乐奖，是亚洲歌手第二次获此殊荣的人。他主演的电视剧《我的岳父会武术》以其精湛的演技创造收视高潮。他主演的电影《情圣》更是创造了票房奇迹，成为岁末年初最热卖的电影之一。他用自己的经历，写就了一个为梦想奔跑的励志故事。

韩天鸿

承德北京商会执行副会长、北京星光裕华照明技术公司董事长。出生在隆化县韩麻营乡曹司营村。他1985 年在北京电力专科学校锅炉气轮机专业毕业后，被分配到滦河电厂工作。9 年后，在个人工作事业发展顺利时，韩天鸿毅然选择了辞职。

1996 年，韩天鸿在北京成立了属于自己的公司，北京星光裕华照明技术开发公司用仅有的3000 元做启动资金开始了他精彩的人生。在2008 年万众瞩目的北京奥运会上，韩天鸿承接的夜景照明工程，让这个“舞台”更加绚烂多彩。

事业越做越大，名声越来越响，可韩天鸿最惦记的还是家乡。为家乡修路，给贫困学子发奖学金，主动用先期垫资的方式承接市区魁星楼、帝景园、僧冠峰风景区和碧峰门文化街的灯光照明工程……他觉得能够通过自己的努力，让家乡变得越来越好，是很幸福的事。

2016 年，当获知承德要全力发展天然矿泉水和山泉水产业的时候，韩天鸿毅然回乡投资5000 万元，建起承德星露饮料有限公司水厂。他表示，要努力把承德星露饮料有限公司发展为上市公司，给家乡带来更多的收益。

石凤武

石凤武是承德技师学院数控专业的一名教师，也是该校教学机加工厂的厂长，在车床第一线干了20 年。没有教材，他就从数控设备的说明书开始自学，没有经验，他就用自学的知识转化为经验，再教给学生。

2016 年，43 岁的他亮相央视，成了人尽皆知的“中国大能手”。参加此次“数控刀客”比赛的选手都是全国的精英，没有任何全国职业大赛经验的石凤武成功入围全国十强，经过三天四关的比赛后，虽然磕磕绊绊，但是他一路过关斩将闯进决赛。决赛的对手有着丰富的比赛经验，更是全国技术能手，不仅有着专业的团队，而且他携带的刀具价格也超过一辆名牌汽车。面对强敌，石凤武没有气馁，最终以微弱优势完成逆袭，赢得冠军，并获得“中国大能手”称号。

尹　忠

生于1925 年，承德市人。农业局离休干部。

一个城市的记忆从来离不开记录，尹忠就是承德的记录者。他在皇家御道上出生、成长，每一个店铺都曾留下他的足迹，并缠绕着他的记忆。对于这个城市的历史，他如数家珍：123 处庙，84 条胡同，25 条小街，商号林立，王公府邸错落有致。

他怕这一切会随着历史慢慢消失，他用自己的方式记录这个城市的历史。他曾出版《热河旧景》一书，把昔日承德老街景观和风土人情绘制成图。他的另一个壮举，就是绘制了350 厘米长的《热河街古御道全貌图》，共标注景点建筑200 余处，填补了承德建筑史上的一项空白，被称为承德的《清明上河图》。2009 年，承德规划展览馆开馆，工作人员根据《热河街古御道全貌图》按比例制成了沙盘，让市民直观地感受承德老街的历史原貌，成为这座城市的记忆坐标。

90岁的尹忠因为双腿患有静脉曲张无法行走，已经卧床4年了，右眼有严重的白内障，看书写字只能靠左眼。但正因为他内心有这些历史，更爱惜这些历史，他愿意一笔笔、一道道地记录下来。“这些老建筑和老故事都是‘宝贝’，知道的人越来越少，我愿意尽自己的能力画出来，留下来。”。

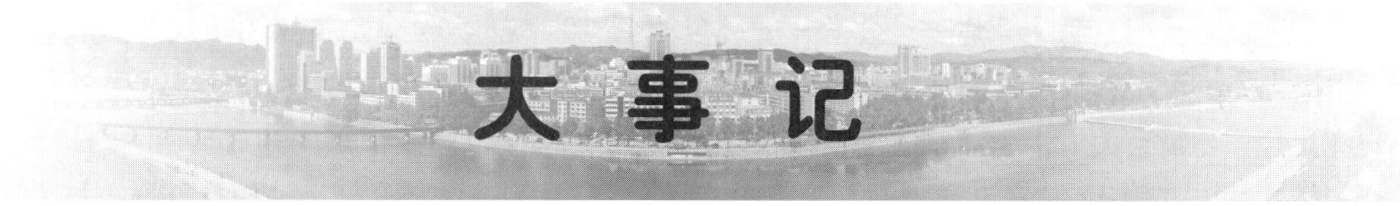

大事记

1 月

5 日

承德市与北京市供销合作总社在北京会议中心签订双峰寺水库周边土地开发合作协议。根据该协议，北京市供销合作总社在承德市双峰寺水库周边 50 平方千米的区域内，启动 8 平方千米核心区项目规划建设。

21 日

“广汽传祺”杯 2015 年度振兴承德十大新闻事件、感动承德十大新闻人物颁奖典礼在承德剧场举行。由中共承德市委宣传部、承德日报社连续 11 年举办的承德十大新闻事件和十大新闻人物评选活动，已成为承德市一项品牌性新闻文化活动。

22 日

承德市总工会在市区内正式挂牌投入使用 8 家困难职工粮油供应站。方便困难职工就近领取粮油，并调整困难职工粮油供应办法。

23—25 日

国家体育总局汽车摩托车运动管理中心、中国旅游车船协会、河北省体育局、承德市人民政府、首农集团主办的“首农杯”全国雪地摩托车越野锦标赛在围场御道口草原森林风景区举行。

25 日

承德市委副书记、代市长常丽虹接受中央电视台《朝闻天下》栏目采访。她表示，承德市牢牢把握京津冀协同发展重大历史机遇，立足自身优势，不断提升冬季旅游热度，实现“一季游”向“四季游”转变、“观光游”向“休闲游”转变，着力促进旅游产业整体升级。

26 日

承德市心理学会正式成立，并召开第一届会员大会。承德市心理学会是承德市社会科学界联合会领导下的群众性学术团体，由心理学工作者和热心心理科学的人员依法组成的、具有公益性的、学术性的地方性组织。

27 日

中国残联第六届主席团主席张海迪到承德市滦平县看望慰问贫困残疾人家庭。中国残联办公厅、部室负责人参加慰问。

2 月

4 日

承德市滦平县、平泉县被中国科学技术协会命名为首批 2016—2020 年度全国科普示范县。

7 日

承德市双桥区人民政府主办，承德移联网信电子商务有限公司承办的主题为“锦绣天府，人文承德”的首届承德热河庙会在承德市普宁寺广场启动。

16—19 日

政协承德市第十三届委员会第四次全体会议在承德剧场召开，会议的主要议题是：听取和审议政协承德市第十三届委员会常务委员会工作报告；听取和审议政协承德市第十三届委员会常务委员会关于十三届三次会议以来提案工作情况的报告；列席承德市第十三届人民代表大会第五次会议，听取并讨论承德市人民政府工作报告及其他有关报告，讨论《承德市国民经济和社会发展第十三个五年规划纲要（草案）》；审议通过政协承德市第十三届委员会第四次会议政治决议；

审议通过政协承德市第十三届委员会常务委员会工作报告的决议；审议通过政协承德市第十三届委员会常务委员会关于十三届三次会议以来提案工作情况报告的决议；审议通过政协承德市第十三届委员会提案委员会关于第四次会议提案审查情况的报告。

17—20日

承德市第十三届人民代表大会第五次会议在承德剧院召开。大会的主要议程是：听取和审议承德市人民政府工作报告；审查和批准承德市国民经济和社会发展第十三个五年规划纲要；审查承德市2015年国民经济和社会发展计划执行情况的报告及2016年国民经济和社会发展计划草案，批准承德市2015年国民经济和社会发展计划执行情况的报告及2016年国民经济和社会发展计划；审查承德市2015年市本级预算和市总预算执行情况的报告与2016年市本级预算和市总预算草案，批准2015年市本级预算执行情况的报告与2016年市本级预算；听取和审议承德市人民代表大会常务委员会工作报告；听取和审议承德市中级人民法院工作报告；听取和审议承德市人民检察院工作报告；会上常丽虹当选为承德市人民政府市长。

25日

京津冀城际铁路投资有限公司项目负责人到承德市洽商津承城际铁路项目推进工作，此举标志着津承城际铁路项目前期工作正式启动。

26日

中央宣传部、中央组织部、中央文明办等13个部门和单位在全国组织开展的100个最美志愿者、100个最佳志愿服务项目、100个最佳志愿服务组织、100个最美志愿服务社区等志愿服务“四个100”先进典型宣传推选活动结果揭晓。承德直属志愿服务总队获得全国100个最佳志愿服务组织称号。

同日

国家发展改革委、人力资源和社会保障部等10个部委联合发布《关于同意河北省威县等90个县（市、区）结合新型城镇化开展支持农民工等返乡创业试点的通知》，批复同意承德市平泉县为全国结合新型城镇化开展支持农民工等返乡创业试点地区。

28—29日

国家防总秘书长、水利部副部长刘宁带领国家防总海河流域防汛抗旱检查组到承德检查防汛抗旱工作。

29日

中共承德市委党史办公室召开《承德地区史录》出版发行座谈会。《承德地区史录》分《综合卷》《人物卷》和《口述卷》三卷，是记述承德地区从1956年到1993年地方史书。《人物卷》暂未出版发行。

3月

9日

“智慧承德”项目上线暨承德市新媒体中心揭牌仪式在承德市河北民族师范学院举行。“智慧承德”项目包括智慧承德手机台和智慧承德微信公众平台。

10日

承德市弘扬塞罕坝精神先进事迹报告会在承德剧院举行，市委书记周仲明做重要讲话，市长常丽虹主持会议。此次报告会，塞罕坝机械林场党委书记刘海莹、六女上坝主人公之一陈彦娴、塞罕坝机械林场千层板林场场长于士涛、塞罕坝森林旅游开发公司主管会计闫晓娟、承德日报社副总编辑周易做事迹报告。

18日

承德市与北京印刷学院联合研发的休闲类移动网络游戏《承德传奇》发布会在北京举行。《承德传奇》是双方合作开发的一款以承德历史文化为背景的益智类手机游戏，是全国首例地方政府与高等学校合作打造的网络游戏创意产品。

22日

北京市供销合作总社所属北京供销大数据集团在承德市兴建的承德德鸣大数据产业园项目在承德县下板城举行奠基仪式。

23日

中共中央宣传部公布《关于2016年全国100个社区宣传思想文化工作示范点》，承德市双桥区头道牌楼街道文庙社区入选。

25日

国家旅游局、河北省人民政府主办的“千名美国游客游长城”活动在承德市金山岭长城启动，中美旅游界人士、美国游客等1300余人参加启动仪式。

29日

承德与张家口、沧州、衡水被河北省十二届人大常委会第二十次会议赋予立法权。

30日

承德钒钛资源综合利用产业基地项目——河钢承钢亚熔盐高效提钒清洁生产示范工程正式开工建设。该项目是中科院工程研究所与河钢承钢共同开发的世界上第一条亚熔盐法高效提钒产业化生产线，属于国家鼓励的资源综合利用、清洁生产及产业绿色升级项目，通过了京津冀协同发展专家委员会论证，是承德钒钛基地重点工程之一。

4月

7—8日

国家环境保护部部长陈吉宁赴承德市围场满族蒙古族自治县、隆化县开展定点扶贫调研，并召开定点扶贫工作座谈会。

8日

承德市“2016双百行动”正式启动。承德市对100家矿山企业进行修复绿化，关停取缔100家资源品位低、经济效益差、环境不达标的矿山企业。

同日

在国家人社部与央视财经频道合作举办的《中国大能手》大型职业技能竞技比赛上，承德技师学院教师石凤武老师获得数控车项目比赛冠军，夺得该专业“中国大能手”荣誉称号。

11日

承德市在商务部、工信部指导，浙江省政府主办，中国国际电子商务中心、中国电子商会、义乌市政府承办的“2016中国国际电子商务博览会”上被评为“互联网+”2015年度中国网络零售最具活力城市。

同日

河北省承德市旅游局承办的承德“乡下咱家”“特色旅游小镇”项目招商推介会在北京举行。

13日

中共中央宣传部新闻局发布《关于做好“最美基层干部”范振喜、韦成刚先进事迹宣传报道的通知》。范振喜是承德市滦平县周台子村党支部书记。

同日

人民日报社社长杨振武到承德市滦平县开展定点扶贫调研并召开座谈会。

18日

承德市召开“学党章党规、学系列讲话，做合格党员”动员电视电话会议。承德市委书记周仲明在会上强调，全市广大党员干部要深刻认识“两学一做”学习教育的重大意义，坚决把思想和行动统一到中央和省委的决策部署上来，认认真真地把“两学一做”学习教育组织好、开展好。

同日

在承德比亚迪新能源客车项目基地，比亚迪汽车工业有限公司承德分公司生产的首批20台纯电动新能源大客车成功下线，并交付承德市公交集团有限公司入列运营。

19日

“纳米绿色印刷产业基地，承德绿色版材生产示范线”揭牌仪式在承德天成股份科技园区举行，世界首条免砂目纳米绿色印刷版材示范线正式落户承德。

同日

国家农业部发布《农业部办公厅关于认定

2015 年全国农民合作社加工示范单位的通知》，承德市平泉县亚欧种植合作社、承德市承德县绿庄园果品专业合作社被认定为 2015 年全国农民合作社加工示范单位。

21 日

中共承德市委做出关于开展向范振喜学习活动的决定。

26 日

承德市组织召开的河北省承德市自然资源资产负债表新闻发布会在北京国际会议中心举行。发布会上，承德市正式向社会公布自然资源资产负债表基本情况，承德也成为全国首家向社会公布自然资源资产负债表基本情况的设区市。截至 2013 年，承德市自然资源资产总量约为 19.4 万亿元。

28 日

承德市在承德剧院举行弘扬塞罕坝精神、建功“十三五”劳动模范先进事迹报告暨庆祝“五一”国际劳动节大会。大会对获得全国、省表彰的先进集体和个人，省、市劳动竞赛的获奖代表进行表彰。

29 日

承德神栗食品股份有限公司销售部被中华全国总工会授予“全国工人先锋号”荣誉称号。

30 日—5 月 2 日

2016 年第一届中国和球公开赛在河北民族师范学院举行。来自北京、天津、承德的 8 支球队参赛。本次比赛由中国和球运动推广委员会、承德市人民政府主办，承德市体育局、河北民族师范学院承办，承德绿荫阳光体育发展有限公司协办。

5 月

6 日

承德市人民政府与江苏省硒生物工程技术研究中心及硒谷科技三方在江苏省苏州市共同签署《承德功能农业扶贫综合示范区战略合作框架协议》，标志着国内首个功能农业扶贫综合示范区正式落户承德市。

8—12 日

承德市委书记周仲明、市长常丽虹率承德市党政代表团赴江苏盐城，浙江湖州、杭州，宁夏银川，河北邢台学习考察。

12—16 日

承德市参加第十二届中国（深圳）国际文化产业博览交易会。承德市成功签约 4 个投资总金额 17.42 亿元的项目，发布 8 个招商项目，对 4 种特色文化产品进行展销。

15 日

中华全国妇女联合会在北京召开 2016 全国“最美家庭”揭晓暨第十届全国五好文明家庭表彰大会，承德市三户家庭获全国“五好文明家庭”，一户家庭获全国“最美家庭”。此次承德市获评的全国五好文明家庭是袁玉玲家庭、毛建军家庭和王军生家庭。王淑芹家庭获全国“最美家庭”。

16 日

首届中国（承德）国际山楂文化节系列活动—京东集团精准扶贫・山楂基地授牌暨山楂摄影大赛启动仪式在承德市鹰手营子矿区举行。

同日

最高人民检察院授予兴隆县人民检察院第六届“全国先进基层检察院”荣誉称号。

17 日

国家图书馆文献战略储备库项目签约仪式在承德市举行。国家图书馆文献战略储备库是国家“十三五”规划重点文化工程之一。

19 日

河北省综治办、河北省维稳办、河北省信访局对承德市 2015 年度平安建设工作进行考核，承德市平安建设综合得分为 96.71 分，群众安全感调查 80.84%，双列全省第一。

26 日

航天中心医院托管承德市第六医院签约揭牌仪式在营子区举行，标志着航天中心医院承德分院正式成立并运营。

27日

承德市农业产业发展引导基金暨承德市农业产业化增信基金合作签约仪式在承德市行政中心会议中心举行。承德市农业产业发展引导基金是全国首支分级农业产业发展引导基金，该基金总规模50亿元，合作期限11年。

28日

承德市普宁寺举行“宗师殿”开光揭幕仪式。

6月

3日

北京市交通委员会和河北省交通运输厅签署了首都地区环线高速公路（承德到平谷段）京冀界接线协议。承平高速公路是首都地区环线（G95）的一部分，也是承德市通往北京的第二条高速通道。承平高速公路（承德段）建成后，将与此前相继建成通车的京承、承唐、承朝、承秦、承赤、承围、承张高速公路一起，构筑承德市域内“一环八射”高速公路网。兴隆县也有高速公路直接通达，承德市将实现“县县通高速”目标。

11日

2016年中国文化遗产日主场城市活动开幕式在承德市普宁寺广场举行。国家文物局局长刘玉珠宣布2016年中国文化遗产日河北承德主场城市活动正式启动。

同日

承德市避暑山庄及周围寺庙文化遗产保护项目之一的普陀宗乘之庙修缮工程正式竣工。

13日

河北省旅游工作领导小组举行会议，经过专家推荐、市领导陈述和小组成员投票等环节，研究决定由承德市承办2018年第三届河北省旅游产业发展大会。

24日

由承德市人民政府主办，第十六届中国承德国际旅游文化节于6月24日至9月10日在承德市举办。

同日

中国旅游研究院、中国气象局公共气象服务中心联合主办的“2016中国避暑旅游产业峰会”在长春举行。峰会上公布2016年避暑旅游上榜城市名单，承德市被评为“中国最具潜力避暑旅游城市”。

29日

承德市“两河”综合治理工程开工。“两河（武烈河、滦河）”综合治理工程规划建设总投资73.5亿元，建设沿河72千米景观带。

30日

承德市政务服务中心顺利通过国家标准化管理委员会批准，成为河北省首批、地级市唯一一家国家级政务服务标准化试点单位。

7月

8日

国家发改委公布农村产业融合发展试点示范县名单，承德市围场满族蒙古族自治县入选。

同日

在中国物流与采购联合会、中国物流学会和长沙市人民政府联合主办的2016年全国物流园区工作年会上，承德国际商贸物流园区获评“2016年度全国优秀物流园区”。

13日

中央电视台“心连心”艺术团到承德市隆化县进行慰问演出。

21日

住房城乡建设部、国家发展改革委、财政部、国土资源部、农业部、民政部、科技部公布了全国3675个全国重点镇名单，承德市共有20个镇被列为全国重点镇。

21日

“京津冀文化产业项目对接会暨中小微文化企业投融资项目路演·河北站”活动在承德市举

行，来自中国文化产业投资基金、招商证券、北京新元文智、河北北洋投资基金等20余家投融资机构的代表和40余家京津冀文化企业代表参加此次路演。

22日

农业部发布《关于认定第六批全国一村一品示范村镇的通知》，公布316个村镇为第六批全国一村一品示范村镇，其中承德市宽城满族自治县化皮溜子乡西岔沟村入选。

25—30日

京津冀高层次人才联合休养活动在承德市举行。京津冀高层次人才联合休养活动是推进京津冀人才一体化的重要内容，也是落实协同发展战略的创新实践。京津冀三地共组织包括5名院士在内的各类专家40余名参加此次活动。

26—27 日

河北省政府先后在承德市隆化县、滦平县现场办公,实地考察两县的重点项目并召开会议。此次现场办公所承诺的项目资金将用于两县的社会事业、基础设施、生态环保等方面。

29日

承德市获得“全国双拥模范城”荣誉称号。这是承德市第八次获此荣誉，实现争创全国双拥模范城“八连冠”的工作目标。

29日

河北中航通用航空有限公司石家庄市正定县至承德市平泉县的通勤航线试飞首航成功。

8 月

1日

京沈客专承德县六沟镇南窑村老牛河特大桥42号桥墩至55号桥墩开工，标志着京沈客专（承德段）全线开工建设。

6日

经财政部、商务部、国家标准委审定，承德入选第三批全国物流标准化试点城市名单。

同日

承德市隆化县耀翔种养殖有限责任公司和承德市平泉县利达食用菌专业合作社入选京冀农业技术帮扶项目。

10—12日

京津冀人大常委会生态环境建设联合视察组对承德市水资源保护、节约用水、水土保持、造林绿化、草原和湿地保护、大气污染防治等情况进行视察。

11日

承德银行与秦皇岛市人民政府战略合作新闻发布会暨承德银行秦皇岛分行开业揭牌仪式在河北省秦皇岛市举行。

13—15日

中共中央政治局委员、中央组织部部长赵乐际在承德市围场满族蒙古族自治县调研“两学一做”学习教育开展情况。

17—18日

以“绿色、健康、开放、共享”为主题的河北省首届中药材产业发展大会在承德市滦平县举行。活动现场共计签约收购中药材9.5万吨，订单收购额达18.8亿元。

18日

在第二届全国乡村旅游与旅游扶贫工作推进大会上，承德市有3个项目列入全国旅游扶贫示范项目名单。其中围场万家客栈企业管理有限公司列入全国“公司＋农户”旅游扶贫示范项目名单、围场柳塘人家乡村休闲旅游合作社列入全国“合作社＋农户”旅游扶贫示范项目名单、丰宁大滩镇小北沟村五湖山庄总经理于存永列入全国“能人带户”旅游扶贫示范项目名单。

同日

国家林业局、全国绿化委员会、人力资源和社会保障部三部委联合授予全国140人“全国绿化劳动模范”称号，塞罕坝机械林场总场第三乡林场工人邓宝珠、丰宁满族自治县国有林场管理处云雾山林场工人吴志勇获此殊荣。

26 日

承德市双滦区在承德全市率先实现主城区无线局域网全覆盖。

同日

第八届河北省图书交易博览会暨第十四届北京国际图书节承德分会场开幕式在承德市举行。2016 年“书香承德阅读季”活动正式启动。这是北京国际图书节首次在外省市设分会场。

28 日

承德市上板城热电厂配套管网工程开工。该项目是承德市有史以来投资规模最大的供热管网项目；项目管线总长 24.9 千米，是承德市供热半径最长的供热系统。

9 月

2 日

承德市通信发展管理办公室正式挂牌成立。标志着承德市通信监管体制改革取得实质性进展和阶段性成果。

同日

2016 亚洲旅游产业年会在上海开幕。会上，承德市荣获 2016 亚洲旅游“红珊瑚”奖——亚洲最受欢迎旅游城市称号。

4 日

中国国民党革命委员会承德组织成立 60 周年庆祝大会举行。全国政协副主席、民革中央常务副主席齐续春，省政协副主席、民革河北省委主委卢晓光出席大会。

7 日

承德市兴隆县三道河中学教师管余赴京参加全国乡村教师队伍建设工作推进会，中共中央政治局委员、国务院副总理刘延东为其颁发“乡村从教 30 年教师”荣誉证书。

10 日

2016 环中国国际公路自行车赛承德皇家御道赛段鸣枪开赛。来自欧洲、美洲、大洋洲、亚洲等地的 22 支职业自行车队以及近 500 名业余选手参赛。赛后，2016 环中国国际公路自行车赛之最名单揭晓，承德市围场——丰宁赛段被评为最美风景赛段。

12 日

经河北省科学技术厅、中共河北省委组织部和省科协 3 部门联合组织审核和专家评审，同意在承德避暑山庄农业发展有限公司和承德神栗食品股份有限公司设立院士工作站。

18—19 日

中共河北省委书记、省人大常委会主任赵克志在承德调研。赵克志在承德调研时强调，要深化“两学一做”学习教育，大力弘扬塞罕坝精神，把习近平总书记视察唐山重要讲话精神落到实处，切实加快经济社会发展步伐。

22 日

承德市与南开大学正式签署市校合作协议。根据协议，双方将合作建设“南开大学大数据研究院（承德）”。

23 日

承德市大数据项目集中开工揭牌。中力海置业有限公司力海企业港项目、承德斐讯云信息技术有限公司大数据 IDC 建设项目、河北易骋云数据科技有限公司金融大数据产业项目、中经承园科技有限公司承德新一代绿色数据中心项目、承德微型智慧创业创新科技园项目正式开工，承德市大数据科创中心、姚建铨院士工作站、河北民族师范学院曙光大数据学院、承德市大数据应用创新中心、博彦科技承德有限公司、华奥电竞承德信息科技有限公司、承德大数据研发展示中心等 7 家公司正式揭牌。

24 日

首届全国 CS:GO 超级联赛（简称 CSL2016）在承德市正式开赛。此次大赛由国家体育总局体育信息中心主办，上海华奥电竞信息科技有限公司、市体育局承办，市高新区管委会协办。

同日

承德银行荣列全国城市商业银行（资产规模500亿～1000亿元）综合竞争力排名第一位。

同日

在“2016 中国森林旅游节暨长白山国际生态论坛”开幕式上，承德市兴隆县被中国林业产业联合会命名为“全国森林旅游示范县”。

27日

中国共产党承德市第十三届委员会第九次全体会议召开，会议通过关于大力实施“一带三区”城市发展战略的意见，提出拓展城市空间培育经济发展新引擎加速国际旅游城市建设进程的发展目标。“一带三区”是指滦河72千米城市发展带、大黑山区域的国际滑雪度假区、双峰寺水库区域的皇家康养休闲区、承德机场区域的临空经济产业区。

29日

国家旅游局、国家发展改革委、国土资源部等12个部门制定并印发《乡村旅游扶贫工程行动方案》。承德市8个县的146个村被列入全国乡村旅游扶贫重点村名单。

30日

承德市在热河革命烈士纪念馆举行了烈士纪念日公祭活动。承德市委、市人大、市政府、市政协及军分区全体领导，市法院院长、市检察院检察长，老战士代表、学校师生代表、市直党政机关及各界干部群众代表、解放军和武警官兵代表共计1000余人参加公祭活动。

10月

12日

承德市扶贫和农业开发办公室正式组建成立。该机构由原承德市扶贫办公室、原承德市农业开发办公室合并组成。

13日

承德市5个示范项目入选全国第三批政府和社会资本合作（PPP）国家示范项目。此次承德市入选的5个项目分别是，首都地环线高速公路承德至平谷段项目、两河水系水环境保护与综合整治工程（一期）项目、滦平县医院新院区建设PPP项目、滦平县北部新城综合管廊工程项目、围场县城集中供热项目，项目总投资189.11亿元。全市累计8个项目入选全国示范项目，入选项目总数全省第一。

13—14日

邢台市市长董晓宇率邢台市代表团一行来承德市考察交流。

15日

“2016承德国际马拉松赛”在承德市普陀宗乘之庙广场正式开赛。本届国际马拉松赛由中国田径协会、承德市人民政府主办，共分全程马拉松、半程马拉松和迷你马拉松3个组别，埃塞俄比亚、乌干达、俄罗斯、肯尼亚、蒙古等8个国家和国内30个省、市选手报名，近万名顶级职业选手和业余跑者参赛。

17日

由国家人社部和中国宋庆龄基金会联合主办的第二届“中国创翼”青年创业创新大赛农民工专项赛全国总决赛在北京举行。承德市平泉县益农科技育苗有限公司开发的现代化育苗技术在大赛企业组中获得第一名。

26日

中国共产党承德市第十三届委员会第十次全体会议召开。全会审议通过召开市党代表会议有关事项，决定于11月初在承德召开中国共产党承德市代表会议。全会传达《中共河北省委关于做好中国共产党河北省第九次代表大会代表选举工作的通知》，圈选确定承德市出席省第九次党代表大会代表候选人预备人选，审议通过《中国共产党承德市第十三届委员会第十次全体会议关于召开中国共产党承德市代表会议的决议》。

26—27日

由北京市旅游发展委员会、河北省旅游发展委员会、承德市政府主办，承德市旅游局、中智游（北京）科技有限公司承办的“2016中国世界遗产旅游推广联盟工作会议暨中国世界遗产旅游高峰论坛”召开。

28日

国家艺术基金资助项目、新编抗日历史评剧《打狗棍》在承德剧场首演。

11月

1日

国家旅游局公布第二批“国家全域旅游示范区”创建名单，承德市成功入选。

同日

承德市开展取缔宽城县潘家口水库网箱养鱼“清网行动”。

1—6日

承德机场开展投产飞行校验工作，中国民用航空飞行校验中心校飞机组对机场空管设备、地空通信、飞行程序、助航灯光等进行逐项校验。11月6日下午成功完成所有预设飞行任务，飞行耗时22小时18分，机场各项设施设备参数正常，校验结果均符合民航相关标准和规范，承德机场校验飞行工作取得成功。

3—4日

中国共产党承德市代表会议召开。会议严格履行各项程序，选举产生承德市出席省九次党代会代表。经过与会全体代表选举，35名同志当选为中国共产党河北省第九次代表大会代表。

5日

承德市文学艺术界联合会、承德市美术家协会、承德市书法家协会、鼎盛书画院主办的“中国梦·魅力承德”——2016承德市美术书法作品大展在承德鼎盛书画院开展。本次书画展是承德市书画界有史以来最大的一次集中展示。近400幅作品参与本次展览。

6日

2016第四届亚洲微电影节在云南临沧开幕。承德广播电视台独立创作的亲情主题微电影《闺女不哭》获得“最佳作品奖”和“优秀公益奖”两项大奖。

7日

第十二届中国中小城市科学发展指数研究成果发布，同时“2016综合实力千强镇”榜单出炉，承德市平泉县平泉镇、兴隆县兴隆镇、丰宁满族自治县大阁镇、隆化县隆化镇、承德县下板城镇5镇荣登“2016综合实力千强镇”。

7—8日

中共天津市委书记李鸿忠，中共天津市委副书记、天津市政府市长王东峰率天津市党政代表团来承德市考察，推动对口帮扶工作。

15日

国家农业部下发《关于公布2016年全国休闲农业与乡村旅游示范县（市、区）的通知》，承德市被认定为全国首批休闲农业和乡村旅游示范市。

27日

双承科技股份有限公司在全国中小企业股份转让系统成功挂牌，成为河北全省首家“新三板”挂牌上市的食用菌生产企业，也是承德市首家设施农业“新三板”挂牌企业。

29日

承德市富龙马铃薯全粉荣获第十四届中国国际农产品交易会农产品金奖。

30日

承德市投资1.7亿元，占地6.1万平方米的名城新时代广场工程，被中国建筑业协会评为国内建筑行业工程质量最高荣誉奖——“鲁班奖”工程。

12月

4日

承德市人民调解中心正式成立。中心投入使用后，将成为承德市行业性、专业性人民调解工作的重要平台。

5日

国家工商行政管理总局、中国个体劳动者协会在北京召开全国先进个体工商户表彰大会暨纪念中国个体劳动者协会成立30周年座谈会。会上，承德市申振富和安东升获评“全国先进个体工商户”。

9日

国家财政部、国土资源部、环保部组织专家来承德市开展山水林田湖生态保护修复工程实地考察调研。

10日

承德市周台子村入选2016中国名村影响力排行榜。

12日

承德市鼎盛文化产业投资有限公司被国家人力资源和社会保障部、国家旅游局授予“全国旅游系统先进集体”荣誉称号；郭中兴被授予“全国旅游系统先进工作者”荣誉称号。

13日

由爱国华商投资促进机构美中经贸投资总商会、世界品牌组织、世界城市世界企业研究会、欧美亚工商界投资开发联盟、亚投世界基金管理联盟、全球战略经济发展委员会等机构联合推选的2016中国特色魅力城市200强全名单公布，承德市榜上有名。

同日

国家发展改革委等10个部委下发《关于同意河北省阜城县等116个县（市、区）结合新型城镇化开展支持农民工等人员返乡创业试点的通知》，批准承德市滦平县为第二批开展支持农民工等人员返乡创业试点。

24日

“2016中国·承德冰雪季”系列活动在承德避暑山庄正式启幕。本次活动以“皇家冰嬉之都·冬运活力城市”为主题，由国家体育总局冬季运动管理中心、中国残疾人联合会体育部、河北省体育局、河北省残疾人联合会和承德市人民政府联合主办。活动历时130天、涵盖13场赛事和20余项活动。

25日

由中国市场调查研究中心、中国城市经济专家委员会共同举办的2016(第四届)中国生态年会在北京召开，承德市平泉县获得“中国生态魅力县”和“全国生态田园城市”两项荣誉称号。

26日

河北日报报业集团承德分社揭牌。

28日

由中共承德市委宣传部、承德广播电视台、承德市文化广电新闻出版局、承德市文学艺术界联合会共同主办的“艺术盛会·魅力承德”第二届文化艺术展演季闭幕式暨2017新年文艺晚会在承德大剧院举行。第二届文化艺术展演季以“艺术盛会·魅力承德”为主题，在活动内容上突出“公益性、参与性、引领性、普惠性”原则，紧紧围绕“文化惠民、服务群众”主线，涵盖书法、美术、摄影、歌曲、舞蹈、戏曲、微电影、创意设计等12项艺术门类50余场次的展、演、赛活动。

30日

中国共产党承德市第十三届委员会第十一次全体会议召开。会议学习贯彻党的十八届六中全会精神和省第九次党代会精神，报告市委常委会自十三届八次全会以来工作；审议通过《中共承德市委关于学习贯彻党的十八届六中全会和省第九次党代会精神的意见》；审议通过召开市十四次党代会有关事项；表决通过承德市推荐出席中国共产党第十九次全国代表大会代表候选人初步人选。

31日

截至12月31日，承德市区环境空气质量优良天数275天，在京津冀区域居第二位，与2015年同期相比增加15天，未出现严重污染天气。

同日

截至12月31日，承德市地表水国、省控考核断面水质达标率达到100%，整体水环境质量排在全省第一位。

承德市2016年国民经济和社会发展统计公报

承德市统计局　国家统计局承德调查队

（2017年2月28日）

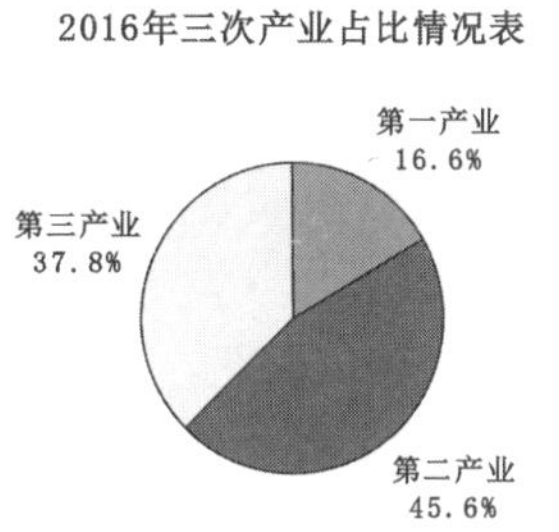

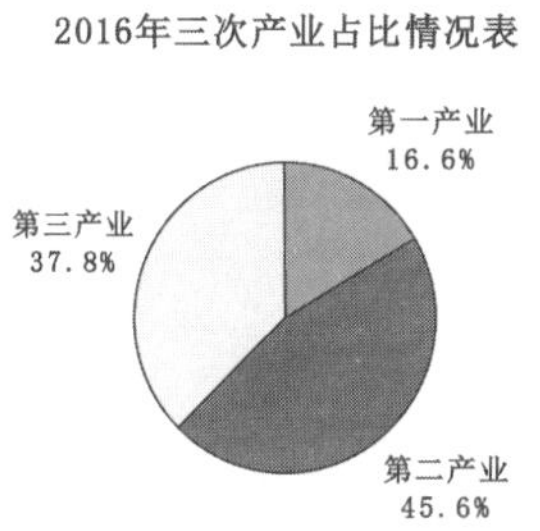

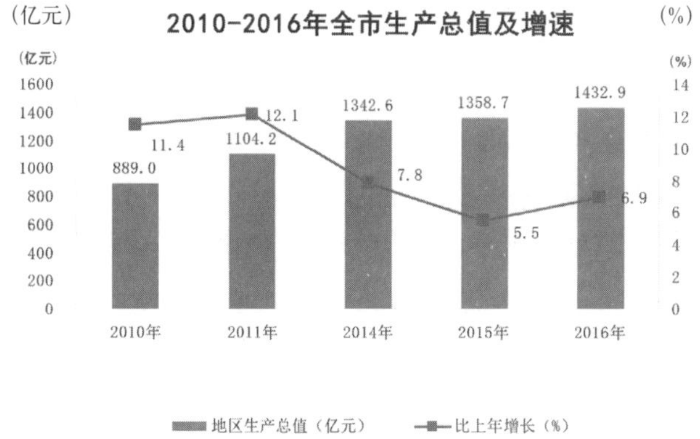

2016年，是“十三五”的开局之年，也是经济面临严峻挑战和孕育希望的一年。面对严峻复杂的国内外经济形势和艰巨繁重的经济发展任务，在市委、市政府的正确领导下，全市各级各部门深入学习习近平总书记系列重要讲话精神，全面贯彻党的十八大，十八届三中、四中、五中、六中全会精神，认真落实中央、省各项决策部署，牢固树立新发展理念，主动适应把握引领经济发展新常态，扎实推进供给侧结构性改革，着力培育“十大绿色”产业等新经济和新动力，统筹推进稳增长、促改革、调结构、惠民生、防风险等各项重点任务。经济呈现了稳中有进、稳中向好的良好态势，社会事业长足发展，民生保障不断增强，为建设“生态强市、魅力承德”奠定了坚实基础。

一、综合

初步核算，2016年承德市生产总值1432.9亿元，比上年增长6.9%。其中，第一产业增加值237.8亿元，增长6.7%；第二产业增加值654.1亿元，增长5.1%；第三产业增加值541.0亿元，增长9.5%。三次产业增加值占全市生产总值的比重由上年的17.4∶46.8∶35.8调整为16.6∶45.6∶37.8。

全年实现全部财政收入147.0亿元，比上年下降10.1%。其中，公共财政预算收入82.1亿元，下降15.6%。税收收入61.2亿元，下降12.3%。公共财政预算支出306.2亿元，增长4.8%。其中，住房保障、文化体育与传媒、社会保障和就业支出分别为14.2亿元、6.1亿元、34.3亿元，分别增长10.0%、28.4%、14.8%。

全年实现民营经济增加值923.1亿元，比上年增长8.1%，增长速度比生产总值增速快1.2个百分点，民营经济增加值占全市生产总值的比重达到64.4%，比上年提高0.6个百分点。民营经济中，第一产业增加值27.7亿元，增长8.2%；第二产业增加值569.7亿元，增长6.4%；

第三产业增加值 325.7 亿元，增长 11.5%。

据抽样调查，全年居民消费价格比上年上涨 1.6%。其中，食品烟酒类上涨 2.7%，衣着类上涨 3.0%，居住类上涨 0.5%，生活用品及服务类上涨 0.6%，交通和通信类下降 2.2%，教育文化和娱乐类上涨 0.7%，医疗保健类上涨 5.4%。工业生产者出厂价格上涨 0.5%。其中，轻工业生产者出厂价格上涨 1.2%，重工业生产者出厂价格上涨 0.4%。（2016 年居民消费价格指数见附表三）

2016年各月居民消费价格指数

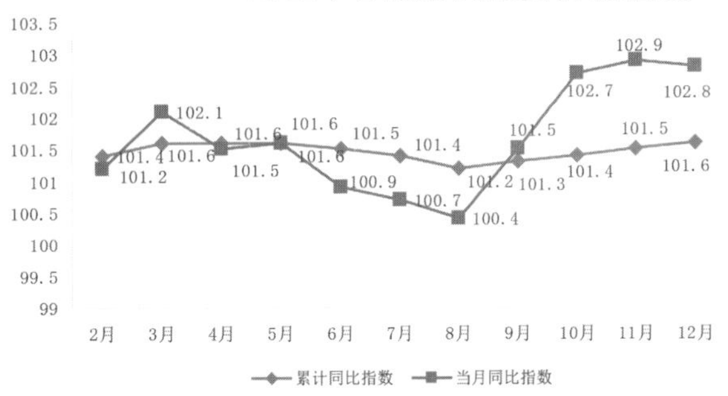

二、农业

全年粮食播种面积 434.7 万亩，比上年下降 2.6%，总产量 134.0 万吨，比上年增加 12.8 万吨，增长 10.5%，粮食平均亩产 308 公斤，比上年增加 36 公斤，增长 10.9%。在粮食总产中，谷物总产量 107.6 万吨，增长 2.2%。在谷物中，玉米产量 87.4 万吨，增长 1.0%；稻谷产量 10.5 万吨，下降 2.1%。蔬菜播种面积 117.5 万亩，增长 3.1%，总产量 463.1 万吨，增长 6.8%。其中，食用菌（干鲜混合）产量达到 67.7 万吨，增长 13.4%。中药材种植面积 19.1 万亩，增长 3.4%，总产量 10.8 万吨，比上年增加 0.6 万吨，增长 5.6%。瓜果产量 3.1 万吨，增长 10.0%。（2016 年主要农产品产量见附表一）

全年造林面积 85.2 万亩，比上年增长 5.2%。其中，人工造林面积 70.1 万亩，增长 6.2%。四旁（零星）植树 835 万株，增长 5.0%；森林抚育面积 72.7 万亩，下降 14.4%；育苗面积 11.1 万亩，增长 32.2%。园林水果产量 128.8 万吨，增长 3.9%。食用坚果总产量 20.8 万吨，增长 7.3%。全市有林地面积 3360 万亩，森林覆盖率达 56.7%，林木蓄积量为 8000 万立方米。

全年肉类总产量 45.7 万吨，比上年增长 1.4%。其中，猪肉产量 18.5 万吨，下降 0.9%，牛肉产量 8.9 万吨，增长 3.9%，羊肉产量 1.9 万吨，下降 2.5%；禽蛋产量 11.9 万吨，比上年增长 2.9%；奶类总产量 15.3 万吨，增长 3.2%。年末牛存栏 81.2 万头，增长 3.2%；牛出栏 56.6 万头，增长 5.6%。羊存栏 112.5 万只，增长 7.8%；羊出栏 141.3 万只，下降 1.3%。猪存栏 163.9 万头，增长 1.3%；猪出栏 245.9 万头，增长 0.9%。家禽存栏 2862.6 万只，增长 0.02%；家禽出栏 10087.7 万只，增长 4.4%。

全年水产品养殖面积 8.8 万亩，下降 0.2%。其中，水库养殖 8.1 万亩，下降 0.4%。水产品总产量 4.2 万吨，增长 4.5%。

三、工业和建筑业

全年实现全部工业增加值 554.2 亿元，比上年增长 4.3%。518 家规模以上工业企业实现工业增加值 471.7 亿元，增长 5.0%。在规模以上工业企业中，从登记注册类型看，国有及国有控股企业增加值 125.9 亿元，增长 3.2%；股份制企业增加值 455.8 亿元，增长 5.1%。从门类看，采矿业增加值 217.3 亿元，增长 6.3%；制造业增加值 207.6 亿元，增长 3.1%；电力、热力、煤气及水生产和供应业增加值 46.8 亿元，增长 7.1%。从企业规模看，84 家大中型企业增加值 339.9 亿元，增长 6.2%。从轻重工业看，轻工业增加值 50.8 亿元，增长 4.1%；重工业增加值 420.9 亿元，增长 5.1%。

2016年全市规模以上工业增加值各月末累计增速

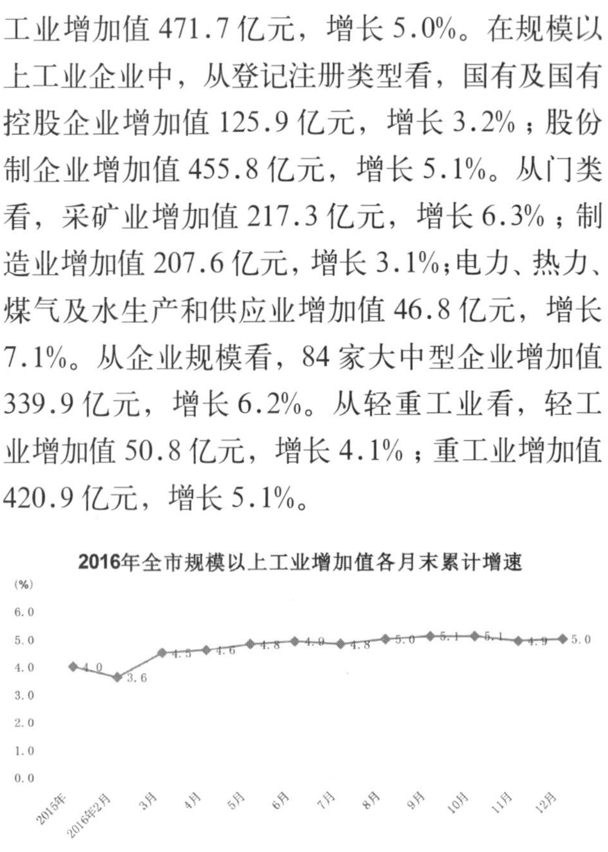

在规模以上工业企业中，159 家黑色金属矿采选业增加值 203.1 亿元，增长 5.7%，11 家黑色金属冶炼及压延业增加值 94.5 亿元，增长 0.8%，两行业拉动规模以上工业增长 2.7 个百分点，对全市工业增加值的贡献率达 53.6%，占规模以上工业的比重为 63.1%，比上年下降 3.2 个百分点。食品制造业增加值 14.2 亿元，增长 7.0%；农副食品加工业增加值 11.0 亿元，增长 0.5%；酒和饮料制造业增加值 22.9 亿元，增长 5.6%；电力生产和供应业增加值 39.9 亿元，增长 6.8%；装备制造业增加值 23.2 亿元，增长 10.3%；医药工业增加值 4.2 亿元，增长 7.0%；煤炭开采和洗选业、石油加工炼焦和核燃料加工业、化学原料和化学制品制造业、非金属矿物制品业、黑色金属冶炼和压延加工业、电力热力生产和供应业等六大高耗能行业增加值 166.6 亿元，增长 2.4%。81 家高新技术产业企业增加值 48.1 亿元，增长 14.4%。其中，新能源增加值 17 亿元，占 35.3%。

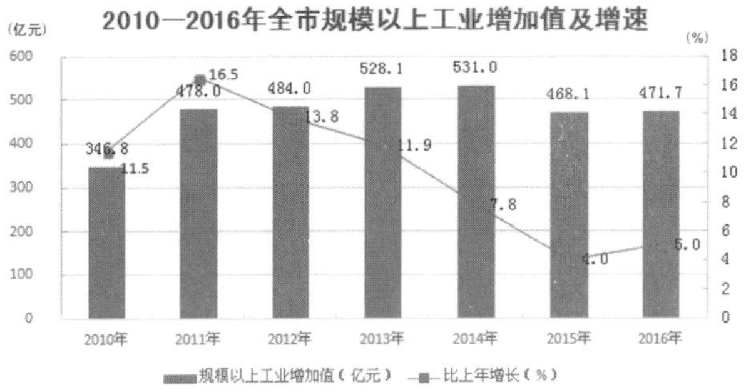

2016 年年末，规模以上工业企业中亏损企业 168 家，比上年末增加 15 家。全年累计亏损额 26.4 亿元，比上年下降 39%。自 2016 年一季度开始，利润呈现大幅增长走势。全年实现利润 45.4 亿元，比上年增长 53.5%。

2016 年，规模以上工业企业产品产量中，铁矿石原矿产量 2.5 亿吨，增长 18.0%；生铁产量 1422.9 万吨，增长 7.0%；粗钢产量 1372.4 万吨，增长 7.3%；钢材产量 1239.1 万吨，增长 7.6%；水泥产量 569.5 万吨，增长 15.4%；发电量 106.4 亿千瓦时，增长 3.6%，其中风力发电量 52.4 亿千瓦时，增长 14.1%，光伏发电 3.2 亿千瓦时，增长 29.8%；中成药产量 4719.3 吨，增长 12.3%；白酒产量 3304.3 万升，增长 5.4%。规模以上工业企业产品销售率 96.6%，比上年低 0.5 个百分点。（2016 年规模以上工业主要产品产量见附表二）

初步核算，全年建筑业增加值 100.1 亿元，比上年增长 10.0%。资质等级以上总承包及专业承包建筑企业 193 家，有施工活动的企业 179 家。签订合同总额 223.3 亿元，下降 0.8%。其中，本年新签合同额 150.6 亿元，增长 16.1%。房屋建筑施工面积 778.7 万平方米，下降 12.4%，房屋建筑竣工面积 279.3 万平方米，下降 2.4%。

四、固定资产投资

全年完成全社会固定资产投资 1632.8 亿元，比上年增长 6.4%。其中，固定资产投资（不含农户）1615.5 亿元，增长 6.8%；农村个人投资 17.3 亿元，下降 25.4%。

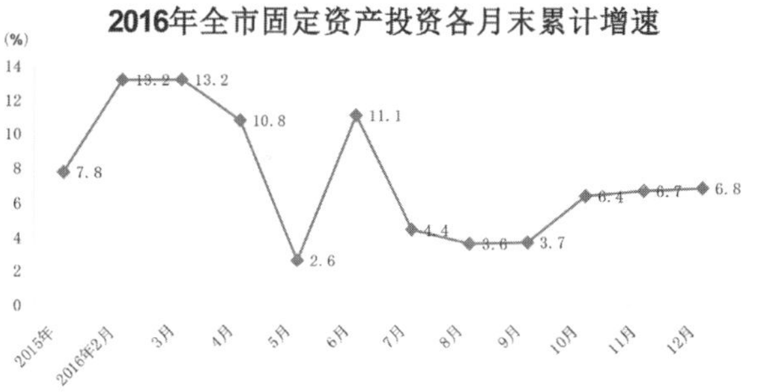

在固定资产投资（不含农户）中，城乡建设项目投资 1478.9 亿元，增长 7.1%。第一产业投资 218.2 亿元，增长 16.9%。第二产业投资 525.2 亿元，下降 2.5%。其中，工业投资 525.2 亿元，下降 2.4%；黑色金属矿采选业投资 68.2 亿元，下降 36.4%；黑色金属冶炼及压延业投资 22.1 亿元，增长 147.8%；医药制造业投资 4.8 亿元，下降 72.0%；农副食品加工业投资 12.8 亿元，下降 61.2%；汽车制造业投资 1.3 亿元，下降 89.4%；电力热力生产及供应业投资 195.1 亿元，增长 74.4%；工业技术改造投资 264.8 亿元，下降26.6%。第三产业投资872.1亿元，增长10.9%。其中，交通运输、仓储和邮政业投资165.8亿元，下降36.3%；水利、环境和公共设施管理业投资342.0亿元，增长69.2%。

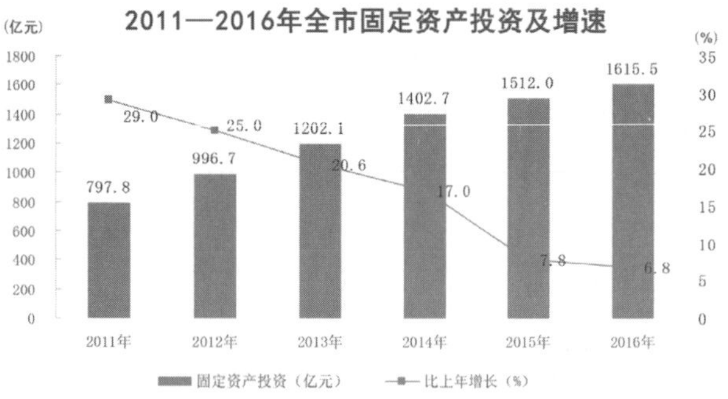

从投资项目看，城乡建设施工项目1577个，本年新开工项目1190个，增长16.6%，占施工项目的75.5%。亿元以上建设施工项目448个，比上年增加56个，完成投资1064.5亿元，增长13.1%，占固定资产投资的65.9%，拉动投资增长8.2个百分点。

房地产开发投资136.6亿元，增长3.9%。房屋施工面积1449.4万平方米，增长5.3%；房屋竣工面积120.2万平方米，增长76.2%。商品房屋销售面积350.0万平方米，增长29.2%。

五、国内贸易

全年实现社会消费品零售总额543.3亿元，比上年增长10.7%。从经营地看，城镇实现消费品零售额407.0亿元，增长10.2%；乡村实现消费品零售额136.3亿元，增长12.1%。

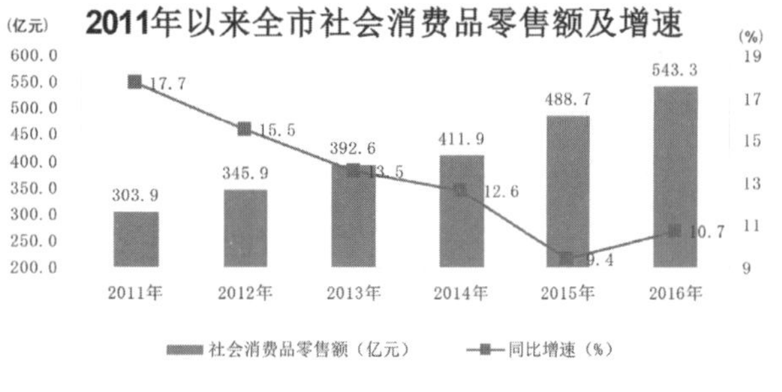

245家限额以上批发零售住宿餐饮企业（单位）全年实现零售额123.2亿元，比上年增长11.0%。限额以上批发零售企业中，粮油、食品类17.8亿元，增长5.7%；烟酒类10.1亿元，增长8.2%；服装、鞋帽、针织品类15.4亿元，增长17.0%；日用品类4.2亿元，增长6.4%；金银珠宝类1.8亿元，增长20.3%；家用电器和音响器材类4.9亿元，增长3.6%；文化办公用品类1.7亿元，增长1.5%；石油及制品类22.1亿元，增长9.3%；汽车类26.1亿元，增长22.2%。

六、对外经济和旅游

全年实际利用外资20006万美元，比上年增长 25.4%。其中，外商直接投资11070万美元，下降4.2%。在外商直接投资中，电力、热力生产及供应业7888万美元，制造业1615万美元。年末实有三资企业96家,比上年末增加2家。全年新批三资企业6家，比上年末增加2家；新批合同总金额7893万美元，下降26.2%，其中新批合同外资额3443万美元，下降27.2%。

据海关统计，全市进出口总值47563.2万美元，比上年增长19.1%。其中，出口43732.3万美元，增长14.2%。五矿产品出口17260万美元，下降30.1%；农副产品出口5777万美元，增长14.6%；机电产品出口11363万美元，增长199.7%。

据市旅游部门提供，全年接待境内外游客4636.6万人次，比上年增长38.4%。其中，境内游客4604.1万人次，增长38.7%；境外游客32.5万人次，增长4.1%。实现旅游总收入506.6亿元，比上年增长49.8%。其中，境内游客收入495.0亿元，增长49.8%。

七、交通、邮电

2016年年末，全市境内公路里程22149.3公里。其中，等级公路21450.9公里，高速公路758.5公里，干线公路3307.1公里。公路客运周转量88817.5万人公里，货运周转量1092739.5万吨公里。年末实有公共汽（电）车营运车辆1292辆，客运总量14248万人次。

全年完成邮政业务总量3.5亿元，比上年

增长25.0%；快递业务总量1034.0万件，增长73.0%；邮政业务总收入4.0亿元，增长21.2%；快递业务总收入1.8亿元，增长80%；订销报纸杂志累计份数5427.5万件，下降5.4%。电信业务总收入（移动、联通、电信公司）22.5亿元，比上年增长7.1%。移动电话年末用户数328.7万户，增长16.3%；互联网宽带接入用户57.4万户，比上年增长40.7%。

八、金融和保险业

2016年年末，全部金融机构人民币各项存款余额2210.4亿元，比年初增长14.4%。其中，住户存款1438.7亿元，增长12.9%；非金融企业存款367.6亿元，增长31.4%。年末各项贷款余额1656.8亿元，增长10.7%。住户贷款556.4亿元，增长18.6%。其中，短期贷款189.4亿元，增长2.7%；中长期贷款367.0亿元，增长28.9%。非金融企业及机关团体贷款1100.4亿元，增长7.2%。

全市人身险保费收入41.2亿元，比上年增长17.9%，赔款、给付金额14.5亿元，增长59.7%。财产险保费收入12.7亿元，增长10.9%，财产险保险金额6201.1亿元，增长39.7%，财产险赔付金额6.4亿元，增长0.6%。交强险保费收入3.3亿元，增长2.9%。

九、科学技术和教育

全市专利申请1185件，专利授权595件，分别比上年增加389和101件。

全年组织申报、实施国家、省科技计划项目56项，争取资金支持3108万元，安排市级科技计划项目65项，财政投入1570万元。其中，围绕工业转型升级组织实施重大创新和支撑项目16项，争取资金支持690万元；围绕林果、蔬菜、食用菌、中药材等特色产业发展，组织实施国家、省农业科技项目15项，争取资金支持630万元。

全年新认定高新技术企业12家、新认定科技小巨人企业15家、科技型中小企业303家，全市科技型中小企业已达到890家、科技小巨人企业达到37家。全市新增省级工程技术研究中心3家，新建院士工作站2家，国家技术创新方法与实施工具技术研究中心—承德基地落户承德，成立了承德市功能农业产业技术创新战略联盟，培育认定市级众创空间9家，国家级创新型孵化器“车库咖啡”已试营业；20家星创天地获省科技厅备案，5个“星创天地”在科技部备案。

2016年度，全市学前三年毛入园率达到76%以上。省级城市示范性幼儿园达24所，60%的农村幼儿园达到省级二类园以上标准；在标准化小学、初中就读的学生比例分别达到82%、98.5%。小学、初中义务教育巩固率分别达100%、97%以上。省级中小学素质教育示范校达到26所；高中阶段毛入学率90.1%。省级示范性高中达14所，在省级示范性高中就读学生达到78%。普通高考成绩再创新高，一本上线率29.7%，二本以上上线率78.1%，分别比上年提高9.0个和35.9个百分点。

普通高等学校6所，教师2731人，学生43063人；中等职业教育学校30所，教师2051人，学生36527人；普通中学121所，教师12134人，学生16.6万人；小学447所，教师17734人，学生28.2万人。

十、文化、体育和卫生

2016年年末，全市有广播电台9座，广播节目11套，中、短波发射台和转播台5座，广播覆盖率达95.5%；电视发射台和转播台15座，电视发射功率23.1千瓦，电视覆盖率98.0%；有线电视用户数达52.4万户。

全市拥有涵盖民间文学、传统手工技艺等10大类185个非物质文化遗产项目。其中，9项被列为国家级非物质文化遗产，42项被列为河北省非物质文化遗产，134项被列为承德市非物质文化遗产，2人被命名为国家级传承人，30人被命名为省级传承人，51人被命名为市级传承人。

全年开展了2016承德国际马拉松比赛、“承德避暑山庄杯”第三届全国轮滑公开赛、第二届全国大众速度滑冰马拉松赛、全国雪地摩托车挑战赛、MMA终极格斗比赛、全国U13篮球男子预赛、河北省第八届青少年古典式摔跤、自由式摔跤比赛等国家级、省级赛事活动30余项。承德冰上运动中心（中国残疾人冰上运动训练中心）项目正在建设中。

全市拥有体育场馆118个，体校及业余体校6个，重点体校及业余体校1个 ，体育俱乐部31个，体育社团组织27个。二级运动员85人，社会体育指导员（二级）660人。全年开展群众体育活动140次，50万人积极参加。在省及以上级比赛中共获得金牌36枚、银牌47枚，铜牌56枚。

截至2016年年末，拥有卫生机构3679个，其中医院47个；医生8522人，注册护士6973人；卫生机构床位19755张，其中医院拥有12594张；卫生机构人员26561人，其中卫生技术人员19381人。

十一、人口、人民生活和社会保障

据公安部门统计，2016年年末，全市户籍人口383.3万人，比上年末增加1万人。其中，男性197.6万人，女性185.7万人；城镇人口126.9万人，乡村人口256.4万人。据人口变动抽样调查，全市常住人口353.2万人，城镇化率为49%。

据抽样调查，2016年全市居民人均可支配收入16095元，比上年增长10.1%。按常住地分，城镇居民人均可支配收入24856元，增长8.6%；农村居民人均可支配收入8736元，增长10.3%。

2016年年末，全市城镇职工养老保险参保人数61.9万人，城乡居民社会养老保险参保人数171.3万人；城镇职工基本医疗保险参保人数43.6万人，城乡居民基本医疗保险参保人数297.2万人。工伤保险参保人数43.8万人，较去年增加2.1万人；生育保险参保人数30.8万人，较去年增加0.2万人；失业保险参保人数22.3万人，较去年增加0.1万人。全年城镇新增就业人员56221人，年末城镇登记失业人员23079人，城镇登记失业率为3.2%。

全年城市居民最低生活保障人数5.9万人，农村居民最低生活保障人数22.8万人；养老机构103个，床位18066个；社会福利院1个，福利院床位120个；城市社区服务中心75个；社会救济总人数31.4万人。

十二、环境保护

市区空气质量达标天数275天，达标天数比例75.1%，比上年提升4个百分点。市区PM2.5浓度年均值每立方米40微克，降低3微克。全市地表水国、省控监测断面达到Ⅲ类以上水质标准的比例为100%，提升12个百分点。城市集中式饮用水源地水质达标率保持100%。

全年规模以上工业企业综合能源消费量991.6万吨标准煤，比上年增长2.6%，单位工业增加值能耗比上年下降2.3%。

附表一：

2016年承德市主要农产品产量

产品名称	计量单位	绝对数	比上年增长（%）
粮食	万吨	134.0	10.5
#玉米	万吨	87.4	1.0
稻谷	万吨	10.5	-2.1
豆类	万吨	2.5	8.7
薯类（折粮）	万吨	23.9	74.8
油料	万吨	2.3	60.9
食用菌（干鲜混合）	万吨	67.7	13.4
食用坚果	万吨	20.8	7.3
园林水果	万吨	128.8	3.9
肉类总产量	万吨	45.7	1.4
#猪牛羊肉	万吨	29.3	0.4
禽肉	万吨	15.7	3.3
禽蛋	万吨	11.9	2.9
奶类总产量	万吨	15.3	3.2
牛出栏	万头	56.6	5.6
羊出栏	万只	141.3	-1.3
猪出栏	万头	245.9	0.9
牛存栏	万头	81.2	3.2
羊存栏	万只	112.5	7.8
猪存栏	万头	163.9	1.3

附表二：

2016年承德市规模以上工业企业主要产品产量

产品名称	计量单位	绝对数	比上年增长（%）
钢材	万吨	1239.1	7.6
原煤	万吨	99.1	-22.7
铁矿石原矿量	万吨	25205.5	18.0
生铁	万吨	1422.9	7.0
水泥	万吨	569.5	15.4
白酒	万升	3304.4	5.4
中成药	吨	4719.3	12.3
发电量	亿千瓦小时	106.4	3.6
#风电	亿千瓦小时	52.5	14.1

附表三：

2016年承德市居民消费价格指数

类　别	累计同比指数（上年=100）
居民消费价格总指数	101.6
#食品烟酒	102.7
粮食	100.2
鲜菜	109.3
畜肉	111.0
水产品	99.3
蛋	99.0
鲜果	96.3
#衣着	103.0
#居住	100.5
#生活用品及服务	100.6
#交通和通信	97.8
#教育文化和娱乐	100.7
#医疗保健	105.4
#其他用品和服务	101.3

说明：1. 公报中部分数据为快报数。

2. 公报中生产总值、各产业增加值绝对值按价格计算，增长速度按可比价格计算。

3. 公报中涉及指标增速均为同口径增速。

4. 公报中一、六、七、八、九、十、十一、十二中部分数据由相关部门提供。

2016年河北省各市主要经济指标

	全部财政收入（亿元）				其中：公共财政预算收入（亿元）				全社会固定资产投资（亿元）			
	绝对值	增速(%)	绝对值	增速(%)	绝对值	增速(%)	绝对值	增速(%)	绝对值	增速(%)	绝对值	增速(%)
全　　省	4373.4	—	8.0	—	2850.8	—	7.6	—	31750	—	7.8	—
石家庄市	845.3	1	8.6	4	398.5	1	9.8	3	5719.0	1	3.7	10
承 德 市	147.0	11	−10.1	11	82.1	11	−15.6	11	1632.8	9	6.4	8
张家口市	239.5	7	3.82	9	141.7	7	6.2	7	1647.3	8	4.6	9
秦皇岛市	203.4	8	−1.1	10	116.0	8	1.4	10	892.5	11	0.0	11
唐 山 市	607.7	2	5.8	8	355.1	2	6.0	8	5036.3	2	9.0	5
廊 坊 市	595.5	3	23.7	1	338.7	3	11.6	2	2490.8	6	15.0	1
保 定 市	442.9	5	14.6	2	222.0	4	12.8	1	2672.0	5	6.9	7
沧 州 市	479.7	4	7.4	5	220.4	5	4.5	9	3530.7	4	11.4	2
衡 水 市	173.2	10	6.1	6	95.7	10	8.1	5	1255.2	10	11.1	3
邢 台 市	194.4	9	10.1	3	111.5	9	8.6	4	2066.9	7	9.6	4
邯 郸 市	325.9	6	5.9	7	205.4	6	7.7	6	3818.4	3	8.3	6

2016年河北省各市主要经济指标（续一）

	其中：固定资产投资（亿元）				规模以上工业增加值（亿元）				规模以上工业利润总额（亿元）			
	绝对值	增速(%)	绝对值	增速(%)	绝对值	增速(%)	绝对值	增速(%)	绝对值	增速(%)	绝对值	增速(%)
全　　省	31340	—	8.4	—	11664	—	4.8	—	2610.0	—	18.9	—
石家庄市	5678.5	1	5.1	9	1965.3	2	4.5	10	721.1	1	0.4	10
承 德 市	1615.5	9	6.8	8	471.7	9	5.0	7	45.4	10	53.5	3
张家口市	1631.3	8	5.0	10	373.9	10	2.4	11	55.4	9	26.5	7
秦皇岛市	874.7	11	0.04	11	334.9	11	5.2	6	34.1	11	71.0	2
唐 山 市	4975.1	2	9.5	5	2880.0	1	5.0	7	404.2	2	88.4	1
廊 坊 市	2458.5	6	15.2	1	776.5	6	6.0	3	183.0	6	12.1	8
保 定 市	2620.7	5	8.1	7	1010.8	5	6.8	2	300.2	4	32.0	6
沧 州 市	3481.1	4	12.2	3	1308.2	3	7.0	1	310.9	3	1.1	9
衡 水 市	1230.8	10	13.4	2	473.9	8	5.3	5	104.5	8	−0.8	11
邢 台 市	2025.9	7	11.0	4	632.4	7	5.7	4	144.3	7	32.2	5
邯 郸 市	3765.2	3	9.3	6	1182.5	4	5.0	7	196.8	5	34.6	4

2016年河北省各市主要经济指标（续二）

	社会消费品零售总额（亿元）				限额以上企业(单位)零售额)亿元)				实际利用外资（万美元）			
	绝对值	增速(%)	绝对值	增速(%)	绝对值	增速(%)	绝对值	增速(%)	绝对值	增速(%)	绝对值	增速(%)
全　省	14365	—	10.6	—	3723.0	—	7.5	—	814697	—	10.6	—
石家庄市	2693.0	1	10.5	8	875.4	1	4.0	9	121870	2	6.9	9
承 德 市	543.3	11	10.7	3	123.2	11	11.0	3	20006	11	25.4	5
张家口市	683.2	9	10.5	8	151.0	10	4.0	9	46003	9	38.3	4
秦皇岛市	699.8	8	10.4	10	162.0	9	0.5	11	90438	4	5.0	11
唐 山 市	2371.1	2	10.4	10	532.2	2	4.5	8	148301	1	19.2	8
廊 坊 市	881.9	7	10.7	3	268.5	6	10.8	4	80207	5	6.1	10
保 定 市	1669.3	3	10.6	6	408.9	4	8.2	7	67376	6	62.0	2
沧 州 市	1227.8	5	10.7	3	315.5	5	8.6	6	56506	7	19.5	7
衡 水 市	675.4	10	10.9	1	182.7	8	16.4	2	23752	10	42.0	3
邢 台 市	969.9	6	10.8	2	247.6	7	17.3	1	54422	8	147.7	1
邯 郸 市	1508.9	4	10.6	6	416.1	3	9.6	5	102156	3	24.5	6

2016年河北省各市主要经济指标（续三）

	#直接利用外资（万美元）				进出口总值（万美元）				其中：出口总值（万美元）			
	绝对值	增速(%)	绝对值	增速(%)	绝对值	增速(%)	绝对值	增速(%)	绝对值	增速(%)	绝对值	增速(%)
全　省	735388	—	19.0	—	4662322	—	−9.5	—	3057706	—	−7.2	—
石家庄市	117411	2	31.0	4	1160563	1	−4.6	7	702114	2	−4.1	7
承 德 市	11070	11	−4.2	11	47563	11	19.1	1	43732	10	14.2	1
张家口市	41264	9	30.4	5	56198	10	−16.1	10	40035	11	−7.4	8
秦皇岛市	65906	5	25.3	6	439349	4	−4.6	6	295825	3	−0.7	4
唐 山 市	143562	1	16.5	9	1072499	2	−23.0	11	710790	1	−16.6	11
廊 坊 市	78291	4	17.3	8	497797	3	2.5	3	225983	6	−3.6	6
保 定 市	63425	6	56.7	2	406421	5	−14.3	8	293757	4	−14.2	10
沧 州 市	41772	8	4.1	10	284422	6	3.3	2	209705	7	−2.1	5
衡 水 市	21844	10	32.7	3	265655	7	−0.2	5	243653	5	5.3	2
邢 台 市	50586	7	248.0	1	179595	9	1.3	4	134958	9	1.8	3
邯 郸 市	97055	3	22.4	7	252259	8	−14.8	9	157155	8	−10.0	9

2016年河北省各市主要经济指标（续四）

	全体居民人均可支配收入（元）				城镇居民可支配收入（元）				农村居民可支配收入（元）			
	绝对值	增速(%)	绝对值	增速(%)	绝对值	增速(%)	绝对值	增速(%)	绝对值	增速(%)	绝对值	增速(%)
全　省	—	—	—	—	28249	—	8.0	—	11919	—	7.9	—
石家庄市	22652	3	9.1	8	30459	3	8.1	8	12345	3	7.9	9
承 德 市	16095	11	10.1	4	24856	9	8.6	4	8736	11	10.3	3
张家口市	17588	8	11.4	2	26069	7	9.3	2	9241	10	10.8	2
秦皇岛市	20600	4	8.6	11	30348	4	7.8	10	11621	5	7.8	10
唐 山 市	25534	1	8.8	10	33725	2	7.8	10	15023	1	7.8	10
廊 坊 市	25070	2	9.2	7	34633	1	8.5	6	14286	2	8.6	7
保 定 市	17802	7	10.0	5	25680	8	8.5	6	11612	6	10.0	4
沧 州 市	19521	5	9.9	6	28605	5	8.6	4	11340	7	9.2	6
衡 水 市	16296	10	11.7	1	23787	11	10.0	1	10069	8	11.5	1
邢 台 市	16320	9	10.4	3	23913	10	9.2	3	10006	9	9.3	5
邯 郸 市	19412	6	8.9	9	26603	6	8.0	9	12153	4	8.0	8

2016年河北省各市主要经济指标（续五）

	规模以上工业能耗（万吨标准煤）				规模以上工业增加值能耗同比上升或下降（%）		常住人口（万人）	常住人口城镇化率(%)
	绝对值	位次	增长(%)	位次	增长(%)	位次		
全　省	20544	—	0.35	—	−4.25	—	7470.1	53.3
石家庄市	2532	3	−3.37	9	−7.53	3	1015.1	60.6
承 德 市	992	6	2.64	3	−2.25	10	353.2	49.0
张家口市	981	7	−4.15	10	−6.40	5	442.5	54.2
秦皇岛市	721	8	0.26	5	−4.70	8	309.5	56.1
唐 山 市	7422	1	3.14	2	−1.77	11	784.4	60.4
廊 坊 市	674	9	−2.86	8	−8.36	2	461.5	56.8
保 定 市	511	10	3.30	1	−3.28	9	1042.5	49.0
沧 州 市	1418	4	1.16	4	−5.46	6	750.6	50.6
衡 水 市	265	11	−9.99	11	−14.52	1	445.3	48.9
邢 台 市	1157	5	−1.43	7	−6.75	4	732.0	49.8
邯 郸 市	3397	2	−0.10	6	−4.86	7	949.3	53.5

2016年承德市分县区主要经济指标

县 区	地区生产总值（亿元）				其中：第一产业增加值（亿元）				第二产业增加值（亿元）			
	绝对值	位次	增长(%)	位次	绝对值	位次	增长(%)	位次	绝对值	位次	增长(%)	位次
全 市	1432.9	—	6.9	—	237.8	—	6.7	—	654.1	—	5.1	—
双桥区（含高新区）	167.3	—	6.0	—	1.8	—	-8.9	—	59.8	—	4.0	—
其中：高新区	53.2	11	5.0	12	0.9	12	-2.5	11	36.6	9	2.0	11
双桥区（不含高新区）	114.1	6	6.5	8	1.0	10	-14.4	12	23.3	12	6.2	2
双滦区	102.7	8	6.9	5	2.4	9	4.8	8	70.5	4	5.0	7
营子区	34.9	12	5.3	11	0.9	11	5.4	7	24.7	11	3.9	10
承德县	120.4	4	6.9	5	28.3	5	7.0	3	52.8	5	6.2	2
兴隆县	100.9	10	6.8	7	25.6	7	4.5	9	43.1	7	6.5	1
平泉县	166.8	2	7.4	3	33.0	2	4.5	9	70.8	3	6.1	4
滦平县	160.2	3	7.9	1	28.5	4	7.3	2	81.9	2	6.0	5
隆化县	114.8	5	6.5	8	31.7	3	5.8	6	45.4	6	5.0	7
丰宁县	101.4	9	6.3	10	25.9	6	6.5	5	38.8	8	5.0	7
宽城县	208.1	1	7.0	4	18.4	8	6.6	4	122.6	1	6.0	5
围场县	109.0	7	7.6	2	41.3	1	10.5	1	29.2	10	1.3	12

2016年承德市分县区主要经济指标（续一）

县 区	第三产业增加值（亿元）				人均地区生产总值（元）				社会消费品零售总额（亿元）			
	绝对值	位次	增长(%)	位次	绝对值	位次	增长(%)	位次	绝对值	位次	增长(%)	位次
全 市	541.0	—	9.5	—	40582	—	6.9	—	543.3	—	10.7	—
双桥区（含高新区）	105.6	—	7.5	—	37973	—	5.9	—	128.9	—	10.9	—
其中：高新区	15.8	11	10.7	3	55441	3	4.7	12	6.0	12	10.1	10
双桥区（不含高新区）	89.8	1	6.9	12	33104	7	6.4	8	122.9	1	11.0	7
双滦区	29.8	10	12.2	1	67483	2	6.8	6	20.5	10	14.9	1
营子区	9.2	12	8.9	8	55329	4	5.2	11	12.4	11	8.4	11
承德县	39.4	5	8.1	10	30667	9	6.9	4	48.9	4	6.0	12
兴隆县	32.2	9	9.1	6	31678	8	6.7	7	49.0	3	10.3	9
平泉县	63.0	3	10.4	4	36880	6	7.3	3	60.5	2	11.5	4
滦平县	49.9	4	12.0	2	54905	5	7.9	1	45.5	6	11.6	3
隆化县	37.7	7	9.5	5	30515	10	6.4	8	42.6	9	10.4	8
丰宁县	36.6	8	7.6	11	28062	11	6.2	10	43.6	8	11.3	6
宽城县	67.2	2	9.0	7	81705	1	6.9	4	43.8	7	11.7	2
围场县	38.5	6	8.3	9	25496	12	7.5	2	47.5	5	11.4	5

2016年承德市分县区主要经济指标（续二）

县 区	全部财政收入（万元）				其中：公共财政预算收入(万元)				出口总额（万美元）			
	绝对值	位次	增长(%)	位次	绝对值	位次	增长(%)	位次	绝对值	位次	增长(%)	位次
全 市	1469587	—	-10.1	—	821331	—	-15.6	—	43732	—	14.2	—
双桥区（含高新区）	192364	1	7.0	2	70127	1	32.7	3	678	9	-6.3	9
其中：高新区	103683	8	21.5	1	37403	11	52.2	1	1914	5	-20.0	12
双桥区（不含高新区）	103712	7	1.6	5	47594	7	50.7	2	28101	1	18.3	6
双滦区	22360	12	-29.0	12	9289	12	3.2	5	28	11	72.3	3
营子区	104169	6	-14.5	11	55256	6	-22.5	12	785	8	-9.2	10
承德县	78006	10	4.0	4	45717	9	-12.2	8	2426	4	13.4	7
兴隆县	108086	4	6.9	3	58908	4	-5.3	6	4525	2	-3.3	8
平泉县	123758	3	-12.4	10	56877	5	-12.6	10	2973	3	32.1	5
滦平县	70080	11	-10.2	9	37785	10	-9.5	7	849	7	132.3	1
隆化县	106889	5	-9.7	8	67480	3	-19.1	11	28	11	111.1	2
丰宁县	144800	2	1.6	6	70082	2	22.5	4	1180	6	55.6	4
宽城县	81298	9	1.3	7	47130	8	-12.2	9	317	10	-12.3	11
围场县	109.0	7	7.6	2	41.3	1	10.5	1	29.2	10	1.3	12

2016年承德市分县区主要经济指标（续三）

县 区	全社会固定资产投资（亿元）				其中：固定资产投资（亿元）				外商直接投资（万美元）			
	绝对值	位次	增长(%)	位次	绝对值	位次	增长(%)	位次	绝对值	位次	增长(%)	位次
全 市	1632.8	—	6.4	—	1615.5	—	6.8	—	11070	—	-4.2	—
双桥区（含高新区）	107.1	—	6.7	—	107.1	—	6.7	—		—		—
其中：高新区	42.1	11	15.3	2	42.1	11	15.3	2	1476	—	-46.7	—
双桥区（不含高新区）	64.9	10	1.8	11	64.9	10	1.8	11		—		—
双滦区	140.0	7	16.0	1	140.0	7	16.0	1	18	—	-72.3	—
营子区	30.0	12	7.4	8	29.7	12	7.4	9		—		—
承德县	195.3	2	7.2	9	193.0	2	7.8	8	10	—	-61.5	—
兴隆县	158.9	5	9.4	6	157.3	5	9.8	6	139	—		—
平泉县	190.3	4	10.8	5	187.7	4	11.7	5	100	—		—
滦平县	202.4	1	10.9	4	201.2	1	11.7	4	1439	—		—
隆化县	152.7	6	5.9	10	151.7	6	6.9	10		—		—
丰宁县	135.1	8	-19.4	12	132.0	8	-19.8	12		—		—
宽城县	193.3	3	8.8	7	190.5	3	9.2	7		—		—
围场县	127.7	9	10.9	3	125.3	9	11.8	3	7888	—	0	—

2016年承德市分县区主要经济指标（续四）

县区	工业增加值（亿元）				规模以上工业增加值（亿元）				规模以上工业利润（亿元）			
	绝对值	位次	增长(%)	位次	绝对值	位次	增长(%)	位次	绝对值	位次	增长(%)	位次
全　市	554.2	—	4.3	—	471.7	—	5.0	—	45.4	—	53.5	—
双桥区（含高新区）	36.1	—	1.4	—	35.5	—	1.3	—	8.7	—	−1.7	—
其中：高新区	32.9	8	1.4	12	32.8	7	1.4	11	8.1	3	2.5	4
双桥区（不含高新区）	3.2	12	1.8	10	2.7	12	1.3	12	0.6	10	−39.0	10
双滦区	60.8	4	4.2	8	56.9	3	4.1	9	0.8	9	462.5	1
营子区	21.4	10	4.0	9	21.4	10	3.9	10	−0.8	11	▲0.3	—
承德县	46.6	5	5.2	4	42.0	5	5.5	4	5.5	6	13.9	3
兴隆县	38.1	6	5.0	5	34.4	6	5.2	7	2.5	8	−15.7	8
平泉县	64.0	3	5.5	2	46.5	4	5.6	3	12.5	1	−5.4	7
滦平县	72.2	2	5.6	1	67.4	2	5.7	2	6.1	5	−3.7	6
隆化县	35.9	7	4.8	6	29.0	8	4.8	8	4.1	7	−24.8	9
丰宁县	30.7	9	5.3	3	25.9	9	5.4	6	7.9	4	1.0	5
宽城县	112.5	1	4.7	7	91.7	1	5.5	4	−10.6	12	▲−26.8	—
围场县	21.4	11	1.7	11	20.8	11	5.8	1	8.7	2	31.9	2

2016年承德市分县区主要经济指标（续五）

县区	年末户籍人口(万人)				常住人口（万人）				常住人口城镇化率（%）			
	绝对值	位次	增长(%)	位次	绝对值	位次	增长(%)	位次	绝对值	位次	增长(%)	位次
全　市	383.3	—	0.3	—	353.18	—	0.05	—	49.0	—	10.7	—
双桥区（含高新区）	38.6	6	0.7	1	44.08	—	0.10	—	86.4	—	10.9	—
其中：高新区	—	—	—	—	9.62	11	0.37	1	61.5	4	10.1	10
双桥区（不含高新区）	—	—	—	—	34.46	6	0.03	8	93.3	1	11.0	7
双滦区	14.9	10	0.3	6	15.24	10	0.20	2	73.3	3	14.9	1
营子区	6.4	11	−0.8	11	6.30	12	0.08	3	89.6	2	8.4	11
承德县	42.8	4	0.4	4	39.28	3	0.03	10	37.4	10	6.0	12
兴隆县	33.0	8	0.1	8	31.85	7	0.03	7	38.2	9	10.3	9
平泉县	48.2	2	−0.2	10	45.23	1	0.02	12	50.0	5	11.5	4
滦平县	33.0	7	0.6	3	29.18	8	0.03	6	41.7	7	11.6	3
隆化县	45.0	3	0.4	5	37.63	4	0.03	9	40.8	8	10.4	8
丰宁县	41.1	5	0.3	7	36.15	5	0.06	4	36.6	12	11.3	6
宽城县	26.2	9	0.7	2	25.48	9	0.04	5	47.4	6	11.7	2
围场县	54.2	1	−0.1	9	42.76	2	0.02	11	37.1	11	11.4	5

2016年承德市分县区主要经济指标（续六）

县　区	全部财政收入（万元）				其中：公共财政预算收入(万元)			
	绝对值	位次	增长(%)	位次	绝对值	位次	增长(%)	位次
全　市	24856	—	8.6	—	8736	—	10.3	—
双桥区	28168	2	9.1	1	10485	1	9.7	11
双滦区	28897	1	8.7	8	10420	3	10.1	8
营子区	22006	9	9.1	1	8497	7	9.8	10
承德县	23212	6	8.9	5	8999	6	10.4	5
兴隆县	22042	8	8.8	7	9911	5	10.4	5
平泉县	23752	5	8.9	5	9990	4	10.3	7
滦平县	25105	4	9.0	3	8029	8	12.2	1
隆化县	22173	7	8.3	11	7255	9	10.6	4
丰宁县	19986	11	8.6	9	6829	11	11.0	3
宽城县	26676	3	9.0	3	10450	2	10.0	9
围场县	20811	10	8.5	10	7138	10	11.8	2

注：带▲符号的为上年同期数

承德市省级农业产业化重点龙头企业名单

（有效期自 2014 年 12 月—2016 年 12 月）

序号	企业名称	所属县区	备　注
1	承德避暑山庄企业集团饲料有限公司	平泉县	国家级
2	承德哈露食品饮料有限公司	平泉县	省级
3	承德露美达饮料有限公司	平泉县	省级
4	承德乐野食品有限公司	平泉县	省级
5	承德润隆食品有限公司	平泉县	省级
6	承德森源绿色食品有限公司	平泉县	省级
7	承德金稻田生物科技有限公司	平泉县	省级
8	平泉县榆树林子蔬菜果品批发市场有限公司	平泉县	省级
9	承德绿世界活性炭有限公司	平泉县	省级
10	承德亚欧果仁有限公司	平泉县	省级
11	平泉县亿园生物科技有限公司	平泉县	省级
12	承德华净活性炭有限公司	平泉县	省级
13	平泉县瀑河源食品有限公司	平泉县	省级
14	京北缘天然农牧有限责任公司（国家级）	丰宁县	国家级
15	丰宁满族自治县丰鑫实业有限公司	丰宁县	省级
16	丰宁满族自治县神州绿色养殖有限责任公司	丰宁县	省级
17	丰宁宏森木业有限公司	丰宁县	省级
18	河北绿洲动物药业集团有限公司	丰宁县	省级
19	丰宁平安高科实业有限公司	丰宁县	省级
20	丰宁驸马山庄生态农业综合开发有限责任公司	丰宁县	省级
21	丰宁缘天然乳业有限公司	丰宁县	省级
22	承德三融畜牧发展有限公司	承德县	省级
23	承德绿丰生态农业科技发展有限公司	承德县	省级
24	承德裕丰种业有限公司	承德县	省级
25	承德曼曼食品有限公司	承德县	省级
26	承德畅达生物科技有限公司	承德县	省级
27	承德五谷农庄食品有限公司	承德县	省级

续表

序号	企业名称	所属县区	备 注
28	三北种业有限公司	隆化县	省级
29	承德隆泉米业有限责任公司	隆化县	省级
30	承德御室金丹药业有限公司	隆化县	省级
31	承德格林食品有限公司	隆化县	省级
32	承德福泽食品有限公司	隆化县	省级
33	隆化县凤林养殖有限责任公司	隆化县	省级
34	承德博亚农牧发展有限责任公司	滦平县	省级
35	河北滦平华都食品有限公司	滦平县	省级
36	承德三元金星鸭业有限责任公司	滦平县	省级
37	承德永丰种业有限公司	围场县	省级
38	承德宇航人高山植物应用技术有限责任公司	围场县	省级
39	围场满族蒙古族自治县宏远食品有限公司	围场县	省级
40	围场满族蒙古族自治县保承中药材种植有限公司	围场县	省级
41	承德天原药业有限公司	围场县	省级
42	河北长城绿源食品有限公司	兴隆县	省级
43	承德兴伊罐头食品有限公司	兴隆县	省级
44	承德金利食品有限公司	兴隆县	省级
45	承德神栗食品有限公司	宽城县	省级
46	承德康美生物制品有限公司	宽城县	省级
47	承德华慷都山农产品集团有限公司	宽城县	省级
48	河北省宽城种业有限责任公司	宽城县	省级
49	河北怡达食品集团有限公司	营子区	国家级
50	河北承德露露股份有限公司	高新区	国家级
51	颈复康药业集团有限公司	高新区	省级
52	河北绿天生物科技有限公司	双桥区	省级

说明：共 52 家，含国家级 4 家

承德市2016年经济运行情况分析

承德市统计局

2016年，面对严峻复杂的国内外经济形势和全市艰巨繁重的结构深度调整、经济发展任务，市委、市政府认真落实中央和省决策部署，扎实推进供给侧结构性改革，着力培育“十大绿色”产业，通过“保企业、稳增长、强投入、上项目、深改革、促创新”，全市经济实现了稳中有进、稳中向好的良好态势。主要经济指标好于同期、好于预期，大部分主要指标高于全省平均水平，实现了“十三五”良好开局

一、经济运行主要特点

（一）经济平稳运行，主要指标运行好于同期、好于预期。全市实现地区生产总值1432.9亿元，比上年增长6.9%，高于上年（5.5%）1.4个百分点，高于年初计划（6.5%）0.4个百分点，高于全省平均增速（6.8%）0.1个百分点，增速居全省第八位。518家规模以上工业企业实现增加值471.7亿元，增长5%，高于上年（4%）1个百分点，完成年初计划，高于全省平均增速（4.8%）0.2个百分点，居全省第七位。固定资产投资1615.5亿元，增长6.8%，低于全省（8.4%）1.6个百分点，居全省第八位。社会消费品零售额543.3亿元，增长10.7%，高于上年（9.4%）1.3个百分点，比年初计划（9.0%）高1.7个百分点，高于全省（10.6%）0.1个百分点，居全省第三位。城乡居民可支配收入16095元，增长10.1%，高于上年（9.5%）0.6个百分点，增速居全省第四位。实现全部财政收入147.0亿元，下降10.1%，高于上年（−16.8%）6.7个百分点，居全省末位；其中公共财政预算收入82.1亿元，下降15.6%，低于上年（−9.5%）6.1个百分点，居全省末位。

表5

主要经济指标增长速度（%）

	2016年	2015年	2016年初计划
地区生产总值	6.9	5.5	6.5
农林牧渔业增加值	6.6	2.9	
服务业增加值	9.5	8.1	10.0
规模以上工业增加值	5.0	4.0	5.0
规模以上高新技术产业增加值	14.4	4.3	12.0
固定资产投资	6.8	7.8	10.0
社会消费品零售总额	10.7	9.4	9.0
全部财政收入	−10.1	−16.8	4.0
#公共财政预算收入	−15.6	−9.5	4.0
城镇居民人均可支配收入	8.6	9.1	9.0
农村居民人均可支配收入	10.3	10.6	10.0

（二）产业转型步伐加快。一是三次产业持续优化。第一、二、三产业分别实现增加值237.8亿元、654.1亿元、541.0亿元，分别增长6.7%、5.1%、9.5%。三次产业结构为16.6∶45.6∶37.8，第三产业比重比上年提高2个百分点，第一、二产业比重分别下降0.8个、1.2个百分点。二是第三产业对经济增长贡献超过第二产业。第三产业增长9.5%，比第一、二产业分别高2.8个、4.4个百分点，对经济增长贡献率达50.5%，超过第二产业16.8个百分点，拉动全市增长3.5个百分点。第三产业完成投资872.1亿元，增长10.9%，比上年提高1.3个百分点，占固定资产投资54.0%，比上年提高2.3个百分点。第三产业用电15.0亿千瓦时，增长16.4%，比上年提高5.0个百分点，比工业用电增速高17.6个百分点，占全社会用电量的比重由上年的8.7%提高到10.0%。三是黑色金属采选业、黑色金属冶炼及压延业占规上工业比重继续下降。在规模以上工业中，黑色金属采选业、

黑色金属冶炼及压延业增加值297.6亿元，比重下降3.6个百分点。四是农业结构调整加快。农林牧渔业增加值241.6亿元，增长6.6%，比上年提高3.7个百分点。粮食产量134.0万吨，增长10.5%，马铃薯、油料、中药材产量分别为116.8万吨、2.3万吨、10.8万吨，分别增长77.1%、60.9%、5.6%。蔬菜总产量达463.1万吨，增长6.8%，其中，食用菌、大白菜、瓜菜类分别增长13.4%、11.2%、8.6%。

（三）新动能接续稳步推进。一是高新技术、装备制造业等重点行业增速加快。规模以上高新技术产业增加值实现48.1亿元，增长14.4%，创2013年以来新高，比上年提高10.1个百分点，比规模以上工业增加值增速高9.4个百分点。装备制造业增加值23.2亿元，增长10.3%，比上年提高15.7个百分点，比规模以上工业增加值增速高5.3个百分点。食品制造业、医药制造业均增长7.0%，比规模以上工业增加值增速高2.0个百分点。二是清洁能源发电量超过火力发电。风力和光伏发电量55.7亿千瓦时，超过火力发电量5.0亿千瓦时。其中，风力发电52.5亿千瓦时，增长14.1%；光伏发电增长29.8%。三是市场主体活力持续释放。全市市场主体和注册资本分别达到18.1万户和2563.3亿元，分别增长16.4%和39.7%。四是品质消费势头良好。计算机及其配套产品、书报、汽车等分别增长47.1%、6.9%、22.2%。

（四）经济环境不断改善。一是金融存贷双增。年末金融机构人民币各项存款余额2210.4亿元，增长14.4%，比上年高4.3个百分点。其中，住户存款1438.7亿元，增长12.9%。金融机构人民币贷款余额1656.8亿元，增长10.8%。二是全社会用电量扭转2015年年初以来下降态势。全社会用电量150.2亿千瓦时，增长1.3%，比上年提高16.0个百分点。三是工业品价格趋升。全年工业生产者出厂价格增长0.5%，比上年提高20.5个百分点。其中，黑色金属矿采选业下降8.3%，黑色金属冶炼及压延业增长10.2%，比上年分别提高23个和30.7个百分点。

（五）供给侧结构性改革取得成效。一是商品房销售面积350.0万平方米，增长29.2%，比上年提高44.6个百分点。其中，住宅销售面积277.3万平方米，增长12.8%。待售面积132.4万平方米，下降28.5%。其中，住宅面积74.3万平方米，下降25.8%。11月末，规模以上工业企业产成品存货53.7亿元，下降4.3%。二是规模以上工业企业每百元主营业务收入中的成本为89.4元，同比减少1.1元。三是全市规模以上工业单位工业增加值能耗同比下降2.25%，降幅比上年（−0.6%）加深1.65个百分点。四是城市基础设施投资714.8亿元，增长19.6%，比固定资产投资高12.8个百分点。财政支出中，科学技术支出2.3亿元、社会保障和就业支出34.3亿元、住房保障支出14.2亿元，分别增长37.5%、14.8%和10.0%，均高于公共财政预算支出4.8%的增长水平。

二、经济社会发展中需关注的问题

（一）面临总量不够大和质量不够高的困难。从总量看，2016年全市经济虽然实现稳中有进，稳中向好，但占全省比重仅为4.5%，比各市平均水平少1479亿元。从质量看，受经济速度降低以及结构性、政策性减收等多重因素影响，公共财政预算收入连续六个月负增长且降幅呈扩大趋势，一、二、三、四季度的累计增速分别为4.4%、0.9%、−2.0%、−15.6%，为全省唯一负增长的市。全市规模以上工业企业中亏损企业有168家，亏损面32.4%，亏损额26.4亿元，其中，黑色金属冶炼及压延加工业、黑色金属矿采选业分别亏损2.6亿元、15.0亿元。全市面临财源培育的重大任务。

（二）面临转型升级和生态建设任务重的挑战。2016年黑色金属采选业、黑色金属冶炼及压延业增加值占规模以上工业的比重达63.1%，占GDP20.8%，占税收的11%，仍是支撑经济的主体力量。大多数企业仍然集聚在产业链中低端环节，不同程度上存在产业链条短、产品加工层次低、附加值偏小等问题，全市产业结构性矛盾、供给产能高端不足、低端过剩现象依然突出，资源、能源消耗较高，规上六大高耗能行业累计能耗878.1万吨标准煤，占能耗总量的88.6%，比上年增加1个百分点。承德作为京津冀水源涵养功能区和国家绿色发展先行区，在生态建设上承担着相对其他市更繁重的任务，为保护生态、涵养水源，需要大量投入，很多项目、产业不能建设实施，客观上在经济发展、招商引资等方面产生了一定制约。

（三）面临传统动力持续减弱和新兴动力亟待提升的压力。占全市固定资产投资62.5%的民间投资一直是支撑固定资产投资增长和经济发展的传统动力，2016年仅增长1.3%，比固定资产投资增速低5.5个百分点，民间投资信心和意愿尚需提振；传统工业企业经营困难、资金紧张，对传统工艺改造升级的步伐明显放缓，工业技改投资创下近年来新低，下降26.6%；传统实体商贸企业受新兴消费模式的冲击，面临销售放缓、盈利减弱的困境，限额以上超市、大型超市零售额增长7.4%，低于限上零售业增速4.5个百分点，低于全社会零售业增速7.7个百分点。全市围绕转型升级、动能转换，大力引进、实施十大绿色产业项目，大部分项目都在建设之中，形成新动能尚需时间，全市规模以上高新技术产业和装备制造业增加值分别仅占规模以上工业的10.2%和4.9%，新兴产业体量不大，远低于全省平均水平，而全省装备制造业已超越钢铁行业成为第一大支柱产业。

三、面临的内外部环境和发展建议

从经济社会发展看，全市面临诸多困难和挑战，总体希望大于困难，机遇大于挑战。从国际环境看，世界经济缓慢复苏的态势将继续发展，2016年12月份，美国和欧元区制造业采购经理人指数（PMI）分别为54.3和54.9，均创近20个月以来的最高值，预示2017年经济发展向好的前景；新兴经济体经济活力进一步增强，将继续成为世界经济增长的动力。国际货币基金组织预测，2017年全球经济增长3.4%，高于2016年的3.1%。从国内环境看，我国经济持续稳定发展的基本面没有变，仍处于可以大有作为的重要战略机遇期，国内经济继续巩固企稳向好的发展趋势，2016年经济实现6.7%的增长，处于合理运行区间。CPI温和上涨，就业形势稳定，工业、投资、消费等主要经济指标稳定增长，“三去一降一补”取得积极成效。同时，先行指标运行良好，12月份全国工业品出厂价格指数（PPI）当月同比上涨5.5%，涨幅连续3个月扩大；制造业采购经理指数（PMI）为51.4%，保持在扩张区间，为年内次高点；非制造业商务活动指数54.5%，继续保持较快扩张态势。

从承德看，当前正处于重大历史机遇最集中的阶段，市十四次党代会将对未来五年的发展进行重大部署。一是国家、省、市聚力京津冀协同发展，加快推进供给侧结构性改革，更加重视产业升级、扶贫攻坚、区域协调发展、生态文明建设，有利于把生态优势转化为发展优势，促进我市在对外开放、补齐短板、提升民生福祉、人才交流、共享智力等若干领域取得实效。二是国家扶持支持贫困地区加快脱贫奔小康，为承德全面建成小康社会补短板提供了历史机遇。三是一系列稳增长政策效应逐步显现，有利发展的因素正在积极叠加，一方面，全市“生态优先、绿色发展”理念深入人心，大力发展十大绿色产业形成共识，发展方式正从以资源要素驱动为主加速向以创新驱动为主转换，大数据产业、天然山泉水产业、钒钛新材料产业等一大批“十大绿色产业”投资加快、规模凸显，新动能蓄势待发，新产业发挥在即。另一方面发展要素不断改善。实施“一带三区”城市发展战略，产城发展空间提升；园区改革发展不断深入，产业承载能力提升。交通、水、电等基础设施保障水平提升；生态优势持续提升。

综合研判承德经济发展形势，尽管不确定因素依然较多，经济下行压力依然存在，但市场环境在改善，投资者信心在提升；在艰难的调整转型中，过剩产能出清加快，绿色产业正在兴起，产业转型态势在强化。今后全市应着重从以下几个方面抓好工作。

（一）注重强化运行调节，保障经济平稳运行。一是着力全面深化改革。全力保障行政审批制度等一批深化改革措施有效落地，加快提升“放管服”实际效能，合理利用专项规划、产业政策等正确引导市场预期，不断提升服务实体经济能力水平，营造良好的生产经营环境。二是保持政策措施的连贯性和稳定性。充分调动各方积极性，把国家、省出台的一系列稳增长政策措施落到实处，强化政策效果，适时适度地进行必要的精准调控。三是加强重点领域、企业监测调度。密切关注行业形势变化，对实体经济做好分类指导与服务，加强对企业的针对性帮扶工作，及时化解运行中出现的困难和问题，引导企业在降成本、精管理上做文章，提高运行效果。对于筹建中的新企业，要围绕土地、资金、拆迁等制约难题强化调度。对于发展形势良好的企业，要推动企业自主创新，增强核心竞争力。四是积极培育市场主体。对新增规模以上（限额以上）企业、规模以下（限额以下）成长企业，加强跟踪监测，在资源配置、财税政策、行政服务等方面给予帮扶，确保运营正常。

（二）坚持推进转型升级，提升经济质量效益。一是把改造提升传统优势产业作为调结构的突破口。我市传统产业，特别是采选和压延产业对全市经济发展做出了突出贡献，但从全国的大市场看，我市的产业优势并不优，首先是产品不优，其次是生产技术不优，钒钛产品提炼开发的少，造成资源浪费，因此改造提升传统产业，整合优势资源，延伸产业链条，依托钢、延伸钢、不唯钢，变一业独大为一业独强、独优。二是加快淘汰落后企业为培育新动能腾出空间。运用市场倒逼机制，采取兼并重组、债务重组或破产清算等措施，积极稳妥处置“僵尸”企业。三是把强力推进十大绿色产业发展作为调结构的主攻方向。用好用足国家鼓励的产业政策，发挥比较优势，引进大企业、大集团，加快培育和发展大数据、电子信息、现代服务业等战略新兴产业和绿色产业，尽快对经济发展形成带动，产生效益。

（三）打好项目投资攻坚战，努力扩大有效投资。要把项目建设作为增总量、调结构、保就业、惠民生的第一抓手。一是抓好基础设施建设，特别是交通、能源、农田水利、重大产业配套、民生工程等基础设施建设。二是抓好产业发展，以十大绿色产业为导向，尽快争取重大产业项目上马投产，引导经济结构由资源消耗型向高端制造业、现代服务业转移，增强发展后劲，提升发展质量。三是抓好项目储备，扩大投资增量，用好用活“京津冀水源涵养功能区、国家绿色发展先行区、国家全域旅游示范区创建城市”等重大功能定位，精心谋划，做实基础，争取更多项目进入国家、省预算盘子。四是激发民间投资活力，认真贯彻落实市委、市政府《关于进一步促进全市民间投资的实施意见》，放宽民间投资市场准入，加大对民间投资的金融支持，积极推进供排水、供热、道路、垃圾污水处理等领域的PPP模式试点示范项目。

（四）坚持深化供给侧结构性改革，不断提升供给效率。深入推进“三去一降一补”和农业供给侧改革，重点补齐发展短板，在推动科技创新、生态环保、城乡建设、公共服务等领域实现新提升。一是补科技创新短板。发挥创新驱动的核心作用，深化科技体制改革，通过加强创新平台、创新载体、创新体系建设，加快技术创新和管理创新，激发创新主体的动力和活力，振兴实体经济。二是补城乡协同发展短板。强化推进新型城镇化进程，以深入实施“一带三区”城市发展战略为突破，统筹推进区域空间布局、城市功能提升、城乡一体化发展，促进公共资源在城乡之间均衡配置、生产要素在城乡之间顺畅流动。三是推进农业供给侧结构性改革。充分发挥区位、生态、气候优势，提升农产品内在品质，大力推进园区化投入、标准化生产、产业化经营、市场化运作、品牌化销售，抢占京津市场份额，保障有效供给。

（五）**加强统计基础工作，提升服务经济发展能力**。一是持续抓实抓好基本单位名录库建设，加强对接近入统标准的单位的监测，确保应统尽统。二是全力做好进度统计、监测和年报工作，提高统计工作的主动性，把各项工作做得更细更实，确保统全统准。三是坚持依法统计，多方面抓好数据质量。增强统计工作科学性、权威性，提高统计数据真实性、准确性，为全市经济社会发展提供更加优质高效、扎实可靠的统计保障。

索 引

使用说明

一、本索引包含类目、分目、主要条目，按照首字汉语拼音字母顺序排列。

二、索引类目采用黑体字加粗，其他采用宋体字，数字表示内容所在的页码。

D

E

F

G

H

J

K

L

M

N

P

Q

R

S

T

W

X

Y

Z